Andreas Weigl
(Hg.)

Wien im Dreißigjährigen Krieg

Bevölkerung – Gesellschaft – Kultur – Konfession

Böhlau Verlag Wien · Köln · Weimar

Gedruckt mit Unterstützung durch
den Fonds zur Förderung der wissenschaftlichen Forschung, Wien.

Besonderer Dank ergeht
an die Wiener Städtische Allgemeine Versicherung AG,
an die Oesterreichische Nationalbank,
an die Österreichische Beamtenversicherung,
an die Münze Österreich AG
und an die Österreichischen Lotterien,
die die Arbeit des Ludwig Boltzmann Instituts
für Historische Anthropologie
unterstützen.

Umschlagabbildung:
Gefecht zwischen kaiserlichen und ständischen Truppen
am 25. Oktober 1619 im Norden vor Wien (Gemälde von Pieter Snayers,
Graf Harrach'sche Familiensammlung, Schloß Rohrau, Niederösterreich)

Die Deutsche Bibliothek – CIP-Einheitsaufnahme
Ein Titeldatensatz für diese Publikation ist bei
Der Deutschen Bibliothek erhältlich

ISBN 3-205-99088-9

Gedruckt auf umweltfreundlichem, chlor- und säurefreiem Papier.

Druck: Berger, A-3580 Horn

Inhalt

Vorwort der Reihenherausgeber

Wir haben die Kulturstudien vor 18 Jahren als kulturwissenschaftliche Bibliothek initiiert. Unser Anliegen war es damals, ausgehend von einem erweiterten – nicht auf künstlerische Ausdrucksformen fokussierten – Kulturbegriff, Forschungen zu publizieren, die sich Analyse und Darstellung von Lebensformen, Wahrnehmungsweisen, Mentalitäten und Ritualen zur Aufgabe machen. In den siebziger Jahren wurde die historische Forschung in starkem Maß durch die Auseinandersetzung mit den systematischen Sozialwissenschaften angeregt. Die Erforschung der historischen Wirklichkeit unter dem Aspekt der Strukturanalyse und mit den Methoden einer quantifizierenden Sozialwissenschaft schärfte den Blick für langfristige soziale Prozesse und übergreifende Zusammenhänge. Die Thematisierung der sozioökonomischen Hauptlinien, die den Prozess der Modernisierung in der Neuzeit bestimmten, ließ jedoch nur wenig Raum für die Darstellung der Lebens- und Vorstellungswelten der Individuen und Gruppen. Die Menschen kamen in der Perspektive der Strukturgeschichte nur als Objekte vor, als Elemente eines historischen Stroms, dessen Gestalt und Richtung von ihnen nicht beeinflusst wurden.

Aus der Erkenntnis dieses Defizits an Gestalt, Eigensinn, Bildhaftigkeit und Leben in der historischen Forschung entstand ein Interesse an den Mikrostrukturen, in denen sich das alltägliche Leben von Menschen abspielt. Die Historiker begannen, sich für die Wahrnehmungs- und Protestformen, für „Geschichte und Eigensinn“, für die Geschichte jenseits der „großen Geschichte“ zu interessieren. Der anthropologische Kulturbegriff brachte unser Interesse an einer alltägliche Lebensformen analysierenden Buchreihe am besten zum Ausdruck. Zehn Jahre nach der Gründung der „Kulturstudien“ kamen die „cultural studies“ auch international in Mode.

Vielfältige Forschungen zur Alltagsgeschichte, die Ende der siebziger Jahre begonnen wurden, machten deutlich, dass sich die Geschichte der Neuzeit mit den Modellen einer fortschreitenden Kapitalisierung, einer Ausdifferenzierung der Arbeitsteilung und einer wachsenden Rationalisierung nur sehr unvollkommen erklären lässt. Die Geschichte von Individuen, Gruppen und größeren sozialen Einheiten hatte in den alltäglichen Wirklichkeiten fraglos nicht den Charakter eines „linearen Fortschritts", den diese Begriffe signalisieren. Um die gebrochenen, widersprüchlichen, sehr oft auch gegen- und rückläufigen Momente von historischer Wirklichkeit zum Ausdruck zu bringen, bedarf es anderer Methoden als jener der historischen Sozialwissenschaft. Die Geschichtsforschung, deren Ergebnisse die Kulturstudien präsentieren, orientiert sich daher in viel stärkerem Maß am Zugang und an den Methoden der Ethnologie, und sie entwickelt sich in Richtung einer historischen Anthropologie.

In den letzten 15 Jahren sind die Grenzen zwischen einer „fremde Kulturen" analysierenden „Völkerkunde", einer auf die Erforschung der ländlichen Lebenswelten Europas ausgerichteten „Volkskunde" und einer Geschichtswissenschaft, die sich als „historische Anthropologie" versteht, fließend geworden. Zudem haben die Globalisierungstendenzen, die Zunahme internationaler Verflechtungen und die Intensivierung der Migrationsströme die Lebensweisen von Ethnien und Kulturen einander sehr nahe gebracht.

Die verstärkte Konfrontation mit dem Fremden in anderen Kulturen bei Fernreisen und in einem breiten Spektrum medialer Produkte hat für das Fremde in der eigenen Geschichte, für Kolonisierungsprozesse in der eigenen Kultur sensibilisiert. Es wurde deutlich, dass mit jenem in den letzten 300 Jahren entstandenen Lebens- und Reflexionsmodell „der Moderne" die Lebenswelten Alteuropas nur sehr unzulänglich erfasst und dargestellt werden können. Forschungen unter dem Aspekt der historischen Anthropologie greifen daher in stärkerem Maß zur ethnologischen Methode. Das „Auge des Ethnographen" erweist sich zur Erfassung alteuropäischer Strukturen geeigneter als tradierte historiographische Instrumente.

Der nun vorliegende Band, den Andreas Weigl als Herausgeber betreut hat, setzt sich aus der Perspektive einer historischen Anthropologie mit der Alltagsgeschichte Wiens im Dreissigjährigen Krieg auseinander. Der Band thematisiert das alltägliche Leben in der Stadt mit dem Blick auf unterschiedliche soziale Gruppen und aus der Perspektive der Menschen, die diesen ganz unterschiedlichen Milieus angehörten.

Der Band dokumentiert eine Tagung, die im Februar 1999 am Ludwig Boltzmann Institut für Historische Anthropologie durchgeführt wurde. Die Kulturstudien, die immer in einem sehr engen Zusammenhang mit den Forschungsinteressen der historischen Anthropologie standen, erscheinen seit dem Jahr 2001 auch als Schriftenreihe des Ludwig Boltzmann Institutes für Historische Anthropologie. Ich freue mich darüber, dass der vorliegende Band eine Reihe interessanter Detailforschungen und neuer Zugänge zu historischem Material präsentiert, die es ermöglichen, die Geschichte Wiens im Dreissigjährigen Krieg neu zu sehen.

Hubert Christian Ehalt
Helmut Konrad

Vorwort

Der vorliegende Band geht auf eine im November 1997 in Göttingen stattgefundene Tagung zum Thema „Der Dreißigjährige Krieg aus der Nähe betrachtet“ zurück, in deren Mittelpunkt ein Zugang zur Geschichte des Dreißigjährigen Krieges stand, der abseits der Politik der großen Mächte die unmittelbaren und mittelbaren Folgen des Krieges für die betroffenen Menschen zu beleuchten suchte. Das Spektrum der Göttinger Beiträge reichte von der Wirtschafts- und Sozial-, der Medien-, Literatur- und Musikgeschichte bis zu Arbeiten, die mentalitätsgeschichtliche Fragestellungen zu beantworten suchten.[1] Diese äußerst gelungene Tagung[2] veranlaßte mich, mit einigen Freunden und Kollegen über einen Band „Wien im Dreißigjährigen Krieg“ nachzudenken, der versuchen sollte, das ursprünglich von Siegfried Kracauer, wenn auch mit etwas anderer Konnotierung und mit wenig Optimismus in bezug auf seine Realisierbarkeit,[3] ins Spiel gebrachte Konzept einer Verschränkung von Mikro- und Makroperspektive, das der Göttinger Tagung zugrunde lag, zumindest ansatzweise auch am Beispiel Wiens zu versuchen. Wenn der Schwenk zwischen den großen Entwicklungslinien und der lokalhistorischen Perspek-

1 Die Tagungsbeiträge sind gedruckt in Benigna von Krusenstjern, Hans Medick (Hgg.), Zwischen Alltag und Katastrophe. Der Dreißigjährige Krieg aus der Nähe (Veröffentlichungen des Max-Planck-Instituts für Geschichte 148), Göttingen 1999.

2 Erich Landsteiner, Harald Tersch, Andreas Weigl, Die Nähe eines fernen Krieges. Die Tagung „Zwischen Alltag und Katastrophe. Der Dreißigjährige Krieg aus der Nähe“, 27.–29. November 1997 am Max-Planck-Institut für Geschichte, Göttingen. In: Österreichische Zeitschrift für Geschichtswissenschaften 9, 1998, S. 132–135.

3 Jürgen Schlumbohm, Mikrogeschichte – Makrogeschichte: Zur Eröffnung einer Debatte. In: ders. (Hg.), Mikrogeschichte – Makrogeschichte: komplementär oder inkommensurabel? Göttingen 1998, S. 11 ff.

tive in dem einen oder anderen Beitrag neue Einsichten liefert, wäre die Intention des vorliegenden Sammelbandes in dieser Beziehung schon erfüllt. Was die versammelten Beiträge aber jedenfalls vermitteln möchten, ist ein möglichst breites inhaltliches Spektrum, das von der historischen Demographie bis zur Theater- und Musikgeschichte reicht. Dabei soll das Fehlen eines wirtschaftshistorischen Beitrages im engeren Sinn nicht geleugnet werden, der für den Band eingeplant war, jedoch aus terminlichen Gründen nicht zustande kam.

Warum nun gerade ein Band über Wien in der ersten Hälfte des 17. Jahrhunderts und warum in den Kulturstudien? Die mittlerweile veröffentlichten Ergebnisse der Göttinger Tagung haben eindrucksvoll die These vom Dreißigjährigen Krieg als Staatsbildungskrieg in Mitteleuropa und teilweise darüber hinaus bestätigt. Diese Staatsbildung, die im Fall der habsburgischen Länder ohne Zweifel um 1648 keineswegs abgeschlossen war, hatte nachhaltige Konsequenzen für die Bildung von Haupt- und Residenzstädten in diesem Raum. Insofern spiegelt die Stadtentwicklung Wiens diesen Prozeß – so zumindest die Ausgangshypothese – vermutlich wider. Die Veränderung der Sozialstruktur, die Wirkung der Gegenreformation, der Wandel des Musiktheaters – um nur einige Beispiele zu nennen – können als Bausteine im Rahmen eines langfristigen Transformationsprozesses gesehen werden, an dessen Ende die modernen Industriegesellschaften unserer Tage stehen. Der Dreißigjährige Krieg bildet in mancher Hinsicht eine wichtige Übergangsphase im Rahmen dieses Prozesses. Der städtische Alltag war jedoch nicht nur durch Veränderungen, sondern natürlich auch durch Kontinuitäten geprägt, die in einigen der Beiträge ebenfalls betrachtet werden sollen, etwa was die hygienischen Bedingungen städtischen Lebens, den häufigen Ausbruch von Seuchen oder aber auch das Bettlerwesen betrifft. Anliegen des Bandes ist also nicht so sehr Stadtgeschichte im engeren Sinn, sondern die exemplarische Behandlung der angesprochenen Themen am Beispiel Wiens. Eine solche Vorgangsweise bedingt, daß nicht in allen Beiträgen die unmittelbare Kriegsperiode in den Vordergrund tritt und daß nicht immer ausschließlich die Wiener Situation im Zentrum des Erkenntnisinteresses stehen muß.

Es soll jedoch nicht verhehlt werden, daß es auch darum geht, eine echte stadtgeschichtliche Forschungslücke zu schließen. Die ältere Forschung hat das Thema „Wien im Dreißigjährigen Krieg“ kaum behandelt, da es im Sinne der Geschichte der großen Mächte wenig herzugeben schien und auch militärgeschichtlich von geringerem Interesse war als die beiden Türkenbelagerungen. Wenn auch die militärgeschichtlichen Forschungslücken dank der verdienstvollen Arbeiten Peter Brouceks mittlerweile als geschlossen zu betrachten sind, blieben weite Bereiche des städtischen Lebens nach wie vor von der Forschung vernachlässigt. Die Skartierung großer Aktenbestände im Zuge der josephinischen Reformen in den 1780er Jahren im Wiener Stadtarchiv mag stadtgeschichtliche Forschungen über das frühe 17. Jahrhundert bisher auch nicht gerade befördert haben. Eine Einbeziehung sozialgeschichtlicher und kulturgeschichtlicher Disziplinen relativiert jedoch die schwierige Quellenlage. Eine auch an der kulturgeschichtlichen Perspektive orientierte historische Sozialwissenschaft gibt meiner Ansicht nach dem gestellten Thema einen neuen Sinn, weil sie die Neuinterpretation einer früher ausschließlich im Zeichen der Krise und der Stagnation gesehenen Phase der Wiener Stadtgeschichte als Keim des späteren Aufstiegs zu einer der bedeutendsten Metropolen des barocken Europas erlaubt.

Das Zustandekommen des Bandes wäre ohne die Mitwirkung einer ganzen Reihe von Freunden, Kollegen und Institutionen nicht möglich gewesen. Ihnen allen gilt es zu danken.

Dank gilt Birgit Wiedl, die im Rahmen eines Forschungsprojektes, welches von der Gruppe Wissenschaft der Planungsabteilung der Stadt Wien gefördert wurde, die Durchsicht der Hofkriegsratsprotokolle auf relevante Aktenstücke vorgenommen und Regesten erstellt hat. Susanne Claudine Pils hat dank ihrer Mithilfe bei der Redigierung der Endversionen der Manuskripte maßgeblich zur Fertigstellung des „Satzes“ beigetragen. Dafür gilt ihr mein ganz besonderer Dank.

Schließlich gilt es den Herausgebern der Reihe Helmut Konrad und H. Christian Ehalt zu danken, die der Aufnahme des Bandes in die Kulturstudien zugestimmt haben.

Der vorliegende Band stellt auch gleichzeitig die erste Publikation des 1998 gegründeten „Vereins zur Förderung der Erforschung des 17. Jahrhunderts“ dar, dessen Gründungsmitglieder einen erheblichen Teil des Bandes gestaltet haben.

Der Herausgeber

Andreas Weigl

Die „Hauptstadt" Wien und der Dreißigjährige Krieg

Hierbey aber ist wohl zu mercken/ wie das Hauß Oesterreich die Kayserliche Würde deswegen so lange geführet/ nicht nur, weil kaum ein ander Hauß in ganz Teutschland zu befinden/ das selbige auf seine Unkosten unterhalten Könte/ sondern auch/ indem es seine Sachen so eingerichtet/ daß es mit gantz leichter Mühe einen eigenen Staat anzurichten vermöchte/ falls man mit der Kayser=Wahl von ihm abgehen wollte.

Denn selbiges hat sich mit solchen Privilegiis versehen/ daß so ferne ihm nicht gelegen/ einen andern vor einen Kayser zu erkennen/ es so gleich sagen könne/ wie es mit dem Teutschen Reiche nichts zu thun/ und seine Lande einen gantz absonderlichen Staat ausmacheten, …[1]

Dieses Zitat aus Samuel von Pufendorffs berühmter Schrift über den Status des „Heiligen Römischen Reiches Deutscher Nation", die auf die Jahrzehnte nach dem Westfälischen Friedensschluß Bezug nimmt, betont zu Recht die Bedeutung von Dynastien – in diesem Fall des Hauses Habsburg – für den frühneuzeitlichen Staatsbildungsprozeß. Die Kumulation von Herrschaftstiteln über Personenverbände und in weiterer Folge Territorien spielte für die Entstehung des europäischen Staates eine zentrale Rolle. Je mehr Territorialherrschaft sich verdichtete, erforderte dies die feste räumliche Verortung von

1 Samuel von Pufendorff, Kurtzer doch Gründlicher Bericht von dem Zustande des h. R. Reichs Teutscher Nation …, Leipzig ^{2}1715, S. 285–287.

über den gesamten Herrschaftsraum wirksamen Institutionen, die auch in Abwesenheit des Landesfürsten – dessen häufige Präsenz zunächst noch vorausgesetzt – funktionierten.[2] Nicht von ungefähr etablierten sich gerade in den Königsresidenzen London und Paris – Hauptstädte mit Vorbildfunktion in der Frühen Neuzeit – schon im Hochmittelalter solche aus der Curia Regis ausgegliederte Institutionen.[3] Im Fall des habsburgischen Territorialkomplexes in Mittel- und Ostmitteleuropa wurden erste Schritte in diese Richtung im 16. Jahrhundert gesetzt. Die Hofstaatsordnung Ferdinands I. von 1527 begründete die Herausbildung des Geheimen Rates, der Hofkammer und der Hofkanzlei. Weitere Gründungen wie die des Hofkriegsrates folgten.[4] Noch war freilich die Frage einer permanenten Verortung nicht völlig entschieden. Mit der Verlegung des dauernden Hoflagers nach Wien stieg die Stadt zwar de facto zur „Hauptresidenz" der Habsburger auf,[5] die Rudolphinische Epoche sollte allerdings zeigen, daß diese Position durchaus revidiert werden konnte.

Von der Verlegung der Residenz nach Prag unter Rudolf II. blieben indes die „Behörden" der niederösterreichischen Ländergruppe und die landesfürstlichen niederösterreichischen

2 Evamaria Engel, Karen Lambrecht, Hauptstadt – Residenz – Residenzstadt – Metropole – Zentraler Ort. Probleme ihrer Definition und Charakterisierung. In: Evamaria Engel, Karen Lambrecht, Hanna Nogossek (Hgg.), Metropolen im Wandel. Zentralität in Ostmitteleuropa an der Wende vom Mittelalter zur Neuzeit, Berlin 1995, S. 17.

3 Wolfang Reinhard, Geschichte der Staatsgewalt. Eine vergleichende Verfassungsgeschichte Europas von den Anfängen bis zur Gegenwart, München 1999, S. 86.

4 Thomas Fellner, Die österreichische Zentralverwaltung. 1. Abt. Bd. 1, Wien 1907.

5 Peter Csendes, Wien. Probleme der kaiserlichen Residenzstadt im 17. Jahrhundert. In: Walter Leitsch, Stanisław Trawkowski, Polen und Österreich im 17. Jahrhundert (Wiener Archiv für Geschichte des Slawentums und Osteuropas 18), Wien – Köln – Weimar 1999, S. 220.

Ämter in Wien völlig unberührt. Deren Verortung in Wien ging teilweise auf dynastische Entscheidungen aus dem frühen 16. Jahrhundert, teilweise auf die entwickelten zentralörtlichen Funktionen der Stadt zurück. Eine *hôubstat* im Sinne eines politischen Zentrums, im Sinne der Größe und des Ansehens, war Wien zumindest für das Land unter der Enns schon seit dem Hochmittelalter.[6] Dieser Hauptstadtcharakter der Stadt hätte jedoch allein nicht ausgereicht, um ihren späteren Aufstieg zu einer der europäischen Metropolen zu begründen. Dazu bedurfte es letztlich der Entscheidung der Habsburger, die Stadt zu ihrer „Haupt- und Residenzstadt“ – ein Terminus, der sich im 16. und 17. Jahrhundert verbreitete[7] – zu machen. Funktional entsprach die Stadt damit zwar noch keineswegs völlig ihren Pendants in der Moderne,[8] zumindest in bezug auf den Tertiärisierungsgrad der urbanen Ökonomie wurde sie ihm jedoch immer ähnlicher.[9]

Eine klare Zäsur in der „Hauptstadtgeschichte“ Wiens bildete der Ausbruch des Dreißigjährigen Krieges und der Regierungsantritt Kaiser Ferdinands II., der die dauerhafte Verortung herrschaftlicher Institutionen, die die wichtigsten Teile des habsburgischen Territorialkomplexes zu ihren Einflußbereich zählten, in Wien veranlaßte. Mit der Situierung der „Böhmischen Hofkanzlei“ in Wien und nicht in Prag wurde die Hauptstadtfunktion Wiens nachdrücklich erweitert. Noch stritt jedoch der mittelalterliche Personenverbandsstaat mit dem modernen Territorialprinzip. Obwohl Ferdinand II. Wien zu seiner Hauptresidenz erkor, war der Hof während des Krie-

6 Peter Csendes, „Des Riches Hôuptstat in Osterrich“. In: JBLKNÖ NF 53, 1987, S. 47–58.

7 Engel, Lambrecht, Hauptstadt, S. 13–15.

8 Thomas Munck, Seventeenth Century Europe. State, Conflict and the Social Order in Europe 1598–1700, Basingstoke – London 1990, S. 178.

9 Vgl. meinen Beitrag zum Thema „Residenz, Bastion und Konsumptionsstadt“ in diesem Band.

ges häufig in Prag, Preßburg, Linz oder anderswo zu finden,[10] und mit ihm zogen die Spitzen der Verwaltung mit. Wie aus dem permanenten „höfischen" Zuzug nach Wien und der daraus resultierenden Veränderung der Hausbesitzstruktur während des Krieges erkennbar wird,[11] behinderte das das Wachstum zentraler Herrschaftsinstitutionen keineswegs.

Die Herrschaftspraxis im Zeichen des Frühabsolutismus begann sich in der ersten Hälfte des 17. Jahrhunderts grundlegend zu wandeln. An die Stelle einer ständischen trat eine Verwaltung durch die Stände, denen zentrale Herrschaftsinstitutionen über- und nebengeordnet waren. Solche Institutionen existierten in Wien jedoch nicht nur für den habsburgischen Territorialkomplex, sondern – aufgrund der in der Frühen Neuzeit fast ausschließlich dem Haus Habsburg zufallenden Kaiserwürde – auch für das „Heilige Römische Reich Deutscher Nation". Auch diese Institutionen – wie etwa der Reichshofrat – stützten die „Hauptstadtfunktion" Wiens, wenn auch in einem nicht territorialstaatlichen Sinn. Diese Vielschichtigkeit habsburgischer Herrschaftstitel im Reich und in Ostmitteleuropa erfuhr im Dreißigjährigen Krieg eine merkliche Entwirrung. Mit Ausnahme Ungarns stärkten die Habsburger ihre landesfürstliche Macht, während ihre geringere kaiserliche Macht auf klarer als zuvor definierte Herrschafts- und Politikfelder beschränkt wurde. Diese Entwicklungen zeigten auch Rückwirkungen auf die innere Geschichte der werdenden Hauptstadt Wien.

Es war nicht zufällig, daß sich die Territorialherrschaft in den habsburgischen Ländern während des Dreißigjährigen

---

10 Vgl. den Beitrag von Otto G. Schindler in diesem Band und das aus den Documenta Bohemica Bellum Tricennale Illustrantia. Bd. 2–7, Prag [u. a.] 1972–1981 erschließbare kaiserliche Itinerar.

11 Vgl. meinen Beitrag zum Thema „Residenz, Bastion und Konsumptionsstadt" in diesem Band.

Krieges konsolidierte. Der Staatsbildungsprozeß in der europäischen Geschichte wurde unbestritten durch einen grundlegenden strukturellen Wandel des Heerwesens und den daraus notwendig abgeleiteten Fiskalismus befördert.[12] Krieg hatte die Funktion einer „Schocktherapie“ für werdende moderne Steuerstaaten.[13] Seit Kriegsbeginn wurde eine ständige kaiserliche Armee unter Waffen gehalten und der „miles perpetuus“ in den habsburgischen Ländern nach Kriegsende[14] beibehalten, der – zumindest temporär – niederösterreichische Quartiere bezog.[15] Das ständische Defensionswesen – spätestens seit der Rebellion des Jahres 1619/20 aus Sicht des Landesfürsten diskreditiert – befand sich in einem Prozeß der Auflösung. In der letzten Kriegsphase in höchster Not noch einmal ansatzweise reaktiviert,[16] blieb von ihm wenig mehr als die Organisation des Quartierwesens über.[17] Aber auch der Kriegsunternehmer alten Stils hatte ausgedient. Die Kommandierenden der kaiserlichen Armee standen nach 1648 unter strikter Kon-

12 Theodore K. Rabb, The Struggle for Stability in Early Modern Europe, New York 1975, S. 60 f., 71; John A. Mears, The Thirty Years' War, the "General Crisis" and the Origins of a Standing Professional Army in the Habsburg Monarchy. In: Central European History 21, 1988.

13 Marjolein't Hart, The Emergence and Consolidation of the "Tax State". The Seventeenth Century. In: Richard Bonney (Hg.), Economic Systems and State Finance, Oxford 1995, S. 285.

14 Philipp Hojos, Die kaiserliche Armee 1648–1650. In: Der Dreißigjährige Krieg. Beiträge zu seiner Geschichte (Schriften des Heeresgeschichtlichen Museums in Wien 7), Wien 1976, S. 205 ff.

15 Erich Landsteiner, Wiederaufbau oder Transformation? Niederösterreich vor, während und nach dem Dreißigjährigen Krieg. In: Walter Leitsch, Stanisław Trawkowski, Polen und Österreich im 17. Jahrhundert (Wiener Archiv für Geschichte des Slawentums und Osteuropas 18), Wien – Köln – Weimar 1999, S. 185.

16 Gustav Reingrabner, Der Dreißigjährige Krieg und Österreich. In: Der Schwed' ist im Land! Das Ende des 30jährigen Krieges in Niederösterreich (Katalog), Horn 1995, S. 60.

17 Landsteiner, Wiederaufbau, S. 187.

trolle des Herrschers bzw. des Hofes.[18] Angst vor einem neuerlichen Aufflackern des Krieges mit den Kronen Schweden und Frankreich, vor allem eine latente osmanisch-siebenbürgische Bedrohung aus dem Osten förderten die Etablierung eines stehenden kaiserlichen Heeres. Als unmittelbare Konsequenz der doppelten militärischen Bedrohung für die städtische Entwicklung wurde der weitere Ausbau der Befestigungsanlagen schon während und dann vor allem nach Ende des Dreißigjährigen Krieges beschleunigt und intensiviert.[19] Auch die städtische Garnison, die Stadtguardia, wurde weiter aufgestockt.[20]

Infolge des enormen Finanzbedarfes zur Erhaltung der kaiserlichen Armeen stieg die Steuerbelastung in den habsburgischen Territorien im allgemeinen und in Niederösterreich im besonderen beträchtlich.[21] Auch der vierte Stand und insbesondere die „mitleidende“ Stadt Wien bekam das Anziehen der Steuerschraube deutlich zu spüren. Die finanziellen Leistungen an den Landesfürsten nahmen zu, und ihre steigende Tendenz setzte sich auch nach Kriegsende fort.[22]

Wien war zwar schon während und auch nach dem Ende des Dreißigjährigen Krieges von ständigen Truppeneinquartierungen ausgenommen, doch blieb der Krieg für die städtische Bevölkerung dennoch allgegenwärtig. Abgesehen von nicht enden wollenden Streitigkeiten zwischen Bürgern und einquartierten hohen Militärs zeigte auch die Aufstockung der Stadtguardia bleibende Wirkung auf die städtische Ökonomie.

18 Mears, Thirty Years' War, S. 134.

19 Vgl. den Beitrag von Peter Broucek in diesem Band.

20 Elisabeth Lichtenberger, Die Wiener Altstadt. Von der mittelalterlichen Bürgerstadt zur City, Wien 1977, S. 122.

21 Landsteiner, Wiederaufbau, S. 188, Abbildung 10.

22 Gertraude Alscher, Die Finanzen der Stadt Wien während des dreissigjährigen Krieges (1615–1650) (ungedr. phil. Diss.), Wien 1949, S. 147; Franz Baltzarek, Das Steueramt der Stadt Wien 1526–1760 (Dissertationen der Universität Wien 58). Wien 1971, S. 306 f.

Die gewerbliche Nebentätigkeiten der Guardisten und ihrer Frauen bildeten eine empfindliche Konkurrenz für das zünftische Gewerbe, welches versuchte, sich dagegen mit wenig Erfolg zur Wehr zu setzen.[23]

Als eigenständige politische Größe spielte die „bürgerliche“ Stadt seit der Niederschlagung des Aufstands von 1522 durch Ferdinand I. keine Rolle mehr. Die Entmachtung der Stadtobrigkeiten wurde durch die Stadtordnung von 1526 *de iure* festgeschrieben. Die städtische Autonomie ging freilich in einem Erosionsprozeß *de facto* erst allmählich verloren.[24] Im Fall des Adels bedurfte es der Niederschlagung der Rebellion eines Teils des protestantischen Adels in den ersten Kriegsjahren, um die Macht der Stände militärisch zu zerschlagen. Wer nicht konvertierte, wurde mittelfristig ins Exil gezwungen. Ein bereits im späten 16. Jahrhundert einsetzender Transformationsprozeß, der den (höfischen) Hochadel zuungunsten des niederen Adels begünstigte,[25] wurde dadurch enorm beschleunigt. Am Ende dieses Prozesses stand ein habsburgtreuer Hofadel, der den Übergang vom Domänen- zum Steuerstaat nicht behinderte, sondern stützte.

Die Höfe in London, Madrid, Paris und Wien wurden nicht von ungefähr zunehmend im Sprachgebrauch synonym mit der Stadt identifiziert.[26] Wien zählte unter dieser Gruppe von Hauptstädten ähnlich wie Madrid zu jenen, bei denen man von „court-related-growth“[27] im engeren Sinn sprechen konnte. Mit dem Zuzug der Hofaristokratie und höfischer Bedienste-

---

23 Exemplarisch dazu während des Krieges ÖStA, Kriegsarchiv, Hofkriegsratsprotokolle 1622/247, 271r.; 1622/247, 577v-578r; 1623/249, 232r.; 1626/255, 276v-277r.; 1633/269, 194v; 1642/286, 274v.

24 Engel, Lambrecht, Hauptstadt, S. 23.

25 Richard Perger, Die Zusammensetzung des Adels im Land unter der Enns. In: Adel im Wandel. Politik – Kultur – Konfession (Katalog), Wien 1990, S. 34.

26 Henry Kamen, European Society 1500–1700, London [u. a.] 1984, S. 104.

27 Munck, Seventeenth Century Europe, S. 179.

ter entstand ein ständig wachsender großstädtischer Markt, der demographisches Wachstum ebenso wie die Auffächerung einer breiten Palette an urbanen Dienstleistungen in der städtischen Ökonomie induzierte.[28] Die Bedeutung des Hofes für die „Metropolenbildung" ging jedoch weit über das Ökonomische hinaus. Die Inbesitznahme städtischen Raumes durch den Hof und die Hofaristokratie besaß eine zutiefst symbolische Bedeutung. „Der Hof wurde zur sozialen Mitte der Stadt."[29]

In der Inszenierung des Hofes manifestierte sich fürstlicher Herrschaftsanspruch. Der höfische Festkalender bot die Möglichkeit, abseits des unmittelbaren Unterhaltungswertes ein hegemoniales politisches Programm zu transportieren. Frühe Bedeutung gewann dabei das (Musik-)Theater. In der Zeit des Dreißigjährigen Krieges wurde unter Kaiser Ferdinand II. der Ruf Wiens als herausragender Musikstadt im Reich begründet.[30] Unter dem Einfluß mehrerer Kaiserinnen italienischer Herkunft war es vor allem die italienische Oper, die einen festen Platz in der höfischen Festkultur einnahm.[31] Versuchen, spanische Einflüsse zur Geltung zu bringen, war wenig Erfolg beschieden. Noch war die höfische Prachtentfaltung nicht mit jener des Hochbarock zu vergleichen, doch war bereits während des Krieges eine Steigerung unverkennbar. Die Feierlichkeiten anläßlich der Hochzeit Ferdinands III. mit der Infantin Maria im Jahr 1631 fielen ungleich prächtiger aus als jene zur Vermählung Kaiser Ferdinands II. mit Eleonora di Gonzaga neun Jahre zuvor.[32] Hohe Kosten für höfische Feste im Krieg waren

---

28 Werner Sombart, Luxus und Kapitalismus (Studien zur Entwicklungsgeschichte des Kaiptalismus 1), München – Leipzig 1913, S. 28–41.

29 Csendes, Wien, S. 221.

30 Vgl. den Beitrag von Harald Tersch in diesem Band.

31 Franz Hadamovsky, Wien. Theatergeschichte. Von den Anfängen bis zum Ende des Ersten Weltkrieges (Geschichte der Stadt Wien 3), Wien 1994, S. 134–137. Vgl. vor allem auch den Beitrag von Otto G. Schindler in diesem Band.

32 Vgl. den Beitrag von Andrea Sommer-Mathis in diesem Band.

nicht ungewöhnlich. 1634 flossen in die Feierlichkeiten anläßlich der Vermählung des dänischen Prinzen Christian mit Magdalena Sybille von Sachsen zwei Millionen Reichstaler.[33] Diese und ähnliche Feste waren Bestandteil einer Integrationsstrategie des Hofes, dem es während des Krieges gelang, die adelige Oberschicht weitgehend an den Hof zu binden.

Die neu entstehende Hofaristokratie rekrutierte sich aus einem Patronagesystem.[34] Nobilitierungen und die Vergabe einer größer werdenden Zahl an Ämtern schufen für den Kaiser Loyalitätsbeziehungen in den habsburgischen Territorien und darüber hinaus. Patronage blieb jedoch keineswegs auf den Kaiser beschränkt. Rund um Männer wie den Obersthofmeister und engsten Berater Kaiser Ferdinands III., Maximilian von Trauttmansdorff, sponnen sich Fäden zu an den Hof drängenden Familien, wurde zentrale Patronage zum Aufbau lokaler Klientelsysteme benutzt. Die den Patron-Klient-Beziehungen inhärente Instabilität förderte gleichzeitig herkunftsunabhängige Aufstiegsmöglichkeiten, die die herkömmliche stratifikatorische Gesellschaftsdifferenzierung untergruben.[35] Sie förderte jedoch auch eine räumliche Orientierung am Herrschaftszentrum. Nicht nur adelige Aufsteiger siedelten sich zusehends in der Hauptstadt an. Sie entwickelten auch eine zunehmend auf Wien zentrierte Sepulchralkultur. „Tatsächliche und symbolische Ordnung des Hofes wurden in die Materialität der Residenz überführt.“[36]

33 Mara R. Wade, „Große Hochzeit“ und „Gipfeltreffen“ in Kopenhagen 1634. Dänische Repräsentationspolitik im Dreißigjährigen Krieg. In: Benigna von Krusenstjern, Hans Medick (Hgg.), Zwischen Alltag und Katastrophe. Der Dreißigjährige Krieg aus der Nähe (Veröffentlichungen des Max-Planck-Instituts für Geschichte 148), Göttingen 1999, S. 113.

34 Kamen, European Society, S. 104 f.

35 Niklas Luhmann, Die Gesellschaft der Gesellschaft. Frankfurt/M. 1998, S. 717.

36 Vgl. den Beitrag von Mark Hengerer in diesem Band.

Höfische Machtdemonstrationen waren nicht nur ein – wenn auch nicht unbedingt immer intendiertes – Instrument sozialer Disziplinierung des Hofadels. Ohne Interaktion mit den übrigen Untertanen wäre ihre Wirkung sehr beschränkt geblieben. Diese Interaktion mußte nicht unbedingt auf der Teilnahme an Prozessionen oder Festzügen in der Funktion der „staunenden Menge" beruhen. Repräsentative Öffentlichkeit wurde zunehmend auch durch Druckmedien transportiert. Hofnachrichten nahmen einen relativ breiten Raum in der entstehenden Tagespublizistik ein. In der in Wien erscheinenden *Ordentlichen (Post)Zeittung* rangierten sie nach den im Vordergrund stehenden Kriegsnachrichten an zweiter Stelle. Daß diese gefiltert überwiegend nur von Erfolgen kaiserlicher Truppen berichteten und Niederlagen verschwiegen, verwundert nicht weiter. Bemerkenswert erscheint vielmehr, daß die *Ordentliche Post-Zeittung* wie andere Periodika ihrer Zeit sich den Anschein einer neutralen Berichterstattung geben wollte.[37]

Wie sich am Beispiel der prokaiserlichen Flugschriftenliteratur zu einem Gefecht zwischen kaiserlichen und ständischen Truppen aus dem Oktober 1619 zeigen läßt, versuchte man selbst in panegyrischen Schriften aus jesuitischer Quelle, den Anschein einer gewissen Objektivität zu wahren.[38] Waren diese Schriften, die sich mit Ausbruch der Kampfhandlungen enorm vermehrten, wirklich nur für eine repräsentative Öffentlichkeit bestimmt, oder weist nicht ihre vorgegebene Objektivität auf eine Nachfrage nach „bürgerlichem" Diskurs? Neuere Forschungen belegen jedenfalls, daß während der ersten Hälfte des 17. Jahrhunderts eine Medienrevolution[39] in Gang kam,

---

37 Vgl. den Beitrag von Christian Oggolder in diesem Band.

38 Vgl. den Beitrag von Sonja Reisner in diesem Band.

39 Wolfgang Behringer, Veränderung der Raum-Zeit-Relation. Zur Bedeutung des Zeitungs- und Nachrichtenwesens während der Zeit des Dreißigjährigen Krieges. In: Benigna von Krusenstjern, Hans Medick (Hgg.), Zwischen Alltag

die sich die erstarkenden Territorialgewalt abseits konfessioneller Unterschiede zunutze machte, um die Zunahme territorialer Herrschaft propagandistisch medial zu begleiten.

Wie sich auch am Beispiel Wiens als Zentrum des habsburgischen Territorialkomplexes zeigt, wäre es verkürzt, den „Staatsbildungsprozeß" lediglich auf die entstehenden Institutionen Bürokratie, Militär und Hof idealtypisch zu reduzieren.[40] Mit Bezug auf das „bonum publicum" nahmen sozialdisziplinierende Zugriffe der Obrigkeit zu. Die eigentliche Wachstumszone der Staatsgewalt stellte der Bereich der „Policey" dar. Darunter sind gerade jene obrigkeitlichen Aufgaben zu verstehen, die über die klassischen Aufgaben von Justiz, Militär und Finanz hinausgehen.[41]

Mit der Ausweitung der „Policey" eng verknüpft und von ihr nicht zu trennen sind die Bemühungen des Kaisers, konfessionelle Uniformität in seiner Haupt- und Residenzstadt zu erzwingen. Nach den militärischen Erfolgen der frühen 1620er Jahre wurde eine systematische Rekatholisierungskampagne eingeleitet, die in ihrer Intensität weit über die gegenreformatorischen Bemühungen der vorangegangenen Jahrzehnte hinausging. Bezeichnenderweise nahm die niederösterreichische Regierung, insbesondere unter Ferdinand III., die Gegenreformation politisch in ihre Hand, während die Kirche lediglich ihre fachliche und organisatorische Kompetenz zur Verfügung stellte.[42] Letztlich waren es säkularisierende und resakralisierende Elemente, die eine Symbiose eingingen, die insgesamt modernisierend wirkte.[43]

---

und Katastrophe. Der Dreißigjährige Krieg aus der Nähe (Veröffentlichungen des Max-Planck-Instituts für Geschichte 148), Göttingen 1999, S. 81.

40 Zum englischen Beispiel vgl. Michael Braddick, The Early Modern English State and the Question of Differentiation, from 1550 to 1700. In: Comparative Studies in Society and History 38, 1996, S. 110.

41 Reinhard, Staatsgewalt, S. 363.

42 Vgl. den Beitrag von Arthur Stögman in diesem Band.

43 Heinz Schilling, Das konfessionelle Europa. Die Konfessionalisierung der

Abgesehen von der deutlichen Aufstockung der Stadtguardia markierte die Einsetzung einer Rumorwache, die von der Stadtguardia mehr schlecht als recht ausgeübte polizeiliche Aufgaben im engeren Sinn übernahm, im Jahr 1646 eine Zäsur in der Wiener Polizeigeschichte. An Anlässen für den Einsatz der Rumorwache mangelte es offensichtlich nicht.[44] Der Rumorwache kam aber auch und vor allem die rigorose Überwachung der Einhaltung der kaiserlichen Religions- und Sittenmandate zu, die das Verhalten jedes einzelnen Untertanen in einem nie zuvor gekannten Ausmaß obrigkeitlicher Kontrolle unterwarfen.[45] Die „Policey" ging jedoch weit über ordnungspolitische Belange hinaus. Auf der Grundlage der Entdeckung des biologischen Körpers der Stadt in seiner Bedeutung für die soziale Gemeinschaft blieben die immer wiederkehrenden Pestepidemien nicht ohne Wirkung auf das Verhältnis der frühmodernen Obrigkeit zu ihren Untertanen.

Krankheit wurde von einem religiös-privaten zu einem Gegenstand öffentlichen Interesses,[46] Stadthygiene ein neues Politikfeld.[47] Von Bedeutung war dabei weniger die Effizienz der getroffenen Maßnahmen – sie differierte nur wenig, weil sie sich auf menschliche Übertragungswege konzentrierte, die

---

europäischen Länder seit Mitte des 16. Jahrhunderts und ihre Folgen für Kirche, Staat, Gesellschaft und Kultur. In: Joachim Bahlcke, Arno Strohmeyer (Hgg.), Konfessionalisierung in Ostmitteleuropa. Wirkungen des religiösen Wandels im 16. und 17. Jahrhundert in Staat, Gesellschaft und Kultur (Forschungen zur Geschichte und Kultur des östlichen Mitteleuropa 7), Stuttgart 1999, S. 18.

44 Thomas Just, Andreas Weigl, Die Wiener Stadtguardia und der Dreißigjährige Krieg. In: AMG-Bulletin 4, 2000, Nr. 5, S. 26 f.

45 Vgl. dazu den Beitrag von Arthur Stögman in diesem Band.

46 Alfons Labisch, Homo hygienicus. Gesundheit und Medizin in der Neuzeit, Frankfurt/M. – New York 1992, S. 60, 247 ff.

47 Martin Dinges, Pest und Staat: Von der Institutionengeschichte zur sozialen Konstruktion? In: Martin Dinges, Thomas Schlich (Hgg.), Neue Wege in der Seuchengeschichte (Medizin, Gesellschaft und Geschichte. Beiheft 6), Stuttgart 1995, S. 77.

lediglich zu Beginn einer Pestepidemie einen gewissen Einfluß hatten[48] – als die Systematisierung öffentlicher gesundheitspolitischer Maßnahmen.[49] Am Beispiel Wiens zeigt sich eine zunehmende Tendenz, öffentliche Plätze und Gebäude wie Märkte, Schulen und Bäder auf Initiative der Regierung in Pestzeiten schließen und die Hygiene in den Häusern durch „commissarios“ – eine Art „Gesundheitspolizei“ – überwachen zu lassen. Der Stadt kam dabei lediglich die Aufgabe eines Vollzugsorgans zu.[50] Die zu treffenden Maßnahmen wurden von der niederösterreichischen Regierung vorgegeben. Die Pest beförderte jedoch auch ein an Pflichterfüllung orientiertes Amtsverständnis.[51] Die Flucht aus der Stadt während des Ausbruchs von Pestepidemien war den Mitgliedern der Pestbehörden nicht gestattet und wurde entsprechend streng geahndet.

Die Maßnahmen zur Seuchenbekämpfung beeinflußten auch die städtische Armenfürsorge. Armut, vor allem Bettel, wurde als soziale und gesundheitliche Gefahr wahrgenommen. Auf dieser Basis entwickelten sich die Prinzipien der frühneuzeitlichen Armenpolitik: Aussondern und Versorgen.[52] Diese Politik wies den Weg zur Einrichtung von Arbeitshäusern, deren erstes in Wien in den 1670er Jahren entstand.[53] Vorgriffe

---

48 Christopher R. Friedrichs, The Early Modern City 1450–1750, Harlow – New York 1995, S. 281.

49 Zum Beispiel London und England vgl. etwa Paul Slack, The response to plague in early modern England: public policies and their consequences. In: John Walter, Roger Schofield (Hgg.), Famine, disease and the social order in early modern society (Cambridge Studies in Population, Economy and Society in Past Time 10). Cambridge [u. a.] 1989, S. 194.

50 Vgl. den Beitrag von Susanne Claudine Pils in diesem Band.

51 Dinges, Pest, S. 79.

52 Dinges, Pest, S. 77; vgl. den Beitrag von Thomas Just in diesem Band.

53 Herbert Hassinger, Johann Joachim Becher 1635–1682. Ein Beitrag zur Geschichte des Merkantilismus (Veröffentlichungen der Kommission für Neuere Geschichte Österreichs 38), Wien 1951, S. 196 ff.; Hannes Stekl, Österreichs Zucht- und Arbeitshäuser 1671–1920. Institutionen zwischen Für-

auf die Disziplinierungs- und Medikalisierungsversuche späterer Jahrhunderte sind jedoch schon in der Kriegszeit erkennbar. So bestimmte eine Verordnung aus dem Jahr 1624 die Visitierung von Bettlern durch Mediziner, Barbiere und Wundärzte. Mit Hinweis auf italienische Vorbilder wies die niederösterreichische Regierung das Bürgerspital an, durch die Aufnahme lediger Mütter Fälle von Kindsmord verhüten zu helfen. Diese „Findelhausfunktion" war eine der Aufgaben des „Spitals".[54] Bemerkenswert an dieser Anordnung ist die Argumentation der Regierung, die sich nicht mehr wesentlich von jener, die die Gründung des Wiener Findelhauses 1784 begleitete, unterschied.

Den genannten obrigkeitlichen Politikfeldern war nicht nur bei der Seuchenbekämpfung ein hohes Maß an Ineffizienz gemeinsam, nicht zuletzt darum, weil sie häufig „Modernisierungspolitiken" gar nicht intendierten. Wie am Beispiel der „Konfessionalisierung" festgestellt wurde, war es „die Einsicht in die Notwendigkeit der Wiederherstellung der als richtig beschriebenen Vergangenheit, die zu Veränderungen beitrug",[55] was allerdings ihre Bedeutung für den Staatsbildungsprozeß keineswegs schmälert.

Die Genesis moderner Staatlichkeit in Europa ist untrennbar mit der Etablierung von Hauptstädten verbunden. Fernand Braudel hat darauf hingewiesen, daß ohne die ständig wachsenden Hauptstädte jene nationalen Märkte niemals entstehen hätten können, „ohne die der nationale Staat ein reines Phan-

---

sorge und Strafvollzug (Sozial- und wirtschaftshistorische Studien 12), Wien 1978.

54 Vgl. den Beitrag von Thomas Just in diesem Band.

55 Luise Schorn-Schütte, Konfessionalisierung als wissenschaftliches Paradigma? In: Joachim Bahlcke, Arno Strohmeyer (Hgg.), Konfessionalisierung in Ostmitteleuropa. Wirkungen des religiösen Wandels im 16. und 17. Jahrhundert in Staat, Gesellschaft und Kultur (Forschungen zur Geschichte und Kultur des östlichen Mitteleuropa 7), Stuttgart 1999, S. 77.

tasiegebilde“ geblieben wäre.[56] Die Transformation von Residenz- zu „Haupt- und Residenzstädten“ im frühneuzeitlichen Europa war eng mit einem Funktionswandel der Aristokratie verknüpft, die sich zunehmend am Hof orientierte. Wien wurde zur „Konsumptionsstadt“ durch adeligen und „hofbeamtischen“ Zuzug. Dieser – Ausdruck einer gelungenen räumlichen Disziplinierung[57] – war wiederum nur denkbar, weil sich die gesellschaftlichen Machtverhältnisse während und durch den Dreißigjährigen Krieg wesentlich verändert hatten. „Aus dem Krieg ging keine erneuerte Feudalgesellschaft hervor, sondern eine staatlich organisierte, deren spezifische Struktur aus den im Zuge des Krieges und der Krise neu gewichteten Kräfteverhältnissen zwischen sozialen Gruppen resultierte.“[58]

War Wien um 1650 bereits im modernen Sinn eine Hauptstadt zu nennen? Im engeren Sinn sicherlich nicht. Von einem institutionalisierten Staat mit durchgebildeten administrativen Strukturen konnte um die Mitte des 17. Jahrhunderts im Fall der Habsburgermonarchie noch nicht die Rede sein. Hinsichtlich ihrer Größe hatte die Stadt im Lauf des Krieges Prag den Rang abgelaufen, obwohl eine Umkehr dieses Prozesses noch durchaus denkbar erschien. Die exponierte Lage mochte nicht unbedingt ein Vorteil sein. Immerhin machte sie große Investitionen in den Festungsbau notwendig, von denen die urbane Ökonomie profitierte. Politisch jedoch hatte die Verlegung des Hofes nach Wien eine wichtige Vorentscheidung in der

---

56 Fernand Braudel, Sozialgeschichte des 15.–18. Jahrhunderts. Der Alltag, München 1985, S. 578.

57 Martin Dinges, Residenzstadt als Sozialdisziplinierung? Zur Rekonstruktion eines kulturgeschichtlichen Forschungsstandes. In: Disziplinierung im Alltag des Mittelalters und der frühen Neuzeit (Veröffentlichungen des Instituts für Realienkunde des Mittelalters und der frühen Neuzeit 17), Wien 1999, S. 65.

58 Landsteiner, Wiederaufbau, 194.

Hauptstadtfrage gebracht,[59] und es war diese politische Funktion, die das entscheidende Kriterium in der Bildung europäischer Hauptstädte darstellte.[60] Von der Anwesenheit des Hofes gingen wichtige Impulse aus, die zur Festigung der hegemonialen Position der Stadt im Städtesystem der habsburgischen Länder in der Folge wesentlich beitrugen.[61] Was den disziplinierenden Zugriff auf den einzelnen betrifft, nahm dieser insbesondere in bezug auf die „Konfessionalisierung" der städtischen Bevölkerung und die Bindung des Hofadels an ein striktes höfisches Zeremoniell zu. Weit davon entfernt, ihrem modernen Pendant zu entsprechen, erwies sich die „hauptstädtische" Gesellschaft als Exerzierfeld des werdenden Staates.

---

59 Vgl. meinen Beitrag über „Residenz, Bastion und Konsumptionsstadt" in diesem Band.

60 Edith Ennen, Funktions- und Bedeutungswandel der „Hauptstadt" vom Mittelalter zur Moderne. In: Theodor Schieder, Gerhard Brunn (Hgg.), Hauptstädte in europäischen Nationalstaaten (Studien zur Geschichte des neunzehnten Jahrhunderts 12). München – Wien 1983, S. 162.

61 Georg Heilingsetzer, The Austrian Nobility, 1600–1650: Between Court and Estates. In: R. J. W. Evans, T. V. Thomas (Hgg.), Crown, Church and Estates. Central European Politics in the Sixteenth and Seventeenth Centuries, Basingstoke – London 1991, S. 256.

Andreas Weigl

Residenz, Bastion und Konsumptionsstadt: Stadtwachstum und demographische Entwicklung einer werdenden Metropole

dise unser stat Wienn, in welcher viel lange jahr unsere in gott allerseligist ruhende uralte vorfahren am reich und unserm löblichen haus Österreich ir kaiser- und erzfürstliche residenz und wonungen gehabt, [...]

Ferdinand II. 1623[1]

Stadtbild

An der Wende vom 16. zum 17. Jahrhundert zählte Wien ohne Zweifel zu den größten Städten im Reich. Vorliegende Schätzungen divergieren ziemlich stark und reichen von einer Einwohnerzahl von rund 25.000–50.000 in Stadt und Vorstädten und weiteren 10.000–20.000 Einwohnern in den Vororten und im Umland.[2] Selbst wenn man die untere Grenze dieser Schät-

1 J. A. Tomaschek (Bearb.), Die Rechte und Freiheiten der Stadt Wien, Bd. 2, Wien 1879, S. 197. Ähnlich zitiert bei Franz Baltzarek, Alfred Hoffmann, Hannes Stekl, Wirtschaft und Gesellschaft der Wiener Stadterweiterung. In: Renate Wagner-Rieger (Hg.), Die Wiener Ringstraße. Bild einer Epoche. Die Erweiterung der Inneren Stadt Wien unter Kaiser Franz Joseph (Wirtschaft und Gesellschaft der Wiener Stadterweiterung 5), Wiesbaden 1975, S. 4 f.

2 50.000 nach Jan de Vries, European urbanization 1500–1800, Cambridge (Mass.) 1984, S. 278; 70.000 für das heutige Gemeindegebiet einschließlich Vororte und Umland nach Kurt Klein, Die Bevölkerung Österreichs vom Beginn des 16. bis zur Mitte des 18. Jahrhunderts (mit einem Abriß der Bevölkerungsentwicklung von 1754 bis 1869). In: Heimold Helczmanovski (Hg.), Beiträge zur Bevölkerungs- und Sozialgeschichte Österreichs. Nebst einem Überblick über die Entwicklung der Bevölkerungs- und Sozialstatistik, Wien

zungen als realistisch annimmt, konnte eine Stadt mit einer solchen Einwohnerzahl zu Beginn des 17. Jahrhunderts als groß gelten, so groß, daß ein der frühmerkantilistischen Populationistik verpflichtetes Gutachten des in erzherzöglichen und kaiserlichen Diensten stehenden Gundakers von Liechtenstein aus dem Jahr 1613 zu dem Schluß kam, es sei nicht ratsam, Wien stärker zu „populieren", denn es sei bereits „volkreich" genug.[3] Noch waren die oberdeutschen und hansischen Handelsmetropolen vermutlich bevölkerungsreicher. Nürnberg, Köln, Hamburg und Magdeburg mögen um die Jahrhundertwende vielleicht 40.000 Einwohner gehabt haben, Augsburg um 1618 48.000.[4] Vor allem wurde Wien im Reich noch recht deutlich von Prag übertroffen, das zu Beginn des 17. Jahrhunderts etwa 60.000–70.000 Einwohner beherbergte.[5] Im europäischen Maßstab zählte Wien zu den größeren Städten, deutlich übertroffen von den westeuropäischen Metropolen London und Paris, aber auch von zahlreichen süd- und westeuropäischen Zentren wie Venedig, Mailand, Rom, Neapel, Palermo, Sevilla, Rouen und Amsterdam.[6] Dennoch über-

---

1973, S. 93; 25.000 für Stadt und Vorstädte nach Erich Landsteiner, Weinbau und bürgerliche Hantierung. Weinproduktion und Weinhandel in den landesfürstlichen Städten und Märkten Niederösterreichs in der frühen Neuzeit. In: Ferdinand Opll (Hg.), Stadt und Wein (Beiträge zur Geschichte der Städte Mitteleuropas 14), Linz/Donau 1996, S. 20, Anm. 5.

3 Thomas Winkelbauer, Fürst und Fürstendiener. Gundaker von Liechtenstein, ein österreichischer Aristokrat des konfessionellen Zeitalters (MIÖG, Ergänzungsband 34), Wien – München 1999, S. 209.

4 Heinz Schilling, Die Stadt in der frühen Neuzeit (Enzyklopädie deutscher Geschichte 24), München 1993, S. 11–12.

5 Josef Janácek, Das alte Prag, Leipzig 1980, S. 137; Herbert Knittler, Die europäische Stadt in der frühen Neuzeit. Institutionen, Strukturen, Entwicklungen (Querschnitte 4), Wien – München 2000, S. 273.

6 E. A. Wrigley, A Simple Model of London's Importance in Changing English Society and Economy, 1650–1750. In: ders., People, Cities and Wealth. The Transformation of Traditional Society, Oxford – Cambridge (Mass.) 1988, S. 133; De Vries, European urbanization, S. 270–278; Philip Benedict, French

rascht die relative Größe der Stadt zu einem Zeitpunkt, zu dem das Oberhaupt des habsburgischen Hauses, Kaiser Rudolf II., in Prag residierte. Warum war das so?

An der überregionalen wirtschaftlichen Bedeutung Wiens kann es nicht gelegen sein. Hatte der West-Ost- und der Nord-Süd-Handel in Hoch- und Spätmittelalter nicht zuletzt dank landesfürstlicher Privilegierung einiges zum demographischen Wachstum der Stadt beigetragen, so waren diese Zeiten um 1600 längst vorbei. Die Kontrolle des Zwischenhandels war schon im 15. Jahrhundert immer mehr unter den Einfluß oberdeutschen Kapitals geraten und hatte durch das Vordringen des Osmanischen Reiches eine entscheidende Schwächung erfahren.[7] Ein klassisches Exportgewerbe besaß Wien nicht. Einzig ein erheblicher Teil der bedeutenden, arbeitsintensiven Weinproduktion – um 1600 wurden rund 2.700–2.800 ha an Rebenfläche bewirtschaftet – ging in den Export und sorgte für nicht unbeträchtlichen bürgerlichen Wohlstand. Noch vor Ausbruch des Dreißigjährigen Krieges nahm bürgerlicher Weingartenbesitz in den Vorstädten, Vororten und im Umland zu. Allein aus der Zahl der Leutgeben in der Stadt – das Leutgeben war ein bürgerliches Vorrecht – im Jahr 1621 ist ersichtlich, daß in jedem sechsten Bürgerhaus in der Stadt Wein ausgeschenkt wurde.[8] Vom Weinbau lebten jedoch nicht nur bürgerliche, kirchliche und adelige Weingartenbesitzer, sondern auch zahlreiche Tagelöhner, die sich als Weingartenarbeiter in der Ernte-

---

cities from the sixteenth century to the Revolution. An overview. In: ders., Cities and social change in early modern France, London – New York 1992, S. 24 f.

7 Herbert Hassinger, Wien im Zeitalter des Merkantilismus. In: Nachrichtenblatt des Vereines für Geschichte der Stadt Wien 3, 1941, S. 2.

8 Johanne Pradel, Die Wiener Ratsbürger im ersten Drittel des 17. Jahrhunderts (ungedr. phil. Diss.), Wien 1972, S. 95 ff.; Zahl der Leutgeben bei Viktor Thiel, Gewerbe und Industrie. In: Geschichte der Stadt Wien 4, hg. v. Altertumsverein, Wien 1911, S. 416.

zeit verdingten. Wir werden den Hauern und Weingartenarbeitern bei einer Analyse der Sozialstruktur noch begegnen. So sehr der Weinbau das landschaftliche Bild des Gebietes außerhalb der Stadtmauern noch bestimmte, seine wirtschaftliche und demographische Bedeutung blieb doch eingeschränkt. Zudem nahmen langfristig, beschleunigt durch den großen Krieg, Ertrag und Produktion zumindest des bürgerlichen Weinbesitzes in der ersten Hälfte des 17. Jahrhunderts ab.[9]

Bedeutsamer für die demographische Entwicklung im 16. Jahrhundert und auch in der Folge war die strategische Lage der Stadt. Es ist nicht übertrieben, sie als Brückenkopf und Bollwerk an der östlichen Grenze der von den österreichischen Habsburgern tatsächlich kontrollierten und regierten Länder zu bezeichnen. „Nie war Wien so sehr Grenzstadt wie zwischen der ersten und zweiten Türkenbelagerung."[10] Jener habsburgische Teil Ungarns, der von den Türkenkriegen übriggeblieben war, reichte nur wenig weiter östlich bis zu den ungarischen Grenzfestungen Raab und Komorn. Dem massiven Ausbau der Befestigungswerke nach der Ersten Türkenbelagerung fielen zwar zahlreiche im Schußfeld gelegenen Häuser in den Vorstädten zum Opfer. Nicht zu übersehen ist freilich, daß er dem städtischen Bauhandwerk und wohl darüber hinaus auch dem tertiären Sektor Beschäftigung verschaffte.[11]

Von entscheidender Bedeutung erwies sich jedoch die Hauptstadt- und Residenzfunktion. Seit der späten Regierungszeit Ferdinands I. war ein tiefer Wandel in der Beziehung Herrscher – Stadt eingetreten. Wien war nun nicht mehr bloß

---

9 Landsteiner, Weinbau, S. 22, 40; Erich Kittel, Die Vermögensverhältnisse Wiener Bürger in der ersten Hälfte des 17. Jahrhunderts (ungedr. phil. Diss.), Wien 1968, S. 68.

10 Hassinger, Wien, S. 3.

11 Reinhard Rudolf Heinisch, Die Stadt als Festung im 17. Jahrhundert. In: Wilhelm Rausch (Hg.), Die Städte Mitteleuropas im 17. und 18. Jahrhundert (Beiträge zur Geschichte der Städte Mitteleuropas 5), Linz/Donau 1981, S. 290.

eine potentielle Einnahmequelle für den Herrscher, es erhielt eine eigenständige Rolle im Rahmen der landesfürstlichen Zentralisierungsbestrebungen zugewiesen, nicht als politischer Akteur, aber im Sinne seiner zentralörtlichen und strategischen Funktionen. Auch wenn durch die Verlegung des Hofes nach Prag durch Rudolf II. Hofbehörden und der Hofstaat für einige Jahrzehnte abwanderten, blieb doch der Staat des Statthalters groß genug, um das Hofquartierwesen bestehen zu lassen.[12] Zudem wanderten die seit der Mitte des 16. Jahrhunderts in der Stadt etablierten Zentral- und Mittelbehörden des von den österreichischen Habsburgern beherrschten Territorialkomplexes in Mittel- und Ostmitteleuropa nur teilweise nach Prag mit.[13] Die für die niederösterreichische Ländergruppe zuständige Regierung und die Behörden blieben ohne Unterbrechung in Wien. Nicht unerheblich erwies sich auch die Etablierung Wiens als ständiger Tagungsort der Stände „Österreichs unter der Enns" seit 1510. Sie evozierte den Bau eines „Landhauses" und von Stadtquartieren bedeutender Ständevertreter.[14] Die wichtigsten Positionen in diesen wachsenden Verwaltungszentren hatten Adlige inne.[15] Das war von grundsätzlicher Bedeutung für die Konsumptionsstadt Wien, die zu einem erheblichen Teil aus Renten und Steuern ihrer feudalen Oberschicht

12 John P. Spielman, The City & The Crown. Vienna and the Imperial Court 1600–1740, West Lafayette 1993, S. 80 f.

13 Herbert Knittler, Österreichs Städte in der frühen Neuzeit. In: Erich Zöllner (Hg.), Österreichs Städte und Märkte in ihrer Geschichte (Schriften des Institutes für Österreichkunde 46), Wien 1985, S. 52.

14 Karl Vocelka, *Du bist die port und zir alzeit, befestigung der christenheit* – Wien zwischen Grenzfestung und Residenzstadt im späten Mittelalter und in der frühen Neuzeit. In: Evamaria Engel, Karen Lambrecht, Hanna Nogossek (Hgg.), Metropolen im Wandel. Zentralität in Ostmitteleuropa an der Wende zur Neuzeit, Berlin 1995, S. 266.

15 Richard Perger, Der Adel in öffentlichen Funktionen und sein Zuzug nach Wien. In: Adel im Wandel. Politik – Kultur – Konfession (Katalog), Wien 1990, S. 270 f.

lebte. Das Konsumptionspotential dieser Schicht – einschließlich des Landesfürsten – war schon zu Beginn des 17. Jahrhunderts im Vergleich mit anderen Territorien im Reich beträchtlich. Die Steuereinkünfte aus dem österreichischen Länderkomplex standen in den Vorkriegsjahren den aus den böhmischen Ländern nur bedingt nach. Schon im „Langen Türkenkrieg" waren erhebliche Mittel aus den nieder-, inner- und vorderösterreichischen Ländern in die Kriegskasse geflossen.[16] In Summe konnten sich allein die Einkünfte aus den österreichischen Erblanden mit jenen des Herzogtums Bayern, dessen Finanzen von Maximilian I. in besonders guten Zustand gebracht worden waren, annähernd messen.[17]

Die adelige Oberschicht befand sich um 1600 in einem ökonomischen Konsolidierungsprozeß, der durch eine systematische Zurückdrängung des Ritterstandes und häufig aus ökonomischen, politischen und konfessionellen Gründen gescheiterten Versuchen, große Grundherrschaften aufzubauen, gekennzeichnet war.[18] Auf dem Gipfelpunkt ständischer Macht in den ersten beiden Jahrzehnten des 17. Jahrhunderts drängten reiche protestantische Adelige nach Wien in ihre Stadtquartiere. Als Kaiser Matthias 1612 den kaiserlichen Hofstaat nach Wien verlegte, gelang es dem Obersthofmarschall zu-

16 Anton Gindely, Geschichte der böhmischen Finanzen von 1526 bis 1618, Wien 1971, S. 17; Felix Stieve (Bearb.), Die Politik Baierns 1591–1607. 2. Hälfte (Briefe und Acten zur Geschichte des Dreißigjährigen Krieges in den Zeiten des vorwaltenden Einflusses der Wittelsbacher 5), München 1883, S. 628, Anm. 1.

17 Heinz Dollinger, Studien zur Finanzreform Maximilians I. von Bayern in den Jahren 1598–1618. Ein Beitrag zur Geschichte des Frühabsolutismus (Schriftenreihe der historischen Kommission bei der bayerischen Akademie der Wissenschaften 8), Göttingen 1968, S. 162 f.; Rudolf Schlögl, Bauern, Krieg und Staat. Oberbayerische Bauernwirtschaft und frühmoderner Staat im 17. Jahrhundert (Veröffentlichungen des Max-Planck-Instituts für Geschichte 89), Göttingen 1988, S. 230.

18 Winkelbauer, Fürst, S. 24–39.

nächst nicht, die mächtigen und zahlungskräftigen Mieter aus den Hofquartieren herauszubekommen.[19] In den Kampf um eine bessere Ausgangsposition beim Ringen um die Macht griff jedoch auch die katholische Kirche in für die Stadtentwicklung bedeutsamer Form ein. Wohl war die Wiener Bevölkerung um 1600 mehrheitlich protestantisch, aber in Wien als einem der politischen Zentren des katholischen Erzhauses sammelten sich gegenreformatorische Kräfte, floß Geld in eine „Gegenoffensive" der alten Kirche.

Dies mochte alles für die Bedeutung Wiens im Reich sprechen, aber es beantwortet noch nicht die Frage, ob Wien in der Folge eine größere bis große Stadt bleiben oder zur Metropole aufsteigen würde. Diese Frage sollte sich nicht nur im Fall der habsburgischen Territorien in der ersten Hälfte des 17. Jahrhunderts entscheiden, eine Phase, die sich außergewöhnlich vom übrigen Verlauf der Urbanisierung im frühneuzeitlichen Europa unterschied. Zwischen 1600 und 1650 verschob sich die Städtehierachie nachhaltig, wenige Städte stiegen auf und viele verloren entscheidend an Boden. Nicht ganz von ungefähr waren es die Hauptstädte (und/oder Hafenstädte), die zu den längerfristigen „Gewinnern" dieser Periode zählten, denn das Wachsen staatlicher Gewalt und des internationalen Handels erwiesen sich als die zwei wichtigsten Triebkräfte bei der Formierung europäischer Metropolen.[20] Die weitere urbane Entwicklung Wiens erklärt sich also aus der Entstehung moderner Staaten in Europa, und das war zunächst eine politische und nicht so sehr eine ökonomische Frage. Wiewohl von den wesentlichen Kriegsparteien keineswegs ursprünglich inten-

19 Josef Kallbrunner, Das Wiener Hofquartierwesen und die Maßnahmen gegen die Quartiersnot im 17. und 18. Jahrhundert. In: Mitteilungen des Vereines für Geschichte der Stadt Wien 5, 1925, S. 27.

20 De Vries, European urbanization, S. 128, 141; Paul Bairoch, Cities and Economic Development. From the Dawn of History to the Present, Chicago 1991, S. 183.

diert,[21] sollte der Ausgang des Dreißigjährigen Krieges – des ersten „Staatenbildungskrieges"[22] auf europäischem Boden – wichtige Weichenstellungen im Zuge des Metropolenbildungsprozesses liefern, wenn auch an dessen Ende noch keineswegs ein österreichischer Gesamtstaat und eine entwickelte Metropole westeuropäischen Musters stand.[23]

Es kommt nicht von ungefähr, daß ein großer Krieg entscheidende Bedeutung für das Werden einer Metropole erlangte. Geohistorische Pluralität rivalisierender Machtzentren mittlerer Größe und deren gemeinsame kulturelle, insbesondere institutionelle Ausstattung bildeten die makrohistorischen Rahmenbedingungen für die Entstehung moderner Staaten in Europa.[24] Auf der Basis konfessioneller Gegensätze boten lang andauernde kriegerische Auseinandersetzungen und die damit verbundene Notwendigkeit stehender Heere die Chance, den Konzentrationsprozeß staatlicher Gewalt mit den Mitteln der Militarisierung und Fiskalisierung voranzutreiben. „The varying intersections between the process by which capital and coercion concentrated and came under state control help explain the geographic pattern of European state formation, the differential incorporation of urban oligarchies and institutions into consolidated state structure, and the shift in the state power from the Mediterranean to the Atlantic."[25] Mitteleuropa lag zwischen

---

21 Johannes Burkhardt, Die entgipfelte Pyramide. Kriegsziel und Friedenskompromiß der europäischen Universalmächte. In: Klaus Bußmann, Heinz Schilling (Hgg.), 1648. Krieg und Frieden in Europa, Münster–Osnabrück 1998, S. 51–60.

22 Johannes Burkhardt, Das größte Friedenswerk der Neuzeit. Der Westfälische Frieden in neuer Perspektive. In: GWU 49, 1998, S. 594.

23 Robert J. W. Evans, Das Werden der Habsburgermonarchie 1550–1700. Gesellschaft, Kultur, Institutionen (Forschungen zur Geschichte des Donauraumes 6), Wien – Köln – Graz 1986, S. 313.

24 Wolfgang Reinhard, Frühmoderner Staat – moderner Staat. In: Olaf Mörke, Michael North (Hgg.), Die Entstehung des modernen Europa 1600–1900 (Wirtschafts- und Sozialhistorische Studien 7), Köln – Weimar – Wien 1998, S. 3.

25 Charles Tilly, Entanglements of European Cities and States. In: Charles Tilly,

diesen beiden Polen des Auf- und Abstiegs. In den zentraleuropäischen Ländern war um 1600 die landesfürstliche Gewalt keineswegs konsolidiert. Welche der rivalisierenden Kräfte sich durchsetzen sollte, mußte auch die Frage nach der permanenten Residenz und deren geographischer Lokalisation (vor)entscheiden.

Der Urbanisierungsgrad in den österreichischen und böhmischen Ländern war vergleichsweise gering. Um 1600 lebten etwa 2,1% der Bevölkerung in Städten mit mehr als 10.000 Einwohnern, 1650 waren es 2,4%.[26] Nur wenige Zentralorte im habsburgischen Länderkomplex konnten die Funktion einer künftigen „Haupt- und Residenzstadt" erfüllen, unter ihnen vor allem Prag und Wien. Am Beginn des 17. Jahrhunderts schien es, als ob Prag das Rennen machen sollte. Die Wirtschaft der böhmischen Länder prosperierte, und die Ausgabenfreudigkeit des kaiserlichen Hofes gaben der „Goldenen Stadt" wertvolle wirtschaftliche und kulturelle Impulse. Aber einer dauernden Verlegung der Habsburgerresidenz nach Prag standen die dem monarchischen Zentralismus feindlich gesinnten, überwiegend unkatholischen Stände gegenüber, deren Intentionen viel eher in die Richtung einer Adelsrepublik nach polnischem Muster als nach einem starken Nationalstaat oder gar einer bürgerlichen Republik strebten.[27] In den österreichischen Ländern war die Macht der Stände in Inner- und Vorderösterreich bereits bedeutend geschwächt und der Auf-

Wim P. Blockmans, Cities and the Rise of States in Europe A.D. 1000 to 1800, Boulder – San Francisco – Oxford 1994, S. 9.

26 De Vries, European urbanization, S. 39.

27 Janácek, Prag, S. 128. Zum widersprüchlichen Verhältnis des ständischen Adels in Böhmen zu den Bürgern und Unterschichten vgl. Erich Landsteiner, Andreas Weigl, „Sonsten finden wir die Sachen sehr übel aufm Landt beschaffen ...". Krieg und lokale Gesellschaft in Niederösterreich (1618–1621). In: Benigna von Krusenstjern, Hans Medick (Hgg.), Zwischen Alltag und Katastrophe. Der Dreißigjährige Krieg aus der Nähe (Veröffentlichungen des Max-Planck-Instituts für Geschichte 148), Göttingen 1999, S. 252.

stieg der Zentralgewalt mit der eisernen Hand der Gegenreformation weit vorangetrieben worden. Eine politisch-militärische Entscheidung war noch ausständig, aber sie kündigte sich zunehmend an.

Aus dieser Vorkriegszeit stammt eine berühmte Darstellung des Wiener Stadtbildes aus dem Jahr 1609, die der kaiserliche Kupferstecher Jacob Hoefnagel verfertigt hat. Sie zeigt einerseits die nach wie vor vorhandene Dominanz spätgotischer hochgiebeliger Häuser,[28] jedoch auch den wesentlichen Wandel des Stadtbildes, der sich infolge der ersten Türkenbelagerung vollzogen hatte. Der Ausbau moderner städtischen Fortifikationen nach italienischem Muster war weit gediehen. Bereits um 1560 war ausländischen Besuchern das Festungswerk ins Auge gesprungen.[29] Mächtige Bastionen trennten die Altstadt von den Vorstädten und Vororten. In der Stadt schritt das vertikale Stadtwachstum seit dem Spätmittelalter voran. Schon bei einer Bestandsaufnahme des Häuserbesitzes 1566 verzeichnete das damalige Hofquartierbuch nur noch wenige einstöckige Häuser. Zwei- und dreistöckige Häuser stellten rund 90% des Bestandes.[30] Freie Flächen finden sich nicht mehr.[31] Der Häuserbestand schwankte daher nur noch wenig um rund 1.100–1.200. 1587 zählte man 1.210, 1625 1.213, 1644 1.225 und 1664 1.116 Häuser.[32]

---

28 Elisabeth Lichtenberger, Die Wiener Altstadt. Von der mittelalterlichen Bürgerstadt zur City, Wien 1977, S. 113.

29 Ferdinand Opll, „Iter Viennese Cristo auspice et duce“. Wien im Reisetagebuch des Tilemann Stella von 1560. In: JBVGStW 52/53, 1996/97, S. 321 bis 360, hier 333–335, 340–344.

30 Reinhard E. Petermann, Wien von Jahrhundert zu Jahrhundert. Kulturgeschichtliche Entwicklung der Stadt im Rahmen der Zeitgeschichte mit besonderer Berücksichtigung der wirtschaftlichen Wandlungen, T. 1, Wien – Leipzig – New York 1927, S. 381.

31 Spielman, City, S. 31.

32 Klein, Bevölkerung, S. 91; Lichtenberger, Altstadt, S. 110 f.; Kittel, Vermögensverhältnisse, S. 37.

Wien um 1650 (Matthäus Merian, Topographia provinciarum Austriacarum, Frankfurt/M. 1649, nach einem Kupferstich von Jakob Hoefnagel, 1609)

Während die Zahl der „öffentlichen Gebäude“ sich kaum veränderte, nahm adeliger, geistlicher und hofbeamtischer Häuserbesitz auf Kosten des bürgerlichen ständig zu.[33] Nach der Verlegung der kaiserlichen Residenz nach Prag verlor die drückende Last des Hofquartierwesens zwar temporär ihre Bedeutung, doch drängten die Stände am Höhepunkt ihrer Macht in die frei gewordenen Quartiere. Dieses Problem entbehrte nicht einer tiefen Symbolik, war doch der Machtkampf zwischen Landesherr und Ständen noch keineswegs entschieden und äußerte sich auch bei der Inbesitznahme städtischen Raumes.

Schon in den Jahren vor Ausbruch des Dreißigjährigen Krieges setzte die im Zeichen der Gegenreformation wiedererstarkte alte Kirche sichtbare städtebauliche Impulse. Mit Unterstützung des Landesherrn waren in der Stadt 1582 das Königin-, 1599–1617 das Kapuziner- und 1613–1623 das Fran-

33 Lichtenberger, Altstadt, S. 101.

ziskanerkloster begründet und errichtet worden. 1625–1628 folgten das Jesuitenkolleg, 1626 die Barnabiten und 1628/29 die Unbeschuhten Karmeliterinnen. Im Zeitraum von 1587 bis 1637 mußten insgesamt 50 Bürgerhäuser den Kloster- und Ordensgründungen weichen, weitere 36 gingen in den Besitz der Toten Hand über.[34] Eine 1637 durchgeführte Bestandsaufnahme durch den von Ferdinand III. eingesetzten Obersthofmarschall Heinrich Wilhelm von Starhemberg ergab eine Gesamtzahl von 120 geistlichen Freihäusern. Allein 32 davon waren im Besitz der Jesuiten.[35]

Von entscheidender Bedeutung für die weitere Stadtentwicklung erwies sich jedoch nicht kirchlicher, sondern adeliger und/oder hofbeamtischer Hausbesitz. Zu Beginn des 17. Jahrhunderts, spätestens ab 1620, war Wien zum „melting pot" eines neuen „gesamtösterreichischen" kaisertreuen Hof- und Landadels[36] geworden, der maßgebliche Hofämter besetzte und daher auch über entsprechende standesgemäße Stadtquartiere in seinem Besitz verfügen wollte. Die Zahl der Bürgerhäuser nahm entsprechend laufend ab. 1566 zählte man noch 987, 1622 800 und 1644 643 Bürgerhäuser.[37] Dieser Verdrängungsprozeß beschleunigte sich insbesondere durch den außen- und innenpolitischen Sieg des Kaisers gegenüber den Protestanten nach der Schlacht am Weißen Berg. Von 1615 bis 1630 hatte sich der hofbeamtische und adelige Hausbesitz in der Stadt von weniger als einem Viertel auf fast ein Drittel gesteigert. Dieser Verdrängungsprozeß setzte sich in der zweiten Kriegshälfte etwas gebremst fort. Gegen Ende des Krieges

34 Richard Müller, Wiens räumliche Entwicklung und topographische Benennungen. In: Geschichte der Stadt Wien 4, hg. v. Altertumsverein, Wien 1911, S. 378; Lichtenberger, Altstadt, S. 102.

35 Kallbrunner, Hofquartierwesen, S. 31.

36 Winkelbauer, Fürst, S. 39 f.

37 Gerhard Fliedl, Die Lage Wiens im 30-jährigen Krieg (ungedr. phil. Diss.), Wien 1948, S. 71.

kamen auch immer häufiger hofbefreite Handwerker in Hausbesitz. 1650 waren es etwa 3% aller Hausbesitzer.[38] Im Vergleich zu Wien betrugen die entsprechenden Anteile adeligen und hofbeamtischen Hausbesitzes in der Residenzstadt München im Jahr 1619 7 und 1651 etwa 11%, und das, obwohl sich der beamtische Hausbesitz in München ebenso wie in Wien während des Dreißigjährigen Krieges stark vermehrt hatte. Diese Unterschiede in der Häuserbesitzstruktur zwischen beiden Residenzstädten reichen weit in die Vorkriegsepoche zurück. Der Anteil der Hofbeamten und des Hofpersonals an allen Hausbesitzern war in Wien um 1615 neunmal höher als in München im Jahr 1619. Mit der Verteilung des Häuserbesitzes ist jedoch die wahre Dominanz des Hofes und Adels im Stadtbild noch gar nicht richtig erfaßt. Durch Gebäudezusammenlegungen nahm der Anteil unbürgerlichen Hausbesitzes nicht nur quantitativ zu. Auch der Flächenanteil stieg enorm an. 1664 war nur noch ein Viertel des Bauareals im bürgerlichen Besitz.[39] Wenn Wien also in der Folge zur Metropole wachsen konnte, dann war das vornehmlich auf den reichen Adel und den größeren und bedeutenderen Hof bzw. die Hofbeamtenschaft zurückzuführen. Wiens Aufstieg zur Metropole

---

38 Eigene Berechnungen nach einer 10%-Stichprobe aus WStLA, W 190 Paul Harrer, Wien, seine Häuser, Menschen und Kultur (ungedr. Man.), Bd. 1–8, Wien ²1951–1958. Die Auswertungen der Hofquartierbücher durch Lichtenberger ergaben für 1664 etwas niedrigere Werte für den nichtbürgerlichen Hausbesitz. Dieser Unterschied könnte auf einen Stichprobenfehler hindeuten. Wahrscheinlich jedoch wiesen die Hofquartierbücher vereinzelt Häuser noch als bürgerlich aus, die sich de facto bereits in adeliger oder hofbeamtischer Hand befanden. Dennoch, auch nach den Hofquartierbüchern war in Wien im Jahr 1664 fast jedes zehnte Haus in adeligem und jedes fünfte Haus im Besitz von Hofpersonal und Beamten des Hofes. Vgl. dazu Lichtenberger, Altstadt, S. 101.

39 Bernd Roeck, Bayern und der Dreißigjährige Krieg. Demographische, wirtschaftliche und soziale Auswirkungen am Beispiel Münchens. In: GG 17, 1991, S. 451; Lichtenberger, Altstadt, S. 101.

erklärt sich also aus der besonderen politischen und ökonomischen Bedeutung der habsburgischen Erbländer im Vergleich zu anderen Reichsterritorien.

Tabelle 1: Hausbesitz in Wien und München 1615-1651

Besitzer	Anteile in %				
	Wien (Stadt) [1]			München (+Vorstädte)	
	1615	1630	1650	1619	1651
Öffentliche Gebäude	[3]	[3]	[3] 0,8	5,9	3,8
Kirche	5,8	9,2	10,0	8,8	11,0
Adel	5,0	10,8	11,7	5,1	4,6
Hofbeamte u. -personal	17,1	21,3	23,3	1,9	6,2
städtisches Bürgertum [2]	72,1	58,8	54,2	78,3	74,3

1) Etwa 10%-Stichprobe.
2) In Wien einschließlich Hofbefreite.
3) In der Stichprobe nicht enthalten bzw. unterrepräsentiert.

Quelle:
Harrer, Wien
Roeck, Bayern, S. 451.
eigene Berechnungen

Vom Einstandsprivileg von 1623,[40] das im Burgfrieden nur Katholiken Grunderwerb gestattete, und der Kipper- und Wipperinflation profitierten vor allem kaiserliche, niederösterreichische und magistratische Beamte, deren Anteil an allen bürgerlichen Hausbesitzern mit bekanntem Beruf sich im Zeitraum 1615–1627 nahezu verdoppelte, während jener – überwiegend protestantischer – Händler und Großgewerbetreibender massiv zurückging. Beide Gruppen hatten 1627 weniger als ein Viertel Anteil am bürgerlichen Hausbesitz. Konstant etwas weniger als die Hälfte dieses Besitzes vereinigte sich in der Hand städtischer Handwerker. Unter den Handwerkern waren Protestanten unter Leinwebern und Schneidern stark vertreten.[41] Die Zahl letzterer und deren Hausbesitz war vor 1620 bedeutend gewesen. Der Hausbesitz bürgerlicher protestantischer Handwerker, die die Stadt verließen, scheint zunächst noch in der Regel an katholische Standesgenossen

40 Abgedruckt bei Tomaschek, Rechte, S. 195–197. Vgl. dazu auch Hassinger, Wien, S. 3.

41 Kittel, Vermögensverhältnisse, S. 48.

gegangen zu sein. In diesem Sinn äußerte sich auch Kaiser Ferdinand II. am 13. 4. 1622, indem er sich einverstanden erklärte, daß *berüerte Häuser auch wieder in bürgerliche Hände kommen.*[42] In Summe blieb daher der Anteil des Hausbesitzes städtischer Handwerker innerhalb des bürgerlichen Hausbesitzes, bei rückläufiger Gesamtzahl bürgerlicher Häuser, im Gegensatz zu den Händlern in der ersten Kriegsphase konstant.[43]

Die Diversität der Stadthäuser gewann mit Entstehung und Ausbau adeliger und kirchlicher Paläste an Profil. Die Palette Wiener Häuser reichte vom prunkvollen Palais bis hin zu jenen etwa 200 „Wanzenkobeln", die nach einer Zählung aus dem Jahr 1644 für die Hofquartierspflicht als nicht geeignet erachtet wurden, was angesichts der Knappheit an innerstädtischem Raum bemerkenswert ist. Charakteristisch für die Umgestaltungen in der ersten Hälfte des 17. Jahrhunderts wurden jene barocken Wohnhöfe, die sich aus dem gesteigerten Bedarf nach adeligen Wohnkomfort ergaben. Diese Gebäude charakterisierte große Zimmer, von denen sich in einem Stockwerk meist nur ein oder zwei befanden.[44] Der Umbau der Stadt vollzog sich freilich in Kriegszeiten nur langsam. Große Quartiere waren in den 1640er Jahren in Wien noch Mangelware.[45]

Jener Teil der bürgerlichen Bevölkerung, der aus der Stadt verdrängt wurde, und auch jene Zuwanderer, die aus dem Gewerbe kamen, siedelten zunehmend in den Vorstädten. Das Wachstum der Vorstädte, die um 1529 vor der ersten Türkenbelagerung rund 1.000 Häuser umfaßt hatten, wurde durch den Ausbau der Festungsanlagen allerdings massiv eingeschränkt. 1648 zählte man 140 Gebäude, die aus militärischen Gründen

---

42 R. Matt, Die Wiener protestantischen Bürgertestamente von 1578–1627. Eine reformationsgeschichtliche Studie. In: Mitteilungen des Vereines für Geschichte der Stadt Wien 17, 1938, S. 37.

43 Kittel, Vermögensverhältnisse, S. 39; Matt, Bürgertestamente, S. 28.

44 Lichtenberger, Altstadt, S. 113, 117; Kallbrunner, Hofquartierwesen, S. 31.

45 Spielman, City, S. 90.

abgebrochen werden mußten.[46] Dennoch waren einige dieser Vorstädte schon um 1618 und auch während des Krieges bereits relativ dicht besiedelt. Nimmt man die Zahl der besteuerten Häuser als Maß für die Besiedlungsdichte, so zählten um 1625 der Untere Werd, die Landstraße, Unter den Weißgerbern, die Wieden, die Vorstadt an der Wien bzw. die Laimgrube, die Alsergasse und die Roßau zu den etwas dichter besiedelten Vorstädten.[47] Dichter besiedelt war wohl auch schon St. Ulrich bzw. Neubau.[48] Weiters werden in den Totenbeschauprotokollen von 1650 und 1660 auch noch Erdberg, Margareten, Nikolsdorf, Windmühle, Sporkenbühel und Währingergasse als Sterbeorte in der Vorstadtzone genannt.[49] Dünn besiedelt waren die außerhalb städtischer Jurisdiktion befindlichen alten grundherrlichen Dörfer Gumpendorf, Matzleinsdorf, Reinprechtsdorf und Hundsturm.[50] Geht man nach der Zahl der Bettlerwohnplätze um 1675, besaß lediglich Gumpendorf eine größere Zahl an Einwohnern.[51] Die Jägerzeile war im späten 16. Jahrhundert und dann zwischen 1630 und 1647 locker verbaut worden.[52]

Die Besiedlungsdichte innerhalb der Vorstadtzone schwankte erheblich, je nachdem ob die einzelnen Vorstädte ihren

46 Spielman, City, S. 27.

47 Kittel, Vermögensverhältnisse, S. 50–57.

48 Wilhelmine Griehbaum, Beiträge zur Geschichte der Vorstädte St. Ulrich – Neubau – Schottenfeld (1620–1820) (ungedr. phil. Diss.), Wien 1958, S. 31.

49 WStLA, Totenbeschauprotokolle 1650, 1660. Eine generelle Auflistung der in den Totenbeschauprotokollen erfaßten Personen nach ihren Wohnorten findet sich bei Roman Uhl, Die Totenprotokolle der Stadt Wien. In: Die Sippe 1, 1938, S. 54.

50 Franz Baltzarek, Das territoriale und bevölkerungsmäßige Wachstum der Großstadt Wien im 17., 18. und 19. Jahrhundert. In: WGBl 35, 1980, S. 6.

51 Helmut Bräuer, „... und hat seithero gebetlet". Bettler und Bettelwesen in Wien und Niederösterreich zur Zeit Kaiser Leopolds I., Wien – Köln – Weimar 1996, S. 166 f.

52 Felix Czeike, Historisches Lexikon Wien, Bd. 3, Wien 1994, S. 332.

Tabelle 2: Häuserzahlen und Bevölkerungsschätzung für Wien um 1650

Stadt, Vorstädte	Häuser [1] 1622/25	Sterbefälle 1650	1660	Bevölkerungsschätzung 1650-1660
Stadt	1.338	995	999	25.000
dar. ohne Basteivorfeld	1.213	893	920	22.500
Basteivorfeld [2]	125	102	79	2.500
Unterer Werd	11) 182	148	152	4.000
dar. Judenghetto [3]	104	29	47	1.000
Landstraße [4]	110	82	61	2.000
Weißgerber [5]	101	32	30	750
Erdberg		13	1	350
Wieden [6]	114	106	71	2.000
An der Wien [7]	43	39	43	1.000
Laimgrube [8]	86	42	26	750
Nikolsdorf		14		350
Gumpendorf [9]		34		850
St. Ulrich/Neustift [10]	18	208		5.000
Schottengrund			3	100
Alsergasse	69	12	17	350
Währingergasse		29	30	750
Rossau	108	109	101	2.500
Sporkenbühel			3	100
Sonstige und unbekannt	7	18	31	750
Stadt und Vorstädte [11]	1.994	1.881	1.568	46.600

1) Besteuerte Häuser.
2) vorm Stuben-, Burg- und Schottentor, Getreidemarkt, Trompetergasse.
3) 1632. 1652 nach Tietze, Juden, S. 57 96 Häuser im Ghetto.
4) Einschließlich Ungargasse.
5) Einschließlich Gartengasse.
6) Einschließlich lange Gasse (Schönbrunnerstraße), Neulucken, Froschlacken (Schleifmühlg.), Auf der Strass (Wiedner Hauptstr. oberhalb der Paulanerkirche).
7) Einschließlich Windmühle und enthalb der Wien.
8) Einschließlich Ofenlucken.
9) Katholische Bevölkerung: Geburten Durchschnitt 1622+1624.
10) Sterbefälle Durchschnitt 1649/51.
11) Grundherrliche Vorstädte nur teilweise erfaßt.

Quelle:
WStLA, Totenbeschauprotokolle 1650, 1660
Schwarz, Wiener Ghetto, S. 259ff.
Kittel, Vermögensverhältnisse, S. 37, 50-57.
Pfarre St. Stephan, Taufmatriken Tom. 7, fol. 202, 373.
Ludwig Rossa, Strassenlexikon von Wien. Wien 1945
Felix Czeike, Historisches Lexikon Wien. Bd.1-5, Wien 1992-1997
eigene Berechnungen

ländlichen Charakter bereits verloren hatten oder noch beibehielten. Geht man nach den Berufen der bürgerlichen Hausbesitzer so waren Hauer und damit die Bedeutung des Weinbaus auf der Landstraße und der Wieden ausgeprägt.[53] Im allge-

53 Das Gebiet des heutigen 4. Bezirks war schon im Mittelalter durch Äcker und Weinbau charakterisiert. Vgl. dazu Heinrich Weigl, Zur Siedlungsgeschichte des Wiener Raumes. In: JBVGStW 21/22, 1965/66, S. 69.

meinen überwogen zu Beginn der 1620er Jahre jedoch noch Händler unter den bürgerlichen Hausbesitzern in den Vorstädten.[54] Während in den Häusern des Unteren Werd – das Judenghetto war besonders dicht besiedelt[55] –, der Wieden und der Roßau um die Mitte des 17. Jahrhunderts bereits rund zwanzig Bewohner auf ein besteuertes bürgerliches Haus kamen – die Zahl adeliger und kirchlicher Freihäuser in den Vorstädten bleibt die große Unbekannte –, waren es in der Laimgrube und Unter den Weißgerbern unter zehn.[56]

Wie man sich Vorstadthäuser vorzustellen hat, kann einer Beschreibung der Judenstadt um das Jahr 1660 entnommen werden, die wohl auch für die erste Hälfte des Jahrhunderts Repräsentativität beanspruchen kann. In dieser Beschreibung heißt es:

Veith und Gerstl Munkh beede Gebrieder und Handlsleith. An ihren Statt Thor an 2 mit Holtz verschlagene Läden daran 9 gewölbte Gewölber, dorvon 6 Thüren der Gewölber in Hoff gehen, darauf 2 klaine Kämerl, die Einfahrth gewölbt, zur linkhen Handt am Eingang 1 Vorhauss, Kuchel gewölbt, 1 Stuben, 2 Khämer, die Stiegen hinauf 1 Stüberl mit Ibss Arbeith, dorneben der Abtritt; item im ersten Gorn 1 Vorhauss und Kuchel, beede gewölbt, 1 Stuben, doran wider ein grosse Stuben, so underschlagen, doran ain Camer mit Gibss Arbaith, dorbei ain Abtritt, gegen iber der Kuchel ain Potten, zwey Kheller, ain Prun im Hoff und ain Gartten, darin ain Lusthauss, im Hoff ain Schupfen, das Tach halb Ziegl halb Schindl.[57]

Die Besiedlung der agrarisch geprägten Vororte und des städtischen Umlandes scheint sich im 17. Jahrhundert wenig

54 Kittel, Vermögensverhältnisse, S. 62 f.

55 Hans Tietze, Die Juden Wiens. Geschichte – Wirtschaft – Kultur, Wien 1987 (Nachdruck der Ausgabe Wien – Leipzig 1933), S. 57.

56 Eigene Berechnungen, vgl. dazu Tabelle 2.

57 Ign. Schwarz, Das Wiener Ghetto. Seine Häuser und seine Bewohner (Quellen und Forschungen zur Geschichte der Juden in Deutsch-Österreich 2), Wien – Leipzig 1909, S. 227.

verändert zu haben. 1590 waren im „Bereitungsbuch" 2.736 Häuser in diesem Bereich aufgezählt. Um 1700 lag diese Zahl bei rund 2.100.[58]

Eine Rekonstruktion der Sozialstruktur der Wiener Bevölkerung ist für die Mitte des 17. Jahrhunderts anhand der Berufs- und Standesangaben der Verstorbenen bzw. im Fall von Kindern und Frauen deren Angehöriger einigermaßen präzise möglich.[59] Von den unter städtische Jurisdiktion fallenden Sterbefällen der Jahre 1650 und 1660 zählten 7% zur städtischen Oberschicht (Adelige, hohe Beamte, Offiziere). Weitere 8,5% waren den Hofbediensteten und deren Angehörigen zuzuordnen, 3% städtischen Beamten. Auf das bürgerliche Handwerk entfielen rund 23% der Sterbefälle, 8% auf Handel und sonstige Dienstleistungen. Häusliche Bedienstete hatten einen Anteil von etwa 12%. Die städtische Unterschicht, bestehend aus Tagwerkern, Bettlern, Soldaten und in der Landwirtschaft Tätigen, kam auf rund ein Fünftel. Alleinstehende Frauen, vor allem Witwen, hatten einen Anteil von 12%. Der Rest verteilt sich auf Studenten, Juden und Künstler.[60] Nun ist der Anteil der Sterbefälle nicht dem Bevölkerungsanteil gleichzusetzen, denn dazu hätte die Sterblichkeit auf alle Sozialgruppen gleich verteilt sein müssen, was sicher nicht der Fall war. Es ist

---

58 Klein, Bevölkerung, S. 92–93. Die Schätzungen für 1700 finden sich in Baltzarek, Wachstum, S. 26.

59 Zu Daten, Datenqualität und dem verwendeten Schichtungsmodell vgl. Andreas Weigl, Soziale Ungleichheit vor dem Tod in einer werdenden Metropole. Zu den Wiener Mortalitätsverhältnissen gegen Ende des Dreißigjährigen Krieges. In: Sonia Horn, Susanne Claudine Pils (Hgg.), Sozialgeschichte der Medizin – Stadtgeschichte und Medizingeschichte, Wien – München 1998, S. 118–122. Einbezogen in die folgenden Berechnungen sind auch jüdischer Sterbefälle, die sich ab 1648 aus einem gedruckten Verzeichnis erschließen lassen. Juden waren seit 1615 in die ordentliche Totenbeschau aufgenommen worden. Vgl dazu G. Wolf, Geschichte der Juden in Wien (1156–1876). Mit einem Nachwort von Erika Weinzierl, Wien 1974 (Nachdruck der Ausgabe 1876), S. 42.

60 Vgl. dazu Tabelle 3.

daher anzunehmen, daß der Anteil der Oberschicht durch diese Berechnung unterschätzt wird, nicht zuletzt, da bestimmte Angehörige des Hochadels und jene Ordensgeistlichen, die in eigenen Grablegen bestattet wurden, nicht in den Totenbeschauprotokollen aufscheinen.[61] Da, wie noch zu zeigen sein wird, die Lebenserwartung im allgemeinen sehr niedrig war, dürfte jedoch für die quantitativ wichtigsten Sozial- und Standesgruppen der Anteil der Sterbefälle im wesentlichen dem Bevölkerungsanteil entsprochen haben.

Tabelle 3: Bevölkerung nach Sozialgruppen 1650, 1660

Berufs-/Standesgruppe	Anteil der Sterbefälle 1650 und 1660 1)
Oberschicht 2)	7,0
Höfische, landständische u. städtische Bedienstete	11,5
bürgerliches Gewerbe	23,1
Handel	4,1
Dienstleistungen	4,0
Hausbedienstete	11,7
Landwirtschaft(Weinbau)	3,3
Unterschicht 3)	17,3
alleinstehende Frauen	12,1
Studenten, Künstler	1,6
Juden	2,3
unbekannter Beruf/Stand	1,9
Gesamt	100,0

1) Unter städtischer Jurisdiktion: Stadt und Vorstädte.
2) Adelige, Akademiker, hohe Beamte, Offiziere.
3) Taglöhner, Soldaten, Bettler.

Quelle:
siehe Tabelle 2.

Zur Zusammensetzung der Oberschicht gegen Kriegsende lassen sich zudem aus der Analyse einer anderen Quelle nähere Aussagen treffen. Im Juni 1645, in äußerst bedrängter militärischer Lage, wurde vom Kaiserhof versucht, ein „Zwangsdarlehen" u. a. auch bei prominenten in Wien ansässigen Personen einzutreiben. Zu diesem Zweck erstellte die Hofkammer Listen, die Aufschlüsse über die Frage erlauben, wer in Wien gegen Ende des langen Krieges noch über entsprechende

61 Uhl, Totenbeschauprotokolle, S. 54.

finanzielle Mittel verfügte.[62] Es waren dies, wenn man eine angedachte Darlehenshöhe von 1.000 und mehr Gulden als Grenze heranzieht, zu etwa einem Drittel Aristokraten, zu weniger als 10% (adelige) Militärs und nahezu zur Hälfte Hof- bzw. Regierungsbedienstete. Bürgerliche, vor allem Hofhandelsleute, spielten in der Oberschicht eine quantitativ geringe Rolle, waren allerdings unter den absoluten Spitzeneinkommen bzw. -vermögen – Darlehenssummen meist um 2.000 fl. – mit rund einem Viertel stark vertreten.[63]

Die Sozialstruktur Wiens nach dem Krieg entsprach also ziemlich genau dem Prototyp einer Residenzstadt. Vom Hof und Hofadel scheinen mehr als ein Drittel der Bevölkerung gelebt zu haben. Ein weiteres Viertel entfiel auf das städtische Handwerk und weniger als 10% auf den öffentlichen Dienstleistungssektor. Wiewohl natürlich auch unter den Handwerkerfamilien Arme zu finden waren, kam auf die nicht dem Handwerk zuzurechnenden städtischen Unterschichten wahrscheinlich ebenfalls ein Viertel – berücksichtigt man, daß ein Teil der alleinstehenden Frauen mit Sicherheit in ärmlichen Verhältnissen lebte. Der Rest entfiel auf Randgruppen und Minderheiten, deren Existenz sich großteils auch unmittelbar aus der Anwesenheit des Hofes erklärt, so etwa bei den Juden und den Künstlern.

Die Veränderungen der Sozialstruktur im ersten Nachkriegsjahrzehnt waren erwartungsgemäß nicht sehr gravierend. Immerhin deutet der ansteigende Anteil höfischer, niederösterreichischer und städtischer Beamten auf den weiteren Ausbau der (Zentral-)Verwaltung hin. Rückläufig war die Zahl oder vielleicht auch nur die Sterblichkeit der Soldaten. Sie stellten 1650 noch 8,5% der Verstorbenen, 1660 7,5%. Aber

62 Peter Broucek, Die Bedrohung Wiens durch die Schweden im Jahre 1645. In: JBVGStW 26, 1970, S. 143.

63 Eigene Berechnungen nach HKA, Hoffinanz, r. Nr. 298, Beilage.

auch das war kein wirklich bedeutender Rückgang. Hingegen scheint die jüdische Gemeinde weiter rasch gewachsen zu sein. Ihr Anteil verdoppelte sich nahezu auf 3% der Sterbefälle.[64]

Dem Krieg und den Anfängen des stehenden Heeres geschuldet war offensichtlich die Geschlechterproportion der Sterbefälle. In den Jahren 1650 und 1660 kamen auf 1.000 weibliche Sterbefälle 1.155 männliche, unter den 20jährigen und älteren waren es 1.261. Dieser deutliche Männerüberschuß wird wohl nicht primär auf geschlechtsspezifische Unterschiede in der Lebenserwartung zurückzuführen gewesen sein, sondern auf den beträchtlichen Anteil an Soldaten und Militärs an der Bevölkerung. Dieser betrug in den beiden Stichjahren 9,6% an allen männlichen Sterbefällen von 20jährigen und älteren.

Bevölkerungsstand und Bevölkerungsentwicklung Wiens 1600–1660

Zeitgenössische Schätzungen über die Bevölkerungszahl Wiens während des Krieges existieren nur wenige. Volkszählungen wurden wohl mehrere angeordnet, ob sie jedoch durchgeführt wurden, muß mangels erhalten gebliebener Ergebnisse fraglich bleiben.[65] Es finden sich jedoch zwei vermutlich einigermaßen seriöse Schätzungen aus den Jahren 1619 und 1637 in amtlichen Quellen. So sollen sich im Jahr 1619 während der Blockade durch die ständischen Truppen des Grafen Thurn 75.000 Menschen in der Stadt aufgehalten haben – einschließlich der Flücht-

64 Diese und alle weiteren auf die Jahre 1650 und 1660 Bezug nehmenden Auswertungen beruhen auf eigenen Berechnungen nach WStLA, Totenbeschauprotokolle 1650, 1660, und Schwarz, Wiener Ghetto, S. 259 ff.

65 Belegt sind Anordnungen in den Jahren 1624 und 1645. Vgl. dazu Matt, Bürgertestamente, S. 40; Stephan Sedlaczek, Wilhelm Löwy, Wien. Statistischer Bericht über die wichtigsten demographischen Verhältnisse, Wien 1887, S. 1.

linge und etwa 20.000 Soldaten.[66] Diese Angabe paßt in etwa zu der im ältesten Wiener Hof= und Staatsschematismus von 1637 genannten Einwohnerzahl. Sie wird „in: und ausser der Stadt" mit 60.000 beziffert.[67] Ob dies Stadt und Vorstädte oder auch den Vorortebereich inkludiert, bleibt allerdings offen. Im folgenden soll diese Schätzung mit einigen anderen Quellen konfrontiert werden, um zu einer möglichst abgesicherten Zahl zu gelangen. Es empfiehlt sich dazu, Wien in drei Zonen, die Stadt, die Vorstädte und die Vororte bzw. das Umland, zu teilen.

Der Bevölkerungsstand der Stadt soll nach einer spätmittelalterlichen Zählung 21.360 betragen haben. Nach Schätzungen auf der Basis dieser Zählung für die 1560er Jahre bewegte sich die Einwohnerzahl zwischen 18.000 und 30.000.[68] Plausibel erscheint eine Zahl von rund 20.000–25.000 Einwohnern, denn die niedrige Schätzung von 18.000 geht von einer Konstanz der Bevölkerungszahl von etwa 1450 bis 1550 aus. Sie berücksichtigt den anzunehmenden beträchtlichen Zuzug infolge der permanenten Verlegung der kaiserlichen Residenz unter Kaiser Ferdinand I. nicht. Die Bebauungsdichte innerhalb der Stadtmauern hatte sich zwischen der Mitte des 15. und der Mitte des 16. Jahrhunderts, den erhaltenen Plänen bzw. Darstellungen nach zu schließen[69], wahrscheinlich wenig verändert.[70] In der zweiten Hälfte des 16. und in der ersten

66 Peter Broucek, Kampf um Landeshoheit und Herrschaft im Osten Österreichs 1618 bis 1621 (Militärhistorische Schriftenreihe 65), Wien 1992, S. 26.

67 Josef Schwerdfeger, Vienna Gloriosa. Bilder und Studien aus Wiens Vergangenheit, Wien 1923, S. 141.

68 Elisabeth Lichtenberger, Von der mittelalterlicher Bürgerstadt zur City. In: Heimold Helczmanovski (Hg.), Beiträge zur Bevölkerungs- und Sozialgeschichte Österreichs. Nebst einem Überblick über die Entwicklung der Bevölkerungs- und Sozialstatistik, Wien 1973, S. 300; Klein, Bevölkerung, S. 91.

69 Vgl. dazu etwa Alfred May, Wien in alten Ansichten. Das Werden der Wiener Vedute, Wien – München ^{3}1985.

70 Spielman, City, S. 30; Lichtenberger, Bürgerstadt, S. 300, 313; Klein, Bevölkerung, S. 92.

Hälfte des 17. Jahrhunderts nahm bei etwa konstanter Häuserzahl die Geschoßdichte jedoch mit Sicherheit zu. Nimmt man die dem Hofquartiermeister unterstellten Häuser als repräsentativ an – angesichts eines Anteils an allen Häusern der inneren Stadt von rund 85% sicher eine begründete Annahme –, so läßt sich im Zeitraum 1566–1664 eine Erhöhung der Geschoßdichte von 2,68 auf 3,24 feststellen. Das entspricht einer Zunahme um 20,9%.[71] Geht man davon aus, daß diese Erhöhung in etwa der Erhöhung der Bevölkerungsdichte entsprochen hat und gegen Ende des 16. Jahrhunderts die Bevölkerung aufgrund der Verlagerung des Hofstaates nach Prag eher leicht rückläufig gewesen sein dürfte, dann könnte die Einwohnerzahl der Innenstadt in der ersten Hälfte des 17. Jahrhunderts von rund 20.000 auf 30.000 zugenommen haben.

Eine grobe Abschätzung der Einwohnerzahl der Vorstädte läßt sich aus dem Verhältnis der Sterbefälle der Stadt und Vorstädte aus den Totenbeschauprotokollen der Jahre 1650 und 1660 ermitteln. Dieses Verhältnis betrug rund zwei Drittel zu einem Drittel.[72] Die Einwohnerzahl der von den Totenbeschauprotokollen erfaßten, unter städtischer Jurisdiktion befindlichen Vorstädte mag demnach um die Mitte des 17. Jahrhunderts rund 15.000 betragen haben. Die von der städtischen Totenbeschau nicht erfaßten Vorstädte dürften damals – mit Ausnahme des nur teilweise erfaßten St. Ulrich – noch relativ geringes demographisches Gewicht besessen haben.[73] Ihre Bevölkerungszahl wird wohl 5.000 nicht überschritten haben. Um 1650 dürfte die Bevölkerung der Vorstädte daher rund 20.000 betragen haben. Angesichts des Tiefststandes der Häu-

71 Eigene Berechnungen nach Petermann, Wien, S. 381.

72 Vgl. dazu Tabelle 4.

73 Andreas Weigl, Die Wiener Totenbeschauprotokolle als Quelle zur Sozialgeschichte der Medizin. In: Pro Civitate Austriae. Informationen zur Stadtgeschichtsforschung in Österreich, NF 2, 1997, S. 25.

serzahlen in den Vorstädten um die Mitte des 17. Jahrhunderts[74] ist mit keiner großen Bevölkerungsdynamik in der ersten Hälfte des Jahrhunderts zu rechnen. Das, was an Häusern abgebrochen wurde, könnte durch Zunahme der Geschoß- und Bevölkerungsdichte in den Vorstädten kompensiert worden sein. Ausnahmen bildeten allerdings die Vorstädte St. Ulrich und der Untere Werd.

Tabelle 4: Sozialräumliche Gliederung 1650, 1660

	Sterbefälle 1650 und 1660						
Stadt, Vorstädte	Hofangehörige		Bürger		Sonstige		Gesamt
	abs.	%	abs.	%	abs.	%	
Stadt	274	13,7	371	18,6	1.349	67,7	1.994
Stadt Südwest	39	16,7	27	11,5	168	71,8	234
Stadt Nordwest	120	14,7	185	22,7	509	62,5	814
Stadt Nordost	62	11,7	105	19,9	361	68,4	528
Stadt Südost	44	18,6	45	19,0	148	62,4	237
Basteivorfeld	9	5,0	9	5,0	163	90,1	181
Vorstädte	52	4,3	130	10,8	1.017	84,8	1.199
Sonstige und unbekannt	7	16,3	2	4,7	34	79,1	43
Stadt und Vorstädte	333	10,3	503	15,5	2.400	74,2	3.236

Quelle:
siehe Tabelle 2.

Die demographische Entwicklung während des Krieges läßt sich für St. Ulrich, das auf der Basis eines noch zu erläuternden Multiplikators der Sterbefälle und Geburten von 25 um 1650 mit rund 5.000 Einwohnern wahrscheinlich die größte und am meisten expandierende Vorstadt war, einigermaßen genau nachvollziehen. Nach der Zahl der Geburten der Jahre 1622 und 1623 hatte St. Ulrich zu Beginn der 1620er Jahre nur etwas mehr als 2.000 katholische Einwohner – protestantische gab es nach der Zahl der registrierten Glaubensübertritte und angesichts katholischer Grundherren wohl kaum.[75] In der

74 Klein, Bevölkerung, S. 92.

75 Pfarre St. Stephan, Taufmatriken Tom. 7, fol. 202, 290. Nach Matt, Bürgertestamente, S. 49, konvertierten 1624 lediglich 9 Protestanten in St. Ulrich zum katholischen Glauben.

Folge muß sich die Bevölkerungszahl mehr als verdoppelt haben. Nicht ganz so dynamisch dürfte sich der Untere Werd entwickelt haben. Der Zuzug in das 1625 errichtete Judenghetto war jedoch beträchtlich. Um 1615 lebten in Wien ca. 300 Juden, um 1650 rund 1.000.[76] Geht man nach der Zahl der Sterbefälle der Jahre 1650 und 1660, könnte die spätere Leopoldstadt nach Ende des Krieges etwa 3.500–4.000 Einwohner gehabt haben. Für die übrigen Vorstädte ist eine gewisse Konstanz der Einwohnerzahlen anzunehmen. Die Roßau beheimatete vielleicht 2.500–3.000, die Wieden 2.000–2.500 und die Landstraße und Laimgrube 1.500–2.000 Einwohner. Von den übrigen, kleineren Vorstädten hatten Unter den Weißgerbern, Alservorstadt und Währingergasse, vielleicht auch noch Gumpendorf und Matzleinsdorf, noch einige Bedeutung.[77] Gumpendorf dürfte um 1622/24 der Zahl der Geburten nach zu schließen etwa 800 (katholische) Einwohner gehabt haben.[78] Zu einer Einwohnerzahl dieser Größe paßt jene der Konvertiten, die allein 1624 352 betrug.[79]

Von einer Konstanz der Einwohnerzahl in der ersten Hälfte des 17. Jahrhunderts dürfte im Vororte- und Umlandbereich auszugehen sein. Die Zahl der im Bereitungsbuch von 1590 angeführten Steuereinheiten („Häuser") läßt auf der Basis einer Belagszahl von 3,5 auf etwa 10.000 Einwohner schließen. Ein Jahrhundert danach befanden sich bei einer angenommenen Belagszahl von 5 rund 10.500 Einwohner in dieser Zone.[80] Diese Belagszahlen beruhen allerdings auf freien Schätzungen. Sie könnten auch durchaus höher gelegen sein.

---

76 Um 1615 nach Sabine Hödl, Zur Geschichte der Juden in Österreich unter der Enns 1550–1625 (ungedr. phil. Diss.), Wien 1998, S. 178.

77 Vgl. Tabelle 2.

78 Pfarre St. Stephan, Taufmatriken Tom. 7, fol. 202, 373.

79 Matt, Bürgertestamente, S. 49.

80 Klein, Bevölkerung, S. 92–93. Die Schätzungen für 1700 finden sich in Baltzarek, Wachstum, S. 26.

In Summe könnten also Stadt und Vorstädte zu Beginn des 17. Jahrhunderts – in einer zunächst stagnativen Phase[81] – etwa 35.000,[82] um 1650 50.000 Einwohner gehabt haben.[83] Dabei ist zu beachten, daß sich der nichtbürgerliche Anteil der Bevölkerung, der nach einer Bittschrift der Bürger an den Statthalter aus dem Jahr 1619 – vielleicht etwas übertrieben – mit dem 3–5fachen der bürgerlichen Bevölkerung beziffert wurde, grundsätzlich von dem oberdeutscher Zentren unterschied.[84] Eine nicht zu unterschätzende Bevölkerungsdynamik bestand auch in der zweiten Kriegshälfte, wie aus der Geburtenentwicklung erkennbar ist. Die durchschnittliche Geburtenzahl der mit Abstand größten Pfarre, St. Stephan, nahm im Vergleich der Jahre 1625–1629 mit 1650–1654 um 30%, im Vergleich 1630 bis 1634 mit 1650–1654 um 20% zu.[85] Im heutigen Gemeindegebiet lebten in der ersten Hälfte des 17. Jahrhunderts wohl 40.000 bis 60.000 Personen. Wien zählte mit diesem Bevölkerungszuwachs unzweifelhaft zu den „Gewinnern“ des Krieges. Im Gegensatz dazu hatten Nürnberg und Nördlingen 50%, München 60% und Straßburg 20% ihrer Einwohnerschaft verloren.[86]

---

81 Eine Bittschrift der Bürger aus dem Jahr 1619, die den Zuzug „unbürgerlicher“ und eine vorgebliche Abnahme der Bürger beklagt, weist darauf hin, daß sich die Einwohnerzahl im Vergleich zu früheren Zeiten – wohl das späte 16. Jahrhundert – kaum verändert habe. Vgl. dazu Müller, Wiens räumliche Entwicklung, S. 380.

82 Eine Schätzung für den Burgfriedensbereich zu Beginn des 17. Jahrhunderts kommt auf 30.000–40.000 Einwohner. Vgl. dazu Pradel, Wiener Ratsbürger, S. 57, Anm. 1.

83 Diese Schätzung liegt etwas über jener Erich Landsteiners, die dieser auf der Basis der Zahl der hausbesitzenden Steuerzahler und der zur Steuer veranlagten Mietparteien vorgenommen hat. Landsteiner, Weinbau, S. 20, Anm. 5.

84 Müller, Wiens räumliche Entwicklung, S. 380.

85 Eigene Berechnungen. Vgl. dazu Abb. 1.

86 Bernd Roeck, Eine Stadt in Krieg und Frieden. Studien zur Geschichte der Reichsstadt Augsburg zwischen Kalenderstreit und Parität (Schriftenreihe der Historischen Kommission bei der Bayerischen Akademie der Wissenschaften 37), Göttingen 1989, S. 881.

Abbildung 1: Taufen, Heiraten und Sterbefälle Wien 1615-1663

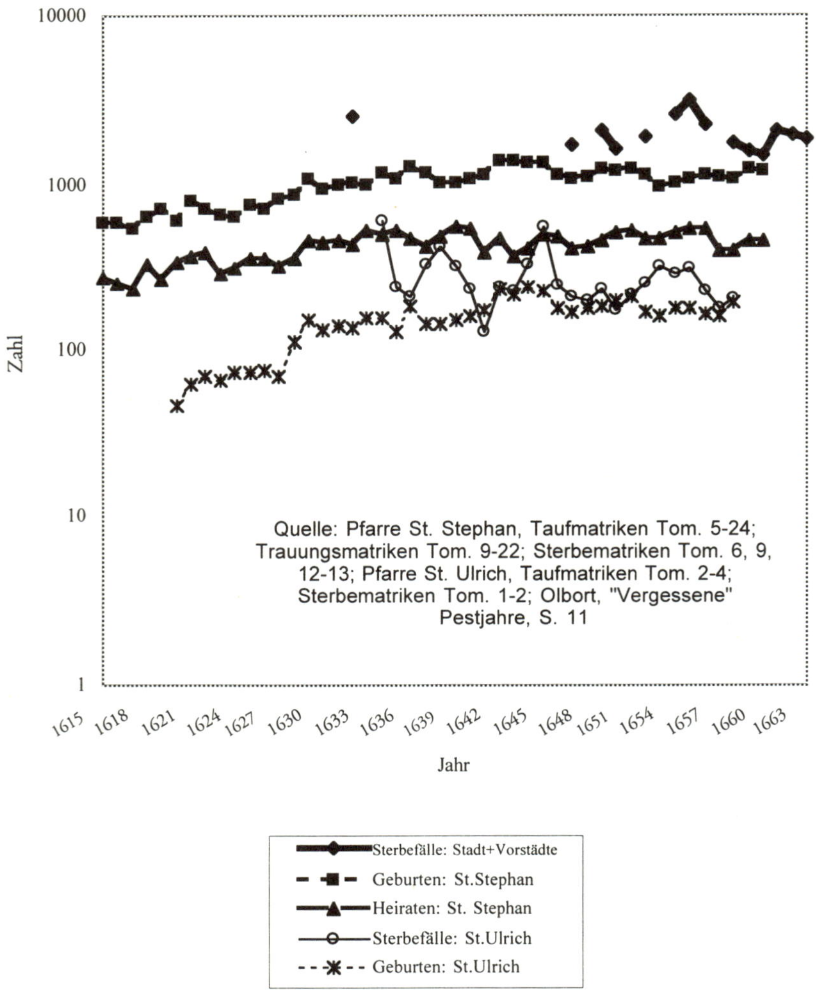

Die angeführte Bevölkerungsschätzung für Wien wäre mit einem Faktor von etwa 25 kompatibel – der Demograph Johann Peter Süßmilch ging von einem Multiplikator von 24–25 für große frühneuzeitliche Städte aus[87] –, mit der man die Zahl der Sterbefälle (bei einer annähernd ausgeglichenen Geburtenbilanz auch die der Geburten) in Jahren ohne Mortalitätskrise multipliziert, um auf die Einwohnerzahl zu gelangen. Das entspräche einer unter städtischer Jurisdiktion lebenden Einwohnerzahl von rund 46.000–48.000, wenn man den Durchschnitt der Sterbefälle der Jahre 1649, 1650 und 1652 als Basis nimmt.[88] Die Schätzung dürfte also einigermaßen plausibel sein. Ähnliche Multiplikatoren zwischen 20–25 lassen sich auch für andere Großstädte, etwa London und Augsburg um 1650, errechnen. Im Fall von Augsburg gewinnt diese Berechnung besonderes Gewicht, da 1645 eine tatsächliche Zählung vorgenommen wurde, deren Ergebnisse sich erhalten haben.[89]

Auf der Basis der Methode von Süßmilch läßt sich auch eine ungefähre Abschätzung der Bevölkerungsentwicklung im ersten Nachkriegsjahrzehnt geben. Der Durchschnitt der Sterbefälle in den Jahren 1660–1662 multipliziert mit 24 bzw. 25 ergibt eine Bevölkerungszahl von 46.000–48.000 unter städtischer Jurisdiktion. Nach der Verteilung der Sterbefälle auf Stadt und Vor-

87 Johann Peter Süßmilch, Die göttliche Ordnung in den Veränderungen des menschlichen Geschlechts, aus der Geburt, dem Tode und der Fortpflanzung desselben erwiesen, hg. v. Jürgen Cromm, Göttingen – Augsburg 1988 (Nachdruck der Ausgabe Berlin 1765), T. 1, S. 91; T. 2, S. 469–477.

88 Pfarre St. Stephan, Sterbematriken Tom. 9, 12, Extract Oder Kurtzer Außzug auß dem 1649 (1650, 1652) Jährigen Todten=Buch/ wievil Un=Inficierte vnd Inficierte Persohnen ernenntes Jahr In: vnd vor der Statt Wienn gestorben/ vnnd bey Gemainer Statt Bschawhauß ordentlich einkommen seyndt; eigene Berechnungen nach WStLA, Totenbeschauprotokolle 1650, und Schwarz, Wiener Ghetto, S. 261–272. Die Extrakte enthalten keine jüdischen Sterbefälle und weichen geringfügig von den ausgezählten Totenbeschauprotokollen ab.

89 Roger Finlay, Population and Metropolis. The Demography of London 1580–1650 (Cambridge Geographical Studies 12), Cambridge [u. a.] 1981, S. 156; Roeck, Stadt, S. 302–307.

städte dürften davon wieder zwei Drittel auf die Stadt entfallen sein.[90] Dazu kommen noch die Einwohner von St. Ulrich, welches um 1650 nur teilweise, um 1660 gar nicht der städtischen Totenbeschau unterstellt war. Nach der durchschnittlichen Zahl der Sterbefälle in St. Ulrich um 1650 betrug nach der Süßmilch-Methode die Einwohnerzahl rund 5.000. Daran änderte sich in den 1650er Jahren, der Zahl der Sterbefälle und Geburten nach zu schließen, kaum etwas.[91] Mit den übrigen, nicht der städtischen Jurisdiktion unterworfenen Vorstädten könnte die Bevölkerungszahl von Stadt und Vorstädten um 1660 auf etwas unter 60.000 angewachsen sein. Im heutigen Gemeindegebiet mögen rund 65.000–70.000 Einwohner gelebt haben.

Diese Schätzungen werden für die Zeit um 1620 durch verschiedene Angaben zur Konfession der Wiener Bevölkerung nachhaltig bestätigt. Der protestantische Bevölkerungsteil kann – zumindest für die bürgerliche Bevölkerung – nach Auswertungen von Testamenten der Jahre 1580–1627 für die ersten beiden Jahrzehnte des 17. Jahrhunderts etwa mit 60% angenommen werden.[92] Um 1615 betrug die Zahl der Taufen in der größten katholischen Pfarre St. Stephan rund 600.[93] Nach der Süßmilch-Methode entspräche das rund 15.000 Katholiken. Einige tausend mögen noch in den anderen kleineren katholischen Pfarren dazugekommen sein. Bischof Melchior Khlesl bezifferte in einer Relation an die Kurie im Jahr 1617 die Zahl der Kommunikanten am Höhepunkt protestantischer Macht mit 32.000.[94] Vor

---

90 Eigene Berechnungen nach WStLA, Totenbeschauprotokolle 1660; Schwarz, Wiener Ghetto, S. 287–295; Pfarre St. Stephan, Sterbematriken Tom. 13, Extract 1660–1662.

91 Eigene Berechnungen nach Pfarre St. Ulrich, Sterbematriken Tom. 2.

92 Eigene Berechnungen nach Matt, Bürgertestamente, S. 15. Vgl. dazu auch den Beitrag von Arthur Stögmann in diesem Band.

93 Eigene Berechnungen nach St. Stephan, Taufmatriken Tom. 5.

94 Max Vancsa, Politische Geschichte. In: Geschichte der Stadt Wien 4, hg. vom Altertumsverein, Wien 1911, S. 126, Anm. 2.

1620 könnten demnach bis zu zwei Drittel der Bevölkerung protestantisch gewesen sein. Das sollte sich, zumindest formal gesehen, rasch ändern. 1622 betrug die Zahl der Taufen in allen wichtigen katholischen Pfarren (St. Stephan, Schotten, St. Michael, St. Ulrich, Gumpendorf) 1.189.[95] Zu dieser Zeit könnte demnach einer bereits zum Katholizismus neigenden Bevölkerung – wenn man die Taufe der Kinder als Indiz nimmt – von weniger als 30.000 ein harter Kern an Protestanten von etwa 5.000 gegenübergestanden haben.

Demographische Charakteristika frühneuzeitlicher Städte

Analysen frühneuzeitlicher Populationen sind zum Teil bis heute malthusianischem Denken verpflichtet. Sie gehen häufig von homöostatischen Gleichgewichtsvorstellungen aus, die die demographische Entwicklung frühneuzeitlicher Bevölkerungen angeblich bestimmt haben. Diese Annahmen erwiesen sich letztlich als nicht haltbar, weil sie ein systemisches Ineinanderwirken der demographischen Prozesse der Mortalität, Fertilität und Migration implizieren. Empirisch hat sich dieses im Sinn eines generalisierbaren Modells nicht bestätigt.[96] Nirgends wird das deutlicher als bei der demographischen Entwicklung frühneuzeitlicher großer Städte. Dennoch gibt es einige weitgehend verallgemeinerbare demographische Charakteristika frühneuzeitlicher Großstädte, die sich aus ihrer Bevölkerungsdichte, ihrer gesellschaftlichen Struktur und ihrer überregionalen ökonomischen Anziehungskraft erklären. Zu diesen Spezifika zählen hohe Mortalität, späte Heirat und damit verbunden niedrige Fertilität und die Dominanz der Einwanderung als entscheidendem Wachstumsfaktor.[97]

---

95 Pfarre St. Stephan, Taufmatriken Tom. 7, fol. 202.

96 Massimo Livi Bacci, Europa und seine Menschen, München 1998, S. 59.

97 Dazu mit Bezug auf die gesamte frühneuzeitliche Periode Markus Cerman,

Tatsächlich resultierte das Wachstum der großen Metropolen fast ausschließlich aus massiven Zuwanderungsströmen, denn die Geburtenbilanzen waren durchwegs negativ.[98] Beispielsweise wies die niederländische Metropole Amsterdam, die 1622 bereits 105.000 und 1675 200.000 Einwohner zählte,[99] im 17. Jahrhundert ein permanentes Geburtendefizit auf. Ähnliches galt auch für Genf und London, und dies, obwohl die englische Metropole massiv wuchs und eine entsprechend große Bevölkerung im jungen Erwachsenenalter besaß. 1600 lebten rund 200.000, 1670 rund 475.000 Menschen in London.[100] Dennoch lag das durchschnittliche Geburtendefizit Londons im Schnitt der Jahre 1560–1620 bei –5.600, 1650–1700 bei –8.000.[101] Auch in Augsburg war in der ersten Hälfte des 17. Jahrhunderts in Summe die Geburtenbilanz negativ.[102]

Demographisch expandierende Städte wuchsen in der Vormoderne jährlich etwa mit 1%. Beispielsweise betrug die Wachstumsrate der englischen Metropole im Zeitraum 1600–1750 jährlich etwa 0,8%. Das war durchaus mit Wien vergleichbar, in dem die Wachstumsrate im gleichen Zeitraum etwa 1%

Proto-industrialization in an urban environment: Vienna 1750–1857. In: Continuity and Change 8, 1993, S. 293.

98 Chris Galley, The Demography of Early Modern Towns: York in the Sixteenth and Seventeenth Centuries (Liverpool Studies in European Population 6), Liverpool 1998, S. 158.

99 Marjolein 'T Hart, Intercity Rivalries and the Making of the Dutch State. In: Charles Tilly, Wim P. Blockmans (Hgg.), Cities and the Rise of States in Europe AD 1000 to 1800, Boulder – San Francisco – Oxford 1994, S. 198.

100 E. A. Wrigley, Urban Growth and Agricultural Change: England and the Continent in the Early Modern Period. In: ders., People, Cities and Wealth. The Transformation of Traditional Society, Oxford – Cambridge (Mass.) 1988, S. 162.

101 Heiner Haan, Gottfried Niedhart, Geschichte Englands vom 16. bis zum 18. Jahrhundert (Geschichte Englands 2), München 1993, S. 73.

102 Bernd Roeck, Bäcker, Brot und Getreide in Augsburg. Zur Geschichte des Bäckerhandwerks und zur Versorgungspolitik der Reichsstadt im Zeitalter des Dreißigjährigen Krieges (Abhandlungen zur Geschichte der Stadt Augsburg 31), Sigmaringen 1987, S. 82.

jährlich betrug. Beide Städte zählten also zu einem Metropolenmodell, dessen demographische Charakteristika E. A. Wrigley am Beispiel Londons diskutiert hat. Um die durchwegs negativen Geburtenbilanzen zu kompensieren und Wachstumsraten um 1% jährlich zu erreichen, bedurfte es einer massiven Migrationsbewegung, die einen erheblichen Teil des Bevölkerungswachstums des übrigen Landes ausglich.[103] Im Fall von Wien muß das für die Haupteinzugsgebiete der Migration, das ostösterreichische Umland und den süddeutschen Raum, ähnlich gewesen sein.

Damit enden aber die für frühneuzeitliche Großstädte feststellbaren Gemeinsamkeiten. Ein für Städte wie Augsburg konstatiertes Krisenablaufschema Mortalitätsmaximum – Heiratsmaximum – Geburtenmaximum,[104] das bis in die 1640er Jahre auch in London feststellbar ist, fehlt in Wien völlig. Nach Pestjahren stieg weder die Nuptialität noch die Fertilität stark an.[105] Auch in London ist dieses Muster ab Mitte des 17. Jahrhunderts nicht mehr zu beobachten. Bis Ende des 18. Jahrhunderts hatte die englische Metropole ausschließlich negative Geburtenbilanzen.[106] Die Bevölkerung großer Metropolen schloß die durch Seuchenzüge entstandenen Lücken kaum mehr durch einen nachträglichen Anstieg der Fertilität. Das ist auch nicht weiter verwunderlich, denn die häufigen Pestzüge, die die Bevölkerungsentwicklung dieser Städte bis zum ausgehenden 17. Jahrhundert so nachhaltig prägten, waren in der Regel keine *positive checks* im Sinne von Malthus. Wie ein Blick auf die Entwicklung der Preise von Grundnahrungsmitteln in Wien in der ersten Hälfte des 17. Jahrhunderts zeigt, korrelierten Sterbegipfel nicht unbedingt mit Phasen starker Teue-

---

103 Wrigley, A simple model, S. 134–137.

104 Roeck, Stadt, S. 308.

105 Vgl. dazu Abb. 1.

106 Galley, Demography, S. 16 f.

rung.[107] Es handelte sich bei den Mortalitätsspitzen also nicht so sehr um von Versorgungskrisen induzierte Krisenmortalität, sondern um das „Ergebnis der Auseinandersetzung zwischen der veränderlichen Welt der Mikroorganismen und dem Kontext der (allgemeinen) Rückständigkeit der europäischen Bevölkerung".[108]

Leben und Sterben im Krieg

Eine Geschichte der Sterblichkeit urbaner Bevölkerungen in Europa von der Mitte des 14. bis in das ausgehende 17. Jahrhundert ist auch eine Geschichte der Pest. Keine andere Seuche hat die spätmittelalterliche und frühneuzeitliche europäische Bevölkerungsgeschichte in ähnlichem Ausmaß geprägt wie diese Infektionskrankheit. In London kostete sie während der Epidemien von 1593, 1603 und 1625 jeweils 20% der Bevölkerung das Leben, in Augsburg 1627/28 ebenso viele, 1632–1635 30%. In Barcelona fielen der Pest 1653 45% der Bevölkerung zum Opfer. Auf ihr Konto gingen 21% der Londoner Sterbefälle der Jahre 1604–1665.[109] Pest und Seuchenjahre zählten geradezu nur Normalität im Londoner Alltag. Zwischen 1625 und 1646 waren nur 11 Jahre ohne derartige Mortalitätsspitzen.[110] Anders als in London, wo die Pest bereits endemisch auftrat, waren Seuchenausbrüche in Wien nicht ganz so häufig. Die Frage der Häufigkeit der Mortali-

107 Vgl. dazu Albert Francis Pribram (Hg.), Materialien zur Geschichte der Preise und Löhne in Österreich. Bd. 1 (Veröffentlichungen des internationalen wissenschaftlichen Komitees für die Geschichte der Preise und Löhne. Österreich, Bd. 1), Wien 1938, S. 271 f. und Abb. 1.

108 Livi Bacci, Europa, S. 85.

109 Livi Bacci, Europa, S. 112.

110 J. Marshall, Mortality of the Metropolis. A Statistical View of the Number of Persons Reported to have Died, [...] within the Bills of Mortality, in each of the two hundred and four years, 1629–1831, [...] London 1832, S. 65.

tätsspitzen läßt sich in Wien während und nach dem Dreißigjährigen Krieg allerdings nur bedingt beantworten, zu lückenhaft ist das vorhandene Datenmaterial. Im Jahr 1625 wird aus Wien das Auftreten einer Seuche berichtet. Ob es sich dabei um jenen Seuchenzug handelte, der 1622 von Amsterdam seinen Ausgang nahm, ist nicht ganz klar.[111] Auch 1643 soll in Wien ein Seuchenjahr gewesen sein.[112] Eindeutig quantitativ zu verifizieren sind Mortalitätsspitzen in den Jahren 1632, 1634, 1638, 1645, 1649, 1654/55 und 1661/62.[113] In den meisten der angeführten Jahre läßt sich ein Zusammenhang mit überregionalen Seuchenzügen anläßlich von Truppenbewegungen feststellen. Eine nicht unbeträchtliche Gefahr in bezug auf die Einschleppung von epidemischen Krankheiten dürften auch Einquartierungen größerer Truppenteile vor allem in den Vorstädten, die während der gesamten Kriegsperiode zu beobachten sind,[114] dargestellt haben.

Schon bei der Blockade des Jahres 1619 war infolge der Zusammenballung vieler Flüchtlinge innerhalb der Stadtmauern der Ausbruch von Seuchen befürchtet worden.[115] Aufgrund

---

111 Gottfried Lammert, Geschichte der Seuchen, Hungers- und Kriegsnoth zur Zeit des Dreißigjährigen Krieges, Vaduz 1987 (Nachdruck der Ausgabe Wiesbaden 1890), S. 79; Roeck, Stadt, S. 649.

112 Moriz Bermann, Alt und Neu-Wien, Wien – Pest 1880, S. 908.

113 Vgl. dazu Abb. 1. Im November 1634 waren in Wien bereits 580 Häuser wegen der grassierenden Seuche geschlossen worden, dazu Leopold Senfelder, Das niederösterreichische Sanitätswesen und die Pest im XVI. und XVII. Jahrhundert. In: Blätter des Vereines für Landeskunde von Niederösterreich 33, 1899, S. 63.

114 ÖStA, Kriegsarchiv, Hofkriegsratsprotokolle, 1618/239 216v, 311v–312v, 358v, 364r; 1619/241 429r, 430v, 454v, 470v, 476r, 483v; 1620/243 239v, 308r, 329r, 494r, 509v, 517r; 1621/245 241v, 243v, 283v, 251r/v, 430r/v, 515v; 1622/247 255r, 299v, 306v, 471r; 1623/249 306r, 455v; 1624/251 269v–270r, 272v, 284r/v, 293r, 302r, 311r/v, 344v, 518r/v; 1625/253 244r/v; 1627/257 331r; 1634/271 251v; 1637/278 270v.

115 Helmut Kretschmer, Sturmpetition und Blockade Wiens im Jahre 1619 (Militärhistorische Schriftenreihe 38), Wien 1978, S. 23.

des raschen Abzugs der Belagerer scheint es dazu allerdings nicht gekommen zu sein. Jedenfalls fehlt es an quantitativen Belegen, die einen Seuchenausbruch bestätigen würden. 1632 könnte der Mortalitätsgipfel durch die Verlegung von Truppen von der Ost- an die Westfront – vor allem marodierender kroatischer Reiterei[116] – mitverursacht worden sein. Die wahrscheinlich von den Truppen eingeschleppte *infecktion* hatte Ende 1633, wie aus den *täglichen todtenzedtlen zu sehen ... nit nahlaßen* und schien *schier mehrers grahsieren*.[117] Sie mündete – den Sterbematriken von St. Ulrich nach zu schließen[118] – in einem starken Ausbruch einer Seuche im folgenden Jahre, einem Jahr, in dem Teile der kaiserlichen Armee in Niederösterreich stationiert wurden.[119] Am Höhepunkt des Seuchenausbruchs sollen wöchentlich etwa 600 „Pest"-Tote in ganz Wien zu beklagen gewesen sein.[120] Der Pestausbruch von 1645 scheint von rund um Wien streifenden Scharen des Siebenbürgener Fürsten Rakoczy eingeschleppt worden zu sein.[121] Der ausgeprägte Sterbegipfel der Sterbefälle in der Vorstadt St. Ulrich[122] läßt auf einen äußerst schweren Seuchenausbruch schließen. Temporär mag es zugetroffen haben, wie aus zeitgenössischen Berichten zu entnehmen ist, daß in dieser Phase 30–40 Personen täglich an der Pest verstarben.[123] Entsprechend dem Totenverzeichnis des (Pest-)Lazaretts wurden jedenfalls 1645/46 insgesamt 697 Männer und 937 Frauen, davon 526 bzw. 666 *als innficiert erkendt*, in das Lazarett eingewiesen.

116 Spielman, City, S. 68.

117 WStLA, HA-A 12/1633 Dezember 1.

118 Pfarre St. Ulrich, Sterbematriken Tom. 1.

119 Zur Stationierung vgl. Broucek, Bedrohung, S. 122. Im gleichen Jahr war auch in Augsburg eine Mortalitätsspitze festzustellen. Vgl. dazu Roeck, Stadt, S. 742.

120 Lammert, Geschichte, S. 184.

121 Lammert, Geschichte, S. 256; Broucek, Bedrohung, S. 155.

122 Vgl. dazu Abb. 1.

123 Lammert, Geschichte, S. 256.

Dort war die Mortalität sehr hoch. Rund 80% der aufgenommenen Männer und 70% der Frauen verstarben im Lazarett.[124] Die Bevölkerungsverluste infolge dieses schweren Pestausbruchs waren so hoch, daß die Stadt 1646 an den Hofkriegsrat mit der Bitte um Verstärkung der Stadtguardia herantreten mußte, da viele Guardisten der Seuche zum Opfer gefallen waren.[125] Der nicht sehr ausgeprägte Anstieg der Sterbefälle im Jahr 1649 könnte in Zusammenhang mit der Sammlung der nicht abgedankten Teile der kaiserlichen Armee in den Erblanden gestanden haben, von denen rund 13.000 Mann von Niederösterreich unterhalten[126] und wohl auch in Niederösterreich stationiert waren. Quantitativ nachweisbar ist auch eine kleinere Epidemie Mitte der 1650er Jahre, jedoch nicht im Umfeld von Truppenbewegungen.[127] Welche dieser Seuchenjahre auch tatsächlich Pestjahre waren, ist aufgrund der mangelnden Überlieferung nicht eindeutig klärbar, für die demographische Fragestellung jedoch auch von relativ geringer Relevanz. Angesichts ähnlicher saisonaler Epidemieverläufe könnten auch Typhus- und Ruhrepidemien häufig gewesen sein.[128] Angesichts der Schwere mancher Epidemien dürfte dennoch die Pest epidemiologisch die größte Rolle gespielt haben.

---

124 WStLA, Bürgerspital, Protokoll über in das Lazareth kranken, entlasßen und abgestorbenen personen von anno 1635 biß 1645.

125 ÖStA, Kriegsarchiv, Hofkriegsratsprotokolle 1646/295, 12r.

126 Erich Landsteiner, Wiederaufbau oder Transformation? Niederösterreich vor, während und nach dem Dreißigjährigen Krieg, Walter Leitsch, Stanisław Trawkowski (Hgg.), Polen und Österreich im 17. Jahrhundert (Wiener Archiv für Geschichte des Slawentums und Osteuropas 18) Wien – Köln – Weimar 1999, S. 185.

127 Ferdinand Olbort, „Vergessene" Pestjahre. Die Seuche von 1653 bis 1656 in Wien. In: WGBl 28, 1973, S. 10–14.

128 Annemarie Kinzelbach, Gesundbleiben, Krankwerden, Armsein in der frühneuzeitlichen Gesellschaft. Gesunde und Kranke in den Reichsstädten Überlingen und Ulm, 1500–1700 (Medizin, Gesellschaft und Geschichte Beiheft 8), Stuttgart 1995, S. 189.

Jedenfalls scheint auch der Wiener Befund zu bestätigen, daß gegen Ende des großen Krieges kein Fleckchen des europäischen Kontinents ohne Ansteckungsherd geblieben war.[129]

Interessante Aufschlüsse über den epidemiologischen Charakter der Mortalitätskrisen gibt der Variationskoeffizient der saisonalen Schwankungen der Sterbefälle. Er war in Krisenjahren wie 1632 oder auch 1662 signifikant höher als in Normaljahren. Seuchen betrafen jedoch nicht alle Altersgruppen gleich. Geht man nach dem Variationskoeffizient der Sterbefälle der Kinder, so betrafen offensichtlich die Epidemien der Kriegsjahre Kinder eher unterdurchschnittlich, was auf die Rolle der Pest verweist. Hingegen waren die Krisenjahre 1661 und 1662 durch außergewöhnlich hohe Schwankungen der saisonalen Kindermortalität geprägt, während die Gesamtschwankungen verhältnismäßig gering blieben.[130]

Waren also frühneuzeitliche Großstädte große Friedhöfe? Nicht wirklich, denn wie bereits Zeitgenossen feststellten, bremsten Seuchen das Bevölkerungswachstum der Städte, ohne es langfristig zu verhindern.[131] In seuchenfreien „Normaljahren" waren Großstädte für erwachsene Migranten Chancenbringer.[132] Das Leben in den großen Metropolen war durch das sogenannte „high potential"-Modell metropolitaner Mortalität geprägt. Die Überlebenschancen für Säuglinge und Kinder in großen Städten waren zwar gering, aber jene, die überlebten, erwarben sich eine gewisse Immunität gegenüber den endemisch auftretenden Infektionskrankheiten. Das galt auch für viele Zuwanderer.[133]

---

129 Livi Bacci, Europa, S. 86.

130 Eigene Berechnungen nach Pfarre St. Stephan, Sterbematriken Tom. 6, 9, 12–13, Extract 1632, 1647, 1649, 1650, 1652, 1658, 1659, 1660, 1661, 1662, 1663.

131 Zu einer solchen Erkenntnis kam u. a. der am Habsburgerhof Ferdinands II. wohlbekannte Jesuit Giovanni Botero in seiner Schrift „Delle cause della grandezza delle città". Vgl. dazu Richard Bonney, Early Modern Theories of State Finance. In: ders. (Hg.), Economic Systems and State Finance, Oxford 1995, S. 183 f.

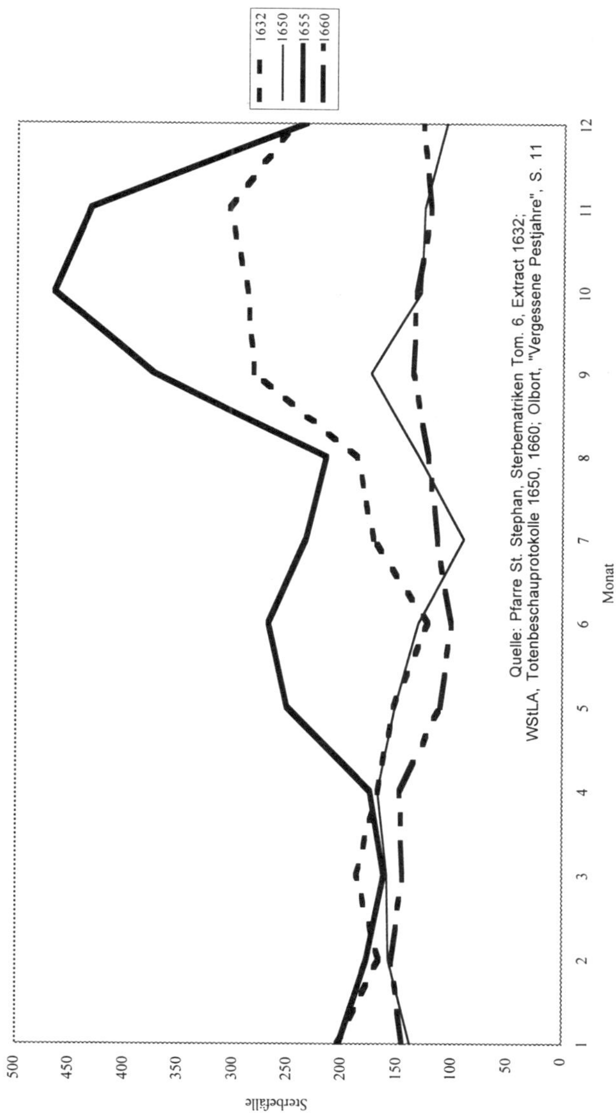

Abbildung 2: Saisonale Mortalitätsschwankungen 1632, 1650, 1655, 1660

132 Galley, Demography, S. 173 f.

133 John Landers, Death and the metropolis. Studies in the demographic history of London 1670–1830 (Cambridge Studies in Population, Economy and Society in Past Time 20), Cambridge 1993, S. 89 f.

Wesentliche Grundzüge dieses Modells bestätigen sich am Beispiel Wiens für zwei „seuchenfreie" Jahre in der unmittelbaren Nachkriegszeit. In den Stichjahren 1650 und 1660 ist die Zahl der Sterbefälle deutlich unter jener in nachweisbaren Pestjahren, und der saisonale Verlauf der Mortalitätskurve gibt keinen Hinweis auf markante Mortalitätsgipfel während des Jahres.[134] Sie beleuchten also die Nachkriegsmortalität abseits der Seuchenjahre 1653/56. Die nachfolgende Modellberechnung für die durchschnittliche Lebenserwartung in diesen beiden Stichjahren geht nun von folgenden, nicht unplausibel erscheinenden Annahmen aus:

1. Den unter städtischer Jurisdiktion befindlichen Sterbefällen aus den Protokollen steht eine entsprechende anwesende Bevölkerung von rund 45.000 in den beiden Stichjahren gegenüber.
2. Der Altersaufbau der Wiener Bevölkerung entspricht jener der Salzburger Bevölkerung nach der Zählung von 1647, wie sie in einer Stichprobe am Institut für Wirtschafts- und Sozialgeschichte der Universität Wien dokumentiert ist, mit einer Adaption: bei den 20- bis unter 40jährigen wird, im Gegensatz zum Salzburger Befund, von einem ausgeglichenen Geschlechterverhältnis ausgegangen.
3. Die anzunehmende Untererfassung von Sterbefällen unter 1 Jahr entspricht der Untererfassung im Altersaufbau der Salzburger Stichprobe (Modell A) bzw. wird mit der Säuglingssterblichkeit in Wien in den Jahren 1728/29 korrigiert. Für 1728 und 1729, zwei Jahre mit hoher Säuglingsterblichkeit, liegt eine Auszählung der Totenprotokolle vor, wobei der Erfassungsgrad vermutlich an eine vollständige Erfassung nahe herankommt (Modell B).[135]

---

134 Abb. 2. Für 1650 vgl. dazu auch Weigl, Soziale Ungleichheit, S. 120 f.

135 Berechnet nach Sigismund Peller, Zur Kenntnis der städtischen Mortalität im 18. Jahrhundert mit besonderer Berücksichtigung der Säuglings- und Tuber-

Unter diesen drei Annahmen läßt sich die Lebenserwartung für verschiedene Altersgruppen für die beiden Stichjahre errechnen, wobei die Altersverteilung der Bevölkerung innerhalb der fünfjährigen Altersgruppen nach einem Näherungsverfahren geschätzt wird.[136]

Tabelle 5: Durchschnittliche Lebenserwartung 1650, 1660 [1)2)]

Männlich Erreichtes Alter [3)]	1650	1660
0	16,7	18,4
0*	13,2	14,7
5	40,4	44,7
20	46,9	50,7
60	71,6	70,2

Weiblich Erreichtes Alter [3)]	1650	1660
0	21,8	21,3
0*	17,6	17,0
5	51,0	53,7
20	57,1	59,0
60	75,4	77,7

* = Säuglingststerbefälle nach oben korrigiert durch Anteil der Säuglingsterbefälle 1728/29.

1) Unter folgenden Annahmen:
Bevölkerung unter städtischer Jurisdiktion: 45.000; Altersaufbau wie Salzburg 1647, jedoch Altersgruppe der 20 bis unter 40jährigen männlich und weiblich gleichbesetzt.
2) Die Daten beziehen sich bei dieser und auch den folgenden Tabellen immer auf die Stadt und die Vorstädte.
3) 5jährige Altersklassen. Verteilung innerhalb der Klassen geschätzt nach der Methode von Chiang nach Namboodiri, Suchindran.

Quelle:
siehe Tabelle 2.
Namboodiri, Suchindran, Life Table techniques, S. 25-26.

Die so errechneten Ergebnisse weisen ein äußerst niedriges Niveau der Lebenserwartung um die Mitte des 17. Jahrhunderts aus: Die Lebenserwartung bei der Geburt betrug 1650 nach Modell A bei der männlichen Bevölkerung 16,7 Jahre, bei der weiblichen 21,8 Jahre. Nach Modell B betrugen die entsprechenden Werte gar nur 13,2 bzw. 17,6 Jahre. Überlebte ein Säugling oder Kleinkind die ersten vier Lebensjahre, steigerte

kulosesterblichkeit. In: Zeitschrift für Hygiene und Infektionskrankheiten 90, 1920, S. 231, und Sedlaczek, Löwy, Wien, S. 17.

136 Vgl. dazu Krishnan Namboodiri, C. M. Suchindran, Life table techniques and their applications, Orlando [u. a.] 1987, S. 25 f.

sich die Lebenserwartung auf 40 bzw. 51 Jahre. Mit 20 Lebensjahren betrug die durchschnittliche Lebenserwartung 57 bis 58 Jahre, mit 60 72 bzw. 75 Jahre. 1660 lag die Lebenserwartung bei der Geburt mit 18,4 und 21,3 (Modell A) bzw. 14,7 und 17,0 (Modell B) in einem ähnlichen Bereich, wobei bei der männlichen Bevölkerung ein leichter Anstieg zu beobachten ist. Für die übrigen Altersgruppen bestanden keine gravierenden Unterschiede zu 1650. Die Wiener Werte lagen deutlich unter dem Niveau der Lebenserwartung in Genf. In Genf betrug die durchschnittliche Lebenserwartung bei der Geburt 1625–1684 bei der männlichen Bevölkerung 25,4, bei der weiblichen 26,2. Aber auch nach Erreichen des fünften Lebensjahres lagen die Werte mit 45,6 bzw. 45,3 deutlich über dem Wiener Niveau. Dabei ist allerdings zu berücksichtigen, daß in Genf, im Gegensatz zu Wien, die Lebenserwartung mit Hilfe von Familienrekonstruktionen errechnet wurde, was einen Teil der städtischen Unterschichten ohne Zweifel ausschließt.[137]

Geringe Überlebenschancen waren in Wien vor allem auf das Säuglings- und Kinderalter beschränkt und darüber hinaus natürlich auch über die unterschiedlichen urbanen Sozialgruppen nicht gleich verteilt. Soziale Ungleichheit vor dem Tod wird aus dem durchschnittlichen Sterbealter erkennbar. Das durchschnittliche Sterbealter entspricht zwar nur im Fall einer stationären Bevölkerung der durchschnittlichen Lebenserwartung, doch lassen sich in einem zweistufigen Verfahren einigermaßen abgesicherte Schätzungen für ungleiche berufs- und standesspezifische Sterberaten abgeben. Das Schätzverfahren

---

137 Alfred Perrenoud, Die soziale Ungleichheit vor dem Tod in Genf im 17. Jahrhundert. In: Arthur E. Imhof (Hg.), Biologie des Menschen in der Geschichte. Beiträge zur Sozialgeschichte der Neuzeit aus Frankreich und Skandinavien (Kultur und Gesellschaft 3), Stuttgart – Bad Cannstatt 1978, S. 132, zur Methode vgl. S. 120 ff. Deutlich über den Wiener Werten liegen auch die auf der Basis von Modellsterbetafeln berechneten Niveaus für einige Londoner „parishes“ im Zeitraum 1580–1650. Vgl. dazu Finlay, Population, S. 87.

besteht aus einer Berechnung des durchschnittlichen Sterbealters bei allen Personen und bei Personen im Alter von 20 und mehr Jahren. Berufs- und Standesgruppen mit überproportionalem Anteil unter 20jähriger Bevölkerung – also mit überdurchschnittlicher Geburtenrate – können beispielsweise nur beim Durchschnittswert über alle Sterbefälle einen niedrigen Wert besitzen, während der Wert für 20jährige und ältere ausgesprochen hoch sein kann. Der Durchschnitt über alle Personen gibt andererseits einen Hinweis auf hohe Säuglingssterblichkeit. Nach diesem Verfahren lassen sich hinsichtlich der Lebenserwartung im wesentlichen vier Gruppen innerhalb der städtischen Bevölkerung ausmachen, die von den Durchschnittswerten von 23,9 bei allen Sterbefällen bzw. 47,9 bei den 20jährigen und älteren signifikante Abweichungen zeigen:

1. Die Oberschicht (Adelige, hohe Beamte und Geistliche, Offiziere), höfische und städtische Beamte und die jüdische Bevölkerung weisen 1650 und 1660 ein durchschnittliches Sterbealter von 27–30 Jahren und bei der 20jährigen und älteren Bevölkerung von etwa 49–50 Jahren auf.
2. Bei in der Landwirtschaft Beschäftigten, vor allem Hauern, war das durchschnittliche Sterbealter niedrig, das der 20jährigen und älteren jedoch ausgesprochen hoch. Es scheint daher bei den Hauern die Geburtenrate hoch, die Lebenserwartung Erwachsener jedoch auch überdurchschnittlich gewesen zu sein.
3. Eindeutig eine geringe Lebenserwartung besaßen Personen und deren Angehörige, die in Dienstleistungsberufen tätig waren (Schreiber, Barbiere etc.), Hausbedienstete und Soldaten. Auch in den Textil- und Bekleidungs- bzw. in den Nahrungsmittelgewerben und im Baugewerbe dürfte die Lebenserwartung nicht allzu hoch gewesen sein.
4. Ausgeklammert müssen bei dieser Betrachtung alleinstehende Frauen und Bettler werden, die ihren Status in der Regel

Tabelle 6: Durchschnittliches Sterbealter nach Beruf/Standesgruppe 1650 und 1660 (einschließlich Beruf/Stand der Angehörigen)

Beruf/Stand [1]	Gesamt	20jährige und ältere
Oberschicht [2]	28,0	50,0
Studenten, Künstler	23,0	38,2
Höfische Bedienstete	23,3	46,5
Beamte (städtisch, höfisch)	27,3	48,8
Händler	22,3	44,6
Dienstleistungen	16,8	38,4
Verkehr/Nachrichten	19,2	44,4
Juden	30,3	49,4
Metallverarb.	19,5	48,8
Lebensmittelg./Gastgew.	20,1	43,0
Textil/Bekleidg./Leder	18,6	44,4
Baugewerbe	22,0	43,2
Holzverarb./Sonstige	23,4	47,4
Hausbedienstete	19,7	42,1
Landwirtschaft	19,1	52,2
Taglöhner etc.	20,9	49,9
Soldaten	20,3	42,7
Bettler	43,4	63,7
alleinstehende Frauen	34,0	58,0
unbekannt	28,9	45,6
Gesamt	23,9	47,9

1) Der Verstorbenen bzw. deren Angehöriger.
2) Adelige, Akademiker, hohe Beamte, Offiziere.

Quelle:
siehe Tabelle 2.

erst in späteren Lebensabschnitten erreichten und daher überdurchschnittlich hohe Durchschnittssterbealter aufweisen. Dennoch ist das hohe Sterbealter von Witwen und Bettlern – bei 20jährigen und älteren über 60 Jahre – erstaunlich. Verhältnismäßig hoch liegt auch das durchschnittliche Sterbealter bei 20jährigen und älteren Taglöhnern. Auch hier ist jedoch die Lebensgeschichte zu berücksichtigen.[138]

Ein durchschnittliches Sterbealter von etwa 30 Jahren – 27 für Männer und 32 für Frauen – wurde für Mitglieder des österreichischen Zweiges der Habsburger für den Zeitraum ca. 1600–1750 errechnet.[139] Es unterschied sich also nicht wesent-

138 Vgl. dazu auch Weigl, Soziale Ungleichheit, S. 127.

139 Max Kemmerich, Die Lebensdauer und die Todesursachen innerhalb der Deutschen Kaiser- und Königsfamilien. In: Alfred von Lindheim, Saluti senec-

lich von dem der übrigen Oberschicht, aber doch ganz beträchtlich von der übrigen Bevölkerung. Es dürfte also nicht zutreffen, daß privilegierte Gruppen in der Vormoderne keine höheren Überlebenschancen im Vergleich zum Rest der Bevölkerung aufwiesen. Aufgrund ihrer nach modernen Standards üppigen, aber ungesunden Ernährung und anderer negativer Einflußfaktoren waren die Vorteile, die sie hinsichtlich ihrer Lebenserwartung hatten – man denke an das hohe durchschnittliche Sterbealter Wiener Witwen von über 40 Jahren[140] –, allerdings eingeschränkt.[141]

Wie aus der Berechnung der Lebenserwartung schon erkennbar war, resultierte die ingesamt niedrige Lebenserwartung in erheblichem Maß aus der Säuglings- und Kindersterblichkeit. Das Niveau der Säuglingssterblichkeit läßt sich anhand einer vereinzelten Angabe der Zahl der Geburten aus dem Jahr 1658 bezogen auf die Säuglingssterbefälle der Jahre 1650 und 1660 mit etwa 290 für die Stichjahre 1650 und 1660 relativ genau bestimmen.[142] Das entspräche in etwa dem langjährigen Durchschnitt für das 17. Jahrhundert in Genf.[143] Allerdings ist mit einer nicht unerheblichen Untererfassung der Säuglingssterbefälle zu rechnen, die, nimmt man Vergleiche aus Wien in der ersten Hälfte des 18. Jahrhunderts als Maßstab, bis zu 20–25% betragen haben könnte.[144] Wie stark die Säuglings- und Kindersterblichkeit während des Krieges

tutis. Die Bedeutung der menschlichen Lebensdauer im modernen Staate. Eine sozial-statistische Untersuchung, Leipzig – Wien 1909, S. 167 f.

140 Eigene Berechnungen nach WStLA, Totenbeschauprotokolle 1650, 1660; Schwarz, Wiener Ghetto.

141 Livi Bacci, Europa, S. 79.

142 Eigene Berechnungen nach WStLA, Totenbeschauprotokolle 1650, 1660; Schwarz, Wiener Ghetto; Pfarre St. Stephan, Sterbematriken Tom. 12, Extract 1658.

143 Bairoch, Cities, S. 207.

144 Vgl. dazu Weigl, Totenbeschauprotokolle, S. 27 f.

schwankte, ist aus den für einzelne Jahre vorhandenen „Extracten“ der unter städtischer Jurisdiktion Verstorbenen erkennbar. Demnach lag der Anteil der „Kinder“ – ein genaues Alterslimit wird in der Quelle nicht angegeben – an allen Verstorbenen 1632 bei 41,6%, 1647 bei 50,2%, 1649 bei 51,9% und 1650 bei 45,8%. In den späten 1650er und frühen 1660er Jahren stieg dieser Anteil in Einzeljahren auf bis zu 60%. Generell fällt auf, daß der Anteil der Kindersterbefälle in Epidemiejahren – beispielsweise im Jahr 1632, in dem mehr als 20% *Inficierte* unter den Verstorbenen ausgewiesen werden und die Zahl der Sterbefälle mit etwa 2.500 ungewöhnlich hoch ist – geringer war als in „epidemiefreien“ Jahren, in denen er während und gegen Ende des Krieges um 50% schwankte.[145] Die späten 1650er und frühen 1660er Jahre scheinen Jahre gewesen zu sein, in denen die Überlebensbedingungen für Säuglinge und Kinder besonders schlecht, für Erwachsene jedoch einigermaßen günstig waren. Sie entsprachen damit nicht dem Muster der (Pest-) Mortalitätsspitzen während des Krieges.

Hinweise auf das Ausmaß der Säuglingssterblichkeit in bestimmten Sozialgruppen gibt ein Vergleich der Anteile der Sterbefälle ingesamt mit jenem der Säuglingssterbefälle, der freilich auch durch den differierenden Altersaufbau und differierende Fertilität bestimmt wird.[146] Demnach war die Säuglingssterblichkeit – in manchen Fällen wohl auch die Fertilität – beim Adel (einschließlich hoher Militärs), bei den Hofbediensteten und niederen Beamten, im Handel, unter der jüdischen Bevölkerung und im Baugewerbe unterdurchschnittlich. Hingegen dürfte bei den übrigen Dienstleistungsgewerben, in den metallverarbeitenden Gewerben bzw. im Textil-, Beklei-

145 Eigene Berechnungen nach Pfarre St. Stephan, Sterbematriken Tom. 6, 9, 12–13, Extract 1632, 1647, 1649, 1650, 1652, 1658, 1659, 1660, 1661, 1662, 1663.

146 Weigl, Totenbeschauprotokolle, S. 31.

dungs- und lederverarbeitenden Gewerbe, in der Landwirtschaft und bei Taglöhnern ausgeprägt höhere Säuglingssterblichkeits- und/oder Fertilitätsraten zu verzeichnen gewesen sein. Für die Säuglingssterblichkeit galt das sicherlich auch bei ledigen Frauen, also illegitime Geburten. Ausgeklammert müssen bei dieser Betrachtung Witwen, Bettler und Studenten bleiben, weil aus ihrer spezifischen Lebenssituation eine geringe Fertilität anzunehmen ist.[147]

Tabelle 7: Sozialstruktur der Sterbefälle 1650, 1660

Beruf/Stand	Gesamt		Säuglingssterbefälle	
	Anzahl	Anteil	Anzahl	Anteil
Adel	40	1,2	6	0,6
hohe Beamte/Akademiker	146	4,5	45	4,6
Offiziere	40	1,2	8	0,8
Künstler/Geistliche	35	1,1	14	1,4
mittl. u. niedere Hofbedienstete	270	8,3	77	7,8
Händler	133	4,1	37	3,8
niedere Beamte	102	3,2	25	2,5
Dienstleistungsberufe	64	2,0	26	2,6
Verkehr/Nachrichtengewerbe	67	2,1	25	2,5
Juden	76	2,3	10	1,0
Metallverarbeitendes Gewerbe	72	2,2	32	3,3
Lebensmittelg./Gastgewerbe	168	5,2	53	5,4
Textil/Bekleidg./Lederverarb.	266	8,2	100	10,2
Baugewerbe	170	5,3	41	4,2
Holzverarb./Sonstige Gewerbe	60	1,9	20	2,0
Höhere Hausbedienstete	87	2,7	26	2,6
Niedere Hausbedienstete	293	9,1	109	11,1
Landwirtschaft (Hauer etc.)	107	3,3	40	4,1
Taglöhner etc.	234	7,2	84	8,5
Soldaten	259	8,0	87	8,9
Bettler	68	2,1	8	0,8
Witwen	286	8,8	48	4,9
"lediges Mensch"/Jungfrau	105	3,2	43	4,4
Studenten/Bürger o.n.Bezeichg.	26	0,8	3	0,3
keine Berufs-/Standesbez.	62	1,9	16	1,6
Gesamt	3.236	100	983	100

Quelle:
siehe Tabelle 2.

Die soziale Ungleichheit der Säuglingssterblichkeit wird auch anhand eines groben Schichtungsmodells, das die Bevölkerung in Hofangehörige und deren Familien, Bürgerliche und „Sonstige" (städtische Unterschicht) unterteilt, erkennbar. Demnach starb in den Stichjahren 1650 und 1660 in allen drei

147 Vgl. dazu Tabelle 7.

Gruppen zwar annähernd derselbe Prozentsatz der Säuglinge, nämlich 17–18%, in der ersten Lebenswoche, doch differierte der Anteil der Sterbefälle in der zweiten bis vierten Lebenswoche erheblich. Während er bei Hofangehörigen deutlich unterdurchschnittlich war, lag er bei Bürgern leicht unter und bei den städtischen Unterschichten leicht über dem Schnitt. Dies bestätigt nicht unbedingt den Befund einer ausschließlich auf das Jahr 1650 Bezug nehmenden früheren Untersuchung, die ein erhöhtes Mortalitätsrisiko bei Kindern von Bürgern und der Unterschicht aufgrund vorgeburtlicher Schädigungen der Mütter geortet hat. Das Ergebnis bestätigt jedoch den Befund differentieller Sterblichkeit in der zweiten bis vierten Lebenswoche. Diese hängt massiv mit der Stillpraxis und den Pflegebedingungen der Säuglinge und dem damit verbundenen Risiko, an ernährungsbedingten Krankheiten zu erkranken, zusammen. Dieses Risiko scheint bei Hofangehörigen eindeutig geringer gewesen zu sein als bei den übrigen Sozialgruppen.[148]

Bei geschlechtsspezifischer Betrachtung hatten männliche Säuglinge eindeutig die schlechteren Überlebenschancen als weibliche. Selbst unter Berücksichtigung des biologischen Faktums, daß etwas mehr Knaben als Mädchen zur Welt kommen, kann das eine männliche Übersterblichkeit von rund 8% bei der Säuglingssterblichkeit in den Jahren 1650 und 1660 mit Sicherheit nicht erklären. Diese Übersterblichkeit resultierte aus der ersten Lebenswoche bzw. dem ersten Lebensmonat, in denen sie etwa 15% betrug. Hingegen war sie danach kaum vorhanden. Schichtspezifisch eine Ausnahme bildete die Geschlechterproportion der Säuglingssterbefälle bei den Hofangehörigen. Bei diesen bestand eine weibliche Übersterblichkeit. Angesichts der relativ geringen Besetzungszahlen – rund 60 Säuglingssterbefälle unter Hofangehörigen – darf diese Zahl allerdings nicht überbewertet werden.

148 Vgl. dazu Tabelle 8; Weigl, Totenbeschauprotokolle, S. 32.

Tabelle 8: Säuglingssterbefälle in Wien 1650 und 1660 nach Lebensdauer und sozialer Schicht

Schicht 1)	Säuglingssterbefälle							
	perinatal (1.Lebenswoche)		2.-4.Lebenswoche		postneonatal (2.-12.Lebensmonat)		unbekannte	Gesamt 3)
	absolut	Anteil in % 2)	absolut	Anteil in % 2)	absolut	Anteil in % 2)	Lebensdauer	
Hofangehörige	17	17,7	15	15,6	64	66,7	0	96
Bürger	33	17,1	43	22,3	117	60,6	0	193
Sonstige	124	17,9	164	23,7	404	58,4	2	694
Gesamt	174	17,7	222	22,6	585	59,6	2	983

1) Hofangehörige: ksl. Beamte, Diener, Handwerker einschließlich Hofkammerräte, -sekretäre etc.; Bürger: Berufsbezeichnungen mit der Ergänzung Bürger bzw. Stadtrat.
2) Bezogen auf alle Säuglingssterbefälle mit bekannter Lebensdauer.
3) Einschließlich unbekannter Lebensdauer während des ersten Lebensjahres.

Quelle:
siehe Tabelle 2.

Im gesamten gesehen vermitteln die Mortalitätsverhältnisse in Wien während des Krieges und in der Nachkriegszeit den Eindruck eines demographischen Faktors, der, wenn auch sozial ungleich verteilt, ein rascheres Stadtwachstum verhindert hat. Dies traf allerdings nicht nur auf die Mortalität, sondern auch auf die städtische Fertilität zu.

Ein ausgeprägtes Geburtentief

Im allgemeinen charakterisierte große Städte in der Frühen Neuzeit ein eher niedriges Fertilitätsniveau, welches in Abhängigkeit von der Zuwanderung und der Geschlechterproportion der Erwachsenen schwankte. Die Geschlechterproportion der Sterbefälle der 20- bis unter 50jährigen in Wien um die Mitte des Jahrhunderts läßt auf einen deutlichen Männerüberschuß im Hauptreproduktionsalter schließen.[149] Zudem besaß vermutlich ein erheblicher Teil der Zuwan-

149 Auf 1.000 weibliche Sterbefälle im Alter von 20 bis unter 50 Jahren kamen 1650 und 1660 1.333 männliche. Eine solch hohe männliche Übersterblichkeit in dieser Altersgruppe ist sehr unwahrscheinlich.

derer aufgrund ihres gesellschaftlichen Status – Handwerker, Dienstboten, Taglöhner, Bettler – eingeschränkte Heiratschancen, die auf eine gesellschaftlich erzwungene und/oder habituell bedingte Verzögerung der Erstheirat hinausliefen. Die Vorraussetzungen für ein niedriges Fertilitätsniveau unter dem Reproduktionsniveau, wie etwa in Genf, waren also auch in Wien in der ersten Hälfte des 17. Jahrhunderts gegeben.[150]

Die Gesamtzahl der Wiener Geburten in der ersten Hälfte des 17. Jahrhunderts läßt sich nicht exakt ermitteln, da sich die Taufmatriken nur teilweise und unvollständig erhalten haben. Zudem reichen die nicht ganz eindeutig abzugrenzenden Pfarrgrenzen weit in die Vorstadtzone. Die Berechnung einer Geburtenzahl ist demnach nicht einmal für die Stadt möglich. Trotzdem läßt sich der Verlauf der Fertilität vor, während und nach dem Krieg einigermaßen verläßlich schätzen, denn für St. Stephan können Geburten und Heiraten für den gesamten betrachteten Zeitraum ausgezählt werden bzw. liegen zum Teil in zeitgenössischen Auszählungen vor. Die Zahl der Geburten in St. Stephan betrug ab den späten 1620er Jahren – zuvor ist sie aufgrund des bedeutenden protestantischen Bevölkerungsanteils nicht vergleichbar – rund 1.000. Das dürfte einer zeitgenössischen Quelle nach zu schließen etwa zwei Drittel aller Geburten der Stadt und der Vorstädte entsprochen haben. Der Pfarrbezirk von St. Stephan umfaßte neben der Stadt den Unteren Werd, Unter den Weißgerbern, Erdberg, Landstraße, Wieden, Margareten, Matzleinsdorf, An der Wien und den Magdalenengrund.[151] Ein Anteil von rund zwei Drittel aller Taufen im zweiten Drittel des 17. Jahrhunderts wird durch eine

150 Galley, Demography, S. 157–160.

151 Die Beschreibung der Pfarreinteilung von 1646 findet sich abgedruckt bei Rudolf Geyer, Handbuch der Wiener Matriken. Ein Hilfswerk für Matrikenführer und Familienforscher. In: Jahrbuch des Österreichischen Instituts für Genealogie, Familienrecht und Wappenkunde 1/2, 1928/29, S. 76 ff.

für die Zeit nach dem Krieg überlieferte Zahl indirekt bestätigt. Nach einer verstreuten Angabe aus den Sterbematriken von St. Stephan betrug die Zahl der Taufen im Jahr 1658 „in und vor der Stadt“ 1.681 Geburten.[152] Zur gleichen Zeit lag die Zahl der Taufen in St. Stephan bei 1.079.[153] Die Repräsentativität der Pfarre ist daher ohne Zweifel gegeben – auch in den Vorkriegs- und ersten Kriegsjahren, da allerdings nur für den katholischen Bevölkerungsteil.

Auf der Basis der zuvor beschriebenen Schätzungen für die Bevölkerungszahl könnte die Geburtenrate in der ersten Hälfte des 17. Jahrhunderts sich demnach um 35 bewegt haben, ein Niveau der Geburtenrate, das etwa auch für Venedig und Breslau in den ersten beiden Dritteln des 17. Jahrhunderts nachweisbar ist.[154] Eine präzise Bestimmung des Verlaufs der Fertilitätsentwicklung läßt sich näherungsweise mittels eines Fertilitätsmaßes, welches die Zahl der Geburten auf den achtjährigen Durchschnitt der Zahl der Heiraten in den vorangegangenen Jahren bezieht,[155] für St. Stephan berechnen. Sie zeigt eine auf äußerst niedrigem Niveau befindliche eheliche Fertilitätskurve, die zwischen den Werten 2 und 3 schwankt. 1648–1650 lag sie durchschnittlich bei 2,6, in den 1650er Jahren, bei 2,3.[156] Zum Vergleich dazu lag diese Fertilitätsrate gegen Ende der Kriegszeit in dem stark vom Krieg betroffenen Weinviertler Markt Pulkau bei 3,8, im Durchschnitt der Jahre 1651–1660 bei 4,8.[157] Das eheliche Fertilitätsniveau in Pulkau

---

152 Pfarre St. Stephan, Sterbematriken Tom. 12, Extract 1658.

153 Eigene Berechnungen nach Pfarre St. Stephan, Taufmatriken Tom. 23.

154 Knittler, Stadt, S. 40; Erich Keyser, Bevölkerungsgeschichte Deutschlands, Leipzig [2]1941, S. 382.

155 Jean Yves Grenier, Quelques éléments pour une étude des liens entre conjoncture économique et conjoncture démographique aux XVII et XVIII siècles. In: Annales de Démographic historique 1984, 175 ff.

156 Vgl. dazu Abb. 3.

157 Eigene Berechnungen nach Auswertungen der Pfarrmatriken der Pfarre Pul-

lag also gegen Ende des Krieges um 50%, in der Nachkriegsperiode um mehr als das Doppelte über dem Wiener Niveau. Mag dieser Unterschied durch die hohe Fluktuation der Bevölkerung nach dem Krieg zu erklären sein, so zeigt auch der Vergleich mit den Wiener Raten des 18. Jahrhunderts, daß die Werte für St. Stephan im Zeitraum 1615–1660 sehr niedrig waren. Im ersten Drittel des 18. Jahrhunderts lag die Rate in Wien bei 4, um 1770 bei 4,8.[158] Insgesamt erreichte die Fertilität in den späten 1620er und in den 1640er Jahren, mit Ausnahme der Jahre nach der Pest von 1645, ihr höchstes Niveau. In den Jahren nach (Mortalitäts-)Krisen, wie etwa 1620, in den späten 1630er Jahren und nach dem Krieg in den 1650er Jahren, war das Fertilitätsniveau ausgesprochen niedrig. Dies gilt auch für die Mitte der 1620er Jahre. Die von Malthus definierten *preventive checks* – Geburtenrückgänge im Vorfeld von Mortalitätskrisen – gab es in Wien in der ersten Hälfte des 17. Jahrhunderts offensichtlich nicht. Wohl aber sackte die Fertilitätsrate nach Krisen wie nach den Blockaden von 1619 und 1645 bzw. den Pestausbrüchen von 1634/35 und 1645 aus verständlichen biologischen Gründen ab. Ein unmittelbar darauffolgender massiver Geburtenanstieg erfolgte nicht. Die „Besetzung" frei gewordener beruflicher und familiärer Positionen infolge von Seuchenausbrüchen wurde primär über die Zuwanderung geregelt.

Niedrige Geburtenzahlen werden auch für einzelne gesellschaftliche Gruppen greifbar. Nach einer Auswertung von Heinz Zatschek hatten von 51 Bäckermeistern des Jahres 1633 24 keine Kinder, 16 ein und nur 11 mehrere Kinder.[159] Selbst

---

kau von Erich Landsteiner. Für die Zurverfügungstellung der Daten gilt Erich Landsteiner mein besonderer Dank.

158 Eigene Berechnungen nach Sedlaczek, Löwy, Wien, S. 15–17.

159 Heinz Zatschek, Aus der Geschichte des Wiener Handwerks während des Dreißigjährigen Krieges. In: JBVGStW 9, 1951, S. 39.

Abbildung 3: Fertilitätsrate nach Grenier Wien und Pulkau 1615-1660

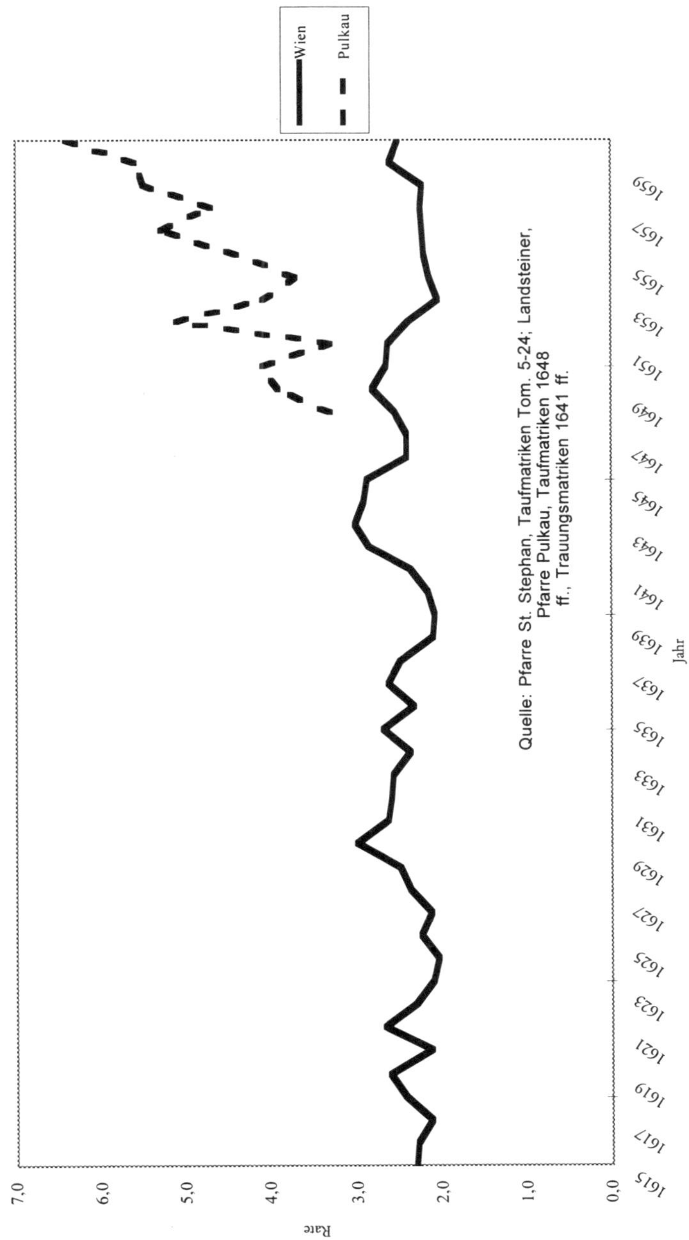

unter der Berücksichtigung der Tatsache, daß es sich dabei um eine Momentaufnahme handelt, deutet das auf ein niedriges Fertilitätsniveau im Bäckergewerbe.

Äußerst niedrige vormoderne Fertilitätsniveaus erklären sich in der Regel aus Heiratsbeschränkungen, denn uneheliche Fertilität im großstädtischen Milieu war aufgrund massiver sozialer Ausgrenzung illegtimer Geburten und der faktischen Unmöglichkeit, unehelich Geborene in der Stadt in Arbeitgeberhaushalten aufzuziehen, kaum von Bedeutung. Welcher Teil der Bevölkerung von der Heirat weitgehend ausgeschlossen war, zeigt ein Vergleich der sozialen Schichtung der Bräutigame der Pfarre St. Stephan im Jahr 1635 mit der der männlichen Sterbefälle von 1650 und 1660.[160] Ausgeklammert bleiben bei dieser Berechnung aus Gründen der Vergleichbarkeit adelige und jüdische Bräutigame und Sterbefälle – Adelige heirateten offensichtlich nicht oder nur ganz selten in St. Stephan – bzw. Sterbefälle von Witwen oder deren Angehöriger. Bezogen werden die Anteile auf alle Berufs- bzw. Standesangaben ohne Unbekannt-Fälle. Ein Blick auf Tabelle 9 zeigt, daß Handwerker und Gewerbetreibende sowie in der Landwirtschaft Tätige, vor allem Hauer, überproportional unter den eheschließenden Männern vertreten sind, während die städtischen Unterschichten und die im Handel und den übrigen Dienstleistungsgewerben Tätigen eher unterdurchschnittliche Verehelichungschancen hatten. Mag letzteres teilweise auf ein leichtes Bias der Sozialstruktur der Pfarre St. Stephan zurückzuführen sein, ist die Erschwernis der Heirat in den Unterschichten evident. Vieles spricht dafür, daß es sich dabei nicht ausschließlich um eine obrigkeitlich verordnete Beschränkung des Heiratsverhaltens handelte, sondern daß aus dem Handwerk übernommene Werthaltungen über gesellschaftskonformes Heiratsverhalten

160 Eigene Berechnungen nach Pfarre St. Stephan, Trauungsmatriken Tom. 14; WStLA, Totenschauprotokolle 1650, 1660.

auch in die städtischen Unterschichten Eingang gefunden hatten.[161] Bemerkenswerterweise traf dies auf Hausbedienstete offensichtlich nicht zu. Ihr Anteil an den eheschließenden Bräutigamen ist sogar etwas höher als an den Sterbefällen. Es scheint demnach für einen Teil der Hausbediensteten die moderne Trennung zwischen Arbeits- und Wohnort bereits vollzogen worden sein, ein Umstand, der für einen entwickelten „Dienstboten-Arbeitsmarkt" spricht.

Neben dem lebenslangen oder zumindest für lange Lebensphasen bestehenden Ausschluß von der Ehe begünstigte auch die hohe Zahl der Witwenheiraten niedrige Fertilität. 42% der 1635 heiratenden Frauen in St. Stephan waren Witwen, von denen anzunehmen ist, daß die meisten nicht gerade am Beginn ihrer reproduktionsfähigen Lebensphase standen. Witwenheiraten waren jedoch nicht gleich über alle nichtadeligen Sozialgruppen verteilt. Abgesehen vom zünftischen Handwerk, in dem geradezu ein institutionalisierter Zwang für Witwen bestand, sich zumeist innerhalb eines Jahres wiederzuverheiraten, waren Witwenheiraten in der gesamten urbanen bürgerlichen Gesellschaft von großer Bedeutung. Sie finden sich überdurchschnittlich im Handel und den Dienstleistungsgewerben und bei den Hauern, aber auch bei Künstlern, unterdurchschnittlich bei den Hausbediensteten. Daß dies nicht unbedingt der innerehelichen Fertilität förderlich war, liegt auf der Hand und wird auch durch Befunde aus der Handwerksgeschichte gestützt. Trotz enormer Begünstigungen von Meistersöhnen, waren die Anteile fremder Meister in vielen Wiener Gewerben beträchtlich. Der Schluß liegt nahe, daß es häufig an Meistersöhnen überhaupt mangelte.[162] Den Berufen

161 Katherine A. Lynch, The European Marriage Pattern in the Cities. Variations on a Theme by Hajnal. In: Journal of Family History 16, 1991, S. 80.

162 Heinz Zatschek, Die Handwerker Wiens. Ein kleiner Beitrag zur Geschichte der Bevölkerungsentwicklung. In: JBVGStW 8, 1949/50, S. 35.

der Exmänner der Witwen nach zu schließen, gelang es nicht immer den sozialen Status mit der Heirat zu halten. Der Anteil der Oberschichtengatten war unter den verstorbenen Männern höher als unter den neu verehelichten. Ähnliches gilt auch für Hofbedienstete und Beamte. Die neuen Gatten kamen überproportional aus den Dienstleistungsgewerben, der Landwirtschaft, aber auch aus der Gruppe der Hausbediensteten. Andererseits war der Anteil der Unterschichtenbräutigame unter den Exmännern der Witwen signifikant höher als unter den in weiterer Ehe geehelichten.[163] Soweit ein Stichjahr zu dieser Frage genügend Aufschlüsse gibt, scheinen die Witwenheiraten die (untere) gesellschaftliche Mitte stabilisiert zu haben.

Tabelle 9: Heiraten nach Sozialgruppen St. Stephan 1635

Berufs-/Standesgruppe	Anteil Beruf/Stand			
	Bräutigam 1) 1635	Witwenheirat 1635	Ex-Mann 1635	Sterbefälle 1) 1650, 1660
Oberschicht 2)	6,2	6,8	8,0	8,2
Höfische, landständische u. städtische Bedienstete	12,9	11,2	13,6	13,0
bürgerliches Gewerbe	35,1	35,6	37,5	26,6
Handel	2,7	3,4	3,4	4,8
Dienstleistungen	3,7	4,9	3,4	6,0
Hausbedienstete	16,8	13,2	9,1	14,9
Landwirtschaft(Weinbau)	7,9	9,3	7,4	3,9
Unterschicht 3)	14,1	14,6	17,0	20,6
Studenten, Künstler	0,6	1	0,6	2,4
Gesamt	100,0	100,0	100,0	100,0

ohne.Angaben: Fälle aliquot eingerechnet.

1) Ohne adelige und jüdische Heiraten/Sterbefälle bzw. ohne Sterbefälle von Witwen/ledigen Frauen. Bezogen auf alle Fälle ausschließlich unbekanntem Beruf/Stand.
2) Akademiker, hohe Beamte, Offiziere.
3) Taglöhner, Soldaten, Bettler.

Quelle:
Pfarre St.Stephan, Trauungsmatriken Tom. 15.
WStLA, Totenbeschauprotokolle 1650, 1660.
eigene Berechnungen

Der Einfluß der Migration blieb jedoch nicht nur auf das Heiratsverhalten beschränkt, sondern zeigte auch auf das

163 Eigene Berechnungen nach Pfarre St. Stephan, Trauungsmatriken Tom. 15. Vgl. auch Tabelle 9.

innereheliche generative Verhalten Wirkung. Betrachtet man die saisonalen Schwankungen der Taufen für die Pfarren St. Stephan und St. Ulrich unter Berücksichtigung der unterschiedlichen Länge der Monate und von Schaltjahren, wird ein saisonales Muster erkennbar, wie es auch für Augsburger Pfarren mit hohen Migrantenanteilen nachgewiesen werden konnte.[164] Der Geburtengipfel fällt ausschließlich in das erste Jahresquartal, zumeist in die Monate Februar und März, Frühling und Sommer sind durch niedrige Geburtenzahlen geprägt, und im September und Oktober steigt die Zahl der Geburten wieder an. Dieses Muster läßt sich sowohl für die Vorkriegs- und frühen Kriegsjahre als auch für die späten Kriegsjahre und die Jahre nach Kriegsende feststellen. Es trifft sowohl für die große Stadtpfarre St. Stephan als auch für die Vorstadtpfarre St. Ulrich zu. Es entspricht diesem Befund eine Tradierung generativen Verhaltens, wie es für ländliche Gesellschaften charakteristisch war, allerdings mit einem weniger ausgeprägten saisonalen Profil.[165] Die Konzeption von Kindern erfolgte in diesen Gesellschaften zumeist in der erntefreien Zeit, also am Beginn des Frühlings und teilweise auch im Winter, um die Geburt der Kinder möglichst in die Nacherntezeit zu verlegen.[166] Aus den genannten Daten lassen sich demnach folgende Schlußfolgerungen ziehen:

Ein nicht ganz zu unterschätzender Teil der Bevölkerung orientierte sich in seinem generativen Verhalten an Rhythmen, die durch Vorgaben aus dem bäuerlichen Leben bestimmt waren. Wie noch zu zeigen sein wird, war tatsächlich der Anteil von Migranten aus dem ländlichen Milieu bedeutend, auch unter den

164 Vgl. dazu Tabelle 10; Roeck, Stadt, S. 837–843.

165 Ähnlich für Augsburg Roeck, Stadt, S. 843.

166 Arthur E. Imhof, Die gewonnenen Jahre. Von der Zunahme unserer Lebensspanne seit dreihundert Jahren oder von der Notwendigkeit einer neuen Einstellung zu Leben und Sterben. Ein historischer Essay, München 1981, S. 50.

Tabelle 10: Saisonale Fertilitätsschwankungen

Pfarre	Periode	Saisonaler Index: gewichteter Jahresdurchschnitt = 100											
		Monat											
		I	II	III	IV	V	VI	VII	VIII	IX	X	XI	XII
St. Stephan (Wien)	1615-1629	104,68	111,81	108,56	102,50	91,51	94,26	91,87	97,08	104,49	105,22	102,13	86,97
	1630-1648	100,46	104,45	108,94	103,67	92,73	94,75	94,45	104,17	107,03	103,96	99,43	86,50
	1649-1658	102,34	108,11	105,37	100,83	88,55	96,73	101,61	109,41	104,53	99,38	97,89	86,02
St. Ulrich (Wien)	1630-1648	111,92	98,04	104,02	96,72	96,20	88,78	96,89	98,86	100,10	103,53	98,70	86,05
	1649-1658	95,03	105,56	102,35	102,15	101,74	85,46	97,07	91,56	103,19	101,89	98,67	94,77
Barfüßerkirche (A.C.)	1608-1627	104,04	112,1	110,72	105,24	95,95	95,57	93,48	91,50	100,99	100,71	102,46	88,66
(Augsburg)	1633-1652	104,11	112,3	107,89	110,35	107,1	101,9	90,88	99,07	93,26	92,61	94,24	86,24
St. Moritz (Augsburg)	1629-1652	99,91	102,13	87,10	129,71	99,91	112,06	91,36	100,76	111,18	111,86	90,89	64,90

Quelle:
Pfarre St. Stephan, Taufmatriken Tom. 5-23.
Pfarre St. Ulrich, Taufmatriken Tom. 2-4.
Roeck, Stadt, S. 839

Fernwanderern. Man wird in diesem Zusammenhang vor allem an aus dem Umland zugewanderte Dienstboten, aber auch an nichtzünftische Handwerker aus dem Reich denken müssen. Eine nicht zu unterschätzende Rolle hinsichtlich der Saisonalität des generativen Verhaltens könnte auch die nach wie vor bedeutende Rolle des Weinbaus für den bürgerlichen Teil der städtischen Ökonomie gehabt haben.

Hinsichtlich dieses ländlichen saisonalen Fertilitätsmusters bestand kein Unterschied im gesamten betrachteten Zeitraum. Eine leichte Abschwächung des Spätwintergipfels in den Jahren nach Kriegsende sowohl in St. Stephan als auch in St. Ulrich könnte allerdings darauf hindeuten, daß ein gewisser Urbanisierungsprozeß des generativen Verhaltens langsam fortschritt.

Im Gegensatz zur Saisonalität des Fertilitätsmusters ist das Fertilitätsniveau in Wien in den ersten beiden Dritteln des 17. Jahrhunderts keineswegs als rural zu bezeichnen. Im Gegenteil: in vielerlei Hinsicht erinnerte es in seiner Antinatalität an modernere Vorbilder. Die Art und Weise, wie ein solch niedriges Fertilitätsniveau zustande kam, war freilich vormodern. Mit Blick auf die deutlich höheren Fertilitätsniveaus im Wien des 18. Jahrhunderts spiegelte es ohne Zweifel die „Krise des 17. Jahrhunderts", allerdings nicht als unmittelbare Reaktion auf malthusianische Krisen, sondern im Sinne eines geburtenfeindlichen gesellschaftlichen Umfelds.

Ein hauptstädtisches Migrationsmuster

Angesichts des niedrigen Niveaus der Lebenserwartung und der Fertilität kann kein Zweifel bestehen, daß auch im Fall von Wien die Zuwanderung den entscheidenden demographischen Wachstumsfaktor darstellte. Unter Berücksichtigung der getroffenen Aussagen über Bevölkerungsentwicklung, Geburtenbilanz und Mortalitätskrisen muß der Wanderungsgewinn der Stadt und der Vorstädte in der ersten Hälfte des 17. Jahrhunderts zumindest rund 25.000 betragen haben. Wenn unter den Seuchenzügen, deren Mortalitätsspitzen sich nicht über dem gesamten betrachteten Zeitraum quantifizieren lassen, einige besonders schwere Epidemien zu verzeichnen waren, was angesichts der vorhandenen statistischen Befunde durchaus wahrscheinlich ist, könnte der positive Wanderungssaldo auch deutlich höher ausgefallen sein.

Der Wanderungssaldo gibt jedoch ein nur sehr eingeschränktes Bild von dem unglaublich hohen Ausmaß der Mobilität vormoderner Bevölkerungen. Da es an einer erhalten gebliebenen Bevölkerungsaufnahme Wiens im 17. Jahrhundert fehlt und auch das quantitative Ausmaß der Zuwanderung nicht erfaßbar ist, lassen sich Migrationsraten nicht berechnen. Es ist jedoch angesichts der besonderen Anziehungskraft, die Wien für Zuwanderer besessen hat, davon auszugehen, daß die jährliche Migrationsrate auf 1.000 der Bevölkerung 100 mit Sicherheit überschritten hat.[167]

Jan de Vries hat betont, daß die Zuwanderung in die Städte in der Frühen Neuzeit viel eher von Pull-Faktoren geprägt wurde als von durch Subsistenzkrisen ausgelöste Push-Faktoren.[168] Dies scheint auch für die Zuwanderung nach Wien, zumindest was die Oberschichtenwanderung und die Zuwanderung ins städtische Gewerbe anlangt, im wesentlichen zugetroffen zu haben. Lediglich bei den ärmsten Schichten, etwa den Bettlern, dürften auch kurzfristige Push-Faktoren eine größere Rolle gespielt haben.[169] Diese besondere Anziehungskraft, die Wien auf Zuwanderer besessen hat, wurde auch von Zeitgenossen wahrgenommen. So heißt es in einer Stadtbeschreibung aus dem Jahr 1637:

... weilen die Statt gar Volkreich, als sechs mächtiger Nationen, der Teutschen, Welschen, Hungarn, Böhmen, Polen und Slovaken gemeine Herberg zu seyn scheinet.[170]

Die besondere Bedeutung der Chancenwanderung für die Wiener Zuwanderung wird insbesondere durch den vergleichsweise hohen Anteil von Fernwanderern schon vor dem Kriegsausbruch bestätigt. Vor allem im städtischen Handwerk gewann die bayerische Zuwanderung in der zweiten Hälfte des 16. Jahrhunderts eine dominante Position, während zuvor das niederösterreichische Umland das wichtigste Herkunftsgebiet der

167 Steve Hochstadt, Migration in Preindustrial Germany. In: Central European History 16, 1983, S. 209.

168 De Vries, European urbanization, S. 214–217.

169 So löste etwa der oberösterreichische Bauernkrieg einen enormen Strom an nach Wien zuziehenden Vaganten aus. Vgl. dazu Spielman, City, S. 67.

170 Schwerdfeger, Vienna Gloriosa, S. 141.

Handwerksimmigration bildete.[171] Beispielsweise stammten von 20 Sattlermeistern, die 1608 ihr Handwerk in Wien betrieben, sieben aus dem heutigen Österreich und zehn aus Deutschland und der Schweiz bzw. einer aus Böhmen. Lediglich zwei waren in Wien geboren.[172] Unter den Getrauten der Stadtpfarre St. Michael im ausgehenden 16. Jahrhundert war der Anteil der aus dem Reich, insbesondere aus dem bayerisch-fränkischen Raum Zugewanderten ganz beträchtlich. Etwa im Jahr 1594 stammten von 89 zugewanderten Brautleuten 25% aus dem bayerischen Raum.[173] Wien unterschied sich damit nachhaltig von oberdeutschen Handelsmetropolen, deren Zuzugsgebiet bereits im späten 16. und zu Beginn des 17. Jahrhunderts eine starke Einschränkung erfahren bzw. teilweise auch nie jene überregionale Ausdehnung besessen hatte.[174]

Eine Auswertung der Trauungsmatriken von St. Stephan für das Jahr 1635 bestätigt im wesentlichen das Bild einer dominanten Chancenwanderung unter den Fernwanderern. Von den aus dem Reich stammenden Bräutigamen heirateten 40% Witwen. Das war ein nur unwesentlich geringerer Anteil als bei den Zuwanderern aus Niederösterreich mit 44% und dem Gesamtdurchschnitt mit 42%. Während von allen Bräutigamen mit Berufsbezeichnung 37,5% im produzierenden Gewerbe und 4,1% in Dienstleistungsgewerben tätig waren,

---

171 Peter Teibenbacher, Handwerksimmigration in Wien 1350–1600. In: III. Internationales handwerksgeschichtliches Symposium Veszprém 18.–24. 10. 1986. Veszprém 1987, S. 265.

172 Zatschek, Handwerker, S. 36 f.

173 Das Aufgebotsbuch 1585–1599 der Wiener Stadtpfarre St. Michael. Abgedruckt in: Trauungsmatrikeln im 16. Jahrhundert der Wiener Vorstadt St. Ulrich (Maria Trost) und der Stadtpfarre St. Michael. In: Die Matrikel 1, 1935, Beilage, S. 10–78; Leopold Friedrich Sailer, Die bayrische Einwanderung nach Wien. In: Gerhard von Branca (Hg.), Die Blutsgemeinschaft im Großdeutschen Reich, Graz 1939, S. 51.

174 Vgl. dazu Roeck, Stadt, S. 805; Christopher R. Friedrichs, Urban Society in an Age of War: Nördlingen, 1580–1720, Princeton 1979, S. 65.

betrugen die entsprechenden Werte für die Zuwanderer aus dem süddeutschen Raum 41,4 bzw. 7,2%. Ähnliches gilt auch für die quantitativ nicht bedeutenden Migranten aus den übrigen Teilen des Reiches, einschließlich der Länder der böhmischen Krone. Hingegen kamen in häuslichen Diensten stehende Migranten überproportional aus den österreichischen Alpenländern, mit Ausnahme Niederösterreichs.[175]

Insgesamt waren im Jahr 1635 40% aller Bräutigame und 25% aller Bräute mit identifizierbaren Herkunftsangaben aus Süddeutschland zugewandert. Weitere 30% der Bräutigame kamen aus den österreichischen Alpenländern, aus denen sich mehr als die Hälfte der Bräute rekrutierten. Allerdings finden sich im Gegensatz zu den Bräutigamen bei den Bräuten, vor allem bei Witwen, selten Herkunftsangaben, was diese Aussage relativiert. Es ist davon auszugehen, daß ein erheblicher Teil der Bräute ohne Herkunftsangabe aus Wien stammte. Läßt man die Wiener außer Betracht, stammten jedenfalls 46% der zugewanderten Bräutigame aus Süddeutschland, weitere 8% aus den übrigen deutschen Territorien. Unter den zugewanderten Nicht-Wiener-Bräuten kamen 27% aus süd- und 6% aus den übrigen deutschen Territorien. Bei den Bräuten stellten die Alpenländer mit 58% der Zugewanderten die größte Gruppe.[176] Diese Befunde gewinnen an Gewicht, wenn man bedenkt, daß St. Stephan für etwa zwei Drittel der Wiener Bevölkerung zuständige Pfarre war. Lediglich über die (adeligen) Oberschichten und die nicht heiratsfähigen Unterschichten lassen sich aus den Trauungsmatriken von St. Stephan keine Aussagen treffen. An der außergewöhnlichen Dominanz der bayerischen Zuwanderung ist jedoch nicht zu zweifeln. Sie besaß eine alte Tradition, die sich jedoch während des Krieges noch verstärkte. Schon 1543 kamen in St. Stephan 19% aller

175 Eigene Berechnungen nach Pfarre St. Stephan, Trauungsmatriken Tom. 15 1635.
176 Vgl. dazu Tabelle 11.

Tabelle 11: Zuwanderung nach Wien

Geburts-/Herkunfts-region	Anteile bezogen auf Fälle mit bekannter Herkunft																	
	St. Stephan 1635				St. Ulrich								Wien					
					1590-1599				1642-1678				1591-1617		1618-1650		1651-1680	
	Bräutigam		Braut		Bräutigam		Braut		Bräutigam		Braut		Taschnergesellen					
	abs.	in %	abs.	in %	abs.	in %	abs.	in %	abs.	in %	abs.	in %	abs.	in %	abs.	in %	abs.	in %
Wien	44	13,5	9	6,0	56	18,9	59	31,9	397	18,7	214	45,3	13	8,8	9	10,1	12	16,4
Niederösterreich	32	9,8	29	19,2	24	8,1	13	7,0	421	19,8	117	24,8	5	3,4	0	0,0	0	0,0
übriges Österreich	62	19,0	51	33,8	40	13,5	34	18,4	558	26,3	57	12,1	13	8,8	14	15,7	5	6,8
Böhmen/Mähren/Schlesien 1)	17	5,2	9	6,0	17	5,7	5	2,7	175	8,2	13	2,8	27	18,2	14	15,7	15	20,5
Krain/Friaul/Ungarn	10	3,1	5	3,3	11	3,7	4	2,2	70	3,3	9	1,9	2	1,4	2	2,2	2	2,7
Bayern(+Oberpfalz,Franken)	108	33,1	31	20,5	77	25,9	44	23,8	254	12,0	41	8,7	42	28,4	36	40,4	21	28,8
Schwaben, Baden-Würtemberg 2)	21	6,4	6	4,0	32	10,8	16	8,6	73	3,4	9	1,9	18	12,2	4	4,5	2	2,7
restliches Deutschland 3)	22	6,7	8	5,3	28	9,4	9	4,9	116	5,5	7	1,5	26	17,6	10	11,2	16	21,9
Sonstige	10	3,1	3	2,0	12	4,0	1	0,5	59	2,8	5	1,1	2	1,4	0	0,0	0	0,0
unbekannt/ohne Angabe	204		379		68		180		408		2.072		11		5		13	
Gesamt mit bekannter Herkunft	326		151		297		185		2.123		472		148		89		73	

1) Einschließlich der beiden Lausitzen.
2) Einschließlich Straßburg.
3) Einschließlich Brandenburg/Preußen.

Quelle:
Pfarre St. Stephan, Trauungsmatriken Tom. 15.
Einschreibbuch der Wiener Taschnergesellen, S. 37-40.
Griehbaum, Beiträge, S. 85-87.
Carl Wolff, Die unmittelbaren Theile des ehemaligen römisch-deutschen Kaiserreiches nach ihrer früheren und gegenwärtigen Verbindung, Berlin 1873
J. Neudecker, Orts-Lexikon der im Reichsrathe vertretenen Königreiche und Länder. Wien o.J.
Müllers Großes Deutsches Ortsbuch. Wuppertal-Barmen 1938
eigene Berechnungen

zugewanderten Brautleute mit Herkunftsangaben aus Bayern. Zum Vergleich dazu waren es 1635 32%.[177]

Auch in der bürgerlichen Oberschicht besaß die Fernwanderung eine gewisse Bedeutung. Die Oberschicht scheint sich etwa zu gleichen Teilen aus Einheimischen und Zuwanderern zusammengesetzt zu haben. Die Wiener Ratsbürger im ersten Drittel des 17. Jahrhunderts mit bekannter Herkunft – etwa 70% aller Ratsbürger – stammten zu 50% aus der Stadt, zu 21% aus dem übrigen Österreich, zu je 11% aus Süddeutschland bzw. den böhmischen und ungarischen Ländern und zu 6% aus dem west- und mitteldeutschen Raum. Ihre Gattinnen waren hingegen fast ausschließlich Wienerinnen.[178]

Wohl auch überwiegend der Oberschichten- und Mittelschichtenzuwanderung zuzurechnen ist jene aus habsburgischen – oder auch anderen – Territorien in Italien, die im 16. und 17. Jahrhundert an Bedeutung gewann. Adelige Aufsteiger, wie etwa die aus Siena stammenden Piccolomini, die Colloredos aus Friaul oder die Collalto aus Venedig, blieben keine Einzelfälle. Während des Dreißigjährigen Krieges stammte etwa ein Drittel der nichtösterreichischen hohen Militärs aus italienischsprachigen Regionen.[179] Offensichtlich erwarben während und nach dem Krieg nicht wenige von ihnen und sicher auch einige Höflinge in Wien Immobilien. 1664 waren bereits 82 Hausbesitzer in der Stadt fremder Herkunft, davon 37 aus dem italienischen Raum.[180] Neben ihrem Gefolge

177 Eigene Berechnungen nach Sailer, Einwanderung, S. 49 f., und Pfarre St. Stephan, Trauungsmatriken Tom. 15 1635.

178 Pradel, Wiener Ratsbürger, S. 81.

179 Thomas M. Barker, Army, Aristocracy, Monarchy: Essays on War, Society and Government in Austria, 1618–1780 (East European Monographs 106), New York 1982, S. 15.

180 Friedrich Walter, Beiträge zur älteren Wiener Sozial- und Wirtschaftsgeschichte. In: Mitteilungen des Vereines für Geschichte der Stadt Wien 15, 1935, S. 59.

waren es aber vor allem auch manche höfische Bedienstete, die aus dem romanischen Raum zuwanderten. Schon im Zeitraum 1350–1600 kamen etwa 2% der Immigranten im Handwerk aus Italien. Die meisten von ihnen – vor allem Bauhandwerker – wanderten im 16. Jahrhundert zu.[181] Um 1700 waren unverändert etwa 2% der Wiener Bevölkerung aus italienischen Territorien zugezogen.[182] Wie hoch der entsprechende Anteil der Italiener in der ersten Hälfte des 17. Jahrhunderts war, läßt sich nicht feststellen, doch dürfte er sich im Rahmen einiger Prozente bewegt haben. Zumindest temporär könnte die Zahl italienischer Hofbediensteter, insbesondere im Gefolge der beiden italienischstämmigen Kaiserinnen mit Namen Eleonore, nicht unbeträchtlich gewesen sein.

Der hohe Anteil an Fernwanderern war jedoch nicht die einzige Besonderheit der Zuwanderung nach Wien. Diese Fernwanderer kamen auch nicht primär, wie andere Befunde vermuten hätten lassen, aus Städten. Unter den aus dem bayerischen Raum stammenden Bräutigamen von St. Stephan im Jahr 1635 wanderten nur etwa ein Achtel aus großen, maximal ein Drittel überhaupt aus Städten zu. Alle anderen hatten ihre Herkunft in ländlichen Regionen Bayerns, Frankens und der Oberpfalz.[183]

Der zeitliche Verlauf der Migrationsbewegungen nach Wien läßt sich anhand der Trauungsmatriken der Pfarre St. Ulrich rekonstruieren. In der Gewerbevorstadt St. Ulrich war die Zuwanderung aus dem Reich schon im ausgehenden 16. Jahrhundert beträchtlich. Dazu dürfte auch der „Lange Türkenkrieg“ der Jahre 1593–1606 beigetragen haben, der

181 Teibenbacher, Handwerksimmigration, S. 264, 267.

182 Konrad Jekl, Die Italiener in Wien in der ersten Hälfte des 18. Jahrhunderts (ungedr. phil. Diss.), Wien 1953, S. 7.

183 Hochstadt, Migration, S. 215; eigene Berechnungen nach Pfarre St. Stephan, Trauungsmatriken Tom. 15 1635.

zahlreiche Söldner nach Wien zog, die sich in den Trauungsmatriken auch anderer Pfarren finden.[184] Im gesamten war bereits im ausgehenden 16. Jahrhundert, zu einem Zeitpunkt, zu dem sich der kaiserliche Hof nicht in Wien befand, der Zuzug aus dem süddeutschen, vor allem bayerisch-fränkischen Raum dominant. In den Jahren 1590–1599 stammten in jenen 295 Fällen, in denen Herkunftsangaben der Bräutigame vorhanden sind, 37% aus Süddeutschland. Dies entsprach mehr als 45% aller Zugewanderten. Selbst wenn man berücksichtigt, daß sich unter jenen Fällen, in denen keine Herkunftsangaben vorhanden sind, überdurchschnittlich viele Wiener befanden, war das ein sehr hoher Anteil, der die rund 22% aus den österreichischen Alpenländern deutlich übertraf. Auch bei den Bräuten war die Situation nicht viel anders. Erwartungsgemäß lagen hier die Anteile der Wienerinnen höher. Auch die österreichischen Alpenländer ausschließlich Niederösterreichs waren als Herkunftsgebiete stärker vertreten als unter den Bräutigamen. Dennoch bildeten auch bei den Bräuten Ende des 16. Jahrhunderts Süddeutsche die größte Gruppe. Der starke Zustrom bayerischer Immigranten erhielt offensichtlich durch die Konfessionalisierung im Reich starke Impulse, denn er nahm in der zweiten Hälfte des 16. Jahrhunderts deutlich zu.[185] Durch die Wirkungen des Krieges ging die Fernwanderung in der letzten Kriegsphase allerdings zurück. Für die späten Kriegsjahre und die Nachkriegsperiode ergab eine Auswertung der Trauungsmatriken von St. Ulrich für die Jahre 1642–1678 folgende Ergebnisse: 18,6% der Bräutigame kamen aus Wien und den Vorstädten. 45,8%, also die Masse der zugewanderten Männer, stammten aus den österreichischen

184 Ähnliche Eintragungen finden sich auch im Aufgebotsbuch der Wiener Stadtpfarre St. Michael für die Jahre 1585–1599. Trauungsmatrikeln im 16. Jahrhundert, Beilage S. 1–78.

185 Teibenbacher, Handwerksimmigration, S. 265.

Alpenländern, allein die Hälfte davon aus Niederösterreich. Böhmische, mährische und schlesische Zuwanderer spielten nach wie vor eine relativ geringe Rolle. Hingegen kamen immerhin noch etwa 15,3% der Heiratenden aus Süddeutschland, die überwiegende Mehrheit davon aus Bayern. Der Anteil der Süddeutschen unter allen Migranten betrug nun 19%. Der Rückgang der Migration aus dem süddeutschen Raum, die nach wie vor bedeutend blieb, war vor allem durch Zuwanderung aus Ostösterreich kompensiert worden.[186]

Dieses regionale und zeitliche Muster der Zuwanderung nach Wien – hoher Anteil von Fernwanderern aus dem süddeutschen Raum, gestiegene Bedeutung der Zuwanderung aus den österreichischen Alpenländern während und vor allem nach dem Krieg – findet sich auch bei einzelnen Gewerben bestätigt. Eine massive bayerische Zuwanderung belegt das Einschreibbuch der Wiener Taschnergesellen. Ausschließlich der nicht zuordenbaren Fälle kamen in der Vorkriegsperiode etwa 40%, während des Krieges jedoch 46% der zuwandernden Gesellen aus dem bayerisch-fränkischen Raum, wobei Nürnberg eine besondere Rolle spielte. In der Nachkriegsperiode sank der Anteil auf 32%. Hingegen riß die Migration aus dem übrigen heutigen Deutschland mit Kriegsausbruch ab. Dies galt auch für die Lehrjungen, die selbst aus dem bayerischen Raum zwischen etwa 1630 und 1670 nur sehr selten den Weg nach Wien einschlugen. Bei den Gesellen war im Zeitraum 1591–1617 noch mehr als jeder fünfte Geselle aus dieser Zone gekommen, doch schrumpfte diese Zahl zwischen 1618 und 1650 auf 5,7% und danach nahezu auf null. Diese Lücke schloßen – abgesehen von den Wienern – vor allem Zuwanderer aus den österreichischen Erbländern. Der bedeutende Anteil aus Schlesien zugewanderter Gesellen stieg vor allem

186 Vgl. dazu Tabelle 11 und Griehbaum, Beiträge, S. 85–87.

nach Kriegsende weiter an. Er betrug im Zeitraum 1651–1680 mehr als 20%. Während des Krieges hatte er etwa 10% betragen.[187] Ein hoher Anteil deutscher Zuwanderer vor und während des Krieges findet sich auch im Bäckerhandwerk. Von jenen 33 Bäckermeistern eines Verzeichnisses von 1633, deren Herkunfts- bzw. Geburtsort zu klären war, kamen etwa die Hälfte aus dem heutigen Bayern, vor allem aus Franken. Weniger als 20% stammten aus Wien.[188]

Unter den Wiener Steinmetzen trat in der Nachkriegszeit eine entscheidende geographische Verengung der Herkunftsgebiete ein. Während in den Jahren 1589–1650 von jenen Meistern, Gesellen und Lehrlingen, deren Herkunft bekannt und deren Herkunftsorte feststellbar sind – etwa 70% aller Steinmetze –, nur 4,5% aus Wien stammten, wanderten fast 40% aus den österreichischen Alpenländern und 42% aus deutschen Gebieten, ausschließlich der Sudetenländer und der Schweiz, zu. Im Zeitraum 1651–1717 erhöhte sich der Anteil der Wiener auf 14%, der der österreichischen Alpenländer auf 70%. Migranten aus dem Reich spielten keine Rolle mehr.[189] Hingegen war bei den Goldschmieden vor allem nach dem Krieg, in der zweiten Hälfte des 17. Jahrhunderts, die Zuwanderung

187 Eigene Berechnungen nach Das Einschreibbuch der Wiener Taschnergesellen 1591–1724. In: Die Matrikel 1, 1935, S. 37–40; Heinz Zatschek, Aus der Vergangenheit des Taschnerhandwerks in Wien (ungedr. Man.), Wien 1954, S. 124 f., 142. Zatschek weist darauf hin, daß die Edition des Einschreibbuches der Taschnergesellen einige kleine Auslassungen enthält, die allerdings statistisch ohne Bedeutung sein dürften. Vgl. dazu Heinz Zatschek, Zur Geschichte der Handwerker aus den Sudetenländern. In: Bohemia. Jahrbuch des Collegium Carolinum 1, 1960, S. 80, Anm. 34. Vgl. dazu auch Tabelle 11.

188 Heinz Zatschek, Aus der Geschichte des Wiener Handwerks während des Dreißigjährigen Krieges. In: JBVGStW 9, 1951, S. 70–72, und eigene Berechnungen.

189 Eigene Berechnungen nach Otto Erwin Plettenbacher, Geschichte der Steinmetzen von Wien im 17. Jahrhundert. Eine wirtschafts- und kulturhistorische, als auch soziologische Untersuchung (ungedr. phil. Diss.), Wien 1960, S. 340.

aus Bayern und der Oberpfalz beträchtlich. Die Zahl der Meister aus diesem Raum entsprach ziemlich genau jener der aus Niederösterreich stammenden. Aus Wien stammende Meister waren allerdings in diesem Handwerk nach 1650 dominant.[190] Abgesehen von der Zuwanderung im zünftischen städtischen Gewerbe, die unabhängig von gewerblichen Konjunkturen und politischen Wechsellagen zum Habitus des alteuropäischen Handwerkers gehörte,[191] scheint auch die Migration aus dem ländlichen süddeutschen Raum nicht nur durch demographische Push-Faktoren begünstigt worden zu sein. Während des Krieges wanderten beispielsweise aus dem Tegernseer Winkel im südlichen Oberbayern, trotz einer durch Seuchenzüge gebremsten demographischen Entwicklung in dieser Region, im Zeitraum 1633–1643 rund 55% der Auswanderer nach Niederösterreich und Wien ab.[192] Auch nach dem Krieg war die Zahl der aus dem Klostergericht Benediktbeuren nach Wien Abwandernden im Zeitraum 1650–1700 nicht unbeträchtlich. Ebenso gilt das für das Kloster Tegernsee. Viele der Auswanderer waren offensichtlich nichtzünftische Handwerker.[193] Es fehlt noch an einer genügenden Anzahl an Einzelstudien, um mögliche Migrationsmotive, die Bedeutung von Informationsnetzen und das ökonomische Umfeld der Zuwanderer aus dem süddeutschen Raum näher zu beleuchten. Es kann jedoch angesichts der langen Tradition der Zuwanderung

190 Hanns Jäger-Sunstenau, Herkunftsorte und Konnubium der Wiener Goldschmiede 1350–1800. In: Genealogie. Deutsche Zeitschrift für Familienkunde 11, 1962, S. 4 f.

191 Josef Ehmer, Gesellenmigration und handwerkliche Produktionsweise. Überlegungen zum Beitrag von Helmut Bräuer. In: Gerhard Jaritz, Albert Müller (Hgg.), Migration in der Feudalgesellschaft (Studien zur Historischen Sozialwissenschaft 8), Frankfurt/M. – New York 1988, S. 236 f.

192 Schlögl, Bauern, S. 89.

193 Günther Franz, Der Dreißigjährige Krieg und das deutsche Volk. Untersuchungen zur Bevölkerungs- und Agrargeschichte (Quellen und Forschungen zur Agrargeschichte 7), Stuttgart – New York [4]1979.

aus süddeutschen Territorien nach Wien kein Zweifel bestehen, daß sich die Fernwanderer aus diesem Raum eine Verbesserung ihrer sozialen und ökonomischen Position in Wien versprachen und diese Hoffnung nicht ganz unbegründet war. Als zusätzliches Motiv mag während des Krieges auch unmittelbare Kriegsnot getreten sein. In den Wiener Totenbeschauprotokollen des Jahres 1650 findet sich einige Male die Eintragung: *armer vertriebener Mann aus Bayern*.[194] Dominantes Migrationsmotiv dürfte die Kriegsnot allerdings nicht gewesen sein.

Über die Migration der Unterschichten, vor allem der Bettler und Vaganten, lassen sich naturgemäß nicht allzu präzise Aussagen machen. Insbesondere für die Kriegszeit fehlt es an quantifizierbaren Quellen. Vereinzelte Befunde deuten jedoch darauf hin, daß es auch in dieser Schicht eine ungebrochene Fernwanderungstradition aus dem süddeutschen Raum gegeben hat. So kamen nach dem Amtsbuch des Wiener Bürgerspitals aus den Jahren 1560–1568 von 219 fremden Bettlern 21% aus Bayern. Unter den im Jahr 1594 versorgten Armen befanden sich 112 Zugewanderte. Wieder stammte fast ein Viertel aus Bayern.[195] Nach dem Krieg war der Zuzug süddeutscher Bettler ungebrochen. Ihr Anteil unter allen Zugewanderten betrug in der zweiten Hälfte des 17. Jahrhunderts erneut 24%.[196]

Im Gegensatz zu der durch Kontinuitäten geprägten Zuwanderung wurde die Abwanderung aus Wien während des Krieges durch die Zäsur der Kriegswende nach der Schlacht am Weißen Berg und der in der Folge eingeleiteten gegenreformatorischen Offensive bestimmt. Nachdem bereits 1620 mit der Konfiszierung der Güter „aufständischer" Protestanten begonnen wurde und 1623 die Verleihung des Bürgerrechtes an ein Bekenntnis zur katholischen Konfession geknüpft

194 WStLA, Totenbeschauprotokolle 1650.

195 Sailer, Einwanderung, S. 50 f.

196 Bräuer, „... und hat seithero gebetlet", S. 122–124.

worden war, gab eine Verordnung des Stadtrates vom 23. März 1625, die alle unkatholischen Bürger zum Verlassen der Stadt aufforderte, den Startschuß zu einem Massenexodus. Dessen Höhepunkt läßt sich anhand der bezahlten „Abfahrtsgelder" – einer Art Abwanderungssteuer in der Höhe von 10% des Wertes der mitgenommenen Güter – eindeutig auf die Jahre 1625 und 1626 festlegen.[197]

Eine genaue Bezifferung der protestantischen Abwanderung ist nicht möglich.[198] Es mögen einige Tausend Emigranten gewesen sein. Wohl aber lassen sich relativ präzise Aussagen über die Abwanderung von im Handwerk und Gewerbe Beschäftigten treffen. Jene Exulanten, die sich einerseits aus den Steuerbüchern der Jahre 1625–1629 und andererseits aus einer in Franken angelegten Exulantenkartei mit ihren Berufen erschließen lassen, geben ein wahrscheinlich repräsentatives Bild über die Abwanderung aus dem bürgerlichen Mittelstand. Vergleicht man die Anteile der Exulanten nach Gewerbezweigen mit den entsprechenden „Bevölkerungsanteilen" – den Anteilen aus den Sterbefällen der Jahre 1650 und 1660 –, zeigt sich eine deutliche Überproportionalität der protestantischen Abwanderer im Handel und in den Bekleidungsgewerben der Schneider und Schuster. Die Bedeutung der Abwanderung im Handel wird auch bei der Schaffung der Judenstadt deutlich. Im Unteren Werd gingen allein im Jahr 1625 31 Häuser mit protestantischen Besitzern – viele davon Händler – in jüdischen Besitz über.[199] Hingegen scheinen in den übrigen Dienstleistungsgewerben, aber auch bei den Nahrungsmittelgewerben protestantische Abwanderer eher selten gewesen zu sein.[200]

197 Matt, Bürgertestamente, S. 2, 40 f., 46 f.

198 Rudolf Geyer, Protestanten=Ausweisungen im Jahre 1625/26. In: Die Matrikel 1, 1935, S. 53 f.

199 Zatschek, Geschichte, S. 37, Anm. 26.

200 Vgl. dazu Tabelle 12.

Dazu paßt ein Befund über das Wiener Bäckergewerbe, wonach von 53 Bäckermeistern, die am 23. März 1625 am Leben waren, bis 1633 nachweislich lediglich zwölf die Stadt verließen.[201] Wenige Exulanten gab es offensichtlich auch in den Baugewerben.

Tabelle 12: Abwanderung von bürgerlichen Exulanten 1625–1629

Berufsgruppen	Anteil der Berufsgruppen unter	
	Exulanten	Sterbefälle 1650, 1660
Handel	30,1	12,1
niedere Beamte	6,3	9,3
Dienstleistungen	1,1	5,8
Verkehrsgewerbe	1,7	6,1
Metallverarbeitendes Gewerbe	8,5	6,5
Nahrungsmittelgewerbe	12,5	15,2
Textil-, Bekleidungs-, Lederverarb.Gew.	30,7	24,1
Baugewerbe	5,7	15,4
Sonstige Gewerbe	3,4	5,4
Gesamt	100,0	100,0

Quelle:
Matt, Bürgertestamente, S. 41-46.
Geyer, Protestanten=Ausweisungen, S. 53f.
WStLA, Totenbeschauprotokolle 1650, 1660
eigene Berechnungen

In der in diesen Verzeichnissen kaum angeführten und daher auch in die Berechnungen nicht mit einbezogenen ratsbürgerlichen Oberschicht war die Katholisierung schon wesentlich früher fortgeschritten. Von den nachweisbaren 88 Ratsbürgern des ersten Drittels des 17. Jahrhunderts wanderten lediglich drei aus religiösen Gründen aus.[202]

Die bevorzugten Abwanderungsregionen der aus religiösen Gründen Flüchtenden waren oberdeutsche und westungarische Städte. Von den abwandernden Bäckermeistern beispielsweise gingen offensichtlich einige nach Preßburg (Bratislava), Ödenburg (Sopron) und Regensburg.[203]

201 Zatschek, Geschichte, S. 34.
202 Pradel, Wiener Ratsbürger, S. 84.
203 Zatschek, Geschichte, S. 35, 37.

Demographisch betrachtet scheint der Exodus der Protestanten die Bevölkerungsentwicklung während des Krieges wenig beeinflußt zu haben, da er sich im wesentlichen auf einen eher vermögenderen Teil des Bürgertums beschränkte. Im Handwerk und Gewerbe lag es in der Logik der Gesellenwanderung, daß frei gewordene Stellen durch katholische Zuwanderer ersetzt wurden. In den Unterschichten fehlte es wohl häufig an den entsprechenden ökonomischen Mitteln, um zu emigrieren. Widerstand gegen gegenreformatorische Maßnahmen äußerte sich hier wohl häufig in Form eines latenten Kryptoprotestantismus.[204]

Schluß

Um die Mitte des 17. Jahrhunderts war Wien nicht wesentlich größer als Prag mit seinen 40.000 Einwohnern und rund 2.500 bewohnten Häusern.[205] Dennoch zählte Wien zu jenen wenigen städtischen Zentren im Reich, die als „Gewinner" des Krieges zu bezeichnen sind. Von unmittelbaren Kriegszerstörungen weitgehend verschont, hatte die Einwohnerzahl während der ersten Hälfte des 17. Jahrhunderts zwar nicht spektakulär, aber doch merklich zugenommen, von der Entvölkerung mancher alter Großstädte war Wien weit entfernt. Im Gegenteil: die Basis für sein späteres Wachsen im Hochbarock war um 1650 gelegt. Wie das die Beispiele Prags und Wiens veranschaulichen, war in Mittel- und Osteuropa der Aufstieg einer großen Stadt mit dem Abstieg einer anderen verbunden.[206] Nicht von ungefähr scheint der Verlust der Hauptstadtfunktion unter Kaiser Matthias in Prag Ressentiments geweckt zu

204 Vgl. dazu den Beitrag von Arthur Stögmann in diesem Band.
205 Janácek, Prag, S. 172.
206 Bairoch, Cities, S. 182.

haben, die für den Ausbruch der „böhmischen Rebellion“ von größerer Bedeutung waren als nationale Gegensätze, die es im modernen Sinn noch gar nicht gab.[207] Matthias' Nachfolger Ferdinand II. setzte in der Folge ganz eindeutige Schritte, die Wien zu einer echten Hauptstadt machen sollten.[208] Nicht zuletzt darum strömte der konsumptionsfreudige neue Hofadel schon während des Krieges, aber vor allem in der Folge in die werdende Metropole des sich konsolidierenden habsburgischen Herrschaftskomplexes, während die Anziehungskraft Prags drastisch sank. Der Hof und die vom Hof nicht zu trennende werdende Staatsgewalt wurden also entscheidende Faktoren für die Entwicklung der Städtehierachie in der frühneuzeitlichen Habsburgermonarchie.[209]

Es wäre allerdings zu einfach, das Werden der Habsburgermetropole auf den Staatsbildungsprozeß zu reduzieren. Demographisch erwies sich die Zuwanderung nach Wien als der dynamische Faktor, hinter dem Lebenserwartung und Fertilität, wiewohl in der Folge steigend – im längerfristigen Vergleich kam es von Mitte des 17. zur Mitte des 18. Jahrhunderts in seuchenfreien Jahren mit Ausnahme der unter 15jährigen und 50jährigen und älteren zu einer Halbierung der Sterberaten[210] –, zurücktraten. Der steigende Strom der Migranten erklärt sich nur teilweise aus dem Zuzug des Hofadels und dessen Bedarf an Hausbediensteten. Zum anderen Teil, etwa im städtischen Handwerk, beruhte er auf informellen Netzen, die weit vor der Phase des Dreißigjährigen Krieges bestanden und sich im Fall von Wien über den gesamten habsburgischen Territorialkom-

207 Johannes Burkhardt, Der Dreißigjährige Krieg, Frankfurt/M. 1992, S. 81.

208 Robert Bireley, Ferdinand II.: Founder of the Habsburg Monarchy. In: Robert J. W. Evans, T. V. Thomas (Hgg.), Crown, Church and Estates. Central European Politics in the Sixteenth and Seventeenth Centuries, Houndmills – London 1991, S. 227.

209 Für Österreich vgl. dazu Knittler, Österreichs Städte, S. 68.

210 Weigl, Soziale Ungleichheit, S. 124, 132.

plex und das Reich, manchmal sogar darüber hinaus, erstreckten. In dieser Beziehung war die Basis für den späteren Wachstumsprozeß der Stadt schon zumindest in der zweiten Hälfte des 16. Jahrhunderts gelegt. Wiens überregionale Bedeutung zeigte sich in der überregionalen Erstreckung seines migratorischen Einzugsgebietes. Retardierende Wirkungen kamen von der Gegenreformation, die den allerdings ohnehin nicht sehr bedeutenden Zustrom aus dem protestantischen Norddeutschland völlig zum Versiegen brachte und eine ökonomisch bedeutende bürgerliche Schicht in die Emigration trieb. Andererseits erwies sich das demographische Potential der Erblande und des bayerisch-fränkischen Raumes als völlig ausreichend, um den weiteren demographischen Wachstumsprozeß zu stützen. Dieser wurde zwar bis 1683 von militärischen Erfordernissen konterkariert. Nicht zu übersehen ist freilich, daß Wiens Rolle als Bollwerk gegen die Osmanen auch wachstumsförderliche Aspekte – den Zuzug von Militärs, die Aufstockung der Stadtguardia, die Belebung des (Festungs-)Baugewerbes – besaß. Wie die dramatischen Ereignisse von 1683 noch zeigen sollten, war über Wiens künftiges Schicksal keineswegs das letzte Wort gesprochen. Die Basis für die künftige Metropole war aber bereits um 1650 gelegt.

PETER BROUCEK

Der Krieg und die Habsburgerresidenz

Wien als Zentrum der Herrschaft im Donauraum

Man kann wohl seit der Errichtung einer Kanzlei für das deutsche Wahlkönigtum und das böhmische Königtum in Prag unter Karl IV. aus dem Hause Luxemburg[1] im Jahr 1353 ebenso wie seit der Erlassung der „Goldenen Bulle“ von 1356 von einer Regierung und einer Residenz des Oberhauptes sprechen. Ab 1438 regierten die Habsburger, nicht immer in Wien residierend, dieses Königtum, das unter Karl V. mit seiner Kaiserkrönung 1530 zum letzten Mal sakral überhöht werden sollte. Unter seinem Vorgänger, dem erwählten römischen Kaiser Maximilian I., wurde eine Zahl von Reichszentralbehörden, wie Reichshofrat, Reichshofkanzlei sowie Hofkammer, zu reformieren oder erst neu zu errichten versucht. Sie übten aber gleichzeitig die Regierung, das „Regiment“ für die nunmehr drei Ländergruppen der Habsburger in Mitteleuropa – Niederösterreich, „Oberösterreich“, Vorderösterreich – aus. In den habsburgischen Ländergruppen bestanden zunächst mehrere Residenzen, aus denen vorerst Innsbruck hervorstach.

Karl V. schloß 1522 mit seinem Bruder Erzherzog Ferdinand den Vertrag zu Brüssel, der die Familie in zwei Linien teilte und diesem in jenen Ländergruppen die Landesherrschaft überließ.[2] Nach dem Tod König Ludwigs II. von Böh-

1 Heinz Stoob, Kaiser Karl IV. und seine Zeit, Graz 1990, S. 91.

2 Paula Sutter-Fichtner, Ferdinand I. Wider Türken und Glaubensspaltung, Graz 1986, S. 86 ff.

men und Ungarn auf dem Schlachtfeld von Mohács 1526 wählten die Stände jener Königreiche Ferdinand zu ihrem Herrscher. Er regierte bis 1564, wobei er seine monarchische Union bereits 1554 wieder in drei Teile spaltete – mit den Residenzen Innsbruck (Tirol, Vorderösterreich), Graz (Innerösterreich), Prag bzw. Wien (Deutsches Königtum, Wenzelskrone, Stephanskrone, Donauösterreich).

Behörden und Hofburg

Mit letztgenannter Residenz, ihrer Bedeutung als Verwaltungszentrum und ihrer Funktion als befestigter großer Stadt, einem eminenten militärischen Bollwerk am bedeutendsten Fluß Mitteleuropas, haben wir uns zu beschäftigen. Von den Zentralbehörden, die Ferdinand I. gründete, gemäß der von ihm erlassenen Hofstaatsordnung, sind der Hofrat, geschaffen Ende 1526 (Revisionsbehörde in Rechtsstreitigkeiten), vor allem aber der Geheime Rat (höchstes und wichtigstes Beratungsorgan des Fürsten für Außen- und Innenpolitik), dann die Hofkanzlei, seit 1558 Reichshofkanzlei (höchste Stelle für Ausfertigung von Urkunden und Akten), und der Hofkriegsrat zu nennen.

Aus der Zeit des Dreißigjährigen Krieges sind diesbezüglich noch drei allerdings besonders wichtige Staatsakte zu erwähnen. Einmal die Errichtung der von der Reichskanzlei unabhängigen Österreichischen Hofkanzlei im Jahr 1620. Sie war vorberatendes Organ des nunmehr neu eingerichteten Geheimen Rates[3] mit Aufgaben auf den Gebieten der Außen-, Innen- und Justizpolitik. Sodann die ebenfalls durch Ferdinand II. in seinem Testament erfolgte Festlegung des Rechts

3 Henry Frederick Schwarz, The Imperial Privy Council in the Seventeenth Century, Cambridge – Harward 1943.

der Primogenitur und der Unteilbarkeit der in seiner Hand vereinigten Länder. Ferdinand II. war ja ab 1590 Landesfürst von Innerösterreich gewesen und hatte 1619 die Grazer Hofkanzlei, später, mit der *Verneuerten Landesordnung* für Böhmen 1627, die Böhmische Hofkanzlei nach Wien verlegt. Damit war die Burg wahrlich zum räumlich bald zu kleinen Zentrum der Regierung geworden.[4] Ein Ausbau des mittelalterlichen Burgsystems erfolgte 1551–1554, eine Erweiterung des Osttraktes 1558–1566. Kunstkammern und ein Zeughaus wurden ebenfalls eingerichtet. Dem Gebäude der Burg war aber auch ein Bollwerk direkt vorgelagert, der „Spanier", auch „Spanische Bastion" genannt, die 1531 bis 1534 erbaut und 1546 verstärkt wurde. In der Nähe des Burggartens, der den Namen *Paradeisgartl* erhielt, entstand unter Ferdinand II. das „Kaiserliche Leibbad".

Die Stände und die Residenzstadt

Die Reichsstände

Die Politik der Habsburger im 16./17. Jahrhundert wurde von inneren politischen Widerständen gehemmt.[5] Einmal von Reichsfürsten und Reichsständen, die im 15. und 16. Jahrhundert die Wehrhoheit des Königs untergraben hatten, im 16. Jahrhundert insbesondere das Lehensheer, das Landesaufgebot befehligten und auch aufgrund der Landfriedensordnung von 1555 das Recht zur Werbung von Söldnern erhalten hatten. Es lag nun

4 Hans Sturmberger, Kaiser Ferdinand II. und das Problem des Absolutismus. In: ders., Land ob der Enns und Österreich, Linz 1979, S. 154–188.

5 Alfred Kohler, Das Reich im Kampf um die Hegemonie in Europa 1521–1684 (Enzyklopädie deutscher Geschichte 6), München 1990.

nicht nur in ihrem Belieben, Kontingente für ein Reichsheer zu stellen oder zu verweigern, sondern auch, etwa aus religiösen Gründen, sich zu bewaffneten Bünden etwa gegen Bauernaufstände oder eben für oder gegen den Kaiser zusammenzuschließen. Im 17. Jahrhundert war dies bei den Bündnissen der katholischen Liga und der protestantischen Union der Fall.

Eine Reichshilfe gegen die seit der zweiten Hälfte des 15. Jahrhunderts eminente Bedrohung Ostmitteleuropas durch die Osmanen war freiwillig, solange diese nicht die Reichsgrenze überschritten.[6] Sie wurde auf den später in der Geschichtsschreibung sogenannten „Türkenreichstagen“ beraten und jeweils von den in den „Reichskreisen“ vereinigten Reichsständen gewährt. Es kam zur Gewährung von „Baugeld“ für Befestigungen, bzw. von „beharriger Hilfe“, meist Sold, für Befestigungsbesatzungen und/oder „eilender Hilfe“. Diese beinhaltete entweder – selten – Truppenkontingente (höchstens insgesamt 4.000 Reiter und 20.000 Fußsoldaten unter einem Reichsgeneralfeldmarschall) oder die Zahlung von „Römermonaten“ für Soldtruppen, die der Kaiser werben durfte.[7]

Es kam also immer auf die „Personalunion“ oder „Verwandtschaft“ Kaiser – Habsburger (internationale Hilfe) – österreichischer Landesfürst – böhmischer König – ungarischer König an. Gemeint ist das Verhandlungsgeschick und die Autorität, die die Person des Kaisers und mehrfachen Königs oder seine Gesandten und Räte auf den Reichstagen im Reich und in Ungarn, dann auf den Landtagen zu entwickeln vermochten. Diese argumentierten stark mit dem Bedrohungsbild, der Kriegsführung, dem Kriegsglück und der Finanzkraft.

6 Peter Broucek, Die Osmanen. In: Bericht über den einundzwanzigsten Historikertag in Wien […] in der Zeit vom 6. bis 10. Mai 1996, Wien 1998, S. 55–59.

7 Günter Cerwinka, Die Reichshilfe. In: Die Steiermark – Brücke und Bollwerk, Graz 1986, S. 244–245.

Die Landstände der habsburgischen Herrschaften

Der reichsunmittelbare Landesfürst übte eine Anzahl von ehemals königlichen Rechten und Pflichten in den österreichischen Herrschaften oder aktuelle königliche Rechte in Böhmen und Ungarn aus. Wir gehen hier bezüglich Wien nur auf Österreich im engsten Sinne ein und weisen auf den Landfriedensschutz, die Wehrhoheit, die Befestigungshoheit, die Verwaltungshoheit bezüglich der Regalien, die Lehenshoheit und die Kirchenhoheit hin. Im Augsburger Religionsfrieden wurde die Bestimmung des *ius reformandi* insofern auch auf „den" katholischen Fürsten festgelegt, als auch dieser die Religion seiner Untertanen bestimmen können sollte. Er hatte das *beneficium emigrationis* – das Recht auf Auswanderung – ebenso wie die zum Protestantismus übergetretenen Reichsfürsten zu gewähren. Die Landstände, Herren, Ritter, Prälaten sowie Städte und Märkte hatten sich seit dem 14. Jahrhundert auf den Landtagen in Kurien zusammengeschlossen. Gemäß der landständischen Verfassung verlangten sie gemeinsames Handeln bei der Festlegung von Steuern, die Einholung ihres „Rates" in Innen- und Außenpolitik insgesamt sowie die gemeinsame Verteidigung des Landes.

Die habsburgischen Landesherren versuchten, ihre Herrschaft in Richtung eines Gottesgnadentums und einer gefestigten Staatskirche zu entwickeln. Die Stände tendierten zu einer wesentlichen Zurückdrängung der Macht des Landesfürsten bzw. Königs, etwa durch das Recht der Selbsteinberufung des Landtages. Der Kampf hatte 1609 zunächst mit einem Waffenstillstand geendet. Ein Mittel neben dem bewaffneten Aufstand war der „Tyrannenmord" in der Residenz oder die Blockierung der Herrschaftsfunktion durch Gefangennahme, meist ebendort. Wie sich zeigte, wäre dies durch die tatsächliche Spaltung des Landes, wie in den Niederlanden, erkauft worden. In anderen Ländern wie in Mähren, Schlesien oder

Ungarn hatte sie die politische Konfrontation nicht nur unter den Ständen zur Folge, aber schließlich auch Austreibung oder gar Hinrichtungen.

Ständische Defensionsordnungen und der Befestigungsgürtel

Das Mittel, das Landesfürst und Stände anwandten, um das Land zu schützen bzw. auch den inneren Frieden zu wahren, war die Landesdefension, das Befestigungswesen, die Heranziehung des Kirchengutes für derlei Zwecke, die Sondersteuern, schließlich das im Entstehen begriffene kaiserliche Heerwesen: die Armee.[8]

Die Landesdefension, der Einsatz von Ständemitgliedern, Bauern und Bürgern im Dienst der Verteidigung des Landes, zumindest an Pässen und Flußübergängen, in Feldbefestigungen, Burgen und befestigten Örtlichkeiten, geht auf die Zeit der Bedrohung durch die Hussiten im 15. Jahrhundert zurück. In dieser Zeit wurde das damalige Österreich für Verteidigungszwecke in vier Viertel geteilt. Defensionsordnungen wurden 1528, 1534, 1535 und 1536 erlassen. Im 16. und in der ersten Hälfte des 17. Jahrhunderts wurde der *gemeine Mann* gegen die Türkengefahr gemäß den Musterregistern der Grundherren den Verordneten (Kommissären) und den Viertelhauptleuten zur Musterung übergeben. Gestellt wurde der 30. Mann, der 10. Mann sowie der 5. Mann. Der 5. Mann galt in Zeiten der höchsten Not (fast nie verwirklichbar) als das allgemeine Aufgebot.[9]

---

8 Peter Broucek, Erzherzog Leopold Wilhelm über das kaiserliche Heer im Jahre 1645. In: Aus drei Jahrhunderten. Beiträge zur österreichischen Heeres- und Kriegsgeschichte von 1645–1938 (Schriften des Heeresgeschichtlichen Museums 4), Wien 1969, S. 7–38.

9 Zum Folgenden vor allem: Franz Pertl, Die Grenzabwehr gegen die Türken im westlichen Ungarn und die niederösterreichischen Stände (ungedr.

Während des Dreißigjährigen Krieges wurde die Landesdefension nach dem raschen Vormarsch Gustav Adolfs in den Jahren 1630 und 1631 notwendig. Die Defensionsberatungen der Stände kamen 1631 zu einem Ende, als der Hof im November dieses Jahres stante pede ein Aufgebot verlangte. Dieses sollte sich mit dem Heer der katholischen Liga, in das die Kaiserlichen inkorporiert waren, vereinigen. Seither wurde das Land angesichts der Feindlage und Gefahr durch kaiserliche Dekrete, Ordonanzen und Propositionen regiert, denen kaum mehr Ausschußberatungen vorhergingen.[10] Die letzten Aufgebote erfolgten in unserem Zeitraum 1645 gegen die Schweden und Siebenbürger, 1648 zur Sperre des Donaustroms bei weiterem Vordringen der Schweden und Franzosen aus dem Westen. Bei den „Landregimentern" wurde es wesentlich, daß die niederösterreichischen Stände zwar noch Werbeherren sein durften, aber nicht mehr die Befehlshaber „ihrer" Truppenkontingente bestimmen durften. Das „stehende Heer" des Kaisers war im Entstehen.[11]

Wohl viel wichtiger als die Landesdefension, ohne die allerdings das Land noch viel leichter und öfter eine Beute des politischen Gegners und seiner Soldateska geworden wäre, waren die Besatzungen, die die österreichischen, auch die böhmischen und mährischen Stände durch ihre Soldzahlungen in Transdanubien und in Oberungarn sowie in niederösterreichischen

---

phil. Diss.), Wien 1939; Hildegard Logitsch, Innere und äußere Defensionsmaßnahmen des Erzherzogtums Niederösterreich im sechzehnten und siebzehnten Jahrhundert (ungedr. phil. Diss.), Wien 1939; Andreas Schneider, Die Mitwirkung der niederösterreichischen Stände bei der Türkenabwehr unter Ferdinand I. und Maximilian II. (ungedr. phil. Diss.), Wien 1939.

10 Franz Stundner, Die Verteidigung des Landes Österreich unter der Enns im Dreißigjährigen Krieg (ungedr. phil. Diss.), Wien 1949, S. 43.

11 Eugen Heischmann, Die Anfänge des stehenden Heeres in Österreich, Wien 1925, S. 182 ff.

Grenzstädten unterhielten. Die Hauptfestungen Raab (Győr) für Niederösterreich und Komorn (Komárom bzw. slowak. Komarno) für Oberösterreich sind hier in erster Linie zu nennen. Die kleineren Orte wie Devecser, Papa, Vasony, Tihany, St. Martinsberg (Pannonhalma), Veszprém und Totis, die zum Teil mehrmals in türkische Hand fielen, sind jenen Hauptfestungen hinzuzufügen. Für Graz und Innerösterreich waren es das neu erbaute Karlsburg (Karlovac) in Kroatien und Kanizsa in Südungarn.[12]

Die landesfürstliche Stadt Wien war an allen jenen Maßnahmen ihres Stadtherrn und der Stände beteiligt. Während des Spätmittelalters hatte sich die stadtherrliche Herrschaft gegen bürgerlichen Widerstand intensiviert. Durch die Erlassung des Wiener Stadtrechtes von 1526 durch Ferdinand I. fand diese Entwicklung einen vorläufigen Abschluß. In Abwesenheit des Landesfürsten vertrat diesen ein Stadtanwalt, der auch in seiner Person das Amt des Wiener Burggrafen vereinigte. Nur in Kriegszeiten im Spätmittelalter, die allerdings häufig genug waren, wurde dieser Anwalt des Fürsten auch Stadthauptmann genannt. Neben dieser Aufgabe kontrollierte er sowohl die Mitglieder des Inneren Rates (Stadträte und Gerichtsbeisitzer) als auch den Äußeren Rat und den Bürgermeister.[13]

---

12 Richard Allesch, Kärntens Anteil an den Abwehrmaßnahmen gegen die Türken im 16. Jahrhundert (ungedr. phil. Diss.), Wien 1937; Evelyne Antonitsch, Die Wehrmaßnahmen der innerösterreichischen Länder im dreizehnjährigen Türkenkrieg 1593–1606 (unter besonderer Berücksichtigung der Steiermark) (ungedr. phil. Diss.), Graz 1975.

13 Karl Gutkas, Geschichte Niederösterreichs (Geschichte der österreichischen Bundesländer), Wien 1984, S. 101.

Wien und die Landesverteidigung

Im Rahmen der Landesverteidigung und sonstiger Pflichten des Landes (Steuern etc.) wurde Wien als Hälfte des Vierten Standes in Rechnung gezogen und in der Defensionsordnung von 1578 zur Stellung des 30. Mannes verpflichtet. Doch bereits 1580 gewannen die Bürger Wiens ihr Privileg zurück: Sie mußten nur so weit ausmarschieren, daß sie bis Sonnenuntergang hinter ihre Mauern zurückkehren konnten. Ansonsten wurden sie im Rahmen des Vierten Standes zur Stellung eines Fähnleins von 500 Mann im Verteidigungsfall verpflichtet. Sonstige Rüstungsanstrengungen in und für die Stadt betrafen die Bürgerwehr, den Wachkörper und den Ausbau der Festungswerke.[14] Durch das Stadtrecht von 1221 war die Bewachung der Tore und die Handhabung des „Polizeiwesens" dem Stadtrat anvertraut worden. Während diesen inneren Dienst Bürger und Handwerker wahrnahmen, für jene Zwecke und für die Verteidigung vor und auf den Mauern als Bürgerwehr in vier Vierteln geteilt, gab es bereits ab Beginn des 15. Jahrhunderts eigene Organe für die Torbewachung. Söldner im Dienst der Stadt kamen bald dazu.

Im Spätsommer und Herbst 1529 verteidigten neben etwa 19.000 Landsknechten und 2.000 Reitern rund 1.000 Wiener Einwohner die Stadt gegen die Osmanen. Ab 1569 wurde der Wachkörper der Stadt permanent „Stadtguardia" genannt, ab etwa 1600 bürgerte sich der Titel „Stadt-Obrist" für den Kommandanten ein.

Die – nunmehrigen – Soldaten wurden bei den Bürgern ins Quartier gelegt, diese aber konnten sich bereits bald davon be-

14 Alois Veltzé, Die Wiener Stadtguardia. In: MIÖG Ergbd. 6, 1900, S. 530–546; ders., Die Wiener Stadtguardia 1531–1741, Wien 1902; ders., Das Kriegswesen der Stadt Wien 1520 bis 1740. In: Geschichte der Stadt Wien 4, hg. v. Alterthumsverein zu Wien, Wien 1911, S. 168–217.

freien, indem sie kleine Häuschen für die Stadtguardisten auf den Basteien erbauen und unterhalten durften. 1613 wurde deren Zahl mit 150 festgelegt, 1741 waren es bereits 300. Die Bürgerwehr selbst verlor infolge mangelhafter Beherrschung der Feuerwaffe und der erwünschten schleichenden Umwandlung des Aufgebots in die Stellung von Söldnern an Bedeutung. Dennoch hat sie ihren Platz in der Geschichte Wiens im Dreißigjährigen Krieg. Im Jahr 1558 hatten die wehrhaften Bürger einen Stand von 2.881 Mann, die mit Hiebwaffen, Spießen, Hellebarden und Hakenbüchsen bewaffnet waren, 1577 sind etwa 150 „Pfeilschützen“ nachweisbar. Um diese Zeit sind auch Feldgeschütze, Mörser, Petarden, Wallmusketen, Pickelhauben und Filzhüte als Ausrüstung im Zeughaus vorhanden. Schützengesellschaften der Wiener Bürgerwehr, getrennt von den Bognern, gab es bereits seit dem 14. Jahrhundert. Sie schossen mit Armbrust und Bogen.

Ein Schützenkorps mit einem Trillmeister hatte ab 1587 eine bleibende Schießstätte vor dem Schottentor auf einem Grundstück des Priors des Klosters Mauerbach. 1619 wurde eine Ordnung für Stahelschützen erlassen. Um 1600 ist auch ein „Fähnlein“ der Bürgerwehr, die zu Pferd bei einem Festzug ausrückte, überliefert und auch später nachweisbar. Seit 1658 führte der Bürgermeister, dem diese Wehr unmittelbar unterstand, den Titel eines Obersten der Bürgerwehr. Das Bürgerliche Zeughaus (heute: Am Hof 10), das der Bewaffnung der Bürgerwehr dienen sollte, erhielt den Impuls für seine Errichtung nach der ersten Türkenbelagerung. Es stand seit 1562 in Verwendung und wurde 1676 erweitert.

Wien und die osmanische Bedrohung

Der Angriff der Osmanen

Die größte Bedrohung für Wien im 16. Jahrhundert ging vom Osmanischen Reich aus. Sie hielt im 17. Jahrhundert an und wurde ergänzt von einer Kombination antikaiserlicher armierter Reichsstände und armierter antihabsburgischer Landstände, die eine mehr oder weniger enge militärische Beziehung zu den Feinden Habsburgs in West- und Nordeuropa suchten.[15] Die Osmanen hatten am Ende des 14. Jahrhunderts einen Großteil des Balkans erobert, sie hatten ab 1408, von Bosnien kommend, erstmals die Grenze nach Krain, also zum Heiligen Römischen Reich, gleichzeitig habsburgischen Herrschaftsgebiet, überschritten. Streifzüge der leichten osmanischen Truppen verheerten nach 1456 oftmals Kärnten, Steiermark, Krain, Istrien und Friaul.[16] Sultan Suleiman der Prächtige vernichtete 1526 in der Schlacht bei Mohács das ungarische Lehensheer. Die nächsten Hauptfestungen, die nun vor Suleiman lagen, waren Ofen (Buda), das noch 1526 erstmals in die Hände der Türken fiel, dann Wien. Seine Methode war ein charakteristischer Ablauf von Blockade, Kanonade, Bau von Annäherungsgräben (Sappen), Unterminierung der meist noch mittelalterlichen Befestigungsmauern und Sturmangriffe über die durch Minen und Kanonen gelegten Bre-

---

15 Peter Broucek, Die militärische Bedeutung der Donau im Laufe der Jahrhunderte. In: Donaumuseum Schloß Petronell, Bad Vöslau – Baden 1977, S. 71–79.; ders., Die Donau als Raum politischer Auseinandersetzungen. In: Die Donau. Facetten eines europäischen Stromes, Katalog zur Oberösterreichischen Landesausstellung 1994 in Engelhartszell, Linz 1994, S. 47–56.

16 Leopold Toifl, Hildegard Leitgeb, Die Türkeneinfälle in der Steiermark und in Kärnten vom 15. bis zum 17. Jahrhundert (Militärhistorische Schriftenreihe 64), Wien 1991.

schen, sollte die befestigte Stadt oder Festung nicht vorher kapitulieren.[17]

1529 führte Suleiman den Prächtigen der Kriegszug nach der meist kampflosen Übergabe der befestigten Städte Westungarns bis vor Wien, welches seine Armee zu Land und auf dem Donaufluß mittels Flußschiffen erreichte. Es kam zur Einschließung der Stadt vom 21. bis 29. September 1529, in der erste Kontingente eines Reichsheeres zur Verteidigung noch knapp rechtzeitig eingetroffen waren. Die Besatzung und die Bürger überstanden tapfer kämpfend die Einschließung von Simmering bis Nußdorf und dann die Sturmangriffe ab 9. Oktober bis 14. Oktober.[18] Währenddessen überfluteten die Akindschi das Alpenvorland und preschten sogar bis Oberösterreich vor, konnten aber die Donau nach Norden, der Aufgebote wegen, nicht überschreiten.[19] Infolge anhaltenden Schlechtwetters mußte der Sultan die Belagerung – wahrscheinlich sehr knapp vor ihrem Erfolg – aufgeben und am 15. Oktober abziehen.

Der Sultan tat so, als hätte er einen Sieg errungen und Gnade geübt. Nach dem extrem schlechten Wetter dürften aber Umstände der Logistik wie insbesondere des Transports des Nachschubs an Artillerie, Pulvermunition und Nahrung eine wichtige Rolle gespielt haben. Sie müssen hier erwähnt werden, da sie für die Zeit des Dreißigjährigen Krieges, einer Zeit des Niederganges und auch der Desorganisation sowie der oftmaligen Meuterei im osmanischen Heerwesen, auch des Zweifrontenkrieges gegen Persien, von Bedeutung waren.[20]

17 Christopher Duffy, Siege Warfare. The Fortress in the Early Modern World 1494–1660 (Siege Warfare 1), London 1979, S. 199 ff.

18 Walter Hummelberger, Wiens erste Belagerung durch die Türken 1529 (Militärhistorische Schriftenreihe 33), Wien 1976.

19 Karl Gutkas, Geschichte des Landes Niederösterreich, St. Pölten ^{3}1973, S. 171 f.

20 Peter Broucek, Logistische Fragen der Türkenkriege des 16. und 17. Jahrhunderts. In: Die Bedeutung der Logistik für die militärische Führung

Die Osmanen konnten in Adrianopel – etwa 1.100 km Luftlinie von Wien entfernt – frühestens im April aufbrechen und auch bei rastlosem Marsch, etwa 15 km pro Tag, höchstens im Juli Wien erreichen, auch wenn sie sich durch die Verteidiger von Festungen nicht aufhalten ließen. Es erwies sich als undurchführbar, in Belgrad Lebensmittel auch nur für die Kampftruppen aufzustapeln, die für mehr als drei Monate reichten.

Der Großherr wiederholte seinen Feldzug 1532, wobei er diesmal die riskantere Route nördlich der Drau wählte und tatsächlich vor der Burg von Güns (Kőszeg), die von Ungarn und Kroaten unter Niklas Juricsics (Juricic) verteidigt wurde, im August „liegenblieb". Wieder war dem Goldenen Horn der „Goldene Apfel" Wien nicht beigefügt worden.[21]

Der osmanisch-habsburgische Krieg setzte sich in der Folge fort. In mehr oder weniger großen Abständen zwischen den Feldzügen versuchten Hauptarmeen der Osmanen nach Westen vorzustoßen, während von den Königen bzw. Kaisern Ferdinand I. und Maximilian II. organisierte Kriegszüge mittels Reichsarmeen die Osmanen zurückzudrängen suchten.[22]

1541 wurde Ofen dem Osmanenreich einverleibt. 1543 eroberte Suleiman II. Gran, wo die Osmanen einen Stützpunkt für osmanische Donauschiffe (genannt Nassaden bzw. Tschaiken) einrichteten, dann Fünfkirchen (Pécs) und Stuhlweißenburg

---

von der Antike bis in die neueste Zeit (Vorträge zur Militärgeschichte 7), Herford – Bonn 1986, S. 35–62.

21 Karl Teply, Türkische Sagen und Legenden um die Kaiserstadt, Wien – Köln – Graz 1980; Josef Bauer, Die Türken in Österreich. Geschichte, Sagen, Legenden, St. Pölten 1982; Gertrud Gerhartl, Die Niederlage der Türken am Steinfeld (Militärhistorische Schriftenreihe 26), Wien 1974.

22 Ferdinand Strobl v. Ravelsberg, 1521–1566. Ungarische Eroberungen Sultan Solimans II. In: Georg v. Alten (Hg.), Handbuch für Heer und Flotte 9, Berlin 1912, S. 301–306.

(Székesfehérvár).[23] Ferdinand I. hatte noch 1547 einen Waffenstillstand mit dem Osmanenreich aufgrund des Status quo geschlossen, bei jährlicher Tributzahlung an die Pforte. 1551 bis 1562 ging der Krieg weiter und endete im März 1562 mit einem Waffenstillstand. 1566, in seinem Todesjahr, unternahm Suleiman II. gegen Maximilian II. jenen Kriegszug, in dessen Folge sein Heer in der großen ungarischen Tiefebene die Burg Sziget (Szigetvár) eroberte. Das Reichsheer blieb bei Ungarisch-Altenburg (Magyaróvár) stehen, die Steirer kämpften bei Karlsburg, eine Nebengruppe blieb bei Kaschau untätig. Maximilian blieb nichts anderes übrig, als in den Abschluß des Friedens von Adrianopel 1568 einzuwilligen, auf der Basis des Besitzstandes und der Zahlung eines jährlichen Ehrengeschenks.

Nun war es einige Jahre ruhig, aber nur gewissermaßen im Großen, nicht im Kleinen. Denn gewohnheitsrechtlich blieb es dabei, daß Kriegs-, Raub- und Plünderungszüge beider Seiten in das Gebiet des Gegners in der Zahl von unter 4.000 Mann nicht als Bruch des Friedens oder besser „Waffenstillstandes“ gelten sollten.

Der „Lange Türkenkrieg“ und der Höhepunkt der Ständemacht

Nach dem Tod Ferdinands I. wurde seine Herrschaft unter seinen drei Söhnen geteilt. Sowohl Maximilian II. und sein Nachfolger Rudolf II. („Donauösterreich“, Böhmen, habsburgisches West- und Oberungarn) als auch sein Bruder Karl von Innerösterreich und dessen junger Sohn Ferdinand (III., als späterer Kaiser Ferdinand II.)[24] stießen auf eine immer stärker werden-

23 Endre Marosi, Burgen im österreichisch-ungarischen Grenzraum, Eisenstadt 1990, S. 41 ff.

24 Johann Franzl, Ferdinand II. – Kaiser im Zwiespalt der Zeit, Graz ^{2}1989.

de ständisch-protestantische Opposition, die aus den Gegensätzen innerhalb des Hauses Habsburg, insbesondere zwischen Rudolf II. und seinen Brüdern, Erzherzog Ernst und Matthias, beide Statthalter in Österreich, zusätzlichen Auftrieb erhielt. Die Politik der Erzherzöge schwankte daher zwischen Zugeständnissen in Religionssachen – „Assekurationen oder Pazifikationen" – und absolutistischen Maßnahmen der „Reformationskommissionen", mit denen die katholische Reform, wie sie am Konzil von Trient beraten und beschlossen worden war, in die Praxis umgesetzt wurde. In Ungarn mit Siebenbürgen, wo der Kalvinismus sich der katholischen Reform und der Gegenreformation besonders heftig widersetzte, wurde dies zu einem gefährlichen Problem für die Sicherheit Wiens.

Als 1593 in Kroatien im Gefecht bei Sissek (Sissak) aus einem kleinen Kriegszug des bosnischen Paschas eine „große" Niederlage wurde, intervenierte der in der osmanischen Politik nunmehr maßgebende Großwesir – es war der bedeutende Sinan Pascha – militärisch.[25] Es kam nun in dem bis 1605 geführten Krieg zwar nur zu einer für die Kaiserlichen ungünstig verlaufenden Feldschlacht – 1596 bei Meszö-Keresztes –, aber zu zahlreichen Belagerungen und zum Einsatz leichter Reiterei von seiten der Osmanen in Form der nahe der Donaumündung in der Krim lebenden Tataren.[26] Die Fürsten von Siebenbürgen, der Moldau und der Walachei, die christlichen Vasallen des Sultans, wechselten im Zuge dieses Krieges mehrmals die Fronten.

Zunächst zum Festungskrieg: Er trat in Westungarn in ein akutes Stadium, als es den Türken gleich im zweiten Kriegsjahr 1594 gelang, die Festung Raab zu erobern. Sie war ja die

---

25 Strobl v. Ravelsberg, 1593–1606, S. 329–331.

26 Jan Wimmer, La Théorie et la Pratique des luttes contre les Tatars aux XVe–XVIIe Siècles. In: L' armée aux époques des grandes transformations sociales, Varsovie 1980, S. 265–280.

größte Festung auf der Heeresstraße südlich der Donau, hinter der nur die unbedeutenden Bollwerke bzw. mittelalterlichen Mauern von Ungarisch-Altenburg und Hainburg einer Hauptarmee vor der Belagerung Wiens lästig sein konnten. Jahrelang wartete man nun jeden Sommer auf eine solche Belagerung: im kaiserlichen Prag und in Wien. 1595 gelang es einer kaiserlichen Armee unter dem Oberkommando des Erzherzogs Matthias, angesichts dieser Bedrohung immerhin Gran zu erobern. Sinan Pascha wurde zu diesem Zeitpunkt von Aufständen in der Walachei abgelenkt. Die Befürchtung, daß der Sultan 1596 im Gegenzug vor Wien rücken werde und die Tataren in die österreichischen Länder einfallen würden, traf jedoch nicht ein. Die Osmanen wandten sich in Ungarn nach Norden und überwältigten Erlau (Eger), womit sie die Streitkräfte des Kaisers in Siebenbürgen abzuschneiden drohten. Einem Unterfeldherrn des neuen Oberkommandierenden des Kaisers, seines weiteren Bruders Erzherzog Maximilian, Hoch- und Deutschmeister, nämlich Adolf von Schwarzenberg, gelang es jedoch im Verein mit Nikolaus Graf Pálffy am 29. März mit Hilfe einer bisher im Türkenkrieg noch kaum eingesetzten Waffe, einer Petarde (Sprengmörser), durch ein Tor in die Festung Raab handstreichartig einzudringen.[27] Raab wurde also zurückerobert, und die Bedrohung für Wien schwand wieder. Der Kaiser ließ durch die Aufstellung von Raaber-Kreuzen Gott danken und an dieses Ereignis erinnern.[28]

Die militärische Situation der Kaiserlichen verschlechterte

---

27 Jiři Záloha, Vor 400 Jahren: Eroberung der Festung Raab und Erhebung in den Grafenstand. In: Blau-Weiße Blätter 1, 1998, S. 2–5.

28 Pia Maria Plechl, Gott zu ehrn ein Vaterunser pett. Bildstöcke, Lichtsäulen und andere Denkmale der Volksfrömmigkeit in Niederösterreich, Wien – München 1971, S. 46 ff. In Wien befindet sich eine solche – aus Niederösterreich übertragen – im Hof der Bäckerinnung in Wien 8, Lange Gasse. Weitere Säulen gibt es in Frauenhofen, Korneuburg und Leithaprodersdorf.

sich jedoch drastisch, als es den Osmanen 1600 gelang, Kanizsa zu erobern. Ein Rückeroberungsversuch Erzherzog Ferdinands III. von Innerösterreich scheiterte 1601.[29] In Siebenbürgen explodierte der politische Sprengstoff, der sich in Folge der von den Habsburgern betriebenen Gegenreformation angehäuft hatte, in der Art, daß die dortigen Stände einen bisherigen Anhänger und seit 1605 Gegner der Habsburger, István Bocskay, zum Fürsten wählten. Er huldigte noch im gleichen Jahr dem Großwesir und entfesselte einen Aufstand von Festungsbesatzungen sowie Soldaten-Bauern, den Haiducken. Dieser Aufstand wurde nicht nur in das südlichere Westungarn und in die Oststeiermark getragen, sondern durch Bocskays Unterfeldherren und ihren Scharen ins (heutige) Mittelburgenland und in die Bucklige Welt. Sie arbeiteten mit türkischen und tatarischen Streifscharen zusammen. Im Norden stießen sie bis vor Brünn vor, und am Höhepunkt ihrer Erfolge drangen sie am 5. Juli über das Marchfeld bis vor die Tore Wiens. Sie plünderten im Weinviertel, wo ihnen nur Retz widerstand. Diese Raubzüge führten sie im September bis Hietzing und Wiener Neustadt.[30] Die türkische Hauptarmee zog aus jenen Ereignissen, die auch mit Meutereien kaiserlicher Söldner verbunden waren, den Gewinn. Gran wurde zurückerobert. Die Siebenbürger eroberten Neuhäusel, nördlich der Donau die wichtigste Festung vor Preßburg (Pozsony, heute Bratislava) auf dem Wege nach Wien. Weiters fielen Palota und Veszprém in der Plattenseegegend.

Erzherzog Matthias, der von seinen Verwandten infolge einer vermuteten geistigen Erkrankung Rudolfs II. zu deren

---

29 Günther Cerwinka, Die Eroberung der Festung Kanizsa durch die Türken im Jahre 1600. In: Innerösterreich 1564–1618 (Joannea 3), Graz 1967, S. 409–511.

30 Leopold Toifl, Hildegard Leitgeb, Ostösterreich im Bocskay-Aufstand 1605 (Militärhistorische Schriftenreihe 63), Wien 1990, S. 30 f.

Sprecher ernannt worden war, schloß mit Bocskay und den ungarischen Ständen den Frieden von 1606, in dem Bocskay drei oberungarische östliche Komitate und alle Privilegien in der Religionsfrage erhielt, Neuhäusel aber an Habsburg zurückfiel. Noch wichtiger aber war, daß die Osmanen zu Friedensverhandlungen in Zsitva-Torok, nahe von Komorn, bereit waren. Der Vertrag wurde am 11. November 1609 abgeschlossen und sollte bis 1660/63 – was den „Großen Krieg" betraf – halten. Erstmals wurde in diesem Vertrag der Kaiser als gleichberechtigter Partner anerkannt. Er hatte nur noch einmal ein Ehrengeschenk zu leisten, mußte aber den Vasallenstatus Siebenbürgens wiederum zur Kenntnis nehmen und erhielt nur das allerdings wichtige Neograd (Nógrad) ebenso wie Waitzen (Vác) zurück, nicht aber Gran.

Für die Erhaltung des Friedens hatte sich nach 1568 in seinem *Kriegs-Diskurs* und dann auch in Gutachten an den Hofkriegsrat der bedeutendste Feldherr und Militärtheoretiker der zweiten Hälfte des Jahrhunderts, Lazarus von Schwendi, eingesetzt.[31] Gleichzeitig trat Schwendi für eine Verbesserung des Verteidigungssystems vor Wien ein.

31 Über ihn siehe: Gerhard Papke, Von der Miliz zum Stehenden Heer. Wehrwesen im Absolutismus (Handbuch zur deutschen Militärgeschichte 1), München 1979, S. 123 ff.; Jürg Zimmermann, Militärverwaltung und Heeresaufbringung in Österreich bis 1806 (Handbuch zur deutschen Militärgeschichte 3), München 1965, S. 82; Johann Christoph Allmayer-Beck, Erich Lessing, Die kaiserlichen Kriegsvölker von Maximilian I. bis Prinz Eugen 1479–1718, München 1978, S. 23 ff.; Marosi, Grenzraum, S. 44. Über den Türkenkrieg generell vgl. Siegfried Fiedler, Kriegswesen und Kriegführung im Zeitalter der Landsknechte (Heerwesen der Neuzeit I/2), Koblenz 1985, S. 210 ff.

Die Verteidigungsmaßnahmen Wiens im 16. Jahrhundert: Die Stadt, ihr Vorfeld und ihr Hinterland

Was Wien betraf, so war die erste Türkenbelagerung noch mit der ungenügenden Hilfe der mittelalterlichen Ummauerung, teilweise flankierender Türme, den sechs Toren mit Fallgittern und Aufziehbrücken, überstanden worden. Nun kam es unter Ferdinand I., der sein noch aus dem Mittelalter stammendes königliches Befestigungsrecht wahrnahm, zur Fortifizierung von Wien nach Vorschlägen des – bereits 1530 verstorbenen – Niklas Graf Salm in „altitalienischer Manier".[32] Bereits 1532 hatte der König den Befehl gegeben, den Kirchenschatz Nieder- und Oberösterreichs weitgehend für diese Zwecke heranzuziehen. Steuern und Baugelder kamen hinzu. Der königliche Rat Hermes Schallauczer hatte die Bauaufsicht, und Leonard Colonna von Völs war Befehlshaber der Söldnerbesatzung, als die bastionierte Umfassung der alten Mauern, vornehmlich in den Jahren 1531 bis 1567, erfolgte.[33] Bis 1545 war die Predigerbastei (Dominikanerbastei) fertiggestellt. 1548 errichtete Schallauczer die große Kärntner Bastei (heute etwa das Gebiet der Staatsoper). Um 1560 war „sein" Werk, die Errichtung von zehn Bollwerken oder Eckbasteien und zehn Kurtinen – Wällen zwischen den Bastionen – sowie einer Plattform, im wesentlichen vollendet.

Schallauczer hatte aber auch am Ausbau der Festung Raab im Jahr 1564 wesentlich mitgewirkt. Die wichtigsten Festungen nördlich der Donau, die den Weg nach Wien sperren soll-

---

32 Georg Ortenburg, Waffe und Waffengebrauch im Zeitalter der Landsknechte (Heerwesen der Neuzeit I/1), Koblenz 1984, S. 163 ff.

33 Ludwig Eberle, Wien als Festung (1530–1740). In: Geschichte der Stadt Wien 4, hg. v. Alterthumsverein zu Wien, Wien 1911, S. 161–282; Walter Hummelberger, Kurt Peball, Die Befestigungen Wiens (Wiener Geschichtsbücher 14), Wien 1974, S. 29 ff.

ten, waren Neutra (Nyitra, heute Nitra) und vor allem Neuhäusel (Érsekujvár, heute Nové Zámky). Neuhäusel wurde erst in der zweiten Hälfte des 16. Jahrhunderts als Festung in „neuitalienischer Manier" fortifiziert.[34] Seine Anlagen bildeten ein regelmäßiges Sechseck, dessen Gräben und Umgebung unter Wasser gesetzt werden konnten. Das befestigte Komorn lag auf beiden Ufern der Donau und bildete einen doppelten Brückenkopf. Es war imstande, die Donau zu sperren. Seine Befestigungen bildeten ein bastioniertes Viereck mit massiven Mauern und Türmen, die um 1550 erbaut worden waren. Die Hauptfestung vor Wien, an deren Bau und Erhalt der Besatzung sich die Stände Österreichs massiv beteiligten, war und blieb bis 1683 Raab. Ihre Erbauer neben Schallauczer waren vor allem Pietro Terrabosco und Bernardo Gaballio. Die Festung hatte einen unregelmäßigen fünfeckigen Grundriß mit sieben Basteien in neuitalienischer Art und drei Toren. Die weiteren Hauptfestungen nach Süden waren Kanizsa (Nagy-Kanizsa) und Karlstadt (Karlovac, ungarisch: Károlyváros). Insgesamt zog sich von Zengy (Senj) an der Adria über die Plattenseegegend zur Donau westlich von Gran und dann weiter in die (heute slowakischen) Bergstädte eine Kette von befestigten Städten, Burgen, Blockhäusern und Beobachtungspunkten (Tschardaken). Es handelte sich um ein System von etwa 850 km Länge und einer Tiefenstaffelung von etwa 50 km Breite. Befestigungen in neuitalienischer Manier hinter oder am Rande jenes Gürtels waren etwa im Norden Rabensburg, im Süden beispielsweise Forchtenstein (Fraknó), Bernstein (Borostyankö) oder Radkersburg (Regede).

34 Ortenburg, Waffe und Waffengebrauch, S. 163 ff. In der neuitalienischen Manier wurden die Kurtinen verkürzt und die Bastionen spitzwinkeliger. In den Graben kam zur Deckung der Kurtine ein Ravelin (Grabenbollwerk), davor ein Glacis mit gedecktem Weg.

Die Türken hatten in den von ihnen besetzten Gebieten Ungarns sechs Verwaltungsbezirke, Vilayet(s) genannt, eingerichtet, deren wichtigster Ofen – unter Führung eines Paschas – war. Alle anderen Bezirke wurden von je einem Beg oder Beglerbeg kommandiert. Im königlich-habsburgischen Bereich entstanden fünf Hauptmannschaften (Grenzkapitanate). Ihre für Wien wichtigsten hatten die Sitze in Preßburg und Raab.[35] In der prekären Friedenszeit ab 1568 wurden in einer Reihe von Beratungen und Gutachten – neben dem von Schwendi – weitere Maßnahmen für eine zukünftige Verteidigung oder bewaffnete Unterhaltung des Friedens vorgeschlagen. So drängten noch in jenem Jahr die Kriegsräte in einem großen *Gutbedunckhen*[36] auf Schaffung eines stabileren Heerwesens und auf dauernd zu installierende Ämter wie: Obrist-Zeugmeister, Oberst-Proviant-Kommissär oder Obrist-Mustermeister. Vorschläge des Deutschen Ordens und des Johanniter-Ordens[37] sollten eingeholt und jedem Kronland eine „Sondergrenze" zur Erhaltung zugeteilt werden. Weiters schlugen die Kriegsräte die Unterhaltung von Nassadisten (Flußschiffern) in Komorn vor. Vorräte an Getreide und Wein aus Ober-

35 Marosi, Grenzraum, S. 105–109. Vgl. auch Manfried Rauchensteiner, Vom Limes zum „Ostwall" (Militärhistorische Schriftenreihe 21), Wien 1972.

36 ÖStA, Kriegsarchiv, AFA 1568/6/1, „Gutbedunckhen" vom 21. Juni 1568.

37 Dazu nunmehr: Robert L. Dauber, Der Johanniter-Malteser Orden in Österreich und Mitteleuropa. 850 Jahre gemeinsame Geschichte, Bd. II: Spätmittelalter und frühe Neuzeit (1291 bis 1618), Wien 1998, S. 562 ff. Ein Johanniter, Frater Philipp Riedessel von Camberg, der Gesandte des Souveränen Malteser Ritter Ordens am kaiserlichen und erzherzoglichen Hof zu Wien, war 1594 auch „General der kaiserlichen Armada auf der Donau" (Dauber, Bd. II, S. 576). In einer Hauptberatschlagung 1595 [kein näheres Datum] über Personalfragen wurde ein Johanniter „Meister" von Sprinzenstein zum „Capitan oder Obrist Leuttenandt auf die armata", also eine Art Generalstabschef, vorgeschlagen (AFA 1595/12/6).

ungarn sollten erworben werden. Ein Zeughaus wäre zu erbauen, Zinn und Kupfer zu bevorraten, Belagerungs- und Feldartilleriegeschütze zu gießen, vor allem aber wäre die Produktion von Harnischen anzukurbeln, bzw. sollten aus Augsburg derartige Rüstungen sowie aus Tirol Schützenhauben besorgt werden. Plattner, Panzermacher, Büchsen- und Klingenschmiede aus Wiener Neustadt, St. Pölten, Enns, Zwettl, Ybbs, aber auch aus Mähren und Schlesien wären heranzuziehen.[38] Pulver wäre in Wien, Ebenfurth, Bruck an der Leitha und Krems wie bisher zu lagern bzw. zu beziehen. Die Handwerker sollten zu Übungen *(Freyschüssen)* an diversen Waffen angehalten, die Artillerie sollte inventarisiert und Baumaßnahmen in Komorn, Raab, Papa, Kanizsa, Neuhäusel und Tyrnau mit den zuständigen Stellen beratschlagt werden.

Zwei Jahre später etwa drängte Erzherzog Karl von Innerösterreich neuerlich detailliert auf die Schaffung eines Oberstmustermeisteramtes (Anwerbung), auf Gewährung von Baugeld und Bevorratung von Wein und Getreide.[39] Schon um 1530, als Lieferverträge mit den großen oberdeutschen Handelshäusern über Korn und Brot, Bier, Hafer und Gerste zustande kamen, wurden in Donauwörth, Regensburg und Wien Getreidekästen errichtet. Ihnen entsprachen bald Getreidemagazine in Marburg (Maribor) und Pettau (Ptuj) in der Steiermark, während Mehl in Fässern von oberitalienischen Kaufleuten verladen wurde. Im Lauf des 17. Jahrhunderts, und insbesondere während offener Kriege, errichteten Zentralverwaltung, Stände oder private Unternehmer Proviantlager in

38 Siehe darüber Helfried Valentinitsch, Die Standorte der österreichischen Rüstungsproduktion in der Frühen Neuzeit. In: Blätter für österreichische Heereskunde, 1986, S. 37–42.

39 AFA 1570/12/1, Erzherzog Karl an Rudolf II., Wiener Neustadt, 28. Dezember 1570 (für den Fall, daß im nächsten Jahr der Krieg ausbricht).

Stockerau und Korneuburg. Es kam zum Ausbau von kleinen Werften in Krems, Schwechat, Hainburg und Preßburg, zur Verpflichtung von Mühlen und Müllern in Niederösterreich, von oberösterreichischen Flößern, Faßbindern und Fronttransporteuren.[40]

Die wichtigste organisatorische Maßnahme, allerdings nur für wenige Jahre, war wohl die Übertragung des Kriegswesens als Kommando über alle Festungsbesatzungen, Aufgebote etc. „von Siebenbürgen bis zum Adriatischen Meer" an Erzherzog Ernst, des Kaisers Statthalter in Niederösterreich, im Jahr 1578.[41] Er sollte den *Kriegsberatschlagungen* vorsitzen und auch über den „Reichspfennig" verhandeln dürfen. Sein Sitz war Wien.

Wie weit wirtschaftliche Maßnahmen verwirklicht wurden und die Plattnerei in Wien etwa vermehrt Aufträge erhielt, wäre noch zu erforschen. An baulichen Maßnahmen ist etwa an den Bau des Bürgerlichen Zeughauses zu denken, das seit 1562 in Verwendung stand.[42] An der Stelle des Salzburger Hofes errichtete man 1584–1587 das Kaiserliche Zeughaus, „Oberes Arsenal" genannt.[43] Sein erstes gedrucktes Inventar stammt aus dem Jahr 1587. Es hatte vor den Mauern der Stadt auf einer durch zwei Donauarme gebildeten kleineren Insel nahe der späteren Augartenbrücke ein Fluß-Streitschiff-Arsenal gegeben, das unter Ferdinand I. durch Hermes Schallauczer in der Jahrhundertmitte beim Neutor neu angelegt wurde. Ein Donauarm wurde mit diesem Arsenal durch einen schiffbaren Kanal verbunden. Die Schiffswerften befanden sich im

40 Broucek, Logistik, S. 43.

41 ÖStA, Kriegsarchiv, Hofkriegskanzleiarchiv, sign.: Ixa, Nr. 2, Ernennung vom 5. Juli 1578.

42 Walter Hummelberger, Das bürgerliche Zeughaus (Wiener Geschichtsbücher 9), Wien – Hamburg 1972.

43 Bruno Thomas, Das Wiener Kaiserliche Zeughaus in der Renngasse. In: MIÖG 71, 1963, S. 175–193.

Stadtgraben, mit welchem das Arsenalbecken ebenfalls in Verbindung stand.[44]

Im Vorfeld des „Großen Rudolfinischen Türkenkriegs" wurde schon 1590 dringend empfohlen, die Vorstädte auf 800–1000 Schritte von den Bastionen „hinweg" zu nehmen und die „Handrobot" zur Verbesserung der Basteien und Kurtinen zu verordnen.[45] Während des Krieges erging 1597 ein kaiserliches Patent, *keine Stunde zu feiern* und die Vorstädte abzubrechen, da *der Türke ein Auge auf Wien* habe.[46] Es wurde auch mehrmals beantragt, in Böhmen Schanzengräber für Wien anzuwerben. Erzherzog Matthias meldete an seinen Bruder Rudolf II. schon 1594,[47] die Landsleute wollten nicht nach Wien zur Robotleistung, *da sie nit in freies gewissen, religionis exercitium und predig haben kundten. Und dürffen so weit khummen als liese der turckh den gehuldigten in gewissen frey. Welches zwar schwere gedancken, so bey jezigen leuften wol in acht zu haben sey*. Tatsächlich brachen 1596/97 schwere Bauernunruhen im westlichen Niederösterreich aus, die mit Waffengewalt, auch von den Grundherren, niedergeschlagen wurden.[48] Im Jahr 1596 wurde dann doch die Handrobot für die Verbesserung an Befestigungen eingefordert, wenn es auch zu baulichen Veränderungen, etwa in „neuitalienischer Manier", wegen drücken-

---

44 Wladimir Aichelburg, Kriegsschiffe auf der Donau (Militärhistorische Schriftenreihe 37), Wien 1978, S. 9 f. Über Befestigungsanlagen an der Donau siehe auch allgemein: Bertrand M. Buchmann, Befestigungen an der Donau in Österreich (Militärhistorische Schriftenreihe 42), Wien 1981.

45 AFA 1590/10/1, Relation des Reichshofrates Pezzen *uber Wiener gepew, oder zu Altenburg, Comorn, Gran, Visegrad und Waizen*, 1590, ohne näheres Datum.

46 AFA 1597/6/1, Patent vom 10. Juni 1597.

47 AFA 1594/10/5, Erzherzog Matthias an Rudolf II., 1594.

48 Helmuth Feigl, Der niederösterreichische Bauernaufstand 1596/1597 (Militärhistorische Schriftenreihe 22), Wien 1972.

der Geldnot nicht gekommen ist.[49] Die Urbarholden und „Unterbauern" im Umkreis von einer Viertelmeile sollten sechs Tage arbeiten. Außerhalb dieser Zone sollte ein Robotgeld von 15 Kreuzern eingehoben werden. Nach der Rückeroberung von Raab 1598 wurde die Grenze wiederhergestellt, und die militärische Lage entspannte sich insbesondere nach Abschluß des Friedens. Der Konflikt der habsburgischen Landesfürsten mit den Ständen blieb latent vorhanden und sollte schon bald eine neuerliche Bedrohung Wiens hervorrufen.

Wien im Dreißigjährigen Krieg

Der Beginn des Dreissigjährigen Krieges: Der Kampf mit den Ständen

Mit der Berufung der Jesuiten im Jahr 1551 nach Wien, insbesondere der Berufung des Petrus Canisius, hatte die katholische Reformbewegung in Wien Fuß gefaßt. Die Jesuiten nahmen in der Folge weitere Reformorden und „alte Orden" in ihre Hand. Vor allem gelang es ihnen, an den Landeskirchenspitzen die (späteren) Kardinäle Melchior Klesl (in Österreich), Peter Pazmany (in Ungarn) und den Bischof von Olmütz, Franz Kardinal Dietrichstein, zu stellen. Klesl und Dietrichstein waren auch Mitglieder des Geheimen Rates, Pazmany der unbestrittene Führer der katholischen Stände Ungarns. An Ordensberufungen in die Residenzen im Zeitalter des Dreißigjährigen Krieges, speziell nach Wien, sind die Kapuziner, Barnabiten, Unbeschuhten Augustinereremiten, Serviten, Unbeschuhten Karmeliter (darunter der bedeutende Feldprediger Pater Dominikus a Santa Maria) sowie die Paulaner mit

49 Kühnel, Hofburg, S. 50 f.

allen ihren Kirchen zu nennen. Symbolisiert wurde das Wiedererstarken der alten Kirche durch den Neubau des Bischofshofes, der Residenz der Wiener Bischöfe, in den Jahren 1632 bis 1641 unter Bischof Breuner.

Der Historiker Karl Gutkas hält das Jahr 1580 für das Stichjahr des Beginns einer Kräftigung der katholischen Ständefraktion im Landtag, die etwa seit damals, neben den Erzherzögen, die Gegenreformation, die politische Reform zugunsten des Gottesgnadentums, in die Hand nahm. Sie wurde durch den Krieg ebenso wesentlich verzögert wie durch den Ausbruch des Zwistes zwischen dem Kaiser und den Erzherzögen, die 1607, schon im Frieden, Erzherzog Matthias als Haupt der deutschen Linie der Casa de Austria anerkannten. Eine wichtige politische Wende, insbesondere in bezug auf militärische Belange, stellte die Spaltung des Verordnetenkollegiums dar, die den Fürsten, zunächst Ferdinand III. von Innerösterreich, glückte.[50] Ferdinand III. war es auch, der – wenn auch zum wenigsten mit „seinen" Ständen, die immerhin nicht opponierten – einen jahrelangen Krieg gegen Venedig, den sogenannten Uskokenkrieg um Görz, Gradiska und Triest zwischen 1615 und 1618, führte. Dies gelang dank der Bundesgenossenschaft Spaniens und der Mitwirkung von kapitalkräftigen Handelsleuten, aber auch katholischer Adeliger, darunter Albrecht Eusebius Graf Waldstein (Wallenstein).[51] Die innenpolitischen Konsequenzen dieser Form der Kriegsführung verhalfen letztlich der Autorität des Fürsten zum Durchbruch, wiesen den

50 Johann Schmid, Die Politik der Stände des Erzherzogtums Österreich unter der Enns in der Zeit vom Prager Fenstersturz bis zur Spaltung der protestantischen Ständepartei (Mai 1618 – Jänner 1620) (ungedr. phil. Diss.), Wien 1928, hier die Einleitung, bes. S. 11 ff.

51 Helfried Valentinitsch, Ferdinand II., die innerösterreichischen Länder und der Gradiskanerkrieg 1615–1618. In: Johannes Kepler 1571–1971. Gedenkschrift der Universität Graz, Graz 1975, S. 497–559.

Weg in Richtung „absolutistischer" Herrschaft und moderner Staatlichkeit.[52]

Anders als in den innerösterreichischen Ländern stießen die Versuche der habsburgischen Landesfürsten, ihr „absolutistisches" Programm in Österreich unter und ob der Enns, vor allem aber in Ungarn und in den Ländern der böhmischen Krone durchzusetzen, auf massiven und erbitterten Widerstand. Eine Vorreiterrolle spielten die böhmischen Stände, denen Rudolf II., als er nur noch Kaiser und böhmischer König war, 1609 den sogenannten Majestätsbrief mit sehr weitgehenden Privilegien gewährt hatte, die sie noch durch sogenannte *Defensoren* politisch zu verteidigen gedachten. Zwei Jahre später versuchte eines der jüngsten Mitglieder des Erzhauses, Leopold V., Bischof von Passau[53] und Straßburg, später Landesherr von Tirol, dem Kaiser Rudolf II. im Frühjahr 1611 zu helfen. Er ließ um Passau durch den Obristen Lorenz von Ramée Truppen werben und sie handstreichartig am 15. Februar in Prag eindringen. Sie konnten aber nur die Kleinseite mit dem Hradschin besetzen und wurden von den Ständen zurückgeschlagen. Rudolf mußte als böhmischer König abdanken und starb 1612. Matthias folgte ihm nach, Leopold ließ Ramée 1613 im Elsaß wegen seiner Mordbrennereien, aber wohl auch wegen seines Mißerfolges hinrichten. Die Macht der böhmischen Stände befand sich auf einem Höhepunkt. Sie hatten mit Ausnahme des Rechtes, einen Landtag ohne Bewilligung des Königs oder Landesfürsten einzuberufen, fast alle wichtigen Befugnisse erlangt. In Österreich

52 Hans Sturmberger, Dualistischer Ständestaat und werdender Absolutismus. In: ders., Land ob der Enns und Österreich, Linz 1979, S. 246–272; ders., Türkengefahr und österreichische Staatlichkeit, ebd., S. 311–328.

53 Franz-Heinz Hye, Leopold V. In: Brigitte Hamann, Die Habsburger, Wien 1988, S. 247 ff.

gab es bereits seit 1608 eine Art Sonderbund, den „Horner Bund" der protestantischen Stände, der mit den Böhmen und Ungarn im Einverständnis war.[54] Zu ihrem geistigen Führer schwang sich bald der energische Georg Erasmus Tschernembl auf.[55] In Siebenbürgen/Ungarn wurde der im Osmanischen Reich in Emigration gewesene kalvinistische Adelige Gábor Bethlen nach der Ermordung Gábor Báthorys, seines Vorgängers, 1611 zum Fürsten gewählt, gelangte aber erst mit türkischer Militärhilfe 1613 an die Macht.

Zum wichtigsten Gegenspieler der Oppositionellen entwickelte sich Ferdinand II., der einzige von der Familie anerkannte Erbe Kaiser Matthias'. Er wurde 1617 zum böhmischen, im Jahr 1618 zum ungarischen König gekrönt, letzteres bereits zu einem Zeitpunkt, da maßgebende protestantische böhmische Stände mit dem später so genannten Zweiten Prager Fenstersturz einen provozierenden Akt des Putsches gegen die beiden wichtigsten Vertreter des Kaisers am Hradschin gesetzt hatten. Dieser wandte sich angeblich in erster Linie gegen katholische Übergriffe und sollte die Rechte aus dem Majestätsbrief bewahren. Das gewaltsame Vorgehen wurde aber noch im November 1618 durch den Marsch eines kleinen böhmischen Heeres gegen Wien unterstützt. Das Heer blieb allerdings neun Meilen vor der Residenzstadt liegen und konnte nur den Raum Zwettl verheeren.[56]

Vorsorglich hatten die kaiserlichen Behörden veranlaßt, daß in Wien zwei Fähnlein Soldaten zu Fuß und eine Einheit zu

---

54 Beste Zusammenfassung des „Vorspiels" zum Dreißigjährigen Krieg bei Hans Sturmberger, Aufstand in Böhmen. Der Beginn des Dreißigjährigen Krieges, München 1969.

55 Hans Sturmberger, Georg Erasmus Tschernembl. In: ders., Land ob der Enns und Österreich, Linz 1979, S. 91–98.

56 Peter Broucek, Kampf um Landeshoheit und Herrschaft im Osten Österreichs 1618 bis 1621 (Militärhistorische Schriftenreihe 65), Wien 1992.

Pferd von insgesamt 900 Mann geworben und gemustert wurden. Die Stadtguardia stieg dadurch auf einen Stand von rund 1.200 Mann, einschließlich *prima plana*, also des Stabs. Sie war damit zur Garnison geworden. Nach dem Tod des damaligen Stadtguardia-Kommandanten, Hofkriegsratspräsidenten und Geheimen Rates Hans Freiherr von Mollart (auch Mollard), wurde im Dezember 1619 der Deutschordensritter Hans Caspar von Stadion für die Funktion des Stadtguardia-Obristen bestellt. Er wurde im Zuge seiner Laufbahn noch Angehöriger des Geheimen Rates und Hofkriegsratspräsident. Während des Dreißigjährigen Krieges vereinigte schließlich auch noch Don Hannibal Fürst Gonzaga alle diese Funktionen in seiner Hand.[57]

Die Bedrohung Wiens im Jahr 1619

Ferdinand II., der schon ab der Entführung und Entmachtung Klesls im Juli 1618 de facto die politische Führung in die Hand genommen hatte, warb beim Bund katholischer Fürsten Deutschlands, den Spanischen Niederlanden, in Spanien, in Italien und beim Papst um Unterstützung.[58] Die aufständischen

---

57 Hellmuth Rössler, Graf Johann Stadion. Napoleons deutscher Gegenspieler, Bd. 1, Wien – München 1966, S. 26. Stadion wurde auch noch Feldzeugmeister und kommandierte verdienstvoll in der großen Schlacht von Nördlingen (6. September 1634). Er war 1627 nach dem Tod Erzherzog Maximilians zum Hoch- und Deutschmeister gewählt worden und behielt diese Funktion bis 1641.

58 Zur europäischen Dimension des Konfliktes siehe auch Josef Polišenský, Tragic Triangle. The Netherlands, Spain and Bohemia 1617–1621, Prague 1991. Zur Epoche: Heinrich Lutz, Das Ringen um deutsche Einheit und kirchliche Erneuerung. Von Maximilian I. bis zum Westfälischen Frieden 1490 bis 1648 (Propyläen-Geschichte Deutschlands 4), Berlin 1983, S. 364 ff.

böhmischen Stände suchten ihre protestantischen Glaubensgenossen in Österreich auf ihre Seite zu ziehen. Sie schickten daher im Juni 1619 ein nun wesentlich größeres Heer, vielleicht bis zu 15.000 Mann, nach Niederösterreich, das zuvor auch die mährischen Stände zum Beitritt in die Koalition bewogen hatte. Unter der Führung Matthias Graf Thurns setzte es bei Fischamend über die Donau und erschien am 6. Juni vor Wien. Thurn schlug sein Hauptquartier in St. Marx auf, während seine Truppen das Gebiet um Wien bis Mauer verheerten.

Ein Strom von Flüchtlingen aus den Vorstädten in die Stadt setzte ein. Dort spielte sich in der Burg am 5. Juni 1619 das Drama der einen ganzen Tag andauernden sogenannten „Sturmpetition" der niederösterreichischen Ständevertreter bei König Ferdinand II. ab.[59] Die Protestanten wurden schließlich unter militärischem Druck abgewiesen, denn als Thurn in Richtung Wien zog, hatte der Kommandant der bisher bereits aus dem Süden herangerückten und auch der wenigen sonstigen um Krems stationierten Truppen, Obrist Heinrich Duval Graf von Dampierre, ein Detachement an Kürassieren per Donauschiffen als erste Eingreiftruppe nach Wien entsandt. Diesem war es gelungen, beim Arsenal das Hindernis der Befestigung zu überwinden und in den Burghof zu marschieren. Die protestierenden Ständevertreter mußten schließlich ohne Erfolg abziehen. Auch Thurn erkannte, daß er angesichts eines gänzlichen Mangels an Artillerie auf die Wirkung einer Petarde, die ihm eines der noch schlecht besetzten Tore öffnen sollte, nicht hoffen durfte. Zudem konnte er die Praterinsel nicht besetzen, und die Besatzung Wiens erhielt zu Wasser Verstärkung. Thurn zog daher ab, nicht ohne sich vorher mit niederösterreichischen und mit ungarischen Ständen beraten zu haben. Wie auch einige Briefe beweisen, die Vorschläge, wie

59 Helmut Kretschmer, Sturmpetition und Blockade Wiens im Jahre 1619 (Militärhistorische Schriftenreihe 38), Wien 1978.

Wien vom Prater aus durch einen Überraschungscoup zu nehmen wäre, enthielten, hatten die Sympathisanten Thurns sehr fest an eine Überwältigung des Königs und der Garnison geglaubt. In der Stadt hatte es Bürgermeister Daniel Moser vor oder während der Tage der Bedrohung zustande gebracht, mit 25.000 fl. zu der – seit dem Vorjahr – 1.200 Mann starken Stadtguardia 1.500 Mann Fußtruppen und zwei Fähnlein Reiterei hinzuzuwerben. Auf Betreiben der Jesuiten stellten sich noch etwa 400 Studenten und Bewohner des Umlandes sowie von *welschen Niederlegern* Geworbene den Angreifern entgegen.[60] Im kollektiven Gedächtnis der Stadt blieben die Ereignisse rund um die „Sturmpetition“ und Blockade noch lange haften. Bis ins 18. Jahrhundert hinein wurde der Jahrestag des 5. Juni durch Volksfeste am *Schanzl* und am Fischertor gefeiert.[61]

Es ist wohl die Blockade von 1619 gewesen, die zur Gründung einer kaiserlichen Gardetruppe führte. Sie unterstand dem Obersthofmarschall. Bereits unter Maximilian I. war nach Muster des burgundischen Hofstaates eine Trabanten-Wache von etwa 70 Mann aufgestellt worden. Nach einigen „Zwischenstufen“ wurde nun 1619 eine „Hartschier-Garde“[62] ins Leben gerufen, die anders als die Trabanten vor den Toren nun die Gänge und Korridore der Burg zu kontrollieren und auf die Türen der Gemächer aufzupassen sowie den Kaiser auf Reisen zu begleiten hatte. Ihre Zahl erreichte im 18. Jahrhundert etwa 100, einschließlich der Offiziere. Nach dem Abzug Thurns verselbständigte sich die Politik der evangelischen Stände. Sie

60 Alphons Frh. v. Wrede, Geschichte der k. u. k. Wehrmacht. Bd. 2: Aufgelöste Fußtruppen, Wien 1898, S. 561 f.

61 Richard Kralik, Geschichte der Stadt Wien und ihrer Kultur, Wien ^{3}1933, S. 193.

62 Alphons Frh. v. Wrede, Geschichte der k. u. k. Wehrmacht. Bd. 6: Der Allerhöchste Oberbefehl – die Garden, bearb. v. Peter Broucek, unter Mitarbeit v. Georg Zivkovic und Herbert Klima (Militaria Austriaca 6), Wien 1988, S. 48.

kamen schließlich dem Wunsch der Böhmen nach, Truppen zu werben, und schlossen, nachdem sich die Böhmen mit den „Konföderationsakten" eine neue, fast rein „ständische" Landesordnung gegeben hatten, mit diesen im August 1619 ein Bündnis.[63] Die Böhmen setzten Ferdinand II. als König ab und wählten im November 1619 das Oberhaupt des deutschen protestantischen Ständebündnisses, der Union, Kurfürst Friedrich V. von der Pfalz, zum König. Zuvor war Ferdinand II. in Frankfurt zum deutschen König gewählt worden und befand sich auf dem Heimweg über München. Eine militärische Entscheidung schien nun unausweichlich.

Die kaiserlichen Truppen – sie waren nun bis 1621 unter dem Kommando des Wallonen Karl Bonaventura Graf von Bucquoy – standen in Südböhmen und hatten erste Verstärkungen erhalten. Als die niederösterreichischen Protestanten im Raum Retz ihre Söldner versammelten und oberösterreichische protestantische Ständetruppen im Begriff waren, Melk zu belagern, marschierten sie in großer Eile in Richtung Wien. Kaiserliche und Protestanten wußten, daß die Böhmen neuerlich, von Mähren kommend, dem Donauübergang zustreben würden, wenn es mißlingen sollte, im Verein mit den protestantischen ungarischen Ständen die habsburgischen Truppen Bucquoys noch im Weinviertel abzufangen. Gleichzeitig hatte sich Gábor Bethlen zum Anschluß an die Ständebewegung entschlossen und marschierte mit seinen Truppen über Oberungarn heran. Der Sultan hatte ihm dies erlaubt. Die Ungarn kamen jedoch zu spät. Bucquoy konnte – heftig verfolgt – Kagran erreichen und über die Wiener Donaubrücke das südliche Ufer und damit Wien gewinnen. In Preßburg berieten

63 Winfried Becker, Ständestaat und Konfessionsbildung am Beispiel der böhmischen Konföderationsakte von 1619. In: Politik und Konfession. Festschrift für Konrad Repgen zum 60. Geburtstag, Berlin 1983, S. 92–98.

sodann alle maßgebenden Ständevertreter ein mehr oder weniger konzentrisches Vorgehen ihrer Truppen gegen Wien, während Ferdinand II. zum Besuch seines todkranken Sohnes in Graz eingetroffen war und sich danach nach Wien aufmachte. Er konnte von Bethlens Reiterei im Raum Schottwien nicht mehr umzingelt werden und erreichte die Residenz.

Das protestantische Heer, das sich nun bei Wien traf, war etwa 70.000 Mann stark und wollte Wien, wo Erzherzog Leopold, Stadion und Bucquoy etwa 20.000 Mann zur Verfügung standen, blockieren. In der Stadt war die Stimmung aufgeheizt. Erzherzog Leopold hatte vorsichtshalber den Wiener Bürgern die Ablieferung aller Waffen befohlen. Unter den Soldaten, vor allem den Wallonen, kam es zu Plünderungen in Wiener Häusern. Nach zeitgenössischen Angaben befanden sich etwa 75.000 Menschen in der Stadt, darunter auch viele Verwundete. Zur Getreideverarbeitung wurde in der ehemaligen Landschaftsschule am Minoritenplatz eine Bäckerei eingerichtet. Die Kanonen wurden auf die Bastionen gebracht. Sowohl Bucquoys Soldaten als auch die leichten Truppen der Gegner zündeten die Vorstädte an. Doch wieder hatten die Belagerer keine Artillerie mit sich geführt. Ein ihnen zugespieltes „Gutachten“ eines Protestanten schlug vor, sich mit Hilfe von Booten des Oberen Werds zu bemächtigen und von dort aus handstreichartig gegen das Rotenturmtor, von der Roßau gleichzeitig gegen das Schottentor vorzugehen.[64]

Aber Wien wurde nur von der Landseite her umschlossen. Vor allem aber: Nach wenigen Tagen erhielt Bethlen die drohende Kunde von einem Angriff gegen seine Herrschaft im fernen östlichen Oberungarn. Dieser war von dem ungarischen Edelmann Drugeth de Hommonay mit Hilfe des polnischen

64 Hans v. Zwiedineck-Südenhorst, Venetianische Gesandtschafts-Berichte über die böhmische Rebellion (1618–1620) mit besonderer Rücksicht auf die Stellung der deutschen Länder zu derselben, Graz 1880, S. 39.

Königs, der auf seinem Gebiet werben ließ, gestartet worden. Hommonay war schon 1611 der Rivale Bethlens um den Fürstenthron gewesen. Dieser katholische Gegenspieler Bethlens und, wie der Polenkönig Sigismund, Angehöriger der *milice chrétienne*, eines (nur kurzlebigen) Ritterordens mit der Verpflichtung des Einsatzes für den Katholizismus, war mit einigen tausend in Polen geworbenen Truppen nach Oberungarn eingefallen. Er wurde dabei vom Fürsten der Walachei unterstützt. Bethlen sah sich daher zum Rückzug gezwungen. Die Verbündeten trennten sich und sollten später nie mehr gemeinsam vor Wien zusammenkommen. Bethlen ließ sich noch zu Beginn des Jahres 1620 in Preßburg zum „Fürsten von Ungarn" wählen. Beim nächsten Reichstag in Neusohl im August 1620 wurde er von seinen Sympathisanten gar zum König gewählt – natürlich immer ohne Widerspruch der Osmanen. Zur Krönung kam es allerdings nicht.

Im Jahr 1620 setzte sich der Krieg fort. Die Kaiserlichen, die sich zunächst nach Krems zurückgezogen hatten, warteten im Frühjahr und Sommer nicht vergeblich auf Verstärkungen aus halb Europa. Die Protestanten erhielten nur aus den Niederlanden namhafte Unterstützungen, nicht aus England und auch nicht von der Union, die sich für neutral erklärt hatte.

Eine Gesandtschaft der protestantischen Stände zum Goldenen Horn soll dem Sultan eine Schutzherrschaft ähnlich der für Siebenbürgen bis zur Elbe (Böhmen) und bis einschließlich Niederösterreichs angeboten haben.[65] Sie blieb jedoch ohne

65 Reinhard Rudolf Heinisch, Habsburg, die Pforte und der Böhmische Aufstand (1618–1620). In: Südostforschungen 33, 1974, S. 125–165, u. 34, 1975, S. 79–124. Sturmberger und Heinisch meinen: „An wirklich allianzfähigen Partnern war niemand mehr übriggeblieben als Gábor Bethlen, der die kaiserlichen Kräfte band und dadurch als einziger beitrug, daß sich das junge Königtum Friedrichs gegen Ende des Jahres 1619 überhaupt halten konnte." So kann man es natürlich auch sehen (P. B.).

weitere Folgen. Als die Ligatruppen in Oberösterreich und dann in Böhmen einrückten und sich mit den verstärkten Kaiserlichen vereinigten, stand eine Entscheidung in Böhmen bevor. Bethlen wollte wohl diese Situation ausnützen, als er die neuerlich von Truppen entblößte Grenze nach Niederösterreich forcieren ließ. Dazu hatte er sich wie auch die verschiedenen aufständischen Fraktionen der protestantischen Stände der wohlwollenden Haltung der Osmanen zu versichern bemüht. Bethlen versuchte die osmanischen Grenzkommandanten zu Einfällen in die Steiermark mit Erlaubnis der Pforte zu verlocken und erhoffte sich zumindest Beute für seine Leute in Niederösterreich. Darunter sollte diesmal, im Sommer 1620 und wieder 1621, das nördliche Weinviertel, speziell die Gegend um Zistersdorf, zu leiden haben.

Gábor Bethlen 1580–1629, Fürst von Siebenbürgen

Bethlen hatte auch seinen Verbündeten nach Böhmen Verstärkungen schicken lassen. Seine Reiter kamen dort zur Entscheidungsschlacht jedoch zu spät. Sie und auch die Truppen, die neuerlich nach Niederösterreich vorpreschten, stießen hier und in Mähren auf Pulks von Polen und Kosaken, die zur Unterstützung des Kaisers von Krakau bis zur Donau unterwegs waren, aber dabei eine Spur der Verwüstung in Mähren und auch im Weinviertel gezogen hatten. Diese als leichte Reiterei tapfer kämpfenden Streifscharen[66] waren von einem Bruder Kai-

66 Georg Gajecka, Alexander Barau, The Cossacks in the Thirty Years War. Bd. 1: 1619–1624 (Analecta OSBM, Series II/Sectio I, 24), Roma 1969, S. 37 ff.

ser Ferdinands, Erzherzog Karl, Bischof von Breslau, mit Unterstützung des Polenkönigs angeworben worden. Die endgültige Entscheidung zugunsten der katholischen Partei fiel jedoch in Böhmen am 8. November in der Schlacht am Weißen Berg.

Bethlen suchte nun seine Schäfchen ins trockene zu bringen und schloß zunächst einen Waffenstillstand. Er hatte immerhin bereits Preßburg wiedererobert. Die Landesdefension Niederösterreichs mußte gegen die bis Greifenstein Streifenden und Brennenden in Aktion treten, und die Stände, natürlich auch die Wiener, setzten dagegen sogar ein Regiment der geschlagenen niederösterreichischen Protestanten ein. Dann kamen Verstärkungen von der kaiserlichen Armee. Inzwischen war ein Versuch Bethlens, Hainburg handstreichartig zu nehmen, gescheitert. Drei von den Niederösterreichern geworbene Fähnlein Infanterie konnten die dortige Besatzung und die Hainburger Bürger erfolgreich unterstützen.[67]

Im Frühjahr 1621 war die kaiserliche Armee, wenn auch wallonische und italienische Regimenter aus Geldmangel wieder abgedankt wurden, voll verfügbar. Wenn sich auch in einigen Festungen Nordböhmens und Schlesiens Parteigänger oder auch Mitglieder der Protestantenfraktion hielten oder nicht gleich kapitulierten, andere nach dem Westen abmarschiert waren, so blieb doch zunächst ein Hauptgegner übrig: Gábor Bethlen. Frankreich und England wollten einen Frieden vermitteln, der ihm mehr oder weniger wieder alle Freiheiten und Gebietsansprüche verschafft hätte. Doch auch die ungarischen Katholiken sahen dazu keinen Anlaß. Die Verhandlungen in Hainburg, die zum Frieden führen hätten sollen, wurden ergebnislos abgebrochen. Bucquoy nahm Preßburg, fiel aber dann bei der Belagerung Neuhäusels im Juli 1621. Die Kaiserlichen hatten sich doch zu weit vorgewagt und

67 Wrede, Geschichte der k. u. k. Wehrmacht 2, S. 550 ff.

mußten auf die Große Schüttinsel zurück. Dies motivierte Bethlen erneut zu einer Offensive. Er sandte seine Scharen diesmal nach Mähren und Steiermark. In der Folge drängten die katholischen ungarischen Stände ihn doch zum Friedensvertrag von Nikolsburg, der am 31. Dezember 1621 abgeschlossen wurde. Er zementierte den Status quo.

Der große Krieg und Wien 1621 bis 1644 – Die Angriffe Gábor Bethlens und seiner Verbündeten

Ein allgemeiner Frieden war jedoch keineswegs in Sicht: Der Bayernherzog wollte seine Entschädigungen für die Hilfe, nämlich die Oberpfalz und die Kurwürde, der große Krieg zwischen Spanien und den Niederlanden setzte wieder ein. In der Pfalz und in Mitteldeutschland standen sich protestantische und katholische Truppen gegenüber, und erstere wollten den vom Friedensschluß eher enttäuschten Bethlen neuerlich an ihre Seite ziehen. Erst im Oktober 1622 kapitulierten die letzten Besatzungen in den böhmischen Ländern. Die wieder kleiner gewordene kaiserliche Armee kämpfte zum Großteil weit im Westen an der Seite der Liga. In dieser Situation setzte Bethlen mit bedeutender Hilfe türkischer Grenzkommandanten zum erneuten Feldzug nach Westen an. Die Emigranten aus Böhmen, Thurn an der Spitze, hatten sich in Istanbul besonders dafür eingesetzt, daß er von den Fürsten der Moldau und der Walachei sowie den Beglerbegs an der Grenze, aber auch von den angesiedelten Haiducken an der Theiß, zudem auch vom Pascha von Bosnien, unterstützt werde. Dieser sollte sich gegen Graz wenden, der Pascha von Ofen bei einem Angriff auf Wien Unterstützung leisten. Der Kaiser suchte ein Korps unter General Collalto zurückzuholen, von den niederösterreichischen Ständen ein Darlehen für Werbungen zu erhalten und die Landesdefension zu aktivieren. Doch Bethlen, der diesmal alle Hauptfestungen nördlich der Donau wie Komorn, Neuhäusel und Tyrnau nur zernierte und weiterreiten ließ, war schneller.[68]

Werbungen von Kosaken in Polen waren allerdings bereits im Gange. Trotzdem streiften in der vorletzten Oktoberwoche 1623 die Truppen Bethlens, wenn schon nicht vor Graz und Wien, so doch in Südmähren und im Weinviertel. Sie hatten bei Göding (Hodonin) das Lager der gesamten in Österreich verfügbaren Infanterie wochenlang blockiert, so daß diese aus Hunger der Kapitulation nahe war. In dieser kritischen Lage meuterten jedoch Türken, Tataren, Ungarn und Siebenbürger angesichts der schlechten Witterung und der geringer werdenden Beute. Es gab auch Gerüchte vom Herannahen eines kaiserlichen Heeres sowie von 6.000 Kosaken aus Polen; so erklärte sich Bethlen zum Waffenstillstand und dann zum Friedensschluß bereit. Im Frieden von Wien (8. Mai 1624) wurde praktisch der Nikolsburger Friede erneuert. Für die Kaiserlichen bestand nun das Problem, die das Land verheerenden Kosaken wieder loszuwerden. Die Anführer der Reiterei aus Polen, die vom Waffenstillstand von November 1623 bis etwa Juli 1624 in Wien „unterhalten" werden mußten, waren unter anderen bei einem Wirt vor dem Neutor und vier anderen Wirten von April bis Juli 1624 untergebracht gewesen und weigerten sich schließlich, ihre Zeche zu bezahlen.[69]

Von den Westmächten erhielt Gábor Bethlen neue verlockende finanzielle Angebote und Versprechungen, er werde auch durch die Söldnerführer Ernst von Mansfeld, Johann Ernst von Sachsen-Weimar und Christian I. von Halberstadt und deren Truppen sowie von Dänemark unterstützt werden. Gábor gab

68 Peter Broucek, Der Feldzug Bethlen Gábors gegen Österreich 1623. In: JBLKNÖ 59, 1993, S. 7–26.

69 Siehe die Aktenlage im WStLA, HA-A 10, 1624.

großsprecherische Zusagen, etwa die, er werde die Wiener Donaubrücken angreifen und westlich von Wien den Donauverkehr unterbrechen. Neuerlich kam eine protestantische Koalition im Bündnis von Westminster 1625 zustande. In Vorbereitung eines neuerlichen Feldzuges ruhte Bethlen nicht eher, bis der Diwan an die osmanischen Grenzkommandanten Weisungen zur Unterstützung des militärischen Vorgehens seines Vasallen gab. Diesmal hatte der Kaiser aber besser vorgesorgt. Die Erfahrungen des letzten Einfalls bedenkend, beauftragte er den böhmischen und mährischen Landstand und Kriegsunternehmer Albrecht Eusebius Wallenstein, den späteren Herzog von Friedland, mit der Werbung eines Heeres, das im Lauf der nächsten Jahre etwa 100.000 Mann, eine ungeheure Zahl, erreichen sollte. Diesem bedeutenden Feldherrn gelang es im Verein mit Truppen der katholischen Liga, die protestantischen Söldnerführer und auch den Dänenkönig getrennt zu schlagen und Mansfeld wie Sachsen-Weimar nach Mähren, dann nach Oberungarn zu verfolgen. Mansfeld und Sachsen-Weimar flüchteten, wenn auch immer noch einigermaßen kampfkräftig, zu Bethlen. Hin- und Hermärsche fanden zwischen den Flüssen Waag und Gran statt, während türkische Verbände, wenn auch vergeblich, die wichtige Festung Neograd (Nógrad) belagerten. Bethlen sah sich allerdings gezwungen, als sich Wallenstein nicht in unwirtliche Gegenden locken ließ, erschöpft im Dezember 1626 Frieden zu schließen. Die Türken folgten mit dem „Frieden" von Szöny im September 1627, der – diesmal auf 25 Jahre – den Frieden von Zsita-Torok verlängerte.[70]

In Wien hatte man, wie so oft in den vorangegangenen Jahren, um die Sicherheit der Stadt gebangt und eine neue Defensionsordnung für Niederösterreich erlassen sowie im August

70 Karl Teply, Die kaiserliche Großbotschaft an Sultan Murad IV., Wien o. J. [1967].

1626 über alle möglichen Sofortmaßnahmen nachgedacht. Neben der Stellung wenigstens des 30. Mannes wurde auf das Anlegen von Schanzen, die Bevorratung mit Munition und Verpflegung gedrängt. Die wichtigste Maßnahme für den Vierten Stand war jedoch die Bestimmung in der Defensionsordnung, zwei Fähnlein (also 1.000 Mann) anstatt des 30. Mannes zu unterhalten.[71] Die anderen drei Stände sollten vier Fähnlein unterhalten. Damit wäre also die Aufbietung des 30. Mannes zugunsten der Aufstellung eines „Landregimentes“ auch sozusagen offiziell gefallen. Ansonsten wurde angesichts des Bauernaufstandes in Oberösterreich Munition von Wien nach Melk geschafft[72] und jede *schädliche Korrespondenz* nach Oberösterreich verboten.[73]

Nach 1626 trat für Wien und das Land nun für etwa eineinhalb Jahrzehnte eine etwas ruhigere Periode des großen Krieges ein: „Ruhiger“ natürlich nur, was die Kampfhandlungen und die Schwäche der Osmanen betrifft. An Werbungen Wallensteins, besonders im Waldviertel, an Durchzügen und Überwinterungen kaiserlicher Regimenter – es wurde ja auch in Italien gekämpft – fehlte es nicht. Sondersteuern, Vermögensabgaben in verschiedenster Form und das Stellen von Pferden nahmen kein Ende.

Aus den vorangegangenen Kriegsjahren ergab sich die Notwendigkeit, die Verteidigungskraft der Stadt zu erhöhen. Bereits seit 1624 ist nachweisbar, daß an eine Verbesserung der Befestigungen, wohl in „neuitalienischer Manier“, herangegangen werden sollte. In diesem Jahr wurden 37 Häuser verzeichnet, die unter anderem vor dem Burgtor *zur erpauung der*

71 Die ganze Aktenlage bei AFA 1626/8/2 bzw. 1626/8/3 bzw. 1626/8/4. Siehe auch: NÖLA, Ständische Kriegsakten E VIII/1, Karton 89, Verordnung v. 7. Oktober 1625.

72 WStLA, HA-A 13/1626: Kaiserliche Verordnung vom 5. Juli 1626.

73 NÖLA, Kaiserl. Patente, Kart. 9, Patent v. 3. Juni 1626.

pastei gebraucht werden sollten.[74] Abbrändler vor dem Kärntnertor sollten 1626 am Wiederaufbau ihrer Häuser gehindert werden.[75] Es ist nicht bekannt, wann in der nun folgenden Bauperiode ab 1627 bis etwa 1637 der sogenannte „gedeckte Gang" an der Außenseite des Grabens errichtet und vor allem die Ravelins – Bastionen im Graben – erbaut wurden. Vielleicht wurde schon 1625 das Schottenravelin fertiggestellt und eine Ravelinbrücke erbaut. Besonders wichtig war aber, daß die Burgbastion und die Löblbastion „stark verbessert" wurden.[76]

Weiters erfolgte in diesen Jahren die dauerhafte Donaubrückenbefestigung, die Armierung der Wolfsbrücke, der kleinen Brücke und der langen Brücke durch Verstärkung der Schanzen. 1632 wurde ein Patent von 1620 wiederholt, Häuser und Gärten im Stadtgraben aus Sicherheitsgründen abzubrechen, damit sie dem Gegner nicht als Blockhäuser bzw. zur Verschanzung dienen konnten. Aus 1639 stammt eine Reihe von Gutachten, wie das Material für die Befestigungen gewonnen und die Finanzierung bewerkstelligt werden könnte. Nach den Gutachten sollte die „Judenschaft" für die Finanzierung herangezogen und die Ziegelofen des Bistums für die Materialerzeugung genutzt werden.[77] 1639 wurde eine Sondersteuer auf jeden verkauften Eimer Wein verfügt.[78]

Damals befürchtete man nicht zu Unrecht einen kombinierten Angriff von Schweden und Türken auf den Mittelpunkt

---

74 WStLA, HA-A 43/1624, Akt sine dato.

75 WStLA, HA-A 10/1626.

76 L. Eberle, Wien als Festung. Sonderdruck, S. 25 ff. Die Forschungen Eberles scheinen darauf hinzudeuten, daß nicht erst in den sechziger Jahren des Jahrhunderts jene Stellen der Befestigungen besonders verstärkt wurden, an denen 1683 die Hauptangriffe der Osmanen erfolgten.

77 Aktenlage bei AFA 1639/9/35, alle September 1639.

78 WStLA, Patente, Patent 376 v. 15. Oktober 1639.

Österreichs.[79] Durch den immer besonders gepflegten Nachrichtendienst wird man erfahren haben, daß der gewählte Nachfolger Bethlens, Fürst György Rákóczy, sofort nach seinem Amtsantritt mit Schweden und Franzosen Beziehungen aufgenommen hatte. Zunächst hatte er allerdings auch 1631 mit dem Kaiser den Frieden von Kaschau geschlossen.[80]

Die Schwedeninvasion 1630, die Landung Gustav Adolfs in Norddeutschland und sein Bündnis mit Frankreich unter Kardinal Richelieu läuteten die nächste (letzte) Phase des Krieges ein. Der entlassene Wallenstein mußte zurückgeholt und mit besonderen Vollmachten ausgestattet werden. Sachsen wechselte die Seiten, und auch die böhmischen Emigranten erhoben sich wieder. Sie hatten vom grollenden und schwankenden Friedländer, bzw. zumindest aus dessen Umgebung noch vor seiner Wiederberufung zum Capo eines neuerlichen kaiserlichen Heeres, den Vorschlag erhalten, daß man bis an die Donau vor Wien gemeinsam vorrücken sollte, dann beim ersten Frost nach Steiermark, Kärnten und Krain marschieren könnte.[81] Wallenstein drängte den Schwederkönig zwar zurück, unterhielt aber diplomatische Kontakte zu den Schweden, Sachsen und zu böhmischen Emigranten. Als sich die Anzeichen mehrten, daß er tatsächlich die Armee auf sich verpflichten könnte, wurde der böhmische Aristokrat und Reichsstand nach einem – legalen – Geheimprozeß mit der Reichsacht belegt und am 18. Februar 1634 ein kaiserliches Proskriptionspatent gegen ihn erlassen. In dieser angespannten Situation wurden die niederösterreichischen Stände von

79 AFA 1639/9/129: Ferdinand III. an seinen Bruder Erzherzog Leopold Wilhelm über Maßnahmen in Oberungarn und Zusammenarbeit mit Kardinal Pázmány.

80 A. Huber, Geschichte Österreichs. Bd. 5, Gotha 1896, S. 549.

81 Hans v. Zwiedineck-Südenhorst, Neue Ergebnisse der Wallenstein-Forschung. In: ders., Geschichte und Geschichten neuerer Zeit, Bamberg 1894, S. 65–101, hier S. 71.

der Möglichkeit einer eventuell notwendigen Landesdefension verständigt, die durch die Exekutierung des kaiserlichen Befehls am Friedländer am 25. Februar 1634 obsolet wurde.[82]

In den Jahren nach diesem Ereignis waren die kaiserlichen und spanischen Armeen relativ erfolgreich, aber es gelang ihnen nicht, die Schweden vom deutschen Kriegsschauplatz zu vertreiben, und das Bündnis Frankreich-Niederlande-Schweden erwies sich ab 1638, dem Jahr des Falls von Breisach und dem Vordringen der Franzosen über den Rhein, als immer stärker. 1639 brach in Wien eine Panik aus, als der schwedische Feldherr Banér nach Böhmen vordringen konnte und Prag beschoß. Nun nahmen die Werbungen, Winterquartiere, Pferderequirierungen und die Einhebung von Sondersteuern zu.

Die Schwedeneinfälle und die Gefahr für Wien 1645

Als Brandenburg als erster großer armierter Stand 1641 einen Waffenstillstand schloß, ermöglichte das den Schweden nunmehr das Eindringen nach Schlesien, Böhmen und Mähren. Schon in diesem Jahr, als der besonders agile Lennart Torstensson das Kommando der Schweden übernommen hatte, streiften sie bis zur Wiener Donaubrücke.[83] Im Jahr 1643, in dem die Schweden Olmütz (Olomouc) erobert hatten und aus dem Land lebten, schloß der Siebenbürger Fürst Rákóczy mit Schweden

82 Ilja Mieck, Wallenstein 1634. Mord oder Hinrichtung? In: Alexander Demandt (Hg.), Das Attentat in der Geschichte, Köln – Weimar – Wien 1996, S. 143–164; Christoph Kampmann, Reichsrebellion und kaiserliche Acht. Politische Strafjustiz im Dreißigjährigen Krieg und das Verfahren gegen Wallenstein 1634 (Schriftenreihe der Vereinigung zur Erforschung der neueren Geschichte 21), Münster 1993, S. 149 ff. Die letzte Biographie ist: Josef Polišenský, Josef Kollmann, Wallenstein. Feldherr des Dreißigjährigen Krieges, Köln – Weimar – Wien 1997.

83 Gutkas, Geschichte Niederösterreichs, S. 63.

und Frankreich den Weißenburger Vertrag. Dieser sah eine militärische Kooperation der Vertragspartner vor. Rákóczy brach allerdings im Februar 1644 zur Unzeit los – wenn er auch viele Bergstädte in Oberungarn einnehmen konnte –, denn eine kaiserliche Armee und der Krieg Dänemarks gegen Schweden beschäftigte die schwedische Armee an der Ostsee. So erreichte Rákóczy nicht einmal den Übergang über die Waag.

1645 verschärfte sich jedoch die militärische Lage für die Kaiserlichen. Lennart Torstenssons Reiterheer zersprengte ein kaiserliches Heer bei Jankau (Jankov). Er hob mit wenigen Truppen die Belagerung von Olmütz auf und unternahm die lange gewünschte Invasion nach Niederösterreich zur Donau mit etwa 16.000 Mann.[84] Fast kampflos fielen ihm Stein und Krems in die Hände sowie die Donauinsel vor jener Stadt.[85] Er versuchte mit finnischen Pionieren dort und zuvor bei Dürnstein die Donau zu überschiffen. Dies gelang aber nur einigen Spähtrupps, denn trotz allem Unglück war es den Ständen unter der Leitung der Gemahlin Ferdinands III., dann diesem selbst sowie vor allem seinem Bruder Leopold Wilhelm, Bischof von Halberstadt, Nachfolger Stadions als Hoch- und Deutschmeister, Bischof von Passau, gelungen, die Landesdefension zu organisieren. Insbesondere Erzherzog Leopold Wilhelm hegte den Plan eines allgemeinen Aufgebots aller noch verfügbaren habsburgischen Länder.[86] Die Schweden nahmen als letzte Stadt vor dem Wiener Raum am 5. April

84 Peter Broucek, Der Schwedenfeldzug nach Niederösterreich 1645/46 (Militärhistorische Schriftenreihe 7), Wien 1967; ders., Der Feldzug des Schwedischen Heeres und seiner Verbündeten nach Niederösterreich im Jahre 1645. In: Muzeum Okresu Benesov (Hg.), LX 350. Vyroci Bitvy u Jankova 1645–1995 (350th Anniversary of the Battle of Jankov), Benesov 1995, S. 155–177.

85 Peter Broucek, Kämpfe um Krems und Stein 1645/46. In: Mitteilungen des Kremser Stadtarchivs 11, 1971, S. 13–54.

86 Broucek, Leopold Wilhelm, S. 23 ff.

1645 nördlich der Donau Korneuburg, wo auch ein Teil der Wiener Stadtguardia sich ihnen in den Weg stellen wollte.[87] In weiterer Folge gelang ihnen noch die Einnahme des nördlichen Wiener Brückenkopfes am 9. April. Gemeinsam wollten sie mit Rákóczy bei Preßburg die Donau überschreiten und dann Wien angreifen.[88] Aber dieser kam nicht.

Der Kaiser erließ für das südliche Niederösterreich Patente zur Sammlung des Aufgebots an den Donauübergängen. Die Donaubrücken waren verbrannt worden. Der Kaiser trat an alle Landtage seiner Länder in Innerösterreich mit der Aufforderung zur Hilfe heran. Schon am 16. März war ein Patent an die Wiener ergangen, binnen vierzehn Tagen müsse von jedem Haus ein Mann mit Muskete oder Pike der Stadtguardia beigestellt werden. Eine Besatzung nach Krems konnte nicht mehr, wie geplant, abgehen. Als die Schweden nahten, flüchteten jene Bürger, die es sich leisten konnten, nach Graz und noch weiter nach Süden. In dieser bedrängten Situation wurde die Transferierung von Gold, Silber und Bargeld verboten. Waffen wurden aus dem Bürgerlichen Zeughaus geholt, Werbungen in Innerösterreich in Gang gesetzt, der Wienerwald unpassierbar gemacht.

Im April sollen in Wien 5.500 Bürger, Handwerker und Studenten unter Waffen gewesen sein, unterstützt von etwa 1.500 Musketieren, also Soldaten der Stadtguardia. Die Sechzehn- bis Sechzigjährigen durften die Stadt nicht mehr verlassen. Wohl im April, als es den Anschein hatte, Torstensson wolle von der nördlichen Brückenschanze aus Wien mit Feldgeschützen zu beschießen versuchen, erboten sich eine Anzahl Bürger freiwillig, bei dem *beriembten kaiserlichen pixenmaister und feuer-*

87 Peter Broucek, Zu den Kämpfen um Korneuburg 1645/46. In: UH 44, 1973, S. 183–190.

88 Peter Broucek, Die Bedrohung Wiens durch die Schweden im Jahre 1645. In: JBVGStW 26, 1970, S. 120–165.

werker Johann Gerst auf Kosten der Stadt Unterricht zu nehmen.

Als Rákóczy, der mit dem Kaiser bereits im April verhandeln ließ, ausblieb, wandte sich Torstensson der Burgen und Städte in seinem Rücken, im Weinviertel, zu, dann sogar dem wohlbefestigten Brünn. Eine Eroberung Brünns scheiterte jedoch am zähen Widerstand der Bürger und Soldaten unter dem Obristen Louis Raduit de Souches.[89] Die Gefahr für Wien war jedoch noch nicht völlig gebannt. Nochmals neigte sich Rákóczy den Schweden zu und verheerte Südmähren sowie Niederösterreich. Die kaiserlichen Soldaten in Wien und Niederösterreich nützten jedoch die Gelegenheit und eroberten sowohl die Brückenschanze als auch die Kremser Donauinsel im Mai zurück. Damit war der Verkehr nach Wien auf der Donau wieder möglich.

Dann kam Hilfe für die Kaiserlichen von einer Seite, von der man sie nicht erwarten konnte. Der kaiserliche Gesandte in Konstantinopel, Hermann Graf Czernin, war im Juni 1645 mit einem Vertreter des Sultans zurückgekehrt, der den Auftrag hatte, Rákóczy zum Abschluß eines Waffenstillstandes zu nötigen. Das Engagement der Pforte in der Ägäis durch die Belagerung von Candia, die eben begonnen hatte, bewog die Osmanen, neben dem persischen Kriegsschauplatz und Kreta keine dritte „Front“ zu eröffnen.[90] So war Georg Rákóczy gezwungen, im September 1645 in Linz einen billigen Frieden abzuschließen. Torstensson erschien im September 1645 nochmals vor der Wiener Brückenschanze, aber wohl nur noch, um Besatzungen nach Krems und Korneuburg sowie in einige Burgen, vornehmlich des Weinviertels, zu legen. In Niederöster-

89 Siehe den Sammelband Jan Skutil (Hg.), Morava a Brno na Sklonku Třicetileté Války, Praha – Brno 1995. Darin: Peter Broucek, Biographie des Louis Raduit de Souches, S. 62–69.

90 Ekkehard Eickhoff, Venedig, Wien und die Osmanen. Umbruch in Südosteuropa 1645–1700, München 1970, S. 30 f.

reich erinnern noch einige wenige Schanzen und sogenannte „Schwedenkreuze“ an jene Zeit.[91] Das wichtigste heute noch erhaltene Kunstwerk ist die Maria-hilf-Säule, die Kaiser Ferdinand III. in Wien Am Hof aufstellen ließ. Sie wurde später nach Wernstein am Inn übertragen, wo sie heute noch zu sehen ist.

Politisch-militärisch war das Jahr 1645 für Ferdinand III. ein Signal, sich von Spanien zu trennen und Frieden zu schließen, sollten die Schweden nicht nach und nach das Gebiet bis zur Donau dauernd unter ihre Kontrolle bringen. Der Kaiser gab tatsächlich seinem Chefunterhändler in Westfalen und Obersthofmeister Maximilian Graf Trauttmansdorff die Vollmacht, in jener Hinsicht die notwendig gewordenen Konzessionen zu machen. Das bedeutete die politische Trennung der beiden Linien des Hauses Österreich. Die Strategie der Jahre nach 1641, nach Beginn der Friedensverhandlungen, neigte auf beiden Seiten mehr und mehr dazu, die Armee als Garant der Souveränität zu *konservieren*. Die der schwedischen Invasoren war es, sie auch zu *contentieren*, das heißt, sie ebenso für den Erhalt der in Rivalität zu Dänemark, Polen und Moskau gewonnenen Vorherrschaft bereitzuhalten. Immer schneller wechselten Offensive und Gegenoffensive in Westfalen, Hessen, Süddeutschland und den böhmischen Ländern in der Sorge, die bereits ausgehandelten Friedensbedingungen könnten durch eine Umkehrung des Status quo noch wesentlich geändert werden.[92]

---

91 Erwin Rabl, Erinnerungen an die „Schwedenzeit“. Schwedengassen, Schwedenkreuze und Schwedensagen (eine Auswahl). In: Der Schwed' ist im Land. Das Ende des 30jährigen Krieges in Niederösterreich. Katalog der Ausstellung der Stadt Horn im Höbarthmuseum 22. Juni bis 2. November 1995, Horn 1995, S. 145–166.

92 Ernst Höfer, Das Ende des Dreißigjährigen Krieges. Strategie und Kriegsbild, Köln – Weimar – Wien 1997. Dort die Kapitel: Kriegsziele, S. 1 ff.; Der Stand auf dem Westfälischen Friedenskongreß 1647, S. 33 ff.; Die Feldherren Holzappel, Wrangel und Turenne, S. 44 ff. Peter Reichs-

1646 konnten die schwedischen Besatzungen – die von Korneuburg erst nach langwieriger Belagerung – zum Abzug gezwungen oder deren Stellungen erobert werden. Auch die Burgen wurden von den Schweden verlassen oder übergeben. Die Kriegslage aber wurde für die Kaiserlichen nicht günstiger. 1647 machten schwedische Trupps von Olmütz aus neuerlich den Versuch, als Vorboten einer neuen Invasion Donauübergänge bei Orth zu erkunden. Franzosen und Schweden rückten auch vom Westen vor. Im Sommer 1648 strebten sie dem Inn zu. In einer letzten Gegenoffensive trieben sie Kaiserliche und Bayern nach Schwaben zurück. Fast waren die Verhandlungen in Münster und Osnabrück schon beendet, da kam es zum letzten Coup der Schweden. Dem schwedischen General Graf Königsmark gelang es mit der Hilfe eines ehemaligen kaiserlichen Offiziers am 26. Juli 1648, die Prager Befestigungen nahe dem Hradschin zu überwinden und auch die Prager Kleinseite zu erobern. Eine Überquerung der Moldau und ein Eindringen in die Altstadt gelang nicht. Unter Leitung des Stadtkommandanten, des Johanniters Rudolf Graf Colloredo, verteidigten sich Bürger, Studenten und Besatzung hartnäckig. Die Kunde vom Abschluß des Friedens am 24. Oktober zwang die Schweden, diese Belagerung aufzuheben. Noch bis 1650 lagen jedoch schwedische Besatzungen in Mähren und Schlesien, die die Länder schwer belasteten.

Die Ereignisse von 1645 hatten in Wien zu einer weiteren Intensivierung der Verteidigungsanstrengungen geführt. In der Stadt wurde 1646 eine Rumorwache gegründet. Sie bestand aus zwölf Mann unter einem Rumormeister und sollte die

---

graf von Holzappel, ein reichstreuer Calviner, war der kaiserliche Oberkommandant 1647/48. Nach seinem Tod in der letzten bedeutenden Schlacht bei Zusmarshausen nahe Augsburg war die Zeit für Generalleutnant Octavio Graf Piccolomini (später Reichsfürst) gekommen, die letzten Anstrengungen zur Verteidigung Österreichs zu unternehmen.

öffentliche Sicherheit verbessern. Auch die Befestigungen wurden hastig verstärkt.

Zusammenfassung

Wien war ab dem 16. Jahrhundert die wichtigste Residenz der Kaiser, Könige und Landesfürsten aus dem Hause Österreich. Zur permanenten militärischen Bedrohung durch das Osmanische Reich trat um die Wende zum 17. Jahrhundert eine radikalisierte ständische Opposition, die sich teilweise auf die Theorie der Tyrannentöter berief.[93] Infolge des Ausbaus der Zentralverwaltung im Zeichen des Frühabsolutismus war die Residenz als Verwaltungszentrum von Verbindungen und Befehlssträngen abhängig, die nicht unterbrochen oder unterdrückt werden durften, sollte die Regierung funktionieren. Dieser Gewährleistung der Sicherheit dienten Befestigungs- und Defensionswesen, Garnisonen, Wachen und Garden, aber auch Ordensgemeinschaften. Die Zeit des Dreißigjährigen Krieges war eine Phase in der Geschichte, in der sich militärische Bedrohungen aus dem Osten, Norden und Westen gemeinsam mit innenpolitischen Auseinandersetzungen potentierten und miteinander verbündet auftreten konnten. Die laufende Modernisierung der Befestigungsanlagen seit der überstandenen ersten Türkenbelagerung erwies sich im 17. Jahrhundert als letztlich ausreichend, um diese Bedrohungen mit vielerlei Hilfe zu überwinden: 1598, 1619, 1645 und 1683.

---

93 Reiner Hansen, König Heinrich IV. von Frankreich 1610. Der Fürstenmord im Konfessionellen Zeitalter. In: Alexander Demandt, Das Attentat in der Geschichte, Köln – Weimar – Wien 1996, S. 123–141.

Harald Tersch

Freudenfest und Kurzweil. Wien in Reisetagebüchern der Kriegszeit (ca. 1620–1650)

Wien als Reiseziel des 17. Jahrhunderts

Anfang 1645 reist der Wiener Anwalt Matthias Abele nach Krems, um dort die Stelle des Stadtschreibers anzutreten. Der drohende Einfall der Schweden legt jedoch die Stadtobrigkeit lahm, so daß der Dienstbeginn auf unbestimmte Zeit verschoben wird. Flüchtende kaiserliche Soldaten überschwemmen Krems, die Gasthäuser riechen überall nach Tabak, dessen glühende Asche auf die Strohbetten der Gäste zu fallen droht. Der Wiener Anwalt wird von zwei Zimmergenossen bis zum Erbrechen zum Trinken gezwungen, er versucht nach Mautern auszuweichen. Die Brücken sind niedergerissen, die Fähren von Soldaten besetzt, doch der Flößer erbarmt sich seiner und nimmt ihn mit. Der Anwalt kann zu Fuß nach Tulln und dann per Schiff nach Wien entkommen, wo man sich bereits auf eine Belagerung vorbereitet, so daß er seine Frau zu den Eltern nach Steyr schickt: *Ich aber bliebe zu Wien/ und thäte neben anderen meines Gelüffters* [meines Schlages] *Spießgesellen/ weilen dazumal bey den Gerichtern und so offentlich eingerissnen Kriegsgeschrey weniges Feder- oder Maulgetümmel war/ die jenige durch den Wiener Wald auf Callessen reisende Personen/ gegen gebührlicher Belohnung mit Büchsen und Degen convoyren.*[1]

---

1 Matthias Abele, Künstliche Unordnung (= Vivat oder so genannte künstliche Unordnung). Bd. 3, Nürnberg 1671, S. 32–54. Eine äußerst freie und daher nur beschränkt benützbare Textwiedergabe bei Karl Friedrich

Dermaßen schildert der Sekretär der Innerberger Eisengewerkschaft und kaiserliche Hofhistoriograph Matthias Abele von und zu Lilienberg rückblickend in der Erzählsammlung „Vivat oder Künstliche Unordnung" (1669–73) den Beginn seiner Kriegserlebnisse.[2] Abele beansprucht Wahrheit für das Erzählte, auch wenn fast dieselben Motive und Szenen der soldatischen Gewalt und Trunkenheit in anderen zeitgenössischen Texten wiederkehren, etwa in Moscheroschs Traum vom „Soldaten-Leben".[3] Er braucht dem Leser nur einleitend das Stichwort „Jankau" zu geben, um die Atmosphäre der Angst und des Schreckens heraufzubeschwören. Noch deutlicher als Jacques Callot in seinem Bilderzyklus oder Grimmelshausen in seinen Romanen stellt Abele die Klage über die militärischen Übergriffe in den Dienst der fürstlich-absolutistischen Friedensordnung, die er anläßlich der Niederschlagung des ungarischen

Blöchlinger, Aus dem Leben des D. J. U. Matthias Abele von und zu Lilienfeld. In: Österreichische militärische Zeitschrift 6/3, 1865, S. 269–273. (Neben textlichen Veränderungen wurde hier v. a. eine Anekdote aus der Vorrede des dritten Bandes ungekennzeichnet in die Erzählung eingefügt.)

2 Zu Abele vgl. Kurt Vancsa, Abele von und zu Lilienberg, Matthias. In: Neue deutsche Biographie. Bd. 1, Berlin 1953, S. 14 f.; Walter Killy (Hg.), Deutsche biographische Enzyklopädie. Bd. 1, München – New Providence – London – Paris 1995, S. 7; ders. (Hg.), Literatur Lexikon. Autoren und Werke deutscher Sprache. Bd. 1, Gütersloh – München 1988, S. 30; Deutsches Literatur-Lexikon. Biograph.-bibliograph. Handbuch. Begr. v. Wilh. Kosch, Bd. 1, Bern – München [3]1968, Sp. 4 f.; Gerhard Dünnhaupt, Personalbibliographien zu den Drucken des Barock. Bd. 1 (Hiersemanns bibliographische Handbücher 9/1), Stuttgart [2]1990, S. 103–110.

3 Hanß Michael Moscherosch, Gesichte Philanders von Sittewald, hg. v. Felix Bobertag (Deutsche National-Litteratur 32), Berlin – Stuttgart o. J., z. B. S. 331. Abele war wie Moscherosch Mitglied der „Fruchtbringenden Gesellschaft" und kannte die Werke seiner Kollegen. Noch immer die weitaus gründlichste Arbeit zu den Quellen Abeles bei Matthias Halm, Volkstümliche Dichtung im siebzehnten Jahrhundert I: Matthias Abele (Forschungen zur neueren Literaturgeschichte 11), Weimar 1912, S. 36 ff.

Magnatenaufstandes 1671 feiert.[4] Die grausamen und undisziplinierten Soldaten sind in seinem Bericht nicht die kaiserlichen Soldaten schlechthin, sondern flüchtende Soldaten. Abeles Erinnerungen berichten gleichzeitig vom Einbruch des Krieges in das soziale Leben der Bevölkerung und in die eigene berufliche Laufbahn. Die Residenzstadt kann ihre Anwälte nicht mehr ernähren, doch gleichzeitig eröffnet sie ihnen in der florierenden „Reisebranche" neue finanzielle Möglichkeiten. Abele differenziert seine Kunden nicht. Obwohl Teile von Hofadel und Bürgern die Stadt zeitweise verließen, war Wien auch zur Zeit des Schwedeneinfalls ein Knotenpunkt für Reisende. Flüchtlinge aus den böhmischen Ländern, Kaufleute, Boten und Generäle frequentierten die Stadtausfahrten.[5] Politische bzw. militärische Gründe dominierten im Gefolge der kaiserlichen Machtkonzentration den frühen „Wien-Tourismus" im 17. Jahrhundert. Die Frühneuzeit-Forschung be-

4 Abele beteiligte sich nicht nur in der „Künstlichen Unordnung", sondern auch in Flugschriften an der kaiserlichen Propaganda. Sein jüngerer Bruder Christoph war eine wichtige politische Persönlichkeit im Tribunal gegen die Aufständischen. Vgl. Dieter Breuer, Matthias Abele und seine Erzählsammlungen. In: Herbert Zeman (Hg.), Die österreichische Literatur. Ihr Profil von den Anfängen im Mittelalter bis ins 18. Jahrhundert (1050–1750), Tl. 2, Graz 1986, S. 1135–1148, hier S. 1146–1148. Für Grimmelshausen und Callot betont v. a. die jüngere Forschung die Bedeutung des Absolutismus in der künstlerischen Aufarbeitung des Krieges. Vgl. Steffen Kaudelka, Grimmelshausens Kriegsdarstellung in seinen Romanen „Der abenteuerliche Simplizissimus Teutsch" und „Der seltzame Springinsfeld" – eine Quelle für Historiker? In: Sozialwissenschaftliche Informationen 19, 1990, S. 78–86, hier S. 86; Heide Ries, Jacques Callot. Les misères et les malheurs de la guerre, Tübingen 1981; Paulette Choné, Die Kriegsdarstellungen Jacques Callots: Realität als Theorie. In: Benigna von Krusenstjern, Hans Medick (Hgg.), Zwischen Alltag und Katastrophe. Der Dreißigjährige Krieg aus der Nähe (Veröffentlichungen des Max-Planck-Instituts für Geschichte 148), Göttingen 1999, S. 409–426.

5 Vgl. Peter Broucek, Die Bedrohung Wiens durch die Schweden im Jahre 1645. In: JBVGStW 26, 1970, S. 120–165.

tont die Notwendigkeit, zur Erfassung des Phänomens „Reisen" von einem möglichst breiten Mobilitätsbegriff auszugehen.[6] Abele erzählt über seine Wiener Anwaltszeit, daß er während einer Reise in Mautern durch Unbedachtsamkeit zum Regimentsschultheißen wurde und sich nur durch eine Schuldverschreibung von dieser Verpflichtung löste.[7] Der reisende Student konnte rasch zum Bettler, durch Anwerber jedoch auch mehr oder weniger ungewollt zum Soldaten werden.

Im vorliegenden Beitrag soll die Darstellung Wiens und seiner Bewohner in „Reisetagebüchern"[8] aus dem Dreißigjährigen Krieg näher betrachtet werden. Das Ziel ist hierbei keinesfalls, aus den Texten einen „Kriegsalltag" zu konstruieren.

---

6 Vgl. z. B. Holger Thomas Gräf, Ralf Pröve, Wege ins Ungewisse. Reisen in der Frühen Neuzeit 1500–1800, Frankfurt/M. 1997, oder den Sammelband von Hermann Bausinger, Klaus Beyrer, Gottfried Korff (Hgg.), Reisekultur. Von der Pilgerfahrt zum modernen Tourismus, München 1991.

7 Abele, Künstliche Unordnung, S. 42–45. Als mehr oder weniger unfreiwillig schildert auch Georg Ehrenreich Diernhofer (geb. 1625), später Rottmeister bei den kaiserlichen Hartschieren, den Beginn seiner militärischen Karriere. Er sei 1644 als Organistenlehrling von St. Stephan im Gefolge des Obersthofmeisters Franz Christoph Khevenhüller von Wien aus zum ungarischen Landtag nach Preßburg gezogen und dort *alß noch ein vnerfahrner Jüngling vnschuldig* für das Traunsche Regiment angeworben worden (Diernhofers Tagebuch, NÖLA, Hs. 81).

8 Die Reiseliteratur im Spätmittelalter zeigt beträchtliche quantitative und qualitative Unterschiede, sie reicht vom praktischen Reisebehelf und Itinerarium über das Tagebuch und den Reisebericht bis hin zum Reiseroman [vgl. Helmut Hundsbichler, Spätmittelalterliches Reisen und ikonographische Überlieferung. In: Xenja von Ertzdorff, Dieter Neukirch (Hgg.), Reisen und Reiseliteratur im Mittelalter und in der Frühen Neuzeit (Chloe 13), Amsterdam – Atlanta 1992, S. 255–288, hier S. 257]. Zur Definition des „Diariums" seit dem 16. Jahrhundert vgl. Wolfgang Neuber, Zur Gattungspoetik des Reiseberichts. Skizze einer historischen Grundlegung im Horizont von Rhetorik und Topik. In: Peter Brenner (Hg.), Der Reisebericht. Die Entwicklung einer Gattung in der deutschen Literatur (Suhrkamp Taschenb. 2097), Frankfurt/M. 1989, S. 50–76, hier S. 53.

Es geht bei der Analyse der Diarien auch nicht primär darum, bestimmte mentale oder literarische Stereotypen der Zeitgenossen über Wien herauszuarbeiten, wie es für die Frühe Neuzeit bereits geschehen ist.[9] Eine Stadt „sehen" bedeutet nicht dasselbe wie sie „wahrnehmen", sie wahrnehmen aber auch nicht dasselbe, wie über sie zu schreiben. Dasjenige, was der Diarist festhält, wird abhängig sein von seinen Erwartungen, seiner Ausdrucksweise oder dem intendierten Rezipientenkreis, dem er mit seinen Notizen etwas vermitteln will. Ausgangs- und Zielkultur, das Eigene und das Fremde, stehen in der Reiseliteratur stets in einem Spannungsfeld.[10] So wichtig einzelne Aussagen über das Leben in der Stadt sein mögen, sie sagen für den Historiker meist ebensoviel über den Schreiber selbst wie über die bereiste Kultur aus.[11] Dies bedeutet, daß einerseits die Ver-

9 Hans-Christian Slanec, Wien und die Wiener in Reiseberichten und Beschreibungen deutscher Reisender des 16.–18. Jahrhunderts (ungedr. phil. Dipl.-Arb.), Wien 1994. Die Arbeit basiert zu einem wesentlichen Teil auf den handschriftlichen Exzerpten von Karl Friedrich Blöchlinger von Bannholz, Wien in den Denkwürdigkeiten, Briefen und Reisen berühmter und denkwürdiger Personen aller Nationen, o. O. u. o. J., WStLA, Hs. B 33/1–16.

10 Peter J. Brenner, Der Reisebericht in der deutschen Literatur. Ein Forschungsüberblick als Vorstudie zu einer Gattungsgeschichte (Internationales Archiv f. Sozialgeschichte der deutschen Literatur. Sonderheft 2), Tübingen 1990, S. 27. Vgl. auch Harald Tersch, Die Kategorisierung des Blicks. Städtische Identität in Wien-Berichten der frühneuzeitlichen Reiseliteratur. In: Frühneuzeit-Info 10 (1999) S. 108–133.

11 Vgl. v. a. Michael Harbsmeier, Reisebeschreibungen als mentalitätsgeschichtliche Quellen: Überlegungen zu einer historisch-anthropologischen Untersuchung frühneuzeitlicher deutscher Reisebeschreibungen. In: Antoni Mączak, Hans Jürgen Teuteberg (Hgg.), Reiseberichte als Quellen europäischer Kulturgeschichte. Aufgaben und Möglichkeiten der historischen Reiseforschung (Wolfenbütteler Forschungen 21), Wolfenbüttel 1982, S. 1–31; auch Gerhard Huck, Der Reisebericht als historische Quelle. In: ders./Jürgen Reulecke (Hgg.), … und reges Leben ist überall sichtbar! Reisen im bergischen Land um 1800 (Bergische Forschungen 15), Neustadt an der Aisch 1978, S. 27–44; A. S. Mylnikov, Die

wertung dieser Texte als Massenquellen problematisch erscheint, andererseits aber auf eine vergleichende Analyse nicht verzichtet werden kann, um die Perspektive des Verfassers herauszuarbeiten. Für die folgenden Ausführungen war eine zahlenmäßige Beschränkung notwendig, um sich dem einzelnen Werk angemessen widmen zu können. Es wurden vier Reisetagebücher von Verfassern, die außerhalb der Erblande lebten und ihre Darstellung ausführlicher der Stadt Wien widmeten, als Leittexte ausgewählt. Die Einbeziehung weiterer Reiseaufzeichnungen soll als Ergänzung der Interpretation dienen.

Möglicherweise liegt es an den Quellen aus der Peripherie der Reisekultur, daß Texte aus der ersten Hälfte des 17. Jahrhunderts in der Geschichte der Wien-Beschreibungen bisher kaum Beachtung fanden. Eine rege Reisetätigkeit wurde erst für die Zeit nach dem Krieg festgestellt, während die militärischen Konflikte nicht dazu dienlich gewesen seien, Besucher nach Wien zu locken.[12] Das historisch-anthropologische Inter-

---

slawischen Kulturen in den Beschreibungen ausländischer Beobachter im 18. und zu Beginn des 19. Jahrhunderts. In: B. I. Krasnobaev, Gert Robel, Herbert Zeman (Hgg.), Reisen und Reisebeschreibungen im 18. und 19. Jahrhundert als Quellen der Kulturbeziehungsforschung, Berlin 1980, S. 143–164, hier S. 159 f.

12 Klaralinda Ma und Brigitta Psarakis, „… ein ungeheurer herrlicher Garten …“. Wien aus der Sicht ausländischer Besucher vom 15. bis zum 19. Jahrhundert (WGBl Beih. 3), Wien 1988, S. 5 f. Einen „zeitlich großen Schritt vom 16. in das 17. Jahrhundert“ vollzieht die Aufarbeitung der Wien-Berichte bei Erich Zöllner, Zur Geschichte des Klischees von Wien und den Wienern. In: Michael John, Albert Lichtblau (Hgg.), Schmelztiegel Wien – einst und jetzt: zur Geschichte und Gegenwart von Zuwanderung und Minderheiten. Aufsätze, Quellen, Kommentare, Wien – Köln 1990, S. 1–10. Daß die Quellen über Wien zur Zeit des Krieges „äußerst spärlich“ fließen, stellte allgemein bereits Max Vancsa fest, Quellen und Geschichtsschreibung. In: Geschichte der Stadt Wien, Bd. 4/1, hg. v. Alterthumsvereine zu Wien, Wien 1911, S. 1–108. Eine auffällige „Lücke“ stellen die Jahrzehnte des Dreißigjährigen Krieges auch in neueren „populären“ Auswahlsammlungen von Wien-Beschreibungen dar. Vgl. z. B. John Lehmann, Richard Bassett (Hgg.), Vienna. A Travellers’

esse an spezifischen Formen der Kriegswahrnehmung schuf jedoch eine Grundlage dafür, sich dem Themenbereich auf einer breiteren Quellenbasis anzunähern.[13] Ohne daß die archivalische Überlieferung der Diaristik auch nur annähernd erschlossen ist, beginnt sich herauszukristallisieren, daß der Aufschwung der Reiseliteratur über Wien während des 17. Jahrhunderts nicht nach dem Krieg, sondern mitten darin einsetzt.

Die Verlegung des kaiserlichen Hofes nach Prag unter Rudolf II. hatte der Stadt vor allem die finanzkräftige hohe Beamtenschaft entzogen. Als Kaiser Matthias nach seiner Krönung in Frankfurt 1612 nach Wien kam, waren die Hofquartiere bereits zu eng und zu spärlich, um den gesamten Hofstaat aufnehmen zu können.[14] Obwohl Wien unter dem neuen Herrscher wieder an Bedeutung gewann, nützte auch Matthias die Prager Infrastruktur für seine Herrschaft. Daß er sich zur Zeit des Aufstandes in der österreichischen Hauptstadt befand, hatte zunächst vor allem jenen Grund, daß er sich nahe dem

Companion, London 1988; Christiane Haberler (Hg.), Wien in alten Reisebildern. Reiseberichte und Reisebilder aus fünf Jahrhunderten. Mit einem Vorwort v. Friedrich Heer, Thaur/Tirol 1990; Anna Maria Sigmund, „In Wien war alles schön". Die Residenzstadt aus der Sicht berühmter Gäste, Wien 1997.

13 Für gedruckte Quellen aus dem deutschsprachigen Raum v. a. Benigna von Krusenstjern, Selbstzeugnisse der Zeit des Dreißigjährigen Krieges. Beschreibendes Verzeichnis (Selbstzeugnisse der Neuzeit 6), Berlin 1997. Frau Krusenstjern verdanke ich wichtige Hinweise für den vorliegenden Beitrag. Ein bedeutender Anfang für die Erschließung von Wien-Berichten der Kriegszeit außerhalb des deutschsprachigen Raumes ist der Ausstellungs- und Auswahlband von Heinz Lunzer, Victoria Lunzer-Talos (Hgg.), Abroad in Austria: Travellers' Impressions from Five Centuries, an exhibition of the Austrian Federal Ministry of Foreign Affairs, Wien 1997. Daß noch so manche ungedruckte Wien-Berichte für das 16. und 17. Jahrhundert zu finden sind, verdeutlicht z. B. Ferdinand Opll, „Iter Viennese Cristo auspice et duce". Wien im Reisetagebuch des Tilemann Stella von 1560. In: JBVGStW 52/53, 1996/1997, S. 321–360.

14 Vgl. John P. Spielman, The City & The Crown. Vienna and the Imperial Court 1600–1740, West Lafayette/Ind. 1993, S. 81.

ungarischen Landtag in Preßburg aufhalten wollte.[15] Die Unruhen in Prag machten eine Rückkehr des Hofes für Jahre unmöglich und kurbelten damit gleichzeitig den Umbau Wiens zur wichtigsten Residenz an.[16] Der Hof zog zahlreiche Reisende an, die sich zuweilen Jahre in der kaiserlichen Hauptstadt aufhielten. Neben den Gesandten und Agenten anderer Länder waren es vor allem junge Adelige, deren Erziehung hier den letzten Schliff bekommen sollte und die das Leben in der Residenz als Sprungbrett für ihre weitere Karriere nützen wollten.[17] Wien entwickelte sich im Gefolge des Krieges zu einem der beliebtesten Reiseziele Europas im 17. Jahrhundert. Es wird wohl kein Zufall sein, daß unmittelbar nach dem Ausbruch des Krieges der wichtigste Prototyp der Topographie Wiens, die „Vienna Austriae“ (1547) des Humanisten Wolfgang Lazius, in neuer Gestalt herausgegeben wurde.[18] Im Jahr

---

15 Vgl. Anton Gindely, Geschichte des Böhmischen Aufstandes von 1618. Bd. 1 (Geschichte des Dreißigjährigen Krieges 1), Prag 1869, S. 245, 320. Die v. a. strategisch bedingte Bevorzugung der Residenz Wien durch Matthias wurde in der Forschung bereits als eine der Ursachen für die „Entfremdung“ gegenüber Böhmen herausgestellt. Vgl. Volker Press, Matthias (1612–1619). In: Anton Schindeling, Walter Ziegler (Hgg.), Die Kaiser der Neuzeit 1529–1618. Heiliges Römisches Reich, Österreich, Deutschland, München 1990, S. 112–123, hier S. 119 f.

16 In der Forschung werden die militärischen Ereignisse von 1620 und dann 1683 mehrmals als zentrale Einschnitte in der Geschichte Wiens hervorgehoben. Vgl. Sandgruber, Ökonomie und Politik, S. 107; für 1683 auch Leonardo Benevolo, Die Geschichte der Stadt, Frankfurt/M. [6]1991, S. 733.

17 Vgl. Winfried Siebers, Ungleiche Lehrfahrten – Kavaliere und Gelehrte. In: Hermann Bausinger, Klaus Beyrer, Gottfried Korff (Hgg.), Reisekultur. Von der Pilgerfahrt zum modernen Tourismus, München 1991, S. 38–57, hier S. 51, oder Gerd Robel, Reisen und Kulturbeziehungen im Zeitalter der Aufklärung. In: B. I. Krasnobaev, Gert Robel, Herbert Zeman (Hgg.), Reisen und Reisebeschreibungen im 18. und 19. Jahrhundert als Quellen der Kulturbeziehungsforschung, Berlin 1980, S. 9–37, hier S. 17 f.

18 Vgl. Kai Kauffmann, „Es ist nur ein Wien!“ Stadtbeschreibungen von

1619 veröffentlichte der Rektor der Bürgerschule von St. Stephan, Heinrich Abermann (1583–1621), seinen Versuch einer Übersetzung und Neubearbeitung des über 70 Jahre alten Werkes. Suggestiv wiederholt Abermann in Titel und Vorwort die Vorstellung von Wien als der *weitberühmbten Kayserlichen Hauptstadt.*[19] Der kaiserliche Hof oder die wiedergewonnene Residenzfunktion definierten das Rollenbild der Stadt und ihrer Bürger.

Die Bearbeitung der „Vienna" aus den ersten Kriegsjahren hat die Auseinandersetzung mit Wien in Topographie und Reiseliteratur maßgeblich angeregt. Gegen Ende des Krieges benützte sie der gebürtige Steirer Martin Zeiller in Merians *Topographia Provinciarum Austriacarum* (1649), womit sie das Bild der Stadt weit über den österreichischen Raum hinaus beeinflußte.[20] Der oberösterreichische Adelige Georg Christoph von Schallenberg (1593–1657), Sohn des bekannten Dichters Christoph, mußte 1630/31 – wohl als Strafsanktion für den anhaltenden politischen und religiösen Widerstand während des Böhmischen Aufstandes und des Bauernkrieges

---

Wien 1700 bis 1873. Geschichte eines literarischen Genres der Wiener Publizistik (Literatur in der Geschichte. Geschichte in der Literatur 29), Wien – Köln – Weimar 1994, S. 46 f.

19 Die Worte „kaiserliche Hauptstadt" müssen für sich noch keinen absoluten Anspruch erheben und konnten eine unter mehreren Residenzen bedeuten. Historische Beschreibung der Weitberümbten, Kayserlichen Hauptstatt Wienn In Österreich, [...] Vor diesem Durch Wolffgang Lazium Phil: vnd Med: Doctorn zu Wienn in Latein verfasst: Anjetzo aber Manniglich zugefallen in Vnser Teütsche sprach vertirt, [...] Durch M. Heinrich Abermann der Löblichen Burgerschuell bey St. Stephan daselbsten Rectorn, Wien 1619. Die letzte historische Notiz Abermanns ist der Tod Maximilians des Deutschmeisters in Wien (2. November 1618).

20 Topographia Provinciarum Austriacarum [...] Durch Matthaeum Merian, Frankfurt/M. 1649, Nachdr. Kassel – Basel 1963, S. 39–48. Lazius wird im Text selbst, Abermann aber in den abschließenden Literaturangaben zitiert.

1626 – einen relativ lockeren „Arrest-Dienst“ in Wien leisten.[21] Jänner 1631 erwähnt er in seinem „Diarium“ über mehrere Tage hinweg das Bestreben, sich rasch Informationen über die Topographie Wiens zu beschaffen: *Lazium de Vienna glösen*. Hierbei ist nicht das Original, sondern Abermanns Bearbeitung gemeint: *Lazij Wienn teuttsch kauft in folio*.[22] Der „deutsche Lazius“ kam offensichtlich nicht nur einem Bedürfnis, sondern auch einer Notwendigkeit entgegen, sich mit der Residenzstadt Wien auseinanderzusetzen. Aus dieser Wechselbeziehung von Diaristik einerseits und Topographie andererseits ergibt sich die besondere Schwierigkeit im Umgang mit Reiseaufzeichnungen. Da diese als Medium der Erbauung oder Information früher als alle anderen Selbstzeugnisse auf breiter Ebene abgeschrieben und gedruckt wurden, unterlagen sie einem besonderen Druck der Normbildung. Vor allem die humanistische Apodemik präsentierte ein ausgefeiltes System der *ars peregrinandi* mit genauen Angaben, was der Reisende bei seinem Besuch der Stadt beachten und welche Daten er aufzeichnen sollte: Verwaltung, Kirchen und Schulen, Ernährung und Bekleidung, Armut und Verbrechen.[23] Sie vermittelte somit

---

21 Der Aufenthalt war Teil einer Disziplinierung, die besonders der religiösen Kontrolle über den ehemaligen Protestanten, nunmehrigen Konvertiten galt. Zu Schallenberg und seiner Familie vgl. v. a. Hugo Hebenstreit, Die Grafen von Schallenberg. Von ihrem Aufkommen in Oberösterreich bis zu ihrer Abwanderung nach Niederösterreich (1180–1700). Ein Beitrag zu deren 600jährigen Geschichte in Oberösterreich (ungedr.), Linz 1974.

22 Georg Christoph Schallenberg, Diarium. Wien, HHStA, Archiv Rosenau, Hs. 83, fol. 17r, 30r. Zu Schallenbergs Tagebuch vgl. Harald Tersch, Österreichische Selbstzeugnisse des Spätmittelalters und der Frühen Neuzeit (1400–1650). Eine Darstellung in Einzelbeiträgen, Wien – Köln – Weimar 1998, S. 725–737.

23 Das Standardwerk zur humanistischen Apodemik legte vor: Justin Stagl, A History of Curiosity: The Theory of Travel 1550–1800 (Studies in Anthropology & History 13), Chur 1995; vgl. auch ders., Die Methodi-

ideale Darstellungsmuster, die die Klassifizierung komplexer Ortsstrukturen ordnen helfen sollten. Jene Forschungsmeinung, wonach erst die Aufklärung einen quantifizierenden Sinn für die „ganze Stadt" entwickelte, vorher aber ein religiös-moralischer Blickwinkel vorherrschte, läßt sich so kaum halten.[24] Vor allem im 17. Jahrhundert erreichte die Methodisierung des Reisens ihren Höhepunkt. Als der englische Gesandte Thomas Howard, Earl of Arundel (1585–1646), 1636 an den kaiserlichen Hof reiste, ließ er seinen Sekretär William Crowne ein Reisetagebuch niederschreiben, das sofort nach der Rückkehr gedruckt wurde.[25] Arundel hatte neben diesem „Hof-

---

sierung des Reisens im 16. Jahrhundert. In: Peter Brenner (Hg.), Der Reisebericht. Die Entwicklung einer Gattung in der deutschen Literatur (Suhrkamp Taschenb. 2097), Frankfurt/M. 1989, S. 140–177. Zur Texttradition der Stadtbeschreibung allgemein vgl. Erich Kleinschmidt, Textstädte – Stadtbeschreibung im frühneuzeitlichen Deutschland. In: Wolfgang Behringer, Bernd Roeck (Hgg.), Das Bild der Neuzeit: 1400–1800, München 1999, S. 73–80, 434–436.

24 Susanne Hauser, Der Blick auf die Stadt. Semiotische Untersuchungen zur literarischen Wahrnehmung bis 1910 (Reihe Historische Anthropologie 12), Berlin 1990, S. 75. Die Problematik von Hausers Ansatz besteht darin, daß sie für die verschiedenen Epochen z. T. verschiedene Quellensorten vergleicht. Während für das 17. Jahrhundert nur literarische Werke (z. B. Grimmelshausen) herangezogen werden, verwendet die Verfasserin für die Aufklärung durchaus auch Reisebeschreibungen wie den langen Wien-Bericht Friedrich Nicolais. Humanismus und Barock dienen der Autorin nur als „Folie" für ihre Ausführungen. Wichtige Anregungen zum „Städtebild" auch dieser Epochen sind zu finden bei Ernst Walter Zeeden, Das Erscheinungsbild der frühneuzeitlichen Stadt, vornehmlich nach Reiseberichten und Autobiographien des 16. und 17. Jahrhunderts. In: Hans Eugen Specker (Hg.), Stadt und Kultur (Stadt in der Geschichte 11), Sigmaringen 1983, S. 70–84.

25 William Crowne, Diary. In: Francis C. Springell, Connoisseur & Diplomat. The Earl of Arundel's Embassy to Germany in 1636 as recounted in William Crowne's Diary, the Earl's letters and other contemporary sources with a catalogue of the topographical drawings made on the journey by Wenceslaus Hollar, London 1963, S. 54–135 (das Original erschien 1637 in London). Vgl. auch Erwin Stürzl, Das Österreichbild in den

chronisten" auch einen eigenen Maler, Wenzel Hollar, mit, der die gesehenen Städte und Gebäude festhielt, darunter auch Wien und den Stephansdom.[26] Mit dem Einfluß von Reisemethodik und Topographie ist also auch für Wien-Beschreibungen aus der Zeit des Dreißigjährigen Krieges zu rechnen.

Wenn im Mittelpunkt dieses Beitrages Reisetagebücher stehen, so nicht zuletzt deswegen, weil Memoiren oder Diarien von Bewohnern Wiens aus dieser Zeit kaum bekannt sind, sieht man von Korrespondenzen oder einzelnen „Hofdiarien" österreichischer und böhmischer Adeliger ab. Im Verzeichnis gedruckter Selbstzeugnisse aus dem Dreißigjährigen Krieg von Benigna von Krusenstjern sind zwar Texte aus Linz oder Steyr festgehalten, kein einziger aber aus Wien.[27] Die Ursache für diese Quellenlage ist wohl zum Teil im Krieg selbst zu suchen. Militärische Ereignisse gehören zu den wichtigsten Anstößen für die Produktion autobiographischer Texte, in denen derartige persönliche Katastrophen aufgearbeitet werden konnten.[28]

englischen Reisebeschreibungen des 17. Jahrhunderts. In: Otto Hietsch (Hg.), Österreich und die anglikanische Welt. Kulturbegegnung und Vergleiche, Wien – Stuttgart 1961, S. 68–90.

26 Ein derartiger Mitarbeiterstab, der die Eindrücke dokumentieren sollte, war auch für österreichische Gesandte zur Zeit des Dreißigjährigen Krieges nicht unbekannt. So führte der kaiserliche Sonderbotschafter Hans Ludwig Kuefstein während seiner Reise nach Konstantinopel (1628) nicht nur ein Tagebuch, sondern ließ auch eine Reisebeschreibung verfassen und Gouachemalereien anfertigen. Vgl. Karl Teply, Die kaiserliche Großbotschaft an Sultan Murad IV. 1628. Des Freiherrn Hans Ludwig von Kuefsteins Fahrt zur Hohen Pforte, Wien 1976.

27 Vgl. die Karte am inneren Einband bei Krusenstjern, Selbstzeugnisse.

28 Vgl. Peter Hüttenberger, Tagebücher. In: Bernd-A. Rusinek, Volker Ackermann, Jörg Engelbrecht (Hgg.), Einführung in die Interpretation historischer Quellen. Schwerpunkt: Neuzeit (UTB 1674), Paderborn – München – Zürich 1992, S. 27–43, hier S. 28; Rudolf Dekker, Ego-Doku- mente in den Niederlanden vom 16. bis zum 17. Jahrhundert. In: Winfried Schulze (Hg.), Ego-Dokumente: Annäherung an den Menschen in der Geschichte (Selbstzeugnisse der Neuzeit 2), Berlin 1996, S. 33–52, hier S. 36.

Wenzel Hollar, Wien, Stephansdom (1636)

Zu jenen deutschen Städten, aus denen die meisten Selbstzeugnisse des Dreißigjährigen Krieges überliefert sind, gehört bezeichnenderweise nicht Hamburg oder Köln, sondern Magdeburg, das besonders von den Ereignissen betroffen war. Wie erwähnt, gelangte der Krieg selbst nur vor die Tore Wiens, so daß auch Kriegserinnerungen einzelner Bewohner der Stadt vor dieser haltmachen. Der eingangs zitierte „Österreichische Simplizissimus" Matthias Abele schildert seine Kriegserlebnisse als Wiener Anwalt in der Form eines Reisezyklus, in dessen geographischem Mittelpunkt nicht die Residenzstadt, sondern Krems steht.

Hoffeste

Wie lustig man es doch eines Ortes treiben kann, während an anderen, gar nicht so weit davon, Hunger und Angst und jederlei Elend herrschen.[29]

Dergestalt charakterisiert Golo Mann in seiner Wallenstein-Biographie die Situation in Wien kurz nach der Schlacht am Weißen Berg, als der junge Prinz Christian II. von Anhalt

29 Golo Mann, Wallenstein, Frankfurt/M. 1971, S. 233.

an jenen Festen und Feierlichkeiten teilnahm, wie sie die Residenz in großer Zahl bot. Doch Christian von Anhalt-Bernburg (1599–1656) war ein unfreiwilliger Besucher. Er hatte unter dem Oberbefehl seines Vaters, Christians I., an der Schlacht am Weißen Berg auf protestantischer Seite teilgenommen, wurde verwundet und schließlich in Wiener Neustadt inhaftiert.[30] Ferdinand II. lockerte den Arrest und ließ Christian nach Wien kommen. Dieses Ereignis gab dem Gefangenen Anlaß dazu, ein Tagebuch zu beginnen, das er über den Wiener Aufenthalt hinaus bis in sein Todesjahr hinein fortsetzte. Von den Eintragungen der ersten Jahre (1621–1624) ließ er eine Abschrift anfertigen, die er mit eigenhändigen Randbemerkungen versah.[31] Dieser Auszug verzeichnet neben dem Wiener Aufenthalt (November 1621 bis Jänner 1622) auch die Fahrten mit dem kaiserlichen Hof nach Innsbruck und Regensburg, dann auch seine Reisen durch Deutschland, Dänemark und besonders Italien.

Die Überführung nach Wien bedeutete für Christian einen Neubeginn für seine diaristischen Ambitionen. Aus der Zeit vor dem Wiener Aufenthalt sind nur mehr jene französischen Notizen erhalten, die Christian während seiner militärischen Züge durch Böhmen, Mähren und das nördliche Niederösterreich im Vorfeld der Schlacht am Weißen Berg führte. Topographische Hinweise haben hier vor allem strategischen Charakter.[32] Chri-

30 Zu Anhalt vgl. Siebigk, Christian II. In: Allgemeine Deutsche Biographie (ADB). Bd. 4, Leipzig 1876, S. 150–157, auch Walter Killy (Hg.), Deutsche Biographische Enzyklopädie (DBE). Bd. 2, München 1995, S. 317.

31 Auf ihr basiert die Ausgabe: Tagebuch Christians des Jüngeren, Fürst zu Anhalt: niedergeschrieben in seiner Haft zu Wien, – im Geleite Kaiser Ferdinands des Zweiten zur Vermählungsfeier nach Inspruck, – auf dem Reichstage zu Regensburg, – und während seiner Reisen und Fasten in Deutschland, Dänemark und Italien, hg. v. G. Krause, Leipzig 1858. Die Edition wird im folgenden als „Tagebuch Christians“ zitiert. Im Verzeichnis von Krusenstjern (Selbstzeugnisse) trägt das Werk die Nr. 34 C.

32 Nur vereinzelt geht Christian darüber hinaus. Über Retz heißt es z. B.: *La ville est petite mais jolye et il y croist à l'lentour de bon vin, renommé en Austriche.*

stians Reisemaximen kommen in den „Väterlichen Ermahnungen" zum Ausdruck. Hierbei handelt es sich um eine Tagebucheintragung, die die erste Begegnung zwischen Christian I. und seinem Sohn nach der verlorenen Schlacht Februar 1623 in Flensburg zum Inhalt hat. Der Vater nützt das Treffen, um seinem Nachfolger einige philosophische und ethische Lehren zu geben. Christian I. meint über das Reisen: *Item, man sollte auf den Reisen auf dz honestum vnd utile sehen.*[33] Das Reisen dient nicht einfach einer Informationssammlung, sondern auch einer sittlichen Bildung im Sinne der Standesethik. Von konkreten protestantischen Glaubensinhalten ist in den „Ermahnungen" nicht die Rede, sondern vom höchsten Gut des Menschen, *in placido et tranquillo animi statù zu verbleiben*. Es liegt nahe, daß dieses Streben nach der Seelenruhe auf die Zentraltugend der *constantia* im Neostoizismus zielt. Die Schriften von Justus Lipsius, dem „Vater" des Neostoizismus, gewannen gerade nach der Niederschlagung des protestantischen Widerstandes 1620 an Attraktivität, um sich mit den neuen politischen Begebenheiten abzufinden.[34] In den „Ermahnungen" geht es um eine

---

Tagebuch des Prinzen Christian von Anhalt über die Kriegsvorfälle des Jahres 1620, hg. v. Johann Christoph von Aretin. In: Beyträge zur Geschichte und Literatur, vorzüglich aus den Schätzen der Münchner National- und Hofbibliothek 2/6, 1804, S. 65–96; 3/7, 1804, S. 49–112, 3/8, 1804, S. 49–112, hier 3/7, S. 64. Größere Teile von Christians französischen Tagebüchern scheinen verloren zu sein, vgl. Tagebuch Christians, S. 23.

33 Tagebuch Christians, S. 86 f.

34 Vgl. Johannes Burkhardt, Der Dreißigjährige Krieg, Frankfurt/M. 1992, S. 70, 220; Gerhard Oestreich, Antiker Geist und moderner Staat bei Justus Lipsius (1547–1606) (Schriftenreihe der Historischen Kommission bei der Bayerischen Akademie der Wissenschaften 38), Göttingen 1989; Günter Abel, Stoizismus und Frühe Neuzeit. Zur Entstehungszeit modernen Denkens im Felde von Ethik und Politik, Berlin–New York 1978; Otto Brunner, Adeliges Landleben und europäischer Geist. Leben und Werk Wolf Helmhard von Hohbergs 1612–1688, Salzburg 1949, S. 129 f. Auch Christian II. setzte sich mit dem Neostoizismus auseinander. Vgl. Inge Bernheiden, Individualität im 17. Jahrhundert. Studien zum auto-

Bewältigung des Kriegsbeginnes, wenn der Vater in einem Atemzug mit seinen philosophischen Ausführungen etwa auf die strategischen Fehler der Schlacht am Weißen Berg eingeht. Die väterliche Lehre propagiert praktische Vernunft anstelle religiöser Leidenschaften, um den Weg eines politischen Kompromisses zu legitimieren. Die autorisierte Abschrift des Tagebuches endet mit der Heimkehr von Sohn und Vater 1624 nach dessen Unterwerfung unter den Kaiser. Ihre innere Geschlossenheit liegt in der Schilderung jenes langen Weges von Wien nach Bernburg, der die Herrschaft in Anhalt sichern sollte.

Nicht durch die Topographie, sondern als Ausgangspunkt der Befreiung definiert Christian von Anhalt in seinem Tagebuch den Raum der Stadt Wien. Er beginnt die Aufzeichnungen mit der Überführung aus Wiener Neustadt, wo er seinen *arrest* verbrachte. Die Lockerung der Gefangenschaft macht sich ihm zunächst offensichtlich vor allem durch den größeren Komfort bemerkbar, wenn er über seine Unterkunft irgendwo in der Kärntner Straße kurz und prägnant meint: *ein schön Losament.*[35] Doch auch diese gefällige Unterkunft charakterisiert er als sein Gefängnis. Die Versuche des Fürsten, diese Enge zu überwinden, machen Wien und einzelne Eckpunkte der Stadt zum Gegenstand eines Konfliktes, der akribisch genau festgehalten wird. Bald nach seiner Ankunft in der Residenzstadt wird Christian durch zwei Abgesandte des Kaisers empfangen. Der Fürst läßt sich dem Herrscher empfehlen und bittet, sich inner- und außerhalb Wiens bewegen zu können. Einer der beiden Abgesandten, der kaiserliche Rat Graf Leonhard Helfried von Meggau, fragt nach dem Sinn dieser Bitte, worauf Christian anwortet: *Meine exercitia zu haben*[,] *etwan die lufft zu verändern, wegen der infection, vnd bißweilen*

biographischen Schrifttum (Literarhistorische Untersuchungen 12), Frankfurt/M. 1988, S. 230.

35 Tagebuch Christians, S. 2.

zuspatziren.[36] Meggau erwidert nur, daß der Kaiser eigentlich „in" der Stadt meine, doch werde er Weiteres erfragen. Der Festungswall der Stadtmauer umschreibt die Bewegungsfreiheit des Gefangenen. Christian war als Fürst nur dem Kaiser unterstellt, so daß allein dieser auch das Ausmaß des Arrestes bestimmen konnte. Er führt in seinem Bestreben, den Raum der Gefangenschaft auszudehnen, gemeinsam mit gesundheitlichen Gründen die adeligen „Exerzitien" an. Damit ist die Übung im Reiten, Fechten oder Tanzen gemeint, die für die zeitgenössische Adelsausbildung gefordert wurde.[37] Der Hinweis auf die Notwendigkeit körperlicher Betätigung fügt sich zu Christians affirmativ wiederholter Verteidigungsstrategie gegenüber Ferdinand II., wonach er am Krieg in Böhmen nur als *Aventurirer v[nd] junger Soldat* teilgenommen habe, um dem Kaiser einst desto bessere Dienste leisten zu können.[38] Wie den Krieg, so will er auch die Wiener Gefangenschaft als Teil seiner Ausbildung verstanden wissen.

Der Fürst appelliert an das Standesempfinden seines Richters, wobei er davon ausgeht, daß die Stadt allein keinen Aufenthalt gewährleisten kann, der dem Adel angemessen wäre. Graf Meggau erkundigt sich darüber beim Kaiser und läßt dem Gefangenen folgendes mitteilen: *Jhre M't erlaubten mir ins ballhauß vnd Reithauß etc. darauff ich replicierte, ich hette bereit die erlaubnüs vorhin in der Stat zu seyn, wollte aber niemands besuchen, ehe ich Jhr M't hette die hände geküßet.*[39] Der Hof geht somit auf die Bitte nach körperlicher Betätigung ein, definiert gleichzei-

36 Ebd., S. 3.

37 Zu den Anforderungen an die Bildungsreisen des österreichischen Adels vgl. z. B. Eva-Marie Loebenstein, Die adelige Kavalierstour im 17. Jahrhundert – ihre Voraussetzungen und Ziele (ungedr. phil. Diss.), Wien 1966, oder Harry Kühnel, Die adelige Kavalierstour im 17. Jahrhundert. In: JLKNÖ NF 36, 1964, S. 364–384.

38 Tagebuch Christians, S. 3, 8.

39 Ebd., S. 3.

tig mit der Nennung zweier Gebäude den Raum der Gefangenschaft neu, zumindest nach Christians Deutung. An die Stelle der gesamten Stadt sind Ballhaus und Reitschule getreten, also Örtlichkeiten in unmittelbarer Nähe zur kaiserlichen Burg.[40] Der erste Satz des Zitates, die Botschaft Meggaus, ist für sich genommen ein Zugeständnis: Der Fürst darf in den Umkreis des Hofes, um auch innerhalb Wiens seinen „Exerzitien" nachkommen zu können. Der Kaiser signalisiert damit einen weiteren Schritt seiner Bereitschaft, den Gefangenen zu rehabilitieren. Christian interpretiert die Gnade als ein Gebot, wodurch er den Konflikt um seine Bewegungsfreiheit zuspitzt, anstatt ihn zu lösen. Er verweigert sich in seiner Antwort nicht nur dem Zugeständnis Ferdinands, sondern zieht sich in eine selbstgewählte Gefangenschaft zurück, die nur ein sichtbarer Akt kaiserlicher Huld aufheben kann. Mit der Stadt Wien reicht der Fürst dem Kaiser symbolisch seine partielle Freiheit und seine Standespflichten dar, um rasche Verhandlungen über seine politischen Ziele zu erzwingen – die Restitution seiner Familie im Fürstentum Anhalt-Bernburg.

Wien wird am Beginn von Christians Notizen im höchsten Grade politisiert. Daher läßt sich die Situation des Schreibers sehr gut durch den diaristischen Blickwinkel umschreiben, unter dem er diesen Raum erfaßt. Die Aufzeichnungen über den Wiener Aufenthalt zerfallen nämlich thematisch in zwei Teile, die durch die Erzählung vom Fußfall vor Ferdinand II. getrennt sind. Für die ersten Tage in Wien vermerkt der Gefangene mehrmals die Personen, mit denen er Umgang pflegte: *hatt mich besucht* oder *bei mir* [...].[41] Der Gefangene

---

40 Ersteres war zur Pflege des Ballspiels errichtet worden und befand sich damals am Michaelerplatz, das Reitschulgebäude aber am Josephsplatz. Vgl. Felix Czeike, Historisches Lexikon der Stadt Wien. Bd. 1–5, Wien 1992–1997, hier Bd. 1, S. 239, u. Bd. 3, S. 383.

41 Tagebuch Christians, S. 3 f.

verläßt seine Unterkunft nicht, so daß seine Perspektive als Schreiber nicht über ihre Grenzen hinausgeht, wenn man von wenigen Vermerken über militärische und familiäre Gerüchte absieht. Am 28. November, dem Tag nach der Entscheidung, seine Unterkunft nicht zu verlassen, schickt er einen Boten zu Herzog Julius von Württemberg, der ihm sofort seine Hilfe anbietet.[42] Am 4. Dezember kommt Herzog Julius von Sachsen-Lauenburg an, der sich ebenfalls dazu anbietet, beim Kaiser für den Prinzen und seinen Vater einzutreten. Christian beginnt ein soziales Netz in Wien zu knüpfen und sich damit eine Infrastruktur aufzubauen, die ihm ein Tor zur Außenwelt öffnet. Hierbei sind es nicht nur die verhandlungsbereiten Fürsten, denen er Beachtung schenkt. Für den 8. Dezember 1621 vermerkt er: *Des herren Erasmi von Tschernemell Sohn, wie auch herr Hans Ludwig Kuffsteiner, Keiß. oesterreichischer Regiments Raht haben mit mir zu mittage geßen.*[43] Die Gesprächspartner verbindet hier nicht der gemeinsame Stand, sondern die gemeinsame Vergangenheit. War Christians Vater der führende Kopf des radikalen Protestantismus calvinistischer Prägung innerhalb der Union, so hatte er in Georg Erasmus von Tschernembl den eifrigsten Gesinnungsgenossen und Bewunderer in den Erbländern.[44] Während die Väter nach der Schlacht am Weißen Berg ins Exil flohen, versuchten die Söhne in Wien den Schaden zu begrenzen.[45] Zusammen mit Hans Helfried

---

42 Julius Friedrich (1588–1635) war der dritte Sohn Herzog Friedrichs I. v. Württemberg. Er befand sich wohl im Rahmen des Treugelöbnisses in Wien, das sein Bruder Herzog Johann Friedrich nach der Auflösung der Union gegenüber dem Kaiser leistete. Vgl. P. Stälin, Julius Friedrich, Hzg. v. Würtemberg-Weiltingen. In: ADB 14, 1881, S. 684 f.

43 Christians Tagebuch, S. 5.

44 Vgl. Hans Sturmberger, Georg Erasmus Tschernembl. Religion, Libertät und Widerstand. Ein Beitrag zur Geschichte der Gegenreformation und des Landes ob der Enns (Forschungen zur Geschichte Oberösterreichs 3), Linz 1953, S. 114–116.

45 Vgl. ebd., S. 371–376 u. 393 f.: Tschernembls Sohn Hans Helfried hatte

Tschernembl nennt Christian den Regimentsrat Hans Ludwig von Kuefstein, ebenfalls ein „Überläufer", der die radikale Politik der protestantischen Stände nicht mittragen wollte und dafür vom Kaiser mit Hof- und Regierungsämtern belohnt wurde.[46] Den Gesellschaftskreis Christians am Beginn der Wiener Tagebuchnotizen dominiert die gemäßigte protestantische Partei, die der Hof nach dem Sieg bei Prag bei sich duldete. Christian hatte bereits vor der Begegnung mit Kuefstein dessen Bruder Hans Jakob getroffen, über den er meint: *so an itzo Keys. Raht, vor diesem aber in vnserer armada Osterreichischer General Proviantmeister gewesen, ist Bäbstisch worden.*[47] Derartige Kurzbiographien, die sich auf die gemeinsame Erfahrung im Heer des „Winterkönigs" beziehen, sind innerhalb des Diariums öfters zu finden.[48] Vor allem durch das Possessivpronomen „unser" wird ein Teil der Wiener Hofgesellschaft als Schicksalsgemeinschaft charakterisiert, die sich zuweilen gleichzeitig als Interessen- und Handlungsgemeinschaft erweist.

Christian gelingt es schließlich, in direkte Verhandlungen mit dem Hof einzutreten. Es würde zu weit vom Thema wegführen, auf die einzelnen Gespräche mit jenen Argumenten näher einzu-

---

selbst 1618 den Beschluß der oberösterreichischen Stände zur Verteidigung der ständischen Freiheit mit unterschrieben, geriet aber zunehmend in Konflikt mit seinem Vater. Nach Wien führte ihn wohl das Bemühen, die verlorenen Familiengüter mit der Fürsprache einflußreicher protestantischer Fürsten zurückzubekommen, wobei die Familie damals sogar fürchtete, er könne in diesem Bestreben katholisch werden.

46 Zu ihm vgl. Madeleine Welsersheimb, Hans Ludwig von Kuefstein (1582–1556) (ungedr. phil. Diss.), Wien 1970, auch Gustav Reingrabner, Adel und Reformation. Beiträge zur Geschichte des protestantischen Adels im Lande unter der Enns während des 16. und 17. Jahrhunderts (Forschungen zur Landeskunde von Niederösterreich 21), Wien 1976.

47 Tagebuch Christians, S. 4. Zu ihm vgl. Karl Graf Kuefstein, Studien zur Familiengeschichte. Bd. 3: 17. Jahrhundert, Wien – Leipzig 1915, bes. S. 165–212.

48 Vgl. z. B. die Eintragung zum 1. Dezember über die Herren von Herberstein (Tagebuch Christians, S. 4).

gehen, die für oder gegen jenen Fußfall angeführt werden.[49] Der schließlich vollzogene Akt ist hier nur insofern wichtig, als sich damit der Blickwinkel des Diaristen ausdehnt. Am Ende der Audienz, die in Zurückhaltung und Entgegenkommen perfekt inszeniert anmutet, sagt der Kaiser, daß Christian ihm *zu hofe als zu felde* aufwarten soll.[50] Damit ist die räumliche Beschränkung, die sich Christian selbst auferlegte, wieder aufgehoben. Wiener Lokalitäten, die zuvor nur Argumentationshilfen waren, gewinnen nach der Audienz ihre konkrete Gestalt, so etwa das erwähnte Ballhaus, in dem der Fürst gemeinsam mit Don Matthias, dem unehelichen Sohn Rudolfs II., *ein wenig gespielt*. Allmählich tritt in der Beschreibung des Wiener Aufenthalts das „honestum und utile" hervor, das der Verfasser in den väterlichen Ermahnungen als höchstes Ziel des Reisens charakterisiert.

Die Konversationen, die Christian am Beginn des Tagebuches wiedergibt, sind vom Zwang zur Apologie geprägt, womit das Werk dem Bericht nahesteht, den Christian über seine Rolle in der Schlacht am Weißen Berg schrieb.[51] An die Stelle dieser persönlichen Rechtfertigung treten nach dem Fußfall Unterredungen über den Böhmischen Aufstand, der Gegenstand von Diskussionen am Wiener Hof ist. Die Gesprächsteilnehmer sind böhmische Adelige der katholischen „Partei", so daß Christian sich mit der Sicht der Gegenseite konfrontiert. Die beiden aus-

---

49 Er bedeutete nur den Anfang der Befreiung, die erst durch die Lossprechung durch den Kaiser am 31. Dezember 1622 in Regensburg endgültig vollzogen wurde. Vgl. Tagebuch Christians, S. 75 f.

50 Tagebuch Christians, S. 9.

51 Er ist nur in Abschrift überliefert und trägt den Titel „Eigentlicher Bericht wie es mir in und seithero der Schlacht vor Prag ergangen", hg. v. Heinrich Lindner, Fürst Christian II. In: Mittheilungen aus der Anhaltischen Geschichte, Dessau 1830, S. 3–26. Eine Zusammenfassung in der Einleitung von G. Krause (Tagebuch Christians, S. VII–XIII.) Der Bericht endet genau dort, wo das Tagebuch beginnt, mit der Überführung nach Wien.

führlichsten Konversationen finden am 13. Dezember 1621 statt, zunächst mit Oberst Albrecht von Wallenstein und dem spanischen Gesandten Oñate über die militärische Beurteilung der Schlacht, dann mit Polyxena von Lobkowitz über die gesellschaftlichen Hintergründe der pfälzischen Herrschaft. Das Gespräch mit der Gemahlin des böhmischen Kanzlers ist – abgesehen von kurzen Antworten Christians – eigentlich ein Monolog, in dem Polyxena voll Zynismus mit ihren ehemaligen Peinigern abrechnet, die sie in Prag in Geiselhaft nahmen und sogar die Gebeine ihres Vaters verspottet hätten.[52] Neben militärischen und religiösen Gründen für das Mißgeschick des Winterkönigs führt sie das Verhalten von dessen Gemahlin Elisabeth von England an. Diese wäre schlecht bedient gewesen mit drei Edelleuten und einem *Affen, der in die schüßeln gesprungen*. Polyxena „lobt“ zwar *die Königin vnd das Engelische Frawenzimmer, schalt aufs Böhmische, so bey ihr sich angemeldet wegen ihres schlechten herkommens*.[53] Christian betont in seinen Auf-

52 Polyxena von Lobkowitz (geb. Pernstein) gehörte wie ihr Mann Zdenko zu den radikalsten Vertretern des katholischen und habsburgertreuen Adels in Böhmen. Sie war in Prag Mittelpunkt eines kulturell und politisch spanisch orientierten „Salons“; im Gefolge des Fenstersturzes wurde sie in Haft genommen, weil sie die kaiserlichen Statthalter Martinitz und Slawata beschützte. Nach der Niederschlagung des Aufstandes gehörte sie zu den Personen, die ökonomisch am meisten von den Güterkonfiskationen profitierten. Vgl. Adam Wolf, Geschichtliche Bilder aus Oesterreich. Bd. 1, Wien 1878, S. 312 f.; Constant von Wurzbach, Biographisches Lexikon des Kaiserthums Oesterreich. Bd. 15, Wien 1866, S. 329; J. V. Polišenský, The Thirty Years War, London 1971, S. 88, 142; Thomas Winkelbauer, Fürst und Fürstendiener. Gundaker von Liechtenstein, ein österreichischer Aristokrat des konfessionellen Zeitalters (MIÖG Ergbd. 34), Wien – München 1999, S. 58, 73.

53 Tagebuch Christians, S. 12. *Der Anblick ihrer Affen und ihrer Hunde war ihr angenehmer als der unserige*, meint Elisabeths Tochter Charlotte verbittert in ihren Memoiren über ihre Mutter; Die Mutter der Könige von Preußen und England. Memoiren und Briefe der Kurfürstin Sophie von Hannover, hg. v. Robert Geerds, Leipzig 1913, S. 13.

zeichnungen, daß er der „Kanzlerin" heftig widersprochen habe; bereits einleitend versucht er ihre Ausführungen, die sich auch gegen seinen Vater richten, als *weiber discours* einer Sechzigjährigen zu disqualifizieren, die ihn vergeblich in das Garn ihres religiösen Eifers zu ziehen versuchte. Trotzdem ist dieses Gespräch eines der ausführlichsten des gesamten Tagebuches, denn ungeachtet des Zerrbildes stellen die Ausführungen Polyxenas ein Lehrstück über das ideale Benehmen bei Hof dar. Die Hinweise auf den Verstoß gegen Etikette und soziale Abgrenzung versuchen, den Sieg bei Prag u. a. auf die Vorbildhaftigkeit der Wiener Gesellschaft als Fundament eines politisch-militärischen Sendungsbewußtseins zurückzuführen. Einzelne Bestandteile dieser Argumentationskette kehren in anderen Zusammenhängen des Diariums wieder. Am 16. Dezember macht z. B. der Obersthofmeister Graf Ulrich von Eggenberg dem Gefangenen Hoffnung auf eine Versöhnung des Kaisers mit dem Haus Anhalt: *der itzige Keyser thete nicht wie etwan die vorigen, weil er sich von cavallieri mehr alß von gemeinen leuten regieren ließ.*[54] Der Diarist legt diese Worte bemerkenswerterweise in den Mund eines Protagonisten der letzten großen Aufsteigerwelle am kaiserlichen Hof, der sich um 1620 zunehmend sozial abgrenzte.[55] Wie im Gespräch mit der böhmischen Kanzlerin wird die soziale und kulturelle Exklusivität zum wesentlichen Element für die Selbstdarstellung der Wiener Hofgesellschaft.

Zeitgenössische Diaristen umschreiben die Bedeutung des Wiener Hofes gerne mit Würde und Glanz der Höflinge, die den Kaiser umgaben. Der litauische Generalsekretär Stefan

54 Tagebuch Christians, S. 13.

55 Vgl. Robert J. W. Evans, Das Werden der Habsburgermonarchie 1550–1700. Gesellschaft, Kultur, Institutionen (Forschungen zur Geschichte des Donauraumes 6), Wien – Köln – Graz 1986, S. 140. Vgl. auch ders., Die Reichsidee. In: Geoffrey Parker, Der Dreißigjährige Krieg, Frankfurt/M. – New York 1987, S. 156–162, hier S. 160.

Pac, der während der Italienreise des polnischen Kronprinzen Wladislaw 1624/25 ein Tagebuch führte, listet die *namhaften, prächtig gekleideten Personen* des kaiserlichen Hofadels einzeln auf: *Wir wurden ihrer Gesellschaft in keiner Weise überdrüssig, denn sie merkten (soweit sie uns Polen verstanden), daß unter unseren Leuten ebensoviel Stolz vorhanden war wie bei ihnen.*[56] Der Wiener Hof gibt hier einen Verhaltensmaßstab vor, an dem sich der Reisende messen konnte. In einem Atemzug kritisiert Pac aber die Unmöglichkeit, vertraut mit diesen Höflingen umzugehen, denen er menschliche Wärme abspricht. Möglicherweise befremdeten den Schreiber die Formalitäten und Facetten jenes Wiener Hofzeremoniells, das im Tagebuch Christians wesentlicher Ausdruck der Integration ist. Das höfische System entwickelte ein kompliziertes System an Gesten und Verhaltensregeln, das den Rang des einzelnen festlegte und von seinen Mitgliedern äußerste Selbstbeherrschung verlangte.[57] Dieser „Primat des Äußeren" als Verhaltensrichtlinie wird von Christian von Anhalt genau beobachtet. Anläßlich eines Mittagessens beim spanischen Botschafter zeigt er sich beeindruckt von der Möglichkeit, selbst Teil der elitären Wiener Gesellschaft zu werden: *Wir seynd sehr woll tractieret worden, vnd ist mir alle ehr wiederfahren.*[58] Am 28. Dezember

56 Die Reise des Kronprinzen Władisław Wasa in die Länder Westeuropas in den Jahren 1624/1625, hg. u. übertr. v. Bolko Schweinitz, Leipzig – Weimar 1988. In dieser Ausgabe werden die drei (z. T. später von den Verfassern überarbeiteten) Aufzeichnungen während der Reise des Kronprinzen kompiliert herausgegeben.

57 Vgl. Norbert Elias, Die höfische Gesellschaft. Untersuchungen zur Soziologie des Königtums und der höfischen Aristokratie (Suhrkamp Taschenbuch Wissenschaft 423), Frankfurt/M. [7]1994, S. 129 f., für den Wiener Hof Hubert Ch. Ehalt, Ausdrucksformen absolutistischer Herrschaft. Der Wiener Hof im 17. u. 18. Jahrhundert (Sozial- und wirtschaftshistorische Studien 14), Wien 1980, S. 73, 75 f. Elias – kritischer: Jeroen Duindam, Myths of Power. Norbert Elias and the Early Modern European Court, Amsterdam 1995.

58 Tagebuch Christians, S. 14.

1621 begibt er sich nach dem Besuch des Ballhauses zur Gräfin Maria von Mansfeld, der Gemahlin des kaiserlichen Oberstjägermeisters,[59] bei der sich eine kleine Gesellschaft versammelt, um *In die helle fahren* zu spielen, wohl eine Art Kartenspiel.[60] Das Glücksspiel hatte in der höfischen Gesellschaft eine wichtige soziale Funktion, indem es die Umgangsformen ritualisierte und dem Spieler seine Privilegierung innerhalb des politischen Systems vor Augen führte.[61] Obwohl der Besucher das „Hölle-Spiel" vorher nicht gekannt haben dürfte, hält er nicht dessen Verlauf fest, sondern allein die Namen der sieben Mitspieler, die er einzeln durchnumeriert. Jeder der Teilnehmer bekommt so seinen festen Platz in der Erinnerung des Diaristen, der sich gleichzeitig selbst in den Kreis einfügt.

Im Rahmen der höfischen Prachtentfaltung nahmen die Festtafeln einen zentralen Platz ein. Seit Maximilian I. gab es in Wien die burgundische Tradition der üppigen Schauessen mit musikalischen und theatralisch-mythologischen Einlagen.[62] Die Faszination, die derartig inszenierte Veranstaltungen auf den Besucher der Stadt ausüben konnten, veranschaulicht besonders die „Reiß-Beschreibung" (1658) des Deutschen Hieronymus Welsch, der sich 1630/31 im Dienst eines Reichshofratsagenten in Wien befand. Das Kapitel „Von der Stadt Wien in Oesterreich" besteht nach kurzen topographischen

59 Sie war vor dem Krieg ein Mittelpunkt der Prager Gesellschaft. Vgl. F. Stieve, Mansfeld, Graf Bruno III. In: ADB 20, 1884, S. 221 f.

60 Tagebuch Christians, S. 15. Vgl. Jakob Grimm, Wilhelm Grimm, Deutsches Wörterbuch. Bd. 4/2, Leipzig 1817, Sp. 1748 (Begriff „Hölle").

61 Vgl. Manfred Zollinger, Geschichte des Glücksspiels. Vom 17. Jahrhundert bis zum Zweiten Weltkrieg, Wien – Köln – Weimar 1997, S. 58 f.

62 Vgl. hierzu Karl Vocelka, Habsburgische Hochzeiten 1550–1600. Kulturgeschichtliche Studien zum manieristischen Repräsentationsfest (Veröffentlichungen der Kommission für Neuere Geschichte Österreichs 65), Wien–Köln–Graz 1976, und Beatrix Bastl, Gernot Heiß, Tafeln bei Hof: Die Hochzeitsbankette Kaiser Leopolds I. In: WGBl 50, 1995, S. 181–206.

Hinweisen ausschließlich aus der Beschreibung der Feierlichkeiten im Rahmen der Hochzeit zwischen König Ferdinand III. und der Infantin Maria, wobei Welsch seine Bewunderung für *Königliche Pracht und Reichthum* äußert.[63] Die höfischen Feiern demonstrierten in ihrem Aufwand und ihrem streng strukturierten Aufbau eine ökonomische, v. a. aber auch kulturelle Macht, sowohl für Zuschauer wie Welsch als auch für unmittelbare Akteure wie Christian von Anhalt. Dieser wird vom Geheimen Rat Karl von Harrach zur Hochzeit von dessen Tochter Katharina mit Max von Waldstein am 16. Jänner 1622 eingeladen. Er ist im berittenen Konvoi anwesend, der den Bräutigam ins Landhaus führt und dann den Kaiser aus der Burg abholt. Christian stellt sich nun als Teil der von Eggenberg gelobten Kavaliere dar. Das Fest im großen Saal des Landhauses[64] wird zum Schauspiel, bei dem die Gäste selbst Rollen übernehmen: *und auch ein schön ballet gehalten worden, von 6 Damen vnd 6 Cavallieri, welche Damen nach dem ballet den Keyser vnd darnach vns andere aufzogen*.[65] Ein derartiges Ballett ist typisch für die Frühzeit des Tanzes am Wiener Hof, in dem noch kaum ein Unterschied zwischen Bühnen- und Gesellschaftstanz bestand; Zuschauer und Ausführende entstammten derselben Gesellschaftsschicht. Christian hält genau jenen Punkt fest, an dem die Leichtigkeit des Tanzes in die hierarchische Realität des Hofes übergeht. Ähnlich wie im Elisabethanischen England oder dem Frankreich Ludwigs XIV. stellt auch hier das Ballett offensichtlich ein wichtiges Instrument dar, Potentaten des

63 Hieronymus Welsch, Warhafftige Reiß-Beschreibung auß eigener Erfahrung von Teutschland, Croatien, Italien, denen Insuln […], Stuttgart 1658, S. 13–17. Welsch mischt in seinem Reisebericht selbst Gesehenes mit Kenntnissen aus gedruckten Werken (vgl. Krusenstjern, Selbstzeugnisse, S. 236). Die Hochzeitsfeierlichkeiten von 1631 werden auch im Diarium von Georg Christoph Schallenberg ausführlich beschrieben (Diarium, fol. 19).

64 Über die Bedeutung des Landhauses als Ort von Festlichkeiten sowie den damaligen Bauzustand vgl. Czeike, Historisches Lexikon, Bd. 4, S. 406–408.

65 Tagebuch Christians, S. 19.

Reiches an den Hof zu binden.[66] Ausführlicher als der Veranstaltung im Landhaus widmet sich der „Gefangene" jener im Haus eines Herrn Greiß, wohl der Reichshofrat Sebastian Greiß (geb. 1564).[67] Dieser bietet nach einem Abendessen eine *hübsche mascara* mit sechs Fräulein, die als Mohrinnen verkleidet ein *ballet* tanzen.[68] Viel deutlicher als bei der Veranstaltung im Landhaus handelt es sich hier um einen Schautanz. Die jüngere österreichische Forschung hat den Beginn des Wiener Balletts vom Jahre 1633 auf das Jahr 1622 zurückverlegt, als Kaiserin Eleonora Gonzaga in die Residenzstadt einzog und für tänzerische Veranstaltungen im italienischen Stil sorgte.[69] Die Aufzeichnungen Christians wurden noch vor dem Herrschaftsantritt Eleonoras geschrieben und verweisen auf eine Bereitschaft im Wiener Hofadel für diese Form der Repräsentation, die den Erfolg der späteren, zentral gesteuerten Inszenierungen Eleonoras gewährleisten konnten.

Untrennbar verbunden mit der Pflege des Balletts ist die Fama vom Rang Wiens als Musikstadt ersten Ranges. Dieser Ruhm wurde in der Kriegszeit begründet und beruhte auf der Offenheit der innerösterreichischen Fürsten für den neuen italienischen Stil.[70] Gegen Ende des Krieges macht Martin Zeiller in Merians Topographie die Bedeutung der Kapelle, die

---

66 Vgl. Rudolf Braun, David Gugerli, Macht des Tanzes – Tanz der Mächtigen. Hoffeste und Herrschaftszeremoniell 1550–1914, München 1993, S. 134.

67 Zur Familie Greiß vgl. Franz Karl Wißgrill, Schauplatz des landsässigen Nieder-Oesterreichischen Adels vom Herren- und Ritterstande von dem XI. Jahrhundert an, bis auf jetzige Zeiten. Bd. 3, Wien 1797, S. 393–401.

68 Tagebuch Christians, S. 18.

69 Vgl. Andrea Sommer-Mathis, Die Tänzer am Wiener Hofe im Spiegel der Obersthofmeisteramtsakten und Hofparteienprotokolle bis 1740 (MÖSTA Ergbd. 11), Wien 1992, S. 8 f.

70 Einen sehr fundierten Überblick über die Entwicklung Wiens zur „Musikstadt" bietet Herbert Seifert, „Die kaiserlichen Hofkapellen". Italienisches Barock in Wien (1619–1705). In: Musica Imperialis. 500 Jahre Hofmusikkapelle in Wien 1498–1998. Ausstellung der Musiksammlung der Österreichischen Nationalbibliothek, Tutzing 1998, S. 43–82.

ursprünglich allein an die Person des Herrschers geknüpft war, zu einem Charakteristikum der Residenzstadt Wien: *wie dann/ vor andern Höfen/ dieser käyserliche auch deßwegen den Vorzug hat.*[71] Unmittelbar nach dem Krieg stellt Zeiller den kaiserlichen Hof in eine politische Konkurrenzsituation, die durch kulturelle Aspekte mitbestimmt wird. Stefan Pac, der litauische Generalschreiber, versucht zwei Jahrzehnte zuvor anläßlich einer Opernaufführung diese Vorrangstellung zu erklären: *So vortrefflicher Musiker erfreut sich kein anderer Monarch, was nicht verwundert, weil S. Kaiserliche Majestät ungewöhnlich viel zahlt.*[72] Pac nimmt damit einen Vorwurf auf, dem sich der Wiener Hof gerade angesichts der finanziellen Krise zur Zeit des Krieges ausgesetzt sah. Der kaiserliche Beichtvater Lamormaini rechtfertigt die hohen Ausgaben mit ihrer Nützlichkeit, nämlich dem Preis Gottes. Diese religiöse Nützlichkeit erwies sich u. a. darin, daß die Kapelle den Erfolg der gegenreformatorischen Maßnahmen durch eine Demonstration kultureller Hegemonie bekräftigte.[73] Gesandte bei Hof konnten beeindruckt werden, da sie oft anwesend waren, wenn der Kaiser seine Messe hörte. Bereits mitten im Böhmischen Aufstand vermerkt der erwähnte Hans Ludwig von Kuefstein, damals noch Gesandter der protestantischen Stände Niederösterreichs, daß er eine Weile der Vespermusik zuhörte, als er Sommer 1620 bei Hof auf eine Audienz beim Kaiser wartete.[74] Diese Notiz macht, wenn auch noch beiläufig, die höfische Musikpflege zum

---

71 Topographia Provinciarum Austriacarum, S. 45.

72 Die Reise des Kronprinzen, S. 51.

73 Der politisch-religiöse Kontext der Wiener Musikpflege wird besonders gut dargestellt v. Steven Saunders, Cross, Sword, and Lyre. Sacred Music at the Imperial Court of Ferdinand II of Habsburg (1619–1637), Oxford 1995, S. 3–16.

74 Hans Ludwig v. Kuefstein: Retzer Diarium. HHStA, Niederösterreichische Akten 10b, fol. 294v. Vgl. auch Kuefstein, Studien zur Familiengeschiche. Bd. 3, S. 145.

Thema des diplomatischen Alltags. Christian von Anhalt ist äußerst sparsam mit wertenden Attributen, doch gleich nach seiner ersten Mahlzeit bei Hof fällt ihm die *stattliche music* auf, womit zunächst nur der Umfang der Kapelle gemeint sein muß. Im folgenden spricht er aber auch von einer *schönen* oder *vortreflichen Musica*, womit er wohl ein ästhetisches Urteil abgibt.[75] Als Zeiten dieses Musikgenusses nennt er die Vesper, in denen Psalmen gesungen wurden, oder das Abendessen, *dabei eine sehr schöne Musica alzeit seyn muß, so privatim in der anticammer geschieht*. Die hier erwähnte „Antecamera" (Vorzimmer) gehörte zu den innersten Empfangszimmern der Burg, deren Betretung eine besondere Ehre war.[76] Die musikalische Inszenierung ist in Christians Vermerk nicht einfach Untermalung eines Abendessens, sondern sie ist jenes Medium, durch welches das Vordringen in das räumliche Machtzentrum des Reiches zum erinnernswerten Erlebnis wird.

Am Ausgangspunkt von Christians Verhandlungen mit dem Wiener Hof stand das Bestreben, den Raum der Stadt verlassen zu können. Nach dem Fußfall ist jedoch wenig davon zu hören, daß er Spaziergänge gemacht hätte oder ausgeritten sei. Die Wiener Umgebung ist für den Gefangenen nur mehr im Rahmen zweier höfischer Rituale von Interesse, der Schlittenfahrt und der Jagd. Die Schlittenfahrt war in der höfischen Gesellschaft kein privates Vergnügen, sondern ähnlich dem Tanz Teil des Zeremoniells. Hieronymus Welsch meint in seiner gedruckten Reisebeschreibung, daß man im Winter 1630 Kaiser und König *neben vilen anwesenden Fürsten und Herren/ manchmal* [hat] *sehen im*

75 Tagebuch Christians, S. 9–17.

76 Unter Ferdinand III. wurde deswegen ein Verzeichnis über Personen angelegt, die Zutritt zur Antecamera hatten. Vgl. Bastl, Heiß, Tafeln bei Hof, S. 202. Zu den Zeremonialräumen der Burg im 17. Jahrhundert vgl. v. a. Christian Benedik, Die Wiener Hofburg unter Kaiser Karl VI. – Probleme herrschaftlichen Bauens im Barock (ungedr. phil. Diss.), Wien 1989, S. 45.

Schlitten fahren.[77] Die Schlittenfahrt offenbart dem zusehenden Publikum sinnfällig die höfische Ordnung. Für den 29. Dezember vermerkt Christian eine Schlittenfahrt, die aus zwölf Schlitten besteht, deren *Cavallieri* der Diarist auch hier einzeln aufzählt. Er selbst fährt mit der Tochter der Gräfin Mansfeld, dann am 3. Jänner mit Maximiliana Harrach, wobei das Pferd ausreißt, ohne daß *Gott lob* der Wagen umfällt oder sonst ein Schaden geschieht.[78] Während Christian für die anderen Schlitten nur die Männer, nicht aber die Hofdamen nennt, erwähnt er immer seine Begleiterin. Im „Schlittenspiel" lag stets auch eine latente Erotik enthalten, die sich daraus ergab, daß je Fahrzeug nur ein Paar zusammengegeben wurde, zuweilen durch Lose.[79] Franz Christoph Khevenhüller, der Autor der *Annales Ferdinandei*, erzählt in seiner Autobiographie (um 1624), daß ihm die Schlittenfahrt Gelegenheit dazu gab, sich erstmals seiner Auserwählten, Barbara Teufel, zu nähern.[80] In Christians Tagebuch ist die Paarbildung nur eine vorübergehende, doch sie konnte ähnlich der Ehe eine Verflechtung des Gastes mit der Wiener Adelsoligarchie demonstrieren.

Nennt der Diarist für die Schlittenfahrten keine bestimmten Orte, da Ausgangspunkt und Ziel mit dem Burgplatz meist identisch waren, so wird er bezüglich der Jagden kaum konkreter. Er deutet meist nur die räumliche Bewegung an, die *hinauß* ging; am 18. Dezember 1621 heißt es, daß es *aufm Schiff die Donaw hinab ging.*[81] Will man die räumliche Ausdehnung

77 Welsch, Warhafftige Reiß-Beschreibung, S. 13.

78 Tagebuch Christians, S. 15 f.

79 Vgl. Beatrix Bastl, Feuerwerk und Schlittenfahrt. Ordnungen zwischen Ritual und Zeremoniell. In: WGBl 51, 1996, S. 197–229.

80 Franz Christoph Khevenhüller, Autobiographie. Stiftsbibliothek St. Florian, Hs. XI 508, S. 2278–2287. Vgl. auch Jodok Stülz, Des Grafen Franz Christoph Khevenhillers Brautwerbung. In: Museal-Blatt 1839/40, S. 2–5 u. 9–11, hier S. 3.

81 Tagebuch Christians, S. 13. Es handelte sich offensichtlich um die spe-

des kaiserlichen Jagdverhaltens zur Kriegszeit erfassen, so bieten wohl die Kalendereintragungen Ferdinands II. und Ferdinands III. die besten Quellen. Beide Herrscher beschränken sich in ihren Notizen ausschließlich auf die Jagd. Sie halten konsequent Zeit und Ort der Hofjagd fest, z. B. *den 13ten Jener* [1629] *in Prater bei der Camerwisen* [...] oder *Im veldt zwischen oberlaa vnd fesendorf* (September 1649).[82] Die Vermerke betreffen den gesamten Wiener Raum, für den sich Ferdinand II. den Wildbann sicherte, indem er unter Berufung auf das kaiserliche Jagdregal den niederösterreichischen Adel auszuschließen suchte.[83] Die kaiserlichen Jagdnotizen sind in ihrer Grund-

---

zielle Form „Wasserjagd" in den Donauauen. Vgl. Wilhelm Schlag, Die Jagd. In: Adel im Wandel. Politik – Kultur – Konfession. 1500–1700. Niederösterreichische Landesausstellung (Katalog des Niederösterr. Landesmuseums NF 251), Wien 1990, S. 343–356, hier S. 350.

82 Die Kalender Ferdinands II. sind für die Jahre 1629, 1631–1633, 1635–1637 im HHStA (Familienakten Ktn. 88) sowie für die Jahre 1624 und 1626 in der ÖNB (Cod. 13330 u. 13331) erhalten. Die Kalender Ferdinands III. umfassen den Zeitraum 1638–1657 (HHStA, Familienakten Ktn. 89 u. 90). Jagdnotizen stehen somit am Anfang der kaiserlichen Tagebuchnotizen im 17. Jahrhundert, die erst unter Leopold I. etwas an thematischer Breite gewinnen (z. B. Korrespondenz- und Reisevermerke) und dann in den Kalenderreinschriften Karls VI. auch das Beziehungs- und Gefühlsleben einschließen.

83 Vgl. dazu die Aufstellung der betroffenen Adeligen bei Michaela Mischek, Die Jagd in Niederösterreich vom 16. bis zum 18. Jahrhundert (ungedr. phil. Dipl.-Arb.), Wien 1990, S. 97–109. Zur Jagd im Wiener Raum vgl. auch Josef Vass, Jagd und Fischerei in Wien. 180. Wechselausstellung der Wiener Stadt- und Landesbibliothek, Wien 1977. Zeitgenössiche Quellen legen nahe, daß sich der Kaiser nicht zuletzt deswegen für Wien als Residenz entschied, weil sich die nahe gelegenen Wälder und Auen vortrefflich für die Jagd eigneten. Vgl. Norbert Weigl, Jagd und Jagdrobot im kaiserlichen Ebersdorf vom 17. bis 20. Jahrhundert (ungedr. Dipl.-Arb.), Wien 1993, S. 11. Über das neuere historische Interesse an der Jagd vgl. Werner Rösener, Jagd und höfische Kultur als Gegenstand der Forschung. In: ders. (Hg.), Jagd und höfische Kultur im Mittelalter (Veröffentlichungen des Max-Planck-Instituts für Geschichte 135), Göttingen 1997, S. 11–28.

struktur Abschußlisten, indem sie neben Zeit und Ort immer die genaue Zahl und Art des erlegten Wildes angeben, vereinzelt auch anwesende Familienmitglieder, Hofadelige, Jäger und Hunde. Der Jagderfolg wird zum inneren Zwang, so daß die erbrachte Leistung oft wie in einem Geschäftsbuch bilanziert wird. Das Bemühen vor allem Ferdinands II., die Jagden lückenlos zu erfassen, führt zu Rechtfertigungsstrategien, so daß man überdies etwas über das Wetter oder Krankheiten des Schreibers erfährt: *den 10ten* [Jänner 1631] *habe ich weegen des Eiß in der Spitelauen nit jagen kinnen, den 11.* [Oktober 1633] *habe ich wegen eines Catar nit aufkundt.* In den Notizen des Kämmerers Franz Albrecht Harrach, des Rates Adam von Waldstein oder des „Arretierten" Georg Christoph von Schallenberg findet man kleine Fragmente dieser Abschußlisten, wenn sie von der Teilnahme an den Hofjagden in derselben Form wie der Kaiser berichten.[84] Die diaristische Struktur der kaiserlichen Kalendereintragungen spiegelt sich in jenen der Höflinge – diese partizipieren am weidmännischen Erfolg des Herrschers. Die von Ferdinand II. vorangetriebene „Monopolisierung" der hohen Jagd im Wiener Raum band den Adel an den Hof, indem dieser allein jene erweiterten Jagdmöglichkeiten anbie-

84 Franz Albrecht Harrach, Kalendernotizen. Wien, ÖStA, AVA, FA Harrach, Hs. 317–319 (für die Jahre 1635–1659, mit Lücken) z. B. 30. Aug. 1642: *Mt. auf Sauhatz, 4 gefangen.* Georg Christoph Schallenberg, Diarium. fol. 21r: *keiser schens gejatt ghaltten 410* [?] *hirschn, 10 wolff* [...] (10. März 1631). Deník rudolfinského dvořana. Adam mladší z Valdštejna 1602–1633, hgg. von Marie Koldinská, Petr Maťa, Praha 1997, z. B. S. 334: 20. [Mai 1633]. Zu diesem Tagebuch vgl. auch Maria Koldinská, Die Welt Adams des Jüngeren von Waldstein durch die Optik seiner Tagebücher. In: Folia Historica Bohemica 18, Praha 1997, S. 121–142 [Tschechisch mit deutscher Zusammenfassung]. Für die Hilfe bei der Lektüre des Waldstein-Tagebuches danke ich Thomas Winkelbauer. Leider sind wichtige Tagebücher des böhmischen Hofadels wie jenes von Zdenko Adalbert Popel von Lobkovic ebenso wie zahlreiche österreichische Selbstzeugnisse der Zeit noch nicht ediert. Vgl. Petr Maťa, Die ältesten böhmischen und mährischen Tagebücher. In: Folia Historica Bohemica 18, Praha 1997, S. 99–120.

ten konnte, die dem einzelnen zunehmend versagt wurden. Die Jagd war durch ihre Exklusivität ein politisches und diplomatisches Instrument.[85] Christian von Anhalt sieht in der Teilnahme an der kaiserlichen Jagd ein besonderes Zeichen der Gunst: *Mit dem Keyser hinauß auff die Schweinhatz geritten, in welcher sich Ihre M't gar gnedig gegen mich erzeiget, viel geredet, vnd stets mit herumb durchs jagen reiten lassen, da wir 29 Säwe, ein spießhirsch vnd stück wild gefangen.*[86] Auch Christian übernimmt im Kleinen die diaristische Perspektive seines Gastgebers und fügt die kaiserliche Abschußliste in seine Notizen ein, wobei die personelle Barriere durch das Pronomen „wir“ aufgehoben wird. Er schildert das gemeinsame Erlebnis eines Rituals als Basis der politischen Kommunikation.

Die Topographie Wiens wird im Tagebuch Christians nur durch wenige Anhaltspunkte faßbar, die Burg mit der Antecamera, das Ballhaus, das Landhaus und die Jagdgründe der Umgebung. Es ist somit allein der höfisch-aristokratische Raum, den er in seinen Aufzeichnungen erschließt. Dieser Blickwinkel stimmt weitgehend mit jenem anderer deutscher Fürsten überein, die Wien zur Kriegszeit besuchen, etwa mit den Kalendernotizen des Herzogs Wolfgang Wilhelm von Pfalz-Neuburg, der 1636 in die Residenzstadt kommt, um seine Fürstentümer von kaiserlichen Truppen zu befreien.[87]

---

85 Der polnische Höfling Jan Hagenaw vermerkt mehrmals in seinem Diarium, daß das Treffen des Kronprinzen Wladislaw mit norddeutschen Fürsten in Wien nur deswegen verhindert wurde, weil der Kaiser seinen Gast zur Jagd holte. Vgl. Die Reise des Kronprinzen, S. 54.

86 Tagebuch Christians, S. 12. Derartige Eintragungen blieben auch in den späteren Tagebüchern aus der Bernburger Zeit ein thematischer Schwerpunkt des Verfassers. Vgl. hierzu (v. a. die Erwähnung von Bären, Wölfen und Lachsfang) Reinhold Specht, Aufzeichnungen in Fürst Christians II. von Anhalt-Bernburg Tagebüchern über besonderes Jagdwild und über Vogel- und Lachsfang (1622–1656). In: Bericht des Naturwissenschaftlichen Vereins zu Zerbst 1935, S. 5–13.

87 F. Küch, Die Politik des Pfalzgrafen Wolfgang Wilhelm, 1632 bis 1636.

Abgesehen von Notizen etwa über Ratssitzungen ist es derselbe thematische Radius, den österreichische oder böhmische Höflinge in ihren Aufzeichnungen der Kriegszeit ziehen. Im Kontext von Christians Notizen bedeutet dieser Raum die allmähliche Einbindung in das komplizierte System des Zeremoniells, das die politische Rehabilitierung umschreibt. Im Gegensatz zu Tagebüchern wie jenem von Herzog Wolfgang Wilhelm bleibt bei Christian der Raum kirchlicher Riten weitgehend ausgeklammert, obwohl der Verfasser Kontakt mit katholischen Geistlichen aufnimmt.[88] Vor allem in der Aufzeichnung des Gespräches mit Polyxena von Lobkowitz bringt er seinen Widerstand gegen den Bekehrungsdruck am Wiener Hof zum Ausdruck. Die Unmöglichkeit einer ungehinderten Religionsausübung vermerkt er mit der Zurückweisung seines Wunsches, zur protestantischen Schloßkirche von Hernals zu reisen.[89] Offensichtlich gab es auch nach dem Fußfall des Fürsten noch verbotene Orte in der Stadt.

Zugleich ein Beitrag zur Geschichte von Jülich und Berg während des dreißigjährigen Krieges. In: Beiträge zur Geschichte des Niederrheins 11, 1897, S. 1–220. (Krusenstjern Nr. 227 B). Der Wiener Aufenthalt S. 195–205.

88 In seinem Tagebuch werden zwar die wichtigsten Kirchen Wiens genannt, doch bezeichnenderweise erst im Rahmen einer Nachricht, die 1623 in Regensburg über eine unglückverheißende Naturerscheinung in Wien anlangt. Tagebuch Christians, S. 81.

89 Ebd., S. 13. Die Schloßkirche von Hernals war nach dem Verbot des protestantischen Gottesdienstes in Wien das bedeutendste Ziel des „Auslaufens“; dementsprechend wird sie auch in den Tagebuchnotizen von protestantischen Besuchern wie Hans Ludwig von Kuefstein immer wieder als religiöses Ziel genannt. Für seinen kurzen zweiten Wiener Aufenthalt im Juli 1622 erwähnt Christian die Lektüre in den „Geistlichen Betrachtungen“ des Monarchomachen Philippe Duplessis-Mornay, doch die Betonung der Eintragungen scheint auf der Auseinandersetzung mit der französischen Originalsprache des Werkes zu liegen (Tagebuch Christians, S. 47).

Narrenspiele

Mit der höfischen Welt mußte sich jeder Besucher Wiens in irgendeiner Form auseinandersetzen. Glücklicherweise überließen reisende Fürsten und Gesandte die Protokollierung des Erlebten oft Sekretären und Schreibern, die Zugang zur höfischen Gesellschaft hatten, ohne selbst ein Teil davon zu sein. Sie erschließen dadurch Facetten der Stadtbeschreibung, die in Aufzeichnungen ihrer Dienstgeber keine Berücksichtigung finden. Der Grad, inwieweit der jeweilige Schreiber hierbei seine persönlichen Erfahrungen einbringen konnte, variiert freilich von Text zu Text. War der erwähnte Sekretär des englischen Gesandten Arundel, William Crowne, in seinem gedruckten Tagebuch der Reise an den kaiserlichen Hof 1636 stärker an die Vorgaben seines Herrn gebunden, so hatten andere Schreiber größere diaristische Freiräume. Der Fall ist dies z. B. bei Zacharias Allert, der im Gefolge des Breslauer Stadtsyndikus Dr. Reinhard Rosa Jänner und Februar 1627 in Wien verbrachte.[90] Beide waren Teilnehmer einer Gesandtschaft, die auf der schlesischen Ständeversammlung in Neumarkt im Oktober 1626 beschlossen und vom Breslauer Kanoniker Kaspar Karas von Rhomstein geleitet wurde. Nach seiner Niederlage bei der Dessauer Brücke im April desselben Jahres hatte der protestantische Feldherr Graf Ernst von Mansfeld mit dänischer Hilfe ein neues Heer aufgestellt, um es mit jenem Gábor

---

90 Über Alllert ist nur sehr wenig bekannt. Spätestens seit 1625 und mindestens bis 1631 war er Diener und Sekretär Rosas. Drei Jahre später heiratete er die Tochter eines Schweidnitzer Bürgers. Er war kaiserlicher Lehens- und Landeskanzleiverwalter der Fürstentümer Schweidnitz-Jauer, bis in die Zeit um 1660 vermutlich auch Schreiber des schlesischen Dichters Daniel Czepko d. J. Vgl. die Einleitung der Ausgabe: Zacharias Allerts Tagebuch aus dem Jahre 1627, hg. v. Julius Krebs (Ergänzungsheft zum 64. Jahresbericht der Schlesischen Gesellschaft für vaterländische Cultur), Breslau 1887, S. 4 f.

Bethlens in Ungarn zu vereinen.[91] Der Weg führte ohne größeren Widerstand durch Schlesien. Der kaiserliche General Wallenstein zog nicht nur auf demselben Weg nach, sondern beabsichtigte auch, die Winterquartiere für seine Truppen in Schlesien einzurichten. Diese Kriegslast abzuwenden war Ziel der Reise, die Allert in seinem Diarium beschreibt.

Bei dem Tagebuch handelt es sich eigentlich um zwei Werke, die die Reisen an den kaiserlichen Hof nach Wien und Prag Anfang und Ende 1627 beschreiben.[92] Sie sind äußerst schlecht überliefert, da z. B. der Schluß der Prager Reise völlig fehlt und auch sonst zahlreiche Blätter verschwunden sind, z. B. die Notizen über die ersten Tage in Wien. Die Aufzeichnungen sollten die Reisen dokumentieren, wie mehrere Aktenverweise nahelegen.[93] Die Beschreibung Prags enthält überdies breite topographische Ausführungen, die in den Vermerken des Wiener Aufenthaltes weitgehend fehlen, wenn man von kurzen Angaben etwa über die Bauweise des Stephansdoms ab-

91 Zum historischen Hintergrund vgl. v. a. Julius Krebs, Schlesien in den Jahren 1626 und 1627. In: Zeitschrift des Vereins für Geschichte und Alterthum Schlesiens 20, 1886, S. 1–32; 21, 1887, S. 116–148; 25, 1891, S. 124–184; 27, 1893, S. 150–203; 28, 1894, S. 147–178; ders., Die ersten Winterquartiere der Waldsteiner in Schlesien. In: ebd. 20, 1886, S. 297–317.

92 Der Herausgeber Julius Krebs vermutet, daß die Beschreibung des Zeitraums zwischen den beiden Reisen (April bis Oktober 1627) wie andere Blätter verlorengegangen ist (Allerts Tagebuch, S. 2 f.), doch wäre es ungeachtet der übrigen Verluste möglich, daß Allert nur die Reisen beschreiben wollte.

93 Allerts Tagebuch, S. 29. Die Hinweise sprechen dafür, daß das Tagebuch unmittelbar nach der Reise leicht überarbeitet ins reine geschrieben wurde. Zur formalen Nähe des Gesandtentagebuches zu Relationen, Briefen, Chroniken und Protokollen vgl. Elida Maria Szarota, Memoiren, Gesandtschaftsberichte und Tagebücher des 17. Jahrhunderts in neuer Sicht. In: Kwartalnik Neofilologiczny 18, 1971, S. 233–253, auch Rosemarie Aulinger, Das Bild des Reichstages im 16. Jahrhundert. Beiträge zu einer typologischen Analyse schriftlicher und bildlicher Quellen (Schriftenreihe der Historischen Kommission bei der Bayerischen Akad. d. Wiss. 18), Göttingen 1980, S. 73.

sieht. Wenn Allert z. B. den Ort der Böhmischen Hofkanzlei angibt, so einfach deswegen, weil Schlesien in ihren Zuständigkeitsbereich fiel. Die Ursache für die Interessenverschiebung zwischen den beiden Tagebüchern könnte zunächst daran liegen, daß Allert bereits 1625 anläßlich einer schlesischen Gesandtschaft mit Rosa in Wien war, worauf er selbst hinweist. Möglicherweise schrieb er damals ein Diarium, so daß er sich nun weniger um die Form der Notizen kümmern mußte. Dagegen spricht jedoch, daß die Prager Notizen nicht nur stilistisch und thematisch sorgfältiger ausgewählt sind. Sie enthalten plötzlich auch eine Fülle an Reflexionen, die die Aufzeichnungen in die Tradition der zeitgenössischen Reisetheorie einordnen. Berichtet Allert im Wiener Tagebuch unbefangen von Späßen, Alkoholexzessen und Streitigkeiten, so ist er nun zurückhaltender und fühlt sich bemüßigt, derartige Eintragungen zu entschuldigen: *Diese Kurzweil ist fast alle Abende, wenn wir in neue Losier kommen und unsern Spass alleine gehabt, vorgegangen, daher es lustswegen aufzumerken ich so gar unschicklich nicht erachte, weil zu einem Reise-Diario alles umständlich zu schreiben requirirt und erfordert wird.*[94] Der Schlesier knüpft an die Apodemik an, die das Verfassen von Tagebüchern zur Pflicht machte und genau regelte.[95] Er spekulierte offensichtlich mit einem breiteren Publikum für seine Prager Aufzeichnungen, die deswegen ein besonderes Interesse erwecken konnten, weil sie mit der Krönung Ferdinands III. zum böhmischen König ein Hoffest ersten Ranges beschreiben.

Für die Notizen der Wiener Reise bedeutet dies, daß sie weniger systematisch, aber auch weniger normgebunden und belehrend als jene der Prager sind. Als Beispiel hierfür seien die

94 Allerts Tagebuch, S. 80.

95 Zur Vielfalt der zeitgenössischen Vorschläge, ein Reisetagebuch zu führen, vgl. Justin Stagl, Methodisierung des Reisens, S. 156 f., auch Evans, Das Werden der Habsburgermonarchie, S. 40.

erotischen Abenteuer genannt, die beide Städte dem Reisenden bieten. Ein Gelage mit den anderen Gesandtschaftsbediensteten am 4. Februar 1627 gibt Allert Anlaß dazu, über seine Wiener Unterkunft zu klagen. Der Wirt *(der schlimme Hund)* bewache z. B. immer die Räumlichkeiten seiner Tochter *(die er ohnedies im Verdachte hielt)*, so daß Allert und seine Kollegen nicht mit ihr und anderen Frauen *galanisiren* konnten. Der Schreiber meint ironisch: *sind wir also fein fromm blieben.*[96] Kurz vor seiner endgültigen Abreise aus Wien verabschiedet er sich nicht nur von der Wirtstochter, sondern auch von seinem Wiener Koch in dessen Quartier, wo er eine *hübsche Jungfrau* trifft, die ihm vorwirft, er wäre zu stolz gewesen, sie trotz Aufforderungen einmal zu besuchen. Der Sekretär entschuldigt sich mit seiner Arbeit und kommentiert das Angebot folgendermaßen: *War schade, weil sie gar applicabilis, dass man sie nicht eher gewusst gehabt.*[97] In beiden Fällen spricht Allert mit Bedauern über verhinderte Beziehungen, die ihm der Aufenthalt in der Residenzstadt bereitgestellt hätte. In Prag bekommt er ebenso mehrere Angebote von Frauen, die er eindeutig als *Vetteln* oder *Huren* bezeichnet. Allert gibt auch hier zu, daß er zu einem Abenteuer geneigt gewesen wäre. Die Schande ist für ihn hier jedoch nur das Stichwort, um breit darzulegen, daß Gott auch ins Innerste des Menschen sieht. Er beruft sich auf Augustinus oder Ovid und bietet ein langes Zitat aus Christoph Lackners „Tugendspiegel“, in dem die Liebe als Quelle des Leides bezeichnet wird.[98] Allert stilisiert sich selbst

---

96 Allerts Tagebuch, S. 35.

97 Ebd., S. 55. *applicabilis* kann „anwendbar“, „zuwendbar“, im Zusammenhang des Zitates wohl aber v. a. „verbindlich“ bedeuten. Vgl. Albert Sleumer, Kirchenlateinisches Wörterbuch, Limburg a. d. Lahn 1926, S. 119.

98 Ebd., S. 111 f. Christoph Lackner (1571–1631) war protestantischer Bürgermeister von Ödenburg (Sopron), sein „Emblematischer Tugend=Spiegel“ erschien 1618 in Frankfurt am Main. Vgl. Johann Heinrich Zedler, Großes vollständiges Universal-Lexikon. Bd. 16, Halle – Leipzig 1737, Nachdr. Graz ^{2}1995, Sp. 252 f.

zum Tugendideal, da er der Versuchung der Prostitution als *des Teufels Rachen* entkommen sei. Den Grund dafür sieht er in der besonderen *Traurigkeit*, die ihn immer beim innigsten Begehren befallen habe, also in jener Melancholie, die in der zeitgenössischen medizinischen und theologischen Literatur als seelische Strafe für die unrechtmäßige Liebe angeführt wird.[99] Der didaktische Charakter der Passage, die mit ihren Anmerkungen den diaristischen Rahmen des Prager Tagebuches sprengt, wird von der Tendenz zur Generalisierung unterstrichen: Allert projiziert nun die Versuchung durch *leichtfertige ehrvergessene Damen* auch auf seinen Besuch in Wien zurück, obwohl das entsprechende Tagebuch nichts über die Prostitution enthält, wenn man von einer Polemik gegen die Tochter einer Breslauer Schuldnerin absieht, die *in Wien für eine gemeine Dame sich, wie ich gehöret, gebrauchen liess*.[100] Spielt der Verfasser im Wiener Tagebuch mit den versäumten Möglichkeiten, so macht er im Prager Diarium die Reiseerfahrungen zum Ausgangspunkt eines Sermons, der die Erbauungsliteratur beispielhaft ergänzen und bekräftigen soll.

Allert gliedert sein Wiener Tagebuch nur an einer einzigen Stelle durch eine Regieanweisung, die den Schluß der Reise heraushebt: *Folget nun weiter der Aufbruch und Rückweg aus der Kaiserlichen Hofstatt Wien*.[101] Wie in Abermanns Lazius-Bear-

---

99 Vgl. Robert Burton, Anatomy of Melancholy, hg. v. Thomas C. Falkner, Nicolas K. Kiessling, Rhonda L. Blair, Bd. 3, Oxford 1990, S. 3, 52, 106; Lawrence Babb, The Elizabethan Malady. A Study of Melancholia in English Literature from 1530 to 1642, East Lansing/Mi. 1951, S. 134–141. Zum Thema Reisen und Prostitution in der Frühen Neuzeit vgl. den entsprechenden Abschnitt bei Antoni Mączak, Travel in Early Modern Europe, Cambridge 1995. Zur Stellung der Prostitution im ehebezogenen Gesellschaftsmodell der Reformation vgl. Heide Wunder, „Er ist die Sonn', sie ist der Mond". Frauen in der Frühen Neuzeit, München 1992, S. 66.

100 Allerts Tagebuch, S. 49.

101 Ebd., S. 54.

beitung wird Wien durch seine Residenzfunktion definiert. Der Schreiber konnte mit diesem Verweis gleichzeitig den primär politischen Reisezweck ausdrücken, den zuvor die ausführliche Darstellung der Audienz vor dem Kaiser unterstreicht. Allein hier zitiert der Verfasser ein amtliches Schreiben, jenes Rosas an den Landeshauptmann von Breslau.[102] Allert gibt mit dem Aktenzitat die offizielle Version des Ereignisses wieder, so daß in der eigentlichen Tagebuchnotiz Platz für die Umstände am Rande des Ereignisses bleibt. Er erzählt z. B. über die langsame räumliche Annäherung an die Gestalt des Kaisers in der Burg: [...] *darauf die Herren Gesandten in antecameram (so das Vorzimmer ist) vor der kaiserl. Audienzstube, darinnen ich, wie auch im Audienzzimmer vor 2 Jahren anno 1625, als die Braunschweigischen Gesandten die Lehen empfangen, gewesen bin, eingangen,* [...].[103] Der offiziellen Version im Aktenstück setzt der Verfasser hier seine persönliche Erinnerung entgegen, wobei wie bei Christian von Anhalt die Selbstinszenierung des Hofes in „Antecamera" und Ratsstube eine besondere Aura vermittelt. Innerhalb der Aufzeichnungen gibt es nur noch zwei weitere Hinweise auf den früheren Besuch, wodurch der Verfasser ein subjektives Ordnungsprinzip schafft, das den Wiener Raum jenseits der Topographie zu erfassen hilft. Allert setzt inhaltliche Zäsuren, indem er den Aufenthalt zu einer Begegnung mit der eigenen Vergangenheit macht.

Die „Antecamera" und die Reitschule, die Maskeraden und *vortrefflichen Instrumenten* der kaiserlichen Hofkapelle, all dies zieht Allerts Aufmerksamkeit ebenso an wie jene des Fürsten von Anhalt. Trotzdem ist der Zugang ein anderer. Christian von

102 In der ersten Phase des Krieges (bis 1633) war der Inhaber des ersten Ratssitzes von Breslau zugleich Landeshauptmann des gleichnamigen Fürstentums. Vgl. Rudolf Stein, Der Rat und die Ratsgeschlechter des alten Breslau, Würzburg 1963, S. 27.

103 Ebd., S. 29.

Anhalt berichtet von seiner Aufwartung beim Kaiser wie von einer Selbstverständlichkeit, ohne ein Wort über die Art dieses Ehrendienstes zu verlieren.[104] Allert notiert dagegen, daß ihn ein Diener des Geheimen Rates Wolf Siegmund von Losenstein darüber informierte, wonach dieser eine ganze Woche von früh bis spätabends aufwarten und dabei den Kaiser aus- und anziehen müsse.[105] Die beiden Bediensteten interessieren sich hier nicht für die Tätigkeit Losensteins als Hofmarschall, sondern für die alltäglich scheinenden Handgriffe des Kämmerers. Sie machen den Herrn zum Untertan. Diese spezielle soziale Perspektive kommt besonders augenfällig in der Notiz über eine höfische Schlittenfahrt zum Vorschein, die am 2. Februar 1627 in Wien stattfindet: *Dito fuhren die Cavaliere stark aufm Schlitten, ritten auch allerhand „Mummer" in schöner Maskerade, Couriere, so die Post bliesen, Weiber und viel Narren in allen Plätzen und Gassen herum.*[106] Allert befindet sich wie Christian von Anhalt zur Karnevalszeit in Wien, zur Hochsaison der Schlittenfahrten. Die Notizen des Fürsten bieten dabei nur einen begrenzten Ausschnitt der Vergnügungen, während Allert das höfische Zeremoniell in die Gesamtheit der städtischen Faschingsfeiern einbettet, zu denen der höfische Kavalier ebenso gehört wie sein „undiszipliniertes" Gegenbild, der Narr.

Über den Wiener Fasching zur Zeit des Krieges scheint in

---

104 Es handelte sich wohl um spezielle Dienste bei Tisch, wie das Servieren, das Reichen des Handtuchs oder des Wasserbeckens. Vgl. Bastl, Heiß, Tafeln bei Hof, S. 198 f.

105 Allerts Tagebuch, S. 44. Zum Geheimen Rat und Obersthofmarschall Losenstein, der in Allerts Aufzeichnungen mehrfach vorkommt, vgl. Henry Frederick Schwarz, The Imperial Privy Council in the Seventeenth Century, Cambridge 1943, S. 292–294. Schwarz vermutet, daß Losenstein bis an sein Lebensende Lutheraner blieb, doch im Tagebuch Christians von Anhalt ist von seiner Bekehrung zum Katholizismus die Rede (Tagebuch Christians, S. 16: 6. Jänner 1622).

106 Allerts Tagebuch, S. 23.

der Forschung wenig bekannt zu sein.[107] Allert beschreibt ihn als ein Spektakel, für das er sich besondere Plätze auf der Tribüne der Stadt sichert. Am Faschingssonntag begibt er sich in das Haus des böhmischen Oberstkanzlers Adam von Waldstein, am Rosenmontag in einen Erker von Losensteins Haus, um dem Treiben auf dem Kohlmarkt zuzusehen. Er betrachtet die musikalisch begleitete Parade von berittenen und vermummten Frauen oder den Aufmarsch der Narren und maskierten Hartschiere vor dem Kaiser.[108] Es sind *seltsame, hässliche Narren*, eben Faschingsnarren, die dem Sekretär in ihren Masken ebenso begegnen wie Gaukler, die Kartentricks anbieten. Sie bevölkern in Allerts Tagebuch nicht nur die Wiener Straßen, sondern auch Häuser, in denen besondere Persönlichkeiten dieser Zunft besonders profiliert heraustreten. Am 7. Februar 1627 sind die Gesandten zusammen mit kaiserlichen Räten und Beamten zu Gast im Haus des Wiener Rates Daniel Polmüllner von Mülperg, dem späteren Stadtrichter (1632–1637).[109] Der Gastgeber serviert Wein, läßt Musik aufspielen und präsentiert als Höhepunkt des Abends einen „kurzweiligen Rat“ (Narren). Allert zeigt sich beeindruckt vom Können und der Spontaneität dieses Künstlers in Narrenkleidung, der in verschiedenen Sprachen gereimt *die schönsten, höflichsten Possen* vorbringt und Herren wie Diener *artig aufzieht*, indem er ihnen, ohne viel nachzudenken, die Wahrheit ins Gesicht sagt.[110] Der Diarist umschreibt hier den Kern dessen, was die gesellschaftliche Funktion des Narren vor allem seit dem

107 Forschungen zum Fasching im 17. Jahrhundert konzentrieren sich eher auf die Leopoldinische Zeit. Vgl. z. B. Franz Hadamowsky, Höfische Faschingsfeste im barocken Wien. In: Alte und moderne Kunst 3, 1958, S. 6–10.

108 Allerts Tagebuch, S. 44.

109 Vgl. z. B. die Liste der Stadtrichter bei Karl Weiß, Geschichte der Stadt Wien. Bd. 2, Wien 1883, S. 641.

110 Allerts Tagebuch, S. 39.

Humanismus ausmachte: Er ist nicht mehr bloß eine Abweichung von der Norm, wie Zwerge oder Krüppel ein kurioser Begleiter der Herrschenden; vielmehr stellt er eine warnende Gestalt dar, die mit ihren Scherzreden den Menschen einen Spiegel vorsetzen und sie damit bessern kann.[111] Aus verschiedenen Traditionen, etwa der biblischen, aber auch antiken Vorstellung von der heiligen Torheit kommend, wird der Wahnsinn in die pädagogischen Absichten der Vernunft integriert. Wie sehr man am Wiener Hof zur Zeit des böhmischen Aufstandes scharfsinnige Scherzreden von Narren als *exempla memorabilia* schätzte, macht z. B. die Überlieferung der Aussprüche des kaiserlichen Hofnarren Nelle deutlich.[112] Indem Allerts Wiener Narr sich „höflich" und „artig" verhält, übernimmt er die äußeren Anforderungen der Gesellschaft, die er belustigen soll. Für Allert liegt die Kunst der Vorführung darin, daß Ansprüche des guten Geschmacks nicht verletzt und trotzdem soziale Normen durchbrochen werden. Die Standesgrenzen zwischen Herrschern und Beherrschten erscheinen für kurze Zeit in der Wahrheit des Wahnsinns aufgelöst.

---

111 Vgl. Maurice Lever, Zepter und Schellenkappe. Zur Geschichte der Hofnarren, Frankfurt/M. 1992, S. 140; Markus Völkel, Historiker oder Narr: Das „Lächerliche" in Theorie und Praxis frühneuzeitlicher Geschichtsschreibung (16. und 17. Jahrhundert). In: Zeitschrift für historische Forschung 21, 1994, S. 483–511, hier S. 498; Michel Foucault, Wahnsinn und Gesellschaft. Eine Geschichte des Wahnsinns im Zeitalter der Vernunft, Frankfurt/M. 1969, S. 19–66. Wichtige Hinweise zur Narrenliteratur verdanke ich Martin Scheutz, der sich mit der Thematik im Rahmen einer Arbeit über den Dresdener Hofnarren Joseph Fröhlich auseinandersetzte: Taschenspieler und Fädenzieher. Politische Bemerkungen eines Spaßigen. Der Ausseer Joseph Fröhlich (1694–1757) am sächsischen Hof. In: Zeitschrift des Historischen Vereins für Steiermark 89/90, 1998/99, S. 129–164.

112 Vgl. J. E. Schlager, Ueber die Geschichte der Wiener Hofnarren. In: Sitzungsberichte der kaiserlichen Akademie der Wissenschaften Wien 1849/1, S. 1–5. Die zahlreichen Anregungen, die Schlager aus kulturgeschichtlicher Perspektive gibt, scheinen von der Forschung bisher kaum ernst genommen worden zu sein.

Welche Rolle jener Narr im Haus Polmüllners einnahm, ist nicht ganz klar zu erschließen. Der zeitliche Rahmen spricht für einen Faschingsnarren, die gesellschaftliche Funktion für einen „privaten Hofnarren", der zumindest für einen Abend bezahlt wurde. Bereits auf der Reise nach Wien begegnet Allert im Nikolsburger Schloß des Kardinals Franz von Dietrichstein einem Narren, über den er wenig erfreut ist, da er während des Essens *greuliche grobe Possen gerissen* und die Gesandten beschimpft hat. Dieser Spaßmacher wird als ein verheirateter *Geld- und Schalksnarr* bezeichnet, als ein bezahlter Hofnarr des Kardinals.[113] Unklar ist die Stellung, die jener Narr einnahm, den Allert am 9. Februar 1627 im Wiener Haus des kaiserlichen Obersts Ernst von Montecuccoli erlebt. Besoldete Spaßmacher waren unter den kaiserlichen Offizieren keine Seltenheit, überliefert ist z. B. die „Autobiographie" von Estebanillo González, Diener und Hofnarr (bufón) von Feldmarschall Octavio Piccolomini, der kurz nach der Schlacht von Nördlingen vom Wiener Hof in der Rolle eines *gentilhombre de carozza* bestaunt wird.[114] In der von Militärs dominierten Gesellschaft Montecuccolis sorgt der Narr für eine besondere Art von Unterhaltung. Er muß z. B. die Backen aufblasen und erhält

---

113 Über die Bedeutung der Schalksnarren in der Selbstdarstellung des kaiserlichen Hofes unter Maximilian I. vgl. Werner Mezger, Hofnarren im Mittelalter, Konstanz 1981, S. 60.

114 La Vida i Hechos de Estevanillo Gonzales, hombre de buen humor. Compuesto por el mesmo, Amberes 1646, S. 298 f. [Den Hinweis auf dieses Werk verdanke ich Andrea Sommer-Mathis.] Diese Autobiographie steht (wie viele ihrer Zeit) unter dem Einfluß des pikaresken Romans, worauf bereits Estevanillos Vorwort hinweist. Neuere Forschungen betonen den Realitätsgehalt des Werkes: Esteban (Stephaniglio) Gonzáles ist als Hofnarr Piccolominis belegbar, seine Selbstbiographie wurde aber vom Poeten Gabriel de la Vega redigiert. Vgl. Ricardo Gullón (Hg.), Diccionario de Literatura Española e Hispanoamericana. Bd. 1, Madrid 1993, S. 504. Zur „pikaresken" Autobiographie um 1600 vgl. auch Georg Misch, Geschichte der Autobiographie, Bd. 4/1, Frankfurt/M. 1969, S. 641–656.

vom Grafen persönlich eine derartige Ohrfeige, daß *ihm die Augen im Kopf vergangen;* weiters bekommt er Speise und Trank derart gepfeffert serviert, daß ihm schlecht wird. Ähnliche „Späße“ werden noch für das 18. Jahrhundert in der Autobiographie des Hofnarren Peter Prosch berichtet.[115] Allert demonstriert Betroffenheit und schließt seine Notiz über das Schicksal von Montecuccolis Narren folgendermaßen: *Ob nun einen solchen armen Teufel zu schlagen eine grosse Lust sei, kann ein vernünftiger Mensch darüber judiciren?*[116] Dieser Kommentar ist insofern interessant, als erst in der Aufklärung die Vorstellung vom Hofnarren als Relikt der Barbarei breitere Resonanz fand.[117] Auch der Diarist argumentiert mit dem Oppositionspaar Vernunft-Barbarei, aber er kritisiert damit keine Institution, sondern die Demonstration absoluter Macht als aristokratisch-militärisches Gesellschaftsspiel. Seine Diktion erinnert an die soldatenkritische Literatur der Zeit, die möglicherweise seinen Blick auf die Situation einzelner „Berufsnarren“ schärfte. Allert äußert mehrfach seinen Unwillen über die Auswüchse soldatischen Lebens, etwa Plünderungen oder Übergriffe auf die Zivilbevölkerung.

Neben den Narren widmet der Sekretär seine Aufmerksamkeit noch einer weiteren Randgruppe der Wiener Hofgesellschaft. Er erwähnt z. B. für den 4. Februar, daß während des Mittagessens Juden ins Quartier der Gesandten gekommen seien, die Ketten, Armbänder und andere Kleinodien zum Verkauf angeboten hätten. Inwieweit dieser Besuch zum Geschäfts-

115 Leben und Ereignisse des Peter Prosch, eines Tyrolers von Ried im Zillerthal, oder Das wunderbare Schicksal. Geschrieben in den Zeiten der Aufklärung (Lebensläufe 2), München 1964.

116 Allerts Tagebuch, S. 41.

117 Vgl. Lever, Zepter und Schellenkappe, S. 235. Für den deutschsprachigen Raum vgl. auch Gerhardt Petrat, Die letzten Narren und Zwerge bei Hofe. Reflexionen zu Herrschaft und Moral in der Frühen Neuzeit, Bochum 1998. S. 117.

abschluß führte, erwähnt der Schreiber nicht, doch einige Tage später kauft Dr. Rosa beim *Hofjuden* Jakob Schlesinger eine Perlenkette für seine Frau.[118] Der geschäftliche Kontakt mit den Juden weckte offensichtlich Allerts Interesse, da er ihnen z. B. vom Roten Turm aus zusieht, wie sie per Schiff die Donau überqueren, nachdem die Schlagbrücke vom Eis zerstört war. Der Verfasser betrachtet hier die Wiener Lebensbedingungen der Juden, die nicht innerhalb der Stadt siedeln durften. Die jüdische Gemeinde Wiens begann sich Ende des 16. Jahrhunderts vor allem durch die Ansiedlung von privilegierten „Hofjuden" oder „hofbefreiten" Juden neu zu formieren. Diese waren von allen Abgaben an Land und Gemeinde sowie vom Tragen des Judenzeichens befreit, sie waren dem Obersthofmarschall unterstellt und durften sich ungehindert am Ort des kaiserlichen Hoflagers aufhalten.[119] Besonders in den ersten Jahren des Krieges wurden die „Hofjuden" für die Herrscher als Geldgeber, Heereslieferanten und Münzverwalter unentbehrlich, was den Widerstand der Wiener Bürger heraufbeschwor, so daß Ferdinand II. sie 1624/25 in ein neues Ghetto jenseits des heutigen Donaukanals verwies. Die Vorstellung von dieser „Insel" der Juden im „Unteren Werd" (der späteren Leopoldstadt) wurde rasch zum festen Bestandteil des literarischen Stadtbildes: 1649 in Merians Topographie und bereits zuvor im Diarium des englischen Gesandtschaftssekretärs William Crowne (1637).[120] Crowne spricht von zwei Judenvierteln Wiens, dem Geschäftsviertel in der Stadt und dem Wohnviertel jenseits der Donau: *what is called the Jew's Burg*. Zacharias Allert gehört zu den frühesten Besuchern des Ghettos, die ihre Eindrücke festhielten. Dabei war es nur

118 Allerts Tagebuch, S. 35, 41.

119 Vgl. hierzu Hans Tietze, Die Juden Wiens. Geschichte – Wirtschaft – Kultur, Wien – Leipzig 1933, Nachdr. Wien 1987, S. 48–57, vgl. auch Hugo Gold, Geschichte der Juden in Wien. Ein Gedenkbuch, Tel Aviv 1966, S. 17.

120 Topographia Privinciarum Austriacarum, S. 40; Crowne, Diary, S. 67.

Zufall, daß er aufgrund der Kälte von seiner Abreise aufgehalten wurde und so die Zeit für Besichtigungen nützen konnte. Am 26. und 27. Februar betritt er die *Judenstadt*, besucht die Synagoge, die Schulen und neuen Gebäude. Allert spricht verächtlich vom *Geblöke und Geschrei*, das er auf den Gassen hörte, und vermerkt die bei den Christen nicht üblichen *lächerlichen Possen*, mit denen die Juden am Sabbat die Zehn Gebote aus dem Heiligtum geholt hätten.[121] Gemeint ist damit wahrscheinlich die feierliche Aushebung der Thorarolle, die als Offenbarung Gottes besonders geehrt und umjubelt wird.[122] Der religiöse Antisemitismus, der Allerts Beschreibung durchzieht, äußerte sich in den zwanziger Jahren vor allem im Gefolge der Münzverschlechterung. Auch in Breslau, wo es damals keine ständige jüdische Niederlassung gab, kam es zu Drohungen und Ausschreitungen v. a. gegen die bedeutenden jüdischen Münzlieferanten, denen man die Schuld an der Misere gab.[123] Allerts Neugier den Wiener Juden gegenüber entspringt zum Teil wohl der restriktiven Behandlung dieser Glaubensgemeinschaft in seiner Heimatstadt. Abseits des religiösen Kontextes bewundert er die Leistungen im Unteren Werd: *Sonst haben sie diese ihre Stadt damals innerhalb zweier Jahre ziemlich erbaut, feine Häuser von Holz und Stein aufgerichtet und schon alles ziemlich in Gassen und Ordnung gebracht gehabt.*[124] Der Schlesier konnte die damalige Situation der Gemeinde mit ihrem Beginn zwei Jahre zuvor vergleichen, als er ebenfalls in der Stadt war. Zählte die Siedlung 1625 15 Häuser, so waren es im Jahr 1627 bereits 31, also mehr als das Doppelte.[125] Anders

121 Allerts Tagebuch, S. 55 f.

122 Vgl. Georg Herlitz, Bruno Kirschner (Hg.), Jüdisches Lexikon, Bd. 4/2, Berlin 1930, Sp. 983, 993–998.

123 Vgl. Bernhard Brilling, Geschichte der Juden in Breslau von 1454 bis 1702, Stuttgart 1960, S. 16 f., 51.

124 Allerts Tagebuch, S. 56.

125 Tietze, Die Juden Wiens, S. 56.

als später Martin Zeiller in Merians Topographie oder William Crowne beschreibt Allert die jüdische Siedlung Wiens nicht als etwas Statisches im Sinne einer topographischen Lagebeschreibung, sondern als Teil einer selbst erlebten Stadtentwicklung. Er verarbeitet damit einen Teilbereich jener räumlichen und ökonomischen Expansionsmöglichkeiten, die der Hof am Beginn des Krieges bereitstellte.

Mit der Beschreibung seiner Wege durch die Stadt deutet Allert oft zahlreiche Nebengeschäfte oder *Privatsachen* an, die er am Rande des ständischen Auftrages zu erfüllen hat und deren Hintergrund aus den Eintragungen nicht immer leicht zu erschließen ist. Er notiert sich etwa den Weg zum Haus des böhmischen Hofkanzleisekretärs Daniel von Freissleben, das er erst nach Irrwegen über den Hohen Markt in einem *Gässel* gegenüber dem „Leinwandhaus" finden konnte.[126] Freissleben suchte er wegen Hans Mimmich auf, einem Breslauer Kaufmann, der an den Kaiser supplizierte und nur einer unter vielen war, deren persönliche Anliegen der Sekretär bei Hof zu fördern verspricht. Diese Botendienste, die Allert erfüllt, ermöglichen ihm Seitenblicke auf das kulturelle Leben der Wiener Straßen, deren topographisches Netz er sich wie im Falle des Wohnsitzes von Freissleben erst erschließen muß. Am 19. Februar begegnet er auf dem Kohlmarkt hinter zwei Särgen einem Trauerzug, dessen Teilnehmer schwarz verschleiert sind. Es ist ein schlichter Zug *ganz sine luce et cruce*, was Allert vermuten läßt, daß die Verstorbenen evangelisch gewesen sind. Der Verfasser ist hier auf der Suche nach Resten protestantischen Lebens in Wien. Allert besuchte zu einem Zeitpunkt die Residenz, als die Gegenreformation hier einen Höhepunkt erreichte: Im Jahr 1622 kam die Universität an die Jesuiten,

126 Allerts Tagebuch, S. 33 (auch S. 11, 18 u. 31). Das Leinwandhaus, das damals noch dem Bürgerspital gehörte, befand sich am Hohen Markt 4, Landskrongasse 8. Vgl. Czeike, Historisches Lexikon, Bd. 4, S. 17.

1624 wurde das Schloß von Hernals eingezogen und dem Domkapitel übergeben, jeder nichtkatholische Einwohner der Stadt mußte sich gemäß einer Verordnung binnen vier Wochen in der katholischen Religion unterweisen lassen. Der Schlag gegen die Prediger und Schulmeister stand kurz bevor.[127] Allerts zweite Reminiszenz an seinen vorangegangenen Aufenthalt von 1625 äußert er anläßlich des Besuches bei der Predigt in *Ensersdorf* (Inzersdorf):

Dies Ensersdorf ist nur ein kleiner, geringer und offener Flecken, allda keine Kirche, sondern auf dem Herrenhofe zu einem Fenster herunter in den Hof gepredigt worden, ebenfalls wie ich anno 1625 zu Hernals ein Viertel Weges weit von Wien gesehen. [...] *Ist in allem der guten Bequemlichkeit, des geraumeren gevierten Hofes, Gänge und lustigen Salls, als es vor diesem zu Hernals gewesen, wenig zu vergleichen. Gleichwohl aber danken die lieben Leute Gott für solche Gnade höchlich, wünschen und seufzen herzlich, dass sie es nur lange Zeit beharr- und ruhiglich anhören möchten,* [...].[128]

Der Sekretär erzählt im Anschluß daran vom „Auslaufen“ Wiener Protestanten, die teils zu Fuß nach Inzersdorf kamen, teils in Kutschen, deren Zahl Allert mit 40 angibt. Nach dem Ende der evangelischen Predigt in Hernals blieb Inzersdorf im Süden der Stadt noch bis zur Einsetzung eines katholischen Pfarrers 1630 ein letztes Refugium des Protestantismus in der Umgebung der Stadt.[129] Allert reflektiert die Verschlechterung der religiösen Lage für die Evangelischen in Wien nicht direkt,

127 Vgl. Fliedl, Die Lage Wiens, S. 14.
128 Allerts Tagebuch, S. 43 f.
129 Die konfessionelle Neuorientierung des Ortes unter dem Schloßinhaber Hans Adam Geyer von Osterburg war freilich relativ äußerlich, da noch 1644 „Unkatholische“ dort lebten. Vgl. Topographie von Niederösterreich. Bd. 4, Wien 1896, S. 468, auch Karl Lechner, Handbuch der historischen Stätten Österreichs. Bd. 1: Donauländer und Burgenland, Stuttgart 1985, S. 634 f.; Grete Mecenseffy, Geschichte des Protestantismus in Österreich, Graz – Wien 1956, S. 55.

er versucht sie jedoch anhand von Objekten, den Schlössern von Hernals und Inzersdorf, zu versinnbildlichen. Auch wenn er keines der kaiserlichen Dekrete erwähnt, ist aus der zitierten Passage die unmittelbare Bedrohung leicht herauszulesen. Allert kam aus einer Stadt nach Wien, die konfessionell noch privilegiert war. Obwohl Schlesien mit den Böhmen verbündet war, erhielt es im Dresdner Akkord vom Februar 1621 unter glimpflichen Bedingungen die Verzeihung des Landesherrn. Der sächsische Kurfürst übernahm die Rolle eines Schutzherrn für den Protestantismus im Land, was aber nicht das Vordringen der Gegenreformation im Gefolge der zunehmenden militärischen Macht des Kaisers verhinderte.[130] Erzherzog Karl trieb die Rekatholisierung in seinem Bistum Breslau energisch voran. In der Hauptstadt selbst hielt die Gegenreformation mit der Etablierung katholischer Orden Einzug, so daß das Domkapitel auf einen Übertritt des Bürgertums hoffen konnte. Ungeachtet dessen behielt die Stadt durch eine ausgleichende Politik ihre religiösen Freiheiten.[131] Aus der Defensive heraus wird Allerts emotionale Solidarisierung mit der bedrängten evangelischen Gemeinde Wiens verständlich. Der Breslauer Stadtrat verfolgte die Entwicklungen in den anderen Landes-

---

130 Vgl. Kurt Engelbert, Das Bistum Breslau im Dreißigjährigen Kriege. Tl. 1–3. In: Archiv für schlesische Kirchengeschichte. Bd. 23, 1965, S. 85–148; 24, 1966, S. 127–181; 25, 1967, S. 201–251; Heinrich Ziegler, Die Gegenreformation in Schlesien (Schriften des Vereins für Reformationsgeschichte 24), Halle 1888. Ein Auszug des Dresdener Akkords bei Gustav Adolf Benrath [u. a.] (Hgg.), Quellenbuch zur Geschichte der evangelischen Kirche in Schlesien (Schriften des Bundesinstituts für ostdeutsche Kultur und Geschichte 1), München 1992, S. 119 f.

131 Erst die Erfolge Gustav Adolfs ließen die Stadt vom Kaiser abfallen. Vgl. Georg Jaeckel, Die staatsrechtlichen Grundlagen des Kampfes der evangelischen Schlesier um ihre Religionsfreiheit. Tl. 3/4. In: Jahrbuch für Schlesische Kirchengeschichte NF 39, 1960, S. 51–90; 40, 1961, S. 7–30, hier bes. S. 24; Konrad Müller, Das evangelische Breslau 1523–1945, Goslar 1952, Wacław Długoborski, Józef Gierowski, Karol Maleczyński, Dzieje Wrocławia do roku 1807, Warszawa 1958, S. 904.

teilen äußerst besorgt, so daß ihm auch Hinweise jener Art von Bedeutung sein konnten, wie sie Allert über das Durchhalten der Wiener Protestanten bietet.

Die Notizen über das „Auslaufen" nach Inzersdorf positionieren den Verfasser konfessionell, sie polemisieren aber nicht. Innerhalb des Tagebuches sind keine Ausfälle gegen den Katholizismus zu finden. Unter seinen Nebengeschäften in Wien vermerkt Allert auch den Kauf von zwei Räucherkerzen bei den Dominikanerinnen von St. Laurenz, um sie einem Breslauer Barbier mitzubringen. Er erklärt, daß diese Kerzen deswegen besonders geschätzt würden, weil sie von derart heiligen Frauen mit besonderen Essenzen zubereitet würden.[132] Wien ist für den Schreiber kein „feindliches" Gebiet. In diesem Zusammenhang erscheint es interessant, daß der Sekretär am Wiener Hof u. a. dafür sorgen sollte, daß der Breslauer Dichter Martin Opitz für seine Übersetzung von John Barclays Roman „Argenis" ein kaiserliches Privileg erhält.[133] Christian von Anhalt hält in seinen Tagebüchern die Bewunderung für den *princeps poetarum* fest, während Allert seinem Stammbuch ein Sonett des Dichters voranstellt.[134] Opitz nahm als reformierter Ireniker eine kompromißbereite Haltung zwischen den Konfessionen ein und befriedigte mit seiner stoisch beeinflußten Poesie das Bedürfnis vieler Leser, sich angesichts der Kriegsereignisse in die stillen Regionen der Muße und des Trostes zu flüchten. Zur Zeit von Allerts Reise stand er im Dienst des mächtigen schlesischen Burggrafen Karl Hannibal von Dohna, einem der wichtigsten Vertreter der Gegenreformation.[135] Allert stellt

132 Allerts Tagebuch, S. 36. Zu den Wiener Laurenzerinnen, die am Fleischmarkt wohnten, vgl. Czeike, Historisches Lexikon, Bd. 3, S. 393 f.

133 Ebd., S. 32, 45.

134 H. Wäschke, Zur Biographie Fürst Christians II. In: Zerbster Jahrbuch 2, 1906, S. 27–30, Allerts Tagebuch, S. 3, Anm. 3.

135 Vgl. Marian Szyrocki, Martin Opitz (Neue Beiträge zur Literaturwissenschaft 4), Berlin 1956, S. 77–99. Opitz war dem Mißtrauen der Jesuiten

sich in seinem Wiener Tagebuch als Vermittler dieses überkonfessionellen Arrangements zwischen Poesie und Politik dar, das dem habsburgischen Ordnungssystem entgegenkam.

Anstelle der religiösen Polemik bietet Allert mehrere Exempel der Standhaftigkeit inmitten der katholischen Hofgesellschaft. Er erwähnt z. B. die eifrige Protestantin Martha Stubick, Tochter des reichen Wiener Bankiers und Bergbauunternehmers Lazarus Henckel, die *von solchen Sachen zu discurriren weiss als ein Politicus.*[136] Ihrer Persönlichkeit gilt die dritte Erinnerung Allerts an den Aufenthalt von 1625, als sie die damaligen Gesandten ebenfalls üppig bewirtete. Es sind vor allem Frauen wie Martha Stubick, deren Bekenntnistreue Allert besonders hervorhebt.[137] Am 16. Februar 1627 sind die

---

ausgesetzt und versuchte es z. B. durch die Übersetzung eines jesuitischen Bekehrungsbuches zu beschwichtigen. Lipsius' Werk „De constantia" hatte keinen unbeträchtlichen Einfluß auf Opitz. Vgl. z. B. Rudolf Dux, Martin Opitz und sein poetisches Regelsystem (Literatur und Wirklichkeit 18), Bonn 1976, S. 153 f., oder Wilfried Bauer, Die gezähmte Fortuna. Stoizistische Modelle nach 1600. In: Walter Haug, Burghart Wachinger (Hgg.), Fortuna (Fortuna vitrea 15), Tübingen 1995, S. 311–343.

136 Allerts Tagebuch, S. 52. Der Verfasser nennt sie nur *Frau Stubeckin, so einen vornehmen reichen Herrn, den Herrn Henckel gehabt.* Der Henckelsche Stammbaum legt jedoch nahe, daß Allert sich hierbei geirrt hat und nur die Witwe von Tobias Stubick aus Iglau (gest. vor 1620) gemeint sein kann. Vgl. August von Doerr, Beiträge zur Geschichte und Genealogie der Familie Henckel von Donnersmarck. In: Jahrbuch d. k. k. Heraldischen Gesellschaft „Adler" NF 18, 1908, S. 206–241, hier S. 240. Ihr Vater galt als reichster Unternehmer Wiens seiner Zeit. Vgl. Günther Probszt, Henckel v. Donnersmarck, Lazarus. In: NDB 8, 1969, S. 517 f.

137 Daß Frauen tendenziell länger als ihre Ehemänner dem Druck der österreichischen Gegenreformation standhielten, z. T. weil der politische Druck auf sie geringer war, wird in der Literatur mehrfach betont. Vgl. v. a. Joseph Francis Patrouch, Methods of cultural manipulation: The Counter-Reformation in the Habsburg province of Upper Austria, 1570–1650, Phil. Diss. Berkeley 1991, S. 294 (Patrouch sieht den Widerstand der Frauen gegen den Katholizismus auch als Widerstand gegen eine Ausdehnung der patriarchalen Gewalt), zuletzt Winkelbauer, Fürst und Fürstendiener, S. 145. Zum gesellschaftlichen Ideal der bibelfesten

Gesandten neben Persönlichkeiten der kaiserlichen Beamtenschaft beim Appellationsrat Dr. Justus Gebhardt eingeladen. Gebhard entschuldigt sich vor dem Essen für die schlechte Bewirtung, die der beginnenden Fastenzeit zuzuschreiben sei. Unter den Gästen befindet sich eine Frau Priers aus Frankfurt an der Oder, die Mutter eines Hofjuweliers. Sie nimmt das Thema des Fastens auf, um mit dem katholischen Gastgeber über dessen biblische Bedeutung zu diskutieren. Dabei zeigt sie sich *überaus resolut, beredt, sehr gut evangelisch oder luthrisch und wie man hörte in der Bibel wohl erfahren.* Die intellektuelle Überlegenheit befähigt Frau Priers in Allerts Darstellung, dem Fasten einen konkreten ethischen und gleichzeitig politischen Sinn zu geben. Sie meint: *Sintemalen ich mich erinnere, dass viele ehrliche Leute in Sachsen und mehreren anderen Orten von dem leidigen Kriegs- und anderm Unwesen dermassen ruinirt und verderbet, dass sie gar gerne mit einem trockenen Brot, Bier und Wasser, wenn sie es allezeit haben könnten, content sein würden.*[138] Frau Priers spricht hier mit der Kriegslast den eigentlichen Anlaß der schlesischen Gesandtschaft an, für den sie außerhalb der offiziellen Verhandlungen Stimmung macht. Da diese Stelle im Kontext eines theologischen Disputes geäußert wird, könnte ihre eigentliche Botschaft im Gedanken des öffentlichen Fastens liegen. Reformatoren wie Martin Bucer und Johannes Calvin knüpften an die alttestamentarische Vorstellung vom Fasten als eine Art Sühne an, die bei Not und Gefahr in der Gemeinde gefordert war.[139] Auf dieser religiösen Grundlage kann Frau Priers offensichtlich zu Solidarität und sozialer Gesinnung aufrufen. Mit dem Krieg stellt sie die Exklusivität

„Bekennerin“ im Reformationszeitalter vgl. Wunder, „Er ist die Sonn'“, S. 239.

138 Allerts Tagebuch, S. 46.

139 Vgl. Stuart George Hall, Joseph H. Crehan, Fasten/Fasttage. In: Theologische Realenzyklopädie 11, Berlin – New York 1983, S. 41–59, hier S. 56.

jener Wiener Festkultur in Frage, die Allert ebenso detailreich wie Christian von Anhalt beschreibt. Die kulturelle Entfaltung der Residenz läßt sich für ihre Besucher nicht von den Ereignissen im „Reich" abkoppeln. Der leise Vorwurf, der in der Rede der Frau Priers mitschwingt, konnte sich mit zunehmender Kriegsdauer zuspitzen.

Königreiche

Bittgesandtschaften wie jene Allerts waren besonders dazu geeignet, das diaristische Wien-Bild der Kriegszeit zu trüben. Derartige Botschaften richteten sich gegen Kriegssteuern und Einquartierungen kaiserlicher Truppen, sie wurden daher vorwiegend von Ländern organisiert, die dem Haus Habsburg unterstanden bzw. mit ihm verbündet waren. Von der Stationierung kaiserlicher Soldaten befreit zu werden war ein wertvolles Privileg, mit dem sich das Reichsoberhaupt für besondere Verdienste bedankte. Erhalten hat es z. B. die oberschwäbische Reichsstadt Überlingen für die Abwehr des schwedischen Heeres unter Gustav Horn, der 1634 gegen das Bodenseegebiet vordringen wollte.[140] Die Verteidigung der Stadt und damit auch der Region gegen die Schweden wurde von den Überlingern durch einen kirchlichen Feiertag und jährliche Prozessionen zum Gedenken an das Ereignis gefeiert. Den wichtigen offiziellen Bericht über die Belagerung an Ferdinand II. verfaßte der Diplomat Dr. Johann Heinrich von Pflummern (1584 bis 1671), der als eigentlicher Ansprechpartner der kaiserlichen Offiziere und Kommissare für Nachschub in die Stadt gesorgt hatte.

Durch seinen Bericht an den Kaiser, der bald auch im Druck erschien, wurde Pflummern (Pflaumern) zum Sprach-

140 Vgl. Johann Möllenberg, Die Reichsstadt Überlingen im Dreißigjährigen Kriege (ungedr. phil. Diss.), Tübingen 1953, S. 4–8, 17.

rohr der Stadt. Er entstammte einem Geschlecht aus Biberach, trat nach Abschluß der juristischen Studien in den Dienst von Fürsterzbischof Jakob Fugger von Konstanz und kam durch seine erste Ehe in näheren Kontakt zu Überlingen, wo er 1621 das Bürgerrecht erwarb und 1644 zum Bürgermeister aufstieg.[141] Am 3. März 1633 schrieb Pflummern an den bischöflichen Konstanzer Rat und Rentmeister Wilhelm Dietrich einen Brief, in dem er ihn diaristisch über die Lage im Überlinger Raum informierte. Einen Extrakt aus diesem Brieftagebuch macht der Schreiber zum Ausgangspunkt umfangreicher Tagebuchnotizen, die er bis in das Jahr 1643 laufend fortsetzte. Pflummern verweist darin mehrmals auf die *überlingischen actis*, mit denen seine Aufzeichnungen in enger Verbindung stehen, doch darüber hinaus zieht er anders als Allert zeitgenössische Berichte heran, die seine Darstellung der Überlinger Geschichte ergänzen.[142] Über den Zweck der Notizen sagt er nichts Konkretes aus, er läßt jedoch den Reichshofrat Dr. Justus Gebhardt über die Situation Überlingens sagen: *es sollte jemandt statum rerum fein recht ad memoriam posteritatis mit seinen eigentlichen farben ausstreichen.*[143] Dieses Unterfangen, die Kriegsnot für die Nachwelt festzuhalten, unternimmt Pflummern selbst. Die Aufzeichnungen tragen in der Geschichtsforschung seit über hundert Jahren das Prädikat „zuverlässig", sowohl hinsichtlich ihrer Fakten als auch hinsichtlich der Stimmung, die sie von der Lage unter den „geschundenen"

---

141 Vgl. das Vorwort der Ausgabe: Die Tagebücher des Dr. Johann Heinrich von Pflummern 1633–1643. Bearb. v. Alfons Semler, Bd. 1–3 (Beiheft zur Zeitschrift für die Geschichte des Oberrheins 98–100 = NF 59–61), Karlsruhe 1950–52, hier Bd. 1, S. 1–5. Pflummerns Jahre als Bürgermeister signalisieren für die Überlinger Geschichte eine Stärkung des Patriziats, die durch die Kriegsereignisse gefördert wurde.

142 Pflummern, Tagebücher, z. B. S. 162, 178.

143 Pflummern, Tagebücher, S. 236. Der Diarist nennt sein Werk *Bellica praecipue Vberlingana* oder *protocollum horum temporum.*

Überlinger Bürgern vermitteln.[144] In diesem Stimmungsbild, das er zu vermitteln versucht, spielt Wien eine gewichtige Rolle. Von allen vier Diaristen, die hier näher besprochen werden, befand sich Pflummern am längsten durchgehend in der kaiserlichen Residenz (November 1635 bis Mai 1636). Pflummern hatte vor allem den Nachlaß der Kriegskontributionen zu erreichen. Die Stadt Überlingen war zwar von Einquartierungen befreit, nicht aber ihre umliegenden Dörfer, die die Soldaten versorgen mußten.[145] Angesichts der historiographischen Absichten verwundert es nicht, daß der Wien-Bericht nicht der apodemischen Stadtbeschreibung folgt, mit der Pflummern grundsätzlich sehr gut vertraut war. Unter seinen historisch-geographischen, rechtlichen und ökonomischen Schriften findet sich auch ein Reiseführer durch Italien („Mercurius Italicus", 1625), der Lagebeschreibungen, Gründungsgeschichten, Gebäudeaufzählungen oder Literaturzitate für einzelne italienische Städte enthält.[146] Die umfangreichen Wien-Aufzeichnungen des Diariums bestehen dagegen vorwiegend aus einer Nacherzählung der diplomatischen Gespräche und Korrespondenzen, die den Bericht mit Überlinger Lokalgeschichte durchdringen.

---

144 Vgl. Alfred Stern, Die Einnahme der Stadt Ueberlingen durch die Hohentwieler am 30. Januar 1643. Nebst einem zeitgenössischen Liede über dies Ereignis. In: Zeitschrift für die Geschichte des Oberrheins 22, 1869, S. 283–320, hier S. 302, Wilhelm Telle, Aus der Geschichte Überlingens, zusammengest. v. Alfons Semler, Überlingen 1928, S. 25; Günter Barudio, Der Teutsche Krieg 1618–1648, Frankfurt/M. 1985, S. 425.

145 Möllenberg, Die Reichsstadt Überlingen, S. 19–26.

146 Joannis Henrici a Pflaumern J. C., Mercvrivs Italicvs. Hospiti fidus per Italiae. Praecipuas regiones et vrbes dux. Indicans explicans quae cumque in ijs sunt visu ac scitu digna [...] (Augsburg 1625) [ÖNB: 47.M.12] Vgl. auch Eberhard Gothein, Die deutschen Kreditverhältnisse und der dreissigjährige Krieg, Leipzig 1893, S. XLVII; Alois Fischer, Die literarische Tätigkeit des Johann Heinrich von Pflaumern 1584–1671, Doktors beider Rechte, Anwalts, Kaiserlichen Rats und Bürgermeisters der freien Reichsstadt Überlingen am Bodensee, phil. Diss. Bonn 1909, S. 19–23.

Der Diplomat läßt an einer Stelle des Tagebuches durchblicken, warum gerade er vom Rat für die wichtige Bittgesandtschaft vorgesehen wurde. Er erzählt zum Jahr 1638, daß der kaiserliche General Graf Martin von der Goltz sich über die Weigerung Überlingens, Truppen aufzunehmen, geärgert hätte und dabei in eine Haßtirade gegen Pflummern ausgebrochen sei. Der General habe in Anspielung auf dessen Aufenthalt bei Hof gemeint, daß bereits so mancher Narr vor dem Kaiser gesprochen hätte. Der Diarist sieht sein berufliches Selbstverständnis herausgefordert und rechtfertigt sich in seinem Tagebuch damit, daß *dieser narr (da es auf mich gemaint)* so manches beim Kaiser ausgerichtet habe. Er führt als Beleg dafür an, daß er nach zweimaligen schwierigen Gesprächen in Wien von Ferdinand II. selbst mit Aufträgen versehen und zum kaiserlichen Rat ernannt wurde.[147] Gemeint sind damit seine Reisen von 1629/30 und 1631, als er im Auftrag des Abtes von Salem über die Restitution der württembergischen Klöster verhandelte. Pflummern stellt sich als vom Kaiser anerkannter und bewährter Kenner der „Wiener Szene“ dar, was ihn zu besonderen Missionen befähigte.

Bereits wenige Tage nach der Ankunft in Wien führt der Überlinger seine diplomatische Kunst vor. Er knüpft rasch an die monastische Infrastruktur an, die er sich offensichtlich in den beiden Reisen zuvor aufgebaut hatte. Mit Ignatius Krafft, dem Abt von Lilienfeld und Hofkammerpräsidenten, sowie Christoph Schäffer, dem Prälaten von Heiligenkreuz, hatte er zwei wichtige Fürsprecher. Der Zugang zu den beiden Zisterziensern wurde ihm auch dadurch erleichtert, daß der Prior von Salem sein Reisebegleiter war.[148] Die Feindschaft der alten

147 Pflummern, Tagebücher, S. 366.

148 Der Salemer Prior P. Hillenson führte in Wien selbst Tagebücher, die jedoch verschollen sind (Pflummern, Tagebücher, S. 221, Anm. 642). Die Zisterzienserabtei Salem (Salmannsweiler) war als Reichsstift eines der

Orden gegenüber der jesuitischen *anmaßung*, wie sie im Streit um die restituierten Klöster ausgebrochen war, charakterisiert der Gesandte noch immer als wichtiges gemeinsames Band, zumal sie nach der Einnahme Württembergs durch die Kaiserlichen 1634 neu aufflammte.[149] Am 17. Dezember 1635 erhält Pflummern vom Vertreter (Faktor) des Bankhauses Caspar Schlumpf, das die Bezüge aus Überlingen regelte, einen Hinweis, wonach die württembergischen Gesandten angekommen seien und im Steyrerhof logieren würden.[150] Wichtig erscheint ihm überdies, daß sie einen eigenen Koch aufgenommen und sich bereits um ein Mietshaus in Wien umgesehen hätten, woraus er schließt, daß sie sich länger in der Stadt aufhalten würden. Diese Tatsachen interessieren Pflummern zunächst insofern, als er damit rechnen konnte, daß Herzog Eberhard III. von Württemberg um die Rückerstattung seines Fürstentums ansuchen würde, das er nach der Schlacht von Nördlingen verloren hatte.[151] Eberhard wollte sein Land auf Kosten benachbarter katholischer Reichsstände vergrößern, so daß sowohl die Reichsstadt Überlingen als auch das Reichsstift Salem gegen eine Rückgabe waren, wie Pflummern mehrfach betont. Anhand der Hinweise des Faktors versucht der Gesandte das Terrain der feindlichen Partei in Wien so gut wie möglich zu beschreiben.

---

führenden Klöster im schwäbischen Raum. Vgl. Lexikon für Theologie und Kirche, Bd. 9, Freiburg im Br. 1964, Sp. 262. Abt Christoph Schäffer von Lilienfeld war hier in den Zisterzienserorden eingetreten.

149 Pflummern, Tagebücher, S. 229 f. Zum Klosterstreit vgl. z. B. Robert Bireley, Religion and Politics in the Age of the Counterreformation. Emperor Ferdinand II, William Lamormaini, S.J., and the Formation of Imperial Policy, Chapel Hill 1981, S. 133–150.

150 Pflummern, Tagebücher, S. 225. Zum Steyrerhof, der bereits im 16. Jahrhundert als Einkehrhof für Boten diente, vgl. Czeike, Historisches Lexikon, Bd. 5, S. 344 f.

151 Vgl. Joachim Fischer, Herzog Eberhard III. (1628–1674). In: Robert Uhland (Hg.), 900 Jahre Haus Württemberg. Leben und Leistung für Land und Volk, Stuttgart ^{3}1985, S. 195–209.

Gerade die Württembergische Frage macht die Gesandtschaft aber folgend kompliziert. Abt Christoph Schäffer von Heiligenkreuz weist Pflummern darauf hin, daß die Supplikation an beide, Kaiser und König, zu richten sei, da erster für die Württemberger, letzterer aber für die Kontributionen verantwortlich sei.[152] Der Diplomat gerät zunehmend ins Gewirr der Kompetenzverteilungen, obwohl der Überlinger Rat ursprünglich die Rückkehr König Ferdinands III. nach Wien und damit die räumliche Vereinigung der zuständigen Stellen als günstig für die Mission betrachtete. Statt dessen vermehren sich die Instanzen und verzögern sich die Entscheidungen: *Es seye ein so armseeliges procedere, daß einer vor vnwillen darob zu grund gehn möchte.*[153] Aufgrund solcher Aussagen über höfische Mißstände wurde der Wien-Bericht Pflummerns bereits als „wohl die interessanteste und wertvollste Partie des ganzen Tagebuches" bezeichnet.[154] Derartige Klagen über die Langwierigkeit des kaiserlichen Entscheidungsprozesses, die hier nicht näher dargelegt werden können, sind keine Besonderheit der Kriegszeit, sie finden sich bereits in Diarien der Zeit Rudolfs II. Pflummern sieht sich trotzdem einer unvorhersehbaren, spezifischen Situation ausgesetzt. Er kann ungeachtet seines Bemühens keine gesicherten Informationen bekommen, ob die kaiserliche und die königliche Kriegskanzlei vereint wären. Der Kriegskanzleiregistrator erklärt ihm das Problem anschaulich: *vnd währe die kayßerliche kriegscantzley in der kayßerlichen burg: die königliche aber in dem closter zu S. Dorothea, also weiln die ort different, muß consequenter auch die expedition different sein.*[155] Die Kriegskanzlei war damals grundsätzlich noch an das Hoflager des Herrschers, also an die Burg, gebun-

152 Pflummern, Tagebücher, S. 226.
153 Ebd., S. 287.
154 Fischer, Die literarische Tätigkeit, S. 25.
155 Pflummern, Tagebücher, S. 247. Zum Chorherrnstift St. Dorothea vgl. Czeike, Historisches Lexikon, Bd. 2, S. 84 f.

den.[156] Diese reguläre Situation, die Pflummern nach seinen früheren Aufenthalten voraussetzen konnte, war durch die plötzliche Verdoppelung des Herrschafts- und Verwaltungsapparates innerhalb derselben Stadt nicht mehr gegeben. Der Gesandte versuchte daher, die Stadt neu zu „lesen". Ähnlich dem Steyrerhof sind für ihn auch Hofburg und Dorotheerkloster konkrete räumliche Zeichen, die helfen sollen, komplexe diplomatische Sachverhalte zu strukturieren.

Pflummern verknüpft seinen Besuch in Wien 1636 mit einer besonderen Erinnerung. Rund ein halbes Jahr nach der Abreise befindet er sich in Regensburg, wo Ferdinand III. zum römischen König gekrönt wird. Am 20. Jänner 1637 will Kaiserin Eleonora eine große Maskerade veranstalten, um den todkranken Kaiser zu erheitern, sie muß das Fest jedoch verschieben. Die einzelnen Rollen für die Hofleute waren bereits vergeben, wobei Graf Johann Baptist von Verdenberg den Krämer spielen sollte, den das Jahr zuvor Graf Wilhelm von Slawata abgegeben hatte. Diese Rollenvergabe führt dazu, daß der Diarist der letztjährigen Feier gedenkt. Slawatas Krämerladen hätte damals Güter im Wert von 2.000 fl. enthalten, von denen das Kaiserpaar die schönsten kaufte, während die übrigen den Hofdamen zur „Plünderung" freigegeben wurden.[157] Pflummern nennt diese Veranstaltungen *würtschafft oder königsmahl.* Sowohl die Königsmähler (Königreiche) als auch die Wirtschaften stellten nicht zwingend, aber meist ein Element der Wiener Faschingsfeiern dar.[158] Beide Festlichkeiten waren Varianten der Verkleidungsbankette, die sich um ein Mahl gruppierten, zu dem Mitglieder der Hofgesellschaft eingela-

156 Vgl. Oskar Regle, Der österreichische Kriegsrat 1556–1848 (MÖStA Ergbd. 1/1), Wien 1949, S. 35.

157 Pflummern, Tagebücher, S. 319 f.

158 Für die zweite Hälfte des 17. Jahrhunderts vgl. Hadamowsky, Höfische Faschingsfeste, S. 8.

den, Bürgerliche und der niedere Adel aber nur als Zuschauer zugelassen wurden.[159] Das Königreich, dessen Blütezeit sich auf das 17. Jahrhundert beschränkte, bildete die Hierachie der Staats- und Hofrangordnung in vereinfachter Form, doch mit vertauschten Rollen ab. Es übernimmt den Faschingsbrauch der „Verkehrten Welt", ohne die strenge Hierarchie der monarchischen Ordnung in Frage zu stellen.[160] Hierbei wurden meist durch Los die Hofämter bis hin zu den einzelnen Dienstchargen der Handwerker und Narren neu besetzt. Bei der Wirtschaft verkleideten sich Fürst und Fürstin als Wirtsleute, die Höflinge aber als bürgerliche oder bäuerliche Gäste. Pflummern gibt zu wenige Angaben, um hier eindeutig eine Zuordnung vornehmen zu können, Mischformen von Wirtschaften mit Königreich-Elementen waren aber durchaus möglich. Der eigentliche Unterhaltungscharakter der Verkleidungsbankette resultierte v. a. aus der Diskrepanz zwischen der realen Würde des Akteurs, der am Gesicht erkennbar sein mußte, und seinem neuen, durch die Kleidung gekennzeichneten Rang.[161] Pflummerns Akzent liegt auf diesem Aspekt der Rangerniedrigung speziell vom Hofmann zum Krämer, wodurch sich der politisch-

---

159 Vgl. hierzu v. a. Claudia Schnitzer, Königreiche – Wirtschaften – Bauernhochzeiten. Zeremonielltragende und -unterwandernde Spielformen höfischer Maskerade. In: Jörg Jochen Berns, Thomas Rahn (Hgg.), Zeremoniell als höfische Ästhetik in Spätmittelalter und früher Neuzeit (Frühe Neuzeit 25). Tübingen 1995, S. 280–331.

160 Über die theologisch-gegenreformatorischen Hintergründe der Vorstellung vom Scheinkönig, der kraft des Zufalls herrsche, als Gegenbild zur Erwähltheit des Fürsten „von Gottes Gnaden", vgl. auch Dietz-Rüdiger Moser, Narren – Prinzen – Jesuiten. Das Karnevalskönigreich am Collegium Germanicum in Rom und seine Parallelen. In: Zeitschrift für Volkskunde 77, 1981, S. 167–208.

161 Da die Rollen der Verkleidungsbankette mit Höflingen besetzt wurden, hatte speziell der gesellschaftliche Abstieg seinen besonderen spielerischen Reiz. Deswegen begannen die Wirtschaften allmählich die Königreiche zu verdrängen. Vgl. Schnitzer, Königreiche, S. 299.

kulturelle Glanz des Hofes und die kaiserliche Geste der Freigebigkeit auf die materielle Macht der Höflinge reduziert. Der Krämerladen wird Pflummern zur Metapher der Wiener Hofgesellschaft.

Das kaiserliche „Königreich“ erwähnt der Gesandte bereits in seinem Wien-Bericht, hier jedoch ohne nähere Detailangaben. Die *von allters gewohnliche wirtschafft oder königsmahl* sind hier nur eine Faschingsveranstaltung unter vielen. Pflummern vermerkt mehrfach auch die Festturniere, die *vnterschidlichen comoedien vnd balletti.* Mit diesen könnten musikdramatische Inszenierungen oder Opern gemeint sein, die mit Kaiserin Eleonora nach Wien kamen und oft mit Balletten abgeschlossen wurden.[162] Pflummern befand sich am Hof, als die italienische Musik- und Tanzkultur in der Residenz fest etabliert war. Die höfischen Festveranstaltungen waren damals ein wichtiger Bestandteil der politischen Propaganda, wovon die Zeitungen und gedruckten Werke zeugen, etwa eine italienische Beschreibung der kaiserlichen Karnevalsaktivitäten, die 1636 gedruckt in Wien erschien.[163] Ein-

Johann Baptist Verdenberg 1582–1648, Österreichischer Hofkanzler 1620–1637

162 Herbert Seifert, Die kaiserlichen Hofkapellen, S. 50–52.

163 Relatione delli Balletti, et Inventioni fatte l'vltimo giorno di Carnevale nell'augustiss[im]a corte di S.M.C[esarea] (Wien 1636). Zitiert bei Herbert Seifert, Die Oper am Wiener Kaiserhof im 17. Jahrhundert (Wiener Veröffentlichungen zur Musikwissenschaft 25), Tutzing 1985. Hier werden in der Rekonstruktion des Spielplanes auch andere gedruckte Werke zitiert, die die Kunde von den Wiener Festivitäten verbreiteten, etwa Zeitungen, die *Relatio historica* (Frankfurt/M. 1636) oder das *Theatrum Europaeum*. Pflummerns Angaben stimmen weitgehend mit Seiferts Quellen

zelne Diaristen, die zur Zeit Eleonoras in die Stadt kommen, zeigen sich beeindruckt vom Ideenreichtum der Kaiserin. Die Chronisten der Italienreise von Kronprinz Wladislaw von Polen, Stefan Pac und Jan Hagenaw, feiern Eleonora bereits 1624 als *Ballettmeisterin*, mit *ihrer Kunst*, *ihrem Geschick und Reiz*.[164] Der polnische Höfling Hagenaw achtet genau darauf, inwieweit der Kronprinz und sein Geleit in diese Tänze einbezogen wurden, und gesteht ihnen damit eine dominant politische Funktion zu. In seinem Regensburger Rückblick weist auch Pflummern unmittelbar auf die Bedeutung der Kaiserin für die Wiener Festkultur hin, wogegen ihn nicht die Gestaltungskunst, sondern der Aufwand interessiert. Die Kosten für die Livreen und den übrigen Schmuck, der für die Turniere und Ballette am 30. Jänner 1636 gebraucht wurde, schätzt er auf 50.000 fl. Denselben Betrag errechnet er für die vom Kaiser bezahlten Hochzeitsfeierlichkeiten des Grafen von Porcia und eines Fräuleins von Neideck, deren Lustbarkeiten er ähnlich den damaligen Zeitungen zu den Höhepunkten der Wiener *faßnachtspiele* zählt.[165] Pflummern macht anders als Christian von Anhalt oder Zacharias Allert die finanzielle Quantifizierbarkeit der Hoffeste zum unabdingbaren Bestandteil seiner Eintragungen. Muten die zahlreichen Vermerke über den Fasching für sich bereits wie Fremdkörper innerhalb der diplomatischen Eintragungen Pflummerns an, so setzt sich der Verfasser an einer Stelle unmittelbar in Distanz zum Wiener Fest-

---

überein, enthalten aber besonders für Anfang Jänner 1636 zusätzliche Informationen.

164 Die Reise des Kronprinzen, S. 50 f. Der Geheime Rat Adam von Waldstein vermerkt in seinen Kalendereintragungen des Jahres 1633 mehrfach derartige Wiener Ballettaufführungen, die von jungen Hofdamen, aber auch von den Erzherzoginnen selbst getanzt wurden (Deník rudolfinského dvořana, S. 328 f.).

165 Pflummern, Tagebücher, S. 250. Seifert (Die Oper am Wiener Kaiserhof) identifiziert den Bräutigam mit Johann Ferdinand von Porcia.

kalender. Er meint zum 30. Jänner 1636: *Dise frewlichaitt haben die arme reichsständt mit ihren vast täglich einkommenden lamentationen temperirt.*[166] Der Diarist beschreibt seine diplomatische Tätigkeit als Störfaktor in der Residenzstadt. Anders als in Allerts Charakterisierung von Frau Priers liegt die Intention des Kommentars nicht darin, die Betroffenheit in Wien über den Kriegszustand im Reich zu beschreiben – bittere Ironie kennzeichnet Pflummerns Schilderung.

Für den Reiz des sozialen Rollenspieles gab es während der Wiener Faschingsfeiern 1636 genügend Anlässe, denn nicht nur der Kaiser veranstaltete Verkleidungsbankette. Die Selbstdarstellung des Hofes in den Königreichen vervielfältigt sich in den Feiern der Hofleute. Am 21. Jänner 1636 findet im Ledererhof ein Königsmahl statt, das der Hofmeister Franz Christoph Khevenhüller veranstaltet und bei dem die *vornembsten österreichischen herrn* auftreten.[167] Der Überlinger Diplomat war wohl hier wie bei den meisten der erwähnten Veranstaltungen nicht anwesend. Bereits Christian von Anhalt erwähnt Franz Christoph Khevenhüller, damals noch kaiserlicher Botschafter, als Konstante der Wiener Hofgesellschaft. Detailliertere Quellen für die „Privatfeiern" der Höflinge während der Kriegszeit jenseits der großen fürstlichen Veranstaltungen sind relativ rar. Einer, der oft im Haus Khevenhüller zu Gast war und daher anders als Pflummern die Innenperspektive derartiger Feiern wiedergibt, ist der Prager Kardinal Ernst Adalbert von Harrach (1598–1667), der mehrmals im Jahr in Wien seine Familie besuchte sowie dem Kaiser aufwartete. In seinen italienisch geschriebenen Tagebüchern vermerkt er für den 29. November 1638 ein feierliches Bankett *(banchetto solenne)* bei Khevenhüller als dem dienstältesten Wiener Mitglied des Ordens vom Goldenen Vlies. Es ist

166 Pflummern, Tagebücher, S. 248.

167 Ebd., S. 242 mit Anm. 705. Zum Ledererhof vgl. auch Czeike, Historisches Lexikon, Bd. 4, S. 5.

eine erlesene Gesellschaft anwesend, die spielt und tanzt. Ein Sänger aus der Kapelle des Hans von Kollonitsch sorgt für eine besondere Einlage, indem er die Gäste durch den Vortrag von Bauernliedern zum Lachen bringt.[168] Er variierte offensichtlich die literarischen Stereotype vom grobschlächtigen Bauern. Mehr als der satirische Inhalt der Lieder interessiert Harrach aber der Vortrag des Künstlers, seine lächerlichen Gebärden und Grimassen, somit das unhöfische Verhalten. Die Lieder bezogen Vorstellungen von der bäuerlichen Ungezwungenheit in das höfische Fest ein, womit sie wohl eine ähnliche Funktion wie die Wirtschaften und ihre besondere Variante, die Bauernhochzeiten, innehatten.[169] Bei aller standesbezogener Distanz ermöglichten sie die Einbeziehung von Verhaltensweisen, die die Strenge des höfischen Zeremoniells entlasteten.

Gemäß Pflummern soll das Königreich Khevenhüllers 4.000 Reichstaler gekostet haben, wobei die Kleidung der Damen und Herren in dieser Summe nicht eingeschlossen ist. Dieser Aufwand wird jedoch *vncostens halb* noch weiter übertroffen durch das Königsmahl jenes Hofkanzlers Johann Baptist Verdenberg, der ein Jahr später am Hof den Krämer spielen sollte. Mit dem Namen Verdenberg erreicht Pflummerns

---

168 [...] *un huomo del quale* [Kollonitsch] *canta al liuto certi baurenlieder assai ridicolosamente e fa delle smorfie alla peggio.* ÖStA, AVA, FA Harrach, Hs. 299, fol. 163r. Die vielfältigen italienischen, zuweilen auch deutschen Kalender- und Tagebucheintragungen des Kardinals Harrach sind nicht leicht überschaubar. Soweit zu ersehen, betreffen v. a. folgende Handschriften des Kardinals aus dem Familienarchiv Wien während des Krieges: Hs. 317 (1635), 178 (1635, 1636), 298 (1637, 1639, 1640), 299 (1637, 1638), 477 (1647), 453 (1648). Zu den Harrach-Tagebüchern und den Brieftagebüchern des Kardinals vgl. auch Ferdinand Menčik, Gräflich Harrachsches Archiv in Wien. In: Archivalien zur Neueren Geschichte Österreichs Bd. 1 (Veröffentlichungen der Kommission f. Neuere Geschichte Österreichs 4), Wien 1913, S. 1–445, hier 348–352, auch Mat'a, Tagebücher, S. 106.

169 Zur Einbeziehung der bäuerlichen Lebenswelt in höfische Feiern vgl. Schnitzer, Königreiche – Wirtschaften – Bauernhochzeiten, S. 327 f.

Anklage ihren Höhepunkt, indem sie die Größe des Aufwandes in eine direkte Relation mit dem Kriegselend bringt: *Die hofherrn haben auch absönnderlich in ihren häußern allerhand frewdenfest vnd kurtzweilen angestellt, damit man deß armen kranckhen reichs ellend desto ringer* [= leichter] *vergeßen thätte.*[170] Der Verfasser charakterisiert den Wiener Fasching als Tanz über dem Abgrund. Die Frage, warum er für das höfische Repräsentationsbedürfnis kein Verständnis aufbringen will, beantwortet er zunächst selbst. Pflummern sagt über die Wiener Fasnachtspiele, daß alles *mit welltlichem glückh* abgelaufen sei. Dieses weltliche Glück steht in Opposition zum seelischen. In Regensburg hört der Gesandte vom Tod des Kardinals Franz von Dietrichstein, der zuletzt in Wien anläßlich des Geburtstages von Königin Maria Anna (18. August) eine Maskerade im Wert von 5.000 Reichstalern veranstaltet habe, wie sie sonst nur im Fasching üblich sei. Auch Wiener Bürger mußten damals mitspielen, während die *fromme gottsförchtige burgerschafft über landt wallfahrten gangen.*[171] Pflummern stellt die tugendhaften Wiener Bürger jenen gegenüber, die in den Einflußbereich des lasterhaften Hofes gerieten. Seine Klagen scheinen in der Tradition der zunächst theologischen, dann bürgerlich-gelehrten Hofkritik zu stehen, die oft mit jener Weltverachtung einherging, wie sie der Überlinger durchblicken läßt.[172] Seine Kommentare zum Wiener Fasching bloß auf einen literarischen Topos zurückzuführen, hieße jedoch die innere Stimmigkeit des Pflummernschen Tagebuches verkennen.

170 Pflummern, Tagebücher, S. 250.

171 Pflummern, Tagebücher, S. 303. Die Entschuldigung des Hofkammerpräsidenten Ignatius Krafft, daß er als Abt von Lilienfeld in weltlichem Habit auftrete, weil die politisch-militärische Lage unsicher sei, bezeichnet der Diarist als Ausrede (ebd., S. 232).

172 Zur Hofkritik vgl. v. a. Helmuth Kiesel, „Bei Hof, bei Höll“. Untersuchungen zur literarischen Hofkritik von Sebastian Brant bis Friedrich Schiller (Studien zur deutschen Literatur 60), Tübingen 1979.

Kurz vor seiner Abreise aus Wien verfolgt der Gesandte die Fronleichnamsprozession, die er in seinem Tagebuch besonders detailliert beschreibt. Er sieht die Gassen rund um den Michaelerplatz mit *kunstlichen* Tapisserien *herrlich geziehrt.* Bei der Prozession wird eine Unmenge an Windlichtern und Fackeln verwendet, die die Spanier bezahlen. Der Gesandte Oñate läßt die ganze Michaelerkirche mit Wandteppichen behängen, die Themen aus dem Alten Testament darstellen und jene württembergischen und brandenburgischen Fahnen eingestickt haben, die in Stuttgart erobert wurden. Für sich genommen, vermittelt diese Festschilderung die Beeindruckung Pflummerns durch die Art der politisch-kulturellen Propaganda am Hof. Der Bericht enthält jedoch Zwischentöne, die sich aus dem Zusammenspiel verschiedener Textpassagen ergeben. Am 17. Jänner 1636 bekommt Pflummern Nachricht, daß der Generalkommissar Walderode im Auftrag von General Gallas nach Wien gekommen sei. Gallas habe ihn geschickt, um dem Kaiser den erbärmlichen Zustand der oberen Reichskreise deutlich zu machen. Der Kaiser solle mit Frankreich einen Frieden schließen und sich nicht um die Spanier kümmern, *wellichen gern mit deß Teutschlands ruina die Franzosen abbassirn wollten.*[173] Pflummern gibt nur ein Gerücht wieder, er bestätigt seine Zustimmung aber durch mehrere Anmerkungen. Der Gesandte übernimmt jene Spanienfeindlichkeit, die das Konzept der habsburgischen Universalmonarchie durchkreuzte und zunehmend auch auf Teile des Wiener Hofes übergriff.[174]

Auf dieser Grundlage gewinnt seine Schilderung der spanischen Aktivitäten während der Fronleichnamsprozession an Brisanz. Pflummern beschreibt den Oberrhein als Opfer der habsburgischen Allianz. Er berichtet an mehreren Stellen von der Befürchtung am Wiener Hof, daß der Hunger die Trup-

173 Pflummern, Tagebücher, S. 239 f.

174 Vgl. Burkhardt, Der Dreißigjährige Krieg, S. 41.

pen nach Österreich treibe.[175] Offensichtlich deutete Pflummern die Botschaft Gallas' nicht richtig, denn er korrigiert sich folgend. Er habe *aber darneben auch* vernommen, daß Walderode eigentlich deswegen nach Wien gekommen sei, um mit spanischem Geld Güter für die Truppen einzukaufen. Pflummern befindet sich mitten in den diplomatischen Vorbereitungen zur großen habsburgischen Offensive, die Gallas in den nächsten Monaten gegen Frankreich startete.[176] Seine erste Euphorie sieht er ins Gegenteil umschlagen: *Ist also wol zu glauben, man werde alle mittel gebrauchen, nhur damit die soldatesca oben im reich behallten vnd nicht in disen lannden quartier zu suchen necessitirt werde.*[177] Er wirft hier der österreichischen Regierung vor, das Kriegselend mit Hilfslieferungen fortzusetzen, um es gleichzeitig fernzuhalten. Der Verdacht, wonach mit der Angst vor der Kriegsnähe in Wien Politik zu machen sei, wurde auch von anderen Gesandten wahrgenommen. Pflummerns Personifikation der Verschwendung, der österreichische Kanzler Verdenberg, hält in seinem „Giornale“ dieses Jonglieren mit dem Krieg fest, wenn er z. B. von der Abstoßung seiner Besitzungen am Luganer See im Gefolge des Mantuaner Erbfolgekriegs spricht.[178] Pflummern beschreibt deswegen immer wieder den

---

175 Vgl. Pflummern, Tagebücher, S. 267.

176 Vgl. zu den Friedensverhandlungen mit Frankreich und dem Bündnisvertrag mit Spanien v. a. Anja Victorine Hartmann, Von Regensburg nach Hamburg. Die diplomatischen Beziehungen zwischen dem französischen König und dem Kaiser vom Regensburger Vertrag (13. Oktober 1630) bis zum Hamburger Präliminarfrieden (25. Dezember 1641) (Schriftenreihe der Vereinigung zur Erforschung der Neueren Geschichte 27), Münster 1998, S. 247–249. Den Hinweis auf diese Studie verdanke ich Andreas Weigl.

177 Pflummern, Tagebücher, S. 239 f.

178 Das „Giornale“ Verdenbergs ist vornehmlich ein diaristisch angelegtes Wirtschaftsverzeichnis für die 30er und 40er Jahre mit zahlreichen autobiographischen Passagen, die jedoch Wien nur am Rande streifen. Es befindet sich im HHStA, Archiv Grafenegg, Hs. 37–39. Vgl. Harald

Glanz der Festkultur in den Häusern des Hofadels, weil sie für ihn Ausdruck eines Systems ist, das sich durch den Krieg erhält.

Äußerst stringent zeichnet der Diarist sein Bild von der Käuflichkeit des Hofadels, so daß nur wenig Raum für andere Facetten des Lebens in der Residenz bleibt. Mehrere Textpassagen fallen jedoch aus dem diplomatischen Rahmen. Pflummern erzählt von einem tragischen Vorfall, der sich am 24. Februar 1636 in den höchsten Kreisen der Wiener Gesellschaft ereignet. Der böhmische Kanzler Georg Adam von Martinitz, Sohn des defenestrierten Statthalters Jaroslav Bořita, kommt nach Hause und überrascht seine Frau Giovanna Gonzaga mit dem Offizier Fabio Deodati. Diesem gelingt es nicht mehr, sich zu verbergen, so daß er auf Martinitz schießt, schließlich aber selbst von dessen Dienern erstochen wird.[179] Die Geschichte ist auch in anderen Quellen überliefert, da sie am Hof für Aufsehen sorgte und sogar den Nuntius Malatesta Baglioni verwickelte, der in seinen Briefen darüber erzählt.[180] Bestand das Aufsehen im Wiener Adel vor allem darin, daß Martinitz im eigenen Haus betrogen und mit der Pistole bedroht wurde, so wertet Pflummern den Mord an Deodati mindestens ebenso schwer. Der Grund dürfte darin liegen, daß er die Informationen von einer Frau Katzbeckin erhielt, die zur Hofmeisterin der geflüchteten Gräfin Martinitz im Frauenkloster von St. Jakob auf der Hülben bestellt wurde und gleichzeitig Pflum-

---

Tersch, „Prudenter, syncere, constanter". Kanzler Verdenberg (1582–1648) und sein „Giornale". In: UH 66, 1995, S. 82–111, hier S. 105 f., und ders., Gottes Ballspiel. Der Krieg in Selbstzeugnissen aus dem Umkreis des Kaiserhofes (1619–1650). In: Krusenstjern, Medick (Hgg.), Zwischen Alltag und Katastrophe, S. 427–465.

179 Pflummern, Tagebücher, S. 259 f.

180 Rotraut Becker, Aus dem Alltag des Nuntius Malatesta Baglioni. Nichtdiplomatische Aufgaben der Wiener Nuntiatur um 1635. In: Quellen und Forschungen aus italienischen Archiven und Bibliotheken 65, 1985, S. 306–341, hier S. 338–340.

merns eigene Kostgeberin war. Der Gesandte kennzeichnet sein Interesse für die Geschichte dadurch, daß er selbst in die Nähe dieses Verbrechens geriet. Diese Tatsache gewinnt im folgenden an Eigendynamik, indem sie eine kleine Wiener Kriminalchronik evoziert, die sonst im Diarium keine Parallele hat.

Der Mord an Deodati ruft Pflummern weitere Vorfälle ins Gedächtnis, die er hintereinander erzählt: Zunächst ist von einem Fleischhauer die Rede, der seiner Magd rät, ihr gemeinsames uneheliches Kind den Schweinen zum Fraß vorzuwerfen. Die Frau des Täters merkt die Unruhe der Tiere und entdeckt noch ein Schwein mit einem Fuß des Säuglings. Diese Geschichte hat mit der ersten gemeinsam, daß Pflummern Motive und Hergang der Tat erzählt, nicht aber die Folgen von Mord und Kindsmord für das Ehepaar Martinitz bzw. für den Metzger und seine Geliebte. Die Schrecklichkeit der *vnthatt* spricht für sich. Derartige Geschichten haben als psychische „Monstrositäten" ebenso wie körperliche „Mißbildungen" an Mensch und Tier ihren festen Platz in der frühneuzeitlichen Diaristik, Autobiographik und Reiseliteratur. Aus der Tradition der mittelalterlichen Annalistik und Chronistik kommend, offenbaren sie die Brüchigkeit jener rechtlichen und sozialen Ordnung, die dargestellt wurde. Pflummern war Jurist, der durch sein Interesse an den dunklen Seiten der Stadt auch einen Blick auf Wiener Gesellschaftsgruppen wirft, die in seiner Darstellung sonst keinen Platz haben. Seine Kriminalchronik ist streng symmetrisch aufgebaut, da den zwei Geschichten des Verbrechens zwei weitere über den Strafvollzug folgen: Fünf Diebe werden am Wienerberg gehenkt, weil sie sich während der Faschingsbankette als Aufwärter verkleideten und viele Mäntel stahlen.[181] Weiters enthauptet man am

181 Pflummern, Tagebücher, S. 260. Von derartigen Diebstählen im Rahmen der Wiener Bankette berichtet auch Zacharias Allert, Tagebuch, S. 45, wo ein Faschingsnarr Pferde stiehlt. Solche Vorfälle führten in der leopoldi-

Neuen Markt zwei Soldaten, die ihre Herrn beraubten. Alle vier Geschichten, die Pflummern erzählt, haben grundsätzlich nichts miteinander zu tun; der Diarist selbst stellt die Verbindung her, da er die Hinrichtungen als *exempel* deutet, die nach den *excessen* von Mord und Kindsmord statuiert wurden. Wienerberg und Neuer Markt repräsentieren die wiederhergestellte fürstliche Autorität, die durch das Verbrechen bedroht wurde.[182] Zacharias Allert schildert in seinem Tagebuch detailliert die Exekution eines Mörders am Hohen Markt, die er selbst von einem Haus aus beobachtet.[183] Er beteiligt sich an dem, was Foucault den „Schafott-Dienst" des Volkes nannte, das als Zuschauer, Zeuge und zuweilen auch als Teilnehmer der Hinrichtungszeremonien unentbehrlich war.[184] Sowohl Allert als auch Pflummern übertragen diesen Akt des Zusehens auf jenen des Schreibens, indem sie Zeugnis ablegen von der Rache des Souveräns.

Wien ist in Pflummerns Aufzeichnungen natürlich nicht nur ein Ort von Korruption und Verbrechen. Als die Verhandlungen in Wien wegen der Osterzeit völlig zum Stillstand kommen, macht der Gesandte mit dem Prior von Salem einen einwöchigen Ausflug nach Göttweig, wo sie vom Prälaten

---

nischen Zeit zu Verordnungen, die sich gegen die Vermummung auf den Wiener Straßen richteten. Vgl. Hadamowsky, Höfische Faschingsfeste, S. 7.

182 Zu den Wiener Hinrichtungsstätten vgl. Czeike, Historisches Lexikon, Bd. 3, S. 194, Bd. 4, S. 374 (Neuer Markt). Zur Exekutionspraxis vgl. Peter Csendes, Wiener Strafgerichtsbarkeit im 17. Jahrhundert. In: JBVGStW 26, 1970, S. 103–119. Eine Liste der Verbrechen in Wien nach dem Totenbeschauprotokoll erst ab 1649 bei Gustav Gugitz, Mord und Totschlag in Alt-Wien. Ein Beitrag zur Geschichte der öffentlichen Sicherheit und Kriminalität in Wien im 17. und 18. Jahrhundert. In: JBVGStW 14, 1958, S. 141–155.

183 Allerts Tagebuch, S. 42.

184 Michel Foucault, Überwachen und Strafen. Die Geburt des Gefängnisses, Frankfurt/M. [9]1991, S. 76 f.

eingeladen werden. Pflummern beschreibt nicht das Kloster, sondern allein den Abt, der so leutselig und gebildet sei, daß er zu den Festtagen selbst zum Volk predige.[185] Mit der Person des Prälaten skizziert der Diarist ein Bildungsideal, das Gelehrsamkeit mit Erbauung verbindet. Als Pflummern Göttweig besuchte, hatte Abt David Gregor Corner (1585–1648) bereits mehrere erbaulich-theologische Abhandlungen drucken lassen. Sein bei weitem einflußreichstes Werk war aber das „Groß Catholisch Gesangbuch", später auch „Geistliche Nachtigall" genannt, das 1626 erstmals erschien und zu den bedeutendsten hymnologischen Sammelwerken des 16. und 17. Jahrhunderts zählt.[186] Möglicherweise wurde Pflummern vom literarischen Ruf Corners oder gar von der Kenntnis eines seiner Werke dazu angeregt, Göttweig zu besuchen. Die Überlinger Kriegschronik nimmt damit Motive der klassischen Bildungsreise auf. In den Dienst der Gegenreformation stellte sein Wissen auch der Wiener Hofbibliothekar Sebastian Tengnagel, der Kontroversschriften herausgab und Melchior Klesl zueignete. Pflummern erlebt einige Tage nach der Rückkehr aus Göttweig Tengnagels Begräbnis und widmet ihm einen Nachruf. Nach Pflummern war er ein unbescholtener Mann mit äußerst angenehmen Umgangsformen, gebildet, ein Förderer von Wissenschaft und Gelehrten, vor allem aber ein einzigartiger Freund.[187] Erst Tengnagels Ableben läßt den Diaristen von dieser Gelehr-

---

185 *vir quantae humanitatis, tantae eruditionis, ut qui ipse in templo ad populum conciones diebus festis habere soleat.* Pflummern, Tagebücher, S. 270.

186 Vgl. Peter Platzer, Dr. David Gregor Corner. Katholischer Reformator und Abt des Stiftes Göttweig (1585–1648) (Ein Beitrag zur Geschichte der katholischen Erneuerung und des 30jährigen Krieges) (ungedr. phil. Diss.), Wien 1964, bes. S. 147–177, auch Clemens Anton Lashofer, Profeßbuch des Benediktinerstiftes Göttweig. Zur 900-Jahr-Feier der Gründung des Klosters (Studien u. Mitteilungen zur Geschichte des Benediktiner-Ordens. Ergbd. 26), St. Ottilien 1983, S. 151–153.

187 *meusque etiam singularis amicus*. Pflummern, Tagebücher, S. 274.

tenfreundschaft sprechen. Über zehn Jahre danach stellt Martin Zeiller in Merians Topographie den kaiserlichen Hofbibliothekar als Inbegriff des Wiener Gelehrten dar, dessen private Sammlung orientalischer Bücher geschätzter als die kaiserliche gewesen sei.[188] Pflummern definiert die öffentliche Bedeutung des Verstorbenen nicht nur als kaiserlicher Bibliothekar, sondern auch als Stadtanwalt im Wiener Rat.[189] Unter der großen Menge des Totengeleits zum Stephansfriedhof hebt er neben den anwesenden Gelehrten und Fremden die *burgerschafft* hervor. Der Umkreis des Hofes bleibt dagegen unberücksichtigt. Selbst ein angesehener Literat und politischer Funktionsträger, macht Pflummern das Begräbnis zu einem Triumphzug, der einer Huldigung durch die Stadt gleichkommt. Der Überlinger Gesandte nützt den Bericht über den Tod Tengnagels in Wien, um den sozialen Stellenwert des Gelehrten innerhalb der „bürgerlichen“ Gemeinschaft zu bestimmen.

Glückshafen

Die monastische Struktur Wiens stellt in Pflummerns Notizen einen wichtigen diplomatischen Rückhalt dar, sie wird in zeitgenössischen Diarien jedoch auch als soziales Auffangbecken für zahlreiche Kriegsflüchtlinge beschrieben. Ähnlich dem Hof

188 Topographia Provinciarum Austriacarum, S. 45. Zu Tengnagel vgl. Franz Unterkircher, Hugo Blotius und seine ersten Nachfolger (1575–1663). In: Josef Stummvoll (Hg.), Geschichte der Österreichischen Nationalbibliothek (Museion N.F. 2/3), Wien 1968, S. 79–162, hier S. 129–145, auch Hans Petschar, Niederländer – Europäer – Österreicher. Hugo Blotius, Sebastian Tengnagel, Gérard Freiherr van Swieten, Gottfried Freiherr van Swieten. Vier Präfekten der kaiserlichen Hofbliothek in Wien (Österreichische Nationalbibliothek. Sonderausstellungen 1993, 3), Wien 1993, S. 15–17.

189 Als Stadtanwalt vertrat er die Interessen des Landesfürsten im Rat, wie Pflummern seinen Lesern erklärt.

stellten die Klöster und Stifte bestimmten Gesellschaftsgruppen eine rasche Integrationshilfe bereit. Der Zisterziensermönch Konrad Burger (1613–1680) aus dem Breisgauer Kloster Tennenbach bei Emmendingen erzählt in seinem „Reisebuch“, daß er sofort nach seiner Ankunft in Wien 1639 im Heiligenkreuzerhof übernachten konnte, was er mit der Erläuterung begründet: *ein fürnemb Mans Closter unseres Ordens.*[190] Burger erhält folgends sowohl vom Heiligenkreuzer als auch vom Lilienfelder Prälaten Einladungen, in ihren Klöstern zu bleiben. Der Augsburger Benediktiner Reginbald Möhner aus St. Ulrich kommt 1635 abends nach Wien, sodaß er sich zunächst eine Bleibe beim Roten Turm suchen muß. Doch bereits am nächsten Tag trifft er vor dem Haupttor von St. Stephan den Priester Friedrich Fabricius, der ihm eine Unterkunft im Salzgries verschafft.[191] Möhner besucht das Benediktinerkloster zu den Schotten, wo er Frater Sebastian Merck, einem *Bekanten*, begegnet und von Abt Johann Walterfinger als Gast eingeladen wird.[192] Er meint zwar, daß ihm sein Gasthaus langfristig billiger gekommen sei, doch habe er oft die Chance genützt, an der Tafel des Klosters zu speisen.[193] Ebenso wichtig wie die Tatsache der Unterkunft sind ihm die

---

190 P. Konrad Burgers Reisebüchlein, hg. v. P. Gregor Müller. In: Cistercienser-Chronik 43, 1931; 44, 1932; 45, 1933 [jeweils in mehreren Fortsetzungen], hier Bd. 43, S. 357.

191 Ein Tourist in Oesterreich während der Schwedenzeit. Aus den Papieren des Pater Reginbald Möhner, Benedictiners von St. Ulrich in Augsburg, hg. v. Albin Czerny, Linz 1874, S. 23 f. (im folgenden als Möhner, Tourist in Oesterreich, zitiert). Zum Salzgries vgl. Czeike, Historisches Lexikon, Bd. 5, S. 38. Möhner nennt das Gasthaus „Zum grünen Salzküffel“ als Unterkunft.

192 Zum Schottenkloster unter Abt Johann X. Walterfinger (1629–1641) vgl. Cölestin Rapf, Das Schottenstift (Wiener Geschichtsbücher 13), Wien – Hamburg 1974, S. 42, oder Ernest Hauswirth, Abriß einer Geschichte der Benedictiner-Abtei U.L.F. zu den Schotten in Wien, Wien 1858, S. 84–88.

193 Möhner, Tourist in Oesterreich, S. 112. Als er 1648 wieder in die Stadt kommt, kann er seine Truhen sofort ins Schottenkloster tragen lassen. Da

übrigen Gäste, die er aus St. Ulrich, aber auch aus den Abteien Füssen oder Niederaltaich antrifft und die er einzeln aufzählt. Möhner begegnet in Wien so manchen anderen *Schwaben*, mit denen er Freundschaft schließt.[194] Ähnlich Christian von Anhalt knüpft Möhner hier mit seinen Aufzählungen von Mönchen und Geistlichen ein personelles Netz um sich, das ihm die notwendige Neudefinition seiner sozialen Identität in der Residenz erleichtert.

Burger und Möhner sind Flüchtlinge, die der Krieg mehrmals aus ihren süddeutschen Klöstern vertrieb. Reginbald Möhner (gest. 1672) befand sich erstmals von August bis Dezember 1635 und dann mehrmals in den Jahren 1648 bis 1651 in Wien, als Augsburg zunächst von kaiserlichen, dann aber von schwedischen Truppen bedroht wurde. Der Abt von St. Ulrich und Afra mußte aufgrund der wirtschaftlichen Not seinen Konventualen freistellen, sich in anderen Klöstern ihr Auskommen zu suchen. Während seiner Reisen führte Möhner ein Tagebuch oder „Itinerarium", das er später ins reine schrieb und mit kolorierten Abbildungen, teils von Trachten, teils von Wappen, versah.[195] Diese Ausstattung kennzeichnet einen Großteil des Gesamtwerkes Möhners, das aus genealogischen Verzeichnissen zu Augsburger Familien, aus Stamm-

---

im Schottenkloster damals ein Interregnum herrscht, zieht er aber bald ins Schwarzspanierkloster um.

194 Möhner, Tourist in Oesterreich, S. 24.

195 Vgl. hierzu Reise des P. Reginbald Möhner, Benedictiners von St. Ulrich in Augsburg, als Feldcaplans bei den für Spanien geworbenen und unter dem Commando des Markgrafen Leopold Wilhelm von Baden geführten deutschen Regimentern in die Niederlande im Jahre 1651. Nebst Auszügen aus der Beschreibung früherer Reisen desselben [hg. v. P. L. Brunner]. In: 35. Jahres-Bericht des historischen Kreis-Vereins im Regierungsbezirke von Schwaben und Neuburg für die Jahre 1869 und 1870, Augsburg 1872, S. 92–208, bes. S. 92–103. Hier auch Hinweise zur Biographie Möhners, der in Augsburg geboren wurde und 1622 in St. Ulrich eintrat. Sein Vater war Pfleger der bayerischen Stadt Rain.

tafeln, historiographischen Exzerpten und Werken zur Augsburger Stadt- und Diözesangeschichte besteht. Seine knappen, aber präzisen *Annales Augustenses*, die sich von der Stadt- auf die Klostergeschichte verengen, gehören zu den wichtigsten Quellen Augsburgs aus der Zeit des Dreißigjährigen Krieges.[196] Chronologisch schließt das „Itinerarium" am engsten an das äußerst genaue Tagebuch an, das Möhner über die Vorgänge in der Reichsstadt während der schwedischen Besatzung 1632 bis 1635 führte.[197] Das Itinerarium ist somit formal wie inhaltlich in die Chroniktradition des Klosters eingebettet, so daß der primäre Leserkreis wohl auch innerhalb des Konvents zu suchen ist.

Anders als Konrad Burger ist Möhner nicht bestrebt, die Reiseaufzeichnungen zu einem größeren autobiographischen Bericht auszudehnen. Möhners Text beschränkt sich auf die Zeit außerhalb des Klosters, so daß der Text inhaltlich in drei Teile zerfällt, von denen die beiden ersten die Aufenthalte in Österreich 1635 bis 1639 und 1646 bis 1651 beschreiben. Der dritte erzählt vom Feldzug des Markgrafen Leopold Wilhelm von Baden in die Niederlande 1651/52.[198] Möhner teilte wäh-

196 Leonhard Lenk, Augsburger Bürgertum im Späthumanismus und Frühbarock (1580–1700) (Abhandlungen zur Geschichte der Stadt Augsburg 17), Augsburg 1968, S. 190–198, Bernd Roeck, Eine Stadt in Krieg und Frieden. Studien zur Geschichte der Reichsstadt Augsburg zwischen Kalenderstreit und Parität, Tl. 1–2 (Schriftenreihe d. Histor. Kommission bei der Bayerischen Akademie d. Wissensch. 37), Göttingen 1989, S. 43.

197 Reise des P. Reginbald Möhner, S. 98. Zum aufsehenerregenden Verhalten des Klosters St. Ulrich unter Abt Bernhard Hertfelder, dessen Konvent sich im Gegensatz zum übrigen katholischen Klerus auf die Schweden vereidigt hatte, vgl. z. B. Wilhelm Liebhart, Die Reichsabtei Sankt Ulrich und Afra zu Augsburg. Studien zu Besitz und Herrschaft (1006–1803) (Historischer Atlas von Bayern, Teil Schwaben II/2), München 1982, S. 213 f.

198 Während die Ausgabe von Czerny (Möhner, Ein Tourist in Oesterreich) die beiden ersten Teile enthält, bietet die Ausgabe von Brunner (Reise des P. Reginbald Möhner) eine Edition des dritten Teiles mit Inhaltsangabe und Textzitaten zu den vorangegangenen Abschnitten des Itinerariums.

rend seiner Reisen zunächst das Schicksal seiner Mitbrüder, die in den Aufnahmeländern als Lehrer oder Seelsorger ein Tätigkeitsfeld suchen mußten.[199] Wien stellte seinem Besucher jedoch auch andere Möglichkeiten bereit, da dem Mönch hier im August 1649 der Aufstieg zum Feldkaplan des Markgrafen von Baden gelang, mit dem er unter spanischem Kommando in die Niederlande zog. Daß der Markgraf sich mit den Spaniern zerstritt und der Feldzug abgebrochen werden mußte, bedauert der nunmehrige Kriegsannalist als abruptes Ende seiner kurzen militärischen Karriere: *Also hatte unser Veldzug ein Endt und ich habe des Winter Quartier, auf welches ich mich lang umbsonsten gefraydt hab und mir über die 100 Ducaten eingetragen hätte, auch ein (Ende) bekommen.*[200] Möhner beschreibt seine Aufenthalte in Wien als Sprungbrett für einen beruflichen und finanziellen Aufstieg. Während des Krieges hatte der kaiserliche Hof ein gewaltiges Potential an Karrierechancen aufgebaut, deren Attraktivität weit über 1648 hinaus andauerte.[201] Einige Chronisten berichten über ihre Versuche, gerade aufgrund der Kriegssituation in Wien *eine gewünschte Gelegenheit zu erschnappen*. Der bereits erwähnte Literat und Hofhistoriograph Matthias Abele erzählt rückblickend in seiner „Künstlichen Unordnung“, daß er 1639 als Student auf der Suche nach einer Stellung von Graz nach Wien gegangen sei und hier zunächst bei einem Proviantmeister unterkam, der sich nach

199 Vgl. Sturmius Drexel, Reichsstift und Reichsstadt. Eine Darlegung der rechtlichen Auseinandersetzungen zwischen dem Reichsstift St. Ulrich und Afra in Augsburg und der Reichsstadt Augsburg im 17. und 18. Jahrhundert (Studien u. Mitteilungen zur Geschichte des Benedictiner-Ordens. Erg.-Heft 14), München 1938, S. 36.

200 Reise des P. Reginbald Möhner, S. 185.

201 Vgl. Volker Press, Patronat und Klientel im Heiligen Römischen Reich. In: Antoni Mączak (Hg.), Klientelsysteme im Europa der frühen Neuzeit (Schriften des Historischen Kollegs: Kolloquien 9), München 1988, S. 19–46, hier 35–44.

dem Verlust von Breisach in Hausarrest befand.[202] Dies war ein erster Anfang dafür, um in der Residenz als Advokat Fuß fassen zu können. Reginbald Möhner erwähnt im Gefolge seiner Ernennung zum Feldkaplan die Ankunft zahlreicher kaiserlicher Feldherren in Wien nach dem Westfälischen Friedensschluß. Er hält damit die Rahmenbedingungen für seine berufliche Chance fest: das freigewordene militärische Potential, für das nach dem Frieden neue Betätigungsfelder gesucht werden mußten.

Im Vergleich zu den vorher besprochenen Diaristen interessiert sich Möhner auffällig wenig für große Hoffeste. Nur einen einzigen Eintrag widmet er den *kostbaren Auffzügen und Riterspilen*, die im Wiener Fasching veranstaltet werden. Es handelt sich dabei um die Hochzeit Ferdinands III. mit Eleonora (II.) Gonzaga 1651, die dem Mönch wenig Begeisterung entlockt: *Der Einzug ware gar pompos und ein stattlich Feürwerkh gehalten, welches wol vil Gelt gekostet, aber nit nach contento abgelauffen*.[203] Wie Pflummern befremden auch Möhner die hohen Kosten der Feiern. Der Diarist war zwar nicht Mitglied einer Bittgesandtschaft, er betont aber die guten Kontakte zu den Mitgliedern der Augsburger Botschaft unter Hieronymus Imhof, die nach dem Leonberger Akkord 1635 in Wien um eine Verringerung der Kriegskostenentschädigungen und Strafgelder ansuchte.[204] Augsburger Gesandte berichten ähnlich Pflummern vom Bedarf an Bestechungsgeldern am Wiener Hof,[205] wogegen Möhner seine eigene Form findet, die Korruption in der Residenz darzustellen. Er nennt mehrere Höflinge, denen er besondere Strategien zuschreibt, zu Geld und

202 Vgl. [J. P. Kaltenbaeck], Aus dem Leben eines Wiener Studenten im siebenzehnten Jahrhundert. In: Austria. Österreichischer Universal-Kalender 14, 1853, S. 37–39.

203 Möhner, Tourist in Oesterreich, S. 121.

204 Möhner, Tourist in Oesterreich. S. 29 f. Die Identifizierung der Mitglieder findet sich bei Reise des P. Reginbald Möhner, S. 106.

205 Vgl. Roeck, Eine Stadt in Krieg und Frieden, S. 771.

Vermögen zu kommen. Der aus dem Fall Deodati bekannte böhmische Kanzler Georg Adam von Martinitz habe einen Wachtmeister, der vom Hof Geld forderte, in Ketten legen und an die ungarische Grenze führen lassen; Hofkriegsrat Annibale Gonzaga und Hofkanzler Matthias Prickhelmayer bereichern sich wiederum an den *schönen* Lust- und Weingärten des ehemals reichen Salzamtmannes Georg Nagel, dessen Witwe durch Forderungen der Hofkammer an den Bettelstab gebracht wird.[206] Der Umkreis des Hofes ist für Möhner ein Ort des Verbrechens, so daß sich seine Darstellung am Rande einer „chronique scandaleuse" bewegt. Der Diarist klagt über den Tod von Kaiserin Maria Leopoldine 1649, die seiner Meinung nach nur deswegen sterben mußte, weil unerfahrene Frauen den Mutterkuchen im Leib der Kindbetterin gelassen hätten.[207] Die Hofhebamme Sara habe die Gefahr sofort erkannt, sei aber zu spät benachrichtigt worden. Möhner stellt die Kaiserinwitwe Eleonore (I.) in die Nähe der fahrlässigen Tötung, indem er betont, daß sie Maria Leopoldine nie gemocht hatte,

---

206 Möhner, Tourist, S. 113 f. Alle drei Höflinge genannt bei Schwarz, Privy Council, S. 236 f., 299 f., 323–325. Möhner bezeichnet sich als Vertrauensmann Nagels, der ein Bruder des ehemaligen Prälaten von Lambach gewesen sei.

207 Zur Diskussion über die „Nachgeburt-Verhaltung" in der Frühen Neuzeit vgl. Zedler, Universal-Lexikon, Bd. 23, Sp. 189–196. Der kaiserliche Gesandte Johann Maximilian von Lamberg erwähnt in seinem Diarium, daß Maria Leopoldine nach der Entbindung von einem Sohn Krämpfe bekommen habe und dann gestorben sei. Der „Höfling" Lamberg sorgt sich weniger um die Todesursache als um die Aufbahrungszeremonien. Vgl. Diarium Lamberg. Linz, Oberösterreichisches Landesarchiv, Herrschaftsarchiv Steyr, Hs. 1485 u. 1496, hier Hs. 1496, p. 177. Der Schlußteil des Diariums, der v. a. eine Wiener Hofchronik darstellt, ist nicht abgedruckt in der Edition: Diarium Lamberg, hg. v. Herta Hageneder (Acta Pacis Westphalicae III/C/4), Münster 1986. Vgl. aber auch Herta Hageneder, Ein Rombesuch im Jahre 1650. In: Sabine Weiss (Hg.), Historische Blickpunkte. Festschrift Johann Rainer (Innsbrucker Beiträge zur Kulturwissenschaft 25), Innsbruck 1988, S. 217–220.

weil sie lieber eine italienische Kaiserin gesehen hätte. Der Haß in der Bevölkerung gegen sie sei damals so groß gewesen, daß man sie auf den Straßen mit Steinen beworfen hätte, wenn sie sich gezeigt hätte: *Also hart haben die Burgerschafft dise Teütsche Kaiserin* [Maria Leopoldine von Tirol], *bei welcher schon die Teütsche Regierung wider bei Hoff den Anfang genommen, als ihr Muetter verloren.*[208] Ähnlich wie er das Scheitern des niederländischen Feldzuges den Spaniern anlastet, macht er Eleonore, den Mittelpunkt der Wiener Festkultur, zum „nationalen" Feindbild der Mißwirtschaft. In einem Exkurs über die Wiener Kirchen läßt er durchschimmern, daß der Haß gegen die Kaiserinwitwe nur für einen Konflikt mehrerer Interessengruppen steht: Eleonore habe die *Welschen* gegenüber den Deutschen bevorzugt, indem sie z. B. Augustiner-Eremiten durch Augustiner-Barfüßer ersetzte.[209] Hinter dem politischen Skandal, den Möhner konstruiert, steht der bei Pflummern erwähnte Kampf zwischen alten und neuen Orden um Einflußsphären.

Bereits seine erste Ankunft in der *kayserlichen Residenz* im August 1635 stellt Möhner unter das Zeichen von Mord und Totschlag. Er fand damals die Stadttore verschlossen, weil ein Bortenwirkergeselle einen Schäfflergesellen, ein Hausknecht aber seinen Bruder erstochen hätte und beide Täter noch nicht gefaßt gewesen wären.[210] Der Vermerk über diese Zwischenfälle mutet zunächst nur wie die Erwähnung eines Reisehindernisses an, doch Möhner kommt an anderer Stelle auf das

208 Möhner, Tourist in Oesterreich, S. 115, auch S. 125 (Exkurs über die Kirchen Wiens).

209 Möhner, Tourist in Oesterreich, S. 125. Die Kongregation der italienischen Augustiner-Barfüßer wurde 1593 errichtet, 1630 übernahm der Reformorden das Augustinerkloster, während die Eremiten in die Landstraße ausweichen mußten. Vgl. Adolar Zumkeller, Augustiner-Eremiten. In: Theologische Realenzyklopädie 4, 1979, S. 728–739, auch Czeike, Historisches Lexikon, Bd. 1, S. 195–197.

210 Möhner, Ein Tourist in Oesterreich, S. 23.

Thema zurück. Die Mörder werden gefaßt und zum Tode verurteilt. Während der Knecht am Hohen Markt[211] durch Enthauptung sein Leben verliert, führen die Schergen den Bortenwirker an den Tatort. Als der Henker bereits das Beil anlegt, wird seine Strafe zum Dienst auf einer ungarischen Grenzfestung umgewandelt.[212] Eine derartige Begnadigung, die den Delinquenten für den Militärdienst nutzbar machte, war grundsätzlich kein Einzelfall. Auch der Geheime Rat Adam von Waldstein berichtet in seinen Wiener Kalendernotizen für 1633 von einem ähnlichen Vorgehen. Demgemäß habe Königin Maria einem Mörder das Leben geschenkt, der seine Schwester wegen vier Kreuzern erstochen hatte, bereits vor dem Henker kniete und dann auf die Festung Raab verbannt wurde.[213] Angesichts desselben Sachverhaltes wird der Unterschied in der Perspektive deutlich. Der Höfling Waldstein legt den Akzent auf den fürstlichen Gnadenakt, die *Clementia Austriaca*, die vor und während des Krieges als Zentraltugend der Habsburger propagiert wurde.[214] Der Augsburger Mönch nennt dagegen nicht den Begnadigenden, sondern den Begnadigten, einen Nürnberger namens Daniel: *ein junger schöner Mensch*. Die Sympathie des Diaristen für den Verurteilten liegt zum Teil darin begründet, daß dieser kurz zuvor zum Katholizismus übergetreten war und sich nach der Begnadigung *mit grosser Andacht* die Messe anhörte, die Möhner für ihn las. Die Erbauung bildet aber nicht den eigentliche Kern der Erzählung.

211 Der Hohe Markt war eine bevorzugte Stelle für die Exekution durch Enthauptung und Vierteilung. Vgl. Werner Ogris, Vom Galgenberg zum Ringtheaterbrand. Auf den Spuren von Recht und Kriminalität in Wien, Wien – Köln – Weimar 1997, S. 88 f.

212 Möhner, Tourist in Oesterreich, S. 26 f.

213 Deník rudolfinského dvořana, S. 330.

214 Vgl. Veronika Pokorny, Clementia Austriaca. Studien zur Bedeutung der clementia Principis für die Habsburger im 16. und 17. Jahrhundert. In: MIÖG 86, 1978, S. 310–364.

Möhner befragt den Täter über die Angst unter dem Beil; dieser antwortet nur, daß er auf dem Weg zum Tatort nichts wahrgenommen, sich aber gefühlt habe, als ob er bis zum Hals hinauf Wasser durchschreite. Keinerlei religiöse, wohl aber psychische Bewältigungsstrategien pointieren Möhners Verbrechergeschichte. Er versucht, sich und damit auch den Leser in das Verhalten eines Menschen während einer Extremsituation „hineindenken" zu lassen. Der Hintergrund für diese Psychologisierungstendenz in Möhners Kriminalgeschichte läßt sich aus der Erzählform heraus erklären. Kurz vor seiner endgültigen Abreise 1651 rettet der Mönch einen Schneidergesellen aus dem Badischen, der seinen Nebenbuhler aus Notwehr erstochen hat, vor der Wiener Justiz. Der Täter liegt *ertatert* (zitternd) in der Kutsche, mit der ihn der Feldprediger aus der Stadt schmuggelt, er hat *an allen seinen Glidern also gezitert, dass er kaumb hat reden künden.*[215] Möhners Solidarisierung mit dem Verbrecher steht der Machtdemonstration der Justiz bei Pflummern diametral entgegen. Sind Verbrechensmeldungen bei Allert oder Pflummern Schlaglichter von Recht und Ordnung, so erhebt sie der Augsburger Mönch zum bestimmenden diaristischen Prinzip. In ihrer pointierten Darstellungsweise sind Möhners Aufzeichnungen dem Itinerarium des Zisterziensers Konrad Burger äußerst ähnlich, der bereits am Titelblatt seinen Lesern verkündigt, daß er allein *die Zeit ein wenig damit zu vertreiben* gedenkt.[216] Möhner stellt sich selbst als Rezipient jener Geschichten dar, die er für die Lektüre aufbereitet: *dessen wür wol lachen muesten*[217]. Ungeachtet der humanistischen Versuche, die Reiseliteratur der Systematisierung und Quellenkritik zu unterwerfen, blieb sie ein

---

215 Möhner, Tourist in Oesterreich, S. 122 f.

216 Burger, Reisebüchlein, Bd. 43, S. 127. Wie Möhners Text blieben auch Burgers Aufzeichnungen zunächst auf die monastische Tradierung beschränkt.

217 Möhner, Tourist in Oesterreich, S. 32, 37, 44.

ungebrochen wichtiger Faktor der Unterhaltungsbranche.[218] Mit seinen Wiener Kriminalfällen kommt Möhner einer Erwartungshaltung seiner Rezipienten entgegen.

Das Wiener Ghetto, die *Judenstatt*, wird bei Möhner nur im Kontext der Gerichtsfälle faßbar. Der Mönch berichtet für 1651 vom gewaltsamen Konflikt zwischen Wiener Studenten und Juden oder jenem spektakulären Mord an der reichen Jüdin Eleonora (Lana T. Jechiel Michl), die auf ihrem Weg in die Stadt von einem unbekannten Reiter erschossen wurde.[219] Die genauen Hintergründe dieses Mordes sind nicht bekannt, dürften aber in einem Zwist innerhalb der jüdischen Gemeinde um den Mißbrauch von Steuergeldern gelegen haben. Bei Möhner ist es Eleonora selbst, die die angeblichen Veruntreuungen der Gemeindevorsteher den kaiserlichen Behörden anzeigte und dafür mit ihrem Leben büßte.[220] Die Form des diaristischen Berichtes steht den zeitgenössischen Nachrichtenmedien nahe, wie etwa ein Vergleich mit dem *Theatrum Europaeum* bezeugt, das ebenfalls den Mord notiert, wenn auch weitaus ärmer an Hintergrundinformationen. Beiden Berichten gemeinsam ist die Tendenz zur Pauschalisierung. Spricht der Zeitchronist des „Theatrum" von der Anstiftung „der Juden", so offenbart der Fall für Möhner *etliche Schelmenstukh der Juden*. Undifferenziert werden „die" Juden zu den Tätern.

---

218 Der Reisebericht wurde von den Zeitgenossen gattungsgeschichtlich dem Bereich der Historie zugeordnet, konnte somit wie die Chronistik den Anspruch von Belehrung und Unterhaltung erheben. Vgl. Neuber, Zur Gattungspoetik des Reiseberichts, S. 53–55.

219 Möhner, Tourist in Oesterreich, S. 121 f. Vgl. zu diesem Fall Tietze, Die Juden Wiens, S. 62–64, auch A. F. Pribram, Urkunden und Akten zur Geschichte der Juden in Wien. Abt. 1, Allgemeiner Teil. 1526–1847 (1849) (Quellen u. Forschungen zur Gesch. d. Juden in Deutsch-Österreich Bd. 1), Wien – Leipzig 1918, S. 161, 166.

220 Tietze (Die Juden in Wien, S. 63) vermutet im Tatverdächtigten Hirschel Mayer den Aufdecker der Mißwirtschaft.

Dieselbe Verbindung der Begriffe „Schelm“ und „Jude“ begegnet auch in der Erzählung von einem jüdischen Dieb, der 1635 am Getreidemarkt gehenkt wird. Die Juden wollen *den henkersmesigen Schelmen* im Ghetto bestatten, müssen aber Henkersleute zunächst dafür bezahlen, daß sie die Leiche vom Gerüst herabholen, dann dafür, daß sie den Körper in einen Karren legen und ins Ghetto bringen, schließlich Schiffsleute dafür, daß sie ihn nach der üblichen Waschung wieder über die Donau führen: *Haben sich also die Juden vil gelt kosten lassen, bis sie ihne under die Erdt gebracht haben.*[221] Möhner scheint hier mit seinem Text den Haß gegenüber den Juden schüren zu wollen, wenn er die Vorstellung von ihrem Reichtum in einprägsame Bilder umsetzt. Dieser Reichtum erhält in der Erzählung eine ambivalente Funktion, da „die Juden“ gleichzeitig als Gefangene in einem Netzwerk der Demütigungen, Gesetze und Verbote erscheinen. Sie werden von *spötischen Burschen* damit aufgezogen, daß sie den Verurteilten bitten, die Patriarchen grüßen zu lassen; sie müssen die Bestattung deswegen teuer bezahlen, weil sie den Toten nicht über die Brücke tragen dürfen und ihnen ihre Religion verbietet, den Toten zu berühren.[222] Die Bestattung wird zum Hürdenlauf. Möhner stilisiert den mühevollen Weg des Leichnams fast zu einer Parabel der kollektiven Rastlosigkeit, die an die 1602 gedruckt erschienene Legende vom Ewigen Juden Ahasverus erinnert. Der Fall des jüdischen Diebes veranschaulicht, daß die Kriminalfälle Möhners nicht irgendwo stattfinden können, sondern an den Raum Wien gebunden bleiben. Die geographische Marginalisierung

221 Möhner, Tourist in Oesterreich, S. 27 f. Der jüdische Friedhof befand sich damals in der Roßau (9. Bezirk).

222 Das Tabu betrifft nicht das Verbrechen, sondern den Leichnam schlechthin, der nach Num 19,11 oder Lev 21,1–4 u. 21,11 als unrein galt. Vgl. Gerhard Krause, Gerhard Müller (Hgg.), Theologische Realenzyklopädie, Bd. 5, Berlin – New York 1980, S. 730–757 (Bestattung,) bes. S. 736, 741, und Herlitz, Kirschner, Jüdisches Lexikon, Bd. 4/2, Sp. 827 f.

religiöser Minderheiten war Möhner nicht fremd, da auch die Augsburger Juden vor den Stadttoren in Judendörfern untergebracht wurden.[223] Die Erzählung vom Leid der Wiener Juden setzt jedoch u. a. die Überwindung der Donau voraus. Die Erzählmotive Möhners erscheinen austauschbar, nicht aber das Lokalkolorit, aus denen heraus sie sich entwickeln.

Die Identität einer Stadt ergibt sich zum großen Teil daraus, was der Betrachter aus der Vielfalt ihrer Geschichte als prägend und erinnernswert auswählt. Die historischen Assoziationen sind Teil jener Attraktivität, die den Reisenden an einen bestimmten Ort zieht. In der Kriegszeit bildete die Türkenbelagerung von 1529 noch immer das wichtigste historische Faktum, das untrennbar mit der Stadt verbunden wurde. Der englische Sekretär William Crowne gedenkt anläßlich des Besuches im Neugebäude 1636 allein dieses historischen Ereignisses: *Here it was that the invading Turks, with 200.000 men, once entrenched themselves in an effort to capture Vienna* [...].[224] Auch Möhner geht im Garten des Neugebäudes spazieren, ohne aber ein Wort über die Belagerung zu verlieren. Der Geschichte Wiens begegnet er auf dem Kahlenberg, den er einen Tag später besucht: *Hernach uns, nachdem (wir) das zersterte Schloss auf dem andern Berg* [Leopoldsberg], *darin ein Erzhörzog mit seinem wunderlichen Pfaffen gemeinkhlich auffgehalten, von fern besichtigt, uns widerumb auf den Weg gemacht.*[225] Mit dem Erzherzog ist Herzog Otto der Fröhliche (1301–1339) gemeint,

223 Roeck, Eine Stadt in Krieg und Frieden, S. 466–476.

224 Crowne, Diary, S. 68. Der Verfasser schreibt das Ereignis der Herrschaft Kaiser Rudolfs (II.) zu. Wahrscheinlich übernahm er diesen Irrtum dem Itinerarium von Fynes Moryson (London 1617). In späteren englischen Reisebeschreibungen gilt Rudolf II. auch als Erbauer des Neugebäudes (z. B. bei John Burbury). Die türkische Legende, wonach das Neugebäude eine steinerne Nachbildung des Zeltes Suleimans des Prächtigen darstelle, tritt erst drei Jahrzehnte später zum Vorschein. Vgl. Czeike, Historisches Lexikon, Bd. 4, S. 378.

225 Möhner, Tourist in Oesterreich, S. 26.

der sich ebenso rasch zur sagenhaften Gestalt entwickelte wie die Spaßmacher an seinem Hof. Unter diesen befand sich Gundaker von Thernberg, der während der Regentschaft Ottos Pfarrer in Kahlenbergerdorf bei Wien war. Um ihn rankten sich zahlreiche Legenden, deren größter Teil von Philipp Frankfurter zu einem Schwankroman zusammengefaßt und 1473 veröffentlicht wurde.[226] Das Buch war ein „europäischer Bestseller", wurde ins Niederländische und Englische übersetzt und noch Anfang des 17. Jahrhunderts mehrfach aufgelegt. Inwieweit Möhner Frankfurters Roman selbst gekannt hat oder von seinem Freund und Begleiter Friedrich Fabricius nur von den Legenden hörte, ist aus der zitierten Stelle nicht klar zu erschließen. Der Diarist greift mit seiner „historischen" Reminiszenz auf den „Pfaffen vom Kahlenberg" jedenfalls eine Schwankfigur auf, die er auf die Wiener Gegenwart der Kriegszeit überträgt.

Noch für das Jahr 1650 vermerkt Möhner den verbotenen Brauch des Auslaufens vor allem protestantischer Frauen von Wien nach Preßburg (Bratislava).[227] Diese Tatsache interessiert ihn deswegen, weil den badischen Truppen, *unsern Soldaten*, die Plünderung dieser Reisenden vom Kaiser gestattet worden wäre. Wie die fremden Truppen, so stellt sich auch der Diarist selbst in den Dienst der landesfürstlichen Gegenreformation, wenn er betont, beschlagnahmte lutherische Hostien in Verwahrung genommen zu haben. Bereits für den ersten Besuch 1635 ist dieser gegenreformatorische Impetus Teil der monastischen Selbstdarstellung. In seinem Wirtshaus am Salzgries habe eine Magd aus dem oberösterreichischen Schwanenstadt

226 Vgl. Hellmut Rosenfeld, Frankfurter, Philipp. In: Verfasserlexikon. Bd. 2, Berlin – New York ^{2}1980, Sp. 817–820; Hans Rupprich, Das Wiener Schrifttum des ausgehenden Mittelalters (Österr. Akad. d. Wiss. phil.-hist. Kl. Sitzungsber., Bd. 228, Abh. 5), Wien 1953, S. 79–88.

227 Möhner, Tourist in Oesterreich, S. 118.

gearbeitet, deren Mutter ihr in einem Brief rät, sich als Katholikin zu verhalten, im Herzen aber lutherisch zu bleiben. Zum Glück Möhners ist die Magd nicht nur lutherisch, sondern auch Analphabethin, so daß sie sich den Brief von ihm vorlesen läßt. Der Mönch nützt die Chance, indem er mit den vermeintlichen Worten der Mutter den Katholizismus als rechten Glauben bezeichnet. Er behält den Brief und läßt die Magd von einem Kapuziner unterweisen.[228] Ausgangspunkt dieser Geschichte ist die Furcht vor dem Geheimprotestantismus, die Ferdinand III. drei Jahre später zu einem Verbot jeglicher geheimer Zusammenkünfte von Nichtkatholischen in Wien veranlaßte.[229] Während in seiner Heimatstadt Augsburg die Katholiken eine Minderheit waren, bietet der Wiener Raum dem Diaristen Gelegenheit, seine besonderen Qualitäten als Bekehrer vor den Lesern herauszustreichen.[230] In seiner Anekdote schiebt Möhner den Vorgang der dogmatischen Überzeugung beiseite, wogegen er die Macht des Wissenden über den Unwissenden in den Mittelpunkt stellt. Er selbst wird zum listigen Pfaffen, der die naive Landbevölkerung „übertölpelt". Bereits in den bäuerlichen Schwänken des „Pfaffen vom Kahlenberg" kommt der Vorteil der Verschlagenheit meist der Kirche zugute.[231] Die Geschichte von der Magd ist nicht die einzige dieses Genres. Man hört z. B. anschließend von einer Katholikin, die Möhner vor ihrem grausamen Mann in Sicher-

228 Möhner, Tourist in Oesterreich, S. 24.

229 Fliedl, Die Lage Wiens, S. 15.

230 Die Klöster waren wichtige Träger der österreichischen Gegenreformation, wobei mehr als die Hälfte der hier ansässigen Mönche aus dem Ausland, vor allem dem vom Landesfürsten bevorzugten süddeutschen Einzugsgebiet, stammten. Vgl. Evans, Werden der Habsburgermonarchie, S. 144.

231 Rupprich, Das Wiener Schrifttum, S. 86. Vgl. auch Brigitte Lucius, Motivvergleichende Untersuchungen zu den Schwankbüchern Neithart Fuchs, Die Geschichte des Pfarrers vom Kahlenberg, Till Eulenspiegel, Das Lalebuch (ungedr. phil. Diss.), Wien 1967, S. 106.

heit bringt, indem er diesen belügt. Der Wien-Bericht verliert seine diaristische Struktur zugunsten einer zeitlichen Unbestimmtheit, was zum Teil die rückblickende Erzählung erkennen läßt: *Under diesen Zeiten, Eines Tags.* Hierin unterscheiden sich die Geschichten seines Berichtes von den Zeitungen und Flugblättern der Kriegszeit, die ebenso informieren und unterhalten wollten, dabei aber Aktualität voraussetzten. Möhners „Situationskomik" rettet die zahlreichen Gerüchte und Kriminalfälle über ihre zeitliche und räumliche Bedingtheit hinweg.

Die Erzählmotive Möhners sind oft an Bräuche und Riten der Bevölkerung gebunden. Der vom Verfasser bezeugte Fall einer Braut, die unabsichtlich ihren Verlobten erschießt, ist z. B. in eine breite Darstellung der *schönen* Wiener Prozessionen um Fronleichnam 1650 eingebettet. Die Verehrung der Eucharistie wurde von den Habsburgern besonders gefördert, so daß man in der Residenz die Fronleichnamsumzüge besonders prächtig inszenierte.[232] Möhner zählt die einzelnen Handwerkszünfte auf, beschreibt die Zunftfahnen, erwähnt die musikalische Begleitung und die Ordnung, in der Klerus, Fürstenfamilie und Adel sich in den Zug der Bürger eingefügt hätten.[233] Ist die Fronleichnamsprozession bei Pflummern Ausdruck politischer und finanzieller Macht, so demonstriert sie nun die bürgerliche Einheit. Prozessionen und Wallfahrten sollten mit der politischen auch eine soziale Stabilisierung bedeuten, indem sie unter Wahrung der bestehenden Ordnung die verschiedenen Stände und Schichten im Glauben verbanden.[234] Der Umzug vom Hohen Markt nach St. Stephan wird Möhner zum Abbild

232 Vgl. Anna Coreth, Pietas Austriaca. Österreichische Frömmigkeit im Barock, Wien ^{2}1982, S. 18–32.

233 Möhner, Tourist in Oesterreich, S. 119.

234 Vgl. Rebekka Habermas, Wallfahrt und Aufruhr. Zur Geschichte des Wunderglaubens in der frühen Neuzeit (Historische Studien 5), Frankfurt/M. – New York 1991, S. 40–43, auch Ludwig Hüttl, Marianische Wallfahrten im süddeutsch-österreichischen Raum. Analyse von der Re-

einer Wiener Gesellschaft, die sich durch Standessymbole genau definieren und durchnumerieren läßt. In komprimierter Form korrespondiert diese Schilderung mit dem mehrfachen historiographischen Bemühen des Verfassers, die vornehmen Augsburger Familien durch Genealogien und Wappenbilder zu erfassen. Gesellschaftliche Gruppen außerhalb von Bürgertum und Adel erwähnt der Diarist für die Prozession nicht, sie finden aber im Bericht der Wallfahrt vom Schottenkloster nach Mariabrunn 1635 Eingang. Diese Prozession zur Marienstatue von Mariabrunn (heute 14. Bezirk) wurde vor allem von Bischof Melchior Klesl gefördert, der hier ein fest organisiertes Wallfahrtszentrum in der Nähe der Stadt schaffen wollte. Sie diente zum Dank an die Wiederherstellung des katholischen Glaubens.[235] Möhner pilgert mit Propst Martin III. Müller von Herzogenburg, der *auch ein Schwabe war*, nach Mariabrunn. Dem Diaristen fällt die große Zahl an Blinden auf, die unter den Bettlern mitziehen und die er auf über dreihundert Personen schätzt. Dieses Phänomen ist Thema eines mittäglichen Tischgespräches, wo ein *Doctor Medicinae* erklärt, daß die Bettler durch den unmäßigen Genuß von Most und *heurigen unabgelegnen Wein* blind würden.[236] An die Stelle des Wunders in zeitgenössischen Mirakelberichten setzt Möhner das

---

formations- bis zur Aufklärungsepoche (Kölner Veröffentlichungen zur Religionsgeschichte 6), Köln – Wien 1965, S. 45, 79.

235 Vgl. Hermann Schiessl, Der Wallfahrtsort Maria-Brunn. Geschichte des Wallfahrtsortes und des Klosters der Augustiner Barfüsser, sowie auch des religiösen Lebens in der Klosterzeit, von der Entstehung des Wallfahrtsortes bis zur Aufhebung des Klosters im Jahre 1829 (ungedr. phil. Diss.), Wien 1945, S. 91–119; Gottfried Scholz, Geschichte der Pfarre Hütteldorf, Wien 1964, S. 78 f.

236 Der Gedanke, vom Wein in bestimmten Gärungs- und Lagerungszuständen blind werden zu können, hat sich z. T. bis heute erhalten. Er bezieht sich zu Möhners Zeit wohl v. a. auf schlechte Erfahrungen mit Branntweinen, die einen hohen Anteil an Methylalkohol aufwiesen. Für diesbezügliche Hinweise danke ich Erich Landsteiner.

rationale Erklärungsmodell falscher Ernährungsgewohnheiten. Der Diarist wetteifert nicht gegen den Weinkonsum schlechthin, denn er selbst macht einen Ausflug nach Hernals, um den Most zu probieren und sich ein Wiener Sprichwort zur zeitgerechten Weinernte zu notieren. Das Verdikt des Alkoholmißbrauches ließ eine beträchtliche Bandbreite an Definitionsmöglichkeiten offen, die es den Obrigkeiten erlaubte, Disziplinierungsabsichten auf gesellschaftliche und ökonomische Anforderungen abzustimmen. Für Möhners Heimatstadt Augsburg läßt sich sehr gut feststellen, daß die kommunalen Verordnungen im Lauf des 16. Jahrhunderts zunehmend Rücksicht auf die Trinkgewohnheiten von Patriziern und Handwerker nahmen, etwa auf das zunächst noch angeprangerte Zutrinken. Die Kontrolle über das Trinken verlagerte sich auf die Kontrolle über bestimmte Gesellschaftsgruppen wie Vaganten und Almosenempfänger, deren Tavernenbesuche z. B. eingeschränkt wurden.[237] Möhner fühlt sich in der Ansicht des Arztes über den Zusammenhang von Bettelei und Blindheit bestätigt, da er bekräftigt, daß man in Wien abends keinen Bettler ohne Rausch heimgehen sehen könne. Er entwirft eine klare Stufenfolge, die von der Bettelei über den Alkoholmißbrauch zur Blindheit führen soll. Damit wird die Krankheit zur Strafe für das Fehlverhalten einer bestimmten Wiener Gesellschaftsgruppe, die er in der geordneten bürgerlichen Fronleichnamsprozession nicht erfaßt sieht.

---

237 Vgl. Ann Tlusty, Das ehrbare Verbrechen. Die Kontrolle über das Trinken in Augsburg in der frühen Neuzeit. In: Zeitschrift des Historischen Vereins für Schwaben 85, 1992, S. 133–155, hier S. 145 f., auch diess., Water of Life, Water of Death: The Controversy over Brandy and Gin in Early Modern Augsburg. In: Central European History 31, 1998, S. 1–30. Tlusty will von der einseitigen Deutung von Trinkgeboten als einfachem Ausdruck der Sozialdisziplinierung abgehen, indem sie das ökonomische Gewicht des breiten Konsumverhaltens für den Wandel obrigkeitlicher Entscheidungsprinzipien unterstreicht.

Zu den organisierten Wiener Volksaufläufen, denen Möhner Beachtung schenkt, gehört der Katharinenjahrmarkt 1650.[238] Als Höhepunkt der Eröffnungsbelustigungen wird ein *Glükhafen* für die Bevölkerung veranstaltet. Er macht einen armen Weinbauern ebenso reich wie eine Magd, die ihren Gewinn aber erst vor Gericht gegenüber ihrer Herrin verteidigen muß, weil diese ihr das Geld borgte. Der Glückshafen oder „olla fortunae" bezeichnete einen Hafen (Topf), aus dem Lose gezogen wurden, und ist ein Vorfahre der Lotterie. Der Gewinn konnte aus Geldern, aber auch Sachgütern wie Pokalen oder Geschmeide bestehen, die oft von der Stadt aufgebracht werden mußten und deren Finanzkraft nicht unbeträchtlich belasteten.[239] Erst in der zweiten Hälfte des 16. Jahrhunderts häufte sich die Zahl privater „Glückshafner", die einer obrigkeitlichen Genehmigung bedurften. Zur Klientel des Spiels gehörten Handwerker, Gesellen, Lohnarbeiter und Dienstpersonal samt Frauen und Kindern, ebenso Adelige, Studenten und Geistliche. Auch Möhner bekommt *Lust*, am Katharinenmarkt sein Glück zu versuchen, er hört aber ein Gespräch mit an, bei dem ein Mann zum anderen sagt: *er seie so närrisch nit, dass er sein Gelt dem Glükh vertrauwen solle*. Der Mönch nimmt sich diese *verstendige Red* zu Herzen und verzichtet. Der Bericht vom Wiener Glückshafen ist der einzige der Wien-Notizen, in dem der Diarist innehält, um eine persönliche Moral zu verkünden. Sucht man nach einem gemeinsamen Kern der zahlreichen Geschichten, die Möhner aus Wien zu berichten weiß, so domi-

---

238 Möhner, Tourist in Oesterreich, S. 120. Der Katharinenmarkt (Beginn 25. November) war neben Christihimmelfahrt der zweite Jahrmarkt Wiens und dauerte vier Wochen. Vgl. Czeike, Historisches Lexikon, Bd. 5, S. 335.

239 Vgl. v. a. Harry Kühnel, Der Glückshafen. Zur kollektiven Festkultur des Spätmittelalters und der frühen Neuzeit. In: Helmuth Feigl (Red.), Festgabe des Vereins für Landeskunde von Niederösterreich zum Ostarrîchi-Millennium, Tl. 1 (JBLKNÖ NF 62/2), Wien 1996, S. 319–342, auch Zollinger, Geschichte des Glücksspiels, S. 198–201.

niert der Gedanke des Glücks bzw. das schicksalhafte Umschlagen von einem Extrem ins andere. Der Salzamtmann, der vom Reichtum in die Armut gebracht wird, der Mörder, der unter dem Beil begnadigt wird, die Kaiserin, die bei der Geburt eines Sohnes der Unachtsamkeit zum Opfer fällt, aber auch der Kriegsflüchtling selbst, der im Heer Karriere machen will – sie alle unterliegen der Macht der Fortuna. Fortuna und Vanitas haben im theologischen wie philosophischen Denken eine lange Tradition, sie gewinnen während der langen Kriegszeit aber neue Aktualität, indem sie ein transzendentes Bewältungsmodell bereitstellen, das keiner Sinnhaftigkeit bedurfte.[240] Möhners Schicksalsgenosse Konrad Burger dankt im Prolog seines Reiseberichts Gott dafür, daß er ihn durch die Kriegswirren, die *wunderbarlichen fortunas*,[241] geführt habe, ohne seiner Odyssee einen konkreten heilsgeschichtlichen Zweck zu unterlegen. Das äußere Glück der Welt steht der Abgeschlossenheit des Klosters gegenüber. Die Residenzstadt Wien erweist sich dabei vor allem als Brennpunkt für alle Glücksritter. *O Ellendt!* ruft Möhner in seinem Bericht über den Abstieg des Salzamtmannes Nagel aus. Die Situation Wiens in den ersten Friedensjahren, als er selbst Feldkaplan wurde, schildert er in dunklen Farben: *Todtschläg, Beitelschneidereien und andere Diebstukh gabe es in diser volkhreichen Statt so vil und täglich, dass es nit zue beschreiben*.[242] Die Verbrechen seien

240 Für Augsburg vgl. hierzu v. a. Roeck, Eine Stadt in Krieg und Frieden, S. 751–753, auch S. 769 f. Vgl. auch ders., Der Dreißigjährige Krieg und die Menschen im Reich. Überlegungen zu den Formen psychischer Krisenbewältigung in der ersten Hälfte des 17. Jahrhunderts. In: Bernhard R. Kroener, Ralf Pröve (Hgg.), Krieg und Frieden: Militär und Gesellschaft in der frühen Neuzeit, Paderborn 1996, S. 265–279. Zur Bedeutung der Fortuna in der Renaissance auch Klaus Reichert, Fortuna oder die Beständigkeit des Wechsels, Frankfurt/M. 1985, S. 19–37.

241 Burger, Reisebüchlein, Bd. 43, S. 128.

242 Möhner, Tourist in Oesterreich, S. 122.

so zahlreich und unterschiedlicher Natur gewesen, daß man am Abend bereits vergessen habe, was darüber zu Mittag *Neüws* erzählt wurde. Möhner setzt sich mit der Kurzlebigkeit der Fama auseinander, weil sie selbst ihm wichtiges Material für seine Wien-Darstellung bietet. Der Verfasser entrüstet sich über die Situation und spekuliert gleichzeitig mit der Neugier des Lesers an diesen Gerüchten: *Eines kan ich unangedeutet nit lassen.* Sein Lagebericht zu den Wiener Nachkriegsjahren setzt die massive Präsenz des Militärs in und um der Stadt voraus; ungeachtet dessen bindet er die Kriminalität nicht notwendig an eine bestimmte zeitliche Situation, sondern an die Dimensionen der Residenzstadt schlechthin, die er als Nährboden des Verbrechens darstellt. Damit greift er einen alten Topos auf, der bereits im Wien-Bericht von Enea Silvio Piccolomini verwendet wird: jenen von der großen Stadt als Inbegriff des liederlichen Lebens.[243] Angesichts der Kriminalisierung des Milieus, das bestimmte Sozialtypen hervorbringt, verliert die Frage nach der Schuld des einzelnen an Bedeutung.

Schlußbemerkungen

Erst am Ende des Wien-Berichtes für das Jahr 1651 bietet Möhner mit seiner Beschreibung der Kirchen eine umfangreichere Passage, die speziell dem räumlichen Erscheinungsbild der Stadt gewidmet ist.[244] Die Topographie spielte in keinem der hier besprochenen Tagebücher eine vorrangige Rolle, obwohl die Kenntnis apodemischer Grundlagen bei allen Schreibern festzustellen ist. Hier spiegelt sich die eingangs erwähnte Zweckge-

243 Im 17. Jahrhundert war er vor allem mit Paris verbunden, etwa im Simplizissimus oder bei Moscherosch. Vgl. Hauser, Der Blick auf die Stadt, S. 79.

244 Möhner, Tourist in Oesterreich, S. 123–128.

bundenheit der Texte, die aus dem Kriegsgeschehen selbst heraus entstanden sind. Jeder der Autoren konstruiert „sein" Wien, das konkrete soziale Räume umschließt und Antworten geben soll auf die Probleme der jeweiligen Herkunftsländer. Die Diaristen erlebten Wien fern vom militärischen Geschehen, doch mit dem Hof als treibende politische Kraft wird die Residenzstadt stets auch zum Spiegel des Kriegszustandes. In seinem Essay „Of Travel" zählt Francis Bacon Maskeraden, Festlichkeiten und Hochzeitsveranstaltungen ebenso wie Gerichtssitzungen und Hinrichtungen zu jenen Schauspielen, die der Reisende nicht außer acht lassen soll. Sie gehören als gesellschaftliche Ausdrucksformen zum geforderten Lernprogramm. Genau diese Bereiche der Öffentlichkeit bestimmen die Wien-Aufzeichnungen der Kriegszeit, ohne daß sie in breite Detailschilderungen umgesetzt werden. In den Diarien gewinnen sie vielmehr oft die Funktion von politischen und sozialen Zeichen, deren Entschlüsselung von der Kriegssituation bestimmt wird. Hierzu können einfache Namenlisten und Geldbeträge ebenso dienen wie die wachsende Zahl höfischer „Randgruppen": Hofnarren, Hofjuweliere oder Hofhebammen. Nützt Christian von Anhalt seine Wien-Notizen zur persönlichen Aufarbeitung des Böhmischen Aufstandes, so messen Allert, Möhner, vor allem aber Pflummern das Leben in der Residenz am Kriegselend, sie kritisieren – verhalten oder nachdrücklich – anhand der Wiener Gesellschaft die Situation, daß sich eine tragende Kriegspartei vom Kriegsgeschehen freihalten will. Möhner beschreibt überdies die Karrierechancen, die Wien als „neues" Machtzentrum der Habsburger und Sinnbild der Fortuna dem Fremden bereitstellen konnte. Der intensive Dialog zwischen Ausgangs- und Zielort des Reisenden fordert in der Kriegszeit eine narrative Dynamik, die keinen Raum für statische Ortsbeschreibungen läßt.

In der Auswahl des Stoffes werden die Diaristen weitgehend von dem geleitet, was ihnen die höfische Selbstinszenierung durch Turniere, Kirchgänge oder Begnadigungen bereitstellt. Christian von Anhalt und Zacharias Allert berichten wie andere Diaristen völlig unabhängig voneinander von der beeindruckenden Musik der Hofkapelle, die in der habsburgisch-gegenreformatorischen Propaganda ihren festen Platz hatte, in Merians Topographie aber zur Besonderheit der Stadt Wien selbst wird. Ähnlich ist es bei den Faschingsfesten der Fall, deren glanzvoller Ablauf in gedruckten Beschreibungen verbreitet wurde. Der Hof selbst bestimmt maßgeblich das neue literarische Bild der werdenden „Residenzstadt" Wien mit, das sich in den Diarien der Kriegszeit allmählich festigte. Wie dargelegt, vermerkt Pflummern die feindlichen Fahnen, die in der Michaelerkirche nach der Eroberung Stuttgarts angebracht wurden. Im abschließenden Exkurs über die Kirchen Wiens erzählt Möhner nun von den eroberten böhmischen Fahnen und Standarten, die in der Augustinerkirche aufgehängt wurden. Sind die Siegeszeichen im ersten Fall noch in den konkreten Handlungszusammenhang des Tagebuches eingordnet, so dienen sie im letzten vor allem der Identifizierung eines Gebäudes, dessen Bedeutung für den Betrachter mit historischen Daten angereichert wird. Möhner inventarisiert das Kriegsgeschehen im Sinne von Topographie und Apodemik. Gleichermaßen veranlaßt die Beschreibung des Burgtors Martin Zeiller zu dem Hinweis, daß 1619 Graf Thurn hier in die kaiserliche Burg schießen ließ. Wien wird nach dem Friedensschluß zum Ort einer historischen Spurensuche, die den vergangenen Krieg allmählich zu einem Teil der städtischen Identität macht.

Mark Hengerer

Zur symbolischen Dimension eines sozialen Phänomens: Adelsgräber in der Residenz (Wien im 17. Jahrhundert)*

1.1 Einleitung und Problemstellung

In einem Brief an die Inhaber der Michaelerkirche in Wien führten Mitglieder der gräflichen Familie Trautson im Jahr 1670 aus, warum sie der Verlagerung des Grabmonumentes

---

* Den Betreuern der Wiener Kirchen- und Klosterarchive, namentlich P. Anton Bruck OFM, P. Wolfram Hoyer OP, Fr. Karl Lustenberger OFM Conv., P. Provinzial Erhard Rauch SDS, Subprior P. Mag. Albin Scheuch OSA, P. Ilija Vrdoljak OFM, P. Johannes Wrba SJ, sowie dem Kustos der Stiftsbibliothek des Schottenstifts, Herrn Mag. Gerhard Schlass, möchte ich für ihr sehr freundliches Entgegenkommen bei der Benutzung der privaten Archive herzlichst danken. Besonders zu Dank verpflichtet bin ich darüber hinaus Dr. Andreas Blank, Dr. Kay Junge, Christine Pflüger, Prof. Dr. Rudolf Schlögl sowie Prof. Dr. Thomas Winkelbauer. Prof. Dr. Barbara Stollberg-Rilinger und Prof. Dr. Ulrich Pfister sowie Prof. Dr. Heinz Schilling und Prof. Peter Clarke Ph.D. eröffneten dankenswerterweise die Möglichkeit, in ihrem Forschungskolloquium in Münster bzw. bei einer vom Deutschen Historischen Institut in London veranstalteten Tagung zu „Residential Towns in Germany and Britain in the Early Modern Period" einige Thesen der hier vorgelegten Untersuchung zu diskutieren.
Der Aufsatz steht im Kontext eines von der Deutschen Forschungsgemeinschaft im Rahmen des SFB/KFK 485 „Norm und Symbol. Die kulturelle Dimension sozialer und politischer Integration" an der Universität Konstanz geförderten Forschungsprojekts zur sozialen und politischen Integration am Wiener Kaiserhof (http://www.uni-konstanz.de/FuF/sfb485/c1.htm). Vgl. dazu Mark Hengerer, Adelsintegration am Kaiserhof (1618–1665), Zeremoniell, Personal, Finanzen, Netzwerke. In: Frühneuzeit-Info 9, 1998, S. 274–279.

eines Familienmitgliedes innerhalb der Kirche nicht zustimmen wollten. Dieses stünde an seinem Ort zur Zier der Familie *(pro decore familiae)* und zur Erinnerung *(memoria)* an einen Vorfahren, der am Hof dreier Kaiser höchste Ämter bekleidet habe. Die Umstellung aber würde dazu führen, daß es an einem schlechter sichtbaren Platz *(locum minus conspicuum)* aufgestellt würde.[1]

Diese Begründung macht deutlich, daß in Überlegungen zur Rezeption des Monuments der soziale Raum einbezogen wurde. Ein Ausschnitt aus der Familiengeschichte wurde als Ausdruck der Beziehung der Person/Familie zum Hof interpretiert und offenbar für Familie *und* Hofgesellschaft dargestellt. Damit scheint eine Verbindung zwischen adeliger Memoria einerseits und dem Hof andererseits auf. Memoria erweist sich damit zwar einmal mehr als soziales Phänomen,[2] dem im folgenden vor allem mit Fragen nach den sozialen und politischen Implikationen adeliger Bestattung in der Residenzstadt Wien nachgegangen werden soll. Darüber hinaus aber erweist sich Memoria als mediales Problem. Die Analyse des Bestattungsverhaltens wirft insbesondere die Frage nach den

1 Ernst, Paul Sixt V. und Franz Eusebius Trautson an den Konvent, Wien am 22. August 1670, MiKA III.27.3.

2 Otto Gerhard Oexle, Memoria als Kultur. In: Otto Gerhard Oexle (Hg.), Memoria als Kultur (Veröffentlichungen des Max-Planck-Instituts für Geschichte 121), Göttingen 1995, S. 9–79, hier S. 38. Für den österreichischen Adel vgl. Thomas Winkelbauer und Tomáš Knoz, Geschlecht und Geschichte. Grablegen, Grabdenkmäler und Wappenzyklen als Quellen für das historisch-genealogische Denken des österreichischen Adels im 16. und 17. Jahrhundert. Mit einem Exkurs nach Frain in Südmähren. In: Joachim Bahlcke, Arno Strohmeyer (Hgg.), Die Konstruktion der Vergangenheit. Geschichtsdenken, Traditionsbildung und Selbstdarstellung in den ostmitteleuropäischen Ständegesellschaften (1500–1800) (im Druck), und weiter Beatrix Bastl, Im Angesicht des Todes. Beschwörungsformeln adeliger Kontinuität in der frühen Neuzeit. In: Lothar Kolmer (Hg.), Der Tod des Mächtigen. Kult und Kultur des Todes spätmittelalterlicher Herrscher, Paderborn et al. 1997, S. 349–359.

Vorstellungen von Raumordnung als Sozialordnung auf. Daneben fragt sich, welche Bedeutung die Bestattung in der Residenz für die spezifischen Ausformungen der Medien des Totengedenkens hatte.

Diesen Fragen soll in mehreren Schritten nachgegangen werden. Nach einer kurzen Problematisierung des Ansatzes (1) wird knapp auf das Problem der Adelsintegration am Kaiserhof eingegangen (2). Im dritten Schritt wird versucht, sich dem systematischen Zusammenhang zwischen höfisch basierter Integration, Adel und Stadt anzunähern (3). Sodann wird das Bestattungsverhalten des Hochadels in der Residenz einer umfänglicheren Sichtung unterzogen (4.1), interpretiert (4.2/4.3) und in diesem Zusammenhang auch der Kircheninnenraum näher betrachtet (5), bevor mit einer Zusammenfassung (6) geschlossen wird.

1.2 Tendenzen der Forschung

Auf diese Weise wird ein Brückenschlag zwischen Bereichen versucht, die in der Forschung die längste Zeit getrennt – als politische Geschichte, Stadtgeschichte, Kulturgeschichte – diskutiert wurden.[3] Dies wird möglich, wenn man sich auf Konzepte einläßt, die Kommunikation in das Zentrum kulturwissenschaftlicher Untersuchungen stellen. Die gegenwärtige Entwicklung der Forschung zum Hof einerseits und zur Stadt andererseits legt dies nahe.

Die genuin historische Forschung interpretierte den Hof in ihren Anfängen als Anachronismus.[4] Erst Elias erschloß im

3 Eine Ausnahme macht in Teilbereichen Gerhard Tribl, Adel und Residenz am Beispiel Wiens von 1500–1740 (ungedr. phil. Dipl.-Arb.), Wien 1992.

4 Vgl. zur Forschungsgeschichte ausführlich: Aloys Winterling, Der Hof der Kurfürsten von Köln 1688–1794. Eine Fallstudie „absolutistischer Hofhal-

Rahmen der Absolutismusdebatte den Hof als Ort der Domestizierung des Adels.[5] Seine Domestizierungsthese wurde zu einem Paradigma der „Rolle des Hofes im Absolutismus“[6] ausgearbeitet und auch für Wien adaptiert.[7] Der Ansatz verlor jedoch an Überzeugungskraft. Für den Habsburgerhof stellte man fest, daß der vorausgesetzte Antagonismus zwischen Krone und Adel mit Ausnahme Ungarns nach der Niederschlagung des Adelsaufstandes von 1618 schwerlich gegeben war.[8] Zum anderen geriet durch neuere Untersuchungen der fürstlichen Herrschaftspraxis das klassische Absolutismuskonzept insgesamt ins Wanken.[9] Diese Entwicklung mündete auch in

---

tung“, Bonn 1986, sowie Rainer A. Müller, Der Fürstenhof in der frühen Neuzeit (Enzyklopädie deutscher Geschichte 33), München 1995.

5 Norbert Elias, Die höfische Gesellschaft. Untersuchungen zur Soziologie des Königtums und der höfischen Aristokratie, Frankfurt/M. 1983. Vgl. aus der breiten, im übrigen besonders von Soziologen geführten Diskussion unten Anm. 16.

6 Jürgen Freiherr von Kruedener, Die Rolle des Hofes im Absolutismus (Forschungen zur Sozial- und Wirtschaftsgeschichte 19), Stuttgart 1973. Die Fokussierung der Elias-Rezeption auf diesen Aspekt griff freilich etwas kurz.

7 Hubert Christian Ehalt, Ausdrucksformen absolutistischer Herrschaft. Der Wiener Hof im 17. und 18. Jahrhundert (Sozial- und Wirtschaftshistorische Studien 14), München 1980.

8 Vgl. dazu die grundlegende Arbeit von Robert J. W. Evans, Das Werden der Habsburgermonarchie 1550–1700. Gesellschaft, Kultur, Institutionen (Forschungen zur Geschichte des Donauraumes 6), Wien – Köln – Graz 1986; Thomas Winkelbauer, Krise der Aristokratie? Zum Strukturwandel des Adels in den böhmischen und niederösterreichischen Ländern im 16. und 17. Jahrhundert. In: MIÖG 100, 1992, S. 328–353, sowie die zahllosen Arbeiten von Volker Press, etwa: The Imperial Court of the Habsburgs: From Maximilian I to Ferdinand III, 1493–1657. In: Ronald G. Asch, Adolf M. Birke (Hgg.), Princes, Patronage and the Nobility, London 1991, S. 289–312. Eine Geschichte des Kaiserhofes im 17. Jahrhundert ist gleichwohl immer noch ein Desiderat der Forschung (vgl. Grete Klingenstein, Der Wiener Hof in der Frühen Neuzeit. Ein Forschungsdesiderat. In: Zeitschrift für historische Forschung 22, 1995, S. 237–245).

9 Vgl. die Fundamentalkritik von Niclas Henshall, The Myth of Absolutism. Change and Continuity in Early Modern European Monarchy, London 1992,

eine neuartige Breite und Vielseitigkeit der historischen Hofforschung. Die nunmehr offene, in der Praxis aber nicht umsetzbare Perspektive auf die „histoire totale" des Hofes konzentriert sich in der jüngsten Zeit insbesondere auf die Erforschung der Integrationsleistung der Höfe.[10]

Die Kunst- und Kulturwissenschaften im älteren Sinne dagegen arbeiteten in dichter Kontinuität die Beiträge des Hofes vor allem zur darstellenden und bildenden Kunst sowie zur Musikgeschichte auf. In der Gegenwart konzentriert sich das Interesse seit dem richtungweisenden Kongreß in Wolfenbüttel auf das höfische Zeremoniell.[11] Der Anschluß an die politische Geschichte bzw. an die von Habermas durch den Begriff der repräsentativen Öffentlichkeit wesentlich beeinflußte soziologische Debatte ergibt sich dabei in der Regel über den Repräsentationsbegriff.[12] In der Kulturgeschichte ist

---

und die folgende Debatte: Ronald G. Asch, Heinz Duchhardt (Hgg.), Der Absolutismus – ein Mythos? Strukturwandel monarchischer Herrschaft in West- und Mitteleuropa (Münstersche Historische Forschungen 9), Köln – Weimar – Wien 1996. In diesem Zusammenhang stehen auch Studien zum Klientelwesen: Vgl. neben den zahlreichen Arbeiten von Antoni Mączak, Volker Press und Wolfgang Reinhard v. a. Sharon Kettering, Patrons, brokers and clients in Seventeenth-Century France, Oxford 1986.

10 Vgl. Ronald G. Asch, Der Hof Karls I. von England. Politik, Provinz und Patronage 1625–1640 (Norm und Struktur 3), Köln – Weimar – Wien 1993, S. 18 f., sowie Olaf Mörke, ‚Stadtholder' oder ‚Staetholder'? Die Funktion des Hauses Oranien und seines Hofes in der politischen Kultur der Republik der Vereinigten Niederlande im 17. Jahrhundert, München 1997.

11 August Buck [u. a.] (Hgg.), Europäische Hofkultur im 16. und 17. Jahrhundert. Vorträge und Referate gehalten anläßlich des Kongresses des Wolfenbütteler Arbeitskreises für Renaissanceforschung und des Internationalen Arbeitskreises für Barockliteratur in der Herzog August Bibliothek Wolfenbüttel vom 4. bis 8. September 1979 (Wolfenbütteler Arbeiten zur Barockforschung 10), Bd. 1–3, Hamburg 1981; vgl. auch: Jörg Jochen Berns, Detlef Ignasiak (Hgg.), Frühneuzeitliche Hofkultur in Hessen und Thüringen (Jenaer Studien 1), Erlangen – Jena 1993. Jörg Jochen Berns, Thomas Rahn (Hgg.), Zeremoniell als höfische Ästhetik in Spätmittelalter und früher Neuzeit (Frühe Neuzeit 25), Tübingen 1995.

12 Vgl. etwa Barbara Stollberg-Rilinger, Höfische Öffentlichkeit. Zur zeremo-

zudem eine Neuorientierung im Gange. Kultur wird vermehrt als das Gedächtnis der Gesellschaft, als ihr Vorrat für die Produktion von Sinn verstanden.[13]

Die soziologische Forschung schließlich interessierte sich seit ihren Anfängen für den Hof.[14] Dabei ging es in der Regel um makrohistorische Modellbildung, deren Zuschnitt aber zu allgemein war, um die Geschichtswissenschaft nachhaltig beeinflussen zu können. Dies änderte sich erst mit Elias' handlungstheoretischer Figurationssoziologie. Da Menschen sich selbst aber nicht umfassend zugänglich sind und in der Interaktion mehr geschieht, als sie intendieren und wissen, reichen Handlungstheorien zur Beschreibung gesellschaftlicher Wirklichkeit nicht völlig hin.[15] Von daher lag eine kritische Prüfung der von Elias' postulierten spezifischen höfischen Rationalität nahe.[16] Goffmans Analyse von Interaktionsritualen und Set-

---

niellen Selbstdarstellung des brandenburgischen Hofes vor dem europäischen Publikum. In: Forschungen zur brandenburgischen und preussischen Geschichte, NF 7, 1997, S. 145–176, hier v. a. S. 153, Anm. 26, sowie dieselbe: Zeremoniell als politisches Verfahren. Rangordnung und Rangstreit als Strukturmerkmale des frühneuzeitlichen Reichstags. In: Johannes Kunisch (Hg.), Neue Studien zur frühneuzeitlichen Reichsgeschichte (Zeitschrift für historische Forschung Beiheft 19), Berlin 1997, S. 91–132.

13 Vgl. dazu Ute Daniel, „Kultur" und „Gesellschaft". Überlegungen zum Gegenstandsbereich der Sozialgeschichte. In: GG 19, 1993, S. 69–99, sowie dieselbe, Clio unter Kulturschock. Zu den aktuellen Debatten in der Geschichtswissenschaft. In: GWU 48, 1997, S. 195–218, 259–278. Ein Ende der Debatte ist derzeit noch nicht absehbar.

14 Vgl. oben Anm. 4.

15 Vgl. Niklas Luhmann, Soziale Systeme. Grundriß einer allgemeinen Theorie, Frankfurt/M. ^{5}1994.

16 Dies leistete Aloys Winterling, Der Hof der Kurfürsten von Köln. Die Auseinandersetzung mit Elias führten in jüngster Zeit Gerd Schwerhoff, Zivilisationsprozeß und Geschichtswissenschaft. Norbert Elias' Forschungsparadigma in historischer Sicht. In: HZ 266, 1998, S. 561–605, und Aloys Winterling, Der Fürstenhof in der Frühen Neuzeit. Forschungsprobleme und theoretische Konzeptionen. In: Roswitha Jacobsen (Hg.), Residenzkultur in Thüringen vom 16. bis zum 19. Jahrhundert (Palmbaum Texte. Kulturgeschichte 8),

tings[17] sowie systemtheoretische Ansätze auch in der Hofforschung[18] machen deutlich, daß die Analyse des Hofes als eines Interaktionszusammenhanges auch jenseits der Kategorie Rationalität Sinn macht. In der Stadtgeschichtsschreibung läßt sich derzeit die ganz ähnlich gerichtete Tendenz einer Ausweitung des Fragehorizontes erkennen. Dabei wird der Blick vermehrt auf die Verbindung von Normvorstellungen und symbolisch-rituellen Repräsentationen gerichtet.[19]

2. Adelsintegration am Kaiserhof um die Mitte des 17. Jahrhunderts

Integration bezeichnet in diesem Zusammenhang „gewisse qualitativ bestimmte Formen von Ordnung oder Strukturiertheit".[20] Integration fußt allerdings weder auf Konsens, noch läuft sie auf Homogenität hinaus; vielmehr bringt sie in ihrer Prozeßhaftigkeit wegen des Bezugs auf (bestreitbare) Normen und eine (kontingente) Symbolwelt stets auch Desintegration

---

Jena 1999, S. 29–42, und Jeroen Duindam, Myths of Power. Norbert Elias and the Early Modern European Court, Amsterdam 1994, ders.: Norbert Elias und der frühneuzeitliche Hof. Versuch einer Kritik und Weiterführung. In: Historische Anthropologie 6, 1998, S. 370–387, sowie ders.: The court of the Austrian Habsburgs: locus of a composite heritage. In: Mitteilungen der Residenzen-Kommission der Akademie der Wissenschaften Göttingen 8, 1998, S. 24–58, fort.

17 Erving Goffman, Interaktionsrituale. Über Verhalten in direkter Kommunikation, Frankfurt/M. ^{4}1996.

18 Vgl. etwa Mörke, ‚Stadtholder', S. 15.

19 Vgl. Klaus Schreiner, Ulrich Meier (Hgg.), Stadtregiment und Bürgerfreiheit. Handlungsspielräume in deutschen und italienischen Städten des Späten Mittelalters und der Frühen Neuzeit, Göttingen 1994.

20 Bernhard Peters, Die Integration moderner Gesellschaften, Frankfurt/M. 1993, S. 92, 93. Zur Interpretation von Integration als konsensverwandtes Phänomen vgl. kritisch Niklas Luhmann, Organisation und Entscheidung, Opladen/Wiesbaden 2000, S. 99–101, mit dem Vorschlag einer Alternative.

hervor. Integration wird in diesem Zusammenhang somit als relationaler und gradueller Begriff verstanden. Als grundlegende Problembereiche lassen sich die Orientierung in der objektiven Welt und Koordination von Handlungen (1), die Bildung von Wertmaßstäben und Identitätssicherung (2) und schließlich affektive Beziehungen (3) ausmachen. An diese Dimensionen kann eine Operationalisierung anschließen, indem sie die Ebenen funktionale/instrumentelle Integration (1), moralische Integration (2) sowie expressive Gemeinschaft (3) unterscheidet und Sachverhalte unter Bezug auf die entgegengesetzten Pole dieser Ebenen beschreibt.[21]

2.1 Funktionale Integration: Formen der Gewährleistung von Herrschaft

Funktionale Integration am Hof läßt sich untergliedern in die Elemente der sozialen Reproduktion des Hofadels, der materiellen Integration sowie der politischen Integration im engeren Sinne.

1. Die Möglichkeiten sozialer Reproduktion des Hofadels standen in Abhängigkeit von der Zahl der adeligen Hofstellen. Diese nahmen vor allem seit der Zeit Ferdinands II. stark zu.[22] Adelige Ämter wurden zahlenmäßig in zunehmendem Maße über Bedarf besetzt. Allein die Kämmerer zählten im Untersuchungszeitraum jeweils nach mehreren hundert.[23] Die damit vollzogene mitgliedschaftliche Anbindung immer weiterer Tei-

---

21 Vgl. Peters, Integration, S. 105.

22 Vgl. dazu etwa Ehalt, Ausdrucksformen, S. 25.

23 Vgl. Wilhelm Pickl von Witkenberg, Kämmerer-Almanach. Historischer Rückblick auf die Entwicklung der Kämmerer-Würde. Zusammenstellung der kaiserlichen Cammerherren seit Carl V. bis zur Gegenwart. Die Geschichte der Landeserbkämmerer. Im Anhange die lebenden k. und k. Kämmerern mit ihren Titeln, Würden etc. und Domizil, Wien o. J. [ca. 1903].

le des Adels bezeichnet eine wichtige Differenz gegenüber Höfen, die vornehmlich als „point of contact" im Sinne Eltons beschrieben werden können.[24] Da Machtausübung und die Gewährleistung von Herrschaft auch im 17. Jahrhundert noch in weiten Bereichen an personale Interaktion (bzw. personale Rechte) gebunden blieb,[25] waren Machtzentren wie Hof und Landstände effektiv nur über personale Präsenz integrierbar. Ob die Anbindung an den Hof des Herrschers dann jedoch über einfache Klientelsysteme oder aber die vielfach lebenslange Mitgliedschaft von Adeligen und deren Klientelsysteme realisiert wurde, machte einen Unterschied im Grad der Verbindlichkeit.

Die Personen des immer größeren Hofstaats dienten indes nicht immer tatsächlich. Vielmehr läßt sich sowohl für die Geheimen Räte als auch für die Kämmerer, um nur zwei Beispiele zu nennen, feststellen, daß es verschiedene Kreise von Amtsträgern gab: solche, die man als auch zahlenmäßig relativ konstanten Kernbestand des tatsächlich dienenden Personals bezeichnen kann, und solche, die nur verhältnismäßig selten bei Hof erschienen.[26] Weil letztere Personen aber im Fall ihrer Anwesenheit bei Hof die gleichen Rechte, insbesondere Kommunikationsrechte, genossen wie die anderen und diese bei Bedarf, etwa in Konfliktfällen, aktualisieren konnten, ist der Begriff der Ehrenstelle bzw. des Titularamtes irreführend. Die

---

24 Vgl. dazu mit einer ausführlichen Diskussion Asch, Der Hof Karls I., S. 4 f.

25 Vgl. dazu Niklas Luhmann, Gesellschaftsstruktur und Semantik. Studien zur Wissenssoziologie der modernen Gesellschaft. Bd. 1, Frankfurt/M. 1993, S. 72–161. Vgl. auch Aloys Winterling, Die frühneuzeitlichen Höfe in Deutschland. Zur Lage der Forschung. In: Internationales Archiv für Sozialgeschichte der deutschen Literatur 21, 1996, S. 181–189.

26 Besonders deutlich läßt sich dies für die Kämmerer, aber auch für die Geheimen Räte zeigen. Die quantitative Analyse von etwa 150 Protokollen von Sitzungen des Geheimen Rates aus den Jahren 1648 bis 1650 in ÖStA, AVA, FA Harrach, Handschrift 102, ergibt den gleichen Befund.

Funktionalität dieser Posten im politischen Gefüge ging wegen ihrer Bedeutung für das Kommunikationssystem darüber hinaus. Statt dessen empfiehlt sich der Begriff des virtuellen Hofes. Die prosopographische Analyse der Hofstaaten der Kaiser des fraglichen Zeitraums läßt Muster bei der Rekrutierung von Höflingen erkennen. Ohne hier ins Detail zu gehen, kann festgestellt werden, daß etwa Ferdinand II. und Ferdinand III. als „Grundstock" ihrer Hofstaaten hauptsächlich innerösterreichischen und niederösterreichischen Adel auswählten, um im folgenden in Abhängigkeit von der politischen Entwicklung spezifische Schwerpunkte zu setzen. Dies läßt sich interpretieren als Versuch, bestimmte regionale wie ständische Eliten an den Hof zu ziehen und über diese in die Länder hineinzuwirken. Einige Familien waren in der Anhäufung von Stellen für Familienmitglieder offenbar erfolgreicher als andere, was auch ihre Zukunftschancen verbesserte. Bei vielen Familien war dabei ein hoher Grad von Ämterhäufung feststellbar, welche auch die Höfe der Kaiserinnen und der übrigen Mitglieder des Kaiserhauses einbezog.[27]

Die Hierarchie des Hofes brachte zusammen mit der Nobilitierungspolitik des Kaisers eine überaus differenzierte Statushierarchie der Adelsgesellschaft hervor, die den Herrscher mehrfach stützte. Die vom Adel als nicht gänzlich berechenbar erfahrenen Aufstiegsmöglichkeiten am Hof (Amt) und innerhalb der Adelshierarchie (Nobilitation) ließen es opportun erscheinen, zumindest ein Familienmitglied in der Nähe des Herrschers zu plazieren, um von dessen Gnadenfülle zu profitieren und weder individuell noch als Familie, sei es am Hof, sei es in der Adelshierarchie insgesamt, zurückzufallen, setzte

27 Vgl. dazu v. a. Henry Frederick Schwarz, The Imperial Privy Council in the seventeenth century. With a supplement[:] The social structure of the Imperial Privy Council (1600–1674) by Henry F. Schwarz and John I. Coddington (Harvard Historical Studies 53), Cambridge/Mass. 1943.

sich doch Herrschernähe potentiell in einen entsprechenden Rang innerhalb der Hierarchie des Adels um. Entsprechende Erwartungshaltungen innerhalb des Adels waren daher durchaus strukturierbar. Wenn der Kaiser in seiner Entscheidung zwar nicht gänzlich gebunden werden konnte, war es ihm doch nicht möglich, die für Bereitstellung der Ressourcen der Beteiligten grundlegenden Erwartungshaltungen beliebig zu enttäuschen.

2. Die soziale Reproduktion des Hofadels hatte ihre materielle Basis in Austauschbeziehungen zwischen den Habsburgern und dem Adel.[28] In wirtschaftlichen Fragen arbeiteten beide Seiten auf das engste zusammen und suchten dabei den Vorteil beider Seiten zu wahren. Besonders deutlich kam dies in einem Netz von wechselseitigen Finanzbeziehungen zum Ausdruck, die das Verhältnis unter den besonderen Voraussetzungen von Benefizialwesen und früher Finanzbürokratie noch enger gestalteten. So waren Kredite des Hofadels für den Kaiser unverzichtbar. Da sich die Rückzahlung etwa durch die Hofkammer tendenziell als ein – sich freilich nicht selten überreich auszahlender – Gnadenerweis gestaltete, ohne Präsenz am Hof aber schwer zu erlangen war, zogen Finanzbeziehungen den Adel an den Hof. Wenn Ansprüche des Adels selbst aus wechselseitig verpflichtenden Verträgen ohne zusätzliche persönliche Beziehungen zum Hof kaum realisiert werden konnten, wurden höfische Kommunikationsrechte zu einem Schlüssel auch der materiellen Beziehungen.

28 Dieser Bereich ist für den fraglichen Zusammenhang außerhalb des militärischen Bereiches (vgl. etwa Thomas M. Barker, Army, aristocracy, monarchy: Essays on war, society, and government in Austria, 1618–1789 [East European Monographs 106, Brooklyn College Studies on Society in Change 16, War and society in east central Europe 7], New York 1982) nur wenig erforscht: Vgl. für die zweite Hälfte des 17. Jahrhunderts das wichtige Werk von Jean Bérenger, Finances et absolutisme autrichien dans la seconde moitié du XVIIe siècle (Travaux du Centre de recherches sur la civilisation de l'Europe moderne 17), Paris 1975.

3. Für den Bereich der politischen Integration ist dementsprechend die Funktion des Hofes als Raum der *Discorsi* von besonderer Bedeutung. Eine der Hauptleistungen des Hofadels waren Gespräch und Korrespondenz. Durch den Hofadel wurden Regelungsmaterien der Krone vielfach überhaupt erst erschlossen und zu entscheidbaren Alternativen vorstrukturiert. Die bürokratische Durchdringung des Herrschaftsraumes von der Zentrale aus und auf ihre Initiative hin reichte allein noch nicht aus. Neben dem aber, was die Krone als Elemente von Staatlichkeit bereits erschlossen hatte, stand dasjenige, was auf Geltendmachung angewiesen war, sollte es ein Gegenstand des Regierens werden.[29] Insofern bedeutete die schlichte Vermehrung derjenigen Personen, die aufgrund ihres Hofamtes in privilegierter Weise zur Teilhabe an der höfischen Kommunikation berechtigt waren, eine vielschichtige Erweiterung des Raumes von *policy making*. Die Vermehrung von Personen, die aufgrund ihres Hofamtes tatsächlich oder potentiell Einfluß ausüben konnte, hatte darüber hinaus mittelbar den Effekt einer Ausdehnung der erreichbaren Klientel: Der Krone waren die Klientelsysteme der Hofleute zugänglich, ebenso wie Hofleute im Interesse der eigenen Klientel am Hof tätig wurden.

Der dienende wie der virtuelle Hof werden somit als subtil ausdifferenziertes System für die Strukturierung von Kommunikation und deren jeweilige Erfolgswahrscheinlichkeit erkennbar. Der Status bei Hof beeinflußte dabei wesentlich Art und Ausmaß der Kommunikationsmöglichkeiten. Je höher die Karrierestufe bei Hof, desto stärker war das von außen genutzte Einflußpotential. Die Wiener Behörden, die ein gänzlich entpersonalisiertes Verwaltungsverfahren nicht kannten, wurden am erfolgreichsten über Personen mit einer wichtigen Position

29 Vgl. zu diesem Zusammenhang Wolfgang Reinhard, Geschichte der Staatsgewalt. Eine vergleichende Verfassungsgeschichte Europas von den Anfängen bis zur Gegenwart, München 1999, S. 139.

im Netzwerk des Hofes angesprochen. Neben hierarchischen und sachlichen „Zuständigkeiten" bestimmter Höflinge standen regionale: Kontakte etwa nach Vorderösterreich verliefen in den mittleren 1660er Jahren besonders über Franz Albrecht Graf von Harrach, der nach einer Karriere am Wiener Hof in seinen späten Jahren dort am Hof in Innsbruck eine wichtige Position innehatte. Der Präsident der innerösterreichischen Hofkammer, Sigmund Ludwig Graf von Dietrichstein, vertrat vor Ort auch den Amtsbereich überschreitende kaiserliche Interessen, wirkte aber ebenso in der Gegenrichtung.[30]

Daneben wurden Kommunikationsrechte über den Zugang zum Herrscher geregelt. Dies konnte einerseits durch das Amt an sich geschehen. So hatten etwa die Kämmerer umschichtig das Recht zur persönlichen Bedienung des Kaisers und dabei zumindest die Gelegenheit, mit persönlichen Anliegen vorstellig zu werden. Mit dieser Gelegenheit korrelierte freilich die Möglichkeit, selbst für nichtdienstliche Zwecke in Anspruch genommen zu werden.[31] Der Oberstkämmerer hatte dauernd persönlichen Zugang zum Herrscher und wurde entsprechend mit Anliegen von dritter Seite konfrontiert. Andererseits setzte das Hofzeremoniell die höfische Hierarchie in eine zeiträumliche Ordnung von Personen um, die Einfluß auf die Wahrscheinlichkeit hatte, mit der ein Höfling Zugang zum Kaiser erhielt. Die verschiedenen kaiserlichen Vorzimmer wiesen eine unterschiedliche Exklusivität auf und wurden in unterschiedlicher Weise von den Herrschern frequentiert: Je höher der Status bzw. das Hofamt, desto weiter reichte das Zutrittsrecht. Das persönliche Gespräch wie die Mög-

30 Vgl. dazu dessen Korrespondenz mit den verschiedenen Kaisern (Graz, Steiermärkisches Landesarchiv) und die Korrespondenz mit Maximilian Graf Trauttmansdorff (ÖStA, AVA, FA Trauttmansdorff).

31 Beides findet sich mehrfach in der Korrespondenz Johann Reichard von Starhembergs aus dem August 1647, als dieser zeitweise am Hof den Kämmererdienst versah (ÖStA, AVA, FA Harrach, K 448, Konvolut Starhemberg, Johann Reichard, Briefe 69–73).

lichkeit zur Überreichung von Bitt- und Denkschriften waren im ersten Vorzimmer weitaus wahrscheinlicher als im letzten.[32] Ein Geheimer Rat hatte demnach höhere Chancen, mit seinem Anliegen Gehör zu finden, als ein Truchseß. Entsprechend war die Bekanntschaft mit einem Geheimen Rat wertvoller.

Schließlich sei auf die Interdependenz von Krone und Adel etwa in der Frage der Tätigkeit der Landstände hingewiesen, die sich nicht allein auf Bewilligungen von Steuern für den Landesherrn bezog. Wenn immer mehr einflußreiche Personen der jeweiligen Stände und insbesondere des Herrenstandes zugleich Landstände und Hofleute waren (der Hof trug das Seinige dazu bei, daß wichtige Höflinge in immer mehr verschiedenen Landständen vertreten waren) und vom Hof mehr erwarten durften als von ihren Ständen, waren Zielgruppenkonflikte zumindest vorhersehbar. Bemerkenswert sind in diesem Zusammenhang Hofkarrieren von Inhabern ständischer Ämter wie etwa des ehemaligen Herrenstandsverordneten Franz Albrecht Graf von Harrach.

Daß sich in diesem System Relationen zwischen Personalreproduktion, materieller Verflechtung und Kommunikationspfaden herstellten und – darin liegt ein Schlüssel für das Machtpotential des Kaisers – auch herstellen ließen, liegt, entfaltet man die einzelnen Elemente, auf der Hand.

---

32 Dieser Zusammenhang wird in den Quellen häufig thematisiert, etwa in dem Bericht des Nuntius Caraffa über den Wiener Hof aus den 1620er Jahren (Carlo Caraffa, Relatione dello stato des sacro Romano Imperio [...] durante la vita di Ferdinando II., ÖNB, Cod. 5526*, 5608 und 14273) sowie im Auszug und übersetzt bei Friedrich von Hurter; Friedensbestrebungen Kaiser Ferdinand's II. Nebst des apostolischen Nuntius Carl Caraffa Bericht über Ferdinand's Lebensweise, Familie, Hof, Räthe und Politik, Wien 1860, S. 211, sowie in der Originalsprache im Archiv für Kunde österreichischer Geschichts-Quellen 23, 1860, S. 103–450. Im ASV gibt es weitere zahlreiche Abschriften.Vgl. auch Anonym: Relation von dem kayserlichen Hofe zu Wien [...], Köln 1705, S. 78. Zahlreiche Vorzimmerordnungen finden sich im Bestand ÖStA, HHStA, ÄZA.

2.2 Moralische Integration: Höfische Quellen adeliger Ehre

Integration setzt in ihrer moralischen Dimension voraus, daß sozialer Umgang auf der wechselseitigen Anerkennung von Geltungsansprüchen und damit auf der Anerkennung der Person beruht. Wenn Gesellschaften wie die der Frühen Neuzeit soziale Interaktion moralisieren und sie damit vorwiegend über Achtung steuern, kondensiert dies im Begriff der Ehre. Am Kaiserhof nun entwickelte sich ein für die Mitglieder auch des virtuellen Hofes und darüber hinaus weiter ausstrahlendes Interaktionsregelsystem, dessen von den Zeitgenossen als Setzung reflektierter Teilbereich das Zeremoniell darstellte. Dieses Regelsystem bezog Interaktion auf Ehre und reproduzierte sich in der Hierarchie sozialer Positionen. Das System erwies sich als komplex genug, um die höfische Interaktion trotz hoher Statusmobilität zu steuern. Zwar gab es zeremonielle Konflikte um die Ehre am Hof, doch ließ der Anspruch der Krone, in Fragen der Ehrzuteilung das letzte Wort zu haben, das – entsprechend seltene – Duell nicht zu.

Daher scheint auch ein Zugang über die Beschäftigung mit dem höfischen System positiver Ehrbezeugungen vielversprechend.[33] Dessen besondere Ausprägungen lassen sich in den Bereichen der Sicherung von Funktionalität, den internen Beziehungen des Adels wie auch für die Drittkontakte des Adels beschreiben. Das Interaktionsregelsystem mußte durch subtiles Austarieren von mit Statuspositionen verknüpften Ehrbezeugungsansprüchen das Funktionieren des Hofes gewährleisten. So erhielt beispielsweise Kardinal Harrach, als er Geheimer Rat wurde, in der Session die erste Stelle noch vor

33 Vgl. als wichtigen Anstoß für die lebhafte Debatte Klaus Schreiner, Gerd Schwerhoff (Hgg.), Verletzte Ehre, Ehrkonflikte in Gesellschaften des Mittelalters und der Frühen Neuzeit (Norm und Struktur 5), Köln – Weimar – Wien 1995.

dem Fürsten Lobkowitz, jedoch nicht auf der *ordinari Pankh*, sondern auf einem rotsamtenen Sessel. Der Fürst Lobkowitz behielt somit seine hinsichtlich der für alle außer den Kardinal gültigen Kategorie (Bank) unangetastete erste Position, womit die Statusprobleme gelöst waren. Der Funktionalitätsgrundsatz blieb gewährleistet dadurch, daß der Kardinal als letzternannter Geheimer Rat auch als letzter votierte.[34] Das Interaktionsregelsystem gewährleistete darüber hinaus die fein differenzierte Praxis der positiven Ehrbezeugungen des Adels untereinander. Dies läßt sich etwa an den Unterschieden in den Formulierungen der zahllosen Courtoisie- und übrigen den Status von Absender und Empfänger in den geringsten Variationen subtil reflektierenden Schreiben im Formelbuch des Sekretärs des Adam Matthias Graf Trauttmansdorff erkennen, der später auch bei den Grafen Harrach arbeitete.[35] Drittkontakte des Adels, etwa mit Botschaftern, waren durch die Stellung am Hof gleichfalls subtil vorstrukturiert. Das Besuchszeremoniell etwa des päpstlichen Nuntius spiegelte diese in unzähligen Details vom Empfang des Besuchers an der Kutsche *(famiglia oder gentilhuomini?)*, dem Empfang (Treppe oder Appartement, oben an der Treppe oder auf der Treppe? Wo im Appartement?), der Körpersprache (Handreichung oder nicht?) bis zum ebenso differenziert gestalteten Abschied.[36]

Das quantitative Wachstum der Hofämter führte schließ-

34 Vgl. ÖStA, HHStA, Handschrift Weiß 705/23, fol. 8v. Den freundlichen Hinweis auf diese Quelle gab Stefan Sienell. Das unscheinbare Kämmereramt konnte für Zeremonialfragen auf ganz anderer Ebene entscheidend werden, etwa bei der Präzedenzstreitigkeit zwischen dem Hofkammerpräsidenten und dem Hofkanzler, in dem die Präzedenz mit dem Argument begründet wurde, der eine sei älterer Kämmerer als der andere. Die Replik zeigt die ganze Komplexität und Subtilität von Amt, Rang und Ehrfragen (ÖNB, Cod. 14192, fol. 1).

35 ÖStA, AVA, FA Harrach, Handschrift 140.

36 Vgl. dazu BAV Vat. Lat. 10423, fol. 178 et passim. Die Arbeit an der Edition der Quelle ist im Gang.

lich dazu, daß die im Amt begründete Teilnahme am Hofleben wesentliche Voraussetzung der Achtbarkeit innerhalb der erbländischen adeligen Gesellschaft wurde. So konnte um 1700 vom Amtsabzeichen der Kämmerer folgendes gesagt werden: *Diesen schlüssel bekommt ein jeder von dem Kaiser leicht / wann er nur von einem guten stande ist, solcher massen / daß man auch in Wien saget: Es sey keine ehre ihn zu haben / aber wohl eine schande ihn nicht zu haben.*[37]

2.3 Expressive Gemeinschaft: Formen und Funktionen höfischer Vergemeinschaftung

Die interaktionsbasierten „mutually reinforcing interpretations" von Handlungen im Bereich des höfischen Alltags und damit einhergehenden Stellungnahmen zu gemeinschaftsbezogenen Werten lassen sich als wesentlicher Beitrag zur höfischen Vergemeinschaftung beschreiben: „When the same people show up day after day at the same time and place, their activities are likely to become more and more mutually defined, more mutually dependent, more mutually predictable, and more subject to common understanding encoded into common language."[38]

Am Hof wurde Gemeinschaft darüber hinaus jedoch sehr häufig als solche sichtbar. Die Mitglieder des Hofes wurden fortlaufend zu Veranstaltungen herangezogen, welche auch unter Nutzung der Ordnungsmöglichkeiten des Raumes spezifische gruppenbezogene Inhalte zum Ausdruck brachten und dabei zugleich die Hierarchie des Hofes widerspiegelten. Diese lassen sich einteilen in sakrale, profane und im engeren Sinne politische Handlungen. Für den sakralen Bereich seien

37 Anonym: Relation von dem kayserlichen Hofe zu Wien [...], Köln 1705.

38 Karl E. Weick, Sensemaking in Organizations (Foundations for Organizational Science), Thousand Oaks et al. 1995, S. 74.

besonders hervorgehoben der Besuch der Messe in der Entourage der Dynastie, die häufige Begleitung der Habsburger bei ihren zahlreichen Besuchen in den Wiener Kirchen und Klöstern, die öffentliche Teilnahme an Gebeten wie an der Lauretanischen Litanei an der von Ferdinand III. gestifteten Mariensäule auf dem Platz Am Hof. Der Kulminationspunkt der *Pietas Austriaca* in der Frömmigkeitspraxis des Hofes dürfte in der Fronleichnamsprozession zu sehen sein.[39] Daß bei Taufen, Hochzeiten, Beerdigungen der Habsburger große Teile des Hofstaates anwesend waren, bedarf kaum der Erwähnung. Auch der profane Bereich sorgte für Gemeinschaftsstiftung: Die von und für den Hof veranstalteten Turniere und Schießen versammelten die jeweils anwesenden Adeligen ebenso wie der schlichte zeremoniell geregelte Alltag mit der Arbeit in den verschiedenen Gremien, teilweise in Gegenwart von Mitgliedern der Dynastie, und dem wichtigen Aufenthalt in den kaiserlichen Vorzimmern. Kulminationspunkte waren hier einerseits der Fasching, andererseits die mit großem Aufwand, jedoch vergleichsweise selten in Szene gesetzten Opernaufführungen.[40] Im dritten Bereich, der Sakrales und Profanes im Politischen vermengte, gilt dies in ähnlicher Weise. Huldigungen, Krönungen und Land- bzw. Reichstage sahen den Hofadel in ritualisierter Interaktion. So waren Rezipienten stets auch Koproduzenten verschiedener Aspekte der Darstellungen von idealen Ordnungen. Bei allen diesen Gelegenheiten stand sich selbst für alle sichtbar eine Gesamtheit vor Augen, deren

39 Dies war nicht erst im 17. Jahrhundert der Fall. Vgl. den Konflikt um die Weigerung des Sohnes Ferdinands I., des nachmaligen Kaisers Maximilian II., an dieser Prozession teilzunehmen, sowie die ostentative Teilnahme Karls V. kurz vor der Eröffnung des Reichstags im Jahr 1530. Vgl. dazu auch den Beitrag von A. Stögmann in diesem Band.

40 Vgl. dazu Herbert Seifert, Die Oper am Wiener Kaiserhof im 17. Jahrhundert (Wiener Veröffentlichungen zur Musikgeschichte 25), Tutzing 1985, und den Beitrag von Andrea Sommer-Mathis in diesem Band.

Bezüge und Ordnungsmuster dargelegt wurden von denen, für die sie galten. Damit konnte eine Form von Gruppenreflexivität erreicht werden, die ausnahmsweise von der gravitätischen Ordnung selbst ins Ironische hinüberspielen konnte: So tröstete in einem von Kaiser Leopold I. komponierten Intermezzo Orpheus die todgeweihte Eurydike mit dem Satz: *Fürchte nichts, ich hab Beziehungen zum Pfarrer, weil ich am Sonntag in der Hofkapelle geig.*[41]

3. Schnittstelle: Hof – Adel – Stadt

3.1 Sakralraum der Residenz als Medium

Am Hof bildete sich so mit der sozialen und politischen Ordnung eine symbolische Ordnung heraus. Ihr prominentester Teil war das Zeremoniell, das gewisse Aspekte der politischen und sozialen Ordnung in ein Zeichensystem umsetzte. Soweit die Akteure in direkter Kommunikation handelten, reichte für die Steuerung der Handlungen das Wissen um die Position des anderen in der Adelshierarchie und am Hof aus: Interaktionsrituale und Statussymbole wie Amtsabzeichen (Kämmererschlüssel) oder Orden (Goldenes Vlies) waren Hinweis genug, der Einsatz weiterer Medien nicht erforderlich. Die Integration

41 Orpheus und Eurydike, Musikalisches Intermezzo zum Schauspiel „Fineza contra fineza" von Calderón de la Barca, übers. von Richard Bletschacher, Musik von Kaiser Leopold I. […], hg. von der Direktion der Wiener Staatsoper/Dramaturgie, Wien 1997, S. 35. Das deutsche Zitat ist hinsichtlich der Kommasetzung emendiert. Textgrundlage ist Jaume Miranda: Zwei spanische Intermedien von Kaiser Leopold I. Untersuchung zur Geschichte des komischen Musiktheaters im 17. Jahrhundert, unveröffentl. Magisterarbeit an der Hochschule für Musik und Darstellende Kunst, Wien 1991. Die Arbeit konnte aufgrund der sehr freundlichen Verwendung von Karl Preszmayr von der Universität für Musik Wien mit Einwilligung des Autors eingesehen werden. In der dortigen Edition, S. 118, heißt es: „Calla, yo te haré sacar / por el vicario o por el Juez / de la Capilla Real."

der adeligen Gesellschaft über Interaktion wurde jedoch in dem Moment fragil, in dem die Gesellschaft aufgrund der zunehmenden Größe des Hofstaates unüberschaubar wurde. Interaktion allein genügte dann für die Verortung der Individuen nicht mehr, weshalb der Einsatz weiterer Medien nahelag.[42]

Der Zusammenhang tatsächlicher wie symbolischer Ordnung war zudem, da er an Individuen anknüpfte, prinzipiell instabil. Wer starb, war ohne weiteres nicht mehr Teil der Ordnung, nicht mehr Element der „Konversationsmaschine" Hof.[43] Die Bindung von Positionen an das Individuum setzte Erreichtes dem Vergessen aus, was dem Individual- wie dem Familieninteresse entgegenlaufen mußte. Dem ließ sich jedoch entgegenwirken: Die Residenz als zentraler sozial relevanter Ort war als Medium nutzbar, in das der Hochadel Zeichen seiner Stellung und seiner Präsenz am Hof einschreiben konnte. Herrschernähe ließ sich noch im Tod darstellen. Räume können selbst Bedeutungsträger sein, und mehr noch, die räumliche Verteilung von Symbolen in ihnen kann im Hinblick auf weitere Zusammenhänge gedeutet werden. Durch die Bestattung des Höflings an den prestigereichen Orten der Residenz ließ sich die Erinnerung an den einzelnen und damit die Zurechnung seiner herausgehobenen Position, seiner Loyalität und Verdienste auf die Familie ostentativ sichtbar machen und für die höfische Kommunikationsgemeinschaft bewahren.[44]

---

42 Neben der Sepulkralkultur sind hier auch die gedruckten Hofstaatsverzeichnisse v. a. des 18. Jahrhunderts zu nennen.

43 Zum Begriff und den Implikationen vgl. Peter Berger, Thomas Luckmann, Die gesellschaftliche Konstruktion der Wirklichkeit. Eine Theorie der Wissenssoziologie, Frankfurt/M. 1998, S. 163.

44 Vgl. in diesem Zusammenhang im Hinblick auf sozialen Aufstieg und Grabmal Helfried Valentinitsch, Grabinschriften und Grabmäler als Ausdruck sozialen Aufstiegs im Spätmittelalter und in der frühen Neuzeit. In: Walter Koch (Hg.), Epigraphik 1988. Fachtagung für mittelalterliche und neuzeitliche Epigraphik, Graz, 10.–14. Mai 1988. Referate und Round-Table-Gespräche

Genutzt wurde dafür neben der Grablege auch das Wohnen.[45] Beide Formen waren jedoch ambivalent.

Im Wohnen wie in der Grablege konnte sich tatsächliche Präsenz niederschlagen. Ein nicht unbeachtlicher Teil auch des Hochadels war während seiner Anwesenheit in Wien auf Mietwohnungen, einen Gastgeber oder ein Hofquartier angewiesen.[46] Diese Wohnformen waren als unabdingbare Voraussetzung der Anwesenheit bei Hof freilich ohne eigenständige symbolische Bedeutung; die Bestattung des Mitglieds einer adeligen Familie in einer Wiener Kirche ohne Hinweis im Kirchenraum hingegen ergab sich häufig (insbesondere bei der Bestattung von Kindern), aber nicht zwangsläufig aus der tat-

(Österreichische Akademie der Wissenschaften, philosophisch-historische Klasse, Denkschriften 213), Wien 1990, S. 15–25. John Philip Spielman, The City & The Crown. Vienna and the Imperial Court 1600–1740, West Lafayette (Indiana) 1993, widmet sich bei seiner Darstellung Wiens zwischen 1600 und 1740 anderen Problemstellungen.

45 Vgl. dazu Richard Perger, Der Adel in öffentlichen Funktionen und sein Zuzug nach Wien. In: Adel im Wandel. Politik, Kultur, Konfession, 1500–1700, Wien 1990, S. 269–275, und Elisabeth Lichtenberger, Die Wiener Altstadt. Von der mittelalterlichen Bürgerstadt zur City, Wien 1977, sowie Harrer, Wiener Häuser, Typoskript im Wiener Stadt- und Landesarchiv. Die Geschichte des adeligen Hausbesitzes in Wien ist indes noch ungeschrieben. In die Zeit der Konsolidierung der habsburgischen Herrschaft fällt zwar eine Intensivierung des adeligen Zuzuges nach Wien, das als Residenz im 16. Jahrhundert und als Hauptstadt Niederösterreichs allerdings schon im 16. Jahrhundert Adelsviertel in der Nähe der Hofburg ausgebildet hatte (vgl. zur Problematik adeligen Hausbesitzes Gerhard Winner, Der Vertrag über die Wiener Freihäuser vom Jahre 1552. In: UH 28, 1957, S. 180–187). Dem Hauskauf folgte nicht selten, bei weitem jedoch nicht immer die Stiftung von Erbbegräbnissen in der Residenz; auch scheint es durchaus Gruftstiftungen ohne Hausbesitz gegeben zu haben.

46 Vgl. zum Hofquartierwesen Josef Kallbrunner, Das Wiener Hofquartierwesen und die Massnahmen gegen die Quartiersnot im 17. und 18. Jahrhundert. In: Mitteilungen des Vereins für Geschichte der Stadt Wien 5, 1925, S. 24–36; unter besonderer Berücksichtigung von Viertelbildung und Sozialstruktur Lichtenberger, Die Wiener Altstadt, passim, und Spielmann, The City, S. 75–100.

sächlichen Anwesenheit – man konnte die in Wien Verstorbenen an andere Orte überführen und tat dies auch.[47] Diese Entscheidungsfreiheit gab Raum für eine differenzierende Beobachtung und Bewertung individuellen Verhaltens. Doch selbst wenn eine solche Bestattung als symbolische Handlung gewertet wurde, blieb sie doch an personale Erinnerungsakte gebunden und damit schwerlich von langfristiger Wirkung.

Anders dagegen die Formen symbolischer Präsenz. Ein nicht lediglich für die Zeit der Anwesenheit in Wien gekauftes adeliges Haus symbolisierte spätestens seit den 1630er Jahren[48] ein auf Dauer ausgerichtetes engeres Verhältnis einer adeligen Familie zum Hof. Die symbolische Valenz war dabei freilich von der Ausstattung abhängig. Das Palais als selbständig geplanter dauerhafter repräsentativer Stadtsitz darf im Bereich der Wohnformen als kaum weiter steigerungsfähige symbolische Einschreibung in den Stadtraum aufgefaßt werden.[49] Ein zäheres Medium für symbolische Präsenz stellte lediglich die im Kirchenraum medial präsente Grablege in den Kirchen der Stadt dar. Palais konnten den Besitzer wechseln, Erbbegräbnisse taten dies in der Regel nur beim Aussterben der Familie, und selbst dieser Fall wurde vertraglich häufig ausgeschlossen. Von daher kommt den in der Regel für die ewige Sichtbarkeit konzipierten Medien des Totengedenkens – etwa dem Epitaph, dem Toten- bzw. Wappenschild, der Gruftplatte, dem Altar über dem Erbbegräbnis – ganz besondere Bedeutung zu.

Die Funktion als Medium setzt voraus, daß der sakrale Raum der Stadt vom Adel wie auch von der Krone als der rele-

---

47 Vgl. Anm. 235 und die folgende Seite.

48 Für die Zeit hiervor darf nicht übersehen werden, daß Wien als Hauptstadt Niederösterreichs alternativ auch als Forum der ständischen adeligen Repräsentation dienen konnte.

49 Vgl. dazu Wolfgang Pircher, Verwüstung und Verschwendung. Adeliges Bauen nach der Zweiten Türkenbelagerung (Forschungen und Beiträge zur Wiener Stadtgeschichte 14), Wien 1984.

vanten Gesellschaft auch wahrgenommen wurde. Wiewohl man über Einzelheiten des adeligen Kirchgangs bislang noch nicht sehr gut informiert ist, kann doch eine hohe Frequenz zumal in vornehmlich adelig geprägten Stadtvierteln als sicher angenommen werden.[50] Bedeutsam sind daneben vor allem die zahlreichen Besuche des Kaisers in verschiedenen Kirchen und Klöstern, bei welchen stets auch Teile des Hofstaates zugegen waren.[51] Die diesbezüglichen Aktivitäten Ferdinands III. wurden selbst dem Zeremoniar des päpstlichen Nuntius zuviel *(fastidio)* und waren so zahlreich, daß er für sein später verfaßtes Protokoll nicht mehr alle Kirchen zusammenstellen konnte.[52] Man darf vor diesem Hintergrund davon ausgehen, daß nicht nur die Habsburger über die Verhältnisse jedenfalls in den größeren Kirchen der Residenz auch aus eigener Anschauung gut informiert waren – zumal die kaiserlichen Oratorien eine für alle berechenbare Perspektive boten: auch auf die Symbole adeliger Selbstverortung in Kontext des Grabes.[53]

Diesem wurde eine beachtliche Aufmerksamkeit geschenkt. Die Vermutung, daß der 1671 wegen des Aufstandes gegen die habsburgische Herrschaft in Ungarn hingerichtete Graf Nadasdy auf dem Friedhof der Augustinerkirche auf der Landstraße gerade zur Abschreckung der in diesem Wiener Stadtteil lebenden Ungarn bestattet wurde, zeigt die soziale Relevanz des Bestattungsortes aus für den Adel ungewohnter

50 Vgl. etwa die Schilderung BAV Vat. Lat. 10423, fol. 320v: *La deuotione che si uede nelle Chiese è di molta edificatione* [...].

51 BAV Vat. Lat. 10423, fol. 184v–187.

52 BAV, Vat. Lat. 10423, fol. 184v, 185. So besuchte Ferdinand III. in Wien etwa die drei Jesuiteneinrichtungen Profeßhaus, Kollegium und Noviziat (Kirche Am Hof, Jesuitenkirche an der Universität und St. Anna) sowie andere Orden, so die Unbeschuhten Karmeliter, die Kapuziner, die Nonnenklöster St. Joseph und St. Jakob und *diversi altri luoghi che non mi ricordo.*

53 Die Apolloniakapelle etwa ließ Ferdinand III. gerade gegenüber dem kaiserlichen Oratorium in der Augustinerkirche errichten, um mit ihr die Begebenheit, die zur Stiftung geführt hatte, vor Augen zu haben (vgl. unten Anm. 94).

Perspektive.[54] Für den zeitgenössischen adeligen Diskurs läßt sich eine Briefstelle aus der Korrespondenz der Gräfin Johanna Theresia Harrach vom 28. Oktober 1665 anführen: *daz die Zernemlin ein widtib ist, hab ich* [...] *geschriben, undt daß sie ihren heren will auff ihrß bruedtern guedt becraben lasen, daß will man ihr nidt gar zum besten auslegen.*[55] Zum Mißfallen bei Hof dürfte ganz wesentlich der Umstand beigetragen haben, daß der verstorbene Christian Tschernembl, ein kaiserlicher Oberst, erst am 18. Oktober 1665 von Leopold I. in den Grafenstand erhoben worden war. Dies war deshalb besonders beachtlich, weil mit dem Namen Tschernembl die Erinnerung an Georg Erasmus Tschernembl, eine der führenden Personen des Aufstandes von 1618, verbunden war.[56] Mit der Bestattung außerhalb Wiens hingegen wurde offenbar eine Erwartung enttäuscht, die den Gnadenerweis und den Bestattungsort miteinander in Beziehung gesetzt hätte.

Das Interesse der Individuen und Familien an den Bestattungen geht neben den regelmäßigen einschlägigen Bestimmungen in adeligen Testamenten[57] auch aus der Praxis von Überführungen und Umbettungen hervor. Es lassen sich zwei

54 Vgl. Albert Ilg, Zur Geschichte der Augustinerkirche auf der Landstrasse in Wien. In: Berichte und Mittheilungen des Alterthums-Vereines zu Wien 26, 1889, S. 59–70, S. 69.

55 Für die freundliche Mitteilung des Zitates danke ich Frau Dr. Susanne Pils (WStLA). ÖStA, AVA, FA Harrach, Schachtel 350. Zum Alltagsdiskurs am Hof vgl. Susanne Claudine Pils, Hof/Tratsch. Alltag bei Hof im ausgehenden 17. Jahrhundert. In: WGBl 53, 1998, S. 77–99.

56 Vgl. Hans Sturmberger, Georg Erasmus Tschernembl. Religion, Libertät und Widerstand. Ein Beitrag zur Geschichte der Gegenreformation und des Landes ob der Enns (Forschungen zur Geschichte Oberösterreichs 3), Linz 1953, S. 400.

57 Vgl. die Arbeiten von Beatrix Bastl im Rahmen des Projektes „Quellenstudien zur Erforschung der adeligen Frau in den Ländern der ehemaligen Habsburgermonarchie (15.–18. Jh.)", die im Internet in vorbildlicher Weise dokumentiert sind: http://www.univie.ac.at/Geschichte/Frauenbriefe.

Grundtypen unterscheiden: die Überführung nach Wien und die Überführung aus Wien heraus bzw. die Verlegung innerhalb der Stadt. Für die letztgenannte Variante läßt sich etwa die Gräfin Katharina Ursula von Abensberg-Traun anführen, die aus der Augustinerkirche, wo sie 1667 bestattet worden war, nach einiger Zeit zu den Dominikanern überführt wurde.[58] Nicht eben selten gab es daneben Überführungen aus der Stadt heraus. Die weiteste geplante Überführung, auf die ich während der Nachforschungen gestoßen bin, sollte nach Spanien gehen: 1648 wurden 16 spanische Leichen in der Augustinerkirche explizit in Erwartung ihrer Überführung nach Spanien bestattet.[59] Tatsächlich überführt wurden etwa der Geheime Rat Thomas Zacharias Graf Cernin. Dieser war am 16. Februar 1700 in der Augustinerkirche beigesetzt worden und wurde bereits im März desselben Jahres nach Prag überführt. Damit war ausgedrückt, daß Familie und nicht Funktion, Prag, nicht Wien, Böhmen, nicht die habsburgische Zentrale für die Cernin primäre Bezugspunkte waren. Daß eine Reihe von verstorbenen Kindern dagegen in Wien belassen wurde,[60] deutet zwar eine gewisse Pragmatik an, betont aber zugleich die Bedeutung der Überführung des Familienoberhauptes. Ebenso wurde der Reichshofratsvizepräsident Sebastian Truchseß Graf von Waldburg-Zeil im Jahr 1700 einige Wochen nach der Bestattung in der Augustinerkirche nach Schwaben überführt.[61] Die eigenen

58 AugKA, *Protocollum ecclesiae aulico=caesareae & Conventus FF. Eremitarum Disalc: S.P.N. Augustini* […], *1757*, mehrere Bände, hier AugKA, *Protocollum II*, p. 285. Vgl. dazu Franz Loidl, Das Augustiner-Kloster bei der Wiener Hofburg. Eine Übersicht aus den Protocollen des Convents, Wien 1948.

59 Die Überführung unterblieb zwar, doch war für deren Organisation immerhin ein Nachkomme angereist, der nach der Öffnung des Sarges seiner Mutter diese, angeblich wegen des guten Erhaltungszustandes, jedoch dort beließ (AugKA, *Protocollum II*, p. 145).

60 AugKA, *Index super librum Mortuorum ab Anno M.D.C.XL. (Index mortuorum)*, sub T.

61 AugKA, *Index mortuorum*, sub Z.

Güter blieben dem Adel wichtig: So wurden der 1665 zunächst in der Augustinerkirche bestattete Hofkanzler Hans Joachim Graf von Sinzendorff, sein in Konstantinopel verstorbener und zunächst nach Wien verbrachter Sohn wie auch eine 1673 verstorbene unverheiratete Tochter später auf die Güter der Familie gebracht.[62] Nicht nur wird an diesem Beispiel deutlich, daß es andere Bezüge gab, sondern auch, daß Familien im nachhinein gleichsam Korrekturen vornehmen konnten. Vorlieben für besondere Orden dürften bei der Wahl gleichfalls eine Rolle gespielt haben. So wurde Helmhart Christoph Graf von Weissenwolf 1702 gerade zu den Jesuiten nach Linz überführt.[63]

Beinahe zahllos sind die Beispiele für Überführungen nach Wien. 1686 wurden die Särge des kaiserlichen Rates und Kämmerers Julius Graf von Salm-Neuburg, seiner Gattin sowie die mehrerer Kinder nach Wien in die Dorotheerkirche gebracht.[64] Von Belgrad aus transportierte man den Leichnam des Generalfeldmarschalleutnants Friedrich Sigmund Graf von Scherffenberg im Jahr 1688 nach Wien,[65] ebenfalls vom Schauplatz des Krieges gegen die Türken den kaiserlichen Militär Jacob Graf Strozzi,[66] aus Böhmen den dort 1622 ver-

62 AugKA, *Index mortuorum*, sub Z. Der Hofkanzler und sein Sohn wurden 1700 nach Pöggstall überführt.

63 AugKA, *Index mortuorum*, sub W. Wenn in der testamentarischen Bestimmung des kaiserlichen Obersthofmeisters Johann Maximilian von Lamberg, daß er im Franziskanerhabit in der Augustinerkirche zu bestatten sei, eine Neigung zu diesem Orden zum Ausdruck kommt, läge darin ein Hinweis darauf, daß Hochadel sich auch ungeachtet seiner Vorlieben für bestimmte Orden in hofnahen Kirchen begraben ließ. Vgl. sein Testament vom 10. August 1675 in OÖLA, Herrschaft Steyr, Schachtel 1239, Fasz. 29, Nr. 597.

64 StAKN, Hs. D 15, Dritter Teil, Nr. 77, S. 107. Julius Graf von Salm war Kämmerer Ferdinands II. seit 1625 (vgl. ÖStA, HHStA, OKäA C1, fol. 14).

65 AugKA, *Index mortuorum*, sub S.

66 AugKA, *Protocollum I*, 262. Dieser war 1636 in einer Schlacht gegen die Türken gefallen und wurde, *Viennam allatus*, in der Familiengruft bestattet. Vgl. zu den in Wien bestatteten Militärs der ungarischen Militärgrenze: Géza Pálf-

storbenen Hofmann und Obristen Eusebius Khuen von Belasy,[67] den Hofkriegsrat und Artilleriegeneral Hans Philipp Freiherrn von Breuner, der in der Schlacht von Lützen verletzt worden war und darauf in Prag verstarb.[68] Auch die Überführung aus Mecklenburg war den Nachkommen des Kämmerers und Generalfeldzeugmeisters Philipp Friedrich Freiherrn von Breuner nicht zu aufwendig.[69] Selbst aus Konstantinopel holte man verstorbene Familienmitglieder nach Wien: So etwa die Gebeine des Friedrich Freiherrn von Breuner[70] oder die Überreste eines Sohnes des kaiserlichen Hofkanzlers Joachim Graf von Sinzendorff.[71]

Wenn demnach das Grab in seiner räumlichen Verortung zur Topographie des Sozialgefüges Beachtung fand, bleibt noch zu diskutieren, wie die Bewertungen vorgenommen wurden. Nicht nur die Hofgesellschaft stellte soziale Relationen v. a. durch Relationen im Raum dar. Vielmehr handelte es sich bei der Umsetzung von für sich genommen funktional-abstrakten Hierarchien in sichtbare Ordnung von Personen im Raum um ein Grundmodell frühneuzeitlicher Ausdrucksmöglichkeiten.[72] Es nimmt von daher nicht wunder, daß Präzedenzfragen zum Gegenstand einer eigenen Wissenschaft avancierten,[73] ihre subtilsten Ausprägungen jedoch am Hof als der Spitze gesell-

---

fy, Richard Perger, A magyarországi török háborúk résztvevöinek síremlékei bécsben (XVI–XVII. század). In: Fons 5, 1998, S. 207–264.

67 StAKN, Hs. D 15, Dritter Teil, Nr. 78, S. 109.

68 Mayr, *Tomus Epitaphiorum*, fol. 84, Nr. 57.

69 Mayr, *Tomus Epitaphiorum*, fol. 81, Nr. 49.

70 Mayr, *Tomus Epitaphiorum*, fol. 85, Nr. 59.

71 Vgl. oben Anm. 61.

72 Vgl. Gotthardt Frühsorge, Der Hof, der Raum, die Bewegung. Gedanken zur Neubewertung des europäischen Hofzeremoniells. In: Euphorion 82, 1988, S. 424–429.

73 Vgl. etwa Miloš Vec, Zeremonialwissenschaft im Fürstenstaat. Studien zur juristischen und politischen Theorie absolutistischer Herrschaftsrepräsentation (Studien zur Europäischen Rechtsgeschichte 106), Frankfurt/M. 1998.

schaftlicher Hierarchie entwickelten. Als Beispiel mögen neben den reich überlieferten Ordnungen bei Einzügen und Krönungen die Trauerordnungen bei der Bestattung von Mitgliedern der Dynastie[74] oder die gestaffelte Aufstellung der Hofdamen bei Tauffeierlichkeiten[75] dienen. Raumordnung wurde so zum Spiegel der Sozialordnung, veranschaulichte Status und Hierarchie. Damit wurden Raumordnungen mit ihren komplexem Ordnungsmöglichkeiten (vorn/hinten, rechts/links, oben/unten, Nähe/Distanz) als Sozialordnungen lesbar.[76] Eine Übertragung dieser auf der Differenzierung von Zentrum und Peripherie aufruhenden Konzeption auf die Raumordnung des Herrschaftszusammenhanges insgesamt wie im besonderen auf die Residenzstadt lag nahe.[77]

---

74 Vgl. etwa die Konduktbeschreibungen für Ferdinand III. (ÖStA, HHStA, ZA Prot.1, p. 640, 641; HHStA, ÄZA, Karton 5, Konvolut 23, fol. 453–454; ÄZA, Karton 5, Konvolut 28, fol. 433, 434) oder für Ferdinand IV. (HHStA, ÄZA Karton 4, Konvolut 29, fol. 209v, 210; 211), zu Kondukten von Habsburgern vgl. auch Magdalena Hawlik-van de Water, Der schöne Tod, S. 108–115 mit Abbildungen von Leichenzügen.

75 ÖStA, HHStA, ÄZA, Konvolut 33, fol. 1v.

76 Der Begriff des Lesens wird in diesem Kontext regelmäßig verwendet (vgl. Stollberg-Rilinger, Höfische Öffentlichkeit, S. 152). Darin kommt nicht zuletzt die behutsame Einbindung der Semiotik in die Geschichtswissenschaft zum Ausdruck. Zur räumlichen Ordnung von Friedhöfen in der Gegenwart und den Faktoren, die die Interpretation des Raumes beeinflussen, vgl. Akiko Mori, Grab, Epitaph und Friedhof. Neue Zugänge ethnologischer Familienforschung am Beispiel einer Kärntner Landgemeinde. In: Historische Anthropologie 3, 1995, S. 112–124.

77 Vgl. zu dieser vormodernen Differenzierungsform und ihrer Implikation für die stratifizierte Ordnung Niklas Luhmann, Die Gesellschaft der Gesellschaft, Frankfurt/M. 1997, S. 674–678. In der Residenz stellte die Hofburg die „soziale Mitte" der Stadt dar, vgl. Elisabeth Lichtenberger, Wien – Das sozialökologische Modell einer barocken Residenz um die Mitte des 18. Jahrhunderts. In: Wilhelm Rausch (Hg.), Städtische Kultur in der Barockzeit (Beiträge zur Geschichte der Städte Mitteleuropas 6), Linz 1982, S. 235–262, hier S. 236.

3.2 Residenzbildung und Gegenreformation: Wien als dauerhaftes und beschreibbares Medium

Mit der Residenzbildung und Gegenreformation lassen sich zwei weitere Voraussetzungen der Entwicklung des Wiener Sakralraumes zu einem Medium adeliger Selbstverortung identifizieren. Weil sie die dauerhafte Wahrnehmbarkeit des Mediums im relevanten sozialen Raum gewährleisten mußte, war die Kontinuität einer Residenz eine wichtige Voraussetzung für ihre Funktion als Medium: *Hæc Marmori non aquis inscripta Memoria.*[78] Insbesondere Erbbegräbnisse lassen sich nicht in beliebiger Häufigkeit an verschiedenen Orten stiften, die Familientradition *(memoria)* setzte der Anpassung an soziale Relevanzen Grenzen. Spätestens in den 1630er Jahren dürfte ungeachtet der persönlichen Verbundenheit der Herrscher mit Graz[79] absehbar geworden sein, daß Wien in Zukunft feste Hauptresidenz sein würde. Von daher dürften auch die nicht unerheblichen Zeiten der Abwesenheit des Hofes von Wien zu Ende des Dreißigjährigen Krieges und die damit einhergehenden Mutmaßungen, daß Prag wieder an Bedeutung zunehmen könnte,[80] den Rang Wiens nicht mehr ernstlich gefährdet haben.[81]

---

78 *Epitaphia Viennensia*, p. 337. „Diese Erinnerung ist Marmor, nicht Wasser eingeschrieben."

79 Ferdinand II. hatte dort durch de Pomis ein Mausoleum für sich errichten lassen, in dem er auch bestattet wurde. Von Ferdinand III. wurde immerhin noch das Herz in Graz beigesetzt.

80 Vgl. dazu einen Brief von Rudolf Graf von Teuffenbach an Maximilian Graf von Trauttmansdorff vom 28. Februar 1648. Darin kommt im Zusammenhang mit einem Hauskauf in Prag zum Ausdruck, daß man in Wien glaubte, der Kaiser wolle in Zukunft vornehmlich in Prag residieren. ÖStA, AVA, FA Trauttmansdorff, Karton 142, Ff. 8, Nr. 36, fol. 148.

81 Obschon aber die Prager Zeit Rudolfs II. ungeachtet der Funktion Wiens als Residenz Erzherzogs und später Kaiser Matthias' einen Kontinuitätsbruch

Hinzu kommen die Wirkungen der Reformation und der Gegenreformation auf den baulichen Bestand der Wiener Kirchen. Die Wiener Bürgerschaft und auch der ansässige Adel waren bis in die 1620er Jahre hinein protestantisch dominiert, eine Vielzahl von Kirchen und Klöstern war, wenn überhaupt noch, schwach besetzt. Das kirchliche katholische Leben gelangte jedoch zu neuer Blüte.[82] Im Zuge der Rekatholisierung fanden die Orden wieder erheblichen Zulauf. Die Vergabe von Kirchen und Klöstern an neue Konvente belebte das religiöse Leben beträchtlich: So erhielten die Barnabiten die Michaelerkirche, in die Augustinerkirche wurden die Unbeschuhten Augustiner eingeführt.[83] In die Regierungszeit Ferdinands II. und Ferdinands III. fällt die Erneuerung bzw. der Neubau zahlreicher Sakralbauten. Die Dominikanerkirche und auch die Schottenkirche wurden an alter Stelle neu erbaut, die Jesuitenkirche an der Universität und das Kapuzinerkloster ganz neu errichtet, sonst vielerorts auf breiter Basis renoviert. Abbruch und Erneuerung

---

darstellte, konnte an die bedeutende Tradition des 16. Jahrhunderts angeknüpft werden. Seit wann Wien als feste Residenzstadt zu betrachten ist, bleibt dabei im einzelnen umstritten: Vgl. dazu den Beitrag von Peter Broucek in diesem Band. Der Rang der Stadt als feste Residenz- und Hauptstadt kommt auch in der Stadtbeschreibung des Zeremoniars des päpstlichen Nuntius Scipione Pannochieschi d'Elce zum Ausdruck. Vgl. dazu demnächst die Teiledition von Mark Hengerer, *Breue descrittione della Città di Vienna, è del Palazzo della Nuntiatura*, in den Wiener Geschichtsblättern sowie Markus Reisenleitner, Habsburgische Höfe in der Frühen Neuzeit – Entwicklungslinien und Forschungsprobleme. In: Václav Bůzek, Pavel Král (Hgg.), Aristokratické rezidence a dvory v raném novověku (Opera historica 7), České Budějovice 1999, S. 97–114, hier S. 106, und Friedrich B. Polleroß, Tradition und Recreation. Die Residenzen der österreichischen Habsburger in der frühen Neuzeit (1490–1780). In: Majestas 6, 1998, S. 91–148.

82 Vgl. dazu den Beitrag von Arthur Stögmann in diesem Band mit weiteren Nachweisen.

83 Zur Einführung der Barnabiten vgl. ausführlich Waldemar Posch, Die österreichische Barnabitenprovinz – ein Überblick. In: Beiträge zur Wiener Diözesangeschichte 14/15, 1973, S. 44–48/ S. 4 f.

waren Reaktion auch auf einen veränderten Zeitgeschmack. Kaiser Ferdinand II. konstatierte die *Unförmblichkeit* der Michaelerkirche und ließ den Barnabiten über den Grafen Werdenberg andeuten, daß er die *Ausschaffung* der Altäre an den Pfeilern der Kirche im Mittelschiff sehr begrüßen würde,[84] woraufhin diese niedergebrochen und sonstige Bauten aus der Kirche entfernt wurden.[85] Die Kirche erhielt neue Altäre und ein neues kaiserliches Oratorium,[86] 1635 ein Bet- und Chorgestühl.[87]

Beispielhaft sei die bauliche Entwicklung der Augustinerkirche näher betrachtet. Der Innenraum der Augustinerkirche wurde seit der Mitte der 1620er Jahre einer kontinuierlichen Umgestaltung unterzogen.[88] 1627 wurde die von Kaiserin Eleonora I. gestiftete Loretokapelle, die zwischen den Pfeilern des Mittelschiffes inmitten der Kirche gebaut wurde, vollendet.[89]

84 Konzept des Konventes von 1643 für einen Bericht an die niederösterreichische Regierung, der zur Restaurierung der Kirche Stellung beziehen sollte (MiKA II.22.3).

85 Karl Lind, Die St. Michaelskirche zu Wien. In: Berichte und Mittheilungen des Alterthums-Vereines zu Wien 3, 1859, S. 1–59, hier S. 14, beschreibt die Zeit als eine, [...] *in welcher aber leider durch die Wuth, alles im damals herrschenden Geschmack zu zieren, zu säubern und zu putzen, viele Geschichts- und Kunstmonumente unwiederbringlich verloren gegangen sind.* Allerdings konzediert er, S. 16: *Durch eine übergrosse Anzahl von Altären und freistehenden Grabsteinen blieb für die andächtige Messe fast kein Platz übrig.*

86 MiKa II.22.3, Wien, den 3. Dezember 1643.

87 Lind, St. Michaelskirche, S. 17.

88 Loidl, Das Augustiner-Kloster, S. 7, sieht einen Ausbau mit *echter und ungestümer barocker Gründlichkeit*; Geldmangel setzte der Gründlichkeit allerdings Grenzen: So wurde die Stelle, an der später der St.-Joseph-Altar errichtet wurde, nicht vor 1688 erneuert, sondern verblieb *per multor annos* [...] *in suo antiquo statu, nempe murus aqueis coloribus obductus* (AugKA, *Protocollum I*, p. 268). Nicht nur für Kunsthistoriker dürfte dieser hier gelobte Freskenverlust sicher betrüblich sein.

89 Vgl. Cölestin Wolfsgruber, Geschichte der Loretokapelle bei St. Augustin in Wien, Wien 1886, S. 4. Sie wurde 1784 abgebrochen. Zur Kirche vgl. auch Cölestin Wolfsgruber, Die Hofkirche zu S. Augustin in Wien, Augsburg 1888, sowie Alois Kunzfeld, Die Augustinerkirche in Wien (Heimatkundliche Wanderungen 60), Wien 1925, und Loidl, Das Augustiner-Kloster, S. 7.

1632 wurden die Pálffysche Kapelle, der Altar der Johanneskapelle sowie die Kapelle der hll. Drei Könige erbaut,[90] 1633 wurde das kaiserliche Oratorium neu und an anderer Stelle errichtet. Das Jahr 1634 stellt einen Höhepunkt der Bautätigkeit dar: Erzherzog Leopold Wilhelm, der Bruder Ferdinands III., ließ eine Kanzel errichten; das Jahr sah zudem den Bau einer ganzen Reihe von neuen Kapellen: die der hl. Katharina, des hl. Sebastian, des hl. Apostels Jakobus, die Karl-Borromäus-Kapelle und schließlich die sogenannte Mansfeldische Kapelle.[91] 1635 erhielt die Kirche einen neuen Hochaltar auf Kosten König Ferdinands III.,[92] die Nicolaikapelle sowie die spätere Waldsteinische Kapelle.[93] Die dem kaiserlichen Oratorium gegenüberliegende St. Appoloniakapelle, gestiftet von Ferdinand III., folgte 1637.[94] 1643 wurde die Kirche dann als mit Kapellen vollständig ausgestattet betrachtet.[95] Wegen der Unebenheiten des Bodens aufgrund der zahlreichen Beerdigungen in der Kirche[96] wurde der Hof um die Übernahme der Kosten für die Pflasterung des Kirchenbodens gebeten, die 1660 tatsächlich erfolgte.[97] Kurz zuvor war mit Mitteln Kaise-

---

90 AugKA, *Protocollum II*, p. 54 f.

91 AugKA, *Protocollum II*, p. 57–62, AugKA, *Protocollum I*, p. 263 (hl. Karl Borromäus).

92 AugKA, *Protocollum II*, p. 79f. Nach Angaben des Protokolls kostete der Altar 8.012 fl. 20 kr.

93 AugKA, *Protocollum II*, p. 80 f.

94 AugKA, *Protocollum II*, p. 141: Der nachmalige Kaiser Leopold I. war wegen des Zahnens so schwer erkrankt, daß Ferdinand III. das Gelübde über den Bau der Kapelle ablegte. Kaum war dieses nach dem Bericht des Annalisten getan, waren die Zahnschmerzen verflogen. Vgl. Wolfsgruber, Hofkirche, S. 7.

95 AugKA, *Protocollum II*, p. 141.

96 AugKA, *Protocollum II*, p. 179.

97 Die Kosten betrugen nach AugKA, *Protocollum II*, p. 201, ohne Kalk, Sand und Arbeit 1814 fl. 42 kr. Vgl. auch Wolfsgruber, Hofkirche, S. 14. Diese Angabe ist anhand der Hofzahlamtsbücher im Hofkammerarchiv verifizierbar: Im Hofzahlamtsbuch des entsprechenden Jahres sind zu diesem Zweck Ausgaben von 1.070 fl. eingestellt (ÖStA, HKA, HZAB 106, fol. 392). Im folgenden

rin Eleonoras II. seit dem 26. Juli 1657 die Lauretanische Gruft unter der Kirche erbaut worden.[98]

Für den systematischen Zusammenhang der Argumentation ist von Bedeutung, daß Reformation und Gegenreformation gemeinsam auf breiter Basis eine mediale Voraussetzung für die Möglichkeit der Einschreibung des Adels in das Medium des städtischen Sakralraums geschaffen hatten: Das Blatt war zwar im fraglichen Zeitraum nicht leer, wies aber einige neue weiße Stellen auf.

3.3 Folgerungen und Operationalisierung Differenzierung von Stadtraum und Grab

Nach den obigen Ausführungen soll nun der Blick auf die Auswirkungen der Neuformierung des Hofes auf die Sepulkralkultur der Stadt geworfen werden. Gegenstand der Untersuchung ist dabei nicht allein die Einschreibung des Adels in den Stadtraum mit den Medien der Sepulkralkultur insgesamt, sondern auch die stadträumliche Verteilung der Gräber. Es ist insbesondere die Bedeutung des höfischen Sozialraums mit der Hofburg als Zentrum zu untersuchen. Dafür wurden hochadelige Begräbisse innerhalb der Inneren Stadt – die Vorstädte konnten in diesem Rahmen noch keine Berücksichtigung finden – auf breiter Quellenbasis aufgenommen und verschiedenen Stadtbereichen räumlich zugeordnet. Als Hypothese ließe sich die Erwartung formulieren, daß hofnahe Kirchen eine dichtere hochadelige Bestattung aufwiesen als hoffernere.

HZAB 107, fol. 334, sind 744 fl. 42 kr als Ausgabe des Hofzahlamtes ausgewiesen, was zusammen exakt die in *Protocollum II* genannte Summe ergibt.

98 AugKA, *Protocollum II*, p. 179. Die Kosten beliefen sich auf 2.353 fl. 32 kr., die Kaiserin hatte 2.000 fl. zugeschossen. Der Bericht über den Bau der Gruft (AugKA, *Protocollum I*, p. 364 ff.) ist in Bearbeitung für das Mitteilungsblatt des Augustinerkonventes.

3.3.1. Stadträumliche Gliederung der Begräbnisstätten

In Abhängigkeit der Entfernung der Begräbnisstätten von der Hofburg lassen sich unter weiterer Berücksichtigung auch der relativ weichen Kriterien der Leichtigkeit ihrer Erreichbarkeit vom Michaelertor der Hofburg aus (Straßenecken) und der Stadtraumwahrnehmung sechs Kategorien bilden.[99] In der ersten steht allein die Augustinerkirche als baulich mit der Hofburg verbundene Kirche; in der zweiten die Michaelerkirche, die an dem der Hauptzufahrt zur Hofburg gegenüber liegenden „Knotenpunkt des städtischen Straßennetzes“[100] lag. In der dritten Gruppe, die Kirchen in einer recht geringen Entfernung von der Hofburg versammelt, finden sich die Dorotheerkirche, die Minoritenkirche, das Königinnenkloster sowie, wegen ihrer leichten Erreichbarkeit über die gerade Herrengasse, die Schottenkirche. In der vierten Gruppe, in etwas weiterer Entfernung bzw. schlechterer Erreichbarkeit, finden sich das Kapuzinerkloster, St. Peter am Graben, die Jesuitenkirche am Hof und St. Stephan. Etwas weiter entfernt bzw. unbequemer erreichbar waren die Kirchen der fünften Gruppe: St. Anna, die Deutschordenskirche, die Franziskanerkirche und das Himmelpfortenkloster. Das Ende der Skala markieren das innerhalb der Inneren Stadt am weitesten entfernt liegende Jakobkloster „Auf der Hülben“, die Jesuitenkirche an der Universität, das Dominikanerkloster, das Laurenzkloster sowie Maria am Gestade.

Weil sich insbesondere in den Frauenklöstern, daneben in

99 Vgl. dazu als methodenkritische Perspektive Anthony C. Gatrell, Distance and Space: A Geographical Perspective (Contemporary Problems in Geography), New York 1983.

100 Richard Bösel, Zur Genese eines Wiener Platzes: Topographische, historische und gestalterische Aspekte. In: Kulturkreis Looshaus (Hg.), Der Michaelerplatz in Wien. Seine städtebauliche und architektonische Entwicklung. Eine Ausstellung des Kulturkreises Looshaus und der Graphischen Sammlung Albertina, Wien o. J. [ca. 1991/92], S. 9–32, hier S. 12.

anderen kleineren Kirchen auch in den Codices der Inschriftensammler allenfalls vereinzelte Hinweise auf von der Mitgliedschaft im Orden unabhängige hochadelige Begräbnisse finden lassen, werden diese in der weiteren selbständigen Darstellung ausgespart.[101]

101 Zusammenstellungen der Wiener Begräbnisstätten bieten Alfred Stefan Cermak, Wiener Begräbnisstätten, Wien 1998, und Werner T. Bauer, Wiener Friedhofsführer. Genaue Beschreibung sämtlicher Begräbnisstätten nebst einer Geschichte des Wiener Bestattungswesens, Wien 1991. Möglicherweise in der heute von der U-Bahn-Passage U1/U3 am Stephansplatz aus sichtbaren Virgilkapelle wurden in den 1650er bis 1670er Jahren Kinder aus der Familie der Grafen Schlick bestattet (Smitmer, *Lapides Sepulchrales*, p. 34; vgl. Richard Perger, Zur Geschichte des neuen Karners und der Kapellen St. Virgilius und St. Maria Magdalena auf dem Wiener Stephansfreithof. In: Österreichische Zeitschrift für Kunst und Denkmalpflege 17, 1973, S. 153–160, hier S. 158). Doch ist es wahrscheinlicher, daß die Monumente von der Magdalenenkapelle aus später dorthin gelangten. Im Kloster St. Jakob (Vgl. *Epitaphia Viennensia*, p. 269–274) wurde die Klostergruft 1784 ausgeräumt, wobei der Hofadel des 17. Jahrhunderts, der nicht zum Kloster gehört hätte, kaum aufscheint. Vgl. Theodor Wiedemann, Zur Geschichte des Frauenklosters St. Jakob in Wien. In: Berichte und Mittheilungen des Alterthums-Vereines zu Wien 32, 1896, S. 53–86. Nach Smitmer, *Lapides Sepulchrales*, p. 61–68, wurde der dreizehnjährige Hans Adam von Lamberg dort bestattet, im Jahr 1613 Eva von Kollonitsch, 1624 Susanna Fuchs Freiin in Freundenstein, geb. Lamberg. In der Kirche des Deutschen Ritterordens (Vgl. *Epitaphia Viennensia*, p. 319–324) wurden im 17. und 18. Jahrhundert Hochadelige bestattet, doch waren diese Ritterordensleute unter anderem aus den Familien Harrach, Starhemberg, Welz, Saurau, Senfftenberg, Truchseß von Wetzhausen. Vgl. auch Gartenschmid, Bd. 3, Abt. I, der mehrere Epitaphien abbildet. In St. Salvator im Rathaus findet sich kein Hochadel (Gartenschmid, Bd. 4, Abt. II; Smitmer, *Lapides Sepulchrales*, p. 45). Keine Hinweise fanden sich in den benutzten Epitaphiensammlungen für das Kloster Himmelpforten (*Epitaphia Viennensia*, p. 280–283; Smitmer, *Lapides Sepulchrales*, p. 29), für St. Magdalena am Stephansdom (*Epitaphia Viennensia*, p. 107–109; Smitmer, *Lapides Sepulchrales*, p. 37), für Maria am Gestade (*Epitaphia Viennensia*, p. 259–267), für die Clarissinnen zu St. Nikolaus (*Epitaphia Viennensia*, p. 314–318; Smitmer, *Lapides Sepulchrales*, p. 41–43), bei denen sich nur wenige Bestattungen v. a. des 18. Jahrhunderts finden sowie den weiteren kleineren Konventen. Die benutzten Inschriftensammler weisen auch für das Laurenzkloster keine einschlägigen Bestattungen aus (*Epitaphia Viennensia*, p. 179–188), doch wurde

3.3.2 Differenzierung der Begräbnisse

Bei der Frage, in welcher Weise der Hochadel das Medium Stadtraum nutzte, sind, ausgehend von der oben getroffenen Unterscheidung, Gräber mit und solche ohne sichtbare Hinweise im Kirchenraum, ihre mediale Qualität, nach Möglichkeit aber auch die tatsächliche Nutzung der Begräbnisse zu unterscheiden und zu untersuchen. So gab es Kirchen, in denen eine Vielzahl von Angehörigen verschiedener Familien bestattet wurden, ohne daß dies zur Stiftung von Erbbegräbnissen oder auch nur zur Epitaphsetzung geführt hätte. Innerhalb der Erbbegräbnisse wiederum läßt sich feststellen, daß manche tendenziell die Gesamtheit von Familien, andere dagegen lediglich ein einziges Familienmitglied aufnahmen. Die mediale Präsenz der Familie konnte dann über den tatsächlichen Grad der Verbundenheit mit dem Hof hinwegtäuschen. Indikator für Integrationszusammenhänge ist Bestattung in der Residenz in allen diesen Fällen: Das Grab, das ostentativ sichtbar auf die Familie verweist, indiziert die bewußte Einbezie-

am 30. März 1681 der 1659 verstorbene Reichsvizekanzler Graf Kurz, nachdem er 22 Jahre in der großen Kirchengruft der Augustinerkirche geruht hatte, in eine eigene Gruft zu den Domikanerinnen überführt (*AugKA*, *Index mortuorum*, *sub K*, vgl. unten Anm. 135). 1652 war danach bereits ein namentlich nicht genannter Graf Kurz in der Augustinerkirche bestattet worden. 1670 hingegen wurde eine im Bereich der Michaelerpfarre verstorbene Gräfin Kurz jedoch sogleich nach St. Laurenz überführt (MiKA, Totenprotokoll, sub dato 1670, vgl. Anm. 156), was auf eine vor 1680 zu datierende Gruftstiftung hindeuten könnte. Das Kapuzinerkloster als Grabstätte der Dynastie scheidet hinsichtlich anderer Gruften gänzlich aus. Vgl. Eberhard Kusin, Die Kaisergruft bei den PP. Kapuzinern in Wien, Wien 1949, S. 12–15: Der Grundstein für das Kloster, eine Stiftung der Kaiserin Anna, fand erst 1622 statt, die Weihung eines Teils der 1637 vollendeten Kirche 1627. Die Gruft wurde erst 1633 fertiggestellt, woraufhin die Überführung von Kaiser Matthias und Kaiserin Anna vorgenommen wurde, die bis dahin im Königinkloster ruhten. Im Bürgerspital wurde der 1663 verstorbene Johann Konrad Richthausen Freiherr von Chaos bestattet (Smitmer, *Lapides Sepulchrales*, p. 82).

ten Kommunikationsraum Hof. An der Spitze steht die Familiengruft mit einer zugehörigen Kapelle im Kircheninnenraum.[102] Das nur durch Epitaph und/oder Gruftplatte[103] bezeichnete Grab steht dem nach. Die Bestattung ohne Hinweis im Kirchenraum deutet über den faktischen Zusammenhang zwischen Bestatteten und Residenz hinaus auf ein pragmatisches Bestattungsverhalten hin.

Eine stringente Differenzierung nach diesen Kategorien symbolischer Valenz überfordert in vielerlei Hinsicht das Quellenmaterial. Insbesondere die Frage, ob und in welchem Maße in den Kirchen Epitaphien bzw. Gruftplatten auf Einzelbestattungen hingewiesen haben, läßt sich anhand der Aufzeichnungen der Inschriftensammler nicht sicher ermitteln.[104] Zu vieles ist verlorengegangen oder ist an andere Plätze gelangt. Von daher hat die Untersuchung ihren Schwerpunkt bei der medial

102 Vgl. die Abbildung der Waldtstein-Harrach-Kapelle. Man erkennt links unten die Gruftplatte, links in der Kapelle eine Bestiftungsinschrift, oben am Bogen das Wappen der Eigner (vgl. unten Anm. 120, 121 und 301). Der Begriff des Familiengrabes/Erbbegräbnisses faßt in diesem Zusammenhang diejenigen Gräber zusammen, in denen (ausgewiesenermaßen oder dem Anschein nach) das Bestattungsrecht zumindest auch für Familienmitglieder auch nachkommender Generationen bestand. Vgl. zur Differenzierung des Begriffes auch Dorothea Terpitz, Figürliche Grabdenkmäler des 15. bis 17. Jahrhunderts im Rheinland, Diss. Köln 1996, Leipzig 1997, S. 102–108. Auf die zahllosen Differenzierungen des Bestattungsrechts nach dem Grad der Verwandtschaft kann hier nur hingewiesen werden.

103 Zu Grundproblemen der Terminologie vgl. Anneliese Seeliger-Zeiss, Grabstein oder Grabplatte? – Anfragen zur Terminologie des mittelalterlichen Grabmals (Grundsatzreferat). In: Walter Koch (Hg.), Epigraphik 1988. Fachtagung für mittelalterliche und neuzeitliche Epigraphik, Graz, 10.–14. Mai 1988. Referate und Round-Table-Gespräche (Österreichische Akademie der Wissenschaften phil.-hist. Kl., Denkschriften 213), Wien 1990, S. 283–291, und Alfred Weckwerth, Der Ursprung des Bildepitaphs. Übersicht über die vorliegende Literatur. In: Zeitschrift für Kunstgeschichte 20, 1957, S. 147–185.

104 Vgl. dazu die wichtige Arbeit von Renate Kohn, Wiener Inschriftensammler vom 17. bis zum beginnenden 19. Jahrhundert (Forschungen und Beiträge zur Wiener Stadtgeschichte 32), Wien 1998.

Waldstein-Harrach-Kapelle in der Augustinerkirche

nachhaltigsten Form, bei solchen Erbbegräbnissen, die mit einem Altar verbunden sind und für die häufig auf archivalische Überlieferung zurückgegriffen werden kann. Die Quellenlage ist auch hier zwar nicht beglückend, doch weit günstiger als für Epitaphien.[105] Es bleiben auch hier offene Fragen. Epitaphien mußten deshalb vorerst als eigene Gruppe ausgespart werden – sie kommen jedoch beim Nachweis von Erbbegräbnissen bzw.

105 Hier dürfte das bauliche Ensemble das Bildepitaph dann in der selbständigen Wirkung stark eingebunden haben. Nicht übersehen werden darf dabei, daß insbesondere Grabkapellen im Lauf der Zeit regelrechte Ensembles von Memorialgegenständen wie weiteren Epitaphien, Wappenschilden, Fahnen oder Teile von Rüstungen beherbergen konnten. Vgl. *Epitaphia Viennensia*, p. 149, zum Familiengrab der Trautson und für ein Epitaph Berger, Das Grab des Adolf von Schwarzenberg, S. 178.

ausgewählten Einzelbestattungen zum Tragen. Die Untersuchung zielt damit auf freilich wesentliche Ausschnitte der Sepulkralkultur in der Residenz.[106]

106 Funeralkultur unterscheidet sich von der Sepulkralkultur durch ihre andere Verortung in Zeit und Raum. Die Medien der Sepulkralkultur sind unbeweglich, aber dauerhaft, die der Funeralkultur beweglich, aber rasch vergänglich. Instruktiv ist Egon Flaig, Die *Pompa Funebris*. Adlige Konkurrenz und annalistische Erinnerung in der Römischen Republik. In: Otto Gerhard Oexle (Hg.), Memoria als Kultur (Veröffentlichungen des Max-Planck-Instituts für Geschichte 121), Göttingen 1995, S. 115–148. In römischen Leichenzügen wurde danach das soziale Kapital in quantifizierter Form in Gestalt der erfolgreichen Ahnen der Societas vor Augen gestellt, in der Leichenrede kommentiert und damit immer wieder für die Gegenwart aktualisiert. Der Leichenzug war damit zwar auf der einen Seite als Ritual effektiver als Bilder: „Denn Bilder wirken nicht per se; sie wirken, wenn sie in einem rituellen Zusammenhang als Zeichenträger fungieren, wenn man sie intrumentalisiert, um Bedeutungen zu aktualisieren“ (S. 128). In der Sepulkralkultur der Residenz bestand dagegen die Schwierigkeit, wie das „Gewebe von politisch relevanten Zeichen“ allgemein sichtbar gemacht werden konnte – weshalb die Nähe zum Hof als Garant für die soziale Eingebundenheit der Zeichen für die räumliche Verteilung der Gräber so wichtig wurde. In der römischen Funeralkultur hingegen hing alles davon ab, ob die Familie in der Lage war, die Wachsbilder (!) und damit die „Unverlierbarkeit dieses symbolischen Kapitals“ (S. 127) aufzubewahren. Das Problem einer Funeralkultur war demnach die Sicherung der Reproduzierbarkeit des Rituals, das einer Sepulkralkultur die räumliche Verteilung der Monumente. Wie in Rom standen auch in Wien Sepulkralkultur und Funeralkultur nebeneinander: Auch in Wien gab es im 17. Jahrhundert in der Regel Leichenkondukte, auch in Rom gab es in der Form der Ahnenreihe und der *imagines* im Atrium eine unbewegliche dauerhafte Erinnerungsform (Flaig, S. 119). Dem Problem der Funeralkultur in der Residenz soll in einer Erweiterung der Studie vertieft nachgegangen werden.
Vgl. weiter Eberhard J. Nikitsch, Zur Sepulkralkultur mittelrheinischer Zisterzienserklöster. In: Walter Koch (Hg.) Epigraphik 1988. Fachtagung für mittelalterliche und neuzeitliche Epigraphik, Graz, 10.–14. Mai 1988. Referate und Round-Table-Gespräche (Österreichische Akademie der Wissenschaften phil.-hist. Kl., Denkschriften 213), Wien 1990, S. 179–193, sowie Veronika Pfaffel, Österreichische Sepulkralkunst des 17. Jahrhunderts (ungedr. art. Dipl.-Arb.), Wien 1995. Vgl. zur frühneuzeitlichen Funeralkultur etwa Martin Papenheim, Erinnerung und Unsterblichkeit. Semantische Studien zum Totenkult in Frankreich (1715–1794) (Sprache und Geschichte 18), Stuttgart 1992, S. 33.

4. *Adelige Grablege im Stadtraum*

4.1 Bestattung in den einzelnen Kirchen

Augustinerkirche

Die Augustinerkirche war baulich durch den sogenannten Augustinergang mit der Hofburg verbunden und wurde daher hinsichtlich der Nähe zur Hofburg der ersten Kategorie zugeordnet. Sie war, wie schon die bekannte Darstellung der Predigt des Nuntius Cornelius Musso vor Maximilian II. von Jakob Seisenegger zeigt,[107] für den Hof bereits im 16. Jahrhundert von besonderer Wichtigkeit und wurde schließlich[108] von Ferdinand II. 1634 zur Hofkirche erhoben. Die Bedeutung der Kirche für den Hof nahm durch die Bestattung zahlreicher Herzen von Angehörigen der Dynastie in der von Kaiserin Eleonora I. gestifteten Loretokapelle noch zu.[109]

Betrachten wir zunächst die Familiengruften. Die Quellenlage für die Zeit vor der Übernahme des Klosters durch die Unbeschuhten Augustiner ist nicht günstig, doch bestanden vor 1620 sicher Familiengrüfte der Dietrichstein und Harrach[110]

107 Graf Harrach'sche Familiensammlung, Schloß Rohrau, Niederösterreich.

108 1634: Hyazinth Schwate, Die Hofkirche und das Kloster zu St. Augustin, Wien, Salzburg 1980 (Christliche Kunststätten Österreichs 123), S. 3.

109 Die seit 1624 errichtete und 1627 von Kardinal Dietrichstein geweihte lauretanische Kapelle stand mitten in der Kirche im Hauptschiff zwischen den ersten drei Pfeilerpaaren und nahm nahezu den ganzen Raum des Mittelschiffes ein, AugKA, *Protocollum I*, p. 279 [sic!], richtig: 269. Vgl. weiter Cölestin Wolfsgruber, Geschichte der Loretokapelle bei St. Augustin in Wien, Wien 1886, S. 4. Sie wurde 1784 entweiht, abgebrochen und an den jetzigen Ort translociert, ebd., S. 53. Zu den Bestattungen vgl. Cölestin Wolfsgruber, Die Hofkirche zu S. Augustin in Wien, Augsburg 1888, S. 6, Anm. 2. Vgl. auch Alois Kunzfeld, Die Augustinerkirche in Wien (Heimatkundliche Wanderungen 60), Wien 1925, sowie Magdalena Hawlik-van de Water, Der schöne Tod. Zeremonialstrukturen des Wiener Hofes bei Tod und Begräbnis zwischen 1640 und 1740, Wien et al. 1989, S. 85–89.

110 Zu den Dietrichstein vgl. AugKA, *Protocollum I*, p. 281 ff. Der älteste in der

und möglicherweise auch eine der Rumpf.[111] In den Jahren nach der Übergabe der Kirche an die Unbeschuhten Augusti-

---

Gruft befindliche Sarg stammt danach von 1586. Er kann allerdings später in die Gruft gekommen sein (vgl. zu diesem Problem für die Datierung Alois Kieslinger, Der Bau von St. Michael in Wien und seine Geschichte. In: Mitteilungen des Vereins für Geschichte der Stadt Wien 10, 1952/53, S. 1–74, hier S. 8, Anm. 23). Unter Bezug auf ein nicht erhaltenes *Conventbüchel* wird dort mitgeteilt, daß Maximilian Graf von Dietrichstein, der am 29. März 1611 auf seinem Gut verstorben sei, am 12. Juni in die Kirche überführt und in der Gruft am 14. Juni beigesetzt wurde. Interessant sind die Hinweise auf den weiteren Inhalt der Gruft. AugKA, *Protocollum I*, p. 282, gibt einige Sarginschriften wieder. Danach wurden u. a. Adam Maximilian von Dietrichstein, Adam Dietrichstein, die vierjährige Maria Maximiliana im Jahr 1605 und dann erst 1703 wieder ein dreizehnjähriger Sohn des Philipp Graf von Dietrichstein in der Gruft beigesetzt.

Zu den Harrach vgl. AugKA, *Protocollum I*, p. 291 ff.: Die *Crypta Major Harrachiana* wählte Karl von Harrach 1615 *mitten in dem Chor vor dem großen Altar* [als] *ein beliebtes ort zu der sepultur, darin die stifter und nachkommen gelegt werden* (Zitat aus der Abschrift des Stiftungskontrakts in AugKA, *Protocollum I*, p. 292 ff.). Explizit wurde im Vertrag die Frage des Epitaphs und des Ortes des Jahrestages geregelt. Ein Grab für Leonhard IV. wurde – wohl als Familiengruft – indes bereits 1590 eingerichtet (Otto Graf Harrach, Rohrau. Geschichtliche Skizze der Grafschaft mit besonderer Rücksicht auf deren Besitzer. Erst Teil. 1240–1688, Wien 1906, S. 55; die Gruftplatte, ebd., S. 58, bezeichnet sowohl die Familiengruft als auch Leonhard IV.). *Epitaphia Viennensia*, p. 251 und 257, verweist neben dem Familiengrab u. a. auf diese Bestattung des 1590 verstorbenen Geheimen Rates und Vliesritters Leonhard IV. Freiherr von Harrach (die Inschrift ist auch überliefert in NÖLA, Handschrift 428, p. 99) und die des 1628 in Prag verstorbenen und nach Wien überführten Grafen Karl von Harrach, der ebenfalls Vliesritter und Geheimer Rat war. Vgl. dazu Harrach, Rohrau, S. 84; zu weiteren Bestattungen von Familienmitgliedern ebd. passim.

111 Für diese bestand zumindest das Gruftbaurecht (vgl. Stiftsarchiv Zwettl, Lade 163, Fasz. VI, Nr. 6). Der Stiftsbrief datiert von 1604 und sah eine Gruftkapelle sowie ein Epitaph vor: *Damit auch dißer gestifftung anfenger vnndt fundator den nachkhommen etwaß bekhandt sey vnndt derselben memoria so lang möglich erhalten werde, so wirdt mein instituirter erb vnndt testamentary mier inn die capellen an ein bequembes orth, ain seiberlich epitaphium zumachen vnndt auffzurichten wissen, in welchem epitaphio die zeit meines alters, vnndt der tag meiner christlichen einfahrt verzaichnet werden.* Das Zitat teilte freundlicherweise Mag. Andreas Zajic mit.

ner erwarben eine ganze Reihe weiterer hochadeliger Hofleute Altäre mit darunterliegenden Erbbestattungen: 1632 erneuerte die Familie Weber den hl. drei Königsaltar und richtete die darunter liegende Familiengruft ein.[112] Im gleichen Jahr kaufte Johann Anton Graf Pálffy eine Gruft und den Altar vom hl. Crucifix.[113] 1635 erwarb die Familie Heissenstein den 1634[114] vom Konvent erbauten Altar der hl. Katharina mit dem dazugehörigen Recht der Grufteinrichtung.[115] Im selben Jahr richtete Bruno Graf von Mansfeld eine Familiengruft und den Altar der hl. Viktoria, der später dem hl. Johann Nepomuk geweiht wurde, ein.[116] 1636 folgte Sebastian Graf Lodron,

112 AugKA, *Protocollum II*, p. 55. Nach dem Aussterben der Weber gingen Gruft und Kapelle 1718 an die Familie Zorn (AugKA, *Protocollum I*, p. 332).

113 AugKA, *Protocollum I*, p. 252, *Protocollum II*, p. 54. AugKA, *Protocollum I*, p. 346 ff.; enthält eine Abschrift eines Vertrages zwischen dem Konvent und Johann Anton Graf Pálffy, in dem die Unveräußerlichkeit der Kapelle und Gruft auch im Aussterbensfall festgeschrieben wurde. Auch sollten, ebd., p. 349, *weder einiger Schild oder Wappen abgenohmen oder amovirt werde*[n].

114 AugKA, *Protocollum I*, p. 258.

115 AugKA, *Protocollum I*, p. 321: Die Gruft wurde 1635 von der Familie Heissenstein erbaut, vom Konvent erweitert und, im Juli 1694 von Maria Franziska von Heissenstein bis zum Altar der hl. Katharina durchbrochen, mit einer Treppe und größeren Grabsteinen ausgestattet. Ein schriftlicher Kontrakt war bei der Niederschrift des *Protokolls* nach Ausweis desselben nicht mehr vorhanden.

116 AugKA, *Protocollum I*, p. 264, 265: Bruno Graf Mansfeld ließ die Kapelle 1635 ausstatten. Die Gruft wurde nach dem Tod der Gattin Bruno Graf Mansfelds als Familiengruft errichtet (AugKA, *Protocollum I*, p. 265 f.). Die Frage der Bezahlung blieb zweifelhaft; die in Erfüllung statt dessen überreichte Preziose dürfte dem Kloster zu einem späteren Zeitpunkt nicht mehr genügt haben. Die Familiengruft wurde später zu den Jesuiten transferiert. Nach AugKA, *Protocollum I*, p. 298, war die Kapelle vor der Mansfeldischen Stiftung der hl. Viktoria, nach der Mansfeldischen Zeit dem hl. Johannes Nepomuk geweiht (zur Umwidmung im 18. Jahrhundert vgl. Wolfsgruber, Hofkirche, S. 9). Die Mansfeld hatten der Umwidmung unter der Bedingung zugestimmt, daß ihr Wappen nicht von der Kapelle entfernt werde und diese weiterhin nach den alten Eigentümern genannt werde. Der Begriff *Mansfeldiana* bzw. Mansfeldische Kapelle war tatsächlich üblich. Hinsichtlich des Wappens kann der Wechsel jedoch nicht mit rechten Dingen zugegangen sein, argumentiert das Pro-

Oberststallmeister Erzherzog Leopold Wilhelms mit einer Gruft unter dem Altar des hl. Sebastian, die aber nicht genutzt und später an die Sprinzenstein vergeben wurde.[117] Im gleichen Jahr erwarb nicht nur die Familie Römerstahl den 1632 vom Konvent errichteten Altar des hl. Johannes Evangelista.[118] Auch eine Gräfin Strozzi kaufte anläßlich des Todes ihres in kaiserlichem Dienst gefallenen Gatten eine Gruft und den Altar des hl. Apostel Jakob d. Ä.[119] 1640 folgten gemeinschaftlich der Oberstallmeister Maximilian Graf Waldstein und der Oberstfalken- und Jägermeister Franz Albrecht Graf Harrach mit dem Altar Salvator de Cruce.[120] 1641 erwarb der kaiser-

---

tocollum doch, die Umwidmung sei auch deshalb möglich, weil in der Kapelle *kein Wappen, wie in anderen dergleichen Capellen affigieret* sei (ebd., p. 266). Möglicherweise wurde es bei der Ersetzung des hölzernen durch einen steinernen Altar im späten 18. Jahrhundert (Wolfsgruber, Hofkirche, S. 10) entfernt.

117 AugKA, *Protocollum I*, p. 260. Sebastian Lodron, Bischof von Gurk, wurde jedoch in seinem Bistum begraben. Vgl. Wolfsgruber, Hofkirche, S. 10.

118 AugKA, *Protocollum I*, p. 339 ff.: Johann Christoph Freiherr von Römerstahl, kaiserlicher Kämmerer, Leibwachehartschierhauptmann und Stadtwacheobristleutnant, kaufte im Jahr 1636 die Kapelle und das Gruftbaurecht für sich und seine Gattin Isabella, eine geborene von Urschenbeck. Er verstarb 1637 und wurde in der Gruft bestattet. Nach Wolfsgruber, Hofkirche, S. 11, gab die Witwe erst 1637 das Geld für den Gruftbau. In der Gruft wurden 1670 seine Gattin sowie 1654 deren zweiter Ehemann, Cornelio Colonna Freiherr von Fels, Kämmerer Erzherzog Leopold Wilhelms (p. 341 und Wolfsgruber, Hofkirche, S. 12), begraben. Da der Stiftsbrief kein weitergehendes Bestattungsrecht auswies, wurde die Gruft vom Verfasser des Protokolls als frei und vergabefähig eingestuft (p. 342). Die Kapelle war 1632 vom Konvent errichtet worden (AugKA, *Protocollum I*, p. 254; AugKA, *Protocollum II*, p. 55).

119 AugKA, *Protocollum I*, p. 311 ff.: Diese Gruft ließ Octavia Gräfin Strozzi für ihren Gatten Jacob Graf Strozzi, sich und ihre Nachkommen auf eigene Unkosten errichten. Der Kontrakt weist auch eine Anniversariumsstiftung, anfangend von 17. Oktober 1636, gegen 500 fl. und ewigen Zins aus. Vgl. auch Wolfsgruber, Hofkirche, S. 10. Die Kapelle war 1634 vom Konvent errichtet worden (AugKA, *Protocollum I*, p. 262). Die Inschrift nach stammt NÖLA, Hs. 428, p. 98, von 1635.

120 AugKA, *Protocollum I*, p. 290: Für die Gruft zahlten Maximilian Graf von

liche Geheime Rat Rudolf Freiherr von Teuffenbach eine Gruft und die Kapelle Crucifixus Salvator.[121] 1656 kaufte Johann Adolf Graf von Schwarzenberg, Geheimer Rat Kaiser Ferdinands III. und Obersthofmeister Erzherzog Leopold Wilhelms, die Gruft unter dem Altar hl. Nikolaus Tolentinatis.[122]

1657 erwarb der kaiserliche Generalfeldmarschall Johann Reichard von Starhemberg eine Gruft unter dem Altar der

---

Waldstein, kaiserlicher Oberstallmeister, und Franz Albrecht Graf von Harrach *miteinander* in bar 2.000 fl., ließen die Kapelle mit Maler-, Steinmetz- und Schlosserarbeiten ausstatten und die Gruft einrichten. Die Kapelle wurde 1691 mit geringfügigen Mitteln (25 fl.) des kaiserlichen Oberstkämmerers Karl Ferdinand Graf von Waldstein erneuert. Die Kapelle war 1635 vom Konvent errichtet worden (AugKA, *Protocollum II*, p. 81). Die Bestiftungsinschrift von Maximilian Graf Waldstein ist überliefert in NÖLA, Hs. 428, p. 98, 99, sowie im Prager Regionalarchiv (Státni oblastní Archiv v Praze, RA Waldstein VIII–2488), vgl. unten Anm. 301.

121 AugKA, *Protocollum I*, p. 283: Die 1637 auf Kosten des Klosters erbaute Gruft wurde der gräflichen Teuffenbachschen Familie im März 1641 für 2.000 fl. überlassen. Vgl. auch Wolfsgruber, Hofkirche, S. 8. Die Kapelle war 1637 vom Konvent errichtet worden (AugKA, *Protocollum I*, p. 245). Nach dem Aussterben der Teuffenbach wurde der Altar 1754 für die *Archiconfraternitas cinctuorum* umgebaut.

122 AugKA, *Protocollum I*, p. 284 ff.: Johann Adolf Graf von Schwarzenberg kaufte die Kapelle zusammen mit dem Recht, die auf eigene Kosten zu errichtende Gruft als Familiengruft zu nutzen, am 1. Januar 1656 für 1.000 Reichstaler. Sein Großvater Adolf Graf von Schwarzenberg, der 1600 an anderer Stelle in der Augustinerkirche bestattet worden war, sollte hierhin transferiert werden, was aber unterblieb (Adolf Berger, Die Schwarzenberggruft bei den Augustinern in Wien. In: Berichte und Mittheilungen des Alterthums-Vereines zu Wien 23, 1884, S. 54, mit einer Diskussion der Überlieferung bei Gartenschmid). Die Veräußerung auch im Aussterbensfalle der Familie wurde vertraglich ausgeschlossen, die Kaufpreisschuld in Form einer mit 6% jährlich zu verzinsenden Obligation über 1.500 fl. erfüllt. Die Ausstattung der Kapelle bestand in dieser Form bis zur Abfassung des Protokolles fort. Vgl. auch Wolfsgruber, Hofkirche, S. 8, und Adolf Berger, Das Grab des Grafen Adolf zu Schwarzenberg in der Augustinerkirche zu Wien. In: Berichte und Mittheilungen des Alterthums-Vereines zu Wien 7, 1864, S. 171–180, sowie derselbe, Die Schwarzenberggruft, S. 54 f. Die Gruft war 1636 vom Konvent eingerichtet worden (AugKA, *Protocollum I*, p. 246).

hl. Monica.[123] 1666 interessierte sich die Familie Sinzendorff – möglicherweise August Graf von Sinzendorff, der 1667 in der Dominikanerkirche eine Gruft erwarb – für den Erwerb einer Gruft und Altar des hl. Joseph, was sich jedoch zerschlug.[124] 1669 erwarb der kaiserliche Oberstkämmerer und nachmalige Obersthofmeister Johann Maximilian Graf von Lamberg eine Gruft und den Altar des hl. Carl Borromäus.[125] 1676 folgte die Familie Sprinzenstein mit dem Kauf des Altars des hl. Sebastian,[126] 1699 die Scalvinoni mit dem Altar der hl. Anna und

123 AugKA, *Protocollum I*, p. 354 ff.: Der Generalfeldmarschall Johann Reichard Graf von Starhemberg übernahm Kapelle und Gruftbaurecht 1657. 1666 wurde dem Johann Ludwig Graf von Starhemberg vertraglich zugesichert, [...] *das dero Wappen und schildt niemahlen abgenohmen werden können.* Im Kontrakt wurde die Gruft auch für den Aussterbensfall der Familie als unveräußerlich zugesichert und das Wappen für nicht löschbar erklärt. Die Kapelle war 1632 vom Konvent eingerichtet worden (AugKA, *Protocollum I*, p. 250). Trotz des Veräußerungsverbots im Aussterbensfall wurde die Kapelle 1751 der Erzbruderschaft übertragen, die 1754 allerdings in die Teuffenbachische Kapelle umzog. Obschon dabei das Bild des Bruderschaftsaltars wieder abgenommen worden war, das das der hl. Monica ersetzt hatte, wurde nicht dieses restituiert, sondern eines der hl. Walburga angebracht.

124 AugKA, *Protocollum I*, p. 268: Später wurde hier die Totenbruderschaftsgruft eingerichtet (AugKA, *Protocollum I*, p. 406).

125 AugKA, *Protocollum I*, p. 302 ff.: Auch diese Kapelle sollte laut Kontrakt, *obzwar solches ordinarie nicht gebräuchig*, auf ewig als Lambergische verbleiben *und genandt werden, noch auch dero Wappen abgenohmen, oder ausgelescht werden* (ebd. p. 305). Die Kapelle war 1634 eingerichtet worden (AugKA, *Protocollum I*, p. 263). Vor den Lamberg hatte sich die Familie Chiesa für Gruft und Altar interessiert; Chiesa verstarb jedoch 1640 in Regensburg, bevor der beabsichtigte Vertragsschluß zustande gekommen war.

126 AugKA, *Protocollum I*, p. 315: Ferdinand Maximilian Graf von Sprinzenstein übernahm am 1. Juli 1676 die vom Konvent 1634 erbaute Kapelle unter der Bedingung, dort eine Gruft für sich und seine Erben errichten zu dürfen. Die Aufstellung eines Wappens, das auf einer Säule aufzurichten war, war gleichfalls Gegenstand des Kontraktes. Zunächst war die Gruft für Sebastian Lodron, den Bischof von Gurk, vorgesehen (vgl. Anm. 117). Dieser wurde jedoch nicht in der Augustinerkirche bestattet (vgl. AugKA, *Protocollum I*, p. 260, und Wolfsgruber, Hofkirche, S. 10 und oben Anm. 118).

einer zugehörigen Gruft.[127] Familiengrüfte ohne zugehörige Grabkapelle entstanden um 1700 für die hochadeligen Familien Salburg[128] und Gudenus.[129] Auch die niederadeligen Familien Weidner (1669)[130] und Grundmann von Falkenberg[131] (1689) erwarben Familiengrüfte ohne eigenen Altar.

Mit der Bestattung in Familiengrüften hatte es jedoch nicht sein Bewenden. Die Augustinerkirche verfügte im 17. Jahrhundert über mehrere weitere, teils allgemein zugängliche

---

127 AugKA, *Protocollum I*, p. 397 ff.: 1700 erwarb der Freiherr Hieronymus von Scalvinoni, kaiserlicher Hofkammerrat und Kammerzahlmeister, den Altar der hl. Anna hinter der Loretokapelle und die zugehörige Gruft, die er im Vorjahr hatte auf eigene Unkosten für 400 fl. erbauen lassen. Die Positionierung des Wappens war dabei Gegenstand von Verhandlungen mit dem Prior: Scalvinoni erhielt das Recht, einen großen Stein mit seinem Wappen und Schild fertigen und über die hinabführende Treppe legen zu lassen. Dazu mußte der des Pirrus Maria Gonzaga entfernt werden (AugKA, *Protocollum* I, p. 399, und Epitaphia Viennensia, p. 255).

128 AugKA, *Protocollum I*, p. 395: Johann Gottfried Graf von Salburg ließ durch letztwillige Verfügung von 1695 in der Lauretana vermutlich eine Gruft ausmauern, die zunächst seine Gattin Maria Clara, am 30. Mai 1702 schließlich den Stifter selbst aufnahm. Bei dem Bau der Gruft fand man ein Monument, das von dem pestbedingten Tod des Dr. Wolfgang Jacob Hofman am 23. September 1605, einem Nürnberger Augustiner, der für einige Monate Prior des Konvents gewesen war, kündete.

129 AugKA, *Protocollum I*, p. 391: Ebenfalls in der großen lauretanischen Gruft befand sich als eigener Bereich die Gruft der Familie Gudenus, die am 30. Oktober 1705 von Maria Clara Freiin von Gudenus gekauft wurde.

130 AugKA, *Protocollum I*, p. 299 ff.: Eine zwischen der Mansfeldischen und der hl. Karl-Borromäus-Kapelle gelegene Gruft wurde am 3. März 1660 dem kaiserlichen Leib- und Hofapotheker Paul Weidner von Weydenthal und seiner Familie auf ewig gegen einen Schuldenerlaß überlassen.

131 AugKA, *Protocollum I*, p. 343: Zwischen der Cruxifixuskapelle und der des hl. Johannes Evangelista erwarb der niederösterreichische Regimentsrat und Unterlandmarschall Adam Anton Ritter Grundmann von Falckenberg im Jahre 1689 für sich und seine *Freundschaft* eine Gruft. Das Recht, ein Epitaph oder einen Schild an einem Pfeiler anzubringen, wurde eigens festgeschrieben. Der Zugang zur Gruft wurde durch die lauretanische Gruft gelegt, in die auf Kosten Grundmanns eine Tür eingelassen wurde. 1688 hatte er bereits den Altar des hl. Joseph fertigen lassen (AugKA, *Protocollum I*, p. 268).

Grüfte. Die Augustiner mußten wegen des Status als Hofkirche Angehörige des Hofes kostenfrei bestatten, wozu sie nach dem Verlust ihres Friedhofes die *Crypta Major seu lauretana* erbauten. In dieser Gruft setzten sie gegen Bezahlung jedoch auch andere Personen bei.[132] Daneben gab es die Tavonatgruft[133] sowie die Gruft der Totenbruderschaft, in der ebenfalls Angehörige des Hochadels beigesetzt wurden.[134] Auch über ihre Funktion als Stätte hochadeliger Familiengrüfte hinaus

132 Die Crypta Major seu Lauretana, *grosse Hof-Krufft genannt*, wurde mit finanzieller Unterstützung der Kaiserin von Juli 1657 bis Ende März 1658 errichtet (vgl. oben Anm. 98). *Darumben sich nicht wenig zu verwundern, als wür alle die jenige, so beÿ Hof mit tod abgehen, umbsonsten in diesen Krufft begraben, da solche doch pur mit des Closters Expensen in disen Standt gesetzet worden. Wer aber von der Stadt ist dise Krufft begraben zu werden anverlangt, gibt gemeiniglich 30. gulden: die aber beÿgesezt, oder aus diser Krufft in andern Kirchen undt orth transferiert werden, miessen undt sollen 100. fl. geben* (AugKA, *Protocollum I*, p. 365). Vgl. eine im Zuge der Fortifikationsplanung angefertigte Skizze der Lage von Kloster und dem zugewandten Teil der Hofburg in ÖStA, Kriegsarchiv, K VIIe, 152–2.

133 AugKA, *Protocollum I*, p. 391, seit 1657. Von der lauretanischen Gruft aus war diese Gruft durch ein Gitter abgetrennt.

134 Für die Augustinerkirche können durch drei Hauptquellen Bestattungen seit den 1640er Jahren erfaßt werden. (1) AugKA, *Protocollum II*, enthält diesbezüglich Aufzeichnungen ab 1648. Die Zahl der Bestatteten schwankt in den Jahren zwischen 1648 und 1665 ganz erheblich zwischen null (1661) und etwa 20 (1649), liegt im Schnitt bei etwas über zehn. Da vielfach unbezeichnet „Kinder" und ähnliche Bezeichnungen vorkommen, ist eine zahlenmäßige Präzisierung nicht möglich. (2) Daneben steht der *liber defunctorum ex parochia aulico-caesarea*, ein Exzerpt aus den Notatenbüchern der Kirche, das die Bestattungen *in der grossen Kruften der Augustiner=Hofkirche* verzeichnet. Man wird allerdings erstaunt sein, wie wenig Hofangehörige als Angehörige der Hofpfarrei in der Lauretanischen Gruft bestattet wurden (von 1648 bis 1669 keine 40 Personen). Unter den Bestatteten war zwischen 1648 und 1669 hauptsächlich Kammer- und sonstiges rangniedrigeres Hofpersonal, 1648 indes Heinrich von Montrichier, herzoglich lothringischer Kämmerer, 1649 ein kaiserlicher Kammerdiener, am 2. Oktober der kaiserliche Edelknabe Johann Albert Graf von Götz, 1660 eine verwitwete Gräfin von Waldstein, eine kaiserliche Hofdame, 1663 eine kaiserliche Kammerfrau. (3) Schließlich ist der *Index super librum Mortuorum ab Anno M.D.C.XL.* erhalten, eine Zusammenfassung zweier älterer Totenprotokolle.

war die Augustinerkirche die vom Hochadel wohl am stärksten frequentierte Grabkirche Wiens.[135]

Michaelerkirche

Die Michaelerkirche liegt dem der Innenstadt zugewandten Tor der Hofburg gegenüber und fällt damit in die zweite der oben gebildeten Kategorien. Gegenwärtig gilt sie als wichtigste Grabkirche des hohen Adels in Wien, was vor allem daran liegen dürfte, daß sie seit dem 17. Jahrhundert keine wirklich grundlegende Umgestaltung mehr erfuhr: Die Grabkapellen sind meist noch vorhanden, zudem können die Grüfte teilweise besichtigt werden. Überdies ist sie gut erforscht.[136] Wie die Augustinerkirche

135 Im folgenden ist eine bei weitem nicht erschöpfende Auswahl von sonstigen hochrangigen Familien gegeben, von denen zwischen 1640 und 1750 Mitglieder in der Augustinerkirche bestattet wurden: Aichbüchl, Althan, Attems, Attendolo Bolognini, Auersperg, Bonacina, Brandeis, Breuner, Carretto von Millesimo, Cavriani, Cernin, Chaos, Churland, Collalto, Colonna von Fels, Concin, Daun, De Scala, Eggenberg, Eysen, Fünfkirchen, Fürstenberg, Gallas, Goldeck, Gonzaga, Götz, Grünthal, Herberstein, Hofmann, Hoyos, Hüttendorf, Kaunitz, Kielmannsegg, Kinsky, Kollonitsch, Kolowrat, Königsacker, Königsegg, Kuefstein, Kurz, Liechtenstein, Losenstein, Martiniz, Molart, Montrichier, Nadasdy, Neudegg, Neuhaus, Nostiz, Oppersdorf, Ötting, Paar, Peverelli, Pio, Polheim, Porcia, Rabatta, Roggendorff, Rottmanssdorff, Sallaburg, Schallenberg, Scherffenberg, Schönkirchen, Schwichowsky, Sinzendorff, Slavata, Spaur, Sporck, Sprinzenstein, Sternberg, Thallenberg, Thierheim, Thomasi, Thun, Tilly, Unverzagt, Urschenbeck, Volkhra, Wagensperg, Walderode, Weissenwolf-Ungnad, Windischgrätz, Wratislaw von Mitrowitz, Zeill (AugKA, *Index mortuorum*).

136 Vgl. dazu insbesondere: St. Michael. Stadtpfarrkirche und Künstlerpfarre von Wien 1288–1988. Hg. Historisches Museum der Stadt Wien, 113. Sonderausstellung 26. Mai bis 2. Oktober 1988, Wien 1988, und darin v. a. die Beiträge von Richard Bösel, Wilhelm Georg Rizzi, Planungs- und Entstehungsgeschichte des barocken Gebäudekomplexes von St. Michael in Wien, S. 159–179; Waltraut Kuba-Hauk, Barocke Bildwerke, S. 190–197; Richard Perger, Baugeschichte und Ausstattung bis 1626 nach schriftlichen Quellen, S. 74–105; Richard Perger, Pfarrgemeinde, Stiftungen und Bruderschaften bis 1626, S. 25–34; Waldemar Posch, Geschichte der Gruft, S. 244–248; Ingeborg Schemper-Sparholz, Die Grabdenkmäler, S. 236–243, sowie Adolf Mais, Die

wechselte die Michaelerkirche unter Ferdinand II. ihre Besitzer und kam im Jahr 1626 an die Barnabiten.[137] Seit den späteren 1620er Jahren erfuhr sie einen tiefgreifenden Umbau des Innenraumes auch hinsichtlich der Altar- und Gruftbauten.[138]

Vor dem Dreißigjährigen Krieg sind die Gruftstiftungen der für den Hof wichtigen Familien Molart,[139] Berchtold zu Sachsengang,[140] Herberstein[141] und Trautson[142] erwähnens-

---

Gruftbestattungen zu St. Michael in Wien. Bruderschaften, Bestattungen, Sargmalerei, Totenbeigaben. In: Leopold Schmidt (Hg.), Kultur und Volk. Beiträge zur Volkskunde aus Österreich, Bayern und der Schweiz, zugl. Festschrift für Gustav Gugitz zum 80. Geburtstag, Wien 1954, S. 245–273, und Karla Tüchert, Die Renaissancegrabmäler in der Wiener Michaelerkirche (ungedr. phil. Dipl.-Arb.), Wien 1993.

137 Karl Lind, St. Michaelskirche, S. 15.

138 Vgl. dazu Kieslinger, St. Michael, S. 9. Neben der genannten Literatur wurde das dreibändige Kirchen- und Pfarrprotokoll der Kays. St. Michaels Hof-Pfarr-Kirchen von 1775, Urkunden und andere Archivalien des Barnabitenarchives eingesehen (Michaelerkollegsarchiv). Waldemar Posch, Die Sarginschriften der Michaelergruft Wien, Wien 1983. Rückschlüsse auf Grüfte lassen zudem MiKA III.37.24 sowie MiKA 37.III.21 zu.

139 Waldemar Posch, Geschichte der Gruft, S. 244, und ders., Sarginschriften, S. 2, nennt 1567. Vgl. zu den Bestattungen des 16. Jahrhunderts auch *Epitaphia Viennensia*, p. 160. Die Bestattungen nahmen im 17. und 18. Jahrhundert ihren Fortgang, vgl. Lind, St. Michaelskirche, S. 35 f. Nach Posch, Sarginschriften, S. 45–57, wurden bis 1779 über 40 Familienmitglieder dort bestattet. Nach dem Kirchen- und Pfarrprotokoll, II, 1371, waren 1775 keine Dokumente mehr vorhanden.

140 Vgl. dazu Kieslinger, St. Michael, S. 8, und Posch, Sarginschriften, S. 2. Das Kirchen- und Pfarrprotokoll von 1775, II, 1386–1389, verweist auf das Jahr 1606, was aber nicht ganz sicher ist. Die Berchtold erlangten im 17. Jahrhundert den Freiherrenstand. Vgl. auch *Epitaphia Viennensia*, p. 173–175.

141 Die Herberstein bestatteten in ihrer Gruft einige Familienmitglieder bereits im 16. Jahrhundert (*Epitaphia Viennensia*, p. 158; vgl. Posch, Sarginschriften, S. 5, Lind, St. Michaelskirche, S. 38); die weitere Nutzung der Gruft dürfte streckenweise suspendiert gewesen sein (vgl. die Lücke bei Posch, Sarginschriften, S. 28 f.). Nach der Aufstellung von Lind, St. Michaelskirche, S. 38, sind keine Bestattungen von nach 1606 und vor 1699 verstorbenen Familienmitgliedern nachgewiesen.

142 Die Trautson'sche Gruft liegt mitten unter dem Chor (Lind, St. Michaelskir-

wert. Im fraglichen Zeitraum stiftete 1619 der kaiserliche Obersthofmeister Freiherr von Meggau eine Familiengruft.[143]

Wie in der Augustinerkirche läßt sich eine regelrechte Gründungswelle ausmachen, in der zusammen mit Altären auch Grüfte gestiftet wurden. Gegen Ende der 1620er Jahre erwarb der 1630 in den Grafenstand erhobene Freiherr Johann Baptista von Werdenberg eine mit einem bedeutenden Epitaph verbundene Familiengruft, in der er vermutlich 1648 beigesetzt wurde.[144] Der Obersthofmeister der Kaiserin Eleonora I.,

---

che, S. 29). Die Gruftplatte gibt wie Posch, Sarginschriften, S. 2, als Datum 1617 an. Die Trautson ließen Familienmitglieder in der Kirche jedoch schon im 16. Jahrhundert bestatten (nach Posch, Sarginschriften, S. 61, zwischen 1551 und 1775 über 40 Familienmitglieder) und errichteten in dieser Zeit auch bedeutsame Epitaphien (vgl. Trautson: *Epitaphia Viennensia*, p. 149–151, Lind, St. Michaelskirche, S. 29–34, sowie Posch, Sarginschriften, S. 59–81). Die Gruft dürfte in den 1590er Jahren eingerichtet worden sein (Posch, Sarginschriften, S. 59 f.). Nach dem Kirchen- und Pfarrprotokoll, II, 1408, waren 1775 keine Dokumente hierzu mehr vorhanden.

143 Vgl. Waldemar Posch, Sarginschriften, S. 2. Die Meggaugruft unter der heutigen Theresienkapelle war nach dem Kontrakt zu urteilen als Familiengruft geplant, doch fanden sich weder Inschriftentafeln, noch weist Posch über das von ihm sonst benutzte Totenprotokoll Bestattungen nach. Die Meggau scheinen die Franziskanerkirche später vorgezogen zu haben (vgl. Anmerkung 224 und 225). Für den 1620 in einer Schlacht tödlich verletzten Ferdinand Helfried Graf von Meggau, Kämmerer und Obrister der Kavallerie, wurde jedoch ein Epitaph errichtet (*Epitaphia Viennensia*, p. 156 f.). Vgl. auch das Kirchen- und Pfarrprotokoll von 1775, II, 1409, 1410.

144 Kieslinger, St. Michael, S. 9, gibt unter Bezug auf das Kirchenprotokoll als Errichtungsjahr der Gruft 1649 an. Nach MiKA III.28.6 sowie nach Posch, Gruft, S. 246, erhielt die Familie in diesem Jahr zu der bereits bestehenden Gruft lediglich zusätzlich das *jus reale*. Dies präzisiert die Differenz zwischen Tod (nach Henry Frederick Schwarz, Privy Council, S. 383, verstarb Johann Baptista von Werdenberg bereits im September 1648) und Grufterwerb hin zu einer Differenz zwischen Tod und Vollrechtserwerb an der bestehenden Gruft. Nach Posch, Sarginschriften, S. 31, handelte es sich bei dem Kontrakt von 1649 lediglich um die vertragliche Festschreibung mit den erst nach Baubeginn eingeführten Barnabiten. Die Inschrift des Grabmonumentes sowie die Inschrift der Gruftplatte bei Lind, St. Michaelskirche, S. 37. In der Gruft wur-

Friedrich Graf Cavriani, stiftete 1630 eine Familiengruft und zugleich die damalige hl. Karl-Borromäus-Kapelle.[145] Der kaiserliche Oberstleutnant und Kämmerer Freiherr von St. Julian gründete zusammen mit der Familiengruft 1637 die sogenannte St. Juliankapelle.[146] 1639 wurde beim Durchgang zur Johanneskapelle die Sprinzenstein-Wackenfels-Gruft errichtet.[147] Erst von 1679 stammt die nächste hochadelige Gruftstiftung durch August Freiherrn von Meyerberg.[148] Von wann die heute sogenannte Aspremont-Gruft der Grafen Nostiz stammt, ist ungewiß.[149]

Daneben standen Gruftstiftungen von Familien, die über ihre Verbindung am Hof erst im Aufsteigen begriffen waren und später in den Hochadel gelangten. 1642 stiftete der 1652 in den

---

den seit der Mitte des 17. Jahrhunderts auch Mitglieder der verwandten Familie der Grafen Enkevoirt bestattet (Posch, Sarginschriften, S. 43).

145 Vgl. Lind, St. Michaelskirche, S. 16. Zu den zahlreichen Bestattungen in dieser Gruft ebendort, S. 45 f., sowie weiter Posch, Sarginschriften, S. 21–28, mit einer knappen Erörterung der Angabe 1654 auf der Gruftplatte. Ohne eigene Kapelle blieben die wohl 1659 eingerichtete Pergen-Suttinger-Gruft, die Gruft der Spanischen Bruderschaft (1673) sowie die Meyerberg-Gruft (1679; nach Lind, St. Michaelskirche, S. 45, wohl 1668, das Epitaph, S. 43).

146 Vgl. auch zu den Bestattungen darin Posch, Sarginschriften, S. 11–17, sowie Lind, St. Michaelskirche, S. 16, der möglicherweise 1638 angibt, weil die Gruft in diesem Jahr fertig wurde. 1638 wurde er auch in den Reichsgrafenstand erhoben.

147 Posch, Gruft, S. 246. Die Gruftplatte bei Lind, St. Michaelskirche, S. 34. Nach Posch, Sarginschriften, S. 82, gingen der Gruftstiftung von 1639 frühere Bestattungen in der Kirche voraus. Ob die Johanneskapelle den Sprinzenstein gehörte, ist fraglich.

148 Nach Lind, St. Michaelskirche, S. 45, liegt neben dem 1668 verstorbenen Stifter nur eine Tochter in der Gruft.

149 Lind, St. Michaelskirche, S. 42, weist, allerdings in beträchtlicher Entfernung von der späteren Gruft, eine in den Boden eingelassene Tafel des 1740 verstorbenen Johannes Carl von Nostiz Rieneck nach (Abbildung bei Gartenschmid, Bd. 6). Die Gruft kam im späteren 18. Jahrhundert über die zweite Frau des Ferdinand Karl Graf von Aspremont-Lynden, eine geborene Gräfin Nostiz, an die Aspremont (Lind, St. Michaelskirche, S. 42, und Posch, Sarginschriften, S. 20).

Freiherrenstand erhobene niederösterreichische Regimentsrat Horatio Buccelini eine Familiengruft,[150] 1644 folgten die Kaiserstein,[151] 1655 die Kreilsheim, 1659 wurde die Pergen-Suttinger Gruft gestiftet, 1669 die Gruft der Familie Seitz.[152]

Hinsichtlich hochadeliger Familiengrüfte blieb die Michaelerkirche damit gegenüber der Augustinerkirche jedoch zurück. Wie diese aber wies auch die Michaelerkirche allgemein zugängliche Grüfte auf, die auch vom hohen Hofadel angenommen wurden.[153] Ähnlich wie bei der Augustinerkirche übersteigt die Zahl der darin bestatteten Mitglieder sonstiger adeliger Familien die der Familiengrüfte. Von den bedeutenderen seien die Colloredo, Dietrichstein, Fünfkirchen, Gebhard, Grafenegg, Herberstein, Hohenfeld, Khevenhüller, Khuen, Kielmansegg, Losy, Maradas, Miglio,[154] Polheim, Pötting, Rottmansdorf, Salaburg, Selb, Slavata, Sprinzenstein, Sulz, Traun, Unverzagt, Urschenbeck, Volkhra, Waldstein, Zerrini genannt; damit zeigt die hochadelige Bestattung in der Michaelerkirche eine große Vielfalt, die auch im fraglichen Zeitraum jedoch geringer gewesen sein dürfte als die in der Augustinerkirche.[155]

---

150 Er verstarb 1664. Außer ihm sind in der Gruft zahlreiche weitere Familienmitglieder bestattet (Lind, St. Michaelskirche, S. 50 f.).

151 Von der Familie, die 1629 in den Ritterstand erhoben wurde, ruhen mehrere Mitglieder vor allem aus dem 17. Jahrhundert in der Gruft (Lind, St. Michaelskirche, S. 48, 49).

152 Vgl. Posch, Sarginschriften, S. 3, 4. Zur Familiengruft Pergen vgl. auch Lind, St. Michaelskirche, S. 42.

153 So die Crypta nobilium.

154 Carlo Miglio war Hofzahlmeister, wurde 1663 in den niederösterreichischen Ritterstand aufgenommen und 1664 in den Freiherrenstand erhoben (vgl. auch Lind, St. Michaelskirche, S. 44).

155 Vgl. das Totenprotokoll von 1631 bis 1699. Dieses liegt nicht im MiKA, sondern in der Pfarrei. Das sogenannte „quasi-Todten-Protocoll" (MiKA, II.16.1), ein späterer Extrakt alter Kirchenrechnungen, verzeichnet Bestattungen von 1433 bis 1626; erst seit 1567 kann dank einer Umstellung der Finanzverwaltung von Vollständigkeit ausgegangen werden, womit das Protokoll für die zweite Hälfte des 16. Jahrhunderts überaus aufschlußreich ist. Vgl. dazu Wal-

Untersucht man die Dichte dieser Bestattungen, ergibt sich eine weitere Modifikation des Bildes. Im Zeitraum zwischen 1630 und 1675 wurden von etwa der Hälfte dieser Familien, den Familien Colloredo, Dietrichstein, Fünfkirchen, Khevenhüller, Khuen, Kielmansegg, Pötting, Selb, Slavata, Sulz, Volkhra, Weissenwolff, Zerrini und Zinzendorff, lediglich eines oder mehrere Kinder in der Kirche bestattet. Das sind nur etwa die Hälfte der oben genannten Familien. Der Begriff Kind *(filia, filius)* wurde aus dem Totenprotokoll übernommen und zeigt damit die zeitgenössische Zurechnung der Person an, die als selbständige noch nicht wahrgenommen wurde. Bei etwa einem Sechstel der Familien, bei den Grafenegg, Herberstein, Polheim, Unverzagt und Urschenbeck, wurde lediglich eine einzige erwachsene weibliche Familienangehörige bestattet. Die Kombination Kind und Ehefrau findet sich lediglich bei den Maradas.[156] Männliche Einzelbestattungen finden sich im Falle des Freiherrn Justus Gebhard, der Rottmansdorff, Salaburg und Sprinzenstein. Bei den Enkevoirt,[157] Hohenfeld, Losy von Losinthal und Traun sind mehrere männ-

---

demar Posch, Das „quasi-Todten-Protocoll" der Pfarre St. Michael in Wien 1433–1626. In: Beiträge zur Wiener Diözesangeschichte 22, 1981, S. 35 f. Aus den *Epitaphia Viennensia*, p. 143, 145, 146, lassen sich für das zweite Jahrzehnt des 17. Jahrhunderts Epitaphien von Sidonia Maria Baronin von Eggenberg sowie einer verheirateten Lamberg nachweisen. Eine Analyse des gleichen Zeitraumes wie in der Augustinerkirche lassen die Quellen über einen größeren Zeitraum nicht zu. Die für Hofangehörige kostenfreie Bestattung in der Augustinerkirche – wobei aber unklar ist, wieweit (neben den Hofburgpfarrangehörigen auch alle übrigen Amtsträger? – vgl. Anm. 132) sich dieses Privileg erstreckte, und sehr zweifelhaft, daß dieses für Angehörige der Privilegierten galt – ist allein schwerlich geeignet, die höhere Attraktivität der Augustinerkirche bei Einzelbestattungen allein zu erklären. Da eine vollständige Isolation von Variablen freilich nicht möglich ist, muß es vorerst bei dieser Formulierung bleiben.

156 Der Geheime Rat Bartholomeo Maradas ließ seine Frau Maria Caecilia und ein Kind in der Kirche bestatten, sich selbst 1674 jedoch in der Dominikanerkirche (vgl. Gartenschmid, Bd. 3, Abt. III, wonach sich Epitaph und Gruftstein von 1674 mitten in der Kirche befanden).

157 Vgl. Anm. 144 am Ende.

liche Familienmitglieder, die nicht sämtlich als Kinder betrachtet wurden, bestattet.[158]

Daran wird zum einen deutlich, daß die Michaelerkirche bereits früh eine sehr wichtige Begräbnisstätte des Adels war. Zum anderen bestatteten viele Familien Angehörige, welche in die angestammte Familiengruft zu überführen für unnötig erachtet wurde, ohne eigenständige Verweise im Kircheninnenraum. Die Integration in funktionale Zusammenhänge des Herrschaftsverbandes allein mußte demnach einen Wandel der symbolischen Ausformung der Kirchen noch nicht nach sich ziehen, für den Gebrauch der Medien der Sepulkralkultur offenbar etwas hinzutreten.[159]

Schottenkirche

Die Schottenkirche wurde in die dritte Kategorie eingeteilt. Sie liegt zwar in einiger Entfernung von der Hofburg ganz im Westen der Inneren Stadt, ist jedoch über die Herrengasse leicht erreichbar. Die älteste Wiener Klosterkirche, seit 1418 in der Hand der Benediktiner, verfügte über eine Pfarre und liegt südlich des Adelsviertels an der Herrengasse. Dies läßt eine bedeutsame adelige Bestattung lange vor dem fraglichen Zeitraum und eine gewisse daran anknüpfende Kontinuität erwarten. Die Kirche wurde nach dem Einsturz des Vierungsturmes in den Jahren 1637 bis 1648 grundlegend erneuert.[160]

---

158 Diese sind: Johann Anton Losy von Losinthal, Hofkammerrat, Grafenstand von 1665; Hohenfeld Otto Achaz Freiherr und Ferdinand Graf von Hohenfeld, kaiserliche Kämmerer, Hofkammervizepräsident, Generalfeldkriegskommissär, Grafenstand von 1669 und ein Sohn (vgl. auch Posch, Sarginschriften, S. 8).

159 Vgl. dazu besonders Abschnitt 5.

160 Die innere Ausstattung ließ der folgende Abt Peter Reisser erneuern. Die Kirche brannte 1683 ab und wurde wiederum neu errichtet. Vgl. dazu Karl Lind, Die alte Schottenkirche in Wien. In: Berichte und Mittheilungen des Alterthums-Vereines zu Wien 17, 1877, S. 219–230, hier S. 226–229.

Familiengrüfte sind für das Schottenstift derzeit lediglich anhand der Kopialüberlieferung ermittelbar.[161] Diese erlauben jedoch eine Rekonstruktion der Verhältnisse, wobei jedoch besonders Datierungsschwierigkeiten auftauchen.[162]

Die für den kaiserlichen Hof bedeutsame Familie der Freiherren und Grafen Breuner besaß bereits vor dem Untersuchungszeitraum in der Schottenkirche eine Familiengruft, die vermittels der 1774 in der Krypta aufgefundenen Inschriften von Epitaphien und Sarginschriften als durchgehend genutzte Fami-

---

161 Aus dem Archiv konnte Franz Ernst Mayr, *Tomus Epitaphiorum Monasterÿ B. M. V. ad Scotos Viennae* [...], 1874 (Schottenstift Wien, Stiftsbibliothek VI b. 1.) eingesehen werden. Darüber wurden der Codex Gartenschmid (Szechenyibibliothek Budapest, fol. germ. 1529) und eine Abschrift des vermutlich verschollenen Codex Trautsonianus, *Epitaphia Viennensia. Ex autographo Trautsoniano, cum Supplemento. Prout communicavit [...] Franciscus de Smitmer*, 1785 (ÖNB, Codex series nova 12.781) benutzt. Reproduktionen der Codices wurden in überaus freundlicher Weise von Frau Dr. Renate Kohn (Forschungsstelle für Geschichte des Mittelalters der Österreichischen Akademie der Wissenschaften, Arbeitsgruppe Inschriften) bereitgestellt. Vgl. zu diesen auch Kohn, Inschriftensammler. Die Handschriften werden zitiert als Mayr, *Tomus Epitaphiorum*, *Gartenschmid*, *Tomus Epitaphiorum und Epitaphia Viennensia.* Vgl. auch Karl Lind, Gebhard Gartenschmied's Werk über die in den Kirchen Wiens anno 1811 befindlichen Grabdenkmale. Ein Vortrag, gehalten von Dr. Karl Lind im Alterthums-Vereine zu Wien am 21. Dezember 1883. In: Berichte und Mittheilungen des Alterthums-Vereines zu Wien 22, 1883, S. 88–98, sowie Karl Lind, Nachträge zu den Grabinschriften in der Stadtpfarr- und Stiftskirche zu den U. L. F. bei den Schotten. In: Berichte und Mittheilungen des Alterthums-Vereines zu Wien 17, 1877, S. 1–58, sowie bei dems., Kenotaphiographia Scotensis, das ist Beschreibung aller Grabdenkmale, die sich noch jetzt im Bereiche der Stifts- und Stadtpfarrkirche zu den O. L. F. bei den Schotten vorfinden [...], Wien 1877. Linds Nachträge sind in der Kenotaphiographia am Schluß enthalten.

162 Aus Mayr, *Tomus Epitaphiorum*, fol. 99v, Nr. 97, wissen wir jedoch, daß es ein Totenprotokoll gegeben hat. Für den fraglichen Zeitraum liegen zwar die Totenmatriken der Pfarre vor, konnten jedoch nicht aufgenommen werden.

liengruft angesprochen werden kann.[163] Danach wurden in der unter dem Hochaltar gelegenen *Gräflich Breünerischen Kruften* erwachsene männliche Familienmitglieder, angeheiratete Frauen sowie Kinder bestattet.[164] Die Freiherren und Grafen Unverzagt besaßen ebenfalls bereits lange vor dem fraglichen Zeitraum eine veritable Familiengruft unter dem Gregoraltar.[165] Auch die Freiherren Muschinger besaßen eine Gruft.[166] In das letzte Drittel des 17. Jahrhunderts dürften die Stiftungen der Familien Leslie und Porcia fallen. Der nach 1634 im Zusammenhang mit dem Tod Wallensteins rasch und hoch aufgestiegene, 1667 verstorbene Walter Graf Leslie, Geheimer Rat, Hofkriegsrat, Generalfeldmarschall und Ritter des Goldenen Vlieses, dürfte die Gruft unter dem St.-Anna-Altar gestiftet haben, in der jedoch nur wenige weitere Familienangehörige nachweisbar sind.[167] Bei der Familie

163 Der *Tomus Epitaphiorum* von Mayr enthält drei Bücher, von denen das zweite die *EPITAPHIA, ET TUMBARUM INSCRIPTIONES Quæ in Crypta Ecclesiæ inveniuntur* (fol. 64) enthält. Die Breuner finden sich dort als Nr. 49 bis 59, fol. 81–85. Bei Gartenschmid, Bd. 5, und in Mayr, *Tomus Epitaphiorum*, fol. 8, Nr. XVX, findet sich eine Wiedergabe der Gruftplatte der Familiengruft mit der Jahresangabe 1584 sowie das Epitaph des 1635 in Mecklenburg verstorbenen Militärs Philipp Friedrich Breuner (Mayr, *Tomus Epitaphiorum*, fol. 8, Nr. XVII). Bestattungen des 16. Jahrhunderts und das *Monumentum familiae Preinerorum Lib. Bar. a 1584* weist auch *Epitaphie Viennensia*, p. 211, 212, nach.

164 Vgl. Mayr, *Tomus Epitaphiorum*, fol. 81–85, sowie Dechant, Kenotaphiographia, S. 3 f.). Epitaphien von Familienmitgliedern waren im Presbyterium angebracht.

165 Mayr, *Tomus Epitaphiorum*, fol. 100v–106; auf fol. 100v, Nr. 103 ist explizit von der *Unverzagtischen Kruften* die Rede. Die Familie besaß genaugenommen zwei Gruften, die unter dem Gregoraltar und eine weitere unter der Tür des Kreuzganges (vgl. Mayr, *Tomus Epitaphiorum*, fol. 100v, Nr. 103, und fol. 108, Nr. 129). Es ruhen dort eine große Zahl männlicher wie weiblicher erwachsener Familienmitglieder sowie zahlreiche Kinder. Gartenschmid, Bd. 5, gibt einen Gruftstein des 1598 verstorbenen Georg Unverzagt sowie ein Familienepitaph an, das sich auch bei Mayr, *Tomus Epitaphiorum*, fol. 37, Nr. LXXVII, findet. Vgl. weiter Dechant, Kenotaphiographia, S. 36, 49.

166 Vgl. Dechant, Kenotaphiographia, S. 37.

167 Weiter sind nach Mayr bestattet Alexander Graf Leslie, kaiserlicher Kämme-

Porcia dürfte die weittragende Hofkarriere des Ferdinand Fürst von Porcia zur Gruftstiftung in Wien Anlaß gegeben haben.[168]

In der unter dem St.-Benedikt-Altar gelegenen Gruft der Familie sind jedoch schon vor dem Obersthofmeister Leopolds I. verstorbene Verwandte bestattet: so die 1659 verstorbene Maria Felicitas Gräfin von Porcia als Hofdame der Kaiserin Eleonora II., weiter Anna Helena Fürstin Porcia, eine Tochter des zum Zeitpunkt ihres Todes 1674 kaiserlichen Oberstkämmerers, des späteren Obersthofmeisters Johann Maximilian von Lamberg, sowie zwei erwachsene Söhne des Johann Ferdinand Fürst von Porcia, des Obersthofmeisters Leopolds I.[169]

Die unter dem St.-Sebastian-Altar gelegene fürstlich Khevenhüllerische Gruft könnte ebenfalls gegen Ende des Untersuchungszeitraumes gestiftet worden sein und darf als durchgehend genutzte Familiengruft gelten.[170] Obschon in der Literatur

---

rer und Hauptmann, der bei der Belagerung Wiens umkam, sowie Anna Franziska Gräfin Leslie, geb. Gräfin Gualteri, die nach Ausweis des Epitaphs 1685 verstarb (Mayr, *Tomus Epitaphiorum*, fol. 68, 69, Nr. 8–10).

168 Johann Ferdinand Fürst von Porcia verstarb im Februar 1665 und wurde am 19. dieses Monats vom Hof aus in Begleitung der Ritter vom Goldenen Vlies, der Geheimen Räte und Kämmerer inkognito in die Schottenkirche gebracht (ÖStA, HHStA, ÄZA, Karton 7, Konvolut 17, fol. 230). Mayr, *Tomus Epitaphiorum*, fol. 72, Nr. 17, und Dechant, Kenotaphiographia, S. 57, gibt die Sarginschrift wieder, nach welcher er am 17. Februar verstarb (Schwarz, Privy Council, S. 321, gibt alternativ den 17. oder 19. an). In der Gruft befindet sich auch der Sarg der bereits 1659 verstorbenen Maria Feliciatas Gräfin von Porcia, einer Hofdame der Kaiserin Eleonora. Zur gegenwärtigen Situation mit Abbildung der Sarkophage vgl. Robert Kramreiter, Die Schottengruft in Wien. Grabstätte Heinrich Jasormirgotts und des Grafen Rüdiger von Starhemberg, Wien 1962, S. 39.

169 Mayr, *Tomus Epitaphiorum*, fol. 70–72. Die erwachsenen Familienmitglieder sind der 1667 verstorbene Johann Carl Fürst von Porcia, Kämmerer Leopolds I., und Franz Anton Fürst Porcia, Geheimer Rat Leopolds I., der 1698 in Wien verstarb.

170 Mayr, *Tomus Epitaphiorum*, fol. 74–77. In der Gruft sind an männlichen Erwachsenen des 18. Jahrhunderts u. a. bestattet der 1740 verstorbene Reichsvizekanzler Johann Adolf Reichsgraf Khevenhüller-Metsch, Ludwig Andreas

eine Starhemberggruft als Familiengruft hervorgehoben wird, läßt sich mittels der Inschriften nur die Bestattung des 1701 verstorbenen Befehlshabers bei der Verteidigung Wiens gegen die Türken im Jahre 1683, Ernst Rüdiger Graf von Starhemberg, kaiserlicher Geheimer und Konferenzrat, Kämmerer, Hofkriegsratspräsident und Ritter vom Goldenen Vlies, nachweisen. Diese war freilich durch ein Epitaph im Kirchenraum kenntlich gemacht.[171] Die vermutlich eher späte Stiftung der Fürsten Dietrichstein ist zeitlich ebenfalls schwierig einzuordnen. Sie besaßen zwar unter dem Apostelaltar eine Gruft, doch lassen sich nur wenige weibliche Bestattungen des 18. Jahrhunderts nachweisen.[172] Im übrigen weist die Bestattung in der Schottenkirche eine recht starke Varietät auf, deren Schwerpunkt jedoch

Graf von Khevenhüller (vgl. sein Epitaph in Mayr, *Tomus Epitaphiorum*, Nr. VII), Ludwig Joseph Graf von Khevenhüller, eine Vielzahl minderjähriger Familienmitglieder, von den angeheiratenen Frauen Ernestina Ludovica Gräfin von Khevenhüller, geb. Orsini-Rosenberg, und Maria Antonia Gräfin von Khevenhüller, geb. Gräfin Lamberg, sowie Mitglieder der Familie Orsini-Rosenberg: Joseph Paris von Orsini-Rosenberg und Wolfgang Andreas, verstorben 1684 bzw. 1695. Vgl. auch die Inschriften bei Dechant, Kenotaphiographia, S. 56.

171 Mayr, *Tomus Epitaphiorum*, fol. 78, Nr. 41, sowie Nr. VIII, Gartenschmid, Bd. 5, und Dechant, Kenotaphiographia, S. 10 f. Der Literaturnachweis bei Kramreiter, Die Schottengruft, Legende. Starhemberg wurde in der Gruft unter dem St.-Sebastian-Altar beigesetzt. Seine eigene Gruft wird diese indes schwerlich gewesen sein, fanden sich dort doch auch andere Einzelbestattungen sowie insbesondere die Gruft der Khevenhüller (Mayr, *Tomus Epitaphiorum*, fol. 66, Nr. 3, fol. 74, Nr. 23, fol. 77, Nr. 39, fol. 78, Nr. 41 und 42, fol. 109v, Nr. 132).

172 Mayr, *Tomus Epitaphiorum*, fol. 79, Nr. 43 und 44, mit Angabe zweier weiblicher Familienangehöriger, der Maria Dorothea Fürstin von Dietrichstein, geb. Fürstin von Salm, sowie der Maria Josepha geb. Fürstin Dietrichstein. Vgl. Dechant, Kenotaphiographia, S. 56, wonach unter dem Kreuzaltar nur eine kleine Nische für die Familie vorgesehen war, welche jedoch *Dietrichsteinsche Gruft* genannt wurde, wozu nach Dechant noch die Särge zweier Säuglinge kommen. Zur heutigen Lage der vier erhaltenen Särge vgl. Kramreiter, Schottengruft, Legende.

im 18. Jahrhundert zu liegen scheint.[173] Mit diesem reichen Befund steht die Schottenkirche für den fraglichen Zeitraum

173 So sind an Kindern des Hochadels ohne weitere nachweisbare Verwandtschaft ein junger Prinz von Arenberg, ein gerade neugeborener Fürst Lobkowiz und ein junger Graf Kauniz-Rietberg bestattet (Mayr, *Tomus Epitaphiorum*, fol. 110, Nr. 136, fol. 69, Nr. 12 und Nr. 11), an weiblichen Nachkommen die Fürstin Maria Josepha Theresia von Liechtenstein (ebd., fol. 91, Nr. 76) und eine Gräfin Würben (ebd., fol. 109v, Nr. 133), an verheirateten Frauen eine Gräfin zu Salm-Reifferscheidt (ebd., fol. 87, Nr. 65), eine Gräfin Wilzeck (ebd., fol. 88, Nr. 66), eine Gräfin Batthyány (ebd., fol. 98, Nr. 90) und eine Gräfin Althan (ebd., fol. 98, Nr. 91, und Dechant, Kenotaphiographia, S. 54). Bei den einzelnen Bestattungen männlicher Erwachsener finden sich vom hohen Adel im wesentlichen 1667 der Hofkriegsrat und Botschafter zur Pforte Freiherr Schmidt von Schwarzenhorn (ebd., fol. 73, Nr. 20, und Dechant, Kenotaphiographia, S. 47), 1674 der Gesandte Franz Freiherr von Lisola (ebd., fol. 80, Nr. 48 und Dechant, Kenotaphiographia, S. 48, – die Leistungsbeschreibung auf der Platte ist außergewöhnlich dicht), 1693 der Reichsvizekanzler und Vliesritter Gottlieb Graf von Windischgrätz (ebd., fol. 87, Nr. 63 – die Bestattung von Familienmitgliedern wurde in der Kirche fortgesetzt, vgl. das Epitaph für Leopold Graf von Windischgrätz von 1746 in Gartenschmid, Bd. 5, und Mayr, *Tomus Epitaphiorum*, fol. 11, Nr. XXIV und fol. 14), der kaiserliche Kämmerer und Arsenalhauptmann von Wien, Franz Anton Graf von Saint-Hilaire (ebd., fol. 93, Nr. 80), der Konferenzrat Graf von Heiligkreuz (ebd., fol. 92, Nr. 79, Rochus della Stella, gest. 1719 [Siebmacher] oder 1720 [*Tomus Epitaphiorum*]), Johann Jacob von Kriechbaum (ebd., fol. 99, Nr. 92 – er hatte Verwaltungsämter unter Leopold I., Joseph I. und Karl VI. inne und war Kämmerer Leopolds I.), der Staatskanzler Corvitz Graf von Uhlefeld (ebd., fol. 80, Nr. 47 – Staatskanzler zwischen 1742 und 1753), der kaiserliche Obersthofmeister Sigmund Rudolf Graf von Sinzendorff (ebd., fol. 90, Nr. 74) und der Militär und Vliesritter Reichsgraf von Neuperg (ebd., fol. 74v, 75, Nr. 30). Zwei männliche Mitglieder der Familie Orsini-Rosenberg wurden im ausgehenden 17. Jahrhundert in der Kirche bestattet (ebd., fol. 74, Nr. 23, und Epitaph Nr. IX: Wolfgang Andreas, gest. 1695; fol. 77, Nr. 39: Joseph Paris, gest. 1684 – die Epitaphien finden sich auch bei Gartenschmit, Bd. 5). Weiter wurden bestattet eine Freiin und ein Freiherr von Freyenfels (ebd. fol. 92, Nr. 77, 78: Simon Taddeus Michael und Maria Isabella), einige Mitglieder der reichsgräflichen Familie Hamilton (ebd., fol. 99v, Nr. 95–97, Andreas Reichsgraf von Hamilton, ein Militär; eine verwitwete Gräfin Hamilton sowie ein 1659 verstorbener und 1761 von den Familiengütern in die Schottenkirche überführter Graf Hamilton), die zahlreich, jedoch wohl nicht in einer eigenen Gruft bestattete Familie der Reichsritter von Mayern (ebd., fol. 93–97) sowie

zwar hinter der Augustinerkirche zurück und verweist auch auf ältere Bestattungstraditionen, hält sich dabei aber deutlich im erwarteten Rahmen. Diesem Befund entspricht der Umstand, daß in der Schottenpfarre verstorbene Hochadelige, mittlere Hofangestellte, aber auch Bürger sich häufig andernorts bestatten ließen.[174]

Dorotheerkirche

Auch die Dorotheerkirche wurde der dritten Gruppe zugeteilt. Ihre große Nähe zum Hof sowie ihre Lage inmitten einer Reihe von Freihäusern läßt trotz der etwas schwierigeren Erreichbarkeit vom Hof aus eine nicht unerhebliche adelige Bestattung erwarten. Ebenso wie über das Schottenstift konnten für die Rekonstruktion der Bestattung in der Dorotheerkirche lediglich Inschriftensammlungen herangezogen werden.[175] Vor

---

schließlich die Grafen von Aichbüchl (ebd., fol. 79, Nr. 45 und 46, Carl Rudolf und Maria Eleonora; vgl. auch Dechant, Kenotaphiographia, S. 5, und Gartenschmid, Bd. 5). Die Bestattungen erfolgten, wo nicht anders angegeben, im 18. Jahrhundert.

174 Diese Gruppen gewinnen in den Sterbematriken der Schottenpfarre zwischen 1649 und dem Ende des 17. Jahrhunderts eine eigene Kontur. Die Bürger zog es vor allem nach St. Stephan, während der höhere Adel häufig nach St. Augustin gebracht wurde (so etwa 1650 Margaretha Gräfin Weber, 1651 Polixena Maria Gräfin Waldstein oder Maria Magdalena Gräfin von Neuhaus). Doch wurde auch in die übrigen Wiener Kirchen überführt. So wurde der Geheime Sekretär Franz Schidenitz 1649 aus der Schottenpfarre zu den Franziskanern gebracht.

175 Das StAKN hat das Archiv des Dorotheerklosters übernommen, konnte aber nicht gesichtet werden. Über die Arbeitsgruppe Inschriften der Österreichischen Akademie der Wissenschaften konnte jedoch die Handschrift D 15 des Stiftsarchivs Klosterneuburg mit dem Titel *Grab=Steiner Welche in der Kayserlichen Stift=Kirch deren Wohl=Ehrwürdigen Regulirten Lateran. Chor=Herrn S. Augustini zu S. Dorothea sich befinden / Und Nunmehro unter Ihro Hochwürden und Gnaden Herrn Herrn Josepho Rosner SS. Theologiæ Doctore, Jetzt regierenden würdigsten Herrn Probsten, Und der Hoch=Löblichen Nieder=Oesterreichischen Landschaft Würcklichen Ausschuß Abgezeichnet / und beschrieben ANNO 1751.* in

dem Hintergrund, daß die nicht mehr existierende Kirche der Augustiner Chorherren der Vergessenheit wohl gänzlich anheimgefallen wäre, trügen nicht der Straßenname wie das Auktionshaus Dorotheum ihren Namen fort, ist es bemerkenswert und betont die Relevanz der tatsächlichen Sichtbarkeit von Bedeutungsträgern, daß sie vor ihrer grundlegenden Modernisierung zu Anfang des 18. Jahrhunderts (1705) *wegen villen insignien, wappen, und grabsteiner berühmet* [war], *welche vorhin von verschidenen hohen familien alhier zu finden waren.*[176]

Im fraglichen Zeitraum besaßen die Familien Salm,[177]

Kopie eingesehen werden. Für die Verweise werden die älteren maschinenschriftlich nachgetragenen Seitenzahlen der Kopie der Österreichischen Akademie der Wissenschaften sowie die originalen Inschriftennummern verwendet. Die Handschrift entstand, als die Kirche um 1750 einen neuen Sakristeiofen erhielt (der Rauch des alten zog mitunter zum deutlichen Mißfallen der darin befindlichen Personen in die Kirche) und dazu Gruftsteine, die v. a. im Zuge des Umbaues von 1702/1703, dem einige Monumente zum Opfer gefallen waren, aus der Kirche entfernt worden waren, neuerlich umgeräumt werden mußten. 1775 wurde ein neuer Eingang *um Communication in alle Kruften* eingerichtet (StAKN, Hs. D 15, Dritter Teil, Nr. 84, S. 115), 1766 wurden die Grüfte in Augenschein genommen und Inschriften von Särgen u. ä. unter Nr. 76 ff., S. 105 ff. nachgetragen (StAKN, Hs. D 15, Dritter Teil, Nr. 79, S. 110). Unter Nr. 80–84, S. 111–115, enthält die Handschrift ein Exzerpt der im Codex Trautson bis 1630 enthaltenen Inschriften, die in der Kirche 1776 nicht mehr vorhanden waren. Unter Nr. 84, S. 115, folgen Eintragungen *Ex Necrologio antiquo* und *Ex Necrologio altero* sowie die Ergebnisse weiterer Untersuchungen in der Gruft aus den 1770er Jahren. Die Handschrift wurde unter dem angegeben Titel von Karl Drexler teilweise ediert in: Berichte und Mittheilungen des Alterthums-Vereines zu Wien, 33, 1898, S. 1–32. Daneben gibt ÖStA, HHStA Hs. W 50, fol. 133–178 (Franz von Smitmer: Collectanea Historica Austriaca), Auskunft über die Grabsteine in der Dorotheerkirche: *Lapides Sepulchrales in Ecclesia Canonicorum Regularium S. Augustini Viennæ in Austria ad Sanctam Dorotheam Anno 1751.* Zitiert als Smitmer, *Lapides Sepulchrales*.

176 StAKN, Hs. D 15, Vorrede, S. 2 f.

177 StAKN, Hs. D 15, Dritter Teil, Nr. 42, S. 69, enthält die Abbildung eines Wappenschildes, dessen Umschrift eine Familiengruft der Grafen Salm anzeigt. StAKN, Hs. D 15, Dritter Teil, Nr. 49, S. 77, gibt das Epitaph des Niklas Graf von Salm wieder, der 1529 bei der ersten Belagerung Wiens durch

Khuen-Belassy,[178] Hegenmüller,[179] Herberstein[180] und Puch-

---

die Türken das Kommando führte. Die Inschrift findet sich auch in *Epitaphia Viennensia*, p. 227, und bei Smitmer, *Lapides Sepulchrales*, p. 11, Nr. 49, gedruckt ist sie bei Johann Newald, Niclas Graf zu Salm. Eine historische Studie, Wien 1879, S. 3. Das Grab des Gruftstifters war ein Freigrab, das zunächst vor dem Hochaltar stand, später in die Crucifixkapelle und 1787 durch Franz Graf von Salm-Reifferscheidt im Zuge der Profanierung der Kirche 1787 nach Raitz (Mähren) gebracht wurde. 1879 gelangte die Tumba auf Betreiben des Wiener Altertumsvereins in die neogotische Votivkirche an der Wiener Ringstraße (vgl. Newald, Niclas Graf zu Salm, S. 1–6). Weiters ist ein Epitaph der 1574 vestorbenen Catharina Gräfin von Salm-Neuburg inschriftlich überliefert (StAKN, Hs. D 15, Dritter Teil, Nr. 64, S. 93, und Smitmer, *Lapides Sepulchrales*, p. 13, Nr. 56). Anläßlich der Bestattung des Karl Otto Graf von Salm im Jahre 1766 fand man – in der Handschrift nachgetragene – (Sarg-)Inschriften, welche die Bestattung einer 1586 im Kindbett verstorbenen angeheirateten Gräfin Salm-Neuburg (Anna Maria, geb. Dietrichstein, vgl. auch StAKN, Hs. D 15, nach Nr. 86, S. 118, vgl. auch Smitmer, *Lapides Sepulchrales*, p. 15, Nr. 67), die Bestattungen zweier Säuglinge aus der Familie, gestorben 1637 und 1638 (vgl. auch StAKN, Hs. D 15, Dritter Teil, nach Nr. 86, S. 118, sowie Smitmer, *Lapides Sepulchrales*, p. 15, Nr. 68, 69), sowie die des Niklas V. Graf von Salm-Neuburg, Reichshof- und Hofkriegsrat unter Ferdinand I., Maximilian II. und Rudolf II., Obristen zu Kanizsa, verstorben 1580, nachweisen (StAKN, Hs. D 15, Dritter Teil, Nr. 76, S. 106, und StAKN, Hs. D 15, Dritter Teil, nach Nr. 86, S. 118). Weiter informiert die Handschrift über eine 1686 vorgenommene Überführung der Särge des kaiserlichen Rates und Kämmerers Julius Graf von Salm-Neuburg (Kämmerer Ferdinands II. seit 1625, vgl. ÖStA, HHStA, OKäA C1, fol. 14), seiner Gattin Salome, geb. Freiin von Windischgrätz, sowie mehrerer Kinder in die Dorotheerkirche (StAKN, Hs. D 15, Dritter Teil, Nr. 77, S. 107, und StAKN, Hs. D 15, Dritter Teil, nach Nr. 86, S. 118 f. Vgl. Smitmer, *Lapides Sepulchrales*, p. 15, Nr. 15, 16). In StAKN, Hs. D 15, Dritter Teil, Nr. 77, S. 107, findet sich der Nachweis der Bestattung der Julia Gräfin von Salm, geb. Collalto, die danach 1643 fünfundzwanzigjährig verstarb. Vgl. auch Smitmer, *Lapides Sepulchrales*, p. 9, Nr. 42.

178 Die Familiengruft der Khuen-Belassy ist durch einen die Familiengruft anzeigenden Wappenschild mit enstprechender Umschrift (StAKN, Hs. D 15, Dritter Teil, Nr. 44, S. 71) sowie die Hinweise in *Epitaphia Viennensia*, p. 228, und bei Smitmer, *Lapides Sepulchrales*, p. 12, Nr. 51, nachgewiesen. Hinzu kommen inschriftliche Nachweise des Freiherrn Rudolf von Khuen-Belassy, Oberststallmeister Maximilians II. sowie Geheimer Rat Rudolfs II., verstorben 1581 (StAKN, Hs. D 15, Dritter Teil, Nr. 35, S. 62, und ohne Nummer, S. 75, sowie *Epitaphia Viennensia*, p. 228, und Smitmer, *Lapides Sepulchrales*, p. 8,

heim[181] Familiengruften. Die beiden erstgenannten Familien besaßen in der Dorotheerkirche ihre Familiengrüfte bereits im 16. Jahrhundert, die Herberstein wohl vor den Puchheim und diese spätestens seit 1619. Obschon die Familien hochrangig sind, liegt ihre Zahl jedoch deutlich unter der der bislang betrachteten Kirchen. Die Verluste waren jedoch schon vor dem Einsetzen der

---

Nr. 35), des 1622 verstorbenen kaiserlicher Geheimen Rats, Kämmerers und Obristen, Johannes Khuen von Belassy (StAKN, Hs. D 15, Dritter Teil, Nr. 56, S. 85; Nr. 78, S. 109; nach Nr. 86, S. 119, und NÖLA, Hs. 428, p. 100). Vgl. auch Smitmer, *Lapides Sepulchrales*, p. 9, Nr. 44.

179 Die Hegenmüller wurden 1658 mit Wenzel in den Freiherrenstand erhoben.

180 StAKN, Hs. D 15, Dritter Teil, Nr. 45, S. 72, enthält die Abbildung eines Wappenschildes, dessen Umschrift eine Familiengruft der Familie Herberstein anzeigt. Namentlich nachgewiesen sind eine minderjährige Tochter des Adam Freiherr zu Herberstein, die 1623 verstorbene angeheiratete Katharina von Herberstein, Elisabeth Freiin von Herberstein, geb. Trautson, eine Gattin des Karl Freiherr zu Herberstein (StAKN, Hs. D 15, Dritter Teil, Nr. 77, S. 108, und StAKN, Hs. D 15, Dritter Teil, nach Nr. 86, S. 119), sowie ein 1605 verstorbener noch nicht einjähriger Julius Freiherr von Herberstein (StAKN, Hs. D 15, Dritter Teil, Nr. 85, S. 116). *Epitaphia Viennensia*, p. 237, gibt ebenfalls einen Hinweis auf die Familiengruft. Vgl. auch Smitmer, *Lapides Sepulchrales*, p. 10, Nr. 45.

181 StAKN, Hs. D 15, Dritter Teil, Nr. 7, S. 33, und Smitmer, *Lapides Sepulchrales*, p. 2, Nr. 7, geben einen Gruftstein von 1619 wieder, der wie *Epitaphia Viennensia*, p. 229, auf eine Familiengruft hinweist. Hinzu kommt ein Wappenschild, der gleichfalls explizit eine Familiengruft bezeichnet (ebd., Nr. 43, S. 70) und somit trotz der 1617 erfolgten Stiftung bei den Minoriten eine Familiengruft anzeigt. Während dort der Oberstkämmerer Ferdinands III., Johann Rudolf Graf von Puchheim, bestattet ist, wovon ein großes Epitaph kündet, existierte in der Dorotheerkirche ein Epitaph des 1619 verstorbenen Johannes Christoph Graf von Puchheim, Hofkriegsrat und Kämmerer Kaiser Matthias sowie Ferdinands II., das 1651 vom gleichnamigen Sohn des Johannes Christoph, Hofkriegsrat Ferdinands III. und Kommandant zu Komorn, errichtet wurde (vgl. dieses auch in *Epitaphia Viennensia*, p. 229, bei Smitmer, *Lapides Sepulchrales*, p. 10, Nr. 46, und NÖLA, Hs. 428, p. 99, 100). In der Gruft weisen mehrere Sarginschriften verschiedene Familienmitglieder aus, so zwei 1651 verstorbene Kleinkinder des Johann Christoph Graf von Puchheim (StAKN, Hs. D 15, Dritter Teil, Nr. 78 f., S. 109 f.), aber auch eine Tochter des Oberstkämmerers Johann Rudolf (StAKN, Hs. D 15, Dritter Teil, Nr. 79, S. 110). Vgl. für die beiden 1651 verstorbenen Kinder auch StAKN, Hs. D 15, nach Nr. 86, S. 118.

Kopialüberlieferung des 18. Jahrhunderts so beträchtlich, daß bei der Interpretation besondere Vorsicht geboten ist.

Minoritenkirche

Auch die Minoritenkirche wurde in die dritte Kategorie eingeteilt. Sie liegt zwar in einiger Nähe zur Hofburg, allerdings an der Seite der peripheren Amalienburg. Erst in den 1620er Jahren wurde sie wieder in katholischen Alleinbesitz überführt, nachdem sie zuvor von Protestanten und Minoriten gemeinsam genutzt worden war.[182] Zudem konnten die Minoriten im 17. Jahrhundert nicht wieder an die bedeutsame Rolle, die sie vor der Reformation gespielt hatten, anknüpfen.[183] Obschon die Kirche im 16. Jahrhundert eine durchaus beachtliche adelige Bestattung aufwies,[184] könnte dies für das 17. Jahrhundert eine etwas geringere adelige Bestattung im Untersuchungszeitraum indizieren.

---

182 Vgl. Giovanni Salvadori, Die Minoritenkirche und ihre älteste Umgebung. Ein Beitrag zur Geschichte Wiens, Wien 1894, S. 162 f.; J. Feil, Die Fürstinnen-Gräber bei den Minoriten in Wien. In: Berichte und Mittheilungen des Alterthums-Vereines zu Wien 26, 1889, S. 48–58; Karl Lind, Protocollum über die Stiftungen bei den Minoriten in Wien (1727) (mit 4 Text-Illustrationen). In: Berichte und Mittheilungen des Alterthums-Vereines zu Wien 22, 1883, S. 1–28; Joseph Maurer, Die Hoyos'sche oder St. Ludwigs-Capelle bei den Minoriten in Wien. In: Berichte und Mittheilungen des Alterthums-Vereines zu Wien 25, 1888, S. 1–10; ders., Zwei Wohlthäterinnen der Minoriten. In: Berichte und Mittheilungen des Alterthums-Vereines zu Wien 26, 1889, S. 45–47.

183 Vgl. dazu Herta Hageneder, Die Minoriten in den österreichischen Städten. In: Franz-Heinz Hye (Hg.), Stadt und Kirche (Beiträge zur Geschichte der Städte Mitteleuropas 13), Linz 1995, S. 257–268, hier S. 268.

184 V. a. die Familien Polheim und Rappach sind hier für das 15. und 16. Jahrhundert zu nennen. Doch auch die Schönkirchen, Trauttmansdorff, Hardegg, Wolkenstein, Stubenberg, Lippa, Puchheim, Hohenfeld, Rottal, Hoyos sind bis 1600 vertreten. Inwieweit im 17. Jahrhundert an Familientraditionen angeknüpft wird, ist deshalb schwer zu beurteilen, weil man über die Extension des Bestattungsrechtes kaum weiter informiert ist: Es ist vielfach unklar, ob es sich um Einzelbestattungen oder Familiengrüfte bzw. mehrere Erdgräber handelt. Vgl. die Aufstellung der Bestattungen bei Salvadori, Die Minoritenkirche, S. 328–343.

Die Quellenlage zur Gruftbestattung ist günstig.[185] In einem Vertrag mit dem Konvent wurde 1610 zwischen Adam Eusebius Freiherr von Hoyos und dem Konvent die Aufrichtung eines Epitaphs und eines Altars auf Kosten der Familie sowie die Taxe für Bestattungen in der Familiengruft geregelt.[186] 1617 stiftete Johann Christoph Graf von Puchheim, Hofkriegsrat in *Sacello Suo*, eine Familiengruft.[187] Der 1630 in

185 Das Archiv des Minoritenkonvents Wien (MinKA) enthält insbesondere Stiftungsurkunden und diesbezügliche Verzeichnisse sowie Bestattungsverzeichnisse. Die Signaturen des Archivinventars stimmen mit denen der angegebenen Archivalien allerdings vielfach nicht überein. MinKA, Hs. II/82 (nach dem Inventar, das die Titel zweier Handschriften verwechselt, MinKA, II.1.3.5 bzw. MinKA, II.1.3.6) enthält ein Bestattungsverzeichnis mit diversen Nachträgen *(Catalogus Sepultorum in Ecclesia S. Crucis Viennae Ord. Min. Conv. Anno 1551. Item Fundationes Antiquae Saecularium sepulturae. ab Anno 1635).* MinKA, II.1.4.33 = Hs. II/144, der *Catalogus Personarum sive Missas Litanyas sive Lampades fundantium iuxta ordinem annorum, in quibus coeperunt, apud Min. Conv. Viennae*, enthält neben einem Stiftungsverzeichnis unter der Überschrift *Notanda quaedam circa Crÿptas et Sepulturas* Aufzeichnungen über die Situation der Grüfte aus der zweiten Hälfte des 18. Jahrhunderts. MinKA, II.1.4.31, ein Stiftungsverzeichnis von 1772, liefert weitere wichtige Daten.

186 Nach Salvadori, Die Minoritenkirche, S. 160, errichtete die Familie Hoyos im Jahr 1603 einen Altar über ihrer Erbgruft in der St.-Ludwigs-Kapelle. Salvadori zitiert zudem Wissgrill, IV, 450, der bereits für 1609 den Ferdinand Albrecht von Hoyos als hier bestatteten Verstorbenen angibt. Ebenso gibt *Epitaphia Viennensia*, p. 122, einen Hinweis auf Altar- und Gruftbau. Vgl. dazu aber auch Maurer, Die Hoyos'sche oder St. Ludwigs-Capelle, S. 1, wonach ein Baubeginn im Jahr 1600 anzunehmen ist. MinKA, II.1.4.33, dagegen gibt als Lokat *coram altari S. Michaelis* an. Freilich mag der Altar umgewidmet worden sein. Für die St.-Ludwigs-Kapelle läßt sich jedoch anführen, daß diese sich auch während der protestantischen Nutzung der Kirche im Besitz des Konventes befand und damit zum „katholischen Bereich" gehörte (vgl. Salvadori, Die Minoritenkirche, S. 160). Für eine Datierung auf 1610 spricht neben dem Urkundenoriginal MinKA, II.1.4.33. Hinweise auf Bestattungen von Familienmitgliedern finden sich bereits für 1561 (*Epitaphia Viennensia*, p. 122).

187 MinKA, II.1.4.33. Danach hatten die Schönborn als Erben der Puchheim noch nicht erklärt, ob sie das Grabrecht für sich behalten wollten. Die Originalurkunde (MinKA, I.1.98) vom 3. November 1617 war am richtigen Ort nicht auffindbar. Nach MinKA, II.1.4.31, Nr. 33, war die Kapelle seinerzeit Johannes

der Kirche bestattete Hofkriegsrat Rambaldo Graf Collalto und seine Ehefrau Bianca stifteten den Altar des hl. Antonius und eine Familiengruft.[188] 1640 erwarb der Reichshofrat und Geheime Sekretär Ferdinands III., Johannes Walderode, das Recht, an der Stelle des bereits existierenden Familienbegräbnisses seiner verstorbenen Frau für sich und seine Nachkommen eine Gruft errichten zu lassen.[189] In den letzten Jahrzehnten des 17. Jahrhunderts finden sich Stiftungen von vielfach auch niederadeligen Funktionärsfamilien wie den Bauersberg,[190] Resch,[191] Menßhengen,[192] Bartolotti[193] und Albrechtsburg.[194]

---

dem Täufer geweiht; später wurde sie eine Mater-dolorosa-Kapelle (MinKA, II.1.4.33). Gartenschmid, Bd. 4. Abt. VI, gibt eine Abbildung des Epitaphes des 1657 verstorbenen Oberstkämmerers Ferdinands III., Johann Adolf Graf von Puchheim.

188 Der Nachweis der Bestattung bei Salvadori, Die Minoritenkirche, S. 371. Die Gruft ist nachgewiesen in MinKA, II.1.4.33 am Ende. Am 1. Januar 1669 stiftete Antonius Franziskus Graf zu Collalto, kaiserlicher Kämmerer und Oberstlandrichter der Markgrafschaft Mähren, eine Anzahl von Messen für seine Eltern, die Stifter von Altar und Gruft, Rambaldo Graf Collalto und Frau Bianca Polixenia, geb. Gräfin Thurn, sowie für seinen Bruder Claudio Graf Collalto (MinKA, I.1.119 [auf der Urkunde dagegen 117]) und ließ nach der Originalurkunde die Stiftung der Eltern, der es an der Schriftform gebrach, erst vollziehen. Nach Salvadori, Die Minoritenkirche, S. 163, muß die Bestattung 1630 oder kurz danach stattgefunden haben, 1644 wurde der Altar von den Nachkommen weiter ausgestattet.

189 MinKA, I.1.105 [laut Urkunde 102]. Original vom 9. Mai 1640. Ob dies erfolgte, ist unklar, 1657 jedoch wurde ein Anniversarium gestiftet (MinKA, I.4.33), was ein Indiz dafür sein könnte.

190 MinKA, II.1.4.33. Nach MinKA, I.1.123 [laut Originalurkunde 121], stiftete Adam Zacharias von Bauersberg, kaiserlicher Rat und Waldmeister in Purkersdorf, am 24. April 1674 eine Familiengruft.

191 MinKA, II.1.4.33. Danach lag die Crypta vor der Ecce-homo-Darstellung. Die unsichere Datierung auf 1673/1688 stützt sich auf MinKA, II.4.33, wonach Andreas Resch 1673 als Stifter in Erscheinung tritt, sowie auf Salvadori, Die Minoritenkirche, S. 373, wonach er 1688 verstarb.

192 Nach MinKA, II.1.4.33, lag diese Familiengruft noch unter derjenigen der Albrechtsburg. Die Datierung richtet sich nach dem 1688 verstorbenen Franciscus von Menßhengen, dem in den 1690er Jahren einige Familienmitglieder nachfolgten (Salvadori, Die Minoritenkirche, S. 373).

Die hochadelige Familie Rappach, von der Mitglieder in der Kirche spätestens seit dem 14. Jahrhundert bestattet wurden, nahm nach dem ausgesparten 17. Jahrhundert[195] die Nutzung ihrer Gruft vor dem Altar der Unbefleckten Empfängnis Mariens wieder auf.[196] Die hochadelige Familie Hofkirchen, die im 17. Jahrhundert mehrere Mitglieder in mittleren Hofämtern hatte, besaß gleichfalls eine Gruft.[197] Die Freiherren von Schönkirchen besaßen schon im 16. Jahrhundert eine Kapelle mit Familiengruft.[198]

Dem Verzeichnis der Bestattungen lassen sich weitere Gräber im Eigentum adeliger Familien entnehmen, wobei allerdings die im 17. Jahrhundert gängige Unklarheit der Terminologie der Grablege Einordnungsschwierigkeiten mit sich bringt.[199] Jeweils in *propria crypta* wurden über die bereits genannten Familien hinaus[200] unter anderen Andreas Wilhelm

---

193 Nach MinKA, II.1.4.33, befand sich die Familiengruft beim Altar des hl. Johannes Nepomuk auf der Epistelseite. Die Familie hatte diesen Altar gestiftet. Auf eine Einrichtung der Gruft in den 1680er Jahren weisen die Bestattungsdaten eines in der Kirche bestatteten Bartolotti junior (1686), des Carolus Bartolotti (1689) sowie der Herula Bartolotti (1694) hin (vgl. Salvadori, Die Minoritenkirche, S. 373).

194 Nach MinKA, II.1.4.33, besaß die Familie Albrechtsburg ihre Gruft bei dem Altar der Unbefleckten Empfängnis Mariens *in ambitu seu tertia navi templi*. Die Gruftstiftung läßt sich mit Hilfe von MinKA, I.4.33, auf 1693, präziser anhand von MinKA, II.1.4.31, Nr. 62, auf den 1. November 1693 datieren.

195 Vgl. dazu die Beerdigungsliste bei Salvadori, Die Minoritenkirche, S. 364–374. Im 17. Jahrhundert ließen sich die Mitglieder der Familie nach der freundlichen Auskunft von Andreas Zajic vornehmlich in der Pfarrkirche in Allentsteig (Bezirk Zwettl) bestatten.

196 MinKA, II.1.4.33.

197 MinKA, II.1.4.33. Dort ist als gleichfalls *vix amplius* existierend die Familie Kranitz erwähnt.

198 Vgl. *Epitaphia Viennensia*, p. 135, 136.

199 Vgl. dazu Kieslinger, St. Michael, S. 7.

200 Adolf und Johannes Rudolf Graf Puchheim (MinKA, II.1.3.5, 11. Dezember 1639 bzw. 21. Jänner 1651) sind hier als in *propria crypta* bestattet aufgeführt.

von Brandeis und Helena Potentia von Urschenbeck,[201] mehrere Mitglieder der Familie Stupan von Ehrenstein,[202] Francesco Carretto Marchese di Grana[203] und schließlich zwei Mitglieder der Familie Fierenz[204] beigesetzt.

Die Minoritenkirche gehört damit zu den vom Hofadel hinsichtlich von Familiengrüften etwas schwächer frequentierten Kirchen. Hinsichtlich der einfachen Bestattungen, über die wir sehr gut informiert sind, ist dieses Bild zu modifizieren: Insbesondere in den ersten Jahrzehnten des 17. Jahrhunderts wurden eine Vielzahl kaiserlicher Militärs in der Kirche bestattet, worauf zahlreiche Epitaphien hinweisen, doch auch der niedere hofnahe Adel war beachtlich vertreten.[205] Der Eindruck einer

---

201 MinKA, Hs. II/82, 19. April 1642 bzw. 18. April 1655. Nach Salvadori, Die Minoritenkirche, S. 371, wurde 1629 auch Christoph von Urschenbeck in der Minoritenkirche bestattet, die gleiche Angabe gibt *Epitaphia Viennensia*, p. 123.

202 MinKA, Hs. II/82, 14. April 1651. Diese Gruft ist als *Crypta Dominorum a Stuphan* (ebd., 27. Februar 1644 als Begräbnisort des Bernardus Stuphan nachgewiesen). Lucas Stupan wurde 1636 geadelt. Weitere Bestattungen in dieser Gruft gab es am 3. März 1636 (ein Kind) sowie am 15. Februar (ein Kind des Nicolaus Stupan) und 21. Dezember 1639 (ein Kind des Paul Stupan namens Franciscus).

203 Diese Gruft wurde nach MinKA, Hs. II/82, bei dem Altar des hl. Sebastian neu gebaut.

204 MinKA, Hs. II/82, 12. und 29. Dezember 1654.

205 So unter vielen anderen Mitglieder der Familie Basta (zur Gruft der Basta vgl. *Epitaphia Viennensia*, p. 123), Reifenberg (auf das Grab des Hans Dietrich Freiherrn von Reifenberg wies eine Messingplatte hin (*Epitaphia Viennensia*, p. 123), Piccolomini, Dampierre, Valpergo (*Epitaphia Viennensia*, p. 115, 116, 117, 123, 124). Vgl. auch Salvadori, Die Minoritenkirche, S. 371–373, von 1620–1680. Die Liste wurde für den Überlieferungszeitraum (1635 bis 1655 mit einigen Lücken) anhand MinKA, Hs. II/82, um Mitglieder einiger bedeutenderer Familien ergänzt: 1620 Henri Duval Graf Dampierre, 1623 Raimund Thurn Valsassina, 1624 Maria Caecilia Julia Gräfin von Dietrichstein, 1625 Franciscus Carretto de Grana, 1626 Johannes Fünfkirchen, Freiherr, 1629 Dietrich Freiherr von Reiffenberg, 1629 Christoph von Urschenbeck, 1630 Rambaldo Graf Collalto, 1632 Aloisius Freiherr von Baldiron, 1637 ein Kind des Ladislaus Waldstein, 1638 ein Kind des Johann Christoph Graf Puchheim sowie Marcus Graf von Malaspina, 1640 Adam Eusebius von Hoyos und Otto Melander, 1641

bevorzugt vom hohen Adel genutzten Kirche entsteht jedoch insbesondere im Vergleich mit der Augustiner- und Michaelerkirche nicht. Der Anteil der hochadeligen Bestattungen ist niedrig und scheint zudem seit den späten 1630er Jahren wenigstens bis zum Beginn des 18. Jahrhunderts noch stetig zu fallen.

Stephansdom

Der Stephansdom, in zentraler Lage in der Stadt in Gruppe IV eingeteilt, stellt für die Erforschung dieses Zusammenhanges deshalb ein Problem dar, weil sich das Bild fast zu gut einfügt: Danach wurden in St. Stephan im fraglichen Zeitraum nur vereinzelt hochadelige Familiengrüfte gestiftet, die zudem nicht von besonders herausragenden Familien stammten.[206] Die Frage, ob diesem Befund Glauben geschenkt werden kann, darf nach der Auswertung der Überlieferung der Epitaphien durch Renate Kohn[207] vorsichtig bejaht werden. Offen ist dagegen die Frage der einfachen, im Kirchenraum nicht bezeichneten adeligen Bestattungen in den allgemeinen Grüften von St. Stephan.[208]

Katharina Gräfin Conzin, 1642 Andreas von Brandeis, 1651 Johann Rudolf Graf von Puchheim, 1652 Franz Anton Markgraf von Grana, 1655 Helena von Urschenbeck, geb. Lamberg, 1657 Rudolf Graf Puchheim, 1659 Johannes von Hoyos, 1664 Philip von Longueval, Feldmarschall, 1665 Anton von Peverelli.

206 Die *Epitaphia Viennensia*, p. 336, für St. Stephan verweisen auf eine Bestattung der Gattin des Reichshofratspräsidenten Johannes Freiherr von Reck von 1641 (Kohn, Inschriftensammler, S. 127) und den Plan der Bestattung auch des Stifters sowie auf die Familiengruft der Grafen Johannellen von 1673 (p. 336; Kohn, Inschriftensammler, S. 127). Ansonsten lassen sich mittels der Epitaphien nur Einzelbestattungen ausmachen.

207 Kohn, Inschriftensammler, S. 113–131. Dort finden sich die insgesamt über 500 kopial überlieferten und die erhaltenen Epitaphien in einer Zusammenstellung. Da Epitaphien von Hochadeligen aus verschiedenen Gründen länger in den Kirchen in der Regel verweilten als etwa bürgerliche, steht nicht zu vermuten, daß nicht überlieferte Epitaphien das Bild grundlegend ändern.

208 Für St. Stephan sind im Matrikenamt Verrechnungsbücher für Trauerkon-

Obschon zunächst erstaunlich, läßt sich der Befund im Sinne der oben entwickelten Überlegungen erklären, wobei die Lage des Doms in einiger Entfernung zur Hofburg jedoch durch weitere Faktoren überlagert worden sein dürfte. Die Kirche war nicht zuletzt aufgrund des Grabmonumentes für Kaiser Friedrich III. und aufgrund ihrer überwältigenden Größe kaum geeignet, adeliger Repräsentation dominierendes Gewicht verleihen zu können. Sie dürfte schlichtweg zu groß gewesen sein, so daß einzelne Grabkapellen oder Epitaphien in ihr kaum zur Geltung kommen konnten. Überdies war die Kirche mit einem Bestand von über 400 Epitaphien vor 1631 im fraglichen Zeitraum bereits stark in Anspruch genommen. Hervorzuheben ist die nicht unbeachtliche Zahl niederadeliger, vor allem der hohe Anteil bürgerlicher Epitaphien vor allem des 16. Jahrhunderts.[209] Dies war nicht der Hintergrund, vor dem der Hochadel des 17. Jahrhunderts günstig hervortreten konnte.

Peterskirche

Die Peterskirche, in der geographischen Mitte der Inneren Stadt liegend und ebenfalls der Gruppe IV zugerechnet, ist für den fraglichen Zeitraum wohl als ausgesprochene Bürgerkirche einzuordnen. Bei einer Untersuchung im Zuge der Restaurie-

---

dukte erhalten, in denen sehr häufig auch Hochadelige aufscheinen (vgl. Rudolf Geyer, Handburch der Wiener Matriken. Ein Hilfswerk für Matrikenführer und Familienforscher, Wien 1928/29, S. 217 ff.). Eine definitive Überprüfung ist wegen der Öffnungszeiten nur ortsansässigen Forschern möglich. Damit ist, zumal St. Stephan Pfarre war, über den Ort insbesondere adeliger Bestattung jedoch noch nichts gesagt. So ist der Kondukt für Wolf Christoph Unverzagt zwar in den Konduktsbüchern im Juni 1657 mit der Angabe Fürstengeläut vermerkt. Begraben aber wurde er in der Familiengruft in der Schottenkirche (vgl. Anm. 165).

209 Vgl. neben Kohn Ilse E. Friesen, Die Humanisten-Epitaphien im Dom von St. Stephan und die Anfänge der Renaissance-Skulptur in Wien. In: WGBl 44, 1989, S. 53–77. Die niederadeligen Epitaphien fanden sich vor allem im Apostel- und Frauenchor.

rung im Jahre 1887 wurden zwar lediglich Särge des 18. Jahrhunderts gefunden. Obwohl Hinweise auf die Nutzung im 17. Jahrhundert nicht entdeckt wurden, lassen die vorhandenen Inschriftentafeln, die auf eine bürgerliche Nutzung verweisen, eine bedeutsame frühere adelige Belegung unwahrscheinlich erscheinen.[210] Die Inschriftensammlungen untermauern diesen Befund.[211]

Kirche am Hof

Der vierten Gruppe wurde auch die Kirche zu den Neun Chören der Engel zugerechnet, die gemeinhin Kirche Am Hof genannt wird. Diese kam nach dem Niedergang des Karmeliterklosters und zeitweiser profaner Nutzung 1554 an die Jesuiten, die die Kirche, welche 1607 bis auf die Mauern abbrannte, in der Folge kontinuierlich einer Umgestaltung unterzogen.[212] Der Jesuitenorden besaß zwei weitere Kirchen in der Inneren Stadt, von denen jene an der Universität von Grund auf neu erbaut und von daher an sich attraktiver war, sich von den Medien des Totengedenkens jedoch nicht vereinnahmen ließ. Auch die weniger bedeutende St.-Anna-Kirche diente als Grabstätte.[213] Die schwache Stellung im 16. Jahrhundert, die Konkurrenzsituation im 18. und die stadträumlich nicht besonders bevorzugte Lage lassen eine mittlere Bestattung erwarten. Hinzu kommt die der Profanisierung des Kirchenraumes durch Monumente privaten Totengedenkens abholde Haltung der Jesuiten.

---

210 Vgl. Alois Hauser, Die Restaurirung der Peterskirche in Wien. In: Berichte und Mittheilungen des Alterthums-Vereines zu Wien 26, 1889, S. 16–24.

211 *Epitaphia Viennensia*, p. 288–291. Gartenschmid, Bd. 4, Abt. III, gibt lediglich außerhalb des fraglichen Zeitraumes einige wenige adelige Epitaphien an.

212 Vgl. dazu Karl Weczerzik Edler von Planheim, Geschichte der Kirche und Pfarre „zu den neun Chören der Engel" in Wien „Am Hof", Wien 1908, S. 8 f.

213 Vgl. dazu Alois Hauser, Die Gruft zu St. Anna in Wien. In: Berichte und Mittheilungen des Alterthums-Vereines zu Wien 24, 1887, S. 43–65.

Die Überprüfung wird durch die Quellensituation erschwert. Wegen des Verlustes von Archivalien im Zuge der Aufhebung des Jesuitenordens konnte lediglich auf die Inschriftensammlungen zurückgegriffen werden.[214] Diese sonst reiches Material bietenden Quellen sprudeln jedoch für die Kirche Am Hof nur sehr dürftig. So darf – mit Vorbehalten – bei den Jörger,[215] Mansfeld,[216] Montecucoli[217] und Rechberg[218] von Familien-

---

214 Eine mit P. Ilija Vrdoljak OFM am 3. April 1998 durchgeführte Besichtigung der Gruftanlagen ergab, daß die einzelnen Kapellen im Hauptschiff zwar durchaus Gruftanlagen aufweisen. Die erste rechts vom Eingang aus gesehen enthält einen Sarg, dessen Inschrift ohne technische Ausstattung jedoch nicht gelesen werden kann, die dritte ist völlig leer. Links die zweite Gruft gehörte den Montecucoli, die vierte dürfte laut Epitaph (wenn dieses nicht umgehängt wurde) den Mansfeld zuzuordnen sein. Interessant ist die Gruft unter dem Chor der Kirche, in der namentlich bezeichnete Jesuiten des 18. Jahrhunderts bestattet sind und die weitere Gruftplatten sowie eine Pietà mit Stifterfigur enthält.

215 Gartenschmid, Bd. 4, Abt. V, führt eine Gruftplatte auf, die sich in einer Seitenkapelle befand. Diese dürfte mit einer sich heute in der Gruft unter dem Chor befindenden und offenbar verlagerten Gruftplatte der Jörger identisch sein. Das Ergebnis der Exploration wäre allerdings mit besserer Ausstattung abzusichern. Planheim, Geschichte der Pfarre, S. 15, rechnet die Rosaliakapelle der Jörgerschen Familiengruft zu. Die Jörger hatten daneben im 16. Jahrhundert auch eine Familiengruft in Ottensheim (vgl. Adolf Winkler, Grabdenkmale in Oberösterreich. In: Mittheilungen der K. K. Central-Commission zur Erforschung und Erhaltung der kunst- und historischen Denkmale, 1, 1875, S. XXV–XXVII und CI ff., hier CVI).

216 Autopsie: Epitaph der Maria Magdalena Gräfin Mansfeld, Aja des Kaisers Joseph I., verstorben 1686, in der vierten Kapelle links vom Eingang aus. Planheim, Geschichte der Pfarre, S. 15, gibt weitere Familienmitglieder an. Auch AugKA, *Protocollum I*, p. 264, gibt einen Hinweis auf eine Familiengruft. Danach stiftete Bruno Graf von Mansfeld zwar in der Augustinerkirche eine Familiengruft, doch hatte die Familie im Jahr der Entstehung des Protokolls 1757 seit 33 Jahren ihre Grabstätte zu den Jesuiten transferiert.

217 Autopsie. Planheim, Geschichte der Pfarre, S. 15, nennt als dort Bestattete Leopold Philipp Graf Montecucoli, verstorben 1698, sowie die 1676 verstorbene Margaretha Gräfin Montecucoli, sowie eine 1703 verstorbene Gräfin Berka, eine geborene Montecucoli.

218 Gartenschmid, Bd. 4, Abt. V, führt zwei Epitaphien sowie einen Gruftstein des 17. Jahrhunderts (1607 und zweifach 1650) auf.

grüften ausgegangen werden. Vermutlich ist die Gruft der Montecucoli im 17. Jahrhundert, die der Mansfeld im 18. Jahrhundert entstanden, während die der Jörger und Rechberg früheren Ursprungs sein dürften. Für Varietät sorgen Bestattungen von weiblichen Mitgliedern der Familien Losenstein[219] und Kolowrat.[220]

St. Anna

Der im äußersten Südosten der Inneren Stadt gelegene Komplex der Annakirche, die in die Gruppe V eingereiht wurde, gehörte seit 1582 den Jesuiten und wurde 1627 von Ferdinand II. zum Probationshaus erklärt. Eine Wiederherstellung der nicht sehr großen Kirche erfolgte 1632.[221] Die bei der Abtragung des Gebäudes untersuchte Gruft förderte keinen Hinweis auf eine selbständige hochadelige Bestattung im 17. Jahrhundert zutage. Erst im 18. Jahrhundert finden sich Hinweise auf eine eigenständige Nutzung für adelige Bestattungen.[222] Die Gruft wurde im fraglichen Zeitraum v. a. für die Bestattung von Mit-

219 Epitaph der Franziska Eusebia Gräfin Losenstein, geb. Gräfin Mansfeld. Eine richtiggehende Analyse der Varietät wäre auf eine reichere Quellenlage angewiesen.

220 Nach MiKA, Totenprotokoll, sub dato 1651, wurde die Lucilia Ottilia Gräfin von Kolowrat hierher überführt. Planheim, Geschichte der Pfarre, S. 15, nennt die 1768 verstorbene Maria Franziska von Kolowrat. Die erste Gemahlin Gundacker Fürst von Liechtensteins war lediglich provisorisch (1616 bis 1659) in der Kirche Am Hof bestattet. Vgl. dazu Thomas Winkelbauer, Fürst und Fürstendiener. Gundacker von Liechtenstein, ein österreichischer Aristokrat des konfessionellen Zeitalters (MIÖG Ergbd. 34), Wien – München 1999, S. 516.

221 Vgl. Hauser, Die Gruft zu St. Anna in Wien, S. 44.

222 Hauser, Die Gruft zu St. Anna in Wien, S. 49 f. Die Kirche war in der ersten Hälfte des 18. Jahrhunderts Grabstätte der Grafen Weltz (der Geheime Rat Ferdinand Carl Graf Weltz, ein Sohn sowie Helena Eleonora Gräfin von Weltz, geb. Starhemberg, lassen sich nachweisen) sowie verschiedener freiherrlicher Personen.

gliedern des Ordens verwendet. An der ältesten aus dieser Gruppe erhaltenen Grabschrift zeigt sich der Zusammenhang zwischen Bestattung und Integration indes exemplarisch.[223]

Franziskanerkirche

Die Franziskanerkirche liegt, ebenfalls der Gruppe V zugeordnet, relativ weit vom Hof entfernt, war nicht leicht zu erreichen und hatte zudem keine Pfarre.

Die Erhebung von Familiengrüften wird dadurch erschwert, daß sich im Kloster kein Gruftverzeichnis erhalten hat. Allerdings sind Stiftungsurkunden erhalten, von deren Vollständigkeit indes nicht sicher ausgegangen werden kann. Wiederum helfen die Inschriftensammlungen. Nachweisbar sind einige hochadelige und für den Hof sehr bedeutende Familien sowie einige niederadelige Hoffunktionäre. Angaben über die Qualität der Familiengrüfte und die Varietät/Qualität der übrigen Bestattungen sind freilich nicht möglich.

Im fraglichen Zeitraum machten Gabriel und Anna von Meggau den Anfang mit dem Kauf der mit einer Gruft ausgestatteten Kapelle der hl. Maria Magdalena, deren Nutzung als Familiengruft im Vertrag vorgesehen wurde;[224] der Obersthofmeister Ferdinands II., Leonhard Helfried Graf von Meggau, wurde sehr wahrscheinlich 1644 dort bestattet.[225] 1624 folgte der Geheime Rat, Kämmerer und niederösterreichische Kammerpräsident Johann Balthasar von Hoyos. Er verpflichtete sich am 15. April 1624 zur Errichtung einer Kapelle neben

223 Die Grabschrift von 1629 für Georg Christophorus von Kuefstein setzte sein Vater, Hans Jakob Freiherr von Kuefstein. Vgl. Anm. 235.

224 Archivium Prov. S. Bernardini in Austria seu Archivium Franciscanum Viennense (AFV), 58 A 64, Kopie der Obligation vom 15. Juli 1614. *Epitaphia Viennensia*, p. 311, bestätigt die Gruft.

225 Vgl. das Epitaph von 1645 in *Epitaphia Viennensia*, p. 311, und Smitmer, *Lapides Sepulchrales*, p. 57.

dem Predigtstuhl und erhielt dafür das Recht zur Einrichtung einer Gruft für sich und seine Nachkommenschaft.[226] Die weitere Nutzung als Familiengruft ist zumindest für das 18. Jahrhundert belegt.[227] Im gleichen Jahr erhielt der Hofhandelsmann Hans Anton Pestaluzzi die Erlaubnis, eine Gruft für sich und seine Nachkommen inmitten der Kirche zu errichten.[228] 1650 wurde der Obersthofmeister Ferdinands III., Maximilian Graf Trauttmansdorff, unter dem Altar des hl. Antonius von Padua bestattet.[229] Der 1668 verstorbene und in der Franziskanerkirche bestattete Vliesritter und Hofkriegsratspräsident Fürst Franciscus Maria Hannibal Gonzaga könnte bereits in den 1640er Jahren die Familiengruft anläßlich des Todes sei-

226 AFV, 57 B 36, Originalurkunde.

227 AFV, 57 B 37. Am 15. Dezember 1721 stiftete Josepha Antonia, verwitwete Gräfin von Hoyos, geborene Gräfin Kolowrat für ihren verstorbenen Gatten Ernst Ludwig Graf von Hoyos, der Geheimer Rat gewesen war, unter Bezug auf dessen Grablege in der Familiengruft eine Seelmesse. Gartenschmid, Bd. 3, Abt. II, bildet den Gruftstein eines Familienmitgliedes von 1708 ab.

228 AFV, ebenfalls unter der Signatur 57 B 36 sub dato 29. Dezember 1624.

229 Vgl. Gartenschmid, Bd. 3, Abt. II, Smitmer, *Lapides Sepulchrales*, p. 54 f., und *Epitaphia Viennensia*, p. 308: *Familiae Comitum de Trautmanstorf Sepulturae locus est* [...]. Nach Ausweis des von Maximilian Graf von Trauttmansdorff 1618 gesetzten Monumentes für den 1617 verstorbenen Bruder Adam Freiherr von Trauttmansdorff ließ sich dieser auf eigenen Wunsch in der Franziskanerkirche bestatten und dürfte damit die Ortswahl des späteren Familienbegräbnisses wesentlich beeinflußt haben. Explizit geht dies aus einer Bestimmung Maximilians für seine Bestattung hervor, wonach er *in sacello ubi frater meus Adamus* begraben sei, beigesetzt werden wolle (Vermögensverzeichnis vom 20. Oktober 1647, ÖStA, AVA, FA Trauttmansdorff, Karton 16). Entsprechend berichtete Walter Graf Leslie u. a. in einem Brief vom 11. Juni 1650 von der Bestattung des Maximilan Graf von Trauttmansdorff in der Franziskanerkirche. Danach wurde dieser am Mittwoch um 22 Uhr *nella medesima sepoltura del Signore Conte Adama suo fù fratello* beigesetzt (SOA Zamrsk, RA Piccolomini, inv. c. 11955 19/1, p. 1121). Das bestehende Grab eines Familienmitgliedes diente so als Anknüpfungspunkt für eine weitere Bestattung. Von wann der Kontrakt für dieses Grab stammt, ist bislang nicht bekannt, doch stiftete den Altar erst Trauttmansdorffs Nachkommenschaft. Auch ist Friedrich Sigmund von Trauttmansdorff, gestorben 1631, im Dom zu Graz bestattet worden.

ner ersten Frau 1644 gestiftet haben.[230] Erst außerhalb des Untersuchungszeitraumes finden sich weitere in unserem Zusammenhang interessierende Gruftstiftungen: 1694 schlossen der Konvent und die Erben des Leopold Graf Colloredo, der wirklicher Geheimer Rat, Kämmerer und Leibwachehartschierhauptmann gewesen war, einen Vertrag über die Errichtung einer Grablege in der Kapelle vor dem Altar des hl. Sebastian ab. Kapelle, Gruft und Altar wurden der Familie auf ewig ohne Alienationsrecht seitens des Konvents übergeben, eine Renovierung, die weitere Nutzung als Familiengruft sowie das Recht, die Kapelle mit dem gräflich Colloredoschen Wappen zu *condecorieren*, festgeschrieben.[231] Noch später stifteten die Grafen von Rottal eine Gruft: Johann Christoph Graf Rottal kaufte 1698 die Kapelle des hl. Peter von Alcantara und damit eine Gruft.[232] In diese neue Familiengruft wurde der 1674 in der Gutenhirtenkapelle beigesetzte Geheime Rat, Kämmerer und Ritter vom Goldenen Vlies, Johann Graf von Rottal, übertragen, dessen Grab die Wahl der Franziskanerkirche als Ort der Familiengruft mitbestimmt haben dürfte. Das *privilegium Cryptae* wurde 1705 durch einen Vertrag zwischen dem Konvent und Hans Joseph Graf von Rottal auf alle Abkommen der gräflichen Familie beiderlei Geschlechts aus-

---

230 Vgl. *Epitaphia Viennensia*, p. 312, Smitmer, *Lapides Sepulchrales*, p. 58. Mit ihm und den beiden Frauen, Maria Franzisca, geb. Sachsen-Lauenburg, gest. 1644, und Maria Barbara, geb. Czáky, gest. im Januar 1668, sind mehrere bestattete Kinder bezeugt. Die Gruft lag allerdings vor dem hl. Maria-Magdalena-Altar, dem späteren Altar vom hl. Kreuz.

231 AFV, 57 A 33. Vgl. ein Epitaph für ein Familienmitglied des 18. Jahrhunderts *Epitaphia Viennensia*, p. 308, ebenso Gartenschmid, Bd. 3, Abt. II, und Smitmer, *Lapides Sepulchrales*, p. 55.

232 AFV, 58 B 27. Vgl. Anm. 212. *Epitaphia Viennensia*, p. 304, gibt den Träger des Goldenen Vlieses Johann Baptista Graf von Rottal als Stifter an, als Sterbe- bzw. Stiftungsjahr 1674. Die bei Smitmer, *Lapides Sepulchrales*, p. 50, wiedergegebene Inschrift bestätigt diese Angaben. Gartenschmid, Bd. 3, Abt. II, bildet den Stein ab.

gedehnt.[233] Trotz der Familienbegräbnisse hochrangiger Hofleute[234] gehört die Franziskanerkirche damit zu den vom Hofadel etwas schwächer frequentierten Kirchen Wiens.

Jesuitenkirche an der Universität

Die Jesuitenkirche an der Universität wurde 1623 bis 1627 an der Stelle einer älteren Benediktkapelle neu erbaut. Das Archiv ging im Zuge der Aufhebung des Jesuitenordens verloren, so daß die Quellenlage, von der Kopialüberlieferung abgesehen, für diese Kirche unbefriedigend ist. Deshalb ist bei der Interpretation des schwachen Befundes, der sich in das Bild freilich einfügt, besondere Vorsicht geboten.[235]

---

233 AFV, 58 B 27. Original Wien, 3. März 1705, in dem auf die frühere Stiftung verwiesen wird.

234 In der Franziskanerkirche wurden vom hohen Adel nach den Epitaphien der Reichshofrat und Kämmerer Otto Freiherr von Nostiz, gestorben 1641, und Johann Franz Graf von Lamberg, Kämmerer Leopolds I., gestorben 1666, und nach NÖLA, FA Lamberg, Akten, K. 24, auch seine Gemahlin Maria Constantia bestattet (*Epitaphia Viennensia*, p. 306, Smitmer, *Lapides Sepulchrales*, p. 52). Das Lambergepitaph findet sich auch in Gartenschmid, Bd. 3, Abt. II). Die Familiengruft der älteren österreichischen Unterlinie der Georg Sigismundschen Linie in der Augustinerkirche hingegen wurde bezeichnenderweise erst 1669 vom Oberstkämmerer Johann Maximilian Graf Lamberg gegründet. Nicht aufgenommen wurde auch eine lange zurückliegende Bestattungstradition in der Schottenkirche (vgl. das Epitaph eines Grafen Lamberg in Gartenschmid, Bd. 5). Auch die Bonacina bestatteten im 17. Jahrhundert in der Franziskanerkirche (Gartenschmid, Bd. 3, Abt. II). An weiteren hochadeligen Bestattungen sei die des Johann Friedrich Reichsgraf von Seilern und Aspang genannt (*Epitaphia Viennensia*, p. 304, Smitmer, *Lapides Sepulchrales*, p. 50).

235 Mehrfach belegt ist die Gruft des Johann Jakob von Kuefstein (Maurer, Die Gruft von St. Anna, S. 47). Dieser blieb 1620, obschon Protestant, den Habsburgern treu, konvertierte, trat in kaiserlichen Dienst, erhielt 1624 das Amt des Obersterblandsilberkämmerers in Österreich ob und unter der Ens, starb 1633 und wurde nach Karl Kuefstein, Studien zur Familiengeschichte in Verbindung mit der Landes- und Kulturgeschichte, III. Teil. 17. Jahrhundert, Leipzig 1915, S. 211, auch in seiner Kapelle in der Jesuitenkirche bestattet,

Beachtlich ist in diesem Zusammenhang allerdings die erwähnte Sonderstellung der Jesuitenkirchen. Die Jesuiten waren grundsätzlich darum bemüht, den Kirchenraum von profanen Monumenten freizuhalten, was ihnen offenbar auch gut gelang. Bezeichnend ist es allerdings, daß in der hofnäheren Kirche am Hof ungleich mehr adelige Familien gegen diesen Grundsatz Familiengruften und Altäre/Epitaphien errichten konnten als in der hoffernen Universitätskirche.

Dominikanerkirche

Die Dominikanerkirche, die keine Pfarre hatte, ist innerhalb der Befestigungen die von der Hofburg am weitesten entfernt liegende Kirche Wiens und wurde deshalb der Gruppe VI zugeordnet. Eine sonderlich starke Nutzung der Kirche als hochadelige Grabstätte steht so nicht zu erwarten. Allerdings wurde sie ab 1631 an der Stelle der älteren Dominikanerkirche völlig neu erbaut und bot damit gute Voraussetzungen für adelige Gruftstiftungen. Trotzdem war die Kirche im fraglichen Zeitraum zunächst mehr Grabstätte der niederadeligen Hofleute als des Hochadels. Auch waren die Dominikaner ungeachtet der vorgenommenen Bestattungen und der von Adeligen eingerichteten Grabkapellen erfolgreich bemüht, eine mediale Vereinnahmung durch deren Medien des Totengedenkens zu vermeiden.

---

was allerdings nicht ganz sicher ist. In der Linie seines Bruders Hans Ludwig von Kuefstein, bestattete man zwischen 1595 und 1666 dagegen die Familienmitglieder in der Pfarrkirche Maria Laach am Jauerling in der Nähe des Familiensitzes und überführte 1630 sogar ein zweijähriges Kind, eine Tochter des Hans Ludwig von Kuefstein, von Wien aus dorthin; vgl. dazu Johann Lichtenberger, Grabmäler zu Maria Laach am Jaerling V. O. M. B. In: Berichte und Mittheilungen des Alterthums-Vereines zu Wien 3, 1859, S. 111–115. Vgl. zur weiteren Nutzung der Jesuitenkirche auch *Epitaphia Viennensia*, p. 352, 353. Ansonsten ist insofern zu dieser Kirche nur wenig bekannt. Nennenswert ist die Bestattung einer Gräfin Waldstein aus Verbundenheit zu Kirche und Kolleg (vgl. *Epitaphia Viennensia*, p. 353).

Werfen wir zunächst den hinsichtlich der medialen Einbindung der Familiengräber in den Kircheninnenraum durch die Quellenlage nicht sonderlich begünstigten Blick auf die Familiengrüfte.[236] 1635 wurde dem Paul Hieronymus von Ello, einem niederösterreichischen Regimentsrat im Ritterstand, vom Konvent das Eigentum an der noch in der alten Kirche erbauten Familiengruft bestätigt.[237] 1638 erwarb der Hofkriegsrat und Kämmerer Johann Christoph Freiherr von Paar für sich und seine Familie in der Kirche eine Gruft unter einer Kapelle.[238] Nach einer bürgerlichen Gruftstiftung im Jahr 1646[239] kaufte 1649 der 1656 in den Freiherrenstand erhobene Hofkammerrat Dr. Clemens Radolt eine Familiengruft, die wegen der 1676 vorgenommenen Umwidmung als Grabstätte

236 Aufgrund des sehr freundlichen Entgegenkommens von Pater Wolfram Hoyer konnte trotz der gegenwärtigen Neuordnung des Archives Einsicht in einige sehr wichtige Archivalien genommen werden. Herangezogen wurde als Regest der *Index Universalis über die bey des löblichen Prediger Closters in Wienn Procuratur verhandene Documenta, Brieff und Acta.* [...] *Anno 1692*, im folgenden zitiert als AWDK, Buch Nr. 31 (*Index*/Regest), sowie die von Francisco Penzeter 1740 zusammengestellte *Specification Deren Jenigen Persohnen, welche in Unßerer Kirchen allhier zu Wienn seÿndt begraben worden* [...]. Die Handschrift, zitiert als AWDK, Buch Nr. 80 (*Penzeter/Specification*), enthält spätere Zusätze bis zur Wende zum 19. Jahrhundert.

237 AWDK, Buch Nr. 31 (*Index*/Regest), Regest Nr. 190.

238 AWDK, Buch Nr. 31 (*Index*/Regest), Regest Nr. 191. Vgl. auch Gartenschmid, Bd. 3, Abt. III, der einen Gruftstein der Familiengruft aus der ersten Hälfte des 18. Jahrhunderts abbildet, sowie den Hinweis in *Epitaphia Viennensia*, p. 356. Von 1638 stammt nach Gartenschmid, Bd. 3, Abt. III, auch der Gruftstein der Vertema. In dem Grab ruhen nach *Epitaphia Viennensia*, *p.* 357 f., Johann Friedrich Maximilian Graf von Herberstein, gest. 1695, und Johann Friedrich Adolf Graf von Herberstein, des vorigen Sohn, gest. 1719, und Katharina Barbara Gräfin von Herberstein, geb. Vertema. Nach den *Epitaphia Viennensia*, p. 356 f., sind auch die Putz von Adlersthurn sowie die Dietmayr von Dietmannsdorf in der Kirche bestattet.

239 AWDK, Buch Nr. 31 (*Index*/Regest), Regest Nr. 185. Stiftung des Hans Jacob Ölling, Bürger und Handelsmann in Wien. Die Grablege lag vor dem Altar des hl. Dominicus.

für die verstorbene Kaiserin Claudia Felicitas innerhalb der Kirche verlagert wurde.[240] 1662 stiftete der niederösterreichische Landmarschall Johann Ernst Graf von Abensberg-Traun eine Familiengruft.[241] Nach 1669 ließ sich der Hofquartiermeister Johann Kunibert von Wenzelßberg aus dem Ritterstand das bereits für den Vater existierende Gruftrecht für die Familie bestätigen.[242] 1677 folgte mit den Sinzendorff wieder eine hochadelige Familie.[243] Vermutlich in den 1670er Jahren stiftete die niederadelige Familie Reichenfels eine Gruft sowie den Dreifaltigkeitsaltar.[244] Darüber hinaus gab es – mit meist ungewisser, aber eher späterer Datierung – in der Kirche weitere Grüfte, von denen an dieser Stelle die der Familien Löbl,[245] Hochburg[246] und Ulrici[247] (1666) hervorzuheben

240 AWDK, Buch Nr. 31 (*Index*/Regest), Regest Nr. 183 und 184. Die bestatteten Radolt mußten weichen, blieben jedoch in der Kirche. Gartenschmid, Bd. 3, Abt. III, gibt eine Abbildung des Gruftsteins. Vgl. eine spätere Gruftplatte in *Epitaphia Viennensia*, p. 355.

241 AWDK, Buch Nr. 31 (*Index*/Regest), Regest Nr. 186. Zur Datierung siehe *Epitaphia Viennensia*, p. 356. Der auswärts verstorbene Stifter wurde für das Begräbnis nach Wien überführt.

242 AWDK, Buch Nr. 31 (*Index*/Regest), Regest Nr. 189. Der Terminus post quem ergibt sich aus der 1669 erfolgten Erhebung in den Reichsritterstand, die in dem Vertrag erwähnt ist.

243 AWDK, Buch Nr. 31 (*Index*/Regest), Regest Nr. 187. Nach Ausweis des Regests kaufte Maria Magdalena, geb. Gräfin von Erdödy, für ihren verstorbenen Gatten Augustus Graf von Sinzendorff und Familie die Gruft. Wegen der geringen Größe der Gruft sah der Konvent allerdings die Notwendigkeit weiterer Verhandlungen für den Fall einer umfänglicheren Bestattung.

244 Gartenschmid, Bd. 3, Abt. III, mit Abbildungen des Gruftsteines wie der Stiftungsplatte.

245 AWDK, Buch Nr. 31 (*Index*/Regest), Regest Nr. 194. Die Gruft lag unterhalb der St.-Katharina-Kapelle.

246 AWDK, Buch Nr. 31 (*Index*/Regest), Regest Nr. 194. Johann Haas von Hochburg, Administrator der kaiserlichen Herrschaft Ungarisch-Altenburg, wurde 1658 in den Adelsstand für das Reich erhoben. Die Stiftung stammt vermutlich von 1703 (*Epitaphia Viennensia*, p. 358).

247 AWDK, Buch Nr. 31 (*Index*/Regest), Regest Nr. 194. Die Ulrici von Geng-

sind.[248] Hinsichtlich des Gruftrechtes der Khevenhüller, welche bei den Schotten ihre Familiengruft hatten, ist fraglich, ob dieses jemals genutzt wurde.[249]

Über die vorgenommenen Bestattungen sind wir durch eine Handschrift informiert, deren früheste Einträge zwar erst aus den 1670er Jahren stammen, die allerdings bis an die Schließung der Gruft am Ende des 18. Jahrhunderts heranreichen.[250] Daher muß an dieser Stelle bei der Interpretation das 18. Jahrhundert eine stärkere Berücksichtigung finden.[251] Die Eintragungen machen jedoch deutlich, daß viele der genannten Familiengrüfte kaum oder nur kurze Zeit nachhaltig genutzt worden sein dürften. Eine Bestattungsintensität, die auf eine nachhaltig genutzte Familiengruft schließen läßt, ist bei den Grafen von Abensberg-Traun[252] und den Grafen von Paar[253] gegeben.

---

hofen wiesen mit Carl Constantin einen niederösterreichischen Regimentsrat auf, mit Carl, dessen Vater, einen niederösterreichischen Vizdom. Letzterer wurde nach einem Hinweis von Andreas Zajic noch in der Pfarrkirche von Vitis bestattet.

248 Erwähnt sind weitere vielfach bürgerliche Grüfte, die für diesen Zusammenhang nicht von Interesse sind. In AWDK, Buch Nr. 80 *(Penzeter/Specification)*, finden sich weitere Hinweise auf Erbbestattungen vor allem des 18. Jahrhunderts. Gartenschmid, Bd. 3, Abt. III, überliefert einige Gruftsteine.

249 Diese Gruft konnte nach AWDK, Buch Nr. 31 (*Index*/Regest), Regest Nr. 195, wieder verliehen werden. Da in AWDK, Buch Nr. 80 *(Penzeter/Specification)*, zudem keine Khevenhüllersche Bestattung verzeichnet ist, ist sehr fraglich, ob die Gruft im 17. Jahrhundert überhaupt oder in nennenswertem Umfang genutzt wurde.

250 AWDK, Buch Nr. 80 *(Penzeter/Specification)*.

251 Aus MiKA, *Totenprotocoll*, lassen sich einige wenige Ergänzungen vornehmen, die den Gesamteindruck allerdings nicht verändern: Danach wurden etwa 1659 Maria Windhaag und 1670 Bartholomäus Graf Sprinzenstein sowie Bartholomäus Graf Maradas zu den Dominikanern überführt. AugKA, *Protocollum II*, p. 285, weist auf die Überführung der Landmarschallin Abensberg-Traun aus der Augustinerkiche in die Dominikanerkirche 1667 hin.

252 AWDK, Buch Nr. 80 *(Penzeter/Specification)*, sub A und T.

253 AWDK, Buch Nr. 80 *(Penzeter/Specification)*, sub B und P; es wurde bis 1779 bestattet.

Ebenso verhält es sich mit den Radolt.[254] Bei den Sinzendorff spricht der Befund gegen eine längerfristig genutzte Familiengruft.[255] Die Bestattungen von mehreren Mitgliedern verschiedener Familien ohne expliziten Hinweis auf eine Familiengruft lassen auch wie im Falle der Michaelerkirche das Muster der pragmatisch geprägten Bestattung deutlich erkennen.[256] In der Gesamtzahl wie in der Varietät der vereinzelten hochadeligen Bestattungen bleibt die Kirche hinter den näher an der Hofburg gelegenen zurück.[257]

Maria am Gestade

Diese kleine Kirche, die zum Bistum Passau gehörte, weist zwar im 15. und 16. Jahrhundert eine recht beachtliche adelige

254 AWDK, Buch Nr. 80 *(Penzeter/Specification)*, sub R.

255 AWDK, Buch Nr. 80 *(Penzeter/Specification)*, sub S, gibt Hinweise nur auf zwei Bestattungen, eine aus dem Jahr 1676 sowie eine undatierte. AWDK, Buch Nr. 31 *(Index/Regest)*, Regest Nr. 187, hingegen könnte andeuten, daß eine größere Familiengruft zunächst nicht geplant war: Maria Magdalena Theresia stiftete eine Gruft, in der ihr Ehemann Augustus Graf Sinzendorff zwar tatsächlich bestattet war. Allerdings war [...] *zu merkhen, das weillen mehr benente Grufften* [...] *klein und nit mehr als 2 große Sarchen aufeinander stehen solten können, also wann künfftiger Zeit die hochgräffliche Sinzendorffische Familia dahin sich zubegraben lassen verlangten, müßte sie mit Vnß auf ein neues contrahiren und selbsten die Grufft erweittern lassen.* Das aber dürfte unterblieben sein, so daß diese Gruft keine Traditionsbildungswirkung entfalten konnte.

256 AWDK, Buch 80 *(Penzeter/Specification)*, sub H: So werden von den Hillebrandt von Prandau 1715 ein Kind, 1735 eine Maria Anna sowie 1737 eine geborene Maria Anna Hillebrandt bestattet. Ebenso ist bei den Khatzius von Ludwigstorff eine pragmatische Bestattung gegeben: Bestattet sind ein Sohn und drei weibliche Familienmitglieder (AWDK, Buch 80 *[Penzeter/Specification]*, sub L.).

257 Genannt seien zwei Mitglieder der Familie Herberstein (1719 und 1720), die in der Werdemanngruft bestattet wurden, ein Graf Kielmannsegg (o. J.), Johann Christoph Graf Rottal (1699), AWDK, Buch Nr. 80 *(Penzeter/Specification)*, sub H, L, und R. Auch der Hofbuchdrucker Matthias Cosmerovius fand mit seiner Familie hier seine letzte Ruhestätte (AWDK, Buch Nr. 80 *[Penzeter/Specification]*, sub C).

Bestattung auf. Im fraglichen Zeitraum finden sich jedoch nur einzelne hochadelige Bestattungen, nicht jedoch hochadelige Familiengruften. Zudem ist an den hochadeligen Bestattungen der für die Wahl des Bestattungsortes wohl ausschlaggebende Bezug zum Bistum Passau auffällig.[258]

4.2 Verteilung der Erbbegräbnisse im Stadtraum

Als ein Ergebnis dieses Überblicks läßt sich festhalten, daß Hofnähe und hochadelige Bestattungsintensität grundsätzlich positiv korrelieren.

Betrachtet man die Kirchen auf die in ihnen bestatteten Amtsträger hin, so ist zunächst auffällig, daß sehr viele Inhaber gerade von Spitzenämtern des Hofes ihr Grab in Wien wählten. Eine Vielzahl von kaiserlichen Obersthofmeistern des fraglichen Zeitraumes ließ sich in Wien bestatten (etwa Meggau, Trauttmansdorff, Porcia, Lamberg), ebenso zahlreiche Oberstkämmerer (Puchheim, Waldstein, Gonzaga) und nicht zuletzt etwa die Hofkanzler Werdenberg, Goldeck und Sinzendorf.

Dieser Befund läßt sich jedoch weiter präzisieren, wobei bemerkenswert ist, daß sich Abweichungen vom erwarteten Befund (insbesondere die Dominikanerkirche) im Sinne der dadurch an Tiefenschärfe gewinnenden Ausgangshypothesen erklären lassen.

Die zeitliche Verteilung der Stiftung adeliger Erbbegräbnisse weist hochinteressante Merkmale auf. Zum einen läßt sich bei datierbaren Erbbegräbnissen eine Häufung der Stiftungen in den 1630er und 1640er Jahren ausmachen, just in der Zeit der Konsolidierung der habsburgischen Herrschaft in den Erblanden. Zum anderen ist auffallend, daß hofnahe Kirchen

---

258 Vgl. *Epitaphia Viennensia*, p. 259–267, und Gartenschmid, Bd. 4, Abt. I.

Stiftungen von hochadeligen Familiengrüften in der Wiener Altstadt zwischen 1620 und 1680

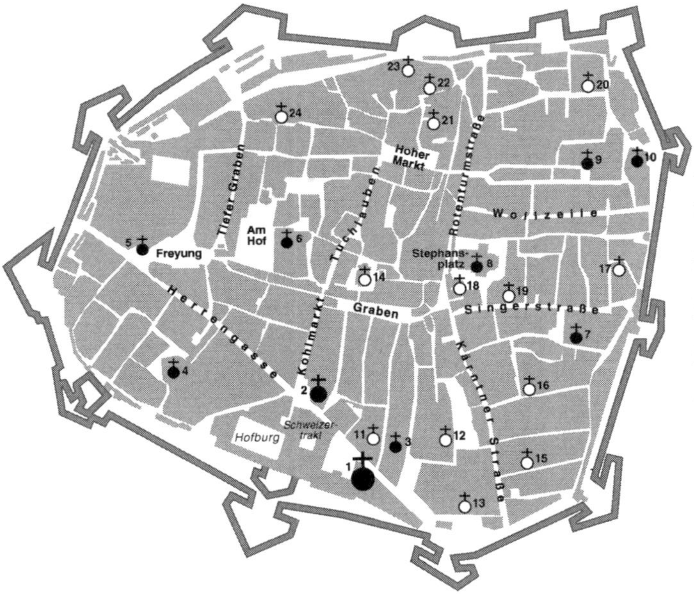

mehr als 10 Stiftungen
1 Augustinerkirche

5–10 Stiftungen
2 Michaelerkirche

1–4 Stiftungen
3 Dorotheerkloster
4 Minoritenkirche
5 Schottenkirche
6 Kirche am Hof (Jesuiten)
7 Franziskanerkirche
8 Stephansdom
9 Jesuitenkirche an der Universität
10 Dominikanerkirche

bisher ohne Nachweise
11 Königinkloster
12 Kapuzinerkloster
13 Bürgerspitalkirche
14 Peterskirche
15 Kirche St. Anna (Jesuiten)
16 Himmelpfortenkloster
17 St. Jakobkloster auf der Hülben
18 Maria Magdalenakapelle
19 Deutschordenskirche
20 Laurenzerkloster
21 Kirche ad St. Trinitatum
22 Ruprechtskirche
23 Jungfrauenkloster (St. Joseph)
24 Maria am Gestade

(Stadtplan nach Elisabeth Lichtenberger, kartographische Gestaltung Christina Unger, Hans-Michael Putz)

in diesen Jahren der Konsolidierung die meisten Stiftungen auf sich vereinigten und dann in der Stiftungsintensität langsam abfielen. So lassen sich für die Augustinerkirche in den 30er Jahren wenigstens sieben, in den 40er und 50er Jahren nur mehr je zwei und in den 60er Jahren noch eine solche Gründung nachweisen. Auch in der Michaelerkirche liegt das Maximum in den 1630er Jahren, während die Stiftungsintensität später nachläßt. In den hofferneren Kirchen nimmt die Intensität hochadeliger Stiftungen dagegen erst später deutlich zu. Dies weist darauf hin, daß in den Jahren der Konsolidierung die hofnahen Kirchen von besonderer Attraktivität für den Hochadel gewesen sein dürften. Als Erklärung für die Abwanderung ließe sich auch die Bewertung der Plätze innerhalb der Kirchen anführen: Erst nachdem die attraktiven Plätze innerhalb dieser Kirchen vergeben waren, wandte man sich den hofferneren Kirchen zu, in denen Plätze in einiger Nähe zum Hochaltar noch zur Verfügung standen.[259]

Oben war die Beschreibbarkeit des Mediums Kirchenraum zur Sprache gekommen. Tatsächlich ist es so, daß die meisten Gruftstiftungen auf jene Kirchen fallen, die in den 1630er Jahren grundlegend erneuert wurden, in denen also Platz geschaffen worden war: auf die Augustinerkirche, auf die Michaelerkirche, auf die Dominikanerkirche (die Jesuitenkirchen tendieren in Abhängigkeit ihrer Entfernung vom Hof uneinheitlich). Die Relevanz dieses Faktors wird damit zwar deutlich. Innerhalb dieser Gruppe aber ist die Hofnähe als Ordnungsprinzip jedoch wiederum klar erkennbar.

---

259 Dies spiegelt sich auch in den Kosten für ein Erbbegräbnis wider: Der Tendenz nach sind einerseits Grüfte ähnlicher Lage in hofnahen Kirchen teurer als in hoffernen, andererseits Plätze in der Nähe des Hochaltars – *ad sanctos* – teurer als entferntere.

4.3 Grenzen der Integrationskraft

Bezogen auf den Adel der Erblande insgesamt stellt das Phänomen der adeligen Bestattung in der Residenz trotz seines beachtlichen Umfanges eher die eben darum bezeichnende Abweichung vom üblichen Verhalten dar. Dies wirft die Frage nach den zwar am Hof, nicht jedoch bei der Bestattung vertretenen Gruppen auf. Schwach vertreten sind oder gänzlich fehlen, selbst bei Einzelbestattungen, zunächst Teile national gebundener Eliten, vor allem ungarische (mit der Ausnahme der Pálffy) und böhmische Familien, wie etwa die im Prager Veitsdom Erbbegräbnisse besitzenden Lobkowitz, Slavata und Cernin. Es fehlen daneben weite Teile des alten, in den Ländern stark verankerten erbländischen Adels.[260]

Als Erklärung läßt sich an die Spannung zwischen familialer Memoria und höfischer Integration denken. Die meisten adeligen Familien besaßen vor der Gründung eines Erbbegräbnisses in Wien andernorts ein Familiengrab. Damit war eine traditionsstiftende, für die Zukunft verpflichtende symbolische Verbindung der adeligen Familie mit dem räumlichen wie sozialen Umfeld des Familiengrabes vorgegeben. Die Bestattung min-

260 Vgl. dazu etwa Karl Lind, Die Losensteiner Gräber in Garsten. In: Berichte und Mittheilungen des Alterthums-Vereines zu Wien 23, 1884, S. 6–16; Joseph Maurer, Die Grabinschriften in der Pfarrkirche zu Asparn an der Zaya. In: Berichte und Mittheilungen des Alterthums-Vereines zu Wien 24, 1887, S. 66–71; Ed. Freiherr von Sacken, Die Kirche zu Murstetten (V.O.W.W.) und die Grabdenkbale der Familie Althann daselbst. In: Berichte und Mittheilungen des Alterthums-Vereines zu Wien 21, 1882, S. 137–148; Alfred Sitte, Die Grabdenkmale in der Schlosscapelle zu Pottendorf. In: Berichte und Mittheilungen des Alterthums-Vereines zu Wien 33, 1898, S. 33–40; Norbert Wibiral, Die Losensteiner-Kapelle in Garsten und ihre Restaurierung. In: Oberösterreichische Kulturzeitschrift 26, 1976, S. 24–28; A. Widter, Die Teufel zu Winzendorf. In: Berichte und Mittheilungen des Alterthums-Vereines zu Wien 23, 1885, S. 104–114; Adolf Winkler, Grabdenkmale in Oberösterreich. In: Mittheilungen der K. K. Central-Commission zur Erforschung und Erhaltung der kunst- und historischen Denkmale, 1, 1875, S. XXV–XXVII und CI ff.

derjähriger Kinder in Wien mochte sich mit dieser Verpflichtung noch vertragen. Vor allem bei männlichen Erwachsenen, zumal Familienoberhäuptern, war dies jedoch anders.

Die Etablierung einer abweichenden Tradition erforderte triftige Gründe und scheint insbesondere dann vollzogen worden zu sein, wenn der Status der adeligen Familie durch den Stifter des Wiener Familiengrabes eine Veränderung erfahren hatte – in Betracht kommt hier vor allem die mit der Integration in den Hof so häufig verbundene Standeserhöhung[261] oder die Möglichkeit, eine neue Linie auf einer eigenständigen und durch den Hof materiell abgesicherten Grundlage zu begründen. In jedem Fall verweist die Neustiftung auf eine durch den Hof bewirkte Umstrukturierung des sozialen Feldes des Adeligen, die so tiefgreifend war, daß eine Abweichung von der Familientradition tunlich schien. Wo diese nicht gegeben war, dürfte an der alten Tradition festgehalten worden sein.[262] Des-

261 Dies findet eine Entsprechung in der Epitaphsetzung bei den Trautson in der Michaelerkirche: „Jedes Mitglied, das dem Haus eine Rangerhöhung brachte, erhielt im Chor der Michaelerkirche ein monumentales Denkmal" (Posch, Sarginschriften, S. 58). Die Entscheidung zwischen Wien oder dem traditionellen Ort konnte durch Zwischenformen entschärft werden: So gab es neben dem Gruftstein in der Michaelerkirche für Hans Heinrich von Salburg, Freiherr auf Falkenstein, gestorben 1633, auch in der Pfarrkirche im Mühlkreise ein Monument (Lind, St. Michaelskirche, S. 49 f.).

262 Eine Besonderheit stellt das Verhalten der Neufürsten des fraglichen Zeitraumes dar. In Wien waren etwa die Porcia in der Schottenkirche und die Montecucoli (Fürstenstand erst 1689) in der Kirche Am Hof mit einer besonderen Familiengruft vertreten. Ottavio Fürst Piccolomini dagegen wurde in der außerhalb der Inneren Stadt liegenden Servitenkirche in einer Gruft bestattet, wie mir Dr. Friedrich Polleroß freundlicherweise mitteilte. Die Fürsten Liechtenstein besaßen – wie die Grafen Erdödy – in der Karmeliterkirche im heutigen zweiten Wiener Gemeindebezirk, also ebenfalls außerhalb der Inneren Stadt, eine Familiengruft (Gartenschmid, Bd. 7). Fürstliche Repräsentation in der Inneren Stadt war nicht unproblematisch, mußte sie doch grundsätzlich einen angemessenen Platz finden und eine standesgemäße Formsprache entwickeln, was angesichts der völlig unprätentiösen Bestattung der Habsburger auf der einen Seite sowie der starken Inanspruchnahme der

wegen lassen sich im sakralen Raum der Residenz auch Stufen und Grenzen der Integrationskraft des Hofes nachvollziehen.

5. *Kircheninnenräume*

5.1. Symbole für die Ewigkeit

Dem Adel ging es bei der Grablege neben den religiösen Zwecken um die mediale Präsenz im kommunikativen Raum der Hofgesellschaft und damit um die Einbezogenheit in gerade diese Gemeinschaft der Lebenden. Der Hinweis auf die Toten erfolgte in der Regel in den Formen der Grabkapelle, des Epitaphs oder der Gruft- bzw. Grabplatte. War die Zurechnung des sichtbaren Monumentes auf Familie und Person – wie bei Kapellen bzw. Altären – nicht ohne weiteres möglich, half man sich mit einem zusätzlichen Epitaph, mit einem Wappenschild oder auch mit der Nennung der Kapelle nicht nach dem verehrten Heiligen, sondern nach dem Namen der Stifterfamilie. So sollten die Kapelle und Gruft der Familie der Grafen Lamberg in der Augustinerkirche *obzwar solches ordinarie nicht gebräuchig* auf ewig der Familie verbleiben *und genandt werden.*[263]

Die *designatio*[264] des Grabes war sehr häufig Gegenstand differenzierter vertraglicher Regelungen. So waren im Falle des Vertrages der Barnabiten mit dem niederösterreichischen Regimentsrat Johann Baptista Suttinger Gruftplatte und Epitaph

Kirchen durch sonstigen Adel nur schwer möglich war. Das Inkognito bei der Bestattung Johann Ferdinand Fürst Porcias (vgl. Anm. 168) könnte dazu gedient haben, das entsprechende Regelsystem auch insoweit zu suspendieren; andere wählten zwar ebenfalls Wien, jedoch einige Distanz zur Inneren Stadt.

263 AugKA, *Protocollum I*, p. 305. Die dauernde Bezeichnung der Kapelle nicht mit dem Namen des oder der Heiligen, sondern mit dem Namen der Stifter, die in diesen Zusammenhang gehört, findet sich weiter bei den Familien Pálffy und Mansfeld (AugKA, *Protocollum I*, p. 252, 264).

264 Vgl. MiKA, III.25.5.

vorgesehen.[265] Das Recht, die bearbeitete Gruftplatte und das Epitaph in die Kirche bringen zu lassen, wurde auch dem Freiherrn Augustin von Meyerberg 1679 eingeräumt, wobei sich wiederum die explizite Erlaubnis findet, das Grab mit einem bearbeiteten inschrifttragenden Stein zu decken.[266] Der Reichshofrat und kaiserliche Sekretär Johann Walderode erhielt in der Minoritenkirche das Recht, *über die breite und lenge obbesagtes orts einen oder mehr Stain legen* [...] *zu laßen*.[267]

5.1.1 Sichtbarkeit und Integrität

Neben der Designation standen die Gewährleistung von Sichtbarkeit und Integrität der Symbole. Der kaiserliche Hofkammerrat Hieronymus Freiherr von Scalvinoni etwa erwarb in der Augustinerkirche mit dem St.-Anna-Altar und der zugehörigen Gruft das Recht, einen Gruftstein mit seinem Wappen und Schild fertigen und über die Grufttreppe legen zu lassen; dazu mußte jedoch eine andere Platte entfernt und an einem Pfeiler aufgestellt werden, um ihre weitere Sichtbarkeit zu gewährleisten.[268] Die Berchtold erhielten zu Anfang des 17. Jahrhunderts das Recht, in der Michaelerkirche in der Kapelle des hl. Georg Epitaphien anbringen zu lassen, mußten vorhandene ältere Epitaphien jedoch an Ort und Stelle belassen.[269] Maria Elisabeth Gräfin von Heissenstein stiftete Mittel für den Bau eines Cho-

---

265 MiKA, III.25.8. *Lapidem Sepulchralem aequatum et planum in plano soli iuxta Lapidem Domini Perger cum Insignijs et Epitaphiali Inscriptione, nullo unquam tempore amovendum collocare valeat. Quod si autem eiusdem Domini Suttinger haeredes vel in muro, vel in Pilari ipsi Epitaphium erigere velint, liceat* [...].

266 MiKA, III.30.7.: *lapide Sepulchrali, et inscriptione exornet*. Der Hinweis auf das am Kapellenpfeiler befindliche Epitaph findet sich im Notatum von späterer Hand. Der Vertrag datiert vom 12. April 1679. Vgl. auch MiKA, 32.III.6.: [...] *conceditur, ut lapidem sepulchralem cum Epitaphio desuper collocare queat.*

267 MinKA, I.1.105. Auf der Urkunde ist die Nr. 102 angegeben.

268 AugKA, *Protocollum I*, p. 398. Vgl. oben Anm. 127.

269 MiKA, Kirchen- und Pfarrprotokoll, II, p. 1387.

res für die Musikanten in der Augustinerkirche vor allem deshalb, weil sie *nit sehen Kunte, dass dass positiv auff der Krufften stunde vndt die Pänckh deren musicanten vor der Capellen wären* und somit die Sichtbarkeit der Familienkapelle behinderte.[270]

Grundsätzlich war die Sichtbarkeit der Zurechnungssymbole freilich für die Ewigkeit konzipiert. Besonders für den Fall des Aussterbens der Familie mußte vorgesorgt werden.[271] Dies wird an den zahlreichen Klauseln deutlich, die das Recht, ein Epitaph anzubringen, dahingehend ergänzten, daß selbst im Aussterbensfalle der Stifterfamilien *weder einiger Schild oder Wappen abgenohmen oder amovirt werde.*[272] Wie die Gruft der Pálffy sollte die der Grafen Lamberg auf ewig der Familie verbleiben und wiederum selbst im Aussterbensfalle nicht *dero Wappen abgenohmen, oder ausgelescht werden.*[273] Der Schutz alter Epitaphien war teilweise Gegenstand neuer Verträge: Der Freiherr Gabriel Selb durfte in der Michaelerkirche eine Gruft in einer neuerworbenen Kapelle einrichten, seine *Wappen undt Epitaphia* aber nur [...] *ohne Veränderung der Jenigen, so beraits darinnen seint* [...], anbringen.[274] Die Familie Mansfeld stimmte der Umwidmung der von ihnen nicht mehr genutzten Kapelle in der Augustinerkirche nur unter der Bedingung zu, daß ihr Wappen nicht entfernt werde.[275] Aufschlußreich ist die von 1651 datierende Beschwerde des Johann Adolf Graf von Schwarzenberg über

---

270 Wolfsgruber, Hofkirche, S. 11.

271 MinKA, I.1.94.

272 AugKA, *Protocollum I*, p. 349, für das Epitaph des Johann Anton Graf von Pálffy. So im Fall des Epitaphes der Familie Pálffy. Tatsächlich hat man in der Folge trotz der Regotisierung der Kirche dieser Klausel in gewisser Weise Genüge getan, indem man das Epitaph in der Gruft in eine Wand einmauerte (Photo im AugKA).

273 AugKA, *Protocollum I*, p. 305. Für den Aussterbensfall ließen auch die Meggau in der Michaelerkirche die Weiterveräußerung der Gruft ausschließen (Posch, Sarginschriften, S. 2).

274 MiKA, 32.III.9. Der Kontrakt datiert vom 15. März 1678.

275 Vgl. Wolfsgruber, Hofkirche, S. 9.

das Verschwinden des Epitaphs seines Großvaters in der Augustinerkirche.[276]

Die Sensibilität für die Aufrichtung von Epitaphien bzw. Wappen dürfte aus mehreren Gründen höher gewesen sein als für Gruftplatten. Ersteres ist allein aufgrund des Umstandes, daß es in oder über Augenhöhe angebracht ist, weit besser wahrnehmbar und steht viel mehr in Konkurrenz zu sakralen Symbolen als der auf dem Boden liegende Gruftstein, der zudem als Teil des Bodens der Abnutzung und je nach Lage der Gefahr der Verdeckung durch Gestühl etc. ausgeliefert war. Zudem machte die für das Epitaph typische Trennung von Grab und Monument eine bewußte Ortswahl erforderlich.[277]

Obwohl die wechselseitige Durchdringung der beiden Symbolsysteme im Bereich der Totenmemoria Tradition hatte und fester Bestandteil der religiösen Symbolik war,[278] konnte das Interesse an einem auf die Symbolisierung von Transzendenz

276 Die Beschwerde, vgl. dazu Berger, Das Grab des Grafen Adolf von Schwarzenberg, S. 178 f., setzte umfängliche Nachforschungen in Gang, welche den Verbleib von Sarg (in der Gruft der Geistlichen unter dem Hochaltar) und anderen Memorabilien klärte; das Epitaph blieb verschwunden.

277 So wählte Karl von Harrach 1615 *mitten in dem Chor vor dem grossen Altar ein beliebtes ort zu der sepultur, darin die stifter und nachkommen gelegt werden*, ließ das Epitaph aber an der St.-Georg-Kapelle im Kreuzgang aufrichten und dort auch den gestifteten Jahrtag verrichten. AugKA, *Protocollum I*, p. 291 f. (Vertragsabschrift).

278 Dies führt freilich zu der Frage, wie die Kirche insgesamt und einzelne Orden dieser Zeit im einzelnen konzeptionelle Vorstellungen von Kircheninnenräumen entwickelten, die über Geschmacksfragen der Ausstattung hinausgingen, und welche Rolle die Einbeziehung der Memoria dabei spielte. Obschon dieser hier nicht nachgegangen werden kann, lohnt doch der Hinweis auf die Vorbehalte der Jesuiten und wohl auch der Dominikaner. Zu zahlreichen Aspekten des Altarbaues vgl. indes Johannes Ramharter, „Weil der Altar Alterhalben unförmblich und paufellig ...“. Rechtsfragen zur Ausstattung der Sakralbauten im Salzburger Raum (Österreichische Akademie der Wissenschaften phil.-hist. Kl. – Kommission für Rechtsgeschichte Österreichs. Fontes Rerum Austriacarum. Österreichische Geschichtsquellen, Dritte Abteilung Fontes Iuris 12), Wien – Köln – Weimar 1996.

angelegten Sakralraum mit seiner medialen Vereinnahmung als Folie adeliger Selbstdarstellung kollidieren. Die beiden nachfolgend beschriebenen Auseinandersetzungen zwischen Adeligen und den Kircheninhabern machen dieses besonders deutlich.

Bald nach der Übernahme des Konvents 1626 wollten die neuen Inhaber der Augustinerkirche den Hochaltar der Kirche im Chor nach vorne zum Hauptschiff hin vorrücken, um den dann abgetrennten Chor exklusiv für die Konventsmitglieder nutzen zu können. Gegen diesen Plan setzte sich jedoch die Familie Dietrichstein mit dem Argument zur Wehr, in dem dann vom Kirchenschiff abgetrennten – und nicht mehr öffentlich sichtbaren – Raum seien Familienmitglieder bestattet und ein kostbares Epitaph angebracht: *Doch setzte sich die Familie Dietrichstein, welche von ihren Vorfahren dort nahe beim Altar* [...] *einige Bestattete hat und deshalb dafür gesorgt hatte, daß ein ansehliches, aus weißem und rotem Marmor kunstvoll gemeißeltes Epitaph an diesem Ort innerhalb der Scheidewand aufgerichtet wurde, dem entgegen* [...] *und wollte nicht, daß dieses Grab zusammen mit dem Epitaph innerhalb des Chores abgeschnitten würde* [...].[279] Obschon bereits die Fundamente ausgehoben waren, unterblieb aufgrund des massiven Einwandes der Familie die Verlagerung des Altars. Die Gewährleistung der Sichtbarkeit des Familienepitaphs stand hier in klarem Gegensatz zu kirchenimmanenten Anliegen. Daß die Familie sich in diesem Falle durchsetzte, zeigt, wie wichtig dem Adel die Sichtbarkeit seiner Zeichen war und daß die Gestaltung des Kircheninnenraumes nach der vertraglichen Regelung der Aufstellung von Epitaphien etc. der innerkirchlichen Disposition insoweit zumindest grundsätzlich

279 *Sed opposuit se Familia Dietrichsteiniana, quae ex Antecessoribus suis quosdam ibi prope Altare* [...] *Sepultos habet, et eapropter Speciosum Epitaphium ex albo et rubro marmore laboriose excisum eo loco intra parietem erigi curavit* [...], *noluitque ut haec Sepultum unacum Epitaphio interciperetur intra Chorum* [...]. AugKA, *Protocollum I*, p. 240 f. Vgl. dazu auch Wolfsgruber, Hofkirche, S. 6, Anm. 3.

entzogen war: Die Kirche konnte dann selbst bei entgegenstehendem Willen als Folie adeliger Selbstdarstellung dienen.

Die Funktion, welche die Darstellung besonderer Leistungen mittels des *Cursus-honorum*-Epitaphes erfüllte, stand den Familien klar vor Augen. Auf den Punkt brachten es drei Grafen Trautson in einem Schreiben an die Barnabiten, welche um die Erlaubnis für die Verlagerung eines kirchliche Zwecke störenden Monumentes gebeten hatten: […] *dieser Verlagerung aber hatte unsere Familie deshalb nicht zustimmen können, weil das genannte Monument ja von einem ehrenvolleren zu einem schlechter sichtbaren Ort gebracht worden wäre, welches seit etwa einem ganzen Jahrhundert dort unbewegt zur Zier der Familie und zur Erinnerung des oben genannten Johannes Trautson verblieb, der einst am Hof der Kaiser Ferdinands I., Maximilians II. und Rudolfs II. seligsten Angedenkens höchste Ämter innegehabt hatte.*[280] Das Monument, das in der Mitte des Chores und damit an dem in religiöser Hinsicht besten Platz stand, behinderte u. a. die Sicht auf den Hauptaltar. Die Verlagerung der Tumba aber hätte deren Sichtbarkeit behindert. Das Monument sollte am gut wahrnehmbaren Ort verbleiben, trug es doch zur Zier der Familie bei durch die Erinnerung an den so bedeutsamen Diener dreier Herren. Die Zustimmung zur Verlagerung erteilten die Trautson schließlich unter der Bedingung einer Aufstellung in unmittelbarer Nähe des Hochaltars.

280 […] *cui vero translationi Familia nostra exinde consentire non poterat, quia de magis honorifico ad locum minus conspicuum translatum fuisset dictum monumentum quod ab integro ferme saeculo ibi Immotum permansit pro decore Familiae ac memoria antedicti Joannis Trauthsonij, qui in aulis quondam pijssimae mem(oriae) Caesarum Ferd(inandi). I. Maximil(iani) II et Rudolphi II primas vices obierat.* Vgl. Anm. 1. Eine Abschrift des Briefes und der Übereinkunft findet sich im Kirchen- und Pfarrprotokoll von 1775, II, p. 1539, 1540. Johann Trautson wurde nicht in der Tumba, sondern in der Gruft unter dem Hochaltar beigesetzt (vgl. Posch, Sarginschriften, S. 61, und Franz Hadriga, Die Trautson. Paladine Habsburgs, Graz – Wien – Köln 1996, S. 61), so daß sich *conspicuus* schwerlich auf die Bestattung des Leichnams *ad sanctos* beziehen kann und die Übersetzung mit „sichtbar“ daher nicht zweifelhaft ist.

5.1.2 Soziale Relevanz

Der Blick des Adels verlor sich nicht in der Ewigkeit, sondern gewahrte die jeweils gegenwärtige Situation von Kapelle, Gruft und Epitaph: Daß Karl Ferdinand Graf von Waldstein gerade 1691, im Jahr nach seinem Amtsantritt als kaiserlicher Oberstkämmerer, die Kapelle der Familie in der Augustinerkirche instand setzen ließ,[281] dürfte kaum Zufall gewesen sein, sondern die These, daß die Garantie langwährender Sichtbarkeit der Adelssymbole von höchster Wichtigkeit war, um die Nuance ergänzen, daß man auch weiterhin für genehme Anblicke sorgte – wobei Rücksichten auf die eigene Stellung bei Hofe von Gewicht waren.[282] Die Rottal etwa renovierten 1698 ihre Grabkapelle aufwendig und trugen dabei Sorge, daß das in Erz zu gießende Familienwappen bzw. entsprechende Lettern des Inhalts *Graff Rottalische Crufften* gut sichtbar sein würden.[283]

Auffällig sind auch Epitaphsetzungen durch Nachkommen, die, selbst eine vielversprechende Hofkarriere vor Augen, die eigene Position vermittels des Epitaphes in einer das Übliche übersteigenden Weise ins Blickfeld rückten. So setzte Maximilian von Trauttmansdorff 1618 seinem 1617 verstorbenen Bruder in der Franziskanerkirche ein Epitaph, in welchem zwar die Laufbahn des Verstorbenen eine glanzvolle Schilderung erfährt, der Stifter aber ostentativ auf die nicht minder bedeutsame eigene Position als Geheimer Rat Kaiser Matthias' und Obersthofmeister der Kaiserin verweist.[284] Der Reichshofrats-

281 AugKA, *Protocollum I*, p. 290.

282 Im Fall der Stiftungen Heissenstein, Mansfeld und Dietrichstein war bei Abfassung des Protokolls kein Stiftungsbrief mehr vorhanden; daß ähnliche Klauseln jedoch vorhanden waren, darf begründet vermutet werden.

283 AFV, 58 B 26. Vergleichsurkunde vom 3. Mai 1698. In der Minoritenkirche wies eigens eine Inschrift auf die Renovierung der Grabkapelle der Freiherren von Schönkirchen durch Wilhelm Freiherr von Schönkirchen hin (*Epitaphia Viennensia*, p. 136).

284 Vgl. Anm. 229. Dem Otto Freiherrn von Nostiz setzte der Erbe Johann

präsident und Geheime Rat Johann Freiherr von Reck setzte seiner Frau 1641 in St. Stephan ein Epitaph, das er selbst als Stifter ganz deutlich dominierte.[285] Eine ausführliche Selbstbeschreibung, die derjenigen der Verstorbenen in der Länge nahezu gleichkam, bot 1705 in der Michaelerkirche der Hofkanzler Leopolds I., Julius Friedrich Graf Buccelini.[286]

5.1.3 Ahnenprobe versus *Cursus-honorum*-Epitaph

Wichtig ist in diesem Zusammenhang ein Hinweis auf einige Aspekte der Form der Epitaphien. Epitaphien mit Adelsproben lassen sich, obschon die Form weiter existierte,[287] für den fraglichen Zeitraum in Wien bislang nicht nachweisen.[288] Die der hochadeligen Hofleute dagegen präsentieren die Geschichte von Menschen in ihren Beziehungen vornehmlich zum Hof. Zur Verdeutlichung des Gegensatzes sei zunächst das Ahnenprobenepitaph des Johann Friedrich von Zinzendorf aus der Pfarrkirchen von Gresten/Gaming in Niederösterreich von 1591 angeführt, dessen Text mit der Nennung der Eltern, des Großvaters und Urgroßvaters anhebt. Sodann folgt der eigene Lebenslauf:

Hartwig Graf Nostiz, der bereits böhmischer Kanzler war, das Epitaph (vgl. Anm. 234).

285 *Epitaphia Viennensia*, p. 336.

286 Die Inschrift bei Lind, St. Michaelskirche zu Wien, S. 50.

287 Vgl. für den österreichischen Raum etwa das Epitaph des Freiherrn Georg Christoph von Puech mit dem Nachweis 16 adeliger Ahnen von 1649 in Ulmerfeld/Amstetten (Die Inschriften Niederösterreichs, 1. Teil: Die Inschriften der politischen Bezirke Amstetten und Scheibbs [Die Deutschen Inschriften 10, Wiener Reihe 3], Graz u. a. 1966, S. 134), für andere Teils des Reichs, in denen diese Form freilich weit stärker vertreten war, das Epitaph des Philipp Christoph von Münchingen (Die Inschriften des Landkreises Ludwigsburg [Die Deutschen Inschriften 25, Heidelberger Reihe 9], Wiesbaden 1986, S. 399 f. und Abb. 157).

288 Den Hinweis auf diese ganz andersartigen Epitaphien danke ich Frau Dr. Renate Kohn. In Wien findet sich als wohl spätestes Ahnenprobenepitaph dasjenige für den 1582 frühverstorbenen Maximilian Püchler von Weittenegk, Freiherr von Hornstein, bei den Schotten, mit welchem seine Linie ausstarb (*Epitaphia Viennensia*, p. 208 f., und Mayr, *Tomus Epitaphiorum*, fol. 141).

[...] *geboren im Jahre des Herrn 1546, als Kind zu Hause, als Bub am Hofe des Fürsten zu Cleve erzogen; als junger Mann erwarb er sich als Ritter durch Dienstleistungen in Ungarn viel Verdienste. Nachdem er als Mann, verheiratet mit zwei Frauen aus dem Geschlecht der Freiherrn von Polheim, mehrere Kinder gehabt hatte, brachte er die Herrschaft über Hauseck, das seine Vorfahren von altersher besessen hatten und das durch eine Heirat der einzigen Erbtochter vor nicht zu langer Zeit in fremde Hände übergegangen war, durch Tausch mit der Herrschaft Orth wieder an seine Familie; er restaurierte die untere Burg, ließ die Kirche, das Amtshaus und die Schule erneuern, wiederherstellen und vergrößern; und dieses Grabmal ließ er sich und den Seinen errichten im Jahre 1591. Er starb* [...].[289]

Deutlich werden die vom Autor der Inschrift beachteten relevanten Bezüge: die lange Reihe der adeligen Ahnen, die Leistungen für den Bestand der Familie; rittermäßige Erziehung und Lebenswandel, Ehe, Kinder, die Sicherung des alten Familienbesitzes, die Sorge um Belange der Herrschaft.[290]

Die Epitaphien in der Residenz verzichten in der Regel auf diese Breite. Sie geben statt dessen neben den Angaben über Person und Lebensdaten vornehmlich Auskunft über Karriereverläufe und die Qualitäten des Hofmanns. Beispielhaft ist das des Oberstkämmerers Ferdinands III., Rudolf Graf von Puchheim, welches gegenwärtig außen an der Minoritenkirche angebracht ist.

---

289 Transkription und Übersetzung in: Die Inschriften Niederösterreichs, 1. Teil: Die Inschriften der politischen Bezirke Amstetten und Scheibbs (Die Deutschen Inschriften 10, Wiener Reihe 3), Graz u. a. 1966, S. 189.

290 Das *Cursus-honorum*-Epitaph ist zwar keine neue Erscheinung: Bemerkenswert daran aber ist die Konsequenz seiner Verbindung mit dem Sozialraum Hof. Zu den ganz andersartigen Möglichkeiten adeliger Lebensführung, dem Landedelmann als dem Gegenpol des Hofmannes vgl. Otto Brunner, Adeliges Landleben und europäischer Geist. Leben und Werk Wolf Helmhards von Hohberg 1612–1688, Salzburg 1949.

Epitaph des Johann Rudolf Graf von Puchheim

Hier liegt begraben [...] *Johann Rudolf Graf von Puchheim* [...], *der wegen seiner außerordentlichen Einsicht vom erhabensten römischen Kaiser Ferdinand III. zu den geheimen Beratungen herangezogen, wegen seiner einzigartigen Klugheit in das Amt des kaiserlichen Oberstkämmerers eingesetzt, wegen seiner Erfahrung und Mäßigung als sein Obersthofmeister angenommen, wegen seiner Leutseligkeit und seiner Liebenswürdigkeit von allen geliebt und geachtet, endlich am 17. Januar im Jahr 1651 seelig im Herrn verschied, wobei er am Hof und im Leben Sehnsucht nach sich zurückließ* [...].[291]

291 Die Transkription teilte dankenswerterweise Frau Dr. Renate Kohn mit: .D.O.M.A. / .HIC SITVS EST. / ILLVSTRISSIMVS ET EXCELLENTISSIMVS DNS DNS IOANNES RVDOLPHVS / COMES A PVCHAIMB, DNS IN GOLLERSTORFF ET KRVMBACH &C &C / .QVI. / OB EXIMIAM SVAM SAPIENTIAM AB AVGVSTISSIMO ROMANORVM IMPERATORE / FERDINANDO III AD ARCANA CONSILIA ADLECTVS OB SINGVLAREM PRVDENTIAM / SVPREMVS CAMERAE CAESAREAE PRAEFECTVS CONSTITVTVS OB RERVM EXPERIENTIAM / ET MODERATIONEM ANIMI SVMMVS EIVSDEM AVLAE CAESAREAE MAGISTER AD SCITVS, AB/ AFFABILITATE MORVMQVE SVAVITATE AB OMNIBVS AMATVS ET AESTIMATVS, TANDEM / DIE XVII. IANVARII ANNI [sic!] .M.DC.LI MAGNO SVI IN AVLA ET VITA RELICTO DESIDERIO / PIE IN DOMINO OBDORMIVIT, / .CVI. / MONVMENTVM HOC / FRATERNI AMORIS ET OBSERVANTIAE

Der Gegensatz zwischen den Texten könnte deutlicher kaum sein. Dieses Epitaph – der Putto rechts hält denn auch einen Kammerherrn-Schlüssel – verweist auf Qualitäten, die gerade am Hof erforderlich waren, es zeigt eine Hofkarriere im Dienst des Kaisers als persönlichen Erfolg. Der Ausdruck „in Hof und Leben" *(IN AVLA ET VITA)* betont, daß im Profanen der Hof die zentrale Rolle in seinem Leben spielte.

Bei den übrigen Epitaphien findet sich häufig noch die betonte Darstellung des Dienstes gerade bei mehreren Kaisern: Das Epitaph des Johann Trautson von 1591 in der Michaelerkirche hebt die Dienste in den höchsten Amtswürden für gleich vier Kaiser hervor.[292] Das des Leonhard Helfried Grafen von Meggau von 1645 in der Franziskanerkirche tat dem nach: Gleich *vier Römischen Kaisern treu und wert*, war er nach Ausweis des Epitaphs Träger des Ordens vom Goldenen Vlies, Kämmerer und Rat Rudolfs II., Hofmarschall und Oberstkämmerer des Erzherzogs

---

GRATIA MOESTVS POSVIT / IOANNES CHRISTOPHORVS COMES A PVCHAIMB, FERDINANDI III / ROMAN: IMPER: CAMPI MARESCHALLVS, EIVSDEMQVE / ARCANVS CONSILIARIVS ET AVREI VELLERIS EQVES, / .ANNO DOMINI. / .M.DC.LVII. Als Obersthofmeister taucht Puchheim in den üblichen Quellen und in der Literatur nicht auf. Unmittelbar nach dem Tod des Obersthofmeisters Maximilian Graf von Trauttmansdorff im Juni 1650 wurde er jedoch mit der Verwaltung des Amtes betraut (Wochenbericht der Nuntiatur an die römische Kurie vom 18. Juni 1650 (Archivio Segreto Vaticano, Segr. di Stato, Germania, 148, fol. 220) sowie den Brief von Walter Graf Leslie an Ottavio Fürst Piccolomini von Wien, 11. Juni 1650 (SOA Zamrsk, RA Piccolomini, inv. č. 11955 19/1, p. 1121). Der nachmalige Obersthofmeister Maximilian Fürst Dietrichstein wies nach Ausweis dieses Briefes das Amt noch von sich. Erst nach dem Tod Puchheims übernahm er es. Die Besoldung lief ab dem 20. Februar 1651 (ÖStA, HKA, HZAB 97, fol. 145, 146), Ende des Monats langten die ersten Glückwunschschreiben ein. (Vgl. das Glückwunschschreiben des Bischofs von Trient vom 27. Februar 1651 in MZA Brno, G 140, K 448, 1911/143). Eine von Puchheim am 10. November 1650 unterzeichnete Besoldungsordinanz belegt, daß er die Amtsgeschäfte tatsächlich geführt hat (ÖStA, HHStA, OMeA Akten 1; fol. 43; eine Konvolutangabe ist nicht sinnvoll, da die Dokumente durcheinandergeraten sind).

292 Inschrift bei Lind, St. Michaelskirche zu Wien, S. 31, u. NÖLA, Hs. 428, p. 102.

Matthias, unter Ferdinand II. Präsident der niederösterreichischen Regierung sowie Obersthofmeister, unter Ferdinand III. Geheimer Rat und Direktor des „deputierten geheimen Konferenzrates".[293] Als Rat und Amtsträger *dreier erhabenster Kaiser* wurde der Freiherr Horatio Buccelini geschildert,[294] *zwei Kaisern* diente Paul Sixt Graf Trautson.[295]

Detailliert werden in der Regel die verschiedenen Ämter aufgelistet. Wurden sehr hohe Ämter erzielt, sparte man nicht selten die niedrigeren aus. Auf die Leistungen im kaiserlichen Dienst wird häufig dann eingegangen, wenn Ämter mittlerer Hierachiestufe eingenommen wurden, die für sich genommen am Hof keine besondere Aufmerksamkeit genossen.[296] Auch die Nennung des vollen Titels und der Angabe der verschiedenen Herrschaften und Erbämter stand zur Disposition. Selten ist die Nennung von Leistungen, die sich nicht auf den Hof bezogen.[297]

Besondere Verdienste hingegen wurden ostentativ sichtbar gemacht: Die Kaisertreue im Böhmischen Aufstand hob das Epitaph des Henri Duval Graf Dampierre hervor, der zudem noch 1620 in Ungarn gefallen war,[298] während Katharina Gräfin Strozzi den Tod ihres Gatten Peter in kaiserlichen Diensten

293 *quatuor Rom: Imperatoribus fidelis ac charus* (Epitaphia Viennensia, p. 311). Die letztgenannte Amtsbezeichnung dürfte einen deputierten Ausschuß des Geheimen Rates meinen. Die Geheime Konferenz als funktional-äquivalenter Ersatz für den Geheimen Rat früherer Prägung entstand erst in den 1660er Jahren (vgl. dazu Stefan Sienell, Die Geheime Konferenz unter Kaiser Leopold I. Personelle Strukturen und Methoden zur politischen Entscheidungsfindung am Wiener Hof [ungedr. phil. Diss.], Wien 1997).

294 *TRIUM AUGUSTISSIMORUM IMPERATORUM*. Die Inschrift bei Lind, St. Michaelskirche zu Wien, S. 50.

295 *Binis imperatoribus*. Die Inschrift bei Lind, St. Michaelskirche, S. 32.

296 So werden für Horatio Buccelini ausführlich die besonderen Verdienste um die Gegenreformation hervorgehoben (Lind, St. Michaelskirche, S. 50).

297 So auf dem Epitaph von Leonhard Helfried Graf von Meggau: *illustravit familiam, fundavit Coenobia, erexit Seminaria*.

298 Epitaph bei Salvadori, Die Minoritenkirche, S. 344, und Epitaphia Viennensia, p. 124. Der Tod Dampierres im September 1620 in kaiserlichen Diensten

durch die Gruftkapelle in der Augustinerkirche in bleibender Erinnerung hielt.[299] Selbst das Epitaph des 1639 verstorbenen Fürstbischofs von Wien, Anton Wolfradt, hebt an zentraler Stelle die unter Ferdinand II. und Ferdinand III. bekleideten Ämter als Geheimer Rat und Hofkammerpräsident hervor.[300]

Am entschiedendsten scheint das Epitaph von Maximilian Graf von Trauttmansdorff die Bezüge des Hofmannes widerzuspiegeln:

Epitaph des Maximilian Graf von Trauttmansdorff

erregte Aufsehen bis nach England; vgl. den Bericht über den „*drawght of Tampiers deathe*" (PRO, SP 80/03, fol. 234, 236–237v).

299 Vgl. Anm. 125.

300 Epitaphia Viennensia, p. 331.

Es gibt lediglich die oben genannte Namensform an und verzichtet damit auf die Angabe der weiteren Titel und Besitzungen, läßt dem Namen die Angabe der Mitgliedschaft im Orden vom goldenen Vlies folgen und hebt, zentriert in einer sonst freien Zeile, seine Herren hervor: *CÆSARVM*. Ihre Namen folgen in der nächsten Zeile. Graphisch besonders hervorgehoben wird Ferdinand III., bevor Trauttmansdorffs wichtigste Ämter als Geheimer Rat, Obersthofmeister der Kaiserin Anna und Ferdinands III. sowie als bevollmächtigter Unterhändler beim Friedenskongreß von Münster aufgeführt werden.[301] In konzentrierter Form wird ein Adeliger so als bedeutender Amtsträger des Kaisers charakterisiert.[302]

6. Zusammenfassung und Ausblick

Nachdem der Kirchenausbau in Wien vor allem seit den 1620er und 1630er Jahren in beträchtlichem Umfang die Mög-

301 Vgl. die Zeichnung des Epitaphs bei Gartenschmid, Bd. 3, Abt. II, sowie die Umschrift in *Epitaphia Viennensia*, p. 309. Hinsichtlich der Gestaltung sehr ähnlich ist die Bestiftungsinschrift des Maximilan Graf von Waldstein in der Augustinerkirche, das freilich die Besitzungen deutlich hervorhebt (vgl. oben Anm. 102, 120 und 121, zitiert nach der Prager Kopialüberlieferung: A.D.O.M. / MAXIMILIANVS SACRI ROMANI / IMPERII COMES DE WALLENSTAIN. / FERDINANDI. III. / ROM: IMPERATORIS: HVNG: BOHEM: REGIS / SVPREMVS. STABVLI PRÆFECTVS CAMERARIVS. / CONSILIARIVS. ET. SVPREMUVS COLONELLVS. CIVITATIS / PRAGENSIS. DOMINVUS IN SWIGAN. SCAL. MVNGENGRÆZ / CLOSTER SWIRETIZ. STVDENKA. DOBRAVIZ. LAVTSCHIN. / ET NOVA WALLENSTAIN. / MORTALITATIS MEMOR HVNC LOCVM SIBI SVISQVE / QVO ANIMABUS IN ÆTERNITATEM AVOLANTIBUS / CORPORA HVMENTVR DELEGITET / ÆRE SVO COMPARAVIT. / ANNO 1643).

302 Hier erweist sich die Refeudalisierung des Hofes als Funktionalisierung des Adels.

lichkeit zur Stiftung von Erbbegräbnissen geschaffen hatte, richteten wichtige Teile des Adels in der Zeit der politischen Konsolidierung Familiengräber in der nunmehr offenbar festen Residenz ein. Dabei handelte es sich insbesondere um Familien, die in besonderer Verbundenheit mit den Habsburgern zur Abwehr der existentiellen Gefährdung von deren Herrschaft beigetragen hatten und die eine enge mitgliedschaftlich gefaßte Verbindung zum Hof unterhielten. Darin kommt ein tiefgreifender Wandel der für den Adel relevanten sozialen Orientierungsmuster zum Ausdruck. Der Ort familialer Memoria wurde an den Hof verlegt und dort als Tradition dergestalt begründet, daß der bedeutsame einzelne und seine Familie durch ihre Symbole zugleich eine nachhaltige Verankerung im Diskursfeld des Hofes fanden. Auf den Hof ausgerichtet waren auch die Lebensdarstellungen der Verstorbenen auf ihren Epitaphien: Betont wurden Funktionen am Hof. Bei der Wahl des Bestattungsortes ließ sich die Nähe zum Hof als wichtiger Faktor nachweisen. So vermochte sich – wenn auch mit Brechungen – in den Jahrzehnten besonders nach 1630 in Entsprechung zur höfischen Ordnung eine spezifisch adelige Ordnung des sakralen Raumes der Stadt mit dem Hof als Fluchtpunkt auszubilden.

Obschon auf Dauer angelegt, wurde sie später laufend modifiziert. Familien, die am Hof in der Folgezeit zur Geltung gelangten, konnten neue oder aufgelassene Familiengräber an sich bringen und sich auch mit Epitaphien in das Medium der höfischen Memoria und Repräsentation einschreiben. Dieses war jedoch weder elastisch genug, um die sozialen Umschichtungen der Hofgesellschaft hinreichend widerzuspiegeln, noch um die im 18. Jahrhundert sich vollziehenden Wandlungen in Adel und Religiosität adäquat zum Ausdruck zu bringen. Einerseits waren die medialen Kapazitäten in den Kirchen der Inneren Stadt begrenzt und die Vorstadtkirchen nicht wirklich äquivalent, andererseits stand Altes vielfach nicht zur Disposition: Das Epitaph eines Maximilian Graf von Trauttmansdorff opferte man nicht leichthin einer wenn auch zeitgemäßen Neugestaltung. Inwiefern das Aufblühen der *pompa funebris* und das antikisierende Grabmonument im Landschaftsgarten[303] Antworten gesellschaftlichen Wandels auf das Erreichen der Leistungsgrenzen der alten Medien des Totengedenkens darstellten, sind derzeit aber noch offene Fragen. An der hier dargestellten Untersuchung der Monumente höfischer Memoria läßt sich die Bedeutung des Raumes als Kategorie historischer Analyse ermessen, wenn sich das Interesse auf die symbolische Konstitution sozialer Wirklichkeit und Struktur richtet.

303 Vgl. Konstanze Ruge, Das Grabmal im Landschaftsgarten. Ein Beitrag zur Entwicklung des Phänomens anhand von Beispielen aus Wien und Umgebung, Ende des 18. bis zur Mitte des 19. Jahrhunderts (ungedr. phil. Dipl.-Arb.), Wien 1996.

Susanne Claudine Pils

Stadt, Pest und Obrigkeit

Der zweite Apokalyptische Reiter

Der Dreißigjährige Krieg war von den Bewohnern Wiens mit Ausnahme der beiden militärischen Blockaden von 1619 und 1645 lange Zeit als ferner Krieg empfunden worden. Eine zeitgenössische Stadtchronik spricht von *schwere Krieg im Römischen Reich*, wie von einer fernen Realität.[1] Das bedeutete allerdings nicht, daß das Leben in der Stadt vom fernen Krieg völlig unbeeinflußt geblieben wäre. Die Stadt hatte entsprechend der vom Hofkriegsrat erlassenen Verpflegsordonnanzen für den Unterhalt von (durchziehenden) Truppen in Naturalien aufzukommen.[2] Vor allem aber mußte angesichts potentieller Belagerungsgefahr die Versorgungspolitik neu überdacht und organisiert werden. 1630 wurden die Müller und Bäcker angewiesen *zu verhüetung größerer teurung, mit der genüegen an allerlay traidtsortten biß auf khunfftige Fexung versehen*, damit *daz brodt in billichem werth gebachen und verkhaufft werde.*[3] 1631 wurde es aufgrund der zunehmenden *Khriegsunrhuen* und der drohenden Gefahr für die Residenzstadt darüber hinaus notwendig, *daß auf allen zutragenden nothfall alhieige statt Wienn zu gnüegen proviantirt unnd versehen werde.*[4] Die Bevölkerung Wiens erlebte den Krieg somit hauptsächlich über Truppen-

1 Wiennerische Chronika Oder Kurtze Summarische Beschreibung von Ursprung und Erbauung der Haupt= vnd Residenz= Stadt Wienn ..., Wien 1973 (Nachdruck der Ausgabe Wien 1671), S. 189.

2 Peter Broucek, Die Bedrohung Wiens durch die Schweden im Jahre 1645. In: JBVGStW 26, 1970, S. 120–165, hier 122.

3 WStLA, HA-A 10/1630 Jänner 29.

4 WStLA, HA-A 3/1631 November 29.

einquartierungen in den Vorstädten, zusätzlich aufzubringende Steuerleistungen, zeitweiser Nahrungsmittelknappheit und Teuerung. Dies wäre alles vielleicht zu ertragen gewesen, wenn man sich hinter die schützenden Mauern der Festung zurückziehen konnte, aber im Gefolge der Truppen lauerte eine viel größere Gefahr für Leib und Leben der Bewohner: die Gefahr von Seuchenausbrüchen, insbesondere der Pest. Pestausbrüche waren zwar keineswegs auf Kriegszeiten beschränkt, die Einschleppungsgefahr war jedoch aufgrund der Mobilität der Söldnerheere wesentlich erhöht. Dieses den städtischen und landesfürstlichen Obrigkeiten durchaus bekannte Risiko erforderte entsprechende Maßnahmen.

Wie sich am Beispiel der Straßenpflasterung zeigen läßt, konnte eine an sich sinnvolle Maßnahme jedoch am zähen Widerstand untergeordneter Behörden und/oder der Untertanen scheitern bzw. behindert werden.[5] Die Straßenpflasterung war mit erheblichen Kosten verbunden, die die Stadt nur ungern übernahm. Zumeist in den Wintermonaten begannen (Kompetenz-)Streitigkeiten zwischen der niederösterreichischen Regierung, der Stadt und den Bewohnern um die Verantwortlichkeit bezüglich der Straßenpflasterung und der Straßensäuberung, deren Mängel als eine der Ursachen für das Entstehen von Infektionen angesehen wurden.[6] Jeweils in der Zeit zwischen Jänner und März wurde aufgrund der drohenden Infektionsgefahr im *khünfftigen früehling oder bey negst erzaigenden waichen wettern*[7] der Ruf der Regierung an die Stadt und der Stadt an ihre Bewohner erneuert, die Straßen sauber-

5 Martin Dinges, Pest und Staat: Von der Institutionengeschichte zur sozialen Konstruktion. In: Martin Dinges, Thomas Schlich (Hgg.), Neue Wege in der Seuchengeschichte (Medizin, Geschichte und Gesellschaft, Beiheft 6), Stuttgart 1995, S. 84.

6 Vgl. dazu den Abschnitt zur Straßenpflasterung und -säuberung.

7 WStLA, HA-A 5/1621 Jänner 13.

zuhalten und den Abfall nicht auf die Straße zu kippen. Der Erfolg war offensichtlich bescheiden.

Das Neue an der Seuchenbekämpfung des späten 16. und des 17. Jahrhunderts war nicht unbedingt ein rationalerer Umgang der Untertanen mit dem Problem des Ausbruchs einer Seuche, sondern eher ein gewandelter Zugang der Obrigkeit. Zunehmend diente die Gesundheitsbewahrung in Verbindung mit dem Allgemeinwohl als Argument für obrigkeitliche Regulierungen oder Maßnahmen.[8] „Eine Politisierung von Gesundheit ist somit weder nur im Zusammenhang mit der Pestabwehr zu sehen, noch stellt sie eine Sonderentwicklung des 18. oder 19. Jahrhunderts dar."[9] Vielmehr vollzog sie sich im Sinne eines säkularen Prozesses, der schließlich auch bei den betroffenen Untertanen in Richtung eines rationaleren Umgangs mit der Seuchengefahr führte.

Eine ganz andere Frage ist jene nach der Effizienz der von den Obrigkeiten getroffenen Maßnahmen. Wenn es um Maßnahmen zum Schutz vor einer *infection* ging, lagen den Zeitgenossen Vorstellungen von der Verbreitung und Übertragung von Krankheiten zugrunde, die bis in das späte 19. Jahrhundert viele Anhänger hatten. Mit dem Begriff der „pestilenzialischen Dünste" ist zugleich die Vorstellung über die bis ins vorige Jahrhundert,[10] d. h. bis zur Erfindung des Mikroskops und damit der Sichtbarmachung und Entdeckung der Krankheitserreger durch Pasteur, vermutete Ansteckungsweise verbunden: „Miasmen", schlechte, krank machende Ausdünstungen, die aus der Erde aufstiegen.

---

8 Annemarie Kinzelbach, Gesundbleiben, Krankwerden, Armsein in der frühneuzeitlichen Gesellschaft (Medizin, Gesellschaft und Geschichte, Beiheft 8), Stuttgart 1995, S. 131.

9 Kinzelbach, Gesundbleiben, S. 131.

10 Vgl. Manfred Vasold, Pest, Not und schwere Plagen. Seuchen und Epidemien vom Mittelalter bis heute, München 1991, S. 258.

Bereits die ersten Infektionsordnungen gehen auf den Problembereich Kot und Unrat auf den Straßen und der damit entstehenden Ausdünstungen ein, die mit regelmäßiger Straßenreinigung, in Wien jeden Mittwoch und Samstag, verhindert werden sollten. Verordnungen an die Häuter und Färber *ire khessel vor der statt, an gelegenen lüfftigen örtern, inmassen mit den khürschnern, lederern und andern stinckhenden handtwerchern* zu verlegen, wurden erlassen, um diese *sehr üble geschmach in der statt weegen enge der heüser, sonderlich bey numehr eingerüssenen abscheülichen seüch, der infection, nit lenger zu geduelten.*[11]

Zu dieser von den zeitgenössischen Medizinern verfochtenen „Miasmentheorie" stand die Idee einer „Contagiösität" der Seuchen im Widerspruch. Sie ging im wesentlichen von der Erfahrung der Ansteckung von Mensch zu Mensch aus und wurde vor allem von den obrigkeitlichen Vertretern in den Pestbehörden, in denen Ärzte nicht unbedingt dominierten,[12] in der Praxis vertreten. Ein solcher Zugang entsprach eher den realen Gefährdungen als die Miasmentheorie. Er versagte jedoch bei der primär durch Rattenflöhe übertragenen Pest und stieß auch bei anderen Seuchen an die Grenzen damaliger Hygienestandards.

Umgang mit Seuchen

Prophylaxe und Seuchenbekämpfung des städtischen Rats waren, wie Kinzelbach für Überlingen und Ulm herausgearbeitet hat, in hohem Maße komplex, gleichzeitig fehlten aber Konsequenz und Effektivität in unserem modernen Sinn. Epidemien galten in der Forschungsliteratur lange Zeit als Ursache und Anlaß für die Herausbildung eines öffentlichen

11 WStLA, HA-A 9/1628 August 28.

12 Dinges, Pest, S. 75.

Gesundheitswesens, mittlerweile sieht man in ihnen – wie z. B. Klaus Bergdolt anhand oberitalienischer Städte des 14. bis 17. Jahrhunderts herausgearbeitet hat[13] – nur mehr „Schrittmacher kommunaler Gesundheitssicherung".[14] Aus dem Beziehungsgeflecht Notlage der Städte, Krise der kommunalen Verwaltungen und Zusammenbruch des öffentlichen Lebens entwickelten sich früh die städtischen Gesundheitsbehörden. „Die Pest hat demnach neue Aufgaben und Formen kommunaler Politik und Verwaltung nicht hervorgerufen, sondern nur beschleunigt."[15]

Die städtischen Ämter

Eine „Pestbehörde", die nach Dinges[16] unter Berufung auf italienische Beispiele aus Einzelpersonen oder einem Ausschuß von Personen bestand, die entweder nur im akuten Fall berufen wurden oder ständig diese Aufgabe versahen, entwickelte sich auch in Wien.[17] Ab 1501 waren die Mitglieder der medizinischen Fakultät der Universität Wien, die neben der Aus-

---

13 Klaus Bergdolt, Pest, Stadt, Wissenschaft – Wechselwirkungen in oberitalienischen Städten vom 14. bis 17. Jahrhundert. In: Berichte zur Wissenschaftsgeschichte 15, 1992, S. 201–211.

14 Kinzelbach, Gesundbleiben, S. 225.

15 Alfons Labisch, Jörg Vögele, Stadt und Gesundheit. Anmerkungen zur neueren sozial- und medizinhistorischen Diskussion in Deutschland. In: Archiv für Sozialgeschichte 37, 1997, S. 406.

16 Martin Dinges, Süd-Nord-Gefälle in der Pestbekämpfung: Italien, Deutschland und England im Vergleich, In: Wolfgang U. Eckart, Robert Jütte (Hgg.), Das europäische Gesundheitssystem: Gemeinsamkeiten und Unterschiede in historischer Perspektive (Medizin, Geschichte und Gesellschaft, Beiheft 3), Stuttgart 1994, S. 19–51; Dinges, Pest, S. 71–103.

17 Leopold Senfelder, Das niederösterreichische Sanitätswesen und die Pest im XVI. und XVII. Jahrhundert. In: Blätter des Vereines für Landeskunde von Niederösterreich 33, 1899, S. 59.

bildung der zukünftigen Ärzte auch das Sanitätswesen der Stadt zu betreuen hatten, zur unentgeltlichen Behandlung der Armen verpflichtet. 1540 wurde die erste Infektionsordnung erlassen;[18] im selben Jahr schuf die Fakultät die Stelle eines *magister sanitatis*, für deren Finanzierung bis zur Übernahme durch den Magistrat (1870) die niederösterreichische Regierung aufkam. Im Lauf der Zeit setzte sich die Bezeichnung Stadtphysikus[19] durch. Zu seinen Aufgaben gehörten die Totenbeschau, die Rezeptüberwachung der Pestkranken und die Untersuchung von Verdachtsfällen. Neben dem *magister sanitatis* gab es weiters einen *chirurgus sanitatis* (Infektionschirurg) und einen *inspector mortuum* (Totenbeschauer), wobei die beiden letztgenannten Funktionen meist von einer Person ausgeübt wurden.

Auch die Bader und Barbiere wurden in dieses System mit einbezogen. Zugleich zeigte sich, daß die ihnen auferlegte Verpflichtung zur Behandlung von Pestkranken auf wenig Gegenliebe stieß. Als 1560 *auf bevelch der hochlöblichen regierung, auch burgermaister unnd raths, di infectionordnung widerumben fürgenumen*, sollten die Bader *zwen maister aus irer bruederschafft auschiessen, welch diselben* [Infizierten] *besehen unnd judiciern sollen gegen pillicher belohnung*. Da sie sich *deßen zum anndermall verwidert*, wurden *sy von gedachten herren burgermaister in die verstrickht gehorsamb geschafft, unnd nachdem alß dann vor gesamblet rathe notturfftig verhört*, konnten aber *irer waigerung nit genuegsambe enntschulldigung* vorbringen, weswegen *yeder maister umb drey taller peenfall gestrafft worden, zuvor nit auß der gefenckhnuß zulassen.*[20] Die Bruderschaft bezahlte die Strafe in der Höhe von 35 fl. Zu einem modernen „Amtsverständnis" waren die

18 NÖLA, Regierungsarchiv, Kaiserl. Patente, 1540 Jänner 2.

19 Vgl. dazu Leopold Senfelder, Geschichte des Wiener Stadtphysikats. In: Mitteilungen des k. k. Archivs für Niederösterreich 1908, S. 93–129.

20 WStLA, OKAR 1560, fol. 123rv.

Bader jedoch nicht zu bringen. Das schloß allerdings nicht aus, daß sie sich in Pestzeiten als Heiler versuchten. 1617 verbot die Regierung den Badern in der neuerlassenen Infektionsordnung das heimliche Kurieren von Pestkranken.[21]

Das Totenbeschreibamt wurde möglicherweise ebenfalls im Zusammenhang mit den im 16. Jahrhundert erlassenen Infektionsordnungen geschaffen. Entsprechend der Infektionsordnung von 1562 fungierte das Wiener Totenamt auch in der seuchenfreien Zeit und war verpflichtet, dem Bürgermeister täglich ein Infizierten- und Totenverzeichnis vorzulegen, der dasselbe in Abschrift der Regierung übermittelte.[22]

1575 wird in den Oberkammeramtsrechnungen als Sitz des Totenbeschreibamts der Heiltumstuhl bei St. Stephan angegeben, ebenso in einer Urkunde vom 23. November 1607, in der ein eigenes Totenbuch erwähnt wird. Die Infektionsordnung von 1630 nennt dagegen den Tiefen Graben als Sitz des Totenbeschreibamts.

Die von den Beschauern nach Besichtigung des Leichnams ausgestellten Totenscheine wurden von den Skardienern, den städtischen Amtsgehilfen, ins Totenbeschreibamt gebracht, wo man die Eintragung ins Totenbeschauprotokoll vornahm. Den hier ausgestellten Begräbniszettel brachten die Skardiener den Hinterbliebenen.[23]

Die systematische Erfassung der Toten weist in Richtung eines sich wandelnden Zugangs zu Krankheit und Tod. Die Erkrankung an einer Infektionskrankheit wurde zunehmend nicht nur als Problem des einzelnen, sondern und vor allem als Gefährdung aller städtischer Bewohner wahrgenommen. Dies schloß aber noch keineswegs Schlampigkeiten und Versäumnisse der unteren Behördenebenen aus. 1614 zeigte die

21 NÖLA, Ständisches Archiv, Kaiserl. Patente, 1617 August 30.

22 Senfelder, Sanitätswesen, S. 55.

23 Die Totenbeschauprotokolle sind ab 1648 im WStLA erhalten geblieben.

nö. Regierung dem Bürgermeister Veit Resch an, daß es vorkommt, *das bey den Heylligthumbstuell alhie mit beschau und einschreibung der verstorben personen allerlay unordnung und nachlassigkhait bishero gebraucht worden, indem daß man nicht alzeit die todten mit fleiß beschauen, oder an was krankheit ein jeder gestorben, in die todtenzettel einschreiben thuet, sondern vilmalß verhaltten und die anzahl nit angezaigt werden.*[24] Dem Bürgermeister wurde aufgetragen, dafür zu sorgen, *daß die kranckhen persohnen jederzeit mit sondern fleis beschaut, volgundt an waß krankhait sie gstorben, ordenlich in die todtenzettel einverzaichnet und kainer ausgelaßen werde.*[25] In weiterer Folge wurden während des Dreißigjährigen Krieges die Bemühungen um die möglichst genaue „statistische" Erfassung der Verstorbenen von der Regierung intensiviert. 1642 ergeht ein Regierungsdekret an die Stadt, in den Totenzetteln die Dauer der Krankheit der Verstorbenen anzugeben.[26]

Infektionsordnungen und ihre Bestimmungen

Neben der Totenbeschau waren es aber vor allem sogenannte Infektionsordnungen, in denen das Bemühen der Regierung um Seuchenprophylaxe und Seuchenbekämpfung zum Ausdruck kam. Beim Auftreten einer Seuche erließ die Regierung nach Anhörung des Gutachtens der Fakultät, der Stände und der Stadt Wien eine Reihe von Befehlen und Verhaltensmaßregeln in Form von Infektionsordnungen. Die erste Infektionsordnung erschien 1540. Die Bestimmungen der ersten Infektionsordnungen wiederholten sich, wurden jedoch im Lauf der Zeit immer weiter ausgeweitet und detaillierter. Entweder voll-

24 WStLA, HA-A 17/1614 Dezember 11.
25 WStLA, HA-A 17/1614 Dezember 11.
26 WStLA, HA-A 14/1642 Oktober 15.

inhaltlich oder auszugsweise auf Folioblättern wurden sie in sämtliche Wiener Häuser bzw. *von haus zů haus*[27] geschickt und auch auf dem Land verbreitet, die Inhalte der Bevölkerung durch öffentliches Verlesen auf den Plätzen und in den Kirchen bekanntgemacht.

Aus der Zeit des Dreißigjährigen Krieges sind für Wien Infektionsordnungen in dichter Folge von 1627, 1630, 1634, 1639, 1644, 1645 (August und November, sowie eine Liste aller „infizierten Orte“), 1646 und 1648 erhalten geblieben. Die Häufigkeit der Publizierung von Infektionsordnungen erklärt sich aus den zahlreichen Seuchenzügen in den Kriegsjahren.[28] Die besondere Heftigkeit der Pestepidemie 1645/1646 spiegelt sich deutlich in den drei publizierten Infektionsordnungen wider. Entgegen dem üblichen Vorgehen erschien 1646 noch einmal nach dem Abklingen der Epidemie eine Ordnung, die alle vorigen zusammenfaßte und um einige neue Details erweiterte. Für das Wiedereröffnen pestbefallener Zimmer etwa wurde ein kompliziertes Reinigungsverfahren vorgeschrieben. Diese Pest sollte endgültig die letzte gewesen sein. Doch 1653 ff., 1679/80, 1713/14 folgten weitere.

Die Infektionsordnungen propagierten ein ganzes Bündel von Maßnahmen zur Pestabwehr, wobei sich bestimmte Schwerpunkte erkennen lassen.

Räucherung

Ähnlich den medizinischen Vorstellungen des 18. und 19. Jahrhunderts, als man dafür, wie bereits erwähnt, krankmachende Ausdünstungen aus der Erde („Miasma“) verantwortlich machte, zielten die getroffenen Maßnahmen auf eine Reinigung der

27 WStLA, Patente Nr. 48, 1541 Juli 14.

28 Vgl. dazu den Beitrag von Andreas Weigl in diesem Band.

Luft. Zwar hielt man die „Infektion" lange für eine „Gottesstrafe",[29] gegen deren Ausbruch man letztlich machtlos war, glaubte aber das Gift der Pest durch Räucherung besonders mit Wacholderholz und Essigwasser[30] unschädlich machen zu können.[31] Die Stadt reagierte bereits in der Infektionsordnung von 1541 entsprechend darauf: Nicht nur, daß an den vorgeschriebenen Straßenreinigungstagen sowie bei Nebel auf allen Plätzen, Gassen und Häusern Feuer aus Wacholderzweigen angezündet werden sollten, es wurden auch jedem Haushalt dafür auf Stadtkosten zwei Scheiter geliefert; zugleich sollte jeder Fuhrwerksbesitzer Äste in die Stadt bringen.[32] 1561 bezahlte die Stadt einem *crabaten*, so *alheer khumen unnd furgeben, er khinde die infection vertreyben* und der deshalb bei St. Ulrich (bezeichnenderweise dem vor der Stadt gelegenen Bettler-

29 WStLA, OKAR 1560, fol. 122v *Nun ist nach außweisung der heilligen gettlichen schrifft des Alltten unndt* [122v–123r] *Neuen Testament gar nit zu zweyfeln, dann wann wir di gepott Gottes übertretten unnd nit denselben gehorsamb sein, das wier als die im Allten Testament unnd unnsere vorfarn darumben schwerlichen gestrafft werden. Derhalben dann sein Göttliche Allmächtigkeit dieselbig straff gemainlich auf drey weeg gestellt, mit verfolgung der feindt, hunger oder pestilehnz. Weill dann sich dieselbig pestilenz unnd infection laider diese zeyth auch alhie erzaigt unnd angefengt hat, unnd zu besorgen aus unnser übertrettung diselbig etwo ferrer einreißen möchte, ist auf bevelch der hochlöblichen regierung, auch burgermaister unnd raths di infectionordnung widerumben fürgenumen worden.*

30 WStLA, Patente Nr. 141, 1577 September 28: [7.] Die infizierten Häuser sollen mit dem Rauch von Wacholderzweigen und mit Essigwasser desinfiziert werden.

31 Leopold Senfelder, Öffentliche Gesundheitspflege und Heilkunde. In: Geschichte der Stadt Wien 6, hg. Alterthumsverein für Wien, Wien 1918, S. 262. WStLA, Patente Nr. 48, 1541 Juli 14, Wien: Regest: Da durch das Verbrennen von gutem Holz die Luft verbessert wird, sollen an den oben genannten Wochentagen (Mittwoch und Samstag) sowie bei Nebel *[nebl und feuchte tumsige wetter]* auf allen Plätzen, Gassen und Häusern ein Feuer aus Wacholderzweigen angezündet werden, wofür aus jedem Haus zwei Scheiter geliefert und jeder Fuhrwerksbesitzer Äste in die Stadt bringen soll.

32 WStLA, Patente Nr. 48, 1541 Juli 14.

viertel, und Bettler[33] galten in der Frühen Neuzeit ebenfalls als Überträger von Seuchen) *drey tag unnd drey nacht halens holz daselbs gegen aufganng unnd niderganng der sunen gebrennt, unnd derzue anndere spezerey unnd confecrationes gebraucht.*[34] Diese – nicht näher angeführten – *spezerey* kaufte der Oberkämmerer *von Hannsen Eberstorffer, apotegger;*[35] und *seint ime* [dem Kroaten] *auch die berurten tag yeden tag zwen statdiener unnd zwen soldaten zuegestelt worden, weliche haben muessen auf ine sehen wie er mit den sachen umbganngen ist.*[36] Sein Wissen um die Vertreibung und Abwendung der „Infektion“ sollte für die Stadt nutzbar gemacht werden und damit nachvollziehbar sein.

Ebenso wie die Straßen wurden die Häuser und Zimmer der Infizierten und Verstorbenen sowie die Kirchen und Sitzungssäle mit Wacholder und Essigwasser ausgeräuchert. 1654 brannte vor der Ratsstube der Landstände morgens ein Feuer aus Wacholderholz. Die dort eingereichten Gesuche nahm ein Diener an der Tür entgegen und unterzog sie einer gewissenhaften Räucherung.[37]

Erst Johann Mannagetta, Leibarzt Ferdinands II., Ferdinands III. und Leopolds I., wies 1654 auf die Unwirksamkeit von Wacholder bei der Pest hin und schlug ein Feuer von dürrem Holz sowie Essig- und Kalkdämpfe vor.[38] Mannagettas einflußreiches Wirken in Wien stand mit einem Trend in Verbindung, der in vielen deutschsprachigen Territorien im 17. Jahr-

33 Vgl. Helmut Bräuer, „und hat seithero gebetlet“. Bettler und Bettelwesen in Wien und Niederösterreich zur Zeit Kaiser Leopolds I, Wien – Köln – Weimar 1996.

34 WStLA, OKAR 1561, fol. 124v.

35 WStLA, OKAR 1561, fol. 210v.

36 WStLA, OKAR 1561, fol. 125r.

37 Nach Senfelder, Sanitätswesen, S. 46. Die Verordneten an den Bauschreiber (im Landhaus), Johann Purger, 4. September 1654.

38 Senfelder, Sanitätswesen, S. 46.

hundert beobachtbar ist: dem zunehmenden Einfluß landesfürstlicher Leibärzte im Rahmen der Seuchenbekämpfung.[39]

Strassenreinigung

Reinigung bedurfte jedoch nicht nur die Luft, sondern auch der Boden. In der erwähnten Infektionsordnung von 1541 wurde in Ergänzung der Infektionsordnung von 1540 angeordnet, daß zweimal in der Woche, nämlich Mittwoch und Samstag gegen sechs Uhr abends, jeder Wiener Bürger vor seinem Haus und auf der Gasse davor den Unrat aufkehren und vor die Stadt führen sollte. Bei Unterlassung wurde *derjenig, so etwo ungehorsamb sich erzaigt, zu gebüerender abstraffung vermeldet*[40] und mit Geldstrafen belegt.[41] Das Schmutzwasser sollte in die Mörungen gegossen werden, um so den Unrat *gar aus der Statt* [zu] *fletzen und* [zu] *waschen.*[42] Niemand durfte Kot oder Unrat auf die Gasse schütten, sondern mußte diese in der Nacht in die Donau führen lassen. In einer Verordnung von 1560 wurden die Bürger verpflichtet, den Mist nicht mehr auf die Straßen zu schütten, sondern in den Häusern zu sammeln und an dafür vorgesehene Plätze zu bringen. Zugleich wurden sie (z. B. 1644) zur regelmäßigen Reinigung der Rinnsale mit frischem Wasser verpflichtet.

Die Einbeziehung der Bürger zeigt aber nur die eine Seite der Bemühungen um reinere Straßen. Auf der anderen finden

---

39 Manfred Stürzbecher, The physici in German-speaking countries from the Middle-Ages to the Enlightenment. In: Andrew W. Russell (Hg.), The Town and State Physician in Europe from the Middle Ages to the Enlightenment (Wolfenbütteler Forschungen 17), Wolfenbüttel 1981, S. 125.

40 WStLA HA-A 20/1640 Februar 27.

41 Susanne Claudine Pils, Die Stadt als Lebensraum. Wien im Spiegel der Oberkammeramtsrechnungen 1556–1576. In: JBVGStW 49, 1993, S. 119–172, hier 134.

42 WStLA, Patente Nr. 48, 1541 Juli 14.

sich bereits in den frühen Kammeramtsrechnungen Belege für eine städtische Straßenreinigung. Mit der Teilung des Kammeramtes fiel die Zuständigkeit für diese, ebenso wie für die Straßenpflasterung in die Kompetenz des Unterkammeramtes.

Die Abwässer wurden im Mittelalter teilweise über Bäche (Ottakringer bzw. Alser Bach) oder die Mörungen entsorgt. Wassergebrauchende Gewerbe (Färber, Gerber etc.), die die Bäche zusätzlich stark verschmutzten, siedelten sich hier an. Anfang des 15. Jahrhunderts stand ein – als Mistrichter bezeichneter – Knecht (später zwei Knechte) im Dienst der Stadt. Die Hauptaufgabe dieser Mistrichter war weniger die Kontrolle der städtischen Straßen, sie hatten vielmehr dafür Sorge zu tragen, daß der aus der Stadt geschaffte Mist nicht unmittelbar vor den Toren oder im Stadtgraben abgelagert wurde. Die Abfuhr von Straßenkot und Mist, womit sowohl Straßen- als auch Hauskehricht gemeint waren, erfolgte durch städtische Mistkarren, für die die Stadt zuerst Häftlinge, später eigenes bezahltes Personal einsetzte. Die Arbeiten wurden vor allem im Frühling und Herbst sowie vor hohen Besuchen vorgenommen. Während somit der laufenden Reinhaltung der Straßen wenig Beachtung geschenkt wurde, legte man auf die Reinhaltung der Märkte – wie die auferlegten Strafen zeigen – besonderes Gewicht.

Auch im Verlauf des Dreißigjährigen Krieges sind die Abfallprobleme ähnliche. Die Bestimmungen zur Straßenreinigung scheinen oft ganz in Vergessenheit geraten zu sein. Obwohl *inn allen gaßen durch die von Wienn inspectores verordnet worden*, hatte die Regierung den Eindruck, *daß dieselben iren bevelch ganz in vergeßen stellen.* Der Bürgermeister sollte dementsprechend *berürte inspectores alßbaldt für sich erfordern*, *inen fleißigers aufsehen zu haben mit mehrerm ernst einpünde*, auch sollte er ihnen befehlen, *daß sie wochentlich zu sein*, *herren burgermeisters*, *handen ordentliche zettln einraichen*, *wer dißfahlß wieder die außgangenen rueff undt verboth peccirt hatt, dieselben alßdann ir, der regierung, einraichen, damit gegen denenselben die gebürende bestraffung fürgenomben werden möge.*[43]

Am Ende der Pestwelle 1645/46 erging im Februar 1646 an die Stadt ein Regierungsdekret, wonach *man auf die sauberkheit auf denen gassen, bläzen unnd höfen guete obacht haben solle, damit die infection* [...] *nit etwan wider einreisse, zu welchem endte nun sy von Wienn in jeder gassen zwen commissarios verordnet.*[44] Die Kommissäre und ihre Diener sollten täglich die Höfe und Häuser besichtigen und *waß sie dan für unsauberkheit finden, es sey nun durch vernachlaßßung der aufhackhung und zusamenkerung deß eis, schne und koths, oder durch allerhandt unsaubere außgüß, todten vich von hiener, hundt oder kazen, wie auch todten oder kranckhen personen und petlgesindt, die auf der gassen ligen, solches alsobaldt denjenigen, welchen die heüßer zugehören, zur wahrung erindern.*[45] Bei einem Vergehen sollten die eingenommenen Strafen in die *infectionscassa* eingelegt werden. Die für jedes Viertel zu bestellenden Übergeher sollten *stättig herumbgehen, und in acht nemben, wo sich dergleichen unsauberkheit in höfen, heüßern, strassen und gassen befinden, solches auch alßbaldt dem burgermaister anzaigen.* Auch in den Vorstädten, *wo die meiste verordnung für ubergehen*, sollten sie auf die Sauberkeit achten, da hier die Richter *ihr ambt thailß gar nit, thailß nachläßßig verrichten*, weil sie *an einem so weithschwaifigen orth neben irer wirdtschafft nit allen vorstehen khönen.* Deshalb sollten sie *neben dem richter, auch in jeder gassen ein oder zwen zur aufsicht der sauberkheit bestellen und verordnen, sonderlich aber verhüetten, daß keine todte oder kranckhe personen, wie biß dato zum öfftern beschehen, wie auch die abscheinliche fezen, stro und bettgewandt und andere pinctl, welche noch hauffenweiß in den vorstätten, sonderlich aber vorm*

---

43 WStLA, HA-A 12/1633 Dezember 1.

44 WStLA, HA-A 6/1646 Februar 27.

45 WStLA, HA-A 6/1646 Februar 27.

schottenthor in der Rossau und Wäringgassen zu sehen, auff offentlichen gassen ligen gelassen, sondern die kranckhe in daß spitall, die todte aber zur begräbnuß gebracht, und dergleichen fezen verbrent werden, dieweils auch in und vor der statt vill grueben, lackhen und dergleichen, darinen daß stünckhende wasser sizen bleibt, sich befindt, alß sollen sie von Wienn solche orth aigenes besichtigen, verschütten lassen, und dann also erhalten.[46]

Die Reaktion der Stadt auf diese Einantwortung der Regierung zeigt jedoch ihre Bedenken, da sich *neymandt rechtschaffener gern gebrauchen laßen*, die aufgetragenen Visitationen durchzuführen, die *nicht allain an sich selbsten in etwas abscheulich, sondern auch die besuechung allerley wünckhel unnd unsauberer wohnungen des menschen geßundthait gefährlich.* Nicht nur das: *in ain- oder anndern herrnhauß, wo etwan vill muethwilliges diennstvolckh verhandten, auch bey dennen soldaten auf dennen passteyen, unnsere commissarij nicht allein mit schmächlichen wortten unnd calumbien empfanngen, sonndern auch wohl gar mit schlägen unnd gewaltthättigkhaiten abgeförttigt werden möchten, das also auch umb dieser feindtseeligkheit will, erbahre burgersleuth solche commission nicht gern auf sich nehmen.* Ehrbare Bürger hatten also neben der Gesundheitsgefährung mit verbaler und tätlicher Gewalt zu rechnen, die Stadt wiederum, und *in deme bestehet nun die anderte difficultet*, hatte dagegen das Problem, *das man unnß zwar die execution durchgehendt einraumben will, wardurch unß aber, nicht annders als hon unnd spott unnd allerley verschimpffliche antastungen wurden auf den halß khommen*, weil *nemblichen solche visitationscommissarij, die bey frembder instanz persohnen erzaigende insolentien, erstlichen an unnß bringen, wir hernach solche derselben instanz zur remedirung anzaigen, und enndtlichen, wo khein außrichtung ervolgt, allererst an eur gn. gelanngen laßen sollten, dardurch aber nicht allain gleichsamb alle*

46 WStLA, HA-A 6/1646 Februar 27.

anndere obrigkheiten offendiern, angeben de neglecta iustitia beclagen, unnd also für den kopff stossen, auch wohl mit ainer oder annderer parthey unnd instanz in feinndtseelige contradictiones und processus gerathen mueßen.[47] Sauberkeit in einer Stadt zu erhalten, deren Bürger sich dagegen wehrten, war nahezu ein Ding der Unmöglichkeit, zumal die Eingriffe der städtischen Obrigkeit juristische Schwierigkeiten nach sich ziehen konnten: Und die Pest war ja bereits ausgestanden.

Das heißt freilich nicht, daß die Obrigkeit grundsätzlich von der Unwissenheit der Untertanen ausging. Bereits in der Infektionsordnung von 1541 wurde den Bürgern aufgetragen, einschlägige medizinische Literatur heranzuziehen und die in dieser gegebenen Ratschläge zu befolgen.

Die Strassenpflasterung

Wenn man von der Seuchenübertragung durch giftige Dämpfe ausging, mußte die Versiegelung der Böden eine erfolgversprechende Gegenstrategie darstellen. Gekoppelt mit der Straßensäuberung war daher die Straßenpflasterung. Für Augsburg stellte Bernd Roeck in seiner Studie „Eine Stadt in Krieg und Frieden" fest, daß die Ausgaben für Straßenpflasterung im späten 16. und in der ersten Hälfte des 17. Jahrhunderts nie nachließen, sondern im Gegenteil sogar noch leicht anstiegen.[48] Nicht nur die Schönheit der Straßen war maßgeblich. „Wichtigeres Motiv war – und allein dies erklärt, warum der Pflaster-Etat [in Augsburg] selbst während des Dreißigjährigen Krieges ziemlich ungeschoren blieb – die Luft über der Stadt vor schädlichen Erdausdünstungen zu bewahren, lange, bevor das

47 WStLA, HA-A 6/1646 Februar 27.

48 Bernd Roeck, Eine Stadt in Krieg und Frieden. Studien zur Geschichte der Reichsstadt Augsburg zwischen Kalenderstreit und Parität. Tl. 2 (Schriftenreihe der Historischen Kommission bei der Bayerischen Akademie der Wissenschaften 37), Göttingen 1989, S. 630.

18. Jahrhundert besondere Aufmerksamkeit auf die ‚düstere Kunst des Pflasterns' wandte. Desinfizieren – das hieß für die Menschen des 17. Jahrhunderts vordergründig: Schlechten Geruch vernichten oder ihn lindern."[49]

Belege für die Pflasterung bedeutender Plätze und Straßen in Wien finden sich bereits in den Kammeramtsrechnungen des frühen 15. Jahrhunderts.[50] Neben der Besoldung der Pflasterermeister (Überleger) samt ihren Gesellen und Handlangern sind die Kosten für den Steinbruch und die sonstigen Ausgaben für Material angeführt. Über die Marktplätze hinausgehend, wurden vermutlich auch Straßen (insbesondere in der Nähe öffentlicher Gebäude) gepflastert; dies bestätigt 1438 auch Enea Silvio Piccolomini.[51] Kleinere Gassen wurden jedoch im allgemeinen nur mit Sand oder Schutt beschüttet. Diese bei Regen und Schnee aufgeweichten Straßen, auf die zusätzlich Kot und Unrat geleert wurden, stellten für die Stadt ein großes Problem dar. Der für die Pflasterung verwendete – wenig haltbare – Sandstein stammte aus den Steinbrüchen auf der Hohen Warte und von Sievering. Erst ab der Mitte des 18. Jahrhunderts begann man den Sandstein durch haltbarere Materialien (Granit) zu ersetzen.

Ziel von Regierung und Stadt war es, die Pflasterung der (gesamten) Stadt schnell voranzutreiben. Aus diesem Grund wurde der Stadt Wien im März 1620 von der Regierung die gesamte Pflastermaut übergeben und ihr damit die Verpflichtung auferlegt, *unverzogentlich an den vornembsten örthern alß in der hoff- und herrngassen, ein anfang machen, und alßdan forth und forth die ganze statt bey der pflaster- und sauberung, damit durch dergleichen unwuest, so hin und wider in den gässen sich findten, die*

49 Roeck, Stadt, S. 632.

50 Vgl. Otto Brunner, Die Finanzen der Stadt Wien von den Anfängen bis ins 16. Jahrhundert (Studien aus dem Archiv der Stadt Wien 1/2), Wien 1929.

51 Pils, Stadt, S. 127.

darauß bey angehenter grossen hüz laichtlich entstehenter infection und greulichen gestanckhs um sovil mehrers verhiett wurde, durch ihre hierzue bestelte leuth fleissig erhalten, continuirn und in guete obacht nemben sollten.[52]

Trotz der Überlassung der Pflastermaut an die Stadt passierte (zu) wenig, zumindest für die Regierung: Die Stadt sollte mit den nunmehr eigenverantwortlich erhaltenen Geldern die ohnehin in ihrer Verantwortung liegende Pflasterung der Stadt vorantreiben, was der Regierung zu schleppend vor sich ging. Die Stadt war ihrer Ansicht nach zu wenig strikt, auch in bezug auf die Straßenreinigung. In einem zeitgenössischen Schreiben heißt es 1621: *es wurde sonderlich bey iezigen leüffen, da sich die laidige seüch der infection mit täglicher zuenembung abermallen erzaigen will, der hievor verfasten unnd publicierten infectionordnung gemäß, in allen schuldigiste volziehung beschehen, so verspüeren doch ir Kay. Mt. der altäglichen erfahrung nach daß widerspill, unnd daß sich hierinnen, in deme nit allein in den heüsern, sonderlich aber und zuvorderist in allen gassen der statt ein solcher unlust, durch allerlay zusambengeschütte unsauberkheit und höchstschädliche außgüß gemacht, daß kott auf den gässen hin und wider in der statt, welches die außgüß auß den heüsern verhindert und daß üblschmeckhende wasser, davon in denen rimen unnd runßen ersizent machet, nit außgefüert; die gassen statuierter infectionordnung gemäeß abents und morgens zu seubern, unterlaßen wirdet, ain sehr große nachläßigkheit erscheinen thuet, welches dann höchsternente Kay. Mt. also zuverstatten kheinesweegß gesunnen. Ist disenmals in mehr höchsternenter Kay. Mt. nahmen, durch sy regierungs unnd cammer, ihren von Wienn hiemit alles ernsts anbevohlen, die geweßne unnd fürstliche verordnung zu thuen, damit bey unableßlicher straff, solcher unlust des kotts, auch hin unnd wider in der statt gemachte unsauberkheiten, welche sich ohne daß zur herbstzeit, umb des unstatten wetters willen, balt vermehren thuen, däglich und continue hinweggefüehrt, die ungewöhnliche und schädliche außgüß hin und*

52 WStLA, HA-A 4/1620 März 19.

wider abgestelt, unnd die nothwendige außewaschung der gassen riemen, neben erhaltung aller andern sauberkheit, der infectionordnung gemäß, bey der burgerschafft unnd denen inwohnern vor- unnd in ihren heüsern, sowol in alß ausser der statt erhalten werde, dene sy also gehorsamlich nachzukhomben unnd beyligenden rueff unverzogentlich auf den gewöhnlichen pläzen unnd gässen in unnd vor der statt zu publiciern, auch destwegen hinfüehro guete obacht, unnd ihr vleißiges aufsehen zu halten haben werden.[53]

Die Erfahrung mit der ständig mitgedachten Seuchengefahr, die sich *mit täglicher zuenembung abermallen erzaigen will,*[54] spielte argumentativ eine wichtige Rolle:

Es käme für, daß an dem ganzen salzgrieß ab biß an dem winckhl an deß arsionall, ein grosse unsauberkheit gehalten, auß denen heußern und inwohnern, sonderlich von dem judengesindt alles, waß für die statt geführt werden sollte, zu negst auf die gassen geschitet werde. Wann dan zuebesorgen, daß durch solche unsauberkheidt khünfftigen früehling oder bey negst erzaigenden waichen wettern, umb willen solcher unrath nit fortkhan, an ihr Mt. camergueth, dieweill selbigen ortten alle salz eingelegt und eingefült sein, großer schaden causiert, benebenß auch daraus andere große ungelegenheit, seuch und khrankheitten entspringen möchten, also währe högstgedachter ihrer Khay. Mt. gnedigister bevelch hiemit, sy, die von Wien, zuverhüettung ainer und andern besorgendten ungelegenheit, aller orthen und gässen der statt, sonderlich an ernennten ganzen salzgrieß biß an daz arsional, die sauberung alsobalten fürnemben, und weill ihnen die völlige pflastermauth überlaßen worden, und sie es ohne daß zu thun schuldig, kheineswegs damit verziehen wollten, wie sy gehorsambist zu thun werden wissen, daran volziehen sy högstgedachter ihrer Khay. Mt. allergnedigister willen und mainung.[55]

---

53 WStLA, HA-A 6/1621 Oktober 16.

54 WStLA, HA-A 19/1625 Juni 30.

55 WStLA, HA-A 5/1621 Jänner 13.

Die Regierung erhöhte in der Folge den Druck auf die Stadt[56] und drohte letztendlich damit, ihr die Pflastermaut wieder zu entziehen.

Die pflasterung beim Rotten Thuern und umb den Salzgries hienumb betr. Von der NÖ. Regierung unnd cammer weegen denen von Wien hiemit anzuzaigen, sy werden sich zweifelsohne zu erindern haben, daßmassen irer uber vorige vilfeltige betrohungen, alles wider hinweckhnemung der pflasstermauth, die pflassterung alhieiger statt fürzunemen gemessen anbevolchen worden, sy sich auch sollches zuethuen mehrmals anerbotten, wann aber sollche auflagen von inen gar wenig biß dato in acht genomben worden, unnd aniezo die höchst nottwenndig pflassterung von Rothen Thurn an, gegen unnd über den Salzgrüesß zu verhietung des mehrern ihr Kay. Mayt. unnd der armen fertinger schaden, so durch dißen mordtweeg mit überheüffiger zerbröch- unnd zerschitlung des emfierenden salz cansirt wüerdt, würckhlichen unnd alßbalden fürzunemben vanneten. Alls ist ir regierung unnd cammer gemössner auch ernnstlicher bevelch, sy von Wien sollen unversaumbt ainiger zeit die würckhliche pflasterung an invermelten hohnotwenndigen orth allßbalden unnd ohne ainigen weittern aufschub oder anmachunng fürnemen, damit auf dem wüderigen fahl unnd lenndern verzug höchsternennt ihr Kay. Mayt. aller hierdurch weitern entstehendten schaden neben gebürlicher bestraffung bey inen zuersuechen nit verursacht werden, deme sy allso gehorsamblich nachzukhomen haben.[57]

---

56 WStLA, HA-A 19/1625 Juni 30. *Von der Niderösterreichischen Regierung und camer weegen dennen von Wienn hiemit anzuzaigen demnach ir regierung und camer abermahln fürkhomben, welchermaßen sye über beschechene gemeßne verordnung noch biß dato daß alhießige pflaster bevorab bey und umb den Rotnthurn, daß fast niemandts ohne gefahr schadens, sonderlich die salzfuhrer, gehen oder fahren khann, zu pflastern nit verordnet haben sollen. Wann dann ihnen von Wienn zu solchem endt die pflastermauth eingeraumbt worden, damit dergleichen beschwärden verhärtet bleiben. Alß wirt ihnen von ihr regierung und camer nachmallen alles ernsts anbevolchen, daz sy voriger verordnung ohne verzug gewißlichen nachkhomben und zu ander einsehen nit ursach geben, deme sye gehorsamblich nachzukhomben haben. Actum Wienn den dreysigisten tag junij im sechzehenhundertfünffundzwainzigisten jars.*

57 WStLA, HA-A 23/1625 Oktober 8.

Die Stadt war damit aber wenig erfolgreich. Kriegs- und Finanznot zwangen zu großer Sparsamkeit. Die Ausgaben für die Straßenpflasterung beim zuständigen Unterkammeramt sanken im Verlauf des Krieges, ebenso jene für die Straßensäuberung.

Tabelle: Ausgaben des Unterkammeramtes für Straßenpflasterung und -säuberung 1626-1649

Jahr	Straßen-pflasterung	Straßen-säuberung
1626	4.973 fl 3 ß 18 d	2.371 fl 1 ß 22 d
1637	3.005 fl 24 d	1.496 fl 1 ß 18 d
1638	2.574 fl 1 ß 26 d	1.576 fl - ß 6 d
1648	828 fl 2 ß 16 d	905 fl 6 ß
1649	2.670 fl 2 ß 24 d	1.813 fl 4 ß

Quelle:
WStLA, Unterkammeramt

Schliessung der Märkte und Bäder

Verfaultes Obst auf den Märkten, Fische bzw. Fischwasser sowie Sauerkraut galten aufgrund ihres Gestanks ebenso als Infektionsherde. Den Kräutlern wurde 1564 5 fl 2 ss Strafe auferlegt, weil sie dem Befehl des Bürgermeisters und Rats der Stadt nicht nachgekommen waren *daß sy all ier eingehackht unnd geschnitten khraut zu verhuttung der innfection unverzogennlich aus der stat thain sollen unnd daßelbig nuer in den schäffern herein an den marckht zum verkhauffen tragen laßn sollen.*[58] Die Häringer bezahlten, *umb das sie sich der außganngnen infectionsordnung nicht gemäß verhalten, sonnder das gesaltzen wasser unnd anndere unsauberkhait bei iren stänndten außgeschüt, straffgelt.*[59] 1626 sollte *alles obstwerch* zur Verhütung hieraus entstehender Infektion *hinauß für den rodenthuern*[60] geschafft werden. 1645 wurde

58 WStLA, OKAR 1564, fol. 142r.
59 WStLA, OKAR 1575, fol. 162v.
60 WStLA, HA-A 17/1626 Juni 13.

beim Aufkommen der Infektion über die Sperrung der Bäder und Schulen sowie die Einstellung des Obstverkaufs und der *tantlereyen*[61] diskutiert. In einem ersten Schritt entschloß sich die Regierung, daß *die baader unndt schuelen biß auf weitere verordtnung offen verbleiben, die tantlmarckht aber vor der statt gänzlich, bey denen buergerlichen tantlern aber in der statt soweit nuhr was betlerkhlayder unndt andere sachen, so das gifft leuchtlich fangen, betrüfft, eingestöldt werden sollen.* Für den Fall, daß *zur selben zeit die laydige seuch erst angefangen, aber seithero nit allein continuiert, sondern sich vermehret,* wollte die Regierung nochmals über die Sperrung der Schulen und Bäder verhandeln, *auch ob die tantlerey bey den burgern dahie in der statt auf ein zeitlang völlig abzuschaffen* und was bezüglich der *höringer unndt dergleichen, welche in der statt einen ublen geschmach oder unsauberkheit verursachen, vorzunemben seyen möchte, ob alles obst indifferenter wie auch schwamben, siesß unndt sauer khraut, sowohl bey den soldaten, alß auch denen buergerlichen obstlesern unndt andern in der statt faylzuhaben, auf ain zeitlang biß auf weitere verordnung gänzlich solle verbotten werden.*[62]

Quarantäne und Schliessung vor „infizierten Orten"

Obwohl der tatsächliche Übertragungsvorgang unerkannt blieb und man weiterhin an die verpestete Luft glaubte, hat doch die Erfahrung die „Contagiösität" der Pest – vor allem von Mensch zu Mensch, wie man glaubte – gelehrt. Dementsprechend wurden Infizierte isoliert, indem sie in das vor der Stadt gelegene Pestlazarett Johannes in der Siechenals (9. Bezirk, heute Anne-Carlsson-Park; „Zum hl. Johannes") gebracht oder ihre – zu die-

---

61 WStLA, HA-A 11/1645 Juli 31.

62 WStLA, HA-A 11/1645 Juli 31.

sem Zweck mit einem weißen Kreuz gekennzeichneten – Häuser unter vierzigtägige Quarantäne gestellt wurden. Nach medizinischem Standpunkt sollten die Häuser danach mehrere Tage gelüftet, das Bettzeug ausgeräuchert, die Möbel ins Freie geschafft, Stroh und Hadern verbrannt, das Mauerwerk mit Kalk abgelöscht, alle Holzteile mit scharfer Lauge und Essig mehrmals gewaschen werden. Erst nach diesen Maßnahmen konnte die Wohnung erneut bezogen werden.[63]

Während man die Häuser der Infizierten einer Reinigung unterzog, verbot die Ordnung von 1562 den auf der Brandstätte stattfindenden Verkauf alter Kleider, *so das gifft leuchtlich fangen,*[64] und ordnete die Verbrennung der Wäsche und sonstiger wertloser Gegenstände aus dem Besitz der Infizierten an. 1597 durfte keine Wäsche, auch nicht Gesunder, in der Stadt gewaschen werden, 1644 Trödlerware erst nach amtlicher Beschau und Ausräucherung zum Verkauf gebracht werden.[65]

Einreiseverbote für Personen aus infizierten Orten wurden erlassen, der Stadt von der Regierung befohlen, *daz sy alßbaldt in denen würtsheüsern unndt andern orthen, wo es von nötten, alles vleiß inquiriern laßen, unnd da sy dergleichen verdächtige personen betretten, ihnen gemeßen anbevelchen, daz sy sich bey leibsstraff von hinen in angesicht weckh begeben.* Auch sonst sollten *die von Wienn in ander weeg guette füersehung unnd seüberung thuen laßen, damit aufs müglichist die weittere einreißung dieser abscheüchlichen contagion verhüetet unndt diese khays. residenzstatt in guette obacht genomben werde, wie sy zu thuen wißen.*[66]

Zudem sah sich die Regierung auch veranlaßt, die Menschen vor ihrer eigenen Neugier zu schützen, da *es auch der augenschein*

63 Senfelder, Sanitätswesen, S. 46. Forderungen von Managetta und Rezer 1653, erneut wiederholt in der Vorschrift des Landschaftsarztes Wolfgang Plöckner vom 14. Jänner 1681.

64 WStLA, HA-A 11/1645 Juli 31.

65 Senfelder, Sanitätswesen, S. 47.

66 WStLA, HA-A 8/1628 September 12.

gibt und fürkhombt, daß die khranckhe leuth auf offentlichen gassen und bläzen ligen bleiben, und wie daß viech verderben, wo dan die leuth hauffenweiß zuzulauffen, herumbzustehen und zu besichtigen pflegen, durch welches nicht allein ein abscheuchen und ergernuß, sondern auch mehrer gefahr und außbraittung der contagion erfolgt. Deshalb wurde der Stadt von der Regierung befohlen, *die in ihren viertl außgezaigte plaz und gassen, täglich zwaymal zu visitiren, und da sie darinnen kranckh oder todte befinden, sie haben auch ein verdechtige kranckheit oder nicht, solches alsobaldten dem herrn burgermaister anzuzaigen, damit dieselbe hinweggebracht, an gehöriges ort transferiret und lenger nicht auff der gassen ligen gelassen werden.*[67]

Verfügte Quarantänemaßnahmen und die Schließung öffentlicher Orte standen freilich im Spannungsfeld zwischen Seuchenabwehr und wirtschaftlicher Not. Fielen Absperrungen zu strikt aus, so konnte das zu schwerwiegenden Versorgungsengpässen führen, die, wie in italienischen Städten des 16. und 17. Jahrhunderts beobachtet, zahlreiche Einwohner in den Hungertod trieben.[68] Die Effizienz der öffentlichen Gesundheitspolitik litt also auch an der prekären Subsistenz eines nicht unerheblichen Teils der frühneuzeitlichen urbanen Bevölkerungen. Dennoch zählten strikt durchgeführte Quarantänemaßnahmen zu den wenigen einigermaßen wirksamen Methoden vormoderner Pestbekämpfung. Ein Beispiel dafür bietet etwa die englische Stadt York, deren Bevölkerung die Seuchenzüge auf den Britischen Inseln im 17. Jahrhundert dank einer sehr konsequenten Quarantänepolitik verhältnismäßig unbeschadet überstand.[69]

---

67 WStLA, HA-A 8/1648 Oktober 14.

68 Carlo M. Cipolla, Miasmas and Disease. Public Health and the Environment in the pre-Industrial Age, New Haven – London 1992, S. 78.

69 Chris Galley, The Demography of Early Modern Towns: York in the Sixteenth and Seventeenth Centuries (Liverpool Studies in European Population 6), Liverpool 1998, S. 83.

Zusammenfassung

Ging die Stadt nun in der Krise Krieg anders mit der Krise Seuche um? Als „Schrittmacher der kommunalen Gesundheitssicherung" können Seuchen, und hier spielte insbesondere die Pest eine herausragende Rolle, mit Sicherheit angesehen werden. Mit der Erlassung der ersten Infektionsordnung von 1540 als Reaktion auf die Pest dieses Jahres wurde zugleich die Stelle eines *magister sanitatis* geschaffen und das vor der Stadt gelegene und 1529 von den Türken zerstörte Lazarett Johannes in der Siechenals von Ferdinand I. der Stadt Wien zum Wiederaufbau übergeben. Die Seuche von 1540 kann also durchaus als „Schrittmacher" verstanden werden. Die Pest 1645 als Krise in der Krise änderte die Strategien im Umgang mit Seuchen nicht wesentlich. Die nach dem Abklingen der Epidemie 1646 publizierte Infektionsordnung weist aufgrund der Schwere dieser Epidemie auf ein leichtes Umdenken hin: Es sollte sichergestellt werden, daß die Bestimmungen nicht gleich wieder vergessen werden, und die Einhaltung dieser sollte überwacht werden. Weitere Epidemien, vor allem jene beiden großen der Jahre 1679/80 und 1712/13, wurden damit jedoch nicht verhindert, und das vor allem aus drei Gründen:

Schwere Pestepidemien brachen nur in relativ großen zeitlichen Abständen aus. Von kontinuierlichem Lernen der Behörden und der Untertanen aus der Krise ist daher nicht auszugehen.

Auch nach modernen Kenntnissen bis zu einem gewissen Grad zielführende Abwehrstrategien wie Quarantänemaßnahmen und Straßenpflasterungen scheiterten häufig, weil sie untere Verwaltungsebenen nicht oder nur nachlässig nachvollzogen.

Letztlich entscheidend für das Versagen der Pestprophylaxe war jedoch die völlige Unkenntnis des Übertragungsweges über den Rattenfloh. Wahrscheinlich sorgte die massenhafte Infektion der Ratten mit dem Pseudotuberkulosebazillus, der gegen die Pest immunisiert, für das Verschwinden der Pest aus Mitteleuropa und nicht die zu Beginn des 18. Jahrhunderts eingerichteten *cordones sanitaire*.[70]

Die eigentliche Bedeutung der Pestabwehr in der Zeit des Dreißigjährigen Krieges liegt jedoch nicht in seiner mangelnden Effizienz, sondern in einer ansatzweise erkennbaren Tendenz, sozialdisziplinierende Überwachungsformen zu etablieren, eine „medizinische Policey" einzurichten. Die Initiative ging dabei eindeutig von der niederösterreichischen Regierung und nicht von der städtischen Obrigkeit aus. Im „Überwachen und Strafen" sollte tatsächlich die Zukunft der öffentlichen Gesundheitspolitik der folgenden Jahrhunderte liegen.

---

70 Dinges, Pest, S. 82–84.

Thomas Just

Er sauge die Underthanen aus wie die Wepsen die suessen pürn. Städtischer Umgang mit Armut und Bettel zur Zeit des Dreißigjährigen Krieges

Einleitung

„Um zu verstehen, was sich an Orten ereignet, die wie ‚Städte' oder ‚Großräume' und zahlreiche schulische Einrichtungen Menschen, die alles trennt, zusammenbringen, die sie zwingen, miteinander zu leben, sei es in gegenseitiger Unkenntnis oder wechselseitigem Unverständnis, sei es in latentem oder offen erklärtem Konflikt aller daraus resultuierenden Leiden, ist es unzureichend alle einzelnen Standpunkte isoliert zu erklären. Sie müssen, wie in der Realität selbst, miteinander konfrontiert werden."[1] Diese Forderung stellt der französische Soziologe Pierre Bourdieu in der Einleitung eines Sammelbandes über Probleme des Lebens in modernen Großstädten auf. Dem ist auch in Hinblick auf die Problematik des Zusammenlebens in einer frühneuzeitlichen Residenzstadt, wie sie das Wien des frühen 17. Jahrhunderts darstellt, zu folgen. Helmut Bräuer hat diese Problematik in der Einleitung seines Buches über das Wiener Bettlerwesen zur Zeit Kaiser Leopolds I. dargelegt.[2]

---

1 Pierre Bourdieu, Position und Perspektive. In: Pierre Bourdieu [u. a.], Das Elend der Welt. Zeugnisse und Diagnosen alltäglichen Leidens an der Gesellschaft, Konstanz 1997, S. 17.

2 Helmut Bräuer, „... und hat seithero gebetlet". Bettler und Bettelwesen in Wien und Niederösterreich zur Zeit Kaiser Leopolds I., Wien [u. a.] 1996, S. 24–43.

Der Zuzug des Hofes brachte Hofangehörige, Beamte und Bedienstete in die Stadt. Diese neuen Gruppen benötigten Platz, den ihnen das Hofquartieramt verschaffen sollte.[3] Dementsprechend wuchs der nichtbürgerliche Hausbesitz in Wien zwischen 1566 und 1664 von 26% auf 44% an.[4] Dadurch wandelte sich auch das soziale Erscheinungsbild der Stadt. Das städtische Bürgertum wurde vom Hof und seinen Bediensteten an den sozialen Rand gedrängt, dies manifestierte sich auch in der räumlichen Entwicklung der Stadt, indem die Wien umgebenden Vorstädte immer mehr Einwohner anzogen, die sowohl aus dem Umland als auch direkt aus Wien stammten. Diese Komponenten eines städtischen Umformungsprozesses determinierten auch das Leben der sozial minderprivilegierten Schichten. Die Entwicklung im Umgang mit diesen Gruppen ist gut dokumentiert. Eine Stadt von der Größe und der Bedeutung Wiens zog und zieht massenweise Menschen an. Darunter solche, die von städtischen Organen gerne gesehen werden, und solche, die man lieber nie gesehen hätte.

Früh schon regelte die Stadt, wie mit den Bettlern umgegangen werden sollte, und bestimmte mit der Bettlerordnung des Jahres 1443 den *modus vivendi* der Bettler mit der Stadt und ihren Bewohnern. Die Stadt bestellte einen Beamten, den Sterzermeister, der die Oberaufsicht über die Bettler, die sich in der Stadt befanden, führen sollte. Seine Hauptaufgabe bestand in der Kontrolle des Auftretens der Bettler, die gewisse Gebete zu kennen hatten und deren Bettelei auf bestimmte öffentliche Plätze, meist bei Kirchen, beschränkt war.[5] Die Entwicklung

3 Vgl. zum Hofquartierwesen v. a. Elisabeth Lichtenberger, Die Wiener Altstadt. Von der mittelalterlichen Bürgerstadt zur City, Wien 1977; Josef Kallbrunner, Das Wiener Hofquartierwesen und die Maßnahmen gegen die Quartiernot im 17. und 18. Jahrhundert. In: Mitteilungen des Vereins für Geschichte der Stadt Wien 5, 1925, S. 24–36.

4 Zit. nach Bräuer, Bettler, S. 28.

5 Vgl. dazu die Edition der Bettlerordnung bei Peter Csendes, Die Rechtsquel-

im Wiener Armenwesen des 16. Jahrhunderts ist von einem stark rigiden Zug den Bettlern gegenüber geprägt. 1524 wurde für Niederösterreich, 1526 für Wien ein Bettelverbot erlassen.[6] 1552 fixierte die Polizeiordnung Ferdinands I. das sogenannte Heimatprinzip, das heißt die Verpflichtung der Heimatgemeinde, für die aus dem Ort stammenden, in Not geratenen Personen aufzukommen. 1563 befahl Ferdinand I. eine Bettlerausweisung aus Wien, deren Durchführung durch strenge Visitationen der Stadt und der sie umgebenden Gemeinden gewährleistet werden sollte.[7] Doch konnten diese Mandate der Realität des Alltags nicht standhalten. 1592 erließ Rudolf II. ein Mandat, mit dem Vagabundieren verboten wurde.[8] 1597 mußte konstatiert werden, daß die Mandate gegen Bettler und Müßiggänger ohne spürbare Wirkung geblieben waren.[9] Kaiser Matthias erließ dann 1613 ein Patent, das sich gegen alle Bettler richtete, die kein Stadtzeichen, also keine offizielle Bettelerlaubnis, hatten.[10] Die Lage für Bettler und Arme in Wien war also bereits lange vor dem Ausbruch des Dreißigjährigen Krieges gespannt.

---

len der Stadt Wien (Fontes Rerum Austriacarum III/9), Wien 1986, S. 219–221. Weiters Susanne Claudine Pils, Die Stadt als Lebensraum. Wien im Spiegel der Oberkammeramtsrechnungen 1556–1576. In: JBVGStW 49, 1993, S. 119–172, hier S. 163 ff., und Thomas Just, Susanne Claudine Pils, Die Entstehung der Unbarmherzigkeit. Randgruppen und Außenseiter in Wien vom Mittelalter bis zur Gegenwart (WGBl Beiheft 1), 1997, S. 7 ff. Vgl. zur geforderten Kenntnis von Bettlern auch den Eintrag in WStLA, OKAR 1/4 (1436), fol. 97r, daß *Adam der die arm lewt den paternoster hat gelernt ex iussu magistracium* 2 1/2 Pfund Pfennig als Lohn bezahlt bekommen hat.

6 Ernst Tomek, Kirchliches Leben und christliche Caritas in Wien. In: Geschichte der Stadt Wien 5, Wien 1914, S. 324, und Bräuer, Bettler, S. 49.

7 Vgl. dazu Just, Pils, Entstehung, S. 8; Bräuer, Bettler, S. 50; Karl Weiß, Geschichte der öffentlichen Anstalten, Fonde und Stiftungen für die Armenversorgung in Wien, Wien 1867, S. XII f.

8 WStLA, Patent Nr. 163 vom 1. Februar 1592.

9 Vgl. Just, Pils, Entstehung, S. 9, und Bräuer, Bettler, S. 51.

10 WStLA, Patent Nr. 252 vom 30. März 1613.

Stadt, Bürgerspital und Bettelwesen

Die folgende Arbeit skizziert das öffentliche Armenwesen vor allem am Beispiel des Wiener Bürgerspitals. Darüber hinaus wird der Umgang der niederösterreichischen Regierung und der Stadt Wien mit dem Bettelwesen aufgrund der vorhandenen Dekrete dargestellt. Mit dem Wiener Bürgerspital tritt uns eine seit der Mitte des 13. Jahrhunderts existierende Institution gegenüber.[11] Es hatte sich seit dem Ende des 15. Jahrhunderts „zur einzigen Versorgungsanstalt und zum Mittel der sozialen Kontrolle“ der Stadt gewandelt.[12] Die Stadtordnung Ferdinands I. aus dem Jahr 1526 regelte auch die medizinische Versorgung der Kranken im Bürgerspital, darüber hinaus sollten alle Armen der Stadt darin Aufnahme finden.[13] Weiters wurde in der Stadtordnung Ferdinands bestimmt, daß der Spitalmeister Personen bestimmen sollte, die die Bettler in der Stadt beaufsichtigten. Gleichzeitig wurde das Amt des Bettelrichters und die Bettlerzeche abgeschafft.[14] Dadurch entwickelte sich das Bürgerspital zum Instrument der Bettelpolitik der Obrigkeit, das in enger Verbindung mit der Stadt, die die Befehle der niederösterreichischen Regierung zu exekutieren hatte, versuchte, mit dem Massenphänomen „Bettel“ umzugehen. Parallel dazu entwickelte sich das Bürgerspital immer mehr zu einem Armenhaus, die Institution Bürgerspital bezeichnete sich selbst als *armen haus des alhieigen Bürgerspitals*.[15] Die folgenden Ausführungen können keinen Anspruch auf Vollständigkeit erheben, sondern stellen vielmehr, im archäologischen Sinne,

---

11 Vgl. zur Geschichte des Wiener Bürgerspitals im Mittelalter umfassend Brigitte Pohl-Resl, Rechnen mit der Ewigkeit. Das Wiener Bürgerspital im Mittelalter (MIÖG Ergbd. 33), Wien 1996.

12 Vgl. Pohl-Resl, Rechnen, S. 189.

13 Vgl. Pohl-Resl, Rechnen, S. 188 f.

14 Vgl. Csendes, Rechtsquellen, S. 287.

15 Vgl. bspw. WStLA, Bestand Bürgerspital, Bürgerspitalakten Fasc. XLVIII/5.

einen ersten Sondierungsschnitt in die Problematik und durch die Quellen dar.

Erste Kriegserfahrungen und Reaktionen

Das Jahr 1619 brachte für Wien die Blockade durch die Truppen von Heinrich Matthias Graf von Thurn.[16] Die näher rückenden böhmischen Truppen veranlaßten viele Menschen aus dem Wiener Umland in die Stadt zu flüchten. Darüber hinaus begann man in den Vorstädten mit Abbrucharbeiten an Häusern zu Verteidigungszwecken. Die Versorgung der Stadt mit Nahrungsmitteln war nicht gesichert.[17] Nach dem Abzug der Thurnschen Truppen, der am 12. Juni 1619 begann, schritt die niederösterreichische Regierung daran, Maßnahmen gegen die sich in der Stadt aufhaltenden Bettler zu treffen. Am 23. September 1619 wird ein Befehl an die Stadt wiederholt, alle Bettler, die *das hinfallendt* haben, abzuschaffen oder im Bürgerspital in Haft nehmen zu lassen.[18] 1621 verschärft die Regierung diese Anordnung noch. Ende Dezember 1620 stellten die Stadtzeichner, also jene Bettler, denen es an und für sich erlaubt war, in der Stadt um Almosen zu betteln, ein Ansuchen, daß ihnen der Zutritt in die Stadt wieder gewährt wird. Die Regierung lehnt dies in ihrem Schreiben an die Stadt ab und ermahnt die Verantwortlichen, daß *sy nit allein auf die Stattzeichner, sondern auch auf die andern streihnenden bettler und petlbueben vleissige achtung … haben* und deren Abschaffung aus der Stadt verordnen sollen.[19] Einer der Hauptgründe dieses Vor-

16 Vgl. dazu Helmut Kretschmer, Sturmpetition und Blockade Wiens im Jahre 1619 (Militärhistorische Schriftenreihe 38), Wien 1978.

17 Kretschmer, Sturmpetition, S. 19.

18 WStLA, HA–A 3/1619 vom 23. September 1619.

19 WStLA, HA–A 8/1621 vom 7. Jänner 1621.

gehens war wohl, daß „... die Ereignisse der ersten Kriegsjahre die agrarische Produktionsstruktur so weit zerrüttet hatten, daß im Winter 1621/22 der Hunger im Land regierte".[20] Ein Blick in das Rechnungsbuch des Bürgerspitals aus diesem Jahr zeigt, daß im Jänner mehr als 600 Personen gespeist wurden, das Spital also ziemlich überfüllt und an seine Kapazitätsgrenze gekommen war und niemanden mehr versorgen konnte.[21] Andererseits aber war man bemüht, diejenigen, die unter den Folgen von *Raub, Prandt und Leibsschedigungen* litten, zu versorgen. Diese Flüchtlinge, die vom Land in die Stadt drängten, sollten, sofern sie gesund waren, in Wien bei den *Stattgepeuen oder anderer Weingarten und dergleichen arbait* gegen gebührenden Lohn eingesetzt werden. Denn *Geschädtigten, Krankchen auch sonst unvermüglichen unndt denen Kindern* sollte mit Almosensammlungen geholfen werden.[22] Dadurch erhöhte sich der Druck auf die sowieso zahlreich vorhandenen Bettler nochmals, und auch die versuchte Ausweisung konnte das Problem nicht lösen, sondern verlagerte es nur. Die Organisation der Stadt war dem Ansturm kaum gewachsen, durch die Inflation drohten immer mehr Menschen zu verarmen, das Vertrauen in die Obrigkeit war am Schwinden.[23] Die Ordnung für den Wiener Stadtprofosen drückt dies dann auch so aus: *deß gemainen*

---

20 Vgl. Erich Landsteiner, Andreas Weigl, „Sonsten finden wir die Sachen sehr übel aufm Landt beschaffen...". Krieg und lokale Gesellschaft in Niederösterreich (1618–1621). In: Benigna von Krusenstjern, Hans Medick (Hgg.), Zwischen Alltag und Katastrophe. Der Dreißigjährige Krieg aus der Nähe, Göttingen 1999, S. 229–271, hier S. 233.

21 WStLA, Bestand Bürgerspital, Rechnungsbuch 1621, fol. 103r/v. Im einzelnen waren vom 1.–4. Jänner 654 Personen zu versorgen, vom 4.–11. 639 Personen, vom 11.–18. 630 Personen, vom 18.–25. 621 Personen und vom 25. Jänner bis 1. Februar 613 Personen.

22 WStLA, HA–A 9/1621 vom 23. August 1621.

23 Vgl. dazu auch Bernd Roeck, Eine Stadt in Krieg und Frieden. Studien zur Geschichte der Reichsstadt Augsburg zwischen Kalenderstreit und Parität, Tl. 2, Göttingen 1989, S. 619, Anm. 286.

mannß canhierte unnottwendtige theuerung gleichsamt augenplickhlich und urblezlich eingerissen und sovilerlay confusiones erweckht.[24] Folgerichtig stammt aus dem Jahr 1624 wiederum eine Verordnung der Regierung an die Stadt, die Bettler durch Mediziner, Barbiere und Wundärzte visitieren zu lassen und *denen so des allmueßen würdig gefundten werden, die gebreüchigen stattzaichen erthailt, die andern aber von pettel abgeschafft.*[25] Mit dem Stadtprofosen wird neben den Bettelrichtern ein neues Aufsichtsorgan installiert, das auch das Recht hatte, Bettler aus der Stadt zu weisen.[26] Wie bereits erwähnt, sollte ein Teil der Folgen der Armut durch Almosensammlungen aufgefangen werden. Zu diesem Zweck leistete sich die Stadt eigene Bedienstete, die im Jahr an die 500 Gulden kosteten. Dieser sozialpolitische Unsinn wurde von der niederösterreichischen Regierung erkannt, die die einleuchtende Ansicht vertrat, daß mit dieser *Summa vil gerichtet und denen Armen merkhlich geholffen werden khann*. Ab sofort sollte daraufhin diese Sammlung „für Gottes Lohn" durch Mitglieder des äußeren Rates erfolgen.[27] Neben den Bewohnern der Stadt gab auch der Hof jährlich eine gewisse Summe für Brandsteuer, Beisteuer und Almosen aus, wobei das meiste Geld an Klöster gegeben wurde. Die erhobenen Daten für die Jahre von 1639 bis 1648 ergeben folgendes Bild:[28]

---

24 WStLA, HA-A 7/1624 vom 2. September 1624. Zur Teuerung vgl. Albert Francis Pribram (Hg.), Materialien zur Geschichte der Preise und Löhne in Österreich, Wien 1938, S. 41.

25 WStLA, HA-A 28/1624 vom 23. September 1624. Zur Seuchenproblematik in Wien vgl. den Beitrag von Susanne Claudine Pils in diesem Band.

26 WStLA, HA-A 7/1624 vom 2. September 1624. Punkt 7 der Instruktion für den Stadtprofosen.

27 WStLA, HA-A 12/1638 vom 10. September 1638.

28 Ich danke Mark Hengerer für die Überlassung der Daten.

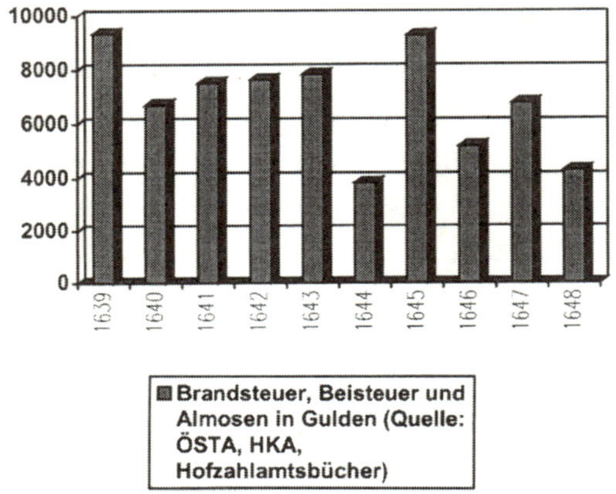

Abb. 1: Brandsteuer, Beisteuer und Almosen 1639–1648

Versorgungs- und Wirtschaftsprobleme

Das Jahr 1630 brachte für die Stadt wiederum große Versorgungs- und Finanzprobleme. Vor allem die Sicherung der Getreidevorräte stand im Vordergrund. Die Preise für das *liebe getraidt* stiegen von Tag zu Tag, so daß es für die Bevölkerung kaum mehr erschwinglich war.[29] An die Müller und Bäcker ging der Befehl, sich ausreichend mit Getreide zu versorgen, damit genügend Brot zu billigen Preisen gebacken werden konnte. Im Juni desselben Jahres erging wiederum ein Befehl an Bürgermeister Daniel Moser, Nachschau zu halten, ob bei den Bäckern und Müllern der Stadt *nit ain verborgener Vorrath in Traydt und Meel vorhanden, und da sich ain sollicher befundten sy die Peckhen bey Leibsstraff zuverbachung desselben ernstlichen anhalten.*[30] Ende des Jahres 1631 sollten sich alle Einwohner

29 WStLA, HA–A 10/1630 vom 29. Jänner.

30 WStLA, HA–A 12/1630 vom 12. Juni. Vgl. ähnliche Maßnahmen für Augsburg Bernd Roeck, „Arme“ in Augsburg zu Beginn des 30jährigen Krieges. In:

für ein Jahr mit Proviant versehen.[31] Grund war, daß die *weit ausgehenden Khriegsunrhuen der feindt und dessen anhänger sich under andern starckh bemüehen wie Sie mit ihren verschlagenen Practizieren und je länger je mehr zunembender Kriegsmacht auch in Ihrer kay. Mt. Erb Königreich und Lannden in massen berait in dero Erb königreich Böheimb beschehen, neüer gefährliche Motus erweckhen oder wol gar ihr habendes kriegs volckh in dis Erzherzogthumb Österreich pringen khunden, dadurch dann nit gering gefahr der alhieigen Statt Wien als an welcher alhie die Consolation des Landts und dessen Inwohnern hoffen thuet.*[32] Die Versorgung der Stadt mit Lebensmitteln stellte sich immer mehr als zentrales Problem heraus. Zusätzlich litt das Gewerbe unter einquartierten Soldaten und der Störertätigkeit von Mitgliedern der Stadtguardia. Schon seit den frühen 1620er Jahren sind Klagen der Bäcker über die Stadtguardia bekannt, die selbst Brot bucken und dieses dann verkauften.[33] Allerdings war es für die Familien der Stadtguardia oft die einzige Möglichkeit, Geld zu verdienen, da deren Sold oft lange ausblieb. Wie angespannt die finanzielle Situation der Angehörigen der Guardia oft war, zeigt ein Beispiel aus dem Jahr 1596. Damals betrug die Anzahl der im Dienst stehenden Männer 270 Personen, man plante, sie auf 500 aufzustocken.[34] Der Kommandant der Stadtguardia, Christoff

---

Zeitschrift für bayerische Landesgeschichte 46, 1983, S. 515–558, hier S. 519 ff.

31 WStLA, HA-A 3/1631 vom 29. November 1631.

32 Ebenda.

33 Vgl. bspw. ÖStA, Kriegsarchiv, Hofkriegsratsprotokolle 1620, Bd. 243, fol. 422v–423v. Vgl. auch Bräuer, Bettler, S. 40.

34 ÖStA, HKA, Herrschaftsakten Wien, W 61/C/62 Stadtguardia 1596–1638, fol. 21v. Vgl. zur Stadtguardia den Beitrag in Felix Czeike, Historisches Lexikon Wien, Bd. 5, Wien 1997, S. 292–293, weiters Engelbert Steinwender, Von der Stadtguardia zur Sicherheitswache. Wiener Polizeiwachen und ihre Zeit, Bd. 1: Von der Frühzeit bis 1932 (ungedr. phil. Dipl.-Arb.), Wien 1992, und Alois Veltzé, Die Wiener Stadtguardia (1531–1741). In: Berichte und Mitteilungen des Altertumsvereins zu Wien 36/37, 1902, S. 3–213.

von Opell, bemühte sich um die Auszahlung des ausstehenden Soldes durch die Hofkammer und schilderte die Lage der Gardisten in einem Schreiben an den in Prag weilenden Kaiser Rudolf II.: *der allhieigen Camer mit Recht aufzulegen, damit den armen khnechten, deren Armuet grösser* [ist] *als ich Euer frl. Drl. Erzehlen khan.*[35] Um den Forderungen der Guardia zu ihrem Recht zu verhelfen, begab sich der Feldschreiber der Truppe, Wolff Seytz, nach Prag. Mittlerweile war der Sold bereits seit 32 Monaten ausständig. Allerdings wurde er auch in Prag immer wieder vertröstet, ja es kam soweit, daß er sich von seinem Wirt 60 Taler leihen mußte und dieser ihm in der Herberge nichts mehr zum Essen gab.[36] Durch die schlechte Bezahlung wurde kurioserweise die städtische Ordnungstruppe selbst immer mehr von Armut heimgesucht, und deren Angehörige kamen mit denjenigen Personengruppen, die sie überwachen sollten, ins Geschäft und vermieteten ihnen etwa Schlafplätze.[37] Darüber hinaus tauchen auch Vorwürfe der *strassenraubereiy und füriiber gehunden mörderischen angriffs an burgern und anderen zur statt raisenden leütten* auf.[38] Die Beschwerden wegen Fürkaufs, Fratschlereien und verbotenen Fleischverkaufs rissen nicht ab.[39] Dadurch sahen sich die Wiener Gewerbetreibenden eines beträchtlichen Konkurrenzdruckes ausgesetzt und drängten darauf, dies abzustellen. Einerseits sollten die Wohnhäuser und Hütten der Stadtguardia, die auf den Bastionen errichtet worden waren, abgerissen werden,[40]

35 ÖStA, HKA, Herrschaftsakten Wien, W 61/C/62 Stadtguardia 1596 bis 1638, fol. 21r.

36 ÖStA, HKA, Herrschaftsakten Wien, W 61/C/62 Stadtguardia 1596 bis 1638, fol. 27r–32v.

37 Vgl. Bräuer, Bettler, S. 190 und zur Wohnsituation der Bettler S. 164–173.

38 Vgl. ÖStA, Kriegsarchiv, Hofkriegsratsprotokolle 1626, Bd. 256, fol. 338v. Erschwerend für die Stadt kam hinzu, daß die Stadtguardia nicht der städtischen Jurisdiktion unterstellt war.

39 Vgl. ÖStA, Kriegsarchiv, Hofkriegsratsprotokolle 1628, Bd. 259, fol. 247rv.

40 Vgl. ÖStA, Kriegsarchiv, Hofkriegsratsprotokolle 1620, Bd. 243, fol. 477v.

andererseits erließ die Stadt Dekrete, mit denen sie gegen die Störer vorgehen wollte. So erließ Bürgermeister Daniel Moser am 9. Dezember 1626 ein Patent gegen die Störer der Fleischhauer, da diesen *jenen burgerlichen fleischhackher ins gemain ihnen daß brodt vor dem maull entziehen.*[41] Neben dem Schaden für die Fleischhauer befürchtete die Stadt auch die Einschleppung von Krankheiten durch das von den Störern verkaufte Fleisch. Aller-

Wappen des Wiener Bürgermeisters Daniel Moser 1570–1639

41 WStLA HA-A 21/1626 vom 9. Dezember 1626.

dings ging die Regierung nicht nur gegen die Störer der verschiedenen Handwerke und Gewerbe vor. 1635 erging an die Stadt Wien der Befehl, gegen die vier Bäcker *Hanns Stiller, Jacob N., Jacoben Marckh* und *N. Täggl* vorzugehen, die Semmeln gebacken hatten, die nicht das vorgeschriebene Gewicht auf die Waage brachten. Offenbar waren diese vier Bäcker schon öfters erwischt worden, die Stadt hatte aber nie etwas gegen sie unternommen. Daher wurden der Profos und ein Gehilfe ermächtigt, die Bestrafung selbst vorzunehmen. Diese geschah in der Form, daß man sie *an das Creutz am Graben auf drey Stund lang stammen und der geringen Semel am Hals hengen lassen* ließ. 13 weitere Bäcker wurden mit einigen Stunden Gefängnis bestraft.[42]

Leben und Überleben im Bürgerspital

Die Quellen des Wiener Bürgerspitals erlauben einen gewissen Einblick in die Lebenssituation der Bewohner und Bediensteten. Die Finanzierung des Betriebs beruhte vor allem auf dem umfangreichen Grundbesitz, den das Spital sein eigen nennen konnte. Als Grundobrigkeit unterstanden ihm vor allem Penzing, der Untere Werd und der Spittelberg. Dazu hatte das Spital Untertanen in Grinzing und Nußdorf. Es besaß außerdem das Braumonopol für die Stadt Wien.[43] Weitere Einnahmen kamen aus Stiftungen Wiener Bürger.[44] Das Bürgerspital war ein Großbetrieb im Bereich der sozialen Versorgung. Ein Verzeichnis des Jahres 1626 zählt 104 Bedienstete auf, 1627 werden 102 Personen gezählt.[45] Geleitet wurde es

42 WStLA HA–A 5/1635 vom 3. Dezember 1635.

43 Vgl. dazu Heinrich Berg, Karl Fischer, Vom Bürgerspital zum Stadtbräu. Zur Geschichte des Bieres in Wien (WGBl Beiheft 3), 1992.

44 Vgl. zu den Stiftungen Pohl-Resl, Rechnen, v. a. S. 74 ff.

45 WStLA, Bestand Bürgerspital, Akten Fasc. XXI/1 (enthält die Verzeichnisse von 1626 und 1627).

vom Spitalmeister, der einem Superintendenten, der Mitglied des Stadtrats war, unterstellt war.

Das Spital hatte mannigfaltige Aufgaben. Neben der Aufsicht über die Bettler in der Stadt waren Kranke zu versorgen, Pilger auf der Durchreise aufzunehmen, und darüber hinaus unterstand dem Bürgerspital das Pestlazarett im heutigen Alsergrund. Dazu nahm das Bürgerspital, wenn Platz vorhanden war, auch noch ledige Schwangere auf. In dieser Funktion war das Spital der Vorläufer des Wiener Findelhauses.[46] Ein Eintrag im Zusammenhang mit einem schwangeren Mädchen, das einer Pflegefamilie zugewiesen wird, verdeutlicht dann auch die angespannte Situation des Hauses. Am 12. April 1631 wird im Grundstubenprotokoll des Bürgerspitals vermerkt, daß *ein ledigs Mensch nambens Eva, di natione ein Wiennerin, schwangeren Leibs und ihrem fürgeben nach 14 Jahren alters (da man doch ob es 11 jahr alt sei zweifeln will) alda Khindsmuetter zuwerden kommen* [...], *daß Armenhauß auff der Zeit ausserist erschepft und sovillerlei Persohn zuerhalten nicht vermag.*[47] Das Problem der unehelichen Kinder wurde im Jahr 1639 noch einmal aktenmäßig deutlich, als am 4. Jänner ein *verthanes Kind* in einer Mörung, also einem Abwasserkanal, beim *schwarzen Elephanten* gefunden wurde. Aufgrund dieses Vorfalls wies die niederösterreichische Regierung die Stadt Wien darauf hin, daß *Sie von Wienn zweiffelsohne wissenschaft haben, daß in Italien, und*

46 Vgl. zum Wiener Findelhaus Verena Pawlowsky, Rosa Zechner, Verwaltete Kinder. Das Wiener Findelhaus (1784–1910). In: WGBl 47, 1992, S. 129–149; Verena Pawlowsky, Ledige Mütter als „geburtshilfliches" Material. In: Comparativ. Leipziger Beiträge zur Universalgeschichte und vergleichenden Gesellschaftsforschung 3, 1993, und Ingrid Matschinegg, Verena Pawlowsky, Rosa Zechner, Mütter im Dienst – Kinder in Kost. Das Wiener Findelhaus, eine Fürsorgeeinrichtung für ledige Frauen und deren Kinder. In: L'Homme Z. F. H. 5, 1994, S. 61–80; vgl. für Augsburg Roeck, Stadt, S. 609.

47 WStLA, Bestand Bürgerspital, Protokoll über die Erledigungen und Handlungen des Superintendenten und Spitalmeisters vom 27. September 1629 bis 12. Juni 1646, fol. 1r.

anndern Orthen, Spitaler sich befinden, warein der gleichen Khinder entweder durch Windten oder sonsten haimbliche Orth gebracht, angenommen und solcher gestalt dises Crimen verhüetet bleibt, die Khinder erhalten und erzogen werden und forderte eine ähnliche Einrichtung beim Bürgerspital.[48]

Wie die gesamte Stadt litt auch das Bürgerspital an den Folgen der permanent in Wien stationierten Soldaten. Diese sorgten in der ganzen Stadt für Auseinandersetzungen und Unruhen. 1621 gab es Beschwerden, daß Soldaten Colloredos Schäden im Bürgerspital angerichtet hatten.[49] Auch die Spitalsuntertanen litten unter Auseinandersetzungen mit den Soldaten, wie das Beispiel des Mathias Zöch, eines Wirtes im Oberen Werd, zeigt. Dieser war in eine Auseinandersetzung mit dem Aufwarter des Obersten Rudolf von Teiffenbach, Ferdinandt Wüller, geraten, die sich folgendermaßen abgespielt hatte: *Edtliche Soldaten unnder Hernn von Molardt, ain gefreitter und ain corporal, haben gezecht und ain Rattich gessen, darwider Wüllers sein Messer verlohrn worden, darüber er die Soldaten Messerdieb gescholten und sie also mit ainander zu greinen angefangen, hab er zu Verhiettung als Würth ihme zuegsprochen, alß aber der Wüller ihme ainen groben Tölpel gescholten und auf ihme gestossen, hab er zuegeschlagen und auß der Stuben gestossen, darunder die Handtschuech verlohren.*[50] Für den Wirt endete die Auseinandersetzung mit einer Geldbuße von 10 Gulden.

Schwerwiegender war eine Auseinandersetzung zwischen

48 WStLA, HA–A 24/1639 vom 5. Jänner 1639. Vgl. zur Problematik des Kindsmordes auch Martin Scheutz, Alltag und Kriminalität im steirisch-österreichischen Grenzgebiet (ungedr. phil. Diss.), Wien 1995, S. 92 ff., und für Wien im speziellen Peter Csendes, Wiener Strafgerichtsbarkeit im 17. Jahrhundert. In: JBVGStW 26, 1970, S. 103–119, hier S. 114 ff.

49 Vgl. ÖStA, Kriegsarchiv, Hofkriegsratsprotokolle 1621, Bd. 245.

50 WStLA, Bestand Bürgerspital, Protokoll über die Erledigungen und Handlungen des Superintendenten und Spitalmeisters vom 27. September 1629 bis 12. Juni 1646, fol. 1r.

dem Richter des Spitals in Grinzing, Hanns Fehrmann, und Sebastian Höldinger, Untertan des Spitals in Unter-Sievering. Die Auseinandersetzung gibt einerseits einen guten Einblick in die zerbrechliche Hülle einer Dorfgemeinschaft und zeigt, wie wirtschaftlicher und persönlicher Druck sich ein öffentliches Ventil suchten. Fehrmann klagte vor dem Superintendenten des Bürgerspitals, daß Höldinger nach der Abhaltung des Banntaidings in Nußdorf den Richter öffentlich beleidigt und ihm in neun Punkten ein Fehlverhalten vorgeworfen hatte.[51] Folgende Vorwürfe kamen in der Verhandlung vor dem Superintendenten und dem Spitalmeister zur Sprache: *und Erstlichen [1] solte der Richter den Höldinger umb 20 R, wegen vermaint was ihm gegen die Obrigkait gethannen Bericht, gebracht, Annderten [2] dessen Weib aus dem Weingarten weckhgefüehrt. Drittenes [3] were er ein Cohnsterer. Viertens [4] solle er 4 Beichtzetln expracticiert und under dennen underthanen aufgethailt haben. Fünfftens [5] er sauge die Underthanen aus wie die Wepsen die suessen pürn; Sechstens [6] seye durch ihne der Reütder von Haus und Hof kömen. Sibenten [7] gehe es beraits in das 6.te Jahr, daß der Höldinger wegen des Fehrman mit seinem Weib nit hausen khine. Achten [8] nembe der Richter die besten Arbeiter aus dem Weingartten und füehre dieselbigen in die seinigen wie dan zum lesten [9] haisse deß Richters Weib ihren Mann einen Meixnerischen Landtteufl.*[52] Dies waren schwe-

51 Vgl. dazu Martin Scheutz, Konkurrierende Disziplinierungsgewalten im grundherrschaftlichen Markt. Der Gaminger Hofrichter mit und gegen den Scheibbser Marktrichter und -rat während des 18. Jahrhunderts. In: Pro Civitate Austriae. Informationen zur Stadtgeschichtsforschung in Österreich NF 4, 1999, S. 41–64; Heinrich Demelius, Über Dorfversammlung und Herrschaftsgericht im 17. Jahrhundert. In: JBLKNÖ 20, 1926/27, S. 62 ff., und Walter Pongratz, Aus den Gerichtsprotokollen zweier Waldviertler Herrschaften. Ein Beitrag zur Rechtsgeschichte der frühen Neuzeit. In: UH 61, 1990, S. 255–258.

52 WStLA, Bestand Bürgerspital, Protokoll über die Erledigungen und Handlungen des Superintendenten und Spitalmeisters vom 27. September 1629 bis 12. Juni 1646, fol. 39r.

re Beschuldigungen, vor allem der Vorwurf des Handelns mit Beichtzetteln in einer Zeit, in der gerade die Gegenreformation durchgeführt wurde, war dazu angetan, das Vertrauen der Obrigkeit in ihren Richter zu erschüttern.[53] Der Vorwurf des Ehebruchs, der in den Punkten 2, 3 und 7 angeführt war, zielte direkt auf die Ehre des Richters und seiner Familie,[54] währenddessen die Punkte 5, 6 und 8 auf die wirtschaftlichen Probleme, die durch den Krieg entstanden waren und insbesondere auf die schwierige Arbeitsorganisation in einer Weinbaugegend, wie sie Grinzing und Nußdorf darstellen, Bezug nehmen.[55] In seinen Anschuldigungen subsumiert Höldinger beinahe alle gebräuchlichen Beleidigungen, die normalerweise vor Gericht angeklagt wurden, er gebrauchte „gleichsam schweres Geschütz".[56] Durchsetzen konnte er sich damit nicht. Er hatte keine Beweise für die angeblichen Verfehlungen des Richters. Daher mußte er öffentlich in Anwesenheit des Superintendenten und des Spitalmeisters und von der Stadt verordneten Kommissaren Abbitte leisten und wurde zu drei Tagen Haft bei Wasser und Brot verurteilt. Sollte er solche *greinsichtige Händl hinfüro* nicht unterlassen, drohte man ihm mit der Ausweisung aus der Grundobrigkeit des Spitals. Um allen möglicherweise im Umlauf befindlichen Gerüchten über die Anschuldigungen gegen den Richter und möglichen Widerspruch gegen das

53 Vgl. den Beitrag von Arthur Stögmann in diesem Band.

54 Vgl. dazu Michael Frank, Dörfliche Gesellschaft und Kriminalität. Das Fallbeispiel Lippe 1650–1800, Paderborn 1995.

55 Vgl. zur Arbeitsorganisation im Weinbau in Wien und Niederösterreich und die Problematik, gute Arbeiter zu finden, worauf Sebastian Höldinger in seiner Klage in Punkt 8 Bezug nimmt, Erich Landsteiner, Einen Bären anbinden. In: Österreichische Zeitschrift für Geschichtswissenschaften 4, 1993, S. 218–252, hier v. a. S. 230 ff.

56 Vgl. dazu Michael Frank, Ehre und Gewalt im Dorf der Frühen Neuzeit. In: Klaus Schreiner, Gerd Schwerhoff (Hgg.), Verletzte Ehre. Ehrkonflikte in Gesellschaften des Mittelalters und der Frühen Neuzeit, Köln [u. a.] 1995, S. 320–338, hier S. 325, Tabelle 1.

Urteil einen Riegel vorzuschieben, wurde jedem, der Gerüchte in diesem Fall in Umlauf setzte, mit einer Strafe von zwölf Reichstalern gedroht.[57]

Die Visitation des Spitals 1634/1635

Im Lauf des Jahres 1634 scheinen sich die Verhältnisse im Bürgerspital verschlechtert zu haben. Daher faßten Bürgermeister und Stadtrat den Beschluß, das Spital visitieren zu lassen. Als Visitatoren wählte man den Stadtsyndikus Dr. Johann Jakob von Scholzen, den Ober-Stadtkämmerer Caspar Härben und Bartholomäus Schleger. Alle drei waren Mitglieder des Inneren Rates. Dazu gesellte sich noch der Superintendent des Bürgerspitals. Grund der Unzufriedenheit der Stadt mit dem Spital war, daß dort angeblich *unfleiß, unwirtschafft, aigennuzigkcheiten neben andern vilen absurditeten* herrschten und der Spitalmeister das Personal nicht mehr im Griff zu haben schien, so daß *eine reformation gar hoch von nöthen* sei.[58] Am 9. Dezember 1634 wurde nun die Visitation vorgenommen. Gleich bei der Ankunft der Kommission sah man sich mit Beschwerden über den Ober-Siechvater und dem Arzt konfrontiert. Der Ober-Siechvater gehorchte dem Spitalmeister nicht und erstattete keinen Bericht über die *Beschaffenhait* der Armen und Kranken. Außerdem sei er mit dem Arzt in das Lazarett gegangen und dort verblieben. Der Arzt behandelte die Kranken nachlässig. Oft legte er den Verletzten keine Verbände an, sondern ging lieber *dem trinckchen ausser des Spitales sehr nach*.[59] Außerdem nahm nicht er die

57 WStLA, Bestand Bürgerspital, Protokoll über die Erledigungen und Handlungen des Superintendenten und Spitalmeisters vom 27. September 1629 bis 12. Juni 1646, fol. 39v.

58 WStLA, HA-A 9/1635 vom 21. April 1635, fol. 6r.

59 WStLA, HA-A 9/1635 vom 21. April 1635, fol. 1r.

Anamnese vor, sondern ließ *seinen Diener die Khrankchen besuchen und fragen* [...] *was ihnen mangelt.*[60] Die Ärzte stellten für das Spital nicht zum ersten Mal ein Problem dar. Am 11. Februar 1634 brachte *Mattheüs Wißinger* gegen den Arzt des Lazaretts, Leonhart Burger, eine Klage ein. Burger hatte gemeinsam mit einem kaiserlichen Hatschierer Wißinger auf offener Straße verprügelt. Darüber hinaus ging er *so woll bei tag als nächtlicher weill aus dem Laz*[areth] *(auch wie fürkhomben gahr in frembde häuser ohne schüech gehet!) ist ime solhes nit allain mit ungnaden verwisen, sondern auch bei fürnembung anderer Mitl sich dessen hinfüro zuenthalten und zu ieder Zeit bei den Armen mit embsiger Abwarttung seines Dienstes anhaimbs finden zulassen, anbevolhen.*[61] Vom Spital aus wurde er mit zwölf Reichstalern Strafe belegt, Wißinger erhielt für die Schläge vom Arzt sechs Reichstaler.

Einen Blick auf fehlerhafte ärztliche Versorgung im Bürgerspital im 17. Jahrhundert gibt ein Verfahren gegen einen Arzt des Spitals im Jahr 1674. Darüber hinaus bietet der Fall auch Einblicke in die Auseinandersetzungen zwischen akademischen Ärzten und den Badern sowie in das Procedere der Arztbestellung im Bürgerspital. Am 12. Jänner 1674 wurde der 36jährige Fleischhauerknecht Michel Illmayer mit einem schadhaften Fuß ins Spital gebracht, der ihm am 27. April amputiert wurde. Danach aber hat der Arzt *nit allein das Ober Band zu fest gebundten, sondern auch dasselbe zu rechter Zeit ausbindten ybersehen, welches volglich den Brand verursacht, wodurch der Mensch den 5tn diß Monats May gestorben.* Dieser Fehler führte nun zu einem Verfahren gegen den Arzt, auch weil *dergleichen vernachlessigung durch ihme Arzten bereits vor disen geschehen.* Der Superintendent und der Spitalmeister luden den

60 WStLA, HA–A 9/1635 vom 21. April 1635, fol. 4r.

61 WStLA, Bestand Bürgerspital, Protokoll über die Erledigungen und Handlungen des Superintendenten und Spitalmeisters vom 27. September 1629 bis 12. Juni 1646, fol. 61r.

beklagten Spitalsarzt, den *Ordinarius* Dr. Orsini[62] und als Vertreter der bürgerlichen Bader deren Zechmeister Planckh und Ruepp vor. Die beiden Zechmeister erinnerten dabei daran, daß es Usus sei, die Bader bei der Anstellung eines Arztes für die Armenhäuser zu konsultieren, ob dieser für die Stelle im Spital tauglich sei. Was den beklagten Arzt betraf, warfen sie ihm vor, daß er *khein Ader mehr lassen khan* und *brauche er mehr Arzneyen als andre.* Plankh erinnerte daran, daß er bereits 28 Jahre lang medizinischen Behandlungen im Spital beiwohne, und er *hette auch bei vorigen Arzten und nit deme allein Fälle gesehen, die Si zu corrigiren, wegen besorgente Verschmachs.* Die Bader jedenfalls wären auf Verlangen jederzeit bereit, dem Arzt *an die Hand zu gehen.* Der beklagte Arzt verteidigte sich gegen die Vorwürfe und wies die Verantwortung am Tod des Patienten von sich. Auch hielt er fest, daß es *nit wenniger mangle ihm Ader zulassen nichts, und wan er schon selbst nit liesse, so wehre er doch mit einem Pindtknecht versehen, der ihme nach Notturfft vertrete.* Der beklagte Arzt hatte Glück, denn Dr. Orsini bescheinigte ihm in seiner Stellungnahme, daß er nach der Durchsicht der *Receptierbüecher* sicher sei, daß der Arzt nicht nur *ordinari*, sondern auch *kostbare sachen verschreibe.* Ob und wie Orsini auf die Vorwürfe der beiden Bader eingegangen ist, scheint im Protokollbuch nicht auf. Der Arzt kam mit einer Ermahnung und mit der Auflage, einen erfahrenen Gehilfen anzustellen, davon und sollte sich im Zweifelsfall bei den Badern Ratschläge holen.[63]

---

62 Bei Orsini könnte es sich um einen ehemaligen Spitalsarzt handeln. Laut WStLA, Bestand Bürgerspital, Akten Fasc. XXII/79, wurde Matthäus Ludovicus Orsini 1627 zum Arzt im Bürgerspital bestellt. Der am 26. Jänner dieses Jahres abgeschlossene Vertrag brachte ihm für seine Dienste 150 Gulden jährlich ein. Darüber hinaus erhielt er zehn Eimer Spitalswein, Brennholz, ein Schwein und Salz.

63 WStLA, Bestand Bürgerspital, Protokoll über die Erledigungen und Handlungen des Superintendenten und Spitalmeisters vom 30. Juni 1673 bis 30. Dezember 1675, pag. 188–192. Vgl. zu Auseinandersetzungen zwischen

Natürlich kann nicht davon ausgegangen werden, daß jeder Aufenthalt im Spital für die Patienten so fatal endete wie der geschilderte Fall. So veranlaßten die Ärzte des Spitals auch Badekuren in der Stadt Baden für bedürftige Patienten, wobei das Spital dazu einen Zuschuß gewährte.[64]

Nachdem die Visitatoren den Arzt und den Ober-Siechvater *scharff verwissen* hatten, wandten sie sich den Vorräten des Spitals und der Küche zu. Die Getreidevorräte am *Traydböden* stellten sie zufrieden, auch wenn alles noch *in Stro* vorhanden war und die Drescher erst mit der Arbeit angefangen hatten. Danach wurden die Weinvorräte des Spitals inspiziert, der Speisewein für die Armen sei *ziemblich guett und gerecht*, ansonsten aber herrschte im Keller wegen der Faulheit des *Kellners* eine ziemliche Unordnung. Die Registerzetteln der Fässer waren *von denen Razen zerbissen*, der Kellermeister beklagte sich, daß er weniger Sold als sein verstorbener Vorgänger bekam, darüber hinaus wurde ersichtlich, daß die Erträge aus dem Verkauf des *Wermuth Weins* nicht in die Abrechnung eingetragen wurden und von diesem teuren Wein jährlich an die 50 Eimer von den Bediensteten des Spitals selbst getrunken wurden. Die Küche wurde zweimal visitiert und befand sich jedesmal in sauberem und ordentlichem Zustand. Nach den Versorgungseinrichtungen standen die Stuben der Armen auf

---

den verschiedenen medizinischen „Professionisten" Annemarie Kinzelbach, Heilkundige und Gesellschaft in der frühneuzeitlichen Reichsstadt Überlingen. In: Medizin, Geschichte und Gesellschaft 8, 1989, S. 119–149, und dies., „... und sich der Curierung anmassen ...". Konkurrierende Heilkunde und Gesellschaft. Süddeutsche Reichsstädte in der Frühen Neuzeit. In: Sonia Horn, Susanne Claudine Pils (Hgg.), Sozialgeschichte der Medizin – Stadtgeschichte und Medizingeschichte, Thaur [u. a.] 1998, S. 63–77.

64 Vgl. etwa WStLA, Bestand Bürgerspital, Rechnungsbuch 1622, fol. 173rv. Vgl. zur Geschichte des Badebetriebes in der niederösterreichischen Stadt Baden Rudolf Maurer, Bäder – Badleut – Badeknecht. In: Sonia Horn, Susanne Claudine Pils (Hgg.), Sozialgeschichte der Medizin – Stadtgeschichte und Medizingeschichte, Thaur [u. a.] 1998, S. 11–18.

dem Plan der Visitatoren. Diese sind *auf alle und iede Stüben persöhnlich gangen und haben Sie* [die Armen] *offentlich und öffters befragt, wie Sie sowoll von der Priesterschafft als dem Herrn Medico, Arzten, Siechkhnecht und Magden bedienet, auch wie ihnen die Speis und Tranckh geraicht werden.*[65] Die einzigen Beschwerden, die dann im Visitationsbericht festgehalten wurden, betrafen wieder den Arzt und decken sich mit den Vorwürfen des Spitalmeisters. Die Stuben der Armen und Kranken werden als sauber und rein beschrieben, genauso wie das Bettzeug.[66] Im Gegensatz dazu liefert ein Bericht der Gräfin Johanna Theresia Harrach vom 22. März 1677, in dem sie beschreibt, daß *es ist ein elendt zu segen wie die leidt beisamen ligen ihn bedern, daz kämb einer ligen kann,*[67] ein ganz anderes Bild.

Besonderes Augenmerk galt dem unerlaubten Weinleutgeben, also dem verbotenen Weinausschank im Spital. Die Visitatoren wurden darauf durch einen Zornausbruch des ehemaligen Ober-Siechvaters Wenzel Albrecht aufmerksam, dem 1632 nach langwierigem Streit mit dem Bürgerspital gestattet wurde, ein kleines Häuschen für sich und seine Frau auf dem Spitalsareal zu errichten.[68] Als man ihm vorhielt, daß er das Häuschen zu groß gebaut hatte und darüber hinaus noch illegalerweise Wein ausgeschenkt haben sollte, „explodierte" er förmlich. Er ist *mit truzigen Wortten ohne gebührlichen Respect unserer und der Herrn Superintendenten heraußgefahren.* In sei-

65 WStLA, HA-A 9/1635 vom 21. April, fol. 2rv.

66 Ein wichtiger Hinweis in bezug auf die Angst vor Infektionen und Seuchen. Vgl. den Beitrag von Susanne Claudine Pils.

67 ÖStA, AVA, FA Harrach, Tagzettel vom 22. März 1677. Ich danke Susanne Claudine Pils für den Hinweis auf diese Quellenstelle, vgl. zu den Tagzetteln Susanne Claudine Pils, „Von Hühneraugen und Kinderkrankheiten". Die Tagzettel der Johanna Theresia Harrach als Quelle zur Sozialgeschichte der Medizin. In: Helmuth Grössing, Sonia Horn, Thomas Aigner (Hgg.), Wiener Gespräche zur Sozialgeschichte der Medizin, Wien 1996, S. 23–36.

68 Vgl. zu diesem Streit WStLA, HA-A 19/1632.

nem Zorn beschuldigte er dann die Magd des Arztes und den Geschirrmeister, ebenfalls Wein ausgeschenkt zu haben, die dies auf Befragen auch zugaben.[69] Darüber hinaus flog bei dieser Gelegenheit auch auf, daß der Nachfolger Albrechts als Siechvater einen Teil des für die Armen bestimmten Weines in seine eigene Tasche wirtschaftete.[70]

An Viehbestand zählten die Visitatoren 120 Schweine, 40 Ochsen, 21 Melkkühe, fünf Kälber, zehn Schlagochsen, einen Stier, 60 Schafe und 27 Pferde. Die Anzahl der Pferde erschien ihnen zu hoch, sie schlugen dem Geschirrmeister vor, einen Zug, also vier Pferde, zu verkaufen. Grund für diesen Vorschlag war, daß in der Stadt das Gerücht umging, daß ein Zug für spitalsfremde Fahrten verwendet wurde. Nach der Geschichte mit dem illegalen Weinausschank war der Geschirrmeister nicht gerade in der glaubwürdigsten Position, daher wurde ihm aufgetragen, ein Fahrtenbuch zu führen, um ihn besser kontrollieren zu können.[71] Über den Zustand des Viehs machen die Visitatoren keine Angaben, es schien gesund zu sein. Hingegen wurde das Spital 1622 von einer Krankheit unter den Kühen heimgesucht. In der Abrechnung für dieses Jahr sind vom 13. August bis zum 8. Oktober 13 Eintragungen, die von *verräckhten Khüen*, Untersuchungen und Aderlassungen an 35 kranken Rindern und der Beschau einer

69 Laut der Dienstbotenspecifikation des Jahres 1662 wurde der Geschirrmaier mit 40 Gulden jährlich bezahlt. Seine Tätigkeit wird folgendermaßen beschrieben: *Gschirmayr hat sein aigens Zimer negst des Spitalsthor, hat sein obsicht bey denen knechten im ackherpau und Fuhrwerch.* Vgl. WStLA, Bestand Bürgerspital, Bürgerspital Akt Fasc. XXI/1.

70 WStLA, HA–A 9/1635 vom 21. April, fol. 3rv. Interessant in diesem Zusammenhang ist der Werdegang von Wenzel Albrecht zur Stelle des Ober-Siechvaters im Spital. Ursprünglich trat er als Bierleitgeb in das Spital ein und übernahm später dann die Stelle als Ober-Siechvater, vgl. HA–A 19/1632.

71 WStLA, HA–A 9/1635 vom 21. April, fol. 5r. Vgl. zur Geschichte des Pferdes in Wien Brigitte Rigele, Sardellendragoner und Fliegenschütz. Vom Pferd im Alltag der Stadt (WGBl Beiheft 2), 1995.

verräckhten Khüe berichten.[72] Vorräte an Getreide, Erbsen, Linsen und Salz waren genug vorhanden. Der gesamte Lebensmittelvorrat des Spitals stellte sich Ende 1634 folgendermaßen dar:

Nahrungsmittel	Menge
Weinvorrat	3925 fl Eimer
Mehl	4 Muth
Getreide	50 Muth
Weizen	2 Muth
Gerste	18 Muth
Hafer	50 Muth
Braugerste und Malz	18 Muth
Hopfen	5 Muth
Gebrochene Gerste	12 Metzen
Gries	15 Metzen
Linsen	7 Metzen
Erbsen	8 Metzen

Quelle:
WStLA, HA-A 9/1635 vom 21. April.

Die Pest verhinderte die Beschau des Brauhauses, denn dort konnten die Visitatoren *wegen darinen eingerissener Infection nicht visitirn*. Die Krankheit hatte bereits das Leben des Braumeisters gefordert, ein neuer war daraufhin aufgenommen worden.[73]

Neben der wirtschaftlichen Situation wurde auch die geistliche Versorgung des Spitals visitiert. Dieser Teil des Spitals funktionierte gut, über den Pfarrer des Spitals gab es keine Klagen, auch mit dem Mesner und dem Kantor war man zufrieden. Nur mangelte es *an Coral als Musical büechern … sonderlich aber daß Antiphonarium ganz zerrissen seye, dahero nothwendig ain anders und zwar nach dem Römischen ritum erkhaufft werden müesse*.[74] Der Kantor hatte als Beschwerde vorzubrin-

72 Vgl. bspw. WStLA, Bestand Bürgerspital, Rechnungsbuch 1622, fol. 241v.

73 WStLA, HA-A 9/1635 vom 21. April 1635, fol. 5rv, zur Geschichte des Brauwesens im Bürgerspital vgl. Anm. 41.

74 WStLA, HA-A 9/1635 vom 21. April, fol. 5v. Vgl. zum Bücherbestand des

gen, daß er zum Essen nur den Wein der Armen bekam, dem er die Schuld gab, daß er *die gesundthait verliere.*[75]

Zum Abschluß der Visitation kam es zur Aussprache mit dem Spitalmeister. Neben den üblichen Ermahnungen, den Betrieb ordentlich und widmungsgemäß zu führen, wurde er ermahnt, endlich die Spitalsabrechnungen und die Bierrechnungen der letzten vier Jahre einzureichen, die er seiner Aussage nach wegen des Todes seines Rechnungsschreibers nicht rechtzeitig fertigstellen konnte. Bargeld war im Spital keines vorhanden, denn dieses *würde zur täglichen Unterhaltung aussgehe[n]*, darüber hinaus mangle es oft an Geld im Spital.[76]

Die Krise des Bürgerspitals

Dabei war die Lage für das Bürgerspital 1635 noch verhältnismäßig gut. Die finanziellen Probleme setzten etwas später ein. 1649 klagte der Spitalmeister in einem Schreiben an den Stadtrat, der an Steuer und Ungeld knapp mehr als 1.507 Gulden forderte, daß von städtischer Seite aus der Lade der Hausarmenleute 3.276 Gulden Stiftgelder für das Spital ausständig seien. Das Konzept des Schreibens an den Stadtrat drückt die Situation drastisch aus, daß das Haus *zu der Bestreittung* [der städtischen Forderung] *aber einiges mitl nit hat.*[77] Die Gründe für die Krise

---

Bürgerspitales Klaus Lohrmann, Hartmut Möller, Das Bürgerspital. In: Musik im mittelalterlichen Wien. Historisches Museum der Stadt Wien. 103. Sonderausstellung, 18. Dezember 1986 – 8. März 1987, Wien 1986, S. 36 f.

75 WStLA, HA–A 9/1635 vom 21. April 1635, fol. 10r. Der Kantor verdiente 30 Gulden jährlich, dazu hatte er ein eigenes Zimmer und Kost im Spital, vgl. WStLA, Bestand Bürgerspital, Bürgerspital Akt Fasc. XXI/1.

76 WStLA, HA–A 9/1635 vom 21. April, fol. 10v.

77 WStLA, Bestand Bürgerspital, Bürgerspital Akt Fasc. I/21. Das Spital hatte große Summen an Kapital bei der Landschaft angelegt und im Verlauf des Krieges immer größere Probleme, auf das angelegte Kapital und Zinsen

des Bürgerspitals zählt ein Schreiben des Superintendenten an den Kaiser aus dem Jahr 1646 auf. Demnach ist die Versorgung mit Getreide *seither des Schwedischen Einfahles in dises Erzherzogthumb Österreich* völlig zusammengebrochen.[78]

Die Getreidefelder des Bürgerspitals lagen in Zistersdorf jenseits der Donau. Aus eigenem Anbau und aus Zehentablieferungen gewann man so jährlich 50 Muth Getreide. Diese Menge hatten die Visitatoren im Bürgerspital auch 1635 vorgefunden. Das fehlende Getreide mußte zugekauft werden, dabei ging man von einem Verbrauch von 3 Muth pro Woche aus.[79] Schwerwiegender aber waren die Kosten, die die immer wiederkehrende Pest verursachte. Hatte das Spital doch wegen der *schweren Infections zeiten nit allein seiner negst hinter dem Lazareth ligende aigenthumbliche Aw für die contumacirende Persohnen* ohne jede Entschädigung hergegeben und dazu noch die Verpflegung der Kranken im Lazarett übernommen. Dabei waren vom 1. Jänner 1645 bis zum 25. Februar 1646 42.635 *portiones* gereicht worden. Eine Portion wurde mit 18 Kreuzer veranschlagt. Damit summierten sich die Essenskosten im Lazarett auf 12.790 Gulden und 4 Schilling. Dazu kamen noch die Personalkosten für den *Magistri Sanitatis*, den Pfarrer, Arzt, Dienstboten und für Medikamente in der Höhe von insgesamt 3.300 Gulden 6 Schilling und 24 Kreuzer. Damit lag die Belastung für das Bürgerspital bei über 16.000 Gulden, und es bestand keine Aussicht, dieses Geld jemals wieder von staatlicher Seite zurückzubekommen.[80] Ein weiterer finanzieller Verlust entstand dem Spital dadurch, daß es

zuzugreifen. Vgl. etwa WStLA, Bestand Bürgerspital, Bürgerspital Akt Fasc. VI/89.

78 Vgl. zum Einfall der Schweden in Niederösterreich 1645 Peter Broucek, Die Bedrohung Wiens durch die Schweden 1645. In: JBVGStW 26, 1970, S. 120–165, und ders., Der Schwedenfeldzug nach Niederösterreich 1645/46 (Militärhistorische Schriftenreihe 7), Wien ^{3}1989.

79 WStLA, Bestand Bürgerspital, Bürgerspital Akt Fasc. XLVIII/5, p. 2.

80 WStLA, Bestand Bürgerspital, Bürgerspital Akt Fasc. XLVIII/5, p. 3.

Geld bei der Landschaft angelegt hatte. Mit dem Zinserlös wollte man den Betrieb sichern. Die ausstehenden Zinsen aus diesem Kapital betrugen im Jahr 1646 bereits mehr als 4.336 Gulden, gleichzeitig hatte das Spital kein Bargeld mehr, um die Taz und die Landesanlagen begleichen zu können. Die Folge dieser mißglückten Finanzpolitik waren *schwere Schulden*, weswegen das Spital bereits Grundstücke und Häuser in der Stadt verkaufen mußte.[81] Das ganze Ausmaß der Finanzproblematik wird erst daraus richtig ersichtlich, wenn man bedenkt, daß, wie der Superintendent des Spitals weiter anführt, alleine vom beim Salzamt veranlagten Kapitalien 90.947 Gulden ausständig waren. Dazu kamen noch seit 28 Jahren ausstehende Zinsen aus dem Herrschaftslegat der verstorbenen Kaiserin Anna in der Höhe von 25.200 Gulden samt weiteren Stiftungssummen und Zinsen in der Höhe von 22.547 Gulden. Damit beliefen sich die alleine in diesem Schreiben angesprochenen Ausstände des Spitals auf 143.030 Gulden.[82] Diese Summe ist höher als die von der Stadt Wien eingenommene Schatzsteuer des Jahres 1648, die sich auf 125.227 Gulden belief.[83] Nach dem Ende des Schwedenfeldzuges nach Niederösterreich war das Bürgerspital bankrott.

Resüme

Die Geschichte der Armenfürsorge in Wien in der Zeit des Dreißigjährigen Krieges ist vor allem im Spannungsfeld zwischen den häufig uneinigen Interessenpolen der niederösterreichischen Regierung einerseits und der Stadt Wien andererseits

81 WStLA, Bestand Bürgerspital, Bürgerspital Akt Fasc. XLVIII/5, p. 4–5.

82 WStLA, Bestand Bürgerspital, Bürgerspital Akt Fasc. XLVIII/5, p. 5 f. Vgl. zu ähnlichen Finanzproblemen der Augsburger Armenversorgung Roeck, Stadt, S. 621 ff.

83 Vgl. dazu Gertraude Alscher, Die Finanzen der Stadt Wien während des Dreißigjährigen Krieges (1615–1650) (ungedr. phil. Diss.), Wien 1948, S. 35a.

zu begreifen. Der Disziplinierungsdruck von seiten des Kaiserhofes wurde von der niederösterreichischen Regierung direkt an die Stadt weitergeleitet.[84] Das Spital selbst versuchte seinen Aufgaben widmungsgemäß nachzukommen, war aber gegen Ende des Krieges mit seinen wirtschaftlichen Kräften am Ende. Für beide „Körperschaften" war das Bürgerspital das Mittel zum Zweck einer organisierten Politik der Bettelbekämpfung. Dabei muß bedacht werden, daß im Bürgerspital nur Personen Aufnahme fanden, die nicht auf der untersten sozialen Schicht standen. Manche Arme in Wien konnten sich durchaus Wohnungen leisten. Das Beispiel des Stadtzeichners Bartlmen Waidtmann, der vor dem Superintendenten einen Soldaten klagt, der ihm Geld aus seinem Zimmer gestohlen haben soll, mag dafür an dieser Stelle als Beispiel stehen.[85] Das Prinzip der Teilung der Bettlerschaft in „Unterstützungswürdige" und „-unwürdige", wie von Helmuth Bräuer beschrieben,[86] wird hier ersichtlich. Der ehe-

84 Martin Dinges, Residenzstadt als Sozialdisziplinierung? Zur Rekonstruktion eines kulturgeschichtlichen Forschungsgegenstandes. In: Disziplinierung im Alltag des Mittelalters und der Frühen Neuzeit (Veröffentlichungen des Instituts für Realienkunde des Mittelalters und der Frühen Neuzeit 17), Wien 1999, S. 57–74. Unter diesem Gesichtspunkt wäre auch das Hofquartierwesen und die damit verbundene Bautätigkeit in der Stadt zu sehen, vgl. dazu Anm. 3. Weiters zum Thema: Martin Dinges, Frühneuzeitliche Armenfürsorge als Sozialdisziplinierung? Probleme mit einem Konzept. In: GG 17, 1991, S. 5–29. Vgl. zum Thema „Sozialdisziplinierung in der Frühen Neuzeit" den Forschungsbericht von Ralf Georg Bogner, Arbeiten zur Sozialdisziplinierung in der Frühen Neuzeit. Ein Forschungsbericht für die Jahre 1980–1994. Erster Teil. In: Frühneuzeit-Info 7, 1996, S. 127–142. Darin auch weiterführende Literatur.

85 WStLA, Bestand Bürgerspital, Protokoll über die Erledigungen und Handlungen des Superintendenten und Spitalmeisters von 1653–1656, fol. 246v. Vgl. zur Lebenswelt eines Bettlers Otto Ulbricht, Die Welt eines Bettlers um 1775. Johann Gottfried Kästner. In: Historische Anthropologie 2, 1994, S. 371–398, weiters Bräuer, Bettler, S. 81 ff., und ders., „... weillen Sie nit allzeit arbeit haben khan". Über die „Bettelweiber" von Wien während der frühen Neuzeit. In: L'Homme Z.F.G. 7, 1996, S. 135–143.

86 Vgl. Bräuer, Bettler, S. 219.

malige Ober-Siechvater des Bürgerspitals Wenzel Albrecht sah dies in seinem Streit mit dem Stadtrat etwas anders, denn er beschuldigte die Stadt einer *imsonderer angeborenen mülden güete und barmherzigkheit villen auslendischen Manns= und Weibspersohnen, so ganz unnverdiennt mit versorg und zeit ihres lebens unnderhalttung derrn Gnaden gewogen, wellicher Gnadt ich als ein lannger unwürdiger Officir und Dienner sambt meinem Weib nicht gehorsam gebröste.*[87]

In seiner Eigenschaft als Aufseher über den Bettelrichter bekämpfte das Spital als Institution, die sich die Armenversorgung in der Stadt zur Aufgabe gemacht hatte, jene, denen diese Versorgung nicht zugestanden wurde und die daher als Konkurrenten um das Almosen den Bestand des Spitals hätten gefährden können. Ein dichtes Netz von Kontrolloren und Aufsichtsorganen wie Bettelrichter, Rumormeister und Stadtprofosen wurde aufgeboten, um sie zu überwachen. Aus den behandelten Quellen läßt sich der Trend, Bettler aus der Residenzstadt in die Vorstädte abzuschieben und ihnen die Stadt zu verbieten, ersehen. Ein Vorgang, der einige Jahrzehnte später unter Leopold I. als abgeschlossen bezeichnet werden kann.[88]

Man könnte auch behaupten, daß es den Bettlern dabei ähnlich wie den Wiener Bürgern ging, die unter dem Quartierdruck des Hofes zu leiden hatten und sich in der Stadt immer mehr an den Rand gedrängt sahen und in die Vorstädte abwanderten.

Eine Schätzung der Armen in der Stadt ist nahezu unmöglich. Eine Visitation der Stadtzeichner, die 1655 vor dem Kärntnertor vorgenommen wurde, verzeichnete 567 Personen, denen es erlaubt war, in der Stadt zu betteln. Dazu kamen noch einige hundert Menschen, die im Bürgerspital lebten. Dies

---

87 Vgl. WStLA HA–A 19/1632. In diesem Zusammenhang weisen die Verantwortlichen des Spitals im selben Akt darauf hin, daß Albrecht nicht nur dreimal wegen des großen Gestanks an der *Infection* erkrankt war und darüber hinaus sein *gedechtnues zimblich verlohrn habe.*

88 Vgl. Bräuer, Bettler, S. 225 f.

ergab alleine aus diesen beiden Gruppen eine Anzahl von weit mehr als 1.000 Menschen, die von Almosen abhängig waren. Dazu kam noch eine große Anzahl von Personen, an die kein Stadtzeichen vergeben wurde, die in den Wiener Vorstädten lebten und immer wieder versuchten, in die Stadt zu gelangen, und dabei häufig aufgegriffen wurden und nur dadurch sichtbar wurden.[89] Zählt man zu diesen Gruppen dann auch noch Teile der Stadtguardia, Taglöhner, kampfunfähige Soldaten und Teile des Handwerks dazu, steigt diese Zahl noch gewaltig an. Die Grafik zeigt die Anzahl jener Personen, die im Bürgerspital mit Essen versorgt wurden.[90]

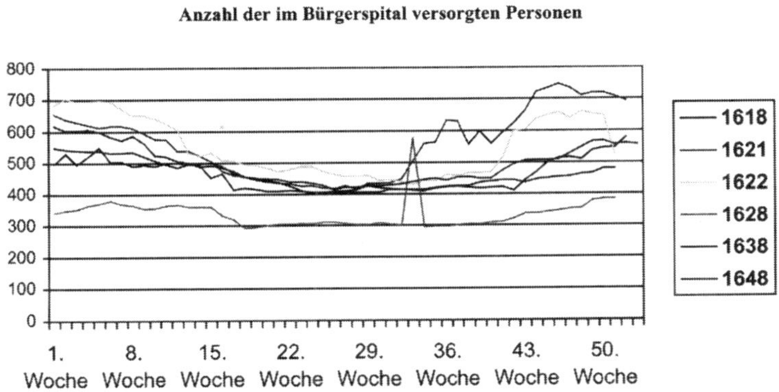

Auf die Frage, wer nun arm oder ein Bettler war, eine eindeutige Antwort zu geben, ist anhand der Quellen sehr schwer. Wie ein Armer auszusehen hatte, bzw. welche Voraussetzun-

89 Vgl. dazu WStLA, Bestand Bürgerspital, Register der Bettelleute, die ohne Zeichen in der Stadt herumgehen und vom Bettelrichter eingezogen wurden, 1665–1680.

90 Die Grafik beruht auf der Auswertung der wöchentlichen Speiseabrechnungen in den Rechnungsbüchern des Bürgerspitals. Ausgewertet wurden die Jahre 1618, 1621, 1622, 1628, 1638 und 1648.

gen ihn in den Augen der Verwaltung zu einem würdigen Bettler machten, kann man aus dem Eid ersehen, den diese vor dem Bettelrichter zu schwören hatten. Er lautete folgendermassen: *Ihr werdet schwehren einen Aydt zu Gott, daß ihr also arm seyet, auch an ligender oder fahrender haab noch Schulden nit vermüge, daß ihr die Canzley, noch Ambts Verwandte, bezahlen und belohnen möchtet; daß Ihr auch darumben Euer Haab und Güetter gefehrlicher weiß nit vereussert = oder vergeben habt, und so Ihr Euer Sach mit Recht erhalten oder sonsten zu Euers besten Vermögen komben werdet, daß Ihr allßdann bemelter Canzley und Ambtsverwanthe, der gebühr nach Bezahlung und Außrichtung thuen wöllet. Allers getreulich unnd ungevehrlich.*[91]

Die immer wiederkehrenden Mandate gegen den Bettel, die andauernden Visitationen und die Einführung neuer Ordnungsorgane konnten dem Massenphänomen Bettel nicht Herr werden und wandten sich nur gegen die Auswirkungen der allgemeinen Krise und beseitigten nicht die Wurzel des Übels. Wie wenig effizient die Verwaltung schon in einem geschlossenen städtischen Raum war und wie divergierende Interessen Sanktionen verzögern oder verhindern konnten, wurde am Beispiel der bestraften Bäcker weiter oben gezeigt. Bettelpolitik war eine Politik der Repression, und die Vorzüge einer Armenfürsorge wie des Bürgerspitals blieb Bettlern verwehrt. Dies änderte sich auch nicht, als das Bürgerspital 1646 selbst am Bettelstab ging.

91 WStLA, Bestand Bürgerspital, Protokoll über die Erledigungen und Handlungen des Superintendenten und Spitalmeisters von 1653–1656, fol. 1v.

Christian Oggolder

Druck des Krieges

„Erlebte Zeit und erlebte Orte müßten immer etwas mit an Ort und Stelle gepflückten und geschmeckten Früchten zu tun haben: der Holunder im Karst, die Erdbeeren von Meudon, die Kirschen von Riquewihr, die Preiselbeeren von Bozen, die Maulbeeren von Le Tholonet, die Bastardpflaumen von der Südsteirischen Weinstraße ...“[1]

Die Gleichzeitigkeit des erlittenen Schiffbruches auf der „Fahrt im Einbaum“[2] und der Auseinandersetzung mit bald vierhundert Jahre alten typographischen Medien hinterläßt einen bitteren Geschmack im Erleben dieser Zeit und dieses Ortes.[3] Mögen die Ansichten des Schriftstellers kontrovers oder gar unhaltbar sein, diskussionswürdig sind sie allemal. Doch genau das wurde ihm von den Kritisierten versagt.

„Es gibt nichts Harmloses mehr“, schrieb Theodor Adorno 1944 im ersten Teil seiner *Minima Moralia*, um an späterer

1 Peter Handke, Die Geschichte des Bleistifts, Frankfurt/M. 1985, S. 239.

2 Vgl. Peter Handke, Die Fahrt im Einbaum oder Das Stück zum Film vom Krieg, Frankfurt/M. 1999.

3 Gerade zu jener Zeit, da ich mit der Fertigstellung dieses Beitrags über Krieg und Medien im 17. Jahrhundert befaßt war, sah sich Peter Handke anläßlich der Uraufführung seines Stückes „Die Fahrt im Einbaum oder Das Stück zum Film vom Krieg“ massiven medialen Angriffen hinsichtlich seiner Position zur Jugoslawienpolitik der „internationalen Staatengemeinschaft“ ausgesetzt. Einer, der meint, über „Die Geschichte des Bleistiftes“ philosophieren zu müssen, hätte hinsichtlich derart komplexer Themen besser zu schweigen – wenigstens dann, wenn er sich anmaßt, sich dem Common sense der Berichterstatter der „internationalen Staatengemeinschaft“ zu widersetzen. Es soll hier nicht darum gehen, einen etablierten Schriftsteller in Schutz zu nehmen, sondern um das Aufzeigen von Strukturen normierungsmächtiger Institutionen, wie sie Medien sind. Es spannt sich hiermit ein verstörender und gleichzeitig faszinierender Bogen vom Dreißigjährigen Krieg bis heute!

Stelle fortzufahren: „[...] kein Gedanke ist immun gegen seine Kommunikation, und es genügt bereits, ihn an falscher Stelle und in falschem Einverständnis zu sagen, um seine Wahrheit zu unterhöhlen."[4]

Als die Auseinandersetzung zwischen dem Kaiser in Wien und den böhmischen Ständen schon auf des Messers Schneide stand, veröffentlichten die oberösterreichischen Stände unter der Führung des Georg Erasmus Tschernembl[5] eine Flugschrift, die den Kaiser ganz unumwunden dazu aufforderte, über Wohl oder Übel von Kriegen nachzudenken. Darin heißt es unter anderem: [...] *kein Krieg/ wie glücklich der auch vollführt worden/ ohne mit nach sich ziehung/ auch grossen vnd hohen Schadens/ Verderbung der mitverwandten Land/ vn(d) Notleiden vieler vnschuldiger/ abgangen* [...].[6]

Gleich wo, gleich wann, gleich wie, Medien und Krieg bilden ein Paar. Wie und was mögen sie sein, die Früchte erlebten Ortes und erlebter Zeit? Lesefrüchte etwa? Wenn es nur Lesefrüchte wären, mit denen wir beschenkt würden, nein, Wahrheiten müssen es gleich sein! „Nicht eine einzige, sondern viele verschiedene Wahrheiten öffneten ihre geschwätzi-

---

4 Theodor W. Adorno, Minima Moralia. Reflexionen aus dem beschädigten Leben, Frankfurt/M. 1994, S. 21.

5 Vgl. Hans Sturmberger, Georg Erasmus Tschernembl. Religion, Libertät und Widerstand. Ein Beitrag zur Geschichte der Gegenreformation und des Landes ob der Enns (Forschungen zur Geschichte Oberösterreichs 3), Graz – Köln 1953.

6 *An die Röm. Kays. Majest. Deren löbliche Stände in Österreich ob der Ens/ jüngst allervnderthänigst außgefertigtes wolmeinende Bedencken/ betreffend des Böhemischen Wesen. Sampt Jhrer Kayser: Majest: darauff allergnädigst ertheilter Resolution. Copey Deß Räthlichen gutachtens an Jhr. Kay: Majest: von den löblichen Ständen in Osterreich ob der Ens/ die Böhemische Vnruhe betreffend. In: KVrtzer Bericht vnd Ableinung der Beschwerungen/ welche den Evangelischen Ständen im Königreich Böhem zu dero Vnglimpff beygemessen werden wollen. Sampt einen Bedencken deren löblichen Ständte in Oesterreich ob der Enß/ an die Röm: Käy: Mayestat/ rc. vnd Jhrer Mayestat Resolution auff dasselbige. Gedruckt im Jahr/ M. DC. XVIII.*

gen Münder, um unter dem Deckmantel des Wortspiels, der Unterhaltung, des boshaften Spottes und der die Neugier befriedigenden Indiskretion auf das Unterbewußtsein der Menschen einzuwirken und in den weichen Boden der öffentlichen Meinung den Samen des Mißtrauens, des Zweifels, der Verdammung und des fanatischen Hasses zu säen."[7] Vielleicht auch eine Lesefrucht, dem einen oder anderen zu unsachlich, zu parteiisch, um wissenschaftlichen Ansprüchen gerecht zu werden, womit Mirjam Bohatcová Stellung bezieht. Wollen wir uns verschanzen und andere die Stellung beziehen lassen?

Wien als Stadt am Rande des Krieges war als solche nur ein mediales Randthema während des Dreißigjährigen Krieges, hingegen war der Krieg natürlich Thema für jene Medien, die in die Stadt gelangten, sowie für solche, die hier produziert worden waren.

Drei ausgewählte Schnittstellen von Wien, typographischen Medien und Dreißigjährigem Krieg werden nach Klärung der „kommunikativen" Verhältnisse des frühen 17. Jahrhunderts im Zentrum meines Interesses stehen. Beginnend mit der medial, wenn man will öffentlich ausgetragenen Kontroverse zwischen „Prag" und „Wien" infolge des Fenstersturzes von 1618, wird in dem Fall und den damit verbundenen medialen Attacken gegen Kardinal *Klesl* die Aufmerksamkeit auf das Schicksal einer Wiener Persönlichkeit, die im Vorfeld und zu Beginn des Krieges eine nicht unwesentliche Rolle spielte, gerichtet. Der dritte ausgewählte Knoten des Zusammentreffens von Wien, Medien und Dreißigjährigem Krieg wird durch die in Wien seit 1622 wöchentlich erschienene *Ordentliche Postzeittung* und ihrer Sicht des Krieges geknüpft.

---

7 Mirjam Bohatcová, Irrgarten der Schicksale. Einblattdrucke vom Anfang des Dreißigjährigen Krieges, Prag 1966, S. 7.

Kommunikative Verhältnisse

Die Bedeutung der „typographischen Datenverarbeitung“[8] geht weit über ihre Funktion als Multiplikator der reformatorischen Rede[9] hinaus. Der Buchdruck bewerkstelligte als „Katalysator kulturellen Wandels“ eine „Umschichtung überkommener kommunikativer Verhältnisse. [...] Diese Veränderungen haben Auswirkungen auf die Selbstbilder der Menschen und ihre Vorstellungen darüber, was Wirklichkeit ist und welche Elemente derselben von Bedeutung sind.“[10]

Im Zusammenhang mit dem Aufkommen der periodischen Presse spricht Wolfgang Behringer gar von einer „Veränderung der Raum-Zeit-Relation“ während des Dreißigjährigen Krieges: „Postkurse waren die Kanäle im Kontinuum des frühneuzeitlichen Raumes, ihre dichtere Vernetzung im 17. Jahrhundert ein Programm der Raumerschließung. Der Raum erschien damit als regelmäßig und kalkulierbar, Geschwindigkeit als

---

8 Michael Giesecke, Der Buchdruck in der frühen Neuzeit. Eine historische Fallstudie über die Durchsetzung neuer Informations- und Kommunikationstechnologien, Frankfurt/M. 1990.

9 Die Feststellung, „[...] daß die Reformation ohne den Buchdruck schlicht undenkbar sei“, wurde in den letzten Jahren vermehrt kritisch betrachtet und als Gemeinplatz der Forschung entlarvt. Flood warnt vor einer Überbewertung des Buchdrucks in diesem Zusammenhang, vielmehr sei das gedruckte Wort „[...] nur ein Element in einem Großkomplex verschiedener Kommunikationsmöglichkeiten, die im Reformationszeitalter für die Verbreitung religiös-politischer Ideen unter die Bevölkerung zur Verfügung standen“. John L. Flood, Umstürzler in den Alpen. Bücher und Leser in Österreich im Zeitalter der Gegenreformation. In: Daphnis 20/2, 1991, S. 231 f. Ganz ähnlich äußert sich auch Jean-François Gilmont, Die protestantische Reformation und das Lesen. In: Roger Chartier, Guglielmo Cavallo (Hgg.), Die Welt des Lesens. Von der Schriftrolle zum Bildschirm, Frankfurt/M. – New York 1999, S. 315. Vgl. dazu auch Robert Scribner, For the Sake of Simple Folk. Popular Propaganda for the German Reformation (Cambridge Studies in Oral and Literate Culture 2), Cambridge [u. a.] 1981.

10 Giesecke, Buchdruck, 21 f.

meßbar, optimierbar, überprüfbar und sogar einklagbar. Die Kopfzeilen der Nachrichten in den Zeitungen visualisierten den neuen Maßstab des Raumes und der Zeit, geprägt durch das Tempo der postalischen Nachrichtenübermittlung."[11]

Im Vergleich der beiden Innovationsschübe von typographischer und elektronischer Datenverarbeitung ortet Michael Giesecke „ganz erstaunliche strukturelle Parallelen". So deckten sich „[v]iele Utopien, die sich mit dem Buchdruck verbanden [...] nahezu wörtlich mit jenen, mit denen gegenwärtig die soziale Akzeptanz der elektronischen Datenverarbeitung und -vernetzung erhöht wird. Es spricht weiterhin manches dafür, daß sich auch Fehleinschätzungen der frühen Neuzeit wiederholen und relevante Folgen der Einführung der neuen Medien so lange im Dunkeln bleiben, bis sie nicht mehr rückgängig zu machen sind."[12]

Die übliche Vertriebsform von Flugblättern und Flugschriften stellte der Kolportage- und Hausierhandel dar, d. h., ein großer, wenn nicht der größte Teil frühneuzeitlicher Publizistik wurde in direkter Begegnung mit den Rezipienten verkauft. Dabei war das Werben um Sympathie und Glaubwürdigkeit beim Publikum für den Verkaufserfolg nicht unerheblich. Nicht selten waren es die Hersteller von Flugblättern und -schriften selbst, die ihre Waren außerhalb ihrer Häuser und Läden, in den Städten der näheren und ferneren Umgebung zu verkaufen versuchten.[13] Daneben gab es eine

11 Wolfgang Behringer, Veränderung der Raum-Zeit-Relation. Zur Bedeutung des Zeitungs- und Nachrichtenwesens während der Zeit des Dreißigjährigen Krieges. In: Benigna von Krusenstjern, Hans Medick (Hgg.), Zwischen Alltag und Katastrophe. Der Dreißigjährige Krieg aus der Nähe (Veröffentlichungen des Max-Planck-Instituts für Geschichte 148), Göttingen 1999, S. 70.

12 Giesecke, Buchdruck, S. 24.

13 Vgl. Michael Schilling, Bildpublizistik der frühen Neuzeit. Aufgaben und Leistungen des Illustrierten Flugblatts in Deutschland bis um 1700 (Studien und Texte zur Sozialgeschichte und Literatur 29), Tübingen 1990, S. 26–39.

zweite Gruppe von Kolporteuren, die sich auf den Vertrieb von Druckwerken spezialisiert hatten und nicht in den Produktionsprozeß involviert waren, die sogenannten Buchführer. Die größten Konkurrenten der Buchführer auf dem Markt der Kleinschriften stammten aus der Gruppe der eigentlichen Hausierer oder Storger, „[...] die in ihrem Bauchladen oder ihrer Kiepe ihr Sortiment bei sich trugen und bei entsprechender Gelegenheit dem Publikum anboten“.[14]

Es liegt in der Natur der Sache, daß vor allem die Obrigkeit eines frühmodernen Staates, der gerade mit der Disziplinierung seiner Untertanen beschäftigt war, mangels geringer Kontrollmöglichkeiten diesen Wanderhändlern ein besonderes Maß an Mißtrauen entgegenbrachte. Zunächst versuchte man mittels Präventivzensur, d. h. bestimmten Vorschriften wie Angabe von Druckort und Namen des Druckers bzw. einer allgemeinen Approbationspflicht, die veröffentlichten Drucke zu kontrollieren. Zudem wurde die Erlaubnis der Herstellung typographischer Produkte als Privileg vergeben, was natürlich mit Bedingungen und Auflagen von seiten des Fürsten verbunden war.[15] Dem Vertrieb sogenannter Pasquillen, Famoslibellen und Schmachschriften, also satirischen und verspottenden Blättern, die wiederum für einen Großteil der Bevölkerung besonders lustig und interessant waren und daher gerne gekauft wurden, konnte auf diese Weise nur schwer begegnet werden. „In der Tat, je länger die Informationen durch die gedruckten Bücher [d. h. natürlich auch Flugblätter und -schriften] auf kommerziellem Wege vertrieben wurden, um so mehr versagten die klassischen Approbationsmechanismen. Auf Dauer trug

14 Ebd., S. 30.

15 Vgl. Dieter Breuer, Zensurgesetzgebung und Zensurpraxis. In: ders., Oberdeutsche Literatur 1565–1650. Deutsche Literaturgeschichte und Territorialgeschichte in frühabsolutistischer Zeit (Zeitschrift für bayerische Landesgeschichte; Beiheft 11, Reihe B), München 1979, S. 22 ff.

man dieser Erfahrung dadurch Rechnung, daß man das Konzept änderte: Man gab den Anspruch auf absolute Kontrolle zugunsten einer modernen Interventionspolitik auf",[16] wie etwa durch die kaiserliche Bücherkommission in Frankfurt am Main, die sich aus einer Art „Messepolizei" entwickelt hatte. Das Hauptaugenmerk dieser seit 1597 als ständiger Einrichtung bestehenden Zensurbehörde lag in der Intervention im Bücher- und Pressewesen zugunsten der Gegenreformation.[17]

Ein Blick auf das Angebot der Händler von Flugblättern, das neben den Druckwerken auch Brillen, Rosenkränze, Spielkarten, Kämme, Messer und ähnliche Dinge mehr enthielt, macht den Warencharakter dieser frühneuzeitlichen Medien deutlich.[18] Durch die sachliche Nähe zu Utensilien des Kramladens verringerte sich zugleich der Respekt vor diesen Blättern und Schriften. Manch ein Autor zog es nicht zuletzt auch aus diesem Grund vor, seine Werke anonym zu veröffentlichen.

Der größte Teil der Blätter war Gebrauchsgegenstand im wahrsten Sinne des Wortes und wurde daher nach dem Lesen und/oder Betrachten nicht selten anderwertig gebraucht bzw. verbraucht. Man denke dabei nur an das Schicksal unserer heutigen Tageszeitungen! Der überwiegende Teil der heute noch erhaltenen Flugblätter geht daher auf zeitgenössische Sammler

16 Giesecke, Buchdruck, S. 470.

17 Vgl. dazu Karl Vocelka, Die politische Propaganda Kaiser Rudolfs II. (1576–1612) (Österreichische Akademie der Wissenschaften. Veröffentlichungen der Kommission für die Geschichte Österreichs 9), Wien 1981, S. 34 f.; dazu auch: Ulrich Eisenhardt, Die kaiserliche Aufsicht über Buchdruck, Buchhandel und Presse im Heiligen Römischen Reich Deutscher Nation (1496–1806). Ein Beitrag zur Geschichte der Bücher- und Pressezensur (Studien und Quellen zur Geschichte des deutschen Verfassungsrechts, Reihe A; 3), Karlsruhe 1970, S. 33 f.; Wolfgang Brückner, Die Gegenreformation im politischen Kampf um die Frankfurter Buchmessen. Die kaiserliche Zensur zwischen 1567 und 1619. In: Archiv für Frankfurts Geschichte und Kunst 48, 1960, S. 67–86.

18 Vgl. Schilling, Bildpublizistik, S. 33.

zurück, die durchwegs der gesellschaftlichen Oberschicht angehörten, weshalb die Überlieferungslage ein verzerrtes Bild von der tatsächlichen sozialen Streuung des Mediums zeichnet.[19]

Es scheint plausibel, von der Annahme ausgehen zu können, daß die Verbreitung von Medien in der Frühen Neuzeit in einem direkten Zusammenhang mit deren jeweiligen Preisen zu sehen ist, wodurch für den Einblattdruck als dem billigsten Produkt die größte soziale Streuung angenommen werden kann. Am anderen Ende findet sich die periodische Zeitung – wie etwa die *Ordentliche (Post)Zeittung*[20] –, die insbesondere durch die Vertriebsform des Abonnements und der damit verbundenen finanziellen Belastung zu einer deutlichen Eingrenzung des Publikums führte.[21] Dazwischen werden die unterschiedlich umfangreichen Flugschriften anzusiedeln sein, deren Preis in direkter Weise vom jeweiligen Umfang abhängig war. Im Gegensatz zu periodischen Drucken konnten Flugschriften auch unregelmäßig zu unterschiedlichen Ereignissen, je nach persönlicher Interessenlage und finanziellen Möglichkeiten, bezogen werden. Zu berücksichtigen gilt dabei, daß ein Exemplar mit Sicherheit mehr Rezipienten erreicht hatte als ausschließlich den jeweiligen Käufer desselben.

Neben dem Faktor Verkaufspreis sind ebenso inhaltliche Aspekte im Hinblick auf das Ausmaß der Verbreitung des jeweiligen Mediums in einer Gesellschaft zu berücksichtigen. Demnach dürften Flugblätter mit Illustrationen ein weitaus größeres Zielpublikum angesprochen haben als so manche

---

19 Ebd., S. 40.

20 Zwei Jahre nach Gründung der *Ordentlichen Postzeittung* wurde ihr Name in *Ordentliche Zeittung* geändert, weshalb im weiteren Text die Schreibung *Ordentliche (Post)Zeittung* zur Anwendung kommt.

21 Vgl. Elger Blühm, Die ältesten Zeitungen und das Volk. In: Wolfgang Brükkner, Peter Blickle, Dieter Breuer (Hgg.), Literatur und Volk im 17. Jahrhundert. Probleme populärer Kultur in Deutschland, Bd. 1–2 (Wolfenbütteler Arbeiten zur Barockforschung 13/14), Wiesbaden 1985, S. 741–752.

Vmbständliche vnd ausführliche Relation. „Given its cheapness and ease of production, the popular woodcut has far more claims to being the first item of mass communication than the elite form of printed book.“[22] Abgesehen von der tatsächlichen Lesefähigkeit der Bevölkerung[23] gilt es zu berücksichtigen, daß „[d]ie Fähigkeit, Bilder zu lesen, bildtragende Anspielungen nachzuvollziehen, auch Veränderungen konventioneller Bildformeln wahrzunehmen [...] in der frühen Neuzeit gut ausgebildet“ war.[24] Mögliche Quellen für als bekannt vorausgesetzte Bilddeutungen konnten beispielsweise aus spiritueller Bibelexegese oder weltlicher Fabeldeutung stammen oder auch von Heiligenattributen oder Herrscherheraldik ihren Ausgang nehmen. Ebenso wurde auf poetische Texte der Antike und der jüngsten Vergangenheit sowie auf naturkundliche Schriften der Antike oder des Mittelalters rekurriert.[25] Hinsichtlich derartiger Rekursmöglichkeiten im Zusammenhang mit bildlichen Darstellungen sind gesellschaftliche Unterschiede zu berücksichtigen; nicht jeder Bauer oder Handwerker war mit den Schriften der Antike in gleicher Weise vertraut wie beispielsweise mit jenen des Neuen Testaments.

Thematisch behandeln Flugblätter meist „[...] Vorgänge und Ereignisse, die sich zu einem bildhaften Höhepunkt (‚Schlagbild‘) verdichten ließen wie Katastrophen, Schlachten, Krönungen, Gewaltverbrechen und Hinrichtungen“.[26] Ausführlichere

---

22 Scribner, For the sake of simple folk, S. 5.

23 Vgl. dazu etwa Rolf Engelsing, Analphabetentum und Lektüre. Zur Sozialgeschichte des Lesens in Deutschland zwischen feudaler und industrieller Gesellschaft, Stuttgart 1973; Roger Chartier, Lesewelten. Buch und Lektüre in der frühen Neuzeit (Historische Studien 1), Frankfurt/M. – New York – Paris 1990.

24 Harms, Einleitung. In: Deutsche illustrierte Flugblätter des 16. und 17. Jahrhunderts, hg. v. Wolfgang Harms, Bd. 1, Tübingen 1985, S. XII.

25 Ebd.

26 Schilling, Bildpublizistik, S. 110.

Darstellungen von politischen Ereignissen wie Kriegserklärungen, Friedensschlüsse, offiziöse Stellungnahmen u. ä. bedienten sich hingegen meist der Flugschriften. Entsprechend dieser inhaltlichen Vorgaben wird die Anzahl der Käufer solcher Flugschriften im Vergleich zu illustrierten Einblattdrucken geringer gewesen sein. Ähnliches gilt für die periodischen Blätter, die eine weitere elitäre Verengung ihres Zielpublikums erfahren.

Insgesamt scheint ein Vergleich mit der heutigen Medienlandschaft durchaus gerechtfertigt: Größte Reichweite erzielen die sogenannten Boulevardblätter. Diese werden zum Teil auf den Straßen durch Kolportage verkauft, sind reich bebildert, bedienen sich einer einfachen Sprache und behandeln mit Vorliebe Themen, die die Sensationslust der Menschen befriedigen. Entsprechend einer Reduktion dieser Faktoren kommt es automatisch zu einer Verringerung der sozialen Streuung der jeweiligen Medien.

Prag – Wien und zurück

Sie schrieben, sie wären lediglich gegen zwei von ihnen, nämlich Wilhelm Slavata von Chlum und Kossumberg und Jaroslaw Bořzita von Martinitz, der üblicherweise Smeczansky genannt wird, vorgegangen. Diese beiden Personen hätten sich durch Amtsmißbrauch gegen das Recht und den allgemeinen Frieden gestellt, hätten dadurch zur Schmälerung des Ansehens Ihrer Kaiserlichen Majestät sowie insbesondere zur Aufhebung des allgemeinen Friedens im Königreich Böhmen beigetragen. Sie schrieben, sie hätten daher beide Herrschaften gemeinsam mit ihrem Sekretär, der gerade anwesend war und ebenso recht viel Zerrüttung in der Stadt Prag verursacht hätte, nach altem Brauch aus dem Fenster geworfen.[27]

27 Vgl.: *APOLOGIA, Oder entschuldigungs Schrifft/ Auß was für vnvermeidlichen*

Menschen aus einem Fenster in die Tiefe zu stürzen bedarf unter allen Umständen einer Erklärung – um so mehr, wenn es sich bei den Defenestrierten um Staatsdiener, Beamte oder gar kaiserliche Statthalter handelt![28] Nur allzuleicht sieht man sich infolge derartiger Aktionen mit dem Vorwurf von Aufruhr, Revolution oder Terrorismus konfrontiert. Solchen Vorwürfen gilt es etwas entgegenzuhalten: Aus der Sicht der Fensterstürzer wird man wahrscheinlich von Klarstellung, Erklärung oder Verteidigung der Tat sprechen; auf der Seite der um Autorität bangenden Obrigkeit wird man hingegen eher eine Entschuldigung oder besser noch ein Schuldgeständnis und Reue erwarten.

Die böhmischen Herren reagierten recht flink, denn schon drei Tage nach den Ereignissen auf dem Hradschin erschien die eingangs paraphrasierte *APOLOGIA* als erste Publikation zur Begründung der gewählten „Vorgangsweise", möglicherweise auch in der Hoffnung, auf ein gewisses Maß an Verständnis zu stoßen. „Es handelt sich um eine Rechtfertigung in Form einer Anklage gegen die kaiserlichen Ratgeber, und zwar, da im Druck erschienen, um eine öffentliche Anklage. Das heißt, die politische Auseinandersetzung war […] von Anfang an auch eine publizistische."[29]

---

vrsachen/ alle drey Stende des löblichen Königreichs Bohaimb/ Sub utraque, ein Defension Werck an stellen müssen. Gedruckt in der Alten Stadt Prag/ bey Samuel Adam von Weleslawin. Jm Jahr/ M. DC. XVIII.

28 Zum Prager Fenstersturz von 1618 vgl. z. B. Hans Sturmberger, Aufstand in Böhmen. Der Beginn des Dreißigjährigen Krieges (Janus-Bücher. Berichte zur Weltgeschichte 13), München – Wien 1959; Ferdinand Seibt, Revolution in Europa. Ursprung und Wege innerer Gewalt. Strukturen, Elemente, Exempel, München 1984, S. 352 ff.; Helmut Urban, Der Fenstersturz von Prag 23. Mai 1618 und der Aufstand in Böhmen. Zeitgenössische Drucke. Ausstellung der Bayerischen Staatsbibliothek zum 350. Jahrestag des Ausbruchs des Dreißigjährigen Krieges. 9. Mai bis 20. Juni 1968, München 1968.

29 Urban, Fenstersturz, S. 9 (Hervorhebung durch den Verfasser).

Inhaltlich wurde vor allem damit argumentiert, daß die Vorfälle auf der Prager Burg keinesfalls einen revolutionären Akt darstellen sollten, daß die böhmischen Stände unter keinerlei Umständen gegen die Autorität ihres Königs etwas vorbringen wollten, sondern es sich dabei vielmehr um einen Akt der Verteidigung ihrer vom König zugesprochenen Rechte in bezug auf freie Religionsausübung handelte[30] – im konkreten Fall natürlich um das Zugeständnis, Kirchen und konfessionelle Schulen zu bauen.[31] Die Absicht einer Korrektur und *Richtigstellung* von offenbar bereits verbreiteten Berichten über den Fenstersturz zeigt sich deutlich in der Formulierung: *Derowegen wollen wir nicht hoffen/ das Jhre Käy. May. Vnser gnedigster König vnd Herr vns sollen anders deuten/ vnd anderen widerwertigen Bericht von vns glauben geben solte.*[32]

„Die böhmischen Stände waren also bestrebt, die konfessionellen Motive ihres Vorgehens als allein entscheidend hinzustellen und jede Rebellion gegen das Königtum in Abrede zu stellen. Sie hielten lange an dieser These fest, weil es ihnen in ihrem Werben um Bundesgenossen höchst nützlich war und weil sie hierdurch vermieden, sich offen als Rebellen gegen das Haus Österreich zu enthüllen, bevor sie gerüstet waren."[33] Noch eine Spur deutlicher wird in einer prokaiserlichen Habilitationsschrift aus dem Jahre 1893 formuliert: „Vergleicht man die Geschichtserzählung der Apologie mit der wirk-

---

30 *Außführlicher vnd Warhafftiger Bericht/ Der guten newen Zeitung aus Prag. Wie Römische Keyserliche Majestat den dreyen Euangelischen Ständen des Königreichs Böhmen zugelassen/ das Pragerische Consistorium/ so wol auch die Academia mit aller Zugehör daselbst wider auffzurichten. Gegeben auff dem Königlichen Schloß Praga/ den 3. Julii/ Anno 1609. Erstlich gedruckt zu Prag/ durch Hans Schu[...]an/ wohnhafftig in der Eisengassen.*

31 Vgl. etwa Ernst Walter Zeeden, Die Entstehung der Konfessionen: Grundlagen und Formen der Konfessionsbildung im Zeitalter der Glaubenskämpfe, München 1965, S. 161–164.

32 *APOLOGIA.*

33 Sturmberger, Aufstand in Böhmen, S. 35.

l i c h e n Entwicklung, so erscheint die Rechtfertigungsschrift insoferne nicht ohne Geschicklichkeit zusammen gestellt, da sie vollkommen den gewollten Eindruck hervorruft, beim Fenstersturz und bei der Errichtung der ständischen Republik habe es sich lediglich um religiöse Dinge gehandelt. Außer dieser Fiktion leistete sie auch noch der anderen von dem unauslöschlichen Respekt gegen den Kaiser und von der Erhaltung seiner Autorität Förderung und Vorschub."[34] Hingegen finden wir bei Mirjam Bohatcová – man ist geneigt zu sagen: naturgemäß – eine völlig konträre Einschätzung der böhmischen Richtigstellungs- bzw. Verteidigungspublikationen: „Es ging dabei nicht nur um die Widerlegung von Anschuldigungen, sondern um die Verteidigung der Idee der religiösen Toleranz des böhmischen Aufstandes, aus dem die Kaiserlichen gern einen bloßen Akt innenpolitischen Ungehorsams gemacht hätten."[35]

Wie diese Beispiele zeigen, wurden die jeweiligen Standpunkte der publizistischen Auseinandersetzung infolge der Ereignisse vom 23. Mai 1618 in späterer Zeit von verschiedenen historischen Darstellungen übernommen, jeweils abhängig von der politisch-konfessionellen Disposition des einzelnen Historikers: Ein weiteres Beispiel also für den Kampf um die „Wahrheit", ausgefochten zwischen *Fiktion* und *Faktum*, zugleich auch ein Beispiel für die Parallelität der Objektivitäts- und Wahrheitsproblematik von medialer Information auf der einen sowie einer vorsätzlich objektiven Wissenschaft auf der anderen Seite. Eine Frage von unterschiedlichen Realitäten also.

Es nimmt kaum wunder, daß man in Wien nicht allzuviel von der apologetischen Schrift aus Böhmen hielt. Durch den Umstand der Veröffentlichung der böhmischen Standpunkte

---

34 Karl Mayr-Deisinger, Die Flugschriften der Jahre 1618–1620 und ihre politische Bedeutung (ungedr. phil. Habil.), München 1893, S. 18 (Hervorhebung durch den Verfasser).

35 Bohatcová, Irrgarten der Schicksale, S. 9.

sah man sich jedoch bemüßigt, die Auffassung von den böhmischen Ereignissen auf entsprechende Art und Weise richtigzustellen und ebenso der Öffentlichkeit kundzutun.[36] Die kaiserliche Seite ging nun ihrerseits exakt spiegelverkehrt vor. Die konfessionellen Streitpunkte der Auseinandersetzung sollten bewußt ausgeblendet werden, um in der Folge den politischen Aspekt des Aufstands (wieder) in den Vordergrund rücken zu können. Im Vergleich der beiden Stellen, die in direkter Weise den Fenstersturz beschreiben, tritt das Licht- und Schattenspiel der Wahrheit deutlich an den Tag. Apologetisch klingt es so: [...] *alle beyde sampt einem Secretario jrem adulatore/ so neben andern viel zerrüttung in den Prager Städten verursacht/* [...] *nach altem gebrauch auß dem Fenster geworfen.*[37] Dagegen versucht die kaiserliche *INFORMATION* den gewalttätigen, revolutionären, aber auch unrechtmäßigen Aspekt[38] des Fenstersturzes in den Vordergrund zu rücken: [...] *mit gewaffneter Hand kommen/ allda zween auß vnsern Statthältern/ vnd ein Secretarium vnser liebe Getrewe ohn alle vorhergehende Anklag vn*[d] *Verhör gewalthätiger Weiß angefallen/ auch zum Fenster hinauß in die Tieffe des Schloß-*

36 Vgl. *INFORMATION, Oder KEyserlicher Majestat grundtlicher Bericht vber den Bohemischen Auffstandt. II. Ebenmässige Information vber berührten Auffstandt/ zu Lateyn vnd Teutsch. III. Jhr Keys. Maj. Antwort an die sub vtraque. IV. Verteutschte Abschrifft Keys. Bohemischen Patents. V. Copia Keyserlichen Schreibens an die Reichsstätt/ mit Vberschickung Patenten contra Bohemische Werbung/ vlt. Iunij 1618. VI. Copia Keyserlichen Patents/ wegen Abstellung der Bohemischen Werbung. Auß welchem allem der Vngrundt der von Bohemischen Ständten/ so sich sub vtraq; nennen/ außgefertigten Apologiae, wegen jhrer vnverantwortlichen Verfahrung/ erscheinet. Getruckt im Jahr Christ/ 1618.*

37 *APOLOGIA.*

38 Zum Widerstandsrecht vgl. z. B. Hans Fehr, Das Widerstandsrecht. In: MIÖG 38, 1920, 1–38; Arthur Kaufmann, Leonhard A. Backmann (Hgg.), Widerstandsrecht, Darmstadt 1972; Willibald I. Holzer, Politischer Widerstand gegen die Staatsgewalt. Historische Aspekte – Problemstellungen – Forschungsperspektiven (Materialien zur Arbeiterbewegung 38), Wien 1985; insbesondere auch Severin Renoldner, Demokratie braucht Widerstand, Linz 1991.

grabens gestürtz/ vnd als sie wider alles verhoffen auß sonderbahrer Gnad vnd Schickung GOttes beym Leben geblieben/ auff sie loß geschossen/ [...].[39]

Nicht genug, daß es in die Tiefe des Schloßgrabens ging, es mußte auch noch nachgeschossen werden. Die scheinbar harmlose Groteske der auf einem Abfallhaufen gelandeten Statthalter wird hiermit zum „mißglückten ‚Mord'" umgedeutet, im Sinne der Veröffentlicher des Schriftstücks richtiggestellt.[40]

Die auf publizistischem Wege öffentlich ausgetragene Auseinandersetzung der böhmischen Stände mit dem Kaiser fand ihre Fortsetzung, zunächst in einem *Kurtzen Bericht aus Böhmen*[41], worin die kaiserliche *INFORMATION* widerlegt werden sollte: „Hier zeigten sich die Aufrührer [!] selbstbewußter als in ihrer ersten Apologie. Sie beschuldigen nicht mehr allein die ungetreuen kaiserlichen Räte, sondern empfehlen dem Kaiser selbst künftig *mehr Observanz* des Majestätsbriefes von 1609."[42]

Es soll hier nicht der gesamte „Apologienstreit" erzählt werden, zu erwähnen ist jedoch, daß die zu Beginn der medialen Kontroverse zwischen den böhmischen Ständen und der kaiserlichen Seite angewandte „Strategie der Richtigstellung",

---

39 *INFORMATION.*

40 Sturmberger, Aufstand in Böhmen, S. 14: „Und obwohl dieses Ereignis eine tragische Epoche der böhmischen und europäischen Geschichte einleitete, haftet diesem ‚Fenstersturz' doch etwas Groteskes an; ein Schatten von Lächerlichkeit blieb an diesem mißglückten ‚Mord' haften, ein Signum des Halben, des Unvollendeten. Der auf dem Abfallhaufen unter den Fenstern der königlichen Kanzlei sitzende Martinitz ist gewiß keine tragische Gestalt und symbolisiert förmlich dieses Unzulängliche der böhmischen Aktion."

41 *KVrtzer Bericht vnd Ableinung der Beschwerungen/ welche den Evangelischen Ständen im Königreich Böhem zu dero Vnglimpff beygemessen werden wollen. Sampt einen Bedencken deren löblichen Ständte in Oesterreich ob der Enß/ an die Röm: Käy: Mayestat/ rc. vnd Jhrer Mayestat Resolution auff dasselbige. Gedruckt im Jahr /M. DC. XVIII.*

42 Seibt, Revolution in Europa, S. 378.

also die argumentative Auseinandersetzung mit Beschuldigungen und Rechtfertigungen parallel mit der Zuspitzung der politischen und militärischen Situation – offenbar zwangsläufig – immer mehr von affektiven Überzeugungsstrategien verdrängt wurde, die verstärkt auf Diffamierung von politischen, konfessionellen und militärischen Gegnern abzielten sowie auf die Instrumentalisierung von Ängsten setzten.[43]

Der Fall Klesl

Kärntner Strasse einundzwanzig

Die Geschichte des Wiener Bäckersohnes Melchior Klesl, sein Aufstieg und insbesondere sein Fall, mußte zwangsläufig mediales Interesse hervorrufen.[44] Rezipienten derartiger Geschichten mögen nach der Lektüre weniger oft mit ihrem eigenen Schicksal hadern, da sie eine Bestätigung des tröstlichen Sprichwortes zu finden glauben, wonach Geld allein auch nicht glücklich mache.

43 Hinsichtlich Terminologie und Theorie der medialen „Strategien der Überzeugung" vgl. Christian Oggolder, Diskurs der Neugierde. Eine Geschichte über Medien, Meinen und Überzeugen zu Beginn des 17. Jahrhunderts (ungedr. phil. Diss.), Wien 1995.

44 Die Literatur zu Klesl hält sich in überschaubaren Grenzen. Neben dem älteren, aber wegen des ausführlichen Quellenanhanges nach wie vor unersetzlichen Standardwerk Hammer-Purgstalls, Khlesls des Cardinals, Directors des geheimen Cabinettes Kaisers Mathias, Leben. Bd. 1–4, Wien 1847–51, sei gleichsam als apologetische Gegenschrift Anton Kerschbaumers, Cardinal Klesel. Minister-Präsident unter Kaiser Mathias, Wien 1865, erwähnt. Von den Arbeiten „jüngeren Datums" scheint einzig jene von Johann Rainer, Kardinal Melchior Klesl (1552–1630). Vom „Gegenreformator" zum „Ausgleichspolitiker". In: Römische Quartalschrift für christliche Altertumskunde und Kirchengeschichte 59, 1964, S. 14–35, zu überzeugen. Eine kurze Auseinandersetzung mit der Person Klesl findet sich auch bei Jörg-Peter Findeisen, Der Dreißigjährige Krieg: Eine Epoche in Lebensbildern, Graz – Wien – Köln 1998, S. 124–130.

Im Sinne einer effektiven Methode der Diffamierung einer Person brauchte im Falle Klesls weder eine negative Abstammungsgeschichte konstruiert werden, wie wir sie beispielsweise bei Luther finden,[45] noch mußte der Teufel dafür bemüht werden. Es genügte der permanente Hinweis auf die Backstube in der Kärntner Straße.[46] Überdies hatte der Kardinal mit der Tatsache seiner Konversion zu kämpfen. Wie der Großteil der damaligen Wiener Bevölkerung war auch Klesl als Protestant aufgewachsen und erzogen worden. Erst einem Georg Scherer gelang es, ihn zur Konversion zu bewegen und mit Hilfe der Gesellschaft Jesu die Grundlagen zu seiner katholischen Karriere zu schaffen.

Darüber hinaus bot Klesls Name aufgrund seiner phonetischen Ähnlichkeit zum *Esel* Anlaß zu diffamierenden Scherzen, was bekanntlich in der Schreibung *CLesel* und deren Auflösung als 150 Esel ihren subtilen Höhepunkt erreichte.[47]

---

45 Wurde von den Protestanten die Person Luthers nach dessen Tod geradezu als Heiligenfigur hochstilisiert, so reagierte die katholische Seite mit Verunglimpfungen und konstruierte mit den latent vorhandenen und immer wieder auftauchenden Gerüchten um dessen Familie, seinen Namen, seine Heirat und schließlich auch über seinen Tod eine „katholische Antilegende". Vgl. Wolfgang Brückner, Luther als Gestalt der Sage. Ausprägung und Nachwirkungen von Legende und Antilegende der Orthodoxie und der Kontroversisten. In: ders. (Hg.), Volkserzählung und Reformation. Ein Handbuch zur Tradition und Funktion von Erzählstoffen und Erzählliteratur im Protestantismus, Berlin 1974, S. 260–278.

46 Vgl. Felix Czeike, Historisches Lexikon Wien, Bd. 1, Wien 1992, S. 55: „Allwo der Esel in der Wiege liegt (1, Kärntner Str. 21, Teil, CNr. 944). Diese Bezeichnung erhielt 1598 das Haus des Bäckermeisters Melchior Klesl, das zuvor das Schild ‚Zum blauen Esel' geführt hatte. [...] Der Hausname taucht zum Zeitpunkt der Amtseinführung Klesls erstm. auf u. dürfte daher auf einem Spottwort der Protestanten basieren."

47 Vgl. John Roger Paas, The German political Broadsheet 1600–1700, Bd. 1: 1600–1615; Bd. 2: 1616–1619, Wiesbaden 1985, 1986. P–377: *Evangelium Luce am Andern:* [...] *VNd da acht Tage vmbwaren/ das Clesel zum Bischoff geweyhet ward/ da ward sein Name genennet CL esel, das ist hundert vnnd funfftzig Esel/* [...].

Klesls Werdegang ist gekennzeichnet durch ein gezieltes und karriereorientiertes Vorgehen. Konsequent arbeitete er nicht nur an der Katholisierung des Landes, sondern auch am Ausbau seines Einflußbereiches. Manch einer mag die wohl berechtigte Frage stellen oder gestellt haben, ob Klesl selbst innerlich von der neuen Katholizität des Tridentinums erfaßt war, oder ob er nicht viel mehr jenen alten Pfründengeistlichen entsprach, die er sonst so hart zu bekämpfen pflegte.[48]

Die Position des Generalreformators für Österreich und seine vorerst kompromißlose, von jesuitischer Schule geprägte Vorgangsweise im Bereich der Katholisierung des Landes machten ihn *eo ipso* zum Feindbild der Protestanten, zumal der Karrieremensch Klesl sich nicht ausschließlich mit kirchlichen Aufgaben und Ämtern begnügte. So unternahm er von sich aus Schritte, um die Position eines *Geheimen Rates* zu erlangen.[49] Seine politischen Aktivitäten traten erstmals deutlich in der Nachfolgefrage und im Bruderzwist zutage, wo er sich eindeutig auf die Seite Matthias' schlug.[50] Auf diese Karte zu setzen, sollte sich jedoch als zweischneidiges Schwert erweisen. Auf der einen Seite hatte Klesl unter Matthias absolut freie Hand, dementsprechend gestaltete er die gesamte kaiserliche Politik, auf der anderen Seite forderten die Kinderlosigkeit und das fortgeschrittene Alter des Kaisers eine baldige Klärung der leidigen Nachfolgefrage; und ebendiese Angelegenheit wurde für Klesl letztlich zur unüberwindbaren Hürde.

Die Auseinandersetzungen im Bruderzwist stärkten die protestantischen Stände, da beide Kontrahenten Unterstützung suchten, wo es nur irgendwie möglich war. So bezahlte bekanntlich Rudolf II. in Böhmen mit dem *Majestätsbrief*, und Matthias mußte schon zuvor seine Unterstützung in Österreich mit der

48 Rainer, Klesl, S. 18.

49 Ebd., S. 19.

50 Vgl. Rainer, Klesl, S. 19 ff.; Vocelka, Rudolf II., S. 312 ff.

sogenannten *Religionskapitulation* erkaufen.[51] Zudem war man weiterhin auf ständische Unterstützungen hinsichtlich des alten Problems der Türkenabwehr angewiesen. Klesl sah sich daher gezwungen, in Konfessionsfragen seinen kompromißlosen Kurs vergangener Jahre zu verlassen und seinen Plan des Ausgleichs der Konfessionen, der sogenannten *Composition*, zu verwirklichen, nicht zuletzt auch, um seine eigene Position am Kaiserhof nicht zu gefährden.

Wie zu erwarten war, rief dieser neue Kurs des Generalreformators die katholischen Hardliner auf den Plan; neben dem Vatikan und den geistlichen Kurfürsten war dies auf weltlicher Seite einmal mehr ein Jesuitenzögling, Maximilian von Bayern. Was die Nachfolgefrage betrifft, so versuchte die katholische Seite einen möglichst kompromißlosen Herrscher durchzusetzen, weshalb der Papst, die katholischen Kurfürsten sowie der Bruder des Kaisers, Erzherzog Maximilian, der selbst auf sein Nachfolgerecht verzichtet hatte, das Haupt der Grazer Linie, Erzherzog Ferdinand, ins Auge faßten. Klesl erkannte die Gefahr eines solchen Nachfolgers und versuchte daher „[...] die Nachfolge Ferdinands durch immer neue Bedenken und Schwierigkeiten wenigstens aufzuschieben, und schließlich teilte er mit den protestantischen Fürsten der Union den Standpunkt, daß zuerst der Ausgleich der Parteien, die *Composition*, erfolgen müsse. Mit dieser Politik stand Klesl gegen Ende des Jahres 1616 völlig isoliert von der katholischen Partei da, hatte aber gleichwohl den schwachen Kaiser ganz in seiner Gewalt."[52] Insbesondere Erzherzog Maximilian drängte immer vehementer auf eine Absetzung des Kardinals, und seit Ende 1616 plante er dessen gewaltsame Entfernung.[53]

---

51 Vgl. Sturmberger, Tschernembl, S. 198 f.; Grete Mecenseffy, Geschichte des Protestantismus in Österreich, Graz – Köln 1956, S. 132 f.

52 Rainer, Klesl, S. 28.

53 Ebd.

Aufgrund der böhmischen Ereignisse von 1618 sah sich nun auch Ferdinand veranlaßt, sich für ein hartes Vorgehen gegen die Aufständischen stark zu machen. Klesl versuchte weiterhin an seiner Ausgleichspolitik festzuhalten. Am 20. Juli 1618 wurde er schließlich im Rahmen einer Audienz bei Maximilian in der Hofburg verhaftet und in der Folge nach Innsbruck gebracht. Den Kaiser stellte man vor vollendete Tatsachen, zumal er ohnehin nicht in der Lage gewesen wäre, etwas dagegen zu unternehmen – dazu hätte er ja Klesl benötigt.[54]

Sturz, Hohn und Medien

Jene typographischen Medien, insbesondere Flugblätter, die sich mit der Absetzung und Verhaftung des Kardinals befassen, sind in der Hauptsache in zwei unterschiedliche Kategorien zu teilen. Zum einen stoßen wir auf die Gattung der Evangeliumsparodie[55] bzw. die auch anderenorts oftmals eingesetzte Parodie des *Pater Noster*,[56] zum anderen finden wir die traditionelle zeitgenössische Form der Dialoge oder Streitgespräche vor, in welchen der verhaftete Würdenträger beteiligt sein mußte. Als Gesprächspartner fungieren, wie nicht anders zu erwarten, unter anderen der Teufel und die Jesuiten.

Die Varianten der Diffamierung bedienen sich des zeitgenössischen Repertoires. Wir treffen so auf die oben schon erwähnten Namensspielereien sowie auf Bezugnahmen auf den Bäckersohn Klesl.[57] Beispielsweise wird er in einem Dialog mit einem Jesuiten von diesem belehrt, es geschehe ihm wohl

54 Als man dem Kaiser von der Gefangennahme Klesls berichten wollte, erteilte er zunächst die für ihn typische Antwort, „[...] sie sollen sich etwas gedulden; er werde zuerst Klesl rufen." Rainer, Klesl, S. 30 f.

55 Vgl. dazu Paas P–345, P–347, P–377.

56 Vgl. Paas P–346.

57 Vgl. Peter Burke, The Art of Conversation, Cambridge – Oxford 1993, S. 27: „A dramatic illustration of the active force of language is the insult, a form of

recht, er hätte es nicht anders verdient, da er eben nicht mehr sei als *eins Becken Sohn.*[58] In einem anderen Blatt nennt ihn der Teufel in grobianischer Manier gar *Becker Saw.*[59]

In der schon erwähnten Lukasparodie[60] wird mehrmals auf das Elternhaus des Kardinals Bezug genommen. In Form der Frohbotschaft und mittels einer ironischen Messiasanalogie wird *den Mamelucken grosse Frewde verkündet, denn heute ist euch zu gute des Becken Sohn zu hülffe kommen/ damit jhr nicht zaghafftig werdet in der Stadt Wien.* Und gleichsam als mahnender Hinweis auf die die göttliche Ordnung störende Macht des Papstes durch die Verwirklichung einer Szenerie aus der „Verkehrten Welt" und als eine sich selbst bloßstellende Dummheit der Katholiken, die einen Bäckersohn zum Kardinal und Berater des Kaisers machen, heißt es: [...] *vnd sie kamen eylend vnd sahen/ daß jhm ein rechter Cardinals Hut aufgesetzt ward/ vn[d] auff einen hocherhabenen grossen Stul neben den Römischen Keyser gesetzet ward/ darauff er täglich ohne auffhören/ ticht vnd tracht/ die reine Wahrheit gäntzlich zuvertilgen/ Jammer vnd Noth anricht/* [...] *etliche aber bewegt er in seinem Hertzen/ vnd die Pfaffen vnd Münche kehreten wider in jhre Clöster vnd Zellen/ lobeten den AntiChrist zu Rom/ der solche Macht hat/ Becken Knechte neben die Fürsten zusetzen.*

Eine andere Möglichkeit der Diffamierung liegt im Falle Klesls auch darin, moralische Unzulänglichkeiten hervorzuheben, wobei es völlig unerheblich ist, ob solche Vorwürfe ge-

---

aggression in which adjectives or nouns are used not so much to describe another person as to strike that person."

58 *Ein Gesprech von dem gottlosen Cardinal Clösel/ wie er sich verflucht von wegen des Blutbadts/ daß er im gantzen Königreich Böhmen hat angericht. Gedruckt im Jahr M. DC. XIX.* (Paas P–379).

59 *Ein Gesprech von dem Cardinal Clösel vnd dem Teufel vnd einen Jesuiter/ wie sie alle drey ein Gespräch halten von der Helle. Gedruckt im Jahr M. DC. XIX.* (Paas P–378).

60 *Evangelium Luce am Andern. Gedruckt im Jahr M. DC. XIX.* (Paas P–377).

rechtfertigt sind oder nicht. Allein Vermutungen oder eindeutig parodistische Anspielungen sind in der Lage, Autorität und Glaubwürdigkeit, in besonderem Maße natürlich die eines geistlichen Würdenträgers, zu erschüttern. Darüber hinaus wird die gesamte Gemeinschaft, der der Angegriffene angehört, in Mißkredit gezogen, wie beispielsweise in der Parodie auf Matthäus 4, 1–11.

Konnte Christus allen Versuchungen des Teufels widerstehen, so erliegt Klesl schon den Verführungskünsten einer Äbtissin: [...] *da verließ er die Geistligkeit vnd schlieff bey jhr/ da das die anderen Pfaffen sahen/ traten sie zu jhm/ vnd dieneten jhm/ vnd theten gleich also.*[61] Nicht nur Klesl ist in seinen katholischen Tugenden wenig standhaft, es scheint vielmehr ein grundsätzliches Problem des gesamten katholischen Klerus zu sein.

Ein charakteristisches Merkmal der meisten Klesl-Flugblätter ist die Darstellung eines reumütigen, verzweifelten Kardinals, der sich selbst beschimpft und verflucht, der die Schuld für den Zustand des Reiches, insbesondere auch für die Vorgänge in Böhmen[62], auf sich nimmt. Wir treffen hier auf eine ähnliche Vorgangsweise der Diffamierung wie im Fall Luthers: Durch in bestimmten Kontexten als negativ aufzufassende Äußerungen von seiten des Diffamierungsopfers selbst wird versucht, den häufig mehr als hanebüchenen Angriffen ein augenzwinkerndes Mehr an Glaubwürdigkeit zu verleihen. Im Fall Luthers waren es reale, allerdings aus dem Zusammenhang gerissene Äußerungen; bei Klesl haben wir es mit fiktiven „Bekenntnissen" zu tun, die den Kardinal geistig und moralisch völlig entblößen: *ACh ich Ertzdieb was hab ich gethan/* [...] *nimmermehr kan ichs verantworten vor Gott vnd der Welt/ ich kom auch nimmermehr auff keinen grünen Zweig/ ich hab auch kein gut*

61 *Auß Wien den 24. Augusti Anno 1618* (Paas P–347).

62 Vgl. etwa *Discurs von dem jetzigen Zustandt in Böhmen/ Jn einem Gespräch ordentlich verfasset vnd beschrieben. Gedruckt im Jahr M. DC. XVIII.* (Paas P–348).

Gewissen/ der Teufel plaget mich jmmer fort vnd fort [...].[63] Dabei wird die Gelegenheit nicht ausgelassen zu erwähnen, daß die überwiegende Schuld für alles den Jesuiten anzulasten wäre, zumal sie ja auch den jungen protestantischen Bäckersohn Klesl vom rechten lutherischen Weg abgebracht und ihn in sein Unglück gestürzt hätten.

Letztendlich sieht sich Klesl von den Jesuiten verraten, da er nun alles alleine ausbaden müsse: *Danck habet jhr kalen Schelme/ jhr ziehet ewre raucken Köpffe auß der Schlinge/ vnd habet das Blutbad helffen anrichten.*[64]

Die verspottende Darstellung des abgesetzten Kardinals, der nun völlig entmachtet, verzweifelt vor den Trümmern seines Lebenswerkes steht, gipfelt in dem Wunsch, der Teufel möge die Sinnlosigkeit seiner Existenz beenden, allein dieser will nichts von ihm wissen. Das stellt wohl das Maximum an frühneuzeitlichem Autoritätsverlust dar, wenn ein ehemals mächtiger Mann nunmehr selbst für den Teufel uninteressant geworden ist.

Es sollten wiederum die Jesuiten sein, die sich in einer mehr als zweifelhaften Art und Weise für den armen Klesl stark machen, indem sie ihre angeblich engen Kontakte zur Unterwelt zu nützen versuchen. So wird der Teufel gebeten, wenn er das nächste Mal einen Jesuiten holen würde, möge er doch auch Klesl mitnehmen! Der Teufel ist freilich weiterhin wenig überzeugt von der Brauchbarkeit des Kardinals und unterbreitet daher den Vorschlag, *die Becker Saw frey fett werden zu lassen, damit sie alle einen fetten Braten kriegen.*[65] Überdies verlangt er die Mithilfe eines Jesuiten beim *vmbwenden* am Spieß. Davon ist nun dieser wenig angetan, und erst das Versprechen des Teufels, auch *rote Rüben vnd Gurcken* zum Kardinalsbraten zu

63 *Ein Gesprech von dem gottlosen Cardinal Clösel.*

64 Ebd.

65 *Ein Gesprech von dem Cardinal Clösel vnd dem Teufel vnd einen Jesuiter.*

servieren, vermag ihn zu überzeugen: *Ey ja nu bin ich zu frieden/ denn ich fresse gerne rothe Rüben/ ich will die Becker Saw frey wacker helffen vmbwenden.*[66]

Dieser skurrile Dialog steht ganz offensichtlich in der grobianischen Tradition der konfessionellen Polemik des 16. Jahrhunderts. Man rufe sich beispielsweise nur die Flugblattserie Luthers „Abbildung des Papsttums" in Erinnerung, die im übrigen aus Anlaß des protestantischen Jubeljahrs 1617 neu aufgelegt wurde, wo etwa auf einem Flugblatt die Mißachtung von Prunk und Autorität des Papstes von seiten der Bauern dadurch zum Ausdruck gebracht wird, daß einer in die umgekehrte Tiara seine Notdurft verrichtet.[67]

Mit Klesl wurde nicht nur ein katholischer Kardinal abgesetzt, sondern eine zentrale Figur der Gegenreformation. Im Gegensatz zu den Jesuiten, die natürlich ebenso die gegenreformatorische Partei repräsentierten, aber als Kollektiv nicht so einfach und effizient angreifbar waren, wurde Klesl als Einzelperson – wenigstens für eine kurze Zeit – zum Symbol der Besiegbarkeit der Gegenreformation. Im übrigen sind mir keine Flugblätter über Klesl bekannt, die vor seiner Absetzung erschienen wären, zu stark dürfte die Nähe zum Kaiser gleichsam als Schutz vor diffamierenden Attacken gewirkt haben.

Daß der Kardinal von katholischer Seite gefangengenommen worden war, wurde anscheinend nicht oder nur kaum zur Kenntnis genommen. Es dürften allerdings auch Zweifel an der tatsächlichen Absetzung und Gefangennahme aufgetaucht sein. Beispielsweise tröstet in einem Dialog der Papst den reumütigen Klesl, der sich schwere Vorwürfe wegen seiner ausgeheckten *Schelmstück*[68] macht, damit, Klesl müsse nicht so *kleinmütig seyn, denn er wolle die Anordnung thun, daß er ein weil auff eine*

66 Ebd.

67 Vgl. Harms II, 85; Paas P–289.

68 Gemeint sind natürlich seine Aktivitäten als Generalreformator.

seit geschickt werde, so daß es das Ansehen hätte, als wäre er *bey jederman in grossen Ungnaden*. Das *were ein guter Vorschlag*, meint darauf der Kardinal, *könnte also gleichwohl heimlich practiciren* [...].[69]

Die Begeisterung, die Schadenfreude, die Verwunderung, was auch immer, scheint dabei auch an der Tatsache vorübergegangen zu sein, daß Klesl zwar kein Garant war, aber wenigstens eine Chance für einen gemäßigten Kurs in der konfessionellen Auseinandersetzung darstellte. Jubel, Spott und Hohn nach Klesls Sturz fungierten zum einen als Ventil für die angespannte Situation der Zeit, zum andern aber mußte dieses Thema zwangsläufig aufgrund der anzunehmenden Marktchancen publizistisch aufgegriffen werden.[70]

Kriegsbilder

Grelle Farben

Nachrichten, Berichte, Texte von Schlachten und Kriegen enthalten in einem besonders hohen Maße konnotative Informationen. Jede Nachricht über militärische Auseinandersetzungen erzählt mehr als die primäre, denotative Information; es geht nicht nur um Sieger und Besiegte, Tötende und Getötete, nicht nur um Zahlen von Opfern, sondern zur gleichen Zeit in denselben Aussagen immer auch um qualitative Stellungnahmen. Bilder vom Krieg sind immer auch davon abhängig,

69 *Discurs von dem jetzigen Zustandt in Böhmen.*

70 So weist Michael Schilling in seinem Kommentar zu *Ein Gesprech von dem gottlosen Cardinal Clösel* bei Harms II, 147, auf die Existenz einer Art Flugblattserie mit solchen Gesprächen hin, worin zum Teil Werbung für weitere Blätter gemacht wurde. Ebenso konnte man natürlich auch in Form von umfangreicheren Flugschriften Geschichten über Klesl erwerben.

in welchem Verhältnis der einzelne Nachrichtenproduzent zu den jeweiligen kriegführenden Parteien steht; irgendeine Position muß er haben. Die Art und Weise, wie der Medienproduzent mit seiner Position umgeht, bestimmt letztlich das Verhältnis zwischen den einzelnen Überzeugungsstrategien innerhalb des Textes.

Nach jeder Klärung der „Notwendigkeit“ eines Krieges erfolgt in konsequenter Weise immer auch die Klärung der „Sinnhaftigkeit“ eines solchen.[71] Erstaunlicherweise kann man dabei regelmäßig die Entdeckung machen, daß Kriege von und für die jeweilige Seite immer nur dann als sinnvoll erachtet werden, wenn militärische Erfolge zu verzeichnen sind. Wir kennen alle jene, gleichsam automatisch als Textbausteine in Kriegsberichten eingebauten Formulierungen wie, so und so viele Menschen mußten in diesem sinnlosen Krieg ihr Leben lassen. Es handelt sich dabei freilich immer um Ex-post-Bewertungen, sinnlos sterben somit immer nur die Verlierer, die Sieger sterben als Helden.

Beim Zeichnen von Kriegsbildern durch Medien steht die Vermittlung von Sinnhaftigkeit einer bestimmten militärischen Auseinandersetzung im Mittelpunkt, und in Anwendung obiger Überlegungen müssen also Erfolge erzählt werden. Das ist heute so und war auch während des Dreißigjährigen Krieges nicht anders. In der Frühen Neuzeit hatte Gott selbst im Krieg seine Finger im Spiel, und er unterstützte die einen und strafte im selben Moment die anderen, griff wie in anderen Lebensbereichen auch Wunder wirkend in den Lauf der Dinge ein. *DAß aber dieses ein grosse Wunderthat Gottes/ wird niemand in*

71 Damit verbunden ist natürlich auch die (in Medien) allzu gerne gestellte Frage nach der Kriegsschuld, die „[...] so alt ist wie die Unterscheidung von gerechten und ungerechten Kriegen. Aus dem Bedürfnis der Rechtfertigung entstand die staatliche Propaganda.“ Vgl. Diethelm Böttcher, Propaganda und öffentliche Meinung im protestantischen Deutschland 1628–1636. In: Hans Ulrich Rudolf (Hg.), Der Dreißigjährige Krieg: Perspektiven und Strukturen (Wege der Forschung 451), Darmstadt 1977. S. 336.

Abred seyn können/ dann ohne Gottes sonderbare Hülff vnd Beystandt hette der kleine Hauff/ den grossen Gewalt nicht also zerbrechen können: Dann auff des Feindes seyten seynd über die drey tausendt geblieben/ Theils nidergehaut/ vnd Theils im Wasser They ersoffen vnd vmbkommen [...].[72] Der (vorläufige) möglicherweise unerwartete Sieg der militärisch unterlegenen Truppe in einer Schlacht muß in der Logik einer vormodernen Gesellschaft als Einschreiten Gottes, als eine Unterstützung von höchster Stelle interpretiert werden. Um einer solchen himmlischen Hilfe Nachdruck zu verleihen, muß selbige möglichst weit verbreitet werden. Man beachte zudem die ironische Formulierung des Titels *Mährerisch Fegfewer*, worin das Fegefeuer, welches als typisch katholische „Jenseitsinstitution" von den Evangelischen vehement abgelehnt, nunmehr in Mähren lokalisiert wurde. Zugleich avancierte das Heer der mährischen Stände zum Vollstrecker der Qualen des Fegefeuers! Für künftige Schlachten, und das ist ja die wesentliche Botschaft derartiger Veröffentlichungen, kann daher die Hoffnung als berechtigt angenommen werden, daß die Hilfe Gottes den Verfechtern der „gerechten Sache" und des „wahren Glaubens" auch weiterhin zuteil werden würde.

Neben diversen Spekulationen über eventuelle militärische Probleme des Feindes, die – es muß nicht extra betont werden – natürlich primär zur moralischen Stärkung der Bevölkerung und der Truppen dienten, ist zudem die, im Titel zwar schon

---

72 *Mährerisch Fegfewer/ Jn welches Graf Tampier Drey Tausendt Arme Seelen/ jhme den Weg zubereyten vorhero geschickt. Oder Historische Erzehlung/ der Gnaden vnd Siegreichen Victori, welche die Göttliche Mayestät den Mährischen Evangelischen Ständen durch den Herrn von Tieffenbach/ wider den Spannischen Obristen/ Graf Tampier/ den 26. Julij alten/ oder 5. Augusti newen Calenders gnedigst verliehen vnnd geben hat; in deme wenige Tieffenbachische dem Tampier drey tausendt erschlagen/ fünff vnnd achtzig Wagen voll verwundet/ vnd alle seine Pagagien abgejagt haben. Welches wol eine Straff/ über den Spannischen Türcken ergangen/ kan genennt werden. Gedruckt zu Prag/ durch Lorentz Emmerich/ Gedruckt Jm Jahr Christi 1619.*

ironisch angedeutete, aber im Text abschließend sogar explizit formulierte Auffassung von der gerechten, gottgewollten Rache der unterdrückten protestantischen Christen zu erwähnen, wenn es da etwa heißt, [...] *daß die zeit vorhanden ist/ daß der vnschuldigen Christen/ wie Wasser vergossenes Blut/ dermal eins vindicirt vnnd gerächet werden soll.*[73]

Alle auch noch so kleinen militärischen Erfolge wurden publizistisch breitgetreten, Opferzahlen wurden abgewogen und verglichen, Beutestücke präsentiert, unehrenhafte Gefangennahmen beschrieben und ähnliches mehr. *Die Keyserlichen (wie vns die Gefangenen anzeigen) haben von den jhrigen die vmbkommen/ gefangen worden/ vnd sich hin vnd wider verloffen/ dasselbigen Tags über 1000. so jhnen mangeln/ verlohren/ auch kurtz hernach eine zimbliche anzahl (cum reverentia zu melden) gantz nackend außgezogen in den Wäldern/ an den Strassen gelegen/ darunter ist von den fürnemsten geblieben/ der Ober von Grichingen; deß Obersten Fuchsen Schwager/* [... u. v. m.].[74]

Im Falle von Niederlagen wurde auf andere *Strategien* zurückgegriffen, insbesondere die Diffamierung des Gegners oder die Konstruktion von Angst mittels Feindbildern.[75]

In besonders grellen Farben werden die Bilder vom Krieg über (illustrierte) Flugblätter gezeichnet. Mirjam Bohatcová schreibt diesen „gegenüber allen anderen Arten von Kriegsbe-

---

73 *Mährerisch Fegfewer.*

74 *Zwo warhaffte Zeitungen auß Böhmen: I. Was gestallt das Kayserlich Kayserlich Kriegsvolck sich heimlich von Pilgram wegbegeben/ vnd Neuhauß auffgefordert: aber mit spott abgewisen: Nachmals sie auff Buttweiß zugezogen/ da sie vnter wegs von dem Böhmischen Kriegsvolck ereylet/ welche sie starck angriffen/ vnd der Keyserischen über 1000. Soldaten/ neben vielen vornemen Personen erlegt. II. Wie die Stadt Pilsen von dem Graven von Mansfeld im Namen der Böhmischen Ständ belegert/ gestürmt vnd den 21 Novembris eingenommen worden. M. DC. XIIX.* (von Hand korrigiert auf 1619).

75 Vgl. Franz Bosbach (Hg.), Feindbilder. Die Darstellung des Gegners in der politischen Publizistik des Mittelalters und der Neuzeit, Köln – Weimar – Wien 1992.

richten“ eine „besondere Aufgabe und Struktur“ zu. Einerseits, weil Flugblätter die „ersten unmittelbaren Informationen über Ereignisse auf fernen Schlachtfeldern [...] der breiten Öffentlichkeit“ [!] vermittelten, zum andern, weil dabei die Geschäftsinteressen der Drucker eine besondere Berücksichtigung finden mußten.[76]

Der Machtmechanismus, die Normierungsmacht des Diskurses der Neugierde wird hier besonders deutlich: In einer vordergründig nur zur Befriedigung der Sensationslust und der Neugierde des Publikums, bestenfalls noch zur Erfüllung eines Informationsbedürfnisses dienenden Beschreibung von Beutestücken, wie sie beispielsweise Maximilian I. von Bayern bei seinem Einzug in den Hradschin in die Hände fielen,[77] oder in dem abscheulichen Bericht über den Tod des Dampierre in der Schlacht bei Bruck,[78] „[...] wie die Feinde mit seiner verstümmelten Leiche verfuhren und wie die Soldaten unter Gelächter die nach französischer Mode geschneiderten Hosen des Feldherren anprobierten [...]“.[79] All das ist jedoch weit mehr als bloße Information und/oder Unterhaltung, nicht ausschließlich die Kuriosität einer üppigen Beute, die dem Sieger Maximilian in die Hände fällt, wird hier erzählt, denn diese Beute ist zugleich die Belohnung des Siegers, eines Anführers von Soldaten, die an anderer Stelle unter anderen überzeugungsstrategischen Voraussetzungen mit *mehr als türckisch* beschrieben wurden, die *deß Kinds in Mutter Leib nicht verschonen*.[80] Ebenso wird im Falle Dampierres nicht ein getöteter Mensch geschändet, sondern ein getöteter Feind!

---

76 Vgl. Bohatcová, Irrgarten der Schicksale, S. 11.

77 Vgl. Bohatcová, Irrgarten der Schicksale, Nr. 56.

78 *Eigentliche Beschreibung der jüngst den neundten/ 10. vnd 11. Octobris, durch die Vngarn erhaltenen glücklichen Victoria vor Preßburg vnd Bruck an der Leutha/ Jm Jahr Christi/ 1620* (Bohatcová, Irrgarten der Schicksale, Nr. 50).

79 Bohatcová, Irrgarten der Schicksale, S. 11.

80 *Spanischer Türck/ Oder Wahrer Bericht/ der grausamen vnerhörten Spannischen*

Überlegungen dieser Art werden von Medienrezipienten im allgemeinen nicht direkt, sondern meist gar nicht angestellt. Sowohl die Subtilität des Seltenen (in der Frühen Neuzeit) als auch die Subtilität des Häufigen (in der modernen Mediengesellschaft) sind dabei hinderlich!

Phantastischer Realismus

Bilder vom Krieg sehen in den seit spätestens 1605 periodisch erscheinenden Zeitungen auf den ersten Blick anders aus. Im Vergleich zum (illustrierten) Flugblatt scheint die sachliche Information der Leser und Abonnenten in diesen Blättern im Vordergrund zu stehen, sie konzentrierten sich „in ihren ersten Jahrzehnten auf beschreibende, weitgehend auf parteiliche Wertung verzichtende Information […]".[81]

Neben politischen und militärischen sind kaum andere Ereignisse von Interesse, Naturkatastrophen, wundersame Erscheinungen und dergleichen „sind dort eher nur im Hinblick auf ihre Auswirkungen auf Wirtschaft und Kriegsführung Gegenstand von Nachrichten".[82] Wenn schon berichtet werden muß, daß in Ödenburg *vor zehen Tagen daselbst GOTT der Vatter in seiner Mayestätt am Himmel gesehen worden* wäre, so wäre dieses wohl *ein Miraculum*, welches als berichtenswertes Ereignis ausschließlich als Begründung dafür diente, daß der

vnd mehr als Türckischen Mordthaten/ welche in dem Königreich Böheimb/ hin vnd wider/ durch den Conde di Buquoi/ vnd Graf Tampier/ an Mann vnd Weib/ auch vnschuldigen Kindern vnd Schwangern Frauen/ auff vielerley Mörderische vnd vnmenschliche art vnd weise geübt vnd gebraucht werden/ darauß dann deß Königreichs Böheimb erbärmlicher zustandt/ genugsam zuerkennen ist. Erstlich Gedruckt zu Prag/ bey Lorentz Emmerich/ Jm Jahr 1619.

81 Wolfgang Harms, Das illustrierte Flugblatt als meinungsbildendes Medium in der Zeit des Dreißigjährigen Krieges. In: Klaus Bußmann, Heinz Schilling (Hgg.), 1648. Krieg und Frieden in Europa, Textband II, Münster – Osnabrück 1998, S. 323.

82 Ebd.

Kaiser in den nächsten Tagen *nach Zell wahlfarten zuuerraisen vorhabens sein* solle.[83]

Mag sein, daß beim Wiener Hofdrucker Matthäus Formica doch die eine oder andere derartige Nachricht als Zugeständnis an den Markt in seiner *Ordentlichen (Post)Zeittung*[84] Aufnahme gefunden hatte, insgesamt dominierten aber Meldungen über Kriegsereignisse, Reisen von Persönlichkeiten des Adels und des Klerus sowie allgemeine Nachrichten über den Kaiserhof, wie eine quantifizierende Themenanalyse[85] dieses Periodikums für den Zeitraum von 1622 bis 1638[86] zeigt.

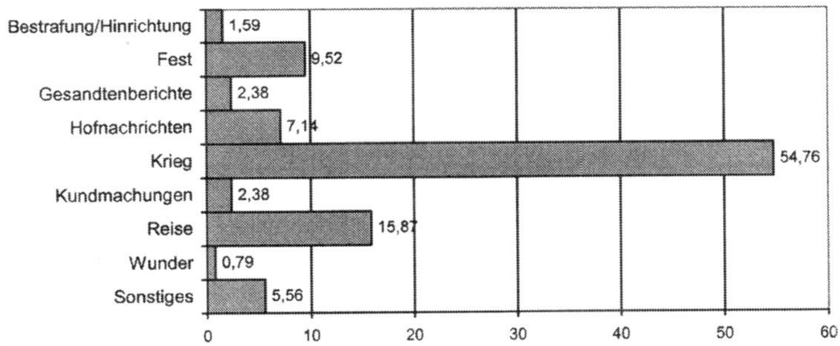

Abb. 1: Themenverteilung in %

83 *Ordentliche Postzeittungen. Auß Wienn/ vom 9. Julij/ 1622.*

84 Zur *Ordentlichen (Post)Zeittung* des Matthäus Formica vgl. Helmut W. Lang, Die österreichische Tagespublizistik im Barockzeitalter. In: Erich Zöllner (Hg.), Öffentliche Meinung in der Geschichte Österreichs (Schriften des Instituts für Österreichkunde 34), Wien 1979, S. 42 ff.

85 Als Grundlage der quantifizierenden Themenanalyse dienten Stichproben, die aus den in der ÖNB verfügbaren Exemplaren der *Ordentlichen (Post)Zeittung* gezogen wurden. Dabei wurde jede fünfte pro Jahrgang verfügbare Nummer berücksichtigt. Auf Grund der großen Lücken des Bestands ergab sich eine günstige monatliche Streuung. Als Untersuchungseinheit diente die einzelne Nachricht, wovon insgesamt 126 erfaßt und kategorisiert wurden. Zuordnungen einer Nachricht in mehrere Kategorien waren nicht vorgesehen.

86 Der Bestand der ÖNB reicht nicht über das Jahr 1638 hinaus, überdies wur-

Die beiden Kategorien „Fest" und „Reise" können zu einem großen Teil unter die Kategorie „Hofnachrichten" subsumiert werden, da es sich weitestgehend um Reisen des Kaisers bzw. Angehöriger des Hofes handelte, sowie die Feste zu einem großen Teil am Hof oder unter Anwesenheit des Kaisers gefeiert wurden, insbesondere kirchliche Feste wie etwa das Fronleichnamsfest. Mit einem quantitativen Anteil von ungefähr 32% liegt diese erweiterte Kategorie der „Hofnachrichten" nach wie vor deutlich hinter den Kriegsmeldungen, was insofern verwundert, als die *Ordentliche (Post)Zeittung* gleichsam als Wiener Lokalblatt konzipiert worden war, das Nachrichten aus der Stadt Wien ebendort veröffentlichte.[87] Krieg aber war woanders. Durch die Zeitung wurde er mediale Realität der Stadt.

Vergleicht man den Anteil von Kriegsberichten und anderen Meldungen während der ersten vier Untersuchungsjahre[88] mit jenem der letzten vier,[89] so ist eine deutliche Zunahme der Kriegsberichterstattung festzustellen. Liegen in der ersten Phase die Kriegsnachrichten mit etwas über 47% noch knapp hinter den übrigen Meldungen, so steigt ihr Anteil in den letzten Untersuchungsjahren auf über 57%. Wie anzunehmen war, fand die Realität des Krieges im Verlauf desselben eine verstärkte Beachtung in der Medienrealität der *Ordentlichen (Post)Zeittung*.

Im Zuge der quantifizierenden Themenanalyse wurde die Kategorie „Krieg" in weitere Subkategorien untergliedert.

---

de nach dem Tod Formicas 1639 das Blatt von seinem Nachfolger *Matthäus Cosmerovius* nicht weiter herausgegeben. Vgl. Lang, Tagespublizistik, S. 42.

87 Vgl. Lang, Tagespublizistik, S. 46 f.

88 1622, 1625, 1626, 1627.

89 1635–1638.

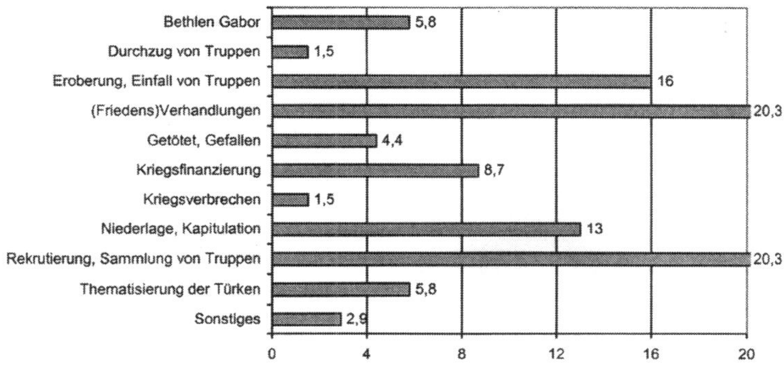

Abb. 2: Prozentuelle Verteilung verschiedener Kriegsnachrichten

Die Nachrichten über den Fürsten von Siebenbürgen, Gábor Bethlen,[90] die einen relativ hohen Wert verzeichnen, beschränkten sich ausschließlich auf die ersten Jahre des Krieges, wo er immer wieder von sich reden machte und *sonst will man abermallen vom jhme Bethlen nichts guets sagen/ vnd continuiret/ daß er sich wiederumb auff ein newes mit vielem Kriegsvolvk zu Roß vnd Fueß stercken thue/ worzue aber oder zu welchem ende/ ist vnbewußt.*[91] Im weiteren Verlauf des Krieges war er natürlich kein Thema mehr, da er 1629 verstarb. Weil Bethlen in den Medien immer wieder mit den Osmanen in Verbindung gebracht wurde, besteht ein gewisser Zusammenhang mit der Häufigkeit der Thematisierung der Türken.

Neben der quantitativen Verteilung der jeweiligen Kriegsnachrichten ist ihre qualitative Bewertung wesentlich. Aus diesem Grund wurde mit Ausnahme der Nachrichten über Gábor Bethlen, der Thematisierung der Türken (und natürlich „Sonstiges") jeweils unterschieden zwischen Meldungen, die sich auf die kaiserliche Seite bezogen, und solchen, die die feindlichen

90 Zur Person Gábor Bethlens vgl. Findeisen, Dreißigjähriger Krieg, S. 102 ff.
91 *Ordentliche Zeittungen. Auß Wienn/ vom 31. Januarij/ Anno 1626.*

Kriegsparteien thematisierten. Des weiteren wurde festgehalten, ob es sich bei der Nachricht um eine für die jeweilige Gruppe positive oder negative handelt. Auf Grundlage dieser Daten können Aussagen über das Ausmaß der Ausgewogenheit der Berichterstattung gemacht werden. Es stellt sich also die Frage, kann die *Ordentliche (Post)Zeittung* einhalten, was die Forschung über derartige frühneuzeitliche Medienprodukte sagt, daß sie „beschreibende, weitgehend auf parteiliche Wertung verzichtende Information“[92] lieferten, oder steht Matthäus Formica als Hofdrucker doch einer bestimmten Seite näher? Die Antwort liegt auf der Hand, allein in der Zeitung doch einigermaßen versteckt!

Die Durchsicht der gesammelten Kriegsmeldungen hat zunächst durchaus bestätigt, daß sich Formicas Blatt in der Art und Weise der Darstellung der Ereignisse von den parteilichen und propagandistischen Flugblättern unterscheidet. Der sachlich nüchterne Ton ist vorherrschend, polemische und diffamierende Äußerungen sind kaum festzustellen. Hingegen zeigen die Ergebnisse der Analyse deutlich, daß von einer ausgewogenen Berichterstattung kaum gesprochen werden kann. Vergleicht man die Anzahl der für die kaiserliche Seite

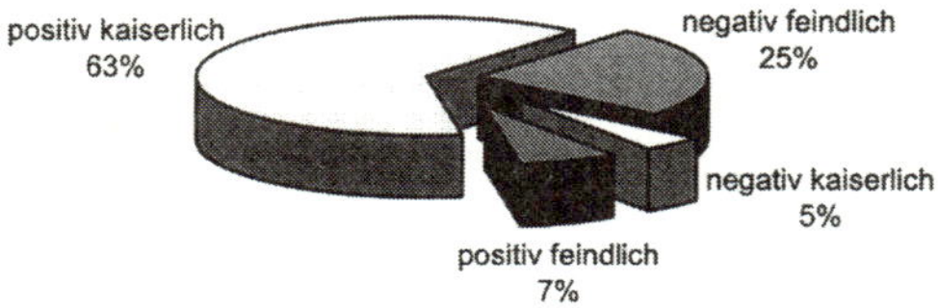

Abb. 3: Verteilung positiver und negativer Kriegsnachrichten

92 Vgl. oben, Lang, Tagespublizistik, S. 42.

positiven Kriegsnachrichten mit der Anzahl jener der feindlichen[93] Truppen, so ist ganz eindeutig eine quantitative Dominanz der positiven Meldungen für die erste Gruppe zu verzeichnen. Hinsichtlich der negativen Berichte verhält es sich, wie aus Abbildung 3 ersichtlich ist, genau spiegelverkehrt. Hier überwiegen Nachrichten über Niederlagen, belagerte Städte und gefallene Soldaten ganz klar auf seiten der Feinde.

Bemerkenswert dabei sind die quantitativen Korrelationen von „positiv kaiserlich" und „negativ feindlich". Sind nur wenige positive Meldungen für die eigene Seite zu vermelden, wird versucht, dieses Manko durch vermehrt negative Berichte über die Lage der Feinde so gut wie möglich zu kompensieren.[94]

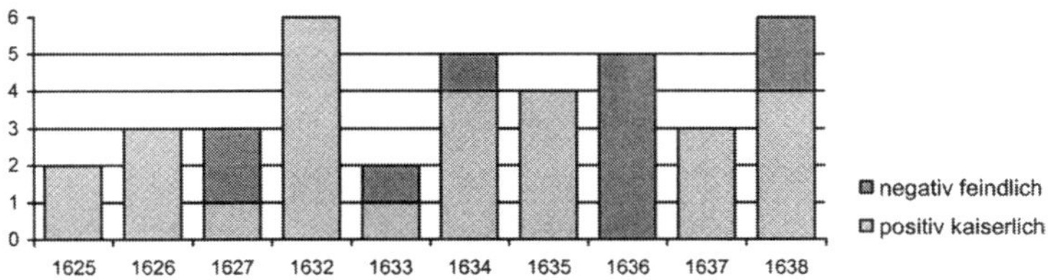

Abb. 4: Positiv kaiserlich und negativ feindlich in absoluten Zahlen

Die scheinbar parteilose und neutrale frühe periodische Zeitung war offenbar so unparteiisch nicht. Vergleiche mit anderen periodischen Blättern dieser Jahre wären wünschenswert, ebenso wäre zu untersuchen, in welchem Verhältnis die Medienrealität zur politisch-militärischen Realität stand. Die bisherigen Ergebnisse der quantitativen Analyse der Wiener

93 Die Bezeichnungen *Feind* und *feindlich* beziehen sich hier natürlich auf die Position der Zeitung!

94 Für die Jahre 1622 und 1631 konnten keine für diesen Teil der Auswertung relevanten Daten ermittelt werden.

Ordentlichen (Post)Zeittung als Beispiel einer frühen periodischen Zeitung stellen meines Erachtens durchaus einen Anreiz dar, weitergehende Untersuchungen der Funktion periodischer Zeitungen in der Frühen Neuzeit, etwa unter Berücksichtigung von Agenda-Setting-Modellen, durchzuführen.

Epilog

HISTORIA, Geschicht:

SEydt Gott willkommen/ ein guten Morgen/ mein liebe Schwester Veritas, wie magst du so lang schlaffen/ ich hab gar nie kein Ruhe/ muß Tag vnd Nacht rennen vnd lauffen/ bin gleichwol darüber nicht verdrüß/ vnd wie find ich dich jetzt allda? Wie lang hab ich dich schon allhie nicht gesehen/vmb hundert tausend Gottes Willen.

VERITAS, Wahrheit:

Danck dir Gott mein Stieffschwester Historia, Jch bin etwas müd von meiner gar weiten Räyß/ [...]*/ darumb bin ich wider mein brauch/ etwas länger im Betth geblieben; gleichwohl niemands mich so sehr weder spat noch frü überlaufft/ wie dann du selbst mich nicht gar zu offt heimsuchst/ Aber ich muß dannoch einmal aufwachen/ dann der gottlose Pasquillus mendax wil mir gar zu viel meiner guten Freundin/ wie auch eben dich/ einnemen/ vnnd von mir abwendig machen/*[...].

HISTORIA, Geschicht:

Mein Veritas, du kanst mir meines verbrechens/ oder so ich etwan vnterweilen strauchele/ vnd wider dich sündige/ wol kein schuld geben/ dann über das meine nächste Befreundte/ die Fama vnd die Relatio mich an jhrer Brust gesäugt vnnd aufferzogen/ auch noch biß dato in einem vn[d] *anderen vnterweisen/ so wird auch mein Namen offt mißbraucht/ vnd schläicht vnter desselben schein die Fabula, der Hyperbole beste vnd aller angenämbste Gespielin/ eyn. Daher ich so vnschuldig in bösen verdacht bey dir gerahten muß.*[95]

95 *Wunderbare heimliche Offenbahrung/ vnnd COLLOQUIUM, Oder Warhaffter wolgegründer Verlauff deß jetzigen läydigen Zustands in Oesterreich; Jnn vnterschiedlichen Personen Gesprächsweiß abgetheilet; vnd der Wahrheit zu steur/ Gedruckt Jm Jahr M DC XX.*

Sonja Reisner

Aber auch wie voriges tags außer Scharmüzieren anders nichts verricht … Die Kämpfe vor Wien im Oktober 1619 im Spiegel zeitgenössischer Quellen

Kaum eine Fußnote widmen moderne Darstellungen des Dreißigjährigen Krieges jenen Gefechten, die vom 24. bis zum 26. Oktober 1619 zwischen den kaiserlichen Truppen unter der Führung von Karl Bonaventura Graf von Bucquoy und den ständischen Kontingenten unter Matthias Graf von Thurn-Valsassina und Georg Friedrich von Hohenlohe vor den Toren Wiens stattfanden.[1] Zu sehr stehen diese Ereignisse im Schatten weitaus bekannterer und für den weiteren Kriegsverlauf wichtigerer Geschehnisse wie der berühmten Sturmpetition vom Juni 1619 einerseits sowie der Blockade Wiens im November desselben Jahres andererseits. Umso reichlicher fließen jedoch erstaunlicherweise die zeitgenössischen Quellen zu diesen kriegerischen Auseinandersetzungen vor Wien, die uns eine nahezu lückenlose Rekonstruktion jener Oktobertage ermöglichen. Die Palette reicht dabei von handschriftlich überlieferten Militärberichten über gedruckte Relationen und deren

1 So führt beispielsweise Parker in seiner Darstellung des Dreißigjährigen Krieges nur die „1. Belagerung Wiens“ im Mai 1619 und die „2. Belagerung Wiens“ im November desselben Jahres an. Vgl. Geoffrey Parker, Der Dreißigjährige Krieg, Frankfurt – New York 1987, S. 34. Sogar Gindely behandelt im zweiten Band seiner großen Darstellung des Dreißigjährigen Krieges jene Oktobertage nur verhältnismäßig knapp und ungenau. Vgl. Anton Gindely, Geschichte des Dreißigjährigen Krieges. Bd. I/2: Geschichte des böhmischen Aufstandes von 1618, Prag 1878, S. 280 f.

Verarbeitung in ausführlicheren Geschichtswerken des 17. Jahrhunderts bis hin zur künstlerischen Umsetzung der Geschehnisse in Dichtung und Malerei.

Von besonderem Interesse sind in diesem Fall jedoch vor allem die gedruckten Quellen des 17. Jahrhunderts, weil sie uns einen kleinen Einblick in die Arbeitsweise und sozusagen „hinter die Kulissen" der Publizistik in jener Anfangsphase des Dreißigjährigen Krieges gewähren. Gerade anhand dieser verhältnismäßig unbedeutenden und heute nahezu völlig in Vergessenheit geratenen Begebenheit läßt sich besonders deutlich zeigen, wie sehr bereits in jener Zeit der Krieg nicht nur auf den Schlachtfeldern, sondern auch auf der Ebene der Massenmedien ausgetragen wurde und wie gut offenbar schon der Informationsfluß über große räumliche Distanzen hinweg funktionierte.

Zunächst zur Vorgeschichte jener Gefechte vor Wien im Oktober 1619: Am 11. September 1619 erging ein Hilferuf Erzherzog Leopolds aus Wien an Karl Bonaventura Graf von Bucquoy, den Oberbefehlshaber der kaiserlichen Truppen. Leopold, der damals seinen abwesenden Bruder Ferdinand II. in Wien vertrat, befahl Bucquoy, sofort umzukehren und Wien zu Hilfe zu kommen, da ein Angriff aus dem Osten drohe. Daraufhin brach dieser am 19. September 1619 aus seinem Lager bei Mirowitz auf und zog mit ca. 13.000 Mann in Richtung Wien, etwa 5.000 Mann verblieben als Besatzung in Südböhmen.[2] Da im böhmischen Lager eine Meuterei wegen unzu-

2 Zu diesen kamen dann noch knapp über 8.500 Mann unter der Führung von Heinrich Duval Graf Dampierre und 2.600 Mann, die in Wien stationiert waren (vor allem Angehörige der Stadtguardia). Diesen standen auf seiten des böhmisch-mährischen Heeres etwa 23.000 Mann gegenüber, zu denen auch noch die 12.000 Mann Gábor Bethlens unter der Führung von Rhédey kamen. Die genauen Angaben der Truppenstärken sowie ein allgemeiner Überblick über die Ereignisse finden sich bei Peter Broucek, Feldmarschall Bucquoy als

reichender Soldzahlungen ausgebrochen war, konnte Bucquoy unbehelligt abziehen und hatte dadurch einen Vorsprung von drei Tagen gegenüber dem böhmischen Heer. Dennoch gab es immer wieder kleinere Nachhutgefechte gegen die Truppen Georg Friedrichs von Hohenlohe, der die Böhmen befehligte, nachdem Graf Thurn am 18. September zur Übernahme des Kommandos über die Mährer abgereist war.[3] Über Horn und Tasovice zog Bucquoy nach Laa an der Thaya, wo es am 18. Oktober 1619 zur Vereinigung seiner Truppen mit denen Dampierres kam, der aus Břeclav angerückt war. Die Gegner der Kaiserlichen vereinten ihre Streitkräfte – bestehend aus böhmischen, mährischen und ungarischen Kontingenten – am 23. Oktober in der Gegend von Wolkersdorf.[4]

Ausgehend von einigen Militärberichten beider Seiten, die alle in Abschriften Anton Gindelys im Österreichischen Staatsarchiv vorliegen[5] und uns somit als primäre Quellen zur Verfü-

---

Armeekommandant 1618–1620. In: Der Dreißigjährige Krieg. Beiträge zu seiner Geschichte (Schriften des Heeresgeschichtlichen Museums in Wien 7), Wien 1976, S. 35.

3 Vgl. Peter Broucek, Kampf um die Landeshoheit und Herrschaft im Osten Österreichs 1618 bis 1621 (Militärhistorische Schriftenreihe 65), Wien 1992, S. 22 f.

4 Bereits am 5. Oktober 1619 waren etwa 12.000 Ungarn im Lager Thurns eingetroffen. Vgl. Broucek, Feldmarschall Bucquoy, S. 36.

5 Folgende fünf Berichte aus dem Bestand ÖStA, Kriegsarchiv, AFA, Kart. 47 wurden hier herangezogen: 1) Ein Bericht aus dem böhmischen Lager vom 24. Oktober 1619, dessen Original sich heute im Sächsischen Staatsarchiv in Dresden befindet (fol. 370). 2) Ein Bericht Erzherzog Leopolds an seinen Bruder Ferdinand II. vom 26. Oktober 1619, dessen Original im Bayerischen Hauptstaatsarchiv in München liegt (fol. 371–372). 3) Ein Bericht vom Anführer der böhmischen Vorhut vom 27. Oktober 1619, dessen Original sich im Sächsischen Staatsarchiv befindet (fol. 373–374). 4) Ein weiterer Bericht von böhmischer Seite vom 28. Oktober 1619, dessen Original ebenfalls in Dresden liegt (fol. 375). 5) Ein sehr ausführlicher Bericht vom 27. Oktober 1619, der wohl von einem Bürger der Stadt Wien verfaßt wurde und dessen Origi-

gung stehen, sollen nun die Ereignisse vom 24. bis zum 26. Oktober 1619 rekonstruiert und kurz dargestellt werden: Nachdem die ständischen Kontingente ab dem 20. Oktober den kaiserlichen Truppen durch Mähren und Niederösterreich gefolgt waren, ohne zu wissen, wohin diese wirklich wollten,[6] verbrachten die beiden gegnerischen Heere die Nacht vom 23. auf den 24. Oktober nicht weit voneinander entfernt: Die kaiserlichen Truppen schlugen ihr Nachtlager in Langenzersdorf auf, die ständischen am Bisamberg. Nachdem es bereits am 23. Oktober zu kleineren Gefechten gekommen war, die bis in die Nacht hinein andauerten, und acht Kompanien der kaiserlichen Ungarn zu den Feinden übergelaufen waren,[7] standen sich am 24. Oktober die beiden Heere nun erstmals gefechtsbereit gegenüber, doch Bucquoy entschloß sich dazu, keine offene Feldschlacht zu wagen, da er dabei das einzige zur Verfügung stehende Heer aufs Spiel gesetzt und dadurch möglicherweise sogar den Verlust Wiens riskiert hätte.[8] Auch das ständische Heer nützte trotz seiner zahlenmäßigen Überlegenheit die günstige Möglichkeit zum Angriff nicht. Lediglich

---

nal im Bayerischen Hauptstaatsarchiv in München aufbewahrt wird (fol. 376–378).

6 Das geht aus dem Bericht des Anführers der böhmischen Vorhut vom 27. Oktober 1619 hervor (ÖStA, Kriegsarchiv, AFA, Kart. 47, fol. 373r).

7 Siehe Bericht aus dem böhmischen Lager vom 24. Oktober 1619. Ebd. fol. 370r.

8 Darin zeigt sich der kaiserliche Oberbefehlshaber wie so oft in seiner Karriere als treuer Schüler Alexander Farneses, der eine ausgesprochene Defensivstrategie verfolgte. Diese bestand darin, offenen Feldschlachten möglichst auszuweichen (vor allem natürlich bei zahlenmäßiger Unterlegenheit wie in diesem Fall) und den Gegner nur anzugreifen, wenn man sich seiner Sache absolut sicher war. Bucquoy gilt als jener Feldherr, der das spanische Modell der extremen Ermattungsstrategie konsequent auf die deutschen Verhältnisse anwandte und damit selbst in fast ausweglos erscheinenden Situationen immer wieder große Erfolge gegen die weit überlegenen Streitkräfte der böhmischen Stände erzielte. Vgl. dazu Jörg-Peter Findeisen, Der Dreißigjährige Krieg. Eine Epoche in Lebensbildern, Graz – Wien – Köln 1998, S. 170 f.

in den späteren Nachmittags- und frühen Abendstunden kam es in der Gegend zwischen Eipeldau (heute Leopoldau)[9] und Großenzersdorf[10] zwischen versprengten ungarischen Reitern und den Soldaten Bucquoys zu einigen leichteren Gefechten, deren Augen- und Ohrenzeuge Erzherzog Leopold selbst wurde, da er zu dieser Zeit gerade zu einer Lagebesprechung bei Graf Bucquoy war. Doch seinen eigenen Aussagen zufolge erlitt die kaiserliche Seite dabei nur geringe Verluste. Und obgleich die beiden Heere nun nur einen Musketenschuß voneinander entfernt waren, wurde dennoch, um es mit Erzherzog Leopolds eigenen Worten zu sagen, *auch wie voriges tags außer Scharmüzieren anders nichts verricht.*[11] Mit dem Anbruch der Nacht begab sich Leopold zurück nach Wien, da er sah, *das es zu kainem mehrern ernst für selbig mahl gelangen würde.*[12] Als er dort fast angelangt war, hörte er auf einmal starkes Artilleriefeuer, das etwa eine halbe Stunde lang anhielt. Weitgehende Bestätigung und Ergänzung finden diese Angaben Leopolds auch durch die Berichte der gegnerischen Seite, die ebenfalls in Abschriften Gindelys im Kriegsarchiv vorliegen. So heißt es beispielsweise in einem heute im Sächsischen Staatsarchiv in Dresden aufbewahrten Bericht des namentlich nicht genannten Anführers der böhmischen Vorhut vom 27. Oktober 1619: [...] *wie nun unsere Herren Generales beysamben, ward resolvirt,*

---

9 Siehe Heinrich Weigl, Historisches Ortsnamenbuch von Niederösterreich. Bd. 4, Wien 1972, S. 49.

10 Der in den Berichten genannte Ort *Demensdorff* ist wohl mit dem östlich von Eßling bei Großenzersdorf gelegenen Teimdorf (= Temendorf) zu identifizieren und nicht mit Strebersdorf, wie Ossmann fälschlicherweise in seiner maschinschriftlichen Zusammenstellung der archivalischen Quellen zur Biographie Bucquoys angibt (Friedrich Ossmann, ÖStA, Kriegsarchiv, Manuskripte – Allgemeine Reihe 22 h, fol. 122). Zur Identifikation des Ortsnamens vgl. Heinrich Weigl, Historisches Ortsnamenbuch von Niederösterreich. Bd. 2, Wien 1965, S. 20.

11 ÖStA, Kriegsarchiv, AFA, Kart. 47, fol. 371v.

12 Ebd.

das man im nahmen der Allerheiligsten dreyeinigkeit solle angreiffen, welches geschahe gegen abend um 3 oder halb 4 Uhren [...] *also, da wir nun genzlichen resolvirt mit ernst anzufallen, hatt sich der feindt in seinen Vortel der höhe und aufgeworfenen graben begeben und mit den Canonen angefangen gegen unserer Bataglie zuschiessen* [...] *Wir kundten mit unsern stücken nit mehr alß 4 mal loßbrennen, war es schon so finster, das unsere Pixenmeister nur müßen fewer geben, wan des feinds Canons gegen uns fewer geben.*[13] Als Verluste der ständischen Truppen werden in diesem Bericht 63 Mann und 15 Pferde angegeben, auf der kaiserlichen Seite soll vor allem die Kavallerie durch den Artilleriebeschuß stark gelitten haben. So gibt der Bericht an, daß man am nächsten Morgen 87 schwer verletzte bzw. tote kaiserliche Soldaten und 40 tote Pferde vorfand.[14] Die Zahlen, mit denen Erzherzog Leopold die Verluste auf kaiserlicher Seite in diesem nächtlichen Artilleriegefecht beziffert, sind naturgemäß etwas niedriger: Er spricht von lediglich 20 bis 30 Gefallenen, während er unter Berufung auf die Aussage von Kriegsgefangenen berichtet, daß auf ständischer Seite *etlich über hundert todt sein blieben.*[15]

Für den Rest der Nacht blieb es ruhig. Die Kaiserlichen zogen sich bald nach Mitternacht zum Brückenkopf bei der Wolfsschanze in Jedlesee zurück, wohin ihnen die Vorhut schon vorausgegangen war, und postierten ihre Regimenter um diesen,

---

13 Ebd., fol. 373v. Ganz ähnlich auch der Wortlaut in einem anderen Bericht aus den Reihen der böhmischen Truppen vom 28. Oktober 1619: [...] *und alß wir ohneracht seines Vortheils auf ihn mit aller macht zugedrungen, er mit stucken trefflich under uns gespült und ob es wohl ohne schaden nicht gar abgegangen, doch die meisten stuck, sonderlich damit er das Turnische Regiment gemeinet, zu hoch getragen, welches Schießen von beiden Theilen so lang gewehret, bis uns die nacht, als man einander nicht sehen können, daran und von fernern fürnehmen verhinderet.* (Ebd. fol. 375r).

14 Ebd., fol. 374r.

15 Ebd., fol. 371v.

um ihn gegen Angriffe durch die ständischen Truppen besser schützen zu können. Auch auf ständischer Seite blieb man nicht untätig: Bereits kurz nach Mitternacht wurden die Truppen erneut in Kampfbereitschaft versetzt und in Schlachtordnung aufgestellt.[16]

Der 25. Oktober 1619 begann zunächst relativ friedlich, da starker Nebel bis zu Mittag weitere Kampfhandlungen verhinderte.[17] Die Kaiserlichen nützten diesen Umstand, um sich mit Tagesanbruch über die äußere Brücke in Richtung Praterauen zurückzuziehen und die Geschütze mit Schiffen über die Donau zu bringen. Die Vorhut wurde auf der Praterinsel postiert, die Nachhut – bestehend aus 3 Regimentern, in Summe nach Angaben der gegnerischen Seite etwa 2.500 Mann[18] – blieb in der Schanze, um den Troß vor möglichen Angriffen zu schützen. Am frühen Nachmittag begannen die ständischen Truppen trotz der immer noch herrschenden Sichtbeeinträchtigung mit ersten Angriffen gegen die Soldaten in der Schanze. Die mährischen Kontingente hatten sich unterdessen im Schutz des Nebels von Süden her an die Schanze herangeschlichen und nahmen diese nun ebenfalls unter Beschuß. Von zwei Uhr an bis um sieben Uhr folgten nun heftige Kämpfe,

---

16 Ebd., fol. 375r.

17 Diesem dichten Nebel ist es zu verdanken, daß die Kämpfe des 25. Oktober 1619 sogar in den venetianischen Finalrelationen Erwähnung fanden: Die Gesandten Francesco Erizzo und Simon Contarini führen diesen Vorfall in ihrem Bericht aus dem Jahre 1620 als eines von drei Beispielen an, in denen „göttliche Fügung“ der habsburgischen Seite einen Erfolg bescherte. Denn ihrer Ansicht nach ermöglichte erst der plötzlich einfallende Nebel den zahlenmäßig unterlegenen und von den ständischen Truppen stark bedrängten Kontingenten Bucquoys die rettende Überquerung der Donau. – Vgl. Joseph Fiedler (Hg.), Die Relationen der Botschafter Venedigs über Deutschland und Österreich im siebzehnten Jahrhundert. Bd. 1: K. Mathias bis K. Ferdinand III. (Fontes Rerum Austriacarum II/26), Wien 1866, S. 114.

18 ÖStA, Kriegsarchiv, AFA, Kart. 47, fol. 374r.

die auf beiden Seiten hohen Blutzoll forderten. Besonders hart wurden die Regimenter Stauders und des Herzogs von Sachsen getroffen, die zur Nachhut gehörten, die die Schanze verteidigen sollte, und die offenbar vom Angriff der Mährer völlig überrascht worden waren. Außerdem hatten sie unvorsichtigerweise die Befestigungen verlassen und trafen so unvorbereitet auf freiem Feld auf die angreifenden Mährer. Sehr drastisch wird diese Szene in dem Bericht des Wiener Bürgers vom 27. Oktober 1619 geschildert: […] *seindt unversehen die Mährer nachmittag umb 2 Uhr hinder den Stauderisch und Sächsischen Knechten her marschirt undt in die Schanz getrieben haben sich die Knecht allso in der Eill über einander geworfen, daß keiner vor den andern hat fort khommen khönnen. Seindt allso nacheinander niedergesabelt worden* […].[19] Doch noch größeren Schaden als der Angriff der Feinde dürfte eine Explosion der Munitionsvorräte in der Schanze angerichtet haben, die durch die Unvorsichtigkeit eines kaiserlichen Soldaten ausgelöst wurde. Daß derartige „Unfälle" offenbar öfter vorkamen, zeigt der Bericht Leopolds, in dem es dazu heißt: […] *möchten der unserigen biß in die 40 todt geblieben, aber beyneben, weil die munition in der Schanz zum 3. mahl angangen, sehr viel geschedigt seyn.*[20] Daß die durch die plötzlich angreifenden Feinde einerseits und durch die Explosion andererseits ausgelöste Panik nicht dazu führte, daß die Ständischen die Oberhand gewannen, ist zu

---

19 Ebd., fol. 376v. Daß die Mährer bei dieser Aktion auch gleich *die Schanz befreut*, also eingenommen haben, wie es unmittelbar danach heißt, und dadurch die Truppen Bucquoys zur Flucht über die Donau gezwungen haben, entspricht wohl nicht den Tatsachen. Bereits Gindely bezweifelte mit Recht den Wahrheitsgehalt dieser Aussage. Vgl. Gindely, Geschichte des böhmischen Aufstandes, S. 281, Anm.

20 ÖStA, Kriegsarchiv, AFA, Kart. 47, fol. 372r. Von zwei Explosionen ist im Bericht aus dem böhmischen Lager vom 28. Oktober 1619 die Rede: […] *wie dann als ihnen das Pulver zweimal in der Schanz angegangen, ihrer viel verbrennet und beschediget, auch über vorbemelte 180 Mann* […]. (Ebd., fol. 375v).

einem großen Teil dem persönlichen Einsatz der führenden kaiserlichen Generäle Bucquoy, Dampierre, Marradas und Wallenstein zu verdanken, die die Flucht der Soldaten stoppten und für einen geordneten Rückzug sorgten. Bucquoy erlitt in diesem Gefecht einen Streifschuß, Oberstleutnant Breuner wurde gar dreimal getroffen, wie Leopold in seinem Bericht an Ferdinand ausdrücklich erwähnt.[21] Auch Dampierre dürfte dabei in ziemliche Bedrängnis geraten sein, wie aus dem Wiener Bericht vom 27. Oktober hervorgeht: [...] *der Tampier ist mit 3 Cornet ganz und gar umbringt geweßen, ist Ihnen wieder außkhommen, kein mensch weiß wie.*[22] Als Leopold schließlich am Abend die Nachricht erhielt, daß die Feinde immer noch die Schanze angreifen, ließ er diese räumen und die Brücke zerstören, um weitere Verluste zu verhindern.[23] Die Verluste auf kaiserlicher Seite werden von den Gegnern mit 2.000 Mann angegeben, ihre eigenen mit 600 Mann.[24] Mögen die Verluste der Kaiserlichen hier auch ein wenig übertrieben worden sein, so erscheinen die 40 Gefallenen, von denen Leopold in seinem Bericht spricht, angesichts der erwähnten Einkesselung der beiden Regimenter in der Schanze und der großen Explosion im Munitionsdepot doch stark untertrieben.[25] Doch auch die

---

21 Ebd., fol. 372r.

22 Ebd., fol. 377v. Auf welche Art Dampierre diese schwierige Situation einige Tage später psychisch „verarbeitet" hat, verrät uns der Verfasser dieses Berichts bereits im nächsten Satz mit der für viele frühneuzeitliche Quellen so charakteristischen Offenheit: *Ist am Sonntag hier lustig gewest in der Statt aequidem plene bene potus, mit vielen Hungarn herumb gesprenget, daß man vermeindt gehabt jetzt falt Er herunder.*

23 Ebd., fol. 372r: *Nachdem mir aber abendts die Zeitung eingelanget, waß gestalt der Feindt noch mit stückhen starkh auf die schanz von der brugkhen tringe, daher und damit die Knecht nit allzu vast verderbt und geschedigt werden, habe ich befohlen, das sie dieselbe verlassen und sich hereinwärts retirieren, auch die bruggen gegen dem Feindt inmassen beschehen abwerffen sollen.*

24 Ebd., fol. 374v.

25 Ebd., fol. 372r.

ständischen Truppen erlitten durch Artilleriebeschuß von der Praterinsel aus große Verluste. So gibt der Anführer der böhmischen Vorhut an, 266 seiner Soldaten dabei verloren zu haben.[26] In dem böhmischen Bericht vom 28. Oktober ist von 300 Gefallenen die Rede, unter denen aber keine Offiziere gewesen sein sollen.[27]

Die folgende Nacht verbrachten die kaiserlichen Truppen in den Praterauen, während die ständischen Kontingente am nördlichen Donauufer verharrten. Daran änderte sich auch nach Tagesanbruch am 26. Oktober nicht viel: Wie schon so oft zuvor, belauerte man sich auch nun wieder gegenseitig, da man sich nicht ganz im klaren darüber war, was die gegnerische Seite im Schilde führte. Den ganzen Tag blieben die ständischen Truppen, die für diesen Tag offenbar ihren großen Angriff geplant hätten,[28] noch bei der Schanze, in der die Kaiserlichen nach den Angaben des Anführers der böhmischen Vorhut 400 Tote und 1.000 Musketen zurückgelassen hatten.[29] Erst am Abend zogen sich beide Heere zurück und beendeten bis auf weiteres die Kampfhandlungen.[30] Bevor die Ständischen mit Einbruch der Nacht abzogen, wurde die Schanze

26 Ebd., fol. 374r.

27 Ebd., fol. 375v.

28 Ebd.

29 Ebd., fol. 374r.

30 So heißt es in dem Bericht des Anführers der böhmischen Vorhut vom 27. Oktober 1619: *Wir sein den 26. dito noch den ganzen tag mit unsern baiden lagern bey der bruggen auf der haiden in Bataglie blieben, dan sich der feindt anließe, alß wollte er noch bei der brucken verharren. Gegen abend zogen wir ober und under der bruggen bey 2 gutter meilen in die Quartier* […]. (Ebd., fol. 374v). Ganz ähnlich auch in dem Bericht von ständischer Seite vom 28. Oktober: […] *und zu uns herüber geschoßen, haben unsere Büxenmeister zu gutter notturft ihm geantwortet, welches auch den ganzen Tag gewehret;* […] *folgents weil uns das Wasser und nacht geschieden, auch unser weitter niemand begehret, seint wir fortgeruckt* […]. (Ebd., fol. 375v).

von ihnen geschleift und der Rest der Brücke in Brand gesteckt.[31] Daß die relativ geringe Distanz zwischen den beiden feindlichen Heeren, die nur durch die Donau getrennt waren, nicht nur dazu genützt wurde, die jeweils gegnerische Seite mit Musketen und Kanonen unter Beschuß zu nehmen, sondern daß wohl auch der eine oder andere verbale Schlagabtausch stattfand, bezeugt einer der Berichte aus dem böhmischen Lager, in dem es heißt: *Der Feindt hat über das Wasser geschrien, er müßte uns iezo weichen, über 8 tag sollen wir ihme weichen; da haben die Unserigen geantwortet, wann sie nicht genug haben, daß wir sie aus 3 landen und über ein solch mechtig wasser gejagt, wollen wir ihnen weitter, so die haut jucket, folgen.*[32]

Danach begaben sich die beiden ständischen Heerführer Thurn und Hohenlohe zu Gábor Bethlen nach Preßburg, um mit ihm über das weitere Vorgehen zu verhandeln. Wien war somit vorläufig in Sicherheit, und die Taktik des klugen Abwartens, auf die sich Bucquoy so meisterlich verstand, war einmal mehr erfolgreich gewesen. Daß die ansässige Zivilbevölkerung unter den Folgen und Begleiterscheinungen dieser verhältnismäßig kleinen und unbedeutenden Kampfhandlungen aber dennoch stark zu leiden hatte, zeigt eine kritische Anmerkung, die der Anführer der böhmischen Vorhut in bezug auf die ungarischen Truppenkontingente im ständischen Heer macht: *Es ist zwar ein außerlesen schön ungerisches Kriegsvolckh, aber auch außerlesene Freybeutter, so mit stelen und rauben niemand verschonen; lassen nichts liegen, ziehen die leutt – freund oder feind – ganz nacket auß oder hawens wol gar nieder.*[33] Eine ganz ähnliche Klage findet sich auch in dem Wiener Bericht vom 27. Oktober: *Die*

---

31 Ebd., fol. 374v: […] *und ließen umb 10 Uhr des nachts die Schanz rasiren, auch die brucken ganz in brand stecken.*

32 Ebd., fol. 375v.

33 Ebd., fol. 374v.

Hungern haußen gar übel auch bei den Ewangelischen sine omni discretione, hauen alles nieder, plündern und verbrennen alles, so erbärmlich ist; wan sie alßo procediren, möchte waß anderst drauß entstehen.[34]

Soweit die Ereignisse, wie sie sich uns nach den erhaltenen Militärberichten darstellen. Da diese nun genau in die Zeit fallen, in der jene „Medienrevolution" stattfand, die ihren sichtbarsten Ausdruck in den damals aufkommenden periodischen Wochenzeitungen fand und die binnen weniger Jahre den Umgang der Menschen mit Informationen grundlegend veränderte,[35] sollen nun einige Druckwerke, die von diesen Kämpfen berichten, sowohl hinsichtlich ihres Umgangs mit ihren Quellen (soweit sich diese feststellen lassen) als auch ihrer Tendenz näher untersucht werden.

Recht ausführlich wird von diesen Kämpfen vor Wien in der gedruckten Relation *Regni Hungariae Occupatio* des Jahres 1619 berichtet, deren Autor zwar wohl prinzipiell prohabsburgisch gesonnen ist, aber dennoch heftige Kritik am Kaiser übt, da dieser seiner Ansicht nach nur auf auswärtige Ratgeber, nicht jedoch auf Ratschläge aus den eigenen Reihen hört.[36] Vor

---

34 Ebd., fol. 377r.

35 Vgl. dazu Wolfgang Behringer, Veränderung der Raum-Zeit-Relation. Zur Bedeutung des Zeitungs- und Nachrichtenwesens während der Zeit des Dreißigjährigen Krieges. In: Benigna von Krusenstjern, Hans Medick (Hgg.), Zwischen Alltag und Katastrophe. Der Dreißigjährige Krieg aus der Nähe (Veröffentlichungen des Max-Planck-Instituts für Geschichte 148), Göttingen 1999, S. 44.

36 Im vollen Wortlaut heißt der Titel dieser in der Österreichischen Nationalbibliothek unter der Signatur 44.274-B aufbewahrten Relation: *Regni Hungariae Occupatio oder Kurtze Summarische doch gründtliche Relation von dem Fürsten in Siebenbürgen Bethlehem Gabor, wie ihre Fürstliche Durchl. unversehens und wider aller Menschen Gedancken deß Königreichs Hungarn sich bemächtigt unnd die Königliche Cron zu Preßburg zu seinen Händen bekommen, und was darüber vor Schar-*

allem gegen die *spannischen Obristen* Bucquoy und Dampierre polemisiert er immer wieder. Und obgleich er von den Vorgängen in Böhmen als dem *Böhmischen unwesen* spricht, läßt er doch ein gewisses Verständnis dafür durchblicken, daß die Böhmen Gábor Bethlen zu Hilfe gerufen haben, um nicht *den spannischen Dantz dantzen*[37] zu müssen. Sehr detailliert werden dann auf fast fünf Seiten die Kämpfe vom 24. bis zum 26. Oktober 1619 geschildert, deren Darstellung weitgehend mit dem Inhalt der oben genannten Militärberichte übereinstimmt. Lediglich die Explosion der Schanze, die am 25. Oktober erfolgte, wird hier den Ereignissen des 26. Oktober zugerechnet: *Die Wiener beklagen sich höchlich, daß sie grossen Mangel an Proviant und Munition hetten, köndten sich darumb gegen einer Belagerung nicht auffhalten, und haben die Spannischen drey Thonnen Pulver verwahrlost, so grossen schaden gethan, den 26. Octobris.*[38] Die Höhe der hier angegebenen Verluste deckt sich weitgehend mit den Angaben in den Berichten der ständischen Seite. So heißt es beispielsweise hinsichtlich der Verluste vom 25. Oktober: [...] *und haben beede theil den gantzen tag biß nachts umb 6 uhren sich mit einander geschlagen und gleichsfalls darneben mit grossen stücken gar starck auff einander geschossen, daß auff die-*

---

mützel vorgangen ... Darbey auch die waare erzehlung der Dreytägigen Schlacht unnd Scharmützel bey Wien vorgangen, in welcher auff beeden Seyten etliche tausendt geblieben sampt andern Particularn gefunden wird, Gedruckt zu Prag bey Lorentz Emmerich im Jahr Christi 1619. Dort heißt es auf fol. 2r: "*Ob wol viel unnd mancherley treuhertzige, wolmeynende, und auß rechtem teutschem friedliebenden Gemüht unnd treuen Hertzen herfliessende vermahn- und warnungen der Röm. Keys. May. baldt Anfangs deß Böhmischen unwesens von vielen Hohen Standts Persohnen, auch andern treuen ihre Mayst. Unterthanen Communiciert und mitgetheilt worden, haben sie doch gar keine, hingegen aber die Bäpstische, Florentische unnd Spannische Raht- und Anschläg, allen raum und platz gefunden.*"

37 Ebd., fol. 2v.

38 Ebd., fol. 5r.

39 Ebd., fol. 4rv. Vgl. dazu den Bericht des Anführers der böhmischen Vorhut vom 27. Oktober, der für dieses Gefecht von 2.000 Gefallenen auf kaiserlicher

sen Tag auff der Spannischen seiten bey 1.500 Mann, der Böhmen aber, wie mans zu Wien anschlägt, 600, doch auff der Spannischen seiten viel Obristen, Capitanen und Fenderich geblieben und beschädigt worden.[39] Die Angaben über die Truppenstärke liegen jedoch deutlich unter denen, die uns die Militärberichte überliefern. So wird hier die Größe des ständischen Heeres mit insgesamt 20.000 Mann und die des kaiserlichen mit 18.000 angegeben.[40] Trotz aller Kritik an Bucquoy wird dennoch seine Tapferkeit bei den Rückzugsgefechten an der äußeren Donaubrücke nicht unerwähnt gelassen: *Der Bucquoi soll sich Ritterlich gehalten und darbey sein Volck zum Ernst gewaltig ermahnet haben, haben sich stattlich gewehrt, doch ist er selbsten hart beschädiget worden.*[41] Sehr breiter Raum wird Informationen über die Situation in der Stadt Wien und den umliegenden Dörfern gewidmet. So findet sich auch hier die Klage über plündernde Soldaten aus den Reihen des kaiserlichen Heeres, allerdings nicht nur über die Ungarn, wie in den oben genannten Berichten, sondern auch über die Wallonen: *Die Wallonen und Ungern reissen sehr vom Spannischen Lager auß, weiln sie keine bezahlung haben können, die thun auff den Strassen deß Landts grossen schaden, greiffen die Leut auch gar in theil Vorstätten an, ziehen sie auß und hauens darnieder, wie sie dann den 26. diß drey Dörffer abgebrandt, daß man solches am Kalnberg selbsten zu Wien gesehen.*[42] Daneben finden sich auch noch weitere Informationen darüber, wie man seitens der Wiener Stadtverwaltung auf diese Ereignisse reagierte: *Den 26. hujus hat man zu Wien in der Statt öffentlich außgeblasen, wer etwas herein zuflöhen hette und wolle, der möge es thun, damit es dem Feindt nicht in die Hand komme, oder*

---

und 600 auf ständischer Seite spricht (ÖStA, Kriegsarchiv, AFA, Kart. 47, fol. 374v).

40 *Regni Hungariae Occupatio*, fol. 3v–4r.

41 Ebd., fol. 4v.

42 Ebd., fol. 4v–5r.

solle es umb billiche Bezahlung hergeben, hergegen solle bey Leib und Gut Straff niemand auß der Statt flöhnen, bey verlierung desselben.[43] Alles in allem gibt diese gedruckte Relation recht getreu den Ablauf der Kampfhandlungen wieder, obgleich sie von ihrer Grundtendenz her durchaus in eine Reihe zu stellen ist mit jenen Flugschriften, die massiv gegen Bucquoy und Dampierre polemisierten. Besonders deutlichen Ausdruck findet die Kontroverse, die offenbar in jener Zeit hinsichtlich dieser beiden kaiserlichen Feldherren ausgetragen wurde, in einer Flugschrift des Jahres 1620, die den Titel *Discurs uber dero Frag: Ob den beydenn Cont' di Buquoj und Tampiero die verwahrung der Statt Wien ohne bedencken zuvertrawen sey oder nicht* trägt.[44] Darin heißt es gleich zu Beginn: *Was dann gedachte beyde Obristen betrifft, so befindet sich, daß der eine ein Hispanier, der ander ein Frantzos ist, welches gleich anfangs in dem Teutschen frommen Hertzen und Ohren einen unangenehmen sonum und nachklang gibet.*[45] Doch obgleich in der gedruckten Relation *Regni Hungariae Occupatio* auch immer wieder ganz ähnliche fremdenfeindliche Klänge zu vernehmen sind, wenn es um die beiden kaiserlichen

43 Ebd., fol. 5r.

44 Ein Exemplar dieser Flugschrift befindet sich im Kriegsarchiv (ÖStA, Kriegsarchiv, AFA, Kart. 48, 1620/13/11), ein weiteres im Haus-, Hof- und Staatsarchiv (ÖStA, HHStA, Flugschriften, Kart. 1, 1620, Nr. 67). Eine andere Flugschrift aus dem Jahr 1620 zum gleichen Thema ist unter der Nr. 4955 in der auf Microfiche edierten Flugschriftensammlung von Gustav Freytag enthalten. Sie trägt den Titel: *An die Gantze Christenheit ein Hochwichtige Frag: Ob auch dem Bucquoy, welcher ein Spannier, und dem Tampir, der ein Frantzoß, sampt ihren unterhabenden Kriegsvolck die Stadt Wien als der Schlüssel der Christenheidt und vormawr wider den Türcken ohn sonders Bedencken zuvertrawen?* (Stadt- und Universitätsbibliothek Frankfurt am Main. Flugschriftensammlung Gustav Freytag. Vollständige Wiedergabe der 6.265 Flugschriften aus dem 15. bis 17. Jahrhundert sowie des Katalogs von Paul Hohenemser auf Microfiche, München – New York – London – Paris 1980).

45 *Discurs uber dero Frag: Ob den beydenn Cont' di Buquoj und Tampiero die verwahrung der Statt Wien ohne bedencken zuvertrawen sey oder nicht, gedruckt im Jahr 1620*, fol. 2r–2v.

Feldherren geht, wird dennoch im Zusammenhang mit der Frage, an der sich offenbar diese ganze Kontroverse entzündet hatte, nämlich der Frage, ob man die Truppen der beiden in Wien einquartieren sollte, als Hauptproblem die Konfessionszugehörigkeit der Soldaten angeführt: *Ertzhertzog Leopoldus hat starck begert, die jüngstgemelte 6000 Mann in Wien zulegen, welches aber der Herr Burgermeister und Bucquoi selbsten starck widerrahten, weil viel Lutherischen in der Statt, darzu auch weil der Bucquoi viel Lutherischen Soldaten hat, daß er nicht trauen, sondern lieber draussen bleiben will. Das gewissen druckt die Leut.*[46] Aus welchen Quellen der Autor dieser Schrift seine doch sehr detaillierten Informationen schöpfte, wird man nur mutmaßen können. Weder in Wien noch in Prag gab es damals schon periodisch erscheinende gedruckte Zeitungen.[47] Aber dennoch war Wien natürlich als kaiserliche Residenzstadt sowie als Verkehrs- und Handelszentrum auch ein Korrespondenzort von großer Bedeutung, so daß auch schon vor dem Erscheinen der ersten periodischen Zeitung in Wien im Jahr 1621 über die Postrouten Nachrichten über die wichtigsten aktuellen Ereignisse von hier aus in alle Teile Europas gingen.[48] Dies konnte in Form von geschriebenen Zeitungen oder gedruckten Einzelrelationen geschehen, die sich auch nach der allgemeinen Verbreitung periodischer Zeitungen noch lange parallel dazu hielten. Im Unterschied zu den periodischen Druckschriften, die doch im allgemeinen nach außen hin möglichst sachlich und objektiv erscheinen wollten, hat diese Schrift jedoch eine deutlich erkennbare Tendenz, wenngleich diese nicht so stark

46 *Regni Hungariae Occupatio*, fol. 4v.

47 Vgl. dazu Else Bogel, Elger Blühm, Die deutschen Zeitungen des 17. Jahrhunderts. Ein Bestandsverzeichnis mit historischen und bibliographischen Angaben, Bd. 1 (Studien zur Publizistik. Bremer Reihe 17,1), Bremen 1971, S. VII ff.

48 Vgl. dazu Helmut Walter Lang, Die deutschsprachigen Wiener Zeitungen des 17. Jahrhunderts (ungedr. phil. Diss.), Wien 1972, S. 125.

ausgeprägt ist wie bei den genannten polemischen Flugschriften. Diese Schrift nimmt also sozusagen eine Mittelstellung zwischen den nach außen hin nur der Vermittlung von Informationen dienenden Relationen und den rein polemischen Streitschriften und Pasquillen ein. Ziel des Autors ist es einerseits, sein Publikum über die aktuellen Ereignisse zu informieren, doch zugleich hat seine Geschichte auch eine „Moral", die besagt, daß sich der Kaiser viele Mißerfolge und Rückschläge ersparen könnte, wenn er statt auf seine *spannischen* Ratgeber lieber auf die „deutschen" hören würde.

Besonders interessant ist in diesem Zusammenhang die Darstellung dieser Oktobertage im *Theatrum Europaeum*, das, wie Wolfgang Behringer sagt, in seiner äußerst „dichten Beschreibung" zeigt, wie gut die Informationsmöglichkeiten für die Zeitgenossen waren.[49] In den Hauptteilen der Schilderung dieser Ereignisse greift der Kompilator dieses ersten Teils des *Theatrum Europaeum*, der Straßburger Johann Philipp Abelin, nämlich offenbar großteils auf ebendiese Relation zurück. Das geht sogar bis zu fast wörtlichen Übereinstimmungen mit der Vorlage. So heißt es hier zum Beispiel über Bucquoys Tapferkeit im Kampf: *Der Graf von Bucquoy hat sich Ritterlich gehalten und sein Volck zum Ernst tapffer angeführt, auch darüber beschädigt worden.*[50] Noch deutlicher sind die Übereinstimmungen mit der Quelle bei den Angaben über die Verluste. Nicht übernommen hat Abelin hingegen die in der Relation angebenen Truppenstärken. – In diesem Punkt entsprechen seine Daten

49 Vgl. dazu Behringer, Veränderung der Raum-Zeit-Relation, S. 77.

50 Joannes Philippus Abelinus, *Theatrum Europaeum oder Außführliche und Warhafftige Beschreibung aller und jeder denckwürdiger Geschichten, so sich hin und wider in der Welt, fürnämlich aber in Europa und Teutschlanden so wol im Religion- als Prophan-Wesen vom Jahr Christi 1617 biß auff das Jahr 1629 exclus. … zugetragen haben etc.*, *Gedruckt zu Franckfurt am Mayn bey Wolffgang Hoffmann im Jahr nach Christi Geburt 1643*, S. 236.

wieder eher denen der oben angeführten Militärberichte. So spricht er von 26.000 Mann auf ständischer und 20.000 auf kaiserlicher Seite. Auch die kritischen und polemischen Äußerungen seiner Quelle hat er nicht übernommen. Dennoch fehlt auch bei ihm nicht der Hinweis auf die triste Lage der Zivilbevölkerung, die unter den Übergriffen durch plündernde Söldner aus den Reihen der kaiserlichen Truppen zu leiden hatte: *Die Wallonen und Ungarn rissen sehr auß, weil sie keine Bezahlung haben konten, thaten auf den Strassen grossen Schaden, griffen auch gar die Leut in theil Vorstätten an, zogen sie auß und haweten sie nider, also daß daherumb damals ein jämmerlicher Zustand war.*[51] Auch hier fällt wieder die fast wörtliche Übereinstimmung mit der oben behandelten Relation ins Auge. Ebenfalls aus der Quelle übernommen wurde die chronologisch falsche Zuordnung der Explosion des Munitionsdepots in der Schanze zu den Ereignissen des 26. Oktober. Daß der Kompilator daneben auch noch andere Berichte zu diesen Geschehnissen verarbeitet hat, zeigen einzelne Einschübe mit zusätzlichen Informationen, die sich in der genannten Relation nicht finden lassen, so zum Beispiel der Bericht über weitere Plünderungen durch die Ungarn, die unter Dampierres Befehl standen: *Mitten in diesem Treffen haben die ubrige Dampierische Ungarn ein grosse Anzahl Wägen, so sie verwachen sollen, als sie ihren Vortheil ersehen, selbst geplündert, angezündet und hernach außgerissen.*[52] Die Nennung der führenden kaiserlichen Offiziere, die sich im Rahmen des Rückzugsgefechts durch ihre Tapferkeit besonders hervorgetan haben, erinnert hinsichtlich der genannten Personen und ihrer Reihenfolge stark an den oben genannten Bericht, den Erzherzog Leopold am 26. Oktober an seinen Bruder schrieb. Hier wie dort ist von Bucquoy, Dampierre, Liechtenstein, Don Balthasar (d. h. Marradas) und „anderen Offizieren"

51 Abelinus, *Theatrum Europaeum*, S. 237.

52 Ebd.

die Rede, während in den übrigen Quellen meist nur Bucquoy und Dampierre genannt werden.[53] Alles in allem vermittelt diese Schilderung den Eindruck, daß der Autor um Sachlichkeit und Objektivität bemüht war und daher allzu polemische Äußerungen seiner Quellen nicht aufgenommen hat. Der offenbar selektive Umgang mit den übernommenen Informationen läßt auch schon eine Art von Quellenkritik ahnen, die der Kompilator wohl bei der Zusammenstellung seiner Geschichtsdarstellung anwendete.

Wesentlich deutlicher in seiner Tendenz, nämlich erklärt prokaiserlich, ist hingegen das folgende Werk, das von Nicolaus Bellus verfaßt wurde und von den Kriegsereignissen der Jahre 1617 bis 1625 berichtet. Es trägt den Titel *Östreichischer Lorberkrantz Oder Kayserl. Victori, das ist: Warhafftige eigentliche und außführliche Historische Beschreibung aller gedenckwürdigen Sachen und Händel, so sich in Geistlichen, politischen auch Kriegssachen bey Regierung weyland Keysers Matthiae Hochlöblichsten Andenckens und der jetzigen Regierenden Keyserlichen Majestät Ferdinando II. In diesem noch werenden sechsjährigen Böhmischen, Hungarischen und Teutschen Krieg (dessen Anfang, Ursachen, Fortpflantzung, zum theil erlangte Endtschafft, zum theil auch noch werende Unruhe betreffend) In- und ausserhalb deß H. Römischen Reichs von dem 1617. Jahr bey gewesener Union zugetragen und verlauffen biß auff dieses 1625. Jahr continuirt.*[54] Wie schon der Titel sagt, ist das Ziel dieses in acht Büchern abgefaßten und mit zahlreichen Kupferstichen versehenen Werks die Verherrlichung der kaiserlichen Siege. Wesentlich kürzer als im *Theatrum Europaeum* fällt hier die Schilderung jener Kämpfe vor Wien im Oktober

53 ÖStA, Kriegsarchiv, AFA, Kart. 47, fol. 372r bzw. Abelinus, *Theatrum Europaeum*, S. 237.

54 Die Porträtsammlung der Österreichischen Nationalbibliothek besitzt unter der Signatur 250.983-D.Fid. ein Exemplar dieses Werks.

1619 aus. Besonders deutlich zeigt sich die prokaiserliche Tendenz darin, daß die Explosion des Munitionsdepots nur in einem Halbsatz Erwähnung findet und eigentlich nur für den Eingeweihten überhaupt mit diesem Ereignis in Verbindung zu bringen ist. Lapidar heißt es dort: *Ist also beyderseits viel Volck todt unnd sehr viel wegen deß außgangenen Fewers verwundet worden.*[55] Denn eine Erwähnung der Tatsache, daß durch die Unvorsichtigkeit eines kaiserlichen Soldaten mindestens ebenso viele Leute in den eigenen Reihen fielen wie im Kugelhagel des Feindes, wäre dem Ruhm der *Kayserlichen Victori* natürlich nicht sehr zuträglich gewesen. Aus demselben Grund werden auch die Übergriffe der kaiserlichen Söldner auf die Zivilbevölkerung mit keinem Wort erwähnt und statt konkreter Verlustzahlen nur Umschreibungen wie *viel Volck* oder *etliche todt verblieben* verwendet. Hinsichtlich der Quellen, die der Autor für diese Passage verwendet hat, läßt sich folgender Befund konstatieren: Der Großteil der Aussagen ist so allgemein und kurz gehalten, daß man kaum eine direkte Quelle dafür feststellen kann. Auffällig sind jedoch wörtliche Anklänge an den oben genannten Bericht des Anführers der böhmischen Vorhut vom 27. Oktober 1619, die sich kaum als zufällige Spontanparallelen erklären lassen. So schreibt Bellus über das Gefecht am 24. Oktober: […] *worauff sich der Conte de Bucquoy in seinem Vortheil in der höhe und auffgeworffenen Graben begeben*

55 Nicolaus Bellus, *Östreichischer Lorberkrantz Oder Kayserl. Victori, das ist: Warhafftige eigentliche und außführliche Historische Beschreibung aller gedenckwürdigen Sachen und Händel, so sich in Geistlichen, politischen auch Kriegssachen bey Regierung weyland Keysers Matthiae Hochlöblichsten Andenckens und der jetzigen Regierenden Keyserlichen Majestät Ferdinando II. In diesem noch werenden sechsjährigen Böhmischen, Hungarischen und Teutschen Krieg (dessen Anfang, Ursachen, Fortpflantzung, zum theil erlangte Endtschafft, zum theil auch noch werende Unruhe betreffend) In- und ausserhalb deß H. Römischen Reichs von dem 1617. Jahr bey gewesener Union zugetragen und verlauffen biß auff dieses 1625. Jahr continuirt …, Franckfurt am Mayn, gedruckt durch Erasmum Kempffern in Verlegung Johann Theobald Schönwetters 1625*, S. 196.

unnd gegen die Böhmen mit grossem Geschütz angefangen zu schiessen.[56] Zum Vergleich die entsprechende Stelle aus dem Bericht des böhmischen Offiziers: [...] *hatt sich da der feindt in seinen Vortel der höhe und aufgeworfenen graben begeben, und mit den Canonen angefangen, gegen unserer Bataglie zuschiessen.*[57] Ob der Autor dieses Werks seine Informationen nun direkt aus diesem Bericht bezogen hat oder über die Vermittlung einer anderen Quelle, die auf diesem fußte, muß dahingestellt bleiben. Festzuhalten ist jedoch die Tatsache, daß man offenbar auch ohne weiteres Informationen aus gegnerischen Berichten übernahm, wenn diese glaubwürdig erschienen bzw. ihr Inhalt mit der Tendenz der eigenen Schrift vereinbar war.

Daß die enorme Akzeleration, die die „Medienwelt" in den ersten beiden Jahrzehnten des 17. Jahrhunderts erfaßte und von Grund auf veränderte, auch nicht ohne Auswirkungen auf die Literatur der Zeit blieb, zeigt in eindrucksvoller Weise die folgende Schrift, die innerhalb der Publizistik jener Anfangsphase des Dreißigjährigen Krieges mit Sicherheit eine Sonderstellung einnimmt und sowohl in ihrer Form als auch in ihrem literarischen Anspruch wohl einzigartig unter den Flugschriften jener Zeit ist, weshalb sie hier auch eine etwas ausführlichere Behandlung erfahren soll. Unter dem Titel *Turnus Bohemicus sive Pugna sub duce Turno contra Austriacos in agro Wiennensi anno superiore M.DC.XIX. mens. Octob. commissa Carmine Heroico descripta ab anonymo anno a partu virgineo M.DC.XX.* erschien im Jahre 1620 ein anonymes lateinisches Epyllion, das Erzherzog Leopold V. in seiner Funktion als österreichischer Statthalter in Tirol und Vorderösterreich gewidmet ist. Exemplare dieser Schrift, deren Erscheinungsort unbekannt ist, ließen sich bisher lediglich in folgenden Biblio-

56 Ebd.

57 ÖStA, Kriegsarchiv, AFA, Kart. 47, fol. 373v.

theken nachweisen: Württembergische Landesbibliothek Stuttgart,[58] Stadtbibliothek Augsburg[59] sowie Bayerische Staatsbibliothek München.[60] Besonders deutlich läßt sich am Beispiel dieser Schrift die enge Wechselbeziehung der Flugschriftenpublizistik zur Literatur demonstrieren, die schon Günter Bialowons postulierte.[61] In 679 Hexametern läßt der anonyme Autor, der wohl in Freiburger Jesuitenkreisen zu suchen ist, vor den Augen des Lesers ein kunstvolles und lebendiges Bild jener Kämpfe vor Wien im Oktober 1619 erstehen, das durch die äußerst gelungene Symbiose von Rückgriff auf antike literarische Vorbilder einerseits und detailgetreuer historischer Faktizität andererseits beeindruckt.[62]

Daß das Epyllion eindeutig panegyrische Züge trägt, geht schon aus dem Widmungsgedicht hervor, das dem *Carmen Heroicum* vorangestellt ist und das in 56 Versen die Ankunft Erzherzog Leopolds in Freiburg im Breisgau feiert. Mit Worten, die an die Epiphanie einer Gottheit denken lassen, wird der Erzherzog in den ersten Versen begrüßt (Dedicatio, V. 3 ff.):

---

58 2 Exemplare: Fr. D. qt 531 und HBK 556.

59 1 Exemplar: 4 Gs Flugschr. 1055. Für die Überlassung eines Mikrofilmausdrucks dieses Exemplars sowie für zahlreiche nützliche Hinweise sei Elisabeth Klecker herzlichst gedankt, die im Rahmen des von Franz Römer geleiteten Projekts über poetische Habsburg-Panegyrik auf diese Schrift aufmerksam wurde.

60 Das Exemplar mit der Signatur 4 P. o. lat. 687, das die Bayerische Staatsbibliothek laut Bayerischem Verbundkatalog besessen hatte, gehört jedoch zu den Kriegsverlusten.

61 Günter Bialowons, Geschichte der deutschen Presse von den Anfängen bis 1798 (Beiträge zur Geschichte des Journalismus 1), Leipzig 1969, S. 103.

62 Zu den Fragen der Autorschaft und der genauen Datierung sowie den literarischen Vorbildern vgl. Sonja Reisner, Turnus Bohemicus. Ein neulateinisches Gedicht als historische Quelle. In: Wiener Studien 114, 2001, S. 725–740.

Exoptatus ades, votis spectatus anhelis
adventumque favens prosperat aura tuum.
Namque ubi te dabitur praesentem cernere coram,
Sol melius lucet, gratior itque dies.

Unüberhörbar sind hier die Anklänge an die zweite Strophe jener horazischen Ode, in der mit folgenden Worten die Rückkehr des Augustus gefeiert wird (Horaz, Carm. IV, 5, 5–8):

Lucem redde tuae, dux bone, patriae:
instar veris enim vultus ubi tuus
adfulsit populo, gratior it dies
et soles melius nitent.

Die bereits in den ersten Versen eingesetzte Sonnenmetaphorik gipfelt schließlich in der Gleichsetzung Leopolds mit Phoebus Apollo (Dedicatio, V. 31 f.):

Te veniente venit Phoebus caelumque serenum
lucida discussis nubibus aura redit.

Doch das daran anschließende Epyllion, in dem es nun um jene Kämpfe vor Wien im Oktober 1619 geht, ist von seinem Tonfall und seiner Tendenz her weit weniger panegyrisch, als es dieses von derartigen Topoi nur so strotzende Widmungsgedicht zunächst vermuten ließe. Es ist zwar in seiner Haltung natürlich eindeutig prokaiserlich und preist demgemäß die Tapferkeit und Leistungen der kaiserlichen Truppen in den höchsten Tönen, es verläßt dabei jedoch kaum jemals den Boden der historischen Tatsachen.

Nun zu Inhalt und Aufbau des Gedichts: In Erfüllung der Erwartung, die bereits der Titel *Turnus Bohemicus* im Leser weckt, beginnt das Gedicht mit einem nahezu wörtlichen Zitat der ersten Verse des zwölften Buches von Vergils Aeneis, das vom Sieg des Aeneas über seinen Hauptkontrahenten Turnus handelt und das sich aufgrund der Namensähnlichkeit des Anführers des Ständeheeres mit dem tragischen Helden Turnus einerseits und der in der Habsburg-Panegyrik beliebten Gleichsetzung habsburgischer Kaiser mit dem für seine *pietas* berühmten Aeneas andererseits als literarisches Vorbild geradezu aufdrängte (V. 1–3, S. 1):[63]

Turnus ut infractos adverso Marte Bohemos
defecisse videt Ferdinandumque vocari
electum regem, mox implacabilis ardet.

Danach folgt eine Rede des Grafen Thurn an Graf Mansfeld und die übrigen böhmischen Adeligen, in der er alle ‚Beschwerdepunkte' anführt, die seiner Ansicht nach den Kampf gegen das Haus Habsburg rechtfertigen, wobei der Schwerpunkt vor allem auf der Vorenthaltung versprochener Religionsgesetze liegt. Durchaus nicht ohne psychologisches Geschick legt der Dichter hier dem Anführer der gegnerischen Partei Worte in den Mund, die beim Leser vielleicht sogar kurzzeitig ein gewisses Verständnis für das Anliegen der Feinde aufflackern lassen, das jedoch beim kaisertreuen Publikum wohl spätestens bei folgenden Versen, die den Schluß von Thurns Rede bilden, wieder schlagartig erlischt (V. 32 f., S. 2):

aut iam pugnandum est nobis pro arisque focisque,
ut cum gente domus penitus ruat Austria tota.

63 Da im Druck zwar die Seiten paginiert, aber die Verse nicht numeriert sind, gebe ich im folgenden zur leichteren Auffindbarkeit der einzelnen Stellen jeweils die Vers- und die Seitenzahl an.

Im folgenden wird die Vorgeschichte der Ereignisse des Oktobers 1619 geschildert: von der Anwerbung der Truppen auf ständischer Seite (V. 33 ff., S. 2) über eine Anspielung auf die „Sturmpetition" im Juni 1619 (V. 54–109, S. 3 f.), die Wahl des Kurfürsten Ferdinand V. von der Pfalz zum König von Böhmen (V. 110–119, S. 4 f.) bis hin zum Aufbruch der feindlichen Truppen aus den verschiedenen Teilen des Reiches und ihrer Vereinigung zu einem riesigen Heer (V. 127–149, S. 5 f.). Besonders gelungen ist die Szene, in der Ferdinand II. (V. 54–109, S. 3 f.) erstmals auftritt und durch geschickte variierende Imitation einer Vergil-Stelle als habsburgischer Aeneas charakterisiert wird, der jedoch sein antikes Vorbild noch an *pietas* übertrifft.[64]

Mit einer Beschreibung des Bisambergs (V. 150–155, S. 6), die ebenfalls stark an eine Vergilstelle (Aen. XI, 522–525) angelehnt ist, leitet der Autor schließlich zum eigentlichen Hauptthema des Gedichts über. Zur Steigerung der Dramatik läßt er hier die beiden gegnerischen Feldherren Graf Thurn und Gábor Bethlen unter Mißachtung der historischen Fakten persönlich vor Wien zusammentreffen und einander in überschwenglichen Reden begrüßen (V. 159–179, S. 6 f.). Nachdem beide Seiten ihre Heere in Schlachtposition gebracht haben, bricht die Nacht herein. Nun folgt eine sehr breit ausgeführte Götterszene, deren Hauptakteure Ceres und die Donauweibchen sind (V. 199–359, S. 7–13). Ceres klagt darüber, daß die Landwirtschaft im einst so fruchtbaren Pannonien nun aufgrund der fortwährenden kriegerischen Ereignisse darniederliegt, und bittet die Nymphen um Hilfe. Diese antworten, daß die Erfüllung dieser Bitte zwar nicht in ihrer Macht liegt, erzählen der Göttin aber zum Trost die Geschichte der Kämpfe zwischen Rudolf I. und Ottokar, die implizit die Prophezeiung

64 Vgl. Reisner, Turnus Bohemicus, S. 730 f.

enthält, daß auch diesmal den kaiserlichen Truppen Erfolg gegen die aufständischen Böhmen beschieden sein wird. Ehe sie schließlich wieder in den Wellen untertauchen, wühlen sie noch das Wasser auf und rufen auf diese Weise dichten Nebel hervor, um die Ereignisse zumindest ein wenig zu verzögern. Nachdem der Dichter nun durch diesen originellen und bestens in ein Epos passenden Kunstgriff den starken Nebel am Vormittag des 25. Oktober 1619 durch das Wirken der Donauweibchen und der Ceres erklärt hat, denen in diesem Gedicht anders als in seinen antiken Vorbildern nur die Rolle untergeordneter Dämonen zukommt, die die Handlung nur stören, aber nicht wirklich beeinflussen können, läßt er nun den einen langen Kampftag anbrechen, zu dem er die drei Oktobertage zusammengefaßt hat, um durch diese Straffung eine Steigerung der Dramatik zu erzielen. Zunächst fallen nur einige Fernschüsse, da man aufgrund der Witterung noch nicht wagt, zum Nahkampf überzugehen (V. 365–379, S. 13). Indessen mustert Leopold die Truppen und fordert sie in einer Rede dazu auf, ihr Bestes zu geben, da das Geschick des ganzen Reiches von ihnen abhänge (V. 394–404, S. 14). Treffend und durchaus in Übereinstimmung mit den historischen Tatsachen wird Bucquoy bereits bei seinem ersten Auftreten als besonnener Feldherr charakterisiert, der angesichts der zahlenmäßigen Überlegenheit des Feindes lieber abwartet, statt unüberlegt eine offene Schlacht zu riskieren (V. 420–426, S. 15):

Non semper nocuit lento cunctatio passu,
saepe est exitio furor ad certamina praeceps.
Agmine cum nostro si quisquam comparet hostis
classes, heu sumus exiguae collectio plebis.
Pugnandum est igitur cauto prudenteque Marte,
dum forsan nobis aliquis deus offerat horam
pugnae aptam et melior nobis dum spiret Olympus.

Mit der plötzlich einlangenden Nachricht, daß Thurn nun trotz des Nebels angreift (V. 444–447, S. 16), beginnt die Schilderung der eigentlichen Kampfhandlungen. Bucquoy stürzt daraufhin sofort zur Brücke und sieht, als sich der Nebel lichtet, die gegnerischen Truppen, von denen er gedacht hatte, daß sie schon abgezogen wären (V. 466–468, S. 16):

Vidit et ingentes Turno ductore phalanges,
quas abiisse ratus, iuxta extima litora aquarum
vexillo erecto et pleno contendere cursu.

Das erinnert nun inhaltlich stark an eine Aussage, die sonst nur in dem oben erwähnten Bericht eines Wiener Bürgers vom 27. Oktober 1619 nachzuweisen ist: […] *und haben die Buquoischen diese Sag herein gebracht, daß die Märer ganz und gar wieder waren abgezogen.*[65] Als sich nun das Gerücht verbreitet, daß Stauder und seine Truppen schon gefallen und die Kaiserlichen daher in höchster Gefahr seien, zögert Bucquoy nicht länger, stürzt sich unerschrocken in den Kampf und fordert auch die Fliehenden dazu auf, wieder in die Schlacht zurückzukehren (V. 474–477 und 480–483, S. 17):

Quin etiam iam fama volans pervenit ad aures,
ac si Studerus dux illiusque cohortes
iam nunc occiderint nostrisque pericula summa
immineant omnesque optent Buccoius adsit. […]
Nec mora, nec requies, fervens ad praelia ductor
retro torquet equum perculsum Martis honore
atque ultro sese cursu in fera bella citantem:
Festinate, inquit, gressusque reflectite retro!

65 ÖStA, Kriegsarchiv, AFA, Kart. 47, fol. 376r–376v.

Vergleichbar ist diese Stelle mit einer Aussage in dem Bericht Erzherzog Leopolds, wo es dazu heißt: *Daher das geschrey alßbaldt ergangen, es weren die zwei des Stäuders und Sächsische Regimenter durch den Feindt nidergehawt; es seyn aber alßbaldt die Wallonen dem posto zugeeylet und gleich den Feindt zuruekh und von denselben mit seinem nit wenigen schaden abtriben, wie sich dan in eyl der von Buquoy, Dampier, von Liechtenstain, Don Balthasar und andere Obristen in aigner Persohn zur stell befunden.*[66] Nun folgt eine sehr dichte Abfolge von Kampfszenen, die etwas abrupt durch das Eingreifen der Ceres unterbrochen wird: Dem Rat der Donauweibchen folgend, ruft sie einen „Staubsturm" hervor und löst so auf beiden Seiten durch die erneute Verschlechterung der Sicht große Verwirrung aus (V. 509–519, S. 18). Diese Szene steckt gleichsam wie ein Fremdkörper mitten in der ansonsten sehr gut komponierten Schlachtschilderung und unterbricht unvermittelt den Verlauf der Handlung, ohne jedoch auf das weitere Geschehen irgendeine erkennbare Wirkung zu haben, mag der Autor auch – wohl im Bewußtsein ebendieses „Regiefehlers" – beteuern *nec res eventu caruit* (V. 516). Das Vorbild dieser Szene, die wohl vom Autor nachträglich in das ansonsten schon abgeschlossene Werk eingefügt wurde, ist in einem Ereignis zu suchen, das sich im Rahmen der Eroberung Sitzendorfs (bei Eggenburg) durch Bucquoy Mitte April 1620 zutrug, woraus sich auch gleich ein Terminus post quem für die Abfassung der Schrift ergibt.[67] Warum der ansonsten im allgemeinen recht geschickt komponierende und sich verhältnismäßig eng an die vorgegebenen historischen Fakten haltende Autor sich dazu hinreißen ließ, diese überflüssige und historisch nicht hierhergehörende Szene einzufügen, bleibt unklar. Angesichts seiner ansonsten offenbar recht guten Informationslage wird man wohl kaum von einem Irrtum in der

66 Ebd., fol. 372r.

67 Vgl. Reisner, Turnus Bohemicus, S. 736 ff.

Zuordnung dieses Ereignisses ausgehen dürfen, sondern den Grund dafür wohl eher in einem mißglückten Versuch suchen müssen, die Dramatik des Geschehens durch ein kurzes retardierendes Moment in Form eines weiteren Eingreifens der Ceres noch zu steigern. Daran schließt sich die Schilderung der weiteren Kampfhandlungen an, wobei auch die Explosion des Munitionsdepots nicht unerwähnt bleibt (V. 533–542, S. 19):

> *Heu aliud maiusve malum luctusque recentes!*
> *Nam male cautus erat miles, qui exhausta videbat*
> *tormenta in media pugna pyrioque carere*
> *pulvere, defectum subito complere volebat.*
> *Ad loca nota celer passu properabat anhelo,*
> *pulvere ubi plenae stabant longo ordine tinae.*
> *Cum iam complesset cava pilea, en improba stuppa*
> *forte haerens lateri qua furtim parte fovebat*
> *infidam flammam leviter tangebat acervum*
> *pulveris. Heu subito tellus dedit igne fragores* […]

Wenig schmeichelhaft ist der daran anschließende Vergleich der kaiserlichen Soldaten mit Schafen, die sich angesichts herannahender Wölfe dicht zusammendrängen und jämmerlich ihre Hirten anblöken (V. 555–558, S. 19). Noch einmal ist Bucquoy gefragt, der durch eine erneute aufmunternde Rede die Moral seiner Truppen wiederherstellt und sich von neuem mit gezücktem Schwert auf die Feinde stürzt (V. 564–575, S. 20). Die übrigen Offiziere Dampierre, Marradas und Liechtenstein folgen seinem Beispiel (V. 576–579, S. 20). Daran schließen sich weitere Kampfszenen an, die durch epische Vergleiche aufgelockert ein lebendiges Bild des Geschehens vermitteln. Doch nun ist das Kampfglück auf seiten der Kaiserlichen, und die Böhmen irren wie im Labyrinth von Kreta (V. 601–603, S. 21) herum und denken schon an Flucht. Ihrem letzten Höhepunkt strebt die Handlung zu, als Graf Thurn mitten im Kampfgewühl plötzlich die rot-weiß-rote Helmzier Bucquoys entdeckt (V. 608 ff., S. 21) und die beiden Kontrahenten sich kurz darauf persönlich gegenüberstehen. Bucquoy, der soeben verwundet wurde, verspottet Thurn mit folgenden Worten, die ebenfalls wieder an Verse aus Vergils Aeneis (Aen. XII, 894 f. sowie Aen. X, 900) angelehnt sind (V. 631–634, S. 22):

> *Improbe Turne, quid illudis mortemque minaris*
> *frustra? Non tua me terrent haec irrita tela.*
> *Fortius impingas et certius ice sagittas,*
> *si tantos quaeras me caeso laudis honores.*

Bemerkenswert ist, daß der Dichter nicht nur die in allen erhaltenen Berichten und gedruckten Relationen erwähnte Verwundung Bucquoys anführt, sondern in Vers 627 auch davon spricht, daß der kaiserliche Oberstleutnant Breuner dreimal getroffen wurde. Diese Nachricht ließ sich ansonsten lediglich im Bericht des Erzherzogs an seinen Bruder nachweisen, wo es heißt: „*Der Oberst Leutenandt Breuner hat 3 Musquetada bekommen, aber keine tödtlich, sondern fast auch nur alle drei abgestraifft.*“[68] Ob der Autor diese Information nun direkt vom Erzherzog oder von einem anderen Augenzeugen aus dessen Gefolge oder vielleicht aus einem anderen uns nicht erhaltenen Bericht hatte, muß offenbleiben. Doch ist diese Angabe ein weiteres Indiz dafür, wie ausgezeichnet informiert der Dichter dieses Epyllions war, obgleich er, wie gesagt, vermutlich in den österreichischen Vorlanden beheimatet und somit verhältnismäßig weit vom Ort des Geschehens entfernt war.

Mit dem Einbruch der Nacht ziehen sich die Truppen zurück, und die Kaiserlichen schlagen ihr Lager in den Praterauen auf.

---

68 ÖStA, Kriegsarchiv, AFA, Kart. 47, fol. 372r.

Den Schluß des Gedichts bildet das Erscheinen der Victoria, die den ständischen Truppen zur Flucht rät (V. 657–671, S. 23) und die kaiserlichen in die Stadt zurückführt und sie dazu ermahnt, weiterhin für das Haus Österreich zu kämpfen (V. 672–678, S. 23). Diese abschließende Götterszene ist angesichts des Umstands, daß jenen verhältnismäßig kleinen und im Grunde unentschiedenen Gefechten keine wirklich kriegsentscheidende Bedeutung zukam, die denkbar eleganteste Lösung. Sie ermöglicht es dem Dichter, einen wirkungsvollen kompositorischen Schlußpunkt unter die in Wirklichkeit keinesfalls abgeschlossenen Kriegshandlungen zu setzen und so die kaiserliche Seite als klaren Sieger darzustellen, obgleich es sich im Grunde ja nur um Rückzugsgefechte gehandelt hatte, die Bucquoy mit Geschick und auch Glück, aber unter beträchtlichen Verlusten, halbwegs gut über die Bühne gebracht hatte. Leichter hatten es in dieser Hinsicht die Verfasser der Militärberichte und der gedruckten Relationen, die sich in solchen Fällen einfach mit einer Schlußwendung wie *was mehrers gibt eröffnet die Zeit*[69] oder *fernern Verlauff gibt die zeitt*[70] aus der Affäre ziehen konnten, da sie ja kein kompositorisches Ganzes schaffen wollten, sondern nur einen Ausschnitt aus dem laufenden Geschehen berichteten.

Anders als die Darstellung der Ereignisse im genannten prokaiserlichen Geschichtswerk *Östreichischer Lorberkrantz*, wo für die kaiserliche Seite unangenehme oder peinliche Vorfälle wie die Explosion des Munitionsdepots nur am Rande oder gar nicht erwähnt werden, verschweigt das vorliegende Gedicht trotz seiner eindeutigen panegyrischen Tendenz diese nicht, sondern schildert sie in lebendigen Farben und läßt so vor dem

69 So der Schlußsatz der Relation *Regni Hungariae Occupatio*, fol. 5v.

70 ÖStA, Kriegsarchiv, AFA, Kart. 47, fol. 375v.

Auge des Lesers ein sehr plastisches Bild der Ereignisse entstehen. Die Plünderungen durch Angehörige der kaiserlichen Truppen werden zwar nicht explizit erwähnt, aber man wird wohl in der sehr breit angelegten Klage der Ceres über die schlimmen Zustände im Land auch in etwas verklausulierter Form einen Reflex des Leids der Zivilbevölkerung und somit implizite Kritik an den Zuständen im Land erkennen dürfen (V. 223–228, S. 8):

Heu quantum fuerat faelici gloria terrae!
At nunc cum armato vertuntur turbine messes,
parvus honor nostri est, quia nil nisi gramina crescunt
spinaeque et tribuli et lolium sterilesque myricae,
nulla fides campis restat campisque relictis
intra arces tutas timidi fugere coloni.

Alles in allem ist diese Schrift, die zwar für ein recht exklusives Publikum bestimmt war, aber dennoch im weitesten Sinn zu den Flugschriften zu rechnen ist, ein erstaunliches Zeugnis dafür, wie gut der Informationsfluß bereits in jener Anfangsphase des Dreißigjährigen Krieges über relativ große Distanzen hinweg funktionierte. Wie unser anonymer Autor wirklich an seine sehr detaillierten Informationen gekommen ist, muß Spekulation bleiben. Möglicherweise standen ihm als Informationsquelle nicht nur unregelmäßig erscheinende gedruckte Relationen wie die oben angeführte Schrift *Regni Hungariae Occupatio* zur Verfügung, sondern auch die ab 1609 nachgewiesenen wöchentlich erscheinenden *Relationen*, die der Verleger Johann Carolus im benachbarten Straßburg herausgab.[71]

71 Laut Bogel, Blühm, Die deutschen Zeitungen, S. 1 f., ist der Jahrgang 1619 dieser Wochenzeitung jedoch nicht erhalten, so daß eine Überprüfung nicht möglich ist.

Daß Berichte aus Wien in großer Zahl in diesen Zeitungen enthalten waren, zeigt schon der erste erhaltene Jahrgang von 1609, in dem Wien mit ganzen 77 (zum Teil sehr detaillierten) Nachrichten vertreten ist. Nur Prag hat mit 92 Nachrichten noch stärkere Spuren darin hinterlassen.[72] Die Dauer des Nachrichtenlaufs für Berichte aus Wien, die sich bei Betrachtung des als Faksimile edierten ersten Jahrgangs der Straßburger *Relation* ergibt, beträgt in etwa ein bis zwei Wochen.[73] Daneben wäre es durchaus denkbar, daß der Dichter aufgrund seiner Nähe zum Hof des Erzherzogs auch die eine oder andere „Insiderinformation" aus erster Hand erhalten haben mag. Doch noch erstaunlicher als der große Reichtum an – historisch korrekten – Detailinformationen, die der Dichter den verschiedenen Medien der zeitgenössischen Publizistik entnommen und in diesem Epyllion verarbeitet hat, ist vielleicht der Umstand, daß in einem derartigen System, das, wie Wolfgang Behringer so treffend sagt, „dem Imperativ der Geschwindigkeit unterlag",[74] die Abfassung einer solchen Schrift überhaupt noch möglich war, die höchste Aktualität und künstlerischen Anspruch gleichermaßen in sich zu vereinen verstand. Und daß trotz offen geäußerter panegyrischer Absicht die „historische Wahrheit" – abgesehen von einigen kleinen Veränderungen zugunsten der „Dramaturgie" – dennoch nicht ganz auf der Strecke blieb, spricht ebenfalls für die Qualität des Dichters, der antike Vorbilder und aktuellste Geschehnisse gekonnt zu einem Ganzen verwoben hat, das dem gebildeten Publikum um Erzherzog Leopold, für das es wohl primär bestimmt war, nicht weniger

72 Vgl. dazu Julius Otto Opel, Die Anfänge der deutschen Zeitungspresse 1609–1650, Leipzig 1879, S. 47.

73 Walter Schöne (Hg.), Die Relation des Jahres 1609. In Faksimiledruck (Die deutsche Zeitung im ersten Jahrhundert ihres Bestehens 1609–1700, 2) Leipzig 1940.

74 Behringer, Raum-Zeit-Relation, S. 80.

Lesevergnügen bereitete als dem heutigen Leser, dem es einen kleinen Blick „hinter die Kulissen" der Publizistik und Propaganda des beginnenden Dreißigjährigen Krieges ermöglicht. Abschließend noch ein paar Worte zur bildlichen Umsetzung dieser Ereignisse durch das auf dem Umschlag abgebildete Gemälde von Pieter Snayers, das sich heute in der Graf Harrach'schen Familiensammlung in Schloß Rohrau befindet und das zu einer Serie von Schlachtenbildern gehört, die Snayers im Auftrag der Familie Bucquoy zur Verherrlichung der Siege des Grafen Karl Bonaventura von Bucquoy schuf. Dargestellt ist auf dem 180 x 266 cm großen Gemälde jener entscheidende Augenblick des Gefechtes, in dem die ständischen Truppen den zurückweichenden Soldaten Bucquoys hart zusetzen, diese jedoch mit Erfolg den Brückenkopf verteidigen können.[75] Es handelt sich also um eine Szene aus den Kämpfen des 25. Oktober 1619. Snayers, der sich vornehmlich in Brüssel aufhielt und niemals als Augenzeuge bei einer der von ihm abgebildeten Schlachten anwesend war, fertigte im Auftrag des Hauses Habsburg und seiner Generäle die meisten seiner Schlachtendarstellungen nicht nur in beträchtlicher räumlicher, sondern auch zeitlicher Distanz an (teilweise erst einige Jahrzehnte nach dem betreffenden Ereignis!). Er war bei seiner Arbeit also auf schriftliche Berichte bzw. überlieferte Kupferstiche angewiesen, wie sie zum Teil auch Eingang ins *Theatrum Europaeum*

---

75 Vgl. dazu den Katalogbeitrag von Matthias Pfaffenbichler in: Klaus Bußmann, Heinz Schilling (Hgg.), 1648 – Krieg und Frieden in Europa. 26. Europaratsausstellung Münster/Osnabrück 24. 10. 1998–17. 1. 1999. Ausstellungskatalog, Münster 1998, S. 96. Zur Typologie derartiger Gemälde vgl. Matthias Pfaffenbichler, Das frühbarocke Schlachtenbild. Vom historischen Ereignisbild zur militärischen Genremalerei. In: Klaus Bußmann, Heinz Schilling (Hgg.), 1648 – Krieg und Frieden in Europa. Textband II: Kunst und Kultur, Münster 1998, S. 493–500.

76 Vgl. ebd., S. 493.

77 Vgl. ebd., S. 495.

gefunden haben. Der Zweck derartiger Gemälde, die ein konkretes historisches Ereignis darstellten, war immer auch ein propagandistischer.[76] Typisch für Snayers' Gemälde ist das dreiteilige Schema,[77] das auch im vorliegenden Fall deutlich erkennbar ist: Vor einem hoch oben angesetzten Horizont sind im Vordergrund einzelne leitende Offiziere (in diesem Fall wohl die beiden gegnerischen Feldherren Graf Thurn und – entgegen den historischen Tatsachen – Gábor Bethlen, die von den Abhängen des Bisambergs aus das Geschehen beobachten) abgebildet, im Zentrum sind die taktischen Manöver der einzelnen Truppenkontingente (hier der Sturm auf die der Brücke vorgelagerte Schanze) zu sehen, dahinter erhebt sich gleichsam als Kulisse die Silhouette der Stadt Wien.[78]

Nimmt man nun alle diese Quellen zusammen, so ergibt sich aus dieser Zusammenschau für uns nicht nur ein sehr detailliertes und lebendiges Bild jener Ereignisse, die vom 24. bis zum 26. Oktober 1619 die Bevölkerung Wiens und der umliegenden Dörfer in Atem hielten, sondern auch ein Einblick in die „Medienlandschaft" des beginnenden 17. Jahrhunderts, die in vielen Zügen der heutigen nicht unähnlich war. Eine bis dahin noch nie dagewesene „Publikationsflut", die bedingt

78 Hinsichtlich dieser Grundkomposition mit der Stadtsilhouette im Hintergrund, kämpfenden Truppen im Zentrum und den Feldherrn am Abhang des Bisambergs im Vordergrund ähnelt das Gemälde von Snayers stark einem in der Österreichischen Nationalbibliothek erhaltenen Flugblatt des Jahres 1620, auf dem die erste Türkenbelagerung Wiens im Jahre 1529 dargestellt ist (ÖNB, Flugblätter-, Plakate- und Exlibris-Sammlung, Flugbl. 1620/5: *Conterfactur wie die Hauptstad Wien in Österreich vom Turcken ist belegert gewest anno 1529*). Ob dieses dem Maler möglicherweise neben anderen Quellen als Inspiration gedient hat, muß offenbleiben. Auffallend ist jedoch, daß Gábor Bethlen in Snayers' Gemälde exakt an der Stelle steht, an der auf diesem Flugblatt der türkische Oberbefehlshaber zu sehen ist. Auch in der Pose von Pferd und Reiter bestehen gewisse Ähnlichkeiten zwischen der Darstellung auf der Flugschrift und Snayers' Gemälde.

durch die Wechselwirkung zwischen gestiegenem Informationsbedürfnis breiter Schichten der Bevölkerung und der rasanten Beschleunigung des Nachrichtenflusses im Laufe des Dreißigjährigen Krieges noch weiter zunahm, läßt bereits in dieser Zeit einen ersten Vorgeschmack auf das heute so oft beschworene Informationszeitalter ahnen.

Arthur Stögmann

Staat, Kirche und Bürgerschaft: Die katholische Konfessionalisierung und die Wiener Protestanten zwischen Widerstand und Anpassung (1580–1660)

Einleitung

Der Verfassungshistoriker Gerhard Oestreich entwickelte in Auseinandersetzung mit den Arbeiten Max Webers zur „Disziplin" als zentralem Phänomen der europäischen Geschichte[1] und den Arbeiten von Norbert Elias über den „Prozeß der Zivilisation"[2] den Begriff „Sozialdisziplinierung", um damit die seiner Auffassung nach von beiden Autoren unterbewertete Rolle des absolutistischen Staates für den gesellschaftlichen Wandel im frühneuzeitlichen Europa deutlich zu machen.[3]

Die herausragenden Merkmale dieses Prozesses waren demnach Bürokratisierung, Militarisierung, Merkantilismus und der politische, ökonomische und militärische Dienst der „Untertanen" am Staat. In seinem grundlegenden Aufsatz „Strukturprobleme des europäischen Absolutismus" (1968) definiert Oestreich Sozialdisziplinierung als „Bändigung und Zügelung aller Betätigungen auf den Gebieten des öffentlichen, aber auch des privaten Lebens", überschätzte dabei aber in vielerlei Hin-

---

1 Max Weber, Wirtschaft und Gesellschaft. Grundriß der verstehenden Soziologie, Tübingen ^{5}1972, S. 28.

2 Norbert Elias, Über den Prozeß der Zivilisation. Bd. 2, Wandlungen der Gesellschaft. Entwurf zu einer Theorie der Zivilisation, Frankfurt ^{14}1989, S. 317.

3 Gerhard Oestreich, Strukturprobleme des europäischen Absolutismus. In: ders., Geist und Gestalt des frühmodernen Staates. Ausgewählte Aufsätze, Berlin 1969, S. 179 ff.

sicht die tatsächliche Umsetzung bzw. den Erfolg dieses „Herrschaftskonzeptes". Das auffälligste Defizit in den Forschungen Oestreichs stellt die von ihm nicht gelöste Frage dar, wie die Zustimmung der Disziplinierten zu ihrer Disziplinierung zu erlangen ist, die für eine dauerhafte Wirkung aller einzelnen Maßnahmen, für deren „Tiefenwirkung", unabdingbar ist. Insbesondere ignorierte er dabei weitgehend das kulturelle und moralische Legitimations- sowie das gesellschaftliche Integrationspotential der christlichen Religion in der Frühen Neuzeit.

Eine wichtige Anregung zur Neubewertung der Religion als einem zentralen Faktor in der frühneuzeitlichen Gesellschaft ging von den Forschungen Ernst Walter Zeedens zur Bildung der Konfessionen im 16. Jahrhundert aus.[4] Neben den von Bernd Moeller angestoßenen Studien über „Reichsstadt und Reformation"[5] und den Forschungen zu Bauernkrieg und radikaler Reformation[6] bot sich hier ein drittes großes Themenfeld, welches seine Faszination aus der Korrelierung von Kirchen- und Profangeschichte sowie von Verfassungs-, Sozial-, Kultur- und Mentalitätsgeschichte bezieht. Ähnliche Tendenzen sind auch in der französischen[7] und der englischsprachigen Geschichtswissenschaft festzustellen.[8]

4 Auf dem Deutschen Historikertag in Ulm 1956 hielt Zeeden einen Vortrag über „Grundlagen und Wege der Konfessionsbildung in Deutschland im Zeitalter der Glaubenskämpfe". Siehe den Neudruck dieses Vortrages in: E. W. Zeeden (Hg.), Konfessionsbildung. Studien zur Reformation, Gegenreformation und katholischen Reform (Tübinger Beiträge zur Geschichtsforschung 15), Stuttgart 1985, S. 67 ff.

5 Bernd Moeller, Reichsstadt und Reformation, Gütersloh 1962.

6 Siehe dazu: Hans-Jürgen Goertz, Religiöse Bewegungen in der Frühen Neuzeit (Enzyklopädie deutscher Geschichte 20), München 1993.

7 Siehe stellvertretend: Jean Delumeau, Le catholicisme entre Luther et Voltaire, Paris 1971, und Louis Châtellier, De la Contre-Réforme aux Lumières. In: F. Rapp (Hg.), Le diocèse de Strasbourg, Paris 1982, S. 89–167.

8 Siehe stellvertretend: John Bossy, Christianity in the West 1400–1700, Oxford

Ausgehend von den Verhältnissen im Alten Reich zeichnet sich die *deutsche* Forschungsdiskussion durch die enge Verknüpfung von Reichs- und Landesgeschichte sowie komparatistische und typologische Verfahrensweisen aus. In Verbindung damit gelangte das „Zeitalter der Gegenreformation", das in der älteren deutschen Historiographie eine zweitrangige Rolle neben der Reformation als dem eigentlichen „Hauptereignis des Zeitalters" spielte, zu einer neuen Bewertung.[9]

In den Mittelpunkt des Interesses trat zunehmend das von Karl Eder und Otto Brunner so bezeichnete „Konfessionelle Zeitalter" zwischen 1555 und 1648.[10]

In den 1980er Jahren erweiterte sich das Forschungsfeld der Konfessionsbildung durch das Konzept der Konfessionalisierung. Ausgehend von der Einsicht Zeedens, daß sich die Konfessionen erst in einem langsamen und langdauernden Prozeß ausbildeten, kamen Wolfgang Reinhard und Heinz Schilling zu dem Ergebnis, daß im 16. und 17. Jahrhundert nicht nur die theologischen Lehrgebäude der Konfessionen festgelegt wurden, sondern auch in umfassender Weise der Versuch unternommen wurde, diese in die „gesellschaftliche Realität" umzusetzen. Dieser Vorgang hat nach Reinhard und Schilling den

---

– New York 1987. Ders., The Counter-Reformation and the People of Catholic Europe. In: Past and Present 47, 1970, S. 51–70. Ronnie Po-Chia Hsia, Social Discipline in the Reformation: Central Europe 1550–1750, London – New York 1989.

9 Die ältere deutsche und österreichische Forschung hatte in der Gegenreformation bloß die erst relativ spät einsetzende und je nach ideologischem Standpunkt positiv oder negativ bewertete Gegenbewegung zur Reformation gesehen, ohne die Möglichkeit von wertfrei interpretierbaren *gleichzeitigen* und *vergleichbaren* Entwicklungssträngen in *allen* Konfessionen auch nur ins Auge zu fassen.

10 Otto Brunner, Das Konfessionelle Zeitalter 1555–1648. In: Peter Rassow (Hg.), Deutsche Geschichte im Überblick, Stuttgart 1953, S. 284–316. Karl Eder, Geschichte der Kirche im Zeitalter des konfessionellen Absolutismus 1555–1648, Wien 1949.

Aufbau dreier festgefügter, in Theologie, Bildung, Frömmigkeit und Sittenzucht geeinter Konfessionen (Lutheraner, Calvinisten, Katholiken) zur Folge gehabt. Alle drei Konfessionen trachteten danach, ihre Mitglieder durch unterschiedliche Verfahren wie Propaganda, Monopolisierung der Bildung, Visitationen, Kirchenzucht etc. zu einem einheitlichen religiösen Verhalten zu „zwingen“ und gingen damit weit über die vergleichsweise bescheidenen Ansprüche der spätmittelalterlichen Kirche hinaus.[11]

Idealiter sollten diese primären „Fremdzwänge“ allmählich in „Selbstzwänge“ übergehen und die religiöse Sensibilisierung und „Selbstdisziplinierung“ des Menschen fördern. Ziel war in allen konfessionellen Lagern die Herstellung vollständiger Einheit in Glauben und Leben, wichtigstes Mittel dazu die (primär) staatliche Sozialdisziplinierung. Folgen waren unter anderem ein gesellschaftlicher Modernisierungsschub und der religiös motivierte Auf- und Ausbau der frühmodernen Staatlichkeit.[12]

Vor allem Schilling betont den Zusammenhang zwischen konfessionellem und staatlichem Handeln, wenn er die Konfessionalisierung als „gesellschaftlichen Fundamentalvorgang“ definiert, der in enger Verzahnung mit der Herausbildung des frühmodernen Staates und der Formierung der spezifisch früh-

11 Zum Zusammenhang zwischen Konfessionalisierung und Modernisierung siehe: Wolfgang Reinhard, Gegenreformation als Modernisierung? Prolegomena zu einer Theorie des konfessionellen Zeitalters. In: ARG 68, 1977, S. 226 ff.

12 Wolfgang Reinhard hat den Beitrag der Konfessionalisierung zum Wachstum der Staatsgewalt als die markanteste der nichtintendierten Folgen des Konfessionalisierungsprozesses bezeichnet. Erst diese habe es dem Landesfürstentum ermöglicht, die Kirche seinem Regiment vollständig zu unterwerfen. Ders., Was ist katholische Konfessionalisierung? In: Wolfgang Reinhard, Heinz Schilling (Hgg.), Die katholische Konfessionalisierung. Wiss. Symposion der Gesellschaft zur Herausgabe des Corpus Catholicorum und des Vereins für Reformationsgeschichte, Münster 1995, S. 433.

neuzeitlichen „Untertanengesellschaft“ verlaufen sei. Konfessionalisierung sei zu einem Katalysator des gesellschaftlichen Wandels geworden, die Monopolisierung der Kirche und des religiösen Lebens durch den „Konfessionsstaat“ geradezu *das Schlüsselmonopol* des frühmodernen Staates gewesen. Dieser Prozeß kulminierte nach Schilling in der Zeit zwischen 1580 und 1620.[13]

Bei aller Vorsicht gegenüber diesem sehr umfassenden Erklärungsanspruch ist Schilling doch insofern recht zu geben, als bei der Frage nach den primären Protagonisten der Konfessionalisierung kein Weg an den überall in Europa nach absoluter Herrschaft strebenden Landesfürsten vorbeiführt. Dies läßt sich sowohl am politischen Schrifttum, etwa den sogenannten „Fürstenspiegeln“, in denen durchgängig die Sorge um das „Seelenheil“ der Untertanen zur ersten Herrscherpflicht erklärt wird, als auch am politischen Handeln sämtlicher Fürsten der Frühen Neuzeit ablesen, das (u. a.) vom Bestreben gekennzeichnet war, eine religiöse (und damit auch kulturelle) „Hegemonie“ in ihren Ländern herzustellen und alle konkurrierenden Einflüsse auszuschalten, um so die geistigen Grundlagen der Lebenswelt ihrer Untertanen möglichst ungehindert und umfassend beeinflussen und „umprägen“ zu können.[14]

Korrektes religiöses Verhalten wurde zur politischen Untertanenpflicht, zum Ausdruck unbedingter Loyalität. Zur Eta-

---

13 Heinz Schilling, Die Konfessionalisierung im Reich. Religiöser und gesellschaftlicher Wandel in Deutschland zwischen 1555 und 1620. In: HZ 246, 1988, S. 6.

14 Rainer A. Müller, De Christiani Principis Officio – Religion und katholische Konfession in ausgewählten Fürstenspiegeln der Frühen Neuzeit. In: Wolfgang Reinhard, Heinz Schilling (Hgg.), Die katholische Konfessionalisierung. Wiss. Symposion der Gesellschaft zur Herausgabe des Corpus Catholicorum und des Vereins für Reformationsgeschichte, Münster 1995, S. 332 ff. Zum im Umfeld des Kaiserhofes anonym publizierten *Princeps in Compendio* (1632) siehe ebd., S. 343 f.

blierung dieses gewünschten „Normverhaltens" wurden zahlreiche Verfahren entwickelt und Institutionen geschaffen, die alle letztlich dem Zweck dienten, das religiöse Verhalten der Untertanen zu uniformieren und zu kontrollieren. Jede denkbare Form von „Ansteckung" mit „falschen" Lehren sollte unterbunden werden, Dissidenten galt es zu entfernen, die Grenzen zu andersgläubigen Nachbarstaaten nach Möglichkeit zu schließen.

Abgesehen von den rein politisch-repressiven Maßnahmen[15] kam den *kirchlichen* Methoden für die langfristig wirksame, *mentalitätsverändernde* Durchsetzung der angestrebten geschlossenen Konfessionsgesellschaft eine überragende Bedeutung zu. Dafür sollen hier einige charakteristische Beispiele angeführt werden.[16]

Gerade im katholischen Bereich erhielten die Riten eine zentrale Funktion als Indoktrinationsmittel und Sammelpunkte der Gläubigen. Zunächst ging es darum, die Teilnahme zu kontrollieren, was etwa zur Anlage von Beicht- und Kommunikantenlisten führte. Zu regelrechten konfessionellen Identitäts- und Unterscheidungsmerkmalen wurden gerade solche Riten, die den Reformatoren als Beweise für die „papistische Abgötterei" bzw. als abergläubische Irrtümer galten und in den von ihnen kontrollierten Territorien und Städten des Reichs mit besonderer Vehemenz unterdrückt wurden: v. a. Wallfahr-

15 Siehe dazu u. a. die einschlägigen Maßnahmen Ferdinands I. zu Beginn seiner Regierung: Publikation der Verurteilung Luthers in Wien, Erlaß des „Ofener Mandats" (1527), das dem Wormser Edikt in den österreichischen Ländern Geltung verschaffen sollte, Hinrichtung von Täufern in Wien u. a. Walter Ziegler, Nieder- und Oberösterreich. In: Anton Schindling, Walter Ziegler (Hgg.), Die Territorien des Reichs im Zeitalter der Reformation und Konfessionalisierung. Land und Konfession 1500–1650, Bd. 1, Der Südosten, Münster 1989, S. 118 ff., bes. S. 123.

16 Zu den Verfahren und Institutionen der Konfessionalisierung siehe das von Wolfgang Reinhard entwickelte typologische Modell: Ders., Was ist katholische Konfessionalisierung?, S. 425–437.

ten, Prozessionen, der Marien-, der Heiligen- und der Reliquienkult, aber auch zahlreiche kleinere rituelle Formen wie die Spendung der Kommunion nur unter einer Gestalt (unter bewußtem Verzicht auf den Laienkelch, der nicht nur in der reformatorischen Abendmahlfeier einen zentralen Stellenwert einnahm, sondern auch in der Polemik gegen die „privilegierte" katholische Priesterschaft) und die Beibehaltung des von den Reformatoren eliminierten Exorzismus bei der Taufe.[17]

Sakramentale Feiern, Wallfahrten und Prozessionen dienten der Manifestation der konfessionellen Identität ebenso wie der Verstärkung und Festigung des konfessionellen „Gemeinschaftsbewußtseins". Außerdem sollte es mit ihrer Hilfe gelingen, die Bevölkerung in ihrer alltäglichen und für den Pfarrer „sichtbaren" religiösen Lebenswelt möglichst eng an die Kirche zu binden. Die Teilnahme an diesen Kultformen sollte „habituell" werden. Außerdem boten sie den „Vorteil", eventuelle Skeptiker sogleich durch ihr Fernbleiben festmachen und zur Rede stellen zu können. Ziel der Forcierung eines vielgestaltigen und spezifisch katholischen Ritenspektrums war letztlich die „Verkirchlichung" möglichst breiter Bevölkerungskreise.[18]

Anknüpfungspunkte für die katholische Reform lagen in bestimmten gottesdienstlichen Formen und volkstümlichen

---

17 Reinhard, Was ist katholische Konfessionalisierung?, S. 430. Der bewußte Verzicht des katholischen Laien auf den Empfang des Kelchs bei der Eucharistiefeier war vor allem Ausdruck seiner Anerkennung der Sonderstellung des Priesters als eines von Gott berufenen „magischen" Mittlers zwischen dem Profanen und dem Heiligen. Ebenso wie der eingestaltige Kommunionsempfang diente auch die Beibehaltung des Lateinischen als Kultsprache einem doppelten Zweck: Demonstration der Absage an die von den Reformatoren in Liturgie und Kirchenmusik eingeführte Volkssprache und Legitimierung der Bevormundung der Laien durch den der „heiligen" Sprache kundigen Priester. Reinhard, ebd., und 444.

18 Die Kirchlichkeit wird nach der Analyse von Peter Thaddäus Lang v. a. im späten 17. Jahrhundert, als die Nachforschungen nach Andersgläubigen nicht

religiösen Praktiken, die sich trotz der reformatorischen Umwälzungen (teilweise) gehalten hatten bzw. relativ leicht wiederbelebt werden konnten.[19]

In ausgesprochenem Gegensatz zu den evangelischen Kirchen hielt die katholische Kirche an der Heilsbedeutung der frommen und guten Werke fest. Werke der Frömmigkeit und der Nächstenliebe hatten einen hohen Wert für den propagandistischen Erfolg des katholischen „Konfessionalisierungsprogramms“. Gerade karitativ tätige Orden erfreuten sich bei den katholischen „Massen“ großer Beliebtheit und erhöhten insgesamt die Attraktivität der katholischen Kirche, bewies sie doch damit, daß sie die Nöte und Bedrängnisse der Menschen ernst nahm.[20]

---

mehr den gleichen Stellenwert wie in der Anfangszeit der katholischen Konfessionalisierung hatten, zunehmend wichtig: Nach der äußeren erfolgte die innere Anbindung an die Kirche. Peter Thaddäus Lang, Reform im Wandel. Die katholischen Visitationsinterrogatorien des 16. und 17. Jahrhunderts. In: E. W. Zeeden, Peter Thaddäus Lang (Hgg.), Kirche und Visitation. Beiträge zur Erforschung des frühneuzeitlichen Visitationswesens in Europa, Stuttgart 1984, S. 131–189.

19 Marc R. Forster kam in seiner Studie über das Bistum Speyer zu dem Schluß, daß das katholische Bewußtsein der dortigen Landbevölkerung weniger das Ergebnis obrigkeitlicher Beeinflussung war, als vielmehr in der Behauptung der traditionellen (katholischen, wenn auch „in ihrem Sinn“ gestalteten) Religion der Gemeinden wurzelte. Ders., The Counter-Reformation in the Villages. Religion and Reform in the Bishopric of Speyer, 1560–1720, Ithaca – London 1992.

20 Siehe dazu unten S. 535–543. Der Verknüpfung von gottesdienstlichen mit karitativen Aufgaben widmeten sich viele Bruderschaften, wichtige „Institutionen“ zur Einbindung der Laien in das kirchliche Geschehen. Zeeden, Grundlagen und Wege der Konfessionsbildung. In: Ders. (Hg.), Konfessionsbildung. Studien zur Reformation, Gegenreformation und katholischen Reform (Tübinger Beiträge zur Geschichtsforschung 15), Stuttgart 1985, S. 109.

Hinzu kam als wesentlicher, die eigene Attraktivität erhöhender Unterschied zu den reformatorischen Kirchen, daß die katholische Kirche mit der herkömmlichen Volksfrömmigkeit viel toleranter umging und auch dann noch eine breite Palette an populären Frömmigkeitsformen anzubieten hatte, als der kirchliche Kampf gegen den „Aberglauben" des Volkes schärfer wurde. Die Popularität etwa des Reliquienkults manifestiert sich darin, daß Translationen von Heiligenleibern häufig in tagelange, ausgelassene Feste ganzer Landschaften eingebettet waren. Das Bedürfnis nach Wallfahrten war ebenfalls sehr stark, zumal hier ganz persönliche Nöte, Ängste und Wünsche in von der Kirche nicht nur akzeptierter, sondern auch geschickt geförderter Form zum Ausdruck gebracht und „bewältigt" bzw. zur Erfüllung gebracht werden konnten. Zeedens Forschungen über das hartnäckige Weiterleben katholischer Traditionen und Bräuche im Luthertum und im Calvinismus haben ergeben, daß aus dieser „Volksnähe" sehr wohl auch ein Wettbewerbsvorteil für die katholische Kirche resultierte.[21]

Mit der Belebung des Glaubens an die Wirksamkeit magischer Handlungen und an die Realität von Wundern traf die katholische Kirche ein weitverbreitetes Bedürfnis nach dem Heiligen und Magischen, kanalisierte dieses aber in Richtung auf kirchlich gewollte Einstellungen und Verhaltensweisen, wie das Vertrauen auf die magische „Kompetenz" des Priesters bei den

---

21 Aus lutherischen und calvinistischen Visitationsakten des 16. und 17. Jahrhunderts geht hervor, daß trotz zahlreicher Verbote das Wallfahren vielerorts schier unausrottbar war. Befehle, noch vorhandene Gnadenbilder zu entfernen, wurden häufig ignoriert. Ebenso klagten lutherische und calvinistische Obrigkeiten über den weiterbestehenden Hang des Volkes zur Anbetung der Sakramente und zum Verehren von Andachtsbildern. Zeeden, Katholische Überlieferungen in den lutherischen Kirchenordnungen des 16. Jahrhunderts. In: Ders. (Hg.), Konfessionsbildung. Studien zur Reformation, Gegenreformation und katholischen Reform (Tübinger Beiträge zur Geschichtsforschung 15), Stuttgart 1985, S. 156 f.

Sakramentsfeiern, das Aufsuchen kirchlich anerkannter und kontrollierter Kult- bzw. Wunderstätten oder die Anrufung (ausschließlich) solcher Heiliger, die bereits kanonisiert waren.[22]

Abgesehen von diesen katholischen Besonderheiten lieferte die Reformation selbst wichtige Anregungen für die Erneuerung des katholischen Lebens. Die Abfassung der katholischen Katechismen und deren Veröffentlichung als verbindliche Glaubensgrundlage katholischer Länder geht ebenso auf reformatorische Ideen zurück wie der Bedeutungsaufschwung des Predigtwesens: Alle im 16. Jahrhundert gegründeten Orden, angeführt von Jesuiten und Kapuzinern, entfalteten eine äußerst rege Predigttätigkeit.[23]

Mit diesem letztgenannten Punkt ist auch eine der zentralen Herausforderungen angesprochen, welche die Protagonisten der katholischen Konfessionalisierung bewältigen mußten: die Hervorbringung eines zur Ausübung und Leitung der diversen Verfahren bzw. Institutionen geeigneten Klerus.[24] Dieser sollte die „alten“, teils „vorreformatorischen“, teils mit reformatorischem Gedankengut „infizierten“ Kleriker ersetzen, die sich nicht an die vom Konzil von Trient gesetzten Normen im Hinblick auf Ausbildung, Lebenswandel und seelsorgerische Praxis des katholischen Priesters gebunden fühlten

22 Zur Differenzierung zwischen den „richtigen“ und „guten“ magischen Praktiken und Wundermitteln der Kirche und den „falschen“ und „bösen“ (diabolischen) des Volkes in theologischen Traktaten, Predigten und in der Strafpraxis siehe: Robert J. W. Evans, The Making of the Habsburg Monarchy 1550–1700. An Interpretation, Oxford 1979, S. 387 f. und Eva Labouvie, Wider Wahrsagerei, Segnerei und Zauberei. Kirchliche Versuche zur Ausgrenzung von Aberglaube und Volksmagie seit dem 16. Jahrhundert. In: Richard van Dülmen (Hg.), Verbrechen, Strafen und soziale Kontrolle (Studien zur historischen Kulturforschung 3), Frankfurt/Main 1990, S. 15 ff.

23 Zeeden, Grundlagen und Wege der Konfessionsbildung, S. 108.

24 Zu den Anfängen der kirchlichen Reformbemühungen in Österreich siehe u. a.: Franz Ortner, Reformation, katholische Reform und Gegenreformation im Erzbistum Salzburg, Salzburg 1981, S. 87–92.

und gegen alle einschlägigen Reform- und Disziplinierungsversuche Widerstand leisteten.[25]

Die Reformation und die Anfänge der Gegenreformation in Wien

In der Einleitung zu einem Sammelband über „Katholische Reform und Gegenreformation in Innerösterreich" wurde vor wenigen Jahren festgestellt: „Angesichts der politischen und kulturgeschichtlichen Bedeutung der Gegenreformation für die [...] österreichische Geschichte [...] ist es erstaunlich, daß die Forschung vergleichsweise wenig Detailarbeit in den Gegenstand investiert hat."[26] Diese Feststellung trifft besonders zu, wenn man sie nicht auf die Geschichte der Gegenreformation in den *Ländern* der Habsburgermonarchie bezieht, sondern nach Studien zu einzelnen Städten, Märkten oder Grundherrschaften sucht. Auch für die kaiserliche Haupt- und Residenzstadt Wien gibt es bis heute keine zusammenhängende (und erst recht keine moderne) Darstellung des *Prozesses* der Gegenreformation im 16. und 17. Jahrhundert.[27]

---

25 Zu den Problemen bei der Durchsetzung der Konfessionalisierung sowie ihren Grenzen siehe: Anton Schindling, Konfessionalisierung und Grenzen von Konfessionalisierbarkeit. In: Anton Schindling, Walter Ziegler (Hgg.), Die Territorien des Reichs im Zeitalter der Reformation und Konfessionalisierung. Land und Konfession 1500–1650, Bd. 7, Bilanz – Forschungsperspektiven – Register, Münster 1997, S. 9 f.

26 France M. Dolinar, Maximilian Liebmann, Helmut Rumpler, Die Gegenreformation in Innerösterreich als politisches, kirchenpolitisches und theologisches Problem. In: France M. Dolinar, Maximilian Liebmann, Helmut Rumpler, Luigi Taviano (Hgg.), Katholische Reform und Gegenreformation in Innerösterreich 1564–1628, Klagenfurt [u. a.] 1994, bes. S. 11.

27 Josef Karl Mayr, Wiener Protestantengeschichte im 16. und 17. Jahrhundert. In: JBGPÖ 70, 1954, ist mehr an der Reformation als an der Gegenreformation interessiert. Auch alle anderen Beiträge, die in den in Frage kommenden

Eine Geschichte der Gegenreformation in Wien muß notwendig von den Erfolgen der evangelischen Bewegung im 16. Jahrhundert ausgehen. Auf sie ist es zurückzuführen, daß die vom katholischen Landesfürsten und der Kirche mit Hilfe einer sich kontinuierlich verbessernden institutionellen und personellen „Infrastruktur" gesteuerte Gegenbewegung noch in den 1650er Jahren auf erbitterte Widerstände stieß.[28]

Die Predigten des Paulus Speratus gegen den Zölibat im Jänner 1522 bei St. Stephan, die Enthauptung des sich zum Luthertum bekennenden Kaufmanns und Ratsbürgers Kaspar Tauber und die in mehreren „Wellen" erfolgenden Hinrichtungen von Täufern sind Markierungspunkte der frühesten Phase der evangelischen Bewegung in Wien.[29]

Bedeutender war das aktive Eintreten praktisch des gesamten österreichischen Adels für die Reformation in ihrer lutherischen Ausprägung: Die Adeligen spielten überall, ausgehend von ihrer starken Stellung als Grundherren, sowohl bei der

---

Fachzeitschriften (v. a. JBGPÖ, WGBl, JBVGStW) in den letzten 30 Jahren erschienen sind, behandeln die Gegenreformation, wenn überhaupt, nur am Rande. Man hat bei der Befassung mit diesem Thema daher weiterhin von den bereits sehr alten Arbeiten von Viktor Bibl und Ernst Tomek (v. a. seinem Beitrag in der vom Wiener „Altertumsverein" herausgegebenen „Geschichte der Stadt Wien") auszugehen. Gute Spezialstudien stammen von Richard Matt (über die protestantischen Bürgertestamente) und von Liselotte Westmüller (über Hernals). (Siehe unten Anm. 63 und 122.)

28 Angesichts der Vielschichtigkeit des Themas werde ich mich anhand einiger charakteristischer Probleme v. a. auf den voranschreitenden *Prozeß* der Gegenreformation konzentrieren. Dabei verzichte ich weitgehend auf die Behandlung des wichtigen Themenkreises „Schulen", da dies den Rahmen dieses Beitrages sprengen würde.

29 Die gesetzliche Grundlage für die radikalen Maßnahmen in der Frühphase der Reformation war das Wormser Edikt von 1523. Grete Mecenseffy, Wien im Zeitalter der Reformation des 16. Jahrhunderts. In: WGBl 29, 1974, Heft 3, S. 230. Zu den Wiener Täuferhinrichtungen siehe: Adolf Mais, Gefängnis und Tod der in Wien hingerichteten Wiedertäufer in ihren Briefen und Liedern. In: JBGStW 19/20, 1963/64, S. 87–182.

Durchsetzung der Reformation als auch später beim Widerstand gegen die einsetzende Gegenreformation die entscheidende Rolle.[30] Diese Tatsache bedeutete für Wien, daß sich die Blicke der an den neuen religiösen Ideen interessierten Bürger auf die adeligen Herrschaften im Wiener Umland richteten.

Die entscheidenden Impulse auf die Bürger gingen von den lutherischen Predigern aus, die auf diesen adeligen Schlössern tätig waren. Diese Einflüsse verstärkten sich noch, als die Adeligen damit begannen, ihre Prediger auch in ihren Wiener Freihäusern wirken zu lassen. Vor allem unter Maximilian II. gelang es dem Luthertum auf diese Weise, seine Anhängerschaft in Wien laufend zu erweitern.[31] Zwei katholische Stimmen mögen diesen rasch anwachsenden Erfolg der evangelischen Bewegung in Wien unterstreichen: Petrus Canisius, einer der ersten Jesuiten in Österreich und Verfasser des nach ihm benannten Katechismus, brachte bereits 1558 seine Befürchtung zum Ausdruck, daß sich Wien in ein zweites Wittenberg verwandeln könne, und der Hofprediger Martin Eisengrein vermochte 1569 kaum noch Spuren von katholischem Leben in der Stadt festzustellen.[32] Vor allem der „Drang zum Laienkelch" war so stark, daß Kaiser Ferdinand I. ein 1554 zu dessen Unterdrückung erlassenes Mandat außer Kraft setzte und fortan seine Hoffnungen auf Wiederherstellung der religiösen Einheit auf dieses wichtige Symbol der evangelischen Bewegung richtete. Gemeinsam mit Herzog Albrecht V. von Bayern und den drei geistlichen Kurfürsten, die sich dem kaiserlichen Konzept anschlossen, wandte er sich an Papst Pius IV.

---

30 Kurt Piringer, Ferdinands III. katholische Restauration (ungedr. phil. Diss.), Wien 1950, S. 10.

31 Mayr, Wiener Protestantengeschichte, S. 42.

32 Zu Canisius siehe: Gernot Heiß, Die Jesuiten und die Anfänge der Katholisierung in den Ländern Ferdinands I. Glaube, Mentalität, Politik (ungedr. phil. Habil.), Wien 1986, S. 108 ff. Zu Eisengrein siehe: Mayr, Wiener Protestantengeschichte, S. 42.

mit der Bitte um die offizielle Gewährung des „Kelchs" für die Untertanen seiner Länder.[33] Als der Laienkelch im Jahr 1564 schließlich offiziell eingeführt wurde, zeigte sich jedoch sehr bald, daß die kaiserliche Erwartung, die Protestanten[34] würden sich damit zufriedengeben, keine weiteren Forderungen stellen und nach der ihnen erwiesenen „Großzügigkeit" wieder in die Kirche zurückkehren, völlig unrealistisch war: Die Stände, vor allem die Herren, forderten – im Gegenteil – viel umfassendere religiöse Zugeständnisse.[35] Unter anderem drängten sie auf die offizielle Zulassung des evangelischen Predigtwesens in ihren Wiener Freihäusern. An der Spitze der religiösen Bewegung der Stände stand der niederösterreichische Landmarschall Hans Wilhelm von Roggendorf,[36] der wie viele sei-

33 Gemeinsam mit dem Kelch wurde auch das Zugeständnis der Priesterehe erbeten. Die Verweigerung von Kelch und Priesterehe war aus der Sicht der kaiserlichen Berater der Hauptgrund für den Erfolg der evangelischen Bewegung bzw. für die mangelnde Attraktivität der katholischen Kirche. Siehe: Karl Saftien, Die Verhandlungen Ferdinands I. mit Pius IV. über den Kelch am Konzil und dessen Einführung in Österreich, Wien 1890, S. 40 ff.

34 Der Begriff „Protestanten" (bzw. der von mir ebenfalls verwendete, modernere Ausdruck „Evangelische") wird von mir im vollen Bewußtsein der Tatsache verwendet, daß es immer problematisch bleiben muß, eine so eindeutige konfessionelle Zuordnung eines nicht nur zahlreichen, sondern auch sozial und kulturell sehr differenzierten Personenkreises vorzunehmen – v. a. in einer Phase, die erst am Beginn der eigentlichen „Konfessionsbildung" steht. Korrekter müßte von Personen und Gruppen gesprochen werden, die (in höchst unterschiedlicher und selektiver Weise) an den neuen religiösen Ideen interessiert waren oder auch nur die Kritik der Reformatoren am Zustand der Kirche teilten. Der Begriff fungiert daher hier als „kleinster gemeinsamer Nenner" für all jene, die mit ihrer kritischen religiösen Haltung in offenen Gegensatz zu Kirche und Landesfürst gerieten.

35 Siehe: Rudolf Till, Der Laienkelch in Wien. In: Viktor Flieder (Hg.), Festschrift für Franz Loidl zum 65. Geburtstag, Bd. 1, Wien 1970, bes. S. 383–387, und Arthur Stögmann, Die Gewährung des Laienkelchs und seine Annahme in den Ländern Ferdinands I. (ungedr. phil. Dipl.-Arb.), Wien 1991, bes. S. 17 ff.

36 Zu Roggendorf als führendem Exponenten der ständischen Religionspolitik

ner Standesgenossen auch ohne landesfürstliche Genehmigung in seinem Haus in der Herrengasse predigen ließ.[37]

Den entscheidenden Durchbruch erzielten die Stände mit der nach langwierigen Verhandlungen erteilten Religionskonzession (1568). Darin wird den nieder- und oberösterreichischen Herren und Rittern der Gebrauch der Augsburger Konfession „in ihren Schlössern, Häusern und Gütern für sich selbst, ihr Gesinde und ihre Zugehörigen, auf dem Land aber und bei ihren zugehörigen Kirchen auch für ihre Untertanen" – unter der Auflage der Ausarbeitung einer einheitlichen „Kirchenagende" – gewährt.[38] Mit diesem Privileg wurde ein bereits seit langem bestehender Zustand nachträglich legalisiert und gleichzeitig die rechtliche Basis für die Errichtung eines landesfürstlich anerkannten und von der katholischen Kirche unabhängigen Kirchenwesens in Niederösterreich geschaffen.[39]

Die landesfürstlichen Städte und Märkte waren von der Konzession jedoch explizit ausgenommen. Diese entscheidende Einschränkung der Konzession ist vor dem Hintergrund der rechtlichen und politischen Stellung der landesfürstlichen Städte und Märkte zu sehen. Deren politischer Handlungs-

---

siehe: Gustav Reingrabner, Adel und Reformation. Beiträge zur Geschichte des protestantischen Adels im Lande unter der Enns, Wien 1976, S. 32 f.

37 Zu Beginn der 1570er Jahre traten neben Roggendorf besonders Oswald von Eitzing, Wolf Sigmund von Auersperg, Wolf Christoph von Enzersdorf, Leopold Grabner sowie die Herren von Liechtenstein und Rüdiger von Starhemberg als Förderer des evangelischen Glaubens in Wien auf. Sie bedienten sich dazu ebenfalls ihrer Freihäuser. Mayr, Wiener Protestantengeschichte, S. 43.

38 Die evangelischen Adeligen verstanden unter ihren „zugehörigen" Kirchen stets die ihrem Patronat unterstehenden Kirchen und Kapellen und besetzten sie von nun an mit zumeist aus deutschen Territorien oder Reichsstädten stammenden „Prädikanten". Die Religionsverhandlungen zwischen Kaiser und Ständen wurden in den folgenden Jahren fortgesetzt und fanden ihr vorläufiges Ende in der Erteilung der „Assekuration" (1571). Helmuth Feigl, Entwicklung und Auswirkungen des Patronatsrechts in Niederösterreich. In: JBLKNÖ NF 43, 1977, S. 97.

39 Reingrabner, Adel und Reformation, S. 60–64.

spielraum war stets wesentlich geringer als jener der beiden oberen Stände, da sie im weiteren Sinn zum „Kammergut" des Landesfürsten zählten bzw. von diesem dazugerechnet wurden. Ausgehend von dieser Interpretation wurden die städtischen Magistrate in wachsendem Maß als „unterste Behörden" in den fürstlichen Behördenapparat integriert und übten seitdem eine konfliktträchtige Doppelfunktion aus, da sie weiterhin auch die Organe der städtischen Selbstverwaltung blieben. Im Rahmen des Gegensatzes zwischen landesfürstlich-absolutistischen Interessen und den zunehmend in die Defensive gedrängten städtischen Autonomieansprüchen gewann die konfessionelle Frage in den Städten ihre politische Brisanz: Die aktivsten Protestanten waren gleichzeitig die vehementesten Verfechter der städtischen Autonomie.[40]

Für das Verhalten der Wiener Protestanten hatte die Konzession zwei Folgen: Einerseits „strömten" sie in die nunmehr erlaubten Hauspredigten der Adeligen in Wien, andererseits auf jene Adelsgüter im Wiener Umland, wo evangelische „Religionsexerzitia" bestanden. Beide Vorgänge widersprachen der Konzession, weshalb Maximilian II. zunächst durch Erlässe dagegen anzukämpfen versuchte. Auf Vorschlag der auf Sicherung des Erreichten bedachten Stände gestand ihnen der Kaiser im Jahre 1575 den großen Landhaussaal als Ort zur Abhaltung von Gottesdiensten und Predigten zu, untersagte aber alle Hauspredigten in Wien. Maximilian II. ging auf diesen ständischen Vorschlag vor allem deshalb ein, weil er hoffte, so die Teilnahme der Wiener Bürger an den Gottesdiensten des Adels unterbinden zu können: Der nunmehr eingerichtete „Land-

40 Die dominante Stellung des Landesfürsten war am stärksten in Wien zu spüren, wo sowohl der Hof als auch die seit Ferdinand I. sukzessiv ausgebaute landesfürstliche Zentralverwaltung ihren ständigen Sitz hatten. Siehe: Franz Baltzarek, Die Stadtordnung Ferdinands I. und die städtische Autonomie im 16. Jahrhundert. In: WGBl 29, 1974, Heft 3, v. a. S. 189 f.

hausgottesdienst“ war ausdrücklich nur für die Stände und ihr Gefolge bestimmt, nicht jedoch für die Bürger.[41] Diese Einschränkung konnte jedoch nicht verhindern, daß die Wiener Lutheraner regelmäßig im Landhaus zusammenkamen, um die Predigten des von den Ständen aus Regensburg nach Wien berufenen Flacianers[42] Josua Opitz zu hören.[43] Opitz übte in den vier Jahren seiner Tätigkeit in Wien einen derart beherrschenden Einfluß auf die Wiener aus, daß führende Katholiken mit aller Vehemenz auf seine „Abschaffung“ drängten.[44]

Ein Beispiel aus dem Jahr 1578 soll diesen Einfluß unterstreichen: In mehreren Predigten griff Opitz das katholische Fronleichnamsfest in schärfster Form an und forderte seine Zuhörer auf, für die, *so mit dieser Abgötterei behaftet sind, zu beten, sodaß sie auch einmal ihren Greuel erkennen mögen.*[45] Während die nach mehrjähriger Unterbrechung am 29. Mai 1578 erstmals wieder öffentlich begangene Fronleichnamsprozession noch tumultartige Proteste der Protestanten provoziert hatte, bewirkte allein die Ausweisung Opitz' im Juni 1578 eine solche Beruhigung des konfessionellen „Meinungsklimas“ in der Stadt, daß es zu keinen weiteren öffentlichen Protesten gegen

---

41 Rudolf II. ermahnte Erzherzog Ernst in einem Dekret aus dem Jahr 1577, unbedingt darauf zu achten, daß die evangelischen Prediger sich außerhalb des Landhauses keine *cura animarum* anmaßen. DAW, WP, Bd. 5, 1581, fol. 396r.

42 Zur Bedeutung der „flacianischen“ Richtung des Luthertums für die Geschichte des Protestantismus in Österreich siehe: Gustav Reingrabner, Zur Geschichte der flacianischen Bewegung im Lande unter der Enns. In: JBLKNÖ NF 54/ 55, 1990, S. 265 ff.

43 Josef Karl Mayr, Vom Geist des Hauses: Der lutherische Landhausprediger Josua Opitz. In: JBGPÖ 71, 1955, S. 9–13, bes. S. 11.

44 Opitz hielt u. a. Leichenpredigten im Rathaus, so für den verstorbenen Stadtschreiber Igelshofer, was Erzherzog Ernst zu einem scharfen Mandat an den Rat der Stadt Wien veranlaßte (15. Jänner 1577). DAW, WP 5, fol. 398r.

45 Zitiert nach: Mayr, Wiener Protestantengeschichte, S. 71.

Prozessionen mehr kam.[46] Georg Eder[47] berichtete am Ende desselben Jahres von einer so schön verlaufenen Christtagsprozession, daß *mir hertz und augen übergangen und (ich) so fro worden, daß ich* [...] *von hertzen begert zu sterben, damit ich nur kein sollche desolation mehr erleben solle, als ein zeit hero gewest.*[48] Melchior Klesl[49] brachte den Stellenwert Opitz' im Jahr 1580 zum Ausdruck, als er dessen Entfernung aus der Stadt als wichtigsten Grund für die ersten Erfolge bei der Rückgewinnung von Protestanten bezeichnete.[50]

---

46 Zu den Ereignissen anläßlich der Fronleichnamsprozession des Jahres 1578 siehe: Walter Sturminger, Der Milchkrieg zu Wien am Fronleichnamstag 1578. In: MIÖG 58, 1950, S. 614–624. Zum Zweck der Wiederabhaltung der Fronleichnamsprozessionen war die (um 1535 eingegangene) Wiener Fronleichnamsbruderschaft im Jahr 1577 auf Initiative des Bischofs Johann Kaspar Neubeck wiedergegründet worden. Die Durchführung von Prozessionen war hier wie überall sonst im katholischen Europa einer der ersten demonstrativen Schritte zur „Erneuerung" des katholischen Religionslebens. Siehe: Theodor Brückler, Studien zur Geschichte der katholischen Reform in Niederösterreich in der zweiten Hälfte des 16. Jahrhunderts (ungedr. phil. Diss.), Wien 1974, S. 281–282 sowie 302–303.

47 Georg Eder war Reichshofrat, wichtigster Vertrauter der bayerischen Herzöge am Wiener Hof und einer der eifrigsten Förderer der Gegenreformation unter Maximilian II. und Rudolf II. Siehe zu ihm u. a.: Karl Schrauf, Der Reichshofrat Dr. Georg Eder. Eine Briefsammlung als Beitrag zur Geschichte der Gegenreformation in Niederösterreich (1573–1578), Wien 1904.

48 Schrauf, Georg Eder, S. 255.

49 Klesl war seit 1579 Dompropst zu St. Stephan und Kanzler der Universität. Von 1580 bis 1600 war er Passauer Offizial. Das grundlegende Werk über diesen wohl bedeutendsten Exponenten der österreichischen Gegenreformation stammt von Joseph Freiherr von Hammer-Purgstall, Khlesl's, des Cardinals, Directors des geheimen Cabinets Kaiser Mathias', Leben, 4 Bde. Wien 1847–1851.

50 Klesl an Herzog Wilhelm V. von Bayern (25. September 1580). Klesl berichtet darin die bemerkenswerte Tatsache, daß jene am ehesten zur Konversion zum Katholizismus bereit sind, die zuvor Opitz' eifrigste Anhänger waren. Viktor Bibl, Briefe Melchior Klesls an Herzog Wilhelm V. von Baiern. In: MIÖG 21, 1900, S. 652.

Kaiser Rudolf II., Erzherzog Ernst und die Herzöge von Bayern – Das „Netzwerk" der Gegenreformation

Rudolf II. war entschlossen, die religiöse Einheit des Landes wiederherzustellen.[51] Ziel seiner Bemühungen war die Zerstörung aller Formen der evangelischen Religionsausübung und die Zurückführung aller Landesbewohner in die durch das Konzil von Trient „erneuerte" katholische Kirche.[52] Da die adeligen Anhänger des Augsburger Bekenntnisses mit den bereits angesprochenen Privilegien ausgestattet waren, gegen die direkt nichts unternommen werden konnte, mußte sich die Regierung damit begnügen, die ständischen Rechte in kleinen, unauffälligen Schritten zu beschneiden und gegen jede faktische Ausweitung der erteilten Privilegien sofort einzuschreiten. Die vielen Maßnahmen, die während der Statthalterschaft Erzherzog Ernsts ergriffen wurden, lassen sich somit als Versuche zur schrittweisen „Unterminierung" der Position der Evangelischen im Land charakterisieren.[53]

Den größten Einfluß auf Formulierung und Umsetzung des gegenreformatorischen Programms der Regierung nahm Herzog Albrecht V. von Bayern,[54] der ein neuerliches Übergreifen

51 Das grundlegende, äußerst detailreiche Werk dazu stammt von Viktor Bibl, Die Einführung der katholischen Gegenreformation in Niederösterreich unter Kaiser Rudolf II., Innsbruck 1900.

52 Zur Rolle des Trienter Konzils im Hinblick auf Reform und „Erneuerung" der katholischen Kirche (und damit für die „katholische Konfessionalisierung") gibt es eine äußerst umfangreiche Literatur. Genannt sei hier der für die einschlägige Forschungsdiskussion richtungweisende Aufsatz von Wolfgang Reinhard, Gegenreformation als Modernisierung? Prolegomena zu einer Theorie des konfessionellen Zeitalters. In: ARG 68, 1977, S. 226–252.

53 Reingrabner, Adel und Reformation, S. 66. Erzherzog Ernst war der zweitälteste Bruder Rudolfs und seit Ende 1576 Statthalter von Niederösterreich. 1592 wechselte er nach Brüssel. Siehe: Viktor Bibl, Erzherzog Ernst und die Gegenreformation in Niederösterreich (1576–1590). In: MIÖG Ergbd. 6, 1901, S. 575 ff., hier S. 577.

54 Zum Einfluß Bayerns auf die Ausgestaltung der gegenreformatorischen Pro-

der evangelischen Bewegung aus Österreich auf sein Land fürchtete, nachdem er zu Beginn der 1560er Jahre eine protestantische Adelsfronde niedergeworfen und damit der Gegenreformation in Bayern zu einem ersten Durchbruch verholfen hatte.[55] Im Jahr 1577 wandte sich Rudolf II. an Albrecht V. um Rat, da etliche „Unordnungen" in seinen Ländern eingerissen seien, darunter die Tätigkeit etlicher Prädikanten in und um Wien, die immer frecher würden und alle bisher ergangenen Befehle, sich keine unbefugte Seelsorge anzumaßen, mißachtet hätten.[56] Albrecht riet, den Prädikanten mit aller Schärfe ihre Seelsorge zu verbieten.[57] Gegenüber den Ständen solle darauf geachtet werden, daß sie die Konzession genau einhalten und sich keine Seelsorge gegenüber der Wiener Bürgerschaft anmaßen. Widrigenfalls solle die Rücknahme der Konzession angedroht werden. Der Kaiser soll den Prädikanten bei schwerer Leibesstrafe alle gottesdienstlichen Verrichtungen in den Bürgerhäusern untersagen. Die Landhausprädikanten können abgeschafft werden, wenn sie mit ihren „hetzerischen" Predigten fortfahren. Insbesondere Opitz soll zur Warnung für alle anderen so rasch als möglich ausgewiesen werden. Ein

---

gramme in den österreichischen Ländern siehe: Alfred Kohler, Bayern als Vorbild für die innerösterreichische Gegenreformation. In: Katholische Reform und Gegenreformation in Innerösterreich 1564–1628, S. 387–403. Zu Albrecht V. v. a. S. 388–390.

55 Ebd., S. 388. Die weiteren Maßnahmen der bayerischen Herzöge, von denen die wichtigste zweifellos die Einrichtung eines staatlichen Rates war, der die Kirchenaufsicht in Bayern monopolisierte und alle Beschwerden der Bischöfe beiseite schob, führten zur Bildung eines „geschlossenen Konfessionsstaates" (Heinrich Lutz).

56 Das wiederholte „Hereinschleichen" von Prädikanten in die Stadt war praktisch nicht zu verhindern. Genannt sei hier nur Andreas Mugländer, der von 1562 bis 1579 mit Unterbrechungen in Hernals tätig war, von wo aus er unermüdlich – und trotz wiederholter Sanktionen – seinen Einfluß auf die Wiener Bürgerschaft ausübte. Mayr, Wiener Protestantengeschichte, S. 104.

57 Die wichtigsten Elemente dieser „heimlichen" Seelsorge waren Taufen und Leichenpredigten. Mayr, Wiener Protestantengeschichte, S. 61.

wirksames Mittel wäre es auch, die Magistrate in den landesfürstlichen Städten und Märkten mit Katholiken zu besetzen und die Haupträdelsführer auszuweisen. Auf den Landtagen soll auf keine Religionsforderung der Stände eingegangen, vielmehr stets auf die Bestimmungen der Konzession und auf die Gehorsamspflicht der Untertanen gegenüber ihrem Fürsten verwiesen werden.[58]

Die in diesem „Gutachten" ausgesprochenen Vorschläge wurden kurze Zeit später in ein regelrechtes Programm gegossen und schrittweise in die Tat umgesetzt.[59]

Den Vorwand für die Aufhebung des Landhausgottesdienstes im Juni 1578[60] lieferte die Tatsache, daß die von Maximilian II. gegebene Zusage nur mündlich erfolgt und daher nicht durch die Konzession gedeckt sei. Rudolf II. begründete diese folgenreiche Maßnahme mit der Ausdehnung der von den Prädikanten ausgeübten Seelsorge auf die Wiener Bürger.[61]

Die Wiener Lutheraner reagierten darauf mit einem massenhaften Auslauf auf die im Umland der Stadt liegenden Güter des Adels. Die größte Bedeutung gewannen in diesem Zusammenhang in den folgenden Jahren das Gut Vösendorf, seit Ende der 1570er Jahre im Besitz des Freiherrn Wilhelm von Hofkirchen,[62] und das Gut Inzersdorf, das dem Ritter

---

58 Sollten die Stände die Erbhuldigung verweigern, kann der Landtag aufgelöst und die Hilfe befreundeter Fürsten erbeten werden. Bibl, Die Einführung, S. 21–23.

59 Bibl, Die Einführung, S. 23.

60 Neben dem Landhausgottesdienst bestand auch eine von den Ständen unterhaltene „Landschaftsschule", die zur selben Zeit aufgehoben wurde. Siehe dazu: Gustav Reingrabner, Zur Geschichte der protestantischen Landschaftsschule in Wien. In: WGBl 27, 1972, S. 314–322, bes. S. 321.

61 Bibl, Die Einführung, S. 88–89. Opitz und seine Kollegen Tettelbach und Hugo erhielten am 21. Juni 1578 den Befehl, sich noch am selben Tag aus der Stadt und innerhalb von 14 Tagen aus dem Land zu entfernen. DAW, WP 5, 418 r–v.

62 Die Familie Hofkirchen war zumindest bis 1597 im Besitz von Vösendorf. In

Adam Geyer gehörte.[63] Gegen 2.000 Personen zogen angeblich jeden Sonntag nach Inzersdorf, um die Predigt zu hören und die Sakramente zu empfangen. Weil die Menge in der Kirche nicht Platz fand, mußten die Predigten im Freien gehalten werden.[64] Der „Auslauf" war durch die Konzession nicht eindeutig geregelt worden, was zu zwei gegensätzlichen Interpretationen führte: Während die Protestanten sich auf die (ihnen demnach zustehende) freie und uneingeschränkte Religionsausübung *auf dem Land* beriefen, betonten die Katholiken, allen voran der Landesfürst, daß der katholischen Kirche durch die Konzession keinerlei „Eintrag" geschehen dürfe. Dieser Fall war jedoch durch das „Auslaufen" von Bürgern *aus* den Stadtpfarren, in die sie nach geltendem Kirchenrecht „eingepfarrt" waren, eingetreten. Erzherzog Ernst erließ daher seit 1577 wiederholt Dekrete insbesondere gegen das von Geyer in Inzersdorf eingerichtete Kirchenwesen, ohne damit dauerhafte Erfolge zu erzielen.[65]

Erzherzog Ernst und die Wiener „Bürgerbewegung" (1578–1580)

Erzherzog Ernst konzentrierte seine gegenreformatorischen Bemühungen vorwiegend auf die landesfürstlichen Städte und Märkte, wobei er hier eine langfristig wirksame Doppelstrate-

diesem Jahr wird Georg Andreas von Hofkirchen als Besitzer genannt. Mayr, Wiener Protestantengeschichte, S. 114.

63 Seit 1562. Die Kirche von Hernals war im Jahr 1577 auf landesfürstlichen Befehl geschlossen worden. Der Gottesdienst kam damit zwar nicht zum Erliegen, mußte aber ins Schloß verlegt werden. Liselotte Westmüller, Helmhard Jörger und die protestantische Gemeinde zu Hernals. In: JBGPÖ 81, 1965, S. 153.

64 Eder an Albrecht V. (30. Juli 1578). Zitiert nach Bibl, Die Einführung, S. 98.

65 Ebd., S. 99.

gie verfolgte: In den entscheidenden Religionsverhandlungen der Jahre zwischen 1578 und 1580 verweigerte er den landesfürstlichen Städten, dem „vierten Stand" auf den Landtagen, jeden politischen Handlungsspielraum. Die Versuche der Städtevertreter – soweit sie evangelisch waren –, eine möglichst enge Allianz mit den beiden oberen Ständen zu bilden und gegenüber dem Landesfürsten eine geschlossene Front der evangelischen Stände zu bilden, wurden stets unter Hinweis auf ihre Stellung als landesfürstliches Kammergut und die Tatsache, daß sie ausdrücklich von der Religionskonzession ausgeschlossen waren, zurückgewiesen.[66]

Flankiert wurde diese Strategie durch eine Spaltung der Bürgerschaft, die dadurch erreicht wurde, daß gezielt Katholiken in die führenden Ämter der Stadt berufen sowie in den Inneren Rat[67] aufgenommen wurden – wie es bereits Herzog Albrecht von Bayern empfohlen hatte.

Entscheidende Bedeutung kam den Ratswahlen zu, denen Erzherzog Ernst daher auch seine besondere Aufmerksamkeit widmete.[68] Nachdem in den Jahren zuvor stets die mehrheitlich aus Protestanten bestehende niederösterreichische Regierung die Auswahl aus den von den wahlberechtigten Bürgern (Vor-)Gewählten getroffen hatte, schaltete Erzherzog Ernst seit 1577 deren Einfluß aus und ging dazu über, sein ihm laut Stadtordnung von 1526 zustehendes Bestätigungsrecht auch tatsächlich wahrzunehmen.[69] Auf diese Weise konnte er das sukzessive Eindringen von konfessionell „geeigneten" Kandi-

66 Bibl, Erzherzog Ernst, v. a. S. 578–579.

67 Zum Inneren Rat (20 Mitglieder laut Stadtordnung von 1526) siehe: Johanne Pradel, Die Wiener Ratsbürger im ersten Drittel des 17. Jahrhunderts (ungedr. phil. Diss.), Wien 1972, S. 34.

68 Zum Wiener Stadtregiment vor allem seit der Regierung Ernsts siehe Pradel, Wiener Ratsbürger, S. 34–43.

69 Zur Stadtordnung von 1526 siehe: Baltzarek, Die Stadtordnung Ferdinands I., S. 185–197.

daten in den Rat sicherstellen.[70] Noch 1577 hatte es neben dem Stadtrichter[71] nur noch zwei katholische (Innere) Räte gegeben. Nachdem drei in den Jahren 1577/78 ausgeschiedene Protestanten durch Katholiken ersetzt wurden, befanden sich die fünf Lutheraner gegenüber den nunmehr sechs Katholiken erstmals in der Minderheit. Seit den 1580er Jahren gab es stets höchstens drei Protestanten gleichzeitig im Inneren Rat.[72]

Diese Spaltung mußte sich auch auf den Landtagen auswirken, da der Innere Rat im Verein mit dem Äußeren[73] die städtischen Vertreter entsandte, wobei die dadurch entstehenden Lücken in beiden Gremien durch die Wahl von Ersatzmännern geschlossen werden mußten. Eine besondere Rolle kam in diesem Kräftespiel dem mit Unterbrechungen[74] in den Jahren zwischen 1574 und 1583 amtierenden katholischen Bürgermeister Hanns vom Thau zu, der nicht bereit war, religiöse Forderungen der protestantischen Bürger an den Landesfürsten weiterzuleiten und alle Versuche, politische Kontakte mit den beiden oberen Ständen herzustellen, hintertrieb.[75] Als

70 Bibl, Die Einführung, S. 111.

71 Der Wiener Bürgermeister bekleidete das bedeutendste bürgerliche Amt Österreichs. Er war das Haupt des „vierten Standes". Dennoch konnte er nach außen hin nicht unabhängig von Rat und Gemeinde agieren. Der Stadtrichter wurde vom Landesfürsten bestellt, war aber dem Bürgermeister gesellschaftlich nachgeordnet. Pradel, Wiener Ratsbürger, S. 38–39.

72 Pradel, Wiener Ratsbürger, S. 146.

73 Zum Äußeren Rat (76 Mitglieder laut Stadtordnung) siehe Pradel, Wiener Ratsbürger, S. 38. Hier dominierten die Kaufleute, die fast alle im Äußeren Rat saßen.

74 Von 1576 bis 1578 war der Lutheraner Christoph Huetstocker Bürgermeister. Er starb 1612. Siehe: Grete Mecenseffy, Wien im Zeitalter der Reformation. In: WGBl 29, 1974, S. 237.

75 Klesl lobt in einem Brief an Wilhelm V. Bürgermeister vom Thau als eifrig und katholisch. Das Lob bezieht sich v. a. auf (vorübergehende) Erfolge vom Thaus bei der Bekämpfung des Auslaufs nach Inzersdorf Anfang der 1580er Jahre (29. Jänner 1582). In: Eibl, Briefe Klesls an Wilhelm V., S. 663. Siehe auch: Mayr, Wiener Protestantengeschichte, S. 48. Thaus katholischer „Eifer"

Repräsentanten und Fürsprecher der Protestanten agierten der Äußere Rat und die ebenfalls mehrheitlich protestantischen Beisitzer des Stadtgerichts.[76]

Die Spannungen innerhalb der Bürgerschaft kamen im Vorfeld des Landtages 1579 erstmals zum Ausbruch. Als am 9. März 1579 der Innere Rat mit dem Äußeren und den Stadtgerichtsbeisitzern zusammentrat, um an Stelle der zum Landtag abgeordneten Ratsherren Starzer und Grienberger eine Ergänzungswahl vorzunehmen, drückte der Kaufmann Matthes Stainher, Mitglied des Äußeren Rats, sein Verlangen aus, daß die Wiener Landtagsabgeordneten ohne Wissen des Äußeren Rates und der Gemeinde[77] nichts beschließen dürften und sich auch von den Vertretern der anderen Städte und Märkte keineswegs trennen lassen sollten. Als in der darauffolgenden Debatte die Forderung erhoben wurde, gemeinsam mit den

---

manifestiert sich auch in der Tatsache, daß er als einer der ersten Laien in die im Jahr 1578 neugegründete Fronleichnamsbruderschaft eintrat (im Februar desselben Jahres). Ernst Tomek, Das kirchliche Leben und die christliche Charitas in Wien. In: Geschichte der Stadt Wien 5, hg. v. Altertumsverein zu Wien, Wien 1914, S. 301. Vom Thau stammte aus Nürnberg. Seine wichtigsten Karrierestationen waren: 1555 Äußerer Rat, 1562/63 Stadtrichter, 1564–69, 1574/75, 1580/81, 1585 und 1590–1601 Innerer Rat und 1570/71, 1574/75, 1578/79, 1582/83 und 1588/89 Bürgermeister. Er starb 1601. Nach: Richard Perger, Hanns vom Thau. In: Felix Czeike, Historisches Lexikon Wien, Bd. 5, Wien 1997, Sp. 434.

76 Zum Stadtgericht (zwölf ständige Beisitzer laut Stadtordnung) siehe: Pradel, Wiener Ratsbürger, S. 37–38.

77 Die „Gemeinde“ bildeten im wesentlichen die Handwerker. Die Stadtordnung von 1526 drängte diese soziale Gruppe politisch ins Abseits, indem sie ihr die Möglichkeit zur Wahl in den Rat aberkannte. Neben den ratsfähigen Bürgern (v. a. Kaufleute und Händler) stellten die Handwerker stets das aktivste und „unruhigste“ Element der evangelischen Bewegung in Wien dar. Richard Perger, Die Wiener Ratsbürger 1396–1525 (Forschungen und Beiträge zur Wiener Stadtgeschichte 18), Wien 1988, S. 21, und Mayr, Wiener Protestantengeschichte, S. 48.

78 Diese betrafen die Abschaffung aller Prädikanten aus Wien und den anderen

beiden adeligen Ständen die Freigabe der Augsburger Konfession zu erbitten, protestierten die völlig überraschten Katholiken und verließen die Versammlung. Am nächsten Tag übergaben die protestantischen Mitglieder des Äußeren Rates Bürgermeister Hanns vom Thau und dem Inneren Rat eine von den Bürgern verfaßte Erklärung, wonach sie sich bloß in politischen Dingen gehorsam verhalten wollten, in geistlichen sich aber auf nichts einlassen könnten, was ihrem christlichen Glauben und Gewissen zuwider sei. Bürgermeister und Rat sollten vielmehr dem Landtag folgende Forderungen übermitteln: Zur Ausübung ihrer Religion soll ihnen eine Kirche eingeräumt oder auf eine andere Art Zugang zu evangelischer Predigt gewährt werden. Wollen sie sich dieser Anliegen nicht annehmen, würde man sich direkt an den Statthalter wenden. Die Angelegenheit dulde keinen Aufschub mehr, da bereits viele, von Jugend an evangelische Handwerker die Stadt verlassen hätten, weil sie aufgrund der erlassenen Religionsdekrete[78] der Möglichkeit beraubt seien, ihr Bekenntnis auszuüben.[79]

Als Bürgermeister vom Thau sich weigerte, diese Schrift an den Landtag weiterzuleiten, versammelten sich die Evangelischen im Rathaus und beschlossen, eine Supplik direkt an den Statthalter zu übergeben. Nach dem Eintreffen der Landtagsabgeordneten der übrigen landesfürstlichen Städte und Märkte in Wien[80] wurden sogleich Verhandlungen innerhalb des „vierten Standes“ aufgenommen, die zu dem Ergebnis führten, eine Petition an die beiden oberen Stände zu richten, sich ihrer in

Städten, das Verbot des Auslaufs nach Inzersdorf und Dekrete an die Schulhalter und die Hebammen (siehe dazu weiter unten). Bibl, Die Einführung, S. 112.

79 Bibl, Die Einführung, S. 106 f.

80 Diese waren erst kurz zuvor von den ersten gegenreformatorischen Erlässen getroffen worden. Siehe Bibl, Die Einführung, S. 108–110 (Religionsdekret an die Stadt St. Pölten).

Religionssachen anzunehmen und gemeinsam um Zulassung des *heilsamen exercitii religionis* anzuhalten. Die Petition enthielt u. a. auch einen Hinweis auf das Interesse der Adeligen, einen Ersatz für den aufgehobenen Landhausgottesdienst zu schaffen, um während ihrer Aufenthalte in Wien ihr Bekenntnis ausüben zu können. Die Protestanten im Äußeren Rat Wiens schlossen sich dieser Petition an und verwarfen den ursprünglichen Plan einer Supplik an den Statthalter. Am 24. März wurde vom Inneren Rat eine Versammlung einberufen, bei der der kaiserliche Befehl an die Stadt verlesen wurde, sich bei sonstiger Strafe in keine Religionsverhandlungen mit den adeligen Ständen einzulassen. Alle 48 anwesenden Mitglieder des Inneren und des Äußeren Rats sowie des Stadtgerichts erklärten ihre Bereitschaft zum Gehorsam und distanzierten sich von der gemeinsam mit den Vertretern der anderen Städte beschlossenen Petition.[81]

Kurz vor Beendigung des Landtages wandten sich die Abgeordneten des vierten Standes – mit Ausnahme der Vertreter Wiens, die auch jede Mitwirkung an der den oberen Ständen übergebenen Petition abstritten – direkt an Erzherzog Ernst mit der Bitte um Freigabe der Augsburger Konfession in den Städten. Zuvor waren sämtliche Versuche, eine gemeinsame Front mit den oberen Ständen zu bilden, an deren Desinteresse und am Widerstand des Statthalters gescheitert. Die Wiener Abgeordneten nahmen an dieser Eingabe der Städte nicht teil, konnten jedoch nicht verhindern, daß darin auch die Beteiligung Wiens an der an die beiden oberen Stände gerichteten Petition zur Sprache kam. Dieser Hinweis veranlaßte am 10. Juli den Statthalter zum Erlaß eines Dekrets an Bürgermeister und Inneren Rat, daß der Äußere Rat und die Beisitzer des Stadtgerichts über diese so schwerwiegende Verletzung des schuldigen Gehorsams zur Rede zu stellen seien. Insbesondere solle erforscht

81 Ebd, S. 120–121.

werden, wer die Petition verfaßt habe. Während der aus diesem Anlaß einberufenen Versammlung im Rathaus erschien ein aus über 50 Angehörigen verschiedener Handwerksberufe bestehender Gemeindeausschuß und verlangte nach dem Äußeren Rat, um ihm eine Schrift zu übergeben. Dieser vollzog daraufhin demonstrativ den „Schulterschluß“ mit der Gemeinde.[82]

Am 19. Juli 1579 erreichte die Bürgerbewegung ihren Höhepunkt, als sich auf dem Platz vor der Hofburg 5.000 Demonstranten versammelten.[83] Ein 15köpfiger Ausschuß überreichte dem eben von der Messe zurückkehrenden Erzherzog Ernst eine vom Äußeren Rat, dem Stadtgericht und der „armen gemeinen Bürgerschaft“ unterzeichnete Bittschrift, die dieser an den Kaiser weiterzuleiten versprach. Als der Erzherzog kurz darauf am Fenster seines Gemaches in der Hofburg erschien, sank die immer noch versammelte Menge auf die Knie und schrie, man möge „um Gottes Willen“ das „Evangelium“ bewilligen.[84] Die Lage blieb kritisch, zumal am Tag darauf gemeldet wurde, daß das Volk plane, am nächsten Sonntag wieder vor die Burg zu ziehen und so lange dort auszuharren, bis eine Antwort auf das „Bürgerlibell“ erfolgen würde.[85] Die Antwort des Statthalters fiel für die Bürger enttäuschend aus, verriet aber auch das machtpolitische Dilemma, in dem er sich befand: Er erinnerte an die bereits ausgegangenen Erlässe in Religionssachen, untersagte ausdrücklich jede wei-

---

82 Ebd., S. 134–139. Dabei soll auch die Äußerung eines Mitglieds des Äußeren Rats gefallen sein, daß die Städte *nit der Kaiserlichen Majestät eigentümliche Städt, viel weniger Kammergut* wären. Zitiert nach Mayr, Wiener Protestantengeschichte, S. 85. Zur Rolle der Handwerker siehe: Ebd., S. 48.

83 Georg Eder an Albrecht V. von Bayern (10. August 1579). Siehe: Viktor Bibl, Die Berichte des Reichshofrats Dr. Georg Eder an die Herzoge Albrecht und Wilhelm von Bayern über die Religionskrise in Niederösterreich (1579–1587). In: JBLKNÖ NF 8, 1909, S. 90–93.

84 Bibl, Die Einführung, S. 139–140.

85 Ebd., S. 141.

tere illegale Zusammenkunft, vermied aber eine drastische Vorgangsweise oder gar eine Bestrafung der „Rädelsführer".[86]

Anspruch und Realität der Wiener Gegenreformation klafften deutlich auseinander: Die Bürgerschaft war – angeführt vom Äußeren Rat – überwiegend protestantisch. Der erst seit kurzem katholisch dominierte Innere Rat hingegen war (noch) nicht in der Lage, auf die Bürgerschaft gravierenden Einfluß auszuüben. Dies zeigte sich besonders deutlich in den von heftiger Erregung getragenen Tagen der Bürgerbewegung, als die Gemeinde sich direkt an den Äußeren Rat wandte und die Proteste des Inneren Rates gegen seine Umgehung erfolglos blieben.[87]

Die von der Regierung erlassenen Dekrete hatten es nicht vermocht, die Tätigkeit der evangelischen Prädikanten einzuschränken oder gar zu lähmen. Sie beschränkten ihre Tätigkeit nicht auf die Adelssitze im Wiener Umland, sondern besuchten weiterhin auch Bürgerhäuser in der Stadt.[88] Immer lauter wurden deshalb die Forderungen nach drastischeren Maßnahmen, die eine abschreckende Wirkung erzielen könnten.[89]

Neuerlich holte Rudolf II. den Rat Herzog Albrechts von Bayern ein, um einen Ausweg aus der offenkundig gewordenen Krise der landesfürstlichen Macht zu finden. Albrecht strich folgende Punkte als notwendig heraus, um die gefährliche Lage in Wien unter Kontrolle zu bringen: Vermehrung der Besat-

86 Eder gesteht dem Brüderpaar Rudolf und Ernst den erforderlichen Eifer für die katholische Sache zu und ortet den Hauptgrund für die milde Behandlung der Bürgerschaft im *lavieren und connivieren* der Hofbeamten. Eder an Wilhelm V. (1. Dezember 1579). Bibl, Berichte des Reichshofrats Eder, S. 99–100.

87 Zu den Problemen, geeignete Personen aus der Minderheit der katholisch gebliebenen Bürger für den Inneren Rat und das Bürgermeisteramt zu rekrutieren, siehe: Pradel, Wiener Ratsbürger, S. 146, und die Anmerkungen über die Bürgermeister nach 1600 (Anm. 97, 98, 133 und 146).

88 Bibl, Die Einführung, S. 149.

89 In diesem Sinne äußerte sich immer wieder Georg Eder. Siehe Bibl, Berichte des Reichshofrats Eder, S. 70 und S. 100.

zung und Verstärkung der Befestigungsanlagen, um alle politischen Maßnahmen militärisch absichern zu können, gewaltsame „Aufhebung" der Prädikanten und Landesverweis oder Ämterentzug als Strafen für die „Rädelsführer" der Bürgerbewegung. Mitte Oktober erfolgte zunächst die Bestrafung der in kaiserlichen Diensten stehenden Beamten, die das „Bürgerlibell" mit unterzeichnet hatten: Am 1. Dezember 1579 wurden zehn Bürger, die in kaiserlichen Diensten standen, gekündigt.[90]

Ein halbes Jahr später erfolgten die Maßnahmen gegen die (übrige) Wiener Bürgerschaft. Im Juli 1580 wurden Ortolf Eisenhammer und Hieronymus Örtl verhaftet. Örtl wurde am 16. Mai des Landes verwiesen, ihm folgten Johann Janitschitz, Georg Schadner und Caspar Huethofer.[91] Örtl und Eisenhammer hatten sich durch ihre Beziehungen zu Roggendorf kompromittiert, die Melchior Klesl mit Hilfe ihrer katholischen Diener aufgedeckt hatte. Die Rädelsführer des „Fußfalles der 5.000" wurden nicht bestraft. Überhaupt blieb der Großteil der politisch engagierten Wiener Lutheraner unbehelligt.[92]

Die vorsichtige Politik des Hofes zeigt sich auch in der Auseinandersetzung um das vom Ritter Lorenz Ostermayr in St. Ulrich errichtete Exerzitium, das wegen seiner unmittelbaren Nachbarschaft zur Stadt zahlreiche Bürger anzog. Erzherzog Ernst forderte im Jahr 1580 zwar Bürgermeister Barthlme Prantner auf, den Prädikanten „einzuziehen", warnte aber vor einer scharfen Vorgangsweise, um einen offenen Konflikt zu vermeiden. Die Folge war, daß kein gravierender Eingriff vor-

90 Mayr, Wiener Protestantengeschichte, S. 90.

91 Ebd., S. 90–92.

92 Klesl an Herzog Wilhelm V. (25. September 1580). Siehe: Bibl, Briefe Klesls an Wilhelm V., S. 650. Die Auswahl der „Bestraften" zeigt deutlich das aus Sicht des Hofes schwerwiegendste Vergehen der Bürger: die Aufnahme von Kontakten mit den adeligen Ständen.

genommen wurde und in St. Ulrich bis 1614 weiter gepredigt werden konnte.[93]

Das für Wien langfristig wirksamste Ergebnis der geschilderten Phase der konfessionellen Auseinandersetzung waren daher weniger die diversen Einzelmaßnahmen des Hofes als vielmehr die Marginalisierung des vierten Standes auf den Landtagen, indem konsequent jedem Versuch zur Bildung einer Allianz mit den adeligen Ständen ein Riegel vorgeschoben wurde. Im Fall Wiens kam noch die Besonderheit hinzu, daß sich die konfessionelle Spaltung der Bürgerschaft auch auf den Landtagen widerspiegelte. Dies hatte zur Folge, daß die katholischen Vertreter Wiens mit dem Bürgermeister an der Spitze jeden religiösen Vorstoß der Gegenseite obstruieren und den Hof über Kontakte der evangelischen Bürger mit den Adelsständen ständig am laufenden halten konnten.[94] Die Inhaber der bürgerlichen Spitzenämter verstanden sich nicht als Vertreter der Interessen der Mehrheit, sondern als loyale Beamte des Landesfürsten. Der Landesfürst hatte den Kampf um den „vierten Stand" gewonnen: Dieser spielte fortan keine aktive Rolle mehr auf den Landtagen, war damit des einzigen verfassungsmäßigen Forums zur Artikulation von Religionsbeschwerden beraubt und allen künftigen, methodisch vielfältigeren Katholisierungsbemühungen[95] weitgehend schutzlos

93 Elfriede Faber, Der Hof zu St. Ulrich. Ein Beitrag zur Geschichte des 7. Wiener Gemeindebezirks. In: JBVGStW 44/45 (1989), S. 43.

94 Spätestens auf dem Landtag des Jahres 1580 wurde die konfessionelle Spaltung der Stände deutlich. Dabei erwies sich v. a. der Prälatenstand in seiner Gesamtheit als *der* Kristallisationspunkt des katholisch-landesfürstlichen Einflusses im Landhaus. Reingrabner, Adel und Reformation, S. 67.

95 Hier ist vor allem auf den allmählichen Aufschwung der katholischen Seelsorge im letzten Jahrhundertdrittel hinzuweisen, der wiederum sehr wesentlich mit der Tätigkeit der Jesuiten in Zusammenhang steht. Im Jahr 1594 wurden in Wien bereits 8.000 Kommunikanten – gegenüber nur 2.000 zu Beginn der 1570er Jahre – verzeichnet. Max Vancsa, Politische Geschichte. In:

ausgeliefert. Erleichtert wurde diese Politik durch das fehlende Gegengewicht der adeligen Stände, die nur verbal als Anwalt der städtischen Interessen auftraten, sich gegen die (wenigen) Möglichkeiten für eine politische Aufwertung der Städte aber stets querlegten. So protestierten die Stände im Jahr 1604 gegen die Aufnahme von zwei Bürgern in das ständische Verordnetenkollegium.[96]

Folgenschwer waren weiters die Veränderungen im Bereich der führenden Ämter und Vertretungsorgane der Stadt. Hier waren die ersten „Einbrüche" von Katholiken erfolgt: Bürgermeister und die katholischen Inneren Räte fungierten vor allem als Informatoren der Regierung über die Aktivitäten der Bürgerschaft. Im Jahr 1581 schrieb Klesl an Herzog Wilhelm V. von Bayern, daß von den derzeit 14 Mitgliedern des Inneren Rats nur mehr drei *sectisch* seien, die aber jetzt *geschupft* würden.[97] Im darauffolgenden Jahr befand sich nur noch ein Lutheraner im Inneren Rat, der ehemalige Bürgermeister Christoph Huetstocker.[98] Zuvor war bereits der am Zustandekommen des „Fußfalls" führend beteiligte Daniel Lunzer aus dem Rat entfernt worden.[99] Angesichts der fast vollständigen „Protestantisierung" der alteingesessenen städtischen Elite (zu der etwa Huetstocker zählte) mußten die Bürgermeister und Inneren Räte in Hinkunft entweder aus dem Kreis katholischer Zuwanderer oder bürgerlicher „Aufsteiger", deren Väter noch nicht Ratsbürger gewesen waren, „rekrutiert" werden. Zur

---

Geschichte der Stadt Wien 4, hg. v. Alterthumsverein zu Wien, Wien 1911, S. 126, Anm. 2. Siehe auch: Theodor Wiedemann, Geschichte von Reformation und Gegenreformation im Land unter der Enns, Bd. 1, Prag 1880, S. 317.

96 Vancsa, Politische Geschichte, S. 127.

97 Klesl an Wilhelm V. (14. September 1581). Siehe: Briefe Klesls, S. 656.

98 Laut Klesl richtete er *wenig schaden* an. Klesl an Wilhelm V. (29. Jänner 1582). Siehe: Briefe Klesls, S. 663 f.

99 Ebd.

erstgenannten Gruppe zählen die Bürgermeister Hanns vom Thau, Andre Rieder, Georg Fürst und Paul Wiedemann,[100] zur zweiten Augustin Haffner und vor allem Daniel Moser.[101] Die fehlende Integration dieser Personen in das alteingesessene, bis dahin dominierende Bürgertum war eine wesentliche Bedingung für ihre unbedingte Loyalität zum Landesfürsten und ihre wachsende Bereitschaft, mit der von diesem gewünschten Strenge gegen protestantische Mitbürger vorzugehen.[102]

Zum allmählichen Umschwung in den politisch-konfessio-

---

100 Andre Rieder stammte aus Graz. 1564 erwarb er das Wiener Bürgerrecht und übte hier den Beruf eines deutschen Schulhalters aus. 1580 wurde er in den Äußeren Rat gewählt, 1587 wurde er Beisitzer des Stadtgerichts. Im Inneren Rat war er in den Jahren 1588–89, 1591–93 und 1596–99. Im Jahr 1599 wurde er zum Bürgermeister gewählt und bereits ein Jahr später vom Kaiser mit dem rittermäßigen Adelstitel bedacht. Er starb 1601. Georg Fürst wurde als Sohn des kaiserlichen Hofrichters in Wels, Dr. Johann Georg Fürst, geboren. Seine wichtigsten Karrierestationen waren: 1577 Äußerer Rat, 1578 Stadtgerichtsbeisitzer, 1579–87 und 1592–1601 Innerer Rat, 1602–03 Bürgermeister. Er starb 1603. Aus dem Jahr 1580 stammt eine öffentliche „Demonstration" seines katholischen Glaubens: Sein Name findet sich (neben denen anderer Stifter) auf der Tafel eines Passionsreliefs an der Südseite des Chores von St. Stephan. Siehe: Johanne Pradel, Die Wiener Bürgermeister der ersten Hälfte des 17. Jahrhunderts. In: WGBl 26, 1971, Nr. 1, S. 138 f. (zu Rieder) und S. 139 f. (zu Fürst). Zu Paul Wiedemann siehe Anm. 146.

101 Haffner wurde als Sohn des Schneidermeisters und städtischen Steuerhandlers Augustin Haffner in Wien geboren. 1580 kam er in den Äußeren Rat. Nach einer ersten Mitgliedschaft im Inneren Rat (1584) wurde er als „Ratsneuling" für zwei Jahre zu den Gerichtsbeisitzern „zurückgestuft" (1586–87). Anschließend blieb er bis 1603 im Inneren Rat. In den Jahren 1604–07 war er Bürgermeister. Er starb 1616. Pradel, Wiener Bürgermeister, S. 140 f. Zu Daniel Moser siehe Anm. 133.

102 Letzteres wurde vor allem in den Jahren nach 1620 deutlich, als Kaiser und Bischof bei der Durchführung der entscheidenden Maßnahmen gegen die Protestanten auf die aktive Unterstützung durch die „neue" städtische Amtselite zählen konnten. Siehe dazu die Kapitel: „Kaiser Ferdinand II. und Wien", „Besitzveränderungen nach der Rebellion gegen Ferdinand II." und „Der Kampf gegen den protestantischen Bücherbesitz".

nellen Kräfteverhältnissen trug in maßgeblicher Weise Melchior Klesl bei. In den verschiedenen politischen und kirchlichen Funktionen, die er im Lauf seines Lebens bekleidete, war der Kampf gegen die religiösen Selbständigkeitsbestrebungen der Städte und Märkte stets sein vorrangiges Ziel. Als vom Landesfürsten autorisierter „Generalreformator" bereiste er in den 1590er Jahren insgesamt 22 niederösterreichische Städte und Märkte, wo er methodisch die Katholisierung der Magistrate betrieb. Am Zustandekommen zahlreicher Religionsdekrete war er federführend beteiligt, im Jahre 1585 etwa an einem landesfürstlichen Erlaß an alle landesfürstlichen Städte, wonach nur demjenigen das Bürgerrecht einzuräumen sei, der sich bereit erkläre, seiner Obrigkeit in weltlichen und in geistlichen Dingen zu gehorchen.[103]

Der „Auslauf"

Wichtigstes Ziel der Bemühungen Klesls war der „Auslauf", der aus seiner Sicht das größte Hindernis für die Rekatholisierung der Städte darstellte.[104] Solange die Prediger des Adels in den Freihäusern Gottesdienst hielten, die faktisch allen Wiener Evangelischen zugänglich waren, und besonders solange die „Landhauskirche" Bestand hatte, war kein Anlaß gegeben, die Schloßprediger in der Umgebung Wiens aufzusuchen. Spätestens mit der Vertreibung Opitz' setzte jedoch das Auslaufen ein. Diese Bewegung ließ sich zumindest bis Ende der 1580er Jahre praktisch nicht eindämmen. Im Jahr 1581 etwa liefen alle Sonn- und Feiertage ca. 4.000 Personen zur „ketzerischen Predigt" nach Inzersdorf.[105] Die von Klesl

103 Damit war ein erster Schritt zum späteren katholischen Bürgereid gesetzt.
104 Siehe Bibls Einleitung zu den Briefen Klesls an Wilhelm V., S. 645.
105 Klesl an Wilhelm V. (14. September 1581). Siehe: Briefe Klesls, S. 656.

zur Abwehr dieser Praxis erhoffte *Opitianische execution* blieb jedoch aus.[106]

Auf Anregung Klesls wurden seit den 1580er Jahren alle Schloßprediger an den Hof zitiert, wo sie einen Revers unterzeichnen mußten, der sie dazu verpflichtete, sich jeder „fremden" Seelsorge zu enthalten. Verweigerten sie die Unterschrift, wurden sie eingesperrt und sechs Wochen später des Landes verwiesen.[107] Die Kontrolle der Bürgerschaft oblag zunächst dem Magistrat, der jedoch durch seine „Nachlässigkeit"[108] immer wieder zu Klagen Anlaß gab.[109] Auf Drängen Klesls entzog Erzherzog Ernst im Jahr 1588 dem Magistrat die Jurisdiktion über alle Religionssachen und übertrug sie Klesl und dem kaiserlichen Stadtanwalt.[110] Die Folge dieser Maßnahme war, daß sich der Druck auf die Bürgerschaft in den folgenden Jahren beträchtlich erhöhte und das Auslaufen zunehmend schwierig wurde. Das Auslaufen wurde zunächst in der Regel mit Geldstrafen geahndet. Die Strafen variierten laut Klesl zwischen 50 und 100 Talern. Ende 1585 wurden unter Klesls Ägide die Strafandrohungen verschärft: Die „Ausläufer" sollten beim ersten Mal ermahnt, beim zweiten Mal mit 14 Tagen

---

106 Ebd.

107 Mayr, Wiener Protestantengeschichte, S. 98–99.

108 Die Gründe für diese vielbeklagte „Nachlässigkeit" sind in dem Interesse der städtischen Amtsträger zu sehen, die Verbindung mit der protestantischen Mehrheit nicht abreißen zu lassen bzw. eine solche überhaupt erst herzustellen. Letzteres gilt v. a. für jene Amtsbürger, die entweder zugewandert oder sozial aufgestiegen waren.

109 Im Jahr 1582 ermahnte Erzherzog Ernst Bürgermeister und Rat zu größerer Wachsamkeit gegenüber dem Auslaufen der Bürger, da diese Praxis ihrer eigenen Jurisdiktion *schimpflich* sei. 21. Juli 1582. DAW, WP 5, fol. 498r–v.

110 Der Stadtanwalt war nichtbürgerlicher Herkunft und auf Lebenszeit bestellt. Er war der unmittelbare Vertreter des Landesfürsten in den Ratssitzungen, hatte jedoch selbst keine Stimme. Seine vornehmliche Funktion war es, auf die politische Loyalität der Ratsherren zu achten. Pradel, Wiener Ratsbürger, S. 36, und Baltzarek, Die Stadtordnung Ferdinands I., S. 191.

Gefängnis bestraft und beim dritten Mal des Landes verwiesen werden.[111]

Zwei Berufsgruppen standen im Zusammenhang mit dem Auslaufen im Mittelpunkt: die Fuhrleute und die Hebammen. Bei ersteren handelte es sich um Lohnfuhrwerker, die vor allem beim Kärntnertor ihre Standplätze hatten und interessierte Personen in die „einschlägigen" Vororte transportierten. Der „Auslauf" war für sie vor allem ein profitabler Geschäftszweig. Um diesen zu unterbinden, wurden die Fuhrleute unter Eid genommen und bei wiederholten Übertretungen zunächst ausgebürgert und dann „abgeschafft".[112] Die Hebammen waren an die Weisungen des Magistrats gebunden und hatten dem Bürgermeister regelmäßig über die Zahl der – katholischen – Taufen Meldung zu erstatten. Als offenkundig wurde, daß sie mehrheitlich protestantischen Taufen in- und außerhalb der Stadt beiwohnten,[113] erließ Erzherzog Ernst die Weisung, daß die Hebammen grundsätzlich nur bei katholischen Taufen anwesend sein dürften.[114] In der Folge wurden sie verpflichtet, Eltern, die ihre Kinder nicht bei katholischen Priestern taufen ließen, zur Anzeige zu bringen. Auch den Hebammen drohte bei Zuwiderhandeln die Ausschaffung.[115]

---

111 Klesl an Wilhelm V. (10. August 1582). Bibl, Klesls Briefe, S. 666. Siehe auch: Viktor Bibl, Eine Denkschrift Melchior Klesls über die Gegenreformation in Niederösterreich (ca. 1590). In: JBLKNÖ NF 8, 1909, S. 160, Anm. 2.

112 Klesl an Wilhelm V. (28. Oktober 1581). Briefe Klesls, S. 661.

113 Die Teilnahme an evangelischen Taufen war den Hebammen nur bei Adeligen außerhalb der Stadt erlaubt, innerhalb der Stadt weder beim Adel noch bei den Bürgern.

114 Im Jahr 1581. Mayr, Wiener Protestantengeschichte, S. 100.

115 Ebd. Nach anfänglichen Schwierigkeiten wurde der Druck auf die Hebammen noch verschärft. Seit 1582 mußten sie zwei katholischen Bürgern des Äußeren Rates wöchentlich ein Verzeichnis aller getauften Kinder mit genauen Angaben darüber, wo und durch wen sie getauft wurden, zustellen. DAW, WP 5, fol. 499r (1582).

Klesl betrachtete ungeachtet der Maßnahmen, die sich unmittelbar an die Bürgerschaft richteten, den Kampf gegen die *Stätten* des protestantischen Glaubenslebens, insbesondere gegen Hernals, Vösendorf und Inzersdorf, als das beste Mittel, um den Auslauf langfristig zu unterbinden. Diese „Ketzerburgen" sollten auf prozessualem Weg ihren protestantischen Besitzern entzogen und in katholische Hände gebracht werden.[116]

Das bedeutendste dieser protestantischen Zentren in der Umgebung Wiens war Hernals. Seit 1566 im Besitz der Geyer von Osterburg, wurde die Herrschaft Hernals im Jahr 1577 von Adam und Balthasar Geyer an die Verordneten der protestantischen Stände verkauft. Im selben Jahr setzte bereits der Kampf um das in Hernals aufgerichtete protestantische Kirchenwesen ein, als der Kaiser unter Berufung auf die „Religionsassekuration" (1571) erstmals die Schließung der Kirche anordnete.[117]

Im Jahr 1587 wurde die Herrschaft an Wolfgang Jörger verkauft. Dieser Verkauf erfolgte allerdings ohne Genehmigung des kaiserlichen Lehensherrn, eine Tatsache, die im Jahr 1611 den – gemäß dem Kleslschen Konzept, die Rechtsgrundlagen der protestantischen Besitzungen zu erschüttern – willkommenen Vorwand lieferte, gegen Helmhard (IX.) Jörger Klage wegen Felonie zu erheben. Jörger hatte nun in einem

---

116 Bibl, Eine Denkschrift Khlesls, S. 161. Die Bedeutung dieser Herrschaften kommt auch in der Tatsache zum Ausdruck, daß die evangelischen Stände die „Exerzitia" zu Inzersdorf und Hernals von 1609 bis zu deren endgültiger Aufhebung (1625/27) mitfinanzierten. Reingrabner, Adel und Reformation, S. 65 und 71.

117 Das Hernalser Kirchenwesen basierte auf der Pfarrkirche und einer Schule. Nach den landesfürstlich verordneten Kirchensperren (1577 und 1579 unter Rudolf II. sowie 1609 und 1615 unter Matthias) wurde das „Exerzitium" stets ins Schloß verlegt und in „reduzierter" Form weitergeführt. Siehe: Westmüller, Helmhard Jörger und Hernals, S. 153, 158, 160.

langwierigen Prozeß gegen den Verlust seines Besitzes zu kämpfen.[118]

Die „Kapitulationsresolution"

Die gegenreformatorischen Bemühungen erlitten einen Rückschlag, als es im Jahr 1609 zum Erlaß der sogenannten „Kapitulationsresolution" kam. Erzherzog Matthias mußte im Gegenzug zur Unterstützung, die ihm die niederösterreichischen Stände in seiner Auseinandersetzung mit Rudolf II. geleistet hatten, weitreichende Zugeständnisse machen, die darin gipfelten, das Recht auf freie Religionsausübung auf Städte und Märkte auszuweiten.[119] Die (altkirchliche) Einpfarrung der Protestanten in den Städten und Märkten wurde faktisch aufgehoben und der „Auslauf" nicht mehr bestraft. Außerdem erhielten die Protestanten die Erlaubnis, eigene Friedhöfe anzulegen.[120] Diese Bestimmungen hatten einen rapiden Aufschwung des religiösen Lebens zur Folge, insbesondere in den einschlägigen Wiener Vororten, die von den Bürgern in großer Zahl aufgesucht wurden. Das sonntägliche Auslaufen stieg vor allem nach der Erteilung der Kapitulationsresolution im Jahr 1609 sprunghaft an. Bis zu 10.000 Bürger sollen sich damals der „Auslaufbewegung" angeschlossen haben.[121]

Die Intensität der Verbindung zwischen den Wiener Protestanten und Hernals gerade in den Jahren nach 1609 mani-

118 Ebd., S. 158–159.

119 Franz Christoph Khevenhiller, Annales Ferdinandei, Bd. 7, Leipzig 1723, Sp. 163.

120 Grete Mecenseffy spricht sogar – stark übertrieben – von der „Gleichberechtigung der Städte", die durch die „Kapitulationsresolution" eingetreten sei. Siehe: Dies., Geschichte des Protestantismus in Österreich, Graz – Köln 1956, S. 135.

121 Westmüller, Helmhard Jörger und Hernals, S. 157.

festiert sich in den zahlreichen testamentarischen Stiftungen, die an das Hernalser Kirchenwesen vermacht wurden: Richard Matt kommt in seiner Auswertung der Wiener Bürgertestamente aus der Zeit von 1587 bis 1627 nach einer peniblen Analyse der einzelnen Bestimmungen zu dem Ergebnis, daß ca. 2.800 „protestantischen" Testamenten ca. 1.750 „katholische" gegenüberstehen. Aus der Nennung von Zeugen, Verwandten und „Freunden" in den Testamenten rechnet Matt – über den gesamten Untersuchungszeitraum gesehen – auf eine Zahl von insgesamt ca. 30.000 Personen hoch, die in diesem Zeitraum als „Protestanten" aktenkundig wurden.[122]

Die Testamente ermöglichen auch Aufschlüsse über die Sozialstruktur der Wiener Protestanten: An erster Stelle stehen die Kaufleute als „führende Gruppe". Sie stifteten große Summen für Kirche und Schule in Hernals, aber auch Geldbeträge für begabte Söhne zur Finanzierung eines Studiums in Wittenberg. Weitere häufig auftretende Berufsgruppen unter den protestantischen Erblassern sind Leinweber, Schneider, Salzhändler und auch Hofbeamte.[123]

Mit der neuen Religionskonzession (1609) schien eine Situation eingetreten zu sein, die alle Errungenschaften der Gegenreformation, die in den zurückliegenden drei Jahrzehnten

---

122 Diese Zahl bezieht sich allerdings nur auf die *Bürger*. In Rechnung zu stellen ist, daß es eine – allerdings kaum verifizierbare – Anzahl an *nichtbürgerlichen* Protestanten gab, die in Wien lebten: abgesehen von den privilegierten Ausländern die weitgefächerte Schicht der *Inwohner:* Einwanderer ohne Bürgerrecht, Handelsdiener, Handwerksknechte, Gesellen, Lehrjungen, Hausdiener und -dienerinnen, Taglöhner u. a. (Perger, Wiener Ratsbürger 1396–1525, S. 16). Hinweise zu deren Beziehung zu reformatorischem Gedankengut siehe im Kapitel: „Die Reformationskommissionen". Zu den Testamenten und der genannten „Hochrechnung" siehe: Richard Matt, Die Wiener protestantischen Bürgertestamente von 1578–1627. In: Mitteilungen des Vereins für die Geschichte der Stadt Wien 17, 1938, S. 1 ff.

123 Die Hofbeamten spielten eine wichtige Rolle als Vertrauensleute der evangelischen Stände beim Kaiser. Matt, Bürgertestamente, S. 28.

erzielt wurden, mit einem Schlag in Frage stellte. Wie prekär dieser „Erfolg" der Protestanten jedoch war, zeigt sich schon darin, daß die katholischen Stände die neue Konzession nicht anerkannten. Sie boykottierten die darin vereinbarte Errichtung eines unabhängigen Gerichtes für alle religiösen Streitfragen und klagten fortwährend bei der Regierung über tatsächliche oder vermeintliche protestantische Übergriffe.[124]

Im Mittelpunkt solcher Beschwerden stand immer wieder Hernals. Melchior Klesl[125] wandte sich im Jahr 1612 mit folgender Beschwerde an die katholischen Stände: Die Hernalser Prädikanten griffen ständig in seine bischöfliche Jurisdiktion ein, indem sie ungehindert in die Stadt kämen, die katholischen Priester um ihre rechtmäßigen Stolgebühren verkürzten und es ihnen somit unmöglich machten, sich auf ihren Seelsorgestationen zu halten. Zu Hernals sei eine *ganze geistliche Republica* aufgerichtet worden.[126] Klesl gelang es mit solchen Angriffen immer wieder, die von Hernals aus auf die Wiener ausstrahlende Seelsorge zu unterbrechen, so im Jahr 1615, als er ein neuerliches Dekret zur Schließung des Kirchenwesens erwirkte. Dieses mußte fortan auf die Schloßkapelle beschränkt werden.[127] Nur der massiven Unterstützung der protestanti-

124 Ernst Tomek, Kirchengeschichte Österreichs. Tl. 2 (Humanismus, Reformation und Gegenreformation), Innsbruck – Wien 1949, S. 516.

125 Klesl war seit 1598 Bischof von Wien. Bedeutsamer war jedoch seine Stellung als „leitender Minister" Matthias', dessen Politik er bis zu seiner Entmachtung (1618) entscheidend prägte. Zu Klesls Entmachtung siehe: Viktor Bibl, Die katholischen und protestantischen Stände Niederösterreichs im 17. Jahrhundert. In: JBLKNÖ NF 2, 1903, S. 256.

126 Klesl an die katholischen Stände (8. April 1612). Siehe: Bernhard Raupach, Evangelisches Österreich, Bd. 3, Hamburg 1736–44, S. 309.

127 Gründe für diese neuerliche Sperre waren das „Auslaufen" sowie das von Klesl mindestens ebenso heftig angeprangerte „Einschleichen" der Prädikanten in die Stadt (und damit in seinen bischöflichen Jurisdiktionsbereich). Karl Völker, Die Stände Augsburgischen Bekenntnisses auf den niederösterreichischen Landtagen. In: JBGPÖ 58, 1937, S. 12.

schen Stände hatte Helmhard Jörger es zu verdanken, daß der Lehensprozeß im Jahr 1618 einen für ihn positiven Abschluß fand.[128]

Unklare oder „unübersichtliche" Rechtsverhältnisse dienten auch in der Auseinandersetzung um den „Lehenshof" zu St. Ulrich als Anknüpfungspunkt für eine gegenreformatorische „Offensive": Im Jahr 1613 wurde das Wiener Konsistorium davon verständigt, daß an diesem Ort ein ebenso großer Zulauf zum „Exerzitium" herrsche wie in Hernals. Etwas später wurde ein Gutachten eingeholt, in dem festgestellt wurde, daß der Lehenshof der Jurisdiktion des Schottenstifts unterstehe, kein Freihaus und innerhalb des Wiener Burgfrieds gelegen sei.[129] Damit war die nötige rechtliche Voraussetzung für die Beseitigung des Exerzitiums geschaffen. Schottenabt Augustin Pitterich erhob daraufhin Klage gegen den Besitzer des „Hofs", Johann Baptista Pacheleb. Der Prädikant Johann Hochschuldt wurde „abgeschafft", Pacheleb verfiel der Ächtung und wurde aus der Stadt ausgewiesen.[130]

Bezeichnend für die prekäre Situation, in der sich die Wiener Protestanten am Vorabend des Dreißigjährigen Krieges – trotz Religionskonzession – befanden, sind die Beschwerden der Stände aus dem Jahr 1618: Protestanten werde der Zugang zu den Stadtämtern verwehrt, im Inneren Rat befinde sich nur noch ein Lutheraner (Wilhelm Reichart). Einem Apotheker sei das Bürgerrecht verweigert worden, weil er keinen Beichtzettel[131]

128 Westmüller, Helmhard Jörger und Hernals, S. 166.

129 Tatsächlich übte der Schottenabt nur über Teile von St. Ulrich die Grundherrschaft aus, usurpierte aber seit den 1580er Jahren in wachsendem Maße auch seelsorgerische Rechte der dortigen Pfarre. Diese unterstand der Pfarre St. Michael, einer Patronatspfarre des Wiener Magistrats, hatte also zum Schottenstift ursprünglich keine Rechtsbeziehung. Faber, Der Hof zu St. Ulrich, S. 44.

130 Ebd., S. 45.

131 Beichtzettel waren die „Ausweise" der Katholizität. Siehe: Wiedemann, Reformation und Gegenreformation, Bd. 5, Prag 1886, S. 79.

vorweisen konnte. An der Universität dürften nur noch Katholiken den Doktorgrad erwerben. Der Verkauf protestantischer Bücher werde untersagt. Ein weiteres *Gravamen* liefert auch einen Hinweis auf die konfessionellen Spannungen innerhalb der Bürgerschaft: die Weigerung katholischer Hausbesitzer, Prädikanten Einlaß zu gewähren, um sterbende Protestanten, die in diesen Häusern wohnen, zu „trösten".[132]

Mit unverminderter Deutlichkeit trat die Spaltung der Bürgerschaft anläßlich der Religionsverhandlungen an der Jahreswende 1618/1619 zutage: Die auf katholischer Seite teilnehmenden Vertreter Wiens (gleichzeitig die Repräsentanten der Stadtregierung) protestierten scharf gegen die beabsichtigte Teilnahme der Wiener Bürger Wilhelm Reichart und Joachim Pfanner an der protestantischen Delegation. Diese seien „fürwitzig", gäben sich als der „vierte Stand" aus und wollten auf einer Stufe mit ihrer Obrigkeit, dem Stadtmagistrat, stehen. Um mit ihnen nicht gleichberechtigt verhandeln zu müssen, verzichteten sie lieber auf ihre Teilnahme an der Religionskonferenz, die ohnehin nur den Kaiser, und nicht die Bürgerschaft etwas angehe. Bürgermeister Daniel Moser [133] und die

---

132 Es gab auch den umgekehrten Fall, daß ein protestantischer Hausbesitzer einem katholischen Pfarrer den Einlaß verweigerte. Siehe: Matt, Wiener Bürgertestamente, S. 5.

133 Moser stammte aus Wien (sein Vater Ruprecht war städtischer Mautner bei der Schlagbrücke). Nach einer Tätigkeit im Dienst des Freiherrn Seyfried Breuner machte er 26jährig mit militärischen Leistungen im Kampf gegen die Türken auf sich aufmerksam. 1599 begann sein steiler Aufstieg: Moser wurde städtischer Steuereinnehmer und erwarb das Bürgerrecht. 1600 erfolgte die Aufnahme in den Äußeren Rat, bereits im Jahr 1606 wurde er Stadtrichter. In den Jahren 1610–13, 1616–22 und 1626–37 bekleidete er das Bürgermeisteramt. Schon in seiner ersten Amtsperiode trat er demonstrativ als Anwalt der landesfürstlichen Interessen auf, indem er jene Räte und Bürger zur Untersuchung zitierte, die im Jahr 1609 mit den evangelischen Ständen nach Preßburg gereist waren, um mit den ungarischen Ständen in Verbindung zu treten. Im Juni 1619 ließ er 1500 Bürger bewaffnen und die Stadttore schließen, als Thurn mit seinem Belagerungsheer vor der Stadt stand. Moser war es auch,

katholischen Stadträte entsagten damit jeder aktiven Mitgestaltung der Religionspolitik und beschränkten sich auf jene Rolle als Befehlsempfänger, die ihnen im Rahmen der landesfürstlichen Herrschaftskonzeption zugedacht war: Der katholische Glaube der städtischen Amtsträger ist gleichzeitig Garant und Ausdruck ihrer politischen Loyalität.[134]

---

der während der „Sturmpetition“ das Fischertor öffnen ließ, um die katholischen Entsatztruppen in die Stadt einzulassen. Als Belohnung für seine Ergebenheit wurde sein Ansuchen um Aufnahme in den Ritterstand (1628) vom Kaiser demonstrativ unterstützt. Neben seiner Standeserhöhung durfte er – gegen die üblichen Gepflogenheiten und nur auf ausdrücklichen Wunsch des Kaisers – das Bürgermeisteramt behalten. Moser starb im Jahr 1639. Nach: Pradel, Wiener Bürgermeister, S. 178–181.

134 Bibl, Die katholischen und protestantischen Stände Niederösterreichs, S. 269. Im Gegensatz zum katholischen figuriert der evangelische Glaube als Ausdruck des Ungehorsams und der Illoyalität. Daß die Katholisierung des Magistrats auch mit dessen religions- und kirchenpolitischer Entmachtung einherging, kommt in der Schenkung der städtischen Patronatspfarre St. Michael an die Barnabiten zum Ausdruck (1626). Kaiser Ferdinand II. „kassierte“ damit stillschweigend das städtische Patronatsrecht. Das Ende jeder eigenständigen städtischen Politik ist typisch für die epochenspezifische Tendenz zur zunehmenden „Verdichtung“ von Herrschaft. Im Rahmen dieses Prozesses erfolgte u. a. die sukzessive Einbindung früher autonomer bzw. teilweise autonomer Institutionen in das landesfürstliche Regierungssystem und die Beseitigung aller Rechte, die diesem System entgegenstanden. Die gezielte Rekrutierung eines „neuen Typs“ von Amtsträgern für alle Bereiche der Verwaltung, auf die der Landesfürst Einfluß nehmen konnte, war eine notwendige Bedingung für den „Erfolg“ dieser Bestrebungen (vgl. Anm. 100, 101, 133 und 146). Berndt Hamm, Das Gewicht von Religion, Glaube, Frömmigkeit und Theologie innerhalb der Verdichtungsvorgänge des ausgehenden Mittelalters und der frühen Neuzeit. In: Monika Hagenmaier, Sabine Holtz (Hgg.), Krisenbewußtsein und Krisenbewältigung in der Frühen Neuzeit. Crisis in Early Modern Europe. Festschrift für Hans-Christoph Rublack, Frankfurt – Bern – New York – Paris 1992, v. a. S. 173 f. und 176–179.

Kaiser Ferdinand II. und Wien

Entscheidend für die weitere Geschichte des gesamten österreichischen Protestantismus war der politische Kampf zwischen Ferdinand II. und den protestantischen Ständen in den Jahren 1618–1620, der mit dem Angriff des böhmischen Ständeheeres auf Wien im Frühjahr 1619 zur militärischen Austragung kam. Der Regierungsantritt Ferdinands II., dem bereits aufgrund seiner Tätigkeit in Innerösterreich ein Ruf als unerbittlicher Gegenreformator vorauseilte,[135] hatte die Bereitschaft der protestantischen Stände zur offenen Rebellion dramatisch erhöht. Der letzte Schritt auf diesem Weg war die Bildung einer förmlichen Konföderation mit den aufständischen Ständen der böhmischen Länder.[136] Der Sieg Ferdinands II. über

135 Ferdinand hatte als Regent in der Steiermark, Kärnten und Krain seit 1599 regelrechte „Feldzüge" zur Ausrottung des Protestantismus angeordnet. Regelmäßig kam es dabei zu öffentlichen Verbrennungen *sectischer* (und *zauberischer*) Bücher. Die „Politik der Bücherverbrennungen" wurde seit den 1620er Jahren in den Ländern angewandt, die in erster Linie in die Rebellion involviert gewesen waren: Oberösterreich, Böhmen und Mähren. Niederösterreich hingegen litt wegen der nur partiellen Teilnahme des Adels an der Rebellion und zahlreichen Pardonierungen von zunächst Geächteten bedeutend weniger unter den Folgen der ständischen Niederlage. Siehe: Hermann Rafetseder, Bücherverbrennungen: Die öffentliche Hinrichtung von Schriften im historischen Wandel, Wien – Köln – Graz 1988, S. 149–151.

136 17. August 1619. Daß der Regierungsantritt Ferdinands der entscheidende Beweggrund für den Anschluß der österreichischen an die böhmischen Stände war, betont Gustav Reingrabner in: Das Waldviertel als Kriegsschauplatz im Dreißigjährigen Krieg. In: Das Waldviertel 44, 1995, S. 115. Volker Press betont ebenfalls das Gefühl „existentieller Bedrohung", das sich unter den protestantischen Aktivisten durch Ferdinands Regierungsantritt verbreitet habe. Volker Press, Die Krise des Dreißigjährigen Krieges und die Restauration des Westfälischen Friedens. In: Monika Hagenmaier, Sabine Holtz (Hgg.), Krisenbewußtsein und Krisenbewältigung in der Frühen Neuzeit. Crisis in Early Modern Europe. Festschrift für Hans-Christoph Rublack, Frankfurt – Bern – New York – Paris 1992, S. 64. Die *langfristigen* sozioökonomischen Hintergründe für die wachsende Bereitschaft der Protestanten zur Rebellion

die unzureichend organisierte Adelsfronde in der Schlacht am Weißen Berg im November 1620 brachte die Entscheidung des langen verfassungs- und konfessionspolitischen Ringens zugunsten des katholischen Absolutismus.[137] Bereits vorher war über jene nieder- und oberösterreichischen Protestanten, die bis zuletzt an der Allianz mit den Böhmen festgehalten und die wiederholten Aufforderungen des Kaisers, den Huldigungseid zu leisten, unbeachtet gelassen hatten, die Ächtung ausgesprochen worden.[138] Unter den am 12. September und am 14. Oktober 1620 Geächteten befand sich auch der Inha-

---

hat Karin J. MacHardy behandelt: The Rise of Absolutism and Noble Rebellion in Early Modern Habsburg Austria, 1570 to 1620. In: Comparative Studies in Society and History 34/3, 1992, S. 409–439, bes. S. 430 f., und zuletzt: dies., Cultural Capital, Family Strategies and Noble Identity in Early Modern Habsburg Austria 1579–1620. In: Past and Present 163, 1999, S. 36 ff. Das auffälligste „Kriterium“ für Teilnahme oder Nichtteilnahme am Aufstand war demnach der Ämterbesitz. Kein einziger Rebell besaß ein vom Kaiser zu vergebendes Amt. Die relativ wenigen Protestanten, die um 1620 noch in kaiserlichen Diensten standen, nahmen entweder eine loyale oder neutrale Haltung ein. MacHardy kommt in ihrer Studie zu dem Schluß, daß der gezielte Ausschluß der Protestanten vom sozialen, ökonomischen und kulturellen Kapital, das mit dem Besitz eines Amtes am Hof verbunden war, ihre Bereitschaft zur Rebellion entscheidend erhöhte. Parallel zur „Schaffung“ eines „neuen“, ausschließlich auf den Hof hin orientierten und katholischen Adels (etwa seit 1609) wurde der alteingesessene lutherische Adel sukzessive vom Hof auf seine Herrschaften am Land verdrängt. Die Folge dieser Entwicklung war eine regelrechte Polarisierung zwischen Hof und Land entlang der „Konfessionsgrenze“. Hinzu kam eine durch das Luthertum geprägte kulturelle und moralische Haltung, die eine rechtzeitige Anpassung an die neuen Erfordernisse nicht zuließ (v. a. durch die Bereitschaft zur Konversion, aber auch zum Verzicht auf die traditionelle „landadelige“ Lebensweise).

137 Zum „konfessionellen Absolutismus“ Ferdinands II. siehe (u. a.): Robert Bireley, Ferdinand II.: Founder of the Habsburg Monarchy. In: Robert J. W. Evans, T. V. Thomas (Hgg.), Crown, Church and Estates. Central European Politics in the 16. and 17. Centuries, London 1991, S. 226 ff., bes. S. 232–234.

138 Ignaz Hübel, Die 1620 in Nieder- und Oberösterreich politisch kompromittierten Protestanten. In: JBGPÖ 59, 1938, Tl. 1, S. 45–62 und 60, 1939, Tl. 2, S. 105–123.

ber der Herrschaft Hernals, Helmhard Jörger.[139] Jörger wurde verhaftet und seiner Besitzungen für verlustig erklärt. Seine Besitzungen wurden jedoch erst 1625 faktisch konfisziert, auch das Kirchenwesen in Hernals blieb bis dahin noch bestehen.[140] Im Jahr 1624 erging nach einer Beschwerde des Bischofs Klesl über den nach Wien „eingeschlichenen" Hernalser Prädikanten David Steudlin ein kaiserliches Dekret an die Stände, das jede Form einer nichtkatholischen Religionsausübung in Wien *und* in den Vorstädten verbot.[141] Die unmittelbare Folge dieser Maßnahme war, daß sich der Auslauf von Wiener Bürgern und Handwerkern nach Hernals zunächst sogar noch verstärkte.[142] Um das zu unterbinden, erging im selben Jahr ein scharfes Mandat des Stadtrates. Unter Androhung schwerer Strafen wurde allen Bürgern und Einwohnern der Stadt verboten, an irgendeinen Ort zu gehen, *wo ein uncatholisches Exercitium gehalten würde, es wäre zu Hernals oder anderen Orten*.[143]

Das endgültige Ende für das Hernalser Kirchenwesen erfolgte im April 1625, als der Kaiser die Konfiskation aussprach und die Herrschaft dem Wiener Domkapitel schenkte, das bereits mehrmals um Übertragung des Gutes angesucht hatte.[144] Gleichzeitig wurde auch das Patronatsrecht über die Hernalser Kirche dem Domkapitel übertragen.[145]

---

139 Hübel, Die kompromittierten Protestanten. In: JBGPÖ 59, S. 57.

140 Westmüller, Helmhard Jörger und Hernals, S. 174.

141 16. März 1624. Familienarchiv Harrach (im AVA), K. 837, keine Signatur.

142 Khevenhiller, Annales Ferdinandei, Bd. 10, Leipzig 1724, Sp. 487.

143 9. September 1624. Familienarchiv Harrach, K. 837, keine Signatur.

144 Hermann Zschokke, Geschichte des Metropolitan-Capitels zum heiligen Stephan zu Wien, Wien 1895, S. 337.

145 Die neuen „Herren" schritten sogleich zur Gegenreformation, indem sie den Hernalser Untertanen eine sechswöchige Bekehrungsfrist einräumten. Nach Ablauf dieser Frist erfolgten erste Ausweisungen. Erika Uhl, Hernals. „Feste Burg" und Kalvarienberg (ungedr. phil. Dipl.-Arb.), Wien 1993, S. 83–85.

Kurz vor dem Ende des Hernalser Kirchenwesens hatten Bürgermeister Paul Wiedemann[146] und der Rat ein ultimatives Mandat an die Bürgerschaft erlassen: Weil das gegen den „Auslauf“ nach Hernals gerichtete Mandat keine Beachtung gefunden habe und unter den Bürgern wenig Bereitschaft bestehe, sich im katholischen Glauben unterweisen zu lassen, wird allen Bürgern eine ultimative Frist von vier Monaten gesetzt, um sich zum katholischen Glauben zu bekehren. Diese Frist solle dazu dienen, sich im Glauben unterweisen zu lassen, danach ein öffentliches Glaubensbekenntnis abzulegen und sich zur Beichte einzustellen. Diejenigen, die sich auch dann noch als ungehorsam erweisen, müßten die Stadt verlassen.[147] Die Radikalität dieser innerhalb weniger Jahre erlassenen Mandate muß vor dem Hintergrund des völligen Verlustes der politischen Handlungsmöglichkeiten des protestantischen Adels interpretiert werden. Dieser konnte endgültig nicht mehr als „Sachwalter“ der bürgerlichen Interessen auftreten, sondern mußte sich insbesondere nach 1627 auf seine nur noch *persönliche* Bekenntnisfreiheit zurückziehen.[148] Die ideologische Beeinflussung der nichtadeligen Bevölkerungsgruppen – der Untertanen auf dem Land und

---

146 Wiedemann stammte aus Neunburg in der Oberpfalz. In Österreich fand er zunächst eine Anstellung als Amtsgehilfe des Stadtschreibers in Baden (1588). 1591/92 war er bereits in Wien als Amtsschreiber tätig. Mit 23 Jahren erwarb er das Wiener Bürgerrecht. Er war von 1620–22 Stadtrichter, von 1623–25 Bürgermeister und von 1626–31 neuerlich Stadtrichter. Durch seine dritte Eheschließung mit einer Tochter Daniel Mosers (im Jahr 1622) war er mit diesem aufs engste verbunden. Er blieb bis 1650, seinem Todesjahr, im Rat. Pradel, Wiener Bürgermeister, S. 179 und 183 f.

147 20. März 1625. Familienarchiv Harrach, K. 837, Nr. 7. Siehe auch: Robert Bireley, Religion and Politics in the Age of the Counterreformation. Emperor Ferdinand II., William Lamormaini SJ, and the Formation of Imperial Policy, Univ. of North Carolina 1981, S. 30.

148 Der protestantische Adel wurde durch eine Mischung aus restriktiven Erlässen und aus Versprechungen zur Konversion gedrängt. Viele entschlossen sich unter diesem Druck zur Emigration. Reingrabner, Adel und Reformation, S. 75.

der Bürger in den Städten –, die einst so wesentlich zur Ausbreitung des Protestantismus beigetragen hatte, war nun nicht mehr möglich. Alle Protestanten, die nicht dem landesständischen Adel angehörten, besaßen keinen politischen Schutz mehr und bekamen nun die volle Wucht der Gegenreformation zu spüren.

Die vertriebenen Hernalser Prädikanten fanden zwar zunächst noch Aufnahme in Inzersdorf bzw. Vösendorf, mußten aber im Jahr 1627 aufgrund eines kaiserlichen Generalmandates, das die Abschaffung aller Prädikanten aus Niederösterreich anordnete, das Land verlassen. Mit diesem Generalmandat kam jede öffentliche Ausübung der evangelischen Religion zum Erliegen. „Ausläufer" mußten sich künftig ins benachbarte Ausland, vor allem nach Ungarn wenden, was erheblich größere Mühen verursachte, als sich an einen Ort zu begeben, der in unmittelbarer Nähe zur Stadt lag.[149]

Die geradezu schockartige Wirkung dieses Generalmandats spiegelt sich in den Wiener Bürgertestamenten aus den Jahren nach 1627. In diesem Jahr brechen die deklariert protestantischen Testamente gänzlich ab. Die Protestanten „versteckten" sich nunmehr hinter dem vagen Ausdruck *christlich*. Auch die Zahl der – in diesem Sinn – *christlichen* Testamente ist jedoch rückläufig. Hingegen bekennen sich die Katholiken jetzt freimütig zu ihrer Religion: Statt der Formulierung *nach christlicher Ordnung in geweihter Erde* bei den Begräbnisbestimmungen wird nach 1627 dem Wunsch Ausdruck verliehen, *nach katholischer Ordnung* begraben zu werden.[150]

149 Das Patent ist teilweise abgedruckt bei Gustav Reingrabner, Protestanten in Österreich, Graz 1981, S. 126–127. Noch in den 1640er Jahren mußte der Auslauf nach Ungarn verboten werden. Tomek, Das kirchliche Leben, S. 263.

150 Die Unterscheidung zwischen protestantischen, katholischen und *christlichen* Testamenten stammt von Matt. Letztere sind demnach nur dann als katholisch einzustufen, wenn sich ein Zusatz findet, wonach der Erblasser ein christliches Begräbnis *in geweihter Erde* wünscht, da dies als Ablehnung einer Bestattung an einem (ungeweihten) evangelischen Begräbnisort zu lesen ist. Die Anlage

Der von den Protestanten (wie auch den *Christlichen* nach 1627) bevorzugte Begräbnisort war der Friedhof vor dem Schottentor.[151] Die Tatsache, daß dort weiterhin Protestanten ihre letzte Ruhestätte fanden, veranlaßte den Reichshofrat Hans Anton von Poppen im Jahr 1633 zu einer Beschwerde an das Wiener Konsistorium. Nach dem Begräbnis seiner Gattin habe er erfahren müssen, daß beim Schottentor immer noch *Unkatholische*[152] bestattet würden. Diese Vermischung von Katholiken und Häretikern laufe aber nicht nur den heiligen *Canones* zuwider, sondern sei auch an keinem Ort im Reich üblich. Zudem habe ihm einer der Friedhofskommissare verboten, einen Grabstein anzubringen, mit dem er die Tatsache kenntlich machen wollte, daß seine Gattin in der „wahren" Religion gestorben sei.[153]

---

evangelischer Friedhöfe war 1609 gewährt worden, weil die „regulären", katholischen Pfarrer stets ein kirchliches Begräbnis verweigerten, wenn der Verstorbene ein „Ketzer" war. Matt, Bürgertestamente, S. 11 und S. 15.

151 Der Wiener Arzt Johann Aichholz bestimmte für den Fall, daß ihm das Begräbnis auf dem St. Stephansfriedhof verweigert wird, auf dem Friedhof, *da andere meiner Religion beigesetzt werden*, ruhen zu wollen. Der Friedhof vor dem Schottentor wurde von evangelischen Handelsherren und Adeligen so reich ausgestattet, daß er sich den Ruf erwarb, der „schönste" Friedhof Wiens zu sein. Er war jedoch nicht „rein" protestantisch, sondern nach Konfessionen getrennt. Ebd., S. 12.

152 Die Begriffe *unkatholisch* bzw. *Unkatholische* werden in den meisten katholischen Quellen zur Kennzeichnung von (v. a. im lutherischen Sinne) „andersgläubig" bzw. „Andersgläubige(n)" verwendet. Um der darin enthaltenen ideologischen Tendenz Ausdruck zu verleihen, setze ich diese Begriffe kursiv.

153 DAW, Reformation/Gegenreformation III (1631–1699), ohne Signatur. Zu Dr. Johann Anton Popp (von Poppen) siehe: Oswald von Gschließer, Der Reichshofrat. Bedeutung und Verfassung, Schicksal und Besetzung einer obersten Reichsbehörde von 1559 bis 1806, Wien 1942, S. 214 f.

Besitzveränderungen nach der „Rebellion" gegen Ferdinand II.

Von den Ächtungen und Vermögenseinziehungen nach der Niederschlagung des Aufstandes der protestantischen Stände waren auch reiche Wiener Bürger betroffen. An deren Spitze standen die „Sechzehner", ein illegal gewählter „Ausschuß" der Wiener Protestanten.[154] Dieser bildete während der Rebellion eine Art „Schattenkabinett", das nach dem erhofften Sieg der Ständerebellion das Wiener Stadtregiment in die Hand hätte nehmen sollen. Als Bürgermeister war der einzige Lutheraner im Inneren Rat, Wilhelm Reichart, vorgesehen. Er war bereits in den Religionsverhandlungen mit Matthias und den katholischen Ständen (1618/19) als Sprecher der Protestanten Wiens hervorgetreten.[155]

Die Gruppe stand in regem Verkehr mit den aufständischen Adeligen und sandte in Absprache mit ihnen Abordnungen zu den mährischen und ungarischen Ständen sowie zu Heinrich Matthias Thurn, dem militärischen Führer der böhmischen Stände.[156] Alle „Sechzehner" wurden im Jahr 1623 aus dem Rat

---

154 Die „Sechzehner" verpflichteten sich in einer ihrer Geheimversammlungen dazu, alles, was zur Förderung der evangelischen Religion nützlich sei, gemeinsam mit den beiden adeligen Ständen zu beratschlagen. 189 Personen waren am Zustandekommen dieser Erklärung beteiligt. Pradel, Wiener Ratsbürger, S. 147. Die Vorgänge sind nur durch das für den Hof verfaßte Gutachten eines Juristen überliefert. Darin wird betont, daß die Verschwörer sich neben dem Majestätsverbrechen gegen den Kaiser auch der Umgehung des Stadtrates schuldig gemacht hätten, da sie sich durch ihre Verhandlungen mit den Ständen und auswärtigen Mächten angemaßt hätten, der „vierte Stand" zu sein. Ignaz Hübel, Die Ächtungen von Evangelischen und die Konfiskationen protestantischen Besitzes im Jahr 1620 in Niederösterreich und Oberösterreich. In: JBGPÖ 58, 1937, S. 26.

155 Bibl, Die katholischen und protestantischen Stände Niederösterreichs, S. 268.

156 Zum Feldzug des Grafen Thurn gegen die kaiserliche Residenzstadt Wien und zu seinen vergeblichen Hoffnungen auf die Unterstützung der evangelischen Bevölkerung bei der Belagerung der Stadt im Frühjahr 1619 siehe eingehend: Karl Völker, Die „Sturmpetition" der evangelischen Stände in der Wiener Hofburg am 5. Juni 1619. In: JBGPÖ 57, 1936, S. 3–50, bes. S. 32 und 39 f.

entfernt und mit dem Entzug ihres halben Vermögens bestraft, behielten aber *aus angeborener österreichischer Milde* des Herrschers das Bürgerrecht. In den „Rebellenfaszikeln" des Hofkammerarchivs werden folgende bestrafte „Sechzehner" ausdrücklich genannt: der Tuchlaubenherr und Äußere Rat Leopold Pruckner sowie die Handelsleute Tobias Hetzenbichler, Kaspar Hager, Konrad Peidtler, Andreas Weckerlin, Andreas Spindler, Joachim Pfanner, Wilhelm Reichart und Michael Rohrer.[157] Reichart, Hager, Peidtler und Weckerlin sind seit ca. 1630 als Regensburger Bürger nachweisbar.[158]

Das Schicksal des Handelsmanns Joachim Pfanner soll hier exemplarisch angesprochen werden: Er besaß 1618 ein Haus in der Münzerstraße, ferner das „Lacknerische" Haus, ein weiteres im „Unteren Werd" und eines vor dem „Neuen Tor". Seine evangelische Überzeugung geht daraus hervor, daß er 1615 für den Bau eines Studentenspitals in Wittenberg 40 Reichstaler spendete. Ebenfalls 1615 wird er in einem kaiserlichen Dekret über die Büchervisitation genannt: Pfanner soll damals ein „sehr schädliches" Buch des sächsischen Hofpredigers Johann Raber in einem großen Faß nach Wien eingeschmuggelt und einem Buchhändler zum Verkauf angeboten haben. Im Jahr 1619 nahm er als Abgesandter des „vierten Standes" an den Landtagsverhandlungen teil. Ebenfalls 1619 wurde er in

157 Willhelm Reichart wird im Jahr 1629 als Beisitzer in Regensburg genannt. Matt, Bürgertestamente, S. 42. Die Hofkammer wurde mit der Schätzung und Einziehung des Rebellenvermögens beauftragt. Zu ihrer diesbezüglichen Tätigkeit siehe: HKA, Rebellenfaszikel (RF.) R. 71/ C, fol. 1401r–1402v (16. Jänner 1622): Kais. Befehl an die verordneten Kommissare, alsbald die Hälfte des Vermögens der „Sechzehner" einzuziehen. Fol. 1370r (13. April 1622): Bericht über die Exekution gegen Reichart (6.000 fl. Strafsumme), Hager (1.065 fl.) und Pfanner (23.776 fl.). Fol. 1384 (7. Mai 1622): Bericht über die Exekution gegen Hetzenbichler (4.500 fl.), Rohrer (3.000 fl.) und Spindler. Fol. 1403 (Juni 1622): Bericht über den Widerstand Spindlers gegen die Höhe der ihm auferlegten Strafsumme (22.000 fl.).

158 Matt, Bürgertestamente, S. 41–46.

den Wiener „Sechzehnerausschuß" gewählt. Nach Verhängung der Acht wurden zwei seiner Häuser und eine beträchtliche Menge beweglichen Guts eingezogen, zudem eine Geldstrafe von 23.776 Gulden über ihn verhängt. Eines der konfiszierten Häuser ging an den Konvertiten Gundaker von Liechtenstein, das andere an den Grafen Philipp von Solms d. Ä.[159]

Die Einziehung und Weitergabe von Wiener Häusern an katholische Besitzer betraf jedoch eine weitaus größere Gruppe an Hausbesitzern als die besonders schwer kompromittierten „Sechzehner": sowohl Besitzer bürgerlicher Häuser als auch Adelige bzw. deren Freihäuser. Über die Anzahl der eingezogenen bürgerlichen Häuser lassen sich keine genauen Angaben machen,[160] allerdings weisen die Grundbücher dieser Jahre eine sehr hohe Zahl an Besitzerwechseln bereits für die Jahre 1621/22 aus, was als Indiz dafür zu werten ist, daß die betreffenden Bürger von den Rebellengesetzen getroffen wurden.[161]

Die Besitzwechsel, welche die Freihäuser betrafen, lassen sich hingegen zur Gänze rekonstruieren. Sie führten etwa zu einer regelrechten „Katholisierung" der bis dahin mehrheitlich protestantischen Herrengasse (damals Hochstraße): Das Haus des Georg Ehrenreich von Roggendorf wurde eingezogen, dem Erblandhofmeisteramt unterstellt und mit diesem als Lehen verliehen. Erblandhofmeister waren die Grafen Trautson, die das

159 Hübel, Die 1620 kompromittierten Protestanten. In: JBGPÖ 60, 1939, S. 105 f. Siehe auch: Matt, Bürgertestamente, S. 39. Das erwähnte kais. Dekret (12. September 1615) bei Hammer-Purgstall, Klesl's Leben, Bd. 3, Wien 1850, S. 263 f.

160 Sicher eingezogen wurden die Häuser Erasmus Golds auf dem Judenplatz, Leopold Pruckners am „Stoß am Himmel", Stephan Listius' in der Wallstraße, Joachim Pfanners, Wolf Parths neben dem Seitzerhof, Karl Sulzbecks beim Schottentor und Zacharias Starzers in der Wollzeile. Hübel, Die Ächtungen von Evangelischen, S. 20, sowie Matt, Bürgertestamente, S. 38–43.

161 Im Jahr 1621 erfolgten 73 Besitzwechsel, im Jahr 1622 94, d. h. um ca. 50 Wechsel mehr als in den Jahren davor und danach. Matt, Bürgertestamente, S. 48.

Haus bis 1764 behielten (heute: Herrengasse 11).[162] Von den beiden Häusern Helmhard Jörgers kam eines 1621 an Leonhard (VII.) Karl von Harrach (heute: Herrengasse 19), das andere im Jahr 1627 an das Stift Kremsmünster (heute: Herrengasse 21).[163] Das Haus des Freiherrn Georg Andreas von Hofkirchen ging an Gundaker von Liechtenstein (heute: Herrengasse 8), der somit allein zwei ehemals „protestantische" Häuser erwarb.[164]

Wesentlich für die Besitzumschichtungen in den Jahren nach 1620 war neben der Einziehung von „Rebellenhäusern" das sogenannte „Einstandsprivileg" der Stadt Wien.

Bürgermeister Paul Wiedemann „wies" den Kaiser nach dessen Rückkehr aus Böhmen darauf hin, daß in der Stadt und in den Vorstädten ein Großteil des Hausbesitzes in die Hände nichtbürgerlicher und zumeist protestantischer Familien übergegangen sei, nachdem die Erwerbung des Bürgerrechtes von der Ablegung des katholischen Glaubensbekenntnisses abhängig gemacht worden war. Daher soll der Hausbesitz innerhalb

162 Richard Müller, Wiens räumliche Entwicklung und topographische Benennungen 1522–1740. In: Geschichte der Stadt Wien 4, hg. v. Altertumsverein der Stadt Wien, Wien 1911, S. 379. Zu Roggendorfs Rolle während der Rebellion siehe: Hübel, Die politisch kompromittierten Protestanten, Tl. 2, 1939, S. 112.

163 Karl August Schimmer, Ausführliche Häuserchronik der innern Stadt Wien, mit einer geschichtlichen Übersicht sämmtlicher (!) Vorstädte und ihrer merkwürdigen Gebäude. Wien 1849, S. 26, und Müller, Wiens räumliche Entwicklung, ebd. Harrach war von 1618 bis 1628 Reichshofrat und wurde 1627 als Belohnung für seine Verdienste von Ferdinand II. in den Reichsgrafenstand erhoben. Er starb als nö. Landmarschall im Jahr 1645. Gschließer, Der Reichshofrat, S. 199 f. Der Abt von Kremsmünster zählte zum engsten Kreis um Ferdinand II.: Der „Finanzminister" und spätere erste Wiener Fürstbischof Anton Wolfradt. Vgl. Anm. 182.

164 Hofkirchen war als Oberbefehlshaber des niederösterreichischen Ständeheeres (1619/20) einer der am schwersten kompromittierten Protestanten. Zu Gundaker siehe jetzt: Thomas Winkelbauer, Fürst und Fürstendiener. Gundaker von Liechtenstein, ein österreichischer Aristokrat des konfessionellen Zeitalters, Wien 1999. Zu seinen Wiener Häusern siehe: ebd., S. 411–415. (Das Haus in der Herrengasse befand sich im Bereich des heutigen Hochhauses Herrengasse 8.)

des Burgfrieds nur Bürgern gestattet werden. Aus diesem Gesuch ging im Jahr 1623 das „Einstandsprivileg" hervor, kraft dessen der Magistrat die Befugnis erhielt, Häuser in der Stadt oder in den Vorstädten, die sich im Besitz uneingebürgerter sowie protestantischer Personen befanden, zu verkaufen.[165] Zehn Tage später erfolgte die Erneuerung der bereits früher erlassenen Verordnung, wonach in Wien niemand, der nicht der katholischen Religion angehört bzw. vom Rat nicht als *recht römisch katholisch* anerkannt wird, als Bürger aufgenommen werden oder ein Stadtamt erhalten darf. Jeder Neubürger muß einen Eid auf die katholische Religion ablegen. Denjenigen, die sich nicht zur katholischen Religion bequemen wollen, wird es freigestellt, ihren Besitz zu verkaufen. Mit dem „Einstandsprivileg" war jene Verbindung zwischen Bürgerrecht, Katholizität und Hausbesitz hergestellt, die bei allen gegenreformatorischen Aktionen von Regierung und Bischof in Hinkunft zum Tragen kam, da die konfessionelle Zugehörigkeit aller Bewohner eines bürgerlichen Hauses mit Hilfe der loyalen und katholischen Hausbesitzer relativ rasch festgestellt werden konnte.[166] Die Personen, die infolge des geschilderten massiven Drucks auswanderten, lassen sich mittels des „Unbehaustenbuchs" feststellen, in welches ein Steuerbeamter der Stadt in den Jahren 1625/29 den jeweiligen Grund für unterbliebene Steuerleistungen eintrug. Bei ca. 150 Namen findet sich die Bemerkung: *lutherisch*, *weg* bzw. *heimlich weg*. Der Großteil dieser

165 „Einstandsprivileg" vom 18. Juli 1623, Familienarchiv Harrach, K. 837, keine Signatur. Das Privileg richtete sich insbesondere auch gegen die „Niederleger", die ständig in Wien weilenden Repräsentanten der großen süddeutschen Handelshäuser, die bereits seit dem 15. Jahrhundert eine marktbeherrschende Stellung in der Stadt innehatten. Siehe: Peter Csendes, Zur Wiener Handelsgeschichte des 16. Jahrhunderts. In: WGBl 29, 1974, Heft 3, bes. S. 220–222, 183 f.

166 Siehe dazu auch: Moritz Smets, Wien im Zeitalter der Reformation, Wien, Neudruck 1969, S. 198.

Namen findet sich später in Regensburger und Weißenburger Pfarrmatriken wieder.[167] In einem einzigen Fall findet sich der Vermerk: *wider komben u. kath. geworden.*[168]

Die Abwanderung von Bürgern findet ihren Ausdruck auch in den Aufzeichnungen der städtischen Einnahmen. Wer Wien verließ, hatte ein Abfahrtsgeld zu bezahlen, das ca. 10% des Wertes der mitgenommenen Güter betrug. Beim städtischen Kammeramt gingen in den Jahren 1625 und 1626 die beträchtlichen Summen von 24.446 fl. bzw. 7.230 fl. ein.[169] Die Zahlen für die Jahre 1625/26 sind nur so zu erklären, daß die Abwanderungswelle von Protestanten in diesen Jahren ihren Gipfel erreichte. Unter den Emigranten dieser Jahre befanden sich alle Handels- und Gewerbeberufe, vor allem aber viele Kaufleute. Es handelte sich somit um Personen aus Berufsgruppen, die in den vergangenen Jahrzehnten stets das „Kraftreservoir" der protestantischen Bewegung in Wien gebildet hatten. Der Stadt wurde durch diese Abwanderungen ein geschätztes ökonomisches Potential von 300.000 Gulden entzogen.[170]

Bei der Übernahme der konfiszierten bzw. verlassenen Häuser achtete Ferdinand II. darauf, neben der „Belohnung" verdienter Adeliger kirchliche Institutionen mit den erforderlichen Liegenschaften auszustatten. Die Ansiedlung neuer, in

167 Matt, Bürgertestamente, S. 41–46. Matt stellt die Einträge im „Unbehaustenbuch" einer von Karl Gröschel in Weißenburg (Franken) erstellten Exulantenkartei gegenüber. Beide Quellen geben auch die jeweilige Berufsbezeichnung an.

168 Es handelt sich um den Schuster Georg Zelle, der bereits im Jahr 1626 wieder zurückkehrte. Ebd., S. 46.

169 Zum Vergleich die Eingänge in den Jahren zuvor und danach: 1.705 fl. im Jahr 1623, 133 fl. im Jahr 1624, 30 fl. im Jahr 1627, 295 fl. im Jahr 1628 und 300 fl. im Jahr 1629.

170 Die Informationen über die Berufe der Emigranten sind im „Unbehaustenbuch" und in der fränkischen Exulantenkartei enthalten. Der geschätzte Wert des Vermögens, das der Stadt entzogen wurde, bei Pradel, Wiener Bürgermeister, S. 180.

Predigt, Katechese, Seelsorge oder auch im Unterrichtswesen aktiv tätiger Orden[171] fand gerade in den Regierungsjahren Ferdinands II. einen Höhepunkt.[172]

Als Beispiele für Hausabtretungen an bereits seit längerem in Wien etablierte kirchliche Institutionen seien folgende genannt: Die Jesuiten erwarben in den Jahren zwischen 1624 und 1627 eine Reihe von Häusern, die sie teils abreißen ließen, um an ihrer Stelle die neue Universitätskirche St. Ignatius und Franz Xaver zu errichten. Die Franziskaner und Kapuziner[173] erwarben einige in der Nähe ihrer Klöster befindliche Häuser. Auch die „Klerikalisierung" von Hernals durch dessen Schenkung an das Wiener Domkapitel steht im Zusammenhang einer Förderungspolitik, die einerseits bedeutende Veränderungen des Stadtbildes zur Folge hatte,[174] andererseits aber gravierende soziale und wirtschaftliche Folgen: Mit den fortwährenden Vermehrungen des geistlichen und adeligen Besitzes wurde das bürgerliche Element sukzessive zurückgedrängt.

171 Zu den „neuen" Orden generell siehe: John Patrick Donnelly, The New Religious Orders, 1517–1648. In: Thomas A. Brady, Heiko A. Oberman, James D. Tracy (Hgg.), Handbook of European History 1400–1600. Bd. 2 (Visions, Programs and Outcomes), Leiden – New York – Köln 1995, S. 283 ff.

172 Nahezu jährlich wurde während der Regierung Ferdinands II. (1619–1637) in Wien eine neue Ordensniederlassung gegründet: (z. B.) 1624 die Paulaner auf der Wieden, 1626 die Barnabiten bei St. Michael, 1628 die unbeschuhten Karmeliterinnen bei St. Ruprecht (um derentwillen die Kaiserin Maria Eleonore Gonzaga die von ihrem Gatten an derselben Stelle den Juden versprochene Errichtung einer Synagoge hintertrieb), 1630–32 die Augustiner-Eremiten auf der Landstraße und 1632–36 die Schwarzspanier vor dem Schottentor (in Erfüllung eines Gelübdes, das Ferdinand II. nach der Schlacht bei Lützen getan hatte). Müller, Wiens räumliche Entwicklung und topographische Benennungen, S. 378–379.

173 Die Kapuziner wurden im Jahr 1600 zunächst in St. Ulrich angesiedelt. Der Bau des Klosters am Neuen Markt (Grundsteinlegung 1622) verzögerte sich durch die Kriegswirren, so daß die Kirche erst 1632 eingeweiht werden konnte. P. Cassian von Oberleutasch, Die Kapuziner in Österreich. In: Collectanea Franciscana, Rom 1950, S. 264 f. sowie 330–332.

174 Stadt und Vorstädte wurden mit Kirchen- und Klosterbauten regelrecht „überfüllt". Vgl. Müller, Wiens räumliche Entwicklung, S. 379.

Im Jahr 1622 war durch diesen Prozeß die Zahl der Bürgerhäuser in Wien auf 800 gesunken. Im Jahr 1644 betrug sie nur mehr 643 – gegenüber 582 Freihäusern.[175] Die Zurückdrängung des bürgerlichen Hausbestandes – hinzu kamen noch Hausabbrüche aus fortifikatorischen Gründen – führte dazu, daß sich ein wachsender Teil der bürgerlichen Händler, Handwerker und Angehörigen von Dienstleistungsberufen in einem der neuerrichteten adeligen Freihäuser einmieten mußte.[176] Im selben Maß wie der bürgerliche Hausbesitz zurückging, sank die Zahl der Bürger selbst: Ihr prozentueller Anteil an der Gesamtbevölkerung ging im Verhältnis zu den in Wien lebenden unbürgerlichen Personen immer mehr zurück. Wiederholte Warnungen vor dieser für das Wirtschaftsleben der Stadt verhängnisvollen Entwicklung blieben erfolglos.[177]

---

175 Müller, Wiens räumliche Entwicklung, S. 380.

176 Das größte dieser Freihäuser war das in den Jahren 1641–1653 errichtete Starhembergsche Freihaus auf der Wieden, das im 18. Jahrhundert mehr als 1.000 Einwohner hatte. Siehe: Else Spiesberger, Das Starhembergsche Freihaus auf der Wieden. In: JBVGStW 19/20, 1963/64, v. a. S. 203–208.

177 Auch Klesl warnte in seinen letzten Lebensjahren (er starb 1630) wiederholt vor dem wirtschaftlichen Schaden, der als Folge dieses „Ausdünnungsprozesses“ drohe. Vgl. Smets, Die Reformation in Wien, S. 209, und Khevenhiller, Annales Ferdinandei, Bd. 10, Leipzig 1724, Sp. 1481. Die Folge dieser Entwicklung war ein ökonomischer Bedeutungsverlust Wiens. Erst in der Mitte des 18. Jahrhunderts kann wieder von einer finanzkräftigen und erfolgreich Handel treibenden bürgerlichen Oberschicht gesprochen werden. Pradel, Wiener Ratsbürger, S. 18.

Die gegenreformatorische „Seelsorge" und der Staat

Die Zunahme von Liegenschaften, die der Steuergewalt der Stadt entzogen waren, war die unvermeidliche Folge des politischen und religiösen Systems, das auf zwei Eckpfeilern beruhte: der „Herrschaftsallianz" von Krone und Adel[178] und der gezielten Förderung des für die bildungspolitische[179] und die seelsorgliche Dimension der Gegenreformation dringend benötigten Ordensklerus.

Das Dilemma zwischen seelsorgerischen Erfordernissen und wirtschaftlichen Nachteilen manifestiert sich am deutlichsten in der Frage der Bettelorden. Im Jahr 1630 gestattete Ferdinand mit der ausdrücklichen Bestimmung, zur Bekehrung der Andersgläubigen beizutragen, dem neuen Bettelorden der Paulaner die Ansiedlung auf der Wieden, obwohl Klesl sich mit der

178 Die Bedeutung der „Konfessionalisierung" Ferdinands II. und Ferdinands III. für die Schaffung einer einheitlichen mentalen und ideologischen Orientierung der politischen Eliten, die sich mit Kaiser und Hof solidarisierten und identifizierten, hat zuletzt Robert Bireley untersucht. Siehe: Ders., Confessional Absolutism in the Habsburg Lands in the Seventeenth Century. In: Charles W. Ingrao (Hg.), State and Society in Early Modern Austria, West Lafayette 1994, S. 36–53. Siehe dazu auch: MacHardy, Absolutism and Rebellion in Habsburg Austria, S. 437 f. Zur theoretischen Fundierung der „Herrschaftskonzeption" Ferdinands II. siehe die Bemerkungen Bireleys über die bevorzugte Lektüre des Kaisers. Den Werken antimachiavellistischer Autoren wie Giovanni Botero und Justus Lipsius konnte er u. a. den Grundsatz entnehmen, daß ein Fürst die Unterstützung der führenden Schicht benötige, um seine Herrschaft langfristig abzusichern. Bireley, ebd., S. 42 f.

179 Hinsichtlich der Bildungspolitik ist auf den überragenden Einfluß der Jesuiten hinzuweisen, die sukzessive das gesamte höhere Schulwesen in Wien und zuletzt die philosophische und theologische Fakultät an der Universität unter ihre Kontrolle brachten. Es handelt sich hier um eine Tendenz, die überall in Europa zu beobachten ist, wo die Jesuiten dank der gezielten Förderung des Landesfürsten ihre Tätigkeit entfalten konnten. Das „klassische Beispiel" ist das Herzogtum Bayern. Siehe: Richard van Dülmen, Kultur und Alltag in der Frühen Neuzeit, Bd. 3: Religion, Magie, Aufklärung 16.–18. Jahrhundert, München 1994, bes. S. 121–126.

Begründung dagegen aussprach, das ohnehin schon verarmte Wien könne nicht noch mehr Bettelmönche aufnehmen.

Dem wirtschaftlichen Schaden, den diese Ansiedlung für die Stadt zur Folge hatte, standen aber schon sehr bald bedeutende seelsorgerische Erfolge gegenüber: Zahlreiche Meß- und Andachtsstiftungen sowie die von den Paulanern gegründeten und rasch wachsenden Bruderschaften geben davon Zeugnis.[180] Landesfürst und Bischöfe unterstützten und förderten nachhaltig die Tätigkeit der Orden. Mit der Ansiedlung der Barnabiten bei St. Michael (1626) etwa führte der Kaiser einen kirchenpolitisch in zweifacher Hinsicht bezeichnenden Schlag: Ausschaltung des bürgerlichen Einflusses auf die Pfarrbesetzung (St. Michael war bis dahin eine städtische Patronatspfarre) und Verbesserung der hier erzielten seelsorgerischen „Leistungen".[181]

Unter Bischof Anton Wolfradt[182] wurde der Regularklerus einerseits wegen seiner vielfach bewiesenen Eignung für die Bekehrungsarbeit und andererseits den nach wie vor bestehenden Mängeln der traditionellen Pfarrseelsorge weiter aufgewertet: Es gab lediglich drei Stadtpfarren: St. Stephan, St. Michael und bei den Schotten. Die unvermeidliche Folge der großen Ausdehnung der drei Distrikte (sie bezogen auch einen erheblichen Teil des Wiener Umlandes mit ein) war eine

180 Tomek, Das kirchliche Leben, S. 248. Bereits im Jahr 1633 führten die Paulaner die Schutzengelbruderschaft ein, der „im Laufe der Zeit fast der ganze unter- und oberösterreichische Adel beitrat". Später folgten weitere Bruderschaftsgründungen an der Kirche. Ebd., S. 306.

181 Die Kommunikanten- und Konversionszahlen bei St. Michael waren vor der Einführung der Barnabiten eher gering – v. a. im Vergleich mit den diesbezüglich viel „erfolgreicheren" Franziskanern und Jesuiten (siehe dazu weiter unten).

182 Wolfradt war Abt von Kremsmünster und wurde im Oktober 1623 wegen des in dieser Funktion bewiesenen Geschicks zum Präsidenten der Hofkammer ernannt. Im Jahr 1631 folgte er Klesl als erster Fürstbischof von Wien. Bireley, Religion and Politics, S. 19.

Überstrapazierung der Pfarrseelsorger.[183] Die Tatsache, daß die gesamte Bevölkerung Wiens auf nur drei Pfarren verteilt war, stand in krassem Gegensatz zu einem Dekret des Tridentinums, das 10.000 als maximale „Seelenzahl“ in einer Pfarre festgelegt hatte. Noch 1646 gab es bei St. Stephan nur neun Seelsorgepriester. Kardinal Petrus Aloysius Caraffa ordnete daher an, die Zahl der Priester in den Wiener Pfarren so aufzustocken, daß allen Pfarrkindern problemlos die Sakramente gespendet werden können.[184]

Als Nachwuchs kamen primär die „Khleslschen Alumnen“ in Frage, die jedoch auch für die Diözese Wiener Neustadt bestimmt waren und daher nur zum Teil in Wien zum Einsatz kommen konnten. Trotzdem galten strenge Bedingungen für den Empfang der Weihen: Allein für das Subdiakonat war der Besitz eines Benefiziums erforderlich, außerdem untadelige Lebensführung, ein Studium der Philosophie oder zumindest der Dialektik und der Moraltheologie (letzteres zumindest

183 Die neue Pfarrordnung (in der endgültigen Fassung publiziert am 31. Dezember 1646) wies den Stadtpfarren folgende außerstädtische Distrikte zu: 1. St. Stephan: *alles, was außer der Schlagbruggen, auch den Pradter, item bey denen Weißgärbern und Fleischhackern, die Landstraß und ganze Vorstatt vorm Stuben Thor, das Dörffl Erdberg. Item hinumb alles miteinander bis zum Khärntnertor, alda die ganze Vorstatt , item Nicolstorff bis hinumb zu der Rottgassen, alda der Michaeler district auf der rechten hand anfanget.* 2. St. Michael: […] *von der Rottgassen anzufangen von dem Weißen Löben, waß auf der rechten handt, den Zieglstadl am Anger und Laimbgruben, Windtmühl und alles (außer St. Ulrich und Neustifft) bis zur Alstergassen.* 3. Schotten: *St. Ulrich, Neustifft, Alstergassen, Währinger Gassen, Rossau und Ober-Wörth.* Befehl Breuners an die Stadtpfarrer (31. Dezember 1646). DAW Breuner 1639–1669.

184 Caraffa an Breuner (3. März 1646). DAW, Breuner 1639–1669, Nr. 20. Die Lage war in der Pfarre St. Stephan zweifellos am prekärsten. Bei St. Michael gab es 1646 immerhin 30 Barnabiten, ca. ebensoviele Benediktiner bei den Schotten. Tomek, Das kirchliche Leben, S. 262, Anm. 5.

185 Die zu Subdiakonen Geweihten sollten nach einer (relativ späten) Anordnung Bischof Breuners (28. Mai 1659) vor allem bei St. Stephan in der Seelsorge assistieren und das Volk katechisieren. Zitiert nach Tomek, ebd.

zwei Jahre). Diese „hohe Meßlatte“ war nicht eben dazu angetan, die Zahl der zur Verfügung stehenden Priester rasch zu erhöhen.[185] Bischof Wolfradt hob angesichts dieser prekären Situation das mittelalterliche Prinzip auf, wonach die Predigt der Regularen nicht gleichzeitig mit der Pfarrpredigt gehalten werden dürfe, eröffnete so den Orden ein zusätzliches Tätigkeitsfeld und entlastete gleichzeitig die Pfarrer. So fragte er im Jahr 1634 bei den Karmeliten und Paulanern an, ob sie nicht zugleich für ihre Kirchen und bei den Barmherzigen Brüdern Prediger abstellen könnten, um den viel zu großen Andrang von den drei Stadtpfarrkirchen abzulenken.[186]

Tabelle: Kommunionen und Konversionen 1615 und 1622

Kirche	1615		1622	
	Kommunionen	Konversionen	Kommunionen	Konversionen
St. Stephan	600	1	106	2
Schotten	1.431	10	327	8
St. Michael	1.267	24	309	.
Franziskaner	10.498	258	4.965	49
Jesuiten	8.500	349	7.500	.

Quelle:
DAW, WP 11 (1611–1622), fol. 182v (1615), 659v (1622)

Die Zahlen der Kommunionen und Konversionen sind ein deutlicher Beleg für die führende Stellung der Orden im Vergleich mit den an den Stadtpfarren tätigen Klerikern und untermauern ihre Hauptfunktion: Um einen möglichst großen Prozentsatz der Wiener Bevölkerung erreichen zu können, mußte ein Ausgleich für die strukturellen Schwächen der Pfarrorganisation geschaffen werden.[187] Bischof Breuner betont die

186 Tomek, Kirchengeschichte Österreichs, S. 537–538.

187 Diese Zahlen sind in den Wiener Protokollen (DAW) überliefert. WP 11 (1611–1622), fol. 110r (1614), 182v (1615), 420 r–v (1619), 659v (1622) etc. Für die neuangesiedelten Orden (etwa die Paulaner) konnte ich keine Zahlen

Bedeutung der Religiosen in seinem Diözesanbericht an Papst Innozenz X. (1646) nicht zufällig im Zusammenhang mit der Nennung der – maßlos überschätzten – Seelenzahl Wiens (150.000): Demnach nehmen sie freiwillig viel Arbeit auf sich, nicht nur in der Katechese, sondern auch in der Krankenbetreuung und anderen frommen Werken und schaffen damit viel Nutzen für die katholische Religion.[188]

Die politisch gebrochenen und ihrer Führungsschicht beraubten Protestanten Wiens sahen sich mit den unterschiedlichsten politischen und kirchlichen Methoden konfrontiert, die in all ihrer Widersprüchlichkeit (von reiner Repression bis zur „positiven Werbung“ für die katholische Sache) eine gegenreformatorische „Funktion“ hatten. Charakteristisch für die kirchlichen „Methoden“ war u. a. das Bemühen um „attraktive“, die Sinne ansprechende Frömmigkeitsangebote und die selbstbewußte Zurschaustellung katholischen Lebens. Ein Beispiel dafür ist die von dem Jesuiten Carolus Mussart geborene Idee, für die Wiener einen Kreuzweg in die ehemalige „Ketzerhochburg“ Hernals anzulegen. Der protestantischen Vergangenheit dieses Ortes sollte bewußt eine lebendige katholische Gegenwart gegenübergestellt werden. Die entsprechenden baulichen Veränderungen an der Kirche und ihrer Umgebung (Errichtung eines „heiligen Grabes“) wurden vom Domkapitel getragen.[189]

---

finden. Die ausgewählten Beispiele aus den Jahren 1615 und 1622 sollen nur die allgemeine Tendenz aufzeigen.

188 26. Jänner 1646. DAW Breuner 1639–1669, Nr. 19. Die Schätzung von 150.000 Einwohnern ist auch bei Berücksichtigung der Tatsache, daß die Vorstädte mitgezählt wurden, deutlich zu hoch gegriffen.

189 Uhl, Hernals, S. 87. Grundsätzlich zur katholizismusspezifischen Tendenz zur „Vergegenständlichung von Religion“: Zeeden, Grundlagen und Wege der Konfessionsbildung, S. 109 f. Im Zusammenhang mit der Attraktivität der kirchlichen „Angebote“ ist auch auf das Wirken der Ordensgeistlichen in der Krankenpflege hinzuweisen, das zweifellos große Sympathien geweckt hat.

Bedeutender als solche Initiativen, die sich dem Engagement kirchlicher „Aktivisten" verdanken, war jedoch die immer offener zutage tretende Tendenz zum „Staatskirchentum": Staatliche und kirchliche Aktionen wurden immer enger aufeinander abgestimmt, wobei das Übergewicht ganz deutlich bei den staatlichen Kräften lag.[190] Bereits im Jahr 1627 visitierte der Wiener Offizial Tobias Schwab auf kaiserlichen Befehl (!) die Diözese und stellte fest, daß alle Pfarren außer Inzersdorf mit katholischen Pfarrern besetzt waren.[191]

Ein grundlegender Unterschied gegenüber der Zeit Ferdinands II. war das seit Beginn der Regierung Ferdinands III. wesentlich höhere Gewicht der niederösterreichischen Regierung in allen Religionsangelegenheiten.[192] Mit einem Patent aus

---

190 Grundsätzlich zum zeittypischen Zusammenhang von „staatlicher und kirchlicher Verdichtung", dem staatlichen Streben nach Übernahme kirchlicher Kompetenzen sowie dem religiösen Selbstverständnis der Fürsten, das diesem Bestreben zugrunde lag: Hamm, Das Gewicht von Religion, Glaube, Frömmigkeit und Theologie, bes. S. 189–193, und Heinz Schilling, Confessional Europe. In: Handbook of European History, Bd. 2, bes. S. 647–651.

191 Tomek, Das kirchliche Leben, S. 243. Inzersdorf war die letzte (vorübergehende) Zufluchtsstätte für andernorts vertriebene Prädikanten.

192 Ein Grund für den „Aufstieg" der niederösterreichischen Regierung zur entscheidenden und von kirchlicher Seite nicht ernsthaft angefochtenen Behörde in allen Religionsangelegenheiten war der Wegfall einer starken Bischofspersönlichkeit nach dem Tode Klesls (1630). Zu den Konstanten in Klesls kirchenpolitischem Wirken hatten stets sein Widerstand gegen den wachsenden Einfluß des „Klosterrates" und die eifersüchtige Wahrung kirchlicher Rechte gezählt. Zum Ausdruck kommt die starke Stellung Klesls sowohl gegenüber dem Kaiser (nach seiner „Rehabilitation") als auch und besonders gegenüber der Wiener Bürgerschaft in einem Ereignis aus dem Jahr 1628: Ein Schreiben des ungarischen Palatins, Graf Nikolaus Esterházy, an den Rat der Stadt Wien über „zahlreiche" *(magno numero)* Wiener Bürger, die der Religion wegen nach Ungarn ausgewichen seien, wurde vom Rat sogleich in demütigster Weise an Klesl weitergeleitet, *weil das werckh die reformation betrifft, selbige aber deroselben als unseren gethreuen Hierten principaliter obligt* (Esterházy an den Stadtrat am 18. Februar 1628, Stadtrat an Klesl am 20. Februar 1628. Zitiert nach Hammer-Purgstall, Klesl's Leben, Bd. 4, S. 318 f.). Zu Klesls

dem Jahr 1638, das die Bestimmungen der Patente Ferdinands II. aus den Jahren 1628–1634 gegen alle Formen des Geheimprotestantismus, die sich seit der Ausweisung der Prediger im Jahr 1627 ausgebildet hatten, wiederholt,[193] findet sich eine wesentliche Neuerung: Alle Stadt-, Markt- und Landgerichte werden beauftragt, auf die „Ungehorsamen" zu achten und diese im Übertretungsfall der *Regierung* anzuzeigen. Diese erhält auch die Vollmacht, die für jedes Vergehen festgesetzte Strafe zu vollziehen. Bereits im Jahr 1634 war eine Resolution ergangen, wonach alle Streitigkeiten zwischen Geistlichen und Laien über Pfarren, Zehente und Vogteien künftig nicht mehr vor dem Hof, sondern vor der Regierung auszutragen sind. Ebenfalls unter Ferdinand III. erfolgte die Aufhebung des „Klosterrates" und die Übertragung seiner zahlreichen Befugnisse an die Regierung.[194] Die Regierung suchte bald auch die Mitwirkung der Pfarrer an den Bekehrungsbemühungen aus eigener Machtvollkommenheit zu bestimmen und diese damit faktisch zu staatlichen Beamten zu degradieren: So hatten sie alljährlich Berichte über den österlichen Beicht- und Kommunionsempfang (nebst einer genauen Spezifizierung derjenigen Pfarrkinder, die sich dazu nicht „eingestellt" haben) einzuschicken.[195]

Rolle als alleiniger Leiter der Büchervisitationen siehe das Kapitel: „Der Kampf gegen den protestantischen Bücherbesitz".

193 Piringer, Ferdinands III. katholische Restauration, S. 25.

194 Albert Starzer, Beiträge zur Geschichte der niederösterreichischen Statthalterei (1501–1896), Wien 1897, S. 40–42.

195 Siehe etwa einen der zahlreichen Befehle des Passauer Offizials Martin Geiger an die Pfarrer des Offizialats unter der Enns (5. April 1651, DAW Reformation/Gegenreformation III). Geiger beruft sich darin nicht auf den Passauer Bischof, sondern auf den Kaiser, der an ihn den Befehl habe ergehen lassen, das Patent öffentlich von allen Kanzeln verlesen zu lassen. Seinen negativen Ausdruck findet das „Staatskirchentum" Ferdinands III. in den (politisch allerdings wirkungslosen) Klagen der Bischöfe. So klagte der Wiener Bischof Breuner im Jahr 1646 in Rom, daß Hof und Regierung sich dermaßen in kirchliche Angelegenheiten einmischen, daß es keinem Bischof erlaubt sei, ein

Als Beispiel für die Zusammenarbeit von Staat und Kirche sei eine Beschwerde des Wiener Bischofs Philipp Friedrich Graf Breuner[196] aus dem Jahr 1643 angeführt. Darin wendet er sich direkt an die Regierung um Hilfe gegen das lasterhafte und unfromme Leben der Wiener. Fleischliche Sünden griffen um sich, die Fastendisziplin werde kaum eingehalten, am Ochsengrieß werde an Fasttagen Vieh verkauft, und die Krämerläden würden an Sonn- und Feiertagen stets offengehalten.[197] Die Regierung erneuerte daraufhin alle diesbezüglich bereits erlassenen Mandate und forderte den Bischof zur Fortsetzung der *Religionsreformation* auf. Insbesondere sei der Auslauf von Wiener Bürgern nach Ungarn eingerissen.[198] Um den kaiserlichen Religions- und Sittenmandaten mehr Nachdruck zu verschaffen, ernannte die Regierung im Jahr 1646 einen „Rumormeister" für Wien. Dieser hatte, begleitet von einer „Poli-

---

römisches Dekret ohne Wissen der Regierung zu veröffentlichen oder die gewöhnlichen Visitationen zu halten. Franz Loidl, Fürstbischof Breuner. In: Wiener Kirchenblatt, 1956, Nr. 3, S. 10–12.

196 Breuner war ein Neffe des Erzbischofs von Prag, Johann Josef Graf Breuner. Er wurde im Jahr 1639 Wiener Fürstbischof und starb 1669. Siehe: Henriette Peters, Passau, Wien und Aquileja. Ein Beitrag zur Kirchengeschichte von Wien und Niederösterreich im 17. Jahrhundert, Wien 1976, S. 41 f.

197 Breuner an den Kaiser, 16. Juli 1643. DAW Reformation/Gegenreformation III (1631–1699), ohne Signatur.

198 Ebd. Die in der Klage Breuners wie auch in den „Reformationsmandaten" der Regierung zutage tretende Verbindung von moralischen „Lastern" und konfessionellen Vergehen (wie die Nichteinhaltung der Fastentage und -zeiten) ist charakteristisch für alle Ordnungsversuche frühneuzeitlicher (katholischer) Obrigkeiten. Diese laufen im Begriff der *Policey* zusammen. Stets ging es um die Erhaltung bzw. Herstellung der moralischen *und* religiösen Ordnung. Vgl. (u. a.) Thomas Winkelbauer, Sozialdisziplinierung und Konfessionalisierung durch Grundherren in den österreichischen und böhmischen Ländern im 16. und 17. Jahrhundert. In: Zeitschrift für historische Forschung 19, 1992, bes. S. 322–324, und Karl Vocelka, Public Opinion and the Phenomenon of *Sozialdisziplinierung* in the Habsburg Monarchy. In: Charles W. Ingrao (Hg.), State and Society in Early Modern Austria, West Lafayette 1994, S. 119 ff., bes. S. 121–126.

zeitruppe", durch regelmäßige Kontrollgänge und mit Hilfe von Denunzianten (u. a.) Gotteslästerer, Zauberer, Wahrsager und Personen, die gegen das Verbot der Sonn- und Feiertagsarbeit sowie gegen die äußerst strengen Fastenbestimmungen verstießen, aufzuspüren und dem Stadtgericht zur Bestrafung zu übergeben.[199]

Im Jahr 1632 hatte die Regierung den Anstoß zu einer neuen Form der Bekehrungsbemühungen gegeben, für die der konfessionell homogenisierte Hausbesitz eine ebenso große Rolle spielte wie das dichte Seelsorgenetz, das die Orden über die Stadt gelegt hatten: Auf Befehl der Regierung zeigten die Hausbesitzer die in ihren Häusern befindlichen Protestanten an, die sodann vor den Offizial des Bischofs zitiert wurden.[200]

Dieser forderte sie zur Teilnahme an einem Bekehrungsunterricht auf, den wiederum Ordensgeistliche (v. a. Jesuiten und Franziskaner) durchführen sollten, um danach über die erzielten Erfolge Bericht zu erstatten.[201] Die hier entwickelten Ansätze kamen insbesondere in den seit 1652 planmäßig durchgeführten „Reformationskommissionen" zur systematischen Anwendung.

---

199 Starzer, Beiträge, S. 45. Die Aufsichtspflicht des Rumormeisters erstreckte sich neben diesen im engeren Sinn religiösen Vergehen auch auf Ehebrecher, Wucherer, Betrunkene, Raufer etc., somit auf nahezu sämtliche Personen, die in irgendeiner Weise die öffentliche und moralische Ordnung störten. Die eigentliche Strafgewalt für diese „Verbrechen" oblag dem Stadtgericht.

200 DAW, Reformation/Gegenreformation III (1631–1699), Nr. 12 (1633): Im Verzeichnis der *unkatholischen* Personen, die damals in den Bischofshof zitiert wurden, finden sich 14 Sollizitatoren und drei Schneider. Wiener Offizial war von 1613–1640 Tobias Schwab. Siehe: Wiedemann, Reformation und Gegenreformation, Bd. 5, Prag 1886, S. 574–576. Die „Reformationskommissionen" traten überall (ob in Böhmen, Nieder-, Ober- oder Innerösterreich) im Namen des Kaisers bzw. der Regierung auf, nachdem der einflußreiche Beichtvater Ferdinands II., Wilhelm Lamormaini SJ, in einem Gutachten argumentiert hatte, daß die Häretiker kirchliche Autoritäten allein nicht respektieren würden (1627). Bireley, Confessional Absolutism, S. 44.

201 Tomek, Kirchengeschichte Österreichs, S. 538.

Der Kampf gegen den protestantischen Bücherbesitz

Eine wichtige Stoßrichtung der Gegenreformation in Wien während des Dreißigjährigen Krieges war der protestantische Bücherbesitz. Dieser mußte insbesondere in einem politischen und kulturellen Umfeld an Bedeutung gewinnen, das nur noch „im geheimen", in den eigenen vier Wänden, die Ausübung eines in der Öffentlichkeit streng verfolgten Religionsbekenntnisses zuließ.[202] Der Besitz „ketzerischer" Bücher ist daher auch ein ständig wiederkehrender Punkt in den „Reformationspatenten". Die Grundlagen für den Kampf gegen das protestantische Buchwesen in Wien hatte Bischof Johann Kaspar Neubeck[203] in den Jahren zwischen 1574 und 1594 gelegt. Die stets mit Förderung oder sogar auf Befehl des Landesfürsten erfolgenden bischöflichen „Visitationen" konzentrierten sich in dieser Phase vor allem auf Buchläden, -drucker und -binder.[204] Im Jahr 1578 wurde eine landesfürstliche „Neuordnung der Buchdrucker und Buchführer in Wien und ganz Österreich" erlassen, woraufhin u. a. verdächtige Druckereien geschlossen wurden und der Verkauf vor allem aus dem Ausland eingeführter Bücher rigiden Kontrollen unterworfen wurden.[205]

---

202 Zum Geheimprotestantismus in Österreich siehe: Mecenseffy, Protestantismus in Österreich, S. 186–190.

203 Neubeck stammte aus Freiburg und war Mitglied der dortigen Universität. 30jährig wurde er im Jahr 1574 Bischof von Wien. Er gilt als einer der frühesten Vertreter der Tridentinischen Reform in Österreich. Siehe: Roderich Geyer, Dr. Johann Caspar Neubeck. Bischof von Wien (ungedr. phil. Diss.), Wien 1956.

204 Brückler, Studien zur Geschichte der katholischen Reform in Niederösterreich, S. 271–273.

205 Eingeschaltet in dieses „Bücherregime" waren auch die Universität und der Stadtrat. Siehe z. B. ein diesbezügliches landesfürstliches Dekret vom 22. Oktober 1580. DAW, WP 6, 1574–1580, fol. 905r.

Nicht einmal die strengsten Kontrollen vermochten es jedoch, dem Bücherverkehr dauerhaft und effektiv einen Riegel vorzuschieben.[206]

Erst das völlig veränderte „Klima“ der Jahre nach 1620 schuf jenes Denunziationsnetz, das es ermöglichte, mit Hilfe der (katholischen) Hausbesitzer „verdächtige“ Personen auszumachen, in deren Besitz protestantische Bücher vermutet werden konnten. Nicht zufällig kam es daher gerade am Ende der 1620er Jahre zu einer Serie von Büchervisitationen und -konfiskationen in Wiener Bürgerhäusern. Klesl, der im Jahr 1615 die Bücherzensur und -visitation ganz an sich gezogen hatte, sandte im Jahr 1628 Kommissare in alle Stadtviertel, um verdächtige Bürger aufzusuchen, sie zur Herausgabe ihrer Bücher aufzufordern, die als „verboten“ identifizierten zu konfiszieren und in den Bischofshof zu bringen. Dabei galt es, mit einer möglichst geringen Anzahl an Personen auszukommen, um kein Aufsehen zu erregen.[207] Bald langten bei Regierung, Offizial Schwab und Klesl Berichte ein, wonach die meisten Bürger ihre Bücher bereitwillig auslieferten.[208] Hinhaltenden Widerstand leistete vor allem der im Kärntner Viertel ansässige Tuchscherer Hans Tullinger: Einmal öffnete er Bücher-

206 Die Versuche, mittels der Erstellung von Katalogen „verbotener Bücher“ deren Umlauf zu unterbinden, waren zum Scheitern verurteilt, da *schon so viele böse Bücher* [im Umlauf; A. St.] *sind, daß sie kaum gezählt werden können*, wie der Hofprediger Lambrecht im Jahr 1580 klagte. DAW, WP 6, fol. 901v.

207 Alle Leiter der in den Jahren 1628/29 durchgeführten Visitationen waren Mitglieder der Domgeistlichkeit, gehörten also zum engsten Kreis um Klesl und seinen Offizial Schwab: Johann Augustin Zwerger, Conrad Tegethoff, Stephan Zwirschlag und Paul Raphael Nitsch. Sie wurden begleitet von Mitgliedern der Universität und des Stadtrates. DAW Reformation/Gegenreformation II (1585–1630).

208 Einige Bürger gaben demnach nicht nur freiwillig ihre Bücher heraus, sondern baten auch darum, ihren Gehorsam in der Visitationsrelation ausdrücklich zu vermerken (P. R. Nitsch an Klesl über seine Visitation im Stubenviertel, 22. August 1628, ebd., Nr. 8).

Schottenkirche mit Prozession 1645, Kupferstich.

kisten, welche die Visitatoren bereits versiegelt, aber noch in seinem Haus gelassen hatten, wieder und befestigte zur Täuschung der Visitatoren „falsche“ Siegel daran, ein anderes Mal ließ er sich von seinem Hausdiener als abwesend entschuldigen, und zuletzt sprach er den Visitatoren einfach ihre Vollmacht ab.[209] Insgesamt wurden in diesem Jahr 222 Bücher konfisziert, darunter 31 Bände verschiedener Schriften Luthers und zehn Exemplare seiner Tischreden.[210] Die Kontrolle von Bücherumlauf und -besitz wurde auch in den folgenden Jahr-

209 Aus einem Bericht der Visitatoren Stephan Zwirschlag und Martin Geiger an den Offizial Tobias Schwab. DAW, ebd., Nr. 15, undatiert. Tullinger muß relativ bald nach diesen Ereignissen die Stadt verlassen haben, da sich sein Name im „Unbehaustenbuch“ (mit der Zusatzbemerkung *lutherisch; weg*) findet (fol. 130, zit. nach Matt, Bürgertestamente, S. 45).

210 Die Zahl der konfiszierten Bücher ist Tomek, Das kirchliche Leben, S. 244, entnommen. Das weitere Schicksal der Bücher ist nicht rekonstruierbar. Ihre Verbrennung kann lediglich vermutet werden, ist aber nicht zu belegen. Die erste belegbare (und demonstrative) „Buchhinrichtung“ in Wien fand erst in den 1660er Jahren statt, betraf aber kein lutherisches Schriftwerk. Rafetseder, Bücherverbrennungen, S. 159 ff.

zehnten stets mit besonderem Nachdruck und in wachsendem Maße von der Regierung betrieben, waren Bücher doch die „letzten" und „gefährlichsten" Träger und Multiplikatoren „häretischen" Gedankenguts.[211]

Die „Reformationskommissionen"

Um 1650 lebten immer noch zahlreiche Protestanten in Wien, was jedoch vor allem auf die große Zahl der in Wien lebenden Ausländer und ihr Gefolge zurückzuführen ist: Gesandte protestantischer Mächte, die „Niederleger" und protestantische Mitglieder der in Wien ansässigen Reichsbehörden, die alle diplomatische oder andere Sonderstellungen besaßen. Gesandtschaftskapellen (v. a. die der dänischen und der schwedischen Vertretung) waren auch die einzigen offiziell erlaubten Stätten evangelischer Religionsausübung in Wien.[212] Eine wichtige Gruppe von Privilegierten waren die „Niederleger", die Repräsentanten fremder Großhandelsfirmen. Sie hatten außer Maut und Zoll keine steuerlichen Lasten in Wien zu tragen.[213] Ihre Kredite waren für den Kaiser stets von so großer Bedeutung, daß sie nicht mit gegenreformatorischen Maßnahmen „behelligt" wurden.[214]

---

211 Zum Buch als „Kennzeichen des Häretikers" siehe die Studie von Marie-Elisabeth Ducreux, Reading unto Death. Books and Readers in Eigteenth-Century Bohemia. In: Roger Chartier (Hg.), The Culture of Print. Power and Uses of Print in Early Modern Europe, Princeton 1989, bes. S. 199–204. Auch für den gegenständlichen Kontext ist der hohe Stellenwert zu betonen, den das „geheime" Lesen für die Lutheraner besaß.

212 Mecenseffy, Protestantismus in Österreich, S. 184.

213 Matt, Bürgertestamente, S. 46.

214 Zur dominierenden Stellung der „Süddeutschen" im Wiener Wirtschaftsleben siehe v. a. Csendes, Wiener Handelsgeschichte des 16. Jahrhunderts, S. 218–227.

Den Anfang der von Ferdinand III. nach Abschluß des Westfälischen Friedens und der Beseitigung der schwersten Kriegsschäden[215] wiederaufgenommenen Gegenreformation bildete ein Generalmandat, das am 4. Jänner 1652 erschien und die Basis für die Tätigkeit jener „Reformationskommissionen" bildete, die bald darauf in allen niederösterreichischen Landes- sowie in den Wiener Stadtvierteln eingesetzt wurden. Alle Landesbewohner wurden aufgefordert, sich des „Auslaufens" sowie des Singens, Lesens und Aufbewahrens von *unkatholischen* Liedern, Postillen und Büchern zu enthalten, sowie auch das Zuhören bei „sektischen" Zusammenkünften zu unterlassen. Jede Person, die in ein Land zu reisen beabsichtigte, in dem evangelische Gottesdienste abgehalten werden, hatte bei ihrer Obrigkeit um eine Bescheinigung über Zweck und Ziel der Reise anzusuchen. Die Amtleute der Mautinhaber wurden aufgefordert, alle Reisenden genau zu kontrollieren. In Ungarn, wo es zahlreiche Gelegenheiten zum Besuch evangelischer Gottesdienste gab, sollten eigens für diesen Zweck verordnete Personen über aus Österreich einreisende „Ausläufer" Bericht erstatten. Denunzianten wurde ein Drittel der jeweils verhängten Geldstrafe als Belohnung in Aussicht gestellt.[216]

---

215 Zur Endphase des Krieges siehe: Peter Broucek, Die Bedrohung Wiens durch die Schweden im Jahre 1645. In: JBVGStW 26, 1970, S. 120 ff. Das für die Erblande wichtigste Ergebnis des Westfälischen Friedens war die Bekräftigung des landesfürstlichen *ius reformandi* und die endgültige Ausschaltung des Einflusses der evangelischen Stände auf die Religionspolitik. Deren Hoffnung, die protestantische Vormacht Schweden würde im Rahmen der Friedensverhandlungen in Osnabrück eine rechtliche Besserstellung für die Evangelischen in Österreich durchsetzen, hatte sich aufgrund der in dieser Frage absolut kompromißlosen Haltung der kaiserlichen Verhandlungspartei nicht erfüllt. Press, Die Krise des Dreißigjährigen Krieges, S. 68.

216 Gustav Reingrabner, Gegenreformation im Waldviertel. In: Verzeichnis der Neubekehrten im Waldviertel 1652–1654. Codex 7757 Vindobonensis der ÖNB Wien, bearb. von G. Kuhr und G. Bauer, Nürnberg 1992, S. 31–35. Zu den Wiener Kommissionen siehe: Arthur Stögmann, Die „Reformations-

Ein weiteres Mandat ordnete umfassende Büchervisitationen an, die in Wien unter der Leitung Bischof Breuners durchgeführt werden sollten, im Passauer Diözesangebiet unter der des Passauer Offizials: Davon sollten nicht nur „sektische" Bücher betroffen sein, sondern auch *unzichtige* Bücher, Figuren und Bilder, egal, ob im Besitz von Katholiken oder Akatholiken. Eine Ausnahmeregelung galt für evangelische Gesandte am Hof, Mitglieder des Reichshofrats und adelige Landleute: Sie durften ihre *unkatholischen* Schriften zwar behalten, nicht aber öffentlich daraus vorlesen lassen. Hinsichtlich jener Schrift- und Druckwerke, *so wider die guetten Sitten* verstoßen, waren jedoch auch sie dem Zugriffsrecht der Visitatoren unterworfen.[217] An sämtliche Pfarrer des Landes erging der Befehl, auf Prädikanten und Schulmeister zu achten, die aus dem Ausland *hereinschleichen*, besonders aber auf grundherrschaftliche Beamte, die *sich an Sonn- und Feyrtagen unterstehn, denen dienstleuthen und*

kommission" im Wiener Kärntnerviertel (1652–1654). Edition, Regesten, Kommentar (ungedr. Staatsprüfungsarbeit am Institut für Österreichische Geschichtsforschung), Wien 1995. Die Kommissionen in Stadt und Land waren eng aufeinander abgestimmt, dienten sie doch alle dazu, das Netz der Kontrolle möglichst engmaschig zu knüpfen: So galt es, aus dem Land nach Wien (bzw. in umgekehrter Richtung) flüchtenden Personen kein Schlupfloch zu ermöglichen, sondern sie sogleich im parallel geknüpften Netz „aufzufangen".

217 DAW Reformation/Gegenreformation III (Patent Ferdinands III. an alle Obrigkeiten und Untertanen vom 20. Februar 1652). In der Instruktion an die Büchervisitatoren heißt es, daß diese mit katholischen Betbüchern für die Erwachsenen und mit Katechismen für die Kinder ausgestattet sein sollen, um gleich einen „Ersatz" für die den Lutheranern abzunehmenden Pendants bereithalten zu können. Als weltliche Kommissare für die Bürgerhäuser wurden (neben solchen des Landmarschalls und der nö. Regierung für die Freihäuser) die Inneren Räte Caspar Jobst und Johannes Pruschenk nominiert. Geistliche Kommissare waren u. a. die Jesuitenpatres Frey und Kugelmann. Dem Bischof oblag es, zu entscheiden, wo die Bücher hingebracht werden sollen. Überhaupt stellte der Bischof die der Regierung nachgeordnete „Instanz" in der *Reformation* dar, die aus vielen einzelnen Zuständigkeiten und Maßnahmen bestand. Siehe DAW, wie oben, Nr. 12 (1652). Zum Begriff *Reformation* im gegenständlichen Kontext siehe Anm. 219.

unterthanen im Schloß oder haus zu predigen, postillen [...] *vorzulesen oder wohl gar ihre vermainte sacramenta zu administrieren.* Alle Personen, die sich auf diese Weise verdächtig machten, waren anzuzeigen, weiters alle Übertreter der Fastengebote (unabhängig davon, ob es sich um Katholiken, Landleute oder Akatholiken handelte). Den Pfarrern wurde ein Drittel der jeweiligen Geldstrafe oder, falls es zur Konfiskation des Besitzes eines aufgegriffenen Prädikanten kommen sollte, ein bestimmter Teil davon als Prämie in Aussicht gestellt, um ihren Fleiß anzuspornen.[218]

Zur Durchsetzung dieser Mandate wurde die niederösterreichische Regierung mit allen Vollmachten ausgestattet, wobei unter Umständen hinderliche geistliche Zuständigkeiten für die Dauer der *Reformation*[219] ausgesetzt wurden.[220]

Hinzu kamen Maßnahmen, die darauf abzielten, jene Berufs- bzw. Personengruppen in die *Reformation* einzubinden, bei denen angenommen werden konnte, daß sie mit einer gewissen Wahrscheinlichkeit und Regelmäßigkeit „Verdächtigen" begegneten: So erging ein Dekret an die Wiener Gastwirte, Listen mit allen erfaßbaren Daten der bei ihnen einkehrenden „Verdächtigen" anzulegen und an den Bürgermeister zu schicken, der sie daraufhin an die Regierung weiterzuleiten hatte.[221]

Als Vorsitzende der Wiener Kommissionen wurden hohe geistliche Amtsträger ernannt: für das Widmer- und das Stu-

218 Regierungsbefehl an den Passauer Offizial bzw. die ihm unterworfenen Dechanten und Pfarrer. DAW, wie oben, Nr. 4 (27. Jänner 1652).

219 Der zeitgenössische Begriff *Reformation* kennzeichnet in diesem Zusammenhang die Tätigkeit der Kommissionen und wird daher von mir kursiv gesetzt.

220 Reingrabner, Gegenreformation im Waldviertel, S. 34.

221 „Verdächtig" waren in diesem Zusammenhang vor allem Personen, die bereits aus religiösen Gründen das Land verlassen hatten und sich heimlich wieder „einschleichen" wollten. Zum Dekret an die Wirte siehe: Schmeddingh an die nö. Regierung (7. Jänner 1654). Zitiert nach: Stögmann, Die „Reformationskommission", S. 100.

benviertel der Wiener Offizial Stephan Zwirschlag,[222] für das Schottenviertel der Abt des Schottenstiftes, Petrus Heister,[223] und für das Kärntnerviertel der Propst des Augustiner-Chorherrenstiftes Klosterneuburg, Bernhard (II.) Schmeddingh. Allen Genannten wurden weltliche Kommissare beigegeben.[224] Auf Verlangen dieser Kommissare hatten alle *Unkatholischen* zu erscheinen und den an sie ergehenden Anweisungen Folge zu leisten. Vor allem hatten sie sich zu Geistlichen zu begeben, die ihnen empfohlen wurden, in bestimmten Fällen aber auch frei gewählt werden konnten, um von ihnen in den „Fundamenten des katholischen Glaubens" unterrichtet zu werden.[225]

Die gründliche Unterweisung in allen Fragen des Glaubens sollte also die Basis für eine dauerhafte und tiefgreifende Bekehrung bilden. Hauptziel der Kommissionen war die Rückführung der noch verbliebenen „Irrenden" zum Katholizismus, um die vor Jahrzehnten begonnene Gegenreformation zu einem Abschluß zu bringen. Die religiöse Einheit des Landes

222 Zwirschlag stammte aus Haitzendorf (NÖ). Er war von 1640–1665 Wiener Offizial. Siehe: Wiedemann, Reformation und Gegenreformation, Bd. 5, S. 576–577, sowie: Peters, Passau, Wien und Aquileja, S. 42, Anm. 19. Als Kommissar wurde er von den Inneren Räten Hartmann Drach und Thomas Wolfgang Puchenegger (Bürgermeister von 1654–56) begleitet. Siehe: Kaiserliche Instruktion an die Kommissare des Stuben- und des Widmerviertels am 29. Jänner 1652 bzw. am 22. Februar 1652. DAW Reformation/Gegenreformation III (1631–1699), Nr. 5.

223 Heister war seit 1642 Prior und von 1649–1662 Abt des Schottenstifts. Siehe: Cölestin Rapf, Die Abtbischöfe des Wiener Schottenstiftes im 17. Jahrhundert. In: Festschrift für Franz Loidl zum 65. Geburtstag, Bd. 1, Wien 1970, S. 279.

224 Schmeddingh stammte aus Münster und wurde 1639 in Klosterneuburg eingekleidet. 1648 wurde er zum Propst gewählt, im Jahr 1651 erhielt er den Titel „Kaiserlicher Rat", bald darauf wurde er mit der Leitung der Kommission im Kärntnerviertel betraut. Er starb 1675. Siehe: Berthold Cernik, Das Augustiner-Chorherrenstift Klosterneuburg. Statistische und geschichtliche Daten, Wien 1958, S. 143. Zu den Stadtvierteln im allgemeinen siehe: Ferdinand Opll, Alte Grenzen im Wiener Raum (Kommentare zum historischen Atlas der Stadt Wien 4), Wien 1986, S. 91–106.

225 Stögmann, Die „Reformationskommission", S. 35 f.

sollte endgültig und unwiderruflich wiederhergestellt werden.[226]

Die Vorgangsweise unterschied sich in einer Reihe von Punkten von den gleichzeitigen Kommissionen am Land: Während die dortigen Kommissare von Ort zu Ort reisen mußten und Missionare zur Unterstützung des örtlichen Klerus zurückließen, genügte es in Wien, alle *Unkatholischen* in regelmäßigen Abständen an einen bestimmten Ort zu zitieren und Erkundigungen über ihre Bekehrungsfortschritte einzuziehen. Im Fall des Kärntnerviertels war dies der Klosterneuburger Stiftshof in der Renngasse. [227]

Zu Jahresbeginn 1652 erstellten die Hausbesitzer des Kärntnerviertels die von ihnen geforderten Einwohnerlisten unter Angabe der jeweiligen Konfessionszugehörigkeit und sandten sie an die Regierung. Bezüglich der Freihäuser hatte der Landmarschall bereits im Juni 1651 einen gleichlautenden Befehl erhalten.[228] Im März 1652 wurde eine zusammenfassende *Beschreibung aller Unkatholischen*, die sich zu diesem Zeitpunkt in den Bürger- und Freihäusern[229] des Viertels aufhiel-

226 Sehr deutlich artikuliert dieses „Einheitsziel“ der Passauer Offizial Martin Geiger in einem an alle Seelsorger erlassenen Mandat: […] *cum itaque peroptemus, ut sicut unus est deus, una fides, unum baptisma, ita etiam sit in Diocesi hac Christianorum cor unum et anima una, unum ovile et unus Pastor.* (2. März 1652). DAW Reformation/Gegenreformation III.

227 Das Haus (heute: Renngasse 10) war von Propst Thomas Rueff (1600–1612) im Jahr 1604 für das Stift erworben worden. Floridus Röhrig, Die Klosterneuburger Stiftshöfe in Wien. In: Jahrbuch des Stifts Klosterneuburg, NF 9, 1975, bes. S. 34 ff.

228 R. K. Mt. an Landmarschall (26. Juni 1651). Familienarchiv Harrach, K. 837.

229 Eine wichtige Rolle spielte im Zuge der „Kommission“ das zum Kärntnerviertel gehörende Starhembergsche Freihaus auf der Wieden. Die Kommissare klagten wiederholt, daß *Unkatholische*, die im Freihaus wohnen, stets auf den Hausherrn (Conrad Balthasar von Starhemberg, u. a. nö. Statthalter von 1663–1687) verwiesen, um nicht zu den Vorladungen erscheinen zu müssen. Starhembergs Verhalten ist freilich nicht konfessionell, sondern als Abwehr aller fremden Eingriffe in sein Freihaus zu erklären. Bericht der Kommissare

ten, erstellt und den Kommissaren übermittelt. Es handelte sich um insgesamt 173 Personen.[230]

Im Laufe der kommissarischen Arbeit kamen weitere Personen hinzu, wobei sich etwa der Hofmeister des Stifts Klosterneuburg und persönliche Sekretär Propst Schmeddinghs, Georg Hofschneider, und der Steuerdiener Hans Braun durch die Ausforschung *unkatholischer* Kostgeher auszeichneten, womit sie sich nach Meinung Schmeddinghs eine Sonderprämie verdient hätten.[231]

Im Frühjahr 1652 wurde mit den Vorladungen begonnen, bei denen die Zitierten aufgefordert wurden, sich entweder gleich zu bekehren oder sich zumindest *vierzigmal* von einem Geistlichen katechisieren zu lassen, ehe ihnen die Erlaubnis zur Emigration erteilt werden könne. Die Strafgewalt der Kommissare bezog sich allein auf die Pflicht zum Informationsempfang, nicht jedoch auf einen etwaigen Zwang zur Konversion. Als Sanktion waren primär Geldstrafen vorgesehen. Hauptaufgabe der Kommissare war es, in regelmäßigen Abständen die Bereitschaft der *Unkatholischen*, die Geistlichen aufzusuchen, zu kontrollieren. Die Anhörungen waren durch eine schriftliche Bestätigung des Geistlichen zu dokumentieren. Als Informatoren sollten primär solche Ordensgeistliche fungieren, die von ihren Oberen der Kommission als besonders geeignet namhaft gemacht wurden. Bereits am 23. März 1652 wandten sich die Kommissare an Don Florentius Schilling, Superior der Barnabiten, mit der Bitte, er möge diejenigen *Unkatholischen*, die sich bei ihm einfinden, gelehrten und sanftmütigen Geist-

im Kärntnerviertel an die nö. Regierung am 15. Mai 1652. Zitiert nach: Stögmann, Die „Reformationskommission", S. 41.

230 Im Schottenviertel waren es 189, im Stubenviertel 127 und im Widmerviertel 48 Personen, insgesamt 537 Personen.

231 Schmeddingh an die nö. Regierung (7. Jänner 1654). Zitiert nach: Stögmann, Die „Reformationskommission", S. 101.

lichen zuführen und danach baldigst über die dabei erzielten Fortschritte Bericht erstatten.[232]

Die „Methode der Einzelgespräche“ wurde durch Befehle an die *Unkatholischen* ergänzt, katechetische Predigten zu besuchen, die von ausgewählten Geistlichen jeden Sonntag in einer der großen Kirchen der Stadt – zusätzlich zu den gewöhnlichen Predigten – gehalten wurden. Verordnete Predigtbesuche boten aus Sicht der Kommissare die Möglichkeit, rasch einen Überblick über das *Verhalten der Unkatholischen* zu gewinnen: Die Fehlenden konnten sofort festgestellt, Eifer und Aufmerksamkeit der Anwesenden beobachtet und daraus wiederum Erkenntnisse über ihre Bereitschaft zur Bekehrung gewonnen werden. Das Fehlen bei diesen Predigten wurde ebenfalls mit Geldstrafen geahndet.[233] Etliche Personen, die der *Reformation* unterzogen wurden, leisteten hartnäckigen Widerstand gegen die missionarische Agitation. So wird von Personen berichtet, die bis zu 80mal (!) informiert wurden, ohne dabei irgendeine

232 Schilling war zu diesem Zeitpunkt der bekannteste Prediger Wiens und gilt als „Vorläufer“ Abraham a Sancta Claras. Richard Kralik, Geschichte der Stadt Wien und ihrer Kultur, Wien 1933, S. 206. Aufgrund der großen Bedeutung des Ordensklerus für die „Detailarbeit“ der Kommissionen lassen sich diese auch als Höhepunkt des unter Ferdinand II. errichteten „Klerikersystems“ interpretieren, das durch die Dominanz der Ordensseelsorge über die Pfarrseelsorge geprägt war. Abgesehen von den Barnabiten waren auch Paulaner und Jesuiten führend in die katechetische und missionarische Arbeit eingebunden, z. B. Jodok Kedd SJ, Kontroverstheologe und Autor zahlreicher einschlägiger Traktate, die den *Unkatholischen* zur Lektüre empfohlen wurden. Kedd hinterließ u. a. einen knappen Bericht über den günstigen Verlauf seiner Bekehrungsgespräche mit dem *Obercommissarius* Martin Janickho: Dieser wolle bereits nächste Woche die *professio fidei* ablegen und damit hoffentlich für viele andere ein Beispiel geben (Kedd an Schmeddingh am 12. September 1654. Zitiert nach: Stögmann, Die „Reformationskommission“, S. 111).

233 Victor August Spächter, Kämmerer des Stifts Klosterneuburg, an den Klosterneuburger Hofmeister Georg Hofschneider über eine Konferenz aller Wiener „Reformationskommissare“ (9. August 1653). Zitiert nach: Stögmann, Die „Reformationskommission“, S. 88 f.

Bereitschaft zur Konversion erkennen zu lassen. Als Erklärung für diese entschiedene Haltung wurde gegenüber den Kommissaren häufig der Wunsch geäußert, in dem Glauben zu sterben, in dem man erzogen worden war.[234] Anderen Personen wiederum „gelang" es, so lange jedem Zusammentreffen mit einem Geistlichen auszuweichen, bis sie aus der *Reformation* entlassen wurden.[235] Abwehrstrategien waren weiters das heimliche Verlassen der Stadt, nicht eingehaltene Versprechen an die Kommissare, sich informieren lassen zu wollen, „theologische" Einwände gegen die Erwartung, daß eine echte, innere Bekehrung innerhalb einer willkürlich festgesetzten Frist erfolgen könne,[236] sowie das Meiden von Orten, die durch die ergangenen Denunziationsdekrete „gefährlich" geworden waren, etwa der Gasthäuser. Daß es auch ein „Kommunikationsnetz" zum Schutz der *Unkatholischen* vor dem Zugriff der Kommission gab, zeigen Berichte über Hausdienerinnen, die zwischen verschiedenen Dienstgebern regelrecht hin- und hergeschickt und auf diese Weise wiederholt vor den Kommissa-

234 Die Wittwe Ursula Rauscher war bis Jahresende 1654 insgesamt 77mal informiert worden – *ohne Hoffnung der Bekehrung*. Die Tatsache, daß ihr Gatte in der „Niederlage" tätig gewesen war, nahm Rauscher zum Anlaß, sich auf die ihr demnach zustehende „Freiheit" zu berufen, was ihr jedoch abgeschlagen wurde (Kommission an die nö. Regierung am 15. März 1653. Zitiert nach: Stögmann, Die „Reformationskommission", S. 40, Anm. 121, und S. 65).

235 Ein Beispiel dafür ist der Niederlagsdiener Johann Wirtshauser (siehe: Stögmann, Die „Reformationskommission", S. 121).

236 Nach Auskunft der Kommissare argumentierten einige *Unkatholische* (z. B. der arbeitslose Schreiber Johann Baptista Gerstl), daß man ihnen keinen Termin für ihre Bekehrung vorschreiben könne, vielmehr den Heiligen Geist wirken lassen müsse, dem keine Stunde bestimmt sei. *Mit solchen Ausreden trachten sy allein dahin, wy sie wol die H. Geistlichen mit der langen Naßen herumbziehen.* Kommissare an die nö. Regierung (15. März 1653). Zitiert nach: Stögmann, S. 65. Gerstl wird in der von Martin Hauer, Eisenhändler am Lichtensteg, vor Beginn der Kommission erstellten Hausbewohnerliste als einer von zwei Lutheranern neben 13 Katholiken erwähnt. Siehe: Stögmann, Die „Reformationskommission", Beilage 1.

ren „versteckt" wurden, und solche über die Aufnahme von *Unkatholischen* bei „Niederlagsverwandten" und lutherischen Witwen.[237] Die Kommissare führten den Widerstand der *Unkatholischen* u. a. auch darauf zurück, daß sie (in völliger Verkennung der politischen Realität; A. St.) darauf hofften, die protestantischen Reichsfürsten würden das Forum des Reichstages dazu benützen, um eine „Linderung" für ihre österreichischen Glaubensgenossen zu erreichen.[238]

Über den konkreten „Bekehrungsdiskurs" gibt es einen detaillierten Bericht des Chormagisters zu St. Stephan, Johannes Prugger, über seine Gespräche mit dem Kaufmann Michael Prämer. Pruggers Methode bestand darin, Prämer zuerst die „inneren Widersprüche" der reformatorischen Lehren und die „Verantwortung" Luthers und seiner „Sekte" für zahlreiche Kriege und Aufstände aufzuzeigen und ihm dann kontroverstheologische Traktate und gedruckte Predigten zur vertiefenden Lektüre bis zur nächsten Begegnung mit nach Hause zu geben. Als er jedoch feststellen mußte, daß Prämer an den ihm angebotenen Werken kaum Interesse zeigte und daß er ungeachtet aller Versuche Pruggers, die Rechtmäßigkeit der *communio sub una* zu „beweisen", weiterhin auf dem Laienkelch beharrte, resignierte der Geistliche – er könne *mit diesem herrn Prämer die zeit weitters nit verliehren.*[239]

---

237 Schmeddingh an die nö. Regierung (7. Jänner 1654). Zitiert nach: Stögmann, Die „Reformationskommission", S. 100 f.

238 Schmeddingh an die nö. Regierung (Datum wie oben). Zitiert nach: Stögmann, Die „Reformationskommission", S. 99.

239 Bericht Pruggers über seine seit März 1652 geführten Gespräche mit Prämer (14. Juni 1653). Zitiert nach: Stögmann, Die „Reformationskommission", S. 125–128. Papst Pius IV. hatte den Laienkelch im Jahr 1564 unter strengen Bedingungen für die österreichischen und einige deutsche Länder gewährt. Das ohnehin nur aufgrund des heftigen Drängens des Kaisers (Ferdinand I.) und der mit ihm verbundenen deutschen Fürsten zustande gekommene Zugeständnis wurde von jenen Kräften der katholischen Kirche, die um ein eigenständiges und gegen die „Sekten" scharf abgegrenztes Profil bemüht waren,

Prämer hielt auch nach wiederholten Gesprächen mit anderen Geistlichen an seinem Glauben fest und erklärte im April 1654 seinen Willen zur Auswanderung.[240]

Abgesehen von diesem gut dokumentierten Einzelfall, in dem ein gebildeter Bürger im Mittelpunkt eines Bekehrungsversuchs stand, enthalten die Kommissionsberichte lediglich knappe Bemerkungen über die schwindende Bereitschaft der Geistlichen, bei den besonders hartnäckigen (und zumeist weniger gebildeten) Personen mit den Informationen fortzufahren, ohne jedoch Details über die konkreten Vorgänge zu liefern.[241]

Viele Geistliche weigerten sich, Personen, die zwar zu den Gesprächen erschienen, dabei aber keinen Bekehrungswillen

---

von Anfang an systematisch bekämpft. Viele Protestanten wiederum verweigerten die Unterwerfung unter die entscheidende Bedingung der Konzession, nämlich die kirchliche Lehre über das Altarsakrament als richtig anzuerkennen. Der Laienkelch war zu einem Zeitpunkt bereits zu einem konfessionellen Identitäts- und Abgrenzungsmerkmal geworden, als der Kaiser in ihm noch das genaue Gegenteil erblickte: ein mögliches Mittel zur Wiedervereinigung der „gespaltenen" Christenheit. 1584 bzw. 1600 erfolgte die Aufhebung der Konzession durch entsprechende päpstliche Dekrete. Diese wurden in Wien aber erst 1607 publiziert, da Klesl Widerstände befürchtete. Im Gegensatz zu dieser Annahme ging die Abschaffung des Kelchs jedoch friktionsfrei vonstatten. Siehe: Till, Der Laienkelch in Wien, bes. S. 389–393 und Anm. 31. Zu den Werktiteln, die Prugger seinem Gesprächspartner zur Lektüre empfahl, siehe Stögmann, Die „Reformationskommission", S. 125–128.

240 Bericht über die Vorladung der *Unkatholischen* am 16. Mai 1654. Zitiert nach Stögmann, Die „Reformationskommission", S. 105. Die letzte Mitteilung über Prämer stammt vom 16. Dezember 1654. Demnach hat er sich bis dahin 22mal sehr ausführlich informieren lassen, ohne daraus jemals Frucht geschöpft zu haben. Seine Frau Barbara ist überhaupt nie zur Information erschienen. Stögmann, Die „Reformationskommission", S. 116.

241 Im Zusammenhang mit diesen besonders „hartnäckigen", weniger gebildeten Personen wird in den Berichten immer wieder Barthlme Lindemayr, Bierführer auf der Wieden, genannt (so etwa am 21. März 1654). Hinweise auf sein konkretes Verhalten, seinen Wissensstand etc. fehlen allerdings. Stögmann, Die „Reformationskommission", S. 104.

zeigten, die von der Kommission geforderten Bestätigungen auszustellen.

Nach ca. drei Jahren, in denen die verbliebenen Protestanten Wiens einem in diesem Ausmaß noch nie dagewesenen „Überwachungsregime" unterworfen worden waren, erstellten die Kommissare ein vorläufiges Endergebnis in tabellarischer Form für alle vier Stadtviertel: Von den anfänglich 537 als *unkatholisch* identifizierten Personen hatten sich 193 bekehrt, bei 112 bestand keine Hoffnung mehr, 31 Frauen, deren Männer katholisch waren, verweigerten die Bekehrung[242], 155 Personen hatten sich heimlich aus der Stadt entfernt, 33 waren gestorben, 22 wurden aus der *Reformation* entlassen,[243] und weitere 22 hörten noch die Informationen an.[244] Im Dezember 1654 erging eine kaiserliche Resolution, wonach die „Hoffnungslosen" baldigst außer Landes geschafft werden sollten, um die Zahl der *Unkatholischen* weiter zu reduzieren. Die katechetischen Predigten sollten in Hinkunft nur noch in zwei Kirchen und nicht mehr in allen Vierteln gehalten werden, da dies nicht mehr nötig sei.[245]

242 Der vehemente Widerstand lutherischer Frauen zählt zu den bemerkenswertesten Tatsachen im Rahmen der Tätigkeit der „Reformationskommissionen" und ist der Grund für eine eigene Rubrik in der „Ergebnistabelle".

243 „Befreit" wurden zumeist lutherische Handelsdiener, die im Dienst der ausländischen Kaufleute standen. Hingegen entkamen die *unkatholischen* Bewohner der Freihäuser ungeachtet ihrer Versuche, sich „hinter ihrem Hausherrn zu verstecken", der *Reformation* nicht.

244 Siehe: Stögmann, Die „Reformationskommission", Beilage 3. Die „Reformationskommissionen" wurden bis zum Ende der Regierung Ferdinands III. fortgesetzt und von Leopold I. im Jahr 1659 sogar erneuert. Mecenseffy, Protestantismus in Österreich, S. 184.

245 Nö. Regierung an die Kommissare (28. Dezember 1654). Zitiert nach: Stögmann, Die „Reformationskommission", S. 124.

Schlußbemerkung

Die Vielfalt politischer, kirchen- und bildungspolitischer Maßnahmen und Initiativen, die charakteristische Mischung aus Drohungen und Verlockungen, schuf ein so dichtes System der religiösen Kontrolle, daß es um 1650 kaum noch Schlupfwinkel oder Ausweichmöglichkeiten für die Evangelischen gab. Dieses Netz unterzog in gleicher Weise auch die Katholiken einer in diesem Ausmaß noch nie dagewesenen Überwachung ihres religiösen und kirchlichen Verhaltens (etwa in Form des zunehmend genauer kontrollierten „Pfarrzwangs").[246] Eine wichtige Funktion für die Einbindung der katholischen Laien in das kirchliche Geschehen, für ihre „Verkirchlichung", erfüllten Bruderschaften, die – auf Initiative und unter strenger Kontrolle des Klerus – seit dem letzten Jahrzehnt des 17. Jahrhunderts regelrecht aufblühten. Bis zum Jahr 1783 war deren Zahl in Wien auf 116 angestiegen.[247]

---

246 Die Sakramente durften nur in jener Pfarre empfangen werden, in die man eingepfarrt war. Dadurch sollte v. a. eine umfassende Kontrolle der Eheschließungen ermöglicht werden. Die Pfarrer hatten strikte auf die Einhaltung der jeweiligen pfarrjurisdiktionellen Zugehörigkeit zu achten und (Tauf-, Sterbe- und Heirats-)Matriken zu führen, um einen genauen Überblick über den Seelenstand ihrer Pfarre zu erhalten. Um die Einhaltung des Pfarrzwangs kontrollieren zu können, war die Fixierung der lange Zeit umstrittenen Wiener Pfarrgrenzen erforderlich. Die neue Pfarrordnung wurde zwar noch unter Klesl publiziert (1630), aber nach seinem Tod nicht in die Praxis umgesetzt. Breuner erließ erst 1645 ein neues Dekret, das im Jahr 1646 wiederholt wurde (Breuner an die drei Stadtpfarrer am 31. Dezember 1646. DAW, Breuner 1639–1669). Vor 1627 war an eine eindeutige Regelung der Grenzen nicht zu denken, „da man froh sein mußte, daß die Katholiken ihre Kinder zur Taufe überhaupt in eine Kirche und nicht zum Prädikanten tragen". Tomek, Das kirchliche Leben, S. 240.

247 In diesem Jahr hob Joseph II. alle bestehenden Bruderschaften auf, vereinigte sie zum Zweck der Armenfürsorge in eine einzige („Die Liebe des Nächsten"), deren Einführung am 16. 1. 1785 in allen Pfarrkirchen der Stadt und der Vorstädte mit feierlicher Andacht vorgenommen wurde, und bestimmte für diese das gesamte Kapital der aufgehobenen Bruderschaften (fast 800.000 fl). Richard Perger, Bruderschaften. In: Felix Czeike (Hg.), Historisches Lexikon Wien, Bd. 1, Wien 1992, S. 478.

Da die einstige protestantische Oberschicht die Stadt entweder verlassen oder dem auf sie ausgeübten Bekehrungsdruck zumindest nach außen hin nachgegeben hatte, stammte der Großteil der in den Jahren nach 1650 noch offen *Unkatholischen* aus unterprivilegierten Bevölkerungsschichten, die bis dahin der Aufmerksamkeit der Gegenreformatoren entgangen waren: u. a. Diener und Dienerinnen von Adeligen und Bürgern, Handwerksgesellen, Weinhauerknechte und Brauereiarbeiter, vielfach Personen, die nicht das Bürgerrecht besaßen und ein sehr geringes Einkommen hatten.[248] Daß auch diese Gruppen dem Zugriff der Gegenreformation zuletzt nicht „entkamen", offenbart das staatliche Interesse an einer lückenlosen Erfassung *aller* Landesbewohner, um einen konfessionell homogenen Untertanenverband herzustellen. Religiöse Vereinheitlichung und Disziplinierung der Bevölkerung bedeuteten im Kontext der Frühen Neuzeit die Schaffung einer „Mentalität der Beherrschten". Diese einheitliche Mentalität wiederum war die Voraussetzung für den umfassenden Zugriff auf die Untertanen in einer Zeit sich zunehmend „verdichtender" Herrschaft.[249]

---

248 Im Jahr 1646 berichtete Bischof Breuner nach Rom, daß nahezu alle *Bürger* in Wien katholisch seien. Nur noch einige Adelige, Handels- und Handwerksleute seien akatholisch. Auch in den 14 Pfarren des Wiener Bistums, die außerhalb der Stadt lagen, gab es demnach fast ausschließlich Katholiken. Breuner an Innozenz X. (26. Jänner 1646), DAW, Breuner 1639–1669, Nr. 19. Der Hinweis auf die immer noch in Wien lebenden Akatholiken veranlaßte Kardinal Caraffa zur Aufforderung an Breuner, deren Bekehrung zu forcieren, da in einer so wichtigen Stadt wie Wien *keiner* geduldet werden könne, der außerhalb der Gemeinschaft der Kirche steht. Caraffa an Breuner (3. März 46, DAW, Breuner, Nr. 20).

249 Zur „Konstituierung des Untertanenverbandes" mittels „Konfessionalisierung" siehe zuletzt: Olaf Mörke, Die politische Bedeutung des Konfessionellen im Deutschen Reich und in der Republik der Vereinigten Niederlande. Oder: War die Konfessionalisierung ein „Fundamentalvorgang"? In: Ronald G. Asch, Heinz Durchhardt (Hgg.), Der Absolutismus – ein Mythos? Strukturwandel monarchischer Herrschaft in West- und Mitteleuropa (ca. 1550–1700) (Münstersche historische Forschungen 9), Köln –Weimar – Wien 1996, v. a. S. 139–157. Zur „Verdichtung" siehe: Anm. 134 und 192.

Otto G. Schindler

Sonst ist es lustig alhie. Italienisches Theater am Habsburgerhof zwischen Weißem Berg und Sacco di Mantova

Habsburgs italienische Brautfahrten

Am 23. April des Jahres 1626 wurde der Ostabfall der niederösterreichischen Alpenausläufer von einem der hier relativ häufigen Erdbeben erschüttert. Nennenswerte Schäden gab es anscheinend keine. Dafür war, wie die *Ordentlichen Zeittungen* berichten, infolge des Bebens in der Nähe des Marktfleckens Leobersdorf, einige Wegstunden südwestlich von Wien, *in einem Krautgarten ein Brunnen entsprungen.* Die Umstände ihrer Entstehung sowie ihre Lage in einem Gebiet, das bereits von den Römern wegen seiner Heilbäder geschätzt war, hatten der neuen Quelle rasch zum Ruf eines Heilbrunnens verholfen, so daß *vor solche Wolthat vnd Barmbhertzigkeit Gottes* [...] *ein grosser Zuelauff aldahin* einsetzte. Noch in unseren Tagen wird diese Quelle, neben der auch bald eine Kapelle entstand, als „Heilsamer Brunnen" besucht.[1]

Wenige Wochen nach ihrem Ausbruch fand sich an der Quelle auch Johann Ulrich Fürst von Eggenberg ein, der erste Minister, Obersthofmeister und engste Vertraute Kaiser Ferdinands II. Er wurde, wie viele seiner Standesgenossen, mit fortschreitendem Alter von der Gicht heimgesucht und hatte sich

1 Ordentliche Zeittungen, 20. Juni 1626; vgl. auch R. Hock, Der heilsame Brunnen. In: UH 35, 1967, S. 227–234; Alois Schabes, Der Markt Leobersdorf, Leobersdorf 1976, S. 17, 152 ff.

anscheinend von der neuen Quelle ebenfalls Heilung oder zumindest Linderung seines Leidens versprochen. Rätselhaft bleibt zunächst, warum er bei dieser Gelegenheit seinen Namen mit der Devise *Homines sumus* ausgerechnet in einen italienischen Theatertext eintrug, der vier Jahre zuvor in Mantua im Druck erschienen war und der sich noch heute in Eggenbergs Bibliothek auf Schloß Krumau (Český Krumlov) in Böhmen befindet.[2] Eggenbergs Eintrag ist mit 1. Juli 1626 datiert. Das Theaterstück hieß *Le tre costanti* (Die drei Standhaften), und der Anlaß, zu dem es geschrieben und aufgeführt wurde, war die im Jänner 1622 erfolgte Bekanntgabe der Vermählung Kaiser Ferdinands II. mit der Gonzaga-Prinzessin Eleonora von Mantua. Den Text des Hochzeitstückes verfaßte der mantuanische Hofsekretär Ercole Marigliani, und die Musik zu einigen Intermedien sowie zur *licenza* des Stückes ist von keinem Geringeren als Claudio Monteverdi komponiert worden. Dieser war bereits im März 1621 von der Herzogin von Mantua, Caterina de' Medici, mit den Kompositionen beauftragt worden – daß diese Werke der Nachwelt verlorengingen, ist dem berüchtigten *Sacco di Mantova* durch die Truppen desselben Kaisers geschuldet, dessen Größe Monteverdi in seiner Licenza besungen hat.[3]

---

2 *1626. Homines sumus. Johann Vlrich F*[ürst] *v*[nd] *H*[err] *z*[u] *Cr*[umau und] *Eggenpergk. Leoperstorf beÿ dem neuentsprungenen Hailbrunnen in Osterreich. 1 Julij.* Vgl. Otto G. Schindler, Von Mantua nach Ödenburg: Die ungarische Krönung Eleonoras I. Gonzaga (1622) und die erste Oper am Kaiserhof. Ein unbekannter Bericht aus der Széchényi-Nationalbibliothek. In: Biblos 46, 1997, S. 259–293, bes. S. 260; ders., L'incoronazione ungherese di Eleonora I Gonzaga (1622) e gli inizi del teatro musicale alla corte degli Absburgo. In: Quaderni di Palazzo Te, NF 5, Milano 1999, S. 70–93, hier S. 77, Abb. 5; vgl. Jitka Šimáková – Eduarda Macháčková, Teatralia zámecké knihovny v Českém Krumlově [Theatralia in der Schloßbibliothek Böhmisch Krumau], Bd. 1–3, Praha 1976, Nr. 1361.

3 Claudio Monteverdi, Briefe, 1601–1643, hg. von Denis Stevens, Deutsche Ausg., München 1989, S. 255 ff.

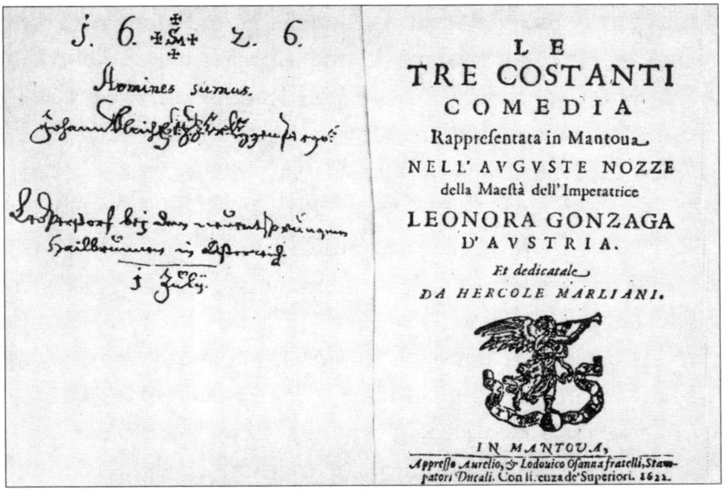

Homines sumus.

LE
TRE COSTANTI
COMEDIA
Rappresentata in Mantoua
NELL' AVGVSTE NOZZE
della Maestà dell' Imperatrice
LEONORA GONZAGA
D' AVSTRIA.
Et dedicatale
DA HERCOLE MARLIANI.

IN MANTOVA,
Appresso Aurelio, & Lodouico Osanna fratelli, Stampatori Ducali. Con licenza de' Superiori. 1622.

Hercole Marliani: Le tre Costanti, Mantova 1622. Titelseite. Mit hs. Besitzvermerk von Johann Ulrich von Eggenberg, dat. Leobersdorf, 1. Juli 1626.

Bei den Mantuaner Hochzeitsfeiern von 1622 war Eggenberg nicht anwesend. Er hatte aber die Vermählung in die Wege geleitet und im November des Vorjahres in Vertretung des Kaisers die Gonzaga-Prinzessin an den Altar geführt.[4] Einen

4 Franz Christoph Khevenhiller, Annales Ferdinandei. Tl. 9, Leipzig 1724, Sp. 1227 f.; ein Wiederabdruck des Trauungsberichts in: Hans Jessen (Hg.), Der Dreißigjährige Krieg in Augenzeugenberichten, Düsseldorf 1963, S. 126 f. Die mit 7. September 1621 datierte Instruktion Kaiser Ferdinands an Eggenberg für dessen Reise nach Mantua sah ausdrücklich vor, daß die Mission *so viel nur möglich in aller Geheim ins Werk* zu setzen sei; siehe den Abdruck bei Hans von Zwiedineck-Südenhorst, Hans Ulrich Fürst von Eggenberg, Freund und Erster Minister Kaiser Ferdinand II., Wien 1880, S. 161 ff. Zur Mantuaner Hochzeit ausführlich Gabriele Bertazzolo, Breve Relatione dello Sposalitio fatto della Serenissima Principessa Eleonora Gonzaga con la Sacra Cesarea Maestà di Ferdinando II. Imperatore [...]. Mantova, Osanna 1622 (Biblioteca comunale Mantova, 102.C.7), S. 7 ff. (auf diesem Bericht fußt im wesentlichen auch Khevenhiller, a. a. O., Sp. 1598 ff.). Vgl. auch Leopoldo Camillo Volta, Compendio cronologico-critico della storia di Mantova, Bd. 4, Mantova 1831, S. 36 ff.; Paolo Fabbri, Gusto scenico a Mantova nel tardo

Monat vor seiner Reise zur Heilquelle hatte Eggenberg auch seine eigene Tochter Maria Margaretha mit einem Sohn des böhmischen Oberstkanzlers (und 1618 defenestrierten) Wilhelm Graf Slavata verheiratet. Die Kaiserin hatte dabei persönlich *die Frewlein Braut / in die Kayserl. Burck Capeln / zur Copulation geführt* und abends von ihren Hofdamen ein von ihr selbst einstudiertes Ballett aufführen lassen.[5] Vielleicht ist bei dieser Gelegenheit auch das Mantuaner Hochzeitsstück in Eggenbergs Hände und zu neuer Aktualität gelangt. Denn in der Tat war diese Mantuaner Brautfahrt auch für sein eigenes Leben von großer Bedeutung. Als *Recompens* hat Eggenberg nämlich – so berichten Khevenhüllers *Annales Ferdinandei* – vom Kaiser Schloß und Herrschaft Krumau erhalten, womit wenige Jahre später auch der Herzogstitel verbunden wurde. Zusätzlich erhielt Eggenberg das ungarische Indigenat und die Reichsfürstenwürde. 1625 wurde er zum Generalstatthalter von Innerösterreich ernannt und verwaltete damit ein Gebiet, das vom Semmering bis an die Adria reichte.[6]

---

rinascimento, Padova 1974, S. 61ff.; Herbert Seifert, Der Sig-prangende Hochzeit-Gott. Hochzeitsfeste am Wiener Hof der Habsburger und ihre Allegorik, 1622–1699 (Dramma in musica 2), Wien 1988, S. 9 ff.

5 Ordentliche Zeittungen, 6. Juni 1626; Herbert Seifert, Die Oper am Wiener Kaiserhof im 17. Jahrhundert, Tutzing 1985, S. 128, 432, 592 f.

6 Khevenhiller, Annales Tl. 9, Sp. 1227. Böhmisch Krumau war 1601 von Peter Vok von Rosenberg an Kaiser Rudolf II. verkauft worden und befand sich seither im Eigentum der Habsburger. Herzog Ferdinando von Mantua verlieh Eggenberg aus Anlaß der Hochzeit Eleonoras das Marquisat Livorno im Herzogtum Montferrat und beschenkte ihn mit einer *collana di diamanti, che ne costava da sette mila*; Bertazzolo, Breve Relatione, S. 7; Zwiedineck-Südenhorst, Eggenberg, S. 70 ff.; Walther Ernst Heydendorff, Die Fürsten und Freiherren zu Eggenberg und ihre Vorfahren, Graz 1965, S. 90 ff.; Gerhard B. Marauschek, Die Fürsten zu Eggenberg unter besonderer Berücksichtigung ihres Kunstmäzenatentums, 1568–1717 (ungedr. phil. Diss.), Graz 1968, S. 249.

Eleonora von Gonzaga. Gemahlin Kaiser Ferdinands II. Bildnis im Brautkleid, 1621. Ölgemälde von Justus Sustermans.

Durch ihre zahlreichen Reisen in den Süden hatten die Mitglieder der Habsburgerhöfe und der heimischen Adelsgesellschaft ausreichend Gelegenheit, die Anfänge des neuen italienischen Musik- und Tanztheaters mitzuerleben. Diese Kunstformen waren im Rahmen jener prunkvollen Festkultur entstanden, worin sich die oberitalienischen Fürstenhäuser vor allem bei der Ausrichtung ihrer Hochzeiten, die sich in der Renaissance zu den bevorzugten Demonstrationen fürstlicher Größe und Macht herausgebildet hatten, gegenseitig zu überbieten suchten.[7]

Natürlich haben auch die engen dynastischen Verbindungen, die von den Habsburgern mit den italienischen Fürstenhäusern geknüpft wurden, dazu beigetragen, daß an ihren Höfen schon früh die neuen Kunstformen aus Italien Aufnahme fanden. Hier sind besonders die Verbindungen mit den Gonzaga in Mantua zu nennen, deren Hof seit dem 15. Jahrhundert sich zu einem der wichtigsten Kulturzentren entwickelt hatte und die sich auch politisch eng an die Habsburger anzulehnen suchten.

Schon 1354 war es zwischen den beiden Häusern zu einer Doppelhochzeit gekommen, bei der Filippino Gonzaga sich mit Verena Gräfin von Habsburg vermählte und im Gegenzug Rudolf Graf von Habsburg-Laufenberg Elisabetta Gonzaga zur Frau nahm. Im 16. und 17. Jahrhundert wurden diese Ver-

---

7 Alessandro d'Ancona, Origini del teatro italiano. Bd. 2, Torino ²1891, S. 569 ff.; Alberto Solerti, Gli albori del melodramma. Bd. 1–3, Milano 1904–1905; A. M. Nagler, Theatre Festivals of the Medici, 1539–1637, New Haven 1964; Theophil Antonicek, Italienische Musikerlebnisse Ferdinands II. 1598. In: Anzeiger der Österreichischen Akademie der Wissenschaften phil.-hist. Kl. 102, 1967, S. 91–111; Fabbri, Gusto scenico, S. 41 ff.; Tim Carter, A Florentine Wedding of 1608. In: Acta Musicologica 55, 1983, S. 89–107; Roy Strong, Feste der Renaissance, 1450–1650: Kunst als Instrument der Macht, Freiburg – Würzburg 1991, S. 251 ff.; Sara Mamone, Torino Mantova Firenze 1608: le nozze rivali. In: Quaderni di Palazzo Te, NF 6, Milano 1999, S. 42–59.

bindungen intensiviert, und sie gewannen auch politisch an Bedeutung: für Habsburg, da es seinen Einfluß in Italien weiter auszubauen erhoffte, und für die Gonzaga, die sich von einer Verbindung mit dem Kaiserhaus einen Machtgewinn gegenüber den anderen italienischen Fürstenhäusern versprachen.[8] So hatte Kaiser Karl V. 1543 bei der Investitur des erst zehnjährigen Herzogs Francesco III. Gonzaga diesen zum Gatten seiner Nichte Katharina von Österreich, einer Tochter Ferdinands I., bestimmt. Und als Francesco nur fünf Monate nach der 1549 geschlossenen Ehe verstarb, wurde sein Nachfolger Guglielmo Gonzaga 1561 ebenfalls mit einer österreichischen Prinzessin, Eleonora, einer weiteren Tochter Kaiser Ferdinands I., verheiratet. Sie ist die Mutter Herzog Vincenzos I. sowie die Großmutter dreier weiterer mantuanischer Herzöge und von Eleonora, der ersten Gonzaga auf dem Kaiserthron. Ein Sohn Kaiser Ferdinands I., Ferdinand II. von Tirol, vermählte sich 1582 nach dem Tod Philippine Welsers in zweiter Ehe mit der mantuanischen Prinzessin Anna Caterina Gonzaga, der Tochter Herzog Guglielmos und Eleonoras von Österreich. Auch Kaiser Ferdinand II. hatte, wie wir sahen, 1622 mit Eleonora eine Prinzessin aus dem Hause Gonzaga als Gattin gewählt. Sein Sohn Ferdinand III. wird dem Beispiel des Vaters folgen und sich 1651 in dritter Ehe ebenfalls mit einer Eleonora vermählen, der Tochter Carlos Gonzaga-Nevers, Herzogs von Rethel. Eleonoras Bruder, Herzog Carlo II. Gonzaga-Nevers, heiratet mit Isabella Klara, der Tochter Erzherzog Leopolds V. und Claudias de' Medici, gleichfalls eine österreichische Habsburgerin.[9]

---

8 Alessandro Luzio, La galleria dei Gonzaga venduta all'Inghilterra nel 1627–28, Milano 1913, S. 4; Karl Vocelka, Lynne Heller, Die private Welt der Habsburger. Leben und Alltag einer Familie, Graz 1998, S. 119.

9 Giovanni Battista Intra, Le due Eleonore Gonzaga imperatrici. In: Archivio storico lombardo, NF 18, 1891, S. 342–363, 629–657; Oreste F. Tencajoli, Principesse italiane nella storia d'altri paesi, Roma 1933, S. 281ff. u. ö.;

Die beiden mantuanischen Prinzessinnen auf dem Kaiserthron haben die Hofkultur ihrer Häuser nach Wien mitgebracht und die künstlerischen Kontakte zu ihrer Heimat nie abreißen lassen. Dasselbe gilt für die Prinzessinnen aus der Toskana, Claudia und Anna de' Medici, die als Gattinnen der Tiroler Erzherzöge Leopold V. bzw. seines Sohnes Ferdinand Karl in Innsbruck residierten. Claudia Medici hat z. B. durch ihre Initiierung des Innsbrucker Komödienhauses, einer der frühesten Theaterbauten nördlich der Alpen, dem Tiroler Theaterleben nachhaltigen Auftrieb gegeben. Und von Anna de' Medici ist wohl auch der Impuls zur Anstellung der „Innsbrucker Hofkomödianten" ausgegangen, in denen wir eine der ersten von einem Hof unterhaltenen deutschen Schauspielergesellschaften zu erblicken haben.[10]

Erste Gastspiele der Comici dell'arte und die Anfänge der Oper am Kaiserhof

Für das Emporkommen des professionellen Sprechtheaters spielte das Mäzenatentum der italienischen Fürstenhäuser

---

Brigitte Hamann (Hg.), Die Habsburger: Ein biographisches Lexikon, Wien ^{4}1988, S. 77 ff., 236 f.; Philippine Welser & Anna Caterina Gonzaga: Die Gemahlinnen Erzherzog Ferdinands II. Mit Beitr. von Alfred Auer et al. Ausstellung Schloß Ambras, Innsbruck, 24. Juni–31. Oktober 1998, Wien 1998. Zu den Gonzagas und der Geschichte Mantuas allgemein siehe [u. a.] Giuseppe Coniglio, I Gonzaga, Milano 1967; Romolo Quazza, Mantova attraverso i secoli, Bozzolo ^{3}1978; David Chambers, Jane Martineau, Splendours of the Gonzaga. Exhibition 4 November 1981–31 January 1982, Victoria and Albert Museum, London 1981; Kate Simon, Die Gonzaga, Köln 1991.

10 Walter Senn, Musik und Theater am Hof zu Innsbruck, Innsbruck 1954, S. 229 ff., 269 ff.; Dušan Ludvik, Die Innsbrucker Komödianten I. In: Acta neophilologica 4, Ljubljana 1971, S. 3–39, bes. S. 12; Jutta Höpfel, Innsbruck – Residenz der alten Musik, Innsbruck – Wien 1989, S. 75 ff. u. ö.

ebenfalls eine entscheidende Rolle. Abermals ist es vor allem der Hof der Gonzaga zu Mantua, der in den letzten Jahrzehnten des 16. und im ersten Drittel des 17. Jahrhunderts zu einem Zentrum des neuentstandenen italienischen Berufstheaters, für das spätere Generationen den Namen „Commedia dell'arte" geprägt haben, geworden war. In diesem Fall führten die erwähnten verwandschaftlichen Verbindungen ebenfalls dazu, daß schon früh italienische Theatergesellschaften an die Habsburgerhöfe vermittelt wurden, und wieder waren es in erster Linie Hochzeiten, Krönungen, Reichstage oder andere herausgehobene Ereignisse, die den Anlaß für derartige Gastspiele abgaben.

So sollte schon im Jahr 1611 die Hochzeit des Königs Matthias mit seiner Kusine Anna, der Tochter Ferdinands II. von Tirol und Anna Caterinas von Mantua, durch die Anwesenheit einer italienischen Theatergesellschaft eine besondere Note erhalten. Herzog Vincenzo I. von Mantua wollte zur Vermählung seiner Nichte die Truppe der *Comici Fedeli*, die sich in seinem Sold befand und die als die beste Theatergesellschaft Italiens galt, am Wiener Hof auftreten lassen. Er schrieb zu diesem Zweck an Virginia Andreini-Ramponi, die die Truppe in dieser Zeit mit ihrem Gatten Giovan Battista Andreini leitete. Die Prinzipalin bat den Herzog aber, sie für diesmal von solch *beschwerlichen Reisen* zu dispensieren, da sie erneuten Mutterfreuden entgegensah.[11]

11 [...] *Pur troppo è pronta la donna di parto carica negli agii a pericolare, nonché ne' discomodi di così fastidiosi viaggi, pertanto supplicano in grazia a non volere porre questa sua serva a sbaraglio, ma a conservarla acciò che in altro tempo se non in questo possano, ubidendo a l'Altezza Vostra serenissima, dare ancora qualche piacevole trattenimento a quell'invitissimo re Mattias, che Dio conservi* [...]. Giovan Battista und Virginia Andreini aus Bologna an Herzog Vincenzo I. in Mantua, 16. November 1611; Siro Ferrone et al. (Hgg.), Comici dell'Arte. Corrispondenze, Bd. 1–2, Firenze 1993, hier 1, S. 101, A18. Über frühere Gastspiele italienischer Komödianten an den österreichischen Habsburgerhöfen siehe Otto G.

Wenige Wochen nach ihrer abgesagten Wien-Tournee wurden die *Comici Fedeli* von Maria de' Medici, seit einem Jahr Königinwitwe und Regentin von Frankreich und gleichfalls mit Vincenzo Gonzaga verschwägert, nach Paris eingeladen. Die Königin wandte sich dabei an Tristano Martinelli, den gesuchten Arlecchino der Mantuaner Theatergesellschaft. Ihn hatte sie schon bei früheren Gastspielen kennengelernt und in der Folge auch für dessen Kinder die Patenschaft übernommen.[12]

Dieses Mal wurde die Tournee aber wegen Rangstreitigkeiten und Eifersüchteleien innerhalb der Truppe um volle zwei Jahre verzögert. Auch Herzog Vincenzo, der die Truppe für seine königliche Schwägerin vermitteln sollte, erklärte sich außerstande, die verfeindeten Komödianten auszusöhnen. Die geplatzte Tournee zur Habsburgerhochzeit nach Wien führte er ebenfalls auf die Machtkämpfe innerhalb der Theatertruppe zurück.[13]

Die Protagonisten dieser Machtkämpfe waren Giovan Battista Andreini und Pier Maria Cecchini, am Theater Lelio und

---

Schindler, „Mio compadre Imperatore": Comici dell'Arte an den Höfen der Habsburger. In: Maske und Kothurn 38, 1997, 2–4, S. 25–154. Auch die ersten italienischen Gastspiele am französischen Hof sind offensichtlich durch mantuanische Vermittlung (besonders durch Lodovico Gonzaga-Nevers) zustande gekommen; Armand Baschet, Les comédiens italiens a la cour de France sous Charles IX, Henri III, Henri IV et Louis XIII, Paris 1882, S. 455 ff.; Rosanna Gorris, La parabola della famiglia Gonzaga-Nevers e la Commedia dell'Arte: Mantova vs. Parigi – Parigi vs. Mantova. In: Elio Mosele (Hg.), La Commedia dell'Arte tra Cinque e Seicento in Francia e in Europa, Fasano 1997, S. 53–83.

12 Baschet, Les comédiens italiens, S. 191 ff., 220 ff.; Ferrone, Corrispondenze, 1, S. 384 ff.

13 Herzog Vincenzo I. Gonzaga schreibt in dieser Angelegenheit am 22. Jänner 1612 seinem Sohn Ferdinando nach Paris, er konnte seinerzeit trotz größter Anstrengungen die Truppe nicht dazu bringen *ad andar a servir il re d'Ung^{ria} nelle sue nozze, come desiderava, non ostante tutte le commodità, che se gli offrivano per patti di S.M.^{tà} et mia* […]; Enrico Bevilacqua, Giambattista Andreini e la Compagnia dei „Fedeli". In: Giornale storico della letteratura italiana, [I] 23, 1894, S. 76–155; [II] 24, 1894, S. 82–165; hier II, S. 85.

Frittellino. Beide zählen zu den bedeutendsten Darstellern, Theaterleitern, Stückeschreibern und Theoretikern der Commedia dell'arte. Cecchini (auf Andreini werden wir später eingehen) leitete die Gesellschaft der *Comici Accesi*, eine Theatertruppe, die gleichfalls meist unter der Patronanz des Herzogs von Mantua stand.[14] Bereits 1601 war Cecchinis Truppe in Paris anläßlich der Hochzeit Heinrichs IV. mit Maria de' Medici aufgetreten. 1608 gastierte sie abermals in Paris am Hof und in der Stadt. Ende 1612 erhielt Cecchini von Herzog Francesco IV. den Auftrag, für eine Tournee an den Hof des indessen zum Kaiser gewählten Matthias eine Kompagnie zusammenzustellen. Da Cecchini selbst in Venedig verpflichtet war, brachte er dafür die Truppe des „Magnifico" Marc'Antonio Romagnesi in Vorschlag, doch machte der frühzeitige Tod des Herzogs das Projekt vorläufig zunichte.[15]

Zuvor war im Oktober 1612 Don Vincenzo Gonzaga, der Bruder des Herzogs, nach Prag abgereist, um dem neugekrönten Kaiser, der ja auch oberster Lehensherr von Mantua war, die Huldigung zu leisten. In seiner Begleitung befand sich der Sänger Francesco Rasi, seit 1598 im Dienst der Gonzaga und der gefeiertste Tenor seiner Zeit.[16] Wie Rasi in einem Brief an

14 Franceso Bartoli, Notizie istoriche de' Comici Italiani. Bd. 1–2, Padova 1781–82 (rist. 1978), 1, S. 167 ff.; Baschet, Les comédiens, S. 232 ff.; Luigi Rasi, I comici italiani. Bd. 1–2, Firenze 1897–1905, 1, S. 626–643; Enciclopedia dello spettacolo. Bd. 1–9, Roma 1954–1962; 3, Sp. 304 f.; Ferdinando Taviani, Pier Maria Cecchini. In: Dizionario biografico degli Italiani, Bd. 23, Roma 1979, S. 274–280; Claudia Burattelli, Borghese e gentiluomo. La vita e il mestiere di Pier Maria Cecchini, tra i comici detto „Frittellino". In: Il Castello di Elsinore, 2, 1988, S. 33–63; Claudia Burattelli (Hg.), Pier Maria Cecchini. In: Ferrone, Corrispondenze 1, S. 189–305, 2, S. 39–64.

15 Burattelli, Borghese, S. 45 f.; Ferrone, Corrispondenze 1, S. 259 ff., C52, Anm. 1, C53–55; 2, S. 53 f., C118.

16 Warren Kirkendale, The Court Musicians in Florence during the Principate of the Medici, Firenze 1993, S. 556 ff., 583, Anm. 179. Rasis erste Begegnung mit dem Herzog von Mantua fand übrigens 1597 in Wien statt, wo sich Vin-

Galileo Galilei berichtet, ist er in Prag auch vor dem Kaiser aufgetreten. Und da Rasi bei der Mantuaner Uraufführung des *Orfeo* die Titelpartie gesungen hatte, ist anzunehmen, daß er, neben anderen Nummern aus seinem Opernrepertoire, Matthias auch daraus einige Arien vortrug. Jedenfalls hat der Kaiser den italienischen Startenor mit einer Goldkette und seinem Bildnis belohnt. Rasi fuhr anschließend nach Salzburg an den Hof des Erzbischofs Marcus Sitticus von Hohenems. Diesem vermittelte er nach seiner Rückkehr nach Italien mantuanische Bühnenfachleute; und zum Fasching des Jahres 1614 kam es in Salzburg zur Aufführung von Monteverdis *Orfeo*, der ersten Opernaufführung nördlich der Alpen.[17]

Zum Karneval 1614 spielte Cecchini in Venedig. Im Juli gastierte er in Brescia, und von hier richtete er an den Marchese Enzo Bentivoglio nach Ferrara ein Schreiben, worin er ein zugesagtes Gastspiel wieder absagte, da ihn der Kaiser nach Linz beordert habe.[18] Der Anlaß für dieses Gastspiel war der österreichische Generalkonvent, den Matthias für August 1614 in Linz anberaumt hatte.[19] Am 7. August 1614 traf Cecchinis Truppe in Innsbruck ein und fuhr anschließend per Schiff Inn und Donau hinab nach Linz, wo die *Accesi* bis Ende September auftraten. Als der Hof Anfang Oktober nach Wien abreiste,

---

cenzo I. Gonzaga zum Feldzug gegen die Türken einfand und Rasi in Begleitung des Bischofs von Caserta von einer diplomatischen Mission aus Polen zurückkehrte; ebd., S. 568 f.

17 Herbert Seifert, Beiträge zur Frühgeschichte der Monodie in Österreich. In: Studien zur Musikwissenschaft 39, 1980, S. 78–33; Brief von Francesco Rasi an Galileo Galilei, 28. Jänner 1613; siehe Warren Kirkendale, Zur Biographie des ersten Orfeo Francesco Rasi. In: L. Finscher (Hg.), Claudio Monteverdi. Festschrift Reinhold Hammerstein zum 70. Geburtstag, Laaber 1986, S. 288–335, hier S. 313; Kirkendale, Court Musicians, S. 583 ff.

18 Ferrone, Corrispondenze 1, S. 270 f., C62.

19 Anton Gindely, Der erste österreichische Reichstag in Linz 1614. In: Sitzungsberichte der phil.-hist. Kl. der kaiserl. Akademie der Wissenschaften 40, 1862, S. 230–254.

wurde er von den Komödianten begleitet. Sie spielen noch bis zur letzten Novemberwoche. Am 24. November werden ihnen *2.000 fl. Dienstgelt, 500 fl. Verehrung vnd dann 500 fl. Raißcosten*, zusammen also 3.000 Gulden ausbezahlt.[20] Am selben Tag wird das Salzamt zu Gmunden angewiesen, Susanna Juliana von Starhemberg für einen *für die Wallische Comedianten dargebenen Rockh* 350 Gulden zu refundieren.[21] Dieses Ehrenkleid muß, dem Betrag nach zu schließen, von außergewöhnlicher Kostbarkeit gewesen sein. Es ist vermutlich für einen Anlaß gestiftet worden, der in der Tat für die Wiener Tournee der *Accesi*, ja für die Geschichte der Comici dell'arte überhaupt ein denkwüriges Ereignis darstellt: Am 12. November 1614 wurde ihr Prinzipal und erster Komiker Pier Maria Cecchini vom Kaiser in den Adelsstand erhoben.[22] Diese Nobilitierung eines italienischen Komödianten rief bei den Zeitgenossen großes Aufsehen hervor. Für das Sozialprestige des Schauspielerstandes war sie unzweifelhaft von großer Bedeutung; auch ist sie ein deutliches Zeichen für jene Wertschätzung, die man an den österreichischen Habsburgerhöfen der neuen Theaterkunst und ihren Interpreten entgegenbrachte. Gleich nach seiner

---

20 Johannes Meissner, Die englischen Comoedianten zur Zeit Shakespeares in Oesterreich, Wien 1884, S. 56 f.; Josef Hirn, Erzherzog Maximilian der Deutschmeister, Regent von Tirol. Bd. 1, Innsbruck 1915, S. 374 f.; Senn, Innsbruck, S. 197; Elisabetta Carlotta Salzer, La commedia italiana dell'arte alle corte viennese. In: Rivista italiana del dramma 2, 1938, 4, S. 181–204, S. 191 ff.; Justus Schmidt, Linzer Kunstchronik, Tl. 3, Linz 1952, S. 97 f.; Franz Hadamowsky, Wien: Theatergeschichte (Geschichte der Stadt Wien 3), Wien 1988, S. 101. Adam von Waldstein verzeichnet in seinem Tagebuch den Besuch von Vorstellungen am 13., 14., 17. und 23. August; Marie Koldinská, Petr Mat'a (Hgg.), Deník rudolfinského dvořana: Adam mladší z Valdštejna 1602–1633 [Tagebuch eines rudolfinischen Höflings: Adam von Waldstein d. J. 1602–1633], Praha 1997, S. 215 f.

21 ÖSTA, HKA, Hoffinanz, Registratur, 657/1614, fol. 413r.

22 ÖSTA, AVA, Adelsarchiv, Adelsakten der Reichskanzlei, Adelsstand Peter Maria Cecchini (12. November 1614); abgedruckt in Schindler, Mio compadre, S. 100 ff.

Nobilitierung hat Cecchini die Heimreise angetreten; vierzehn Jahre später, im Jahr 1628, werden wir ihm erneut am Hofe des Kaisers begegnen, diesmal in Prag.

Dort brachte das Jahr 1617 die für Böhmens Geschichte so folgenschwere Thronbesteigung Ferdinands II. und damit einen neuen Anlaß für verstärkte Theateraktivitäten. Schon in ihrem Vorfeld war von Hofkavalieren im Wladislaw-Saal der Prager Burg zum Fasching das Ballett *Phasma Dionysiacum Pragense* aufgeführt worden, das von einem durch die Hofkapelle bestrittenen Musikprogramm umrahmt war.[23] Prag war somit – nach Salzburg – die erste Stadt nördlich der Alpen, in der ein musikdramatisches Werk des neuen Stils aufgeführt wurde. Es gehörte seinem Genre nach zu jener *forma di ballo sonato, e cantato e ballato*, wie sie etwa Monteverdis *Ballo delle ingrate* repräsentierte. Von der in italienischer Sprache gesungenen Vor-

---

23 Herbert Seifert, Das erste Libretto des Kaiserhofs. In: Studien zur Musikwissenschaft 46, 1998, S. 35–75; ders., Das erste Musikdrama des Kaiserhofs. In: Elisabeth Th. Hilscher (Hg.), Österreichische Musik – Musik in Österreich. Beiträge zur Musikgeschichte Mitteleuropas. Theophil Antonicek zum 60. Geburtstag, Tutzing 1998, S. 99–111. Siehe auch Khevenhiller, Annales Tl. 8, Sp. 1083; Carl Niessen, Das Bühnenbild, Bonn 1927, Taf. 24/3; Jiří Hilmera, K počátkům barokní scénografie v Čechách [Zu den Anfängen der barocken Szenographie in Böhmen]. In: Časopis Národního muzea 131, 1962, oddíl věd spolčenských, S. 135–140, 219; Dějiny českého divadla [Geschichte des tschechischen Theaters], Bd. 1, Praha 1968, S. 140 f., 148 ff. Abb. 64–66; S. 263 Anm. 96; S. 391; Pavel Preiss, Das Bühnenbild im böhmischen Barock. In: Oldřich J. Blažíček, Pavel Preiss, Dagmar Hejdová, Kunst des Barock in Böhmen, Recklinghausen 1977, S. 403–429, hier S. 411, Abb. 261; Jaroslav Pánek, „Phasma Dionysiacum" a manýristické slavnosti na Pražkém hradě roku 1617 (Jejich dobový a typologický rámec) [Das „Phasma Dionysiacum" und die manieristischen Feierlichkeiten auf der Prager Burg im Jahre 1617 (Ihr politischer und typologischer Zeitrahmen)]. In: Folia historica Bohemica 17, 1994, S. 117–131; Jiří Hilmera, „Phasma Dionysiacum" a další divadelní představení v Praze roku 1617 (Das „Phasma Dionysiacum" und weitere Theatervorstellungen in Prag 1617). Ebd., S. 133–141; Milos Štědroň, Miloslav Študent, Hudba v pražské slavnosti „Phasma Dionysiacum" 1617 (The Music in the Prague Festivity „Phasma Dionysiacum" 1617). Ebd., S. 143–150.

stellung sind auch Textbücher und Szenenbilder erhalten, die gleichfalls die ersten derartigen Zeugnisse im Habsburgerreich darstellen. Die Bühne verfügte bereits über eine Wolken- und Flugmaschinerie; nach Merkurius und Amor erscheint am Himmel die Allegorie von *Glory und Ehre deß ohnüberwindtlichen Hauseß Osterreich*, und die *ewigwehrenden* Namen von Matthias und Anna werden als helleuchtende Sterne *im Buch deß Himmels eingeschrieben*. Finanziert wurde das Theatralfest von Wilhelm Slavata, der auch in dem Ballett, in dem die berühmtesten Heroen umd Heroinnen der Geschichte von Kavalieren des Hofes dargestellt wurden, den Assyrerkönig Ninos getanzt hatte. Die Namen der übrigen Mitwirkenden sind gleichfalls überliefert.[24]

Bald darauf spielten die Jesuiten zum Geburtstag des Kaisers ein allegorisches Gratulationsstück, und zur Krönung Ferdinands gaben sie das fünfaktige Schauspiel von *Konstantin dem Großen*, ein Thema, das sie vorzugsweise zu Krönungen aufführten und dessen Titelfigur, in der christlichen Tradition schon früh zum Inbegriff des „wahren Herrschers" stilisiert, als Bezugsfigur besonders geeignet schien.[25]

Neben dem von Kavalieren und Hofmusikern gemeinsam bestrittenen Tanz- und Musiktheater – dem „höfischen Theater" im engeren Sinn – und den *Ludi caesarei* der Jesuiten, die sich gleichfalls durch ihre dezidierte Bezugnahme auf das Herrscherhaus dem höfisch-dynastischen Repräsentations- und Huldigungstheater zuordnen lassen, gab es in diesem Jahr als

---

24 Siehe den Abdruck bei Seifert, Das erste Libretto. Zu den Anfängen des italienischen Balletts vgl. Iain Fenlon, The Origins of the Seventeenth-Century Stage „Ballo". In: Iain Fenlon, Tim Carter (Hgg.), Con che soavità: Studies in Italian Opera, Song and Dance, 1580–1740, Oxford 1996, S. 13–40.

25 Constantinus magnus. ÖNB, Cod. 13.361; Kurt Adel, Handschriften von Jesuitendramen in der Österreichischen National-Bibliothek in Wien. In: Jahrbuch der Gesellschaft für Wiener Theaterforschung 12, 1960, S. 83–112, hier S. 103, Nr. 155; Dějiny českého divadla 1, S. 136 f.

dritte Theatergattung am Hof noch das Berufstheater der Wanderbühne, das diesmal aus Darbietungen „Englischer Komödianten" bestand. Es war – wie wir noch sehen werden – die Gesellschaft des John Green, deren Mitglieder, was sie von den anderen englischen Kompagnien unterschied, alle katholisch waren. Auch ihr werden wir im Winter 1627/28 in Prag und Wien nochmals begegnen.

Auf die politischen Folgen von Ferdinands Thronbesteigung brauche ich an dieser Stelle nicht einzugehen. Es scheint, daß auch zur Krönung Friedrichs von der Pfalz Englische Komödianten erschienen, und zwar die (diesmal protestantische) Gesellschaft des Robert Browne. Sie spielte vermutlich in jenem Winter 1619/20 in Prag, der dem glücklosen Pfälzer zu seinem Namen verhalf.[26]

Ferdinand nutzte – wie wir sahen – die nach dem Sieg am Weißen Berg eingetretene Entspannung für seine Hochzeit mit Eleonora von Mantua, doch mußte zunächst noch das Ende des Konflikts mit Gábor Bethlen abgewartet werden. Nach dem zum Jahreswechsel 1621/22 in Nikolsburg (Mikulov) geschlossenen Frieden ließ Ferdinand die bislang geheimgehaltene Hochzeit verkünden. Dabei sah sich der Kaiser aber gezwungen, angesichts der katastrophalen Finanzlage seiner Länder äußerste Sparsamkeit walten zu lassen. Während in Mantua die Hochzeit der Gonzaga-Prinzessin mit prunkvollen Festen gefeiert wurde, waren es in Österreich allein die Jesuiten in Innsbruck und Hall, die dem Hochzeitspaar Theaterspiele – darunter abermals einen *Konstantin* – darboten; von der Trauungszeremonie und dem anschließenden Hochzeitsbankett in

26 Meissner, Englische Comoedianten, S. 65; Dějiny českého divadla 1, S. 151; Peter Brand, Der englische Komödiant Robert Browne (1563–ca.1621/39) (ungedr. Mag.-Arb.), Heidelberg 1978, S. 87 ff.: Jerzy Limon, Gentlemen of a Company: English Players in Central and Eastern Europe, 1590–1660, Cambridge 1985, 113 f.

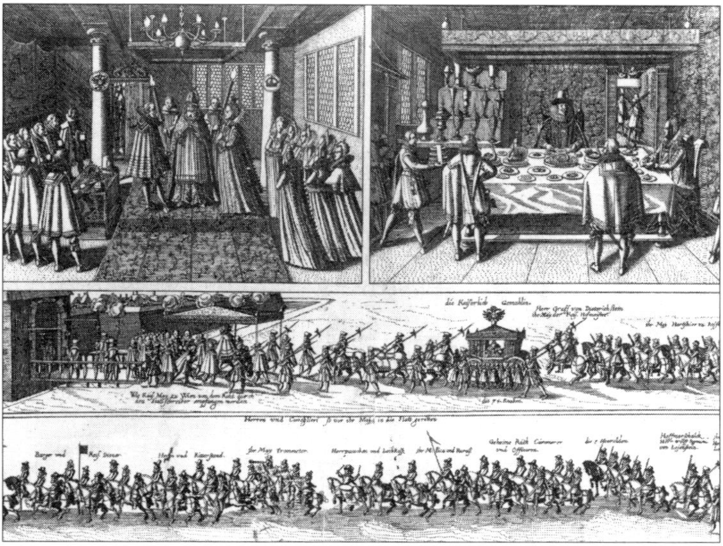

Abbildung der Röm: Keis: May: Ferdinandi II. Hochzeit vnd Pancket zu Inßbruck mit ihrer Gemahlin. Im February 1622. gehalden: mit angehengtem einzug zu Wien den 26. dito.

Innsbruck sowie dem Einzug in Wien hat sich ein Kupferstich erhalten.[27] Erst bei der Krönung Eleonoras zur Königin von Ungarn, die am 26. Juli 1622 im Rahmen des ungarischen Landtages in Ödenburg stattfand, kam es zur Aufführung einer *Commedia in musica*, über die sich aber keine weiteren Nachrichten erhalten haben.[28]

27 Der in der Wiener Albertina erhaltene Stich (Sign. Hist.Bl.04 – Ferdinand II.) wurde erst kürzlich von Thomas Winkelbauer publiziert; Thomas Winkelbauer, Fürst und Fürstendiener. Gundaker von Liechtenstein, ein österreichischer Aristokrat des konfessionellen Zeitalters (MIÖG Ergbd. 34), Wien – München 1999, S. 138, Abb. 18); zu den Hochzeitsfeiern vgl. auch Senn, Innsbruck, S. 221 f.; Seifert, Hochzeit-Gott, S. 9 ff.

28 […] *Seguirono poi à ballare l'altre Dame, e Signori di diuerse nationi: e trattennero à sollazzo le Maestà Loro infino alle sette hore; onde per esser poi tardi, una Commedia, che doueua rappresentarsi in musica, fu differita à domani; si come è preparata anco una Giostra da farsi domenica prossima*; Sebastiano Forteguerra, Ragguaglio

Es ist sehr wahrscheinlich, daß die Anregung zu dieser musikdramatischen Aufführung von dem mantuanischen Startenor Francesco Campagnolo ausgegangen ist, der damals in Ödenburg anwesend war und der sich – wie seinerzeit Rasi – auch an den Opernproduktionen des Salzburger Erzbischofs beteiligt hatte.[29] Mehrmals wird Herzog Ferdinando nach Mantua gemeldet, welch großen Anklang Campagnolo beim Kaiser gefunden habe. Sieben Jahre später, im September 1629, finden wir Campagnolo am Innsbrucker Hof Leopolds V., dessen Hochzeit mit Claudia de' Medici im Jahre 1626 die Kaiserhochzeit von 1622 an Glanz weit überflügelt hatte. Leopold dürfte den italienischen Sänger und Theaterproduzenten hauptsächlich für das Festprogramm zur Hochzeit des Thronfolgers Ferdinand III. und der Infantin Maria von Spanien engagiert haben. Mitten in diesen Vorbereitungen wird Campagnolo jedoch am 7. Oktober 1630 in Innsbruck vom Tod ereilt.[30]

Campagnolo hat fraglos auch an dem Ödenburger Festprogramm und insbesondere in der *Commedia in musica* als Sänger mitgewirkt. Die Musik zu diesen Werken ist wohl als verloren anzusehen. Als ihre Komponisten kommen in erster Linie der Hofkapellmeister Giovanni Priuli sowie dessen

della Felicissima Coronatione della Augustissima Imperatrice Eleonora in Regina d'Vngheria seguita in Edemburgh alli 26. di Luglio 1622, Vienna, Matteo Formica, 1622 [Budapest, Nationalbibliothek Széchényi, Sign. App. H. 802], Bl. [Cb]; vgl. Schindler, Von Mantua nach Ödenburg; ders., L'incoronazione ungherese.

29 Seifert, Monodie, S. 14 ff. Zu Campagnolo siehe auch Antonio Bertolotti, Musici alla corte dei Conzaga in Mantova dal secolo XV al XVIII, Milano [1890], S. 101, 103; Susan Helen Parisi, Ducal Patronage of Music in Mantua, 1587–1627 (Diss. Univ. of Illinois 1989), Ann Arbor 1996, S. 422 ff., 559 ff.; dies., Francesco Campagnolo. In: Stanley Sadie (Hg.),The New Grove Dictionary of Opera 1, London 1992, S. 703.

30 Senn, Innsbruck, S. 227 f.; Seifert, Monodie, S. 26 ff.; Parisi, Ducal Patronage, S. 426 ff., 570 ff.

Nachfolger, der damalige Hoforganist Giovanni Valentini, in Frage.[31] Aber auch Herzog Ferdinando selbst scheint den Wiener Hof gelegentlich mit eigenen Kompositionen versorgt zu haben. Eleonora schreibt jedenfalls schon eine Woche nach ihrer Ankunft in Wien an den Bruder, daß der Kaiser ihn um Zusendung *alcuna sua compositione* ersuche.[32] Und am 30. April erinnert der mantuanische Resident Conte Zucconi seinen Herzog, die schon zugesagten *compositioni di Musica* endlich zu übersenden.[33] Für die Musik der Ödenburger *Commedia in musica* ist aber – sollte sie nicht eigens (etwa durch Campagnolo) aus Mantua beschafft worden sein – wohl am ehesten der Wiener Hoforganist und spätere Hofkapellmeister Gio-

---

31 Hellmut Federhofer, Giovanni Priuli. In: Musik in Geschichte und Gegenwart. Bd. 1–17, Kassel 1962 (Nachdr. 1989), hier 10, Sp. 1636–1637; ders., Giovanni Valentini, ebd., 13, Sp. 1229–1231; ders., Musikpflege und Musiker am Grazer Habsburgerhof der Erzherzöge Karl und Ferdinand von Innerösterreich, Mainz 1967, S. 199 ff., 219 ff.; Elisabeth Urbanek, Giovanni Valentini als Messenkomponist (ungedr. phil. Diss.), Wien 1974; Steven Saunders, Sacred Music at the Habsburg Court of Ferdinand II (1615–1637): The Latin Vocal Works of Giovanni Priuli and Giovanni Valentini, Bd. 1–2 (Diss. Univ. of Pittsburgh 1990), Ann Arbor 1991.

32 [...] *Dopò di hauer scritto altra mia all'A.V. l'Imp[erato]re mio Sig.re mi hà accennato, che desiderarebbe alcuna sua compositione, sapendo quanto bene riesca nelle parole, et nella musica stessa; et per meglio aiutare hò procurato di sapere in che materia haurebbe maggior gusto, et egli mi hà detto che uorebbe un motetto, et un Dialogo, senza far caso più d'una materia, che di un'alora bastando che le parole sieno di V. A. et la musica ancora; la quale desidera che sia con due soprani, poiche la M.tà S. gli hà esquisiti* [...]. Kaiserin Eleonora aus Wien an Herzog Ferdinando in Mantua, 9. März 1622; ASMn, A.G., E.II.2, busta 434, Lettere Imperiali 1621–1628; siehe Schindler, L'incoronazione ungherese, S. 82.

33 Vincenzo Zucconi aus Wien an Herzog Ferdinando in Mantua, 30. April 1622; ASMn, A.G., E.II.3, busta 493, p. 47; ebd., Claudio Gallico kennzeichnet im New Grove Dictionary of Music, 7, 1981, S. 526, Ferdinando Gonzaga als *an amateur composer who had close contacts with the early 17th-century Florentine school.* Wenn Gallico im Folgesatz dann schreibt, daß *the sack of Mantua by the French* (!) erfolgt sei, stellt er die Geschichte natürlich auf den Kopf (leider – wie man aus österreichischer Sicht zu sagen versucht ist).

vanni Valentini in Betracht zu ziehen. Im Zusammenhang mit dem Wiener Theatralfest von 1625, bei dem, wie wir noch sehen werden, eine *Comoedie* von *Hof-Musici* aufgeführt wurde, wird Valentini als Komponist einer Serenade, die auf Triumphwägen im Burghof von den Hofmusikern gespielt wurde, ausdrücklich genannt.[34] Seine Kammerduette von 1622, die dem Herzog von Mantua gewidmeten *Musiche a due voci*, stehen bereits unverkennbar unter dem Einfluß der Stilwelt Claudio Monteverdis, dessen *Lamento d'Arianna* von 1608 im Hintergrund einiger Kompositionen vernehmbar wird. Eine Szene aus Guarinis *Il pastor fido* macht ebenfalls deutlich, wie stark Valentini dem Mitteilungsstil der neuen Oper verpflichtet war.[35] Als Musiklehrer der Kinder Ferdinands II. war Valentini bei dem späteren Kaiser Ferdinand III. besonders erfolgreich; dieser wird bekanntlich die Reihe der komponierenden Habsburger anführen. Eine im Jahre 1623 gewährte Gnadengabe in der exorbitanten Höhe von 8.000 Gulden (dem 20fachen seines regulären Jahresgehaltes) ist fraglos als Anerkennung seiner besonderen Leistung zu werten; desgleichen seine Nobilitierung, die im Jahr 1627 erfolgte.[36]

Bereits wenige Wochen nach ihrer Ödenburger Krönungsfeier bereitete Kaiserin Eleonora eine neuerliche musikdramatische Aufführung vor. Der Kaiser hatte ihr den schon von Matthias erworbenen „Pöglhof" als Sommersitz überlassen, den sie nach dem berühmten, in der Nähe von Mantua gele-

---

34 Khevenhiller, Annales Tl. 10, Sp. 714; Franz Hadamowsky, Barocktheater am Wiener Kaiserhof. Mit einem Spielplan (1625–1740). In: Jahrbuch der Gesellschaft für Wiener Theaterforschung, 1951/52, Wien 1955, S. 7–131, S. 12; Seifert, Oper, S. 590.

35 Othmar Wessely, Das Werden der barocken Musikkultur. In: Gernot Gruber (Hg.), Musikgeschichte Österreichs. Bd. 1: Rudolf Flotzinger (Hg.), Von den Anfängen zum Barock, Wien [u. a.] ²1995, S. 253–297, S. 282.

36 Saunders, Sacred Music, S. 343 f., 900; Schindler, Von Mantua nach Ödenburg, S. 288.

genen Lustschloß der Gonzaga „Favorita" nannte und auch nach dessen Vorbild einzurichten begann. Von diesem Projekt berichtet Eleonora ihrem Bruder Ferdinando am 20. August 1622; in demselben Schreiben teilt sie auch mit, daß sie in drei Tagen den Kaiser und die Kinder zum Abendessen in der Favorita erwarte und für diesen Anlaß eine kleine Theateraufführung mit Musik und einem von ihren Hofdamen getanzten Ballett *(una piccola inuencione in Musicha con un baletto che faranno le mie Dame)* vorbereitet habe.[37] Veranstaltungen dieses Typs setzte sie auch in den folgenden Jahren fort; so etwa gleich im

37 Kaiserin Eleonora aus Wien an Herzog Ferdinando in Mantua, 20. August 1622; ASMn, A.G., E.II.2., busta 434. Marchese Federico Gonzaga schreibt Herzog Ferdinando ebenfalls, daß die Kaiserin am 23. August *nel giardino del suo luoco fuori della Città (à cui hà posto nome la Fauorita) un balletto* aufführen ließ, das *d'otto Dame cioè le trè nostre, e l'altre tedesche* vorgestellt wurde und *nel quale formarono tutte le lettere del nome Ferdinando.* Wegen *le occupationi del Balletto* sah der Sekretär der Kaiserin, Graf Vincenzo Zucconi, sich gezwungen, seine diplomatischen Geschäfte zurückzustellen. Marchese Federico Gonzaga und Conte Vincenzo Zucconi aus Wien an Herzog Ferdinando in Mantua, 24. August 1622, ASMn, A.G., E.II.3, busta 493; vgl. Andrea Sommer-Mathis, Die Tänzer am Wiener Hofe im Spiegel der Obersthofmeisteramtsakten und Hofparteienprotokolle bis 1740 (MÖSTA Ergbd. 11), Wien 1992, S. 9, Anm. 10. Bei Johann Schwarz, Die Kaiserliche Sommerresidenz Favorita auf der Wieden in Wien 1615–1746, Wien – Prag 1898, findet sich die Bezeichnung „Favoritenhof" erstmals im Jahr 1623 (S. 3 ff., 95); danach auch Die Kunstdenkmäler Österreichs: Wien, II. bis IX. und XX. Bezirk (Dehio-Handbuch: Topographisches Denkmälerinventar), Wien 1993, S. 161; Erich Schlöss, Baugeschichte des Theresianum in Wien, Wien 1998, S. 26, u. a. Vgl. auch Intra, Le due Eleonore, S. 355; Seifert, Oper, S. 589; ders., Frühes italienisches Musikdrama nördlich der Alpen: Salzburg, Prag, Wien, Regensburg und Innsbruck. In: M. Engelhardt (Hg.), *in Teutschland noch gantz ohnbekandt.* Monteverdi-Rezeption und frühes Musiktheater im deutschsprachigen Raum, Frankfurt/M. 1996, S. 29–44, S. 36; Petr Fidler, Loggia mit Aussicht – Prolegomena zu einer Typologie. In: Wiener Jahrbuch für Kunstgeschichte 40, 1987, S. 83–101; Sommer-Mathis, a. a. O., S. 8; Otto G. Schindler, Von Favorita zu Favoriten: Ein Lustschloss in Mantua als Namenspatron eines Wiener Arbeiterbezirks. In: Wiener Zeitung, 24./25. Sept. 1999, Beilage „Extra", S. 6. – Zu Nicolò Sebregondi, dem Erbauer der Mantuaner Favorita, siehe auch unten, Anm. 145.

anschließenden Jahr 1623 während des Fürstentages in Regensburg, wo sie am letzten Sonntag im Fasching auf Wunsch des Kaisers abermals *un inuentione con un balletto* zur Aufführung brachte. Für den Fasching 1624 wurde gleichfalls *un Balletto* einstudiert, desgleichen am 27. Juni desselben Jahres anläßlich des Besuchs des polnischen Kronprinzen Władysław Wasa, wobei neben der Kaiserin als „Ballettmeisterin" und fünfzehn ihrer Hofdamen auch die jungen Erzherzoginnen mitwirkten – also auch die erst dreizehnjährige Cäcilia Renata, die spätere Gattin des Prinzen. Das schon erwähnte Ballett, das zur Hochzeit des Grafen Adam Paul Slavata mit Maria Margaretha von Eggenberg aufgeführt wurde, war ebenfalls von Eleonora entworfen und mit ihren Hofdamen einstudiert worden. Sie traten diesmal *in forma di Amazone* auf und produzierten in der Art eines Turniers einen Waffentanz. Als im Folgejahr 1627 eine von Eleonoras Hofdamen selbst an den Altar trat, ließ die Kaiserin erneut eine *festa con balletto* ausrichten – das Tanztheater ist bereits zu einem festen Bestandteil der habsburgischen Hoffeste geworden.[38]

Während aber in Ballettaufführungen noch lange ausnahmslos Mitglieder der Hofgesellschaft als Darsteller wirkten, wurden die eigentlichen musikdramatischen Darbietungen, in denen auch gesangliche Spitzenleistungen erforderlich waren, in der Hauptsache von den professionellen Künstlern der Hofkapelle bestritten. Eine solche Aufführung fand etwa zum vor-

38 Ordentliche Zeittungen, 29. Juni 1624; 31. Jänner, 28. Februar, 25. Juli 1626; 13. Februar, 24. Juli 1627; Khevenhiller, Annales Tl. 10, Sp. 1464; Seifert, Oper, S. 127 f., 431 ff., 589 ff., 593 f.; Bolko Schweiniz (Hg.), Die Reise des Kronprinzen Władysław Wasa in die Länder Westeuropas in den Jahren 1624/25, Leipzig – Weimar 1988, S. 50; Sommer-Mathis, Tänzer, S. 9. – Die Begleiter des polnischen Prinzen würdigen die Leistungen Eleonoras: *Die Kaiserin war die Ballettmeisterin und zeigte, was sie von diesen Dingen verstand, wofür sie mit dem großen Beifall aller Spektatoren bedacht wurde.* [...] *Den größten Erfolg über alle erreichte* [...] *nach jedermanns Meinung die Allergnädigste Kaiserin mit ihrer Kunst, ihrem Geschick und Reiz.* Schweiniz, a. a. O.

hin erwähnten Besuch des polnischen Kronprinzen statt, wo am 30. Juni 1624 *kaiserliche Musikanten* [...] *zur Freude des hohen Auditoriums eine Komödie mit Gesang* (an anderer Stelle heißt es *eine italienische Komödie)* aufführten.[39] Besser dokumentiert ist jene *Comoedie*, die Eleonora zur Feier von Ferdinands Geburtstag (9. Juli) im Jahr 1625 von *Hof-Musici* aufführen ließ. Dabei erschienen – wie Khevenhüller berichtet – *aus einer Scena* sechs Personen, *so alle Hof-Musici gewesen*, in unterschiedlicher Kleidung: *die erste à la Romana, die andere à la Genuesa, die dritte à la Neapolitana, die vierte wie eine Gratia* [=Dottore Graziano], *die fünffte wie ein Pantalon, und die sechste wie ein Zani. Diese haben*, so Khevenhüller weiter, *in Versen in Wällischer Sprache eine Comoedie agirt, und dieselbe singend, mit schönen Madrigalen geendet*. Anschließend hat jede dieser Figuren ihrer *Profession halber* dem Kaiser ein Geschenk überreicht: Pantalone etwa präsentierte *schöne Christallene Gläser* aus seiner Heimat Venedig; das Präsent des Zanni war eine *Schüssel voll Magegeroni* [sic]; und sodann hielt jeder *in seiner natürlichen Sprache* eine passende Rede, was dann auch *ein grosses Gelächter* hervorrief. Hernach erschienen *zwölff Hof-Dames wie Hirtinnen in weissem Taffet mit leibfarbenen Schnüren verbrämt, begleitet von so viel Cavalieren auch weiß gekleidet, und weiß taffetne Hüdte mit leibfarbenen Federn auf, und in Händen weisse Wind-Lichter habend*, die tanzten, sangen und *auf Lauten und Citharen* schlugen. Anschließend wurde im Burghof ein *stattliches Feuerwerck* mit *viel Tausend Raqueten* abgebrannt. Schließlich erschienen *zwey grosse Triumph-Wägen, dar-*

39 Schweiniz, a. a. O., S. 51 f. – *In einem Originalberichte heißt es: 30.* [Juni 1624] *Finitis vesperis Serenissimus Imperator et Imperatrix cum Serenissimo Principe nostro et Archiducibus in hortum profectus, ibidem cenavit. Noctu post reditum Serenissimorum in palatio Serenissimorum filiorum Imperatoris comoedia Italica musicaliter agitur et decantatur. Adam Przyboś* (Hg.), Podroż królewicza Władysława Wazy do krajów Europy Zachodniej w latach 1624–1625 w świetle ówczesnych relacji [Die Reise des Prinzen Władisław Wasa in die Länder Westeuropas in den Jahren 1624–1625 nach zeitgenössischen Relationen], Kraków 1977, S. 84.

innen des Kaysers Musici gesessen; diese waren ebenfalls *in weissen Taffet gekleidet, und haben schöne Compositiones von Valentin, Kayserl. Organisten, componirt, gesungen.* Zum Abschluß produzierten sich 33 Kavaliere, abermals *weiß und leibfarben* gekleidet, in einem Quintanarennen, wobei *ihre Laqvayen, deren ein ieglicher viere gehabt, in Zani-Kleidern erschienen.*[40]

Herbert Seifert hat diese *Comoedia* der Hofmusiker erst kürzlich eingehend analysiert und dabei mit Stücken und Madrigalen „a diversi linguaggi" in Zusammenhang gebracht. Er rückte dabei besonders Giovan Battista Andreinis Komödie *La Ferinda* (Paris 1622) ins Blickfeld, ein Stück, das Andreini offensichtlich als Libretto für ein Musikwerk konzipiert und darin ebenfalls *varij linguaggi* eingeführt hatte.[41] Während sich im Falle dieser Wiener Aufführung aber eine Mitwirkung Andreinis nicht nachweisen läßt, werden wir ihm zwei Jahre später, als Eleonora zur Königin von Böhmen gekrönt wird, am Kaiserhof persönlich begegnen, wo er mit den *Comici Fedeli*, der Theatertruppe des Herzogs von Mantua, in Prag und Wien von 1627 bis 1629 auftreten wird.

Dieses Gastspiel hing zunächst mit einer Böhmenreise des Hofes zusammen, die schon seit längerem geplant war, die man aber wegen des neuerlich aufgeflammten Konflikts mit Gábor Bethlen sowie der Bauernkriege in Oberösterreich mehrmals aufschieben mußte. Im Rahmen eines böhmischen Landtages sollte dabei auch die böhmische Krönung von Kaiserin Eleo-

---

40 Khevenhiller, Annales Tl. 10, Sp. 713 f.; seit Hadamowsky (Barocktheater, S. 10 ff.) galt diese *Comoedie* der *Hof-Musici* als erste Opernaufführung Wiens.

41 Seifert, Oper, S. 590; Herbert Seifert, Die Comoedie der Hof-Musici 1625: die erste Oper in Wien? In: Studien zur Musikwissenschaft 43, 1993, S. 77–88, hier S. 77 ff.; ders., 1619–1705: „Die kaiserlichen Hofkapellen". Italienisches Barock in Wien, in: Günter Brosche [u. a.] (Hg.), Musica Imperialis. 900 Jahre Hofmusikkapelle in Wien, 1498–1998. Ausstellung der Musiksammlung der Österreichischen Nationalbibliothek, Wien 1998. Tutzing 1998, S. 43–82, S. 51.

nora sowie des Thronfolgers Ferdinand III. erfolgen, die beide bereits – in den Jahren 1622 bzw. 1625 – die Krone des hl. Stephan erhalten hatten. Nachdem sich die politische Lage wieder etwas stabilisierte und auch mit den Türken ein Friede geschlossen wurde, war der Hof am 27. September nach Prag aufgebrochen und am 10. Oktober dort eingelangt. In Begleitung des Kaiserpaares und des Thronfolgers und ungarischen Königs Ferdinand III. (1608–1657) befanden sich auch die beiden Schwestern des letzteren, die siebzehnjährige Maria Anna (1610–1665), die spätere Gattin des bayerischen Kurfürsten und Ligaführers Maximilian, und die sechzehnjährigen Cäcilia Renata (1611–1644), nachmalige Königin von Polen.[42] In Wien zurückgeblieben war der vierzehnjährige Erzherzog Leopold Wilhelm (1614–1662). Er war trotz seiner Jugend bereits Bischof von Straßburg und Passau und war für die Zeit der Abwesenheit des Hofes gemeinsam mit dem Olmützer Bischof Kardinal Franz Graf von Dietrichstein zum Gubernator bestellt worden.[43] Dieser Trennung von seiner Familie ist es zu danken, daß ihm besonders von den Schwestern zahlreiche Briefe zugesandt wurden, die sich glücklicherweise beinahe lückenlos im habsburgischen Familienarchiv erhalten haben. Herbert Seifert, der in seinen musikhistorischen Arbeiten aus Wiener und italienischen Archiven eine Fülle neuer Zeugnisse zum habsburgischen Hoftheater ans Tageslicht brachte, hat auch diese Briefe erstmals für seine Geschichte der Oper am Wiener Kaiserhof herangezogen.[44] Ihre lebendigen und teil-

42 Hamann, Habsburger, S. 69, 295 f., 250 ff.

43 Ordentliche Zeittungen, 18. September 1627; zu Leopold Wilhelm vgl. neuerdings Renate Schreiber, Erzherzog Leopold Wilhelm: Kirche, Krieg und Kunst (ungedr. phil. Dipl.-Arb.), Wien 1998.

44 Seifert, Oper, S. 165 f., 432 ff., 593 ff. Ich habe die im Österreichischen Staatsarchiv befindliche und von Seifert erstmals ausgewertete Prager Reisekorrespondenz nochmals durchgesehen und die von Seifert publizierten Stellen in mehreren Fällen ergänzt. ÖSTA, HHStA, Habsburgisch-Lothringische Fami-

weise recht emotionalen und humorvollen Schilderungen des Prager Hoflebens enthalten auch zum Theatergeschehen wertvolle Informationen. Für unsere Kenntnis der italienischen Komödianten am Habsburgerhof sind diese „Prager Theaterbriefe" jedenfalls von ähnlicher Bedeutung, wie dies im Falle der Englischen Komödianten für jene Briefe zutrifft, die Erzherzogin Maria Magdalena zwanzig Jahre früher an ihren Bruder (den nunmehrigen Kaiser) nach Regensburg geschrieben hatte und die als „Grazer Theaterbriefe" schon längst ihren Stammplatz in der Forschung gefunden haben.[45]

Schon aus Nikolsburg, wo man am 29. September einlangt, erhält Leopold Wilhelm von seinen Schwestern erste Reiseberichte. Auch Kaiserin Eleonora sendet *Al Seresissimo Arciduca Leopoldo d'Austria mio figlio Amatissimo* einige in warmen Worten gehaltene Zeilen; an den Rand des italienischen Schreibens der Kaiserin fügt der ungarische (und bald auch böhmische) König die jugendlich-derben Scherzesworte hinzu: *Grueß dich Gott du Pukhelte Crot. Ferdinandus tuus frater.*[46]

Zügig wird die Reise von Station zu Station – meist königlichen Schlössern – fortgesetzt. Besonders von Schloß Brandeis (Bradys nad Labem) zeigen sich die jungen Erzherzoginnen begeistert. In den Augen Maria Annas ist es *ein gewaltiger schener ort,* und Schloß Ebersdorf bei Wien scheint ihr dagegen *wie eine cotlacken.*[47] Gleich nach der Ankunft in Prag schildern die Schwestern ihre ersten Eindrücke; besonders von den Kirchen

---

lienarchive, Familienkorrespondenz A, Kart. 11, 31 u. 48 [künftig HHStA, Fam.-Korr.]

45 Meissner, Englische Comoedianten, S. 58 ff.; Willi Flemming (Hg.), Das Schauspiel der Wanderbühne, Darmstadt ^{2}1965, S. 71 f.; Orlene Murad, The English Comedians at the Habsburg Court in Graz 1607–1608, Salzburg 1978.

46 Kaiserin Eleonora aus Nikolsburg an Leopold Wilhelm in Wien, 29. September 1627; HHStA, Fam.-Korr. A/31, fol. 7.

47 Maria Anna aus Prag an Leopold Wilhelm in Wien, 19. Oktober 1627; HHStA, Fam.-Korr. A/48.

und dem kostbaren *heiligtum* sind sie sehr angetan, auch preisen sie die schöne Aussicht von ihren Gemächern am Hradschin *auff die stiegen vnd auf die ganze stat.* Wiederholt wird der in Wien zurückgelassene Bruder bedauert; er müsse unbedingt Nachricht geben, wie er sich *in der ainsambkait also alein befinden.* Cäcilia Renata nennt den Bruder *ihr liebes Pfaffel* und beteuert mehrmals, wie sehr sie sich nach ihm sehne.[48]

Gelegentlich berichten die Erzherzoginnen auch *von neuen zeitungen* vom Kriegsschauplatz, die sie offenbar im selben Tone, wie man sie bei Hof kolportierte, wiedergaben. Vom Krieg gegen den Dänenkönig *(den aus tenemarkt)* weiß Cäcilia Renata zu melden, daß *vor einer belagerung* [vermutlich Pinnebergs] *der tilli in einen fues ist geschosen worden, vnd wie das der von wallenstain hat gehört, ist er so zornig worden vnd hat denen die in der statt seint gewesen, sagen lassen, sie sollen sich ergeben oder er wölle sie alle lassen nider hauen; auff das haben sie sich ergeben; aber mitt dem tilli gott lob ist es schon besser.*[49] Am 11. November schreibt sie, daß Wallenstein dem Kaiser versichert habe, *das ehr ihnerhalb drey jaren wöl Constantinopel eingenomen haben. – Wan das geschehen wirt sein*, verheißt sie launig dem Bruder, *so mues dan E. l. dorten könig oder kayser werden.*[50] Auch daß Wallenstein *Ir maistet der kayserin hat zwanzig tausent gulden geschenckt*, meldet Maria Anna als *genaue Zeitungen* nach Wien.[51]

Als Mitte März 1628 in Friedland und auf den benachbarten Trčka-Gütern Bauernrevolten ausbrachen, kann Cäcilia

48 Maria Anna und Cäcilia Renata aus Prag an Leopold Wilhelm in Wien; 13. u. 19. Oktober bzw. 1. November 1627; HHStA Fam.-Korr. A/48; vgl. auch Schreiber, Erzherzog Leopold Wilhelm, S. 11, Anm. 39.

49 Cäcilia Renata aus Prag an Leopold Wilhelm in Wien, 19. Oktober 1627; HHStA, Fam.-Korr. A/48.

50 Cäcilia Renata aus Prag an Leopold Wilhelm in Wien, 11. November 1627; HHStA, Fam.-Korr. A/48.

51 Maria Anna aus Prag an Leopold Wilhelm in Wien, 4. Februar 1628; HHStA, Fam.-Korr. A/48.

Renata es *nicht vnder lassen e. l. auch zu schreiben, das die dreks Pauern wellen widerumb etwas antragen vnd seint schon 1 tausent beyeinander.*[52] Sie wären, fährt dann ihre Schwester fort, nur mehr *13 meil wegh* und hätten *schon ein statel vnd etliche geschleser eingenumben.* Der Kaiser habe von Wallenstein bereits Truppen angefordert, denn *wier megen vnß nit lasen von Paueren derschlagen.*[53] Am 18. März kann Cäcilia Renata wieder aufatmen: *was die Pauern anbelangt thue ich e. l. zu wissen das schon aus ist mit ihnen.* Und Wallenstein habe über die Aufständischen (er selbst nennt sie *Pauerngesindl* und *Hurensöhne*) verlauten lassen, *einen wolle ehr bey den fiessen auffhenken vnd einen bey den kopf, vnd wel alle zue dapecerey machen.*[54] Von einem Besuch Wallensteins bei Hof heißt es, *der kayser haben jm haisen auf sezen, weliches er alsbalt gedan, vnd haben jm E. l. dracktiret, vnd wier miesen vns vor jm bucken; jn suma, man mus jm wie ein regirenden reichs fürsten traktieren.*[55]

In einem Schreiben vom 27. Oktober ist erstmals von Theater die Rede. Die Informationen, die Cäcilia Renata ihrem Bruder zukommen läßt, sind zunächst vage: Sie weiß vorerst nur zu berichten, daß am *21 des angehenden monats yhr May. der kayserin krönung wird werden vnd yhr May. der könig*

52 Cäcilia Renata aus Prag an Leopold Wilhelm in Wien, 15. März 1628; HHStA, Fam.-Korr. A/48.

53 Maria Anna aus Prag an Leopold Wilhelm in Wien, 15. März 1628; HHStA, Fam.-Korr. A/48.

54 Cäcilia Renata aus Prag an Leopold Wilhelm in Wien, 18. März 1628; HHStA, Fam.-Korr. A/48. Zum böhmischen Bauernaufstand vgl. auch die Briefe Wallensteins in: Josef Kollmann et al. (Hgg.), Der Dänisch-Niederdeutsche Krieg und der Aufstieg Wallensteins. Quellen zur Geschichte der Kriegsereignisse der Jahre 1625–1630 (Documenta Bohemica Bellum Tricennale illustrantia 4), Prag 1974, S. 246 ff., und Josef Polišenský, Josef Kollmann, Wallenstein. Feldherr des Dreißigjährigen Krieges, Köln 1997, S. 154 ff.

55 Maria Anna aus Prag an Leopold Wilhelm in Wien, 24. Dezember 1627; HHStA, Fam.-Korr. A/48; vgl. auch Ordentliche Zeittungen, 23. Dezember 1627, und Anton Gindely, Waldstein während seines ersten Generalats. Bd. 1, Prag 1886, S. 364 f.

wird vnderschitliche sachen halten, welliche ich selbst aigentlich noch nicht wais. Am *heiligen catharina tag* [25. November] sollte die Krönung Ferdinands stattfinden; *da wird den selbigen nichts anders als ein comedi vnsern alten brauch nach werden. ich was auch selbst nicht recht* – gesteht sie – *was werden wirt; aber wan die krönung vorüber wird sein, so wil ich e. l. recht berichten wie es zugangen ist.*[56] Mitte November wird von einem toskanischen Korrespondenten nach Florenz gemeldet, daß die Kaiserin anläßlich der Krönungsfeiern ein *pastorale in Musica* aufführen ließe und daß ihre Damen ein Ballett vorbereiteten; König Ferdinand übe bereits für ein Karussell, das auf dem Hradschin stattfinden werde. Überdies erwarte man in Kürze eine *Compagnia di commedianti*, für die man *inmitten eines Saales, der unter Kaiser Rudolf errichtet worden war*, eine *Bühne aufgebaut habe.*[57]

Bei diesem Saal handelte es sich um den sogenannten „Neuen Saal", den Rudolf II. im Zuge des Neubaus des Nordtraktes der Prager Burg zwischen 1600 und 1604 neben dem „Spanischen Saal" errichten ließ.[58] Im Wladislaw-Saal des

56 Cäcilia Renata aus Prag an Leopold Wilhelm in Wien, 27. Oktober 1627; HHStA, Fam.-Korr. A/48.; vgl. Seifert, Oper, S. 594 (unter 21. Oktober).

57 [...] *La M.tà dell'Imperatrice in questa occasione dell'Incoronazioni farà rappresentare una pastorale in Musica, le sue dame s'apparecchiano per un balletto, et il rè s' esercita per la festa de Caroselli, che si farà sula piazza del Razino. S'aspetta in breue una Compagnia di commedianti, per i quali si rizza un palco nel mezzo d'un salone, che fù fatto fabbricare dell'Imperatore Ridolfo. In testa di esso staranno lor MM.tà a sentir le commedie a certe finestre, che ui sono, et giù a basso le Dame, et i Caualieri di Corte, fuor de quali pochi, et forse nessuno ui sarà ammesso.* Cosimo Bartolini aus Prag an den Großmeister Andrea Cioli in Florenz, 17. November 1627; Seifert, Oper, S. 594.

58 Ivan Muchka, Die Architektur unter Rudolf II., gezeigt am Beispiel der Prager Burg. In: Prag um 1600. Kunst und Kultur am Hofe Kaiser Rudolfs II. Ausstellung Kunsthistorisches Museum Wien. 24. 11. 1988 bis 26. 2. 1989, Bd. 1, Freren 1988, S. 85–93, bes. S. 90 ff. u. Abb. 9 u. 10; Eliška Fučiková, Die Prager Residenz unter Rudolf II., seinen Vorgängern und Nachfolgern. In: Eliška Fučiková et al. (Hgg.), Rudolf II. und Prag. Ausstellung Prag 1997, Prag 1997, S. 2–71, bes. S. 53 f.

Alten Königspalastes, meist als „großer Schloßsaal" bezeichnet, wurde gleichfalls eine Bühne errichtet; auf ihr fand dann, wie wir noch sehen werden, das erwähnte *pastorale in Musica* statt. Der Breslauer Beamte Zacharias Allert, der mit einer schlesischen Delegation ebenfalls in Prag weilte und sich am 24. November *in dem grossen Schlosssaal* umsah, fand ihn *meiner gewöhnlichen Schritt 24 breit*, die Länge habe er wegen *dem aufgebauten Theater nicht zählen können* (seine Maße betrugen 62 x 16, die des „Neuen Saales" 48 x 24 Meter). *Auf diesem Saal*, so berichtet er weiter, *richtete man ein Theatrum zu einer Commoedia auf, die Bretter waren wie Bäume und Wald bemalt und hintereinander perspectivisch gar artig gesetzt.*[59]

Am Sonntag, dem 21. November, fand die Krönung der Kaiserin Eleonora statt.[60] Allert war dem Gedränge in der Kirche ausgewichen und schildert den prächtigen Auszug und das turbulente Treiben im Freien. Der *bretterne Gang*, der von der Kirche zum Großen Saal führte, war *mit rothem und weissem Tuche* ausgelegt worden, das man wie üblich anschließend dem Volk preisgab. Nach den Würdenträgern erschien als erster König Ferdinand *in seinem sonst gewöhnlichen spanischen Habit*, sein schwarzer Hut *mit einem vortrefflichen Kleinod und schönem schwarzen Reiherbusch* geziert. Der Kaiser, angeführt von den sieben kurfürstlichen Herolden, folgte *in kaiserlichem Habit, als einer von ganzem Goldstück mit Perlen und Edelsteinen vortrefflich beheftteten Casel, darauf das Römische, Böhmische und Ungrische Wappen gebil-*

---

59 Zacharias Allert, Tagebuch aus dem Jahre 1627, hg. von J. Krebs, Breslau 1887, S. 96. Zum Vergleich: der Große Redoutensaal der Wiener Hofburg, den Kaiserin Eleonora I. 1629 als Tanzsaal errichten ließ, mißt 51 x 19 Meter; Christian Benedik, Die Redoutensäle: Kontinuität und Vergänglichkeit, Wien 1993, S. 5.

60 Königlicher Böhmischen Crönungen Ritterfest vnd Herrliche Freudenspiel [...] in deß Königreichs Böheimb HaubtStatt Prag [...], Prag, Schuman (1627); Khevenhiller, Annales Tl. 10, Sp. 1417; Relatio historica 1627/28, Frankfurt/Main 1628, S. 70 ff.; Ordentliche Zeittungen, 4. Dezember 1627; Allert, Tagebuch, S. 83 ff.

det und mit Edelgestein versetzt, sammt einer schönen Krone, in der Rechten ein Zepter, in der Linken den Reichsapfel tragend. Danach trug man – *weil er gar podagrisch* – in einer Sänfte den Obersten Burggrafen des Königreichs Böhmen, Adam von Waldstein. *Dem folgte die gekrönte Königin, Ihrer Majestät Gemahlin Eleonora, in ebenmässiger einer schönen Casel, mit einer Krone aufm Haupt, war von klarem, dichten Golde, mit Perlen und den köstlichsten orientalischen Edelgesteinen versetzt, wiewohl Ihrer Maj. des Kaisers Krone noch schöner war. In der rechten Hand trug die Kaiserin ein Zepter, mit der andern Hand den Apfel und wurde sie, wie sonst gebräuchlich, beim Arm von einem vornehmen Fürsten geführt; den Rockschweif ihres dunkelbraunen, überall mit Gold gestickten Kleides hat der Kaiserin nachgetragen die Äbtissin von St. Georgen mit noch zwei andern Klosterfrauen und hochadlichem Frauenzimmer; der Kaiserin nach sind beide kaiserliche Prinzessinnen Maria Anna und Cäcilia Renata jedwede allein geführt worden, denen nun gefolgt alles aus Böhmen und andern Orten der Kaiserin zu Ehren und Aufwarten erschienene vornehme Frauenzimmer, welches in köstlichem Schmuck, Pracht und Hoffarth wohl zu sehen.*

Noch während die Festgäste den Gang entlangschritten, entbrannte um das ausgelegte Tuch *ein solch Gereisse, Gezerre und Abschneiden*, daß es den Darüberschreitenden schon unter den Füßen weggezogen und dabei *das Frauenzimmer gar mit in die Höhe gehoben* wurde.[61]

Für das anschließende Bankett und die Theateraufführung übernimmt Allert die Beschreibung des gedruckten Krönungsberichts. Diesem zufolge war *nach gehaltener Kayserlicher vnd Königlicher Taffel / wie auch folgends celebrirten Vesper / in dem Newen Schloß Saal von etlichen Jtalianern / in Toscanischer sprach / eine Comædia gehalten worden.*[62] Dem Feuerwerk auf dem Lau-

61 Allert, Tagebuch, S. 85.

62 Königlicher Böhmischen Crönungen Ritterfest, S. [Ajb]; Khevenhiller, Anna-

renziberg hat Allert wieder beigewohnt, und es *war in summa überaus lustig zu sehen.* Vom Bankett und der Komödie läßt sich Allert am Folgetag von einem weiteren Delegierten, dem *Frankenstein'schen Hauptmann und Landeshauptmann von Münsterberg* Sigmund Bock, Bericht erstatten. Dieser weiß aber nur zu vermelden, daß man an der Tafel *stark getrunken* habe; sodann hätte man *in der Antecamera aufgewartet* und schließlich *auf einem Saal einer Comoedia, so Italiener gespielt, zugesehen.* Diese Aufführung wäre aber, wie er verlautet, *nichts Sonderliches gewesen*, es hätte ihn vielmehr *verdrossen* [...], *so lange dabei zu stehen und erfrieren* zu müssen.[63] Welchen Gefallen aber der Hof selbst an den Darbietungen der italienischen Schauspieler fand, werden wir dann gleich an den erhaltenen Briefen ablesen können.

Zur Mitteilung Leopold Wilhelms, er hätte *vernumben das ein behämische Comedia sol werden*, schreibt die Erzherzogin, sie wisse *wol nichts darumb*; sicher sei nur, die *musici* würden *ein gesungne comedia halten.* Wenn nicht alles trügt, so hatte Leopold Wilhelm mit dieser „böhmischen Komödie" sogar eine Aufführung in tschechischer Sprache gemeint. Dies wäre nun in der Tat ein kräftiges Lebenszeichen des tschechischen Nationalbewußtseins gewesen, das noch immer vom Schock des Weißen Berges und des auf ihn folgenden Blutgerichts paralysiert war. Um so bedauerlicher, daß nichts auf eine Verwirklichung dieses Planes, sollte es ihn tatsächlich gegeben haben, hindeutet. So weiß auch Adam Paul Slavata aus diesen Tagen nur von *täglichen schönen und lustigen italienischen, lateinischen und deutschen Komödien* zu berichten;[64] wäre auch eine tschechische Aufführung darunter gewesen, hätte Slavata dies mit Sicherheit angemerkt. Er ist übrigens die einzige Quelle, die explizit auch

---

les Tl. 10, Sp. 1417; Relatio historica 1627/28, S. 70, 74; vgl. Seifert, Oper, S. 432 f., 595 f.

63 Allert, Tagebuch, S. 87.

64 Adam Paul Slawata an Zdenek Libstejnsky z Kolowrat, 20. Dezember 1627;

„deutsche Komödien" anführt. Wir werden sehen, daß damit die Darbietungen der „Englischen Komödianten" gemeint waren, die damals schon ausschließlich bei ihren Aufführungen die deutsche Sprache gebrauchten. Vorerst ist aber hauptsächlich von italienischen Vorstellungen die Rede.

Zur Krönung König Ferdinands, die am 25. November stattfand, gab es nach der Tafel ebenfalls eine italienische Komödie mit anschließendem Feuerwerk. Der König selbst, der seinem Bruder schon anläßlich der Krönung Eleonoras von einer *comedia Italica* berichtet hatte, *quam comici qui nuper ex Italia venerunt exhibuerunt*, schreibt diesem auch von einer italienischen Vorstellung zu seinem eigenen Festtag.[65] Maria Anna berichtet gleichfalls von einer *comedia*; über die Krönung selbst, sagt sie, *schreiw ich nit*, denn sie war *gerat also wie bey jr May. der kayserin.* Bei der Tafel, gesteht sie, sei ihr *nit gar wol dar bey gewesen*, denn sie habe sich, wegen der vielen *heren*, die in ihrem Zimmer aßen, *ser geschambt.* Cäcilia Renata berichtet nach Wien, daß sie nach der Krönungstafel in *ihre zimer gegangen vnd haben gewart, bis die comedianten verdig seint gewesen. Alsdan*, fährt sie fort, *seint wihr zu der comedi gangen.*[66] Besonders angetan war die junge Erzherzogin von den Ritterspielen, die ebenfalls an diesen Tagen stattfanden und deren Schilderung immer wieder mit *E. l. glaubens nicht, wie schen eß hat auß gesehen*, unterbrochen wird.

Bereits für den Tag nach Eleonoras Krönung hatte der König zu Ehren der Kaiserin ein Karussel mit Quintanarennen ange-

---

SOAJH, RA Slavata, i. č. 108, kniha č. 25 (freundliche Mitteilung von Petr Mat'a, Prag).

65 König Ferdinand III. aus Prag an Leopold Wilhelm in Wien, 26. November 1627; s. Seifert, Oper, S. 596. Vgl. auch Relatio historica 1627/28, S. 70, 74; Königlicher Böhmischen Crönungen Ritterfest, S. [Ajb]; Allert, Tagebuch, S. 99.

66 Cäcilia Renata aus Prag an Leopold Wilhelm in Wien, 26. November 1627; HHStA Fam.-Korr. A/48; vgl. Seifert, Oper, S. 597.

setzt. Es wurde aber wieder abgesagt, da die *faulen Böhmen*, wie die Erzherzogin schreibt, den Rennplatz nicht rechtzeitig fertigstellten.[67] Auch ihre Schwester Maria Anna vermerkt in einem ‚*Handtbriefel*': *am mantag sein wir son ale aufbutzt gewesen zum renen, so haben wier vnß wider miesen abziehen den es ist der ren platz noch nit fertig gewesen.* Dafür spielte man abends erneut *ein comedia.*[68] Der Schlesier Allert war ebenfalls unter den wartenden Zuschauern; er hatte zusammen mit anderen Burschen für zwei Reichstaler einen guten Platz *auf einem Dächl* ergattert, dann aber unverrichteter Dinge wieder abziehen müssen. Man spazierte stattdessen in die Altstadt, wo man auf der Karlsbrücke am Altstädter Turm *5 Köpfe, so noch seit der Execution hier stecken*, besichtigen konnte. *Auf dem anderen Thurme oder Gange gegen die Altstadt lagen noch 6 Köpfe in eisernen Körben mit Stangen heraus gesteckt.* Auf dem Roßmarkt (dem heutigen Wenzelsplatz) zeigte man ihm *Dr. Frühweins Kopf an einer eisernen Stange, waren die Haare weggegangen und die Hirnschale gar weiss anzusehen.*[69]

Am kommenden Tag (23. November) wurden dann die Ritterspiele auf *zuuegerichteter vnd vmbschrenkter Rennpahn* am Hradschin nachgeholt. König Ferdinand präsentierte sich zuerst *sammt 27 bei Ihro gehabten Cavalieren und ritterlichen Personen* in einem *schönen Aufzug und Mascara zu Ross*, anschließend wurde ein Karussell und ein Quintanarennen gehalten. Der König und Franz Christoph Graf Khevenhüller waren die *Mantenitores*; letzterer hatte erst vor kurzem vom Tod seiner

---

67 […] *den andern tag darnach* [22. November] *het ein carisel sampt einen kopfrenen sollen werden, vnd saint ihr May. vnd mihr alle schon auffgebuzt gewesen, ist aber eingestelt worden von destwegen, das die faulen behem so langsam sint gewesen vnd haben den renplaz nicht vertig gemacht. so hat mans muessen auffschiben bis auff den 23 dis monats.* Cäcilia Renata aus Prag an Leopold Wilhelm in Wien, 26. November 1627; HHStA, Fam.-Korr. A/48.

68 Maria Anna aus Prag an Leopold Wilhelm in Wien, 27. November 1627; HHStA, Fam.-Korr. A/48.

69 Allert, Tagebuch, S. 89, 95.

Gattin erfahren, diese Nachricht aber für sich behalten, um seine Teilnahme nicht absagen zu müssen.[70] Das Kaiserpaar und seine Töchter sahen aus zwei reichgeschmückten Fenstern des Eggenbergischen Hauses zu; an der Seite des Kaiserpaares habe – berichtet Allert – *auch bald der Narr herab gesehen.* Für das Quintanarennen war *mitten im Platze eine Lehne von Latten und daran auf ein hölzernes Ross ein Türke in einem birngelben Rock mit einem Kopf von grobem Papier gepappt gesetzt, vor ihm her ein andrer Mann mit einer Lanze in der Hand gestanden und nicht weit davon zur rechten Hand ein Morion oder Mohr auch mit einem gemalten Kopf denselben emporhebende auf der Erde gelegen.*

Der Oberste Burggraf Adam von Waldstein, Fürst Eggenberg, Kardinal Dietrichstein und andere Herren fungierten als *Judicirer*; mit ihrer Preisvergabe ist Allert indes keineswegs einverstanden: Den ersten Ritterdank erhielt der König, der ihn an seine Schwester Maria Anna weiterreichte; den zweiten und dritten Dank erhielten Graf Khevenhüller und der Herzog von Württemberg, die ihre Preise einem Fräulein von Paar und Erzherzogin Cäcilia Renata verehrten. *Die anderen Cavaliere* – befindet Allert – *hätten gar nichts bekommen und es doch weit besser als diese Drei gemacht. Wäre also nicht die Kunst, sondern Ehr und Gunst ausgetheilt worden.*[71]

Während König Ferdinand III. zu Ehren der Kaiserin in spätritterlicher Manier ein Turnier veranstaltete, wählte Eleonara von Mantua bereits eine modernere Festform. Wie sie

70 *Vennero i Commedianti, et fecero giouedi la prima commedia, alla quale non entrò troppa gente. E morta la moglie de Sr Conte Cheffeniller, mà rispetto alla festa de Caroselli, nella quale entra ancor lui, mostra dancora di non lo sapere.* Cosimo Bartolini aus Prag an Andrea Cioli in Florenz, 17[?]. November 1627; Seifert, Oper, S. 594. Zum Rennen vgl. auch die Beschreibungen in den Briefen von Cäcilia Renata und Maria Anna aus Prag an Leopold Wilhelm in Wien, 26. und 27. November 1627; HHStA, Fam.-Korr. A/48; Auszüge bei Seifert, Oper, S. 596 f., ferner Königlicher Böhmischen Crönungen Ritterfest, S. [Ajb].

71 Allert, Tagebuch, S. 91 f.

noch am Tag von Ferdinands Krönung (27. November 1627) ihrem Bruder nach Mantua berichtet, hatte sie sich für das Ritterfest des Königs mit einem eigens für seine Krönung einstudierten Schauspiel von *Calisto, et Arcade* revanchieren wollen, welches *in Musica* aufgeführt werde.[72] Ferdinand selbst, der mit seinem Bruder meist lateinisch korrespondiert (obwohl er, wie erinnerlich, gelegentlich auch in breiteste Umgangstöne verfiel), berichtet ebenfalls, daß man nach seiner Krönung eine *comoediam cantatam* aufgeführt habe; ihr Inhalt sei die *pulchra materia de Arcade filio Jouis ex Calisto* aus Ovids *Metamorphosen* gewesen. Zwei *Intermedia* präsentierten die vier Elemente sowie Nacht, Morgenröte und Tag.[73]

Zuvor hatten auch die beiden Erzherzoginnen von der geplanten Vorstellung einer *comedi* [...] *von den musici* bzw. einer *comoedia in musica* berichtet.[74] Der venezianische Resident Pietro Vico schreibt dem Dogen Giovanni Cornaro ebenfalls von *una bellissima commedia in musica*, welche die Kaiserin hatte

72 *Il Rè per honorar la mia* [coronazione], *hà fatto già feste di Caroselli, et di correr lancie; et altre ne farà dimani; Et io per corrisponderle, farò q*[ues]*ta sera recitare in Musica la fauola di Calisto, et Arcade, applicata benissima al bisogno; Et dimani al farsi notte, farò far un balletto, che mi è riescito molto uago, et spero debba essere di gusto à chi sarà à uederlo.* Kaiserin Eleonora aus Prag an Herzog Vincenzo II. in Mantua, 27. November 1627; ASMn, A.G., E.II.2, busta 434; Intra, Le due Eleonore, S. 356; Seifert, Oper, S. 28 f., 432, 597.

73 *Praeterito Die Sabathi habuimus comoediam cantatam quae plane bene successit et fuit pulchra materia (de Arcade filio Jouis ex Calisto) ex Metamorphosis Ovidij demprompta fuit. Intermedia fuerunt duo; primum 4 elementa; secundum vero, Nox aurora, atque dies.* König Ferdinand III. aus Prag an Leopold Wilhelm in Wien, 3. Dezember 1627; Seifert, Oper, S. 598.

74 [...] *heut* [26. November 1627] *ist nichts, dan es ist freitag, als vmb 7 wiert man deme balet sambt der comedia in musica probieren, morgen wier*[d] *die comedia sein vnd vbermorgen das freyren*[nen] *sambt dem balet. wie das selwige wiert abgehen wil ich E. l. hernach berichten.* Maria Anna aus Prag an Leopold Wilhelm in Wien, 27. [recte 26.] November 1627; HHStA, Fam.-Korr. A/48; Seifert, Oper, S. 596.

75 Seifert, Oper, S. 597; die Ordentlichen Zeittungen vom 11. Dezember 1627

aufführen lassen.[75] Wie der gedruckte Krönungsbericht verlautet, war nach der Krönung Ferdinands *in dem Königlichen Großen Hoffsaal* (also dem Wladislaw-Saal) *eine schöne Pastoral Comædia / mit sehr lieblichen hellklingenden stimmen / vnd alles singend / neben eingeschlagenen Jnstrumenten vnd anmutigen seitenspielen / nach dem ordentlichen musicaltact in Welscher sprach gehalten vnd agirt worden.* Dabei hätte man unter anderem dargestellt, wie *dem Iovi die vier Element Jhre dienste præsentirt*; zusätzlich wird vermerkt: *Die Actores sindt Mann- vnd Weibs personen gewesen* und die Vorstellung habe *gewehret bis 9. vhr in die nacht.*[76]

Eine in der Theater- und Musikgeschichte bisher unbeachtete Aufführungsbeschreibung stammt wieder von der Hand des schlesischen Beamten Zacharias Allert. Darin wird erstmals auch auf die Ausstattung näher eingegangen sowie der Huldigungscharakter des Stückes verdeutlicht. Schon am 25. November hatte Allert den Saal besichtigt, und die von ihm dabei beschriebene Bühne mit ihren Dekorationen, *wie Bäume und Wald bemalt und hintereinander perspectivisch gar artig gesetzt* – also wohl schon Kulissen –, haben wir bereits oben kennengelernt. Als Sekretär des Breslauer Delegierten Dr. Reinhard Rosa war Allert auch der Besuch der Vorstellung gestattet worden; er vergaß aber in der Ritterstube seinen Hut abzunehmen, und konnte sich der dafür verhängten Geldbuße nur durch *listige Flucht* entziehen.[77] Er mußte deshalb auf den Theaterabend verzichten, läßt sich aber über den Verlauf der versäumten Auf-

---

berichten *aus Praag: Es hat verschienen Sambstag Abends die Kays. Musica am grossen Saal ein sehr zierliche Comædi de Amore gehalten / welcher beede Kays. wie auch die zu Hungern vnd Behaimb Kön. May. sambt allen anwesenden Fürsten vnd Cavalliern beygewohnt haben.*

76 Königlicher Böhmischen Crönungen Ritterfest, S. [Ajja]; vgl. Dějiny českého divadla 1, S. 248 f.; Seifert, Oper, S. 128, 433, 595 f.; Claudia Böhm, Theatralia anläßlich der Krönungen in der österreichischen Linie der Casa d'Austria (ungedr. phil. Diss.), Wien 1986, S. 155 ff.

77 Allert, Tagebuch, S. 106.

führung von seinem Vorgesetzten berichten. Dadurch erfahren wir, daß die Vorstellung

nach 7 Uhr sich angehoben, als Ihre Maj. dazu kommen; wäre gewiss sehr schön und lustig zu sehen und hören gewesen. Wäre der ganzen Comoedia Inhalt, dass über dem neugekrönten König sich alle 4 Elemente, als Feuer, Luft, Wasser und Erde zu erfreuen hätten. Erstlich wären auf dem Theatro, so auf dem grossen Schlosssaal aufgerichtet, aus dem wie ein Wald gemachten Busche Pastores oder Hirten in silberstückene lange Röcke gekleidet mit Stäben in Händen hervor kommen, mit einander discurrirt, sich herzlich erfreut, bald hinter die Büsche, bald wieder hervor begeben, und diese hätten das Element die Erde, vors Andere das Wasser mit also gemalten Rollen oder Walzen natürlich, als wenn grosse Wellen aufrauschten, wie auch den Gott Neptun, fürs Dritte das Element das Feuer auch recht natürlich, endlich die Luft mit Pfeifenwerk, als wann die Vögel singen, sammt der Nacht mit Monden, Sternen und anderen Sachen gar artig und schön repraesentiert.[78]

Für die weiteren Einzelheiten der Vorstellung übernimmt Allert die uns schon bekannte Beschreibung aus dem gedruckten Krönungsbericht. Auffällig ist, daß auch er – wie uns dies von den meisten anderen musiktheatralischen Aufführungen der Zeit gleichfalls berichtet wird – vor allem die Intermedien und deren szenische Effekte als besonders bemerkenswert hervorhebt.

Auch die Theateraufführungen des Folgetages waren von Eleonora veranstaltet worden. An den *Kayserlichen vnd Königlichen Abent Tantz*, der im Wladislaw-Saal gehalten wurde, schloß sich eine von ihr einstudierte Darbietung, bei der nach der Krönungsrelation *18. Mascarirte Personen / neün Cavallieri vnd neün Dames, ein Ballett præsentiret. Die Cavallier seind in gantz silber stück / auf als Römische Kriegsart bekleidet gewesen / mit*

78 Ebd., S. 106 f.

waffenröcken von roht seiden atlas vnd silber verbremet. Die Dames aber wie Nymphen, alle weiße windtlichter in händen haltend.[79] Im Gegensatz zu den meisten Berichten, die das gute Gelingen der Ballettaufführung hervorheben (die Zahl der Darsteller variiert dabei zwischen 18 und 24 Personen), erwähnen der König und seine Schwestern, daß es bei der Aufführung eine Panne gegeben habe. Während aber Ferdinand nur von *parvum erratum, non tamen â multis notatum* spricht, habe man seinen Schwestern zufolge so *wacker gefält,* daß es *ieder man gemerckt* haben mußte und Cäcilia Renata darüber auch *recht derschrocken* war.[80]

Vielleicht hängt diese Panne mit dem Ausfall einer Tänzerin, einem Fräulein von Vranek, zusammen, die am Vorabend beim Aufwarten an der Tafel von einem Jagdhund des Kaisers angefallen worden war. An diesem Zwischenfall, dem Erzherzogin Maria Anna eine ausführliche Darstellung widmet, interessiert besonders das Faktum, daß durch ihn jene rüde Behandlung der Hofnarren, der wir in der Adelsgesellschaft vielfach begegnen, nunmehr auch für den Kaiserhof bestätigt wird. Der Kaiser hatte nämlich während der Abendtafel seinen Jagdhund „*Biberl*", den Maria Anna als besonders *harbes* und *gemeines* Tier schildert, auf seinen Hofnarren *gehetzt.* Dieser war aber ausgewichen, und der Hund hatte sich auf Fräulein von Vranek gestürzt, die als eine der *damas* die Herrschaften an der Tafel bediente. Auf ihre Schmerzenschreie *(auwe auwe mein knie ist*

---

79 Königlicher Böhmischen Crönungen Ritterfest, S. [Ajja]; vgl. den Brief von Maria Anna aus Prag an Leopold Wilhelm in Wien, 1. Dezember 1627; HHStA, Fam.-Korr. A/48; Ordentliche Zeittungen, 11. und 30. Dezember 1627; Allert, Tagebuch, S. 108 f.; Seifert, Oper, S. 598.

80 [28. Dezember:] *Post Coenam duximus choreas. Vbi pulcher ballet qui plus quam media hora duravit, a 9 dominis totidem dominabus fuit exhibitus, sed in saltu fuit par*[v]*um erratum; non tamen â multis notatum.* König Ferdinand III. aus Prag an Leopold Wilhelm in Wien, 2. Dezember 1627; Maria Anna und Cäcilia Renata aus Prag an Leopold Wilhelm in Wien, 1. Dezember 1627; HHStA, Fam.-Korr. A/48; Seifert, Oper, S. 595 ff.

mier auß!) waren die Majestäten *ser erschroken;* man holte den Tanzmeister Mang, doch der konstatierte nur leichte Verletzungen, und das Opfer wurde von ihm noch gescholten, daß es *so narisch sey gewesen vnd also geschrieren hat. (Was meindt der herr,* entgegnete das Fräulein, *der biberl hat schon an meinen baineren genagt vnd hat main knie so fest gehalten biß es genagelt hat …).* Als Trostpflaster hat ihm dann Graf Losenstein seinen „Dank" aus dem Quintanarennen verehrt.[81]

Die Prager *comoedia in musica* ist wohl mit Recht als früheste Oper in Böhmen und als eine der ersten nördlich der Alpen bezeichnet worden.[82] Text und Musik scheinen leider verloren. Nach Gindely, der in seiner *Geschichte der Gegenreformation in Böhmen* auch über die Krönungsfeiern berichtet,[83] soll der *Kompositeur* des Pastorales Don Cesare Gonzaga gewesen sein, der Sohn des Herzogs von Guastalla, Ferrante Gonzaga, der dann als einer der Hauptanwärter auf das mantuanische Erbe auftreten wird. Da für Don Cesare der Mantuaner Violinist und Monteverdi-Schüler Giovanni Battista Buonamente, der 1622 mit Eleonora nach Wien gekommen war und der auch in Prag als Hofmusiker wirkte, mehrfach Kompositionen schuf, sieht der Musikhistoriker Paul Nettl auch Buonamente an dem Prager Pastorale beteiligt.[84] Nach Seifert kommen als Komponisten aber eher der Wiener Hofkapellmeister Giovanni

81 Maria Anna aus Prag an Leopold Wilhelm in Wien, 1. Dezember 1627; HHStA, Fam.-Korr. A/48; vgl. Seifert, Oper, S. 598.

82 Paul Nettl, Počátky opery v Čechách [Die Anfänge der Oper in Böhmen]. In: Československá vlastivěda 8, Praha 1935, S. 667–679; Dějiny českého divadla 1, S. 248 f.

83 Anton Gindely, Geschichte der Gegenreformation in Böhmen, Leipzig 1894, S. 523.

84 Paul Nettl, Giovanni Battista Buonamente. In: Zeitschrift für Musikwissenschaft 9, 1926, 1, S. 528–542, S. 528 ff.; ders., Giovanni Battista Buonamante. In: Die Musik in Geschichte und Gegenwart, Bd. 2, Sp. 467 f. Intra hält Giovan Battista Andreini für den Verfasser des Stückes und kommentiert die Prager Feste im Hinblick auf ihre politischen Implikationen: *anche in quelle ridda infernale, ella si*

Valentini oder der Tenor Lodovico Bartolaia in Frage, die beide in späteren Jahren Musikdramen vertonten; in Don Cesare sieht Seifert den Librettisten des Stückes.[85] Auffälligerweise geht Buonamente aber in einem Schreiben, das er wenige Tage nach der Vorstellung an Guastalla nach Mantua richtet, mit keinem Wort auf die Resonanz der Aufführung ein.[86] Gindelys Angabe schien aus diesem Grunde etwas zweifelhaft, doch wird sie durch ein Schreiben, das der päpstliche Nuntius Carlo Caraffa bald nach der Krönung nach Rom richtet, bestätigt. Aus diesem Schreiben erfahren wir auch den mutmaßlichen Titel des Stückes: *La transformatione di Calisto*, und es wird ausdrücklich als *opera noua del sig.ʳ D. Cesare Gonzaga Principe di Guastalla* bezeichnet.[87] Wir werden sehen, daß Don Cesare

---

manteneva italiana e Gonzaga. Intra, Le due Eleonore, S. 356; zur Frage des Komponisten/Librettisten vgl. auch Dějiny českého divadla 1, S. 248.

85 Seifert, Oper, 28 f., 207, 283 f., 432; ders., Hofkapellen, S. 51 f.

86 *Non ho causato altro la mia tardanza nel scrivere a V. A., solo l'occasion della incoronatione. Prove di balletti, prove di commedie e l'andar fuori in villa con S.M.C. alla caccia. Piacendo Iddio abbiamo già fornito le giostre, le commedie ed i balli e comincierò e continuarò il mandare a V. A. nuove mie composizioni per li giovini, cosicchè al presente le mando sonata nova a violino solo, la quale spero che piacerà a V. A. sonarla schietta et per comodità avendola io fatto non troppo difficile* […]. Giovanni Battista Buonamente aus Prag an Cesare Gonzaga in Mantua (?), 3. Dez. 1627; Nettl, Buonamente (Zeitschr.), S. 528 f.; vgl. auch die weiteren Briefe Buonamentes aus diesem Jahr; ebd., S. 542.

87 […] *Il sabbato* [27. Nov. 1627] *à sera per l'istessa allegrezza sa Mᵗᵃ dell'Imp[eratri]ce fece recitare in musica con intermedi apparenti una bellissima comedia in[ti]tulata la transformat[io]ne di Calisto opera noua del sig.ʳ D. Cesare Gonzaga Principe di Guastalla; e la Domenica doppo prando da 24 Caualliери in quattro quadriglie con bellissime liuree nella piazza grande auanti Palazzo S.M. correre all'incontro, e poi al facchino, e la sera all' 8. hore all'Alemanna, poi fece fare nella sala grande di Palazzo un ballo in maschera con le torcie in mano da noue sue Dame, e da noue Caualliери, che riuscì per la ricchezza, e uaghezza de' uestiti, e per l'inuentione, e modo del ballare mirabilmente* […]. Nuntius Carlo Caraffa aus Prag an den Kardinalstaatssekretär Francesco Barberini in Rom, 1. Dez. 1627; BAV, Rom, Fondo Barberini, Barb. lat. 6944, fol. 15v. Von den sonstigen von Gindely für die Krönungsfeiern zitierten Quellen (S. 521, Anm. 1) sind die betreffenden Akten des Archivs des k. k. Ministeriums des Innern beim Wiener Justizpalastbrand von

auch in den folgenden Jahren den Wiener Hof mit Libretti beliefert und daß dies seine Landsleute als taktisches Mittel bewerten, um auf diese Weise auch seinen politischen Einfluß zu stärken.[88]

Die Vokalsolisten der Aufführung gehörten größtenteils der Hofkapelle an, die in dieser Zeit über rund 15 Sänger verfügte.[89] Unter den Prager Interpreten befanden sich aber auch *Weibs personen*; sie gehörten wohl zu den Kammersängerinnen, über die wir allerdings aus dieser Zeit keine näheren Informationen besitzen. Denkbar wäre im Prinzip auch eine Mitwirkung von Virginia Andreini-Ramponi, der gefeierten „prima innamorata" der anwesenden italienischen Theatertruppe.[90] Sie war vor zwanzig Jahren in Mantua anstelle der plötzlich an Blattern verstorbenen Caterina Martinelli in der Titelrolle von Monteverdis *L'Arianna* eingesprungen, hatte das berühmte „Lamento" aus der Taufe gehoben und nach bloß einwöchigem Studium alle anderen Mitwirkenden – darunter auch Stars wie Francesco Rasi sowie sämtliche Kastraten – weit in den Schatten gestellt.[91] So reizvoll die Vorstellung einer Prager Wieder-

---

1927 verbrannt. Die sächsischen Gesandtenberichte konnte ich im Sächsischen Hauptstaatsarchiv Dresden einsehen (Geheimes Archiv, Friedrich Lebzelters Zeitungen Anno 1627, Loc. 10713/2), doch liegt die als „No. 979" angekündigte *außführliche beschreibung der beÿ der fürgegangenen Crönung gehaltenen freudenfeste* (die anscheinend mit der gedruckten Krönungsrelation nicht identisch war) der gebundenen Sammlung nicht bei. Erst eine Anfrage bei der Vaticana wegen der von Gindely in der Biblioteca Barberini benützten Relation Caraffas brachte die gesuchte Bestätigung, und meine erst kürzlich geäußerten Zweifel an der Autorenschaft Guastallas (Schindler, L'incoronazione, S. 86) erwiesen sich als unbegründet.

88 Seifert, Oper, S. 29 ff., 207 f., 284, 434 f.

89 Saunders, Sacred Music, S. 58 ff.

90 Theophil Antonicek, Claudio Monteverdi und Österreich. In: Österreichische Musikzeitschrift 26, 1971, S. 266–271, hier S. 268; Seifert, Frühes italienisches Musikdrama, S. 34 f.

91 Solerti, Gli albori, Bd. 1, S. 91 ff.; Silke Leopold, Claudio Monteverdi und seine Zeit, Laaber 1982, S. 20 ff.

holung dieses Triumphes auch wäre, ist eine Mitwirkung Virginia Andreini-Ramponis indes wenig wahrscheinlich: In den zahlreichen erhaltenen Berichten hätte dies sicherlich eine Erwähnung gefunden.

In den Briefen, die wir sowohl von den Schauspielern selbst als auch von den Mitgliedern des Herrscherhauses besitzen, wird eine Mitwirkung der italienischen Komödianten gleichfalls nirgends erwähnt. Das schließt natürlich nicht aus, daß auch ihr eigenes Repertoire mit Gesangs-, Musik- oder Tanzeinlagen bereichert war; und daß ihr Prinzipal Giovan Battista Andreini gerade auch im Grenzbereich zwischen Musik- und Sprechtheater mit neuen Formen experimentiert hat, haben wir oben anläßlich der Wiener Musikkomödie von 1625 bereits festgestellt. Auf diese Theatergesellschaft wollen wir aber erst in weiterer Folge zu sprechen kommen. Vorerst noch einige Bemerkungen zu anderen Theaterformen.

I comici della Germania – „*Ludi caesarei*" *der Jesuiten*

Neben den Vorstellungen des Höfischen Theaters gab es auch im Krönungsjahr 1627 mehrere Aufführungen der Jesuiten, darunter neuerlich einen *Constantin victor* im Wladislaw-Saal.[92] Als Erzherzog Leopold Wilhelm gegenüber seiner Schwester Maria Anna einmal verlautet, daß sie offenbar *lieber zue den Comedien gehe als außreiten*, setzt sie einschränkend hinzu: *wans ein Jesuiten Comedi wär, det ich wol das widerspil.*[93] Daß, im Unter-

---

92 Ordentliche Zeittungen, 11. u. 18. Dezember 1627, 1. Jänner 1628; Oskar Teuber, Geschichte des Prager Theaters. Bd. 1, Prag 1883, S. 28 f.; J. W. Nagl, Jakob Zeidler, Eduard Castle (Hgg.), Deutsch-Österreichische Literaturgeschichte, Bd. 1, Wien 1899, S. 659 ff.; Dějiny českého divadla, 1, S. 367, Anm. 80.

93 Maria Anna aus Prag an Leopold Wilhelm in Wien, 22. Jänner 1628; HHStA, Fam.-Korr. A/48.

schied zu den Italienern, im Jesuitentheater schon gelegentlich Langeweile aufkommen konnte, bestätigt auch ihre Schwester Cäcilia Renata: *Thue E. l. auch zu wissen, das heint nach dem essen die jesuwiter eine comedi werden halten welliche 5 stund wird werden; ich fürcht wol es werde mihr die weil gar lang der bey sein.*[94]

Kaiser Ferdinand selbst hingegen dürfte die Botschaft des Jesuitentheaters erreicht haben. Ihm erschiene, so soll er sich bei der Prager Krönung gegenüber einem Vertrauten erklärt haben, *alle Kayserliche vnnd Königliche Glory vnd Herrligkeit* nicht anders *als ein Comedi*:

Habe etlich mal zuegesehen wann die Studenten haben Comedi gehalten; vnd jetzo hab er sich bey seiner Gemahel vnnd seines Sohns Crönung befunden: Einen ainigen Vnderschied / vnd nicht mehr finde er zwischen jenen Comediantisten / vnd diesen Königen; daß nemblich dieselben nur etliche Stund; diese aber etliche Jahr regieren: Vnnd also zwischen dieser baider Glory vnnd Herrligkeit im Werck selbsten ein geringer / vnnd nur allein an der Zeit ein etwas mercklicher Vnderschied zufinden seye.[95]

Wilhelm Lamormaini, Beichtvater Ferdinands II. und selbst Jesuit, hat dieses Diktum überliefert; und unter des Kaisers bevorzugten *Ergötzungen* erwähnt er auch das Theater, wobei er natürlich das Jesuitendrama besonders hervorhebt. *Diejenigen Comedien*, schreibt Lamormaini, *sahe er gern die der lieben Heyligen / als eines heyligen Alexij / Augustini / Ceciliae / oder eines heyligen Marthyrers Leben vnnd Ritterlichen Kampf für Augen stelleten.* Gänzlich *von seiner Zungen und Ohren* ausgeschlossen hatte der Kaiser hingegen *alle vnraine Reden*; er duldete in seiner

94 Cäcilia Renata aus Prag an Leopold Wilhelm in Wien, 6. Dezember 1627; HHStA, Fam.-Korr. A/48. Am 29. Jänner 1628 schreibt Cäcilia Renata allerdings, *ich thue e. l. auch zu wissen das die Jesuiter vorgestern widerumben ein komedi haben gehabt welliche zimblich schön ist gewesen.* Ebd.

95 Gulielmus Lamormaini, Ferdinandi II. Römischen Khaysers Tugenden, Wien 1638, S. 64.

Umgebung *kein vnzüchtiges oder schandbares Wörtlein*, und es waren ihm daher alle

> *diejenigen Comedie zuewider die aintweders gar zu Lächerlich / oder aber nicht gar Züchtig vnd Erbar waren.* Wenn er also *zu Zeiten dem Gebrauch / oder der Hofstatt zugefallen verwilliget daß außländische Comedianten vor jhme spielen möchten: Liesse er sie zuevor ernstlich vermahnen / sie solten der Erbarkeit jnngedenck seyn / vnd sich erinneren daß sie jhre Comedien vor einem solchen Kayser hielten / welcher in denselben die Erbarkeit vnnd Schamhafftigkeit mehr als kein anders ding schätzete: Liesse auch betrohungen hinzue thuen / wann sich einer deß widrigen vnderstunde.*[96]

Auch von den Jesuiten selbst – die der apostolische Nuntius Giovanni Battista Pallotto in einem Schreiben nach Rom einmal als *pupilla de gli occhi dell'imperatore* bezeichnet[97] – mußten sich die „ausländischen Komödianten" anscheinend derartige „Vermahnungen" und „Bedrohungen" gefallen lassen. In einem der Briefe, den Giovan Battista Andreini, der Prinzipal der anwesenden italienischen Schauspielertruppe, bald nach seiner Ankunft in Prag an den Hof von Mantua richtet, ist jedenfalls ein solcher Hinweis enthalten. Die Jesuiten – schreibt er – sind die *comici della Germania* – und da könne man sich leicht vorstellen, wie sie die professionellen Schauspieler behandelten: In ihren Augen wären dies die Komödianten des Teufels, sie selbst hingegen die Schauspieler des Paradieses.[98] Auch aus dem Munde der Witwe Ferdinands III., der zweiten mantuanischen Eleonora auf dem Kaiserthron, werden wir bei einem anderen Gastspiel einer italienischen Schauspielertruppe vom Widerstand der Jesuiten gegen die Comici dell'arte erfah-

96 Ebd., S. 72 f., 86.

97 Hans Kiewning (Hg.), Nuntiatur des Pallotto 1628–1630, Bd. 1–2 (Nuntiaturberichte aus Deutschland 4), Berlin 1895–97, hier Bd. 2, S. 305.

98 Ferrone, Corrispondenze 1, S. 142, A52 (siehe unten, Anm. 133).

ren. Es war dies eine Tournee, die im Jahr 1660 in Wien stattfand und in der der Arlecchino Domenico Biancolelli, nachmals der berühmteste Arlequin des Théâtre Italien von Paris, in einem eigens für die Italiener erbauten Theater vor Leopold I. agierte. Auf Drängen der Jesuiten mußte dieses Theater (es war das erste frei stehende Theatergebäude Wiens und befand sich am heutigen Josefsplatz) nach kurzer Zeit wieder abgerissen werden. Eleonora II. hatte damals – ebenfalls an den Hof von Mantua – geschrieben: *Die Jesuitenpadres sind dermaßen gegen die Komödianten eingestellt, daß es nicht zu beschreiben ist, und dabei haben sich diese weder in der Darstellung noch in der Rede eine einzige Unanständigkeit erlaubt.*[99]

Das *Pfaffel* Leopold Wilhelm hatte gegenüber Maria Anna ebenfalls die Vermutung geäußert, die Aufführungen der italienischen Komödianten würden ihr deshalb so gut gefallen, weil es hier immer nur um die Liebe ginge. Empört wird dieser Verdacht aber zurückgewiesen: Natürlich handelten die Stücke der Italienern auch *von anderen sachen;* erst vorgestern habe sie z. B. ein Stück „mit zwei Bösen" gesehen.[100] Neben den Italienern hatten sich in Prag und Wien aber auch wieder Englische Komödianten eingefunden. Ihnen wollen wir uns als nächstes zuwenden.

---

99 […] *li padri Jesuiti sono tanto contrari alli Comedianti che non si polle dire di piu abenche non fano ne atto ne parolle disoneste alcuna.* Seifert, Oper, S. 660; Schindler, Mio compadre, S. 79.

100 *E. l. schreiwen von den 29 January hab ich gesteren empfangen. het E. l. gerne feübl* [=verübelt] *des sie mainen die balischen* [=walischen] *comedien gefalen mier nuer darumb, die wei[l]n sie von lieb dracktiren. thuen mier E. l. vnrecht, dan sie halten wol auch von anderen sachen; haben erst vorgesteren von zwai besen ein Comedi gehalten.* Maria Anna aus Prag an Leopold Wilhelm in Wien, 1. Februar 1628; HHStA, Fam.-Korr. A/48.

[Der trawrig Krieg hat die engllender vertrieben ...] – *Der letzte Auftritt der „alten englischen Komödiantenkompagnie"*

Aus der Erwähnung „deutscher Komödien" im Schreiben Adam Paul Slavatas vom 20. Dezember 1627 haben wir erfahren, daß sich, wie schon bei Ferdinands Krönung im Jahr 1617, auch diesmal wieder „Englische Komödianten" in Prag einfanden, die ihre Stücke ja seit der Wende zum 17. Jahrhundert in Deutsch aufführten.[101] In den Briefen der beiden Erzherzoginnen werden Vorstellungen einer *engelendischen comedi* oder die *engelender* ebenfalls mehrfach erwähnt. Bemerkenswert ist, daß diese Englischen Komödianten bei weitem nicht so gut abschneiden wie ihre italienischen Standesgenossen. In dem weiter unten abgedruckten Schreiben vom 5. Jänner 1628 teilt Maria Anna ihrem Bruder die Anwesenheit der Engländer mit, doch habe sie gehört, sie seien *gar abgeschmach vnd den walischen nichts zue vergleichen.* Sie hätten aber *ein naren der haiß der bikkelhäring.* Der, so höre sie, *sey der böst,* und sie denke, es *sey ein vber auß gueter nar.*[102] Auch Cäcilia Renata hatte *von andren* gehört, die Engländer sollten *gar abgeschmach sein.* Als sie eine Woche später einer Aufführung beiwohnt, erklärt sie, daß sie ihr *auff die wallischen recht schentlig ist vürkhummen.* Denn *zumb ersten haben sie gar kein schöne materi vndt zu dem andern haben sie gar keine schöne discurs,* und sie wären überhaupt *gar abgeschmache schelmb.*[103]

In der Literatur blieb dieses Auftreten Englischer Komö-

---

101 Zur Verwendung der deutschen Sprache durch die Englischen Komödianten siehe Meissner, Englische Comoedianten, S. 6, 75.

102 Maria Anna aus Prag an Leopold Wilhelm in Wien, 5. Jänner 1628; HHStA, Fam.-Korr. A/48 (siehe den nachstehenden Abdruck).

103 Cäcilia Renata aus Prag an Leopold Wilhelm in Wien, 22. und 30. Jänner 1628; HHStA, Fam.-Korr. A/48; vgl. Seifert, Oper, S. 601.

dianten in Prag – und (wie wir noch sehen werden) im Anschluß daran auch in Wien – weitgehend unbekannt. Obwohl konkrete Bestätigungen noch fehlen, handelt es sich dabei aller Wahrscheinlichkeit nach um die bekannte „alte Kompagnie" des John Green, dem wir schon einmal in Prag begegnet sind und dessen sonst relativ gut dokumentierter Wanderweg gerade für den Winter 1627/28 eine Lücke aufwies.[104]

Schon im Herbst 1607 hatte Green seine Truppe nach Graz an den Hof Erzherzog Ferdinands, des späteren Kaisers, geführt. Diesem folgen sie über Passau zum Reichstag nach Regensburg. Zum Fasching 1608 sind sie wieder in Graz; die aus dieser Zeit an Ferdinand gerichteten Schreiben haben wir als die berühmten „Grazer Theaterbriefe" schon kennengelernt. Darin gibt Ferdinands Schwester Maria Magdalena auch das Repertoire der Truppe bekannt; ein Stück daraus, der bereits mehrfach edierte *Niemand und Jemand*, ist in einer Handschrift des Zisterzienserstiftes Rein überliefert.[105]

---

104 *Wo sie* [sc. Greens „Kursächsische Hofkomödianten"] *sich im Winter 1627-28 aufhielten, wissen wir nicht.* Wilhelm Creizenach (Hg.), Die Schauspiele der englischen Komödianten (Deutsche Nationalliteratur 23), Berlin 1888 (Nachdr. Darmstadt 1967), S. XI. Bärbel Rudins versteckte Erwähnung des Prager Krönungsgastspiels, das sie in einer glänzenden Kombination aus wenigen indirekten Hinweisen erschlossen hat, ist von der Forschung anscheinend noch nicht rezipiert worden; Bärbel Rudin, Hans Mühlgraf & Co., Sitz Nürnberg: Ein deutsches Bühnenunternehmen im Dreißigjährigen Krieg. In: Kleine Schriften der Gesellschaft für Theatergeschichte 29/30, Berlin 1978, S. 15–30, S. 26. Zu Greens Truppe vgl. Elisabeth Mentzel, Geschichte der Schauspielkunst in Frankfurt am Main, Frankfurt/M. 1882, S. 51 ff.; Meissner, Englische Comoedianten, S. 67 ff.; Dušan Ludvik, Zur Chronologie und Topographie der „alten" und „späten" englischen Komödianten in Deutschland. In: Acta neophilologica 8, Ljubljana 1975, S. 47–65, S. 53; Brand, Robert Browne, S. 66 f., 77 ff. u.ö; Limon, Gentlemen of a Company, S. 107 ff.; Willem Schrickx, Foreign Envoys and Travelling Players in the Age of Shakespeare and Jonson, Wetteren 1986, S. 205 ff. u. ö.

105 Ferdinand Bischoff, „Niemand und Jemand" in Graz im Jahre 1608. In: Mittheilungen des Historischen Vereins für Steiermark 47, 1899, S. 127–192;

1614 finden wir die Greensche Truppe auf einer Fürstenhochzeit in Wolfenbüttel. Dort wird erstmals der Schauspieler George Vincent als Pickelhering genannt, jene auch von Erzherzogin Maria Anna für Prag erwähnte Narrenfigur, die dann bis in die ersten Jahrzehnte des 18. Jahrhunderts der dominierende Lustigmacher der deutschsprachigen Wanderbühne bleiben wird.[106] Von Wolfenbüttel reist die Truppe nach Kopenhagen an den dänischen Hof, von wo sie sich über Danzig an den polnischen Königshof nach Warschau begibt. Hier spielt sie bis zum Fasching des Jahres 1617. König Sigismund III. von Polen war mit der Habsburgerin Konstanze, einer Schwester Ferdinands II., verheiratet; er empfiehlt Greens Truppe deren Bruder Erzherzog Karl, Bischof von Breslau, und dieser rekommandiert sie seinerseits wieder dem Bischof von Olmütz und Statthalter von Mähren, Kardinal Franz Grafen von Dietrichstein. Die Englischen Komödianten folgen dann dem Kardinal nach Prag, wo dieser am 19. Juni 1617 Ferdinand zum böhmischen König krönt.[107] Bevor sie sich dann Ende 1627

Flemming, Wanderbühne, S. 71–130; Heinz Kindermann, Margret Dietrich (Hgg.), Dichtung aus Österreich: Drama, Wien 1966, S. 37–66; vgl. auch Meissner, Englische Comoedianten, S. 78 f.; Limon, Gentlemen of a Company, S. 117 f.; Schrickx, Foreign Envoys, S. 208 ff.; 332 f.

106 Helmut G. Asper, Hanswurst. Studien zum Lustigmacher auf der Berufsschauspielerbühne in Deutschland im 17. und 18. Jahrhundert, Emsdetten 1980, S. 6 ff.; Willem Schrickx, 'Pickleherring' and the English Actors in Germany. In: Shakespeare Survey 36, 1983, S. 135–147; Günther Hansen, Formen der Commedia dell'Arte in Deutschland. Hg. von Helmut G. Asper, Emsdetten 1984, S. 39 ff.

107 Albert Cohn, Shakespeare in Germany in the Sixteenth and Seventeenth Centuries, London – Berlin 1865 (Nachdr. Wiesbaden 1967), S. XCIII f.; Meissner, Englische Comoedianten, S. 58 ff; Bolte, Danziger Theater, S. 48 ff.; Antonín Konečný, Shakespeare v repertoiru anlických komediantů na půdě české [Shakespeare im Repertoire der Englischen Komödianten auf böhmischen Boden]. In: Zlata Praha 41, 1924, S. 431–435, 458–460, bes. S. 434; Josef Polišenský, England and Bohemia in Shakespeare's Days. In: Zdeněk Stříbrny (Hg.), Charles University on Shakespeare, Praha S. 65–81, hier S. 69; Dějiny

erneut in Prag einfindet, absolviert die Gesellschaft Greens 1626 am Dresdner Hof ein fast einjähriges Gastspiel; seither führt sie auch den Namen „Kursächsische Hofkomödianten". Obwohl sie sich daneben noch gelegentlich als *Johann Grünen Compagnie* bezeichnet, dürfte Green selbst inzwischen verstorben sein.[108]

Nach Prag muß die Gesellschaft schon im Dezember 1627 gekommen sein, denn wenn der oben erwähnte Brief Adam Paul Slavatas vom 20. Dezember von „deutschen Komödien" spricht, können damit nur Darbietungen dieser Truppe gemeint sein. Spätestens im Februar 1628 spielt die Gesellschaft aber bereits in Wien. Cäcilia Renata schreibt am 6. Februar an Leopold Wilhelm, sie habe seinem Brief entnommen, *das e. l. haben bey dem cardinal gessen vnd haben gar ein gueten spais* [= Spaß] *gehabt bey der engelendischen comedi*[.] *erfreit es mich gar ser vnd thue e. l. auch entgegen zu wissen, das morgen wils gott* [nach?] *dem essen die gaugler werden tanzen vnd werden auch ihr henzel spil haben wie in der neustatt, vnd nach der vesper wird ein wellische comedi sein.*[109] Am 16. Februar muß Leopold

---

českého divadla, 1, S. 151; Limon, Gentlemen of a Company, S. 97 ff.; Schrickx, Foreign Envoys, S. 335 f.

108 Moritz Fürstenau, Zur Geschichte der Musik und des Theaters am Hofe zu Dresden. Bd. 1–2, Dresden 1861–1862 (Nachdr. Hildesheim 1971), 1, 96 ff.; Rudin, Hans Mühlgraf, S. 20; Schrickx, Foreign Envoys, S. 219. Ein Dresdener Hofbeamter notiert zum 29. Juni 1626 in seinen Schreibkalender: *Auch ist einer von den Englischen Comedianten heute frühe zu Dreßden gestorben*; siehe Cohn, Shakespeare in Germany, S. CXVII. Für meine Vermutung, daß es sich bei diesem Toten um John Green gehandelt hat, konnte in Dresdener Archiven bisher noch keine Bestätigung gefunden werden.

109 Maria Anna aus Prag an Leopold Wilhelm in Wien, 6. Feb. 1628; HHStA, Fam.-Korr. A/48. – In meinem Aufsatz „Mio compadre", S. 54, 137 f., Anm. 145, hatte ich diese Stelle anders interpungiert und als [...] *spais gehabt. bey der engelendischen comedi erfreit es mich gar ser* [...] gelesen. Dadurch gelangte diese Aufführung nach Prag, obwohl sie in Wirklichkeit nach Wien gehört. Bei dem *cardinal*, mit dem Leopold Wilhelm speist, handelt es sich um Kardinal Franz Grafen von Dietrichstein, Erzbischof von Olmütz und Statthalter von

Wilhelm seiner Schwester abermals von den Englischen Komödianten berichtet haben, denn in ihrem Gegenschreiben erklärt Maria Anna: *es erfreutt mich auch gar hoch, das die engelender zue wien sein, damit E. l. auch ein wenig ein fasching haben* [...].[110]

Nach ihrem Auftritt in Wien spielen die „Kurfürstlich sächsischen Englischen Komödianten" wieder auf der Ostermesse in Frankfurt; in ihrem Bittgesuch vom März schreiben sie, daß sie *nur mit ausgestandener leib- vnd lebensgefahr anhero gekommen.* Gleich nach der Ostermesse reiste die Truppe nach Nürnberg und anschließend wieder zurück zur Frankfurter Herbstmesse. In ihrer dortigen Eingabe erklären sie, daß es diesmal ihr letztes Auftreten in Deutschland sein werde und daß sie von hier in die Heimat zurückreisen wollten.[111] 1632 notiert ein Frankfurter Messebesucher bekümmert in seinen neuerworbenen Theatertext: *Der trawrig Krieg hat die engllender vertrieben...*[112]

Mähren. Unter *henzel spil* ist vermutlich ein Marionettenspiel zu verstehen; siehe J. Andreas Schmeller, Bayerisches Wörterbuch, bearb. von G. K. Frommann, Bd. 1, München ²1872, Sp. 1139; Jacob und Wilhelm Grimm, Deutsches Wörterbuch. Bd. 10, Nachdr. d. Ausg. Leipzig 1854–1971, München 1991, Sp. 889 f.; M. Hornung, Wörterbuch der Wiener Mundart, Wien 1998, S. 451, ‚Hansalgschbü', und die etymologische Bemerkungen zu ‚Hansl²'. Die *neustatt* ist wohl die Prager Neustadt; in Wiener Neustadt residiert Leopold Wilhelm erst ab August 1628.

110 Maria Anna aus Prag an Leopold Wilhelm in Wien, 19. Feb. 1628; HHStA, Fam.-Korr. A/48.

111 Mentzel, Schauspielkunst in Frankfurt, S. 64; Theodor Hampe, Die Entwicklung des Theaterwesens in Nürnberg, Nürnberg 1900, S. 269 ff.

112 Mentzel, Schauspielkunst, S. 71.

Sonst ist es lustig alhie – *Commedia dell'arte aus Mantua im Schatten des „Kriegs aller Kriege"*

Schon den bisher erwähnten Schreiben der jungen Erzherzoginnen war zu entnehmen, daß ihnen unter allen Theaterveranstaltungen dieser Krönungsfeiern die der *walischen comediandden* am besten gefielen. Ihren wenngleich oft sehr subjektiven Schilderungen, die aber auch die Vorlieben und den Kunstgeschmack der Hofgesellschaft widerspiegeln, ist es vor allem zu danken, daß diese urspünglich für die Prager Krönungsfeier verpflichtete, dann aber auch noch in Wien auftretende Schauspielergesellschaft die einzige Commedia-dell'arte-Truppe des ganzen Donauraums ist, über die wir relativ ausführliche Informationen besitzen.[113] Wie wir zunächst aus einem Schreiben des uns schon bekannten Arlecchino-Darstellers Tristano Martinelli vom 16. Juni 1627 erfahren, hatte ihn Herzog Vincenzo beauftragt, für eine Tournee an den Kaiserhof eine Truppe zusammenzustellen. Martinelli erklärt sich dazu zwar imstande, möchte vor seiner Abreise aber noch das Ende eines Gerichtsverfahrens abwarten und bittet den Herzog um entsprechenden Aufschub.[114]

---

113 Zur Prager *Fedeli*-Tournee vgl. Bevilacqua, Andreini II, S. 129 ff.; Hadamowsky, Barocktheater, S. 12 ff.; Dějiny českého divadla, 1, S. 211; Seifert, Oper, S. 29 f., 165 f., 432 f., 593 ff.; Karel Kratochvíl, Ze světa komedie dell'-arte [Aus der Welt der Commedia dell'arte], Praha 1987, S. 501 ff.; Adolf Scherl, Vliv italských herců 16.–18. století na vývoj divadla v českých zemích [Der Einfluss des italienischen Schauspiels vom 16.-18. Jahrhundert auf die Theaterentwicklung der Böhmischen Länder]. In: Divadelní revue 6, 1995, 4, S. 32–36; Schindler, Mio compadre, S. 50 ff.

114 *Credo che fra pochi giorni se posso aver personagi di andare da la imperatrice a far comedie, ma non mi voglio partire sino che non se à datta questa sentenza et che sia fornita la lite* [...]. Schreiben von Tristano Martinelli aus Due Castelli an einen Sekretär des Herzogs von Mantua, 16. Juni 1627; Ferrone, Corrispondenze 1, S. 428 f., M57; vgl. Schindler, Mio compadre, S. 133, Anm. 125.

Aus einem späteren Brief, den Martinelli am 22. August dieses Jahres in seiner köstlichen *lingua arlechinesca* an den Großherzog Ferdinando de' Medici nach Florenz richtet, erfahren wir zu dieser Tournee noch weitere Einzelheiten. Zunächst berichtet Martinelli, daß er sich schon vor drei Jahren den Kaiser als Taufpaten für einen seiner Söhne ausgesucht habe, und zwar, wie er schreibt, *ohne von ihm eine Ahnenprobe zu verlangen.* Er spricht dabei von *unserem Gevatter dem Kaiser* und nennt ihn scherzhaft (und zweideutig) den *ersten Bürger von Wien* und *ordentlichen und außerordentlichen Bereiter* der Kaiserin. Martinelli habe seinen Sohn auf den Namen des Monarchen taufen lassen, und dieser habe ihm vergangene Fasten als Patengeschenk eine Kette im Wert von 400 Scudi zukommen lassen und ihn bei dieser Gelegenheit an seinen Hof eingeladen. Martinelli hätte urspünglich allein kommen sollen; dies habe er aber dem Kaiser ausreden wollen und seinerseits angeboten, mit einer ganzen *compagnia de comici* zu erscheinen und *cinquanta comedie* aufzuführen – in der Hoffnung, dies würde abgelehnt werden. Wider Erwarten habe ihn der Kaiser aber zu Ostern tatsächlich mit einer Gesellschaft eingeladen, und zwar, weil es *irgendeine Hochzeit mit einem König* gäbe – ob mit einem *Treffkönig oder Eichelkönig* wisse er nicht, Hauptsache, man zahle genug. Mit diesem König kann wohl nur der 1625 in Ödenburg gekrönte Thronfolger Ferdinand III. gemeint sein, der sich 1626 mit der spanischen Infantin Maria Anna verlobt hatte, dessen Hochzeit sich aber noch bis 1631 verzögern sollte. Martinelli habe – so berichtet er weiter – das Gastspiel zugesagt, obwohl es sich dabei für einen Mann, der bereits *70 Jahre, 4 Monate, 15 Tage und 10 Stunden alt wäre,* um eine beschwerliche Reise handle. Spätestens am 29. September müsse er aufbrechen; der Großherzog möge sich daher mit seinem eigenen Patengeschenk beeilen und sich an Kardinal Borghese, dem *illustrissimo et reverendissimo et compadrissimo signorissimo cardinalis-*

simo Borghesissimo, ein Beispiel nehmen, der seinen „kardinalesken“ Gückwunsch schon längst zugestellt habe, und zwar (wie Martinelli nicht zu erwähnen vergißt) zusammen mit einer goldenen Kette, die 19 $^1/_2$ Unzen wog.[115]

In einem weiteren Schreiben, das er aus Mantua am 11. September ebenfalls an Ferdinando de' Medici richtet, bestätigt Martinelli erneut, daß ihn der Kaiser *(mio compadre imperatore)* um ein Gastspiel gebeten habe. Eine Erkrankung verhindert dann im letzten Augenblick die Teilnahme Martinellis, und die mantuanische Gesellschaft der *Comici Fedeli* fährt ohne ihren Arlecchino nach Prag.[116] Auf der Hinreise meldete sich am 1. November 1627 ein *Mezettino* (Ottavio Onorati) bei Erzherzog Leopold in Innsbruck und bot seine Dienste an. Seine *com-*

---

115 […] *noi si dignasimo di acettare nella nostra Compadresca Cademia il signor Ferdinando, prima citadino di Viena, secretario della imperatrice et cavallarizzo ordinario et strasordinario della sorella del duca di Mantova nostro compadre, quale noi acettasimo per compadre senza ch'el facese prova della sua nobiltà, che non fu poca gratia, come vi facesimo anco a voi; basta, facesimo batezare deta creatura a suo nome. Hora detto compadre, como homo di bel giudicio, per desobligarssi del'obligo suo questa Quaresima prossima pasata gli saltò in pensiero di farci scrivere la rinclusa lettera, et mandarcela con una capara del presente del compadradico di una collana di scudi quatrocento, invitando la nostra persona sola alla sua corte, dove noi gli scrivesimo che noi solo non ci volevamo andare per non sapere che gusto dargli, ma che noi gli saresimo andatto con una compagnia de comici a recitargli cinquanta comedie, credendo che non l'accetasse il partito. El corpus mihi che l'à accettato il partito, et da Pasqua in qua ne à scrito più volte che si deba andare con una compagnia, perché si fa non so che matrimonio con un re; non so s'el sia il re di coppe o quel de bastoni, noi desideraresimo ch'el fuse quel de dinari. Basta, el ne à chiapato su la parolla, et bisogna andare, dove da una parte gli andiamo volontieri per servire quella Maestà, ma da l'altra parte poi, andargli nella ettà che noi si ritroviamo, de anni setanta, et mesi 4, et giorni 15, et hore dieci, et minuti andatelo a cercare, questo è quello che ne pesa molto, per essere così longo viagio; però sia come si volia bisogna andare alla più longa alli 20 di setembre.* […] Schreiben von Tristano Martinelli aus Mantua an den Großherzog Ferdinando II. de' Medici in Florenz, 22. August 1627; Ferrone, Corrispondenze, 1, S. 429 ff., M58; vgl. Schindler, Mio compadre, S. 133 f.

116 Ferrone, Corrispondenze 1, S. 432., M59. Siehe auch das Schreiben Mantua, 14. Oktober 1627; ebd., S. 431, Anm. 2, 433 f., M60.

pagnia di comici sei, wie er verlautet, die beste, die es seit 20 Jahren gegeben habe; er besitze eine Empfehlung des Herzogs von Mantua und befände sich auf dem Weg an den Kaiserhof.[117]

Nachdem die Truppe vermutlich – wie vor ihr die *Comici Accesi* – ab Hall ihre Reise wieder auf dem Wasserweg fortgesetzt hatte, kam sie um den 18. November in Prag an[118] und gab am darauffolgenden Sonntag nach Eleonoras Krönungsbankett im „Neuen Schloßsaal" ihre erste Vorstellung. *Die walischen comedianten haben ein comedi gehobt*, schreibt Erzherzogin Cäcilia Renata ihrem Bruder, *E. l. glauben nicht was das für bewerte leut sein.*[119] Das *Handtbriefel von der Ertzhertzogin Maria Anna de dato Prag den 27. Nouemb. 1627* berichtet gleichfalls von der Krönung:

Vmb 9 sein wier jn die kirchen gangen vnd hat gewert biß auf 1. vmb ainß sein wier zue der Dafel gangen, vnd haben mit unß gesen die 2 Cardinal nunci vnd der spanische Potschaft, vnd ale damas hoben jn den zimer gesen wo mier haben gesen. vmb 3 sein mier auf gestanden vnd zue der comedia gangen von den walischen comediandën, weliche gewiß gar guet sein.[120]

In einem Schreiben, das Maria Anna am 5. Jänner 1628 an ihren *freundtlichen vilgeliebsten heren bruderen* nach Wien richtet, treten die italienischen Schauspieler erstmals aus ihrer Anonymität. Zugleich wird in diesem Brief auch die Anwesenheit von Englischen Komödianten erwähnt. Er stellt jedenfalls für die Theatergeschichte ein ganz einzigartiges Zeitdokument

117 Senn, Innsbruck, S. 224.

118 Am 17. November war die Truppe noch nicht eingelangt, wurde aber jeden Tag erwartet; vgl. das Schreiben des großherzoglichen Sekretärs Cioli nach Florenz, zit. bei Seifert, Oper, S. 594.

119 Cäcilia Renata aus Prag an Leopold Wilhelm in Wien, 26. November 1627; HHStA, Fam.-Korr. A/48; vgl. Seifert, Oper, S. 596 f.

120 Maria Anna aus Prag an Leopold Wilhelm in Wien, 27. November 1627; HHStA, Fam.-Korr. A/48; vgl. Seifert, Oper, S. 596.

dar, dessen Bedeutung beinahe an die berühmten „Grazer Theaterbriefe" heranreicht.

auf den sontag [9. Jan.] *werden mier jn der kinigs burg esen, nach dem esen werden die engelender dorten ein comedia halten dan jnn diser burck ist kein gelegenhait. wie ich her sein sie gar abgeschmach vnd den walischen nichts zue vergleichen, aber wan ich sie gehert hab wil ich E. l. schreiwen wie sie mier gefalen. ich her sie haben ein naren der haiß der bickelhäring, der her ich sey der böst, denke sey ein vber auß gueter nar. die wälischen comedianten sein ja guet vnd sain gar guet zue verstehen, ich verstehe sie ale wort, sie gefalen jr May. den kayser so wol das er ietz gar nicht so oft auszuecht. vnd wan mier nit ausziehen so haben wier ale dag ein comedia auß genomen freydag vnd sambsta vnd wan ein vesper ist. vnd mier gefalen sie auch so wol, das wan ich jn der wal het das ich solt auß vnd ein gantzen tag reiten oder zue der comedi so wolt ich lieber da haimb bleyben vnd zue der comedi gehen; so kine jm E. l. einbilten ob sie mier nit wol gefalen miesen vnd ich waiß wan E. l. da waren, es wurde jme auch also sein, dan es sein recht history wie ich E. l. biß weilen erzelt hab. wan ich bey E. l. wär wolt ich vnd die fraw schwester comedi halten dan ich kan etliche sachen, aber es miest mich niemant sechen. aber kayner ist mier lieber als der dockto gratian, der sol ein docktor sein vnd ist der gröste nar jn der comedi, vnd er ist der naredey so gar gewont, den wan er nit in der comedi ist denest* [= dennoch] *er gar närisch ist. von mans personen sein darinen der lelio der ist der verliebte, der andre ist der spanische haubtman matamoros, der drite ist der pandalon, der fierde ist der gratian, der 5 ist ein diener ist der mecedin, der 6 ist der trapolin auch ein diener. von weiber ist die Florinda ist die beste comediandin jn gantz walschlant vnd ist ser wol beert, die andre ist die Lifia die gehet wol hin aber ist nit auß den besten, die 3 ist die Lucila die selbige ist garnichts guet, die 4 ist ein dienerin vnd haist olivieta ist auch ein guete närin vnd ist ser lustig* […].[121]

121 Maria Anna aus Prag an Leopold Wilhelm in Wien, 5. Jänner 1628; HHStA,

Wenn die Schreiberin anschließend ihren Bruder bittet, er möge es ihr nicht verübeln (sie schreibt immer *fe-* oder *faibeln*), daß sie ihm *so unnetige sachen* mitteile, kommt darin offenbar ihre Befürchtung zum Ausdruck, er könnte diese Materie für eine Fürstenkorrespondenz als nicht angemessen erachten. Sie relativiert dies allerdings durch ihre Bemerkung, sie hoffe, er würde es vielleicht doch *nit ungerne heren*.

Uns wird es jedenfalls erst aus ihrer Rollenaufzählung möglich, die in Prag anwesenden Schauspieler zu identifizieren.[122] Es ist, wie schon aus der Erwähnung des *verliebten* – also des Liebhabers – Lelio hervorgeht, die Truppe der *Comici Fedeli*, die, wie wir sahen, im Dienst des Herzogs von Mantua stand und damals von Giovan Battista Andreini, genannt Lelio, geleitet wurde. Giovan Battista Andreini war der Sohn von Francesco und Isabella Andreini, den gefeiertsten Schauspielern der italienischen Spätrenaissance. Er war neben seiner Tätigkeit als Schauspieler und Theaterleiter auch ein bedeutender Schriftsteller und Bühnenautor; gelegentlich wird er sogar als größter Dramatiker des Seicento bezeichnet.[123] Er hat in Bologna stu-

Fam.-Korr. A/48; vgl. Seifert, Oper, S. 599 f.; Schindler, Mio compadre, S. 54 und Faksimile, S. 56.

122 Schindler, Mio compadre, S. 54 ff.

123 Siro Ferrone (Hg.), Commedie dell'Arte. Bd. 2, Milano 1986, S. 11; vgl. auch Silvia Fabrizio-Costa, Les pleurs et la grâce: La Maddalena de G. Andreini. In: M. Plaisance (Hg.), Théâtre en Toscane. La comédie (XVI*e*, XVII*e* et XVIII*e* siècles), Saint-Denis 1991, S. 113–156. Zu G. B. Andreini siehe Rasi, Comici italiani, 1, S. 117–139; Bevilacqua, Andreini; Enciclopedia dello spettacolo, Bd. 1, Roma 1954, Sp. 558–566; Dizionario biografico degli Italiani, Bd. 3, Roma 1961, S. 133–136; The New Grove Dictionary of Opera, 1, S. 126–127; Ferrone, Corrispondenze 1, S. 61–169; 2, S. 14–31; Maurizio Rebaudego, Giovan Battista Andreini tra poetica e drammaturgia, Torino 1994; Stefano Mazzoni, Genealogia e vicende della famiglia Andreini. In: M. Chiabò, F. Doglio (Hgg.), Origini della Commedia Improvvisa o dell'arte: XIX Convegno Internazionale del Centro Studi sul Teatro Medioevale e Rinascimentale, Roma – Anagni 1995, Roma 1996, S. 107–152; Cesare Molinari, Actor-authors of the Commedia dell'arte: The Dramatic Writings of Flaminio Scala and Giambattista

diert und war Mitglied der angesehenen *Accademia degli Spensierati* in Florenz. Über fünfzig seiner Werke sind im Druck erschienen, einige in mehreren Auflagen. Sie waren bedeutenden Persönlichkeiten gewidmet, u. a. der französischen Königin Maria de' Medici, der toskanischen Großherzogin Maria Magdalena von Österreich, den Kardinälen Richelieu und Mazarin oder, wie wir noch sehen werden, dem Prager Kardinalerzbischof Harrach. Andreini war anfänglich Mitglied der *Comici Gelosi*, bei denen auch seine Eltern ihren Ruhm begründeten. Er leitete aber bald eine eigene Gesellschaft, die *Comici Fedeli*, die – mit kurzen Unterbrechungen – fast ein halbes Jahrhundert im Dienst der Gonzaga standen. Vor ihrer Tournee nach Prag waren die *Fedeli* bereits dreimal am französischen Hof, wo sie große Erfolge ernteten. Von der Rivalität zwischen Andreini und Pier Maria Cecchini war schon die Rede, ebenso von seiner Gattin Virginia Andreini-Ramponi, am Theater Florinda, der wir als erster Arianna 1608 in Mantua begegnet sind.

Neben dem Lelio Andreinis und der Florinda, seiner Gattin, ist uns aus der Theatergeschichte besonders der „spanische Hauptmann Matamoros" vertraut, der von dem Neapolitaner Silvio Fiorillo dargestellt wurde. Dieser ist auch als Erfinder der berühmten Pulcinella-Figur bedeutsam geworden. Sein Sohn Giovan Battista, der den Trappolino verkörperte, war in Prag ebenfalls anwesend; er ist als Schöpfer des Scaramuzzia bekannt geworden, einer Rolle, die er später an seinen Bruder Tiberio abgab.[124] Wenn Andreini in einem Schreiben, das er

Andreini. In: Theatre Research International 23, 1998, 2, S. 142–151; Laura Novelli, Giovan Battista Andreini polifonista della secene. In: Biblioteca teatrale, NF 49–51, 1999, S. 81–114.

124 Rasi, Comici italiani 1, S. 888 ff.; Ulisse Prota-Giurleo, Silvio Fiorilli. In: Enciclopedia dello spettacolo 5, Roma 1958, Sp. 368–370; D. Landolfi (Hg.), Silvio Fiorillo. In: Ferrone, Corrispondenze 1, S. 307–345; 2, S. 65–69; Sergio Monaldini, Il teatro dei comici dell'arte a Bologna. In: L'Archiginnasio 90, 1995, S. 33–164, bes. S. 97ff.; Monica Brindicci, La Commedia dell'Arte a

Erzherzogin Cäcilia Renata 1611–1644, spätere Königin von Polen.

am 4. Dezember 1627 aus Prag an den Sekretär des Herzogs von Mantua richtet, von den beiden Fiorillo als den „unausstehlichen Neapolitanern" *(napoletani insoportabili)* redet, kommt darin die traditionelle Überheblichkeit des Norditalieners gegenüber seinen süditalienischen Kollegen zum Ausdruck.[125]

Von den sonstigen Darstellern haben wir den Mezzetino Ottavio Onorati auf seiner Durchreise in Innsbruck bereits kennengelernt. Vor seiner Reise nach Prag war er Mitglied der *Confidenti*, die unter der Patronanz Lorenzos de' Medici standen. Den Winter 1626/27 spielte er mit ihnen in Rom, zum Karneval in Venedig und anschließend in Mantua und Genua. Dort verläßt Onorati mitten in der Stagione die Truppe, und zwar in Begleitung von Isabella Cima, der Darstellerin der Olivetta.[126] Wir finden das Paar dann zusammen in Prag; sie werden beide von Maria Anna erwähnt, wobei sie die Dienerin *Oliveta* als *gute*

Napoli nella prima metà del XVII secolo: Silvio Fiorillo ed altre esperienze. In: Chiabò-Doglio, Origini, S. 187–203.

125 Ferrone, Corrispondenze 1, S. 61–169; 2, S. 14–31, hier 1, S. 142.

126 Ferrone, Corrispondenze 1, S. 176, 293, Anm. 5; Monaldini, Bologna, S. 84 f.

und *sehr lustige Närrin* hervorhebt. Da, wie wir sehen werden, auch der Großherzog von Toskana, Ferdinando II. de' Medici, in Prag weilt, ist es denkbar, daß die Anwesenheit der *Confidenti*-Mitglieder auf seine Anordnung zurückgeht. Kaiser Ferdinand stellt den beiden im Jänner 1629 einen Paß aus, mit dem sie ihr Reisegepäck von Wien nach Venedig vorausschicken konnten.[127]

Der Pantalone und der Dottore Graziano, der Liebling der Erzherzogin Maria Anna, sind wohl Marc'Antonio Romagnesi und Giovanni Rivani, die beide kurz vor der Prager Tournee mit Martinelli, Onorati und Cima gemeinsam in einem Ensemble gespielt hatten. Marc'Antonio Romagnesi, aus Ferrara gebürtig, spielte den Pantalone schon unter Flaminio Scala bei den *Confidenti;* Cecchini nennt ihn 1612 einen *Mann, der in seiner Rolle des Magnifico der beste unter den jetzigen Schauspielern ist.*[128] In den 1630er Jahren ist er ebenfalls am häufigsten mit Onorati sowie mit dessen Gefährtin Isabella Cima beisammen. Vor seiner Abreise nach Prag war ihm Giovanni Rivani als *Dottore Graziano Campaneggio* zu Seite gestanden; und in diesem werden wir wohl auch den Prager „Graziano" zu erblicken haben. Der Bolognese Giovanni Rivani, der ursprünglich von den Marktschreiern des Piazza-Theaters herkam, hatte bereits 1618 als Dottore Graziano bei Andreini

127 [...] *tres cistas seu sarcinas cum vestibus ac rebus suis Venetiam versus praemittere;* „Passus in Italia pro Octauius Anorat dicti Mezetin, et Isabella Panuza Oliueti Comoedos sarcinis", 10. Jänner 1629, HHStA, Archiv des Reichshofrates, Paßbriefe, Fasz. 1, Lit. A–B, fol. 81r; vgl. auch Seifert, Oper, S. 166, Anm. 6. Dieser „Passus in Italia" lautete *für Herrn Ottauio Anorat genannt Mezetin, Jhr Kön. Khaÿ. Maÿ. Khomediant* und *Für Jsabella Panuza genannt Olіueta Komediantin.* 1615 war Isabella Cima auch einmal gemeinsam mit ihrem (ungenannten) Ehemann erwähnt worden; sie war somit entweder verwitwet oder lebte von ihrem Gatten getrennt; jedenfalls verwendet sie – was bei Schauspielerinnen nicht selten ist – für offizielle Dokumente ihren „wirklichen" Familiennamen, der auf Panuza oder Panuzza lautete.

128 Ferrone, Corrispondenze 1, S. 261.

gespielt. Er beteiligte sich an dessen Pariser Tournee von 1620; im Jänner 1627 war Rivani als Mitglied der Truppe in Ferrara und Bologna.[129] Daß der jungen Erzherzogin Maria Anna „keiner lieber war als der Doktor Gratian", haben wir schon gesehen. Auch König Ferdinand ist ein großer Bewunderer des *Doctoris Gratiani, qui est optimus;* er berichtet von einem „köstlichen Duell" zwischen seinem Hofnarren Thomas und dem „Doctore Graziano", das großes Gelächter ausgelöst habe.[130]

Von den weiblichen Rollen ist Florinda, die von Maria Anna als „die beste Komödiantin von ganz Italien" gelobt wird, unschwer als Virginia Ramponi, die gefeierte Innamorata und Gattin Giovan Battista Andreinis, zu identifizieren. Ebenso leicht ist auch in Maria Annas *Lifia,* die von der Erzherzogin nur als eine *„nicht von den besten"* qualifiziert wird, Virginia Rotari zu erkennen, die bekannte Lidia der *Fedeli* und langjährige Geliebte und spätere (zweite) Ehefrau Andreinis.[131] Auf Lucilla und Olivetta sind wir oben schon eingegangen.

Von den Mitgliedern der *Comici Fedeli* haben sich von diesem Gastspiel gleichfalls einige Briefe erhalten; sie wurden bereits an mehreren Stellen publiziert.[132] So schreibt Andreini

129 Ferrone, Corrispondenze 1, S. 68, 120, Anm. 2, 261; 2, S. 35, 63; Siro Ferrone, Attori mercanti corsari: La Commedia dell'Arte in Europa tra Cinque e Seicento, Torino 1993, S. 216 Anm. 16; vgl. auch Scherl, Vliv italských herců, S. 32.

130 [...] *proximo Die Domenico* [6. Februar 1628] [...] *post coenam autem comoediam italicam habebimus.* [...] *præcipue Doctoris Gratiani, qui est optimus, nudius tertius* [29. Jänner 1628] *habuimus unam comoediam, in qua Dominus Thomas meus stultus egregium duellum cum Doctore Gratiano habuit* [...] *quod plane intermedium stulti et Doctoris maximum concitavit risum.* König Ferdinand III. aus Prag an Leopold Wilhelm in Wien, 1. Februar 1628; Seifert, Oper, S. 601.

131 Ferrone, Corrispondenze 1, S. 68; Ferrone, Attori, S. 203.

132 Sie wurden vereinzelt veröffentlicht von Karl Trautmann, Italienische Schauspieler am bayerischen Hofe. In: Jahrbuch für Münchener Geschichte 1, 1887, S. 193–312, hier S. 294 ff.; Rasi, Comici italiani 1, S. 152, und Bevilacqua, Andreini, und stehen neuerdings gesammelt in einer vorzüglichen Briefedition zur Verfügung: Ferrone, Corrispondenze, 1, S. 142 ff., A52–A55.

Anfang Dezember an den Hofsekretär Ercole Marliani nach Mantua, daß er sich bereits von der *vita boema* der Anreise, wo sie *wie die Ochsen leben*, d. h. *Wasser trinken und auf dem Stroh schlafen* mußten, erholt habe. Aus dem Fegefeuer sei man aber jetzt geradewegs ins Paradies gelangt; und hier, *im Himmel, wo sich die gekrönte Heiligkeit in ihrer ganzen Majestät niedergelassen habe*, wären alle erlittenen Qualen verflogen. *Nicht nur geliebt würden hier dieser Kaiser und diese Kaiserin* – versichert Andreini emphatisch –, *sondern geradezu angebetet!* Auch die Schönheiten Prags wären einfach *grandissime* und mit Worten nicht zu beschreiben. Ihre Komödien kämen gut an, die einen mehr, die anderen weniger. Nur die *Neapolitaner* (wir haben diesen gegen die Fiorillos geführten Seitenhieb schon zitiert) wären *unausstehlich* und würden sich binnen kurzem – gemeint ist wohl unter den Kollegen – *verhaßt* machen. (Aber dies alles wolle Seine Durchlaucht nicht von ihm, dem Schreiber, erfahren haben …). Und dann folgt jene oben bereits zitierte Stelle, die für den Hegemonieanspruch der Jesuiten im entstehenden Barocktheater bezeichnend ist: *I giesuiti sono i comici della Germania* – und was das bedeute, könne man unschwer erraten. Die Kaiserin aber – so Andreini weiter – habe ihn und Florinda ins Herz geschlossen und sei überaus angetan von ihren Komödien.[133]

---

133 *Illustrissimo signore mio osservandissimo. Ristorato prima della vita boema, che (e sia detto con pace di Vostra Signoria illustrissima) v'essercita alla vita del bue, ch'è il ber acqua e dormir su la paglia, piglio la penna per farle (come fo) con Florinda humilissima riverenza. La ragguaglio ch'è verissimo che per via di Purgatorio s'arriva al Paradiso, dove giunto ogni pena sofferta si pone in non cale. Così e non altrimente giunto alla beatitudine, al Cielo, dove in maestà siedono queste coronate divinità, non so più che sia travaglio. Signor Hercole, mio signore, le prometto che questo imperatore, questa imperatrice, non sono amati, ma sì bene adorati. Le bellezze di Praga, poi, è meglio tacerle che ombreggiarle; sono infine grandissime. Le nostre commedie piacciono fuor del segno del bene; chi piace più, chi meno, e se v'è alcuno di bassa lega passa sotto la fattura di belle commedie. Però (vuo' dirlo) i napoletani sono insoportabili, e credo che fra poco saranno odiosi a cotesto servizio; ma questo sia non io che a Vostra Signoria illustrissima lo scriva. I giesuiti sono i comici della Germania, or consideri come ne*

Als Kaiserin Eleonora ihrem Stiefsohn wieder einmal *sëchs Faßhannen in einen trühele eingemachter überschickhen wollen,* erklärt sie, sie hätte, *derweilen sich die Italianischen Commedianten alhie befinden, E. l. nit ain- sonder mehrmallen hiehero erwinscht, Zumallen vns nit Zweiflt, dieselben wëgen Jres khurz weilligen Rëdens vnd Agierns offt genueg Zulachen vnd sich Zuerlusstigen hëten.*[134] Als sie sich einmal unpäßlich fühlt und dies ihrer Stieftochter Cäcilia Renata zu Ohren kommt, ist diese *wol von herzen derschroken: erstlichen von ihr Maj. aigner person wegen, mehr auch von meines interesse wegen, den es hette den selbigen* [Tag] *sollen eine comedi sein, so hab ich nur gefürcht sie wurden nicht auff stehen können* und – *so wer es aus gewesen mit der comedi.* Gott sei Dank habe sich der Zustand der Kaiserin dann aber doch *widerumb gebessert vnd sie ist auff gestanden vnd jn die comedi gangen vnd ich auch.*[135]

Dieses unverhohlene Eigeninteresse und ihr jugendlich-unbekümmertes Verhältnis zu Krankheit und Tod glaubt das *Pfaffel* Leopold Wilhelm an seinen vergnügungssüchtigen Schwestern auch mehrmals rügen zu müssen. Als sich die beiden bitter darüber beklagen, daß man wegen der Nachricht vom Ableben des Herzogs von Mantua und der Markgräfin von Burgau Hoftrauer

---

tratteranno: o qui ci vuol ben San Tomaso e tutti santi delle eletanie a far conoscere ch'essi comici sieno di Paradiso, e noi di casa del diavolo. L'imperatrice poi (et è così) porta grande affezzione alla Florinda et a me, e gode oltremodo di queste commedie. […] *Di Praga il dì 4 decembre 1627. Di Vostra Signoria illusstrissima servitore divotissimo et obligatissimo Giovan Battista Andreini.* Ferrone, Corrispondenze 1, S. 142, A52; 2, S. 27, Anm. 118. Die Anspielung auf *San Tomaso e tutti e santi delle eletanie* bezieht sich auf den Trattato sopra l'arte comica, cavato dall'opere di San Tomaso, e da altri Santi, eine berühmte Verteidigungsschrift der Commedia dell'arte gegen die Anfeindungen der Kirche, deren erste Ausgabe 1601 von Pier Maria Cecchini in Druck gegeben wurde und die seither zahreiche Neuauflagen erfuhr; ebd., 1, S. 143, Anm. 4.

134 Kaiserin Eleonora aus Prag an Leopold Wilhelm in Wien, 5. Jänner 1628; ÖNB, Autographensammlung, Sign. 2/42–5; Faksimile bei Schindler, Mio compadre, Abb. 21; vgl. Seifert, Oper, S. 600.

135 Cäcilia Renata aus Prag an Leopold Wilhelm in Wien, 1. März 1628; HHStA, Fam.-Korr. A/48; vgl. Seifert, Oper, S. 602.

angesagt habe und alle Faschingsfeiern eingestellt wurden, hatte ihnen der Bruder vorgeworfen, es wäre ihnen offenbar *mer vmb den faschin als vmb ir May. brueder vnd vmb die margrafin* zu tun. Maria Anna bestätigt ihn noch in dieser Meinung: *habens E. l. schier deraten, heten sie doch nuer auf die fasten gewart!*[136]

Tatsächlich war am 6. Jänner 1628 die Nachricht in Prag eingelangt, daß Herzog Vincenzo II., Eleonoras Bruder und der letzte Abkömmling aus der Mantuaner Hauptlinie der Gonzaga, in der Nacht zum 26. Dezember *ohne Leibs Erben von dieser Welt abgeschieden ist / welches bey Hoff*, wie die *Ordentlichen Zeittungen* melden, *auffs wenigste ein Cammerklag / vnd den Herrn vnnd Cavaliern abermals ein trawrige Faßnacht verursachen wird.*[137]

Am 8. Jänner hatten beide Schwestern dem Bruder von diesem Ereignis berichtet und dabei mitgeteilt, daß der Kaiser aus lauter Sorge, wie er dies seiner Gattin beibringen sollte, *krank worden* wäre. *Oh e. l. bilden ihnen ein*, so schreibt Cäcila Renata weiter, *was mihr heuer für ein fassing* [=Fasching] *werden haben! vnd wan gleich der kayserin brueder nicht gestorben ware, so hetten mihr gleich woll keinen fassing gehobt, den es ist auch ein morgraffin von burgau gestorben, welliche mitt ihr May. dem kayser geschwisteret kint ist*, und so hätten sie schon *von ihret wegen* den Fasching einstellen müssen.[138] Während *sie gelebt hatt*, bemerkt die Erzherzogin bitter, *so hatt kein mensch vmb sie gewist; allein iezt, weil sie gestorben ist, so ist sie herfür kummen* [...].[139] Im selben Ton läßt

136 Maria Anna aus Prag an Leopold Wilhelm in Wien, 22. Jänner 1628; HHStA, Fam.-Korr. A/48.

137 Ordentliche Zeittungen, 15. Jänner 1628.

138 Die Verstorbene war Sibylle von Burgau, die Gattin Karls von Österreich, Markgrafen von Burgau, des Sohnes Erzherzog Ferdinands II. von Österreich-Tirol und Philippine Welsers. Sie war die jüngste Tochter Herzog Wilhelms V. von Jülich-Kleve-Berg. Karl von Burgau war ein Neffe Kaiser Ferdinands II.

139 Sie fährt dann weiter fort: *ich thue e. l. aber zuewissen, das mihr doch noch ein wenig spaiß werden haben, den ihr May. wöllen gar balt lassen comedi halten, gleich wol nicht ihn einemb zimer. aber ich vermain, es werde nicht lang weilig bleiben, den e. l. wissen sebst wol, das mihr alle vnßere klagen sonst anhetn vnd reden gescheant* [=

sich auch Maria Anna über den Tod der Burgauerin vernehmen: Ihr habe die Einstellung des Faschings *noch weer gethan, dan weil sie gelebt hat, hab ich nie nichts vmb sie gewist, alein ietz jn fasching melt sie sich an vnd stierbt. aber gott lob, sie ist die letzt von jren hauß, dan wan noch eine wäre, so sturb sie gewiß auf das jar jn dem fasching.* Über den Tod des Herzogs von Mantua hingegen, schreibt Maria Anna, *sein mier vol traurikait.*[140]

Die Folgen, die dieser Todesfall auslöste, sind allgemein bekannt, und wir können uns hier auf das Notwendigste beschränken. Jenes mühsam aufrechterhaltene Gleichgewicht, das in Oberitalien eine offene Konfrontation zwischen Frankreich und den Habsburgern bisher verhütet hatte, war durch diesen Erbfall ins Wanken geraten. Für den weiteren Verlauf des Dreißigjährigen Krieges wird jedenfalls, trotz seines periphären Schauplatzes, dem Mantuanischen Erbfolgekrieg heute eine besondere Bedeutung zuerkannt, und er hat als „klassischer" erbrechtlicher Sukzessionskrieg dazu beigetragen, daß sich auch der große „Krieg aller Kriege" geradezu „wie eine vor- oder frühstaatliche Veranstaltung zur Einübung des Erbfolgekriegs lesen läßt".[141]

Mit einem der Hauptkontrahenten dieses Konfliktes, Don Cesare Gonzaga, dem Prinzen und nachmaligen Herzog von Guastalla, hatten wir schon einen der künstlerischen Höhepunkte der Prager Krönungsfeier, die Aufführung des „Pastorale in Musica" *La transformatione di Calisto* in Verbindung gebracht. Aber auch sein Gegner und durch ein besseres Erbrecht begünstigter Prätendent, Carlo Gonzaga, Herzog von Nevers, hat als neuer Padrone der mantuanischen Schauspie-

---

geschähen]*; allso verhoff ich es wurde da auch sein, den sie seint vil schöner, wen die offentlig sein. das wirt woll mein gröster spais sein, vnd wan mihr daß auch nicht hetten, so wurde ich woll gar harb sein.* Cäcilia Renata aus Prag an Leopold Wilhelm in Wien, 8. Jänner 1628; HHStA, Fam.-Korr. A/48.

140 Maria Anna aus Prag an Leopold Wilhelm in Wien, 8. Jänner 1628; HHStA, Fam.-Korr. A/48.

141 Johannes Burkhardt, Der Dreißigjährige Krieg, Frankfurt/M. 1992, S. 207.

lertruppe sowie über sonstige kulturelle Kanäle versucht, ein für ihn günstiges politisches Klima zu schaffen. So sind z. B. die Brüder Giovan Battista und Orazio Rubini, beides berühmte, auch von Monteverdi hochgeschätzte Geigenvirtuosen aus Mantua, im März 1628 von Nevers in die böhmische Hauptstadt gesandt worden, *um der Kaiserin eine Aufmerksamkeit zu erweisen.*[142] Er hat allerdings auch profanere Mittel eingesetzt; Wallenstein etwa, zu Beginn des Konflikts entschieden auf der Seite Nevers' (vielleicht, weil ihm dieser einst vor Esztergom das Leben gerettet hatte[143]), sollte für seine Haltung mit einem der kostbaren mantuanischen Zuchtpferde belohnt werden; und auch den Verhandlungen mit dem Kaiser bzw. dessen Ratgebern Eggenberg und Werdenberg (also den beiden „Machern des neuen habsburgischen Kaisertums"[144]) hat Nevers mit vierstelligen Talerbeträgen nachzuhelfen versucht.[145]

142 Romolo Quazza, La guerra per la successione di Mantova e del Monferrato (1628–1631). Bd. 1–2, Mantova 1926, 1, S. 95, Anm. 2. Vgl. auch Monteverdi, Briefe, S. 68, 95, Anm. 6, 440. Den Gebrüdern Rubini war *un corpo di viuole* mitgegeben worden, also ein heißbegehrter Mantuaner Markenartikel. Zu Violen aus Mantua vgl. Bertolotti, Musici, S. 98; Seifert, Frühe italienische Musikdramen, S. 27.

143 Polišenský-Kollmann, Wallenstein, S. 21.

144 Hans von Zwiedineck-Südenhorst, Die Politik der Republik Venedig während des dreissigjährigen Krieges. Bd. 1–2, Stuttgart 1882–1885, 2, S. 72.

145 Quazza, Guerra 1, S. 93, 105, Anm. 2. Möglicherweise hat Herzog Carlo auch den Architekten Nicolò Sebregondi, den Erbauer der Mantuaner „Villa Favorita", Wallenstein zur Verfügung gestellt. Sebregondi war jedenfalls in den 1630er Jahren mit der Planung und Durchführung zahlreicher Projekte des bauwütigen Friedländers befaßt. Siehe Fidler, Loggia mit Aussicht, S. 88 ff.; Michaela Líčeníková, Úloha architekta Nicolo Sebregondiho ve službách vévody Albrechta z Valdštejna [Die Rolle des Architekten Nicolò Sebregondi im Dienste des Herzogs Albrecht von Waldstein]. In: Zprávy památkové péče 58, Praha 1998, S. 1–6; Petr Fidler, „Bauen ist eine höhere Lust als Kriegführen": Albrecht Wenzel Eusebius von Waldstein als Bauherr und Mäzen – Zur Baustrategie eines Fürsten. In: Václav Bůzek, Pavel Král (Hgg.), Aristokratické rezidence a dvory v raném novověku [Adelige Residenzen und Höfe der frühen Neuzeit] (Opera historica 7), České Budějovice 1999, S. 275–309.

Carlo (I.) Gonzaga-Nevers (1580–1637) hatte nach dem Tod Herzog Vincenzos II. Ansprüche auf dessen Erbe erhoben und es durch seinen Sohn Carlo, Prinz von Rethel (1609–1631), in Besitz nehmen lassen. Rethel war noch am Sterbebett Vincenzos mit dessen Nichte Maria Gonzaga verheiratet worden, wodurch auch Montferrat mit seiner Hauptstadt Casale, die als wichtigste Festung Italiens galt, dem Haus Gonzaga-Nevers gesichert werden sollte.[146] Nevers' Kandidatur war von Frankreich, zu dessen Vasallen er mit den Herzogtümern Nevers und Rethel gehörte, unterstützt worden. Spanien, das durch die französischen Verbindungen Nevers' den Ausbau seiner eigenen Position in Italien gefährdet sah, begünstigte dessen Gegenkandidaten, den Herzog Ferrante II. von Guastalla, einen Angehörigen einer weiteren Nebenlinie der Gonzaga. Da Mantua und Montferrat Reichslehen waren, lag es an Kaiser Ferdinand als oberstem Lehensherrn, eine Entscheidung herbeizuführen. Trotz der eindeutig besseren Erbrechte Nevers' und der von vielen – so auch von Wallenstein oder dem kaiserlichen Beichtvater Lamormaini – erkannten Gefahr eines Engagements in Italien und eines Eingreifens des bisher aus dem Krieg herausgehaltenen Frankreichs (und in weiterer Folge der Schweden), entschied sich Ferdinand für die Linie des spanischen Verbündeten. Der dadurch verschärfte Konflikt kulminierte bekanntlich im „Mantuanischen Erbfolgekrieg“, der 1630 mit der Einnahme Mantuas und seiner Plünderung, dem berüchtigten „Sacco“, seinen militärischen Abschluß fand.[147]

---

146 Auch Cäcilia Renata teilt ihrem Bruder die Hochzeit von Rethel und Maria Gonzaga in ihrem Schreiben vom 8. Jänner mit, verwechselt aber anscheinend den Bräutigam mit seinem Vater: *ich habs vergesen E. l. zue schreiben, das als balt der herzog von mandua gestorben ist sich der herzog von naieet* [= Nevers] *sich mit der herzogin maria hat lassen zamb gewen.* HHStA, Fam.-Korr. A/48.

147 Zum Mantuanischen Erbfolgekrieg siehe v. a. Khevenhiller, Annales Tl. 11, Sp. 590 ff., 1224 ff. u. ö.; Zwiedineck-Südenhorst, Die Politik 2, S. 73 ff.; Kiew-

Nevers' Gegenkandidat Ferrante II. Gonzaga-Guastalla (1563–1630) stand bereits in Neapel und später in Mailand in spanischen Diensten. Im März 1624 ernennt ihn Kaiser Ferdinand II. zum kaiserlichen Generalkommissär *per gli affari d'Italia* und den Sohn Don Cesare zu seinem Vertreter. Da Ferrante solcherart zu einem der geachtetsten Mitglieder des Hauses Gonzaga emporwuchs, machte er sich auch Hoffnungen, beim Aussterben der Mantuaner Linie deren Erbe antreten zu können.[148]

Ferrantes Sohn Cesare (1592–1632) war von zarter Konstitution und stets etwas kränklich; er absolvierte Studien und mied den Militärdienst.[149] Als im Jänner 1622 Eleonoras Vermählung mit dem Kaiser proklamiert wurde, ritt Don Cesare bei der feierlichen Einholung der Braut gleich hinter dem Herzog neben ihrer Karosse.[150] Seit der Ankunft des Prinzen Rethel in Mantua im Jahr 1625 hatte Guastalla versucht, seinen Einfluß in Spanien geltend zu machen. In Mailand fanden seine Prätentionen Gehör, zumal er auch bedeutende Geldmittel anbot. Unter dem Vorwand, die kaiserlichen Lehensrechte zu verteidigen und einen Auftrag zur Sequestrierung der

---

ning, Pallotto; Benno Schneider, Der Mantuanische Erbfolgestreit, Marburg 1905; Romolo Quazza, Mantova e Monferrato nella politica europea alla vigilia della guerra per la successione (1624–1627), Mantova 1922; ders., La guerra; ders., Mantova attraverso i secoli, S. 225 ff.; Carl J. Burckhardt, Richelieu. Bd. 1, München 1935, S. 410 ff.; Émile Baudson, Charles de Gonzague, Duc de Nevers, de Rethel et de Mantoue, 1580–1637, Paris 1947, S. 235 ff.; Leonardo Mazzoldi et al. (Hgg.), Mantova: La storia 3, Mantova 1963, S. 95 ff.; Kollmann [u. a.] (Hgg.), Der Dänisch-Niederdeutsche Krieg; Robert Bireley, Religion and Politics in the Age of the Counterreformation: Emperor Ferdinand II, William Lamormaini, S. J., and the Formation of Imperial Policy, Chapel Hill, N.C. 1981, S. 67 ff.; Golo Mann, Wallenstein, Frankfurt/M. 1996, S. 539 ff.

148 Ireneo Affò, Istoria della Città e Ducato di Guastalla. Bd. 1–4, Guastalla 1785–1787, 4, S. 120.

149 Affò, Guastalla 1, S. 109.

150 Bertazzolo, Breve Relatione, S. 16. Bertazzolo hatte seinen Bericht *All'Illustrissimo, & Eccellentissimo Signore, il Sig. Duca di Niuers, &c.* zugeignet.

beiden Herzogtümer erhalten zu haben, verlegte der Gouverneur Don Gonzales de Cordova Truppen nach Montferrat.

In Mantua hatte sich Rethel nach dem Tod des Herzogs in Stellvertretung seines Vaters huldigen lassen, und im Jänner 1628 war Nevers selbst in Mantua eingelangt. Gleich nach seiner Ankunft sandte Nevers den Bischof von Mantua, Vincenzo Agnello Soardi, als außerordentlichen Gesandten an den Kaiserhof. Am 22. Februar war Soardi in Prag eingelangt; als er Kaiserin Eleonora gegenübertrat, brach sie in Tränen aus: Vor genau sechs Jahren hatte er ihren Bund mit dem Kaiser gesegnet, und jetzt, ebenfalls am Dreikönigstag, hatte sie gleich drei Unglücksnachrichten erhalten: vom Tod ihres Bruders, von der Heirat der Prinzessin Maria, die mit ihr nicht abgesprochen war, und von der Erkrankung ihres Gemahls.[151]

Am selben Tag wie Soardi aus Mantua war Don Cesare von Mailand nach Prag aufgebrochen, um im Auftrag seines Vaters persönlich die Rechte des Hauses Guastalla wahrzunehmen. Er langte eine Woche vor dem Bischof in Prag ein; Erzherzogin Maria Anna schildert ihn als *ein kleins mageres gelbs mändel* mit einer zarten Frauenstimme *(hat ein kleins stembel wie ein weiw).*[152] Überzeugt von der Rechtmäßigkeit seiner Ansprüche und auf die Unterstützung durch Spanien bauend, mit dessen Gesandten er ständig verkehrte, trat Don Cesare am kaiserlichen Hofe *mit größter Anmaßung* auf.[153] Er verlangte wie sein

151 Kiewning, Pallotto, 1, S. XLIX.

152 Maria Anna aus Prag an Leopold Wilhelm in Wien, 4. [recte 26.?] Februar 1628; HHStA, Fam.-Korr. A/48. Der Brief ist zwar bereits mit 4. Februar 1628 datiert, doch ist diese zwar alte, aber nicht eigenhändige Datierung offensichtlich falsch. Das Schreiben ist nämlich erst am 1. März in Wien eingelangt, was bei einem durchschnittlichen Postlauf Prag – Wien von fünf Tagen den 26. Februar als Absendetag nahelegt. Am 16. Februar schrieb Maria Anna: *von neuen zeitungen waiß ich nichts, alein das der duca di Cuastala ist her kumen von keiner anderen vrsach wegen, alein das er wolt gern hertzog von mandua sein. hat aber noch bey niemant audienz gehabt.* (Ebd.). Vgl. auch Quazza, Guerra 1, S. 54.

153 Kiewning, Pallotto, 1, S. L; Quazza, Guerra 1, S. 81, Anm. 2. Auch Erzher-

Vater als kaiserlicher Kommissär und spanischer Grande behandelt zu werden und war zu Tode beleidigt, als ihm nicht erlaubt wurde, in Anwesenheit des Kaisers den Hut aufzubehalten. In einer Denkschrift untermauerte er die Erbrechte Guastallas mit Gutachten von Rechtsgelehrten und verlangte vom Kaiser, dieser möge entweder selbst die beiden Herzogtümer in Sequestration nehmen oder Guastalla gestatten, neben Nevers die Regierung zu führen.[154]

Kaiserin Eleonora war nach Kräften bemüht, im Erbstreit ihrer Verwandten vermittelnd einzugreifen und das Unheil abzuwenden, das über ihre Heimat hereinzubrechen drohte. Auch der Prinzipal der italienischen Komödianten, Giovan Battista Andreini, hatte sofort nach Bekanntwerden der Ankunft Nevers' in Mantua an diesen ein Schreiben gerichtet, worin er dem Herzog jene *unbeschreiblich große Freude* mitteilt, mit der die Kaiserin seine *lettera amorosissima* entgegengenommen hatte. Dies habe sie ihm gegenüber an dem Tag, an dem die Exequien für den verstorbenen Herzog Vincenzo gehalten wurden, höchstpersönlich zum Ausdruck gebracht und ihn dabei auch von Nevers' Ankunft in Mantua in Kenntnis gesetzt. Andreini habe der Kaiserin daraufhin von drei Begegnungen berichtet, die er, *sein ergebenster Diener und allerkleinster Wurm*, mit Nevers anläßlich seiner Pariser Tourneen gehabt habe, darunter von jener, bei der Nevers seine innige Beziehung zu seinem Sohn Carlo betonte und sie auf dessen große *Liebe zur italienischen Nation* zurückführte. Andreini schließt sein Schreiben

---

zogin Cäcilia Renata konnte es *nicht vnderlassen*, ihrem Bruder von der Aufführung Guastallas *etwas lecherliches zu schreiben*: Am 11. März wollte Guastalla den Kaiser auf die Jagd begleiten und hatte sich deshalb schon um drei Uhr morgens erhoben. Als er den Kaiser aber noch beim Frühstücken antraf, kehrte er in sein Quartier zurück und legte sich wieder ins Bett. Cäcilia Renata aus Prag an Leopold Wilhelm in Wien, 11. März 1628; HHStA, Fam.-Korr. A/48.

154 Kiewning, Pallotto 1, S. XLIX f.; Quazza, Guerra 1, S. 54. Vgl. auch Affò, Guastalla, 4, S. 129.

mit einer emphatischen Loyalitätserklärung und mit der Überzeugung, daß Nevers seine gerechten Ansprüche gegen alle Widerstände werde durchsetzen können (was ihn aber nicht hindert, aus Furcht vor etwaigen unliebsamen Folgen den Empfänger zu bitten, sein Schreiben nach Erhalt sofort zu vernichten ...).[155]

Wie Cäcilia Renata bereits in dem Brief, worin sie dem Bruder das Ableben des Herzogs von Mantua mitteilt, richtig vermutet hatte,[156] ließ der Kaiser noch während der Hoftrauer wieder mit dem Theaterspiel fortfahren. Etwa eine Woche bevor Andreini Carlo Nevers als seinen neuen Padrone will-

---

155 [...] *Dalla parte di Sua Maestà cesarea, l'imperatrice mia signora, intesi l'arrivo di Vostra Altezza serenissima a Mantova, ma se l'Altezza Vostra sapesse il gusto ch'ebbe dalla sua lettera, è cosa indicibile il narrarlo. Quella mattina si dovevano celebrar le essequie di Sua Altezza serenissima Vincenzo, che sia in gloria, e pure era oltremondo contenta, dicendo che Vostra Altezza serenissima le haveva scritto una lettera amorosissima.* [...] *Ma per Dio vivo, le giuro che se ciò fosse (che non mai sarà, degna essendo Vostra Altezza di corona stellata nonché gemmata) ch'io vorrei prender perpetuo essilio da Mantova, più tosto che viver sotto altri signori che i nostri oltrapassati e che sotto il felicissimo governo di Vostra Altezza serenissima; il quale, se s'havesse da combattare tutti i mantovani, e Lelio e Florindo armati la porrebbono in possesso, in quel possesso, dico, che è suo perché Iddio l'ha così stabilito, prima a voce popoli, e poi per sua difinitiva sentenza. Riceva tutto in bene, poiché da uno che l'ama come il cuore il tutto viene;* [...] *supplicandola a stracciar questa mia, poiché dovendo venire a Mantova io non dessi in qualche sinistro incontro.* [...] *Di Vostra Altezza serenissima, vero successor di Mantova, e ciascun la tolleri con rabbia servitore ogn'hor protetto dalla infinita bontà sua Giovan Battista Andreini detto Lelio.* Giovan Battista Andreini aus Prag an Herzog Carlo I. Gonzaga-Nevers in Mantua, 29. Jänner 1628; Abdruck in Trautmann, Italienische Schauspieler, S. 294 f.; Bevilacqua, Andreini 2, S. 130 f.; Ferrone, Corrispondenze 1, S. 143 f., A53. Enrico Bevilacqua bemerkt zu dem Schreiben (S. 131): *Welche Schmeichelei, welche Kriecherei, welche Aufdringlichkeit in diesem Dokument! Und welche Angst und geringe Zuversicht sprechen zugleich aus der Bitte, den Brief zerreißen zu lassen! Aber das Blatt, obwohl übel zugerichtet und von Moder zerfressen, ruht unversehrt im mantuanischen Archiv, um aufzudecken die Schwachheiten dessen, der es geschrieben hat...*; vgl. auch Gorris, La parabola, S. 80 ff.

156 Cäcilia Renata aus Prag an Leopold Wilhelm in Wien, 8. Jänner 1628; HHStA, Fam.-Korr. A/48.

kommen hieß, hatten die Vorstellungen der Italiener wieder begonnen.[157] Bald senden auch die beiden Erzherzoginnen wieder begeisterte Nachrichten von den Comici dell'arte nach Wien. Erneut wird mehrmals der Bruder Leopold Wilhelm bedauert, daß er den Aufführungen der Italiener nicht beiwohnen könne. Am 8. Februar 1628 schreibt Cäcilia Renata: *Ich thue e. l. auch zu wissen, das die gestrig comedi vberaus schön ist gewesen. ich hab schon vil gesehen aber es hatt mihr keine so wol gefallen. ich hab mihr woll alleweil gewünscht e. l. solten auch dabey sein, aber ich verhoff e. l. werden gewislich noch etliche sehen, den sie werden noch ein ganzes jar hie bleiben.*[158] Für Maria Anna ist die Aussicht, ihren geliebten Bruder bald wiederzusehen, die alleinige *ursach*, sich auf die Rückreise nach Wien schon zu freuen – *den sonst*, schreibt sie, *ist es lustig alhie.* Erst vergangenen Sonntag sei wieder

hozeit gewesen, gar jn der Cämara. der Cardinal von harach hat sie zue samb geben. vmb 5 sein wier zue der dafel gangen, haben gesen biß auf 7, von 7 biß auf achte haben wier gespilt, vmb 8 sein wier zue der Comedi gangen biß auf 12, dernach sein wier schlafen gangen. den anderen tag haben wier vmb halbe 10 meß gehert, darnach zumb esen vnd vmb ainß zue einer Comedi.[159]

---

157 *Den 18.* [Jan.] *wie auch folgenden Tag / sein bey Hoff Nachmittag Wällische Comedien gehalten worden.* Ordentliche Zeittungen, 29. Jänner 1628; vgl. auch Seifert, Oper, S. 433, 600. Anschließend berichtet das Blatt: *Den 21. hat man zu Praag für den verstorbenen Hertzog zu Mantua / dem zu Ehren ein stattliches Castrum doloris in der Schloßkirchen auffgerichtet worden / die Vigil / vnd den 22. die Exequien gehalten.*

158 Cäcilia Renata aus Prag an Leopold Wilhelm in Wien, 8. Februar 1628; HHStA, Fam.-Korr. A/48; vgl. Seifert, Oper, S. 601.

159 Maria Anna aus Prag an Leopold Wilhelm in Wien, 9. Februar 1628.; HHStA, Fam.-Korr. A/48; vgl. Seifert, Oper, S. 602. Am 6. Februar hatten die erste Hofdame Kaiserin Eleonoras, eine Gräfin d'Arco, und Hans Freiherr von Breuner geheiratet. Über die aus diesem Anlaß aufgeführte Komödie berichtet auch Cosimo Bartolini in einem Schreiben vom 12. Februar 1628 nach Flo-

Am selben Tag, an dem die Erzherzogin diesen Brief an ihren Bruder nach Wien schreibt, teilt auch der junge Graf Slavata seinem Freund Zdenek Libstejnsky von Kolowrat mit, er befürchte, *wenn es mit dem Theaterspielen so weiterginge, würden wir alle noch lange Komödianten bleiben.*[160]

Die italienische Gesellschaft sollte, wie wir dem Schreiben Cäcilia Renatas vom 6. Februar 1628 entnehmen, „noch ein ganzes Jahr" bleiben, wovon allerdings die Zeit ab Juni 1628 in Wien zugebracht wurde. Am 20. Mai 1628 erhalten wir Nachricht von der Anwesenheit weiterer Darsteller. An diesem Tag berichtet ein toskanischer Korrespondent nach Florenz, daß man drei Tage zuvor *eine Komödie von Finocchio, Frittelino und anderen Darstellern* gegeben habe, *welche S. M. hatten hieherkommen lassen.* Dieser Vorstellung hätten neben dem Kaiserpaar auch der Großherzog Ferdinando II. de' Medici und dessen Bruder Giovanni Carlo, die am 15. Mai in Prag angekommen waren, beigewohnt.[161]

Einen „Finocchio" finden wir in derselben Gesellschaft, die für Juli 1627 in Genua gemeldet wird und in der wir bereits Isabella Cima, Ottavio Onorati und Marc'Antonio Romagnesi

---

renz: *et doppo in luogo di festi sene fu rappresentata da Comici Italiani una bella, et uaga commedia.* Seifert, Oper, S. 602.

160 *Zde mimo comedii držanou nic jiného není, toliko že, bude-li nadlouze, všichni comedianty zuštame.* Adam Paul Slawata an Zdenek Libstejnsky z Kolowrat, 9. Februar 1628; SOAJH, RA Slavata, i. č. 108, kniha č. 25 (freundliche Mitteilung von Petr Mat'a, Prag).

161 Seifert, Oper, S. 166, 603. Die toskanischen Fürsten waren am Karfreitag *mit 200. vnnd darüber / Pferdten vnnd Mauleseln / auch mit einer grossen Anzahl Herrn vnd Cavaliern* bei ihrer Tante Claudia de' Medici, seit 1626 Gattin Erzherzog Leopolds V., in Innsbruck eingelangt und nach Ostern nach Prag weitergereist, wo sie am 15. Mai ankamen und bis Juni blieben; siehe den Brief Cäcilia Renatas aus Prag an ihren Bruder Leopold Wilhelm in Wien, 15. Mai 1628; Ordentliche Zeittungen, 13. Mai 1628; Senn, Innsbruck, S. 224 ff.; Seifert, Oper, S. 603; Schindler, Mio compadre, S. 60.

162 Ferrone, Corrispondenze 1, S. 287, Anm. 2; 2, S. 33 ff.

angetroffen haben.[162] Die Maske des Finocchio, die als eine Brighella-Variante schon 1560 begegnet, wurde in Genua von Paolo Zanotti verkörpert. Auch in der für die Paris-Tournee von 1620 zusammengestellten Kompagnie des Herzogs von Mantua war Zanotti vertreten; Cecchini, der dieser Truppe kurzfristig angehörte, lobt die *bufonesca musa*, mit der Zanotti in Venedig großen Ruhm erntete. Wie aus der Erwähnung des „Frittellino" hervorgeht, war Pier Maria Cecchini ebenfalls in Prag. Er dürfte zusammen mit Zanotti und den „anderen Darstellern", die in dem Schreiben nach Florenz noch erwähnt werden, zu jenen *fünff mantuanischen Commedianten* gehören, denen das Wiener Hofzahlamt in diesem Jahr *auf Zehrung vnd Gutschÿ Fuhrlohn nacher Prag* 155 Gulden ausbezahlte.[163]

Am 31. Mai 1628 schreibt die Erzherzogin Cäcilia Renata nach Wien, sie habe diesen Abend wieder *solche zwo narrische Comedi* gesehen, daß ihr *zu der nacht der kopf recht wehe hatt gethan aus lauter glachter.*[164] Bald darauf, nach Pfingsten, reist der Hof über Znaim, wo noch ein mährischer Landtag abgehalten wird, nach Wien zurück. Die Italiener folgen ihm und bleiben noch bis zum Fasching 1629. Da die kaiserliche Familie wieder vereint ist, wird leider auch ihre Korrespondenz wieder spärlich. Erst als Leopold Wilhelm die Burg von Wiener Neustadt bezieht, lebt der Briefwechsel neuerlich auf. Am 25. Februar 1629 berichtet Maria Anna ihrem Bruder: *heüt haben mier ein Comedi gehabt, wolt E. l. wären dar bey gewesen dan sie ist zimblich guet gewesen. sie haben die tag ein Comedie gehabt, des wie der mecedin ist fürst gewesen so ist der fenocio ein fürst gewesen, hat mich beser gedunck (als die ain, ich vermain wan E. l.*

---

163 ÖSTA, HKA, HZAB 76, 1629, fol. 595r; vgl. auch Alexander von Weilen, Das Theater, 1529–1740. In: Geschichte der Stadt Wien 6, Wien 1917, S. 333–456, hier S. 371 f.

164 Cäcilia Renata aus Prag an Leopold Wilhelm in Wien, 31. Mai 1628; HHStA, Fam.-Korr. A/48; vgl. Seifert, Oper, S. 603.

komen, wert man es noch ein mal haltn).[165] Das Stück, in dem Mezzetino (Ottavio Onorati) und Finocchio (Paolo Zanotti) auftraten, hat somit wohl dem verbreiteten Motivkomplex des *Creduto prencipe* angehört.

Über das sonstige Repertoire der Tournee sind wir nicht näher unterrichtet, doch wird Andreini sicherlich auch seine eigenen Stücke aufgeführt haben. Sein dramatisches Œuvre zeichnet sich durch eine erstaunliche Gattungsvielfalt aus und reicht von Komödien über Tragikomödien und Pastoralspielen bis zu Tragödien und geistlichen Dramen. Seine Werke stehen vielfach an der Gattungsgrenze von gesprochenem Schauspiel und Oper. Von seiner Komödie *La Ferinda* war schon oben die Rede; *La Centaura* verbindet die Komödie mit dem Pastorale und der Tragödie; das Werk hat gesungene Partien, und seine Akte schließen mit Chören. Das Stück ist anläßlich des französischen Gastspiels der *Fedeli* 1622 in Paris erschienen; in Eggenbergs Bibliothek in Böhmisch Krumau liegt ein Sammelband mit vier Drucken aus dieser Periode. Er enthält neben *La Centaura* noch drei weitere Komödien Andreinis: *Amor nello specchio*, *Li duo Leli simili* und *La Sultana*, alles „klassische" Commedia-dell'arte-Stücke mit Verwechslungsintrigen und Zaubereffekten. Zusätzlich besaß Eggenberg noch einen Druck der Komödie *La Turca*, die Andreini im Auftrag Francescos II. von Mantua für seine Hochzeit mit Margherita von Savoyen im Jahr 1608 schrieb.[166] Auch dieses Stück behandelt das beliebte Commedia-dell'arte-Motiv des durch türkische Kor-

165 Maria Anna aus Wien an Leopold Wilhelm in Wr. Neustadt, 25. Februar 1629; HHStA, Fam.-Korr. A/48.

166 Teatralia 1, S. 86 f., Nr. 39–43; vgl. Daniela Mauri, Il mito di Narciso in tre testi di Isabella, Francesco e Giovan Battista Andreini. In: Elio Mosele (Hg.), La Commedia dell'Arte tra Cinque e Seicento in Francia e in Europa. Atti del Convegno Internazionale di Studio, Verona – Vicenza, 19–21 ottobre 1995, Fasano 1997, S. 207–221, 217 ff.; A. Zazo, „La Turca" di G. B. Andreini: Un caso di editoria nel Seicento. In: Quaderni di Teatro 32, 1986, S. 61–72.

saren geraubten Mädchens, das bei seiner Rückkehr in die Heimat eine Reihe von Liebesabenteuern zu bestehen hat. Eggenberg dürfte die in seiner Bibliothek überlieferten Drukke vermutlich vom Verfasser persönlich erhalten haben.

Andreini schrieb auch zwei geistliche Schauspiele, beide in Versen und fünf Akten und ebenfalls auf dem Weg zum Musikdrama. Sein *Adamo* (Mailand 1613) dürfte John Milton zu dessen *Paradise Lost* angeregt haben;[167] seine *Maddalena* ist seit 1610 sowohl als Epos wie auch als „sacra rappresentazione" in mehreren Fassungen erschienen. 1617 wurde *La Maddalena* mit einem Prolog von Monteverdi und einem Ballett des gefeierten jüdischen Komponisten Salomone Rossi in Mantua uraufgeführt.[168] In Prag verfaßte Andreini 1628 eine neue epische Version, die aus drei Gesängen bestehende „Composizione Sacra" *La Maddalena;* sie ist bei Sigismund Leva im Druck erschienen und war dem Prager Kardinalerzbischof Ernst Albrecht von Harrach gewidmet.[169] Im Jahr darauf erschien dann in Wien eine Neufassung seiner „Composizione Rappresentativa" *La Maddalena*, die Andreini dem Wiener Nuntius

---

167 Bevilacqua, Andreini 1, S. 133 ff.

168 La Maddalena, sacra rappresentatione, Mantova, Ossanna 1617; Musiche de alcuni eccellentissimi musici composte per La Maddalena, sacra rappresentazione di Gio. Battista Andreini fiorentino, Venezia, Magni 1617. Suzanne und Paul-Henri Michel, Répertoire des ouvrages imprimés en langue italienne aux XVIIe siècle. Bd. 1, Firenze 1970, S. 140, Nr. 35; J. Newman, F. Rikko, A Thematic Index to the Works of Salomon Rossi, Hackensack, N. J. 1972, S. 67; Eduard A. Safarik (Hg.), Domenico Fetti 1588/89–1623. Mostra, Mantova 1996, Milano 1996, S. 55 ff., 124 ff., Kat. 21, 22, S. 236 ff., Kat. 61; David Nutter, Salomone Rossi's Chitarrone Madrigals. In: Paolo Besutti et al. (Hgg.), Claudio Monteverdi. Studi e prospettive. Atti del Convegno, Mantova, 21–24 ott. 1993, Firenze 1998, S. 215–261.

169 La Maddalena. Composizione Sacra. Di Gio. Battista Andreini Fiorentino. All'Illustrissimo, Eccelentissimo, et Reverendissimo Principe il S. Cardinal de Harrach Arcivescouo di Praga dedicata. Pragæ, Sigismundus Leva. Anno M.DC.XXVIII. (Státni Kníhovna [Staatsbibliothek], Prag, 52.F.42).

und Erzbischof von Thessalonike, Giovanni Battista Pallotto, zugeeignet hatte.[170]

Im Unterschied zum Prager Druck, den bereits Allacci (im Glauben, daß es sich um eine dramatische Version handle) verzeichnet,[171] hat der Wiener Druck, der einen der interessantesten Musiktheatertexte des Frühbarock darstellt, in die literatur- und theaterwissenschaftliche Forschung noch keinen Eingang gefunden.[172] Die Wiener Bearbeitung des erstmals 1617 in Mantua erschienenen Werkes erfolgte, wie Andreinis Vorrede zu entnehmen ist, auf Wunsch der aus Mantua stammenden Hofsängerin Lucia Rubini. Die Wiener Hofmusiker und ihr Kapellmeister Giovanni Valentini werden ebenfalls angesprochen. Fraglos ist es in Wien während der Fastenzeit 1629 zu einer Aufführung des Stückes gekommen.

Im Februar 1628 hatte man aus Prag bei der *hinterlassenen Hofkammer* in Wien angefragt, *was zu weilandt Kaÿser Matthiæ Zeitten, denen Italienischen Comoedianten Zur underhaltung vnd sonst auf rais Vnkosten dargeben worden*;[173] die Antwort ist nicht überliefert. Bald darauf beginnen jedenfalls die Zahlungen. Sie nehmen im März 1628 mit 3.700 Gulden ihren Anfang, setzen sich dann bis zum März des Folgejahres mit sieben Teilbeträgen zu à 286 Dukaten (d. s. 787 Gulden 30 Kreuzer) und einer Sonderzahlung von 1.000 Gulden fort und laufen am 1. März 1629 mit einer Gratifikation von 5.000 Gulden aus. Die oben erwähnten

170 La Maddalena. Composizione Rappresentatiua. Di Giovan Battista Andreini, Fiorentino, Della Seren. Casa Gonzaga Divotissimo Servitore. All'Illustrißimo, & Reverendißimo Signore Monsig. Gio. Battista Pallotto Arcivescovo di Tessalonica, Nuntio di N.S. alla Maestà dell'Imperatore. Viennæ Austriæ, Typis Casparis ab Rath, Bibliopolæ, 1629 (ÖNB, 154.708–A; UB Graz, I 29.778). Vgl. Seifert, Oper, S. 279 ff., 960 (Index); Saunders, Sacred Music, S. 398 f., 901; Schindler, Mio compadre, S. 62 f.

171 Lione Allacci, Drammaturgia, Venezia 1755 (Nachdr. Torino 1961), Sp. 494.

172 Vgl. die in Anm. 123 genannte Literatur.

173 ÖStA, HKA, Hofkammeramt, R. 1628/I, wNr. 728, fol. 62r (19. Februar 1628); E. 1628, wNr. 725B, fol. 286v (21. August 1628).

Giovan Battista Andreini, Kupferstich von Cesare Bassani.

155 Gulden Reisekosten eingerechnet, floß den Italienern ein Gesamtbetrag von 15.519 Gulden zu; einem *italienischer Narren* wurden noch zusätzliche 150 Gulden ausbezahlt.[174]

174 Rationes Acceptorum aus dem Hoffzahlambt in die geheime Cassa, 1628–1631, ÖNB, Cod. 7337, fol. 116r, 121v–128r, 136rv; vgl. Hadamowsky, Barocktheater, S. 13; ders., Wien, S. 102.

Für den Hof war diese Art von Theater noch relativ preiswert. Für die legendäre Aufführung der Krönungs- und Geburtstagsoper *La Costanza e Fortezza*, die 100 Jahre später (1723) unter Karl VI. im Hirschgarten des Hradschins stattfand, waren z. B. 80.000 Gulden veranschlagt worden, und die 1716 zur Geburt Erzherzog Leopolds in der Wiener Favorita aufgeführte Oper *Angelica vincitrice di Alcina* soll sogar 240.000 Gulden gekostet haben – fünfzehnmal soviel, wie die fast anderthalbjährige Gastspieltournee der *Comici Fedeli* mit ihren wohl 200 bis 300 Vorstellungen zusammengenommen.[175]

Natürlich wurden derartige Festopern genauso wie das Kavalierstheater und die *Ludi caesarei* der Jesuiten explizit zur Glorifizierung des Herrscherhauses eingesetzt, und als Instrument und Indikator imperialen Machtanspruchs schienen ihre Kosten somit auch politisch vertretbar. Die Schauspiele des professionellen Wandertheaters hingegen dienten der Hofgesellschaft in erster Linie zur „reinen" Unterhaltung. Sie waren deswegen aber nicht frei von politischen Implikationen; und gerade in Krisenzeiten mochte die Demonstration eines kunstverständigen Mäzenatentums oder auch nur die scheinbar unbekümmerte Hingabe an das Vergnügen dem Image eines selbst- und siegessicheren Herrschertums förderlich sein.[176]

---

175 Mary Montague, Briefe aus Wien, hg. von M. Breulich, Wien 1985, S. 20; Otto G. Schindler, „Kaiserliche Augustini-Oper" zwischen Hofjagd und Huldigung. In: Studien zur Musikwissenschaft 24, 1995, S. 131–174, hier S. 134.

176 Eine auf Staatsräson gegründete – hier freilich auf den „gemeinen Mann" gemünzte – Rechtfertigung des Theaterspiels auch in *kriegerischen und schwer Aussgaaben druckende Zeiten* liefert 1705 der böhmische Theatermäzen Franz Anton Graf Sporck: Gerade *auch in statu bellicosissimo et turbulentissimo* seien Komödien zu halten, *ut nimirum vulgus a molimine altiarum rerum arceatur.* Heinrich Benedikt, Franz Anton Graf von Sporck (1662–1738): Zur Kultur der Barockzeit in Böhmen, Wien 1923, S. 122.

Während Cecchini bereits im September 1628 wieder in Bologna auftaucht,[177] dürften Andreini, seine Gattin Virginia, Virginia Rotari sowie andere Schauspieler der *Fedeli* noch bis Faschingsende 1629 in Wien geblieben sein; sollte Andreini seine Wiener *Maddalena* auch selbst inszeniert haben, vielleicht auch bis Ostern. Von Wien aus richtet Virginia Rotari am 16. November 1628 ein mit *Di Vostra Altezza serenissimia serva devotissima Lidia comica* unterfertigtes Schreiben an Maria Gonzaga nach Mantua, worin sie, als Witwe und Mutter von sieben unversorgten Kindern, die Prinzessin als Taufpatin ihrer Tochter Leonora bittet, diese bei ihrer Ausbildung zu unterstützen. Durch den Tod der Herzogin Catarina habe die Tochter ihre bisherige Protektorin verloren, und die besorgte Mutter wollte verhindern, daß sie aus Not (und da spricht sie anscheinend aus eigener Erfahrung) eine Schauspielerin werde – ein *essercizio tanto pericoloso per donna*.[178] In einem Brief, den eine Woche später Andreini selbst nach Mantua richtet, wiederholt er diese Bitte und bedankt sich für die Ringe, die Carlo Rethel, der Gatte Marias, den beiden Schauspielerinnen verehrt hatte. Rethel sollte im Auftrag seines Vaters am Wiener Hof intervenieren und war erst am Vortag mit leeren Händen nach Mantua zurückgereist.[179]

Andreini selbst treffen wir im September 1629 wieder in Mantua. Ungeachtet der sich von Tag zu Tag verschärfenden Krise hatte er im Auftrag des Hofes wieder eine Theatergesellschaft zusammengestellt, die bereits für die Wintersaison bis Karneval 1630 unter Vertrag stand. Als Andreini die Sta-

---

177 Am 6. September 1628 richtet er aus Bologna ein Schreiben an Alessandro Striggio am mantuanischen Hof; Ferrone, Corrispondenze 1, S. 299, C89.

178 Giovan Battista Andreini (namens Virginia Rotari) aus Wien an Maria Gonzaga in Mantua, 16. November 1628; Bevilacqua, Andreini 2, S. 132; Ferrone, Corrispondenze 1, S. 145 ff., A54.

179 Giovan Battista Andreini aus Wien an Maria Gonzaga in Mantua, 23. November 1628; Bevilacqua, Andreini 2, S. 132 f.; Ferrone, Corrispondenze, 1, S. 146 f., A55.

gione eröffnen wollte, war ein Teil der Darsteller nicht erschienen, darunter sein Erzrivale Pier Maria Cecchini und Silvio Fiorillo, einer der „unausstehlichen Neapolitaner" seines Gastspiels in Prag. Offenbar weitsichtiger als der Prinzipal und seine unbekümmerten Auftraggeber hatten jene es vorgezogen, das bereits schwelende Pulverfaß Mantua nicht mehr zu betreten und statt dessen zu versuchen, im ruhigeren Crema bzw. im scheinbar sicheren Venedig ein Engagement zu erhalten. Umgehend wird der dortige mantuanische Resident von Andreini angewiesen, alle ansässigen *nobili*, die ein Theater unterhielten, vom Vertragsbruch des *Frittellino* und *Mattamoros* in Kenntnis zu setzen und die Flüchtigen nach Mantua zurückzuschaffen, wo sie unter seiner Leitung bis zum kommenden Karneval auftreten sollten.[180]

Wenige Wochen nach diesem Schreiben überschritten aber die kaiserlichen Truppen unter Aldringen bereits bei Borgoforte den Oglio; und während am 31. Oktober Maria Gonzaga im Palazzo Ducale ihren Sohn Carlo zur Welt brachte – den späteren Herzog Carlo II. von Mantua, Bruder der Kaiserin Eleonora II. und Gatten der Erzherzogin Isabella Klara –, schlugen ins Nebenzimmer schon die Geschosse des kaiserlichen Belagerungsheeres. Wobei einige dieser Kugeln möglicherweise aus jenen Geschützen abgefeuert wurden, die der Herzog von Guastalla bereitwilligst den Invasoren zur Verfügung gestellt hatte.[181] Mantua war jedenfalls ab diesem Zeitpunkt eine belagerte Stadt; und daß unter diesen Umständen noch ein Bedarf an Andreinis Commedia dell'arte bestand, ist mehr als zweifelhaft.

---

180 Giovan Battista Andreini aus Mantua an Girolamo Parma in Venedig, 16. September 1629; Ferrone, Corrispondenze 1, S. 148, A56.

181 Carlo d'Arco (Hg.), Due cronache di Mantova dal MDCXXVIII al MDCXXXI. In: Raccolta di cronisti e documenti storici lombardi inediti, Bd. 2, Milano 1857, S. 465–680, S. 516; Zwiedineck-Südenhorst, Die Politik 2, S. 136.

Es waren aber auch jene 75 bzw. 200 Gulden, die das Wiener Hofzahlamt noch am letzten Dezember 1629 sowie am 15. Jänner des Folgejahres *für den Lelio Comico* zur Zahlung angewiesen hatte, zweifellos für Andreini gedacht. Daß er deswegen auch physisch in Wien anwesend war, ist allerdings unwahrscheinlich. Bemerkenswert ist, daß er die 200 Gulden – zumindest teilweise – *zu reparirung einer Senfften für die Vögl* erhalten hat, worunter wohl (eine „Vogelsänfte" ist mir im Deutschen bisher noch nirgends begegnet) eine tragbare Hütte, wie sie für den Vogelfang verwendet wurde, zu verstehen ist.[182]

Eine Wiener Operetta in musica *auf Kosten der* misera Italia

Giovanni Battista Pallotto, dem Andreini seine Wiener *Maddalena* zugeeignet hat, war vom Papst als außerordentlicher Nuntius an den Kaiserhof entsandt worden, um eine friedliche Beilegung des mantuanischen Sukzessionsstreites zu erwirken. Im Mai war Pallotto in Prag eingelangt, desgleichen der Großherzog Ferdinando II. von Toskana, der sich ebenfalls als Vermittler anbot. Als Entschädigung für einen Verzicht auf seine Kandidatur verlangte Guastalla anfangs *ein Viertel von Mantua*; schließlich schien er sich mit Reggiolo und einigen angrenzenden Tälern zufriedenzugeben.[183] Auf dieser Basis wurde am Rande des mährischen Landtags in Znaim ein Abkommen ausgearbeitet, das ein baldiges Ende des Konfliktes in greifbare Nähe rückte. Aus Furcht, die spanische Protektion zu verlie-

182 Rationes Acceptorum, ÖNB, Cod. 7337, fol. 136rv. Den Hinweis auf die mögliche Bedeutung der „Vogelsänfte" verdanke ich Helmut Hundsbichler vom Institut für Realienkunde des Mittelalters und der Frühen Neuzeit in Krems.

183 Über die gescheiterten Pläne, eine Schwester Cesares mit Friedrich Rudolf Grafen von Fürstenberg zu verheiraten, berichtet Affò, Guastalla 4, S. 130.

ren, zog Guastalla aber wieder alle Zugeständnisse zurück, und es *entlud sich der ganze Groll des Kaisers auf Don Cesare, den mittelbaren Urheber aller Verwicklungen.*[184]

Auch Eleonora versuchte, in die Verhandlungen einzugreifen. Doch waren ihr die Hände gebunden, und ihre Hilfe konnte sich nur hinter den Kulissen vollziehen. Als sie am 5. September 1628 in Wien die Botschafter zu einer Vorstellung der italienischen Komödianten einlud und sich bei dieser Gelegenheit beim spanischen Gesandten Aytona über die mangelnde Kompromißbereitschaft seines Königs beklagte, entgegnete dieser scharf, daß nach spanischer Ansicht unbedingt eine Züchtigung Nevers' zu erfolgen habe. Kurz darauf wurde Don Cesare nach Ebersdorf zur Hofjagd eingeladen. Die Kaiserin, die mit ihm täglich verhandelte, gab ihm zu Ehren rauschende Feste und überredete den Kaiser, Guastalla das erste frei werdende Lehen in Italien anzutragen. Auch sollte sich Pallotto beim Papst dafür einsetzen, dem Prinzen einen Kardinalshut zu verschaffen. Trotz aller Bemühungen blieb Don Cesare jedoch weiterhin unentschlossen; sein Gönner war jetzt Fürstenberg, der ihn im Geheimen Rat unterstützte.[185]

Am 17. Februar 1629 berichtet Pallotto, daß Guastalla in wenigen Tagen als kaiserlicher Gesandter nach Spanien fahre; er habe den offiziellen Auftrag, die Reise der Infantin Maria, der Braut Ferdinands III., in die Wege zu leiten. Er wäre krank, huste und speie Blut, halte jedoch seinen Zustand geheim. Die Reise verzögerte sich aber; Guastalla verließ Wien erst am 17. März.[186] Zuvor war Don Cesare aber noch mit einer *Operetta in musica* in Erscheinung getreten, die er im Fasching mit der kaiserlichen Hofmusik zur Aufführung brachte. Schon am 13. Jänner hatten die Wiener *Ordentlichen Zeittungen* von

184 Kiewning, Pallotto 1, S. XCI, 64, 95, 175, 191 f., 212 ff.

185 Ebd., 1., S. 217 f., 222 f., 251, 283, 311, 322 ff., 331, 339, 346 f.; 2, S. 11, 320.

186 Ordentliche Zeittungen, 17. März 1629; vgl. auch Kiewning, Pallotto 1, S. 329; 2, S. 64, 73 f., 101, 108.

Faschingsvorbereitungen berichtet, *darzue auch die Kayserliche Musica mit einer Comedi sich præpariren thuet.*[187] Diese Faschings-*Comedi* der Hofmusiker hat Herbert Seifert wohl ganz zu Recht mit jener Aufführung in Verbindung gebracht, von der er in einem Brief an den Florentiner Hof eine Beschreibung auffinden konnte. Monsignore Niccolò Sacchetti teilt darin mit, daß am 18. Februar, also am vorletzten Sonntag im Fasching, eine *operetta molto gratiosa composta da Don Cesare in musica* aufgeführt wurde. In die Handlung waren Ballette eingebaut, in denen *vierzehn, bizarr kostümierte Amazonen* auftraten, die von den beiden Erzherzoginnen Maria Anna und Cäcilia Renata angeführt wurden.[188] *Composta da Don Cesare* ist wohl so zu lesen, daß der Prinz das Libretto verfaßte; der Komponist der *operetta in musica* ist nicht angeführt, doch werden wir ihn sicher im Kreis der Hofkapelle zu suchen haben, der auch die Instrumentalisten und Vokalisten angehörten. Das Ballett hatte wohl wieder die Kaiserin selbst mit ihren Stieftöchtern und Hofdamen einstudiert.

Im Fasching dieses Jahres fand noch die Aufführung eines Huldigungsstückes mit dem Titel *Gli Austriaci* statt, worin zwei Gruppen von Fischern und Fischerinnen auftraten, deren Führer abwechselnd Loblieder auf das Kaiserpaar sangen.[189] Im Juli wurden zum Geburtstag König Ferdinands im Schloßpark von Laxenburg ein Turnier und eine *Commedia* gegeben, wobei es zu heftigen Rangstreitigkeiten zwischen den Botschaftern von Florenz und Spanien kam. Die Aufführung mußte jedoch wegen eines Regengusses abgebrochen werden, und man hol-

---

187 Ordentliche Zeittungen, 13. Jänner 1629; vgl. Seifert, Oper, S. 29, 128, 603 f.

188 *La sera poi fù recitata in musica un operetta molto gratiosa composta da Don Cesare la quale fù intersiata da diuersi Balletti ballati de'quattordici Amarzoni* [sic] *vestiti bizzarramente fra le quali erono anche le Arci Duchesse, che come Capo de schiera, guidauano il Balletteo.* Niccolò Sacchetti an den Hof von Florenz, 21. Februar 1629; Seifert, Oper, S. 604.

189 Seifert, Oper, S. 29, 73, 279, 433.

te die *Commedia con Intermedij in Musica* sowie mit einem *schönen Ballett von acht Jünglingen* in der Favorita nach.[190]

Der neue spanische Gesandte am kaiserlichen Hof, Don Antonio de Aila, Conte de Castro, hatte Anfang Juni erklärt, sein König ziehe Don Cesare als Herzog von Mantua vor, da er, im Gegensatz zu Nevers, *von selbem Haus und Blut, auch in Italien geboren und deshalb mit den heimischen Sitten vertraut sei.* Überdies wäre er *der Casa de Austria sehr ergeben, habe sich um das Haus verdient gemacht und wäre ein Engel.* Deswegen sei er auch überzeugt, daß ihn die italienischen Fürsten dem „Franzosen“ Nevers vorziehen würden.[191]

Die Bildung einer italienischen Liga unter der Führung Frankreichs und dessen aktives Eingreifen nach dem Fall der Hugenottenfestung Rochelle bewogen schließlich den Kaiser, im Spätsommer 1629 seinen Truppen den Einmarschbefehl zu erteilen. Damit war auch Oberitalien zu einer Hauptfront des Dreißigjährigen Krieges geworden. Er wütete dort nicht minder heftig als an den anderen Schauplätzen; und die Protestschreiben, die Erzherzog Leopold schon aus den Tiroler und vorderösterreichischen Sammel- und Durchzugsorten dem Kaiser wegen der Greueltaten seiner Regimenter zusandte, geben einen Vorgeschmack darauf, welche Spur des Schreckens sie dann im eigentlichen Kampfgebiet hinterließen.[192] In ihrem Gefolge kam auch eine Pestepidemie ins Land; ihr soll unter anderen die mit den *Fedeli* aus Wien zurückgekehrte Virginia Andreini-Ramponi zum Opfer gefallen sein.[193] Und es wäre mit der geballten Schicksalsdramaturgie eines barocken Opern- oder Trauerspielsujets durchaus vergleichbar, wenn ausgerechnet Monteverdis

190 Ordentliche Zeittungen, 21. Juli 1629; Seifert, Oper, S. 434, 604 f.

191 [...] *devoto alla casa d'Austria, benemerito di essa et un angelo.* Kiewning, Pallotto 2, S. 211, Anm. 1.

192 Khevenhiller, Annales Tl. 11, Sp. 786 f.; vgl. auch G. Wagner, Wallenstein und der Landesherr von Tirol. In: MIÖG 83, 1975, S. 75–113, S. 88 f.

193 Bevilacqua, Andreini II, S. 134.

Orfeo-Librettist und lebenslanger Freund Alessandro Striggio, Graf von Corticelli, es gewesen sein soll, der als mantuanischer Abgesandter an den Wiener Hof auf der Durchreise in Venedig dort jene verheerende Pestepidemie eingeschleppt hat, die dann angeblich ein Drittel der Bevölkerung dahingerafft haben soll.[194]

Der vorzeitige Abzug venezianischer Hilfstruppen hat auch den Fall des von den Kaiserlichen belagerten Mantua beschleunigt. Am 18. Juli 1630 wurde es eingenommen, die anschließende Plünderung und Verwüstung durch Aldringen und Gallas und deren Soldateska hat sich als der berüchtigte *Sacco di Mantova* und eine der unrühmlichsten Folgen habsburgischer Italienpolitik in die Geschichte eingeschrieben.[195] „Das Mantua der Isabella, das Mantua Federicos, Guglielmos und Vincenzos war unwiederbringlich dahin."[196]

Die Einnahme Mantuas stärkte noch einmal die Hoffnung des Herzogs von Guastalla auf die mantuanische Nachfolge. Doch wenige Wochen später wurde auch er ein Opfer der Pest, und Don Cesare trat seine Nachfolge an.[197] Dieser hatte sich

---

194 (Giovanni Casoni,) La peste di Venezia nel MDCXXX. Origine della erezione del tempio a S. Maria della Salute, Venezia 1830, S. 9 ff. Silke Leopold hat in ihrer Monteverdi-Monographie diese Rolle Striggios auf zwei verschiedene Personen verteilt: auf den *Botschafter des mantuanischen Herzogs beim Kaiser*, der am 8. Juni 1630 in Venedig die Pest einschleppte, und in den *Freund und Librettist*[en] *Monteverdis, der als Abgesandter der von den kaiserlichen Truppen besetzten Stadt die Republik um Hilfe bitten wollte* und der erst im März 1631 als *ein weiteres prominentes Mantuaner Opfer* an der Pest gestorben sein soll; Leopold, Monteverdi, S. 39 f. Um Striggio einen Märtyrer-Mythos aufzubauen, besteht übrigens keinerlei Anlaß. So hat er beispielsweise versucht, die unschuldig verfolgte Isabella Gonzaga di Bozzolo, die den späteren Herzog Vincenzo II. durch Hexerei (wie es hieß) bestrickt und zur Hochzeit verführt haben soll, mit Gift beseitigen zu lassen; Monteverdi, Briefe, S. 300.

195 Wahrhaffte Relation, Waserley gestalt den 17. Julij 1630. die Stadt Mantua [von] den Käyserlichen ist erobert vnd eingenommen worden. S.l.n. 1630; d'Arco, Due cronache; Quazza, Mantova, S. 247 ff.

196 Quazza, Mantova, S. 262.

197 Ferrante starb am 5. August 1630; Affò, Guastalla 4, S. 143.

vom 26. September bis zum 13. Dezember als außerordentlicher Gesandter des Kaisers in Madrid aufgehalten. König Philipp IV. legte er dar, wie sehr in Wien *der Königin aus Ungarn nach Teutschland Verreisen verlangt werde, und vonnöthen sey.* Der Infantin überreichte er die von ihrem Bräutigam übersandten Hochzeitsgeschenke, darunter *des Königs aus Ungarn Contrefait unter dem grossen Diamant.*[198]

In der ersten Maiwoche 1630 war Guastalla wieder in Wien eingelangt und hatte sich gleich nach Preßburg begeben, wo der Hof am ungarischen Landtag teilnahm. Im Anschluß daran reiste der Kaiser samt Familie zum Reichstag nach Regensburg. Die erhoffte Wahl Ferdinands III. zum römischen König konnte der Kaiser dort allerdings nicht durchsetzen; für die Delegierten hatten die Entfernung Wallensteins und die Befriedung Italiens Vorrang.

Cesare Gonzaga hat auch als Herzog von Guastalla den Wiener Hof mit Theatertexten beliefert. Die Infantin Maria, die Braut Ferdinands III., war nach jahrelangen Verzögerungen am 26. Dezember 1629 endlich von Madrid aufgebrochen und hielt nach einer abenteuerlichen Reise genau vierzehn Monate später, am 26. Februar 1631, ihren glanzvollen Einzug in Wien.[199] Schon am Folgetag wurde aus diesem Anlaß eine *Inventione di Balletto* mit Chören und Sologesängen aufgeführt, zu der Cesare wieder die Texte verfaßt hatte.[200] Diese Aufführung fand bereits in jenem *newen Saal oder Danz Plaz zu Hoff* statt, den Kaiserin Eleonore von ihrem Landsmann Giovanni Battista Carlone für die Hochzeitsfeiern errichten ließ und der

198 Khevenhiller, Annales Tl. 11, Sp. 579 ff.

199 Dazu ausführlich Seifert, Hochzeit-Gott, S. 13 ff.

200 Inventione di Balletto. Nelle Reali Nozze delle Maestà, del Rè Ferdinando terzo […] con la Regina Maria Infanta di Spagna, &c. Vienna d'Austria, Matteo Formica, M.DC.XXXI. (ÖNB 25.393–B); Seifert, Oper, S. 434; ders., Hochzeit-Gott, S. 14 f., Abb. 15–17.

im heutigen Großen Redoutensaal weiterlebt.[201] Für die *Favola ne Boschi La Caccia felice*, die am 9. März im Großen Saal des Niederösterreichischen Landhauses aufgeführt wurde und die im umfangreichen Programm dieser Hochzeitsfeier „die einzige echte Oper“ darstellt, steuerte der Herzog abermals das Libretto bei. Es ist das früheste Opernlibretto, das aus Wien überliefert ist, und Herbert Seifert hat ihm eine ausführliche Analyse gewidmet.[202] Vom venezianischen Botschafter Sebastiano Venier, der dem Dogen Nicolò Contarini über die Aufführung berichtet, wird angedeutet, daß Guastalla aus seiner künstlerischen Arbeit auch politisches Kapital geschlagen hat – zum Nachteil der *misera Italia.*[203] Der Botschafter spielt damit auf die Rolle Guastallas beim Mantuanischen Erbfolgekrieg an, an dessen Ausbruch er als willfähriges Instrument spanischer Expansionspolitik im hohen Maße mitschuldig war.[204]

201 Moriz Dreger, Baugeschichte der K. K. Hofburg in Wien (Österreichische Kunsttopographie 14), Wien 1914, S. 166 ff.; Hadamowsky, Barocktheater, S. 31; Harry Kühnel, Forschungsergebnisse zur älteren Geschichte der Wiener Hofburg 4: Der Leopoldinische Trakt der Wiener Hofburg. In: Anzeiger der phil.-hist. Kl. der Österreichischen Akademie der Wissenschaften 97, 1960, S. 147–169, hier 165; Seifert, Oper, S. 395 f.; ders., Hochzeit-Gott, S. 13 ff.; Benedik, Redoutensäle, S. 6, 29.

202 La Caccia felice. Favola ne Boschi fatta nelle Reali Nozze delle Maesta del Re Ferdinando Terzo, d'Vngheria e Bohemia, &c. e della Regina Maria, Infanta di Spagna, &c. In Vienna d'Austria, Matteo Formica […] 1631. (Semenička Knjičnica Ljubljana [Bibliothek des Priesterseminars Laibach], AE 107/1); Seifert, Oper, S. 207 ff.; 435, 608 ff.; ders., Hochzeit-Gott, S. 13 ff., Abb. 10–11.

203 […] *recitata una pastorale in musica composta dal Duca di Guastalla che con diversi mezzi si va sempre più intimando nella gratia di queste Maestà a pregiuditio della misera Italia.* Sebastiano Venier aus Wien an den Dogen Nicolò Contarini in Venedig, 24. März 1631; Seifert, Oper, S. 19, 615; vgl. ders., Hochzeit-Gott, S. 17.

204 1631 war Herzog Cesare Gonzaga-Guastalla spanischer Botschafter in Wien und sollte u. a. im Auftrag Philipps IV. die Gunst des kaiserlichen Beichtvaters Lamormaini gewinnen. Am 26. Februar 1632 ist Guastalla in Wien gestorben; Bireley, Religion, S. 164. Am 15. August 1746 starb Giuseppe Maria Gonza-

Einige Monate später – Gustav Adolf war bereits im Vorjahr bei Peenemünde gelandet und hatte im Jänner 1631 mit Richelieu den Bündnisvertrag von Bärwalde geschlossen – wurden im Frieden von Cherasco, an dessen Zustandekommen wieder Eggenberg maßgeblich beteiligt war, Mantua und Montferrat schließlich doch dem französischen Kandidaten Nevers zugesprochen. Am 4. September 1631 beginnt der Abzug der kaiserlichen Truppen aus Mantua, im Troß 200 vollbepackte Planwägen mit Beutegut. Am 20. folgte als letzter Aldringen, der allein 87 Wägen *vollbeladen mit Gütern aus der Plünderung* mit sich führte. Die Bevölkerung der Stadt war von 50.000 vor dem Krieg auf knapp 7.000 Bewohner gesunken.[205]

Nevers' Enkelin Eleonora wird 1651 als dritte Gemahlin Ferdinands III. die zweite Gonzaga auf dem Kaiserthron; deren Bruder, Herzog Carlo II. Gonzaga-Nevers, heiratet 1649 die Erzherzogin Isabella Klara, Tochter Leopolds V. von Tirol und Claudias de' Medici. Isabella Klara führte nach dem Tod ihres Gatten (1665) die Regentschaft für ihren Sohn Ferdinando Carlo, den letzten Herzog von Mantua. Dessen Schicksal ist bekannt: Da er sich im Spanischen Erbfolgekrieg den Franzosen anschloß, die Festung Casale auslieferte und ihnen sogar

---

ga, der letzte Herzog von Guastalla. Mit ihm erlosch die Linie Gonzaga-Guastalla, das Lehen wurde eingezogen und kam am 31. August 1746 mit Sabionetta und Bozzolo ebenfalls an das Haus Österreich. Im Frieden von Aachen (1748) wurde es mit dem Herzogtum Parma und Piacenza vereinigt, 1848 kam es an Modena. Federigo Amadei, Cronaca universale della città di Mantova, 5, Mantova 1957, S. 202 f.; Adele Vittoria Marchi, Parma e Vienna. Cronaca di 3 secoli di rapporti fra il ducato di Parma Piacenza e Guastalla e la corte degli Asburgo, Parma 1988, S. 124 ff.

205 G. Mambrino, Vera relatione del modo col quale l'armata Imperiale allogiata nel Mantovano l'anno 1628 se impadronì della famosa città et fortezza di Mantova alli 18 luglio 1630 […] et di Suello che ne seguiva. In: d'Arco, Due cronache, S. 543–557, hier S. 555. Über einige erst in jüngerer Zeit auf Schloß Teplitz (Teplice) wiederentdeckten Kunstschätze aus Aldringens Beutegut vgl. Giulio Bora, Martin Zlatohlávek (Hgg.), I segni dell'arte: Il Cinquecento da Praga a Cremona, Milano 1997.

Mantua selbst versprach, wurde er von Kaiser Leopold I. seiner Lehen für verlustig und von Joseph I. 1708 in die Reichsacht erklärt. Da er kurz darauf kinderlos starb, wurde sein Herzogtum vom Kaiser eingezogen und 1714 zum Haus Österreich geschlagen, unter dessen Herrschaft es – mit der Unterbrechung unter Napoleon – bis 1866 verblieb.

Mantuas Hoffnung, durch verwandtschaftliche Bande und in seiner Rolle als Kulturexporteur der imperialen Machtpolitik Habsburgs entgegenzuwirken, hatte sich als trügerisch erwiesen. Mochte auch der Verlust seiner staatlichen Souveränität politisch das einschneidendste Ereignis gewesen sein: Seinen einstigen Glanz und seine Stellung als ein Angelpunkt der europäischen Musik- und Theaterkultur hat Mantua schon in den Wirren seines Erbfolgestreites eingebüßt und auch später nie mehr wiedererlangt.

Dem Wiener Hof hingegen haben die aus Italien empfangenen Impulse jene kulturelle Vormachtstellung ermöglicht, die in der Folge auch Österreichs politischen Aufstieg zur Großmacht begleitet. Als Vehikel und Indikator dieses imperialen Machtanspruchs hat dabei das Theater jene Führungsrolle erlangt, die ihm im kulturellen Gefüge des Landes im Grunde auch heute noch innewohnt.

ANDREA SOMMER-MATHIS

Ein *pícaro* und spanisches Theater am Wiener Hof zur Zeit des Dreißigjährigen Krieges

Historische Wahrheit oder Fiktion? – Wiener Faschingsunterhaltungen aus spanischer Sicht

Als Estebanillo González über den letzten Seiten seines autobiographischen Schelmenromans saß, erreichte ihn die Nachricht vom Tod der spanischen Infantin Maria, Ehefrau Kaiser Ferdinands III. und Schwester König Philipps IV. von Spanien, der am 13. Mai 1646 in Linz erfolgt war. Erst wenige Jahre zuvor waren zwei weitere *blühende Sprößlinge des Hauses Österreich*[1] verstorben: der Kardinalinfant Ferdinand, ein Bruder Marias, am 9. November 1641 und Erzherzogin Cäcilia Renata, Gemahlin des polnischen Königs Władisław IV. und Schwester Ferdinands III., am 24. März 1644. González hielt es daher für an der *Zeit* [...], *zum Ende zu kommen mit diesem Werk, denn es wär' nicht richtig, nach so viel Leid und Schmerz noch von scherzhaften Dingen zu berichten.*[2]

Dem Dreißigjährigen Krieg, der die Folie für die Memoiren dieses *hombre de buen humor*[3] bildete, hatte González hin-

1 Estebanillo González ein Mann fröhlicher Gelassenheit. Sein Leben und seine Taten aufgeschrieben von ihm selbst. Übersetzt von F. R. Fries, Leipzig, o. J. [1965], S. 338.

2 Ebd., S. 340.

3 Der Titel des Originals lautet: La vida i hechos de Estevanillo Gonzalez, Hombre de buen humor. Compuesto por el mesmo, Antwerpen 1646. Dieser Erstausgabe, von der auch ein Exemplar in der ÖNB erhalten ist (Signatur 56.D.2), folgten in den Jahren 1652 und 1655 zwei weitere Editionen in

gegen durchaus komisch-makabre Seiten abgewinnen können, ja er diente dem *pícaro* – ähnlich wie für Grimmelshausen – als Quelle und Nährboden für seine zum Teil sehr drastischen Schilderungen des zeitgenössischen Geschehens.

Estebanillo González, über dessen reale Biographie kaum etwas bekannt ist, wurde seinen eigenen Angaben nach in Spanien geboren, wuchs aber in Rom auf und durchquerte auf seinen abenteuerlichen Reisen als Koch, Hofnarr und Kurier fast ganz Europa. Im Gefolge des Kardinalinfanten Ferdinand und des Fürsten Octavio Piccolomini, dem er sein Werk widmete, erlebte er hautnah einige der wichtigsten militärischen Ereignisse des Dreißigjährigen Krieges, unter anderem die Schlachten von Nördlingen und Leipzig. Viermal – 1636, 1639, 1642 und 1643 – kam er dabei auch nach Wien, wobei sein zweiter Aufenthalt im Frühjahr 1639 in diesem Kontext von besonderem Interesse ist, weil er zeigt, wie ein Spanier die Wiener Faschingsunterhaltungen dieser Zeit rezipierte und literarisch umsetzte.

Wenn man auch davon ausgehen muß, daß die Autobiographie des Estebanillo González aus einer Mischung von historischer Wahrheit und Fiktion besteht,[4] so gibt es doch einigen Grund zu der Annahme, daß sich der Autor tatsächlich im Jahr 1639 im Gefolge Octavio Piccolominis in Wien aufgehalten und möglicherweise ein ähnliches Spektakel erlebt hat, wie er es in

---

Madrid und vom 18. bis zum 20. Jahrhundert zahlreiche Neudrucke. Für diesen Beitrag wurde, neben der deutschen Übersetzung (vgl. Anm. 1), die oben genannte „editio princeps“ sowie die moderne spanische Ausgabe von Nicholas Spadaccini und Anthony N. Zahareas verwendet, die 1978 in zwei Bänden (Nr. 86 und 87) in der Reihe „Clásicos Castalia“ in Madrid erschienen ist.

4 Vgl. Michael Rössner, Das Wien-Bild im *Estebanillo González* und das Bild des Spaniers in Johann Beer, Des berühmten Spaniers Francisci *Sambelle wohlausgepolirte Weiber-Haechel*. In: Wolfgang Krömer (Hg.), Spanien und Österreich im Barockzeitalter. Akten des dritten Spanisch-Österreichischen Symposions (Kremsmünster, 25.–30. September 1983), Innsbruck 1985, S. 9–20, bes. 9 f.

seinem Roman mit grotesk-komischen Ausschmückungen und Übertreibungen darstellte.

Seinem Bericht nach verkleidete er sich als *montanbanco*, was in der deutschen Übersetzung mit „fahrender Zahnarzt“ statt mit „Gaukler“ wiedergegeben wird.[5] Mit der Unterstützung von vier italienischen Juden,[6] die komisch kostümiert und mit Halbmasken ausgestattet waren – man denkt dabei an Commedia-dell'arte-Darsteller –, spielte González die Rolle eines Quacksalbers, der den Leuten Geld für angebliche Medikamente und Pflaster aus der Tasche zog, die in Wirklichkeit bloß aus Mehl und Wasser bzw. Hanfwerg mit Talg und Wachs bestanden. Mit einem seiner Begleiter führte González eine regelrechte Arztszene auf, wie sie in der Commedia dell'arte häufig vorkam:

[…] *Der vierte Hebräer trat* […] *auf mich zu und tat so, als habe er heftiges Zahnreißen. Beide Hände auf der Backe und in einem fort klagend, klammerte er sich an die Mähne meines Rosses und sperrte den Mund eine Hand breit auf. Ich beschaute mir in aller Gründlichkeit sein Gebiß, als wäre es das eines Pferdes und ich der Roßarzt, der wissen möchte, wie alt es ist; ich schwenkte die Zange und tat so, als zöge ich ihm einen Zahn; dann setzte ich ihm einen ein, den ich mitgebracht und mir für diese Schaustellung von einem befreundeten Bader hatte geben lassen. Daraufhin gab ich zu verstehen, ich hätte ihm den Zahn ohne Schmerz noch Blut gezogen, und hieß ihn ein paarmal ausspucken; und indem ich den Arm mit der Zange, welche den Backenzahn hielt, in die Höhe hob, pries ich meine*

5 *Montanbanco* bedeutete zunächst, ebenso wie das italienische Wort *saltimbanco*, ganz allgemein „jemand, der auf eine Bank springt“; das konnte ein „Zahnarzt“ oder „Barbier“ ebenso sein wie ein Seiltänzer, Gaukler oder Komödiant. Estebanillo González hatte sich in seiner Jugend in Italien sowohl als Barbier als auch als Schauspieler betätigt und vereinigte nun beide Tätigkeiten in einer, indem er einen Zahnarzt spielte.

6 Auch hier liegt ein Fehler des Übersetzers vor, der von „*Drei Juden in italienischen Gewändern*“ spricht.

Geschicklichkeit, lud die Armen ein, sich ihre Zähne kostenlos ziehen zu lassen, und verpflichtete mich, alle Bewohner dieser Residenz gegen ein kleines Entgelt um ihre Zähne und Backenzähne zu erleichtern.

Der Jude gab mir einen Real und verließ die gaffende Menge, wobei er meine Geschicklichkeit über alles lobte und schwor, daß ich ihm weder weh getan noch ihn hätte bluten lassen, worauf ein paar Dummköpfe herantraten, um sich von der Richtigkeit zu überzeugen und ihren Schmerzen Abhilfe zu schaffen. Ich belog und betrog sie, indem ich sie der Reihe nach untersuchte und sie glauben machte, ihr Backenzahn sei noch nicht so weit, daß man ihn ziehen könnte, drängte ich ihnen eines der Pflaster auf, nahm ihnen das Geld ab und schickte sie vollkommen getröstet von dannen. Die, welche den Betrug durchschauten, hatten ihren Spaß dran; die es nicht merkten, fanden Ergötzen darin. Kaum ging die eine Gruppe auseinander, als sich in kurzer Zeit schon eine neue einfand, ich die gleichen Mätzchen machte und der Beute habhaft wurde.

Doch nicht genug damit, daß González seine betrügerischen Späße mit den schaulustigen Wienern trieb! Als er Gelegenheit bekam, sich vor höfischem Publikum zu produzieren, steigerte er seine derben Scherze zu grausamer Brutalität:

Nach und nach geriet ich in die Nähe des kaiserlichen Palastes, just als Ihre Kaiserlichen Majestäten zusammen mit dem Fürsten Mathias, dem Bruder des Großherzogs von Toskana, an einigen Fenstern standen und sich die vielfältige Schar von Vermummten ansahen. Als ich gewahr wurde, daß ihr Blick auf meine Gruppe geheftet war, begann ich aus voller Kehle auszurufen und eine zahlreiche Zuhörerschaft zusammenzubringen, und nachdem ich meine Rolle gespielt wie bei den anderen Malen auch und die abgehetzte Dreiergruppe ihren Part erfüllt hatte, trat der, welchen das Leiden der Heiligen Polonia plagte, herzu und verstellte sich überaus glaubwürdig. Er sperrte das Tor auf, dessen Gatter seine Zähne waren, auf daß kein

Schweinespeck Einlaß fände, und dessen Lippen die Zugbrücke waren, die dem Wein den Durchgang versperrte. Und im guten Glauben, keiner würde ihm je ein Leid zufügen, entblößte er seine Kauwerkzeuge. Ich aber packte mit der Zange einen Backenzahn, der mir am meisten hervorzustehen schien, und um Ihre Majestäten auf Kosten fremden Wehgeschreis zum Lachen zu bringen, zog ich mit so viel Kraft, daß ich ihm nicht nur den Zahn entfernte, sondern ein gut Stück Kiefer dazu. Der Jude begann zu schreien und seine Gefährten wütend auf mich einzustürmen; Ihro Majestäten aber lachten, und das Volk hatte seinen Spaß. Doch als ich in der Menge einige gewahr wurde, die, mitleidig gemacht durch die Ströme Blutes, die dem Entkieferten aus dem Munde liefen, sich gegen mich empörten, verkündete ich mit lauter Stimme:

„Erlauben Dero Gnaden, daß ich Sie darauf aufmerksam mache: Der Leidtragende ist ein Jude, seine Gefährten Hebräer. Was man gesehen, tat ich vorsätzlich und nicht, weil ich mein Handwerk nicht verstünde!"

Auf diese Erklärung hin kehrte die Freude zurück, die Tat fand ihre Zustimmung, und die vier Kerle bezogen eine solche Tracht Prügel, daß sie, wären ihnen ihre Füße nicht zu Hilfe gekommen, noch mehr zu kurieren gehabt hätten, obgleich ich meine, daß sie auch so schon genug zu tragen hatten.[7]

Mag die geschilderte Szene auch der Romanfiktion und nicht der Realität entstammen, so wirft sie doch ein Schlaglicht auf den Antisemitismus, der sich am Wiener Hof schon in der ersten Hälfte des 17. Jahrhunderts bemerkbar machte. 1624 hatte Kaiser Ferdinand II. den Juden zwar das Privileg erteilt, sich im Unteren Werd (Leopoldstadt) anzusiedeln,[8] doch mit dem Regierungsantritt Ferdinands III. im Jahr 1637 wurden sie

---

7 Estebanillo González, S. 188–191.

8 Vgl. Ignaz Schwarz, Das Wiener Ghetto, seine Häuser und seine Bewohner. Bd. 2: Die Judenstadt im Unteren Werd, 1625–1670, Wien – Leipzig 1909.

rechtlich wieder schlechter gestellt und unter Kaiser Leopold I. 1669/70 schließlich aus dem Ghetto vertrieben,[9] das ihnen Ferdinand II. zugeteilt hatte. Damit erhält der Hinweis von Estebanillo González, daß die Wiener im Jahr 1639 kaum Mitleid mit dem mißhandelten Juden zeigten, ja, im Gegenteil, ihn und seine Gefährten verprügelten und verjagten, einen aktuellen historischen Bezug.

Abgesehen vom Phänomen des Antisemitismus zeigt sich hier die seit dem Mittelalter und bis weit ins 18. Jahrhundert bestehende enge Verbindung der Heilkunst mit dem Gaukler- und Schauspielwesen. Es sei an dieser Stelle nur auf den „berühmten Tabarino" hingewiesen, der in der zweiten Hälfte des 17. Jahrhunderts sowohl als Quacksalber am Wiener Allerheiligenmarkt als auch als Komödiant am Kaiserhof agierte.[10]

Interessanterweise wird im Hofzahlamtsbuch des Jahres 1639 die Aufführung einer *Barbier Comedi*[11] am Wiener Hof erwähnt, für die einer der kaiserlichen Leibbarbierer[12] verschiedene, nicht näher bezeichnete Dinge besorgt hatte. Man kann

---

9 Die Vertreibung der Juden in den Jahren 1669/70 erfolgte nicht zuletzt auch unter dem Einfluß der ersten Ehefrau Leopolds I., der spanischen Infantin Margarita Teresa; vgl. Felix Czeike, Historisches Lexikon Wien, Bd. 3, Wien 1994, S. 392.

10 Vgl. Otto G. Schindler, Commedia dell'arte und Orvietan. „Der berühmte Tabarino" als Kurpfuscher am Wiener Allerheiligenmarkt. In: Mimos 48, 1996, S. 11–14; ders.: Opium gegen die Pest, Commedia dell'arte gegen die Melancholie. Der „berühmte Tabarino" – Quacksalber am Wiener Allerheiligenmarkt und Komödiant am Kaiserhof. In: Sonia Horn, Susanne Claudine Pils (Hgg.), Sozialgeschichte der Medizin – Stadtgeschichte und Medizingeschichte, Wien – München 1998, S. 86–95 (dort in Anm. 49 weiterführende Literatur). Am 8./9. Oktober 1999 fand in Loveno di Menaggio/Como eine Tagung zum Thema „Der Arzt auf der Bühne, Schauspiel und Heilen im frühneuzeitlichen Europa" statt.

11 HKA, HZAB 84 (1637–39), fol. 548v.

12 Balthasar von Bazenhauer, auch Pazenhauer – laut HKA, HZAB 85 (1639), fol. 96v; Bazenhoffer – laut HKA, HZAB 84 (1637–39), fol. 174r; Bazenhouer – laut HKA, NÖ HA W 61/A/16, fol. 51r.

mit einiger Wahrscheinlichkeit einen Zusammenhang zwischen der von González beschriebenen fiktiven Zahnarztszene und der realen *Barbier Comedie* herstellen, was den in der Sekundärliteratur[13] mehrfach in Frage gestellten historischen Quellenwert des Schelmenromans in neuem Licht erscheinen läßt.

Die zeitgenössische Chronik des *Theatrum Europaeum* verzeichnet für den Wiener Fasching des Jahres 1639 *allerhand kurtzweilige Maßqueraden*, ohne sie jedoch näher zu präzisieren; nur die meist als Höhepunkt und Abschluß des Karnevals am Faschingsdienstag von der Hofgesellschaft veranstaltete „Bauernhochzeit"[14] erfährt eine etwas ausführlichere Darstellung:

[…] *bey welcher Bestallung mehr dann hundert/ theils Fürstl. theils Gräffl. vnd meistentheils Adeliche Cavalliers vnd Frawen Zimmer sich gebrauchen lassen/ welche allesampt in Bawren=Kleydern vermaßquerirt auffgezogen. Vorhero ritten bey 50. Cavalliers allesampt in Bäwrische Habit/ darauff folgten 12. Corazzen oder Kutschen zu 6. Pferdten gespannet/ gantz mit grünen Laub besteckt/ vnter welchen die Damen/ so darauff saßen/ alle nit anders als die Bawren Mägd bekleydet waren. Die Fuhrleut waren gleichfalls lauter Cavalliers/ recht natürliche Bawrenknecht anzusehen/ welche also miteinander in der Statt herumb gezogen waren/ vor I. Kay. M. praesentiret worauff nachmals ein kostbares Banquet vnd Ballet/ doch alles*

13 Vgl. die Einleitung von Nicholas Spadaccini und Anthony N. Zahareas zu ihrer Ausgabe der „Memoiren" von Estebanillo González, S. 22–30.

14 Claudia Schnitzer, Königreiche – Wirtschaften – Bauernhochzeiten. Zeremonielltragende und -unterwandernde Spielformen höfischer Maskerade. In: Jörg Jochen Berns, Thomas Rahn (Hgg.), Zeremoniell als höfische Ästhetik in Spätmittelalter und Früher Neuzeit (Frühe Neuzeit 25), Tübingen 1995, S. 280–331. Daß die kaiserliche Hofgesellschaft nicht nur Vergnügen am eigenen Rollenspiel in bäuerlicher Verkleidung hatte, bezeugen die Aufzüge von Fleischhauern, schwäbischen Bauern und Walachen auf dem Burgplatz, die im August 1636 anläßlich des Geburtstages des Kaisers stattfanden (vgl. Franz Christoph Khevenhüller, Annales Ferdinandei, Tl. 12., Leipzig 1726, Sp. 1953 f.).

nach Bäwrischer Manier angestellet worden/ so alles vberauß schön zusehen gewesen.[15]

Während sich der Kaiserhof die Faschingszeit mit diesen und ähnlichen Maskeraden vergnügte, nahm man in Paris die Realität des Krieges zum Anlaß, um in einem Ballett, das zu Ehren des Dauphins und des Herzogs Bernhard von Weimar im Hause Richelieus stattfand, auf das zeitgenössische Geschehen Bezug zu nehmen:

[...] *ein sphaera oder Welt Kugel (vmb welche vorhero lang gezancket war) sich endlich in 4. Theil getheilet/ deren ein Theil einem Spanier: eins einem Frantzosen: eins einem Schweden/ vnd das vierdte einem Teutschen gegeben worden/ vnd der Dauphin zwischen denselben Frieden gemacht* [...].[16]

Vom Frieden war man zu diesem Zeitpunkt noch weit entfernt, und das von Richelieu entworfene Konzept einer Friedensordnung unter Einbeziehung aller betroffenen Staaten, wie es in dem Ballett zum Ausdruck kam, sollte erst viel später in den Verhandlungen des Westfälischen Friedens zum Tragen kommen.

Doch zurück zu den Wiener Faschingsveranstaltungen inmitten des Dreißigjährigen Krieges! Zu Beginn des Jahres 1639 schienen noch alle Voraussetzungen für ein weitgehend ungestörtes höfisches und damit auch theatralisches Leben gegeben zu sein, doch das sollte sich bald ändern, als die schwedischen Truppen weit nach Böhmen vordrangen. Statt Feste zu feiern, erschien es vordringlicher, die Wiener Befestigungsanlagen zu verstärken und den Beistand Gottes in diesem Krieg zu erflehen. Weder der Geburtstag Kaiser Ferdinands III. am 13. Juli noch der seiner Frau Maria am 18. August 1639 wurde mit den üblichen theatralischen Festveranstaltungen gefeiert,

15 Theatri Evropaei Vierdter Theil, Frankfurt 1643, S. 115.

16 Ebd.

statt dessen pilgerte der Hof nach Hernals, um am 23. August in einer feierlichen Prozession den eben vollendeten Kalvarienberg einzuweihen.

Und dennoch, wenn man 1639, aber auch in den Jahren davor und danach die Fülle und Vielfalt an Theater- und Musikveranstaltungen vermißt, die für den Kaiserhof ab der Jahrhundertmitte so charakteristisch werden sollten, so hat dies nur zum Teil unmittelbar mit den Auswirkungen des Krieges zu tun. In den 30er und 40er Jahren war die Wiener Residenz immer wieder verwaist, weil sich der gesamte Hof oder Teile davon anderswo aufhielten, sei es, daß sich Ferdinand als Oberbefehlshaber der kaiserlichen Truppen im Feld befand (1634/35, 1638); sei es, daß seine Frau Maria nach Passau reiste, um dort ihren Bruder, den Kardinalinfanten Ferdinand, zu treffen (1634); sei es, daß beide gemeinsam zum Reichstag nach Regensburg (1636/37, 1640/41) oder zum Landtag nach Preßburg (1637/38) fuhren oder vor den schwedischen Truppen und der Pest in Graz und Linz Zuflucht suchten (1645). Abgesehen von diesen manchmal monatelangen Absenzen von der Wiener Residenz führten auch zahlreiche Todesfälle innerhalb der weit verzweigten kaiserlichen Familie immer wieder zur Einstellung sämtlicher Unterhaltungen. Wir haben es daher mit einer aus verschiedensten Ursachen für die Wiener Theatergeschichte nicht besonders fruchtbaren Periode zu tun, wobei schon ein flüchtiger Blick auf den Spielplan[17] zeigt, daß die durch Kaiserin Eleonora Gonzaga am Kaiserhof etablierten Veranstaltungen nach italienischem Vorbild – Ballette, Tur-

17 Der im Anhang wiedergegebene Spielplan der Jahre 1631–46 basiert auf: Herbert Seifert, Die Oper am Wiener Kaiserhof im 17. Jahrhundert (Wiener Veröffentlichungen zur Musikgeschichte 25), Tutzing 1985, S. 434–440; der dort wiedergegebene Spielplan wurde nur in manchen Details korrigiert und ergänzt. Hinsichtlich weiterer Informationen zu den Theater- und Festveranstaltungen nach italienischem Vorbild, vor allem zur Oper, sei auf Seiferts Buch verwiesen.

niere und Opern – bei weitem überwiegen. Wie es mit dem spanischen Einfluß auf das Wiener Hoftheater dieser Zeit beschaffen war, soll im folgenden kurz skizziert werden.

Spanien und Österreich – Die dynastischen und kulturellen Beziehungen zwischen den beiden Linien des Hauses Habsburg im 16. und 17. Jahrhundert

Die kulturellen Kontakte zwischen Österreich und der Iberischen Halbinsel[18] reichen zwar bis ins Mittelalter zurück, wurden aber erst im 16. Jahrhundert auch in Wien konkret faßbar, als Ferdinand (I.) Herrscher über die österreichischen Erblan-

18 Vgl. zu den historischen und kulturellen Beziehungen zwischen Spanien und Österreich in der Frühen Neuzeit u. a.: Bohdan Chudoba, Spain and the Empire 1519–1643, Chicago 1952; Grete Mecenseffy, Habsburger im 17. Jahrhundert. Die Beziehungen der Höfe von Wien und Madrid während des Dreißigjährigen Krieges. In: Archiv für österreichische Geschichte 121, 1955, S. 1–91; Spanien und Österreich. Nachklang zum 400. Gedenkjahr des Todes Karls V. († 1558), Wien 1960; Ferdinand Opll, Karl Rudolf, Spanien und Österreich, Wien 1991; ders., Spanien und Wien (WGBl Beiheft 3), Wien 1991; Hispania – Austria. Die Katholischen Könige, Maximilian I. und die Anfänge der Casa de Austria in Spanien (Ausstellung, Schloß Ambras, 3. Juli – 20. September 1992), Mailand 1992; Alfred Kohler, Friedrich Edelmayer (Hgg.), Hispania – Austria. Die Katholischen Könige, Maximilian I. und die Anfänge der Casa de Austria in Spanien. Akten des Historischen Gespräches (Innsbruck, Juli 1992) (Studien zur Geschichte und Kultur der iberischen und iberoamerikanischen Länder 1), Wien – München 1993; Wolfram Krömer (Hg.), Spanien und Österreich im Barockzeitalter. Akten des Dritten Spanisch-Österreichischen Symposions (Kremsmünster 1983), Innsbruck 1985; ders. (Hg.), Spanien und Österreich in der Renaissance. Akten des Fünften Spanisch-Österreichischen Symposions (Wien, 21.–25. September 1987), Innsbruck 1989; ders. (Hg.), 1492–1992: Spanien, Österreich und Iberoamerika. Akten des Siebten Spanisch-Österreichischen Symposions (Innsbruck, 16.–21. März 1992), Innsbruck 1993; Barroco español y austriaco: Fiesta y teatro en la Corte de los Habsburgo y los Austrias (Ausstellung, Museo Municipal de Madrid, April–Juni 1994), Madrid 1994.

de wurde und Wien zu seiner Residenz machte.[19] Ferdinand war in Kastilien aufgewachsen und sprach ebensowenig Deutsch wie die spanischen Adeligen, die in seinem Hofstaat nach Wien kamen. Sie fielen zwar zahlenmäßig kaum ins Gewicht, genossen jedoch hohes Ansehen. Ab der Jahrhundertmitte gehörte es am Wiener Hof zum guten Ton, Kastilisch zu sprechen und sich für die Kultur Spaniens zu interessieren, was auch durch den verstärkt einsetzenden Import spanischer Bücher belegt ist.[20]

Der Kulturtransfer zwischen Österreich und Spanien, der fast ausschließlich auf höfisch-aristokratischer Ebene erfolgte, verstärkte sich im Lauf des 16. und 17. Jahrhunderts durch die zahlreichen dynastischen Verbindungen zwischen den beiden Linien der Casa de Austria, die der Festigung der habsburgischen Hausmacht dienten.[21]

Den Anfang machte der älteste Sohn Kaiser Ferdinands I., Maximilian (II.), der 1548 seine Kusine Maria, die ältere Tochter Karls V., ehelichte. Als das junge Paar vier Jahre später in Wien einzog, gelangte in ihrem Gefolge, vor allem im Hofstaat Marias, neuerlich eine größere Anzahl von Spaniern nach Wien. So waren etwa die Komponisten Mateo Flecha und dessen gleichnamiger Neffe schon in Spanien Mitglieder des Hofstaates der Infantin Maria; der Jüngere folgte ihr auch an den Kaiserhof und bekleidete dort die Stelle eines Hofkaplans.

---

19 Vgl. Christiane Thomas, Wien als Residenz unter Kaiser Ferdinand I. In: JBVGStW 49, 1993, S. 101–117.

20 Vgl. Christopher F. Laferl, Die Kultur der Spanier in Österreich unter Ferdinand I. 1522–1564 (Junge Wiener Romanistik 14), Wien – Köln – Weimar 1997; ders.: „En tierra ajena …“. Spanier in Wien zur Zeit Ferdinands I. (1522–1564). In: WGBl 52, 1997, S. 1–14.

21 Vgl. Wien, ÖNB, Handschriftenabteilung, Ser. nova 4151: Descripcion de todos los casamientos, que la Augustissima Casa de Austria ha hecho, assy de Barones, como de Hembras, despues que se diuidieron la Linia de España y Alemania y suçessos dellos.

Einige der Kinder aus der Ehe von Maximilian II.[22] und Maria, darunter auch der spätere Kaiser Rudolf II., verbrachten längere Zeit am spanischen Hof und erhielten dadurch wesentliche kulturelle Prägungen.[23] Anna, eine der Töchter Maximilians, wurde 1570 die vierte Ehefrau des spanischen Königs Philipp II., ihres eigenen Onkels (er war ein Bruder Kaiserin Marias); der Sohn aus dieser Ehe, Philipp III., wurde 1598 mit Erzherzogin Margarethe, einer Schwester Kaiser Ferdinands II., vermählt; deren Sohn Philipp IV. heiratete 1649 in zweiter Ehe seine Nichte, Erzherzogin Maria Anna, eine Tochter Kaiser Ferdinands III. aus seiner im Jahre 1631 geschlossenen Ehe mit Maria von Spanien, die wiederum eine Schwester Philipps IV. war; und schließlich sollte Leopold I., gleichfalls ein Sproß aus der Verbindung von Ferdinand III. und Maria, 1667 mit der Infantin Margarita Teresa neuerlich seine eigene Nichte (sie war eine Tochter Philipps IV. und Maria Annas) zum Traualtar führen.

All diese politisch motivierten Ehen und allzu engen verwandtschaftlichen Beziehungen konnten nicht ohne Folgen für den Kulturtransfer zwischen Spanien und Österreich bleiben; sie sorgten für eine gewisse Kontinuität der spanischen Kultur am Wiener Hof, die sich allerdings nicht in jeder Phase und in allen Lebensbereichen gleich stark bemerkbar machte, insgesamt aber die Mentalität der adeligen Oberschichten bis ins 18. Jahrhundert beeinflussen sollte.

---

22 Vgl. Friedrich Edelmayer, Alfred Kohler (Hgg.), Kaiser Maximilian II. Kultur und Politik im 16. Jahrhundert (Wiener Beiträge zur Geschichte der Neuzeit 19), Wien – München 1992.

23 Vgl. Erwin Mayer-Löwenschwerdt, Der Aufenthalt der Erzherzöge Rudolf und Ernst in Spanien (Österreichische Akademie der Wissenschaften, phil.-hist. Kl., Sitzungsberichte 206/5), Wien 1927.

Da weder Karl V. noch Philipp II. ein besonders ausgeprägtes Interesse am Theater zeigten, ist der Beginn des spanischen Hoftheaters erst mit König Philipp III. (1605–21) und vor allem mit Philipp IV. (1621–65) anzusetzen.[24] Deren erste Minister – Francisco Gómez de Sandoval Duque de Lerma bei Philipp III. und Gaspár de Guzmán Conde-Duque de Olivares[25] bei Philipp IV. – waren sich des Propagandawertes repräsentativer höfischer Feste wohl bewußt und ermutigten die spanischen Monarchen, Zeit und Geld auf höfische Unterhaltungen zu verwenden, oder, wie die Gegner von Olivares meinten, zu verschwenden. Allerdings bedurfte es bei König Philipp IV. nicht allzu vieler Ermunterungen, denn seine Vorliebe für das Theater und nicht zuletzt auch für die Schauspielerinnen ist wohl bekannt. Immerhin ging der 1629 geborene illegitime Sohn Philipps, Juan José de Austria, aus seinem Verhältnis mit der Schauspielerin „La Calderona" hervor.

Das große Interesse des Madrider Hofes am Theater – und das bedeutete in Spanien in erster Linie Sprechtheater – konnte auch in Wien nicht unbemerkt bleiben. Obwohl sich in den aus der ersten Hälfte des 17. Jahrhunderts erhaltenen Berichten und Korrespondenzen der kaiserlichen Gesandten am spanischen Hof nur vereinzelt Nachrichten über das dortige Theaterleben finden und auch die spanischen *Relaciones*, *Gacetas* und *Avisos* erst später ergiebiger werden sollten, gelangten doch einige der spanischen Dramen des Siglo de Oro, allen voran die Stücke von Lope de Vega und Calderón de la Barca, schon früh auch an die übrigen und nicht nur an die großen europäischen

24 Vgl. zum Theater am Hof Philipps III. und Philipps IV. u. a.: Norman D. Shergold, A history of the Spanish stage from medieval times until the end of the seventeenth century, Oxford 1967, S. 236–330; Melveena McKendrick, Theatre in Spain 1490–1700, Cambridge 1989, S. 209–237.

25 Vgl. Gregorio Marañón, El Conde-Duque de Olivares, Madrid ^{3}1952; John H. Elliott, The Count-Duke of Olivares. The Statesman in an Age of Decline, New Haven – London 1986.

Höfe.[26] Zunächst wurden sie wohl hauptsächlich von einer des Spanischen kundigen adeligen Leserschaft rezipiert und erfuhren erst später auch szenische Umsetzungen.

Wenn man nach den ersten Spuren einer aktiven Rezeption spanischer Dramen in Wien sucht, so findet man diese erwartungsgemäß bald nach der Hochzeit König Ferdinands von Ungarn (1625) und Böhmen (1627), des späteren Kaisers Ferdinand III., mit der Infantin Maria Anna im Jahr 1631. Die lange Vorgeschichte dieser Eheschließung, die beinahe zugunsten einer spanisch-englischen Verbindung aufgegeben worden wäre,[27] und die Hochzeitsfestlichkeiten in Wien[28] wurden bereits mehrfach ausführlich dargestellt; an dieser Stelle sei nur das für die Theatergeschichte Relevante zusammengefaßt.

---

26 So finden sich heute noch in der Schloßbibliothek von Český Krumlov in Böhmen mehrere Bände verschiedener Ausgaben der Dramen Lope de Vegas, die dem Schloßherrn Johann Ulrich Fürst von Eggenberg gehörten (eigenhändige Eintragungen in den Jahren 1606, 1633 und 1634). Vgl. Katalog der Schloßbibliothek: Jitka Šimaková, Eduarda Macháčková, Teatralia zámecké knihovny v českém Krumlov, Bd. 2, Prag 1976, Nr. 1293–1300, S. 66–72; vgl. auch den Beitrag von Otto G. Schindler im vorliegenden Band.

27 Vgl. Alf Gerd Fantur, Die Diplomatie des Franz Christoph Khevenhüller als kaiserlicher Gesandter in Madrid (1617–1629) bei der Verheiratung der Infantin Maria von Spanien. Politische Bedeutung und Folgen in europäischer Sicht (ungedr. phil. Diss.), Wien 1974; Helga Widorn, Die spanischen Gemahlinnen der Kaiser Maximilian II., Ferdinand III. und Leopold I. (ungedr. phil. Diss.), Wien 1959, S. 52–127; Claudia Ham, Die Verkauften Bräute. Studien zu den Hochzeiten zwischen österreichischen und spanischen Habsburgern im 17. Jahrhundert (ungedr. phil. Diss.), Wien 1995, S. 1–159; zu den Festen im Zusammmenhang mit dem spanisch-englischen Heiratsprojekt: Anna Pavesi, Feste teatrali e politica. Un matrimonio spagnolo per il futuro Re d'Inghilterra. In: Maria Teresa Cattaneo (Hg.), La scena e la storia. Studi sul teatro spagnolo (Quaderni di Acme 28), Bologna 1997, S. 9–57 (dort auch weiterführende Literatur).

28 Vgl. Herbert Seifert, Der Sig-prangende Hochzeit-Gott. Hochzeitsfeste am Wiener Kaiserhof 1622–1699 (dramma per musica 2), Wien 1988, S. 13–18.

Kaiserin Maria Anna 1606–1646, erste Gemahlin Ferdinands III.

Bei der Planung und Durchführung der Hochzeitsfestlichkeiten spielte sowohl die Frau Kaiser Ferdinands II., Eleonora Gonzaga, als auch ihr Verwandter, Don Cesare Gonzaga, eine bedeutende Rolle.[29] Von der Kaiserin stammte die Idee und Choreographie zu einem Ballett, dessen Text der Principe di Guastalla verfaßt hatte und das von Mitgliedern der adeligen Hofgesellschaft getanzt wurde.[30] Don Cesare schrieb auch das Libretto zu einer italienischen Pastoraloper mit dem Titel *La caccia felice*,[31] die ebenfalls im Rahmen der Hochzeitsfeste aufgeführt wurde.

---

29 Die Bedeutung der Gonzaga für die Theatergeschichte des Kaiserhofes in den 20er Jahren des 17. Jahrhunderts findet im Beitrag von Otto G. Schindler ausführlich Berücksichtigung. Don Cesare Gonzaga war 1629 als außerordentlicher Gesandter mit den Hochzeitsgeschenken für die Infantin Maria nach Madrid geschickt worden.

30 Inventione di Balletto nelle Reali Nozze delle Maestà, del Re Ferdinando Terzo, d'Vngheria e Bohemia, &c. con la Regina Maria Infanta di Spagna, &c. Vienna d'Avstria, Appresso Matteo Formica, in Casa Coloniense, M.DC.XXXI.

31 La caccia felice. Favola ne boschi fatta nelle Reali nozze delle Maestà del Re Ferdinando Terzo, d'Vngheria e Bohemia, &c. e della Regina Maria, Infanta di Spagna, &c. In Vienna d'Avstria, Appresso Matteo Formica, in Casa Coloniense, l'Anno 1631.

Aus demselben Anlaß fand ein Aufzug von Triumphwägen mit allegorischen Darstellungen auf dem äußeren Burgplatz statt, an dem der Bräutigam Ferdinand III., passenderweise als Hochzeitsgott Hymenäus verkleidet, aktiv teilnahm. Die Veranstaltung des ersten uns bekannten Wiener Roßballetts mit dem Titel *Il Sole, e dodici segni del Zodiaco*[32] übernahm ein anderer Verwandter des Kaiserhauses, Erzherzog Leopold V. von Tirol, ein Bruder des Kaisers, der die spanische Braut vom Entrega-Ort Trient nach Wien begleitet hatte. Weiters gehörten Ringelrennen, Ballette und Tanzveranstaltungen zu den Hochzeitsfestlichkeiten, die sich über elf Tage vom Ende des Faschings bis in die Fastenzeit des Jahres 1631 hinzogen.

Schon dieser knappe Überblick läßt erkennen, daß die Festivitäten von 1631 im Vergleich zu denen des Jahres 1622 anläßlich der Vermählung von Kaiser Ferdinand II. mit Eleonora Gonzaga unvergleichlich aufwendiger ausfielen. Sie trugen bereits alle Merkmale der italienischen Festkultur, die sich durch die musische Kaiserin aus Mantua am Wiener Hof sehr schnell etabliert hatte. Es stellt sich nun die Frage: Kam es durch die Eheverbindung des Thronfolgers Ferdinand III. mit der spanischen Prinzessin auch zu einem Kulturtransfer aus dem iberischen Raum? Kann man von einer ähnlichen „Hispanisierung" des Kaiserhofes sprechen, wie sie im 16. Jahrhundert stattgefunden hatte?

32 Il Sole, et dodici segni del Zodiaco. Balletto epithalamico Reale a cavallo. Fatto dal Serenissimo Leopoldo Arcidvca d'Avstria, &c. & suoi Caualieri nelle Reali Nozze delle Maestà di Ferdinando III. Re d'Vng. e di Boem: &c. e della Regina Maria Infanta di Spagna, &c. nella Avgvsta città di Vienna li 3. Marzo 1631. In Vienna, Appresso Michael Rittio nel Nuouo Mondo [1631].

„Goldenes Vlies" und „Wettstreit der Elemente" – Spanische Theateraufführungen am Hofe Kaiser Ferdinands II.

Der bedeutendste Quellenbestand zum Thema Hispanisierung des Kaiserhofes in der ersten Hälfte des 17. Jahrhunderts ist die Sonderreihe des Obersthofmeisteramtes im Haus-, Hof- und Staatsarchiv in Wien, wo sich zahlreiche Dokumente zur Bildung von Marias Hofstaat vor ihrer Eheschließung und zu ihrer Hofhaltung als Königin und Kaiserin erhalten haben.[33] Dort findet sich auch eine handschriftliche Darstellung der Geschichte Österreichs in spanischer Sprache[34] sowie ein Teil der offiziellen Korrespondenz des Grafen Franz Christoph von Khevenhüller in seiner Funktion zunächst als kaiserlicher Bevollmächtigter bei den langwierigen Hochzeitsverhandlungen und dann als Obersthofmeister Marias sowohl während der Reise von Madrid nach Wien als auch am Kaiserhof selbst.[35]

Noch wichtiger sind in unserem Kontext die Hofrechnungen und ein Konvolut mit Zahlungsanweisungen des spanischen Schatzmeisters der Königin, Francisco de Angulo Velasco, aus den Jahren 1631–46.[36] Aufgrund dieser Dokumente, die den gesamten Zeitraum umfassen, den Maria – von ihrer Heirat (1631) bis zum Tod (1646) – am Kaiserhof verbrachte, läßt sich

33 ÖStA, HHStA, OMeA SR 75 und 76; weitere Hofstaatsverzeichnisse finden sich in: HKA, NÖ HA W 61/A/36/C; vgl. zum Hofstaat und zur Hofhaltung Marias u. a. auch: Widorn, Die spanischen Gemahlinnen, S. 91 ff.

34 ÖStA, HHStA, OMeA SR 75, Nr. 2; möglicherweise war sie als Instruktion für den Herzog von Alba gedacht, der Maria auf ihrer Reise von Madrid bis zum Übergabeort Trient begleiten sollte.

35 Weitere Dokumente finden sich u. a. in folgenden Archivbeständen des HHStA: Spanien, Diplomatische Korrespondenz, Kart. 20 und 21; Hausarchiv, Familienakten, Kart. 27.

36 ÖStA, HHStA, OMeA SR 75, Nr. 4 und 5; vgl. auch OMeA SR 76, Nr. 5 und 8.

das höfische Leben und das Konsumverhalten eines wesentlichen Teiles des Wiener Hofes während der ersten Hälfte des 17. Jahrhunderts rekonstruieren.

Was Theater und Musik als Bestandteil dieses höfischen Konsumverhaltens anlangt, so finden sich in dem genannten Archivbestand einige überaus interessante Dokumente, die für die Wiener Theatergeschichte dieser Zeit ausgeprochenen Seltenheitswert haben. Es handelt sich um detaillierte Rechnungen und Zahlungsanweisungen aus dem Jahr 1631 im Zusammenhang mit einer Festveranstaltung anläßlich des Geburtstages von Ferdinand (III.), die in den Quellen als *fiesta del vellocino de oro*, als *Fest des Goldenen Vlieses*, bezeichnet wird.[37] Damit ist aber nicht, wie man vielleicht vermuten könnte, eines der Feste aus Anlaß der Verleihung des Hausordens der Habsburger gemeint, sondern ein Theaterstück von Lope de Vega mit dem Titel *El vellocino de oro*,[38] das die spanische Infantin und nunmehrige Königin von Ungarn und Böhmen ihrem Gemahl zu Ehren im Jahr 1631 von ihren Hofdamen aufführen lassen wollte.

Der Geburtstag Ferdinands fiel auf den 13. Juli, das heißt, es waren nur wenige Monate seit den Hochzeitsfestlichkeiten vergangen, und es scheint, als habe Maria mit der von ihr geplanten Festaufführung beweisen wollen, daß man nicht nur

37 Helga Widorn (Die spanischen Gemahlinnen, S. 94) kannte diese Dokumente zwar, doch war Herbert Seifert (Die Oper, S. 167 ff., 367 f.) der erste, der auf ihre theaterhistorische Bedeutung hinwies.

38 Es war bis zu diesem Zeitpunkt in drei Lope de Vega-Ausgaben erschienen: Parte decinueve y la meior parte de las comedias de Lope de Vega Carpio, Procurador Fiscal de la Camara apostolica, y su Notario, descrito en el Archivo Romano. Dirigidas a diversas personas, Madrid, Juan González, a costa de Alonso Pérez, 1624 und 1625, fol. 216v–235r; Valladolid, Viuda de Francisco de Córdoba, Jerónimo Morillo, a costa de Antonio Vázquez de Velasco, 1627, fol. 208v [recte: 216v]–235r; vgl. Natividad Valencia López, Estudio de las comedias mitológicas de Lope de Vega, phil. Diss., Universidad Complutense de Madrid 1994, Bd. 1, S. 107 f., p. 307; Bd. II, S. 674 ff.

am Kaiserhof, sondern auch in ihrer spanischen Heimat zu feiern wußte. Bisher war es in Wien der Kaiserin vorbehalten gewesen, den Geburtstag ihres Gemahls mit Vokalmusik, Balletten, Dramen oder Opern festlich zu begehen; es ist der Initiative der spanischen Schwiegertochter des Kaiserpaares zu verdanken, daß nun auch der Thronfolger zu derartigen Ehren kam. Geburts- und später auch Namenstage von Mitgliedern der kaiserlichen Familie zählten damals schon – neben einmaligen dynastischen Ereignissen wie Hochzeiten oder Krönungen, die häufig in der Hauptfestzeit des Jahres, im Fasching, angesetzt wurden – zu den wichtigsten Anlässen für Theater- und Musikveranstaltungen am Wiener Hof; aber erst in der zweiten Hälfte des 17. Jahrhunderts sollte sich daraus ein regelmäßiger Spielbetrieb entwickeln.

Marias Wahl fiel gewiß nicht zufällig auf eben dieses Stück Lope de Vegas. Der mythologische Stoff der Argonautensage bot die Möglichkeit, auf den Hausorden der Habsburger und seine wichtigsten Träger anzuspielen und auch die politisch-dynastisch so bedeutende neuerliche Eheverbindung zwischen den beiden Linien der Casa de Austria ins rechte Licht zu rücken.[39]

Das Originalstück Lope de Vegas war 1622 – im selben Jahr, in dem die Hochzeit Kaiser Ferdinands II. mit Eleonora von Gonzaga stattgefunden hatte – im Garten des königlichen Schlosses von Aranjuez uraufgeführt worden.[40] Es war ein Auftragswerk der Königin Isabella von Bourbon anläßlich des

39 Goldene-Vlies-Stoffe sollten im Lauf des 17. Jahrhunderts noch mehrfach auf der kaiserlichen Bühne gezeigt werden; vgl. Margret Dietrich, Goldene Vlies-Opern der Barockzeit. Ihre politische Bedeutung und ihr Publikum (Veröffentlichungen des Instituts für Publikumsforschung 1), Wien 1975.

40 Vgl. José María Díez Borque, Sobre el teatro cortesano de Lope de Vega: El vellocino de oro, comedia mitológica. In: La comedia. Seminario Hispano-Francés organizado por la Casa de Velázquez (Madrid, Diciembre 1991 – Junio 1992). Actas reunidas y preparadas por J. Canavaggio, Madrid 1995, S. 155–177; Teresa Ferrer Valls, El vellocino de oro y El amor enamorado. In:

Geburtstags ihres Gemahls Philipp IV., der im Jahr zuvor die Regierung angetreten hatte. Isabella hatte als Bühnenarchitekten den Festungsingenieur Giulio Cesare Fontana eigens aus Neapel nach Madrid kommen lassen, damit er im Schloßpark den entsprechenden architektonischen und szenischen Rahmen – eine Freilichtbühne samt Zuschauerraum, Dekorationen, Bühnenmaschinen und künstlicher Beleuchtung – für diese Aufführung schuf.[41]

Nicht ganz so professionell waren die Darsteller von Lopes *comedia mitológica*, denn sie waren alle Laienschauspieler: Hofdamen der Königin Isabella unter Mitwirkung der damals 16jährigen Infantin Maria. In Aranjuez konnte das Theaterstück nicht zur Gänze gezeigt werden, denn der Ausbruch eines Feuers setzte dem Spektakel ein abruptes vorzeitiges Ende. Da das Drama danach möglicherweise nur noch einmal (1626),[42] wenn überhaupt in Spanien aufgeführt wurde, war das Stück so gut wie neu, und auch das kann ein weiterer Grund gewesen

---

En torno al teatro del Siglo de Oro. Actas de las Jornadas XII–XIII celebradas en Almería, editadas por J. Berbel, H. Castellón, A. Orejudo, A. Serrano, Almería 1996, S. 49–63; Felipe B. Pedraza Jiménez, El teatro cortesano en el reinado de Felipe IV. In: Teatro cortesano en la España de los Austrias, dirigido por J. M. Díez Borque (Cuadernos de Teatro Clásico 10), Madrid 1998, S. 85–88.

41 Fontanas Rechnungen haben sich im Archivo General de Simancas in Spanien erhalten und dienten María Teresa Chaves als Grundlage für die Rekonstruktion des zweiten Theaterstückes, *La Gloria de Niquea*, das aus demselben Anlaß im Jahr 1622 in Aranjuez zur Aufführung kam: María Teresa Chaves Montoya, La Gloria de Niquea. Una invención en la Corte de Felipe IV (Riada. Estudios sobre Aranjuez 2), Aranjuez 1991. Diese Rechnungen sind den in Wien erhaltenen Dokumenten ähnlich, mit dem wesentlichen Unterschied, daß in den Wiener Aufzeichnungen, neben den Ausgaben für das Bühnenmodell, die Dekorationen und die Beleuchtung, auch den Kostümen breiter Raum eingeräumt wird.

42 Norman D. Shergold, John E. Varey, Representaciones palaciegas: 1603–1699. Estudio y documentos (Fuentes para la historia del teatro en España 1), London 1982, S. 48, Nr. 11.

sein, warum Maria eben dieses Werk, das sie noch dazu aus eigener Erfahrung kannte, und nicht eines der zahllosen anderen spanischen Dramen dieser Zeit für die Wiener Festveranstaltung auswählte. Neuheit und überraschende Effekte waren für das Barocktheater ganz entscheidende Kriterien. Dazu kam, daß Maria in Wien mit der aktiven Unterstützung einer ihrer Hofdamen, D.ª Leonor de Pimentel, rechnen konnte, die 1622 die spanische Uraufführung geleitet hatte.

Die erwähnten Rechnungen aus dem Jahr 1631 geben Aufschluß über die Namen der an der Wiener Produktion mitwirkenden Hofdamen, unter denen sich auch vier Österreicherinnen befanden, allerdings in stummen Rollen bzw. als Tänzerinnen.[43] Wir finden aber auch detaillierte Angaben über den gesamten Herstellungsprozeß der Dekorationen, Requisiten, Beleuchtung und Kostüme für die Festvorstellung, die eigentlich im Juli 1631 in einem Saal der kaiserlichen Favorita stattfinden sollte. Ob es sich bei diesem Saal schon um den *grossen Comoedi Saal* gehandelt hat, der auf der ersten bildlichen Darstellung der Favorita aus dem Jahr 1672 eingezeichnet ist, läßt sich nicht mit Sicherheit feststellen. Jedenfalls war sowohl das

43 ÖStA, HHStA, OMeA SR 75, Nr. 4, fol. 57r–76v, und Nr. 5, fol. 34r–26r: Die spanischen Hofdamen waren: Doña Mencía de la Cueva, Doña Leonor de Pimentel, Doña Leonor de Velasco, Doña Leonor de Toledo (=Benevides), Doña Catalina de Quirós, Doña María Croy, Doña Ana Molero, Doña Catalina de Vargas (Bargas), Doña María de Castrejon, Doña María Féliz, Doña Paula de Chaves (Chabes), Doña Isabel de Quiroga, Doña María de Cardenas, Doña María Valero, Doña Isabel de Avila, Doña Isabel de Villavicencio, Doña Gerónima de Angulo, Doña Thomasa (?), Doña Ana Henriquez; die unter den spanischen Hofdamen angeführte *Doña la hija de Barbara* könnte eine Tochter der österreichischen Hofdame Barbara von Starhemberg sein. Die Namen der österreichischen Hofdamen erscheinen in spanisch-verballhornten Versionen: bei der *Dama Dona* dürfte es sich um die Burggräfin Dolma handeln, bei der *Dama Susana* um Susanna Leonora Kollonitsch, die spätere Ehefrau des Grafen Franz Christoph von Khevenhüller, bei der *Dama Altan* um Catharina von Althan; die *Dama Cafquin* (auch „Beatrix Cäfgin“) konnte bisher noch nicht identifiziert werden.

Schloß als auch der Garten der Favorita schon vor 1631 mehrfach für Theater- und Musikaufführungen genutzt worden.

Die Zahlungsbelege setzen Ende Mai 1631 ein, als der italienische Hofingenieur Giuseppe Mattei[44] damit beauftragt wurde, ein Holzmodell des Theaters zu bauen. Die Bühne sollte für mehrere Szenenwechsel eingerichtet sein, was für den Wiener Hof damals noch keineswegs selbstverständlich war. Bisher war man mit Einheitsdekorationen ausgekommen und hatte nur mit Flug- und Himmelsmaschinen für spezielle szenische Effekte gesorgt. Nun waren aber – vielleicht sogar erstmals in Wien – mehrere Bühnenbilder gefragt: eine Meereslandschaft mit einem Felsen, der sich öffnen ließ; ein lieblicher Garten; als Kontrast dazu der Tempel des Kriegsgottes Mars, der sich gleichfalls öffnen und schließen lassen sollte; eine Wald- und eine Himmelsdekoration. Dazu kamen eine ganze Reihe von Bühnenmaschinen: zwei fliegende Pferde, ein Delphin, ein goldener Widder; zwei Stiere und ein Drache, die Feuer speien sollten. All diese Tiere waren aus Karton und Papiermaché geformt und bemalt, der Delphin zusätzlich versilbert. Die Bühnenbeleuchtung bestand aus 400 kleinen Blechlampen, die mit je ein bis vier Lichtern bestückt waren; 250 kleine Spiegel dienten als Reflektoren.

Die erhaltenen Hofrechnungen informieren aber nicht nur ausführlich über die Dekorationen und die Bühnentechnik, son-

44 Mattei war ab 1637 Hofarchitekt von Kaiser Ferdinand III. (vgl. ÖStA, HHStA, OMeA SR 186: Hoff Statts Buech Ferd: III:, fol. 35v), über seine Wiener Tätigkeit davor ist bisher nichts bekannt. Hofbaumeister Kaiser Ferdinands II. war von 1620–37 Giovanni Battista Carlone; er richtete 1629/30, anläßlich der Hochzeit von Ferdinand und Maria, an der Stelle der heutigen Redoutensäle einen Tanzsaal in der Wiener Hofburg ein. Außerdem war ab 1620 auch der Baumeister, Mathematiker und Astronom Giovanni Battista Pieroni in Wien und Prag tätig; 1631–34 leitete er den Bau der neuen Wiener Fortifikationen. Vgl. Petr Fidler, Architekten des Seicento. Baumeister, Architekten und Bauten des Wiener Hofkreises (ungedr. phil. Habil.), Innsburck 1990, S. 60–63.

dern auch über die Materialien, Schnitte, Farben und Stickereien der Kostüme. Es läßt sich somit die gesamte Theaterproduktion sowohl von der szenischen als auch von der finanziellen Seite her rekonstruieren.[45] Die Zahlungen erfolgten bis zum November 1631, obwohl die tatsächliche Aufführung erst zwei Jahre später stattfinden sollte. Die lange Hoftrauer anläßlich von drei Todesfällen im Kaiserhaus in den Jahren 1631 und 1632[46] verbot in diesen beiden Jahren jede festliche Veranstaltung.

So kam es erst am 13. Juli 1633 zur ersten Aufführung eines Dramas von Lope de Vega bzw. überhaupt eines spanischen Theaterstückes am Kaiserhof. Sie ist durch den Bericht des florentinischen Gesandten Niccolò Sacchetti an Großherzog Ferdinand II. von Toskana belegt.[47] Außerdem wurde das spanische Libretto im Verlag des kaiserlichen Hoftypographen Gregor Gelbhaar in Wien gedruckt,[48] wobei Lope de Vega als Autor

45 Die Autorin dieses Beitrags und Mercedes de los Reyes Peña (Sevilla) hielten beim „Convegno Internazionale su Lope de Vega" (Florenz, Februar 1999) zwei einander ergänzende Vorträge über die Wiener Produktion von „El vellocino de oro"; sie erschienen unter dem Titel „Una fiesta teatral en la corte de Viena (1633): ‚El vellocino de oro' de Lope de Vega" (I. El contexto histórico-cultural. II. Texto y espectáculo) in dem Sammelband „Otro Lope no ha de haber". Atti del Convegno internazionale su Lope de Vega, 10–13 febbraio 1999, Bd. 2, hg. von Maria Grazia Profeti, Florenz 2000, S. 201–251. Für alle Detailfragen sei auf diese Publikation verwiesen.

46 Königin Constantia von Polen, eine Schwester Kaiser Ferdinands II., war am 10. Juli 1631 verstorben, ihr Ehemann Sigismund III. von Polen am 30. April 1632; am 17. September 1632 folgte ihnen Erzherzog Leopold V. von Tirol in den Tod, wodurch eine lange theatralische Pause zwischen den Hochzeitsfestlichkeiten von 1631 und den Faschingsunterhaltungen von 1633 entstand.

47 Zit. nach Seifert, Die Oper, S. 616: *Et mercoldì* [= 13. Juli 1633] *la Regina per il Natal' del Rè fece rappresentare alla Fauorita la fauola del Vello d'oro in lingua Spagnola dalle sue Dame, la quale fù piena di mutazione* [sic!] *di Scene, et d'Intermedij apparenti, et à tutte q[ues]te Feste lor' MM.tà hanno uoluto, ch'interuenghino gli Ambas*[ciato]*ri.*

48 Comedia/ del/ Vellocino de/ oro./ Viennae Avstriae./ Excudebat Gregorivs Gelbhaar./ M.DC.XXXIII. Es sind, soweit bisher bekannt, nur zwei Exemplare dieses Wiener Druckes erhalten; das eine befindet sich in der ÖNB in

nicht genannt wird. Gelbhaar verlegte zwar Werke in deutscher, lateinischer, italienischer, ungarischer und kroatischer Sprache, jedoch nicht auf Spanisch, was die orthographischen, lexikalischen und syntaktischen Fehler des Druckes erklärt. Aller Wahrscheinlichkeit nach ist das Theaterstück überhaupt das einzige spanische Werk, das bei Gelbhaar erschien.[49]

Der Text unterscheidet sich nur unwesentlich vom Original Lope de Vegas und wurde lediglich in einigen Passagen dem aktuellen Anlaß angepaßt.[50] Die größten Veränderungen wurden im anlaßgebundenen Prolog vorgenommen, in dem an einer Stelle auch auf das großteils nicht-spanischsprachige Publikum Bezug genommen wurde.[51] Auf dieses nahm man auch insofern Rücksicht, als man ein italienisches Szenario mit

---

Wien (* 38.F.93) und trägt die handschriftliche Anmerkung: „*Franc. Eusebij Comiti de Pötting. V.C. 1652.*" (Pötting war 1663–74 unter Leopold I. kaiserlicher Botschafter am spanischen Hof und am spanisch-österreichischen Kulturtransfer während dieser Zeit maßgeblich beteiligt.), das andere in der Staatsbibliothek zu Berlin–Preußischer Kulturbesitz (Xq 5716), mit dem Hinweis: „*este libro es de Pedro de Najera Musico de S.M.C. quien se lo vrtare al pie de la horca la paga. Ano 1633.*" (Pedro de Najera oder Pietro di Nagera war Kastrat in der kaiserlichen Hofkapelle Ferdinands II. und gründete die Bruderschaft zum Heiligen Kreuz; vgl. ÖStA, HHStA, OMaA, Kart. 625 (Testamente 1636–1670).

49 Vgl. Anton Mayer, Wiens Buchdruckergeschichte 1482–1882. Bd. 1, Wien 1882, S. 200 ff.

50 Diese Varianten wurden von Mercedes de los Reyes Peña in ihrem Artikel über die Wiener Aufführung von *El vellocino de oro* ausführlich dargestellt (vgl. Anm. 45).

51 *Poesia.* […] Aliento a tu fiesta offrecen
presentes las Magestades.
pues como acá son deidades
Voluntades agradecen.
Enuid[ia]. Bien dizes. pero tambien
otro escrupulo me queda.
Poes[ia]. Qual?
Enuid[ia]. que mostrarla no pueda
en lengua, que entiendan bien.
Poes[ia]. Su grandeza, o tu intencion

dem *Argomento* des Stückes und knappen Inhaltsangaben der einzelnen Szenen drucken, dem Libretto beiheften und wohl auch vor der Aufführung verteilen ließ, ähnlich, wie man es mit den Periochen der lateinischen Jesuitenstücke praktizierte.

Im Text der *comedia* selbst nahm man kaum Änderungen vor, nur am Ende erschien der Liebesgott Amor als echter „deus ex machina“, der hier nicht nur die richtigen Paare zusammenführte, sondern auch – wie in der in italienischen Opern üblichen abschließenden Huldigungsszene, der *licenza* – auf das Königspaar Ferdinand und Maria und auf deren damals erst erhoffte Nachkommenschaft Bezug nahm, von der man sich ein neues „Goldenes Zeitalter“ erhoffte.[52]

Die Aufführung von Lope de Vegas *El vellocino de oro* am Kaiserhof ist auch im Vergleich zu den Produktionen anderer zeitgenössischer Werke außergewöhnlich gut dokumentiert, sollte aber in ihrer Bedeutung für das Wiener Theaterleben dieser Zeit nicht überinterpretiert werden. Die Mehrzahl der höfischen Festveranstaltungen war – sowohl in der sprachlichen Gestaltung als auch in der szenischen Umsetzung – italienisch, wobei sich das Interesse des Kaiserhofes immer mehr in Richtung Musiktheater verlagerte. Dies lag auch daran, daß Ferdinand III. nicht nur – wie sein Vater[53] – ein eifriger Förderer italienischer Musik, sondern selbst auch ein begabter

---

tus ignorancias offenden.
No ves que todos entienden
la lengua del coraçon?

52 *Amor:* [...] A imitacion de otra edad
que estoy en mi idea viendo
quando FERNANDO y MARIA
Soles de Alemania nueuos
Darán a Vngria y Bohemia
tan inuictos herederos,
que a su Valor obedezca
hasta el Ottomano Imperio.

53 Vgl. zur Sakralmusik am Hofe Ferdinands II. Steven Saunders, Cross, Sword

Komponist war.[54] Das Sprechtheater verlor zunehmend an Bedeutung und Commedia-dell'arte-Truppen finden sich erst wieder in der zweiten Jahrhunderthälfte am Kaiserhof.[55] Die spanischen Dramen konnten sich aber wohl in erster Linie deshalb nicht durchsetzen, weil sie von vornherein nur für einen limitierten Publikumskreis verständlich waren.

Dies erklärt auch, warum bisher nur eine zweite höfische Festveranstaltung in spanischer Sprache aus der ersten Hälfte des 17. Jahrhunderts bekannt ist, die im Februar 1635 wiederum von der Infantin Maria und ihren Hofdamen organisiert und bestritten wurde. Es handelt sich dabei um ein allegorisches Festspiel aus Anlaß der siegreichen Rückkehr Ferdinands (III.) aus der Schlacht von Nördlingen im Jahr 1634. Unsere Kenntnis dieser Aufführung basiert vorläufig nur auf den Angaben in Mayers Buchdruckergeschichte[56] und im „Hungarica"-Katalog des Grafen Alexander Apponyi, der folgenden Titel verzeichnet: *Emulación de los Elementos y aplauso de los Dioses,*[57] *con qve solemnizaron las Damas de la S. R. M. de la Reyna de Vngria, los felices svcessos de la Cesarea Mag. del Invictissimo Emperador Ferdinando Segundo, alcançados por la S. R. Mag. del Rey de Vngria, con occasion (diferida asta las carnes tolendas) de su Victoriosa venida a esta corte. En Viena de Austria. Por Miguel Riccio, al Lubeck,*[58] *Año M.DC.XXXV*; und

---

and Lyre. Sacred Music at the Imperial Court of Ferdinand II of Habsburg (1619–1637), Oxford 1995.

54 Vgl. Guido Adler (Hg.), Musikalische Werke der Kaiser Ferdinand III., Leopold I. und Joseph I., Wien 1892 (Neudruck: Farnborough – Hants 1972).

55 Vgl. Otto G. Schindler, „Mio compadre Imperatore". Comici dell'arte an den Höfen der Habsburger. In: Maske und Kothurn 38, 1997, S. 25–154, bes. S. 69 ff.

56 Mayer, Buchdrucker-Geschichte 2, S. 401.

57 Der Wettstreit der Elemente wurde in höfischen Festen, vor allem in Turnieren und Roßballetten, immer wieder thematisiert und war auch das Sujet des berühmten Roßballetts *La contesa dell'aria e dell'acqua*, das 1667 anläßlich der Hochzeit von Kaiser Leopold I. mit der spanischen Infantin Margarita Teresa in Wien veranstaltet wurde.

58 Lugeck.

er fügt hinzu: *[Bl. 1^b: das Verzeichnis der im allegorischen Festspiel oder vielmehr im Ballett (baylete) mitwirkenden 5 spanischen und 5 österreichischen Damen.*
Bl. 2^a–3^a: die ‚Argumenta' der 9 Szenen italienisch, dann das Festspiel spanisch, mit Ausnahme der durch die Donau gesprochenen Worte, die deutsch sind.]

Das Festspiel wurde offenbar zur Feier der Rückkehr des Königs von Ungarn, Ferdinand, des Siegers von Nördlingen, aufgeführt. An einer Stelle spricht die Donau von

vnsers Königs herrlich That,
Die er vor Nördling vollzogn hat.
Alldorth gewagt tapfer sein Lebn,
Damit er mir die Freyheit gebn.

Und zu der Königin gewandt:

Im Krieg, mit Sig, zu Hauß mit Kindt,
Kein andern in der Welt man findt,
Der anjetzo bey vnsern Jahrn,
Dergleichen Sig vnd Glück erfahrn,
Gott geb euch beede seinen Segen,
Daß jhr noch mehr Frewd köndt erleben.[59]

In seinen *Annales Ferdinandei* berichtet Franz Christoph Khevenhüller, Obersthofmeister der Königin Maria, über dieses Theaterereignis, nach dessen Aufführung er mit einer der Hofdamen verheiratet wurde, die in *El vellocino de oro* – und vielleicht auch im *Wettstreit der Elemente* – mitgewirkt hatte:

59 Hungarica. Ungarn betr. im Auslande gedruckte Bücher und Flugschriften. Gesammelt und beschrieben von Graf Alexander Apponyi. IV. Bd. Neue Sammlung II. XVII. und XVIII. Jh. besorgt von L. Dézsi, München 1927 (Neudruck: Neudeln/Liechtenstein 1969), S. 62 f., Nr. 2028.

Als nun der Landtag in Ungarn wohl abgangen, und die grassirende Pest zu Wien gestillt, ist Ihro Kayserl. Majestät samt den König und Königin aus Ungarn und der jungen Herrschafft wieder nach Wien verreist, und dieweil Ihro Königl. Majestät vor einem Jahre siegreich wieder zurück aus der Campagna kommen, und der Friede mit Chur=Sachsen geschlossen, und solcher von vielen Chur=Fürsten und Ständen im Heil. Röm. Reiche acceptirt worden, und die Sachen auf Ihro Majestät Seiten sich besser angelassen, hat die Königin Freuden=Fest angestellt, und unter andern zu Wien in der neuen Burck eine stattliche Comoedie mit unterschiedlichen Machinen von lauter Edel=Damen gehalten, und Ihro Königl. Majestät gleich damahls Ihrer Hof=Damen eine, als Fräulein Susanna Eleonora, Gräfin von Kollonitsch, mit ihren Obristen Hofmeister, Frantz Christoph Kheuenhiller, Grafen zu Franckenburg, den 25. Febr. verheyrathet.[60]

Khevenhüller sind in der Retrospektive einige Irrtümer in der Chronologie unterlaufen, denn Ferdinand war erst im Dezember 1634 nach Wien zurückgekehrt, und der Friede mit Kursachsen sollte erst am 30. Mai 1635 geschlossen werden; der Beitritt der anderen Fürsten und Stände erfolgte überhaupt erst später. Für Königin Maria war aber zweifellos die glückliche Heimkehr ihres Gemahls und die bald darauf erfolgte Geburt ihrer Tochter Maria Anna (* 23. Dezember 1634), der späteren Gemahlin König Philipps IV. von Spanien, Grund genug, im Rahmen der Faschingsunterhaltungen des Jahres 1635 mit ihren Hofdamen ein Freudenfest zu feiern. Das allegorische Festspiel *Emulación de los Elementos* ist ein seltenes, vielleicht sogar das einzige Beispiel dafür, wie die militärisch-politischen Ereignisse des Dreißigjährigen Krieges am Wiener Hof theatralisch rezipiert und reflektiert wurden. Aus Spanien sind hingegen zumindest drei Dramen bekannt, die in unmittelbarem Zusammenhang mit

60 Franz Christoph Khevenhüller, Annales Ferdinandei, Tl. 12, Leipzig 1726, Sp. 1671.

der Schlacht von Nördlingen entstanden sind: das möglicherweise von Calderón de la Barca stammende *„auto sacramental“ El primer blasón del Austria* sowie die beiden *„comedias“ Los dos Fernandos de Austria* von Antonio Coello (gedr. 1646) und *La victoria de Nördlingen y e Infante de Alemania* von Alonso Castillo Solórzano (gedr. 1667)[61]; bei keinem dieser Stücke handelt es sich jedoch um ein vergleichbares allegorisches Huldigungsspiel.[62]

Demnach ist der Anteil an spanischen Dramen, die in Wien während des Dreißigjährigen Krieges zur Aufführung kamen, nach dem bisherigen Wissensstand minimal. Aus den Archivdokumenten geht zwar hervor, daß Maria in ihren ersten Jahren in Wien, vor allem im Fasching, im privaten Kreis die eine oder andere nicht näher bezeichnete Musik- und Tanzveran-

---

61 Weiterführende Hinweise und Literatur finden sich in den Einleitungen zu den beiden Editionen von *El primer blasón del Austria:* Enrique Rull und José Carlos de Torres (Hg.), Calderón y Nördlingen. El auto „El primer blasón del Austria“ de don Pedro Calderón de la Barca, Madrid 1981; Victoriano Roncero (Hg.), El primer blasón del Austria (atribución insegura) (Teatro del Siglo de Oro. Ediciones críticas 89), Pamplona – Kassel 1997. Zeitgenössische Darstellungen der Schlacht von Nördlingen finden sich auch in der historischen Chronik des Diego de Aedo y Gallart, Viaje del Infante-Cardenal don Fernando de Austria (Antwerpen 1635) und in Estebanillo González' Schelmenroman (vgl. Anm. 1, S. 142 ff.), der sich in diesem Kapitel als besonderer Feigling präsentiert, dem es einzig und allein darum geht, den Krieg zu überleben.

62 Vergleichbar wären die allegorischen Maskenspiele, die 1637 anläßlich der Krönung Ferdinands und Marias zu römischen Königen und 1647 sowie 1648 zu Ehren der künftigen Frau König Philipps IV., Erzherzogin Maria Anna, in Madrid veranstaltet wurden.

63 Vgl. ÖStA, HHStA, OMEA SR 75, Nr. 4 und 5. Am 21. Februar 1632 vermeldete der Florentiner Botschafter Niccolò Sacchetti an seinen Hof: *„La Regina per rallegrarsi un poco con la M[aes]tà dell'Imp[eratri]ce et Arcid[uches]se fà fare priuatam[ente] dalle sue Dame una Festa con alcuni giuochi all'usanza spagnola.“* (zit. nach Seifert, Die Oper, S. 616). In einem Karnevalsballett des Jahres 1636 *„intitolato delli Schiavi volontarij“* traten als Sklaven verkleidete Kavaliere auf, die *„fecero nova danza da se soli con le castagnette“*, während andere *„con habiti alla spag[nuo]la con le loro chitare“* auftraten und einige Damen *„all'uso Indiano“*,

staltung mit ihren Hofdamen organisierte.[63] Es ist auch bekannt, daß ein spanischer Musiker, Onofre de Guerra, allerdings in seinem offiziellen Amt als „repostero de camas“, zu Marias Hofstaat gehörte.[64] Die Infantin hatte ursprünglich zwei Musikerinnen aus Spanien mitbringen wollen, doch war ihr dies von ihrem Schwiegervater Ferdinand II. untersagt worden, weil er meinte, in Wien gäbe es genug gute Musiker, und die Spanierinnen verstünden ohnedies nur etwas von Gitarrenmusik – ein Stereotyp, das sich bis heute in der Beurteilung der spanischen Musik immer wieder findet.

Gegen einen spanischen Tanzmeister hatte der Kaiser

---

andere wieder „*alla Portughese*“ verkleidet waren (Relatione delli Balletti, et Inventioni fatte l'vltimo giorno di Carnevale nell'augustiss[im]a corte di S. M. C., Wien 1636; zit. nach Seifert, Die Oper, S. 622 f.).

64 Onofre de Guerra scheint allerdings nur in einer Hofstaatsliste Khevenhüllers als „*Musico*“ auf (ÖStA, HHStA, OMeA SR 75, Nr. 1: Verzaichnus der Khönig. Persons Officier welchen daß tagliche Liuergelt vom 27. Januarij A.°1631 biß nach Wien gegeben werden solle); vgl. aber: Emilio Casares (Hg.), Francisco Asenjo Barbieri. Biografías y documentos sobre música y músicos españoles (Legado Barbieri), Madrid 1986, Bd. 1, S. 242; Bd. 2, S. 91 „[…] Onofre de Guerra, que iba sirviendo de músico de cámara de la señora Reina de Hungría“), 93 und 96. Guerras Frau Catalina de Vargas wirkte an der Aufführung von Lope de Vegas *El vellocino de oro* mit.

65 Vgl. ÖStA, HHStA, Spanien, Diplomatische Korrespondenz, Kart. 20 (1626–30): Brief Kaiser Ferdinands II, an den Grafen Franz Christoph Khevenhüller vom 26. Jänner 1628, fol. 9v: *Wegen der Zwayen Camer Musicantin, wellen sich die Königliche Braut derselben auf der Raiß zu gebrauchen vermaint, so wirdest Hierwider nichts zu vermehlen Haben, allein aber, sintemahlen Jr L.*[de] *folgendts diser Ortten ohne das mit and.*[er] *gueter vnd gnuegsamer Music wirdt versehen sein, Als werden die baide Musicantin von Trient aus wider zu Ruckh können genomben werden. Was aber einen Spanischen Tanzmaister belangt, wofehr der Königin L.*[de] *einen dergleichen mitzubringen genaigt wäre, ist vnns solches gar nicht zuwid[er], sonder wollen solches zu Irem wolgefallen vnd belieben Haimbgestelt haben.* Ebd., Brief Ferdinands II. an Khevenhüller vom 5. November 1628, fol. 25r: *[…] Viertens, erachten wir der Camerdienerin vnd Camerdienner Anzahl der Zeit zu vbermäßig gestelt zu sein, angesehen, das sich auch in vnserer Gemahl L.*[den] *Hoffstatt würcklich nicht sovil befinden, also das man dieselbige baiderseits auf vier Persohnen nemblich zwo Teutsch vnd zwo Spänische Camerdienerin vnd so viel Camer-*

nichts einzuwenden,[65] und so gelangte Manuel de Frias in dieser Funktion, gemeinsam mit seiner Frau, im Gefolge von Maria nach Wien, ersuchte jedoch schon im Jahre 1635 darum, in die Heimat zurückkehren zu dürfen, weil er das rauhe Wiener Klima nicht vertrug. Er konnte seine arthritischen und sonstigen Leiden mit einem ärztlichen Attest[66] belegen und reiste tatsächlich bereits wenig später, 1636, nach Spanien zurück, wo er allerdings noch bis zu seinem Tod im Jahr 1652 munter in spanischen Diensten „tanzte".[67] Maria erhielt als Ersatz mit Santo Ventura und Giacinto Oliveri italienische Tanzmeister, was – im Zusammenhang mit dem völligen Verschwinden spanischer Elemente im Musik- und Theaterleben ab 1636 – nicht unsymptomatisch zu sein scheint.

Nach ihrer Krönung zur römischen Königin in Regensburg im Jänner 1637 unternahm Maria keine weiteren Versuche mehr, spanische Theater- oder Musikstücke, mit denen sie sich in das Wiener Hofleben eingeführt hatte, am kulturell italienisch-dominierten Kaiserhof zu etablieren. Dies dürfte im wesentlichen eine persönliche und keine politische Entscheidung gewesen sein, die allerdings auch durch die äußeren Umstände des Dreißigjährigen Krieges mitbestimmt wurde, die ein regelmäßiges Theater- und Musikleben unmöglich machten. Es sollten weitere 30 Jahre vergehen, bis mit der Infantin Margarita Teresa als erster Ehefrau Kaiser Leopolds I.,

---

dienner restringiern möchte, solte aber ins konfftig erscheinen, das man derselben mehrer bedürfftig, wurden solche alzeit nach wolgefallen weiters können aufgenomben werden. Ins gleichen Halten wir auch die zwo Camer Musicantin für vnnoth, weillen Sie Zweiffels ohne allain des Gesangs zu der Gitara kundig, vnd dahero zu der Heraussigen Music nicht tauglich sein wurden […].

66 Vgl. Attest des spanischen Arztes Gerónimo Morales de Prado vom 20. Juni 1635, in: ÖStA, HHStA, OMeA SR 367, Nr. 11.

67 Vgl. Casares, Francisco Asenjo Barbieri, Bd. 1, S. 215 f.; Bd. 2, S. 110 f.; Andrea Sommer-Mathis, Die Tänzer am Wiener Hofe im Spiegel der Obersthofmeisteramtsakten und Hofparteienprotokolle bis 1740 (MÖSTA Ergänzungsband 11), Wien 1992, S. 10 f.

eines Sohnes von Ferdinand III. und Maria, wieder für einige Jahre spanisches Theater am Wiener Kaiserhof Einzug hielt.

Anhang

Spielplan des Wiener Hofes (1631–1646)

1631	Hochzeit von Ferdinand III. und Maria von Spanien
27. 2.	*Inventione del balletto nelle reali nozze.* L: ÖNB 25.393–B. (Matthäus Formica) T: Don Cesare Gonzaga, Herzog von Guastalla Ba: Kaiserin Eleonora I. O: Großer Saal der Hofburg
1. 3. (?)	*Drama*
3. 3.	*Drama* (auf Triumphwagen) O: Burgplatz
4. 3.	*Il Sole, e dodici segni del Zodiaco. Balletto epithalamico reale a cavallo.* L: ÖNB 435.151–B. (Michael Rickhes) T: Claudio Panta Ba: Jacob Paradis O: Burgplatz
6. 3.	*Orfeo. Canzone armonicamente recitata* (Balletteinleitung) L: ÖNB 188.422–B.M. (Michael Rickhes) O: Großer Saal der Hofburg
9. 3.	(Probe 29. 1.) *La caccia felice. Favola ne boschi* (Prol., 3 Akte, 2 Intermedien, 2 Ba, 1 Bb) L: YU–Lp AE 107/1 (Matthäus Formica) T: Don Cesare Gonzaga, Herzog von Guastalla O: Großer Sitzungssaal des nö. Landhauses
10. 7.	Tod der Königin Constantia von Polen (Schwester Kaiser Ferdinands II.)

nach dem 12. 7.	*Musik* und *Ballette* O: Garten der Favorita (?) A: Geburtstag von Kaiser Ferdinand II. (* 9. 7. 1578)
1632 Feb.	*Fiesta del Folijon* (?) (Faschingsunterhaltung der Hofdamen von Königin Maria) Qu: HHStA, OMeA SR 76
30. 4.	Tod von König Sigismund III. von Polen (Ehemann von Erzherzogin Constantia)
17. 9.	Tod von Erzherzog Leopold V. von Tirol
1633 20. (?) 1.	*Gli inganni di Polinesso* (3 Akte, 1 Bb.) L: ÖNB 19.Cc.383 (Matthäus Formica) T: N.N. Academico Humorista (Urbano Giorgi?) M: Lodovico Bartolaia (?) zur Unterhaltung von König Ferdinand (III.)
vor dem 5. 2.	*Dramen* und *Ballette* wegen der Schwangerschaft der Königin Maria
zw. 6. und 8. 2.	*Ballett(e)*
9. 7.	*Il Sidonio. Tragicommedia* (Prolog, 3 Akte, Lic, 1 Ba, 1 (?) Bb) L: ÖNB 792.410–B.Th (Matthäus Formica) T: Urbano Giorgi („Nell'Accademia de Signori Humoristi di Roma detto l'Acuto") M: Lodovico Bartolaia O: Großer Saal der Hofburg A: Geburtstag von Kaiser Ferdinand II.
13. 7.	*El vellocino de oro. Comedia* (Prolog, 2 Akte, 1 Ballett, Intermezzi, 4 Bb) L: ÖNB +38.F.93 (inkl. ital. Szenar; Gregor Gelbhaar)

	Q: HHStA, OMeA SR 76 (Hofrechnungen) T: Lope de Vega Carpio O: Saal der Favorita A: Geburtstag König Ferdinands (III.) (* 13. 7. 1608) Sch: Hofdamen von Königin Maria
18. 8.	*Roßballett* O: Burgplatz A: Geburtstag der Königin Maria (* 18. 8. 1606)
21. (?) 8.	*Ballett*
8. 9.	GEBURT DES THRONFOLGERS FERDINAND (IV.), Sohn Ferdinands (III.) und Marias

1634

9. 7.	*La gara musicale. Comedia* (Prolog, 3 Akte, 1 Ba, 1 Bb) L: ČS-Krumau 21 E 4386 T: Urbano Giorgi M: Lodovico Bartolaia ? O: Großer Saal der Hofburg A: Geburtstag Kaiser Ferdinands II.
14. 7. – 20. 8.	REISE KÖNIGIN MARIAS NACH PASSAU, um ihren Bruder, den Kardinalinfanten Ferdinand, zu treffen
4. 9.	*Il pastor fido.* Drama mit Musik O: Wald in Ebersdorf A: Geburtstag Kaiserin Eleonoras (* 23. 9. 1598)
17. 9.	NACHRICHT VOM SIEG BEI NÖRDLINGEN
Herbst	EPIDEMIE IN WIEN – FLUCHT NACH WIENER NEUSTADT

23. 12. GEBURT DER ERZHERZOGIN MARIA ANNA
(heiratete 1649 ihren Onkel, König Philipp IV. von Spanien)

1635

Anfang des Jahres RÜCKKEHR NACH WIEN

3. 2. *Commedia dell'arte*
A: Besuch des Prinzen Matias de'Medici
Sch: Kavaliere

zw. 17. und 20. 2. *Dramen*, u. a.
Emulación de los Elementos y aplauso de los Dioses (1 Ba)
L: verschollen (Michael Rickhes; Mayer 1, 332/ 2, 401)
O: Amalienburg
A: siegreiche Heimkehr König Ferdinands (III.) aus der Schlacht bei Nördlingen 1634
Sch: Hofdamen der Königin Maria

Anfang Juni – Anfang November KÖNIG FERDINAND IM FELD

9.(?) 7. *L'antro dell'eternità. Invenzione d'un torneo a piedi*
L: Abdruck in: Prospero Bonarelli, Melodrami, Ancona 1647
T: Prospero Bonarelli
M: Lodovico Bartolaia
A: Geburtstag Kaiser Ferdinands II.

(*La Fidalma.Regi-Pastorale.* 5 A, 1 Ba)
L: Bologna, Nicolò Tebaldini 1642
T: Prospero Bonarelli
(M: Lodovico Bartolaia)

23. 7. *Drama* und *Ballett*
O: Neuer Saal
A: Hochzeit von Ehgin. Maria Anna mit dem Kurfürsten Maximilian I. von Bayern

23. 9.	*Comedia in musica* A: Geburtstag Kaiserin Eleonoras I.

1636

27. 1.	*Roßballett* Tä: Ferdinand (III.) und Kavaliere
30. 1.	*Ballett*
31. 1.	*Ballett* Tä: adelige Damen der Stadt
3. 2.	*Ballett* A: Hochzeit des Grafen (Johann Ferdinand?) Porcia mit einem Frl. von Neudeck
4. 2.	*Drama*
5. 2.	*Veranstaltung* (9 Ba, Vokal- und Instrumentalmusik, 1(?) Bb) L: verschollen, ÖNB MF 1858 (Beschreibung) O: Großer Saal der Hofburg Tä: Eleonora I., Ferdinand (III.), Königin Maria, Ehgin. Cäcilia Renata, Hofdamen und Kavaliere
vor 16. 4.	*Dramen*
27. 4.	*Drama* O: Amalienburg
14. 5.	ABREISE KÖNIG FERDINANDS NACH BAYERN
18. 8.	*Dialogo fra un Anima e Caronte* (2 Ba) O: Großer Saal der Hofburg A: Geburtstag der Königin Maria Tä: Damen und Kavaliere
1. 10.	ABREISE ZUM REICHSTAG NACH REGENSBURG
22./ 30. 12.	WAHL/ KRÖNUNG FERDINANDS ZUM RÖMISCHEN KÖNIG

1637

4. 1.	*Introduttione al balletto* (1 A, 1 Ba) Hs.L: ÖNB Cod. 9.931 T: Valeriano Bonvicino O: Reichssaal des Rathauses von Regensburg A: Krönung Ferdinands zum Römischen König
21. 1.	Krönung Marias zur Römischen Königin in Regensburg
15. 2.	Tod Kaiser Ferdinands II.
22. 2.	Rückkehr Ferdinands III. und Marias nach Wien
Mai – Juni	Aufenthalt Ferdinands III. in Prag
15. 7.	Geburt des Erzherzogs Philipp August (†)
28. 7.	Hochzeit der Erzherzogin Căcilia Renata mit König Władisław IV. von Polen
Nov.	Ungarischer Landtag in Pressburg

1638

14. 2.	Krönung Marias zur Königin von Ungarn in Pressburg
März	Rückkehr nach Wien
Ende Juni	Reise Kaiser Ferdinands III. nach Prag
Sept./Okt.	Besuch des polnischen Königspaares in Wien
14. 10.	*(L'Imeneo. Opera teotragicomica pastorale.* 5 A, 4 Ba, 1 Bb, Intermedien: *Il Faneto, cioè il Sole innamorato della Notte?)* L: verschollen (Bologna, o. V.; Bologna, Nicolò Tebaldini 1641) Intermedien: ÖNB Cod. 13.310 (Abdruck in: P.

	Bonarelli, Melodrami, Ancona 1647) T: Prospero Bonarelli A: Besuch von König Władysław IV. von Polen
6. 12.	FEIERLICHE PROZESSION ZUR ABWENDUNG DER BELAGERUNG VON BREISACH
21. 12.	GEBURT VON ERZHERZOG MAXIMILIAN THOMAS (†)

1639

o. D.	*Drama (Barbier Comedi)* Qu: HKA, HZA 1639, fol. 548v
um 5. 3.	*Ballett* Tä: Ferdinand III., Prinzen und Fürsten
Sommer	VORDRINGEN DER SCHWEDEN IN BÖHMEN
23. 9.	EINWEIHUNG DES HERNALSER KALVARIENBERGES MIT FEIERLICHER PROZESSION
vor 18. 9.	*Drama* Qu: HKA, HZA 1639, fol. 269r, 270r

1640

6.(?) 4.	*Gesungene Passion* M: Valentini O: Hl. Grab in Hofburgkapelle
21. 5.	ABREISE KAISER FERDINANDS III. ZUM REICHSTAG IN REGENSBURG
9. 6.	GEBURT ERZHERZOG LEOPOLDS, des späteren Kaisers Leopold I.
1. 9.	KAISERIN MARIA REIST IHREM GEMAHL NACH REGENSBURG NACH

1641

14. 7.	*(Armida?) Comedia recitata in musica* (Prolog, 3 A) Hs. L: ÖNB Cod. 13.349 O: Regensburg A: Geburtstag Kaiser Ferdinands III.
18. 8.	*Ariadne abbandonata da Theseo, et sposata dal Dio Baccho. Comedia in musica* (Prol, 3 A, 1 Ba, 1 Bb) Hs. L: ÖNB Cod. 13.349 (inkl. Szenario) T: Francesco Bonacossi O: Garten in Regensburg A: Geburtstag Kaiserin Marias
23. 10.	Rückkehr des Kaiserpaares nach Wien
9. 11.	Tod des Kardinalinfanten Ferdinand (Bruder der Kaiserin Maria)

1642

10.(?) 4.	*Ragionamenti sovra il Santissimo da recitarsi in musica* L: ÖNB 45.R.67 (Matthäus Cosmerovius) T, (M): Giovanni Valentini
15.6.	*Lo specchio di virtù. Opera drammatica* (Prol, 3 A, Lic) L: ÖNB 93.311–B. (Gregor Gelbhaar) T: Horatio Persiani A: Fest des hl. Antonius von Padua

1643

3.(?) 4.	*Santi risorti nel giorno della passione di Christo, et Lazaro tra quelli* L: Bibliothek des Zisterzienserstiftes Rein (Mayer Bd.1, S. 237) T, (M): Giovanni Valentini
18. 8.	*La vita di Santo Agapito, fanciullo di quindeci anni. Dialogo* (1 A)

L: ÖNB 41.T.27 (Matthäus Cosmerovius)
T, (M): Giovanni Valentini
A: Geburtstag der Kaiserin Maria

MEHRFACH BITTPROZESSIONEN WEGEN VERSCHÄRFUNG DER MILITÄRISCHEN LAGE
(Vorrücken der schwedischen Truppen in Mähren)

1644

??? *Turnier*
Qu: HHStA, OMeA SR 76

24. 3. TOD DER KÖNIGIN CÄCILIA RENATA VON POLEN
(Schwester Kaiser Ferdinands III.)

6. 10. TOD DER SPANISCHEN KÖNIGIN ISABELLA VON BOURBON

1645

April – Sommer ZEITWEISE FLUCHT DER KAISERIN MARIA NACH GRAZ, DANN NACH LINZ
(Vorrücken der Schweden, Seuchengefahr)

1646

zwischen 13. und 16. 1. *Drama* und *Ballett*
O: Steyr, in den Räumen der Kaiserinwitwe Eleonora
Sch: Bürger von Steyr
Tä: Hofdamen Eleonoras

zwischen 10. und 13. 2. *Festa*
O: Steyr, in den Räumen der Kaiserinwitwe Eleonora
Tä: Hofdamen Eleonoras und der Herzogin Claudia von Lothringen

13. 5. TOD DER KAISERIN MARIA IN LINZ

Abkürzungsverzeichnis

ÄZA	Ältere Zeremonialakten
AFA	Alte Feldakten
AFV	Archivium Franciscanum Viennense
ASMn, A.G.	Archivio di Stato di Mantova, Archivio Gonzaga
AugKA	Augustinerkonventsarchiv
ARG	Archiv für Reformationsgeschichte
AVA	Allgemeines Verwaltungsarchiv
AWDK	Dominikanerarchiv
BAV	Biblioteca Apostolica Vaticana
DAW	Diözesanarchiv Wien
Dipl.-Arb.	Diplomarbeit
Ergbd.	Ergänzungsband
FA/RA	Familienarchiv
Fam.-Korr.	Familienkorrespondenz (Habsburg-Lothringen)
GG	Geschichte und Gesellschaft
GWU	Geschichte in Wissenschaft und Unterricht
HA-A	Hauptarchiv
HHStA	Haus-, Hof- und Staatsarchiv, Wien
HKA	Hofkammerarchiv
HQB	Hofquartierbuch
HQRes	Hofquartierresolutionen
HZAB	Hofzahlamtsbuch
HZ	Historische Zeitschrift
JBGPÖ	Jahrbuch für Geschichte des Protestantismus in Österreich
JBLKNÖ	Jahrbuch für Landeskunde von Niederösterreich
JBVGStW	Jahrbuch des Vereins für die Geschichte der Stadt Wien
MiKA	Michaelerkonventsarchiv
MinKA	Minoritenkonventsarchiv
MIÖG	Mitteilungen des Instituts für Österreichische Geschichtsforschung
MÖSTA	Mitteilungen des Österreichischen Staatsarchivs
NDB	Neue Deutsche Biographie
NF	Neue Folge
NÖLA	Niederösterreichisches Landesarchiv

NÖ HA W	Niederösterreichische Herrschaftsakten/Wien
OKA(R)	Oberkammeramt(-srechnungen)
OKäA	Oberkämmereramt
OMeA SR	Oberhofmeisteramt Sonderreihe
ÖNB	Österreichische Nationalbibliothek
ÖStA	Österreichisches Staatsarchiv
phil.-hist.-Kl.	philosophisch-historische Klasse
PRO	Public Record Office
SOAJH	Státní oblastní archiv Třeboň, pracoviště Jindřichův Hradec [Staatliches Gebietsarchiv Třeboň (Wittingau), Zweigstelle Jindřichův Hradec (Neuhaus)]
StAKN	Stiftsarchiv Klosterneuburg
UH	Unsere Heimat
WGBl	Wiener Geschichtsblätter
WP	Wiener Protokolle
WStLA	Wiener Stadt- und Landesarchiv
ZA	Zeremonialakten

Gedruckte Quellen

Abele, Matthias, Künstliche Unordnung (=Vivat oder so genannte künstliche Unordnung), Bd. 3, Nürnberg 1671.

Abelinus, Joannes Philippus, Theatrum Europaeum oder Außführliche und Warhafftige Beschreibung aller und jeder denckwürdiger Geschichten, so sich hin und wider in der Welt, fürnämlich aber in Europa und Teutschlanden so wol im Religion- als Prophan-Wesen vom Jahr Christi 1617 biß auff das Jahr 1629 exclus. … zugetragen haben etc., Gedruckt zu Franckfurt am Mayn bey Wolffgang Hoffmann im Jahr nach Christi Geburt 1643.

Aedo y Gallart, Diego de, Viaje del Infante-Cardenal don Fernando de Austria, Antwerpen 1635.

Allacci, Leone, Drammaturgia, Venezia 1755 (rist. Torino 1961).

Allert, Zacharias, Tagebuch aus dem Jahre 1627, hg. v. Julius Krebs (Ergänzungsheft zum 64. Jahresbericht der Schles. Gesellschaft f. vaterl. Cultur), Breslau 1887.

Ambassador des Lucifers/ jetzo aus der Hellen in die Welt gesandt/ ein grosses Messer/ damit man weidlich auffschneiden/ allda einzukeuffen. ANNO. InDe sCrIbIte: VbI sIt ReX BoheMIae. Gedruckt im Jahr 1621. (Harms IV, 127).

An die Röm. Kays. Majest. Deren löbliche Stände in Österreich ob der Ens/ jüngst allervnderthänigst außgefertigtes wolmeinende Bedencken/ betreffend des Böhemischen Wesen. Sampt Jhrer Kayser: Majest: darauff allergnädigst ertheilter Resolution. Copey Deß Räthlichen gutachtens an Jhr. Kay: Majest: von den löblichen Ständen in Osterreich ob der Ens/ die Böhemische Vnruhe betreffend. In: KVrtzer Bericht vnd Ableinung der Beschwerungen/ welche den Evangelischen Ständen im Königreich Böhem zu dero Vnglimpff beygemessen werden wollen. Sampt einen Bedencken deren löblichen Ständte in Oesterreich ob der Enß/ an die Röm: Käy: Mayestat/ rc. vnd Jhrer Mayestat Resolution auff dasselbige. Gedruckt im Jahr/ M. DC. XVIII.

APOLOGIA, Oder entschuldigungs Schrifft/ Auß was für vnvermeidlichen vrsachen/ alle drey Stende des löblichen Königreichs Bohaimb/ Sub utraque, ein Defension Werck an stellen müssen. Gedruckt in der Alten Stadt Prag/ bey Samuel Adam von Weleslawin. Jm Jahr/ M. DC. XVIII.

Außführlicher vnd Warhafftiger Bericht/ Der guten newen Zeitung aus Prag. Wie Römische Keyserliche Majestat den dreyen Euangelischen Ständen des Königreichs Böhmen zugelassen/ das Pragerische Consistorium/ so wol auch die Academia mit aller Zugehör daselbst wider auffzurichten. Gegeben auff dem Königlichen Schloß Praga/ den 3. Julii/ Anno 1609. Erstlich gedruckt zu Prag/ durch Hans Schu[...]an/ wohnhafftig in der Eisengassen.

Auß Wien den 24. Augusti Anno 1618. (Paas P–347).

Andreini, Giovan Battista, La Maddalena. Composizione Rappresentatiua. Viennæ Austriæ, Typis Casparis ab Rath, 1629.

Andreini, Giovan Battista, La Maddalena. Composizione Sacra. Pragæ, Sigismundus Leva, M.DC.XXVIII.

Bellus, Nicolaus, Östreichischer Lorberkrantz Oder Kayserl. Victori, das ist: Warhafftige eigentliche und außführliche Historische Beschreibung aller gedenckwürdigen Sachen und Händel, so sich in Geistlichen, politischen auch Kriegssachen bey Regierung weyland Keysers Matthiae Hochlöblichsten Andenckens und der jetzigen Regierenden Keyserlichen Majestät Ferdinando II. In diesem noch werenden sechsjährigen Böhmischen, Hungarischen und Teutschen Krieg (dessen Anfang, Ursachen, Fortpflantzung, zum theil erlangte Endtschafft, zum theil auch noch werende Unruhe betreffend) In- und ausserhalb deß H. Römischen Reichs von dem 1617. Jahr bey gewesener Union zugetragen und verlauffen biß auff dieses 1625. Jahr continuirt ..., Franckfurt am Mayn, gedruckt durch Erasmum Kempffern in Verlegung Johann Theobald Schönwetters 1625.

Benrath, Gustav Adolf [u. a.] (Hgg.), Quellenbuch zur Geschichte der evangelischen Kirche in Schlesien (Schriften des Bundesinstituts f. ostdeutsche Kultur und Geschichte 1), München 1992.

Bertazzolo, Gabriele, Breve Relatione dello Sposalitio fatto della Serenissima Principessa Eleonora Gonzaga con la Sacra Cesarea Maestà di Ferdinando II. Imperatore [...]. Mantova – Osanna 1622.

Bohatcova, Mirjam, Irrgarten der Schicksale. Einblattdrucke vom Anfang des Dreißigjährigen Krieges, Prag 1966.

P. Konrad Burgers Reisebüchlein, hg. v. P. Gregor Müller. In: Cistercienser-Chronik 43, 1931; 44, 1932; 45, 1933 [jeweils in mehreren Fortsetzungen].

Burton, Robert, Anatomy of Melancholy, hg. v. Thomas C. Falkner, Nicolas K. Kiessling und Rhonda L. Blair, Bd. 3, Oxford 1990.

Christian II. von Anhalt, „Eigentlicher Bericht wie es mir in und seithero der Schlacht vor Prag ergangen", hg. v. Heinrich Lindner, Fürst Christian II. In: Mittheilungen aus der Anhaltischen Geschichte, Dessau 1830, S. 3–26.

Christian II. von Anhalt, Tagebuch Christians des Jüngeren, Fürst zu Anhalt: niedergeschrieben in seiner Haft zu Wien, – im Geleite Kaiser Ferdinands des Zweiten zur Vermählungsfeier nach Inspruck, – auf dem Reichstage zu Regensburg, – und während seiner Reisen und Fasten in Deutschland, Dänemark und Italien, hg v. G. Krause, Leipzig 1858.

Christian II. von Anhalt, Tagebuch des Prinzen Christian von Anhalt über die Kriegsvorfälle des Jahres 1620, hg. v. Johann Christoph von Aretin. In: Beyträge zur Geschichte und Literatur, vorzüglich aus den Schätzen der Münchner National- und Hofbibliothek 2/6, 1804, S. 65–96; 3/7, 1804, S. 49–112, u. 3/8, 1804, S. 49–112.

Crowne, William, Diary. In: Francis C. Springell, Connoisseur & Diplomat. The Earl fo Arundel's Embassy to Germany in 1636 as recounted in William Crowne's Diary, the Earl's letters and other contemporary sources with a catalogue of the topographical drawings made on the journey by Wenceslaus Hollar, London 1963, S. 54–135.

Csendes, Peter, Die Rechtsquellen der Stadt Wien (Fontes Rerum Austriacarum III/9), Wien 1986.

Deutsche illustrierte Flugblätter des 16. und 17. Jahrhunderts, hg. v. Wolfgang Harms, Bd. 1–4: Die Sammlung der Herzog August Bibliothek in Wolfenbüttel. Kommentierte Ausgabe. Bd. 1: Ethica. Physica, hg. v. Wolfgang Harms und Michael Schilling zusammen mit Barbara Bauer und Cornelia Kemp, Tübingen 1985. Bd. 2: Historica, hg. v. Wolfgang Harms zusammen mit Michael Schilling und Andreas Wang, München 1980. Bd. 3: Theologica. Quodlibetica. Bibliographie. Personen- und Sachregister, hg. v. Wolfgang Harms und Michael Schilling zusammen mit Albrecht Juergens und Waltraud Timmermann. Tübingen 1989. Bd. 4: Die Sammlung der Hessischen Landes- und Hochschulbibliothek in Darmstadt. Kommentierte Ausgabe, hg. v. Wolfgang Harms und Cornelia Kemp, Tübingen 1987.

Diarium Lamberg, hg. v. Herta Hageneder (Acta Pacis Westphalicae III/C/4), Münster 1986.

Discurs von dem jetzigen Zustandt in Böhmen/ Jn einem Gespräch ordentlich verfasset vnd beschrieben. Gedruckt im Jahr M. DC. XVIII. (Paas P–348).

Documenta Bohemica Bellum Tricennale Illustrantia. Bd. 2–7, Prag et al. 1972–1981.

Eigentliche Beschreibung der jüngst den neundten/ 10. vnd 11. Octobris, durch die Vngarn erhaltenen glücklichen Victoria vor Preßburg vnd Bruck an der Leutha/ Jm Jahr Christi/ 1620. (Bohatcová, Irrgarten der Schicksale, Nr. 50).

Ein Gesprech von dem Cardinal Clösel vnd dem Teufel vnd einen Jesuiter/ wie sie alle drey ein Gespräch halten von der Helle. Gedruckt im Jahr M. DC. XIX. (Paas P–378).

Ein Gesprech von dem gottlosen Cardinal Clösel/ wie er sich verflucht von wegen des Blutbadts/ daß er im gantzen Königreich Böhmen hat angericht. Gedruckt im Jahr M. DC. XIX. (Paas P–379).

Das Einschreibbuch der Wiener Taschnergesellen 1591–1724. In: Die Matrikel 1, 1935, S. 37–40, 49–51.

Evangelium Luce am Andern. Gedruckt im Jahr M.DC.XIX. (Paas P–377).

Ferrone, Siro [u. a.] (Hg.), Comici dell'Arte. Corrispondenze, Bd. 1–2, Firenze 1993.

Forteguerra, Sebastianio, Ragguaglio della Felicissima Coronatione della Augustissima Imperatrice Eleonora in Regina d'Vngheria seguita in Edemburgh alli 26. di Luglio 1622. Vienna, Matteo Formica, 1622 [Budapest, Nationalbibliothek Széchényi, Sign. App. H. 802].

Geyer, Rudolf, Protestanten=Ausweisungen im Jahre 1625/26. In: Die Matrikel 1, 1935, S. 53–54.

[González, Estebanillo] Estebanillo González ein Mann fröhlicher Gelassenheit. Sein Leben und seine Taten aufgeschrieben von ihm selbst [Übers. von F. R. Fries], Leipzig, o. J. [1965].

[González, Estebanillo] La vida i hechos de Estevanillo Gonzalez, Hombre de buen humor. Compuesto por el mesmo, Antwerpen 1646. [Moderne Ausgabe von Nicholas Spadaccini und Anthony N. Zahareas (Clásicos Castalia 86/87), Madrid 1978.]

Haberler, Christiane (Hg.), Wien in alten Reisebildern. Reiseberichte und Reisebilder aus fünf Jahrhunderten. Mit einem Vorwort v. Friedrich Heer, Thaur/Tirol 1990.

Il Sole, et dodici segni del Zodiaco. Balletto epithalamico Reale a cavallo. Fatto dal Serenissimo Leopoldo Arcidvca d'Avstria, &c. & suoi Caualieri nelle Reali Nozze delle Maestà di Ferdinando III. Re d'Vng. e di Boem: &c e della Regina Maria Infanta di Spagna, & nella Avgvsta città di Vienna li 3. Marzo 1631. In Vienna, Appresso Michael Rittio nel·Nuouo Mondo [1631].

INFORMATION, Oder KEyserlicher Majestat grundtlicher Bericht vber den Bohemischen Auffstandt. II. Ebenmässige Information vber berührten Auffstandt/ zu Lateyn vnd Teutsch. III. Jhr Keys. Maj. Antwort an die sub vtraque. IV. Verteutschte Abschrifft Keys. Bohemischen Patents. V. Copia Keyserlichen Schreibens an die Reichsstätt/ mit Vberschickung Patenten contra Bohemische Werbung/ vlt. Iunij 1618. VI. Copia Keyserlichen Patents/ wegen Abstellung der Bohemischen Werbung. Auß welchem allem der Vngrundt der von Bohemischen Ständten/ so sich sub vtraq; nennen/ außgefertigten Apologiae, wegen jhrer vnverantwortlichen Verfahrung/ erscheinet. Getruckt im Jahr Christ/ 1618.

Inventione di Balletto nelle Reali Nozze delle Maestà, del Re Ferdinando Terzo, d'Vngheria e Bohemia, &c. con la Regina Maria Infanta di Spagna, &c. Vienna d'Avstria, Appresso Matteo Formica, in Casa Coloniense, M.DC.XXXI.

Khevenhüller, Franz Christoph, Annales Ferdinandei oder wahrhaffte Beschreibung Kaisers Ferdinandi des Andern ... Bd. 1–12, Leipzig 1721–1726.

Kiewning, Hans (Hg.), Nuntiatur des Pallotto 1628–1630. Bd. 1–2 (Nuntiaturberichte aus Deutschland nebst ergänzenden Actenstücken IV), Berlin 1895–97.

Königlicher Böhmischen Crönungen Ritterfest vnd Herrliche Freudenspiel. Welche [...] wegen celebrirter König. Crönung / zu sonderlichen hohen Ehren angestellet vnd gehalten worden in deß Königreichs Böheimb HaubtStatt Prag [...] im Jahr Christi M. DC. XXVII., Prag, Schuman (1627).

Koldinská, Marie, Petr Mat'a (Hgg.), Deník rudolfinského dvořana: Adam mladší z Valdštejna 1602–1633 [Tagebuch eines rudolfinischen Höflings: Adam von Waldstein d. J., 1602–1633], Praha 1997.

KVrtzer Bericht vnd Ableinung der Beschwerungen/ welche den Evangelischen Ständen im Königreich Böhem zu dero Vnglimpff beygemessen werden wollen. Sampt einen Bedencken deren löblichen Ständte in Oesterreich ob der Enß/ an die Röm: Käy: Mayestat/ rc.

vnd Jhrer Mayestat Resolution auff dasselbige. Gedruckt im Jahr/ M. DC. XVIII.

La caccia felice. Favola ne boschi fatta nelle Reali nozze delle Maestà del Re Ferdinando Terzo, d'Vngheria e Bohemia, &c. e della Regina Maria, Infanta di Spagna, &c. In Vienna d'Avstria, Appresso Matteo Formica, in Casa Coloniense, l'Anno 1631.

La Maddalena, sacra rappresentatione, Mantova – Ossanna 1617.

La Maddalena. Composizione Rappresentatiua. Di Giovan Battista Andreini, Fiorentino, Della Seren. Casa Gonzaga Divotissimo Servitore. All'Illustrissimo, & Reverendissimo Signore Monsig. Gio. Battista Pallotto Arcivescovo di Tessalonica, Nuntio di N.S. alla Maestà dell'Imperatore. Viennæ Austriæ, Typis Casparis ab Rath, Bibliopolæ, 1629.

La Maddalena. Composizione Sacra. Di Gio. Battista Andreini Fiorentino. All'Illustrissimo, Eccelentissimo, et Reverendissimo Principe il S. Cardinal de Harrach Arcivescouo di Praga dedicata. Pragæ, Sigismundus Leva. Anno M.DC.XXVIII.

Lamormaini, Gulielmus, Ferdinandi II. Römischen Khaysers Tugenden, Wien 1638.

Lazius, Wolfgang, Historische Beschreibung der Weitberümbten, Kayserlichen Hauptstatt Wienn In Österreich, [...] Vor diesem Durch Wolffgang Lazium Phil: vnd Med: Doctorn zu Wienn in Latein verfasst: Anjetzo aber Manniglich zugefallen in Vnser Teütsche sprach vertirt, [...] Durch M. Heinrich Abermann der Löglichen Burgerschuell bey St. Stephan daselbsten Rectorn, Wien 1619.

Mährerisch Fegfewer/ Jn welches Graf Tampier Drey Tausendt Arme Seelen/ jhme den Weg zubereyten vorhero geschickt. Oder Historische Erzehlung/ der Gnaden vnd Siegreichen Victori, welche die Göttliche Mayestät den Mährischen Evangelischen Ständen durch den Herrn von Tieffenbach/ wider den Spannischen Obristen/ Graf Tampier/ den 26. Julij alten/ oder 5. Augusti newen Calenders gnedigst verliehen vnnd geben hat; in deme wenige Tieffenbachische dem Tampier drey tausendt erschlagen/ fünff vnnd achtzig Wagen voll verwundet/ vnd alle seine Pagagien abgejagt haben. Welches wol eine Straff/ über den Spannischen Türcken ergangen/ kan genennt werden. Gedruckt zu Prag/ durch Lorentz Emmerich/ Gedruckt Jm Jahr Christi 1619.

Möhner, Reginbald, Ein Tourist in Oesterreich während der Schwedenzeit. Aus den Papieren des Pater Reginbald Möhner, Benedictiners von St. Ulrich in Augsburg, hg. v. Albin Czerny, Linz 1874.

Möhner, Reginbald, Reise des P. Reginbald Möhner, Bendedictiners von St. Ulrich in Augsburg, als Feldcaplans bei den für Spanien geworbenen und unter dem Commando des Markgrafen Leopold Wilhelm von Baden geführten deutschen Regimentern in die Niederlande im Jahre 1651. Nebst Auszügen aus der Beschreibung früherer Reisen desselben [hg. v. P. L. Brunner]. In: 35. Jahres-Bericht des historischen Kreis-Vereins im Regierungsbezirke von Schwaben und Neuburg für die Jahre 1869 und 1870, Augsburg 1872, S. 92–208.

Montague, Mary, Briefe aus Wien, hg. v. M. Breulich. Wien 1985.

Monteverdi, Claudio, Briefe, 1601–1643, hg. v. Denis Stevens. Deutsche Ausg., München 1989.

Moscherosch, Hanß Michael, Gesichte Philanders von Sittewald, hg. v. Felix Bobertag (Deutsche National-Litteratur 32), Berlin – Stuttgart o. J.

Musiche de alcuni eccellentissimi musici composte per La Maddalena, sacra rappresentazione di Gio. Battista Andreini fiorentino, Venezia – Magni 1617.

Ordentliche (Post)Zeittung, 1626–1628.

Paas, John Roger, The German political Broadsheet 1600–1700, Vol. 1: 1600–1615; Vol. 2: 1616–1619, Wiesbaden 1985, 1986.

Pflummern (Pflaumern), Johann Heinrich von, Die Tagebücher des Dr. Johann Heinrich von Pflummern 1633–1643. Bearb. v. Alfons Semler, Bd. 1–3 (Beiheft zur Zeitschrift für die Geschichte des Oberrheins 98–100 = N.F. 59–61), Karlsruhe 1950–52.

Pflummern (Pflaumern), Johann Heinrich von, Mercvrivs Italicvs. Hospiti fidus per Italiae. Praecipuas regiones et vrbes dux. Indicans explicans quae cumque in ijs sunt visu ac scitu digna [...] (Augsburg 1625). [ÖNB: 47.M.12]

Pribram, Albert Francis (Hg.), Materialien zur Geschichte der Preise und Löhne in Österreich. Bd. 1 (Veröffentlichungen des internationalen wissenschaftlichen Komitees für die Geschichte der Preise und Löhne. Österreich, Bd. 1), Wien 1938.

Pribram, Alfred F., Urkunden und Akten zur Geschichte der Juden in Wien. Abt. 1, Allgemeiner Teil. 1526–1847 (1849) (Quellen u. Forschungen z. Geschichte der Juden in Deutsch-Österreich 1), Wien – Leipzig 1918.

Pufendorff, Samuel von, Kurtzer doch Gründlicher Bericht von dem Zustande des h.R. Reichs Teutscher Nation. ... Leipzig ^{2}1715.

Raupach, Bernhard, Evangelisches Österreich. Bd. 3, Hamburg 1736–44.

Relatio historica 1627/28, Frankfurt/Main 1628.

Relation von dem kayserlichen Hofe zu Wien [...], Aufgesetzt von einem Reisenden im Jahr 1704, Köln 1705.

Relatione delli Balletti, et Inventioni fatte l'vltimo giorno di Carnevale nell'augustiss[im]a corte di S. M. C., Wien 1636.

Die Reise des Kronprinzen Władisław Wasa in die Länder Westeuropas in den Jahren 1624/1625, hg. u. übertr. v. Bolko Schweinitz, Leipzig – Weimar 1988.

Rinuccini, Camillo, Descrizione delle feste fatte nelle reali nozze de' Serenissimi Principi di Toscana D. Cosimo de' Medici, e Maria Maddalena Archiducessa d'Austria, Firenze 1608.

Schimmer, Karl August, Ausführliche Häuser – Chronik der innern Stadt Wien, mit einer geschichtlichen Übersicht sämmtlicher (!) Vorstädte und ihrer merkwürdigen Gebäude, Wien 1849.

Schrauf, Karl, Der Reichshofrat Dr. Georg Eder. Eine Briefsammlung als Beitrag zur Geschichte der Gegenreformation in Niederösterreich (1573–1578), Wien 1904.

Spanischer Türck/ Oder Wahrer Bericht/ der grausamen vnerhörten Spannischen vnd mehr als Türckischen Mordthaten/ welche in dem Königreich Böheimb/ hin vnd wider/ durch den Conde di Buquoi/ vnd Graf Tampier/ an Mann vnd Weib/ auch vnschuldigen Kindern vnd Schwangern Frauen/ auff vielerley Mörderische vnd vnmenschliche art vnd weise geübt vnd gebraucht werden/ darauß dann deß Königreichs Böheimb erbärmlicher zustandt/ genugsam zuerkennen ist. Erstlich Gedruckt zu Prag/ bey Lorentz Emmerich/ Jm Jahr 1619.

Süßmilch, Johann Peter, Die göttliche Ordnung in den Veränderungen des menschlichen Geschlechts, aus der Geburt, dem Tode und der Fortpflanzung desselben erwiesen, Tl. 1–2, hg. v. Jürgen Cromm, Göttingen – Augsburg 1988 (Nachdruck der Ausgabe Berlin 1765).

Theatrum Europaeum, Tl. 4 ff., Frankfurt/M. 1643 ff.

Tomaschek, J. A. (Bearb.), Die Rechte und Freiheiten der Stadt Wien. Bd. 2, Wien 1879.

Topographia Provinciarum Austriacarum [...] Durch Matthaeum Merian, Frankfurt/M. 1649, Nachdr. Kassel – Basel 1963.

Trauungsmatrikeln im 16. Jahrhundert der Wiener Vorstadt St. Ulrich

(Maria Trost) und der Stadtpfarre St. Michael. In: Die Matrikel 1, 1935, Beilage S. 1–78.

[Vega Carpio, Lope de], Comedia/ del/ Vellocino de/ oro./ Viennae Avstriae./ Excudebat Gregorivs Gelbhaar./ M.DC.XXXIII.

[Vega Carpio, Lope de], El vellocino de oro, in: Parte decinueve y la meior parte de las comedias de Lope de Vega Carpio, Procurador Fiscal de la Camara apostolica, y su Notario, descrito en el Archivo Romano. Dirigidas a diversas personas, Madrid, Juan González, a costa de Alonso Pérez, 1624 und 1625, fol. 216v–235r; Valladolid, Viuda de Francisco de Córdoba – Jerónimo Morillo, a costa de Antonio Vázquez de Velasco, 1627, fol. 208v [recte: 216v]–235r.

Wahrhaffte Relation, Waserley gestalt den 17. Julij 1630. die Stadt Mantua [von] den Käyserlichen ist erobert vnd eingenommen worden, S.l.n. 1630

Welsch, Hieronymus, Warhafftige Reiß-Beschreibung auß eigener Erfahrung von Teutschland, Croatien, Italien, denen Insuln [...], Stuttgart 1658.

Wiennerische Chronika Oder Kurtze Summarische Beschreibung von Ursprung und Erbauung der Haupt= vnd Residenz=Stadt Wienn ... Wien 1973 (Nachdruck der Ausgabe Wien 1671).

Wunderbare heimliche Offenbahrung/ vnnd COLLOQUIUM, Oder Warhaffter wolgegründer Verlauff deß jetzigen läydigen Zustands in Oesterreich; Jnn vnterschiedlichen Personen Gesprächsweiß abgetheilet; vnd der Wahrheit zu steur/ Gedruckt Jm Jahr M DC XX.

Zwo warhaffte Zeitungen auß Böhmen: I. Was gestallt das Kayserlich Kayserlich Kriegsvolck sich heimlich von Pilgram wegbegeben/ vnd Neuhauß auffgefordert: aber mit spott abgewisen: Nachmals sie auff Buttweiß zugezogen/ da sie vnter wegs von dem Böhmischen Kriegsvolck ereylet/ welche sie starck angriffen/ vnd der Keyserischen über 1000. Soldaten/ neben vielen vornemen Personen erlegt. II. Wie die Stadt Pilsen von dem Graven von Mansfeld im Namen der Böhmischen Ständ belegert/ gestürmt vnd den 21 Novembris eingenommen worden. M. DC. XIIX. (von Hand korrigiert auf 1619).

Literaturverzeichnis

Abel, Günter, Stoizismus und Frühe Neuzeit. Zur Entstehungszeit modernen Denkens im Felde von Ethik und Politik, Berlin – New York 1978.

Adel, Kurt, Handschriften von Jesuitendramen in der Österreichischen National-Bibliothek in Wien. In: Jahrbuch der Gesellschaft für Wiener Theaterforschung 12, 1960, S. 83–112.

Adler, Guido (Hg.), Musikalische Werke der Kaiser Ferdinand III., Leopold I. und Joseph I., Wien 1892 (Neudruck: Farnborough-Hants 1972).

Adorno, Theodor W., Minima Moralia. Reflexionen aus dem beschädigten Leben, Frankfurt/M. 1994.

Affò, Ireneo, Istoria della Città e Ducato di Guastalla. Bd.1–4, Guastalla 1785–1787.

Aichelburg, Wladimir, Kriegsschiffe auf der Donau (Militärhistorische Schriftenreihe 37), Wien 1978.

Allesch, Richard, Kärntens Anteil an den Abwehrmaßnahmen gegen die Türken im 16. Jahrhundert (ungedr. phil. Diss.), Wien 1937.

Allmayer-Beck, Johann Christoph, Lessing, Erich, Die kaiserlichen Kriegsvölker von Maximilian I. bis Prinz Eugen 1479–1718, München 1978.

Alscher, Gertraude, Die Finanzen der Stadt Wien während des dreissigjährigen Krieges (1615–1650) (ungedr. phil. Diss.), Wien 1949.

Alten, Georg v. (Hg.), Handbuch für Heer und Flotte. Bd. 9, Berlin 1912, S. 301–306.

Amadei, Federigo, Cronaca universale della città di Mantova. Bd. 5, Mantova 1957.

Ancona, Alessandro d', Origini del teatro italiano. Bd. 2, Torino ^{2}1891.

Antonicek, Theophil, Claudio Monteverdi und Österreich. In: Österreichische Musikzeitschrift 26, 1971, S. 266–271.

Antonicek, Theophil, Italienische Musikerlebnisse Ferdinands II. 1598. In: Anzeiger der Österreichischen Akademie der Wissenschaften phil.-hist. Kl. 102, 1967, S. 91–111.

Antonitsch, Evelyne, Die Wehrmaßnahmen der innerösterreichischen Länder im dreizehnjährigen Türkenkrieg 1593–1606 (unter besonderer Berücksichtigung der Steiermark) (ungedr. phil. Diss.), Graz 1975.

Asper, Helmut G., Hanswurst. Studien zum Lustigmacher auf der Berufsschauspielerbühne in Deutschland im 17. und 18. Jahrhundert, Emsdetten 1980.

Asch, Ronald G., Der Hof Karls I. von England. Politik, Provinz und Patronage 1625–1640, Köln 1993.

Asch, Ronald G., Duchhardt, Heinz (Hgg.), Der Absolutismus – ein Mythos? Strukturwandel monarchischer Herrschaft in West- und Mitteleuropa (Münstersche Historische Forschungen 9), Köln – Weimar – Wien 1996.

Aulinger, Rosemarie, Das Bild des Reichstages im 16. Jahrhundert. Beiträge zu einer typologischen Analyse schriftlicher und bildlicher Quellen (Schriftenreihe der Historischen Kommission bei der Bayerischen Akad. d. Wiss. 18), Göttingen 1980.

Babb, Lawrence, The Elizabethan Malady. A Study of Melancholia in English Literature from 1530 to 1642, East Lansing/Mi. 1951.

Bairoch, Paul, Cities and Economic Development. From the Dawn of History to the Present, Chicago 1991.

Baltzarek, Franz, Die Stadtordnung Ferdinands I. und die städtische Autonomie im 16. Jahrhundert. In: Wiener Geschichtsblätter 29, 1974, S. 185–197.

Baltzarek, Franz, Das Steueramt der Stadt Wien 1526–1760 (Dissertationen der Universität Wien 58), Wien 1971.

Baltzarek, Franz, Das territoriale und bevölkerungsmäßige Wachstum der Großstadt Wien im 17., 18. und 19. Jahrhundert. In: WGBl 35, 1980, S. 1–30.

Baltzarek, Franz, Alfred Hoffmann, Hannes Stekl, Wirtschaft und Gesellschaft der Wiener Stadterweiterung (Renate Wagner-Rieger [Hg.], Die Wiener Ringstraße. Bild einer Epoche. Die Erweiterung der Inneren Stadt Wien unter Kaiser Franz Joseph 5), Wiesbaden 1975.

Barker, Thomas M., Army, Aristocracy, Monarchy: Essays on War, Society and Government in Austria, 1618–1780 (East European Monographs 106), New York 1982.

Barroco español y austriaco: Fiesta y teatro en la Corte de los Habsburgo y los Austrias (Ausstellung, Museo Municipal de Madrid, April–Juni 1994), Madrid 1994.

Bartoli, Francesco, Notizie istoriche de' Comici Italiani. Bd. 1–2, Padova 1781–82 (rist. 1978).

Barudio, Günter, Der Teutsche Krieg 1618–1648, Frankfurt/M. 1985.

Baschet, Armand, Les comédiens italiens a la cour de France sous Charles IX, Henri III, Henri IV et Louis XIII, Paris 1882.

Bastl, Beatrix, Im Angesicht des Todes. Beschwörungsformeln adeliger Kontinuität in der frühen Neuzeit. In: Der Tod des Mächtigen. Kult und Kultur des Todes spätmittelalterlicher Herrscher, hg. Lothar Kolmer, Paderborn [u. a.] 1997, S. 350–359.

Bastl, Beatrix, Feuerwerk und Schlittenfahrt. Ordnungen zwischen Ritual und Zeremoniell. In: WGBl 51, 1996, S. 197–229.

Bastl, Beatrix, Der gezähmte Tod. Bemerkungen zu den Riten um Sterben und Tod im österreichischen Adel der frühen Neuzeit. In: UH 62, 1991, S. 259–269.

Bastl, Beatrix, Gernot Heiß, Tafeln bei Hof: Die Hochzeitsbankette Kaiser Leopolds I. In: WGBl 50, 1995, S. 181–206.

Baudson, Émile, Charles de Gonzague, Duc de Nevers, de Rethel et de Mantoue. 1580–1637, Paris 1947.

Bauer, Josef, Die Türken in Österreich. Geschichte, Sagen, Legenden, St. Pölten 1982.

Bauer, Werner T., Wiener Friedhofsführer. Genaue Beschreibung sämtlicher Begräbnisstätten nebst einer Geschichte des Wiener Bestattungswesens, Wien 1991.

Bauer, Wilfried, Die gezähmte Fortuna. Stoizistische Modelle nach 1600 (Fortuna vitrea 15), Tübingen 1996, S. 311–343.

Bausinger, Hermann, Klaus Beyrer, Gottfried Korff (Hgg.), Reisekultur. Von der Pilgerfahrt zum modernen Tourismus, München 1991.

Becker, Rotraut, Aus dem Alltag des Nuntius Malatesta Baglioni. Nichtdiplomatische Aufgaben der Wiener Nuntiatur um 1635. In: Quellen und Forschungen aus italienischen Archiven und Bibliotheken 65, 1985, S. 306–341.

Becker, Winfried, Ständestaat und Konfessionsbildung am Beispiel der böhmischen Konföderationsakte von 1619. In: Politik und Konfession. Festschrift für Konrad Repgen zum 60. Geburtstag, Berlin 1983, S. 92–98.

Behringer, Wolfgang, Veränderung der Raum-Zeit-Relation. Zur Bedeutung des Zeitungs- und Nachrichtenwesens während der Zeit des Dreißigjährigen Krieges. In: Benigna von Krusenstjern, Hans Medick (Hgg.), Zwischen Alltag und Katastrophe. Der Dreißigjährige Krieg aus der Nähe (Veröffentlichungen des Max-Planck-Instituts für Geschichte 148), Göttingen 1999, S. 39–81.

Benedict, Philip, French cities from the sixteenth century to the Revolu-

tion. An overview. In: ders., Cities and social change in early modern France, London – New York 1992.
Benedik, Christian, Die Redoutensäle: Kontinuität und Vergänglichkeit, Wien 1993.
Benedik, Christian, Die Wiener Hofburg unter Kaiser Karl VI. – Probleme herrschaftlichen Bauens im Barock (ungedr. phil. Diss.), Wien 1989.
Benedikt, Heinrich, Franz Anton Graf von Sporck (1662–1738): Zur Kultur der Barockzeit in Böhmen, Wien 1923.
Benevolo, Leonardo, Die Geschichte der Stadt, Frankfurt/M. [6]1991.
Bérenger, Jean, Finances et absolutisme autrichien dans la seconde moitié du XVIIe siècle (Travaux du Centre de recherches sur la civilisation de l'Europe moderne 17), Paris 1975.
Berg, Heinrich, Fischer, Karl, Vom Bürgerspital zum Stadtbräu. Zur Geschichte des Bieres in Wien (WGBl Beiheft 3, 1992).
Bergdolt, Klaus, Pest, Stadt, Wissenschaft – Wechselwirkungen in oberitalienischen Städten vom 14. bis 17. Jahrhundert. In: Berichte zur Wissenschaftsgeschichte 15, 1992, S. 201–211.
Berger, Adolf, Das Grab des Grafen Adolf zu Schwarzenberg in der Augustinerkirche zu Wien. In: Berichte und Mittheilungen des Alterthums-Vereines zu Wien 7, 1864, S. 171–180.
Berger, Adolf, Die Schwarzenberggruft bei den Augustinern in Wien. In: Berichte und Mittheilungen des Alterthums-Vereines zu Wien 23, 1884, S. 54–55.
Berger, Peter L., Thomas Luckmann, Die gesellschaftliche Konstruktion der Wirklichkeit. Eine Theorie der Wissenssoziologie, Frankfurt/M. 1997.
Bermann, Moriz, Alt und Neu-Wien, Wien – Pest 1880.
Bernheiden, Inge, Individualität im 17. Jahrhundert. Studien zum autobiographischen Schrifttum (Literarhistorische Untersuchungen 12), Frankfurt/M. 1988.
Berns, Jörg Jochen, Detlef Ignasiak (Hgg.), Frühneuzeitliche Hofkultur in Hessen und Thüringen (Jenaer Studien 1), Erlangen – Jena 1998.
Berns, Jörg Jochen, Rahn, Thomas, Zeremoniell und Ästhetik. In: Jörg Jochen Berns, Thomas Rahn (Hgg.), Zeremoniell als höfische Ästhetik in Spätmittelalter und Früher Neuzeit (Frühe Neuzeit 25), Tübingen 1995, S. 650–665.
Bertolotti, Antonio, Musici alla corte dei Conzaga in Mantova dal secolo XV al XVIII, Milano [1890].

Bevilacqua, Enrico, Giambattista Andreini e la Compagnia dei „Fedeli“. In: Giornale storico della letteratura italiana, [I] 23, 1894, S. 76–155; [II] 24, 1894, S. 82–165.

Bialowons, Günter, Geschichte der deutschen Presse von den Anfängen bis 1798 (Beiträge zur Geschichte des Journalismus 1), Leipzig 1969.

Bibl, Viktor, Die Berichte des Reichshofrats Dr. Georg Eder an die Herzoge Albrecht und Wilhelm von Bayern über die Religionskrise in Niederösterreich (1579–1587). In: JBLKNÖ NF 8, 1909, S. 67–154.

Bibl, Viktor, Briefe Melchior Klesls an Herzog Wilhelm V. von Baiern. In: MIÖG 21, 1900, S. 640–673.

Bibl, Viktor, Eine Denkschrift Melchior Khlesls über die Gegenreformation in Niederösterreich (ca. 1590). In: JBLKNÖ N. F. 8, 1909, S. 155–171.

Bibl, Viktor, Die Einführung der katholischen Gegenreformation in Niederösterreich unter Kaiser Rudolf II., Innsbruck 1900.

Bibl, Viktor, Erzherzog Ernst und die Gegenreformation in Niederösterreich (1576–1590). In: MIÖG Ergbd. 6, 1901, S. 575–596.

Bibl, Viktor, Die katholischen und protestantischen Stände Niederösterreichs im 17. Jahrhundert. In: JBLKNÖ N.F. 2, 1903, S. 165–323.

Bireley, Robert, Confessional Absolutism in the Habsburg Lands in the Seventeenth Century. In: Charles W. Ingrao (Hg.), State and Society in Early Modern Austria, West Lafayette 1994, S. 36–53.

Bireley, Robert, Ferdinand II.: Founder of the Habsburg Monarchy. In: Robert J.W. Evans, T.V. Thomas (Hgg.), Crown, Church and Estates. Central European Politics in the Sixteenth and Seventeenth Centuries, Houndmills – London 1991, S. 226–244.

Bireley, Robert, Religion and Politics in the Age of Counterreformation. Emperor Ferdinand II., William Lamormaini SJ, and the Formation of Imperial Policy, Univ. of North Carolina 1981, Chapel Hill 1981.

Bischoff, Ferdinand, „Niemand und Jemand“ in Graz im Jahre 1608. In: Mittheilungen des Historischen Vereins für Steiermark 47, 1899, S. 127–192.

Blöchlinger, Karl Friedrich, Aus dem Leben des D.J.U. Matthias Abele von und zu Lilienfeld. In: Österreichische militärische Zeitschrift 6/3, 1865, S. 269–273.

Blühm, Elger, Die ältesten Zeitungen und das Volk. In: Wolfgang Brückner, Peter Blickle, Dieter Breuer (Hgg.), Literatur und Volk im 17. Jahrhundert. Probleme populärer Kultur in Deutschland, Bd.1–2 (Wolfenbütteler Arbeiten zur Barockforschung 13/14), Wiesbaden 1985. S. 741–752.

Blume, F. (Hg.), Musik in Geschichte und Gegenwart. Bd. 1–17, Kassel 1949–1986 (Nachdr. 1989).

Böhm, Claudia, Theatralia anläßlich der Krönungen in der österreichischen Linie der Casa d'Austria (ungedr. phil. Diss.), Wien 1986.

Bösel, Richard, Wilhelm Georg Rizzi, Planungs- und Entstehungsgeschichte des barocken Gebäudekomplexes von St. Michael in Wien. In: St. Michael. Stadtpfarrkirche und Künstlerpfarre von Wien 1288–1988. Historisches Museum der Stadt Wien. 113. Sonderausstellung 26. Mai bis 2. Oktober 1988, Wien 1988, S. 159–179.

Bösel, Richard, Zur Genese eines Wiener Platzes: topographische, historische und gestalterische Aspekte. In: Kulturkreis Looshaus (Hg.), Der Michaelerplatz. Seine städtebauliche und architektonische Entwicklung. [Ausstellung] Looshaus, 13. Dezember 1991 bis 15. Februar 1992 / Eine Ausstellung des Kulturkreises Looshaus und der Graphischen Sammlung Albertina, Wien 1992, S. 9–32.

Böttcher, Diethelm, Propaganda und öffentliche Meinung im protestantischen Deutschland 1628–1636. In: Hans Ulrich Rudolf (Hg.), Der Dreißigjährige Krieg: Perspektiven und Strukturen (Wege der Forschung 451), Darmstadt 1977, S. 325–367.

Bogel, Else, Blühm, Elger, Die deutschen Zeitungen des 17. Jahrhunderts. Ein Bestandsverzeichnis mit historischen und bibliographischen Angaben, Bd. 1 (Studien zur Publizistik. Bremer Reihe 17,1), Bremen 1971.

Bogner, Ralf Georg, Arbeiten zur Sozialdisziplinierung in der Frühen Neuzeit. Ein Forschungsbericht für die Jahre 1980–1994, Tl. 1. In: Frühneuzeit-Info 7, 1996, S. 127–142.

Bolte, Johannes, Das Danziger Theater im 16. und 17. Jahrhundert (Theatergeschichtliche Forschungen XII), Hamburg 1895.

Bonney, Richard, Early Modern Theories of State Finance. In: ders. (Hg.), Economic Systems and State Finance, Oxford 1995, S. 163–229.

Bora, Giulio, Martin Zlatohlávek (Hgg.), I segni dell'arte: Il Cinquecento da Praga a Cremona, Milano 1997.

Bosbach, Franz (Hg.), Feindbilder. Die Darstellung des Gegners in der politischen Publizistik des Mittelalters und der Neuzeit, Köln – Weimar – Wien 1992.

Bossy, John, Christianity in the West 1400–1700, Oxford – New York 1987.

Bossy, John, The Counter-Reformation and the People of Catholic Europe. In: Past and Present 47, 1970, S. 51–70.

Bourdieu, Pierre, Position und Perspektive. In: Pierre Bourdieu [u. a.], Das Elend der Welt. Zeugnisse und Diagnosen alltäglichen Leidens an der Gesellschaft, Konstanz 1997, S. 17–19.

Braddick, Michael, The Early Modern English State and the Question of Differentiation, from 1550 to 1700. In: Comparative Studies in Society and History 38, 1996, 92–111.

Brand, Peter, Der englische Komödiant Robert Browne (1563 bis ca. 1621/39) (ungedr. Magisterarb.), Heidelberg 1978

Braudel, Fernand, Sozialgeschichte des 15.–18. Jahrhunderts. Der Alltag, München 1985.

Bräuer, Helmut, „... und hat seithero gebetlet". Bettler und Bettelwesen in Wien und Niederösterreich zur Zeit Kaiser Leopolds I., Wien – Köln – Weimar 1996.

Bräuer, Helmut, „... weillen Sie nit allzeit arbeit haben khan". Über die „Bettelweiber" von Wien während der frühen Neuzeit. In: L'Homme Z.F.G. 7, 1996, S. 135–143.

Braun, Rudolf, David Gugerli, Macht des Tanzes – Tanz der Mächtigen. Hoffeste und Herrschaftszeremoniell 1550–1914, München 1993.

Brenner, Peter J., Der Reisebericht in der deutschen Literatur. Ein Forschungsüberblick als Vorstudie zu einer Gattungsgeschichte (Internationales Archiv für Sozialgeschichte der deutschen Literatur Sonderheft 2), Tübingen 1990.

Breuer, Dieter, Matthias Abele und seine Erzählsammlungen. In: Herbert Zeman (Hg.), Die österreichische Literatur. Ihr Profil von den Anfängen im Mittelalter bis ins 18. Jahrhundert (1050–1750), Tl. 2, Graz 1986, S. 1135–1148.

Breuer, Dieter, Oberdeutsche Literatur 1565–1650. Deutsche Literaturgeschichte und Territorialgeschichte in frühabsolutistischer Zeit (Zeitschrift für bayerische Landesgeschichte; Beiheft 11, Reihe B), München 1979.

Brilling, Bernhard, Geschichte der Juden in Breslau von 1454 bis 1702, Stuttgart 1960.

Brindicci, Monica, La Commedia dell'Arte a Napoli nella prima metà del XVII secolo: Silvio Fiorillo ed altre esperienze. In: M.-F. Doglio Chiabò (Hg.), Origini della Commedia Improvvisa o dell'arte: XIX Convegno Internazionale del Centro Studi sul Teatro Medioevale e Rinascimentale, Roma – Anagni 1995, Roma 1996, S. 187–203.

Broucek, Peter, Die Bedrohung Wiens durch die Schweden im Jahre 1645. In: JBVGStW 26, 1970, S. 120–165.

Broucek, Peter, Biographie des Louis Raduit de Souches. In: Jan Skutil (Hg.), Morava a Brno na Sklonku Tricetileté Války, Praha – Brno 1995, S. 62–69.

Broucek, Peter, Die Donau als Raum politischer Auseinandersetzungen. In: Die Donau. Facetten eines europäischen Stromes, Katalog zur Oberösterreichischen Landesausstellung 1994 in Engelhartszell, Linz 1994, S. 47–56.

Broucek, Peter, Erzherzog Leopold Wilhelm über das kaiserliche Heer im Jahre 1645. In: Aus drei Jahrhunderten. Beiträge zur österreichischen Heeres- und Kriegsgeschichte von 1645–1938 (Schriften des Heeresgeschichtlichen Museums 4), Wien 1969, S. 7–38.

Broucek, Peter, Feldmarschall Bucquoy als Armeekommandant 1618–1620. In: Der Dreißigjährige Krieg. Beiträge zu seiner Geschichte (Schriften des Heeresgeschichtlichen Museums in Wien 7), Wien 1976, S. 25–57.

Broucek, Peter, Der Feldzug Bethlen Gábors gegen Österreich 1623. In: JBLKNÖ 59, 1993, S. 7–26.

Broucek, Peter, Der Feldzug des Schwedischen Heeres und seiner Verbündeten nach Niederösterreich im Jahre 1645. In: Muzeum Okresu Benesov (Hg.), LX 350. Vyroci Bitvy u Jankova 1645–1995 (350th Anniversary of the Battle of Jankov), Benesov 1995, S. 155–177.

Broucek, Peter, Kampf um Landeshoheit und Herrschaft im Osten Österreichs 1618 bis 1621 (Militärhistorische Schriftenreihe 65), Wien 1992.

Broucek, Peter, Kämpfe um Krems und Stein 1645/46. In: Mitteilungen des Kremser Stadtarchivs 11, 1971, S. 13–54.

Broucek, Peter, Zu den Kämpfen um Korneuburg 1645/46. In: UH 44, 1973, S. 183–190.

Broucek, Peter, Logistische Fragen der Türkenkriege des 16. und 17. Jahrhunderts. In: Die Bedeutung der Logistik für die militärische Führung von der Antike bis in die neueste Zeit (Vorträge zur Militärgeschichte 7), Herford – Bonn 1986, S. 35–62.

Broucek, Peter, Die militärische Bedeutung der Donau im Laufe der Jahrhunderte. In: Donaumuseum Schloß Petronell, Bad Vöslau – Baden 1977, S. 71–79.

Broucek, Peter, Die Osmanen. In: Bericht über den einundzwanzigsten Historikertag in Wien in der Zeit vom 6. bis 10. Mai 1996, Wien 1998, S. 55–59.

Broucek, Peter, Der Schwedenfeldzug nach Niederösterreich 1645/46 (Militärhistorische Schriftenreihe 7), Wien 1967, Wien ^{3}1989.

Bruckmüller, Ernst, Sozialgeschichte Österreichs, Wien – München 1985.

Brückler, Theodor, Studien zur Geschichte der katholischen Reform in Niederösterreich in der zweiten Hälfte des 16. Jahrhunderts (ungedr. phil. Diss.), Wien 1974.

Brückner, Wolfgang, Die Gegenreformation im politischen Kampf um die Frankfurter Buchmessen. Die kaiserliche Zensur zwischen 1567 und 1619. In: Archiv für Frankfurts Geschichte und Kunst 48, 1960, S. 67–86.

Brückner, Wolfgang, Luther als Gestalt der Sage. Ausprägung und Nachwirkungen von Legende und Antilegende der Orthodoxie und der Kontroversisten. In: ders. (Hg.), Volkserzählung und Reformation. Ein Handbuch zur Tradition und Funktion von Erzählstoffen und Erzählliteratur im Protestantismus, Berlin 1974, S. 260–294.

Brunner, Otto, Adeliges Landleben und europäischer Geist. Leben und Werk Wolf Helmhard von Hohbergs 1612–1688, Salzburg 1949.

Brunner, Otto, Die Finanzen der Stadt Wien von den Anfängen bis ins 16. Jahrhundert (Studien aus dem Archiv der Stadt Wien 1/2), Wien 1929.

Brunner, Otto, Das Konfessionelle Zeitalter 1555–1648. In: Peter Rassow (Hg.), Deutsche Geschichte im Überblick, Stuttgart 1953, S. 284–316.

Buchmann, Bertrand M., Befestigungen an der Donau in Österreich (Militärhistorische Schriftenreihe 42), Wien 1981.

Buck, August, Kauffmann, Georg, Lee Spahr, Blake, Wiedemann, Conrad (Hgg.), Europäische Hofkultur im 16. und 17. Jahrhundert. Vorträge und Referate gehalten anläßlich des Kongresses des Wolfenbütteler Arbeitskreises für Renaissanceforschung und des Internationalen Arbeitskreises für Barockliteratur in der Herzog August Bibliothek Wolfenbüttel vom 4. bis 8. September 1979 (Wolfenbütteler Arbeiten zur Barockforschung 10), Bd. 1–3, Hamburg 1981.

Burattelli, Claudia, Borghese e gentiluomo. La vita e il mestiere di Pier Maria Cecchini, tra i comici detto „Frittellino". In: Il Castello di Elsinore 2, 1988, S. 33–63.

Burckhardt, Carl J., Richelieu. Bd. 1, München 1935.

Burke, Peter, The Art of Conversation, Cambridge – Oxford 1993.

Burkhardt, Johannes, Der Dreißigjährige Krieg, Frankfurt/M. 1992.
Burkhardt, Johannes, Die entgipfelte Pyramide. Kriegsziel und Friedenskompromiß der europäischen Universalmächte. In: Klaus Bußmann, Heinz Schilling (Hgg.), 1648. Krieg und Frieden in Europa, Münster – Osnabrück 1998, S. 51–60.
Burkhardt, Johannes, Das größte Friedenswerk der Neuzeit. Der Westfälische Frieden in neuer Perspektive. In: Geschichte in Wissenschaft und Unterricht 49, 1998, S. 592–612.

Carter, Tim, A Florentine Wedding of 1608. In: Acta Musicologica 55, 1983, S. 89–107.
Casares, Emilio (Hg.), Francisco Asenjo Barbieri. Biografías y documentos sobre música y músicos españoles (Legado Barbieri), Bd. 1–2, Madrid 1986.
(Casoni, Giovanni,) La peste di Venezia nel MDCXXX. Origine della erezione del tempio a S. Maria della Salute, Venezia 1830.
Cermak, Alfred Stefan, Wiener Begräbnisstätten, Wien 1998.
Cerman, Markus, Proto-industrialization in an urban environment: Vienna 1750–1857. In: Continuity and Change 8, 1993, S. 281–320.
Cernik, Berthold, Das Augustiner-Chorherrenstift Klosterneuburg. Statistische und geschichtliche Daten, Wien 1958.
Cerwinka, Günther, Die Eroberung der Festung Kanizsa durch die Türken im Jahre 1600. In: Innerösterreich 1564–1618 (Joannea 3), Graz 1967, S. 409–511.
Cerwinka, Günter, Die Reichshilfe. In: Die Steiermark – Brücke und Bollwerk, Graz 1986, S. 244–247.
Chambers, David, Martineau, Jane, Splendours of the Gonzaga. Exhibition 4 Nov. 1981 – 31 Jan. 1982, Victoria and Albert Museum, London 1981.
Chartier, Roger, Lesewelten. Buch und Lektüre in der frühen Neuzeit (Historische Studien 1), Frankfurt/M. – New York – Paris 1990.
Châtellier, Louis, De la Contre-Réforme aux Lumières. In: F. Rapp (Hg.), Le diocèse de Strasbourg, Paris 1982, S. 89–167.
Chaves Montoya, María Teresa, La Gloria de Niquea. Una invención en la Corte de Felipe IV (Riada. Estudios sobre Aranjuez 2), Aranjuez 1991.
Chiabò, M.-F. Doglio (Hg.), Origini della Commedia Improvvisa o dell'arte: XIX Convegno Internazionale del Centro Studi sul Teatro Medioevale e Rinascimentale, Roma – Anagni 1995, Roma 1996.

Chudoba, Bohdan, Spain and the Empire 1519–1643, Chicago 1952.
Cipolla, Carlo M., Miasmas and Disease. Public Health and the Environment in the pre-industrial Age, New Haven – London 1992.
Cohn, Albert, Shakespeare in Germany in the Sixteenth and Seventeenth Centuries, London, Berlin 1865 (Nachdr. Wiesbaden 1967).
Coniglio, Giuseppe, I Gonzaga, Milano 1967.
Coreth, Anna, Pietas Austriaca. Österreichische Frömmigkeit im Barock, Wien ^{2}1982.
Creizenach, Wilhelm (Hg.), Die Schauspiele der englischen Komödianten (Deutsche Nationalliteratur XXIII), Berlin 1888 (Nachdr. Darmstadt 1967).
Csendes, Peter, Geschichte Wiens, Wien 1981.
Csendes, Peter, „Des Riches Hôuptstat in Osterrich". In: JBLKNÖ NF 53, 1987, S. 47–58.
Csendes, Peter, Wien. Probleme der kaiserlichen Residenzstadt im 17. Jahrhundert. In: Walter Leitsch, Stanisław Trawkowski, Polen und Österreich im 17. Jahrhundert (Wiener Archiv für Geschichte des Slawentums und Osteuropas 18), Wien - Köln - Weimar 1999, S. 216–231.
Csendes, Peter, Zur Wiener Handelsgeschichte des 16. Jahrhunderts. In: WGBl 29, 1974, S. 218–227.
Csendes, Peter, Wiener Strafgerichtsbarkeit im 17. Jahrhundert. In: JBVGStW 26, 1970, S. 103–119.
Czeike, Felix, Historisches Lexikon Wien. Bd. 1–5, Wien 1992–1997.

Daniel, Ute, Clio unter Kulturschock. Zu den aktuellen Debatten in der Geschichtswissenschaft. In: GWU 48, 1997, S. 195–218, 259–278.
Daniel, Ute, „Kultur" und „Gesellschaft". Überlegungen zum Gegenstandsbereich der Sozialgeschichte. In: GG 19, 1993, S. 69–99.
Dauber, Robert L., Der Johanniter-Malteser Orden in Österreich und Mitteleuropa. 850 Jahre gemeinsame Geschichte, Bd. 2: Spätmittelalter und frühe Neuzeit (1291 bis 1618), Wien 1998.
De Vries, Jan, European urbanization 1500–1800, Cambridge (Mass.) 1984.
Dechant, Norbert, Grabinschriften in der Stadtpfarr- und Stiftskirche zu den U.L.F. bei den Schotten. In: Berichte und Mittheilungen des Alterthums-Vereines zu Wien 17, 1877, S. 1–58.
Dechant, Norbert, Kenotaphiographia Scotensis, das ist Beschreibung aller Grabdenkmale, die sich noch jetzt im Bereiche der Stifts- und Stadtpfarrkirche zu den U.L.F. bei den Schotten vorfinden, [...], Wien 1877.
Dekker, Rudolf, Ego-Dokumente in den Niederlanden vom 16. bis zum

17. Jahrhundert. In: Winfried Schulze (Hg.), Ego-Dokumente: Annäherung an den Menschen in der Geschichte (Selbstzeugnisse der Neuzeit 2), Berlin 1996, S. 33–52.

Delumeau, Jean, Le catholicisme entre Luther et Voltaire, Paris 1971.

Dějiny českěho divadla [Geschichte des tschechischen Theaters]. Bd. 1, Praha 1968.

Dietrich, Margret, Goldene Vlies-Opern der Barockzeit. Ihre politische Bedeutung und ihr Publikum (Veröffentlichungen des Instituts für Publikumsforschung 1), Wien 1975.

Díez Borque, José María, Sobre el teatro cortesano de Lope de Vega: El vellocino de oro, comedia mitológica. In: La comedia. Seminario Hispano-Francés organizado por la Casa de Velázquez (Madrid, Diciembre 1991 – Junio 1992). Actas reunidas y preparadas por J. Canavaggio, Madrid 1995, S. 155–177.

Díez Borque, José María (Hgg.), Teatro cortesano en la España de los Austrias (Cuadernos de Teatro Clásico 10), Madrid 1998.

Dinges, Martin, Frühneuzeitliche Armenfürsorge als Sozialdisziplinierung? Probleme mit einem Konzept. In: GG 17, 1991, S. 5–29.

Dinges, Martin, Pest und Staat: Von der Institutionengeschichte zur sozialen Konstruktion. In: Martin Dinges, Thomas Schlich (Hgg.), Neue Wege in der Seuchengeschichte (Medizin, Geschichte und Gesellschaft, Beiheft 6), Stuttgart 1995, S. 71–103.

Dinges, Martin, Residenzstadt als Sozialdisziplinierung? Zur Rekonstruktion eines kulturgeschichtlichen Forschungsstandes. In: Disziplinierung im Alltag des Mittelalters und der frühen Neuzeit (Veröffentlichungen des Instituts für Realienkunde des Mittelalters und der frühen Neuzeit 17), Wien 1999, S. 57–74.

Dinges, Martin, Süd-Nord-Gefälle in der Pestbekämpfung: Italien, Deutschland und England im Vergleich. In: Wolfgang U. Eckart, Robert Jütte (Hgg.), Das europäische Gesundheitssystem: Gemeinsamkeiten und Unterschiede in historischer Perspektive (Medizin, Geschichte und Gesellschaft, Beiheft 3), Stuttgart 1994, S. 19–51.

Dizionario biografico degli Italiani. Bd. 1 ff., Roma 1960ff.

Dlugoborski, Wacław, Józef Gierowski, Karol Maleczyński, Dzieje Wrocławia do roku 1807, Warszawa 1958.

Doerr, August von, Beiträge zur Geschichte und Genealogie der Familie Henckel von Donnersmarck. In: Jahrbuch d. k. k. Heraldischen Gesellschaft „Adler“ N.F. 18, 1908, S. 206–241.

Dolinar, France M., Liebmann, Maximilian, Rumpler, Helmut, Die Gegenreformation in Innerösterreich als politisches, kirchenpolitisches und theologisches Problem. In: France M. Dolinar, Maximilian Liebmann, Helmut Rumpler, Luigi Taviano (Hgg.), Katholische Reform und Gegenreformation in Innerösterreich 1564–1628, Klagenfurt [u. a.] 1994, S. 11–18.

Dollinger, Heinz, Studien zur Finanzreform Maximilians I. von Bayern in den Jahren 1598–1618. Ein Beitrag zur Geschichte des Frühabsolutismus (Schriftenreihe der historischen Kommission bei der bayerischen Akademie der Wissenschaften 8), Göttingen 1968.

Donnelly, John, The New Religious Orders, 1517–1648. In: Thomas A. Brady, Heiko A. Oberman, James D. Tracy (Hgg.), Handbook of European History 1400–1600. Bd. 2 (Visions, Programs and Outcomes), Leiden – New York – Köln 1995, S. 283–315.

Dreger, Moriz, Baugeschichte der K. K. Hofburg in Wien (ÖKT XIV), Wien 1914.

Drexel, Sturmius, Reichsstift und Reichsstadt. Eine Darlegung der rechtlichen Auseinandersetzungen zwischen dem Reichsstift St. Ulrich und Afra in Augsburg und der Reichsstadt Augsburg im 17. und 18. Jahrhundert (Studien u. Mitteilungen zur Geschichte des Benedictiner-Ordens. Ergheft 14), München 1938.

Ducreux, Marie-Elisabeth, Reading unto Death. Books and Readers in Eigteenth-Century Bohemia. In: Roger Chartier (Hg.), The Culture of Print. Power and Uses of Print in Early Modern Europe, Princeton 1989, S. 191–229.

Dülmen, Richard van, Kultur und Alltag in der Frühen Neuzeit. Bd. 3: Religion, Magie, Aufklärung 16.–18. Jahrhundert, München 1994.

Dünnhaupt, Gerhard, Personalbibliographien zu den Drucken des Barock. Bd. 1 (Hiersemanns bibliographische Handbücher 9/1), Stuttgart ^{2}1990, S. 103–110.

Duffy, Christopher, Siege Warfare. The Fortress in the Early Modern World 1494–1660 (Siege Warfare 1), London 1979.

Duindam, Jeroen, The court of the Austrian Habsburgs: locus of a composite heritage. In: Mitteilungen der Residenzen-Kommission der Akademie der Wissenschaften Göttingen 8, 1998, S. 24–58.

Duindam, Jeroen, Myths of Power. Norbert Elias and the Early Modern European Court, Amsterdam 1994.

Duindam, Jeroen, Norbert Elias und der frühneuzeitliche Hof. Versuch einer Kritik und Weiterführung. In: Historische Anthropologie 6, 1998, S. 370–387.

Dux, Rudolf, Martin Opitz und sein poetisches Regelsystem (Literatur und Wirklichkeit 18), Bonn 1976.

Eberle, L., Wien als Festung, Sonderdruck.

Eberle, Ludwig, Wien als Festung (1530–1740). In: Geschichte der Stadt Wien 4, hg. v. Altertumsverein zu Wien, Wien 1909, S. 161–282.

Edelmayer, Friedrich, Alfred Kohler (Hgg.), Kaiser Maximilian II. Kultur und Politik im 16. Jahrhundert (Wiener Beiträge zur Geschichte der Neuzeit 19), Wien – München 1992.

Eder, Karl, Geschichte der Kirche im Zeitalter des konfessionellen Absolutismus 1555–1648, Wien 1949.

Ehalt, Hubert Ch., Ausdrucksformen absolutistischer Herrschaft. Der Wiener Hof im 17. und 18. Jahrhundert (Sozial- und wirtschaftshistor. Studien 14), Wien 1980.

Ehmer, Josef, Gesellenmigration und handwerkliche Produktionsweise. Überlegungen zum Beitrag von Helmut Bräuer. In: Gerhard Jaritz, Albert Müller (Hgg.), Migration in der Feudalgesellschaft (Studien zur Historischen Sozialwissenschaft 8), Frankfurt/M. – New York 1988, S. 232–237.

Eickhoff, Ekkehard, Venedig, Wien und die Osmanen. Umbruch in Südosteuropa 1645–1700, München 1970.

Eisenhardt, Ulrich, Die kaiserliche Aufsicht über Buchdruck, Buchhandel und Presse im Heiligen Römischen Reich Deutscher Nation (1496–1806). Ein Beitrag zur Geschichte der Bücher- und Pressezensur (Studien und Quellen zur Geschichte des deutschen Verfassungsrechts, Reihe A: 3), Karlsruhe 1970.

Elias, Norbert, Die höfische Gesellschaft. Untersuchungen zur Soziologie des Königtums und der höfischen Aristokratie, Frankfurt/M. 1983, ^{7}1994

Elias, Norbert, Über den Prozeß der Zivilisation. Bd. 2: Wandlungen der Gesellschaft. Entwurf zu einer Theorie der Zivilisation, Frankfurt ^{14}1989.

Elliott, John H., The Count-Duke of Olivares. The Statesman in an Age of Decline, New Haven – London 1986.

Enciclopedia dello spettacolo. Bd. 1–9, Roma 1954–1962.

Engelbert, Kurt, Das Bistum Breslau im Dreißigjährigen Kriege. Tl. 1–3. In: Archiv für schlesische Kirchengeschichte. Bd. 23, 1965, S. 85–148; 24, 1966, S. 127–181; 25, 1967, S. 201–251.

Engelsing, Rolf, Analphabetentum und Lektüre. Zur Sozialgeschichte des Lesens in Deutschland zwischen feudaler und industrieller Gesellschaft, Stuttgart 1973.

Engel, Evamaria, Lambrecht, Karen, Hauptstadt – Residenz – Residenzstadt – Metropole – Zentraler Ort. Probleme ihrer Definition und Charakterisierung. In: Evamaria Engel, Karen Lambrecht, Hanna Nogossek (Hgg.), Metropolen im Wandel. Zentralität in Ostmitteleuropa an der Wende vom Mittelalter zur Neuzeit, Berlin 1995, S. 11–31.

Ennen, Edith, Funktions- und Bedeutungswandel der „Hauptstadt" vom Mittelalter zur Moderne. In: Theodor Schieder, Gerhard Brunn (Hgg.), Hauptstädte in europäischen Nationalstaaten (Studien zur Geschichte des neunzehnten Jahrhunderts 12), München – Wien 1983, S. 153–163.

Evans, Robert J. W., The Making of the Habsburg Monarchy 1550–1700. An Interpretation, Oxford 1979; deutsche Ausgabe: Das Werden der Habsburgermonarchie 1550–1700. Gesellschaft, Kultur, Institutionen (Forschungen zur Geschichte des Donauraumes 6), Wien-Köln – Graz 1986.

Evans, Robert J. W., Die Reichsidee. In: Geoffrey Parker, Der Dreißigjährige Krieg, Frankfurt/M. – New York 1987, S. 156–162.

Fabbri, Paolo, Gusto scenico a Mantova nel tardo rinascimento, Padova 1974.

Faber, Elfriede, Der Hof zu St. Ulrich. Ein Beitrag zur Geschichte des 7. Wiener Gemeindebezirks. In: JBVGStW 44/45, 1989, S. 27–50.

Fabrizio-Costa, Silvia, Les pleurs et la grâce: La Maddalena de G. Andreini. In: M. Plaisance (Hg.), Théâtre en Toscane. La comédie (XVIe, XVIIe et XVIIIe siècles), Saint-Denis 1991, S. 113–156.

Fantur, Alf Gerd, Die Diplomatie des Franz Christoph Khevenhüller als kaiserlicher Gesandter in Madrid (1617–1629) bei der Verheiratung der Infantin Maria von Spanien. Politische Bedeutung und Folgen in europäischer Sicht (ungedr. phil. Diss.), Wien 1974.

Federhofer, Hellmut, Giovanni Priuli. In: Musik in Geschichte und Gegenwart 10, Kassel 1962, Sp. 1636–1637.

Federhofer, Hellmut, Giovanni Valentini. In: Musik in Geschichte und Gegenwart 13, Kassel 1966, Sp. 1229–1231.

Federhofer, Hellmut, Musikpflege und Musiker am Grazer Habsburgerhof der Erzherzöge Karl und Ferdinand von Innerösterreich, Mainz 1967.

Fehr, Hans, Das Widerstandsrecht. In: MIÖG 38, 1920, S. 1–38.
Feigl, Helmuth, Entwicklung und Auswirkungen des Patronatsrechts in Niederösterreich. In: JBLKNÖ N.F. 43, 1977, S. 81–114.
Feigl, Helmuth, Der niederösterreichische Bauernaufstand 1596/1597 (Militärhistorische Schriftenreihe 22), Wien 1972.
Feil, J., Die Fürstinnen-Gräber bei den Minoriten in Wien. In: Berichte und Mittheilungen des Alterthums-Vereines zu Wien 26, 1889, S. 48–58.
Fellner, Thomas, Die österreichische Zentralverwaltung. 1. Abt. Bd. 1, Wien 1907.
Fenlon, Iain, The Origins of the Seventeenth-Century Stage „Ballo". In: I. Fenlon, T. Carter (Hgg.), Con che soavità: Studies in Italian Opera, Song and Dance, 1580–1740, Oxford 1996, S. 13–40.
Ferrer Valls, Teresa, El vellocino de oro y El amor enamorado. In: J. Berbel, H. Castellón, A. Orejudo, A. Serrano (Hgg.), En torno al teatro del Siglo de Oro. Actas de las Jornadas XII–XIII celebradas en Almería, Almería 1996, S. 49–63.
Ferrone, Siro, Attori mercanti corsari: La Commedia dell'Arte in Europa tra Cinque e Seicento, Torino 1993.
Ferrone, Siro (Hg.), Commedie dell'Arte. Bd. 2, Milano 1986.
Fidler, Petr, Architekten des Seicento. Baumeister, Architekten und Bauten des Wiener Hofkreises (ungedr. phil. Habil.), Innsbruck 1990.
Fidler, Petr, „Bauen ist eine höhere Lust als Kriegführen": Albrecht Wenzel Eusebius von Waldstein als Bauherr und Mäzen – Zur Baustrategie eines Fürsten. In: Václav Bůzek, Pavel Král (Hgg.:) Aristokratické rezidence a dvory v raném novověku [Adelige Residenzen und Höfe der frühen Neuzeit] (Opera historica 7). České Budějovice 1999, S. 275–309.
Fidler, Petr, Loggia mit Aussicht – Prolegomena zu einer Typologie. In: Wiener Jahrbuch für Kunstgeschichte 40, 1987, S. 83–101.
Fiedler, Joseph (Hg.), Die Relationen der Botschafter Venedigs über Deutschland und Österreich im siebzehnten Jahrhundert, Bd. 1 (Fontes Rerum Austriacarum II/26), Wien 1866.
Fiedler, Siegfried, Kriegswesen und Kriegführung im Zeitalter der Landsknechte (Heerwesen der Neuzeit I/2). Koblenz 1985.
Findeisen, Jörg-Peter, Der Dreißigjährige Krieg: eine Epoche in Lebensbildern, Graz – Wien - Köln 1998.
Finlay, Roger, Population and Metropolis. The Demography of London 1580–1650 (Cambridge Geographical Studies 12), Cambridge [u. a.] 1981.

Fischer, Alois, Die literarische Tätigkeit des Johann Heinrich von Pflaumern 1584–1671, Doktors beider Rechte, Anwalts, Kaiserlichen Rats und Bürgermeisters der freien Reichsstadt Überlingen am Bodensee (ungedr. phil. Diss.), Bonn 1909.

Fischer, Joachim, Herzog Eberhard III. (1628–1674). In: Robert Uhland (Hg.), 900 Jahre Haus Württemberg. Leben und Leistung für Land und Volk, Stuttgart [3]1985, S. 195–209.

Flaig, Egon, Die *Pompa Funebris*. Adlige Konkurrenz und annalistische Erinnerung in der Römischen Republik. In: Otto Gerhard Oexle (Hg.), Memoria als Kultur (Veröffentlichungen des Max-Planck-Instituts für Geschichte 121), Göttingen 1995, S. 115–148.

Flemming, Willi (Hg.), Das Schauspiel der Wanderbühne, Darmstadt [2]1965.

Fliedl, Gerhard, Die Lage Wiens im 30-jährigen Krieg (ungedr. phil. Diss.), Wien 1948.

Flood, John L., Umstürzler in den Alpen. Bücher und Leser in Österreich im Zeitalter der Gegenreformation. In: Daphnis 20/2, 1991, S. 231–263.

Forster, Marc R., The Counter-Reformation in the Villages. Religion and Reform in the Bishopric of Speyer, 1560–1720, Ithaca – London 1992.

Foucault, Michel, Überwachen und Strafen. Die Geburt des Gefängnisses, Frankfurt/M. [9]1991.

Foucault, Michel, Wahnsinn und Gesellschaft. Eine Geschichte des Wahnsinns im Zeitalter der Vernunft, Frankfurt/M. 1969.

Frank, Michael, Dörfliche Gesellschaft und Kriminalität. Das Fallbeispiel Lippe 1650–1800, Paderborn 1995.

Frank, Michael, Ehre und Gewalt im Dorf der Frühen Neuzeit. In: Klaus Schreiner, Gerd Schwerhoff (Hgg.), Verletzte Ehre. Ehrkonflikte in Gesellschaften des Mittelalters und der Frühen Neuzeit, Köln [u. a.] 1995, S. 320–338.

Franz, Günther, Der Dreißigjährige Krieg und das deutsche Volk. Untersuchungen zur Bevölkerungs- und Agrargeschichte (Quellen und Forschungen zur Agrargeschichte 7), Stuttgart – New York [4]1979.

Franzl, Johann, Ferdinand II. – Kaiser im Zwiespalt der Zeit, Graz [2]1989.

Friedrichs, Christopher R., The Early Modern City 1450–1750. Harlow – New York 1995.

Friedrichs, Christopher R., Urban Society in an Age of War: Nördlingen, 1580–1720, Princeton 1979.

Friesen, Ilse E., Die Humanisten-Epitaphien im Dom von St. Stephan und die Anfänge der Renaissance-Skulptur in Wien. In: WGBl 44, 1989, S. 53–77.

Frühsorge, Gotthart, Der Hof, der Raum, die Bewegung. Gedanken zur Neubewertung des europäischen Hofzeremoniells. In: Euphorion 82, 1988, S. 424–429.

Fučiková, Eliška, Die Prager Residenz unter Rudolf II., seinen Vorgängern und Nachfolgern. In: Eliška Fučiková [u. a.] (Hgg.), Rudolf II. und Prag. Ausstellung Prag, 30. Mai – 7. Sept. 1997, Prag 1997, S. 2–71.

Fürstenau, Moritz, Zur Geschichte der Musik und des Theaters am Hofe zu Dresden. Tl. 1–2. Dresden 1861–1862 (Nachdr. Hildesheim [u. a.] 1971).

Gajecka, Georg, Barau, Alexander, The Cossacks in the Thirty Years War (Analecta OSBM, Series II/Sectio I, XXIV). Bd. 1: 1619–1624, Roma 1969.

Galley, Chris, The Demography of Early Modern Towns: York in the Sixteenth and Seventeenth Centuries (Liverpool Studies in European Population 6), Liverpool 1998.

Gatrell, Anthony C., Distance and Space: A Geographical Perspective (Contemporary Problems in Geography), New York 1983.

Gerhartl, Gertrud, Die Niederlage der Türken am Steinfeld (Militärhistorische Schriftenreihe 26), Wien 1974.

Gerteis, Klaus, Die deutschen Städte in der frühen Neuzeit. Zur Vorgeschichte der „bürgerlichen Welt“, Darmstadt 1986.

Geyer, Roderich, Dr. Johann Caspar Neubeck. Bischof von Wien (ungedr. phil. Diss.), Wien 1956.

Geyer, Rudolf, Handbuch der Wiener Matriken. Ein Hilfswerk für Matrikenführer und Familienforscher. In: Jahrbuch des Österreichischen Instituts für Genealogie, Familienrecht und Wappenkunde 1/2, 1928/29.

Giddens, Anthony, Central Problems in Social Theory. Action, structure and contradiction in social analysis, Houndmills [u. a.] 1979.

Giesecke, Michael, Der Buchdruck in der frühen Neuzeit. Eine historische Fallstudie über die Durchsetzung neuer Informations- und Kommunikationstechnologien, Frankfurt/M. 1990.

Giesecke, Michael, Sinnenwandel, Sprachwandel, Kulturwandel: Studien zur Vorgeschichte der Informationsgesellschaft, Frankfurt/M. 1992.

Gilmont, Jean-François, Die protestantische Reformation und das Lesen. In: Roger Chartier, Guglielmo Cavallo (Hgg.), Die Welt des Lesens. Von der Schriftrolle zum Bildschirm, Frankfurt/M. – New York 1999, S. 313–349.

Gindely, Anton, Der erste österreichische Reichstag in Linz 1614. In: Sitzungsberichte der phil.-hist. Kl. der kaiserl. Akademie der Wissenschaften 40, 1862, S. 230–254.

Gindely, Anton, Geschichte der böhmischen Finanzen von 1526 bis 1618, Wien 1971.

Gindely, Anton, Geschichte des Böhmischen Aufstandes von 1618. Bd. 1/1–2 (Geschichte des Dreißigjährigen Krieges 1), Prag 1869, 1878.

Gindely, Anton, Geschichte der Gegenreformation in Böhmen, Leipzig 1894.

Gindely, Anton, Waldstein während seines ersten Generalats. Bd. 1–2, Prag 1886.

Goertz, Hans-Jürgen, Religiöse Bewegungen in der Frühen Neuzeit (Enzyklopädie deutscher Geschichte 20), München 1993.

Goffman, Erving, Interaktionsrituale. Über Verhalten in direkter Kommunikation, Frankfurt/M. 1994.

Gold, Hugo, Geschichte der Juden in Wien. Ein Gedenkbuch, Tel Aviv 1966.

Gorris, Rosanna, La parabola della famiglia Gonzaga-Nevers e la Commedia dell'Arte: Mantova vs. Parigi – Parigi vs. Mantova. In: Elio Mosele (Hg.), La Commedia dell'Arte tra Cinque e Seicento in Francia e in Europa. Atti del Convegno Internazionale di Studio, Verona – Vicenza, 19–21 ottobre 1995, Fasano 1997, S. 53–83.

Gothein, Eberhard, Die deutschen Kreditverhältnisse und der dreissigjährige Krieg. Leipzig 1893.

Gräf, Holger Thomas, Pröve, Ralf, Wege ins Ungewisse. Reisen in der Frühen Neuzeit 1500–1800, Frankfurt/M. 1997.

Grenier, Jean Yves, Quelques élèments pour une étude des liens entre conjoncture économique et conjoncture démographique aux XVII et XVIII siècles. In: Annales de Démographic historique 1984, S. 175–199.

Griehbaum, Wilhelmine, Beiträge zur Geschichte der Vorstädte St. Ulrich – Neubau – Schottenfeld (1620–1820) (ungedr.phil.Diss.), Wien 1958.

Grimm, Jacob und Wilhelm, Deutsches Wörterbuch. Bd. 1–33, München 1991 (Nachdr. d. Ausg. Leipzig 1854–1971).

Gschließer, Oswald von, Der Reichshofrat. Bedeutung und Verfassung,

Schicksal und Besetzung einer obersten Reichsbehörde von 1559 bis 1806, Wien 1942.
Gugitz, Gustav, Mord und Totschlag in Alt-Wien. Ein Beitrag zur Geschichte der öffentlichen Sicherheit und Kriminalität in Wien im 17. und 18. Jahrhundert. In: JBVGStW 14, 1958, S. 141–155.
Gullón, Ricardo (Hg.), Diccionario de Literatura Española e Hispanoamericana, Madrid 1993.
Gutkas, Karl, Geschichte des Landes Niederösterreich, St. Pölten ^{3}1973.
Gutkas, Karl, Geschichte Niederösterreichs (Geschichte der österreichischen Bundesländer), Wien 1984.

Haan, Heiner, Niedhart, Gottfried, Geschichte Englands vom 16. bis zum 18. Jahrhundert (Geschichte Englands 2), München 1993.
Habermas, Rebekka, Wallfahrt und Aufruhr. Zur Geschichte des Wunderglaubens in der frühen Neuzeit (Historische Studien 5), Frankfurt/M. – New York 1991.
Hadamowsky, Franz, Barocktheater am Wiener Kaiserhof. Mit einem Spielplan (1625–1740). In: Jahrbuch der Gesellschaft für Wiener Theaterforschung 1951/52, Wien 1955, S. 7–131.
Hadamowsky, Franz, Höfische Faschingsfeste im barocken Wien. In: Alte und moderne Kunst 3, 1958, S. 6–10.
Hadamowsky, Franz, Wien: Theatergeschichte (Geschichte der Stadt Wien 3), Wien 1988.
Hageneder, Herta, Die Minoriten in den österreichischen Städten. In: Franz-Heinz Hye (Hg.), Stadt und Kirche (Beiträge zur Geschichte der Städte Mitteleuropas 13), Linz 1995, S. 257–268.
Hageneder, Herta, Ein Rombesuch im Jahre 1650. In: Sabine Weiss (Hg.), Historische Blickpunkte. Festschr. Johann Rainer (Innsbrucker Beiträge zur Kulturwissenschaft 25), Innsbruck 1988, S. 217–220.
Halbwachs, Maurice, Das Gedächtnis und seine sozialen Bedingungen, Frankfurt/M. 1985.
Hall, Stuart George, Crehan, Joseph H., Fasten/Fasttage. In: Theologische Realenzyklopädie 11, Berlin – New York 1983, S. 41–59.
Halm, Matthias, Volkstümliche Dichtung im siebzehnten Jahrhundert I: Matthias Abele (Forschungen zur neueren Literaturgeschichte 11), Weimar 1912.
Ham, Claudia, Die Verkauften Bräute. Studien zu den Hochzeiten zwischen österreichischen und spanischen Habsburgern im 17. Jahrhundert (ungedr. phil. Diss.), Wien 1995.

Hamann, Brigitte (Hg.), Die Habsburger: Ein biographisches Lexikon, Wien [4]1988.

Hamm, Berndt, Das Gewicht von Religion, Glaube, Frömmigkeit und Theologie innerhalb der Verdichtungsvorgänge des ausgehenden Mittelalters und der frühen Neuzeit. In: Monika Hagenmaier, Sabine Holtz (Hgg.), Krisenbewußtsein und Krisenbewältigung in der Frühen Neuzeit – Crisis in Early Modern Europe. Festschrift für Hans-Christoph Rublack, Frankfurt – Bern – New York – Paris 1992, S. 163–196.

Hammer-Purgstall, Josef Freiherr von, Khlesl's, des Cardinals, Directors des geheimen Cabinets Kaiser Mathias' Leben. Bd. 1–4, Wien 1847–1851.

Hampe, Theodor, Die Entwicklung des Theaterwesens in Nürnberg, Nürnberg 1900.

Handke, Peter, Die Fahrt im Einbaum oder Das Stück zum Film vom Krieg, Frankfurt/M. 1999.

Handke, Peter, Die Geschichte des Bleistifts, Frankfurt/M. 1985.

Hansen, Günther, Formen der Commedia dell'Arte in Deutschland, hg. v. Helmut G. Asper, Emsdetten 1984.

Hansen, Reiner, König Heinrich IV. von Frankreich 1610. Der Fürstenmord im Konfessionellen Zeitalter. In: Alexander Demandt (Hg.), Das Attentat in der Geschichte, Köln – Weimar – Wien 1996, S. 123–141.

Harbsmeier, Michael, Reisebeschreibungen als mentalitätsgeschichtliche Quellen: Überlegungen zu einer historisch-anthropologischen Untersuchung frühneuzeitlicher deutscher Reisebeschreibungen. In: Antoni Mączak, Hans Jürgen Teuteberg (Hgg.), Reiseberichte als Quellen europäischer Kulturgeschichte. Aufgaben und Möglichkeiten der historischen Reiseforschung (Wolfenbütteler Forschungen 21), Wolfenbüttel 1982, S. 1–31.

Harms, Wolfgang, Das illustrierte Flugblatt als meinungsbildendes Medium in der Zeit des Dreißigjährigen Krieges. In: Klaus Bußmann, Heinz Schilling (Hgg.), 1648. Krieg und Frieden in Europa. Textband II, Münster – Osnabrück 1998, S. 323–327.

Hartmann, Anja Victorine, Von Regensburg nach Hamburg. Die diplomatischen Beziehungen zwischen dem französischen König und dem Kaiser vom Regensburger Vertrag (13. Oktober 1630) bis zum Hamburger Präliminarfrieden (25. Dezember 1641) (Schriftenreihe der Vereinigung zur Erforschung der Neueren Geschichte 27), Münster 1998.

Hassinger, Herbert, Johann Joachim Becher 1635–1682. Ein Beitrag zur

Geschichte des Merkantilismus (Veröffentlichungen der Kommission für Neuere Geschichte Österreichs 38), Wien 1951.

Hassinger, Herbert, Wien im Zeitalter des Merkantilismus. In: Nachrichtenblatt des Vereines für Geschichte der Stadt Wien 3, 1941, S. 1–17.

Hauser, Alois, Die Gruft zu St. Anna in Wien. In: Berichte und Mittheilungen des Alterthums-Vereines zu Wien 24, 1887, S. 43–65.

Hauser, Alois, Die Restaurirung der Peterskirche in Wien. In: Berichte und Mittheilungen des Alterthums-Vereines zu Wien 26, 1889, S. 16–24.

Hauser, Susanne, Der Blick auf die Stadt. Semiotische Untersuchungen zur literarischen Wahrnehmung bis 1910 (Reihe Historische Anthropologie 12), Berlin 1990.

Hauswirth, Ernest, Abriß einer Geschichte der Benedictiner-Abtei U.L.F. zu den Schotten in Wien, Wien 1858.

Hawlik-van de Water, Magdalena, Der schöne Tod. Zeremonialstrukturen des Wiener Hofes bei Tod und Begräbnis zwischen 1640 und 1740, Wien [u. a.] 1989.

Hebenstreit, Hugo, Die Grafen von Schallenberg. Von ihrem Aufkommen in Oberösterreich bis zu ihrer Abwanderung nach Niederösterreich (1180–1700). Ein Beitrag zu deren 600jährigen Geschichte in Oberösterreich (ungedr. Man.), Linz 1974.

Heilingsetzer, Georg, The Austrian Nobility, 1600–1650: Between Court and Estates. In: R.J.W. Evans, T.V. Thomas (Hgg.), Crown, Church and Estates. Central European Politics in the Sixteenth and Seventeenth Centuries, Basingstoke – London 1991, S. 245–260.

Heinisch, Reinhard Rudolf, Habsburg, die Pforte und der Böhmische Aufstand (1618–1620). In: Südostforschungen 33, 1974, S. 125–165; 34, 1975, S. 79–124.

Heinisch, Reinhard Rudolf, Die Stadt als Festung im 17. Jahrhundert. In: Wilhelm Rausch (Hg.), Die Städte Mitteleuropas im 17. und 18. Jahrhundert (Beiträge zur Geschichte der Städte Mitteleuropas 5), Linz/Donau 1981, S. 283–310.

Heischmann, Eugen, Die Anfänge des stehenden Heeres in Österreich, Wien 1925.

Heiß, Gernot, Die Jesuiten und die Anfänge der Katholisierung in den Ländern Ferdinands I. Glaube, Mentalität, Politik (ungedr. phil. Habil.), Wien 1986.

Hengerer, Mark, Adelsintegration am Kaiserhof (1618–1665): Zeremoniell, Personal, Finanzen, Netzwerke. In: Frühneuzeit-Info 9, 1998, S. 274–279.

Henshall, Niclas, The Myth of Absolutism. Change and Continuity in Early Modern European Monarchy, London 1992.
Herlitz, Georg, Kirschner, Bruno (Hgg.), Jüdisches Lexikon. Bd. 4/2, Berlin 1930.
Heydendorff, Walther Ernst, Die Fürsten und Freiherren zu Eggenberg und ihre Vorfahren, Graz 1965.
Hilmera, Jiří, „Phasma Dionysiacum" a další divandelní představení v Praze roku 1617 (Das ‚Phasma Dionysiacum' und weitere Theatervorstellungen in Prag 1617). Folia historica Bohemica 17, 1994, S. 133–141.
Hilmera, Jiří, K počátkům barokní scénografie v Čechách [Zu den Anfängen der barocken Szenographie in Böhmen]. In: Časopis Národního muzea 131, 1962, oddíl věd spolčenských, S. 135–140, 219.
Hirn, Josef, Erzherzog Maximilian der Deutschmeister, Regent von Tirol. Bd. 1, Innsbruck 1915.
Hispania – Austria. Die Katholischen Könige, Maximilian I. und die Anfänge der Casa de Austria in Spanien (Ausstellung, Schloß Ambras, 3. Juli – 20. September 1992), Mailand 1992.
Hochstadt, Steve, Migration in Preindustrial Germany. In: Central European History 16, 1983, S. 195–224.
Hock, R., Der heilsame Brunnen. In: UH 35, 1967, S. 227–234.
Hödl, Sabine, Zur Geschichte der Juden in Österreich unter der Enns 1550–1625 (ungedr. phil. Diss.), Wien 1998.
Höfer, Ernst, Das Ende des Dreißigjährigen Krieges. Strategie und Kriegsbild, Köln – Weimar – Wien 1997.
Höpfel, Jutta, Innsbruck – Residenz der alten Musik, Innsbruck – Wien 1989.
Hojos, Philipp, Die kaiserliche Armee 1648–1650. In: Der Dreißigjährige Krieg. Beiträge zu seiner Geschichte (Schriften des Heeresgeschichtlichen Museums in Wien 7), Wien 1976, S. 169–232.
Holzer, Willibald I., Politischer Widerstand gegen die Staatsgewalt. Historische Aspekte – Problemstellungen – Forschungsperspektiven (Materialien zur Arbeiterbewegung 38), Wien 1985.
Horn Melton, James van, The Nobility in the Bohemian and Austrian Lands, 1620–1780. In: H. M. Scott (Hg.), The European Nobilities in the Seventeenth and Eighteenth Centuries. Bd. 2: Northern, Central and Eastern Europe, London 1995, S. 110–143.
Hornung, Maria, Wörterbuch der Wiener Mundart, Wien 1998.
Huber, A., Geschichte Österreichs. Bd. 5, Gotha 1896.
Huck, Gerhard, Der Reisebericht als historische Quelle. In: Gerhard

Huck, Jürgen Reulecke (Hgg.), „... und reges Leben ist überall sichtbar!" Reisen im bergischen Land um 1800 (Bergische Forschungen 15), Neustadt an der Aisch 1978, S. 27–44.

Hübel, Ignaz, Die Ächtungen von Evangelischen und die Konfiskationen protestantischen Besitzes im Jahr 1620 in Niederösterreich und Oberösterreich. In: JBGPÖ 58, 1937, S. 17–28.

Hübel, Ignaz, Die 1620 in Nieder- und Oberösterreich politisch kompromittierten Protestanten. In: JBGPÖ 59, 1938, S. 45–62; 60, 1939, S. 105–124.

Hüttenberger, Peter, Tagebücher. In: Bernd-A. Rusinek, Volker Ackermann, Jörg Engelbrecht (Hgg.), Einführung in die Interpretation historischer Quellen. Schwerpunkt: Neuzeit, Paderborn – München – Zürich 1992, S. 27–43.

Hüttl, Ludwig, Marianische Wallfahrten im süddeutsch-österreichischen Raum. Analyse von der Reformations- bis zur Aufklärungsepoche (Kölner Veröffentlichungen zur Religionsgeschichte 6), Köln – Wien 1965.

Hummelberger, Walter, Das bürgerliche Zeughaus (Wiener Geschichtsbücher 9), Wien-Hamburg 1972.

Hummelberger, Walter, Wiens erste Belagerung durch die Türken 1529 (Militärhistorische Schriftenreihe 33), Wien 1976.

Hummelberger, Walter, Peball, Kurt, Die Befestigungen Wiens (Wiener Geschichtsbücher 14), Wien 1974.

Hundsbichler, Helmut, Spätmittelalterliches Reisen und ikonographische Überlieferung. In: Xenja von Ertzdorff, Dieter Neukirch (Hgg.), Reisen und Reiseliteratur im Mittelalter und in der Frühen Neuzeit (Chloe 13), Amsterdam – Atlanta 1992, S. 255–288.

Hungarica. Ungarn betr. im Auslande gedruckte Bücher und Flugschriften. Gesammelt und beschrieben von Graf Alexander Apponyi. Bd. 4, Neue Sammlung II. XVII. und XVIII. Jh. besorgt von L. Dézsi, München 1927 (Neudruck: Neudeln/ Liechtenstein 1969).

Hurter, Friedrich von, Friedensbestrebungen Kaiser Ferdinand's II. Nebst des apostolischen Nuntius Carl Caraffa Bericht über Ferdinand's Lebensweise, Familie, Hof, Räthe und Politik, Wien 1860.

Hye, Franz-Heinz, Leopold V. In: Brigitte Hamann, Die Habsburger, Wien 1988, S. 247–249.

Ilg, Albert, Zur Geschichte der Augustinerkirche auf der Landstrasse in Wien. In: Berichte und Mittheilungen des Alterthums-Vereines zu Wien 26, 1889, S. 59–70.

Imhof, Arthur E., Die gewonnenen Jahre. Von der Zunahme unserer Lebensspanne seit dreihundert Jahren oder von der Notwendigkeit einer neuen Einstellung zu Leben und Sterben. Ein historischer Essay, München 1981.

Die Inschriften des Landkreises Ludwigsburg (Die Deutschen Inschriften 25, Heidelberger Reihe 9), Wiesbaden 1986.

Die Inschriften Niederösterreichs. Tl. 1: Die Inschriften der politischen Bezirke Amstetten und Scheibbs (Die Deutschen Inschriften 10, Wiener Reihe 3), Graz [u. a.] 1966.

Intra, Giovanni Battista, Le due Eleonore Gonzaga imperatrici. In: Archivio storico lombardo. NF 18, 1891, S. 342–363, 629–657.

Jaeckel, Georg, Die staatsrechtlichen Grundlagen des Kampfes der evangelischen Schlesier um ihre Religionsfreiheit. Tl. 3–4. In: Jahrbuch für Schlesische Kirchengeschichte N.F. 39, 1960, S. 51–90; 40, 1961, S. 7–30.

Jäger-Sunstenau, Hanns, Herkunftsorte und Konnubium der Wiener Goldschmiede 1350–1800. In: Genealogie. Deutsche Zeitschrift für Familienkunde 11, 1962, S. 2–7.

Janácek, Josef, Das alte Prag. Leipzig 1980.

Jekl, Konrad, Die Italiener in Wien in der ersten Hälfte des 18. Jahrhunderts (ungedr. phil. Diss.), Wien 1953.

Just, Thomas, Pils, Susanne Claudine, Die Entstehung der Unbarmherzigkeit. Randgruppen und Außenseiter in Wien vom Mittelalter bis zur Gegenwart (WGBl Beiheft 1, 1997).

Just, Thomas, Weigl, Andreas, Die Wiener Stadtguardia und der Dreißigjährige Krieg. In: AMG-Bulletin 4, 2000, Nr. 5, S. 25–27.

Kallbrunner, Josef, Das Wiener Hofquartierwesen und die Maßnahmen gegen die Quartiersnot im 17. und 18. Jahrhundert. In: Mitteilungen des Vereins für Geschichte der Stadt Wien 5, 1925, S. 24–36.

[Kaltenbaeck, J. P.], Aus dem Leben eines Wiener Studenten im siebenzehnten Jahrhundert. In: Austria. Österreichischer Universal-Kalender 14, 1853, S. 37–39.

Kamen, Henry, European Society 1500–1700, London [u. a.] 1984.

Kampmann, Christoph, Reichsrebellion und kaiserliche Acht. Politische Strafjustiz im Dreißigjährigen Krieg und das Verfahren gegen Wallenstein 1634 (Schriftenreihe der Vereinigung zur Erforschung der neueren Geschichte 21), Münster 1993.

Kaudelka, Steffen, Grimmelshausens Kriegsdarstellung in seinen Romanen „Der abenteuerliche Simplizissimus Teutsch" und „Der seltzame Springinsfeld" – eine Quelle für Historiker? In: Sozialwissenschaftliche Informationen 19, 1990, S. 78–86.

Kauffmann, Kai, „Es ist nur ein Wien!" Stadtbeschreibungen von Wien 1700 bis 1873. Geschichte eines literarischen Genres der Wiener Publizistik (Literatur in der Geschichte. Geschichte in der Literatur 29), Wien – Köln – Weimar 1994.

Kaufmann, Arthur, Backmann, Leonhard A. (Hgg.), Widerstandsrecht, Darmstadt 1972.

Kemmerich, Max, Die Lebensdauer und die Todesursachen innerhalb der Deutschen Kaiser- und Königsfamilien. In: Alfred von Lindheim (Hg.), Saluti senectutis. Die Bedeutung der menschlichen Lebensdauer im modernen Staate. Eine sozial-statistische Untersuchung, Leipzig – Wien 1909, S. 105–194.

Kerschbaumer, Anton, Cardinal Klesel. Minister-Präsident unter Kaiser Mathias, Wien 1865.

Kerschbaumer, Anton, Die Grabstätten der Habsburger. In: Berichte und Mittheilungen des Alterthums-Vereines zu Wien 17, 1877, S. 231–247.

Kettering, Sharon, Patrons, Brokers and Clients in Seventeeth-Century France, New York – Oxford 1986.

Keyser, Erich, Bevölkerungsgeschichte Deutschlands, Leipzig ^{2}1941.

Kiesel, Helmuth, „Bei Hof, bei Höll". Untersuchungen zur literarischen Hofkritik von Sebastian Brant bis Friedrich Schiller (Studien zur deutschen Literatur 60), Tübingen 1979.

Kieslinger, Alois, Der Bau von St. Michael in Wien und seine Geschichte. In: Mitteilungen des Vereins für Geschichte der Stadt Wien 10, 1952/53, S. 1–74.

Killy, Walter (Hg.), Deutsche Biographische Enzyklopädie (DBE). Bd. 2, München 1995.

Killy, Walter (Hg.), Literatur Lexikon. Autoren und Werke deutscher Sprache, Bd. 1, Gütersloh/München 1988.

Kindermann, Heinz, Dietrich, Margret (Hgg.), Dichtung aus Österreich: Drama, Wien 1966.

Kinzelbach, Annemarie, Gesundbleiben, Krankwerden, Armsein in der frühneuzeitlichen Gesellschaft. Gesunde und Kranke in den Reichsstädten Überlingen und Ulm, 1500–1700 (Medizin, Gesellschaft und Geschichte Beiheft 8), Stuttgart 1995.

Kinzelbach, Annemarie, Heilkundige und Gesellschaft in der frühneuzeitlichen Reichsstadt Überlingen. In: Medizin, Geschichte und Gesellschaft 8, 1989, S. 119–149.

Kinzelbach, Annemarie, „... und sich der Curierung anmassen ...“ – Konkurrierende Heilkunde und Gesellschaft. Süddeutsche Reichsstädte in der Frühen Neuzeit. In: Sonia Horn, Susanne Claudine Pils (Hgg.), Sozialgeschichte der Medizin – Stadtgeschichte und Medizingeschichte, Thaur [u. a.] 1998, S. 63–77.

Kirkendale, Warren, The Court Musicians in Florence during the Principate of the Medici, Firenze 1993.

Kirkendale, Warren, Zur Biographie des ersten Orfeo Francesco Rasi. In: L. Finscher (Hg.), Claudio Monteverdi. Festschrift Reinhold Hammerstein zum 70. Geburtstag, Laaber 1986, S. 288–335.

Kittel, Erich, Die Vermögensverhältnisse Wiener Bürger in der ersten Hälfte des 17. Jahrhunderts (ungedr. phil. Diss.), Wien 1968.

Klaus Lohrmann, Möller, Hartmut, Das Bürgerspital. In: Musik im mittelalterlichen Wien. Historisches Museum der Stadt Wien. 103. Sonderausstellung, 18. Dezember 1986 – 8. März 1987, Wien 1986, S. 36–37.

Klein, Kurt, Die Bevölkerung Österreichs vom Beginn des 16. bis zur Mitte des 18. Jahrhunderts (mit einem Abriß der Bevölkerungsentwicklung von 1754 bis 1869). In: Heimold Helczmanovski (Hg.), Beiträge zur Bevölkerungs- und Sozialgeschichte Österreichs. Nebst einem Überblick über die Entwicklung der Bevölkerungs- und Sozialstatistik, Wien 1973, S. 47–112.

Klingenstein, Grete, Der Wiener Hof in der Frühen Neuzeit. Ein Forschungsdesiderat. In: Zeitschrift für historische Forschung 22, 1995, S. 237–245.

Knittler, Herbert, Die europäische Stadt in der frühen Neuzeit. Institutionen, Strukturen, Entwicklungen (Querschnitte 4), Wien – München 2000.

Knittler, Herbert, Österreichs Städte in der frühen Neuzeit. In: Erich Zöllner (Hg.), Österreichs Städte und Märkte in ihrer Geschichte (Schriften des Institutes für Österreichkunde 46), Wien 1985, S. 43–68.

Knoz, Tomáš, Winkelbauer, Thomas, Geschlecht und Geschichte. Grablegen, Grabdenkmäler und Wappenzyklen als Quellen fuer das historisch-genealogische Denken des oesterreichischen Adels im 16. und 17. Jahrhundert. Mit einem Exkurs nach Frain in Suedmähren. In:

Joachim Bahlcke, Arno Strohmeyer (Hgg.), Die Konstruktion der Vergangenheit. Geschichtsdenken, Traditionsbildung und Selbstdarstellung in den ostmitteleuropäischen Ständegesellschaften (1500–1800) (im Druck).

Köhler, Hans-Joachim, Fragestellungen und Methoden zur Interpretation frühneuzeitlicher Flugschriften. In: Hans-Joachim Köhler (Hg.), Flugschriften als Massenmedien der Reformationszeit. Beiträge zum Tübinger Symposion 1980 (Spätmittelalter und Frühe Neuzeit 13), Stuttgart 1981, S. 1–27.

Kohler, Alfred, Bayern als Vorbild für die innerösterreichische Gegenreformation. In: France M. Dolinar (Hg.), Katholische Reform und Gegenreformation in Innerösterreich 1564–1628. Klagenfurt [u. a.] 1994, S. 387–403.

Kohler, Alfred, Das Reich im Kampf um die Hegemonie in Europa 1521–1684 (Enzyklopädie deutscher Geschichte 6), München 1990.

Kohler, Alfred, Edelmayer, Friedrich (Hgg.), Hispania – Austria. Die Katholischen Könige, Maximilian I. und die Anfänge der Casa de Austria in Spanien. Akten des Historischen Gespräches (Innsbruck, Juli 1992) (Studien zur Geschichte und Kultur der iberischen und iberoamerikanischen Länder 1), Wien – München 1993.

Kohn, Renate, Wiener Inschriftensammler vom 17. bis zum beginnenden 19. Jahrhundert (Forschungen und Beiträge zur Wiener Stadtgeschichte 32), Wien 1998.

Koldinská, Matia, Die Welt Adams des Jüngeren von Waldstein durch die Optik seiner Tagebücher. In: Folia Historica Bohemica 18, Praha 1997, S. 121–142.

Konečný, Antonín, Shakespeare v repertoiru anlických komediantů na půdě české [Shakespeare im Repertoire der Englischen Komödianten]. In: Zlata Praha 41, 1924, S. 431–435, 458–460.

Kralik, Richard, Geschichte der Stadt Wien und ihrer Kultur, Wien ^{3}1933.

Kramreiter, Robert, Die Schottengruft in Wien. Grabstätte Heinrich Jasormirgotts und des Grafen Rüdiger von Starhemberg, Wien 1962.

Kratochvíl, Karel, Ze světa komedie dell'arte [Aus der Welt der Commedia dell'arte], Praha 1987.

Kratochwil, Max, Wien im 16. Jahrhundert. In: Wilhelm Rausch (Hg.), Städtische Kultur in der Barockzeit (Beiträge zur Geschichte der Städte Mitteleuropas VI), Linz 1982, S. 75–92.

Krebs, Julius, Die ersten Winterquartiere der Waldsteiner in Schlesien.

In: Zeitschrift des Vereins für Geschichte und Alterthum Schlesiens 20, 1886, S. 297–317.

Krebs, Julius, Schlesien in den Jahren 1626 und 1627. In: Zeitschrift des Vereins für Geschichte und Alterthum Schlesiens 20, 1886, S. 1–32; 21, 1887, S. 116–148; 25, 1891, S. 124–184; 27, 1893, S. 150–203; 28, 1894, S. 147–178.

Kretschmer, Helmut, Sturmpetition und Blockade Wiens im Jahre 1619 (Militärhistorische Schriftenreihe 38), Wien 1978.

Krömer, Wolfram (Hg.), Spanien und Österreich im Barockzeitalter. Akten des Dritten Spanisch-Österreichischen Symposions (Kremsmünster, 25.–30. September 1983), Innsbruck 1985.

Krömer, Wolfram (Hg.), Spanien und Österreich in der Renaissance. Akten des Fünften Spanisch-Österreichischen Symposions (Wien, 21.–25. September 1987), Innsbruck 1989.

Krömer, Wolfram (Hg.), 1492–1992: Spanien, Österreich und Iberoamerika. Akten des Siebten Spanisch-Österreichischen Symposions (Innsbruck, 16.–21. März 1992), Innsbruck 1993.

Kruedener, Jürgen Freiherr von, Die Rolle des Hofes im Absolutismus, Stuttgart 1973.

Krusenstjern, Benigna von, Selbstzeugnisse der Zeit des Dreißigjährigen Krieges. Beschreibendes Verzeichnis (Selbstzeugnisse der Neuzeit 6), Berlin 1997.

Krusenstjern, Benigna von, Medick, Hans (Hgg.), Zwischen Alltag und Katastrophe. Der Dreißigjährige Krieg aus der Nähe (Veröffentlichungen des Max-Planck-Instituts für Geschichte 148), Göttingen 1999.

Kuba-Hauk, Waltraut, Barocke Bildwerke [der Michaelerkirche]. In: St. Michael. Stadtpfarrkirche und Künstlerpfarre von Wien 1288–1988. Historisches Museum der Stadt Wien. 113. Sonderausstellung 26. Mai bis 2. Oktober 1988, Wien 1988, S. 190–197.

Küch, F., Die Politik des Pfalzgrafen Wolfgang Wilhelm, 1632 bis 1636. Zugleich ein Beitrag zur Geschichte von Jülich und Berg während des dreißigjährigen Krieges. In: Beiträge zur Geschichte des Niederrheins 11, 1897, S. 1–220.

Kuefstein, Karl Graf, Studien zur Familiengeschichte. Bd. 3: 17. Jahrhundert, Wien – Leipzig 1915.

Kühnel, Harry, Die adelige Kavalierstour im 17. Jahrhundert. In: JbLKNÖ N.F. 36, 1964, S. 364–384.

Kühnel, Harry, Forschungsergebnisse zur älteren Geschichte der Wiener

Hofburg (IV): Der Leopoldinische Trakt der Wiener Hofburg. In: Anzeiger der phil.-hist. Kl. der Österreichischen Akademie der Wissenschaften 97, 1960, S. 147–169.

Kühnel, Harry, Der Glückshafen. Zur kollektiven Festkultur des Spätmittelalters und der frühen Neuzeit. In: Helmuth Feigl (Red.), Festgabe des Vereins für Landeskunde von Niederösterreich zum Ostarrîchi-Millenium. Tl. 1 (JBVLNÖ N.F. 62/2), Wien 1996, S. 319–342.

Kühnel, Harry, Die Hofburg (Wiener Geschichtsbücher 3), Wien – Hamburg 1971.

Die Kunstdenkmäler Österreichs: Wien, II. bis IX. und XX. Bezirk (Dehio-Handbuch: Topographisches Denkmälerinventar, hg. vom Bundesdenkmalamt), Wien 1993.

Kunzfeld, Alois, Die Augustinerkirche in Wien (Heimatkundliche Wanderungen 60), Wien 1925.

Kusin, Eberhard, Die Kaisergruft bei den PP. Kapuzinern in Wien, Wien 1949.

Labisch, Alfons, Homo hygienicus. Gesundheit und Medizin in der Neuzeit, Frankfurt/M. – New York 1992.

Labisch, Alfons, Vögele, Jörg, Stadt und Gesundheit. Anmerkungen zur neueren sozial- und medizinhistorischen Diskussion in Deutschland. In: Archiv für Sozialgeschichte 37, 1997, S. 396–424.

Labouvie, Eva, Wider Wahrsagerei, Segnerei und Zauberei. Kirchliche Versuche zur Ausgrenzung von Aberglaube und Volksmagie seit dem 16. Jahrhundert. In: Richard van Dülmen (Hg.), Verbrechen, Strafen und soziale Kontrolle (Studien zur historischen Kulturforschung 3), Frankfurt/M. 1990, S. 15–55.

Laferl, Christopher F., Die Kultur der Spanier in Österreich unter Ferdinand I. 1522–1564 (Junge Wiener Romanistik 14), Wien – Köln – Weimar 1997.

Laferl, Christopher F., „En tierra ajena …“. Spanier in Wien zur Zeit Ferdinands I. (1522–1564). In: WGBl 52, 1997, S. 1–14.

Lammert, Gottfried, Geschichte der Seuchen, Hungers- und Kriegsnoth zur Zeit des Dreißigjährigen Krieges, Vaduz 1987 (Nachdruck der Ausgabe Wiesbaden 1890).

Landers, John, Death and the metropolis. Studies in the demographic history of London 1670–1830 (Cambridge Studies in Population, Economy and Society in Past Time 20), Cambridge 1993.

Landsteiner, Erich, Einen Bären anbinden. In: Österreichische Zeitschrift für Geschichtswissenschaften 4, 1993, S. 218–252.

Landsteiner, Erich, Weinbau und bürgerliche Hantierung. Weinproduktion und Weinhandel in den landesfürstlichen Städten und Märkten Niederösterreichs in der frühen Neuzeit. In: Ferdinand Opll (Hg.), Stadt und Wein (Beiträge zur Geschichte der Städte Mitteleuropas 14), Linz/Donau 1996, S. 17–50.

Landsteiner, Erich, Wiederaufbau oder Transformation? Niederösterreich vor, während und nach dem Dreißigjährigen Krieg. In: Walter Leitsch, Stanisław Trawkowski, Polen und Österreich im 17. Jahrhundert (Wiener Archiv für Geschichte des Slawentums und Osteuropas 18), Wien – Köln – Weimar 1999, S. 133–203.

Landsteiner, Erich, Weigl, Andreas, „Sonsten finden wir die Sachen sehr übel aufm Landt beschaffen ...“. Krieg und lokale Gesellschaft in Niederösterreich (1618–1621). In: Benigna von Krusenstjern, Hans Medick (Hgg.), Zwischen Alltag und Katastrophe. Der Dreißigjährige Krieg aus der Nähe (Veröffentlichungen des Max-Planck-Instituts für Geschichte 148), Göttingen 1999, S. 229–271.

Landsteiner, Erich, Tersch, Harald, Weigl, Andreas, Die Nähe eines fernen Krieges. Die Tagung „Zwischen Alltag und Katastrophe. Der Dreißigjährige Krieg aus der Nähe“, 27.–29. November 1997 am Max-Planck-Institut für Geschichte, Göttingen. In: Österreichische Zeitschrift für Geschichtswissenschaften 9, 1998, S. 132–135.

Lang, Helmut Walter, Die deutschsprachigen Wiener Zeitungen des 17. Jahrhunderts (ungedr. phil. Diss.), Wien 1972.

Lang, Helmut W., Die österreichische Tagespublizistik im Barockzeitalter. In: Erich Zöllner (Hg.), Öffentliche Meinung in der Geschichte Österreichs (Schriften d. Inst. f. Österreichkunde 34), Wien 1979, S. 39–52.

Lang, Peter Thaddäus, Reform im Wandel. Die katholischen Visitationsinterrogatorien des 16. und 17. Jahrhunderts. In: E. W. Zeeden, Peter Thaddäus Lang (Hgg.), Kirche und Visitation. Beiträge zur Erforschung des frühneuzeitlichen Visitationswesens in Europa, Stuttgart 1984, S. 131–189.

Lashofer, Clemens Anton, Profeßbuch des Benediktinerstiftes Göttweig. Zur 900-Jahr-Feier der Gründung des Klosters (Studien u. Mitteilungen zur Geschichte des Benediktiner-Ordens. Erg.bd. 26), St. Ottilien 1983.

Lebegue, Raymond, La comédie italienne en France au XVIe siècle. In: Revue du littérature comparée 24, 1950, S. 5–24.

Lechner, Karl, Handbuch der historischen Stätten Österreichs. Bd. 1: Donauländer und Burgenland, Stuttgart 1985

Lehmann, John, Bassett Richard (Hgg.), Vienna. A Travellers' Companion, London 1988.

Lenk, Leonhard, Augsburger Bürgertum im Späthumanismus und Frühbarock (1580–1700) (Abhandlungen zur Geschichte der Stadt Augsburg 17), Augsburg 1968.

Leopold, Silke, Claudio Monteverdi und seine Zeit, Laaber 1982.

Lever, Maurice, Zepter und Schellenkappe. Zur Geschichte der Hofnarren, Frankfurt/M. 1992.

Líčeníková, Michaela, Ú'loha architekta Nicolo Sebregondiho ve službách vévody Albrechta z Valdštejna [Die Rolle des Architekten Nicolò Sebregondi im Dienste des Herzogs Albrecht von Waldstein]. In: Zprávy památkové péče 58, Praha 1998, S. 1–6.

Lichtenberger, Elisabeth, Von der mittelalterlicher Bürgerstadt zur City. In: Heimold Helczmanovski (Hg.), Beiträge zur Bevölkerungs- und Sozialgeschichte Österreichs. Nebst einem Überblick über die Entwicklung der Bevölkerungs- und Sozialstatistik, Wien 1973, S. 297–331.

Lichtenberger, Elisabeth, Wien – das sozialökologische Modell einer barocken Residenz um die Mitte des 18. Jahrhunderts. In: Wilhelm Rausch (Hg.), Städtische Kultur in der Barockzeit (Beiträge zur Geschichte der Städte Mitteleuropas VI), Linz 1982, S. 235–262.

Lichtenberger, Elisabeth, Die Wiener Altstadt. Von der mittelalterlichen Bürgerstadt zur City, Wien 1977.

Lichtenberger, Johann, Grabmäler zu Maria Laach am Jaerling V. O. M. B. In: Berichte und Mittheilungen des Alterthums-Vereines zu Wien 3, 1859, S. 111–115.

Liebhart, Wilhelm, Die Reichsabtei Sankt Ulrich und Afra zu Augsburg. Studien zu Besitz und Herrschaft (1006–1803) (Historischer Atlas von Bayern, Teil Schwaben II/2), München 1982.

Limon, Jerzy, Gentlemen of a Company: English Players in Central and Eastern Europe, 1590–1660, Cambridge 1985.

Lind, Karl, Die alte Schottenkirche in Wien. In: Berichte und Mittheilungen des Alterthums-Vereines zu Wien 17, 1877, S. 219–230.

Lind, Karl, Gebhard Gartenschmied's Werk über die in den Kirchen Wiens anno 1811 befindlichen Grabdenkmale. Ein Vortrag, gehalten von Dr. Karl Lind im Alterthums-Vereine zu Wien am 21. Dezember 1883. In: Berichte und Mittheilungen des Alterthums-Vereines zu Wien 22, 1883, S. 88–98.

Lind, Karl, Kurze Erläuterung des Wiener Planes von Daniel Suttinger aus dem Jahre 1684. In: Berichte und Mittheilungen des Alterthums-Vereines zu Wien 16, 1876 S. 9–39.

Lind, Karl, Die Losensteiner Gräber in Garsten. In: Berichte und Mittheilungen des Alterthums-Vereines zu Wien 23, 1884, S. 6–16.

Lind, Karl, Nachträge zu den Grabschriften in der Schotten-Abtei in Wien. In: Berichte und Mittheilungen des Alterthums-Vereines zu Wien 17, 1877, S. 59–62.

Lind, Karl, Protocollum über die Stiftungen bei den Minoriten in Wien (1727) (mit 4 Text-Illustrationen). In: Berichte und Mittheilungen des Alterthums-Vereines zu Wien 22, 1883, S. 1–28.

Lind, Karl, Die St. Michaelskirche zu Wien. In: Berichte und Mittheilungen des Alterthums-Vereines zu Wien 3, 1859, S. 1–59.

Livi Bacci, Massimo, Europa und seine Menschen, München 1998.

Loebenstein, Eva-Marie, Die adelige Kavalierstour im 17. Jahrhundert – ihre Voraussetzungen und Ziele (ungedr. phil. Diss.), Wien 1966.

Logitsch, Hildegard, Innere und äußere Defensionsmaßnahmen des Erzherzogtums Niederösterreich im sechzehnten und siebzehnten Jahrhundert (ungedr. phil. Diss.), Wien 1939.

Loidl, Franz, Das Augustiner-Kloster bei der Wiener Hofburg. Eine Übersicht aus den Protocollen des Convents, Wien 1948.

Loidl, Franz, Fürstbischof Breuner. In: Wiener Kirchenblatt 1956, Nr. 3, S. 10–12.

Lucius, Brigitte, Motivvergleichende Untersuchungen zu den Schwankbüchern Neithart Fuchs, Die Geschichte des Pfarrers vom Kahlenberg, Till Eulenspiegel, Das Lalebuch (ungedr. phil. Diss.), Wien 1967.

Ludvik, Dušan, Innsbrucker Komödianten I. In: Acta neophilologica 4, Ljubljana 1971, S. 3–39.

Ludvik, Dušan, Zur Chronologie und Topographie der „alten" und „späten" englischen Komödianten in Deutschland. In: Acta neophilologica 8, Ljubljana 1975, S. 47–65.

Luhmann, Niklas, Die Gesellschaft der Gesellschaft, Frankfurt/M. 1998.

Luhmann, Niklas, Gesellschaftsstruktur und Semantik. Studien zur Wissenssoziologie der modernen Gesellschaft, Bd. 1, Frankfurt/M. 1993.

Luhmann, Niklas, Organisation und Entscheidung, Opladen – Wiesbaden 2000.

Luhmann, Niklas, Soziale Systeme. Grundriß einer allgemeinen Theorie, Frankfurt/M. [5]1994.

Lunzer, Heinz, Lunzer-Talos, Victoria (Hgg.), Abroad in Austria: Travellers' Impressions from Five Centuries, an exhibition of the Austrian Federal Ministry of Foreign Affairs, Wien 1997.

Lutz, Heinrich, Das Ringen um deutsche Einheit und kirchliche Erneuerung. Von Maximilian I. bis zum Westfälischen Frieden 1490 bis 1648 (Propyläen-Geschichte Deutschlands 4), Berlin 1983.

Luzio, Alessandro, La galleria dei Gonzaga venduta all'Inghilterra nel 1627–28, Milano 1913.

Lynch, Katherine A., The European Marriage Pattern in the Cities. Variations on a Theme by Hajnal. In: Journal of Famliy History 16, 1991, S. 79–96.

Ma, Klaralinda, Psarakis, Brigitta, „... ein ungeheurer herrlicher Garten ..." Wien aus der Sicht ausländischer Besucher vom 15. bis zum 19. Jahrhundert (WGBl Beiheft 3, 1988).

Mączak, Antoni, Travel in Early Modern Europe, Cambridge 1995.

MacHardy, Karin J., Cultural Capital, Family Strategies and Noble Identity in Early Modern Habsburg Austria 1579–1620. In: Past and Present 163, 1999, S. 36–75.

MacHardy, Karin J, The Rise of Absolutism and Noble Rebellion in Early Modern Habsburg Austria, 1570 to 1620. In: Comparative Studies in Society and History 34/3, 1992, S. 409–439.

Mais, Adolf, Gefängnis und Tod der in Wien hingerichteten Wiedertäufer in ihren Briefen und Liedern. In: JBGStW 19/20, 1963/64, S. 87–182.

Mais, Adolf, Die Gruftbestattungen zu St. Michael in Wien. Bruderschaften, Bestattungen, Sargmalerei, Totenbeigaben. In: Leopold Schmidt (Hg.), Kultur und Volk. Beiträge zu Volkskunde aus Österreich, Bayern und der Schweiz, zugl. Festschrift für Gustav Gugitz zum 80. Geburtstag, Wien 1954, S. 245–273.

Mamone, Sara, Torino Mantova Firenze 1608: le nozze rivali. In: Quaderni di Palazzo Te, NF 6, Milano 1999, S. 42–59.

Mann, Golo, Wallenstein, Frankfurt/M. 1971, Sonderausgabe 1996.

Marañón, Gregorio, El Conde-Duque de Olivares, Madrid ^{3}1952.

Marauschek, Gerhard B., Die Fürsten zu Eggenberg unter besonderer Berücksichtigung ihres Kunstmäzenatentums, 1568–1717 (ungedr. phil. Diss.), Graz 1968.

Marchi, Adele Vittoria, Parma e Vienna. Cronaca di 3 secoli di rapporti fra il ducato di Parma Piacenza e Guastalla e la corte degli Asburgo, Parma 1988.

Marosi, Endre, Burgen im österreichisch-ungarischen Grenzraum, Eisenstadt 1990.

Marshall, J., Mortality of the Metropolis. A Statistical View of the Number of Persons Reported to have Died, [...] within the Bills of Mortality, in each of the two hundred and four years, 1629–1831 [...], London 1832.

Matschinegg, Ingrid, Pawlowsky, Verena, Zechner, Rosa, Mütter im Dienst – Kinder in Kost. Das Wiener Findelhaus, eine Fürsorgeeinrichtung für ledige Frauen und deren Kinder. In: L'Homme Z.F.G. 5, 1994, S. 61–80.

Mat'a, Petr, Die ältesten böhmischen und mährischen Tagebücher. In: Folia Historica Bohemica 18, Praha 1997, S. 99–120.

Matt, Richard, Die Wiener protestantischen Bürgertestamente von 1578–1627. In: Mitteilungen des Vereines für Geschichte der Stadt Wien, 17, 1938, S. 1–51.

Maurer, Joseph, Die Grabinschriften in der Pfarrkirche zu Asparn an der Zaya. In: Berichte und Mittheilungen des Alterthums-Vereines zu Wien 24, 1887, S. 66–71.

Maurer, Joseph, Die Hoyos'sche oder St. Ludwigs-Capelle bei den Minoriten in Wien. In: Berichte und Mittheilungen des Alterthums-Vereines zu Wien 25, 1888, S. 1–10.

Maurer, Joseph, Zwei Wohlthäterinnen der Minoriten. In: Berichte und Mittheilungen des Alterthums-Vereines zu Wien 26, 1889, S. 45–47.

Maurer, Rudolf, Bäder – Badleut – Badeknecht. In: Sonia Horn, Susanne Claudine Pils (Hgg.), Sozialgeschichte der Medizin – Stadtgeschichte und Medizingeschichte, Thaur – Wien – München 1998, S. 11–18.

Mauri, Daniela, Il mito di Narciso in tre testi di Isabella, Francesco e Giovan Battista Andreini. In: Elio Mosele (Hg.), La Commedia dell'Arte tra Cinque e Seicento in Francia e in Europa. Atti del Convegno Internazionale di Studio, Verona – Vicenza, 19–21 ottobre 1995, Fasano 1997, S. 207–221.

May, Alfred, Wien in alten Ansichten. Das Werden der Wiener Vedute, Wien – München ^{3}1985.

Mayer, Anton, Wiens Buchdruckergeschichte 1482–1882. Bd.1–2, Wien 1882.

Mayer-Löwenschwerdt, Erwin, Der Aufenthalt der Erzherzöge Rudolf und Ernst in Spanien (Österreichische Akademie der Wissenschaften, phil.-hist. Kl., Sitzungsberichte 206/5), Wien 1927.

Mayr, Josef Karl, Vom Geist des Hauses: Der lutherische Landhausprediger Josua Opitz. In: JBGPÖ 71, 1955, S. 9–13.
Mayr, Josef Karl, Wiener Protestantengeschichte im 16. und 17. Jahrhundert. In: JBGPÖ 70, 1954, S. 41–127.
Mayr-Deisinger, Karl, Die Flugschriften der Jahre 1618–1620 und ihre politische Bedeutung (ungedr. phil. Habil.), München 1893.
Mazzoldi, Leonordo [u. a.] (Hgg.), Mantova: La storia. Bd. 3, Mantova 1963.
Mazzoni, Stefano, Genealogia e vicende della famiglia Andreini. In: M. Chiabò, Federico Doglio (Hgg.), Origini della Commedia Improvvisa o dell' arte: XIX Convegno Internazionale del Centro Studi sul Teatro Medioevale e Rinascimentale, Roma – Anagni 1995, Roma 1996, S. 107–152.
McKendrick, Melveena, Theatre in Spain 1490–1700, Cambridge 1989.
Mears, John A., The Thirty Years' War, the "General Crisis" and the Origins of a Standing Professional Army in the Habsburg Monarchy. In: Central European History 21, 1988, 122–141.
Mecenseffy, Grete, Geschichte des Protestantismus in Österreich, Graz – Köln 1956.
Mecenseffy, Grete, Habsburger im 17. Jahrhundert. Die Beziehungen der Höfe von Wien und Madrid während des Dreißigjährigen Krieges. In: Archiv für österreichische Geschichte 121, 1955, S. 1–91.
Mecenseffy, Grete, Wien im Zeitalter der Reformation des 16. Jahrhunderts. In: WGBl 29, 1974, S. 228–239.
Meissner, Johannes, Die englischen Comoedianten zur Zeit Shakespeares in Oesterreich, Wien 1884.
Menčik, Ferdinand, Gräflich Harrachsches Archiv in Wien. In: Archivalien zur Neueren Geschichte Österreichs. Bd. 1 (Veröffentlichungen der Kommission für Neuere Geschichte Österreichs 4), Wien 1913, S. 1–445.
Mentzel, Elisabeth, Geschichte der Schauspielkunst in Frankfurt am Main, Frankfurt/M. 1882.
Mezger, Werner, Hofnarren im Mittelalter, Konstanz 1981.
Michel, Suzanne et Paul-Henri, Répertoire des ouvrages imprimés en langue italienne aux XVIIe siècle. Bd. 1, Firenze 1970.
Mieck, Ilja, Wallenstein 1634. Mord oder Hinrichtung? In: Alexander Demandt (Hg.), Das Attentat in der Geschichte, Köln – Weimar – Wien 1996, S. 143–164.
Misch, Georg, Geschichte der Autobiographie. Bd. 4/1, Frankfurt/M. 1969.

Mischek, Michaela, Die Jagd in Niederösterreich vom 16. bis zum 18. Jahrhundert (ungedr. phil. Dipl.-Arb.), Wien 1990.

Moeller, Bernd, Reichsstadt und Reformation, Gütersloh 1962.

Molinari, Cesare, Actor-authors of the Commedia dell'arte: The Dramatic Writings of Flaminio Scala and Giambattista Andreini. In: Theatre Research International 23, 1998, 2, S. 142–151.

Möllenberg, Johanna, Die Reichsstadt Überlingen im Dreißigjährigen Kriege (ungedr. phil. Diss.), Tübingen 1953.

Monaldini, Sergio, Il teatro dei comici dell'arte a Bologna. In: L'Archiginnasio 90, 1995, S. 33–164.

Mörke, Olaf, Pamphlet und Propaganda. Politische Kommunikation und technische Innovation in Westeuropa in der Frühen Neuzeit. In: Michael North (Hg.), Kommunikationsrevolutionen: die neuen Medien des 16. und 19. Jahrhunderts (Wirtschafts- und sozialhistorische Studien 3), Köln – Weimar – Wien 1995. S. 15–32.

Mörke, Olaf, Die politische Bedeutung des Konfessionellen im Deutschen Reich und in der Republik der Vereinigten Niederlande. Oder: War die Konfessionalisierung ein „Fundamentalvorgang"? In: Ronald G. Asch, Heinz Durchhardt (Hgg.), Der Absolutismus – ein Mythos? Strukturwandel monarchischer Herrschaft in West- und Mitteleuropa (ca. 1550–1700) (Münstersche historische Forschungen 9), Köln – Weimar – Wien 1996, S. 125–164.

Mörke, Olaf, ‚Stadtholder' oder ‚Staetholder'? Die Funktion des Hauses Oranien und seines Hofes in der politischen Kultur der Republik der Vereinigen Niederlande im 17. Jahrhundert, München 1997.

Mori, Akiko, Grab, Epitaph und Friedhof. Neue Zugänge ethnologischer Familienforschung am Beispiel einer Kärntner Landgemeinde. In: Historische Anthropologie 3, 1995, S. 112–124.

Moser, Dietz-Rüdiger, Narren – Prinzen – Jesuiten. Das Karnevalskönigreich am Collegium Germanicum in Rom und seine Parallelen. In: Zeitschrift f. Volkskunde 77, 1981, S. 167–208.

Moser-Rath, Elfriede, Dem Kirchenvolk die Leviten gelesen. Alltag im Spiegel süddeutscher Barockpredigten, Stuttgart 1991.

Muchka, Ivan, Die Architektur unter Rudolf II., gezeigt am Beispiel der Prager Burg. In: Prag um 1600. Kunst und Kultur am Hofe Kaiser Rudolfs II. Ausstellung Kunsthistorisches Museum Wien. 24. 11. 1988 – 26. 2. 1989. Bd. 1, Freren 1988, S. 85–93.

Müller, Konrad, Das evangelische Breslau 1523–1945, Goslar 1952.

Müller, Rainer A., De Christiani Principis Officio-Religion und katholische Konfession in ausgewählten Fürstenspiegeln der Frühen Neuzeit. In: Wolfgang Reinhard, Heinz Schilling (Hgg.), Die katholische Konfessionalisierung. Wiss. Symposion der Gesellschaft zur Herausgabe des Corpus Catholicorum und des Vereins für Reformationsgeschichte, Münster 1995, S. 332–347.

Müller, Rainer A., Der Fürstenhof in der frühen Neuzeit (Enzyklopädie deutscher Geschichte 33), München 1995.

Müller, Richard, Wiens räumliche Entwicklung und topographische Benennungen 1522–1740. In: Geschichte der Stadt Wien 4, hg. v. Alterthumsverein zu Wien, Wien 1911, S. 283–410.

Müllers Großes Deutsches Ortsbuch, Wuppertal – Barmen 1938.

Munck, Thomas, Seventeenth Century Europe. State, Conflict and the Social Order in Europe 1598–1700, Basingstoke – London 1990.

Murad, Orlene, The English Comedians at the Habsburg Court in Graz 1607–1608, Salzburg 1978.

Mýlnikov, A. S., Die slawischen Kulturen in den Beschreibungen ausländischer Beobachter im 18. und zu Beginn des 19. Jahrhunderts. In: B. I. Krasnobaev, Gert Robel, Herbert Zeman (Hgg.), Reisen und Reisebeschreibungen im 18. und 19. Jahrhundert als Quellen der Kulturbeziehungsforschung, Berlin 1980, S. 143–164.

Nagl, J.W., Zeidler, Jakob, Castle, Eduard (Hgg.), Deutsch-Österreichische Literaturgeschichte. Bd. 1, Wien 1899.

Nagler, A. M., Theatre Festivals of the Medici, 1539–1637, New Haven 1964.

Namboodiri, Krishnan, Suchindran, C. M., Life table techniques and their applications, Orlando [u. a.] 1987.

Nettl, Paul, Giovanni Battista Buonamante. In: Die Musik in Geschichte und Gegenwart. Bd. 2, Kassel 1952, Sp. 467–468.

Nettl, Paul, Giovanni Battista Buonamente. In: Zeitschrift für Musikwissenschaft 9, 1926, 1, S. 528–542.

Nettl, Paul, Počátky opery v Čechách [Die Anfänge der Oper in Böhmen]. In: Československá vlastivěda 8, Praha 1935, S. 667–679.

Neuber, Wolfgang, Zur Gattungspoetik des Reiseberichts. Skizze einer historischen Grundlegung im Horizont von Rhetorik und Topik. In: Peter Brenner (Hg.), Der Reisebericht. Die Entwicklung einer Gattung in der deutschen Literatur, Frankfurt/M. 1989, S. 50–67.

Neudecker, J., Orts-Lexikon der im Reichsrathe vertretenen Königreiche und Länder, Wien o. J.

Newman, J., Rikko, F., A Thematic Index to the Works of Salomon Rossi. Hackensack, N. J. 1972.

Niessen, Carl, Das Bühnenbild, Bonn 1927.

Nikitsch, Eberhard J., Zur Sepulkralkultur mittelrheinischer Zisterzienserklöster. In: Walter Koch (Hg.), Epigraphik 1988. Fachtagung für mittelalterliche und neuzeitliche Epigraphik, Graz, 10.–14. Mai 1988. Referate und Round-table-Gespräche (Österreichische Akademie der Wissenschaften, phil.-hist. Kl., Denkschriften 2139), Wien 1990, S. 179–193.

Novelli, Laura, Giovan Battista Andreini polifonista della secene. In: Biblioteca teatrale, NF 49–51, 1999, S. 81–114.

Nutter, David, Salomone Rossi's Chitarrone Madrigals. In: Paolo Besutti [u. a.] (Hgg.), Claudio Monteverdi. Studi e prospettive. Atti del Convegno, Mantova, 21–24 ott. 1993, Firenze 1998, S. 215–261.

Oberleutasch, P. Cassian von, Die Kapuziner in Österreich. Zum 350jährigen Bestand der Wiener Kapuzinerprovinz (1600–1950). In: Collectanea Franciscana, Rom 1950, S. 219–334.

Oestreich, Gerhard, Antiker Geist und moderner Staat bei Justus Lipsius (1547–1606) (Schriftenreihe der Historischen Kommission bei der Bayerischen Akad. d. Wissenschaften 38), Göttingen 1989.

Oestreich, Gerhard, Strukturprobleme des europäischen Absolutismus. In: Ders., Geist und Gestalt des frühmodernen Staates. Ausgewählte Aufsätze, Berlin 1969, S. 179–197.

Oexle, Otto Gerhard, Memoria als Kultur. In: Otto Gerhard Oexle (Hg.), Memoria als Kultur (Veröffentlichungen des Max-Planck-Instituts für Geschichte 121), Göttingen 1995, S. 9–79.

Oggolder, Christian, Diskurs der Neugierde. Eine Geschichte über Medien, Meinen und Überzeugen zu Beginn des 17. Jahrhunderts (ungedr. phil. Diss.), Wien 1995.

Olbort, Ferdinand, „Vergessene" Pestjahre. Die Seuche von 1653 bis 1656 in Wien. In: WGBl 28, 1973, S. 10–14.

Opel, Julius Otto, Die Anfänge der deutschen Zeitungspresse 1609–1650, Leipzig 1879.

Opll, Ferdinand, Alte Grenzen im Wiener Raum (Kommentare zum historischen Atlas der Stadt Wien 4), Wien 1986.

Opll, Ferdinand, „Iter Viennese Cristo auspice et duce". Wien im Reise-

tagebuch des Tilemann Stella von 1560. In: JBVGStW 52/53, 1996/97, S. 321–360.
Opll, Ferdinand, Spanien und Wien (WGBl Beiheft 3, 1991).
Opll, Ferdinand, Rudolf, Karl, Spanien und Wien (WGBl Beiheft 3, 1991).
Orpheus und Eurydike, Musikalisches Intermezzo zum Schauspiel „Fineza contra fineza“ von Calderón de la Barca, Übersetzung von Richard Bletschacher, Musik von Kaiser Leopold I., Uraufführung in der Gemäldegalerie der Wiener Stallburg am 11. August 1667, hg. von der Direktion der Wiener Staatsoper/Dramaturgie, Wien 1997.
Ortenburg, Georg, Waffe und Waffengebrauch im Zeitalter der Landsknechte (Heerwesen der Neuzeit I/1), Koblenz 1984.
Ortner, Franz, Reformation, katholische Reform und Gegenreformation im Erzbistum Salzburg, Salzburg 1981.
Ortner, Günther, Die niederösterreichischen Landtage von 1635–1648 (ungedr. phil. Diss.), Wien 1974.

Pálffy, Géza, Perger, Richard, A magyarországi török háborúk résztvevöinek síremlékei bécsben (XVI–XVII. század). In: Fons 5, 1998, S. 207–264.
Pánek, Jaroslav, „Phasma Dionysiacum“ a manýristické slavnosti na Pražkém hradě roku 1617 (Jejich dobový a typologický rámec) [Das „Phasma Dionysiacum“ und die manieristischen Feierlichkeiten auf der Prager Burg im Jahre 1617 (Ihr politischer und typologischer Zeitrahmen)]. In: Folia historica Bohemica 17, 1994, S. 117–129.
Papenheim, Martin, Erinnerung und Unsterblichkeit. Semantische Studien zum Totenkult in Frankreich (1715–1794) (Sprache und Geschichte 18), Stuttgart 1992.
Papke, Gerhard, Von der Miliz zum Stehenden Heer. Wehrwesen im Absolutismus (Handbuch zur deutschen Militärgeschichte 1), München 1979.
Parisi, Susan Helen, Ducal Patronage of Music in Mantua, 1587–1627, Diss. Univ. of Illinois 1989 (Ann Arbor 1996).
Parisi, Susan Helen, Francesco Campagnolo. In: Stanley Sadie (Hg.), The New Grove Dictionary of Opera. Bd. 1, London 1992, S. 703.
Parker, Geoffrey, Der Dreißigjährige Krieg, Frankfurt – New York 1987.
Patrouch, Joseph Francis, Methods of cultural manipulation: The Counter-Reformation in the Habsburg province of Upper Austria, 1570–1650 (ungedr. phil. Diss.), Berkeley 1991.

Pavesi, Anna, Feste teatrali e politica. Un matrimonio spagnolo per il futuro Re d'Inghilterra. In: Maria Teresa Cattaneo (Hg.), La scena e la storia. Studi sul teatro spagnolo (Quaderni di Acme 28), Bologna 1997, S. 9–57.

Pawlowsky, Verena, Ledige Mütter als „geburtshilfliches" Material. In: Comparativ. Leipziger Beiträge zur Universalgeschichte und vergleichenden Gesellschaftsforschung 3, 1993, S. 33–52.

Pawlowsky, Verena, Zechner, Rosa, Verwaltete Kinder. Das Wiener Findelhaus (1784–1910). In: WGBl 47, 1992, S. 129–149.

Pedraza Jiménez, Felipe B., El teatro cortesano en el reinado de Felipe IV. In: Teatro cortesano en la España de los Austrias, dirigido por J. M. Díez Borque (Cuadernos de Teatro Clásico 10), Madrid 1998, S. 85–88.

Peller, Sigismund, Zur Kenntnis der städtischen Mortalität im 18. Jahrhundert mit besonderer Berücksichtigung der Säuglings- und Tuberkulosesterblichkeit. In: Zeitschrift für Hygiene und Infektionskrankheiten 90, 1920, S. 227–262.

Perger, Richard, Der Adel in öffentlichen Funktionen und sein Zuzug nach Wien. In: Adel im Wandel. Politik – Kultur – Konfession, 1500–1700, Niederösterreichische Landesausstellung (Katalog des Niederösterr. Landesmuseums N.F. 251), Wien 1990, S. 269–275.

Perger, Richard, Die äußere Wandlung Wiens im 16. Jahrhundert. In: WGBl 29, 1974, S. 198–217.

Perger, Richard, Baugeschichte und Ausstattung [der Michaelerkirche] bis 1626 nach schriftlichen Quellen. In: St. Michael. Stadtpfarrkirche und Künstlerpfarre von Wien 1288–1988. Historisches Museum der Stadt Wien. 113. Sonderausstellung 26. Mai bis 2. Oktober 1988, Wien 1988, S. 74–105.

Perger, Richard, Zur Geschichte des neuen Karners und der Kapellen St. Virgilius und St. Maria Magdalena auf dem Wiener Stephansfreithof. In: Österreichische Zeitschrift für Kunst und Denkmalpflege 17, 1973, S. 153–160.

Perger, Richard, Hanns vom Thau. In: Felix Czeike, Historisches Lexikon der Stadt Wien. Bd. 5, Wien 1997, Sp. 434.

Perger, Richard, Pfarrgemeinde, Stiftungen und Bruderschaften bis 1626. In: St. Michael. Stadtpfarrkirche und Künstlerpfarre von Wien 1288–1988. Historisches Museum der Stadt Wien. 113. Sonderausstellung 26. Mai bis 2. Oktober 1988, Wien 1988, S. 25–34.

Perger, Richard, Die Wiener Ratsbürger 1396–1525 (Forschungen und Beiträge zur Wiener Stadtgeschichte 18), Wien 1988.

Perger, Richard, Die Zusammensetzung des Adels im Land unter der Enns. In: Adel im Wandel. Politik – Kultur – Konfession, Niederösterreichische Landesausstellung (Katalog des Niederösterr. Landesmuseums N.F. 251), Wien 1990, S. 33–36.

Perrenoud, Alfred, Die soziale Ungleichheit vor dem Tod in Genf im 17. Jahrhundert. In: Arthur E. Imhof (Hg.), Biologie des Menschen in der Geschichte. Beiträge zur Sozialgeschichte der Neuzeit aus Frankreich und Skandinavien (Kultur und Gesellschaft 3), Stuttgart – Bad Cannstatt 1978, S. 118–146.

Pertl, Franz, Die Grenzabwehr gegen die Türken im westlichen Ungarn und die niederösterreichischen Stände (ungedr.phil.Diss.), Wien 1939.

Petermann, Reinhard E., Wien von Jahrhundert zu Jahrhundert. Kulturgeschichtliche Entwicklung der Stadt im Rahmen der Zeitgeschichte mit besonderer Berücksichtigung der wirtschaftlichen Wandlungen. Tl. 1, Wie n– Leipzig – New York 1927.

Peters, Bernhard, Die Integration moderner Gesellschaften, Frankfurt/M. 1993.

Peters, Henriette, Wien, Passau und Aquileja. Ein Beitrag zur Kirchengeschichte von Wien und Niederösterreich im 17. Jahrhundert, Wien 1976.

Petrat, Gerhardt, Die letzten Narren und Zwerge bei Hofe. Reflexionen zu Herrschaft und Moral in der Frühen Neuzeit, Bochum 1998.

Petschar, Hans, Niederländer – Europäer – Österreicher. Hugo Blotius, Sebastian Tengnagel, Gérard Freiherr van Swieten, Gottfried Freiherr van Swieten. Vier Präfekten der kaiserlichen Hofbibliothek in Wien (Österreichische Nationalbibliothek. Sonderausstellungen 1993, 3), Wien 1993.

Pfaffel, Veronika, Österreichische Sepulkralkunst des 17. Jahrhunderts (ungedr. phil. Dipl.-Arb.), Wien 1995.

Pfaffenbichler, Matthias, Das frühbarocke Schlachtenbild. Vom historischen Ereignisbild zur militärischen Genremalerei. In: Klaus Bußmann, Heinz Schilling (Hgg.), 1648 – Krieg und Frieden in Europa. Textband II: Kunst und Kultur, Münster 1998, S. 493–500.

Philippine Welser & Anna Caterina Gonzaga: Die Gemahlinnen Erzherzog Ferdinands II. Mit Beitr. von Alfred Auer [u .a.], Ausstellung Schloß Ambras, Innsbruck, 24. Juni – 31. Oktober 1998, Wien 1998.

Pickl von Witkenberg, Wilhelm, Kämmerer-Almanach. Historischer Rückblick auf die Entwicklung der Kämmerer-Würde. Zusammenstellung der kaiserlichen Cammerherren seit Carl V. bis zur Gegenwart. Die Geschichte der Landeserbkämmerer. Im Anhange die lebenden k. und k. Kämmerern mit ihren Titeln, Würden etc. und Domizil, Wien o. J. [vermutlich 1903].

Pils, Susanne Claudine, Hof/Tratsch. Alltag bei Hof im ausgehenden 17. Jahrhundert. In: WGBl 53, 1998, S. 77–99.

Pils, Susanne Claudine, „Von Hühneraugen und Kinderkrankheiten" – Die Tagzettel der Johanna Theresia Harrach als Quelle zur Sozialgeschichte der Medizin. In: Helmuth Grössing, Sonia Horn, Thomas Aigner (Hgg.), Wiener Gespräche zur Sozialgeschichte der Medizin, Wien 1996, S. 23–36.

Pils, Susanne Claudine, Die Stadt als Lebensraum. Wien im Spiegel der Oberkammeramtsrechnungen 1556–1576. In: JBVGStW 49, 1993, S. 119–172.

Pircher, Wolfgang, Verwüstung und Verschwendung. Adeliges Bauen nach der Zweiten Türkenbelagerung (Forschungen und Beiträge zur Wiener Stadtgeschichte 14), Wien 1984.

Piringer, Kurt, Ferdinands III. katholische Restauration (ungedr. phil. Diss.), Wien 1950.

Planheim, Karl Weczerzik Edler von, Geschichte der Kirche und Pfarre „zu den neun Chören der Engel" in Wien „Am Hof", Wien 1908.

Platzer, Peter, Dr. David Gregor Corner. Katholischer Reformator und Abt des Stiftes Göttweig (1585–1648) (Ein Beitrag zur Geschichte der katholischen Erneuerung und des 30jährigen Krieges) (ungedr. phil. Diss.), Wien 1964.

Plechl, Pia Maria, Gott zu ehrn ein Vaterunser pett. Bildstöcke, Lichtsäulen und andere Denkmale der Volksfrömmigkeit in Niederösterreich, Wien – München 1971.

Plettenbacher, Otto Erwin, Geschichte der Steinmetzen von Wien im 17. Jahrhundert. Eine wirtschafts- und kulturhistorische, als auch soziologische Untersuchung (ungedr. phil. Diss.), Wien 1960.

Po-Chia Hsia, Ronnie, Social Discipline in the Reformation: Central Europe 1550–1750, London – New York 1989.

Pohl-Resl, Brigitte, Rechnen mit der Ewigkeit. Das Wiener Bürgerspital im Mittelalter (MIÖG Ergbd. 33), Wien 1996.

Pokorny, Veronika, Clementia Austriaca. Studien zur Bedeutung der clementia Principis für die Habsburger im 16. und 17. Jahrhundert. In: MIÖG 86, 1978, S. 310–364.

Polišenský, Josef, England and Bohemia in Shakespeare's Days. In:

Zdeněk Stříbrny (Hg.), Charles University on Shakespeare, Praha 1966, S. 65–81.

Polišenský, J.V., The Thirty Years War, London 1971.

Polišenský, Josef, Tragic Triangle. The Netherlands, Spain and Bohemia 1617–1621, Prague 1991.

Polišenský, Josef, Kollmann, Josef, Wallenstein. Feldherr des Dreißigjährigen Krieges, Köln – Weimar – Wien 1997.

Polleroß, Friedrich B., Tradition und Recreation. Die Residenzen der österreichischen Habsburger in der frühen Neuzeit (1490–1780). In: Majestas 6, 1998, S. 91–148.

Pongratz, Walter, Aus den Gerichtsprotokollen zweier Waldviertler Herrschafen. Ein Beitrag zur Rechtsgeschichte der frühen Neuzeit. In: UH 61, 1990, S. 255–258.

Popelka, Liselotte, Trauergerüste. Bemerkungen zu einer ephemeren Architekturgattung. In: Römische Historische Mitteilungen 10, 1966/67, S. 184–199.

Posch, Waldemar, Geschichte der Gruft [der Michaelerkirche]. In: St. Michael. Stadtpfarrkirche und Künstlerpfarre von Wien 1288–1988. Historisches Museum der Stadt Wien. 113. Sonderausstellung 26. Mai bis 2. Oktober 1988, Wien 1988, S. 244–248.

Posch, Waldemar, Das „quasi-Todten-Protocoll" der Pfarre St. Michael in Wien 1433–1626. In: Beiträge zur Wiener Diözesangeschichte 22, 1981, S. 35, 36.

Posch, Waldemar, Die österreichische Barnabitenprovinz – ein Überblick. In: Beiträge zur Wiener Diözesangeschichte 14/4, 1973, S. 44–48.

Posch, Waldemar, Die Sarginschriften der Michaelergruft zu Wien (ungedr. Man.), Wien 1983.

Pradel, Johanne, Die Wiener Bürgermeister der ersten Hälfte des 17. Jahrhunderts. In: WGBl 26, 1971, S. 137–144, 178–185, 200–206.

Pradel, Johanne, Die Wiener Ratsbürger im ersten Drittel des 17. Jahrhunderts (ungedr. phil. Diss.), Wien 1972.

Praschinger, Ingeborg, Beiträge zur Flugschriftenliteratur der Reformation und Gegenreformation in Wien und dem Lande Oesterreich unter der Enns (ungedr. phil. Diss.), Wien 1950.

Preiss, Pavel, Das Bühnenbild im böhmischen Barock. In: Oldřich J. Blažíček, Pavel Preiss, Dagmar Hejdová, Kunst des Barock in Böhmen, Recklinghausen 1977.

Press, Volker, The Imperial Court of the Habsburgs: from Maximilian I to Ferdinand III, 1493–1657. In: Ronald G. Asch, Adolf M. Birke

(Hgg.), Princes, Patronage and the Nobility. London 1991, S. 289–312.

Press, Volker, Die Krise des Dreißigjährigen Krieges und die Restauration des Westfälischen Friedens. In: Monika Hagenmaier, Sabine Holtz (Hgg.), Krisenbewußtsein und Krisenbewältigung in der Frühen Neuzeit – Crisis in Early Modern Europe. Festschrift für Hans-Christoph Rublack, Frankfurt – Bern – New York – Paris 1992, S. 61–72.

Press, Volker, Matthias (1612–1619). In: Anton Schindeling, Walter Ziegler (Hgg.), Die Kaiser der Neuzeit 1529–1618. Heiliges Römisches Reich, Österreich, Deutschland, München 1990, S. 112–123.

Press, Volker, Patronat und Klientel im Heiligen Römischen Reich. In: Antoni Mączak (Hg.), Klientelsysteme im Europa der frühen Neuzeit (Schriften des Historischen Kollegs: Kolloquien 9), München 1988, S. 19–46.

Probszt, Günther, Henckel v. Donnersmarck, Lazarus. In: NDB 8, 1969, S. 517 f.

Profeti, Maria Grazia (Hg.), „Otro Lope no ha de haber“. Atti del Convegno internazionale de Lope de Vega, 10–13 febbrio 1999, Florenz 2000, S. 201–251.

Prosch, Peter, Leben und Ereignisse des Peter Prosch, eines Tyrolers von Ried im Zillerthal, oder Das wunderbare Schicksal. Geschrieben in den Zeiten der Aufklärung (Lebensläufe 2), München 1964.

Prota-Giurleo, Ulisse, Silvio Fiorilli. In: Enciclopedia dello spettacolo. Bd. 5, Roma 1958, Sp. 368–370.

Przyboś, Adam (Hg.), Podróż królewicza Władysława Wazy do krajów Europy Zachodniej w latach 1624–1625 w świetle ówczesnych relacji [Die Reise des Prinzen Władisław Wasa in die Länder Westeuropas in den Jahren 1624–1625 nach zeitgenössischen Relationen], Kraków 1977.

Quazza, Romolo, La guerra per la successione di Mantova e del Monferrato (1628–1631). Bd. 1–2, Mantova 1926.

Quazza, Romolo, Mantova attraverso i secoli. Bozzolo ^{3}1978.

Quazza, Romolo, Mantova e Monferrato nella politica europea alla vigilia della guerra per la successione (1624–1627). Mantova 1922.

Rabb, Theodor K., The Struggle for Stability in Early Modern Europe. New York 1975.

Rabl, Erwin, Erinnerungen an die „Schwedenzeit“. Schwedengassen,

Schwedenkreuze und Schwedensagen (eine Auswahl). In: Der Schwed' ist im Land. Das Ende des 30jährigen Krieges in Niederösterreich. Katalog der Ausstellung der Stadt Horn im Höbarthmuseum 22. Juni bis 2. November 1995, Horn 1995, S. 145–166.

Rafetseder, Hermann, Bücherverbrennungen: Die öffentliche Hinrichtung von Schriften im historischen Wandel, Wien – Köln – Graz 1988.

Rainer, Johann, Kardinal Melchior Klesl (1552–1630). Vom „Gegenreformator" zum „Ausgleichspolitiker". In: Römische Quartalschrift für christliche Altertumskunde und Kirchengeschichte 59, 1964, S. 14–35.

Ramharter, Johannes, „Weil der Altar Alterhalben unförmblich und paufellig…". Rechtsfragen zur Ausstattung der Sakralbauten im Salzburger Raum (Österreichische Akademie der Wissenschaften phil.-hist. Kl. – Kommission für Rechtsgeschichte Österreichs. Fontes Rerum Austriacarum. Österreichische Geschichtsquellen, 3.Abt. Fontes Iuris 12), Wien – Köln – Weimar 1996.

Rapf, Cölestin, Die Abtbischöfe des Wiener Schottenstiftes im 17. Jahrhundert. In: Viktor Flieder (Hg.), Festschrift für Franz Loidl zum 65. Geburtstag, Bd. 1, Wien 1970, S. 255–300.

Rapf, Cölestin, Das Schottenstift (Wiener Geschichtsbücher 13). Wien – Hamburg 1974.

Rasi, Luigi, I comici italiani. Bd. 1–2, Firenze 1897–1905.

Rauchensteiner, Manfried, Vom Limes zum „Ostwall" (Militärhistorische Schriftenreihe 21), Wien 1972.

Rebaudego, Maurizio, Giovan Battista Andreini tra poetica e drammaturgia, Torino 1994.

Regele, Oskar, Der österreichische Kriegsrat 1556–1848 (MÖStA Ergbd. 1/1), Wien 1949.

Reichert, Klaus, Fortuna oder die Beständigkeit des Wechsels, Frankfurt/M. 1985.

Reingrabner, Gustav, Adel und Reformation. Beiträge zur Geschichte des protestantischen Adels im Lande unter der Enns während des 16. und 17. Jahrhunderts (Forschungen zur Landeskunde v. Niederösterreich 21), Wien 1976.

Reingrabner, Gustav, Der Dreißigjährige Krieg und Österreich. In: Der Schwed' ist im Land! Das Ende des 30jährigen Krieges in Niederösterreich, Katalog der Ausstellung der Stadt Horn im Höbarthmuseum 22. Juni bis 2. November 1995, Horn 1995, S. 15–97.

Reingrabner, Gustav, Gegenreformation im Waldviertel. In: Verzeichnis der Neubekehrten im Waldviertel 1652–1654. Codex 7757 Vindobonensis der ÖNB Wien, bearb. von Georg Kuhr und Gerhard Bauer, Nürnberg 1992, S. 1–44.

Reingrabner, Gustav, Zur Geschichte der flacianischen Bewegung im Lande unter der Enns. In: JBLKNÖ NF 54/55, 1990, S. 265–301.

Reingrabner, Gustav, Zur Geschichte der protestantischen Landschaftsschule in Wien. In: WGBl 27, 1972, S. 314–322.

Reingrabner, Gustav, Protestanten in Österreich. Geschichte und Dokumentation, Graz 1981.

Reingrabner, Gustav, Das Waldviertel als Kriegsschauplatz im Dreißigjährigen Krieg. In: Das Waldviertel 44, 1995, S. 113–127.

Reinhard, Wolfgang, Frühmoderner Staat – moderner Staat. In: Olaf Mörke, Michael North (Hgg.), Die Entstehung des modernen Europa 1600–1900 (Wirtschafts- und Sozialhistorische Studien 7), Köln – Weimar – Wien 1998, S. 1–9.

Reinhard, Wolfgang, Gegenreformation als Modernisierung? Prolegomena zu einer Theorie des konfessionellen Zeitalters. In: ARG 68, 1977, S. 226–252.

Reinhard, Wolfgang, Geschichte der Staatsgewalt. Eine vergleichende Verfassungsgeschichte Europas von den Anfängen bis zur Gegenwart, München 1999.

Reinhard, Wolfgang, Was ist katholische Konfessionalisierung? In: Wolfgang Reinhard, Heinz Schilling (Hgg.), Die katholische Konfessionalisierung. Wiss. Symposion der Gesellschaft zur Herausgabe des Corpus Catholicorum und des Vereins für Reformationsgeschichte, Münster 1995, S. 419–452.

Reisenleitner, Markus, Habsburgische Höfe in der Frühen Neuzeit – Entwicklungslinien und Forschungsprobleme. In: Václav Bůzek, Pavel Král (Hgg.), Aristokratické rezidence a dvory v raném novověku (Opera historica 7), České Budějovice 1999, S. 97–114.

Reisner, Sonja, Turnus Bohemicus. Ein neulateinisches Gedicht als historische Quelle. In: Wiener Studien 114, 2001, S. 725–740.

Renoldner, Severin, Demokratie braucht Widerstand, Linz 1991.

Reyes Peña, Mercedes de los, Una fiesta teatral en la corte de Viena (1633): *El vellocino de oro* de Lope de Vega. II. Texto y espectáculo. In: Maria Grazia Profeti (Hg.), „otro Lope no ha de haber“. Atti del Convegno internazionale su Lope de Vega, 10–13 febbraio 1999, Bd. 2, Florenz 2000, S. 217–251.

Ridder-Symoens, Hilde de, Die Kavalierstour im 16. und 17. Jahrhundert. In: Peter Brenner (Hg.), Der Reisebericht. Die Entwicklung einer Gattung in der deutschen Literatur, Frankfurt/M. 1989, S. 197–223.

Ries, Heide, Jacques Callot. Les misères et les malheurs de la guerre, Tübingen 1981.

Rigele, Brigitte, Sardellendragoner und Fliegenschütz. Vom Pferd im Alltag der Stadt (WGBl Beiheft 2, 1995).

Robel, Gerd, Reisen und Kulturbeziehungen im Zeitalter der Aufklärung. In: B. I. Krasnobaev, Gert Robel, Herbert Zeman (Hgg.), Reisen und Reisebeschreibungen im 18. und 19. Jahrhundert als Quellen der Kulturbeziehungsforschung, Berlin 1980, S. 9–37.

Roeck, Bernd, „Arme" in Augsburg zu Beginn des 30jährigen Krieges. In: Zeitschrift für bayerische Landesgeschichte 46, 1983, S. 515–558.

Roeck, Bernd, Bäcker, Brot und Getreide in Augsburg. Zur Geschichte des Bäckerhandwerks und zur Versorgungspolitik der Reichsstadt im Zeitalter des Dreißigjährigen Krieges (Abhandlungen zur Geschichte der Stadt Augsburg 31), Sigmaringen 1987.

Roeck, Bernd, Bayern und der Dreißigjährige Krieg. Demographische, wirtschaftliche und soziale Auswirkungen am Beispiel Münchens. In: GG 17, 1991, S. 434–458.

Roeck, Bernd, Der Dreißigjährige Krieg und die Menschen im Reich. Überlegungen zu den Formen psychischer Krisenbewältigung in der ersten Hälfte des 17. Jahrhunderts. In: Bernhard R. Kroener, Ralf Pröve (Hgg.). Krieg und Frieden: Militär und Gesellschaft in der frühen Neuzeit, Paderborn 1996, S. 265–279.

Roeck, Bernd, Eine Stadt in Krieg und Frieden. Studien zur Geschichte der Reichsstadt Augsburg zwischen Kalenderstreit und Parität. Tl. 1–2 (Schriftenreihe der Historischen Kommission bei der Bayerischen Akademie der Wissenschaften 37), Göttingen 1989.

Röhrig, Floridus, Die Klosterneuburger Stiftshöfe in Wien. In: Jahrbuch des Stifts Klosterneuburg N.F. 9, 1975, S. 21–65.

Rösener, Werner, Jagd und höfische Kultur als Gegenstand der Forschung. In: ders. (Hg.), Jagd und höfische Kultur im Mittelalter (Veröffentlichungen des Max-Planck-Instituts für Geschichte 135), Göttingen 1997, S. 11–28.

Rössler, Hellmuth, Graf Johann Stadion. Napoleons deutscher Gegenspieler, Bd. 1, Wien – München 1966.

Rössner, Michael, Das Wien-Bild im Estebanillo Gonzalez und das Bild des Spaniers in Johann Beers Des berühmten Spaniers Francisci Sambelle wohlausgepolirte Weiber-Haechel. In: Wolfgang Krömer (Hg.), Spanien und Österreich im Barockzeitalter. Akten des dritten Spanisch-Österreichischen Symposions (Kremsmünster, 25.–30. September 1983), Innsbruck 1985, S. 9–20.

Roncero, Victoriano (Hg.), El primer blasón del Austria (atribución insegura) (Teatro del Siglo de Oro. Ediciones críticas 89), Pamplona – Kassel 1997.

Rosenfeld, Hellmut, Frankfurter, Philipp. In: Verfasserlexikon. Bd. 2, Berlin – New York [2]1980, Sp. 817–820.

Rossa, Ludwig, Strassenlexikon von Wien, Wien 1945.

Rudin, Bärbel, Hans Mühlgraf & Co., Sitz Nürnberg: Ein deutsches Bühnenunternehmen im Dreißigjährigen Krieg. In: Kleine Schriften der Gesellschaft für Theatergeschichte 29/30, Berlin 1978, S. 15–30.

Ruge, Konstanze, Das Grabmal im Landschaftsgarten. Ein Beitrag zur Entwicklung des Phänomens anhand von Beispielen aus Wien und Umgebung, Ende des 18. bis zur Mitte des 19. Jahrhunderts (ungedr. phil. Dipl.-Arb.), Wien 1996.

Rull, Enrique, José Carlos de Torres (Hg.), Calderón y Nördlingen. El auto „El primer blasón del Austria“ de don Pedro Calderón de la Barca, Madrid 1981.

Rupprich, Hans, Das Wiener Schrifttum des ausgehenden Mittelalters (Österreichische Akademie der Wissenschaften phil.-hist. Kl., Sitzungsberichte 228, Abh. 5). Wien 1953.

Sacken, Ed. Freiherr von, Die Kirche zu Murstetten (V.O.W.W.) und die Grabdenkbale der Familie Althann daselbst. In: Berichte und Mittheilungen des Alterthums-Vereines zu Wien 21, 1882, S. 137–148.

Sadie, Stanley (Hg.), The New Grove Dictionary of Opera. Bd. 1–4, London 1992.

Safarik, Eduard A. (Hg.), Domenico Fetti 1588/89–1623, Mostra – Mantova 1996, Milano 1996.

Saftien, Karl, Die Verhandlungen Ferdinands I. mit Pius IV. über den Kelch am Konzil und dessen Einführung in Österreich, Wien 1890.

Sailer, Leopold Friedrich, Die bayrische Einwanderung nach Wien. In: Gerhard von Branca (Hg.), Die Blutsgemeinschaft im Großdeutschen Reich, Graz 1939, S. 46–55.

Salvadori, Giovanni, Die Minoritenkirche und ihre älteste Umgebung. Ein Beitrag zur Geschichte Wiens, Wien 1894.
Salzer, Elisabetta Carlotta, La commedia italiana dell'arte alle corte viennese. In: Rivista italiana del dramma 2, 1938, 4, S. 181–204.
Sandgruber, Roman, Ökonomie und Politik. Österreichische Wirtschaftsgeschichte vom Mittelalter bis zur Gegenwart, Wien 1995.
Saunders, Steven, Cross, Sword, and Lyre. Sacred Music at the Imperial Court of Ferdinand II of Habsburg (1619–1637), Oxford 1995.
Saunders, Steven, Sacred Music at the Habsburg Court of Ferdinand II (1615–1637): The Latin Vocal Works of Giovanni Priuli and Giovanni Valentini, Bd. 1–2, Diss. Univ. of Pittsburgh 1990 (Ann Arbor 1991).
Schabes, Alois, Der Markt Leobersdorf, Leobersdorf 1976.
Schemper-Sparholz, Ingeborg, Die Grabdenkmäler. In: Historisches Museum der Stadt Wien (Hg.), St. Michael. Stadtpfarrkirche und Künstlerpfarre von Wien 1288–1988. 113. Sonderausstellung 26. Mai bis 2. Oktober 1988, Wien 1988, S. 236–243.
Scherl, Adolf, Vliv italských herců 16.–18. století na vývoj divadla v českých zemích [Der Einfluss des italienischen Schauspiels vom 16.–18. Jahrhundert auf die Theaterentwicklung der Böhmischen Länder]. In: Divadelní revue 6, 1995, 4, S. 32–36.
Scheutz, Martin, Alltag und Kriminalität im steirisch-österreichischen Grenzgebiet (ungedr. phil. Diss.), Wien 1995.
Scheutz, Martin, Konkurrierende Disziplinierungsgewalten im grundherrschaftlichen Markt. Der Gaminger Hofrichter mit und gegen den Scheibbser Marktrichter und -rat während des 18. Jahrhunderts. In: Pro Civitate Austriae. Informationen zur Stadtgeschichtsforschung in Österreich NF 4, 1999, S. 41–64.
Scheutz, Martin, Taschenspieler und Fädenzieher. Politische Bemerkungen eines Spaßigen. Der Ausseer Joseph Fröhlich (1694–1757) am sächsischen Hof. In: Zeitschrift des Historischen Vereines für Steiermark 89/90, 1998/99, S. 129–164.
Schiessl, Hermann, Der Wallfahrtsort Maria-Brunn. Geschichte des Wallfahrtsortes und des Klosters der Augustiner Barfüsser, sowie auch des religiösen Lebens in der Klosterzeit, von der Entstehung des Wallfahrtsortes bis zur Aufhebung des Klosters im Jahre 1829 (ungedr. phil. Diss.), Wien 1945.
Schilling, Heinz, Confessional Europe. In: Thomas A. Brady, Heiko A. Oberman, James D. Tracy (Hgg.), Handbook of European History

1400–1600. Bd. 2 (Visions, Programs and Outcomes), Leiden – New York – Köln 1995, S. 641–681.

Schilling, Heinz, Die Konfessionalisierung im Reich. Religiöser und gesellschaftlicher Wandel in Deutschland zwischen 1555 und 1620. In: HZ 246, 1988, S. 1–45.

Schilling, Heinz, Das konfessionelle Europa. Die Konfessionalisierung der europäischen Länder seit Mitte des 16. Jahrhunderts und ihre Folgen für Kirche, Staat, Gesellschaft und Kultur. In: Joachim Bahlcke, Arno Strohmeyer (Hgg.), Konfessionalisierung in Ostmitteleuropa. Wirkungen des religiösen Wandels im 16. und 17. Jahrhundert in Staat, Gesellschaft und Kultur (Forschungen zur Geschichte und Kultur des östlichen Mitteleuropa 7), Stuttgart 1999, S. 13–62.

Schilling, Heinz, Die Stadt in der frühen Neuzeit (Enzyklopädie deutscher Geschichte 24), München 1993.

Schilling, Michael, Bildpublizistik der frühen Neuzeit. Aufgaben und Leistungen des Illustrierten Flugblatts in Deutschland bis um 1700 (Studien und Texte zur Sozialgeschichte und Literatur 29), Tübingen 1990, S. 26–39.

Schindler, Otto G., Von Arlecchino zu Kasperl – Commedia dell'arte in Österreich. In: Brigitte Mazohl-Wallnig, Marco Meriggi (Hgg.), Österreichisches Italien – italienisches Österreich? Interkulturelle Gemeinsamkeiten und nationale Differenzen vom 18. Jahrhundert bis zum Ende des Ersten Weltkrieges (Österreichische Akademie der Wissenschaften phil.-hist. Kl., Historische Kommission: Zentraleuropa-Studien 5), Wien 1999, S. 571–598.

Schindler, Otto G., Commedia dell'arte und Orvietan. „Der berühmte Tabarino“ als Kurpfuscher am Wiener Allerheiligenmarkt. In: Mimos 48, 1996, S. 11–14.

Schindler, Otto G., Von Favorita zu Favoriten: Ein Lustschloss in Mantua als Namenspatron eines Wiener Arbeiterbezirks. In: Wiener Zeitung, 24./25. Sept. 1999, Beilage „Extra“, S. 6.

Schindler, Otto G., L'incoronazione ungherese di Eleonora I Gonzaga (1622) e gli inizi del teatro musicale alla corte degli Asburgo. In: Quaderni di Palazzo Te, NF 5, Milano 1999, S. 70–93.

Schindler, Otto G., „Kaiserliche Augustini-Oper“ zwischen Hofjagd und Huldigung. In: Studien zur Musikwissenschaft 24, 1995, S. 131–174.

Schindler, Otto G., Von Mantua nach Ödenburg: Die ungarische Krönung Eleonoras I. Gonzaga (1622) und die erste Oper am Kaiserhof.

Ein unbekannter Bericht aus der Széchényi-Nationalbibliothek. In: Biblos 46, 1997, S. 259–293.

Schindler, Otto G., „Mio compadre Imperatore“: Comici dell'Arte an den Höfen der Habsburger. In: Maske und Kothurn 38, 1997, S. 25–154.

Schindler, Otto G., Opium gegen die Pest, Commedia dell'arte gegen die Melancholie. Der „berühmte Tabarino“ – Quacksalber am Wiener Allerheiligenmarkt und Komödiant am Kaiserhof. In: Sonia Horn, Susanne Claudine Pils (Hgg.), Sozialgeschichte der Medizin – Stadtgeschichte und Medizingeschichte, Wien – München 1998, S. 86–95.

Schindler, Otto G., „Die wälischen comedianten sein ja guet...“ Die Anfänge des italienischen Theaters am Habsburgerhof. In: Václav Bůžek, Pavel Král (Hgg.), Slavnosti a zábavy na dvorech a v rezidenčních městech v raného novověku [Feste und Unterhaltungen an den Höfen und Residenzstädten der frühen Neuzeit] (Opera historica 8), České Budějovice 2000, S. 107–136.

Schindling, Anton, Konfessionalisierung und Grenzen von Konfessionalisierbarkeit. In: Anton Schindling, Walter Ziegler (Hgg.), Die Territorien des Reichs im Zeitalter der Reformation und Konfessionalisierung. Land und Konfession 1500–1650. Bd. 7, Bilanz – Forschungsperspektiven – Register, Münster 1997, S. 9–44.

Schlag, Wilhelm, Die Jagd. In: Adel im Wandel. Politik – Kultur – Konfession 1500–1700, Niederösterreichische Landesausstellung (Katalog des Niederösterr. Landesmuseums NF 251), Wien 1990, S. 343–356.

Schlager, J. E., Ueber die Geschichte der Wiener Hofnarren. In: Sitzungsberichte der kaiserlichen Akademie der Wissenschaften Wien 1849/1, S. 1–5.

Schlögl, Rudolf, Bauern, Krieg und Staat. Oberbayerische Bauernwirtschaft und frühmoderner Staat im 17. Jahrhundert (Veröffentlichungen des Max-Planck-Instituts für Geschichte 89), Göttingen 1988.

Schlöss, Erich, Baugeschichte des Theresianum in Wien, Wien 1998.

Schlumbohm, Jürgen, Mikrogeschichte – Makrogeschichte: Zur Eröffnung einer Debatte. In: ders. (Hg.), Mikrogeschichte – Makrogeschichte: komplementär oder inkommensurabel? Göttingen 1998, S. 7–32.

Schmeller, J. Andreas, Bayerisches Wörterbuch, bearb. von G. K. Frommann. Bd. 1–2, München ^{2}1872–77.

Schmid, Johann, Die Politik der Stände des Erzherzogtums Österreich unter der Enns in der Zeit vom Prager Fenstersturz bis zur Spaltung

der protestantischen Ständepartei (Mai 1618 – Jänner 1620) (ungedr. phil. Diss.), Wien 1928.
Schmidt, Justus, Linzer Kunstchronik. Bd. 3, Linz 1952.
Schneider, Andreas, Die Mitwirkung der niederösterreichischen Stände bei der Türkenabwehr unter Ferdinand I. und Maximilian II. (ungedr.phil.Diss.), Wien 1939.
Schneider, Benno, Der Mantuanische Erbfolgestreit, Marburg 1905.
Schnitzer, Claudia, Königreiche – Wirtschaften – Bauernhochzeiten. Zeremonielltragende und -unterwandernde Spielformen höfischer Maskerade. In: Jörg Jochen Berns, Thomas Rahn (Hgg.), Zeremoniell als höfische Ästhetik in Spätmittelalter und früher Neuzeit (Frühe Neuzeit 25), Tübingen 1995, S. 280–331.
Schöne, Walter (Hg.), Die Relation des Jahres 1609. In Faksimiledruck (Die deutsche Zeitung im ersten Jahrhundert ihres Bestehens 1609-1700, 2) Leipzig 1940.
Scholz, Gottfried, Geschichte der Pfarre Hütteldorf, Wien 1964.
Schorn-Schütte, Luise, Konfessionalisierung als wissenschaftliches Paradigma? In: Joachim Bahlcke, Arno Strohmeyer (Hgg.), Konfessionalisierung in Ostmitteleuropa. Wirkungen des religiösen Wandels im 16. und 17. Jh. in Staat, Gesellschaft und Kultur (Forschungen zur Geschichte und Kultur des östlichen Mitteleuropa 7), Stuttgart 1999, S. 63–77.
Schreiber, Renate, Erzherzog Leopold Wilhelm: Kirche, Krieg und Kunst (ungedr. phil. Dipl.-Arb.), Wien 1998.
Schreiner, Klaus, Meier, Ulrich (Hgg.), Stadtregiment und Bürgerfreiheit. Handlungsspielräume in deutschen und italienischen Städten des Späten Mittelalters und der Frühen Neuzeit, Göttingen 1994.
Schreiner, Klaus, Schwerhoff, Gerd (Hgg.), Verletzte Ehre, Ehrkonflikte in Gesellschaften des Mittelalters und der Frühen Neuzeit (Norm und Struktur 5), Köln – Weimar – Wien 1995.
Schrickx, Willem, Foreign Envoys and Travelling Players in the Age of Shakespeare and Jonson, Wetteren 1986.
Schrickx, Willem, 'Pickleherring' and the English Actors in Germany. In: Shakespeare survey 36, 1983, S. 135–147.
Schwate, Hyazinth, Die Hofkirche und das Kloster zu St. Augustin (Christliche Kunststätten Österreichs 123), Wien – Salzburg 1980.
Schwarz, Henry Frederick, The Imperial Privy Council in the seventeenth century. With a supplement[:] The social structure of the Imperial Privy Council (1600–1674) by Henry F. Schwarz and John I. Coddington (Harvard Historical Studies 53), Cambridge/ Mass. 1943, ND 1972.

Schwarz, Ign., Das Wiener Ghetto. Seine Häuser und seine Bewohner (Quellen und Forschungen zur Geschichte der Juden in Deutsch-Österreich 2), Wien – Leipzig 1909.

Schwarz, Johann, Die Kaiserliche Sommerresidenz Favorita auf der Wieden in Wien 1615–1746, Wien – Prag 1898.

Schwerdfeger, Josef, Vienna Gloriosa. Bilder und Studien aus Wiens Vergangenheit, Wien 1923.

Schwerhoff, Gerd, Zivilisationsprozeß und Geschichtswissenschaft. Norbert Elias' Forschungsparadigma in historischer Sicht. In: HZ 266, 1998, S. 561–605.

Scribner, Robert, For the Sake of Simple Folk. Popular Propaganda for the German Reformation (Cambridge Studies in Oral and Literate Culture 2), Cambridge [u. a.] 1981.

Sedlaczek, Stephan, Wilhelm Löwy, Wien. Statistischer Bericht über die wichtigsten demographischen Verhältnisse, Wien 1887.

Seeliger-Zeiss, Anneliese, Grabstein oder Grabplatte? – Anfragen zur Terminologie des mittelalterlichen Grabmals (Grundsatzreferat). In: Walter Koch (Hg.), Epigraphik 1988. Fachtagung für mittelalterliche und neuzeitliche Epigraphik, Graz, 10.–14. Mai 1988. Referate und Round-table-Gespräche (Österreichische Akademie der Wissenschaften, phil.-hist. Kl., Denkschriften 2139), Wien 1990, S. 283–291.

Seibt, Ferdinand, Revolution in Europa. Ursprung und Wege innerer Gewalt. Strukturen, Elemente, Exempel, München 1984.

Seifert, Herbert, Beiträge zur Frühgeschichte der Monodie in Österreich. In: Studien zur Musikwissenschaft 39, 1980, S. 78–33.

Seifert, Herbert, Die Comoedie der Hof-Musici 1625: die erste Oper in Wien? In: Studien zur Musikwissenschaft 43, 1993, S. 77–88.

Seifert, Herbert, Das erste Libretto des Kaiserhofs. In: Studien zur Musikwissenschaft 46, 1998, S. 35–75.

Seifert, Herbert, Das erste Musikdrama des Kaiserhofs. In: Elisabeth Th. Hilscher (Hg.), Österreichische Musik – Musik in Österreich. Beiträge zur Musikgeschichte Mitteleuropas. Theophil Antonicek zum 60. Geburtstag, Tutzing 1998, S. 99–111.

Seifert, Herbert, Frühes italienisches Musikdrama nördlich der Alpen: Salzburg, Prag, Wien, Regensburg und Innsbruck. In: M. Engelhardt (Hg.), *in Teutschland noch gantz ohnbekandt.* Monteverdi-Rezeption und frühes Musiktheater im deutschsprachigen Raum, Frankfurt/M. 1996, S. 29–44.

Seifert, Herbert, „Die kaiserlichen Hofkapellen". Italienisches Barock in

Wien (1619–1705). In: Musica Imperialis. 500 Jahre Hofmusikkapelle in Wien 1498–1998. Ausstellung der Musiksammlung der Österreichischen Nationalbibliothek, Tutzing 1998, S. 43–82.

Seifert, Herbert, Die Oper am Wiener Kaiserhof im 17. Jahrhundert (Wiener Veröffentlichungen zur Musikgeschichte 25), Tutzing 1985.

Seifert, Herbert, Der Sig-prangende Hochzeit-Gott. Hochzeitsfeste am Wiener Hof der Habsburger und ihre Allegorik, 1622–1699 (Dramma per musica 2), Wien 1988.

Senfelder, Leopold, Geschichte des Wiener Stadtphysikats. In: Mitteilungen des k. k. Archivs für Niederösterreich 1908, S. 93–129.

Senfelder, Leopold, Das niederösterreichische Sanitätswesen und die Pest im XVI. und XVII. Jahrhundert. In: Blätter des Vereines für Landeskunde von Niederösterreich 33, 1899, S. 35–80.

Senfelder, Leopold, Öffentliche Gesundheitspflege und Heilkunde, In: Geschichte der Stadt Wien 6, hg. Alterthumsverein für Wien, Wien 1918, S. 206–290.

Senn, Walter, Musik und Theater am Hof zu Innsbruck, Innsbruck 1954.

Shergold, Norman D., A history of the Spanish stage from medieval times until the end of the seventeenth century, Oxford 1967.

Shergold, Norman D., Varey, John E., Representaciones palaciegas: 1603–1699. Estudio y documentos (Fuentes para la historia del teatro en España 1), London 1982.

Siebers, Winfried, Ungleiche Lehrfahrten – Kavaliere und Gelehrte. In: Hermann Bausinger, Klaus Beyrer, Gottfried Korff (Hgg.): Reisekultur. Von der Pilgerfahrt zum modernen Tourismus, München 1991, S. 38–57.

Siebigk, Christian II. In: Allgemeine Deutsche Biographie (ADB). Bd. 4, Leipzig 1876, S. 150–157.

Sienell, Stefan, Die Geheime Konferenz unter Kaiser Leopold I. Personelle Strukturen und Methoden zur politischen Entscheidungsfindung am Wiener Hof (ungedr. phil. Diss.), Wien 1997.

Sigmund, Anna Maria, „In Wien war alles schön". Die Residenzstadt aus der Sicht berühmter Gäste, Wien 1997.

Šimaková, Jitka, Machačková, Eduarda, Teatralia zámecke knihovy v českém Krumlovf, Bd. 2, Prag 1976.

Simon, Kate, Die Gonzaga, Köln 1991.

Sitte, Alfred, Die Grabdenkmale in der Schlosscapelle zu Pottendorf. In: Berichte und Mittheilungen des Alterthums-Vereines zu Wien 33, 1898, S. 33–40.

Slack, Paul, The response to plague in early modern England: public policies and their consequences, In: John Walter, Roger Schofield (Hgg.), Famine, disease and the social order in early modern society (Cambridge Studies in Population, Economy and Society in Past Time 10), Cambridge [u. a.] 1989, S. 167–187.

Slanec, Hans-Christian, Wien und die Wiener in Reiseberichten und Beschreibungen deutscher Reisender des 16.–18. Jahrhunderts (ungedr. phil. Dipl.-Arb.), Wien 1994.

Sleumer, Albert, Kirchenlateinisches Wörterbuch, Limburg a. d. Lahn 1926.

Smets, Moritz, Wien im Zeitalter der Reformation, Wien 1969 (Nachdruck).

Solerti, Alberto, Gli albori del melodramma. Bd. 1–3, Milano 1904–1905.

Sombart, Werner, Luxus und Kapitalismus (Studien zur Entwicklungsgeschichte des Kaiptalismus 1), München – Leipzig 1913.

Sommer-Mathis, Andrea, Die Tänzer am Wiener Hofe im Spiegel der Obersthofmeisteramtsakten und Hofparteienprotokolle bis 1740 (MÖSTA Ergbd. 11), Wien 1992.

Sommer-Mathis, Andrea, Una fiesta teatral en la corte de Viena (1633): *El vellocino de oro* de Lope de Vega. I. El contexto histórico-cultural. In: Maria Grazia Profeti (Hg.), „otro Lope no ha de haber“. Atti del Convegno internazionale su Lope de Vega, 10–13 febbraio 1999, Bd. 2, Florenz 2000, S. 201–216.

Sophie von Hannover, Die Mutter der Könige von Preußen und England. Memoiren und Briefe der Kurfürstin Sophie von Hannover, hg. v. Robert Geerds, Leipzig 1913.

Spanien und Österreich. Nachklang zum 400. Gedenkjahr des Todes Karls V. († 1558), Wien 1960.

Specht, Reinhold, Aufzeichnungen in Fürst Christians II. von Anhalt-Bernburg Tagebüchern über besonderes Jagdwild und über Vogel- und Lachsfang (1622–1656). In: Bericht des Naturwissenschaftlichen Vereins zu Zerbst 1935, S. 5–13.

Spielman, John Philip, The City & The Crown. Vienna and the Imperial Court 1600–1740, West Lafayette – Indiana) 1993.

Spiesberger, Else, Das Starhembergsche Freihaus auf der Wieden. In: JBVGStW 19/20, 1963/64, S. 183–208.

Stälin, P., Julius Friedrich, Hzg. v. Würtemberg-Weiltingen. In: ADB 14, 1881, S. 684 f.

Stagl, Justin, A History of Curiosity: The Theory of Travel 1550–1800 (Studies in Anthropology & History 13), Chur 1995.

Stagl, Justin, Die Methodisierung des Reisens im 16. Jahrhundert. In: Peter Brenner (Hg.), Der Reisebericht. Die Entwicklung einer Gattung in der deutschen Literatur, Frankfurt/M. 1989, S. 140–177.

Stangler, Gottfried, Die niederösterreichischen Landtage von 1593 bis 1607 (ungedr. phil. Diss.), Wien 1972.

Starzer, Albert, Beiträge zur Geschichte der niederösterreichischen Statthalterei (1501–1896), Wien 1897.

Štědroň, Miloš, Miloslav Študent, Hudba v prazšké slavnosi „Phasma Dionysiacum" 1617 (The Music in the Prague Festivity „Phasma Dionysiacum" 1617). Folia historica Bohemica 17, 1994, 143–150.

Stein, Rudolf, Der Rat und die Ratsgeschlechter des alten Breslau, Würzburg 1963.

Steinwender, Engelbert, Von der Stadtguardia zur Sicherheitswache. Wiener Polizeiwachen und ihre Zeit. Bd. 1: Von der Frühzeit bis 1932 (ungedr. phil. Dipl.-Arb.), Wien 1992.

Stekl, Hannes, Österreichs Zucht- und Arbeitshäuser 1671–1920. Institutionen zwischen Fürsorge und Strafvollzug (Sozial- und wirtschaftshistorische Studien 12), Wien 1978.

Stern, Alfred, Die Einnahme der Stadt Ueberlingen durch die Hohentwieler am 30. Januar 1643. Nebst einem zeitgenössischen Liede über dies Ereignis. In: Zeitschrift für der Geschichte des Oberrheins 22, 1869, S. 283–320.

Stieve, Mansfeld, Graf Bruno III. In: ADB 20, 1884, S. 221 f.

Stieve, Felix (Bearb.), Die Politik Baierns 1591–1607. 2. Hälfte (Briefe und Acten zur Geschichte des Dreißigjährigen Krieges in den Zeiten des vorwaltenden Einflusses der Wittelsbacher 5), München 1883.

Stögmann, Arthur, Die Gewährung des Laienkelchs und seine Annahme in den Ländern Ferdinands I. (ungedr. phil. Dipl.-Arb.), Wien 1991.

Stögmann, Arthur, Die „Reformationskommission" im Wiener Kärntnerviertel (1652–1654). Edition, Regesten, Kommentar (ungedr. Staatsprüfungsarbeit am Institut für Österreichische Geschichtsforschung), Wien 1995.

Stollberg-Rilinger, Barbara, Höfische Öffentlichkeit. Zur zeremoniellen Selbstdarstellung des brandenburgischen Hofes vor dem europäischen Publikum. In: Forschungen zur Brandenburgischen und Preussischen Geschichte NF 7, 1997, S. 145–176.

Stollberg-Rilinger, Barbara, Zeremoniell als politisches Verfahren. Rangordnung und Rangstreit als Strukturmerkmale des frühneuzeitlichen Reichstags. In: Johannes Kunisch (Hg.), Neue Studien zur frühneu-

zeitlichen Reichsgeschichte (Zeitschrift für historische Forschung Beiheft 19), Berlin 1997, S. 91–132.
Stoob, Heinz, Kaiser Karl IV. und seine Zeit, Graz 1990.
Strobl v. Ravelsberg, Ferdinand, 1521–1566. Ungarische Eroberungen Sultan Solimans II., In: Ferdinand Strobl v. Ravelsberg, 1593–1606. Türkenkrieg in Ungarn. In: Georg v. Alten (Hg.), Handbuch für Heer und Flotte 9, Berlin 1912, S. 329–331.
Strong, Roy, Feste der Renaissance, 1450–1650: Kunst als Instrument der Macht, Freiburg – Würzburg 1991.
Stülz, Jodok, Des Grafen Franz Christoph Khevenhillers Brautwerbung. In: Museal-Blatt 1839/40, S. 2–5, 9–11.
Stürzbecher, Manfred, The physici in German-speaking countries from the Middle-Ages to the Enlightenment. In: Andrew W. Russell (Hg.), The Town and State Physician in Europe from the Middle Ages to the Enlightenment (Wolfenbütteler Forschungen 17). Wolfenbüttel 1981, S. 123–129.
Stürzl, Erwin, Das Österreichbild in den englischen Reisebeschreibungen des 17. Jahrhunderts. In: Otto Hietsch (Hg.), Österreich und die anglikanische Welt. Kulturbegegnung und Vergleiche, Wien – Stuttgart 1961, S. 68–90.
Stundner, Franz, Die Verteidigung des Landes Österreich unter der Enns im Dreißigjährigen Krieg (ungedr. phil. Diss.), Wien 1949.
Sturmberger, Hans, Aufstand in Böhmen. Der Beginn des Dreißigjährigen Krieges, München (Janus-Bücher. Berichte zur Weltgeschichte 13), Wien 1959.
Sturmberger, Hans, Dualistischer Ständestaat und werdender Absolutismus. In: ders., Land ob der Enns und Österreich. Linz 1979, S. 246–272.
Sturmberger, Hans, Georg Erasmus Tschernembl. In: ders., Land ob der Enns und Österreich. Linz 1979, S. 91–98.
Sturmberger, Hans, Georg Erasmus Tschernembl. Religion, Libertät und Widerstand. Ein Beitrag zur Geschichte der Gegenreformation und des Landes ob der Enns (Forschungen zur Geschichte Oberösterreichs 3), Graz–Köln 1953.
Sturmberger, Hans, Kaiser Ferdinand II. und das Problem des Absolutismus. In: ders., Land ob der Enns und Österreich, Linz 1979, S. 154–188.
Sturmberger, Hans, Türkengefahr und österreichische Staatlichkeit. In: ders., Land ob der Enns und Österreich, Linz 1979, S. 311–328.

Sturminger, Walter, Der Milchkrieg zu Wien am Fronleichnamstag 1578. In: MIÖG 58, 1950, S. 614–624.
Sutter-Fichtner, Paula, Ferdinand I. Wider Türken und Glaubensspaltung, Graz 1986.
Szarota, Elida Maria, Memoiren, Gesandtschaftsberichte und Tagebücher des 17. Jahrhunderts in neuer Sicht. In: Kwartalnik Neofilologiczny 18, 1971, S. 233–253.
Szyrocki, Marian, Martin Opitz (Neue Beiträge zur Literaturwissenschaft 4), Berlin 1956.

Taviani, Ferdinando, Pier Maria Cecchini. In: Dizionario biografico degli Italiani 23, Roma 1979, S. 274–280.
Teibenbacher, Peter, Handwerksimmigration in Wien 1350–1600. In: III. Internationales handwerksgeschichtliches Symposium Veszprém 18.–24. 10. 1986, Veszprém 1987, S. 263–269.
Telle, Wilhelm, Aus der Geschichte Überlingens, zusammengest. v. Alfons Semler, Überlingen 1928.
Tencajoli, Oreste F., Principesse italiane nella storia d'altri paesi, Roma 1933.
Teply, Karl, Die kaiserliche Großbotschaft an Sultan Murad IV. 1628. Des Freiherrn Hans Ludwig von Kuefsteins Fahrt zur Hohen Pforte, Wien 1976.
Teply, Karl, Türkische Sagen und Legenden um die Kaiserstadt, Wien – Köln – Graz 1980.
Terpitz, Dorothea, Figürliche Grabdenkmäler des 15. bis 17. Jahrhunderts im Rheinland (Diss.), Köln 1996, Leipzig 1997.
Tersch, Harald, Österreichische Selbstzeugnisse des Spätmittelalters und der Frühen Neuzeit (1400–1650). Eine Darstellung in Einzelbeiträgen, Wien – Köln – Weimar 1998.
Tersch, Harald, „Prudenter, syncere, constanter". Kanzler Verdenberg (1582–1648) und sein „Giornale". In: UH 66, 1995, S. 82–111.
Teuber, Oskar, Geschichte des Prager Theaters. Bd. 1, Prag 1883.
Thiel, Viktor, Gewerbe und Industrie. In: Geschichte der Stadt Wien 4, hg. v. Alterthumsverein zu Wien, Wien 1911, S. 411–523.
Thomas, Bruno, Das Wiener Kaiserliche Zeughaus in der Renngasse. In: MIÖG 71, 1963, S. 175–193.
Thomas, Christiane, Wien als Residenz unter Kaiser Ferdinand I. In: JBVGStW 49, 1993, S. 101–117.
Tietze, Hans, Die Juden Wiens. Geschichte – Wirtschaft – Kultur, Wien 1987 (Nachdruck der Ausgabe Wien – Leipzig 1933).

Till, Rudolf, Der Laienkelch in Wien. In: Viktor Flieder (Hg.), Festschrift für Franz Loidl zum 65. Geburtstag. Bd. 1, S. 379–395.

Tilly, Charles, Entanglements of European Cities and States. In: Charles Tilly, Wim P. Blockmans (Hgg.), Cities and the Rise of States in Europe A.D. 1000 to 1800, Boulder–San Francisco–Oxford 1994, S. 1–27.

Tlusty, Ann, Das ehrbare Verbrechen. Die Kontrolle über das Trinken in Augsburg in der frühen Neuzeit. In: Zeitschrift des Historischen Vereins für Schwaben 85, 1992, S. 133–155.

Tlusty, Ann, Water of Life, Water of Death: The Controversy over Brandy and Gin in Early Modern Augsburg. In: Central European History 31, 1998, S. 1–30.

Toifl, Leopold, Leitgeb, Hildegard, Ostösterreich im Bocskay-Aufstand 1605 (Militärhistorische Schriftenreihe 63), Wien 1990.

Toifl, Leopold, Leitgeb, Hildegard, Die Türkeneinfälle in der Steiermark und in Kärnten vom 15. bis zum 17. Jahrhundert (Militärhistorische Schriftenreihe 64), Wien 1991.

Tomek, Ernst, Kirchengeschichte Österreichs. Tl. 2. (Humanismus, Reformation und Gegenreformation), Innsbruck – Wien 1949.

Tomek, Ernst, Das kirchliche Leben und die christliche Charitas in Wien. In: Geschichte der Stadt Wien 5/2, hg. v. Alterthumsverein zu Wien, Wien 1914, S. 160–330.

Topographie von Niederösterreich. Bd. 4, Wien 1896.

Trautmann, Karl, Italienische Schauspieler am bayrischen Hofe. In: Jahrbuch für Münchener Geschichte 1, 1887, S. 193–312.

Tribl, Gerhard, Adel und Residenz am Beispiel Wiens von 1500–1740 (ungedr. phil. Dipl.-Arb.), Wien 1992.

Tüchert, Karla, Die Renaissancegrabmäler in der Wiener Michaelerkirche (ungedr. phil. Dipl.-Arb.), Wien 1993.

'T' Hart, Marjolein, The Emergence and Consolidation of the „Tax State". The Seventeenth Century. In: Richard Bonney (Hg.), Economic Systems and State Finance. Oxford 1995, S. 281–293.

'T' Hart, Marjolein, Intercity Rivalries and the Making of the Dutch State. In: Charles Tilly, Wim P. Blockmans (Hgg.), Cities and the Rise of States in Europe AD 1000 to 1800. Boulder – San Francisco – Oxford 1994, S. 196–217.

Uhl, Erika, Hernals. „Feste Burg" und Kalvarienberg (ungedr. phil. Dipl.-Arb.), Wien 1993.

Uhl, Roman, Die Totenprotokolle der Stadt Wien. In: Die Sippe 1, 1938, S. 53–56.

Ulbricht, Otto, Die Welt eines Bettlers um 1775. Johann Gottfried Kästner. In: Historische Anthropologie 2, 1994, S. 371–398.

Unterkircher, Franz, Hugo Blotius und seine ersten Nachfolger (1575–1663). In: Josef Stummvoll (Hg.), Geschichte der Österreichischen Nationalbibliothek (Museion N.F. 2/3). Wien 1968, S. 79–162.

Urban, Helmut, Der Fenstersturz von Prag 23. Mai 1618 und der Aufstand in Böhmen. Zeitgenössische Drucke. Ausstellung der Bayerischen Staatsbibliothek zum 350. Jahrestag des Ausbruchs des Dreißigjährigen Krieges. 9. Mai bis 20. Juni 1968, München 1968.

Urbanek, Elisabeth, Giovanni Valentini als Messenkomponist (ungedr. phil. Diss.), Wien 1974.

Valencia López, Natividad, Estudio de las comedias mitológicas de Lope de Vega. Bd. 1–2 (ungedr. phil. Diss.), Universidad Complutense de Madrid 1994.

Valentinitsch, Helfried, Ferdinand II., die innerösterreichischen Länder und der Gradiskanerkrieg 1615–1618. In: Johannes Kepler 1571–1971. Gedenkschrift der Universität Graz, Graz 1975, S. 497–559.

Valentinitsch, Helfried, Grabinschriften und Grabmäler als Ausdruck sozialen Aufstiegs im Spätmittelalter und in der frühen Neuzeit. In: Walter Koch (Hg.), Epigraphik 1988. Fachtagung für mittelalterliche und neuzeitliche Epigraphik, Graz, 10.–14. Mai 1988. Referate und Round-table-Gespräche (Österreichische Akademie der Wissenschaften phil.-hist. Kl., Denkschriften 2139), Wien 1990, S. 15–25.

Valentinitsch, Helfried, Die Standorte der österreichischen Rüstungsproduktion in der Frühen Neuzeit. In: Blätter für österreichische Heereskunde, 1986, S. 37–42.

Vancsa, Kurt, Abele von und zu Lilienberg, Matthias. In: NDB 1, Berlin 1953, S. 14 f.

Vancsa, Max, Politische Geschichte. In: Geschichte der Stadt Wien 4/1, hg. v. Alterthumsverein zu Wien, Wien 1911, S. 109–158.

Vancsa, Max, Quellen und Geschichtsschreibung. In: Geschichte der Stadt Wien 4/1, hg. v. Alterthumsverein zu Wien, Wien 1911, S. 1–108.

Vasold, Manfred, Pest, Not und schwere Plagen. Seuchen und Epidemien vom Mittelalter bis heute, München 1991.

Vass, Josef, Jagd und Fischerei in Wien. 180. Wechselausstellung der Wiener Stadt- und Landesbibliothek, Wien 1977.

Vec, Miloš, Zeremonialwissenschaft im Fürstenstaat. Studien zur juristischen und politischen Theorie absolutistischer Herrschaftsrepräsentation (Studien zur Europäischen Rechtsgeschichte 106), Frankfurt/M. 1998.

Veltzé, Alois, Das Kriegswesen der Stadt Wien 1520 bis 1740. In: Geschichte der Stadt Wien 4, hg. v. Alterthumsverein zu Wien, Wien 1911, S. 168–217.

Veltzé, Alois, Die Wiener Stadtguardia (1531–1741). In: Berichte und Mitteilungen des Alterthumsvereins zu Wien 36/37, 1902, S. 3–213.

Veltzé, Alois, Die Wiener Stadtguardia. In: MIÖG Ergbd. 6, 1900, S. 530–546.

Vierhaus, Rudolf, Rankes Verhältnis zur Presse. In: HZ 183, 1957, S. 543–567.

Vocelka, Karl, *Du bist die port und zir alzeit, befestigung der christenheit* – Wien zwischen Grenzfestung und Residenzstadt im späten Mittelalter und in der frühen Neuzeit. In: Evamaria Engel, Karen Lambrecht, Hanna Nogossek (Hgg.), Metropolen im Wandel. Zentralität in Ostmitteleuropa an der Wende vom Mittelalter zur Neuzeit, Berlin 1995, S. 263–275.

Vocelka, Karl, Habsburgische Hochzeiten 1550–1600. Kulturgeschichtliche Studien zum manieristischen Repräsentationsfest (Veröffentlichungen der Kommission für Neuere Geschichte Österreichs 65), Wien – Köln – Graz 1976.

Vocelka, Karl, Die politische Propaganda Kaiser Rudolfs II. (1576–1612) (Österreichische Akademie der Wissenschaften. Veröffentlichungen der Kommission für die Geschichte Österreichs 9). Wien 1981.

Vocelka, Karl, Public Opinion and the Phenomenon of *Sozialdisziplinierung* in the Habsburg Monarchy. In: Charles W. Ingrao (Hg.), State and Society in Early Modern Austria, West Lafayette 1994, S. 119–138.

Vocelka, Karl, Heller, Lynne, Die private Welt der Habsburger. Leben und Alltag einer Familie, Graz 1998.

Völkel, Markus, Historiker oder Narr: Das „Lächerliche“ in Theorie und Praxis frühneuzeitlicher Geschichtsschreibung (16. und 17. Jahrhundert). In: Zeitschrift für historische Forschung 21, 1994, S. 483–511.

Völker, Karl, Die Stände Augsburgischen Bekenntnisses auf den niederösterreichischen Landtagen. In: JBGPÖ 58, 1937, S. 5–16.

Völker, Karl, Die „Sturmpetition“ der evangelischen Stände in der Wiener Hofburg am 5. Juni 1619. In: JBGPÖ 57, 1936, S. 31–51.

Volta, Leopoldo Camillo, Compendio cronologico-critico della storia di Mantova. Bd. 4, Mantova 1831.

Wade, Mara R., „Große Hochzeit" und „Gipfeltreffen" in Kopenhagen 1634. Dänische Repräsentationspolitik im Dreißigjährigen Krieg. In: Benigna von Krusenstjern, Hans Medick (Hgg.), Zwischen Alltag und Katastrophe. Der Dreißigjährige Krieg aus der Nähe (Veröffentlichungen des Max-Planck-Instituts für Geschichte 148), Göttingen 1999, S. 113–131.

Wäschke, H., Zur Biographie Fürst Christians II. In: Zerbster Jahrbuch 2, 1906, S. 27–30.

Wagner, G., Wallenstein und der Landesherr von Tirol. In: MIÖG 83, 1975, S. 75–113.

Walter, Friedrich, Beiträge zur älteren Wiener Sozial- und Wirtschaftsgeschichte. In: Mitteilungen des Vereines für Geschichte der Stadt Wien 15, 1935, S. 42–62.

Weber, Johannes, „Unterthenige Supplication Johann Caroli/ Buchtruckers". Der Beginn gedruckter politischer Wochenzeitungen im Jahre 1605. In: Archiv für Geschichte des Buchwesens 38, 1992, S. 257–265.

Weber, Max, Wirtschaft und Gesellschaft. Grundriß der verstehenden Soziologie, Tübingen [5]1972.

Weckwerth, Alfred, Der Ursprung des Bildepitaphs. Übersicht über die vorliegende Literatur. In: Zeitschrift für Kunstgeschichte 20, 1957, S. 147–185.

Weick, Karl E., Sensemaking in Organizations (Foundations for Organizational Science), Thousand Oaks [u. a.] 1995

Weigl, Andreas, Soziale Ungleichheit vor dem Tod in einer werdenden Metropole. Zu den Wiener Mortalitätsverhältnissen gegen Ende des Dreißigjährigen Krieges. In: Sonia Horn, Susanne Claudine Pils (Hgg.), Sozialgeschichte der Medizin – Stadtgeschichte und Medizingeschichte, Wien – München 1998, S. 116–135.

Weigl, Andreas, Die Wiener Totenbeschauprotokolle als Quelle zur Sozialgeschichte der Medizin. In: Pro Civitate Austriae. Informationen zur Stadtgeschichtsforschung in Österreich, NF 2, 1997, S. 23–33.

Weigl, Heinrich, Historisches Ortsnamenbuch von Niederösterreich, Bd. 2, 4, Wien 1965, 1972.

Weigl, Heinrich, Zur Siedlungsgeschichte des Wiener Raumes. In: JBVGStW 21/22, 1965/66, S. 67–80.

Weigl, Norbert, Jagd und Jagdrobot im kaiserlichen Ebersdorf vom 17. bis 20. Jahrhundert (ungedr. phil. Dipl.-Arb.), Wien 1993.

Weilen, Alexander von, Das Theater, 1529–1740. In: Geschichte der Stadt Wien 6, Wien 1917, S. 333–456.

Weiß, Karl, Geschichte der öffentlichen Anstalten, Fonde und Stiftungen für die Armenversorgung in Wien, Wien 1867.

Weiß, Karl, Geschichte der Stadt Wien. Bd. 2, Wien 1883.

Welsersheimb, Madeleine, Hans Ludwig von Kuefstein (1582–1556) (ungedr. phil. Diss.), Wien 1970.

Wessely, Othmar, Das Werden der barocken Musikkultur. In: Gernot Gruber (Hg.), Musikgeschichte Österreichs. Bd. 1: Rudolf Flotzinger (Hg.), Von den Anfängen zum Barock. Wien [u. a.] ^{2}1995, S. 253–297.

Westmüller, Liselotte, Helmhard Jörger und die protestantische Gemeinde zu Hernals. In: JBGPÖ 81, 1965, S. 151–180.

Wibiral, Norbert, Die Losensteiner-Kapelle in Garsten und ihre Restaurierung. In: Oberösterreich 26, 1976, S. 24–28.

Widorn, Helga, Die spanischen Gemahlinnen der Kaiser Maximilian II., Ferdinand III. und Leopold I. (ungedr. phil. Diss.), Wien 1959.

Widter, A., Die Teufel zu Winzendorf. In: Berichte und Mittheilungen des Alterthums-Vereines zu Wien 23, 1885, S. 104–114.

Wiedemann, Theodor, Geschichte von Reformation und Gegenreformation im Land unter der Enns. Bd. 1, 5, Prag 1880, 1886.

Wiedemann, Theodor, Zur Geschichte des Frauenklosters St. Jakob in Wien. In: Berichte und Mittheilungen des Alterthums-Vereines zu Wien 32, 1896, S. 53–86.

Wilke, Jürgen, Nachrichtenauswahl und Medienrealität in vier Jahrhunderten. Eine Modellstudie zur Verbindung von historischer und empirischer Publizistikwissenschaft, Berlin – New York 1984.

Willems, Herbert, Rahmen und Habitus. Zum theoretischen und methodischen Ansatz Erving Goffmans: Vergleiche, Anschlüsse und Anwendungen. Mit einem Vorwort von Alois Hahn, Frankfurt/M. 1997.

Wimmer, Jan, La Théorie et la Pratique des luttes contre les Tatars aux XVe–XVIIe Siècles. In: L' armée aux époques des grandes transformationssociales, Varsovie 1980, S. 265–280.

Winkelbauer, Thomas, Fürst und Fürstendiener. Gundaker von Liechtenstein (1580–1658), ein österreichischer Aristokrat des konfessionellen Zeitalters, Tl. 2 (ungedr. phil. Habil.), Wien 1997.

Winkelbauer, Thomas, Fürst und Fürstendiener. Gundaker von Liech-

tenstein, ein österreichischer Aristokrat des konfessionellen Zeitalters (MIÖG Ergbd. 34), Wien – München 1999.
Winkelbauer, Thomas, Krise der Aristokratie? Zum Strukturwandel des Adels in den böhmischen und niederösterreichischen Ländern im 16. und 17. Jahrhundert. In: MIÖG 100, 1992, S. 328–353.
Winkelbauer, Thomas, Sozialdisziplinierung und Konfessionalisierung durch Grundherrn in den österreichischen und böhmischen Ländern im 16. und 17. Jahrhundert. In: Zeitschrift für historische Forschung 19, 1992, S. 317–339.
Winkler, Adolf, Grabdenkmale in Oberösterreich. In: Mittheilungen der K. K. Central-Commission zur Erforschung und Erhaltung der kunst- und historischen Denkmale 1, 1875, S. XXV–XXVII, CI ff., CVI.
Winner, Gerhard, Der Vertrag über die Wiener Freihäuser vom Jahre 1552. In: UH 28, 1957, S. 108–189.
Winterling, Aloys, Die frühneuzeitlichen Höfe in Deutschland. Zur Lage der Forschung. In: Internationales Archiv für Sozialgeschichte der deutschen Literatur 21, 1996, S. 181–189.
Winterling, Aloys, Der Fürstenhof in der Frühen Neuzeit. Forschungsprobleme und theoretische Konzeptionen. In: Roswitha Jacobsen (Hg.), Residenzkultur in Thüringen vom 16. bis zum 19. Jahrhundert (Palmbaum Texte. Kulturgeschichte 8), Jena 1999, S. 29–42.
Winterling, Aloys, Der Hof der Kurfürsten von Köln 1688–1794. Eine Fallstudie „absolutistischer Hofhaltung“, Bonn 1986.
Wißgrill, Franz Karl, Schauplatz des landsässigen Nieder-Oesterreichischen Adels vom Herren- und Ritterstande von dem XI. Jahrhundert an, bis auf jetzige Zeiten. Bd. 3, Wien 1797.
Wolf, Adam, Geschichtliche Bilder aus Oesterreich. Bd. 1, Wien 1878.
Wolf, G., Geschichte der Juden in Wien (1156–1876). Mit einem Nachwort von Erika Weinzierl, Wien 1974 (Nachdruck der Ausgabe 1876).
Wolff, Carl, Die unmittelbaren Theile des ehemaligen römisch-deutschen Kaiserreiches nach ihrer früheren und gegenwärtigen Verbindung, Berlin 1873.
Wolfsgruber, Cölestin, Geschichte der Loretokapelle bei St. Augustin in Wien, Wien 1886.
Wolfsgruber, Cölestin, Die Hofkirche zu S. Augustin in Wien, Augsburg 1888.
Wrede, Alphons Frh. v., Geschichte der k.u.k. Wehrmacht. Bd. 2: Aufgelöste Fußtruppen, Wien 1898.
Wrede, Alphons Frh. v., Geschichte der k. u. k. Wehrmacht. Bd. 6: Der

Allerhöchste Oberbefehl – die Garden, bearb. v. Peter Broucek unter Mitarbeit v. Georg Zivkovic, Herbert Klima (Militaria Austriaca 6), Wien 1988.

Wrigley, E. A., A Simple Model of London's Importance in Changing English Society and Economy, 1650–1750. In: ders., People, Cities and Wealth. The Transformation of Traditional Society, Oxford – Cambridge (Mass.) 1988, S. 133–156.

Wrigley, E.A., Urban Growth and Agricultural Change: England and the Continent in the Early Modern Period. In: ders., People, Cities and Wealth. The Transformation of Traditional Society, Oxford – Cambridge (Mass.) 1988, S. 157–193.

Wunder, Heide, „Er ist die Sonn', sie ist der Mond". Frauen in der Frühen Neuzeit, München 1992.

Wurzbach, Constant von, Biographisches Lexikon des Kaiserthums Oesterreich. Bd. 15, Wien 1866.

Záloha, Jiři, Vor 400 Jahren: Eroberung der Festung Raab und Erhebung in den Grafenstand. In: Blau-Weiße Blätter 1, 1998, S. 2–5.

Zatschek, Heinz, Aus der Geschichte des Wiener Handwerks während des Dreißigjährigen Krieges. In: JBVGStW 9, 1951, S. 28–74.

Zatschek, Heinz, Aus der Vergangenheit des Taschnerhandwerks in Wien (ungedr. Man.), Wien 1954.

Zatschek, Heinz, Zur Geschichte der Handwerker aus den Sudetenländern. In: Bohemia. Jahrbuch des Collegium Carolinum 1, 1960, S. 66–87.

Zatschek, Heinz, Die Handwerker Wiens. Ein kleiner Beitrag zur Geschichte der Bevölkerungsentwicklung. In: JBVGStW 8, 1949/50, S. 31–38.

Zazo, A., „La Turca" di G. B. Andreini: Un caso di editoria nel Seicento. In: Quaderni di Teatro 32, 1986, S. 61–72.

Zeeden, Ernst Walter, Die Entstehung der Konfessionen: Grundlagen und Formen der Konfessionsbildung im Zeitalter der Glaubenskämpfe. München 1965.

Zeeden, Ernst Walter, Das Erscheinungsbild der frühneuzeitlichen Stadt, vornehmlich nach Reiseberichten und Autobiographien des 16. und 17. Jahrhunderts. In: Hans Eugen Specker (Hg.), Stadt und Kultur (Stadt in der Geschichte 11), Sigmaringen 1983, S. 70–84.

Zeeden, Ernst Walter, Grundlagen und Wege der Konfessionsbildung in Deutschland im Zeitalter der Glaubenskämpfe. In: Ernst Walter Zeeden, Volker Press (Hgg.), Konfessionsbildung. Studien zur Reformation, Gegenreformation und katholischen Reform (Tübinger Beiträge zur Geschichtsforschung 15), Stuttgart 1985, S. 67–112.

Zeeden, Ernst Walter, Katholische Überlieferungen in den lutherischen Kirchenordnungen des 16. Jahrhunderts. In: Ernst Walter Zeeden, Volker Press (Hgg.), Konfessionsbildung. Studien zur Reformation, Gegenreformation und katholischen Reform (Tübinger Beiträge zur Geschichtsforschung 15), Stuttgart 1985, S. 113–191.

Ziegler, Heinrich, Die Gegenreformation in Schlesien (Schriften des Vereins für Reformationsgeschichte 24), Halle 1888.

Ziegler, Walter, Nieder- und Oberösterreich. In: Anton Schindling, Walter Ziegler (Hgg.), Die Territorien des Reichs im Zeitalter der Reformation und Konfessionalisierung. Land und Konfession 1500–1650, Bd. 1: Der Südosten, Münster 1989, S. 118–133.

Zimmermann, Jürg, Militärverwaltung und Heeresaufbringung in Österreich bis 1806 (Handbuch zur deutschen Militärgeschichte 3), München 1965.

Zöllner, Erich, Zur Geschichte des Klischees von Wien und den Wienern. In: Michael John, Albert Lichtblau (Hgg.), Schmelztiegel Wien – einst und jetzt: zur Geschichte und Gegenwart von Zuwanderung und Minderheiten. Aufsätze, Quellen, Kommentare, Wien – Köln 1990, S. 1–10.

Zolger, Ivan Ritter von, Der Hofstaat des Hauses Österreich (Wiener Staatswissenschaftliche Studien 14), Wien 1917.

Zollinger, Manfred, Geschichte des Glücksspiels vom 17. Jahrhundert bis zum Zweiten Weltkrieg, Wien – Köln – Weimar 1997.

Zschokke, Hermann, Geschichte des Metropolitan–Capitels zum Heiligen Stephan zu Wien, Wien 1895.

Zwiedineck-Südenhorst, Hans v., Hans Ulrich Fürst von Eggenberg, Freund und Erster Minister Kaiser Ferdinand II., Wien 1880.

Zwiedineck-Südenhorst, Hans v., Neue Ergebnisse der Wallenstein-Forschung. In: ders., Geschichte und Geschichten neuerer Zeit. Bamberg 1894, S. 65–101.

Zwiedineck-Südenhorst, Hans v., Die Politik der Republik Venedig während des dreissigjährigen Krieges. Bd. 1–2, Stuttgart 1882–1885.

Zwiedineck-Südenhorst, Hans v., Venetianische Gesandtschafts-Berichte über die böhmische Rebellion (1618–1620) mit besonderer Rücksicht auf die Stellung der deutschen Länder zu derselben, Graz 1880.

Tabellen- und Abbildungsverzeichnis

Tabellen:

Abbildungen:

Bildquellen

Umschlagbild:
Gefecht zwischen kaiserlichen und ständischen Truppen am 25. Oktober 1619 im Norden vor Wien (Gemälde von Pieter Snayers, Graf Harrach'sche Familiensammlung, Schloß Rohrau, Niederösterreich)

Wien um 1650 (Matthäus Merian, Topographia provinciarum Austriacarum, Frankfurt/M. 1649, nach einem Kupferstich von Jakob Hoefnagel, 1609), S. 41.

Gábor Bethlen 1580–1629, Fürst von Siebenbürgen ([F. Khevenhüller], Conterfet Kupfferstich deren jenigen regierenden grossen Herren, So von Kaysers Ferdinand deß Andern Geburt, biß zu desselben seeligisten Tödtlichen Abschied successivè regiert, ... Tl. 1–2, Leipzig 1721–1722, 1, S. 334), S. 140.

Wenzel Hollar, Wien, Stephansdom (1636) (aus: Wenzel Hollar 1607–1677. Radierungen und Zeichnungen aus dem Berliner Kupferstichkabinett, Berlin 1984, Kat.Nr. 63), S. 167.

Johann Baptist Verdenberg 1582–1648, Österreichischer Hofkanzler 1620–1637 (Khevenhüller, 2, S. 105), S. 216.

Waldstein-Harrach-Kapelle in der Augustinerkirche (Státni oblastní Archiv v Praze, R.A. Waldstein VIII/2488), S. 287.

Hochadelige Gruftstiftungen in der Wiener Altstadt (1620–1680) (Stadtplan nach Elisabeth Lichtenberger, kartographische Gestaltung Christina Unger, Hans-Michael Putz), S. 333.

Epitaph des Johann Rudolf Graf von Puchheim (Österreichische Akademie der Wissenschaften, Forschungsstelle für Geschichte des Mittelalters, Arbeitsgruppe Inschriften (Photograph Michael Malina) W 01 010 014, S. 346.

Epitaph des Maximilian Graf von Trauttmansdorff (Österreichische Akademie der Wissenschaften, (Österreichische Akademie der Wissenschaften, Forschungsstelle für Geschichte des Mittelalters, Arbeitsgruppe Inschriften (Photograph Michael Malina) W 01 007 380, S. 349.

Wappen des Wiener Bürgermeisters Daniel Moser 1570–1639 (WStLA, Wappenbuch fol. 33, Fotosammlung D 440), S. 389.

Schottenkirche mit Prozession 1645, Kupferstich (aus: Hans Tietze, Alt-Wien in Wort und Bild vom Ausgang des Mittelalters bis zum Ende des XVIII. Jahrhunderts, Wien 1924, Bildteil S. 20), S. 550.

Hercole Marliani: *Le tre Costanti*, Mantova 1622. Titelseite. Mit hs. Besitzvermerk von Johann Ulrich von Eggenberg, dat. Leobersdorf, 1. Juli 1626. (Schloßbibliothek Český Krumlov), S. 567.

Eleonora von Gonzaga. Gemahlin Kaiser Ferdinand II. Bildnis im Brautkleid, 1621. Ölgemälde von Justus Sustermans (Kunsthistorisches Museum, Wien), S. 569.

Abbildung der Röm: Keis: May: Ferdinandi II. Hochzeit vnd Pancket zu Inßbruck mit ihrer Gemahlin. Im February 1622. gehalden: mit angehengtem einzug zu Wien den 26. dito. Anonymer Kupferstich (Graphische Sammlung Albertina, Wien), S. 581.

Erzherzogin Cäcilia Renata 1611–1644, spätere Königin von Polen (Khevenhüller, 1, S. 85), S. 623.

Giovan Battista Andreini. Kupferstich von Cesare Bassani aus: G. B. Andreini, *L' Adamo*, Milano 1613 (Biblioteca Nazionale Centrale, Florenz), S. 642.

Kaiserin Maria Anna 1606–1646, erste Gemahlin Ferdinand III. (Institut Municipal d'Historia, Barcelona), S. 669.